Anna-Maria Seemann
Parallelverlage im geteilten Deutschland

Schriftmedien / Written Media

Kommunikations- und
buchwissenschaftliche Perspektiven /
Perspectives in Communication and Book Studies

Herausgegeben von
Heinz Bonfadelli, Ursula Rautenberg und Ute Schneider

Band 6

Anna-Maria Seemann

Parallelverlage im geteilten Deutschland

Entstehung, Beziehungen und Strategien am Beispiel
ausgewählter Wissenschaftsverlage

DE GRUYTER
SAUR

Gedruckt mit freundlicher Unterstützung der Bundesstiftung zur Aufarbeitung der SED-Diktatur.

Die Reihe

In der Reihe werden Monographien und Sammelbände in deutscher und englischer Sprache publiziert, die sich aus buch-, kommunikations- und medienwissenschaftlicher Perspektive mit Schriftmedien und dem Lesen beschäftigen. Das Reihenprofil umfasst das spezifische Problem-lösungspotential eines interdisziplinären Zugangs zur schriftbasierten Kommunikation in Geschichte und Gegenwart. Themenfelder sind die Herstellung und Verbreitung von Medien schrift-basierter Kommunikation in den Organisationen Verlag, Buchhandel und Bibliotheken, die soziale Funktionalität der Schriftmedienkommunikation und die gesellschaftliche und individuelle Bedeutung des Lesens sowie nicht zuletzt die Herstellung, Typographie und Gestaltung von Lesemedien.

Diese Arbeit wurde 2016 am Institut für Buchwissenschaft an der Philosophischen Fakultät und Fachbereich Theologie der Friedrich-Alexander-Universität Erlangen-Nürnberg verteidigt.

ISBN 978-3-11-068276-2
e-ISBN (PDF) 978-3-11-054342-1
e-ISBN (EPUB) 978-3-11-054107-6
ISSN 2364-9771

Library of Congress Cataloging-in-Publication Data
A CIP catalog record for this book has been applied for at the Library of Congress.

Bibliografische Information der Deutschen Nationalbibliothek
Die Deutsche Nationalbibliothek verzeichnet diese Publikation in der Deutschen Nationalbibliografie; detaillierte bibliografische Daten sind im Internet über http://dnb.dnb.de abrufbar.

© 2019 Walter de Gruyter GmbH, Berlin/Boston
Dieser Band ist text- und seitenidentisch mit der 2017 erschienenen gebundenen Ausgabe.
Umschlagabbildung: Verlagsangaben und Signets von Thieme Stuttgart 1958 und Thieme Leipzig 1968
Satz: PTP Protago-TEX-Production GmbH, Berlin
Druck und Bindung: CPI books GmbH, Leck
♾ Gedruckt auf säurefreiem Papier
Printed in Germany

www.degruyter.com

Inhalt

1	**Einleitung** —— **1**	
1.1	Forschungsgegenstand —— 1	
1.2	Theoretische Überlegungen —— 7	
1.2.1	Ansätze der Verlagsgeschichtsschreibung —— 8	
1.2.2	Wissenschaftsverlage im gesellschaftlichen System —— 10	
1.2.3	Wissenschaftsverlage als Unternehmen —— 12	
1.2.4	Die Akteure in den Wissenschaftsverlagen —— 14	
1.2.5	Parallelverlage als Phänomen der deutschen Teilung —— 15	
1.3	Forschungsstand und Quellenlage —— 17	
1.3.1	Forschungen zur Buchhandelsgeschichte —— 17	
1.3.2	Forschungen zur Zeit- und Wirtschaftsgeschichte —— 20	
1.3.3	Archivalische Quellen —— 21	
1.3.4	Weitere Quellen —— 22	
1.4	Analyserahmen und Thesen —— 23	
1.5	Methodik und Gliederung —— 26	
2	**Die acht wissenschaftlichen Parallelverlage** —— **29**	
2.1	Akademische Verlagsgesellschaft Geest & Portig —— 30	
2.1.1	Von der Gründung bis zur Zeit des Nationalsozialismus —— 30	
2.1.2	›Arisierung‹ der Firma und Emigration der Eigentümer —— 31	
2.1.3	Weiterarbeit in Leipzig nach 1945 —— 32	
2.1.4	Neugründung in Frankfurt am Main 1953 —— 34	
2.1.5	Die weiteren Entwicklungen in Leipzig und Frankfurt am Main —— 35	
2.2	Johann Ambrosius Barth —— 36	
2.2.1	Von der Gründung bis zum Ende des Zweiten Weltkriegs —— 36	
2.2.2	Weiterarbeit in Leipzig nach 1945 —— 37	
2.2.3	Etablierung einer Geschäftsstelle in München —— 39	
2.2.4	Die weiteren Entwicklungen in Leipzig und München —— 40	
2.3	Gustav Fischer —— 42	
2.3.1	Von der Gründung bis zum Ende des Zweiten Weltkriegs —— 42	
2.3.2	Weiterarbeit in Jena nach 1945 —— 42	
2.3.3	Gründung einer Zweigstelle in Stuttgart —— 43	
2.3.4	Übersiedlung der Verlegerin nach Stuttgart und Enteignung —— 44	
2.3.5	Die weiteren Entwicklungen in Jena und Stuttgart —— 45	
2.4	S. Hirzel —— 46	
2.4.1	Von der Gründung bis zum Ende des Zweiten Weltkriegs —— 46	
2.4.2	Drei Standorte nach 1945 —— 46	
2.4.3	Die weiteren Entwicklungen in Leipzig und Stuttgart —— 48	
2.5	Carl Marhold —— 49	

2.5.1   Von der Gründung bis zum Ende des Zweiten Weltkriegs —— 49
2.5.2   Weiterarbeit in Halle nach 1945 —— 49
2.5.3   Übersiedlung des Verlegers nach West-Berlin —— 50
2.5.4   Die weiteren Entwicklungen in Halle und West-Berlin —— 52
2.6   Theodor Steinkopff/Dr. Dietrich Steinkopff —— 53
2.6.1   Von der Gründung bis zum Ende des Zweiten Weltkriegs —— 53
2.6.2   Weiterarbeit in Dresden nach 1945 —— 54
2.6.3   Entstehung der Zweigstelle und des neuen Verlags im Westen —— 55
2.6.4   Die weiteren Entwicklungen in Dresden und Darmstadt —— 58
2.7   B. G. Teubner —— 59
2.7.1   Von der Gründung bis zur Zeit des Nationalsozialismus —— 59
2.7.2   Eigentumsverhältnisse und Entwicklung nach 1933 —— 60
2.7.3   Weiterarbeit in Leipzig nach 1945 —— 61
2.7.4   Etablierung westlicher Zweigstellen und Flucht der Eigentümer —— 63
2.7.5   Entwicklung der Eigentumsverhältnisse in den Leipziger Firmen —— 65
2.7.6   Wiedereintritt der Linie Ackermann in die Firma —— 67
2.7.7   Neuordnung der Firmenverhältnisse in Stuttgart —— 68
2.7.8   Auseinandersetzungen zwischen den Standorten
            in Leipzig und Stuttgart —— 71
2.7.9   Die weiteren Entwicklungen in Leipzig und Stuttgart —— 72
2.8   Georg Thieme —— 72
2.8.1   Von der Gründung bis zum Ende des Zweiten Weltkriegs —— 72
2.8.2   Neubeginn des Verlegers in der amerikanischen Zone —— 73
2.8.3   Weiterarbeit im Leipziger Verlag —— 74
2.8.4   Die weiteren Entwicklungen in Leipzig und Stuttgart —— 76
2.9   Resümee —— 77

3   Politik, Wirtschaft und Verlagswesen nach 1945 —— 79
3.1   Deutschland nach dem Zweiten Weltkrieg —— 80
3.1.1   Gesamtdeutsche Perspektive versus Teilung —— 81
3.1.2   Zwei deutsche Staaten – eine deutsche Frage —— 83
3.1.3   Wirtschaftliche und wirtschaftspolitische Entwicklungen —— 91
3.1.4   Alliierte Wirtschaftspolitik —— 91
3.1.5   Kapazitäten in der Buchbranche —— 92
3.1.6   Der Weg in die Planwirtschaft: SBZ/DDR —— 93
3.1.7   Wirtschaftswunder und -förderung: Westzonen/Bundesrepublik —— 103
3.1.8   Nötigung und Flucht: Firmenabwanderungen —— 106
3.2   Der deutsch-deutsche Buchhandel —— 108
3.2.1   Anfänge des interzonalen (Buch-)Handels —— 109
3.2.2   Abkommen und Charakteristika des innerdeutschen Handels —— 112
3.2.3   Bücher im Kontext der Handelsabkommen —— 114
3.2.4   Ausgestaltung des innerdeutschen Buchhandels —— 119

3.2.5   Funktionen und Bedeutung des innerdeutschen (Buch-)Handels —— **125**
3.3   Kommunikationskontrolle: Der Verlagsbuchhandel nach 1945 —— **130**
3.3.1   Alte Traditionen und neue Eigentumsverhältnisse: SBZ —— **131**
3.3.2   Abnehmende Reglementierungen: Westliche Besatzungszonen —— **141**
3.3.3   Aspekte der Verlagspolitik in der DDR —— **146**
3.3.4   Kommunikationskontrolle in der Bundesrepublik —— **160**
3.3.5   Die Frage der Einheit im gesamtdeutschen Buchhandel —— **162**
3.4   Resümee —— **163**

4   **Entstehung der Parallelverlage: Ursachen und Gestaltungsoptionen —— 167**
4.1   Unternehmensverlagerungen nach 1945 —— **168**
4.2   Ursachen für die Neuorientierungen der Verleger —— **170**
4.2.1   ›Aktion Zweigstelle‹: Initiierte Abwanderungen —— **170**
4.2.2   Reglementierung und Unsicherheit: Verlage in der SBZ/DDR —— **173**
4.2.3   Privilegierte Konkurrenz: Neue Verlage in der SBZ/DDR —— **196**
4.2.4   An den Grenzen der Legalität: Interzonenhandel —— **201**
4.2.5   Druck der Amtsstellen: Politische Einflussnahmen —— **203**
4.2.6   Verlegerische Pflichten: Die Zusammenarbeit mit den Autoren —— **205**
4.2.7   Kontrolle und Eigentum: Wirtschaftspolitische Einwirkungen —— **217**
4.2.8   ›Arisierung‹ und keine Restitution:
         Akademische Verlagsgesellschaft —— **229**
4.3   Gestaltungsoptionen der Verleger —— **234**
4.3.1   Branchencluster der Buchproduktion: Standortwahl —— **235**
4.3.2   Filiale oder Tarnname: Firmenbezeichnungen —— **238**
4.3.3   Der lange Weg zum Parallelverlag —— **240**
4.4   Resümee —— **244**

5   **Konfliktfelder: Bedeutung und Argumente —— 249**
5.1   Konfliktfeld I: Rechtmäßigkeit —— **250**
5.2   Konfliktfeld II: Verlagsnamen und Signets —— **253**
5.2.1   Der Verlagsname als Marke —— **253**
5.2.2   Firmennamenstreitigkeiten in anderen Branchen —— **259**
5.3   Konfliktfeld III: Verlagsrechte und Autorenbindungen —— **261**
5.3.1   (Verlags-)Rechtliche Rahmenbedingungen —— **262**
5.3.2   Bedeutung der Rechtslage für Autoren und Verleger —— **265**
5.3.3   Bedeutung der Verlagsrechte für die Verlage —— **268**
5.4   Konfliktfeld IV: Absatzmärkte —— **271**
5.4.1   Deutsch als Wissenschaftssprache —— **271**
5.4.2   Bedeutung der Absatzmärkte —— **273**
5.4.3   Imagefragen —— **276**
5.5   Resümee —— **277**

6 **Strategiefelder der Konfliktbewältigung** —— **281**

6.1 Strategiefeld I: Von Abgrenzung bis Konfrontation —— **282**

6.1.1 Information von Geschäftspartnern —— **282**

6.1.2 Juristische Auseinandersetzungen —— **300**

6.2 Strategiefeld II: Von Verständigung bis Kooperation —— **318**

6.2.1 Klare Rahmenbedingungen: Vereinbarungen und Verträge —— **318**

6.2.2 Gemeinsames Agieren: Buchvertrieb und -produktion —— **329**

6.2.3 Gescheiterte Versuche: Gemeinsame Zeitschriftenherausgabe —— **371**

6.3 Zwischen den Feldern: Vergleichsverhandlungen bei Teubner —— **380**

6.4 Strategiefeld III: Kontrolle und Steuerung —— **393**

6.4.1 Gesamtdeutsche Projekte:
Die Altertumswissenschaften bei Teubner —— **393**

6.4.2 Kontrollierte Einfuhr —— **398**

6.5 Strategiefeld IV: Konfliktvermeidung und -beendigung —— **404**

6.5.1 Staatliche Maßnahmen: Übertragung von Verlagsrechten —— **404**

6.5.2 Verlegerische Strategien:
Zusammenarbeit mit anderen Verlagen —— **411**

6.5.3 Änderungen von Firmennamen und Signets —— **417**

6.6 Resümee —— **425**

7 **Börsenvereine und staatliche Regelungsinstanzen: Strategien und
Interessen** —— **431**

7.1 Der Börsenverein als Parallelverein —— **432**

7.1.1 Öffentlichkeitsarbeit für das Buch: SBZ und DDR —— **433**

7.1.2 Lobbyarbeit und Kulturpolitik: Westliche Zonen und BRD —— **436**

7.1.3 Im Schatten der Deutschlandpolitik: Vereinsbeziehungen —— **438**

7.1.4 Auseinandersetzungen aufgrund der Parallelexistenz —— **443**

7.1.5 Die ›Börsenblätter für den Deutschen Buchhandel‹ —— **448**

7.1.6 Parallelverlag und Parallelverein – ein Vergleich —— **451**

7.2 Die Börsenvereine und die Parallelverlagsproblematik —— **453**

7.2.1 Von Rezensionen bis Rechtsfragen:
Auskünfte und Stellungnahmen —— **453**

7.2.2 Widerstrebende Interessen: Interessengruppe um Giesecke —— **455**

7.2.3 Versuch: Konfliktbereinigung durch Namensänderungen —— **460**

7.2.4 Konflikt: Forderungen des Sortimentsbuchhandels —— **475**

7.2.5 Aufruf zur Konfrontation: Frankfurts Haltung nach 1961 —— **477**

7.2.6 Rollenkonflikte und politische Haltung: Die Akteure —— **483**

7.3 Staatliche Strategien zur Gesamtlösung
der Parallelverlagsprobleme —— **485**

7.3.1 Bestandsaufnahme und erste Lösungsversuche: 1945–1953 —— **486**

7.3.2 Gesamtdeutsche Ambitionen: Strategien seit 1953 —— **487**

7.3.3 Anerkennung und Kooperation: Lösungsversuche seit 1955 —— **489**

7.3.4   Die Haltung von Staat und Partei zur Namensänderungsfrage — **491**
7.3.5   Bemühungen um eine Gesamtlösung seit 1957 — **496**
7.3.6   Unterschiedliche Interessen: Die Akteure — **498**
7.4   Resümee — **501**

8   Die Buchmessen im Kontext der Parallelverlagsfrage — 505
8.1   Teilnahme der Parallelverlage an der Leipziger Buchmesse — **506**
8.2   Frankfurter Buchmesse:
         Plattform für deutsch-deutsche Buchhandelskonflikte — **508**
8.2.1   Vom Ausschluss der DDR-Verlage zur indirekten Präsenz:
         1952–1957 — **508**
8.2.2   Unter Buch-Export: 1958 und 1959 — **513**
8.2.3   Verbot der Ausstellung einzelner Titel und Werbematerialien — **519**
8.2.4   Die DDR-Verlage als Einzelaussteller ab 1960 — **521**
8.2.5   Anhaltende Diskussionen um Messeteilnahme und
         -bedingungen — **523**
8.2.6   Das Problem der Staatsbezeichnung ›DDR‹ — **526**
8.2.7   Entspannung im Zeichen der Neuen Ostpolitik — **531**
8.3   Resümee — **533**

9   Schlussbetrachtung — 537

10   Zusammenfassung — 545

11   Danksagung — 547

A   Abkürzungen — 548

B   Institutionen- und Firmenverzeichnis — 551

C   Personenverzeichnis — 557

D   Quellen- und Literaturverzeichnis — 565
D.1   Archivalische Quellen — **565**
D.2   Publizierte Quellen — **567**
D.3   Literaturverzeichnis — **573**

E   Personen- und Firmenregister — 589

1 Einleitung

»Verlage, die im westdeutschen Wirtschaftsgebiet Schwesterfirmen haben«[1]; »DDR-Verlage mit Parallelunternehmen in Westdeutschland«[2]; »Ost-West-Verlage«[3]; »Doppelverlage«[4]; »westliche Spaltunternehmen«[5]; »Schein- bzw. Pseudoverlage«[6]; »früher in der SBZ [Sowjetischen Besatzungszone] ansässige Verlage«[7]; »Verlage, die ihren Sitz aus der sowjetischen Besatzungszone in die Bundesrepublik verlegt haben«[8]; »Schwester-Verlage«[9]; »gleichnamige« oder »namensgleiche Verlage«; »zweigleisige Verlage«; schließlich »Parallelverlage« – für jenes Phänomen, das in der buchwissenschaftlichen Forschung mit dem Begriff des ›Parallelverlags‹ benannt wird, gab es in den ersten Jahrzehnten nach 1945 eine Vielzahl an Beschreibungsvarianten. Die Bezeichnungen geben zum Teil Auskunft über Herkunft bzw. Perspektive des Benennenden sowie dessen Bewertung dieser Erscheinung und lassen erahnen, dass mit den solcherart bezeichneten Unternehmen der Buchbranche komplexe Problemstellungen einhergingen.

1.1 Forschungsgegenstand

Bei den Parallelverlagen handelt es sich um ein Spezifikum der Verlagsbranche während der Zeit der Teilung Deutschlands. Unter dem Begriff werden im Allgemeinen diejenigen Verlagshäuser gefasst, die ihren Sitz ursprünglich auf dem Gebiet der sowjetischen Besatzungszone bzw. der DDR hatten und die in einer der westlichen Zonen bzw. auf dem Gebiet der Bundesrepublik Zweigstellen gründeten und/oder die ihren Sitz dorthin verlegten, wobei das ›Stammhaus‹ am alten Standort weiterexistierte. Die vorliegende Arbeit analysiert die Parallelverlage und die mit ihrer Entstehung und Existenz verbundenen Fragen im Kontext der politischen, wirtschaftspolitischen und

---

1 Liste der Verlage, die im westdeutschen Wirtschaftsgebiet Schwesterfirmen haben, Stand vom 26.9.1950, BArch, DR1/1933.

2 HR Verlagsaufbau, Liste der Ost-West-Verlage, 7.7.1954, BArch, DR1/1890.

3 Seifert, Amt für Literatur und Verlagswesen, Liste der Ost-West-Verlage, 7.7.1954, BArch, DR1/1890.

4 Beschlussprotokoll der Kollegiumssitzung vom 3.8.54, anwesend Becker, Hannemann, Kienast, Kraushaar, Manske-Krausz, Misslitz, Peterson, BArch, DR1/1079.

5 Beck, HV Verlagswesen, Abteilung Naturwissenschaften und Technik, Situation zwischen den Parallelverlagen B. G. Teubner, 18.6.1957, BArch, DR1/1124.

6 Selle 1972, S. 42.

7 BV Frankfurt, Früher in der SBZ ansässige Verlage (vorläufige Liste), o. D., SStAL, 22199 Teubner Stuttgart, Nr. 86.

8 Teubner Stuttgart an den BV Frankfurt, 17.12.1954, SStAL, 22199 Teubner Stuttgart, Nr. 84.

9 Thieme Leipzig an den BV Leipzig, 15.4.1948, HA/BV 97,2: Georg Thieme Leipzig.

https://doi.org/10.1515/9783110543421-001

kulturpolitischen Situation nach dem Zweiten Weltkrieg. Dabei stehen drei Fragen-
komplexe im Mittelpunkt.

Zunächst geht es um die *Ursachen* des Phänomens ›Parallelverlage‹: Welche spezifischen exogenen und endogenen Rahmenbedingungen führten dazu, dass sich Verleger entschieden, die Sowjetische Besatzungszone bzw. die DDR zu verlassen und ihr
Unternehmen im Westen weiterzuführen? Warum bestanden die Verlage im östlichen
Deutschland meist weiter, obwohl ihre Inhaber nicht mehr am alten Verlagsort wohn-
haft und tätig waren? Diese Ursachenforschung führt zu der Frage nach einer genauen
Definition: In welchen Fällen kann man tatsächlich von ›Parallelverlagen‹ sprechen,
ab welchem Punkt der Entwicklung ist dies sinnvoll und welche Grenzfälle gab es?

Der zweite Schwerpunkt liegt auf der Gestaltung der *Beziehungen* zwischen den
Verlagen in Ost und West: Welche Konfliktfelder taten sich auf? Wie sahen die je-
weiligen Rechtsstandpunkte aus, womit wurden diese begründet und auf welchen
Wegen konnten sie durchgesetzt werden? Welche konkreten Interessen bildeten die
Basis für das Agieren der Verlage, und welche Zielkonflikte traten auf? Wurden in den
Argumenten beider Seiten vorrangig politische, ökonomische oder juristische Aspekte
ins Spiel gebracht? Welche Möglichkeiten für Kooperationen waren vorhanden, und
inwieweit wollte und konnte man diese wahrnehmen?

Das dritte Untersuchungsfeld geht über die Situation der Verlage selbst hinaus:
Welche *Organisationen und Institutionen* waren in die Problematik noch involviert? In
welcher Beziehung standen diese zu den Verlagen und welche Interessen verfolgten
sie? Welche Rolle spielten die Parallelverlage im Gesamtkontext des innerdeutschen
Buchhandels?

Die parallele Existenz betraf eine ganze Reihe von Verlagen: Lokatis spricht 1997
von 30 Verlagsunternehmen,[10] Frohn verweist 2014 auf 32.[11] Je nach betrachtetem
Zeitpunkt und konkreter Definition des Phänomens gab es noch weit mehr Verlage, die
(wenigstens vorübergehend) auf die geschilderte ›doppelgleisige‹ Art existierten.[12] Die
relativ große Grundgesamtheit – die in der Tabelle auf der folgenden Seite dargestellt
ist – macht eine Fokussierung des Untersuchungsgegenstands erforderlich. Zwei
Kriterien wurden für die Auswahl herangezogen: Verlagstypus und innerhalb dessen
Programmschwerpunkt(e).[13] Betrachtet werden in dieser Studie diejenigen *Wissen-*

---

10 Vgl. Lokatis 1997b, S. 123.

11 Vgl. Frohn 2014, S. 236.

12 So gab es Verlage, die in der DDR keine Lizenz erhielten, aber formal vorerst weiterexistierten,
wie Quelle & Meyer. Liste der Ost-West-Verlage, 7.7.1954, BArch, DR1/1890. Das Problem zeigt sich auch
in den Übersichten, die von den Behörden und den Börsenvereinen des Deutschen Buchhandels in
Frankfurt am Main und Leipzig zu verschiedenen Zeitpunkten zusammengestellt wurden (siehe Kapitel 7). Eine qualifizierte Zusammenstellung aller Verlage, die von der Parallelexistenz zwischen 1945
und 1989 betroffen waren, bleibt vorerst ein Forschungsdesiderat.

13 Die Grundgesamtheit beruft sich auf die »Liste der Ost-West-Verlage«, die vom MfK, HR Verlagsaufbau am 7.7.1954 zusammengestellt wurde, und wird durch einige Unternehmen ergänzt, die in anderen
Dokumenten und bei Frohn 2014, S. 236, Fußnote 3 genannt werden.

schaftsverlage, die Literatur und Zeitschriften aus den Bereichen *Naturwissenschaften, Medizin* und/oder *Technik* publizierten: die Akademische Verlagsgesellschaft (Geest & Portig), Johann Ambrosius Barth, Gustav Fischer, S. Hirzel, Carl Marhold, Theodor Steinkopff bzw. Dr. Dietrich Steinkopff, B. G. Teubner und Georg Thieme. Die meisten dieser Verlage hatten neben ihrem naturwissenschaftlichen, medizinischen und/oder technischen Schwerpunkt auch geistes- oder sozialwissenschaftliche Literatur in einem mehr oder wenigen großen Umfang im Programm und boten teilweise neben Wissenschaftstiteln ebenfalls Fachbücher an (siehe Kapitel 2).[14]

Die Zuordnung zu den einzelnen Verlagstypen und Programmbereichen ist gerade im Untersuchungszeitraum zwar mit Problemen behaftet, lässt sich aber dennoch einerseits in Abgrenzung zu den nicht untersuchten Verlagen, andererseits mit zeitgenössischen Zuordnungen begründen: Parallelverlage mit einem fast oder ganz ausschließlichen Schwerpunkt auf den Geisteswissenschaften (wie Böhlau/Hermann Böhlaus Nachfolger, Otto Harrassowitz oder Max Niemeyer) sowie solche mit einer Spezialisierung auf eine bestimmte Wissenschaft wie der Geografie, die sowohl natur-, sozial- und geisteswissenschaftliche Inhalte hat (wie Perthes/Hermann Haack) sind nicht in die Untersuchung mit einbezogen. Ebenso sind Verlage, deren Schwerpunkt auf Fach- bzw. Special-Interest-Büchern lag (wie Neumann oder Wilhelm Knapp) nicht berücksichtigt. Gab es im Verlagsprogramm hingegen einen bedeutenden Anteil an Titeln aus den Geistes- und Sozialwissenschaften, einen aber ebenso wichtigen Schwerpunkt auf Naturwissenschaften/Medizin/Technik (wie bei Hirzel oder Teubner) oder veröffentlichte ein Verlag neben Wissenschaftstiteln auch Fachbücher (wie Marhold oder Teubner), so werden diese Verlage mit untersucht. Als weiteres Kriterium wurde die Zugehörigkeit zu einem wichtigen verlegerischen Zusammenschluss, der Arbeitsgemeinschaft medizinischer Verleger, herangezogen (siehe Kapitel 3.4.1 und 4.2.2). Dieser Arbeitsgemeinschaft gehörten sieben der acht untersuchten Verlage an; lediglich B. G. Teubner war nicht dabei, da der Verlag nach 1945 nicht mehr über einen medizinischen Programmbereich verfügte.

Die Fokussierung auf *Wissenschaftsverlage* mit den genannten Schwerpunkten hat mit Blick auf den Forschungsgegenstand mehrere Vorteile: Neben den literarischen Verlagen, so eine Feststellung von Estermann 2010, sind andere Verlagstypen in der buchwissenschaftlichen Forschung lange eher stiefmütterlich behandelt worden.[15] Namentlich die Wissenschaftsverlage stellten nach wie vor ein »Desiderat der Buchhandelsgeschichte«[16] dar. Estermann benennt zugleich einige jüngere Monografien und Aufsätze zu Teilabschnitten oder Einzelaspekten zur Geschichte der Wissenschaftsverlage sowie einzelne Gesamtdarstellungen, die das Bild seit Mitte der 1990er

---

14 Für eine Übersicht verschiedener Verlagstypologien und eine Problematisierung der vorgeschlagenen Unterscheidungen siehe Fetzer 2014.

15 Vgl. Estermann 2010, S. 292.

16 Estermann 2010, S. 293.

Tabelle 1: Übersicht über die Parallelverlage mit Programmausrichtung

Verlag	Verlagstypus und Programmschwerpunkte
Akademische Verlagsgesellschaft	*Wissenschaft (Naturwissenschaften, Medizin)*
Johann Ambrosius Barth	*Wissenschaft (Natur- und Geisteswissenschaften, Medizin)*
Julius Beltz	Wissenschaft (Pädagogik)
Bibliographisches Institut	Lexika
Hermann Böhlaus Nachfolger	Wissenschaft (Geisteswissenschaften)
Breitkopf & Härtel	Musik
F. A. Brockhaus	Lexika
Dieterich'sche Verlagsbuchhandlung	Belletristik
Dietz/J. H. W. Dietz Nachf.[*]	Wissenschaft (Geistes und Sozialwissenschaften)
Gustav Fischer	*Wissenschaft (Natur- und Sozialwissenschaften, Medizin)*
Hermann Haack/Justus Perthes	Wissenschaft/Fachbuch (Geografie), Karten
Otto Harrassowitz	Wissenschaft (Geisteswissenschaften)
Harth Musik Verlag	Musik
S. Hirzel	*Wissenschaft (Natur- und Geisteswissenschaften, Medizin)*
Friedrich Hofmeister	Musik
Insel-Verlag	Belletristik
Kiepenheuer/Kiepenheuer & Witsch	Belletristik
Wilhelm Knapp	Fachbuch/Special Interest
Koehler & Amelang	Wissenschaft (Geisteswissenschaften)
Paul List	Belletristik/Sachbuch
Carl Marhold	*Wissenschaft/Fachbuch (Medizin, Technik)*
Felix Meiner	Wissenschaft (Geisteswissenschaften)
Neumann-Verlag	Fachbuch
Max Niemeyer	Wissenschaft (Geisteswissenschaften)
C. F. Peters	Musik
Quelle & Meyer	Fachbuch
Philipp Reclam jun.	Belletristik
Rütten & Loening	Belletristik
Dr. Paul Schöps	Fachbuch/Special Interest
E. A. Seemann	Kunst
Theodor Steinkopff/Dr. Dietrich Steinkopff	*Wissenschaft (Medizin, Naturwissenschaften, Medizin)*
B. G. Teubner	*Wissenschaft (Natur- und Geisteswissenschaften)*
Georg Thieme	*Wissenschaft (Medizin und Naturwissenschaften, Medizin)*
Verlag für die Frau/Otto Beyer	Special Interest
Jugendbuchverlag Ernst Wunderlich	Kinder- und Jugendbuch

[*] Zu dem speziellen Fall des Dietz-Verlags siehe Kapitel 8, Fußnote 111.

Jahre allmählich ändern.[17] Lembrechts Einschätzung aus dem Jahr 2013 geht in eine ähnliche Richtung. In ihrem Forschungsbericht zum deutschen wissenschaftlichen Verlagswesen des 19. und 20. Jahrhunderts konstatiert sie ebenfalls die lange Vernachlässigung der Wissenschaftsverlage und die verstärkte Zuwendung der Forscher zu diesem Feld seit der zweiten Hälfte der 1990er Jahre.[18] Lembrechts detaillierter Beitrag liefert über die systematische Darlegung des Forschungsstandes hinaus eine Kategorisierung der vorliegenden Literatur.[19] Sie macht die Erträge der Forschung ebenso eindrücklich deutlich wie weiterhin bestehende Probleme und Lücken. Zu den von ihr benannten Desideraten gehört unter anderem die Geschichte der wissenschaftlichen Verlage nach dem Ende des Zweiten Weltkriegs. Als Chance sieht Lembrecht in diesem Zusammenhang die »parallele Analyse der Entwicklungen in der BRD und DDR«.[20] Sichtbar wird, dass die Literatur zu den in der vorliegenden Arbeit untersuchten acht Verlagen nicht sehr umfangreich ist. Außer mehreren Firmengeschichten zu Gustav Fischer und wenigen Untersuchungen zu Einzelaspekten der Verlagsprogramme von S. Hirzel und B. G. Teubner taucht lediglich indirekt die Akademische Verlagsgesellschaft als Verlag der *Zeitschrift für physikalische Physik* auf, zu der eine wissenschaftliche Arbeit vorliegt (Ergänzungen und Präzisierungen hierzu siehe Kapitel 1.3).

Die weitgehende Vernachlässigung in der Forschung steht in einem Gegensatz zur (auch ökonomischen) Bedeutung der Wissenschaftsverlage. In der DDR-Buchhandelsgeschichtsschreibung verwies man vor allem in den 1950er Jahren auf die große Bedeutung der Wissenschafts- und Fachbuchverlage: Diese sollten die für den Aufbau des Landes, die Qualifikation der Menschen und die im Zuge der Umgestaltung des Schul- und Hochschulwesens benötigte Literatur bereitstellen und erfuhren daher eine besondere Förderung.[21] Mitte der 1950er Jahre wurde von staatlicher Seite in der DDR betont, dass die wissenschaftliche Literatur bezogen auf die Gesamtproduktion

---

17 Holl beschäftigte sich 1996 in einer Dissertation mit einer Autor-Verleger-Beziehung bei Springer; Müller 2004 untersuchte den Verlag de Gruyter in der Zeit um 1900; Schneider legte 2007 einen Aufsatz zum Programmbereich Mathematik bei B. G. Teubner im Kaiserreich vor – 2010 erweitert auf eine Untersuchung zu mathematischen Verlagen zwischen 1871–1949 (Remmert/Schneider 2010); Wittmann lieferte 2008 eine die gesamten 150 Jahre umfassende Firmengeschichte von Oldenbourg.

18 Vgl. Lembrecht 2013, S. 197.

19 Sie teilt die vorliegenden Werke ein in: Selbstdarstellungen und Selbstzeugnisse der Firmen (vor allem Verlagsfestschriften), als Sondertypus darunter solche, die zwar als Auftragsarbeiten, aber mit wissenschaftlichem Anspruch entstehen; verlagshistorische Einzelstudien, die häufig Qualifikationsarbeiten sind; Studien zu Autor-Verleger-Beziehungen; Arbeiten, die Verlagsgeschichte mit der Betrachtung des Publizierens in einzelnen Wissenschaftsdisziplinen verknüpfen; Studien zu Publikationsorganen. Vgl. Lembrecht 2013.

20 Lembrecht 2013, S. 208.

21 Vgl. Selle 1972, S. 32f., 38.

»an erster Stelle«[22] stand und der Bedarf seit 1945 stetig gestiegen war. Es ist daher davon auszugehen, dass den wissenschaftlichen Verlagen eine entsprechende Aufmerksamkeit von Seiten der Kontrollinstanzen zuteilwurde und sich dies in der Quellensituation niederschlägt. In der Bundesrepublik hatten 1955 die Sachgebiete Medizin, Naturwissenschaften, Mathematik sowie Technik, Industrie, Gewerbe zusammengenommen einen Anteil von 14,5 Prozent an der gesamten Buchproduktion (bezogen auf die Titel inklusive Neuauflagen) – und damit mehr als Schulbücher (12,3 Prozent) und nur unwesentlich weniger als die Schöne Literatur (16,3 Prozent).[23]

Die Konzentration auf Wissenschaftsverlage ermöglicht es, einmal nicht die literarische Zensur und die *Druckgenehmigungsverfahren* (im Falle der DDR-Verlage) und auch nicht das Phänomen des literarischen ›Kulturverlegers‹[24] (für die Bundesrepublik) in den Mittelpunkt der Betrachtung zu stellen, wie dies in buchhandelshistorischen Untersuchungen zu DDR und Bundesrepublik oft geschieht. Die Existenz von zentralistischen Lenkungs- und Kontrollmechanismen im Verlagswesen der DDR spielte zwar eine große Rolle für die Entstehung und die Handlungsspielräume der Parallelverlage (siehe Kapitel 4), darüber hinaus waren aber konkrete Zensurverfahren bei den Wissenschaftsverlagen in den meisten Fällen nicht entwicklungs- und entscheidungsbestimmend.[25] Die Verlegerpersönlichkeiten der Wissenschaftsverlage, vor allem jene in der Bundesrepublik, finden in ihrer Rolle als Firmeninhaber und -leiter Beachtung. Insgesamt bietet sich durch die Fokussierung der vorliegenden Arbeit die Chance, dass die Verlage stärker als *Wirtschafts*unternehmen im Kontext zweier unterschiedlicher politischer und ökonomischer Systeme betrachtet werden können.

Ein forschungspragmatischer Aspekt tritt hinzu: Die Auswahl der acht Verlage hat sich nach der ersten Sichtung der relevanten Quellen und Daten als äußerst vielversprechend erwiesen, da sich das breite Spektrum der Möglichkeiten hinsichtlich der Entstehungskontexte und Beziehungskonstellationen an diesen Beispielen hinreichend detailliert und sinnvoll strukturiert darstellen lässt. Es sei an dieser Stelle darauf hingewiesen, dass die Auswahl der Verlage mit den Programmschwerpunkten Naturwissenschaft, Medizin und Technik nicht bedeutet, dass nur Dokumente ausgewertet werden, die sich auf diese Programmbereiche beziehen. Wenn auf bestimmte Titel aus den Verlagen in Fallbeispielen Bezug genommen wird, so stammen diese

---

22 Amt für Literatur und Verlagswesen, Kienast, an die Deutsche Notenbank, 16.8.1955, BArch, DR1/1123.

23 Börsenverein des Deutschen Buchhandels 1956.

24 Zum Typus des ›Kulturverlegers‹, der ab 1900 in Erscheinung trat und für den prominente Vertreter wie Samuel Fischer, Eugen Diederichs, Kurt Wolff oder Ernst Rowohlt standen, vgl. Wittmann 1999, S. 304f.

25 Lokatis konstatiert, dass die Rolle der Literaturbehörde im Belletristik-Bereich viel stärker als »Anleitung« fühlbar war als im wissenschaftlichen Verlagswesen, wo sie mehr eine »koordinierende Funktion« wahrnahm. Lokatis 1995, S. 190.

Publikationen gegebenenfalls auch aus den Geisteswissenschafts- oder Fachbuchsegmenten der Verlage.[26]

Die vorliegende Arbeit konzentriert sich auf die Zeit von 1945 bis zum Anfang der 1960er Jahre. Die meisten Parallelunternehmen entstanden seit 1945 bis in die ersten Jahre der 1950er hinein; ›neue‹ Parallelverlage kamen spätestens ab der zweiten Hälfte des Jahrzehnts nicht mehr hinzu. Auch hinsichtlich der Unternehmensbeziehungen ist es in diesem Untersuchungszeitraum möglich, die wichtigsten Aspekte zu systematisieren und exemplarisch darzustellen. Diese veränderten sich nach 1945 zunächst noch stark – bis zum Beginn der 1960er Jahre hatten sich die meisten Beziehungen jedoch weitgehend stabilisiert. Grundsätzliche Konfliktfelder und das Spektrum möglicher Reaktionen blieben bis zur deutschen Wiedervereinigung erhalten.[27] Wenn es Quellenlage oder Fragestellung nahelegen, wird der Blick punktuell über den eigentlichen Untersuchungszeitraum hinausgehen.

1.2 Theoretische Überlegungen

In der vorliegenden Arbeit wird der Forschungsgegenstand – die deutsch-deutschen Parallelverlage – aus einer buchwissenschaftlichen Perspektive betrachtet. Hierbei gibt es ebenso wenig wie in anderen akademischen Disziplinen die *eine* Theorie ihres Gegenstandes.[28] Vielmehr bedingen die besondere Entstehungsgeschichte des heutigen akademischen Fachs Buchwissenschaft[29] und die »Mehrdimensionalität des Forschungsgegenstandes und der Interdisziplinarität seiner Bearbeitung«,[30] dass »das (pluralistische) Methoden- und auch Theoriespektrum [...] entsprechend den Geisteswissenschaften sowie den Wirtschafts-, Sozial- und Kommunikationswissenschaften [entstammt]«.[31] Nicht anders verhält es sich mit dem Untersuchungsgegenstand ›Par-

---

26 So wenig eine strenge Einengung der Programmbereiche erfolgt, so wenig geschieht dies hinsichtlich der Auswahl der Verlage. Wenn Fragestellung und Quellenlage es nahelegen, werden in einigen Fällen Beispiele anderer Parallelverlage mit herangezogen.

27 Gleichwohl soll dies nicht suggerieren, es hätten in den verbleibenden Jahrzehnten bis zur deutschen Wiedervereinigung im Jahr 1990, die das Ende der Parallelverlage mit sich brachte, keine Wandlungen in den Unternehmensbeziehungen mehr stattgefunden.

28 Vgl. Rautenberg 2010, S. 52.

29 Siehe dazu ausführlich Rautenberg 2010, S. 14–21.

30 Rautenberg 2010, S. 54. Die Arbeitsfelder umfassen Untersuchungen der Bereitstellungsqualität (Beschaffenheit der Materialobjekte, Typografie, Buchmalerei etc.), der Organisationen (dazu gehören Verlage, Bucheinzelhandlungen und Bibliotheken), der Institutionen (dazu gehören Kommunikationskontrolle und Zensur), des Lesens und der Leser sowie der kommunikativen Leistungen des Buches für Individuen und Gesellschaft. Vgl. Rautenberg 2015a, S. 100f.

31 Rautenberg 2015a, S. 101. Ähnlich beschreibt es Saxer für die Medienwissenschaft. Diese bezieht »transdisziplinär kultur- (geistes-) und sozialwissenschaftliche Disziplinen, aber auch Technik-, Wirtschafts- und Rechtswissenschaft ein, soweit Medien deren Gegenstand bilden«. Saxer 1999, S. 4.

allelverlage‹: Es werden in dieser Arbeit acht bzw. sechzehn Unternehmen in einer Phase des fundamentalen gesellschaftlichen und politischen Umbruchs in Deutschland betrachtet, der mit der Teilung des Landes in zwei Staaten mit unterschiedlichen Gesellschafts-und Wirtschaftssystemen verbunden war. Dies erfordert den Einbezug verschiedener Perspektiven und einen interdisziplinären Zugang. Theoretische und methodische Überlegungen werden daher aus verschiedenen Forschungskontexten reflektiert und auf für die vorliegende Arbeit geeignete Modelle und Begriffe hin geprüft. Im Sinne Berghoffs sollen die theoretischen Ausgangsideen eine »forschungspragmatische Funktion« erfüllen, die »Zugänge zur Empirie eröffnen« und »den Untersuchungsgegenstand analysierbar [...] machen«.[32]

Die Verlage werden in der vorliegenden Arbeit als Wirtschaftsunternehmen betrachtet, die im Untersuchungszeitraum in einem besonderen Maße politischen und wirtschaftspolitischen Einflüssen und Entwicklungen unterworfen waren, auf die sie mit unternehmerischen Entscheidungen und Strategien reagieren mussten. Als deutsch-deutsche Unternehmen wurden sie zudem selbst zu politischen Akteuren – oder wenigstens zu einem Spiegelbild politischer Problemkonstellationen. Es werden deshalb neben Theoriemodellen aus der Buchwissenschaft bzw. der Verlagsgeschichtsschreibung solche aus der Unternehmensgeschichtsschreibung und der Betriebswirtschaftslehre herangezogen. Ergänzend werden Zugänge aus der Soziologie reflektiert, auf die sich einige der Modelle der anderen akademischen Bereiche ohnehin häufig beziehen.

1.2.1 Ansätze der Verlagsgeschichtsschreibung

Speziell mit der Verlagsgeschichtsschreibung und den damit verbundenen Problemen befasst sich ein von Norrick und Schneider 2012 herausgegebener Sammelband.[33] Interessant ist im Kontext der vorliegenden Arbeit vor allem der Aufsatz von Schneider zur *Verlagsgeschichte als Unternehmensgeschichte.* Sie stellt verschiedene Zugänge zur Verlagsgeschichte über die Perspektiven a) Unternehmerpersönlichkeit, b) ökonomische, soziale, kulturelle und politische Dimensionen beim Blick auf das Unternehmen, c) Unternehmenskultur und Unternehmenskommunikation vor.[34] Kritisch auseinandergesetzt mit methodischen Überlegungen zu diesem Gebiet der Buchwissenschaft hat sich daneben Trinckauf.[35] Sie reflektiert ebenfalls den firmengeschichtlichen Zugang und stellt insbesondere die Neue Institutionenökonomik vor. Aufgrund deren »Maxime, daß ein Unternehmen immer seine wirtschaftlich

---

32 Dieses und das vorangegangene Zitat: Berghoff 2004a, S. 61.
33 Norrick/Schneider 2012.
34 Vgl. Schneider 2012.
35 Trinckauf 2008.

effizienteste Form anstrebt«,[36] ist dieser Ansatz für die Untersuchung der Parallelverlage insbesondere im Osten Deutschlands wenig geeignet. Die starke politische
Komponente, die das Handeln der Verlage bestimmte, spricht ebenso dagegen wie die
mit anderer Zielsetzung organisierte planwirtschaftliche Ordnung in der DDR (zum
unternehmensgeschichtlichen Zugang siehe Kapitel 1.2.3). Weiterhin stellt Trinckauf
systemtheoretisch und feldtheoretisch basierte Zugänge zur Verlagsgeschichtsschreibung vor, die in buchwissenschaftlichen Arbeiten bereits angewendet wurden,[37] hier
aber in einer ausschließlichen Anwendung ausscheiden. Diese Modelle setzen jeweils
eine ausdifferenzierte Gesellschaft mit unabhängigen und geschlossenen Systemen
bzw. autonomen Feldern voraus, die in der DDR nicht gegeben waren – und die in
den Jahren direkt nach Kriegsende im gesamten deutschen Raum nicht vorzufinden
waren.[38] Gleichwohl können die systemtheoretischen Überlegungen Jägers, mit deren
Hilfe er das Buchhandelssystem und die ›Doppeltheit‹ des Buches als Kulturgut und
Ware erklärt, als Ausgangspunkt für einige Gedanken zur Stellung der Verlage im
gesellschaftlichen System verwendet werden (siehe Kapitel 1.2.2).

Der von Trinckauf darüber hinaus diskutierte Analyserahmen, den Triebel mit
Seidl entwickelt hat und der den Bezugspunkt für Triebels Untersuchung des Eugen
Diederichs Verlags darstellt,[39] ist ein für die vorliegende Arbeit geeigneter Ansatz
(siehe Kapitel 1.4), da hier von einer Strukturierung der Unternehmensumwelt in drei
Sphären ausgegangen wird. Dies ist erstens der Absatz- und Beschaffungsmarkt, zu
dem im Falle der Verlage die Käufer auf der einen und Autoren, Setzereien, Druckereien, Bindereien etc. auf der anderen Seite gehören. Die zweite Sphäre bezieht sich
auf die kulturelle Ebene, welche die politischen und wirtschaftlichen Rahmenbedingungen und damit institutionell gefasste Regelungen sowie das verfügbare Wissen,
Normen und Werte und dergleichen umfasst. Die dritte Sphäre schließlich meint die
Natur und die Gesellschaft im Allgemeinen.[40]

---

36 Ebd., S. 36.
37 So nutzt Weichselbaumer 2015 den feldtheoretischen Ansatz Bourdieus für seine Werkbiografie
des Typographen Hermann Zapf; Müller 2004 verwendet die Feldtheorie als Theoriehintergrund für
ihre Untersuchung des Verlags Walter de Gruyter um 1900 – in beiden Fällen überzeugt der Bezug zur
Feldtheorie. Gruschka 1995a stützt sich in seiner Arbeit über den Verlag Kurt Desch zwischen 1945 und
1950 auf ein systemtheoretisches Modell.
38 Vgl. Trinckauf 2008, S. 10, 16. Zum Problem der Anwendbarkeit dieser soziologischen Modelle auf
die DDR-Kultur siehe auch Wrage 2005. Zur Anwendbarkeit der Systemtheorie in der Buchwissenschaft
und den damit verbundenen Schwierigkeiten siehe Keiderling 2007.
39 Vgl. Triebel/Seidl 2001; Triebel 2004, S. 23–27.
40 Vgl. Triebel 2004, S. 26; Trinckauf 2008, S. 38.

1.2.2 Wissenschaftsverlage im gesellschaftlichen System

Der Medien- und Kommunikationswissenschaftler Saxer, der sich (im Gegensatz zu vielen seiner Fachkollegen) auch explizit dem Buch und damit der Buchwissenschaft zugewandt hat, betrachtet Verlage als *Organisationen*, also »zweckgerichtete und zweckerfüllende Sozialsysteme«[41] innerhalb des *komplexen Systems* der Buchmedienkommunikation. Diese weisen verschiedenartige Beziehungen zu anderen sozialen Systemen auf, mit denen sie in konkreter Verbindung stehen oder von denen sie (direkt oder indirekt) beeinflusst werden.[42]

Nach den Überlegungen des Buchwissenschaftlers Jäger, der sich seinerseits an den systemtheoretischen Entwürfen von Parsons und Luhmann orientiert, befinden sich Verlage in der ›Interpenetrationszone‹ von Kultur- und Wirtschaftssystem.[43] Dieser Ansatz trägt dem Charakter der ›Doppelcodierung‹ des Buches Rechnung, das auf der einen Seite als Kommunikationsträger einen kulturellen, auf der anderen Seite einen ökonomischen Wert hat.[44] Die Interpenetrationszonen entstehen durch den Austausch von Medien zwischen den Systemen. Im Falle des Buchverlags wird Wertbindung – das Medium des Kultursystems – in das Medium des Wirtschaftssystems – Geld – konvertiert. Doppelcodierung und Austauschprinzip werden innerhalb des Verlags durch eine entsprechende Arbeitsteilung gespiegelt. Das Lektorat betreut den Autor und die Manuskripte und damit den Bereich des kulturellen Inputs, der Vertrieb ist für den wirtschaftlichen Output, also die Umwandlung des kulturellen Guts in Geld zuständig.[45] Dies verweist auf die von Saxer betonte *Organisiertheit* von Medien, also die »Rationalisierung kollektiven Handelns zur Realisierung bestimmter Zwecke vornehmlich durch Arbeits-, Funktionsteilung und Hierarchie«.[46]

Nach Luhmann nehmen Systeme eine spezifische *Funktion* für die Gesellschaft wahr und erfüllen spezifische *Leistungen* für andere Systeme,[47] was mit der Beschreibung der »Funktionalität der Buchkultur« und dem »spezifischen Leistungsvermögen von Buchkommunikation«[48] bei Saxer korrespondiert. Dieser Gedanke ist auch bei der Betrachtung der Verlage in der vorliegenden Arbeit von Interesse: Unternehmerische Entscheidungen können im Hinblick auf die von den Verlagen bzw. ihren Publikationen zu erfüllenden Funktionen und Leistungen in unterschiedlichen gesellschaftlichen Systemen hinterfragt werden.

---

41 Saxer 1999, S. 5.
42 Der diesen Überlegungen zugrunde liegende Begriff von ›System‹ orientiert sich an der Forderung einer Beachtung der ›Systemhaftigkeit‹ von Medien von Saxer. Diese wiederum beruft sich nicht auf Luhmanns Systemtheorie, sondern geht von Parsons strukturell-funktionaler Theorie aus.
43 Vgl. Jäger 2013, S. 6.
44 Vgl. ebd., S. 11; Saxer, 2010, S. 73.
45 Vgl. Jäger 2013, S. 13.
46 Saxer 2010, S. 91.
47 Vgl. Weber 2010, S. 195.
48 Dieses und das vorangegangene Zitat: Saxer 2010, S. 92.

Saxer weist zudem darauf hin, dass das umfassende Funktionspotenzial von Medien zu ihrer *Institutionalisierung* führt,[49] also dazu, dass Medien als Bereitsteller »unentbehrlicher Leistungen ins gesellschaftliche Regelungssystem eingefügt sind«. Diese Regelung erfolgt in Abhängigkeit von den jeweils konkreten politischen und wirtschaftlichen Verhältnissen »stärker über Marktmechanismen oder entsprechend der politischen Machtverteilung«.[50] Entsprechend muss das oben erläuterte Konstrukt, das Verlage in ihrer Beziehung zu den Systemen Kultur und Wirtschaft erklärt, um weitere Felder ergänzt werden, damit der Einbindung der Verlage in das gesamte gesellschaftliche Umfeld Rechnung getragen werden kann.[51]

Von großer Bedeutung für den Untersuchungsgegenstand ist das System *Politik*. Die Entstehung der Parallelverlage war eine Folge der politischen Entwicklungen, des Wegs in die deutsche Teilung. Zudem unterlag das Verlagswesen ab dem Zeitpunkt der Besatzung Deutschlands durch die Alliierten einer strengen Reglementierung, da Druckerzeugnisse als wichtiges Mittel zur Durchsetzung der jeweiligen politischen Ziele betrachtet wurden. Während diese (weitreichende) Form der *Kommunikationskontrolle* in den westlichen Zonen später wieder aufgehoben wurde, ging sie in der Sowjetischen Besatzungszone sukzessive auf deutsche Stellen über und wurde in der DDR in einem System der Überwachung und Steuerung der Verlage staatlich institutionalisiert. Auch die jeweilige *Wirtschaftspolitik* und *Wirtschaftsordnung* spielten für die Entstehung und Entwicklung der Parallelverlage eine entscheidende Rolle.

In Verbindung mit dem System Politik spielt das System *Recht* in der Untersuchung eine Rolle. Die Gründung von Zweigstellen, vor allem aber die Verlegung von Verlagssitzen von der östlichen in eine der westlichen Besatzungszonen waren oft eine Folge von Eingriffen in die Eigentumsverhältnisse – zum Teil bewirkte bereits diese wirtschaftspolitische Strategie die Befürchtung eines solchen Eingriffs. Konflikte um die Besitzverhältnisse wurden später ebenso wie Streitigkeiten um Namensführung und Vertriebsgebiete teilweise in Gerichtsprozessen ausgetragen. Die vorliegende Arbeit stellt daher die Frage nach den gesetzlichen und vertraglichen Grundlagen sowie nach der Durchsetzbarkeit rechtlicher Ansprüche in der besonderen historischen Situation.

Schließlich legt es der Untersuchungsgegenstand nahe, das System *Wissenschaft* zu berücksichtigen. Dies geschieht auf der einen Seite durch die Darstellung von Kommunikationsstrategien gegenüber den Wissenschaftlern, die als Verlagsautoren tätig waren, und auf der anderen Seite durch exemplarische Analysen von verlegerischen Entscheidungen bezüglich einzelner Programmsegmente. Bei wissenschaftlichen Kooperationsprojekten spielte die Organisation des – teils noch gesamtdeutschen, teils bereits auseinanderdriftenden Wissenschaftssystems – ebenfalls eine Rolle.[52]

---

49 Vgl. Saxer 1999, S. 6.
50 Dieses und das vorangegangene Zitat: ebd., S. 6.
51 Vgl. Saxer 2010, S. 88.
52 Zum *Wissenschaftsaustausch im Kalten Krieg* siehe Niederhut 2007.

1.2.3 Wissenschaftsverlage als Unternehmen

Da Verlage Wirtschaftsunternehmen sind, finden sich Anregungen zur Darstellung ihrer Geschichte auch in der Unternehmensgeschichtsschreibung. Zur historischen Entwicklung des akademischen Fachs und zur Diskussion um geeignete Methoden, Theorien und Fragestellungen liegen zahlreiche Aufsätze und Monografien vor.[53] Ein genereller Befund zur Theorieproblematik korrespondiert mit der Situation der Buchwissenschaft, wenn Ahrens feststellt, dass es »einen abstrakt-theoretischen Generalschlüssel zur Unternehmensgeschichte«[54] nicht geben könne und er sich Berghoff mit dessen Forderung anschließt, dass es um »Offenheit für unterschiedliche Impulse aus anderen Fächern«[55] gehe. Entsprechend sollen einzelne Aspekte und Überlegungen für die vorliegende Studie fruchtbar gemacht werden: Berghoff betont die Relevanz der Unternehmen als *politische Akteure*.[56] Die Bedeutung der politischen Rahmenbedingungen für die Parallelverlage ist schon angesprochen worden – dies rückt Unternehmen als Akteure in den Blick, die auf komplexe Umweltbedingungen und stete Änderungen des wirtschaftlichen und politischen Umfelds reagieren müssen. Unternehmen wird mithin ein »hohes Maß an Anpassungs- aber auch Handlungs- und Innovationsfähigkeit«[57] abverlangt. Umgekehrt soll hier mit Berghoff auch danach gefragt werden, ob die Verlage in der Lage waren, Einfluss zu nehmen auf primär staatlich bestimmte Felder. Zu denken ist hier etwa an den Interzonen- bzw. innerdeutschen Handel. Im Gegensatz zu großen Industrieunternehmen verfügten die Verlage nicht über einen großen Einfluss als Arbeitgeber und Steuerzahler, da ihre ökonomische Stärke dafür in den meisten Fällen viel zu gering ist. Dagegen besitzen sie eine politische Kraft aufgrund der kulturellen und (potenziellen) politischen Bedeutung ihrer Produkte und der damit einhergehenden öffentlichen Wahrnehmung.

Sowohl Berghoff als auch Plumpe weisen auf das Potenzial von Ansätzen hin, die die *unternehmerische Entscheidung* in den Mittelpunkt stellen. Die Feststellung, dass »Unternehmen Entscheidungen unter Bedingungen von Unsicherheit fällen [müssen]«, trifft auf den Untersuchungszeitraum dieser Arbeit im Besonderen zu. Interessant erscheinen in diesem Kontext die Überlegungen von Mark Casson: Zum »Kerngeschäft« des Unternehmers gehört demnach die Beschaffung und Interpretation von Informationen. »Die eigentliche Entscheidung erfordert die Setzung von Präferenzen, die sich aus der persönlichen Werteskala des Unternehmers ergeben.«[58] Während Casson als solche Werte vor allem Status- und Machtsicherung sowie

---

53 Grundlegend die Übersichtswerke: Berghoff 2004a; Pierenkemper 2000; Pierenkemper 2011. Pointiert zu Traditionen und modernen Ansätzen siehe auch Berghoff 2004b; Ahrens 2010.
54 Ahrens 2010, S. 4.
55 Berghoff 2004b, S. 141.
56 Vgl. Berghoff 2004a, S. 26–29.
57 Pierenkemper 2011, S. 221.
58 Dieses und die vorangegangenen Zitate: Berghoff 2004a, S. 39f.

Einkommenszuwächse betrachtet, wird in der vorliegenden Arbeit danach gefragt, welche (politischen) Wertvorstellungen und persönlichen und unternehmerischen Zielstellungen in der besonderen historischen Situation leitend für bestimmte Entscheidungen der Verleger waren: Hier liegen zum Beispiel der Erhalt des Unternehmens sowie des Standortes und der Arbeitsplätze, die Aufrechterhaltung von Autorenbeziehungen und ähnliches nahe. Plumpe erhebt in diesem Kontext die Forderung, die Unternehmensgeschichtsschreibung solle die »Entscheidungsprozesse und die sie ermöglichenden und erzwingenden Voraussetzungen«[59] verstärkt in den Blick nehmen. Auslöser für Entscheidungen sind meist bestimmte »Zukunftserwartungen, auf die bezogen der gegenwärtige Stand der Dinge als defizitär beschrieben wird.« Entscheidungen hängen nach Plumpe vor allem ab von »a) der Information über die Lage, b) den verfügbaren Handlungsressourcen, c) den Kosten von Veränderungen, d) den Regeln der Informationsverarbeitung und Entscheidungsfindung sowie schließlich e) den gegenwärtigen Vorstellungen von der unternehmensrelevanten Zukunft«.[60] Er weist zugleich darauf hin, dass die Einschätzung der Situation keine objektive ist, sondern von der individuellen Wahrnehmung und Kommunikation abhängt. Außerdem stünden Handlungsressourcen nicht unveränderlich fest, ebenso wenig wie eventuelle Veränderungskosten – eine These, die für die Analyse in der vorliegenden Arbeit genutzt werden soll.[61]

Die Bedeutung der unternehmerischen Entscheidungsprozesse und strategischer Fragen für die Verlage lässt es geboten sein, dass an einigen Stellen Modelle und Sichtweisen der Betriebswirtschaftslehre für die Erklärung herangezogen werden:

Dies betrifft die *Standortwahl* als grundlegende unternehmerische Entscheidung sowie die Analyse der Standortfaktoren als Entscheidungskriterien, da die Verlagsverlagerungen nach 1945 solche Standortentscheidungen darstellten.[62]

Im Kontext der unter den Parallelverlagen strittigen Punkte ist die Frage nach der Bedeutung von *Marken* im betriebswirtschaftlichen Sinne von Bedeutung. Die Untersuchung der Frage, ob die traditionellen Verlagsnamen als Marken fungierten bzw. so gewertet wurden, ermöglicht eine Beurteilung der Relevanz der darum entbrannten Streitigkeiten.

Ebenso finden der *Vertrieb* bzw. die Bedeutung von *Absatzmärkten* Beachtung. Es handelt sich hierbei um einen wesentlichen betrieblichen Funktionsbereich, der durch die Teilung Deutschlands und das Nebeneinanderbestehen der Verlage gleichen Namens in Ost und West erheblichen Veränderungen ausgesetzt war.

Die systemtheoretisch basierte Betrachtung der verschiedenen gesellschaftlichen Sphären besitzt eine Entsprechung in der Betriebswirtschaftslehre. Hier wird die globale *Unternehmensumwelt*, auch als Makro-Umwelt bezeichnet, als Teil des strategi-

---

59 Plumpe 2004, S. 424.
60 Dieses und das vorangegangene Zitat: Plumpe 2011, S. 245.
61 Vgl. ebd.
62 Vgl. Wöhe/Döring 2005, S. 304.

schen Managements hinsichtlich neuer Entwicklungen und Trends beobachtet und analysiert, damit die Unternehmensführung angemessen und rechtzeitig darauf reagieren kann.[63]

Nicht zuletzt leistet diese unternehmensgeschichtliche Arbeit einen Beitrag zur deutsch-deutschen Wirtschaftsgeschichte nach 1945. Durch die exemplarische Analyse eines Marktsegmentes bietet sich die Chance, in größeren Überblickswerken zur Wirtschaftsgeschichte der beiden deutschen Staaten sowie Gesamtdarstellungen bestimmter ökonomischer Phänomene eventuell auftretende Verallgemeinerungen zu ergänzen bzw. zu relativieren.

1.2.4 Die Akteure in den Wissenschaftsverlagen

Die bisherigen Überlegungen beziehen sich auf alle drei Gesellschafts- bzw. Analyseebenen, die unter anderem Bonfadelli als Rahmen für die Medien- bzw. Buchforschung vorschlägt:[64] Auf der Makroebene finden sich die sozialen Systeme Kultur, Politik, Recht, Wirtschaft und Wissenschaft – oder enger gefasst die Verlags- und Buchhandelsstrukturen sowie die Kultur- und Kommunikationspolitik, welche die Rahmenbedingungen für die einzelnen Organisation auf der Mesoebene definierten. Diese waren zum einen die Verlage selbst; daneben spielten die Börsenvereine in Ost und West als Brancheninstitution eine Rolle und nicht zuletzt die Partei- und staatlichen Steuerungsinstanzen, vorrangig in der DDR. Auf der dritten Ebene, der Mikroebene, rücken die Akteure, die ›Entscheider‹ in den Blick: die Verlagsleiter, -inhaber und -mitarbeiter ebenso wie die Entscheidungsträger und Funktionäre in den Ämtern, Behörden und Verbänden.

Zur Einbeziehung der Akteure in die Untersuchung werden in der vorliegenden Arbeit Theorieangebote der Soziologie genutzt.

Es wird danach gefragt, wodurch das *Handeln* der Akteure bestimmt ist. Hier interessierende Entscheidungen fällen Menschen vor allem in einer bestimmten *Rolle*, die einen wichtigen Faktor in der Betrachtung sozialen Handelns darstellt: als Verleger, als Verlagsleiter, als Verbandsvertreter, als Vertreter einer staatlichen Institution. Inwieweit das Handeln durch bestehende *Normen*, (vermeintlich) unumgängliche gesetzliche Regelungen – also die umgebenden Systeme – oder persönliche *Wertvorstellungen* – also individuelle und biografisch entstandene Einstellungen und Haltungen – geprägt war, soll untersucht werden. Einen für die vorliegende Arbeit wichtigen gedanklichen Ausgangspunkt bietet die Theorie von Giddens. Er betont die »Dualität von Strukturen als einerseits einschränkend für das Handeln und andererseits als Rahmen, der soziales Handeln ermöglicht und anregt«.[65] Be-

---

63 Vgl. Sander 2004, S. 289.
64 Vgl. Bonfadelli 2015, S. 65.
65 Miebach 2014, S. 376.

greift man mit Berghoff die ›Strukturen‹ nicht nur als »Regeln und Ressourcen, die sozial verfestigt sind und für das konkrete Handeln einen Rahmen bilden, der das Handeln in bestimmte Bahnen lenkt«,[66] sondern weiter gefasst generell als ›Umweltbedingungen‹, kann man Berghoffs Brückenschlag zu den situativen Ansätzen der Unternehmensgeschichtsschreibung folgen. Diese gehen von ständigen Veränderungen in der Unternehmensumwelt und daher nötigen steten Anpassungs- oder Innovationsleistungen aus.[67] Eben diese Handlungsspielräume zu definieren und zu den konkreten Entscheidungen der Verleger in Beziehung zu setzen, ist ein Ziel der Arbeit.

Aus der unter anderem von Giesen dargestellten Konflikttheorie[68] können die Dimensionen genutzt werden, die bei der Untersuchung von Spannungsfeldern von Bedeutung sind: *Konflikte* entstehen aufgrund gegensätzlicher *Interessen* zweier oder mehrerer Parteien (Individuen oder Gruppen). Diese Interessen sind hinsichtlich der dahinterliegenden Themen und *Zielstellungen* zu differenzieren. Sodann können die Akteure danach betrachtet werden, über welche persönlichen Eigenschaften, aber auch über wie viel ›*Macht*‹ und über welche *Ressourcen* sie verfügen, um den Konfliktgegner auch gegen dessen Willen zu einer bestimmten Handlung zu bringen. Eine Steigerung der eigenen Macht ist durch das Eingehen von *Koalitionen* möglich. Schließlich lassen sich verschiedene Arten von Konflikthandlungen unterscheiden. Wenig kostenintensiv ist zunächst die *Drohung*; bleibt diese ohne Wirkung, kann ein Akteur seine Ressourcen für tatsächliche *Sanktionen* zum Schaden seines Gegners einsetzen. Werden Sanktionen als zu ressourcenintensiv eingeschätzt, geht ein Akteur zu *Verhandlungen* über.[69] Vor allem für die Analyse der Konflikte zwischen den Parallelverlagen und die von ihnen eingesetzten Strategien zur Konfliktbewältigung kann auf dieses Instrumentarium zurückgegriffen werden.

1.2.5 Parallelverlage als Phänomen der deutschen Teilung

Die vorliegende Arbeit mit ihren das deutsch-deutsche Verlagsgeschehen betreffenden Fragestellungen ist außerdem in den Kontext der Forschung zur deutschen Buchhandelsgeschichte nach 1945 einzuordnen und in einem größeren Zusammenhang auch in die allgemeine zeithistorische Forschung. Die sowohl in der Buchwissenschaft[70] als auch der Geschichtswissenschaft diskutierte Frage, ob für BRD und DDR jeweils eine getrennte Geschichtsschreibung erfolgen sollte oder eine gemeinsame (National)-Geschichte zu schreiben ist, wird inzwischen häufig mit einer

---

66 Ebd., S. 377.

67 Vgl. Berghoff 2004, S. 55.

68 Giesen 1993.

69 Vgl. zu diesen Grundzügen der Konflikttheorie Giesen 1993, S. 92–97.

70 Vgl. Altenhein 2011; Lokatis 2011.

dritten Alternative beantwortet.[71] So hält Kocka den Ansatz, nach »Beziehungen und Wechselwirkungen, Verflechtungen und Abgrenzungen zwischen den beiden deutschen Entwicklungen zu fragen«, für »machbarer und erfolgversprechender«.[72] Kleßmann schlägt ebenfalls ein Vorgehen vor, bei dem das »Spannungsverhältnis zwischen der Verflechtung beider Teilstaaten im Sinne eines fortwirkenden ökonomischen, politischen und kulturellen Zusammenhangs und einer bewusst oder unbewusst betriebenen oder gewünschten Abgrenzung auf verschiedenen Ebenen und in verschiedenen Formen«[73] untersucht werden solle. Jarausch folgt Kleßmanns Ansatz und plädiert für eine »themenbezogene Parallelgeschichte von DDR und Bundesrepublik«,[74] innerhalb derer auch die »Analyse der sozialen und kulturellen Verbindungen zwischen Ost und West«[75] Potential besäße. Für die Buchwissenschaft erhebt Lokatis ähnliche Forderungen, indem er für eine »Engführung der beiden deutschen Buchhandelsgeschichten« plädiert, die unter anderem eine »Beziehungs-, Abgrenzungs- Konkurrenz- und Kooperationsgeschichte«[76] bieten sollte.

Der Untersuchungsgegenstand selbst legt ein solches Vorgehen nicht nur nahe, sondern erfordert es zwingend. Die Parallelverlage waren ›getrennte‹ Verlage, ansässig in zwei getrennten Staaten mit unterschiedlichen Gesellschaftssystemen, aber mit einer gemeinsamen Geschichte und Tradition – eine solche gemeinsame Geschichte verband auch die Parallelverlage selbst miteinander. Die Spannung zwischen den Verlagshäusern entstand also genau in diesem Konfliktfeld der *Verflechtung* durch einen gemeinsamen Ursprung und die – teils erforderliche und teils erzwungene – *Abgrenzung* voneinander in der gegebenen politisch, rechtlich und oft auch für die Betroffenen persönlich komplizierten Situation. So werden denn auch Fragen nach der Beziehung der Verlage in eben diesem Spannungsfeld sowie in dem von Konkurrenz und Kooperation im Mittelpunkt stehen.

---

71 Für die Buchwissenschaft vgl. Altenhein 2011; Lokatis 2011. Für die allgemeine Zeitgeschichte vgl. u. a. Kocka 1993, S. 14f., Großbölting 2012; Wentker 2005. Der Sammelband von Hechler u.a. 2009 befasst sich eigens mit der Thematik des Promovierens zur deutsch-deutschen Zeitgeschichte und wirft diese Frage ebenfalls auf.

72 Dieses und das vorangegangene Zitat: Kocka 1993, S. 15.

73 Kleßmann 1993, S. 31. Er konstatierte noch 2009, dass sich die Forschung zu wenig der deutsch-deutschen Beziehungs- und Verflechtungsgeschichte zugewandt hat. Vgl. Kleßmann 2009, S. 46.

74 Jarausch 2004, S. 3.

75 Ebd., S. 12.

76 Dieses und das vorangegangene Zitat: Lokatis 2011, S. 1. Die Forderung steht hier im Zusammenhang mit der Frage nach der Konzeption der Teilbände der *Geschichte des deutschen Buchhandels im 19. und 20. Jahrhundert* zu DDR und BRD.

1.3 Forschungsstand und Quellenlage

1.3.1 Forschungen zur Buchhandelsgeschichte

Zur Entwicklung des Buchhandels in der Nachkriegszeit existieren zahlreiche Studien. Diese widmen sich in Einzelfällen dem gesamten Spektrum buchhändlerischer Organisationen und Institutionen der Zeit; hervorzuheben ist hier die verdienstvolle, umfassende Arbeit von Ernst Umlauff zum *Wiederaufbau des Buchhandels*.[77] Speziell zur Lizenzierungspolitik in der Sowjetischen Besatzungszone bietet die Arbeit von Bettina Jütte Grundlegendes über Prozesse und Institutionen;[78] über die Kommunikationskontrolle im Verlagswesen der SBZ und DDR hat vor allem Siegfried Lokatis zahlreiche Aufsätze und Monografien vorgelegt.[79] Die Kommunikationskontrolle in der amerikanischen Besatzungszone stellt Bernd Gruschka am Beispiel des Verlags Kurt Desch dar; über die Verlagspolitik in der britischen Besatzungszone hat jüngst Judith Jost in einem Aufsatz berichtet.[80] Darüber hinaus bieten einzelne Verlagsgeschichten, die sich (auch) mit der Zeit nach 1945 beschäftigen, oft einen mehr oder weniger umfangreichen Überblick über die Entwicklung der Zeit.

Zu einigen der Parallelverlage, die zwischen 1945 und 1990 existierten, sind verlagshistorische Darstellungen vorhanden – oft als Jubiläumsschriften und Firmenchroniken entstanden und mit den damit verbundenen Schwierigkeiten behaftet, teils aber (dennoch) von Wissenschaftlern mit entsprechendem Anspruch bzw. als akademische Qualifikationsarbeiten verfasst. Ertragreiche Quellen und eine Basis für weitere Forschungen stellen die Arbeiten allemal dar.[81] Ausführlich ist die Geschichte von Reclam dokumentiert;[82] daneben finden sich Darstellungen zu Kiepenheuer & Witsch, F. A. Brockhaus, dem Bibliographischen Institut, dem Insel-Verlag, Rütten & Loening sowie Julius Beltz.[83] Bettina Hinterthür stellt in ihrer Studie zu den Musikverlagen in der DDR das Problem der parallelen Häuser in diesem Bereich (Breitkopf & Härtel,

---

77 Neben Umlauff 1978, der sich in einer quellengesättigten Arbeit Kommunikationskontrolle, Börsenverein, Verlagen, Bucheinzel- und Zwischenbuchhandel, Schulbuchwesen, wirtschaftlichen Fragen, Branchenusancen und Buchhandel im geteilten Deutschland widmet, sind zu nennen: Neuanfang 1995 zur unmittelbaren Nachkriegszeit im Buchhandel; Estermann/Lersch 1997 zu *Buch, Buchhandel und Rundfunk* in der Zeit bis 1949; Estermann/Lersch 1999 zum selben Spektrum in den 1950er Jahren.
78 Jütte 2010.
79 Lokatis 1994; Lokatis 1997b; Lokatis 1998; Lokatis 1999.
80 Gruschka 1995a; Joos 2014.
81 Hier interessieren lediglich die Arbeiten, die auch die Zeit nach 1945 betrachten. Zur Problematik der Firmenschriften siehe u. a. Trinckauf 2008; Lembrecht 2013.
82 Zu Reclam liegen vor: Bode 2003 (Chronik); Bode 1992 (Aufsatzsammlung zur Universalbibliothek); Benz 1994; Schüler 2009; Laux 2010.
83 Zu Kiepenheuer & Witsch: Boge 2009; Lokatis/Sonntag 2011; zu Brockhaus: Keiderling 2005; zum Bibliographischen Institut: Sarkowski 1976; zu Insel: Sarkowski/Jeske 1999; Deutsche Bibliothek/Insel Verlag 1999; zu Rütten & Loening: Staude 1997, Wurm 1994.

C. F. Peters, Friedrich Hofmeister) detailliert dar;[84] zu Breitkopf & Härtel sowie Peters existieren weitere Publikationen.[85]

Mit den Parallelverlagen als Gesamtphänomen, unabhängig von einzelnen Fallbeispielen, hat sich bisher kaum eine Arbeit auseinandergesetzt. Lediglich Frohn hat in ihrer Arbeit über den Literaturaustausch im geteilten Deutschland, in der sie deutsch-deutsche Verlagsbeziehungen im Bereich Belletristik untersucht, den Parallelverlagen einen Exkurs gewidmet, in dem sie Entstehung und Beziehungskonstellationen thematisiert und anhand der Verlage Insel, Reclam, Kiepenheuer/Kiepenheuer & Witsch sowie Rütten & Loening exemplarisch ausführt.[86] Ebenfalls mit deutsch-deutschen Verlags- und Literaturbeziehungen befasst sich die Arbeit über den Verlag Luchterhand von Ulmer.[87]

Zu den in der vorliegenden Arbeit betrachteten Wissenschaftsverlagen sind insbesondere Jubiläumsschriften vorhanden, teils auch Schriften zu speziellen Aspekten der Verlagsgeschichten, die bei der Auswertung berücksichtigt wurden. Zur Akademischen Verlagsgesellschaft liegt ein Verlagsverzeichnis von 1956 vor, das zum 50jährigen Jubiläum in Leipzig erschien und dem eine sechsseitige Darstellung der Verlagsgeschichte und Programmentwicklung vorangestellt ist. Im Frankfurter Haus kam zehn Jahr später ein ebenfalls sechsseitiger Abriss der Geschichte aus Anlass des 60jährigen Jubiläums heraus. Die komplizierte Geschichte der ›Arisierung‹ des Verlags im Nationalsozialismus ist von Lorz gründlich aufgearbeitet worden. Daneben liegen Darstellungen der Biografien der Verleger Walter Jolowicz/Walter J. Johnson und Kurt Jacoby vor. Mit einer wichtigen Zeitschrift des Verlags, der *Zeitschrift für physikalische Chemie*, beschäftigt sich die Arbeit von Hapke. Außerdem ist dem Findbuch zum Bestand der Akademischen Verlagsgesellschaft im Sächsischen Staatsarchiv Leipzig eine ausführliche Einleitung vorangestellt, die die Geschichte darlegt.[88] Zu 200 Jahren Verlagsgeschichte von Johann Ambrosius Barth gibt eine 1980 vom Leipziger Unternehmen herausgegebene Jubiläumsschrift ausführlich Auskunft; mit der Buchhändlerfamilie Meiner und damit mit Arthur und Annemarie Meiner, den nach 1945 wichtigsten Protagonisten, hat sich Rainer A. Bast beschäftigt.[89]

Am besten ist die Nachkriegsgeschichte von Gustav Fischer dokumentiert. Neben einer Festschrift von 1953 aus Jena, einer ausführlichen Verlagsgeschichte zum 100jährigen Jubiläum von 1978 aus Stuttgart und einer (knapperen) aus dem gleichen

---

84 Hinterthür 2006.

85 Zu Breitkopf & Härtel: von Hase 1968 (Erinnerungen des Verlegers Hellmuth von Hase); Seemann 2004. Zu Peters: Molkenbur 2001.

86 Vgl. Frohn 2014, S. 235–260.

87 Ulmer 2016.

88 O. V. 1956; o. V. 1966; Lorz 1999; zu Johnson und Jacoby siehe Beschler 2009; zur Zeitschrift Hapke 1987; Einleitung im Findbuch des Staatsarchivs Leipzig zum Bestand 21091 Akademische Verlagsgesellschaft Leipzig, Stand 2003.

89 Wiecke 1980; Bast 1997.

Jahr aus Jena liegen mehrere Beiträge von Wulf D. von Lucius vor, die sich unter anderem mit den Beziehungen der Häuser in Ost und West sowie einem wissenschaftlichen Standardwerk des Verlags, dem *Lehrbuch der Botanik*, beschäftigen. Außerdem nimmt Bettina Jütte den Verlag Gustav Fischer als Fallbeispiel für ihre Darstellung der Lizenzierungspolitik in der SBZ und widmet dem Verhältnis zwischen Jena und Stuttgart einen zusätzlichen Beitrag. Die Beziehungen des Verlags zur Jenaer Universität stellt Schlüter dar.[90]

Bei S. Hirzel Leipzig erschien 1953 ein Überblick über die Verlagsgeschichte anlässlich des 100jährigen Bestehens. Zu Carl Marhold liegt eine Festschrift zum 70. Geburtstag des Verlegers Wolfgang Jäh vor, die Verlagsgeschichtliches nur streift; Auskunft über den Verlag gibt darüber hinaus ein kurzes Porträt im Branchenblatt *Buchhändler heute*, beides erschien 1978.[91] Zum 50jährigen Jubiläum von Theodor Steinkopff Dresden 1958 kam ein gemeinsam mit dem Darmstädter Verlag Dr. Dietrich Steinkopff veröffentlichter Verlagskatalog heraus, dem eine vierseitige Firmenchronik vorangestellt ist; außerdem widmet Heinz Götze den Steinkopff-Verlagen in seiner Geschichte des Springer-Verlags anderthalb Seiten.[92] Bei B. G. Teubner Leipzig erschien 1961 eine Festschrift zum 150jährigen Bestehen; mit dem Verlag beschäftigen sich außerdem mehrere Publikationen der ehemaligen Verlagsmitarbeiter Jürgen Weiß und Heinrich Krämer. Die Firmengeschichte von Giesecke & Devrient stellt Eckpunkte der Entwicklung seit 1969 dar, als der Konzern Teubner übernahm; mit einem Periodikum von Teubner, dem *Archiv für Religionswissenschaft*, hat sich Dürkop auseinandergesetzt.[93] Zum Verlag Georg Thieme erschien 1986 eine Verlagsgeschichte über den *Wissenschaftsverlag im Spiegel seiner Zeitschriften*, verfasst ebenfalls von einem Verlagsmitarbeiter, Christian Staehr; 2011 kam eine fortgeschriebene Neuauflage heraus.[94]

Darüber hinaus geben verschiedene Übersichtsdarstellungen Auskunft über die Entwicklungen. Hervorzuheben ist die verdienstvolle Arbeit von Links über *Das Schicksal der DDR-Verlage*; daneben finden sich Verlagsbeschreibungen im *Lexikon des gesamten Buchwesens* und im *Lexikon Buchstadt Leipzig*.[95]

---

90 Stier 1953; Schulz 1978; Breyer 1978; von Lucius 1994, 1997; Lucius, Wulf D.: Zweimal Fischer Verlag. Vertrauensvolle Zusammenarbeit. Wie gleichnamige Verlagshäuser in beiden deutschen Staaten vernünftige Beziehungen pflegen. In: Börsenblatt (Leipziger Ausgabe), H.13, 28.3.1989, S. 228–230. Jütte 1997, 2010; Schlüter 2007.

91 Carl Marhold Verlagsbuchhandlung 1978; o. V. 1976.

92 O. V. 1958; Götze 1994.

93 Müller 1961; Weiß 2009; Krämer 2011; Krämer/Weiß 2011; Prell/Böttge 2002; Dürkop 2013.

94 Staehr 1986; Staehr/Hempe/Döbler 2011.

95 Links 2010; Bähring/Rüddiger 2008; Corsten/Pflug 1987–2014.

1.3.2 Forschungen zur Zeit- und Wirtschaftsgeschichte

Einen wichtigen Bezugspunkt für die vorliegende Arbeit stellen Untersuchungen zu anderen geteilten Unternehmen nach 1945 dar. Mit dem Phänomen der Firmenverlagerungen im Allgemeinen haben sich Hefele in einer umfassenden Untersuchung und Johannes Bähr in einem Aufsatz beschäftigt.[96] Wissenschaftliche Forschungen zu einzelnen Unternehmen liegen mit Aufsätzen von Fäßler zur Lufthansa sowie Karlsch zur Afga Leverkusen bzw. dem später so firmierenden DDR-Parallelunternehmen Filmfabrik Wolfen vor; eine umfangreiche Darstellung des Wissenschaftshistorikers Hermann existiert zur deutsch-deutschen Geschichte von Carl Zeiss.[97] Golle hat einen Titel zur Abwanderung der ostdeutschen Firmen vorgelegt.[98]

Zur deutschen Nachkriegszeit und zur Geschichte der beiden deutschen Staaten liegt eine Vielzahl an Publikationen vor, angefangen von Überblickswerken[99] bis hin zu Betrachtungen einzelner Spezialfragen, zum Beispiel der jeweiligen Außen- und innerdeutschen Politik sowie dem Verhältnis zu den Besatzungsmächten.[100] Hervorzuheben sind diejenigen Arbeiten, die sich um eine Zusammenschau der Ereignisse in beiden deutschen Staaten bemühen – wegweisend sind hier Kleßmann, Bender und Kielmannsegg.[101] Eine wichtige Grundlage stellt außerdem die Wirtschaftsgeschichte beider Staaten dar. Hier liegen ebenfalls Überblickswerke vor; das Buch von Roesler verdient Erwähnung, weil er sich an einer *deutsch-deutschen Wirtschafts- und Sozialgeschichte* versucht und den Anspruch erhebt, damit *eine Analyse auf gleicher Augenhöhe* (so der Untertitel) zu liefern.[102] Zum innerdeutschen

---

96 Hefele 1998 liefert neben Ursachen der Abwanderungen statistische Auswertungen und empirische Befunde.

97 Fäßler 2005a; Karlsch 1992; Hermann 2002.

98 Golle 2002. Darin beschreibt der Autor u. a. den Exodus der Leipziger Verlage und Buchherstellungsbetriebe. Die von ihm angeführten Zahlen sind leider nicht mit Quellenangaben versehen.

99 Stellvertretend seien genannt: Zur Besatzungszeit und dem Weg in die deutsche Teilung: Halder 2002, Benz 2009. Zur DDR das Standardwerk von Weber 2012; die knappe Darstellung von Mählert 2009; Schroeder 1999; Stefan Wolle 2013, der in drei Bänden »Herrschaftsgeschichte und Alltagshistorie« verbindet. Zur Bundesrepublik: Morsay 2007.

100 Zur Deutschlandpolitik der SED: Lemke 2001; Amos 1999; zum Antikommunismus in der BRD: Creuzberger/Hoffmann 2014.

101 Kleßmann 1991 zur Zeit von 1945 bis 1955; Kleßmann 1997 zu 1955 bis 1970; Kielmannsegg 2000; Bender 2007. Auch Wehler 2009 nimmt die Entwicklungen in beiden Staaten in den Blick.

102 Abelshauser 2011 legt eine *Deutsche Wirtschaftsgeschichte* von 1945 bis heute vor, betrachtet die DDR-Wirtschaft darin aber nicht. Derselben widmet sich Steiner 2007. Die Transformation der ostdeutschen Wirtschaft haben exemplarisch und detailreich Halder 2001 (am Beispiel Sachsens zwischen 1945 und 1948) und Sattler 2002 (am Beispiel Brandenburgs zwischen 1945 und 1952) dargestellt. Zur Spezialthematik der Betriebe mit staatlicher Beteiligung in der DDR siehe Hoffmann 1999; zu den Reparationsleistungen der SBZ/DDR siehe Karlsch 1993.

Handel haben Fäßler und Krewer Grundlagenuntersuchungen vorgelegt.[103] Fäßler hat sich außerdem in verschiedenen Aufsätzen mit weiteren Aspekten der innerdeutschen Wirtschaftsbeziehungen beschäftigt, die er stets in einen engen Bezug zu den politischen Entwicklungen bringt; hervorzuheben ist in diesem Kontext vor allem die Untersuchung zum *Streitobjekt »Warenzeichen«*.[104]

1.3.3 Archivalische Quellen

Neben der Forschungsliteratur und den gedruckten Quellen stützt sich die vorliegende Arbeit vorrangig auf die Auswertung archivalischer Quellen. Mehrere Verlagsarchive Leipziger Verlage befinden sich im *Sächsischen Staatsarchiv Leipzig*. Zur Akademischen Verlagsgesellschaft Geest & Portig sind hier zehn laufende Meter aus der Zeit bis 1991 zu finden. Der Bestand zu Johann Ambrosius Barth umfasst neben einem umfangreichen Buch- und Zeitschriftenarchiv auch ca. 15 laufende Meter Verlagsakten (1776 bis 1999). Innerhalb des Bestandes des Bibliographischen Instituts befindet sich ein sehr ertragreicher Teilbestand zum Hallenser Verlag Carl Marhold. Von S. Hirzel gibt es zwei laufende Meter aus der Zeit von 1963 bis 1991 (und damit leider nicht aus dem Untersuchungszeitraum).

Einen Glücksfall für die verlagshistorische Forschung und diese Arbeit im Besonderen stellen die zwei Bestände zu B. G. Teubner dar, da hier der seltene Fall anzutreffen ist, dass sich Akten sowohl aus dem DDR-Verlag als auch aus dem Verlag in der Bundesrepublik finden. Der Bestand des Stuttgarter Hauses umfasst knapp 72, der des Leipziger Hauses ca. 29 laufende Meter.[105] Weitere Akten zur Firma B. G. Teubner, besonders zum grafischen Betrieb, finden sich im Bestand Verwaltung VB Industriezweigleitung Druck Leipzig. Diese Quellenlage bedingt, dass sich bestimmte Entwicklungen besonders gut anhand der Vorgänge bei den Teubner-Verlagen nachvollziehen lassen und in der Darstellung teilweise entsprechenden Raum einnehmen.

Zu den Verlagen Theodor Steinkopff Dresden und Dr. Dietrich Steinkopff Darmstadt ist ein nicht erschlossenes, aber sehr ertragreiches Archiv erhalten, das als Teilbestand des Archivs des Julius Springer-Verlags in der *Zentral- und Landesbibliothek Berlin, Historische Sammlungen* lagert.[106] Ein für die vorliegende Arbeit ebenfalls sehr ergiebiger Bestand ist das Archiv des Gustav Fischer Verlags Stuttgart, das sich im

---

103 Fäßler 2006a konzentriert sich auf die Jahre 1949 bis 1969, Krewer 2008 behandelt den gesamten Zeitraum der Teilung.

104 Zur Warenzeichenproblematik: Fäßler 2006b; zu politischen Implikationen des innerdeutschen Handels siehe außerdem Fäßler 2007 und 2012.

105 Die Teubner-Akten sind erst nach Beginn der Arbeit an dieser Dissertation in das Sächsische Staatsarchiv, Staatsarchiv Leipzig gekommen. Die Erschließung des Bestandes 22198 B. G. Teubner, Leipzig, wurde 2014 abgeschlossen; der Bestand 22199 B. G. Teubner, Stuttgart, ist noch nicht abschließend erschlossen, steht aber auf Anfrage für die Benutzung zur Verfügung.

106 Der Bestand umfasst 19 Aktenordner sowie einige Mappen mit weiteren Dokumenten.

Historischen Archiv des Börsenvereins des Deutschen Buchhandels in der Deutschen Nationalbibliothek Frankfurt am Main befindet.[107] Im Verlag S. Hirzel, der heute zur Verlagsgruppe Deutscher Apothekerverlag in Stuttgart gehört, gibt es ein erschlossenes und problemlos zugängliches Verlagsarchiv, das zahlreiche für die Untersuchung relevante Materialien bereithält. Für die Rekonstruktion einiger Vorgänge bei der Akademischen Verlagsgesellschaft wurde zusätzlich auf den Nachlass des Physikers Arnold Sommerfeld im Archiv des Deutschen Museums in München zurückgegriffen.

Zahlreiche Dokumente zu den Verlagen existieren außerdem im *Bundesarchiv* in Berlin. Von besonderem Interesse ist dabei der Bestand des Ministeriums für Kultur, in dem sich die Unterlagen der verschiedenen staatlichen Kontrollinstanzen befinden, die für die Verlage in der DDR zuständig waren. Für die unmittelbare Nachkriegszeit aufschlussreich ist der Bestand des Ministeriums für Volksbildung. Ergänzend wurden die Bestände der Zentralen Kommission für Staatliche Kontrolle sowie des Ministeriums für Außenhandel und Innerdeutschen Handel überprüft, wo sich jedoch nur wenige Fundstellen ergaben. Wichtig hingegen waren zahlreiche Dokumente aus dem Bestand der Parteitage und Parteikonferenzen der SED.

Auch in verschiedenen Stadtarchiven liegen Unterlagen zu Korrespondenzen und behördlichen Vorgängen aus den Verlagen. So sind im *Stadtarchiv Leipzig* Dokumente zur Akademischen Verlagsgesellschaft, Barth, Hirzel, Teubner und Thieme zu finden; im *Stadtarchiv Halle* Akten zu Carl Marhold; im *Stadtarchiv Stuttgart* einzelne Akten zum Thieme Verlag sowie im *Stadtarchiv Darmstadt* Unterlagen zu Dietrich Steinkopff.

Ebenfalls genutzt wurden die Bestände zum Börsenverein des deutschen Buchhandels. Im *Institut für Stadtgeschichte* in Frankfurt am Main werden die Unterlagen des Frankfurter Börsenvereins seit 1945 aufbewahrt sowie eine Materialsammlung von Ernst Umlauff, die dieser als Basis für seine Buchhandelsgeschichte der Nachkriegszeit anlegte. Im Sächsischen Staatsarchiv Leipzig befindet sich der Bestand des Leipziger Börsenvereins, der auch den Zeitraum nach 1945 umfasst.

1.3.4 Weitere Quellen

Weitere wichtige Quellen stellen die beiden Ausgaben des *Börsenblatts für den deutschen Buchhandel* aus Frankfurt und Leipzig dar, die für den Kernuntersuchungszeitraum 1945 bis 1960 systematisch ausgewertet wurden. Artikel über die untersuchten Verlagen und Anzeigen dieser Verlage fanden dabei ebenso Berücksichtigung wie Arti-

---

107 Archiv des Gustav Fischer Verlags, Stuttgart, im Historischen Archiv des Börsenvereins des Deutschen Buchhandels in der Deutschen Nationalbibliothek Frankfurt am Main (HA/BV 52). Das Archiv wird derzeit sukzessive in das ebenfalls zur DNB gehörende Buch- und Schriftmuseum in Leipzig überführt. Das im Thüringer Hauptstaatsarchiv befindliche Archiv von Fischer Jena wurde für die vorliegende Arbeit nicht genutzt, da sich Jütte 2010 auf diesen Bestand stützt und die Auswertung relevanter Teile des nicht zur Gänze erschlossenen Bestands in ihrer Darstellung bereits erfolgt ist.

kel zum innerdeutschen Buchhandel, zum Verhältnis des ost- und des westdeutschen Buchhandels sowie zu tagesaktuellen Fragen der Branche.

Daneben liegen zu den meisten Verlagen Verlagsverzeichnisse vor, die für bestimmte Fragestellungen gesichtet wurden. Der Katalog der Deutschen Nationalbibliothek wurde genutzt, um Aussagen über Neuerscheinungen und Neuauflagen der Parallelverlage treffen zu können; ergänzt wurden die dortigen Funde in den Fällen, in denen Unstimmigkeiten auftraten (etwa in einer Auflagenabfolge), um Recherchen in gängigen Antiquariatskatalogen.[108] In vielen Fällen erfolgte eine Autopsie einzelner Buchtitel, um aus Angaben auf Titelseiten und im Impressum, in Einzelfällen auch aus Vorworten Rückschlüsse über Kooperationen und Absprachen zwischen den Verlagen in Ost und West zu ziehen.

1.4 Analyserahmen und Thesen

Die Synthese der vorgestellten Theorieansätze und wissenschaftlichen Zugänge aus verschiedenen Disziplinen und Perspektiven stellt einen Rahmen bereit, dem die Analyse des Quellenmaterials zu den Parallelverlagen in der vorliegenden Arbeit folgen soll. Das Modell ist an Florian Triebels Vorschlag für die Unternehmensgeschichtsschreibung angelehnt:[109] Die Wissenschaftsverlage werden als *Organisationen* auf der gesellschaftlichen Mesoebene betrachtet, die von den unterschiedlichen *gesellschaftlichen Systemen* oder Sphären der Makroebene (auch Makro-Umwelt der Unternehmen) beeinflusst werden. Relevant sind vor allem die Systeme Kultur (mit ihrem Subsystem Wissenschaft), Wirtschaft, Politik und Recht. Über Wirtschaftsordnung, Gesetze, Instrumente und Prozesse der Kommunikationskontrolle und sonstige institutionell verankerte Ausprägungen der Systemeinflüsse sind die Verlage in ihrem Handlungsspielraum abhängig von der Ausgestaltung der Umwelt und müssen auf Veränderungen oder Vorgaben reagieren.

Zugleich besitzen die Wissenschaftsverlage bestimmte Funktionen für einige der sie umgebenen Sphären und erbringen *Leistungen* für diese. Für das System Wissenschaft stellen sie Publikationsmöglichkeiten für die darin tätigen Wissenschaftler bereit und bieten diesen außerdem mit den Publikationen anderer Autoren die für ihre Arbeit nötigen Informationen. Im System Wirtschaft spielen die Verlage mit ihren Produkten und den damit verbundene Einnahmen sowie Ausgaben eine Rolle. Inwieweit die Wissenschaftsverlage auch für die Politik Funktionen erfüllten, wäre durch die Analyse zu klären.

Ebenfalls auf der Mesoebene befinden sich verschiedene wichtige *Geschäftspartner* der Verlage. In erster Linie zu nennen sind hier Druckereien, Bindereien, Buchein-

---

108 Hier wurde in erster Linie auf das ZVAB und die Plattform booklooker zurückgegriffen.
109 Vgl. Triebel 2004.

zelhändler sowie Zwischenbuchhändler. Des Weiteren ist der Börsenverein als Branchenorganisation von Interesse; zwischen 1945 und 1949 waren daneben auch die Institutionen der Kommunikationskontrolle entscheidend, die in der DDR auch nach Gründung der Staaten in abgewandelter Form weiterbestanden.

Innerhalb der Verlage agierten auf der Mikroebene unterschiedliche *Akteure*. Von Interesse sind hier vor allem die Verleger/Verlagsinhaber (sowie gegebenenfalls weitere Miteigentümer) als diejenigen, die Entscheidungen über grundsätzliche Firmenangelegenheiten und Strategien trafen. In den DDR-Häusern waren es in den meisten Fällen Verlagsleiter oder Treuhänder, die an der Spitze der Unternehmen standen. Diese Unterscheidung rückt eine Besonderheit der Firmenstrukturen in der DDR in den Blick: Grundsätzliche unternehmerische Entscheidungen, so zum Beispiel über den Umgang mit den westlichen Parallelverlagen, konnten die Verlagsleiter für gewöhnlich nicht allein treffen. Sie waren hierbei von den – wandelbaren – Vorstellungen und Anweisungen der zuständigen Staats- oder Parteistellen abhängig. In der vor-

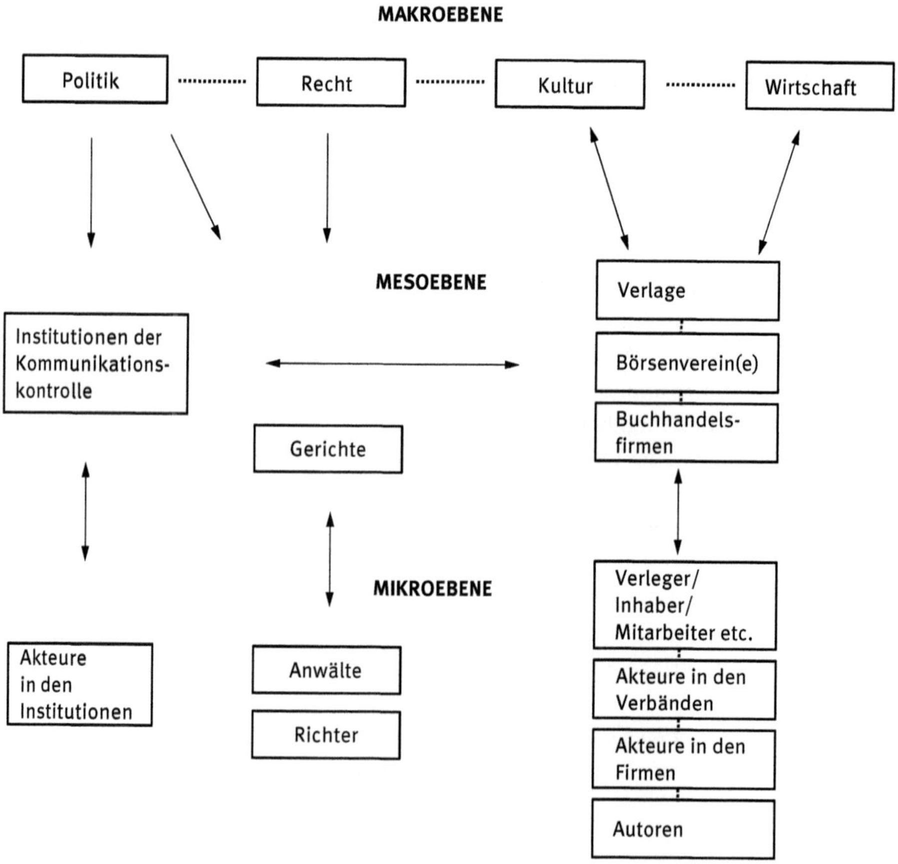

Abb. 1: Systeme, Akteure und Einflussfaktoren im Buchhandel während der deutschen Teilung.

liegenden Arbeit werden, sofern die Quellen es ermöglichen, die jeweils (im doppelten Sinne) entscheidenden Akteure benannt und die gegebenenfalls divergierenden Interessen und Zielsetzungen der beteiligten Personen unterschieden.

Von den Akteuren wird angenommen, dass sie in ihren *Entscheidungsprozessen* von verschiedenen Faktoren beeinflusst waren. Dazu gehörten ihre Rolle, ihre Informationslage, ihre persönlichen Werte und individuellen Einschätzungen einer Sachlage, die (im Untersuchungszeitraum einem Wandel unterworfenen) gesellschaftlichen Normen, ihre ökonomischen und eventuellen politischen Ziele sowie die finanziellen, personellen und sonstigen Ressourcen, über die sie verfügten.

Auf der Basis dieses Theorierahmens prüft die vorliegende Arbeit drei Thesen: Erstens wird angenommen, dass trotz des entscheidenden Einflusses der die Wissenschaftsverlage umgebenden Systeme und der Abhängigkeit von politischen, wirtschaftspolitischen und kulturpolitischen Entwicklungen Handlungsspielräume und Wahlmöglichkeiten für die Verlage bestanden. Die Wahl der einen oder anderen Strategierichtung oder Weichenstellung für das eigene Unternehmen war insofern (auch) stark von Faktoren beeinflusst, die in internen Gegebenheiten der Firma oder in der Persönlichkeit des Unternehmers zu suchen sind. In diesem Zusammenhang wird danach gefragt, ob sich zeitliche Phasen oder Einschnitte in den Entwicklungen ausmachen lassen, die mit Ereignissen in der Politik, Wirtschaftspolitik oder Kommunikationskontrolle korrespondieren, was wiederum einen doch stärkeren Einfluss der externen Rahmenbedingungen bedeuten würde.

Zweitens steht zu vermuten, dass sich in der Geschichte und im Verhältnis der Parallelverlage die allgemeinen historischen Entwicklungen widerspiegeln. Gerade im Verhältnis der beiden deutschen Staaten lassen sich ähnliche strukturelle Merkmale ausmachen wie bei den Parallelverlagen. Kleßmanns erstmals 1993 formuliertes Diktum von »Abgrenzung und Verflechtung«[110] als Grundmerkmal des Verhältnisses von Bundesrepublik und DDR dürfte auch eine treffende Beschreibung für das komplizierte Beziehungsgeflecht der Parallelverlage sein. Inwieweit die Verflechtung auch im Verlagswesen eine »asymmetrische«[111] war, die DDR also in einem stärkerem Maße auf die Bundesrepublik bezogen war als umgekehrt, ist vor allem für die 1950er Jahre zu hinterfragen. Mithin werden im Bewusstsein der »Gefahr einer tautologischen Bestätigung demokratischer Überlegenheit«[112] weder die westlichen Entwicklungen automatisch als – inzwischen auch von Historikern kritisch hinterfragte – ›Erfolgsgeschichte‹

---

110 So der Titel eines Aufsatzes von Kleßmann von 1993.

111 Kleßmanns Vorstellung von einer gemeinsamen Geschichtsschreibung der beiden deutschen Staaten verbindet sich seit 1998 mit dem Stichwort einer »asymmetrisch verflochtenen Parallelgeschichte«. Vgl. Wentker 2005, S. 1.

112 Jarausch 2004, S. 11.

noch die östlichen Ereignisse von ihrem Ende des eigenen Misserfolgs her interpretiert.[113]

Drittens ist davon auszugehen, dass das Handeln der verschiedenen Akteure von einem komplexen Geflecht aus verschiedenen Interessen und Zielstellungen bestimmt war. Sowohl politische als auch ökonomische, juristische und persönliche Faktoren beeinflussten Strategien und Handlungen. In der besonderen politischen Situation des ›Kalten Krieges‹, in der auch auf der Buchbranche bzw. auf den in ihr Tätigen in beiden Teilen des Landes ein Erwartungsdruck hinsichtlich politischer Positionierung und Argumentation lastete, dürfte in einigen Fällen eine Diskrepanz zwischen öffentlich äußerlich Standpunkten und tatsächlichen Interessen bestanden haben.

1.5 Methodik und Gliederung

Die Basis der Darstellung stellt eine qualitativ-hermeneutische Auswertung insbesondere der beschriebenen archivalischen Quellen dar, die um die Analyse der vorhandenen Forschungsliteratur sowie der gedruckten Quellen ergänzt wurde. Durch den Aufbau der Arbeit wird eine doppelte Zielstellung gesetzt: Zum einen erfolgt eine systematische Betrachtung der verschiedenen Themenbereiche, die sich in der Aufteilung der einzelnen Kapitel spiegelt und die es ermöglicht, jeweils eine zusammenfassende Beantwortung der Fragestellungen zu liefern. Zum anderen werden jeweils konkrete Fallbeispiele präsentiert, die die Geschehnisse, Strategien und Kommunikationen in den einzelnen Verlagen darstellen und es so gestatten, sowohl die Komplexität der Problemkonstellationen als auch die Bandbreite der Handlungs- und Urteilsmöglichkeiten exemplarisch nachzuvollziehen. Die Nuancen unterschiedlicher Einstellungen und Bewertungen der jeweiligen Akteure sowie in den Beziehungen der Verlage werden auf diese Weise sichtbar.

Nach der Darlegung der wissenschaftlichen und theoretischen Grundlagen in diesem Kapitel bietet *Kapitel 2* einen Überblick über die in der vorliegenden Arbeit analysierten Verlage, der jeweils von der Gründung bis zur Einstellung der Geschäftstätigkeit bzw. zur Gegenwart reicht. Bedeutung, Eigentumsverhältnisse, Programmschwerpunkte und Ausgangslage im Jahr 1945 werden dadurch kenntlich gemacht. Zudem soll eine Orientierung über die Verlagsgeschichten ermöglicht werden.

In *Kapitel 3* stehen die gesellschaftlichen Rahmenbedingungen im Fokus: die Entwicklung des deutsch-deutschen Verhältnisses, wirtschaftspolitische Weichenstellungen, Möglichkeiten und Merkmale des innerdeutschen Handels mit Druckschriften sowie Ziele und Strukturen der Kommunikationskontrolle im deutschen

---

113 So wird der Sammelband *Erfolgsgeschichte Bundesrepublik?* mit dem Satz eingeleitet: »Wenn heute die alte Bundesrepublik als demokratisches ›Erfolgsmodell‹ gilt, das auf Liberalität und Wirtschaftskraft beruht, so ist dies mit einer Blickverengung verbunden, die einen langen Entwicklungsweg von seinem Ende her beschreibt.« Glienke/Paulmann/Perels 2008, S. 7.

Verlagswesen nach 1945 beeinflussten Ressourcen und Spielräume der Verlage sowie die Haltungen und Handlungen der individuellen Akteure.

Um die Ursachen für die Entstehung der Parallelverlage geht es im *Kapitel 4*, dem ersten Schwerpunktkapitel der Arbeit. Hier soll untersucht werden, welche spezifischen Einflüsse aus den Sphären Politik, Wirtschaft und Kultur zur Folge hatten, dass sich eine Reihe von Verlegern entschied, die angestammten Firmensitze zu verlassen und sich gen Westen zu orientieren. Interessant in diesem Zusammenhang ist die Frage nach bestimmten Phasen oder ›Verlagerungswellen‹, in denen diese Wanderungsbewegungen geballt auftraten – die Existenz solcher Ballungen ließe auf eine Dominanz bestimmter externer Faktoren schließen. Lässt sich eine solche nicht erkennen, rückten eher individuelle oder unternehmensinterne Aspekte in den Fokus, die den Ausschlag für die Standortentscheidungen gaben.

Sobald die Parallelverlage in Ost und West tatsächlich unabhängig voneinander arbeiteten, traten in der überwiegenden Zahl der Fälle Konflikte auf. Die Identifikation dieser Konfliktfelder steht im Mittelpunkt von *Kapitel 5*. Daneben wird untersucht, welche Bedeutung die jeweiligen Felder für die Verlage hatten und welches die Gründe für die mehr oder weniger starke Aufmerksamkeit waren, die die Unternehmen diesen in den Auseinandersetzungen zukommen ließ.

Das *Kapitel 6* widmet sich schließlich den Strategien, mit denen die Verlage den Konflikten versuchten zu begegnen, und stellt damit den zweiten Schwerpunkt dar. Hier öffnet sich ein breites Spektrum der Möglichkeiten. Weitgehend unkomplizierte Kooperationen waren ebenso anzutreffen wie harte konfrontative Auseinandersetzungen; daneben gab es verschiedene alternative Strategien, die auf eine Umgehung, Steuerung oder Beendigung der Konflikte zielten. Es wird herausgearbeitet, welche Interessen, Zielsetzungen und Haltungen hinter den jeweiligen Handlungsrichtungen lagen, welche Muster zu erkennen sind und ob sie für die Beteiligten zufriedenstellende Ergebnisse zeitigten.

Mit der Parallelverlagsthematik waren nicht nur die einzelnen betroffenen Verlage, sondern auch Institutionen aus der Politik und der Buchbranche befasst. Diese stehen im Mittelpunkt von *Kapitel 7*. In der DDR konnten die Verlage ihre Entscheidungen nicht losgelöst von der zuständigen ›Verlagsbehörde‹[114] treffen, sondern wurden angeleitet oder mussten ihr Handeln mindestens abstimmen. Involviert war daneben der Börsenverein des Deutschen Buchhandels, der nach 1945 wie viele Verlage ebenfalls in einen ostdeutschen und einen westdeutschen Teil gesplittet war. Auf welchen Ebenen die Verbände mit den parallelen Verlagen befasst waren und was Börsen-

---

114 Da die zuständige Behörde in der DDR im Laufe der 1950er Jahre mehrfach Namen und Organisationsstruktur änderte, ist hier in Anlehnung an Lokatis, der zusammenfassend von der »Literaturbehörde« spricht, hier von »Verlagsbehörde« die Rede – auch wenn die anderen Buchhandelssparten ebenfalls unter die Aufsicht der jeweiligen Institution fielen, scheint diese Wahl durch den Untersuchungsgegenstand gerechtfertigt.

vereine und DDR-Verlagsbehörde an globalen Lösungsversuchen unternahmen, soll analysiert werden.

Das *Kapitel 8* schließlich widmet sich der Frage, welche Auswirkungen die Existenz der Parallelverlage auf die Buchmessen in Leipzig und Frankfurt am Main hatten bzw. wie sich die Probleme auf den Branchentreffen widerspiegelten.

2 Die acht wissenschaftlichen Parallelverlage

Die Verlage Akademische Verlagsgesellschaft, Johann Ambrosius Barth, Gustav Fischer, S. Hirzel, Carl Marhold, Theodor Steinkopff, B. G. Teubner und Georg Thieme blickten nach dem Ende des Zweiten Weltkriegs auf mindestens mehrere Jahrzehnte, teilweise auch auf deutlich mehr als hundert Jahre Unternehmenstradition zurück. Die meisten waren in der zweiten Hälfte des 19. Jahrhunderts oder Anfang des 20. Jahrhunderts entstanden – in einer Zeit also, als die Bedeutung der Wissenschaften für die Gesellschaft stark gewachsen war und diese eine deutliche Professionalisierung und Spezialisierung erfahren hatten.[1] Die Wissenschaft, so Nipperdey über die damalige Entwicklung, »wird ein Beruf, sie ist Sache von Fachleuten und produziert Fachleute«.[2] Auch für die Verlage entstand ein immer größer und interessanter werdender Markt, der seinerseits Fachleute auf dem Gebiet der Informationsaufbereitung und -verbreitung benötigte.[3] Vor allem die deutsche Wissenschaft spielte eine herausragende Rolle, unter anderem bedingt durch ein besonders effektives Universitätssystem.[4]

In der ersten Hälfte des 20. Jahrhunderts gerieten die Wissenschaften und ihre Verlage wegen der beiden durch Deutschland ausgelösten Weltkriege mehrfach in schwierige Situationen. In Folge des Ersten Weltkriegs versuchten die alliierten Siegermächte, die Wissenschaft des Landes zu isolieren, wovon auch die wissenschaftlichen Verlage betroffen waren (siehe Kapitel 5.4.1).[5] Sie konnten sich aber größtenteils davon wieder erholen und zehrten weiterhin von erworbenem Renommee, nicht nur innerhalb Deutschlands. Während der Zeit des Nationalsozialismus arbeiteten die Firmen weiter, in einigen Fällen wurden neue Besitzverhältnisse erzwungen. Bei den meisten, vor allem den Leipziger Verlagsunternehmen, kam es gegen Ende des Kriegs zu dramatischen Zerstörungen von Gebäuden und weiteren materiellen Vermögensgegenständen, zum Beispiel Buchbeständen.

Die folgenden Überblicksdarstellungen der Verlagsgeschichten von der jeweiligen Gründung bis 1945 machen deutlich, in welcher Ausgangssituation sich die Verlage hinsichtlich Programm, Bedeutung, personeller Konstellation und Arbeitsbedingungen bei Kriegsende befanden.[6] Die Schilderungen der Entwicklungen zwischen 1945

---

1 Vgl. Nipperdey 1998, S. 676f.

2 Ebd., S. 677.

3 Zur Zusammenarbeit von Wissenschaften und Buchhandel vgl. Jäger 2001, S. 423–428.

4 Vgl. Nipperdey 1998, S. 604.

5 Vgl. Schneider 2007, S. 379–389.

6 Die zusammenfassenden Darstellungen der Verlagsgeschichten vor 1945 basieren vorrangig auf publizierter Literatur. Auf eine detaillierte Darstellung der Firmenentwicklungen im Nationalsozialismus muss verzichtet werden. Der Literatur sind selten mehr als allgemeine Hinweise zu entnehmen, differenzierte Bewertungen sind meist ein Forschungsdesiderat. Bei der Akademischen Verlagsgesellschaft erfolgt eine ausführlichere Beschreibung der Vorgänge im Nationalsozialismus, da in der ab 1937

https://doi.org/10.1515/9783110543421-002

und dem Anfang der 1960er Jahre fokussieren auf die für das Thema ›Parallelverlage‹ relevanten Aspekte: Lizenzierungsprozesse, Entstehung von Zweigstellen oder neuen Verlagen in den westlichen Besatzungszonen, Entwicklung der Eigentumsverhältnisse, eventuelle Gerichtsverfahren sowie Beziehungen der Verlage in Ost und West.[7] Die weiteren beschriebenen Geschehnisse zeigen erneute Veränderungen der Eigentumsverhältnisse, vor allem im Zuge der gesellschaftlichen Umwälzung 1989/90, bis hin zu den jüngeren Entwicklungen.[8]

2.1 Akademische Verlagsgesellschaft Geest & Portig

2.1.1 Von der Gründung bis zur Zeit des Nationalsozialismus

1906 gründete Leo Jolowicz, Inhaber der wissenschaftlichen Sortiments- und Antiquariatsbuchhandlung Gustav Fock,[9] die Akademische Verlagsgesellschaft.[10] Der Verlag konzentrierte sich auf die Herausgabe vorrangig naturwissenschaftlicher und medizinischer Werke; das Unternehmen zählte während der 1920er Jahre neben Julius Springer zu den größten und bedeutendsten Verlagshäusern für deutschsprachige wissenschaftliche Werke. Zum raschen Erfolg trugen gezielte Aufkäufe von Fachzeitschriften und Titeln anderer Verlage bei. Außerdem gelang es, in kurzer Zeit viele hochrangige Wissenschaftler als Autoren zu gewinnen, darunter mehrere europäische Nobelpreisträger – hier nutzten dem Verlag die bestehenden Kontakte zu namhaften Wissenschaftlern, für die das zu Weltgeltung gelangte wissenschaftliche Antiquariat Fock eine wichtige Adresse war. Neben Lehrbüchern und Monografien erschienen zahlreiche spezialisierte Fachzeitschriften.

---

erfolgten ›Arisierung‹ des Verlags die Ursache für die spätere Gründung des Parallelunternehmens in der Bundesrepublik lag. Auch bei B. G. Teubner werden einzelne Aspekte der Änderung der Eigentumsverhältnisse in den 1930er Jahren beleuchtet, da diese ebenfalls eine Rolle für die Entwicklungen nach 1945 spielten.

7 Die Darstellung der Verlagsgeschichten im Kernuntersuchungszeitraum von 1945 bis zum Anfang der 1960er Jahre erfolgt überwiegend auf der Basis des ausgewerteten Quellenmaterials.

8 Die Schilderungen fußen in erster Linie auf Forschungsliteratur; vorrangig wurde dafür auf die Darstellungen bei Links 2010 zurückgegriffen.

9 Die wissenschaftliche Buchhandlung und das Antiquariat Gustav Fock waren von Fock im Jahr 1879 in Leipzig gegründet worden. 1887 begann Leo Jolowicz seine Mitarbeit im Unternehmen, 1898 übernahm er die Geschäftsteile Antiquariat und Zentralstelle für Dissertationen von Fock. Vgl. Lorz 1999, S. 83–85.

10 Zur Geschichte der Akademischen Verlagsgesellschaft siehe Lorz 1999, S. 83–119. Die Autorin bietet eine ausführliche Darstellung der Entwicklung des Verlags und der mit ihm verbundenen Buchhandlung Fock zwischen 1879 und 1945. Knappe Darstellungen finden sich bei o. V. 1956, S. 5–10; o. V. 1966; Schneider 2007, S. 400–402; Links 2010, S. 306f. Zu Verleger Leo Jolowicz siehe auch Carlsohn 1987, S. 113–117, zu Walter J. Johnson und Kurt Jacoby siehe Beschler 2009.

2.1.2 ›Arisierung‹ der Firma und Emigration der Eigentümer

Nach der Machtergreifung Adolf Hitlers im Jahr 1933 wurden verschiedene Gesetze erlassen (u. a. das Reichskulturkammergesetz), die im Zusammenhang mit zeitgleich einsetzenden Verfolgungen, Verhaftungen, Enteignungen, Gewalt und Terror, vor allem auch gegen jüdische Bürger, fortan das kulturelle Leben in Deutschland und damit die Arbeit der Verlage bestimmten.[11] Es sollten damit tief greifende Veränderungen auf die Akademische Verlagsgesellschaft und ihre beiden jüdischen Eigentümer zukommen. 1923 war Kurt Jacoby, Leo Jolowicz' Schwiegersohn, als zweiter Geschäftsführer in die Gesellschaft eingetreten.[12]

Da der Verlag ebenso wie die Buchhandlung Fock – das damals weltweit größte wissenschaftliche Antiquariat – »im Interesse der deutschen Volkswirtschaft«[13] erhalten werden sollten, konnten beide Unternehmen zunächst mit Sondergenehmigungen weiterarbeiten. Aufgrund dieser Position, die mit darin begründet lag, dass die Firmen ausschließlich wissenschaftliche Literatur verlegten und vertrieben, blieben sie bis 1937 von staatlichen Eingriffen verschont.[14] Dann begann der Prozess der ›Arisierung‹. Leo Jolowicz und Kurt Jacoby mussten als Geschäftsführer zurücktreten, Walter Jolowicz, Leos Sohn und Prokurist des Verlags, wurde ebenfalls zum Ausscheiden aus der Firma gezwungen. Gerhard Noatzke, SS-Standartenführer und Referent im Reichsministerium für Volksaufklärung und Propaganda,[15] der die ›Arisierung‹ durchführte, setzte die ›Arier‹ Walter Becker, Johannes Geest und Willy Erler, die bereits in den Firmen tätig waren, als zeichnungsberechtigte Geschäftsführer der Akademischen Verlagsgesellschaft ein. Die Prokura von Walter Jolowicz wurde auf Felix Portig übertragen.[16] 1940 starb Leo Jolowicz in Leipzig. Der Verlag war mit dem Eintritt von Becker und Erler als persönlich haftende Gesellschafter zur Akademischen Verlagsgesellschaft Becker & Erler KG umgewandelt worden.[17]

Walter Jolowicz und Kurt Jacoby gelang nach einer kurzen Zeit im Konzentrationslager die Flucht aus Deutschland. Beide ließen sich in den USA nieder, wo sie 1942 in New York die Academic Press Incorporation gründeten. Walter Jolowicz, der sich nun Walter J. Johnson nannte, etablierte außerdem ein gleichnamiges Antiquariat.[18]

---

11 Siehe dazu detailliert Barbian 2010. Barbian beleuchtet die Kommunikationskontrolle im Nationalsozialismus, ihre Institutionen und Strukturen im Bereich der Buchkommunikation.

12 Vgl. Lorz 1999, S. 97.

13 Zit. nach Lorz 1999, S. 105.

14 Vgl. ebd., S. 105–107. Hinzu kam, dass es sich bei der ›Arisierung‹ bis 1938 noch nicht um einen staatlich zentral gesteuerten Prozess handelte. Vgl. Wagner 2002, S. 33.

15 Vgl. Betr.: Akademische Verlagsgesellschaft, 6.6.1946, StadtAL, StVuR, Nr. 14825.

16 Vgl. Lorz 1999, S. 107–116.

17 Vgl. Amtsgericht Leipzig, HRA 7374, Eintragung vom 11.6.1940, BArch, DR1/838; Protokoll, Abschrift, 14.1.1941, StadtAL, StVuR, Nr. 14825.

18 Vgl. Lorz 1999, S. 117f. Zur Geschichte der Academic Press siehe auch Beschler 2009.

2.1.3 Weiterarbeit in Leipzig nach 1945

Nach dem Zweiten Weltkrieg veränderten sich die Gesellschafterverhältnisse in Leipzig erneut. Die Anteile von Gerhard Noatzke[19] wurden sequestriert und 1949 dem Kommunal-Wirtschafts-Unternehmen (KWU) der Stadt Leipzig, Graphische Kunstanstalten, übergeben, bevor sie 1951 an die Deutsche Investitionsbank (DIB) gingen. Johannes Geest trat 1946 neben der Buchhandlung Gustav Fock als persönlich haftender Gesellschafter ein, Walter Becker schied aus der Gesellschaft aus. Ein Jahr später wurde Felix Portig Gesellschafter der Firma und Willy Erler verließ sie. Der Verlag firmierte von diesem Zeitpunkt an als ›Akademische Verlagsgesellschaft Geest & Portig KG‹.[20]

Am 15. Oktober 1945 bekam der Verlag die Genehmigung zur Wiederaufnahme der »buchhändlerische[n] Verkaufstätigkeit«[21] vom Leipziger Volksbildungsamt, Buch- und Bibliothekswesen. Am 25. Februar 1947 erhielten Johannes Geest, Felix Portig und Lothar Dünnhaupt[22] die Lizenz Nr. 194 der Sowjetischen Militäradministration Deutschland (SMAD) für die Herausgabe wissenschaftlicher und technischer Literatur.[23] Im September desselben Jahres starb Johannes Geest; seine Anteile wurden per Gesellschafterbeschluss vom 1. Januar 1948 auf die Herstellungsleiterin Marianne Lotze übertragen.[24] Am 26. Oktober 1951 erneuerte das Amt für Literatur und Verlagswesen die Lizenz unter der Nr. 276, sie war nun auf die Gebiete »Hochschul- und wissenschaftliche Literatur auf den Gebieten Naturwissenschaften und Technik«[25] beschränkt. Der Verlag war seit dem 15. März 1947 außerdem an der Arbeitsgemeinschaft medizinischer Verleger beteiligt.[26]

Zwischen den emigrierten Walter J. Johnson und Kurt Jacoby sowie dem Gesellschafter Felix Portig bestand in den ersten Jahren nach Kriegsende brieflicher und per-

---

19 Zwischen Noatzke, der im Handelsregister selbst nicht auftaucht, und Richard Peisker, der hier als Kommanditist genannt ist, bestand ein internes Vertragsverhältnis. Noatzke war der eigentliche Inhaber des Anteils von Peisker, der als Strohmann für diesen agierte. Vgl. Peisker an die Akademische Verlagsgesellschaft, 15.11.1943, StadtAL, StVuR, Nr. 14825; Nitsche, Akademische Verlagsgesellschaft Leipzig, Finanzielle Entwicklung des Verlages, 3.2.1954, BArch, DR1/742.
20 Vgl. Amtsgericht Leipzig, HRA 7374, Eintragungen vom 21.6.1946 und 12.5.1947, BArch, DR1/838.
21 Rat der Stadt Leipzig, Volksbildungsamt, Abt. Buch- und Bibliothekswesen, Genehmigung, 15.10.1945, HA/BV 97,2: Akademische Verlagsgesellschaft Geest & Portig, Leipzig.
22 Lothar Dünnhaupt war mit seiner Firma in Köthen seit 1947 Kommanditist des Verlags.
23 Vgl. Lizenzurkunde Nr. 194, 25.2.1947, BArch, DR1/1120.
24 Vgl. Amtsgericht Leipzig, Rechtsverhältnisse, 3.8.1948, BArch, DR1/838; Portig, Charakteristik der Akademischen Verlagsgesellschaft, 24.11.1950, BArch, DR1/1941. Lotze war seit 1926 bei der Akademischen Verlagsgesellschaft tätig, nach 1945 als Herstellungsleiterin. 1949 erhielt sie Prokura.
25 Amt für Literatur und Verlagswesen, Lizenzurkunde Nr. 276, 26.10.1952, BArch, DR1/1120.
26 Vgl. Kumbier, Ministerium der Finanzen, an Kowen [richtig Koven], Amt für Literatur und Verlagswesen, 8.1.1952, BArch, DR1/1120; Vertrag zwischen der Akademischen Verlagsgesellschaft und der Arbeitsgemeinschaft medizinischer Verleger, 15.3.1947, SStAL, 21091 Akademische Verlagsgesellschaft Leipzig, Nr. 252.

sönlicher Kontakt. Sie tauschten sich unter anderem über Übersetzungen der Publikationen der Akademischen Verlagsgesellschaft für die Academic Press aus.[27] Spätestens seit 1948 gab es Überlegungen von Seiten der aus dem Unternehmen gedrängten jüdischen Eigentümer, eine Dependance des Verlags in einer der westlichen Zonen zu errichten. Als Sitz war Wiesbaden im Gespräch.[28] Auch über dieses Vorhaben erfolgte zwischen Johnson und Portig eine Verständigung.[29] Im Juli 1948 sollten die Pläne mit der Anmeldung einer Zweigniederlassung der Akademischen Verlagsgesellschaft in Wiesbaden beim Amtsgericht Leipzig in die Tat umgesetzt werden.[30] Verlegerisch ist die Zweigstelle aber nie aktiv geworden. Lediglich eine Auslieferungsstelle für den Leipziger Verlag befand sich in Wiesbaden.[31]

Im Januar 1953 verstarb Felix Portig, Marianne Lotze verließ im Juni die DDR. Der Betrieb wurde aufgrund dieser Entwicklungen von den DDR-Behörden als ›herrenlos‹[32] betrachtet und im Juli 1953 durch die Verwaltung Volkseigener Verlage Leipzig in Verwaltung genommen.[33] Die Feststellung der ›Herrenlosigkeit‹ traf auf den Verlag allerdings nicht zu. Es gab neben Lotze noch weitere Gesellschafter und Kommanditisten.[34] Zudem war das Erbe von Felix Portig geregelt: Seine Witwe Gertrud Portig übernahm den Anteil.[35] Daher hob der Rat der Stadt Leipzig im März 1954 die Verwaltung wieder auf und gab den Verlag an die Gesellschafter zurück. Lediglich der Anteil von Marianne Lotze wurde an die Deutsche Investitionsbank in Rechtsträgerschaft übertragen und damit Volkseigentum.[36] Auf der Lizenzurkunde waren nun Gertrud Portig und die DIB als Lizenznehmer eingetragen.[37]

---

27 Vgl. Portig, Akademische Verlagsgesellschaft Leipzig, 24.2.1947 sowie Jacoby, Academic Press, an Sommerfeld, 16.9.1949, DMA, NL 89/005.

28 Vgl. Klemm, Dieterich'sche Verlagsbuchhandlung, an Sommerfeld, 12.1.1948 sowie Klemm, Dieterich'sche Verlagsbuchhandlung, an Sommerfeld, 27.10.1948, DMA, NL 89/007; Sommerfeld an Portig, Akademischer Verlag [richtig Akademische Verlagsgesellschaft], 22.10.1948, DMA, NL 89/005.

29 Vgl. Jacoby, Acacemic Press, an Sommerfeld, 16.9.1949, DMA, NL 89/005.

30 Vgl. An das Amtsgericht Leipzig, 30.7.1948, StadtAL, StVuR, Nr. 14825.

31 Vgl. HA/BV 50: Akademische Verlagsgesellschaft Geest & Portig.

32 Die Bezeichnung ›herrenlos‹ für eine Firma findet sich in den Akten, wenn die Eigentümer die DDR verlassen hatten. Vgl. beispielsweise Rat der Stadt Leipzig, Bestallungsurkunde für die Firma Geest & Portig, 7.7.1953, BArch, DR1/838.

33 Vgl. Übergabeprotokoll, 2.7.1953, BArch, DR1/1120.

34 Vgl. Lizenzurkunde Nr. 276, 26.10.1951, BArch, DR1/1120. Die Urkunde zählt folgende Teilhaber auf: Gesellschafter: Felix Portig; Buchhandlung Gustav Fock; Marianne Lotze; Kommanditisten: Paul Dünnhaupt; KWU Graphische Kunstanstalt Leipzig.

35 DIB, Filiale Leipzig, an Rat der Stadt, Örtl. Industrie und Handwerk, Betriebsverwaltung, 16.3.1954, BArch, DR1/742. Gertrud Portig hatte einen Teil des Vermögens ihres verstorbenen Mannes geerbt, beider Tochter Erika Kipping gehörte der verbleibende Teil. Diese übertrug ihren Anteil der Mutter. Vgl. Aktennotiz, Betrifft: Prozeß Akademische Verlagsgesellschaft, 1.10.1954, BArch, DR1/838.

36 Vgl. Übergabeprotokoll, 26.3.1954, BArch, DR1/1941.

37 Lizenzurkunde Nr. 276, 21.10.1955, BArch, DR1/1120.

2.1.4 Neugründung in Frankfurt am Main 1953

Im Dezember 1953 gründeten Kurt Jacoby, Walter J. Johnson und Marianne Lotze in Frankfurt am Main die Akademische Verlagsgesellschaft mit beschränkter Haftung.[38] Zu Geschäftsführern der Gesellschaft wurden Marianne Lotze und Felix von Kucz-kowski bestellt. Bereits einige Monate zuvor hatte Lotze Kontakt zu den westdeut-schen Autoren aufgenommen und diese von der Neugründung unterrichtet. Der seit Juli 1953 tätige Leipziger Treuhänder und Verlagsleiter Ernst Nitsche[39] suchte ebenfalls das Gespräch mit den Autoren und wollte sie davon überzeugen, beim Leipziger Ver-lag zu bleiben.[40] Kurzzeitig geführte Verhandlungen über eine Kooperation in Form einer gemeinschaftlichen Zeitschriftenherausgabe scheiterten.[41] Im Jahr 1954 brachte der Verlag in Frankfurt seine Rechtsauffassung über die neue Situation – dass der Frankfurter Verlag der rechtmäßige Nachfolger der 1906 gegründeten Akademischen Verlagsgesellschaft sei – in einer Anzeige im Frankfurter *Börsenblatt* zum Ausdruck. Die Leipziger Verlagsleitung reagierte mit einem Schreiben an die Autoren, in dem sie Johnson und Jacoby die »widerrechtliche Aneignung der Verlagsrechte«[42] vorwarf, sowie einem höchst polemischen Artikel im Leipziger *Börsenblatt*.

Daraufhin stellte die Akademische Verlagsgesellschaft im Juli 1954 in Frankfurt einen Antrag auf Erlass einer einstweiligen Verfügung, durch die dem Leipziger Verlag Äußerungen wie jene in dem Schreiben an die Autoren verboten werden sollten.[43] Dem Antrag wurde in mehreren Urteilen stattgegeben.[44] Die Akademische Verlagsge-sellschaft in Leipzig stellte nun ihrerseits einen Antrag auf Erlass einer einstweiligen Verfügung beim Bezirksgericht Leipzig, dessen Ziel es war, dem Verlag in Frankfurt das Führen des Verlagsnamens, die Herausgabe einer Zeitschrift sowie die Behaup-

---

38 Vgl. Nr. 206 der Urkundenrolle für 1953, 3.12.1953 sowie Gesellschaftsvertrag, o. D. [1953], BArch, DY30/IV2/9.04/681.

39 Vgl. Akademische Verlagsgesellschaft Leipzig an BV Leipzig, 24.7.1953, HA/BV 97,2: Akademische Verlagsgesellschaft Geest & Portig, Leipzig.

40 Vgl. Reisebericht über die Dienstreise nach Westdeutschland vom 11.10. bis 29.10.1953, BArch, DR1/1120.

41 Vgl. Entwicklung der Zusammenarbeit mit der westdeutschen Akademischen Verlagsgesellschaft zwecks gemeinsamer Herausgabe der »Zeitschrift für physikalische Chemie«, BArch, DR1/1941; Lotze, Eidesstattliche Versicherung, 6.7.1954, BArch, DY30/IV2/9.04/681.

42 Akademische Verlagsgesellschaft Leipzig an die Herren Autoren und Freunde unseres Verlages, 14.6.1954, BArch, DR1/1941; Pfeil, Siegfried: Raub von Verlagsrechten. In: Börsenblatt (Leipziger Aus-gabe), H. 27, 3.7.1954, S. 587f.

43 Vgl. Antrag auf Erlass einer einstweiligen Verfügung an das Landgericht Frankfurt/Main, 7.7.1954, BArch, DR1/742.

44 Vgl. Kaemmel, Stellungnahme zu dem Urteil des Oberlandesgerichts Frankfurt/Main, 21.6.1955, BArch, DR1/1941.

tung zu verbieten, Rechtsnachfolger des 1906 in Leipzig gegründeten Unternehmens zu sein.[45] Diesem Antrag gab das Leipziger Gericht statt.[46]

Ab Juli 1955 strebte Walter J. Johnson eine Verständigung mit dem Leipziger Verlag an. Die Akademische Verlagsgesellschaft in Leipzig ging auf diese Bemühungen ein, so dass es in den folgenden Jahren zu einer gelegentlichen Zusammenarbeit der beiden Häuser kam.[47]

Franz Dietrich, der den Leipziger Verlag seit dem 1. November 1957 geleitet hatte, verließ im Januar 1961 die DDR und ging zur Akademischen Verlagsgesellschaft Frankfurt am Main. Daraufhin übernahm Erich Studzinski kurzzeitig und kommissarisch die Leitung, bevor ihn am 1. April 1962 Edith Kukulies ablöste.[48]

2.1.5 Die weiteren Entwicklungen in Leipzig und Frankfurt am Main

Im September 1957 wurde die Deutsche Investitionsbank, die am Leipziger Unternehmen bereits als Rechtsträger des volkseigenen Anteils beteiligt war, rückwirkend zum 1. Januar als Kommanditist mit weiteren Anteilen aufgenommen, womit eine staatliche Beteiligung geschaffen war. Die Anteile der DIB übernahm zum 1. Oktober 1959 der VEB Gustav Fischer.[49] 1964 wurde die Akademische Verlagsgesellschaft mit B. G. Teubner zu einer organisatorischen Einheit zusammengeschlossen, wobei beide Firmen weiter unter ihrem eigenen Namen arbeiteten.[50] Der Gustav Fischer Verlag erhöhte 1965 und nochmals 1966 seine Anteile und damit die staatliche Beteiligung am Verlag; Gertrud Portig, die noch Minderheitsgesellschafterin war, schied 1972 aus dem Verlag durch Kündigung aus, an ihre Stelle trat nun ebenfalls der VEB Gustav Fischer.[51] Der Verlag war damit faktisch Staatseigentum geworden, firmierte aber weiter als private Kommanditgesellschaft (KG), was vor allem für die internationale Exporttätigkeit von

---

45 Vgl. Antrag auf Erlass einer einstweiligen Verfügung an das Bezirksgericht Leipzig, 6.8.1954, BArch, DR1/1941.

46 Vgl. Urteil des Kreisgerichtes Leipzig, verkündet am 13.10.1954, BArch, DR1/838; Abschrift des Urteils, BArch, DY30/IV2/9.04/681.

47 Vgl. Aktennotiz betr. Zusammenarbeit der Akademischen Verlagsgesellschaft mit dem westdeutschen Parallelunternehmen, 15.7.1955, BArch, DR1/1120.

48 Vgl. Dietrich an BV Leipzig, 21.11.1957 sowie Kukulies an BV Leipzig, 9.4.1962, HA/BV 97,2: Akademische Verlagsgesellschaft Geest & Portig, Leipzig.

49 Vgl. Rat der Stadt Leipzig, HRA 7374, Eintragung vom 7.3.1960, HA/BV 97,2: Akademische Verlagsgesellschaft Geest & Portig, Leipzig.

50 Vgl. Protokoll über die Gesellschafterversammlung der B. G. Teubner Verlagsgesellschaft, Leipzig, 28.1.1964, SStAL, 22198 Teubner Leipzig, Nr. 172.

51 Vgl. Rat der Stadt Leipzig, HRA 7374, Eintragungen vom 26.8.1966, 28.4.1968 und 31.3.1972, HA/BV 97,2: Akademische Verlagsgesellschaft Geest & Portig, Leipzig; o. V. 2003b.

den DDR-Behörden als günstig erachtet wurde. Nach der politischen Wende im Herbst 1989 fiel der Verlag an die Treuhandanstalt, die seine Tätigkeit 1991 beendete.[52]

Die Akademische Verlagsgesellschaft Frankfurt ging 1960 in den Besitz des Curt L. Schmitt-Verlags, Detmold, über.[53] 1972 übernahm der amerikanische Verlag Harcourt Brace Jovanovich diesen Verlag neben anderen (darunter J. A. Barth). Damit war Walter J. Johnson, der kurzfristig auch die Geschäftsführung innehatte, wieder an der Akademischen Verlagsgesellschaft beteiligt. Die Eigentümer wechselten in den kommenden Jahren noch mehrfach, 1976 erfolgte die Sitzverlegung nach Wiesbaden, bevor der Verlag 1983 Konkurs anmeldete.[54]

1996 gründeten der japanische Verlag Ohmsha und der niederländische Verlag IOS Press den AKA-Verlag Berlin, bei dem es sich um eine juristische Neugründung handelt, der sich aber in der Eigendarstellung als in der Tradition der Akademischen Verlagsgesellschaft stehend betrachtet.[55]

2.2 Johann Ambrosius Barth

2.2.1 Von der Gründung bis zum Ende des Zweiten Weltkriegs

1780 gründete Johann Philipp Haug in Leipzig einen Verlag. Seine Witwe Catharina Wilhelmina Haug heiratete 1789 den Buchhändler Johann Ambrosius Barth, der kurz darauf, wohl Anfang 1790, die Firma übernahm. Fortan firmierte der Verlag unter dem Namen Barth.[56] 1890 ging das Unternehmen auf Arthur Meiner über.[57] Der gelernte Buchhändler Meiner zählte zu den »überragenden deutschen Verlegerpersönlichkeiten«[58] und zeigte ein vielfältiges Engagement für die Branche: Er gehörte zu den Mitbegründern der Deutschen Bücherei in Leipzig und war von 1918 bis 1924 Vorsteher

---

52 Vgl. Links 2010, S. 307.

53 Vgl. Niederschrift über die Dienstreise der Kollegin Kukulies, des Kollegen Gärtner und des Koll. Studzinski nach Westdeutschland für die Akademische Verlagsgesellschaft in Leipzig, 27.2.1961, BArch, DR1/983; o. V. 1966.

54 Vgl. Amtsgericht Frankfurt am Main, HRB 8783, Eintragungen vom 21.6.1972 und 19.2.1976; Amtsgericht Wiesbaden, HRB 3767.

55 Vgl. Schriftliche Auskunft von Arnoud de Kemp, 16.2.2010; Akademische Verlagsgesellschaft AKA GmbH 2014. Siehe auch Gäbler 2010, S. 88.

56 Zur Geschichte von Johann Ambrosius Barth bis 1930 siehe Meiner/Meiner 1930; zu der Zeit bis 1980 siehe Wiecke 1980, S. 9–79. Einen knappen Überblick zu der Zeit von der Übernahme durch Arthur Meiner bis 1918 bietet Jäger 2001, S. 430f.; bei Links 2010, S. 102–105, liegt der Schwerpunkt auf der Zeit nach 1945.

57 Zur Verlagsgeschichte und der Familie Meiner siehe Bast 1997, besonders die Kapitel zu Arthur, Annemarie und Wolfgang Meiner. Arthur Meiners Halbbruder Felix gründete 1911 den noch heute existierenden, auf Philosophie spezialisierten Verlag Felix Meiner. Vgl. Bast 1997, S. 62 f.

58 Bast 1997, S. 17.

des Börsenvereins der Deutschen Buchhändler.[59] Dem Verlag gelang unter Meiners Leitung der Übergang von einem kleinen, nicht spezialisierten Wissenschaftsverlag, dessen Programm nicht zuletzt von den Neigungen des jeweiligen Inhabers abhing, zu einem anerkannten Wissenschaftsverlag mit den Schwerpunkten Medizin, Naturwissenschaften (vor allem Physik und Chemie), Philosophie und Psychologie. Meiner kaufte verschiedene Firmen mit zum eigenen Haus passenden Verlagsprogrammen auf und legte großen Wert auf die Etablierung und Publikation von Fachzeitschriften, Handbüchern und Buchreihen. Barth stand im Jahr 1910 nach Gustav Fischer Jena auf Platz zwei der nach Titelproduktion stärksten Verlage im Bereich Medizin;[60] in den Naturwissenschaften war Barth bis zum Ersten Weltkrieg führend, konnte seine Position in der folgenden Zeit aber nicht halten.[61] Seit 1926 war die Firma eine Kommanditgesellschaft, an der neben Arthur Meiner dessen Kinder Annemarie, Helmut und Wolfgang beteiligt waren.[62]

Durch die alliierten Angriffe auf Leipzig 1943 wurde das Verlagsgebäude zerstört; beinahe sämtliche Bestände an Büchern und Zeitschriften sowie der größte Teil des Stehsatzes, der Druckstöcke und des Papiers gingen verloren.[63]

2.2.2 Weiterarbeit in Leipzig nach 1945

Nach Kriegsende wurde das Verlagshaus allmählich wieder nutzbar gemacht, und der Verlag bekam am 10. Oktober 1945 eine Verkaufslizenz vom Rat der Stadt.[64] Am 22. März 1946 erhielt die Arbeitsgemeinschaft medizinischer Verleger, die einen Tag zuvor aus den Verlagen Johann Ambrosius Barth, Dr. Werner Saenger, Theodor Steinkopff und Georg Thieme gebildet worden war, die Lizenz von der Sowjetischen Militäradministration.[65] Unter dieser Arbeitsgemeinschaft erhielt Barth ab August 1946 außerdem Einzellizenzen für verschiedene medizinische Fachzeitschriften.[66] Am 28. August 1946 wurde Arthur Meiner für den Verlag Johann Ambrosius Barth eine persönliche Lizenz für die Bereiche Allgemeine Biologie, Chemie, Physik, Technik,

---

59 Vgl. Lebenslauf von Hofrat Dr. med. h.c., Dr. phil. h.c. Arthur Meiner, o. D. [1945], StadtAL, StVuR, Nr. 8920. Zu Meiners umfangreichem ehrenamtlichen Engagement für den Buchhandel siehe Bast 1997, S. 40–46.

60 Vgl. Jäger 2001, S. 476.

61 Vgl. Schneider 2007, S. 398.

62 Vgl. Amtsgericht Leipzig, HRA 434, SStAL, 21101 Barth Leipzig, Nr. 486.

63 Vgl. Barth Leipzig, Zur Lage des wissenschaftlichen Verlages, 5.1.1950, SStAL, 21101 Barth Leipzig, Nr. 177.

64 Vgl. Wiecke 1980, S. 70ff.

65 Lizenz Nr. 37. Vgl. Jütte 2010, S. 221.

66 Vgl. beispielsweise Lizenz Nr. 82 für das *Zentralblatt für Gynäkologie*, SStAL, 21101 Barth Leipzig, Nr. 199. In dieser Akte finden sich sämtliche Lizenzen für den Verlag sowie für einzelne Zeitschriften ab 1946.

Astronomie und Geisteswissenschaften ausgestellt. Damit konnten wieder Bücher in diesen Wissenschaftsbereichen veröffentlicht und auch weitere Fachzeitschriften lizenziert werden.[67] Am 18. Oktober 1948 kam es zur Gründung einer neuen Kommanditgesellschaft, da in der Folge des Weltkriegs Veränderungen der familiären Beteiligung notwendig geworden waren. Wolfgang Meiner war 1945 aus der Gesellschaft ausgeschieden, da er Mitglied der NSDAP gewesen[68] und für »gewisse nazistisch militaristische Einschläge in der Verlagsproduktion«[69] jener Zeit verantwortlich war. Arthur Meiner blieb persönlich haftender und geschäftsführender Gesellschafter der KG, Annemarie Meiner und Helmut Meiner Kommanditisten.[70]

Das Amt für Literatur und Verlagswesen erneuerte am 16. Oktober 1951 die Leipziger Verlagslizenz, die nun auf Arthur Meiner und Fritz Schubert ausgestellt war.[71] Am 23. Dezember 1952 starb Arthur Meiner. Seine Witwe und Erbin Hertha Meiner trat im Februar 1954 als persönlich haftende Gesellschafterin in das Unternehmen ein,[72] sie stand dem Verlag bis zu ihrem Tod im Jahr 1964 vor.[73] Mit ihr leitete seit 1948 Fritz Schubert den Verlag, der von diesem Zeitpunkt an auch Einzelprokura besaß.[74] Schubert wurde 1966 durch Klaus Wiecke abgelöst, der vorher bereits als stellvertretender Verlagsleiter fungiert hatte.[75] Der Anteil von Helmut Meiner, der die DDR Anfang der 1950er Jahre verlassen hatte und in der Bundesrepublik lebte, ging mit Wirkung vom

---

67 Vgl. Lizenz Nr. 88 für Arthur Meiner für den Verlag Barth, August 1947, SStAL, 21101 Barth Leipzig, Nr. 199; Barth Leipzig, Zur Lage des wissenschaftlichen Verlages, 5.1.1950, SStAL, 21101 Barth Leipzig, Nr. 177. Die Lizenz wurde im November 1947 erneuert, gültig war die neue Lizenz ab März 1948. Vgl. Lizenz Nr. 410 für Arthur Meiner für den Verlag Barth, März 1948, SStAL, 21101 Barth Leipzig, Nr. 199.
68 Vgl. Barth Leipzig an die Zentralstelle für Buch- und Bibliothekswesen, 10.10.1945, StadtAL, StVuR, Nr. 8920.
69 Volksbildungsamt, Buch- und Bibliothekswesen, an Barth Leipzig, 25.4./5.1946, StadtAL, StVuR, Nr. 8920. 1951 ging Wolfgang Meiner in die Bundesrepublik.
70 Vgl. Gesellschaftsvertrag der Firma Johann Ambrosius Barth in Leipzig, 18.10.1948, SStAL, 21101 Barth Leipzig, Nr. 635.
71 Lizenz Nr. 285, 16.10.1951, HA/BV 97,2: Johann Ambrosius Barth, Leipzig.
72 Vgl. Amtsgericht Leipzig, HRA 434, Eintragung vom 2.2.1954, SStAL, 21101 Barth Leipzig, Nr. 490.
73 Vgl. Links 2010, S. 103.
74 Vgl. Personal-Fragebogen von Friedrich Schubert zur Bewerbung als Lizenzträger für Johann Ambrosius Barth, Leipzig, an die Deutsche Verwaltung für Volksbildung, o. D., StadtAL, StVuR, Nr. 8920. Bast schreibt, Schubert habe den Verlag bereits seit 1945 geleitet. Vgl. Bast 1997, S. 39. Dies steht im Widerspruch zu Schuberts eigener Aussage im Fragebogen: Demnach befand er sich bis Februar 1946 in Kriegsgefangenschaft, besaß seit April 1946 Gesamtprokura und bekam die Verlagsleitung zum 1. Oktober 1948 übertragen.
75 Vgl. Vorzüge und Besonderheiten in neuer Gemeinschaft. In: Börsenblatt (Leipziger Ausgabe), H. 11, 15.3.1988, S. 205.

18. Juli 1952 in Volkseigentum über; der Anteil der in München lebenden Annemarie Meiner befand sich unter Verwaltung.[76]

2.2.3 Etablierung einer Geschäftsstelle in München

Arthur Meiners Tochter Annemarie Meiner lebte seit 1925 in München. Die bedeutende Buchhistorikerin war in ihrer Zeit »als Privatgelehrte die einzige Frau in Deutschland, die sich auf das Fachgebiet des gesamten Buchwesens spezialisiert«[77] hatte. Bereits seit 1945 fungierte sie in München als eine Vertreterin von Barth im Westen. Sie verhandelte mit Autoren und Buchhandlungen, beobachtete das akademische Leben ebenso wie die Verlagskonkurrenz und führte ein Bankkonto, das dem Verlag für Verbindlichkeiten und Forderungen in den westlichen Besatzungszonen zur Verfügung stand.[78] Seit 1945 bestand auch schon der Plan zur Gründung einer Münchner Zweigstelle des Verlags durch Annemarie Meiner.[79] Erst im November 1948 aber wurde ihre Tätigkeit durch die Etablierung des M-N-G-Verlags Dr. Annemarie Meiner (Verlag für Medizin, Naturwissenschaften, Geisteswissenschaften) in München firmenrechtlich festgeschrieben.[80] Gesellschafter waren Annemarie Meiner und der Johann Ambrosius Barth Verlag in Leipzig.[81] Ein Vertrag vom März 1949 legte fest, dass der neue Verlag von Barth in Leipzig unterstützt, von ihm Lizenzen erhalten und der Verlagsname, sofern keine behördlichen Einwände bestünden, durch Johann Ambrosius Barth ersetzt werden solle.[82] Am 9. August 1949 verpflichtete sich Annemarie Meiner, ihre Bücher und Zeitschriften künftig unter der Firma Johann Ambrosius Barth, München, zu veröffentlichen.[83] Am 23. August 1949 erlosch der M-N-G-Verlag; am folgenden Tag wurde der Verlag Johann Ambrosius Barth München

---

76 Vgl. Amtsgericht Leipzig, HRA 434, SStAL, 21101 Barth Leipzig, Nr. 487. Helmut Meiner hatte 1950 noch in Ochtmersleben bei Magdeburg gelebt; die Überführung seines Anteils in Volkseigentum deutet darauf hin, dass er die DDR ohne Genehmigung der Behörden verlassen hat.

77 Bast 1997, S. 117f. Daneben engagierte sich Annemarie Meiner intensiv für praktische Belange der Branche, sie beteiligte sich beispielsweise nach 1945 am Aufbau des bayerischen Landesverbandes. Vgl. Werner 1971, S. 27. Zudem war sie Schriftleiterin der Börsenblatt-Beilage *Der Junge Buchhandel* und förderte die Buchhändler-Ausbildung. Vgl. Bast 1997, S. 124f.

78 Vgl. Barth Leipzig an Annemarie Meiner, 5.3.1947, SStAL, 21101 Barth Leipzig, Nr. 285.

79 Vgl. Arthur Meiner, Barth Leipzig, an die Zentralstelle für Buch- und Bibliothekswesen, 14.9.1945, StadtAL, StVuR, Nr. 8920.

80 Vgl. Bast 1997, S. 120. Es begegnen auch die Schreibweisen MNG-Verlag und M.N.G. Verlag.

81 Vgl. Gesellschafts-Vertrag des M-N-G-Verlags Dr. Annemarie Meiner, 25.11.1948, SStAL, 21101 Barth Leipzig, Nr. 486. Bast gibt als Gründungsdatum den 4.4.1949 an, die Eintragung ins Handelsregister erfolgte am 21.4.1949. Die Firma erlosch am 23.8.1949. Vgl. Bast 1997, S. 120.

82 Vgl. Vertrag zwischen Johann Ambrosius Barth, Leipzig und M-N-G-Verlag Dr. Annemarie Meiner, München, 14.3.1949, SStAL, 21101 Barth Leipzig, Nr. 486.

83 Vgl. Vertrag zwischen Johann Ambrosius Barth K.G., Leipzig und Frau Dr. Annemarie Meiner, München, SStAL, 21101 Barth Leipzig, Nr. 486.

in das Handelsregister eingetragen.[84] Damit war ein zweiter Barth-Verlag in der amerikanischen Zone etabliert, der »unabhängig vom Leipziger Haus, jedoch nach den gleichen Grundsätzen, die sich dort in 170jähriger Tradition gebildet haben«,[85] arbeiten sollte. Der Münchner Barth-Verlag wies die Besonderheit auf, dass es sich explizit um eine »weitere selbständige Hauptniederlassung unter der Firma Johann Ambrosius Barth«[86] handelte.

Die ersten Veröffentlichungen des Barth-Verlags München, in dem das gleiche Signet wie im Leipziger Haus verwendet wurde, waren Neuauflagen medizinischer Titel von dort.[87] Auch nach der Gründung ihres eigenen Verlags war die Verlegerin damit beauftragt, »die Verbindung mit den zahlreichen Zeitschriften-Redakteuren, Buch-Autoren und sonstigen Mitarbeitern meines Verlags [Barth Leipzig, A.-M. S.] in den Westzonen aufrecht zu erhalten«.[88] In den 1950er Jahren entwickelte sich zunehmend ein eigenes Programm im Münchner Barth-Verlag, der vor allem Titel aus den Bereichen Medizin, Zahnheilkunde und Geisteswissenschaften veröffentlichte. Im folgenden Jahrzehnt kamen Psychologie und Graphologie als Schwerpunkte hinzu.[89]

Die Verlage in Leipzig und München standen in freundschaftlichem Kontakt miteinander – so stellten sie beispielsweise in den 1950er Jahren auf der Frankfurter Buchmesse gemeinsam aus.[90] Leipzig lieferte Teilauflagen seiner Werke nach München, der dortige Verlag übernahm für das Leipziger Haus die Auslieferung in der Bundesrepublik.[91]

2.2.4 Die weiteren Entwicklungen in Leipzig und München

Der Leipziger Verlag blieb zunächst in Privatbesitz. Nach dem Tod von Hertha Meiner 1964 gingen ihre Anteile an ihre Kinder Annemarie, Wolfgang und Helmut Meiner über.[92] Da alle drei in der Bundesrepublik lebten, wurden die Anteile treuhän-

---

84 Vgl. Bast 1997, S. 120f.

85 Annemarie Meiner, Rundschreiben an die Buchhandlungen, Oktober 1949, HA/BV 1: Johann Ambrosius Barth.

86 Barth, Verlagsleitung, an das Amtsgericht, Handelsregister, München, 11.3.1949, SStAL, 21101 Barth Leipzig, Nr. 486. Bast weist darauf hin, dass unter dem Verlagsnamen M-N-G nur ein einziges Buch erschien. Alle weiteren in München von Annemarie Meiner herausgebrachten Titel erschienen bereits unter Barth. Vgl. Bast 1997, S. 120f.

87 Vgl. Bast 1997, S. 121–123.

88 Schubert, Barth Leipzig, an den Rat der Stadt Leipzig, Ermittlungsamt, 24.10.1950, SStAL, 21766 BV II, Nr. 1239.

89 Vgl. HA/BV 50: Johann Ambrosius Barth.

90 Vgl. Barth Leipzig an die HV Verlagswesen, 15.8.1956, SStAL, 21101 Barth Leipzig, Nr. 278.

91 Vgl. Wiecke, Bericht zur Dienstreise nach München, 12.-16.11.1967, SStAL, 21101 Barth Leipzig, Nr. 279.

92 Vgl. Barth Leipzig an Rienäcker, 21.5.1964, SStAL, 21101 Barth Leipzig, Nr. 718.

derisch verwaltet. Der stellvertretende Kulturminister Erich Wendt setzte sich persönlich dafür ein, dass trotz dieser Besitzverhältnisse »die Arbeit ungestört weiterläuft«.[93] Pläne, über die Beteiligung des Verlags VEB Edition Leipzig eine staatliche Beteiligung bei Barth zu installieren,[94] ließ die Hauptverwaltung (HV) Verlage und Buchhandel wieder fallen. Erst nachdem alle drei Erben gestorben waren, ging der Verlag zum 1. Januar 1988 an die Gruppe VE Verlage für Medizin und Biologie und war damit Volkseigentum.[95]

In München war Annemarie Meiners Bruder Wolfgang 1952 als persönlich haftender Gesellschafter in die Firma eingetreten, in der er zuvor bereits mitgearbeitet hatte.[96] Ab 1962 war Annemarie Meiner Alleininhaberin, zwei Jahre später nahm sie ihren Prokuristen Kurt Höbel als persönlich haftenden Gesellschafter auf. Im Oktober 1970 wurde Barth vom zu Harcourt Brace Jovanovich New York gehörenden Athenäum-Verlag Frankfurt am Main übernommen, Meiner und Höbel schieden als Gesellschafter aus. Nach der Übernahme erfolgte die Sitzverlegung nach Frankfurt am Main.[97] Damit war Walter J. Johnson (Academic Press und Akademische Verlagsgesellschaft) einer der Kommanditisten der Gesellschaft.[98] Vier Jahre später kaufte Julius Springer den Verlag und führte ihn in Heidelberg als Kommanditgesellschaft weiter. Springer übernahm die medizinische und psychologische Produktion, die zahnmedizinischen Titel gingen an den Carl Hanser Verlag.[99] Der Verlag J. A. Barth wurde in diesem Zuge liquidiert, womit der Firmenname in der Bundesrepublik verschwand.[100]

Den Leipziger Barth-Verlag kaufte 1991 die Verlagsgruppe Dr. Alfred Hüthig in Heidelberg. Zwei Jahre später erfolgte die Umwandlung des Verlags in ein Redaktionsbüro, ein Jahr später die Löschung als eigenständige Firma. 1999 wurde der Verlag gänzlich geschlossen. Die Marke Barth war zunächst von Heidelberg aus weiter geführt worden und verschwand nun auch als Imprint. 1999 gingen die Barth-Rechte an Georg Thieme, einzelne Fachzeitschriften erschienen noch für kurze Zeit unter dem Namen Barth, Neuauflagen aus dem Buchprogramm hingegen unter Thieme.[101]

---

93 Rienäcker an Schubert, Barth Leipzig, 8.6.1964, SStAL, 21101 Barth Leipzig, Nr. 718.
94 Vgl. Schmidt an das MfK, HV Verlage, 17.9.1964, SStAL, 21101 Barth Leipzig, Nr. 718.
95 Vgl. Links 2010, S. 103.
96 Vgl. Bast 1997, S. 123.
97 Vgl. Börsenblatt (Frankfurter Ausgabe), H. 15, 2.2.1964; Börsenblatt (Frankfurter Ausgabe), H. 2, 7.1.1972.
98 Vgl. Amtsgericht München, HRA 08892, Eintragung vom 1.2.1971.
99 Vgl. Bast 1997, S. 124.
100 Vgl. Schäfer an den BV Frankfurt, 15.5.1974, HA/BV 97,2: Johann Ambrosius Barth, Frankfurt.
101 Vgl. Links 2010, S. 104; Schriftliche Auskunft von Anne-Katrin Döbler, Georg Thieme Verlag KG, am 26.2.2014.

2.3 Gustav Fischer

2.3.1 Von der Gründung bis zum Ende des Zweiten Weltkriegs

Der Buchhändler Gustav Paul Danckert Fischer kaufte 1877 den in Konkurs geratenen Verlag Hermann Dufft.[102] Dessen Ursprünge reichten bis in das Jahr 1661 zurück, als Johann Werther in Jena eine Druckerei begründet hatte. Werther betätigte sich wie in jener Zeit üblich zugleich als Verleger. 1772 übernahm die Familie Mauck das Unternehmen, von der es schließlich Hermann Dufft erwarb, dem allerdings kein Erfolg damit beschieden war. Fischer führte den Verlag ab dem 1. Januar 1878 unter eigenem Namen weiter und konzentrierte sich auf die Gebiete Medizin, Naturwissenschaften, Staats-, Wirtschafts- und Rechtswissenschaften; die Bereiche Philosophie und Schulbuch hingegen wurden verkauft. Von Anbeginn waren die Kontakte zur Jenaer Universität und ihren Wissenschaftlern für Verlag und Verleger von großer Bedeutung. Fischer sen. starb 1910; sein Neffe und Adoptivsohn Gustav Adolf Fischer (auch Gustav Fischer jun.), der zuvor bereits Teilhaber geworden war, übernahm die Firma. Auf dem Gebiet der Medizin war Fischer im Jahr 1910 sowohl nach Titelproduktion als auch nach Gesamtseitenzahl zum führenden deutschsprachigen Verlag aufgestiegen.[103] Stier schrieb zum Bekanntheitsgrad des Verlags in der ersten Hälfte des 20. Jahrhunderts: »Gustav Adolf Fischer hätte sich rühmen können, daß es in keinem Lande des Erdballes einen Mediziner, Naturwissenschaftler oder Nationalökonomen gibt, der seinen Namen nicht kennt und nicht nur eines, sondern mehrere Bücher und Zeitschriften seines Verlags besitzt.«[104]

Im Gegensatz zu vielen Leipziger Verlagsunternehmen überstand das Fischer-Verlagsgebäude in Jena den Zweiten Weltkrieg ohne Schäden.

2.3.2 Weiterarbeit in Jena nach 1945

Jena wurde ebenso wie Leipzig im April 1945 zunächst von den Amerikanern besetzt, die Verlagsarbeit kam in dieser Zeit aufgrund der erlassenen Bestimmungen zum Erliegen. Im Juli erfolgte der Gebietstausch mit der sowjetischen Besatzungsmacht. Bereits im Herbst 1945 gelang es dem Verlag Gustav Fischer, von der SMAD die Genehmigung zum Druck von 24 Titeln zu erhalten, die sich zu jener Zeit bereits in der Herstellung befanden.[105] Nach dem Tod von Gustav Adolf Fischer im März 1946 übernahm dessen

---

102 Zur Geschichte des Verlags Gustav Fischer siehe Lütge 1928; Schulz 1978 (mit einem Schwerpunkt auf der Geschichte von 1945 bis 1978); Breyer 1978. Einen aktuellen Überblick aus der Sicht einer ehemaligen Lektorin bietet Schlüter 2007.
103 Vgl. Jäger 2001, S. 476.
104 Stier 1953, S. 21.
105 Vgl. Schulz 1978, S. 30f.

Tochter Annelise von Lucius den Verlag.[106] Nachdem sie sich zunächst vergeblich um eine eigene Verlagslizenz bemüht hatte, trat der Verlag im Juni 1946 der bereits lizenzierten Arbeitsgemeinschaft medizinischer Verleger bei und konnte damit Titel auf dem Gebiet der Medizin verlegen.[107] Am 10. Dezember 1946 erhielt der Verlag Gustav Fischer außerdem die Lizenz für die Herausgabe natur-, sozial- und wirtschaftswissenschaftlicher Literatur.[108] Im Februar 1947 bekam der Verlag die erste Genehmigung für die Herausgabe einer Zeitschrift erteilt.[109] Die Verlagslizenz wurde 1952 erneuert, der Verlag durfte nun allerdings nur noch auf den Gebieten der Medizin und der Naturwissenschaften arbeiten.[110] Durch eine weitere Spezialisierung waren in der folgenden Zeit vor allem Werke aus der Biologie, der Medizin und der Veterinärmedizin im Programm zu finden.[111]

2.3.3 Gründung einer Zweigstelle in Stuttgart

Am 8. November 1947 trafen die Gesellschafter des Verlags die Entscheidung, eine Dependance in der amerikanischen Besatzungszone zu eröffnen.[112] Der langjährige Prokurist des Verlags, Rudolf Maas, der bereits seit 1898 im Unternehmen tätig war, und August von Breitenbuch, ein Schwager von Annelise von Lucius, sollten diese in Stuttgart aufbauen.[113] Am 22. Dezember 1947 erhielt Maas die Genehmigung zur Eröffnung einer Zweigstelle von der amerikanischen Militärregierung, die am 1. März 1948 gegründet wurde. Allerdings war aufgrund der Einschränkung, dass damit keine Papierzuteilungen verbunden seien, zunächst nur der Verkauf der in Jena produzierten Bücher möglich.[114] Am 7. Dezember 1948 bekam die Zweigstelle, die zwei Tage später unter dem Namen Piscator-Verlag Gesellschaft mit beschränkter Haftung (piscator = lat. der Fischer) in das Stuttgarter Handelsregister eingetragen wurde, eine eigene Verlagslizenz.[115] Rudolf Maas war Gesellschafter und Geschäftsführer der Firma. Am 27. März 1951 gründeten Herta von Breitenbuch und ein entfernter Verwandter na-

---

106 Vgl. ebd., S. 25.

107 Vgl. Jütte 2010, S. 249.

108 Lizenz Nr. 114. Vgl. ebd., S. 250.

109 Vgl. Schulz 1978, S. 32.

110 Vgl. Fischer Jena an Amonn, 20.10.1952, HA/BV 52, Nr. 7.

111 Vgl. Breyer 1978, S. 44.

112 Vgl. Jütte 2010, S. 265; Schulz 1978, S. 42.

113 Zum Eintritt von Breitenbuchs in die Firma sagte Wulf D. von Lucius 1996: »Mein Onkel, August von Breitenbuch, war gerade aus der Gefangenschaft entlassen worden und musste sich ja mit irgendetwas beschäftigen. Er kam gar nicht aus dem Verlagswesen. Er war eigentlich Landwirt. Aber es lag damals nahe, dass er sich, wie seine Schwägerin mit dem Verlagswesen beschäftigt und eine Zweigstelle des Gustav Fischer Verlages in Stuttgart eröffnet.« Jütte 2010, S. 352.

114 Vgl. Jütte 2010, S. 266; Schulz 1978, S. 43f.

115 Vgl. Amtsgericht Stuttgart, HRB 1003, Eintragung vom 7.5.1949; Jütte 2010, S. 266f.

mens Emil Gustav Fischer als persönlich haftende Gesellschafter rückwirkend zum 1. Oktober 1950 die Gustav Fischer oHG,[116] die allerdings lediglich den »Vertrieb von und den Handel mit wissenschaftlichen Büchern zum Gegenstand [hatte]«,[117] was sich vorrangig auf den Verkauf der Jenaer Produktion bezog.

2.3.4 Übersiedlung der Verlegerin nach Stuttgart und Enteignung

In der DDR war der Verlag Gustav Fischer Repressionen ausgesetzt: Im Februar 1950 fand eine Steuerprüfung statt, die eine Forderung von ca. 100.000 Mark zur Folge hatte.[118] Im Januar 1953 wurden Annelise von Lucius und ihre Mutter Marie Fischer verhaftet und eine Nacht lang verhört. Dabei ging es neben den Steuerangelegenheiten vor allem um die bundesdeutschen Kontakte der Verlegerin. Die engen Beziehungen des Verlags zur Jenaer Universität werden dadurch erkennbar, dass die Verhaftung die sofortige Intervention des Rektors zur Folge hatte.[119] Nach der Freilassung am nächsten Tag entschloss sich die Familie, nach Stuttgart zu fliehen und dort die Verlagsarbeit fortzusetzen.[120] Die Vermögenswerte des Piscator-Verlags übernahm zum 31. Dezember 1953 die Firma Gustav Fischer, die inzwischen in eine Kommanditgesellschaft umgewandelt worden und die von diesem Zeitpunkt an sowohl für die Herstellung als auch für den Vertrieb zuständig war.[121]

Der Gustav Fischer Verlag in Jena wurde nach dem Weggang von Annelise von Lucius am 1. Februar 1953 unter Treuhandschaft gestellt und am 24. April 1953 rückwirkend zum 1. Februar als VEB Gustav Fischer Verlag in Volkseigentum übernommen.[122] Als Verlagsleiter kam zunächst Walter Böhme, ihm folgte 1956 Erich Studzinski.[123] Im Zuge der zweiten Phase der Verlagsprofilierungen in der DDR entstand eine Verlagsgruppe Volkseigene Verlage für Medizin und Biologie, in der der VEB Gustav Fischer, der VEB Georg Thieme und der VEB Volk und Gesundheit zusammengeschlossen waren. Die Leitung dieses späteren ›Medizinkombinats‹ wirkte in Berlin, der Verlag blieb

---

116 Vgl. Schreiben der Geschäftsstelle des Amtsgerichts Esslingen (Neckar), 2.5.1951, HA/BV 52, Nr. 7. Da auch in der Bundesrepublik unter dem Namen Gustav Fischer produzieren werden sollte und die Gründung einer Firma unter diesem Namen nur mit einem entsprechenden Namensträger möglich war, wurde ein Verwandter gesucht und mit Emil Gustav Fischer gefunden. Dieser trat Ende 1952 wieder aus der Firma aus. Vgl. Schulz 1978, S. 48.

117 Stuttgarter Revisions- und Treuhandgesellschaft an die Landeszentralbank von Baden-Württemberg, 16.12.1953, HA/BV 52, Nr. 8. Vgl. auch Schulz 1978, S. 51f.

118 Vgl. Jütte 2010, S. 268f.

119 Grabenstein, Bericht betr.: Gustav Fischer Verlag, Jena, 23./24.1.1953, BArch, DR1/765.

120 Vgl. Jütte 1996, S. 197; Jütte 2010, S. 269.

121 Vgl. Stuttgarter Revisions- und Treuhandgesellschaft an die Landeszentralbank von Baden-Württemberg, 16.12.1953, HA/BV 52, Nr. 8; Schulz 1978, S. 48.

122 Vgl. Bericht über das Geschäftsjahr 1953, 26.1.1954, BArch, DR1/725.

123 Vgl. Schlüter 2007, S. 749.

an seinem Ursprungsort Jena. In der Medizin war das Programm fortan auf die Bereiche Anatomie, Innere Medizin und Pathologie beschränkt.[124]

Die Verlage Piscator in Stuttgart und Gustav Fischer in Jena hatten bis zum Weggang von Annelise von Lucius in engem Kontakt gestanden. Danach wurde »in Verhandlungen zwischen beiden Häusern eine Klärung vor allem der urheberrechtlichen Fragen und Verhältnisse versucht und herbeigeführt«,[125] was in der Folge eine enge Kooperation ermöglichte. Fischer Stuttgart und Fischer Jena bezogen im Rahmen des innerdeutschen Handels Bücher voneinander, tauschten Zeitschriften gegen Druckaufträge, vergaben gegenseitig Lizenzen und veranstalteten Gemeinschaftsauflagen.[126] Später übernahm der Stuttgarter Verlag die Auslieferung aller Jenaer Titel in der Bundesrepublik. Bei den Verlagen bestand Einigkeit darüber, dass die Zusammenarbeit im beiderseitigen Interesse und zum Wohle aller Beteiligten erfolgte.[127]

2.3.5 Die weiteren Entwicklungen in Jena und Stuttgart

In Stuttgart traten 1967/69 mit Bernd von Breitenbuch und Wulf D. von Lucius zwei Enkelsöhne von Gustav Adolf Fischer in den Verlag ein, beide übernahmen 1972 die Geschäftsführung. Fischer expandierte: 1976 wurde eine Filiale in New York eröffnet. 1987 erwarb der Verlag die Mehrheitsbeteiligung am Medizinverlag Jungjohann.

Nach der Wiedervereinigung kaufte der Stuttgarter Verlag 1991 das Jenaer Haus von der Treuhand.[128] Ein Jahr später erfolgte die Anbindung der Verlage an die Verlagsgruppe Holtzbrinck, die mit dem 1996 durchgeführten Zusammenschluss der Firmen Gustav Fischer Stuttgart, Gustav Fischer Jena und Jungjohann den Gustav Fischer Verlag »zum viertgrößten naturwissenschaftlich-medizinischen Fachverlag auf deutschsprachigem Gebiet«[129] machte. 1999 entstand durch die Fusion mit Urban & Schwarzenberg der Urban & Fischer Verlag, der Standorte in München, Stuttgart und Jena hatte. Seit der Übernahme dieses Verlags durch Reed Elsevier im Jahr 2003 wird der Name Urban & Fischer nur noch als Imprint benutzt. Das Fachzeitschriftenzentrum in Jena, das in den 1990er Jahren entstand, wurde 2008 aufgelöst.[130]

---

124 Vgl. Links 2010, S. 133; Schlüter 2007, S. 749.
125 Schulz 1978, S. 54.
126 Vgl. von Lucius 1997, S. 198–219. Von Lucius schildert das Verhältnis zwischen 1953 und 1989.
127 Vgl. Fischer Stuttgart an Fischer Jena, 22.12.1958, HA/BV 52, Nr. 100; Fischer Jena an Fischer Stuttgart, 28.9.1956, HA/BV 52, Nr. 64.
128 Vgl. Schmeiser 1997, S. 84.
129 O. V. 1996, S. 181.
130 Vgl. Links 2010, S. 135.

2.4 S. Hirzel

2.4.1 Von der Gründung bis zum Ende des Zweiten Weltkriegs

Der Verlag S. Hirzel ging aus der 1682 in Leipzig gegründeten Weidmannschen Buchhandlung hervor.[131] Dieses Unternehmen hatte vor allem nach dem Eintritt von Philipp Erasmus Reich im Jahr 1762 einen Aufschwung erlebt. Später erwarb Georg Andreas Reimer die Firma; dessen Sohn Karl Reimer und Schwiegersohn Salomon Hirzel übernahmen sie 1832. Unter ihrer Leitung stieg der Verlag zu einem auf dem Gebiet der Geisteswissenschaften führenden Haus auf. Der Verlag S. Hirzel entstand am 1. Januar 1853, nachdem die beiden Schwager eine Teilung der Firma beschlossen hatten. Reimer ging mit der Weidmannschen Buchhandlung nach Berlin, Hirzel blieb in Leipzig. Eines der bekanntesten Verlagsobjekte aus dem Unternehmen von Salomon Hirzel – das *Deutsche Wörterbuch* der Brüder Jacob und Wilhelm Grimm – ging noch auf eine gemeinsame Initiative von Reimer und Hirzel aus dem Jahr 1838 zurück. Die Herausgabe des Jahrhundertprojekts begann 1852.[132] Daneben publizierte der Verlag anfangs weiterhin geisteswissenschaftliche Werke, bevorzugt aus dem philologischen und historischen Bereich. Unter Hirzels Enkel Georg, der den Verlag seit 1894 leitete, kamen naturwissenschaftliche, medizinische und technische Publikationen hinzu; wichtige Handbücher und Lehrbücher erschienen nun auch aus diesen Wissenschaftsbereichen. Der neue Programmschwerpunkt wurde durch den Kauf des Braunschweiger Verlags Harald Bruhn, der auf Medizin und Naturwissenschaften spezialisiert war, im Jahr 1900 ausgebaut.

Nach dem Tod Georg Hirzels im Jahr 1924 übernahm sein Sohn Heinrich Hirzel, der bereits Teilhaber war, die Leitung des Verlags. Die Firma war inzwischen eine Kommanditgesellschaft: Hirzel war persönlich haftender Gesellschafter, Hildegard Burlage, geb. Hirzel, Kommanditistin.[133] Bei den Bombenangriffen der Amerikaner auf Leipzig im Dezember 1943 wurde das Verlagsgebäude weitgehend zerstört.

2.4.2 Drei Standorte nach 1945

Heinrich Hirzel hatte mit seiner Familie einen zweiten Wohnsitz in der Schweiz, wo er nach Kriegsende eine Zweigniederlassung des Verlags in Zürich etablierte.[134] In der amerikanischen Besatzungszone wurde Hans Held für den S. Hirzel Verlag in Stutt-

---

131 Zur Geschichte des Verlags S. Hirzel siehe Köhler 1953.
132 Zur frühen Geschichte des *Deutschen Wörterbuches* siehe Kirkness 1980, zur Entwicklung nach 1945 siehe Stackmann 2002, S. 298–319.
133 Vgl. Amtsgericht Leipzig, HRA 414, Eintragung vom 4.3.1938, SHV 2.
134 Die Quellen geben zum Zeitpunkt der Übersiedlung Hirzels in die Schweiz unterschiedliche Auskünfte. Wahrscheinlich ist, dass Hirzel schon vor oder während des Kriegs in die Schweiz ging, sich um sein Leipziger Verlagshaus aber weiterhin kümmerte und endgültig erst im Juni 1945 übersiedelte.

gart eine Lizenz für den Verlag wissenschaftlicher Bücher und Zeitschriften erteilt, ausgestellt am 13. Dezember 1946.[135] Die Gründung der S. Hirzel Verlag KG erfolgte am 1. Januar 1947, der erste Eintrag in das Handelsregister am 7. Juli 1950; persönlich haftender Gesellschafter war Heinrich Hirzel, Kommanditistin Hildegard van der Velde-Hirzel.[136]

Der Leipziger Verlag erhielt von der SMAD am 25. Februar 1947 die Lizenz für die Aufnahme der verlegerischen Tätigkeit, welche 1951 erneuert wurde. Ausgenommen war die medizinische Literatur, die im Rahmen der Arbeitsgemeinschaft medizinischer Verleger herausgegeben werden durfte.[137] Dieser war Hirzel als Gesellschafter am 6. Juni 1946 beigetreten.[138] Prokurist Arnold Plohmann hatte im Auftrag von Heinrich Hirzel die Verlagsleitung übernommen, verließ Leipzig aber im Mai 1948 – nachdem er wegen nicht gemeldeter Papierbestände für einige Tage verhaftet worden war – und siedelte nach Stuttgart über, wo er von nun an den dortigen Verlag leitete.[139] Die Leitung des Leipziger Hauses oblag jetzt Heinrich Köhler. Im Juli 1951 entzog der Rat der Stadt Leipzig Heinrich Hirzel die Handlungs- und Vertretungsbefugnis für den Verlag, am 14. Juli 1952 wurde der Verlag unter Treuhandverwaltung gestellt.[140] Als Verwalter war Rudolf Bauersfeld tätig, der später auch die Leitung des Verlags übernahm und bis 1967 innehatte.[141] Von einer Enteignung war der S. Hirzel Verlag nicht betroffen, da Heinrich Hirzel Schweizer Staatsbürger war und es sich damit um ausländisches Vermögen handelte.[142] Auch eine staatliche Beteiligung kam aus diesem Grund nicht in Frage, wenn diese vom Ministerium für Kultur auch gewünscht wurde.[143]

In den ersten Jahren nach Etablierung der Stuttgarter Zweigstelle gab es eine enge Zusammenarbeit mit dem Leipziger Haus. Die Verlage stellten gemeinsame Ausgaben her, stimmten in konkreten Fällen ab, an welchem Verlagsort ein Titel erscheinen

---

Plohmann, der nach dem Krieg die Verlagsleitung im Auftrag von Hirzel übernahm, schrieb dazu: »Unmittelbar vor seiner Rückkehr zu seiner Familie, also vor seiner Rücksiedlung in die Schweiz, im Juni 1945, vereinbarten wir in einem Gespräch […] Ich übernehme die Leitung des S. Hirzel Verlages in Deutschland an seiner Stelle, solange Herr Hirzel im Ausland lebt.« Plohmann, Eidesstattliche Erklärung, 1.7.1945, SHV 164.

135 Vgl. License (Zulassung) US-W-1105, 13.12.1946, SHV 2.

136 Vgl. Amtsgericht Stuttgart, HRA 4258, Eintragung vom 24.1.1961.

137 Vgl. Lizenzurkunde Nr. 188 für S. Hirzel, 25.2.1947 sowie Lizenzurkunde Nr. 346 für die Arbeitsgemeinschaft medizinischer Verleger, 10.12.1947, SHV 2; Hauptreferat Verlagsaufbau, Verlagsverzeichnis der neu lizenzierten Buchverlage, o. D., BArch, DR1/824.

138 Vgl. Köhler an die Landesregierung Sachsen, Ministerium für Wirtschaft und Wirtschaftsplanung Dresden, 29.6.1948, SHV 164.

139 Vgl. S. Hirzel-Verlag, Strafsache Plohmann, SHV 164; Hirzel Leipzig an Köhler, 17.12.1948, SHV 138.

140 Vgl. Amtsgericht Leipzig, HRA 414, Eintragung vom 14.7.1952, SHV 2.

141 Vgl. Ministerium für Wirtschaft und Arbeit des Landes Sachsen, Dresden, Bestallungsurkunde, 22.6.1951, SHV 127.

142 Vgl. Verordnung über die Verwaltung und den Schutz des ausländischen Eigentums in der Deutschen Demokratischen Republik vom 6.9.1951.

143 Vgl. Hagemann an Kasten, Staatssekretariat für Örtliche Wirtschaft, 15.7.1957, BArch, DR1/1123.

sollte, und schlossen Verlagsverträge ab, in denen als Verlagsort sowohl Leipzig als auch Stuttgart genannt war.[144] Nach der Trennung der Verlage Anfang der 1950er Jahre hörte die enge Abstimmung auf, konfrontativ agierten die Verlage allerdings kaum. Von bestimmten Titeln produzierten sie Doppelausgaben, was die jeweils andere Seite stillschweigend tolerierte, sofern die Titel nur im jeweils eigenen Vertriebsbereich – vereinfacht gesagt für Stuttgart die ›westliche Welt‹, für Leipzig die ›östliche‹ – verkauft wurden.

2.4.3 Die weiteren Entwicklungen in Leipzig und Stuttgart

Die Verlage in Stuttgart und Zürich wurden 1962 zu einer Firma vereinigt. Nach dem Tod von Heinrich Hirzel verkaufte seine Witwe im Jahr 1969 den Verlag S. Hirzel an die Verlagsgruppe Deutscher Apotheker Verlag, zu der er bis heute gehört.[145]

Im DDR-Verlag konzentrierte sich das Verlagsprogramm auf die Gebiete Medizin, Naturwissenschaften und Technik.[146] Innerhalb dieser Bereiche kamen auch neue Verlagsgebiete hinzu, zum Beispiel die Landwirtschaftswissenschaften und die Veterinärmedizin.[147] Im Bereich der Sprachwissenschaft blieb das von Salomon Hirzel begründete *Deutsche Wörterbuch* der Brüder Grimm das Kernprojekt. Es handelte sich um ein gesamtdeutsches Unternehmen, da es in Koproduktion der Akademie der Wissenschaften der DDR und der Göttinger Akademie der Wissenschaften entstand. Der letzte Band erfuhr zum Jahreswechsel 1960/61 mit der 380. Lieferung die Komplettierung.[148] Die erste Folge einer Neubearbeitung, die bereits vor dem Abschluss der ersten Ausgabe geplant worden war, erschien 1965.[149]

1968 wurde der S. Hirzel Verlag Leipzig mit der B. G. Teubner Verlagsgesellschaft und der Akademischen Verlagsgesellschaft Geest & Portig zu einer Betriebseinheit zusammengeführt. In diesem Zuge übernahm Heinz Kratz, der schon die anderen beiden Verlage leitete, die Funktionen des Treuhänders und des Verlagsleiters. Hirzel behielt seine juristische und wirtschaftliche Selbstständigkeit und firmierte weiter unter ›S. Hirzel Verlag Leipzig in Verwaltung‹.[150] Die Beziehungen zwischen Stuttgart und

---

144 Vgl. zum Beispiel Bericht über die Stuttgarter Besprechungen vom 25.4. bis 17.5.1949, SHV 164. Belegt ist die Zusammenarbeit außerdem durch verschiedene Korrespondenzen mit Autoren, siehe SHV 139, sowie verschiedene Verlagsverträge, siehe SHV 136.

145 Vgl. Hirzel Stuttgart an das Staatliche Notariat, Leipzig, 31.1.1990, SHV 1; Amtsgericht Stuttgart, HRA 4258, Eintragung vom 14.5.1969.

146 Vgl. Anders, Georg: 110 Jahre im Dienste der Forschung und Lehre. In: Börsenblatt (Leipziger Ausgabe), H. 1, 1.1.1963, S. 10–12, hier S. 10.

147 Vgl. Hundert Jahre Hirzel, S. 14.

148 Vgl. Stackmann 2002, S. 298–319; Berlin-Brandenburgische Akademie der Wissenschaften, Deutsches Wörterbuch von Jacob Grimm und Wilhelm Grimm 2015.

149 Vgl. Genschorek, Wolfgang: »… in sich begreifen alles, was hochdeutsche Sprache vermag«. 125 Jahre S. Hirzel Verlag Leipzig/Tradition und neue Leistung. In: Börsenblatt (Leipziger Ausgabe), H. 3, 17.1.1978, S. 38–41, hier S. 39.

150 Vgl. Rat der Stadt Leipzig an Kratz, 8.1.1968, SHV 20.

Leipzig entwickelten sich ab Ende der 1960er Jahre zu »engeren Kooperationsbeziehungen« im »Sinne einer friedlichen Koexistenz«.[151]

1992 übernahm der Stuttgarter Verlag das Leipziger Haus,[152] 1995 erfolgte die Eintragung einer Leipziger Zweigniederlassung im Handelsregister Stuttgart. Diese bestand allerdings nur pro forma noch bis 2004 und wurde dann aus dem Handelsregister gelöscht.[153] Innerhalb der Verlagsgruppe Deutscher Apothekerverlag ist S. Hirzel eine juristisch selbstständige Person, das *Deutsche Wörterbuch* erscheint in der Neubearbeitung weiterhin.[154]

2.5 Carl Marhold

2.5.1 Von der Gründung bis zum Ende des Zweiten Weltkriegs

In dem am 1. Januar 1895 in Halle an der Saale vom Buchhändler Carl Marhold gegründeten Verlag erschienen zunächst vor allem technische und medizinische Fachbücher.[155] Nachdem 1907 Walther Jäh die Firma übernommen hatte, baute er die Bereiche Neurologie, Psychiatrie und Heilpädagogik aus. Auf dem Gebiet der Heilpädagogik wurde Carl Marhold, unter anderem durch die Herausgabe der Fachzeitschriften *Die Hilfsschule* und *Zeitschrift für die Behandlung Schwachsinniger*, der bedeutendste deutsche Verlag.[156] Im Nationalsozialismus konnte die Verlagsarbeit auf die technische Literatur beschränkt fortgeführt werden. Publikationen zur Heilpädagogik und Psychiatrie erschienen kaum mehr, da sie unter den politischen Verhältnissen nicht mehr erwünscht waren; die wichtige *Hilfsschule* musste abgegeben werden, sie erschien unter dem Titel *Die deutsche Sonderschule* im Deutschen Volksverlag München.

2.5.2 Weiterarbeit in Halle nach 1945

Nach dem Ende des Zweiten Weltkriegs bestellte das Amtsgericht Leipzig Walther Jäh, der Vorsteher des Deutschen Verlegervereins gewesen war und sein Amt 1934 verloren

---

151 Dieses und das vorangegangene Zitat: Brauer an Buch-Export, 20.6.1989, SStAL, 21102 Hirzel Leipzig, Nr. 4.

152 Vgl. o. V. 2003a, S. 6.

153 Amtsgericht Stuttgart, HRA 4258, Eintragungen vom 27.10.1995 und 17.11.2004. Vgl. auch Links 2010, S. 309.

154 Vgl. Gäbler 2010, S. 107.

155 Zur Geschichte des Verlags siehe o. V. 1976. 1151. Einzelne Aspekte, vor allem zur Entwicklung des heilpädagogischen Programms, finden sich bei Carl Marhold Verlagsbuchhandlung 1978.

156 Vgl. Biographische Notiz zu Walther Jäh im Adressbuch für den Deutschen Buchhandel von 1948, SStAL, 21094 Bibliographisches Institut, Nr. 114.

hatte, zum Abwesenheitspfleger für den Börsenvereins-Vorsteher; einige Monate später wurde er als Vorsteher eingesetzt.[157] Am 25. März 1946 erhielt Jäh vom Magistrat der Stadt Halle die Genehmigung zur Weiterführung seines Betriebes.[158] Knapp zwei Monate später starb er. Sein Sohn Wolfgang Jäh war bereits mit Wirkung zum 1. Januar 1941 als Teilhaber in die Firma aufgenommen worden, die von diesem Zeitpunkt an eine Offene Handelsgesellschaft war. Nach dem Tod des Vaters war Wolfgang Jäh gemeinsam mit seiner Mutter Johanna Jäh, die als Alleinerbin Walther Jähs eingesetzt war, Gesellschafter der Firma, die er zugleich leitete.[159] Am 8. Februar 1947 erhielt Wolfgang Jäh für den Verlag die Lizenz Nr. 160 für die Gebiete der technischen und wissenschaftlichen Literatur; die Publikation medizinischer Fachliteratur konnte im Rahmen der Arbeitsgemeinschaft medizinischer Verleger im Mai 1949 wieder aufgenommen werden.[160] Trotz dieser Einschränkung erschienen auch Titel aus der Reihe *Marholds Jugendbücher* wieder. Neben den Buchpublikationen bot die Firma Marhold in den ersten Jahren nach Kriegsende ein umfangreiches Sortiment an Lehrmitteln an, unter anderem Wandtafeln, Modelle und Kreide.[161] Weder die Herstellung der *Jugendbücher* noch die der Lehrmittel konnten längerfristig fortgesetzt werden, da im Verlagssystem der DDR für diese Produkte andere Unternehmen vorgesehen waren. Im Jahr 1951/52 wurde die Verlagslizenz erneuert, und zwar für »technische Spezialliteratur auf den Gebieten Gas, Wasser, Schweiß-, Kälte- und Heiztechnik«.[162] Die Publikation medizinischer Literatur erfolgte weiterhin im Rahmen der Arbeitsgemeinschaft.

2.5.3 Übersiedlung des Verlegers nach West-Berlin

Anfang September 1951 verließ Wolfgang Jäh Halle und siedelte nach West-Berlin über, um dort den Verlag weiterzuführen. In einem mehrseitigen Schreiben an seine Mitarbeiter begründete er diesen Schritt unter anderem mit zunehmenden Schwierigkeiten

---

157 Vgl. Riese 2000b, S. 124. Wilhelm Baur, NSDAP-Mitglied und in leitender Funktion im Partei-Verlag Franz Eher Nachfolger tätig, war von 1934 an erster Vorsteher des Börsenvereins. Er fiel Ende des Kriegs. Im April 1945 stand Geschäftsführer Albert Heß kurzzeitig an der Spitze, dann nahm Hans Brockhaus bis zu seinem Weggang von Leipzig im Juli 1945 die Funktion eines Vorstehers wahr, ohne dass beide formelle Legitimation erhalten hätten. Vgl. Seifert 2000, S. 144; Riese 2000b, S. 118 und 124.
158 Fragebogen, SStAL, 21765 BV I, F6035.
159 Vgl. Gesellschafts-Vertrag, 31.12.1940, mit Nachtrag, 18.11.1950 (Abschrift), SStAL, 21094 Bibliographisches Institut, Nr. 114. Johanna Jäh war an der Geschäftsführung nicht beteiligt. Vgl. Jäh an das Amt für Information, 23.11.1950, SStAL, 21094 Bibliographisches Institut, Nr. 114.
160 Vgl. Jäh an das Amt für Information, Abtl. Presse-Gesetz, 9./23.11.1950, SStAL, 21094 Bibliographisches Institut, Nr. 114; Vertrag zwischen der Arbeitsgemeinschaft medizinischer Verleger und Carl Marhold Halle, 19.5.1949, SStAL, 21094 Bibliographisches Institut, Nr. 131; Jütte 2010, S. 277.
161 Vgl. z. B. Lehrmittel-Sortiment Marhold, 20.1.1948, StaH A 2.36 Nr. 1941 Bd.1.
162 Treuhandbericht Nr. 3, 6.3.1952, SStAL, 21094 Bibliographisches Institut, Nr. 116. Die Lizenz-Nr. war 162, ausgestellt wurde die Lizenz auf Treuhänder Georg Langguth.

bei der Zusammenarbeit mit den westdeutschen Autoren aufgrund der Zensurpolitik und der Devisenprobleme in der DDR, der Einschränkung der Verlagsgebiete und der Nicht-Lizenzierung wichtiger Zeitschriften des Verlags. Über den Hallenser Verlag wurde wenige Tage später Treuhandschaft durch den Rat der Stadt Halle angeordnet, als Treuhänder Georg Langguth eingesetzt. Die Geschäftsführung übernahm Hans Krug, ein Schwager von Wolfgang Jäh, der seit etwa 20 Jahren im Verlag tätig war.[163] Die beiden Verlage suchten zunächst – im Einverständnis mit dem Amt für Literatur und Verlagswesen in Berlin – die Zusammenarbeit, die im Oktober 1951 in einer von beiden Seiten unterzeichneten Vereinbarung ihren Niederschlag fand.[164] Anfangs funktionierte die Kooperation, allerdings zeichneten sich ab April 1952 zunehmend Schwierigkeiten ab. Im August 1952 wurde Hans Krug als Geschäftsführer entlassen[165] und Georg Langguth als Treuhänder abberufen; ihm folgte Ernst Nitsche.[166] Nur knapp zwei Wochen später übernahm die Verwaltung Volkseigener Verlage (VVV) die Treuhandschaft.[167] Diese führte im August 1952 auf Anweisung des Amtes für Literatur und Verlagswesen eine Überprüfung der Firma durch und stellte »erhebliche Unstimmigkeiten«[168] in der Buchführung fest. Jäh reagierte auf die Eingriffe, indem er seine Autoren im westlichen Teil des Landes im August 1952 davon unterrichtete, dass der Verlag in Halle nicht mehr berechtigt sei, Neuauflagen ihrer Werke herauszugeben, und dies Carl Marhold Halle auch direkt untersagte.[169] Von Halle aus gingen daraufhin ebenfalls Schreiben an die westdeutschen Autoren mit dem Ziel, diese im DDR-Verlag zu halten.[170]

Carl Marhold in Halle wurde schließlich rückwirkend zum 1. November 1952 in Volkseigentum überführt,[171] was das endgültige Ende der Kooperation bedeutete. Der Verlag trat damit aus der Arbeitsgemeinschaft medizinischer Verleger aus.[172]

---

163 Vgl. Treuhandbericht Nr. 1, 12.9.1951, SStAL, 21094 Bibliographisches Institut, Nr. 116; Rat der Landeshauptstadt Halle, Anordnung Nr. 674, 4.8.1952, SStAL, 21094 Bibliographisches Institut, Nr. 117.
164 Vgl. Vereinbarung, 13./18.10.1951, SStAL, 21094 Bibliographisches Institut, Nr. 115.
165 Vgl. Reinhold an das Amt für Literatur und Verlagswesen, 20.8.1952, BArch, DR1/824.
166 Vgl. Rat der Landeshauptstadt Halle, Anordnung Nr. 674, SStAL, 21094 Bibliographisches Institut, Nr. 117.
167 Vgl. Rat der Landeshauptstadt Halle, Anordnung Nr. 674, 4.8.1952 sowie Anordnung Nr. 646, 16.8.1952, SStAL, 21094 Bibliographisches Institut, Nr. 117. Nitsche wurde als Verlagsleiter eingesetzt und blieb dies bis zum Oktober 1953, als ihn Walter Müller ablöste.
168 Verwaltung Volkseigener Verlage an das Amt für Literatur und Verlagswesen, 30.9.1952, BArch, DR1/824.
169 Vgl. beispielsweise Jäh an Klostermann, 25.9.1952, BArch, DR1/841.
170 Vgl. Marhold Halle an Holler, 22.10.1952, BArch, DR1/841.
171 Vgl. Auslieferung über LKG der Verwaltung Volkseigener Verlage, Leipzig, 20.12.1952, BArch, DR1/841.
172 Vgl. Reinhold, Verwaltung Volkseigener Verlage, an das Ministerium für Leichtindustrie, HV Polygraphische Industrie, 3.3.1953, BArch, DR1/761.

Im April 1953 ließ Wolfgang Jäh im Frankfurter *Börsenblatt* ein Einfuhrverbot für bestimmte Werke des Hallenser Verlags nach Westdeutschland veröffentlichen.[173] Beide Seiten setzten ihre Versuche, die Autoren an den jeweils eigenen Verlag zu binden, in der kommenden Zeit fort.[174] Bemühungen von DDR-Seite aus im Jahr 1954, eine Verständigung mit Wolfgang Jäh zu erzielen, schlugen fehl. Auf Veranlassung des Amtes für Literatur und Verlagswesen strengte Carl Marhold Halle im Juli 1955 eine Feststellungsklage gegen den West-Berliner Verlag an. Damit sollte gerichtlich festgelegt werden, dass dieser nicht mehr berechtigt sei, den Namen Carl Marhold Verlagsbuchhandlung zu führen und die Verlagsrechte auszunutzen, die der Hallenser Verlag zu besitzen meinte.[175] Das Bezirksgericht Halle gab der Klage im Oktober in allen Punkten statt.[176]

Im Jahr 1956 wurde die Eigentumsfrage noch einmal virulent: Johanna Jäh, der der Verlag in Halle zu 50 Prozent gehörte, setzte sich gegen eine Steuernachforderung zur Wehr und erhob in diesem Zusammenhang gegen die entschädigungslose Enteignung ihres Verlagsanteils bei der Überführung in Volkseigentum Einspruch.[177] Das zuständige Amt räumte ein, dass die Überführung in Volkseigentum gesetzeswidrig geschehen war, da Johanna Jäh das Gebiet der DDR nicht verlassen hatte und ihr Anteil daher nicht hätte enteignet werden dürfen.[178] Die Verhandlungen mit Johanna Jäh und die Überlegungen der staatlichen Stellen, wie dieses Problem am besten zu lösen sei, zogen sich bis 1959 hin, als man schließlich eine Art Entschädigungsbetrag errechnet hatte und diesen wahrscheinlich auch überwies.[179]

2.5.4 Die weiteren Entwicklungen in Halle und West-Berlin

Im Zuge der Verlagsprofilierungen in der DDR kam es Ende der 1950er Jahre zu einer Neuorganisation der Fachverlage für Technik, Industrie und Landwirtschaft. In diesem Kontext wurde die Auflösung des Verlags Carl Marhold Halle zum 31. Dezember 1959 beschlossen. Die Buchbestände sowie die vorhandenen Verwertungsrechte

---

173 Vgl. Interzonenhandel. In: Börsenblatt (Frankfurter Ausgabe), H. 28/29, 10.4.1953, S. 157.

174 Vgl. Müller, Marhold Halle, Bericht über die in der Zeit vom 10.–20.11.54 durchgeführte Reise nach Westdeutschland, BArch, DR1/761.

175 Vgl. Feststellungsklage gegen den Carl Marhold Verlag, Bln.-Charlottenburg, 9.7.1955, SStAL, 21094 Bibliographisches Institut, Nr. 121.

176 Vgl. Urteil des Bezirksgerichtes Halle, verkündet am 20.10.1955, SStAL, 21094 Bibliographisches Institut, Nr. 121.

177 Vgl. Johanna Jäh an die Verwaltungsstelle für Staatliches Eigentum in Halle, 22.5.1956, BArch, DR1/991.

178 Vgl. Bericht über die am 11.6.1956 in der Angelegenheit Johanna Jäh stattgefundene Besprechung, SStAL, 21094 Bibliographisches Institut, Nr. 115.

179 Vgl. Verwaltungsstelle für Staatliches Eigentum an Johanna Jäh, 13.6.1959, BArch, DR1/962. In dieser Akte ist Korrespondenz zum gesamten Vorgang zu finden.

gingen an die Verlage VEB Gustav Fischer, VEB Georg Thieme, VEB Verlag Volk und Gesundheit, VEB Verlag Technik, den Fachbuchverlag sowie an den neu gegründeten VEB Deutscher Verlag für Grundstoffindustrie über.[180]

Wolfgang Jäh belebte im Verlag Carl Marhold in West-Berlin die Reihe *Marholds Jugendbücher* neu. 1953 gründete er gemeinsam mit einem Partner den Verlag Haenchen & Jäh. In diesem Verlag wurde bis 1965 ein Teil der technischen Literatur des Marhold Verlags publiziert, danach erschienen diese Titel wieder unter Marhold.[181] Zudem baute Jäh erfolgreich das heilpädagogische Programm wieder auf, das sich im Laufe der 1960er Jahre zum Schwerpunkt des Verlags entwickelte.

1984, zwei Jahre vor dem Tod Wolfgang Jähs, übernahm der Sohn des Verlegers, Thomas Jäh, den Verlag. 1988 ging Carl Marhold in Konkurs.[182] Die Buchbestände und eine Reihe von Verlagsrechten gingen an den ebenfalls in West-Berlin ansässigen Wissenschaftsverlag Volker Spiess, wo fortan die *Edition Marhold* erschien.[183] Volker Spiess meldete seinerseits 2009 Insolvenz an.

2.6 Theodor Steinkopff/Dr. Dietrich Steinkopff

2.6.1 Von der Gründung bis zum Ende des Zweiten Weltkriegs

Am 1. Januar 1908 gründete der Buchhändler Theodor Steinkopff, seit 1898 Mitinhaber des Fachzeitschriftenverlags Steinkopff & Springer, in Dresden eine eigene Verlagsbuchhandlung.[184] Die aus dem Fachzeitschriftenverlag übernommene *Zeitschrift für Chemie und Industrie der Kolloide*, ab 1913 *Kolloid-Zeitschrift*, bildete den Grundstock des Theodor Steinkopff Verlags. In den kommenden Jahren baute Steinkopff sein Programm mit Zeitschriften, Wissenschaftstiteln sowie Lehrbüchern aus verschiedenen Spezialgebieten der Medizin, Pharmazie und Chemie sowie weiteren Naturwissenschaften aus. Gezielte Übernahmen von Rechten aus anderen Verlagen trugen zum Wachstum des Verlags bei. Dieser wurde »in direkter Abgrenzung (und

---

180 Vgl. Bericht zu Carl Marhold, 24.1.1959, BArch, DR1/926; Revisions-Protokoll über die Prüfung der Liquidation des VEB Carl Marhold, 30.6.1959, BArch, DR1/991.

181 Vgl. Amtsgericht Berlin-Charlottenburg, HRA 10680. Für die Erläuterung der Hintergründe zu dieser Verlagsgründung danke ich Herrn Thomas Jäh, Berlin, Telefonat am 21.5.2013.

182 Vgl. Amtsgericht Berlin-Charlottenburg, HRA 11469.

183 Vgl. Auslandsbuchhandel. In: Börsenblatt (Frankfurter Ausgabe), H. 1, 3.1.1989, S. 5.

184 Zur Geschichte des Verlags Steinkopff siehe Steinkopff 1933; Walther Oehler, Manuskript zu einem Vorwort und zur Entwicklung des Verlages [für den 1958 herausgegebenen gemeinsamen Katalog der Verlage Theodor Steinkopff und Dr. Dietrich Steinkopff], 1.1.1958 sowie Jürgen Steinkopff, Manuskript Die Steinkopff-Verlage (1908–1960), 22.2.1960, ZLB, Aktenarchiv Steinkopff, Dresden 523–14/64 vom 1.1.1954 bis 30.6.1964; o. V. 1958, Zeittafel; Sarkowski/Götze 1992, S. 168f; Theodor Steinkopff zum Gedächtnis: In: Börsenblatt (Frankfurter Ausgabe), 6.5.1955, S. 285f.; Schulz, Hans Ferdinand: Fünfzig Jahre Steinkopff Verlag. In: Börsenblatt (Frankfurter Ausgabe), 24.6.1958, S. 795–799.

Konkurrenz) zur Akademischen Verlagsgesellschaft in Leipzig zu einem angesehenen Verlag für exakte Naturwissenschaften und Medizin«.[185] 1927 nahm Steinkopff seinen Sohn Dietrich als Mitarbeiter und 1930 als Mitinhaber des Verlags auf. Dieser war von nun an eine Offene Handelsgesellschaft.[186]

Während des Zweiten Weltkriegs erlitten die Büro- und Lagerräume des Verlags in Dresden keinen Schaden, allerdings wurden große Lagerbestände in Leipzig vernichtet, wo eine Zweigniederlassung bestand.[187]

2.6.2 Weiterarbeit in Dresden nach 1945

Der Verkauf vorrätiger Verlagstitel war Theodor Steinkopff schon wenige Monate nach Kriegsende wieder gestattet.[188] Am 22. März 1946 bekam Steinkopff im Rahmen der Arbeitsgemeinschaft medizinischer Verleger, zu deren Gründungsmitgliedern er gehörte, eine Lizenz. Daraufhin folgte im Mai die »Genehmigung zur Weiterproduktion zunächst von 19 medizinisch-pharmazeutischen Titeln«.[189] Die am 10. Dezember 1946 bewilligte Einzellizenz Nr. 115 der SMAD gestattete Steinkopff »die Aufnahme der verlegerischen Tätigkeit«[190] ab November 1946. Am 16. Oktober 1951 wurde die Lizenz unter der Nr. 283 durch das Amt für Literatur und Verlagswesen erneuert.[191]

Am 14. November 1950 – Theodor Steinkopff war 80 Jahre alt – nahm der Verleger seinen Prokuristen Walther Oehler als persönlich haftenden Gesellschafter in die Firma auf; dieser unterstützte den Verleger fortan bei der Leitung der Firma. Dietrich Steinkopff, der sich schon seit 1945 im Westen befand, schied am 15. Juli 1952 als persönlich haftender Gesellschafter aus. Nach dem Tod Theodor Steinkopffs am 29. März 1955 wurde seine Witwe Else Steinkopff Kommanditistin, Walther Oehler oblag nun offiziell die Verlagsleitung.[192] Else Steinkopff siedelte 1956 mit Genehmigung

---

185 Schneider 2007, S. 403.

186 Vgl. Oehler, Manuskript zu einem Vorwort und zur Entwicklung des Verlages, 1.1.1958, ZLB, Aktenarchiv Steinkopff, Dresden 523-14/64 vom 1.1.1954 bis 30.6.1964; Amtsgericht Dresden, HRA 31, Eintragung vom 20.1.1938.

187 Vgl. Oehler, Manuskript zu einem Vorwort und zur Entwicklung des Verlages, 1.1.1958, ZLB, Aktenarchiv Steinkopff, Dresden 523-14/64 vom 1.1.1954 bis 30.6.1964.

188 Vgl. Theodor Steinkopff an Dietrich Steinkopff, 22.9.1045, ZLB, Aktenarchiv Steinkopff, Dresden 1–249, 1945 bis 31.12.48. »Die Umsätze sind immer noch gut [...]. Wir sind ja hier in Dresden immer noch besser dran als die Verleger in Leipzig und Berlin, wo überhaupt jede Tätigkeit, auch die Auslieferung, völlig ruht.«

189 Theodor Steinkopff an Dietrich Steinkopff, 13.5.1946, ZLB, Aktenarchiv Steinkopff, Dresden 1–249, 1945 bis 31.12.48. Vgl. auch o. V. 1958, S. 10.

190 Vgl. Lizenzurkunde vom 10.12.1946 der SMAD, ZLB, Aktenarchiv Steinkopff, Konvolut zu Lizenzangelegenheiten.

191 Vgl. o. V. 1958, S. 11.

192 Vgl. Amtsgericht Dresden, HRA 31, Eintragungen vom 15.7.1952 und 4.11.1955; o. V. 1958, S. 11.

der DDR-Behörden nach Darmstadt über.[193] Als sie am 26. Oktober 1962 starb, übernahm Dietrich Steinkopff die Stelle des Kommanditisten und ließ seine Anteile durch einen Bevollmächtigten in Dresden verwalten.[194]

2.6.3 Entstehung der Zweigstelle und des neuen Verlags im Westen

Dietrich Steinkopff ging nach dem Ende des Zweiten Weltkriegs in die amerikanische Besatzungszone, um dort eine Filiale des Verlags aufzubauen.[195] Sein Plan, sich in Thüringen niederzulassen, wurde mit der Besetzung dieses Landes durch die sowjetische Armee hinfällig.[196] Er kam im August 1945 nach Wiesbaden und errichtete dort ein Zweigbüro des väterlichen Verlags. Anfangs lebte er im Pariser Hof in der Spiegelgasse, wo auch die Leipziger Verleger untergebracht waren, die von den Amerikanern zur Übersiedlung aufgefordert worden waren. Im November 1945 zog Steinkopff weiter nach Frankfurt am Main.[197] Am 30. Juli 1946 erhielt er dort die Genehmigung, als »Grossvertrieb von Buechern und Broschueren unter dem Namen Theodor Steinkopff«[198] zu arbeiten. Am 27. Juni 1947 folgte die Lizenz der amerikanischen Militärregierung, die ihm gestattete, Bücher und Zeitschriften auf den Gebieten der Chemie, Medizin und Naturwissenschaft im Verlag Theodor Steinkopff zu veröffentlichen.[199] Am 30. Januar 1948 wurde daraufhin eine Zweigniederlassung des Verlags Theodor Steinkopff in Frankfurt eröffnet, deren Gesellschafter Theodor Steinkopff, Dietrich Steinkopff und Walther Oehler waren. Am 23. Juni 1948 gründete der Verlegersohn rückwirkend zum 1. Januar 1948 zusätzlich den Verlag Dr. Dietrich Steinkopff.[200]

---

193 Vgl. Schulz, Hans Ferdinand: Fünfzig Jahre Steinkopff Verlag. In: Börsenblatt (Frankfurter Ausgabe), 24.6.1958, S. 795–799, hier S. 796.

194 Vgl. Gesellschaftsvertrag, 14.2.1966 sowie Steinkopff Dresden an die DIB, 20.1.1966, ZLB, Aktenarchiv Steinkopff, Steinkopff Verlag, Mappe II, Steinkopff.

195 Der Plan, »im westdeutschen Raum, wohin Familientraditionen des Verlagsgründers bestanden, einen Filialbetrieb durch Dr. Dietrich Steinkopff aufzuziehen«, hatte es laut Walter Oehler bereits vor 1939 gegeben, er war aber wegen des Kriegsausbruchs zunächst zurückgestellt worden. Oehler, Manuskript zu einem Vorwort zum Katalog von 1958, 1.1.1958, ZLB, Aktenarchiv Steinkopff, Dresden 523-14/64 vom 1.1.1954 bis 30.6.1964.

196 Vgl. Dietrich Steinkopff an Müller, 17.9.1945, ZLB, Aktenarchiv Steinkopff, Müller.

197 Vgl. Dietrich Steinkopff an aufm Kampe, 24.10.1945, ZLB, Aktenarchiv Steinkopff, Aufm Kampe; o. V. 1958, S. 10.

198 Urkunde der Registrierung der Militärregierung Deutschland, Nachrichtenkontrolle, 30.6.1946, ZLB, Aktenarchiv Steinkopff, Konvolut zu Lizenzangelegenheiten.

199 Vgl. Licence Zulassung Nr. US-W-2040, Wiesbaden, 27.6.1947, ZLB, Aktenarchiv Steinkopff, Konvolut zu Lizenzangelegenheiten.

200 Dietrich Steinkopff, Anlage zum Schreiben an die früher in der SBZ ansässigen Verlage, 14.2.1964, Fragebogen, ISG Frankfurt, W2/7:2779; Dietrich Steinkopff an den Verlag des BV Leipzig, 30.12.1948, SStAL, 21765 BV I, F 8917; o. V. 1958, S. 10.

Im Juli 1950 siedelte Dietrich Steinkopff mit Zweigniederlassung und Verlag nach Darmstadt um, im August erfolgte die Eintragung im dortigen Handelsregister.[201] Er folgte damit einer Einladung der Stadt im Bereich des Aufbauprogramms ›rauchlose Industrie‹.[202] Die Darmstädter Zweigniederlassung des Verlags Theodor Steinkopff, die bis dahin als Auslieferungsstelle für den Dresdner Verlag fungiert hatte, wurde 1952 aufgelöst.[203] Im April 1953 begann Jürgen Steinkopff, der Enkel des Verlagsgründers, seine Mitarbeit im Darmstädter Verlag; 1958 trat er als Gesellschafter in die Firma ein. Im selben Jahr wandelten die Eigentümer den Dr. Dietrich Steinkopff Verlag, der bis dahin eine Einzelfirma gewesen war, in eine GmbH um. Als Gesellschafter waren Dietrich Steinkopff und seine Ehefrau Marianne beteiligt.[204]

Theodor Steinkopff und sein Sohn standen nach dem Weggang Dietrichs in regem Briefkontakt und tauschten sich über die Angelegenheiten der Verlage ausführlich aus. Sie arbeiteten seit Sommer 1948, nachdem die Währungsreformen durchgeführt und der Dr. Dietrich Steinkopff Verlag etabliert worden war, wirtschaftlich getrennt. Die Korrespondenz wurde nach dem Tod Theodor Steinkopffs fortgesetzt, nun zwischen Dietrich Steinkopff und Walther Oehler. Um Doppelauflagen und Konkurrenzwerke zu vermeiden, nahmen beide Verlage eine Trennung der Verlagsgebiete vor und stimmten die Produktion untereinander ab. In Dresden erschienen in erster Linie Neuauflagen von naturwissenschaftlichen und medizinischen Standardwerken und Lehrbüchern, Darmstadt konzentrierte sich auf Fachzeitschriften und Monografien aus Spezialgebieten der Medizin und den Naturwissenschaften.[205] Das Verlagssignet – eine »Eule als Sinnbild der Weisheit und der Wissenschaft auf den Initialen T. und S.«[206] des Gründers Theodor Steinkopff – verwendeten beide Verlage weiter. Im Jahr 1958 wurde zum 50jährigen Bestehen des Verlags ein gemeinsamer Jubiläumskatalog herausgegeben (siehe Abbildung auf S. 57). Zu dieser Zeit erfolgte die Auslieferung der Dresdner Verlagstitel in der Bundesrepublik durch KAWE in Berlin und die Ausliefe-

---

201 Vgl. Korrespondenz zwischen Dietrich Steinkopff und der Kolloid-Zeitschrift/Hock: Die Briefe gingen zwischen Dezember 1947 und Juni 1950 nach Frankfurt (Griesheim), ab dem 1.7. nach Darmstadt. ZLB, Aktenarchiv Steinkopff, Hock 1946/50. Vgl. auch Geschäftsstelle des Amtsgerichts Darmstadt, HRA 933, 31.8.1950, ZLB, Aktenarchiv Steinkopff, Konvolut zu Lizenzangelegenheiten.

202 1949 begann die Wiederaufbau GmbH mit der Ansiedlung von Betrieben der »rauchlosen Industrie«. Bis 1959 wurden etwa 170 Firmen und Betriebe, hauptsächlich aus der Verlags- und Druckereibranche, etabliert.

203 Vgl. Dietrich Steinkopff an den Verlag des BV Leipzig, 30.12.1948, SStAL, 21765 BV I, F 8917.

204 Vgl. Gesellschaftsvertrag, Urk. Rolle Nr. 113/58, 12.1.1958, ZLB, Aktenarchiv Steinkopff, Konvolut mit Notar-Unterlagen.

205 Vgl. Jürgen Steinkopff, Manuskript Die Steinkopff-Verlage (1908–1960), 22.2.1960, ZLB, Aktenarchiv Steinkopff, Dresden 523-14/64 vom 1.1.1954 bis 30.6.1964. Dort wird angeführt, dass 74 Prozent der zwischen 1946 und 1957 in Dresden erschienenen Titel Neuauflagen waren. Vgl. auch Fünfzig Jahre Steinkopff Verlag. In: Börsenblatt (Frankfurter Ausgabe), H. 50, 24.6.1958, S. 795–798, hier S. 797.

206 Jürgen Steinkopff, Manuskript Die Steinkopff-Verlage (1908–1960), 22.2.1960, ZLB, Aktenarchiv Steinkopff, Dresden 523-14/64 vom 1.1.1954 bis 30.6.1964.

THEODOR STEINKOPFF
DRESDEN UND LEIPZIG

DR. DIETRICH STEINKOPFF
DARMSTADT

1. 1. 1908 — 1. 1. 1958

VERLAGSVERZEICHNIS

Abb. 2: Titelblatt des gemeinsam von Theodor Steinkopff Dresden und Dr. Dietrich Steinkopff Darmstadt herausgegebenen Verlagsverzeichnisses von 1958.

rung der Darmstädter Werke in der DDR durch die Deutsche Buch-Export und -Import in Leipzig.[207]

2.6.4 Die weiteren Entwicklungen in Dresden und Darmstadt

Die Firmierung des Theodor Steinkopff Verlags, die auf den offiziellen Papieren seit Anfang der 1960er Jahre ›Theodor Steinkopff Verlag für Naturwissenschaften Medizin und Technik‹ lautete, wies auf den Buchcovern bis 1966 noch auf die Leipziger Zweigstelle hin. Im Laufe dieses Jahres verschwand die Bezeichnung ›Leipzig‹.

Mit Wirkung vom 1. Januar 1966 beendete Walther Oehler aus Alters- und Gesundheitsgründen seine Tätigkeit als Verlagsleiter in Dresden und schied als Komplementär und Lizenzträger aus; als Kommanditist blieb er Mitinhaber. Oehlers Anteile als Komplementär übernahm 1966 der VEB Gustav Fischer. Damit war eine staatliche Beteiligung geschaffen, die auf die Initiative des neuen Verlagsleiters Heinz Baunack zurückging. Baunack war als stellvertretender Verlagsleiter, Prokurist, Lektor und Werbeleiter im Verlag bereits tätig gewesen.[208] Ihm folgte Anfang der 1970er Jahre Bernhard Ferchland als neuer Firmenchef.

Als Dietrich Steinkopff, der noch immer am Dresdner Verlag beteiligt gewesen war, 1970 starb, wurden seine Erben Jürgen Steinkopff, Gudrun Steinkopff und Inge Wenzel Kommanditisten.[209] Eine ins Auge gefasste Anbindung des Dresdner Verlags an die Volkseigenen Verlage für Medizin und Biologie erfolgte nicht.[210] Stattdessen leiteten die Behörden das langsame Ende des Theodor Steinkopff Verlags ein. Er sollte zunächst noch weiterbestehen, aber nicht mehr produzieren. Die HV Verlage und Buchhandel glaubte, bei diesem Verlag – anders als bei anderen Wissenschaftsverlagen wie Teubner oder Hirzel – auf den Namen verzichten zu können, da sie sein Renommee als weniger bedeutend einschätzte.[211] 1978 wurde der Verlag aufgelöst, zum 31. Oktober 1980 war die Liquidation abgeschlossen.[212]

In den Darmstädter Verlag traten nach dem Tod Dietrich Steinkopffs 1970 ebenfalls seine Erben Jürgen Steinkopff, Gudrun Steinkopff und Inge Wenzel ein.[213] Vermutlich als Reaktion auf die Auflösung des Dresdner Verlags wurde 1978 in Darmstadt die *ETS Edition Theodor Steinkopff* ins Leben gerufen. 1979 starb auch Jürgen Steinkopff,

---

207 Vgl. o. V. 1958, S. 6.
208 Vgl. Baunack an Burkhardt, Rat des Bezirkes Dresden, 5.5.1965, ZLB, Aktenarchiv Steinkopff, Steinkopff Verlag, Mappe II, Steinkopff; Oehler an die Herren Autoren und Geschäftsfreunde des Verlages Theodor Steinkopff Dresden, 25.2.1966, ZLB, Aktenarchiv Steinkopff, Dresden 15/64 vom 2.7.1964.
209 Vgl. Wirtschaftsprüfungsbericht 1972, 2.10.1973, ZLB, Aktenarchiv Steinkopff, Steinkopff Verlag, Mappe II, Steinkopff.
210 Vgl. Ferchland, Verlag Theodor Steinkopff, Notiz, o. D. [Juni/Juli 1978], SStAL, 21765 BV I, F 8917.
211 Vgl. Götze 1994, S. 168; Entwurf zu einer Vorlage, o. D. [1973], BArch, DR1/7188.
212 Vgl. Stammel, Theodor Steinkopff, an den BV Leipzig, 15.9.1980, SStAL, 21765 BV I, F8917.
213 Amtsgericht Darmstadt, HRA 3982, Eintragung vom 10.2.1972.

der den Verlag zuletzt geleitet hatte. Am 1. Juli 1980 kaufte Julius Springer Berlin und Heidelberg den Verlag Dr. Dietrich Steinkopff in Darmstadt, der Firmensitz verblieb aber dort.[214]

2009 führte Springer mehrere seiner Verlage, darunter auch Steinkopff, unter der Dachmarke Springer Medizin zusammen, womit der Name Steinkopff verschwand.[215]

2.7 B. G. Teubner

2.7.1 Von der Gründung bis zur Zeit des Nationalsozialismus

Am 21. Februar 1811 kaufte Benedictus Gotthelf Teubner die Weinedelsche Druckerei, in der er ab 1806 leitend tätig gewesen war, und gründete die Firma B. G. Teubner.[216] Ab 1824, als er den ersten Band einer Sammlung mit Texten griechischer und lateinischer Klassiker herausgab, betätigte sich Teubner auch als Verleger.[217] Nach einer kurzen Phase, in der vor allem populäre Geschichtswerke und erzählende Literatur das Programm prägten, manifestierten sich ab 1849 zwei verlegerische Schwerpunkte: die Altertumswissenschaft/Philologie mit der *Bibliotheca Teubneriana*[218] als wichtigem Verlagsprojekt sowie die Mathematik.[219] Vor allem auf diesen Gebieten erlangte Teubner bald internationale Bekanntheit; hinzu kamen weitere Wissenschaftszweige wie Medizin und verschiedene Naturwissenschaften sowie technische Titel.[220] Von Anbeginn suchte der Verleger »Wissenschaft und Schule vereint zu dienen«,[221] was für lange Zeit das Programm prägen sollte.

Die Firma B. G. Teubner entwickelte sich im 19. Jahrhundert von einem kleinen Handwerks- zum Industrieunternehmen. Der Verlag wurde durch verschiedene Zukäufe ausgebaut; es entstanden Filialen der Druckerei in Dresden und Gera. Anfang des 20. Jahrhunderts gehörten neben der Druckerei eine Setzerei, eine Schriftgießerei, Stereotypie, Galvanoplastik sowie eine Buchbinderei zum grafischen Betrieb.[222] Nach dem Tod Benedictus Gotthelf Teubners im Jahr 1856 ging die Leitung der Firma an seine Schwiegersöhne über und blieb damit in den Händen der Familie. 1932

---

214 Vgl. Götze 1994, S. 168.
215 Vgl. Börsenblatt, H. 41, 8.10.2009, S. 8.
216 Vgl. Schulze 1911, S. 13–15.
217 Vgl. ebd., S. 69–76.
218 Die *Bibliotheca scriptorum Graecorum et Romanorum Teubneriana*, so die vollständige Bezeichnung, wurde 1850 begründet. Vgl. ebd., S. 147–154.
219 Vgl. Weiß 2009, S. 90. Ausführlich zur »belletristischen Episode« Schulze 1911, S. 118–146 und zu »Erneuerung und Ausbau des wissenschaftlichen Verlages« ebd., S. 147–207.
220 Vgl. Weiß 2009, S. 91; Links 2010, S. 302. Zum Ausbau des wissenschaftlichen Verlags siehe ausführlich Schulze 1911, S. 147–207.
221 Schulze 1911, S. 89.
222 Vgl. Schulze 1911, S. 238–252; Links 2010, S. 302.

nahm man eine Neuordnung der Rechtsverhältnisse der stark gewachsenen Firma vor, die seit 1898 als Kommanditgesellschaft betrieben wurde. Die Besitzer gründeten die B. G. Teubner KG, deren Aufgabe im Betrieb des Verlags und des grafischen Betriebs bestand, sowie die B. G. Teubner Grundbesitzgesellschaft Ackermann & Giesecke, die für die Vermögensverwaltung vor allem des Firmengrundbesitzes zuständig war. Persönlich haftende Gesellschafter der B. G. Teubner KG waren die ebenfalls neu etablierten GmbH, die B. G. Teubner Buchgesellschaft und die Teubner Redaktionsgesellschaft, Kommanditistin die Grundbesitzgesellschaft.[223]

2.7.2 Eigentumsverhältnisse und Entwicklung nach 1933

Seit 1932 waren Martin Giesecke, ein Ururenkel Teubners, sein Onkel Alfred Giesecke, Erich Ackermann, ein Urenkel Teubners aus einer anderen Linie, sowie dessen Vater Alfred Ackermann Inhaber des Verlags. 1938 musste die Familie Ackermann nach einer gerichtlichen Auseinandersetzung aus der Firma ausscheiden. Offiziell begründet war dies mit dem Umstand, dass die Frau Alfred Ackermanns, Marie Ackermann, ›Halbjüdin‹ war, und Erich Ackermann damit als ›Vierteljude‹ galt. Um Teubner als Schulbuchverlag halten zu können, mussten Gieseckes die notwendigen politischen Konsequenzen ziehen, so Dürkop.[224] Hintergrund des Vorgehens gegen die Mitinhaber war aber wohl auch, dass seit Längerem eine Gegnerschaft zwischen den beiden Inhaberlinien bestand.[225] Die Familie Giesecke nutzte nach Darstellung der Ackermann-Seite die Nürnberger Gesetze, um die Ackermanns mittels Kündigung zu einem Ausscheiden aus der Firma zu zwingen.[226] Fanny Ackermann, die Ehefrau Erich Ackermanns, wandte sich in dieser Situation an Adolf Hitler persönlich und ersuchte um eine Ausnahmeregelung für ihre Familie. Sie begründete dies unter anderem damit, dass Erich Ackermann – im Gegensatz zu Alfred Giesecke, der sich bis 1932 explizit gegen den Nationalsozialismus gestellt hatte – sich stets »in nationalem Sinne betätigt«[227] habe. Sie hatte damit Erfolg, wie im Oktober 1937 mitgeteilt wurde: »Der Führer und Reichskanzler hat entschieden, daß dem Verbleib der Familie Ackermann im Teubner-Verlag keine Schwierigkeiten bereitet werden sollen.«[228] Innerhalb

---

223 Vgl. Greuner an Teubner Stuttgart, 27.1.1953, SStAL, 22199 Teubner Stuttgart, Nr. 81.

224 Vgl. Dürkop 2013, S. 225. Dürkop stellt den Fall ausführlich anhand von NSDAP-Akten dar.

225 So schreibt Waldemar Koch von der »alten Familienfehde zwischen Gieseckes und Ackermanns«. Waldemar Koch, Aktennotiz, 27.11.1946, SStAL, 22199 Teubner Stuttgart, Nr. 5. Das schwierige Verhältnis ist auch in der Korrespondenz zwischen Martin Giesecke und Erich Ackermann nach Ackermanns Rückkehr aus der Kriegsgefangenschaft 1954 erkennbar.

226 Vgl. Heisig, Der Teubner Verlag in meinem Leben/Mein Leben im Teubner Verlag. Eine Rückschau auf fünf Jahrzehnte, SStAL, 22199 Teubner Stuttgart, Nr. 171.

227 Zit. nach Dürkop 2013, S. 221.

228 Der Reichs- und Preußische Minister des Innern an den Rechtsanwalt Graf von Medem, Berlin, 9.10.1937, HA/BV 97,2: B. G. Teubner Verlagsgesellschaft Leipzig.

der NSDAP bestanden zum Fall allerdings verschiedene Auffassungen,[229] und trotz Hitlers Entscheidung setzte die Familie Giesecke das Ausscheiden der Ackermanns gerichtlich durch. Verschiedene Versuche der Ackermanns, die Kündigung gerichtlich anzufechten, schlugen fehl.[230]

Im Schulbuchbereich hatte Teubner am Ende des 19. Jahrhunderts die Marktführerschaft in Preußen übernommen.[231] Auch 1933 gehörte der Leipziger Verlag noch zu den größten und erfolgreichsten Unternehmen in diesem Segment, und er sollte seine Stellung während der Zeit des Nationalismus für einige Zeit behaupten können. Dies gelang zum einen durch personelle Veränderungen wie den Ausschluss der Familie Ackermann und die gleichzeitige Aufnahme von NSDAP- und SA-Mitglied Karl Baur in die Geschäftsführung; auch trat Martin Giesecke der NSDAP bei. Zum anderen erfolgten Anpassungen der Schulbuchinhalte an die herrschende Ideologie. In den letzten Kriegsjahren kam dann es zu einer Zentralisierung im Schulbuchbereich. Der zur NSDAP gehörende Deutsche Schulverlag hatte nun praktisch das Monopol zur Schulbuchproduktion inne. Teubner musste in diesem Zusammenhang Lizenzen seiner Titel an den Schulverlag vergeben und war nur noch für die Abwicklung der Herstellung zuständig.[232]

Bei dem Bombenangriff auf Leipzig im Dezember 1943 wurden auch der grafische Betrieb und das Verlagsgebäude der Firma Teubner zu großen Teilen zerstört.

2.7.3 Weiterarbeit in Leipzig nach 1945

Nach Ende des Kriegs bemühte sich der Verlag zunächst, das Schulbuchgeschäft wieder zu beleben.[233] Ab März 1946 war dies in einer Arbeitsgemeinschaft mit dem neu gegründeten Verlag Volk und Wissen möglich.[234] Daneben vergab Teubner in den ersten Jahren nach Kriegsende Lizenzen an Verlage in den westlichen Besatzungszonen, vorrangig an Ernst Klett in Stuttgart, aber auch an den Heckners Verlag in Wolfenbüttel, den Leibniz Verlag in München und andere. Die Verlage bekamen das Recht

---

229 Siehe hierzu ausführlich Dürkop 2013, S. 220–227.

230 Vgl. Waldemar Koch, An den Herrn Generalstaatsanwalt beim Oberlandesgericht Dresden, 9.10.1946, SStAL, 22199 Teubner Stuttgart, Nr. 5.

231 Vgl. Jäger 2003, S. 79.

232 Zu Teubner als Schulbuchverlag im Nationalsozialismus siehe Thomas 2011. Der Deutsche Schulverlag war ein Tochterunternehmen des NSDAP-Zentralverlags Franz Eher. Er war in Berlin ansässig und wurde nach Bombenangriffen nach Bayreuth verlagert. Vgl. Walther 2007, S. 77–79.

233 Vgl. Oltmanns, 23./24.5.1945, SStAL, 22198 Teubner Leipzig, Nr. 176.

234 Vgl. Betriebsrat von Teubner an Wandel, Deutsche Verwaltung für Volksbildung, 3.7.1946, StadtAL, StVuR, Nr. 9103. Volk und Wissen, der spätere Monopolist im Bereich der Lehr- und Schulbücher, war auf Initiative der SMAD im Oktober 1945 gegründet worden und unterstand der Deutschen Zentralverwaltung für Volksbildung. Vgl. Links 2010, S. 98.

eingeräumt, die Titel in ihren jeweiligen Besatzungszonen zu verbreiten.[235] Klett verdankt den Teubner-Rechten »seine Stellung als führender Schulbuch-Verlag«.[236]

Eine Arbeitsgemeinschaft Wissenschaftlicher Verleger, an der Teubner Interesse gezeigt hatte und über die ab März 1946 in Ost-Berlin und Leipzig beraten wurde, kam nicht zustande.[237] Eine Einzellizenz erhielt Teubner zunächst nicht – Mitinhaber Martin Giesecke galt als ehemaliges Mitglied der NSDAP als politisch belastet,[238] das schloss eine Lizenzerteilung aus.[239] Anders lagen die Dinge beim grafischen Betrieb. Hier suchte das Unternehmen eine Ausnahmegenehmigung für Giesecke zu erwirken.[240] Um das personelle Problem zu lösen, nahmen die Inhaber eine Neugliederung der Teubner-Firmen vor. Am 30. Januar 1947 wurde die Kommanditgesellschaft in Firma B. G. Teubner Verlagsgesellschaft ins Leben gerufen, deren persönlich haftende Gesellschafter zunächst die bereits bestehenden Firmen Teubner-Buch-GmbH und Teubner-Redaktions-GmbH waren. An deren Stelle traten noch am selben Tag der Verlagsleiter Herbert Heisig und Karl Taupitz, Kommanditisten waren Frida Giesecke, die Mutter von Martin Giesecke, und Hermann Müller-Schönau aus der Ackermann-

---

235 Vgl. z. B. Lizenz-Vereinbarung zwischen Teubner und Ernst Klett Verlag Stuttgart, 15.1.1948, SStAL, 22198 Teubner Leipzig, Nr. 1637. Die Akte enthält weitere derartige Lizenzvereinbarungen. Vgl. dazu auch Verlagsgeschichte 1933 bis 1952, SStAL, 22199 Teubner Stuttgart, Nr. 171.

236 Lokatis 2009, S. 122.

237 Vgl. Teubner an Wandel, Deutsche Verwaltung für Volksbildung, 22.5.1947, StadtAL, StVuR, Nr. 9103; Jütte 2010, S. 237f.

238 Zur Parteimitgliedschaft Gieseckes schrieb Heisig: »Martin Giesecke war nie in seinem Leben Nazi, obwohl er in die NSDAP eintreten mußte, als Göbbels drohte, dem Teubner Verlag die Lizenz für Schulbücher zu entziehen, wenn nicht wenigstens <u>ein</u> Mitglied der vierköpfigen Geschäftsleitung der Partei beiträte.« Heisig, Der Teubner Verlag in meinem Leben/Mein Leben im Teubner Verlag. Eine Rückschau auf fünf Jahrzehnte, SStAL, 22199 Teubner Stuttgart, Nr. 171. Taupitz und weitere Mitarbeiter bestätigten die Einschätzung. Vgl. u. a. Karl Taupitz, Erklärung, 24.10.1945, StadtAL, StVuR, Nr. 9103. Es sei aber darauf hingewiesen, dass sich mit Karl Baur bereits seit 1935 ein NSDAP-Mitglied in der Geschäftsleitung von Teubner befand. Vgl. Dürkop, S. 226.

239 Vermutlich war die Parteimitgliedschaft Gieseckes der Grund, weshalb Teubner vorübergehend vom Befehl 124 (siehe Kapitel 3.2.3) betroffen war. Die Firma wurde später zurückgegeben. Vgl. Protokoll der Besprechungen betr. Überführung der Firmen B. G. Teubner, Graphischer Betrieb, und B. G. Teubner Verlagsgesellschaft in das Eigentum des Volkes, 11.1.1949, SStAL, 22199 Teubner Stuttgart, Nr. 180.

240 Vgl. Koch, Aktennotiz, 27.11.1946, SStAL, 22199 Teubner Stuttgart, Nr. 5. Es heißt dort: »Es besteht zwar eine Anordnung, wonach alle Betriebe zu schliessen sind, deren Leitung in Händen ehemaliger PG's liegt. Dies gilt auch für rehabilitierte PG's. Wenn aber ein öffentliches Interesse besteht, so ist eine Ausnahme möglich, die aber der Befürwortung einer öffentlichen Verwaltungsstelle bedarf. [...] Anders liegt es hinsichtlich einer Lizenz, die die Voraussetzung für eine selbständige Verlagstätigkeit von Teubner ist. Hier soll seitens der SMA ein Befehl vorliegen, wonach nicht nur alle sondern auch die rehabilitierten PG's auszuscheiden haben.«

Linie.[241] Damit war Martin Giesecke formal nicht mehr an der Firma beteiligt. Bereits am nächsten Tag wurde ein neuer Lizenzantrag gestellt,[242] dem auch Erfolg beschieden war: Der Verlag erhielt im Juni 1947 die Lizenz Nr. 302 der SMAD für die Bereiche Philosophie, Mathematik, Technik, Naturwissenschaften, Philologie, Geographie und Geschichte, die auf die persönlich haftenden Gesellschafter Herbert Heisig und Mitarbeiter Karl Taupitz ausgestellt war. Sämtliche Schul- und Lehrbücher sollten weiterhin nur in der Arbeitsgemeinschaft mit Volk und Wissen unter dessen Lizenz erscheinen dürfen.[243]

Der grafische Betrieb arbeitete in den ersten Jahren überwiegend für die SMAD und Volk und Wissen, Demontagen waren hier nicht erfolgt. Allerdings wurden die Maschinen der 1946 erworbenen Druckerei Oskar Leiner kurz nach Abwicklung des Kaufes zu 80 Prozent demontiert und abtransportiert.[244]

2.7.4 Etablierung westlicher Zweigstellen und Flucht der Eigentümer

Erste Überlegungen zur Gründung einer Zweigniederlassung in einer der Westzonen hatten bereits im Sommer 1945 stattgefunden, nachdem die Verlagerung einiger Leipziger Buchhandelsfirmen, die auf Veranlassung der amerikanischen Besatzungsmacht erfolgt war, bekannt geworden waren.[245] Am 12. Januar 1946 wurde die B. G. Teubner Verlagsgesellschaft mbH in Hagen/Westfalen gegründet, die allerdings zunächst keinen Geschäftsbetrieb ausübte, da die Eigentümer befürchteten, dass der Verlag in Leipzig andernfalls keine Lizenz erhalten würde.[246] Als Teubner-Vertretung in der britischen Besatzungszone aktiv wurde hingegen der Verlag für Wissenschaft und Fachbuch in Bielefeld (kurzzeitig in Brackwede bei Bielefeld). Diesen leitete Hans-Joachim Ernst, ein Sohn des Gründers des Berliner Verlags Ernst & Sohn, im Auftrag von Martin Giesecke. Ernst erhielt für den Verlag am 8. Oktober 1948 eine Lizenz von der britischen Militärbehörde.[247] Die zunächst geplante Firmierung als ›B. G. Teubner

---

241 Vgl. Gesellschaftsvertrag der Kommanditgesellschaft in Firma B. G. Teubner Verlagsgesellschaft, 30.1.1947, BArch, DR1/7507; Blume an das Amtsgericht Leipzig, Handelsregister, 30.1.1946, BArch, DR1/1946.

242 Vgl. Giesecke und Heisig, Teubner Leipzig, an die SMA Berlin, 30.1.1947, StadtAL, StVuR, Nr. 9103, Blatt 102–104.

243 Vgl. SMAD, Propagandaleitung, Lizenz Nr. 302, StadtAL, StVuR, Nr. 8904, Blatt 72.

244 Vgl. Koch, Aktennotiz Betrifft: B. G. Teubner, 12.4.1946, SStAL, 22199 Teubner Stuttgart, Nr. 5.

245 Vgl. Becher, 22.6.1945, SStAL, 22198 Teubner Leipzig, Nr. 176. Zur Verlagerung der Leipziger Verlage siehe Kapitel 4.2.1.

246 Breuer, Stellungnahme zum Prüfungsbericht der Oberfinanzdirektion Stuttgart über die bei der Verlag für Wissenschaft und Fachbuch G.m.b.H., Bielefeld, durchgeführten Devisennachschau, 21.10.1953, SStAL, 22199 Teubner Stuttgart, Nr. 81.

247 Lizenz für das Buchverlagswesen Nr. NW119/48 für Hans-Joachim Ernst, SStAL, 22199 Teubner Stuttgart, Nr. 171.

Verlag für Wissenschaft und Fachbuch‹ konnte nicht erfolgen, da dem Lizenzantrag unter diesem Namen von der britischen Militärregierung nicht stattgegeben worden wäre.[248] Eine Vereinbarung mit dem Verlag Teubner in Leipzig über die gegenseitige Nutzung von Verlagsrechten war bereits am 21. April 1948 geschlossen worden.[249]

In Leipzig waren Anfang 1949 Verhandlungen über eine Überführung der Teubner-Firmen in Volkseigentum im Gange, ausgelöst von den SED-Gruppen in der Firma, von denen »die Belegschaft unter Hinweis darauf, daß die Teubner-Firmen als Privatfirmen keine Aussicht auf weitere Existenz hätten, unter Druck gesetzt wurde, einen Antrag auf Überführung der Firmen in das Volkseigentum zu stellen«.[250] In diesem Zuge kamen die B. G. Teubner KG, die B. G. Teubner Verlagsgesellschaft und die Grundbesitz-Gesellschaft im Januar 1949 unter Verwaltung, als Treuhänder bestellte man Walter Streng.[251] Martin Giesecke begann im selben Jahr die Übersiedlung seiner Familie und der Firma nach Bielefeld zu planen; um sich bessere Startbedingungen zu schaffen, verhandelte er mit diversen Verlagen über die Bildung eines Gemeinschaftsverlags.[252] Die Überführung in Volkseigentum kam schließlich nicht zustande, da eine rechtliche Grundlage dafür nicht bestand. Der Betrieb wurde im April 1950 wieder an die privaten Inhaber zurückgegeben, Giesecke blieb vorerst in Leipzig.[253]

Im März 1950 regelten die Gesellschafter das Verhältnis der Firmen B. G. Teubner (grafischer Betrieb) und Teubner Verlagsgesellschaft neu. Die Verlagsrechte verblieben bei B. G. Teubner; für deren Ausnutzung durch die Verlagsgesellschaft gab es einen Vertrag, der bis Ende 1952 gelten sollte.[254] 1951 verschlechterte sich die wirtschaftliche Lage des grafischen Betriebs. Die Reparationsaufträge fielen weg, und obwohl sich die Situation zwischenzeitlich wieder besserte, blieb die Perspektive für das

---

248 Vgl. Breuer, Stellungnahme zum Prüfungsbericht der Oberfinanzdirektion Stuttgart über die bei der Verlag für Wissenschaft und Fachbuch G.m.b.H., Bielefeld, durchgeführten Devisennachschau, 21.10.1953, S. 7, SStAL, 22199 Teubner Stuttgart, Nr. 81.

249 Vgl. Vertrag zwischen der Firma B. G. Teubner Verlagsgesellschaft in Leipzig und der B. G. Teubner Verlag für Wissenschaft und Fachbuch Gesellschaft mit beschränkter Haftung in Bielefeld, 21.4.1948, SStAL, 22199 Teubner Stuttgart, Nr. 71.

250 Heisig, Bemerkungen zu dem Schriftsatz von Rechtsanwalt Praxmarer, 8.12.1955, SStAL, 22199 Teubner Stuttgart, Nr. 75.

251 Vgl. Protokoll der Besprechungen betr. Überführung der Firmen B. G. Teubner, Graphischer Betrieb, und B. G. Teubner Verlagsgesellschaft in das Eigentum des Volkes, 11.1.1949 sowie Rat der Stadt Leipzig, Dezernat Wirtschaft und Wirtschaftsplanung, Bestallung, 25.1.1949, SStAL, 22199 Teubner Stuttgart, Nr. 180.

252 Vgl. Rücksprache mit Herrn Giesecke in Berlin, 12.6.1949, SStAL, 22199 Teubner Stuttgart, Nr. 72. Gespräche fanden unter anderem mit J. P. Bachem Köln und Ernst Klett Stuttgart statt.

253 Vgl. Bericht über den ersten Besuch bei der B. G. Teubner Verlagsgesellschaft, 25.10.1952, BArch, DR1/1946; Praxmarer an das Landgericht Stuttgart, 15.12.1955, SStAL, 22198 Teubner Leipzig, Nr. 187; Urteil des Landgerichts Stuttgart, 21.1.1956, BArch, DR1/7507.

254 Vgl. Koch, Besprechung mit Martin Giesecke, 25.5.1951, SStAL, 22199 Teubner Stuttgart, Nr. 2.

Unternehmen kritisch – vor allem, weil die volkseigenen Druckereien hinsichtlich der Herstellungsarbeiten bevorzugt wurden.[255]

Die Mitarbeiter der Teubner-Firmen erhielten am 13. Oktober 1952 von Giesecke und Heisig ein Schreiben mit der Mitteilung, dass diese ihre Arbeit in Leipzig nicht fortsetzen würden.[256] Gemeinsam mit zwei Mitarbeitern hatten sie kurz zuvor Leipzig verlassen. Sie hielten sich zunächst in West-Berlin auf; als neuer Firmenstandort wurden verschiedene Städte – Darmstadt, Frankfurt am Main, Wiesbaden, Tübingen – in Betracht gezogen, bevor sich Giesecke im Dezember für Stuttgart entschied.[257]

2.7.5 Entwicklung der Eigentumsverhältnisse in den Leipziger Firmen

Nach dem Weggang von Giesecke und Heisig kamen sämtliche Teubner-Firmen in Leipzig am 16. Oktober auf Grund der *Verordnung zur Sicherung von Vermögenswerten* vom 17. Juli 1952 unter die Verwaltung des Rates der Stadt Leipzig. Zum Verwalter des grafischen Betriebes setzte der Rat der Stadt Max Kettner ein;[258] die kommissarische Verlagsleitung wurde Erich Köhler übertragen, der bis dahin technischer Leiter des grafischen Betriebs gewesen war. Köhler leitete die Firma bis 1960.[259] Eine Überführung der Teubner Verlagsgesellschaft in Volkseigentum, die das Amt für Literatur und Verlagswesen wünschte, kam zunächst nicht in Betracht, da sich mit Karl Taupitz noch ein Komplementär und außerdem die Kommanditisten Frida Giesecke und Hermann Müller-Schönau in Leipzig befanden. Versuche des Amtsmitarbeiters Koven, über eventuelle Unregelmäßigkeiten bei Geschäften mit dem Westen ein Wirtschaftsstrafverfahren gegen die Eigentümer in Gang zu setzen, liefen ins Leere.[260] Am 20. Januar 1953 gingen die Vermögenswerte der Firmen in die Verwaltung bzw. Treuhandschaft der Verwaltung Volkseigener Betriebe Druck Leipzig über.[261] Nachdem im Dezember 1953 eine formale Trennung von grafischem Betrieb und Verlag erfolgt war, veranlasste die HV Polygrafische Industrie im Ministerium für Leichtindustrie am 4. Januar 1954, dass die verlegerische Betreuung von Teubner durch die Verwaltung Volkseigener Verlage (VVV) rückwirkend zum 1. Januar ausgeübt werden sollte.[262]

---

255 Vgl. Koch, Aktennotiz, 31.10.1951, SStAL, 22199 Teubner Stuttgart, Nr. 2.

256 Vgl. Giesecke und Heisig an die Betriebsleitung und Betriebsgewerkschaftsleitung der Firmen B. G. Teubner und B. G. Teubner Verlagsgesellschaft, 13.10.1952, SStAL, 22199 Teubner Stuttgart, Nr. 82.

257 Vgl. Koch, Aktennotiz, Betrifft: Teubner, 15.12.1952, SStAL, 22199 Teubner Stuttgart, Nr. 2; Niederschrift über die Vorgänge bei den Teubner-Firmen, 11.6.1953, SStAL, 22199 Teubner Stuttgart, Nr. 24.

258 Vgl. Protokoll, 21.10.1952, BArch, DR1/1946.

259 Vgl. Müller 1961, S. 37.

260 Vgl. Bericht über den ersten Besuch bei der B. G. Teubner Verlagsgesellschaft, 25.10.1952, BArch, DR1/1946; Koven, Aktenvermerk Betr.: Verlag B. G. Teubner, Leipzig, 9.1.1953, BArch, DR1/1947.

261 Vgl. Übernahme-Protokoll, 20.1.1953, StadtAL, PrivFirm Paket 20, Nr. 1224, Blatt 59f.

262 Vgl. Ministerium für Leichtindustrie an den Rat der Stadt Leipzig, 4.1.1954, StadtAL, PrivFirm Paket 20, Nr. 1224, Blatt 55.

Am 22. Dezember 1955 übernahm die VVV die Verwaltung vollständig. Die Teubner-Grundbesitz-Gesellschaft Ackermann & Giesecke und der grafische Betrieb Teubner hingegen gingen an die Gesellschafter zurück, der Anteil Martin Gieseckes wurde in Volkseigentum überführt.[263] Nachdem die VVV mit Wirkung vom 31. Juli 1956 aufgelöst worden war, übernahm die HV Verlagswesen die Verwaltung der B. G. Teubner Verlagsgesellschaft.[264] Diese wurde wiederum zum 31. März 1957 aufgehoben. Im gleichen Zuge übertrug man den Anteil des Komplementärs Herbert Heisig, der bis dahin unter vorläufiger Verwaltung gestanden hatte, rückwirkend zum 12. Oktober 1952 in Volkseigentum.[265] Die Deutsche Investitionsbank übernahm den volkseigenen Anteil von Heisig, sie verwaltete zugleich die Anteile der inzwischen in der Bundesrepublik lebenden Kommanditisten Frida Giesecke und Hermann Müller-Schönau treuhänderisch. Karl Taupitz als persönlich haftender Gesellschafter war durch Kündigung aus Stuttgart bereits Ende 1954 aus der Gesellschaft ausgeschieden, im Leipziger Handelsregister wurde sein Ausscheiden im September 1957 eingetragen.[266]

Im Mai 1956 stellte der Verlag Teubner Leipzig einen Antrag auf staatliche Beteiligung am Unternehmen[267] und begründete dies unter anderem mit einer bestehenden Steuerschuld.[268] Zunächst erachtete die HV Verlagswesen eine staatliche Beteiligung wegen der Existenz des Stuttgarter Parallelverlags als nicht zweckmäßig, auch weil man befürchtete, die laufenden Vergleichsverhandlungen mit dem Stuttgarter Verlag könnten dadurch gestört werden.[269] Da durch einen Eintritt des Staates aber die notwendige wirtschaftliche Sanierung des Verlags ermöglicht werden konnte, befürwortete das Ministerium für Kultur schließlich diesen Schritt.[270] Mit der Aufnahme der Deutschen Investitionsbank als persönlich haftendem Gesellschafter erfolgte zum 1. Januar 1958 die staatliche Beteiligung für Verlag und Druckerei.[271] Nach außen hin war dies vorerst aber nicht erkennbar; die Buchstaben BSB (Betrieb mit staatlicher

---

263 Vgl. Bericht über die von der DIB veranlaßte Gesellschafterversammlung der Firma B. G. Teubner Grundbesitz-Gesellschaft Ackermann & Giesecke, 5.1.1956, SStAL, 22198 Teubner Leipzig, Nr. 177; Siegfried Langhans, Betr.: B. G. Teubner, 9.2.1956, BArch, DR1/1947.
264 Vgl. Übergabeprotokoll, 20.11.1956, StadtAL, Priv Firm Paket 20, Nr. 1224.
265 Vgl. Übergabeprotokoll, 4.4.1957, StadtAL, PrivFirm Paket 20, Nr. 1124, Blatt 1; Amtsgericht Leipzig, HRA 9003, Eintragung vom 16.4.1957, BArch, DR1/7507. Im Juli 1955 war der Übergang des Anteils von Heisig erstmals in das Handelsregister eingetragen worden, wenige Tage später aber rückgängig gemacht worden.
266 Vgl. Übergabeprotokoll, 4.4.1957, StadtAL, PrivFirm Paket 20, Nr. 1124, Blatt 1; Amtsgericht Leipzig, HRA 9003, Eintragung vom 30.9.1057, BArch, DR1/7507.
267 Vgl. Teubner Leipzig an die DIB, Filiale Leipzig, 22.5.1956, SStAL, 22198 Teubner Leipzig, Nr. 184.
268 Vgl. Vockert, Aktennotiz, 10.1.1957, BArch, DR1/1122.
269 Vgl. Hagemann, MfK, an die DIB, 1.11.1956, BArch, DR1/1122.
270 Vgl. Hoffmann, Aktennotiz, Betr.: B. G. Teubner, 2.2.1957, BArch, DR1/1078; Morgenstern an die DIB, 17.9.1957, BArch, DR1/1122.
271 Vgl. Gesellschaftsvertrag vom 13.1.1958 (Abschrift), BArch, DR1/7507; Besprechungsunterlage, 2.5.1958, SStAL, 22199 Teubner Stuttgart, Nr. 30.

Beteiligung) tauchten erst 1969 auf Firmenpapier und Buchumschlägen auf. An die Stelle der DIB trat mit Wirkung vom 1. Oktober 1959 die Vereinigung Volkseigener Betriebe Verlage,[272] die wiederum zum 1. Januar 1964 vom VEB Gustav Fischer abgelöst wurde.[273] Der Verlag ist also nicht vollständig enteignet worden und trat nach außen hin weiter als Kommanditgesellschaft auf.[274] Über Frida Giesecke und Hermann Müller-Schönau als Kommanditisten bestand formal noch immer eine Beteiligung der ursprünglichen Eigentümerfamilien.

2.7.6 Wiedereintritt der Linie Ackermann in die Firma

Erich Ackermann, der während der Zeit des Nationalsozialismus zum Austritt aus dem Verlag gezwungen worden war, kehrte 1954 aus russischer Kriegsgefangenschaft zurück und ließ sich in München nieder. Es hatte in seiner Abwesenheit Versuche gegeben, das Urteil, das Mitte der 1930er Jahre zum Ausscheiden der Familie Ackermann aus den Teubner-Firmen geführt hatte, rückgängig zu machen bzw. das Verfahren wieder aufzunehmen, da der Gerichtsentscheid »aufgrund der nazistischen Anschauung zustande gekommen war.«[275] Die Erben des ebenfalls 1938 ausgeschiedenen Alfred Ackermann, vertreten durch den Rechtsanwalt Waldemar Koch in West-Berlin, standen bereits seit Kriegsende mit Martin Giesecke in Verhandlungen über einen Wiedereintritt in die Teubner Grundbesitzgesellschaft.[276] Als Kommanditisten waren die Erben Alfred Gieseckes, Erich Ackermann (bis zu seiner Rückkehr vertreten durch seine Frau Fanny), Gertrud Gräfin zu Münster und Hildegard von Mocki seit dem 1. Juli 1945 an der Firma beteiligt.[277] Ackermann wandte sich im April 1954 mit der Bitte an Giesecke, die schon seit Generationen andauernden Streitigkeiten zwischen den beiden Linien zu beenden.[278] Die beiden einigten sich: Erich Ackermann wurde am 5. Mai 1954

---

272 Vgl. 2. Nachtrag zum Gesellschaftsvertrag vom 13.1.1958 (Abschrift), BArch, DR1/7507. Die Vereinigung volkseigener Betriebe Verlage (VVB Verlage) war aufgrund einer Anordnung des Ministers für Kultur mit Wirkung vom 1.7.1958 gebildet worden. Sie leitete die ihr unterstellten Verlage und war vor allem für deren ökonomischen Belange zuständig. Zum Zeitpunkt der Gründung unterstanden der VVB Verlage u. a. der VEB Gustav Fischer-Verlag, der VEB Carl Marhold-Verlag und der VEB Georg Thieme-Verlag. Vgl. Gesetzblatt der Deutschen Demokratischen Republik, Teil II, 30.9.1958, SStAL, 22199 Teubner Stuttgart, Nr. 86.

273 Vgl. Protokoll über die Gesellschafterversammlung der B. G. Teubner Verlagsgesellschaft, Leipzig, 28.1.1964, SStAL, 22198 Teubner Leipzig, Nr. 172.

274 Vgl. Links 2010, S. 303.

275 Der kommissarische Generalstaatsanwalt im Lande Sachsen an das Oberlandesgericht Dresden, 10.11.1947, SStAL, 22199 Teubner Stuttgart, Nr. 5.

276 Diese Firma, deren alleiniger persönlich haftender Gesellschafter Giesecke zu diesem Zeitpunkt war, wurde von Giesecke als Stammfirma des Unternehmenskonglomerats bezeichnet. Amtsgericht Stuttgart, Registergericht, 28.1.1953, SStAL, 22199 Teubner Stuttgart, Nr. 171.

277 Vgl. Giesecke, Rücksprache mit Koch, 24.3.1953, SStAL, 22199 Teubner Stuttgart, Nr. 1.

278 Vgl. Ackermann an Giesecke, Teubner Stuttgart, 10.4.1954, SStAL, 22199 Teubner Stuttgart, Nr. 8.

neben Martin Giesecke und der Teubner Buch- sowie der Teubner Redaktions-GmbH persönlich haftender Gesellschafter der B. G. Teubner Kommanditgesellschaft.[279] Er war vertraglich verpflichtet, »seine Arbeitskraft der Gesellschaft nur von Fall zu Fall beim Vorliegen eines Bedürfnisses zur Verfügung zu stellen«,[280] übte also keine geschäftsführende Funktion aus, wohingegen Giesecke als Geschäftsführer den Firmen seine Arbeitskraft ausschließen widmen sollte. Ganz geklärt waren die Verhältnisse damit aber nicht, da Ackermann an grundsätzlichen Entscheidungen stärker, als Giesecke ihm dies zugestehen wollte, beteiligt zu werden wünschte.[281] Nach dem Tod Martin Gieseckes am 20. Oktober 1965 wurde Erich Ackermann Inhaber von Teubner, er übernahm gemeinsam mit Herbert Heisig die Geschäftsführung.[282]

2.7.7 Neuordnung der Firmenverhältnisse in Stuttgart

Die verschiedenen Teubner-Firmen waren Anfang der 1950er Jahre durch eine komplexe Verschachtelung gekennzeichnet. Entstanden war diese durch die Existenz der verschiedenen Geschäftsbereiche (Verlag, Grafischer Betrieb, Grundstück- und Gebäudesitz), die Umstrukturierung des Jahres 1932 sowie die Neugründungen nach 1945, die durch die Etablierung westlicher Firmensitze und das erzwungene formale Ausscheiden Martin Gieseckes aus dem Verlag nötig geworden waren. In Stuttgart ordnete Giesecke die Firmenverhältnisse im Laufe der Jahre neu.

B. G. Teubner Grundbesitz-Gesellschaft Ackermann & Giesecke: Giesecke bezeichnete diese Firma als Stammfirma. Einziger persönlich haftender Gesellschafter war nach dem Ausscheiden Erich Ackermanns in den 1930er Jahren Martin Giesecke; daneben gab es insgesamt elf Kommanditisten, die an der Firma beteiligt waren. Über die Sitzverlegung verhandelten die Gesellschafter während der 1950er Jahre immer wieder, das Unterfangen gestaltete sich aber schwierig, da sich mehrere Gesellschafter auch Mitte der 1950er Jahre noch in der DDR befanden. Handlungsfähig war die Gesellschaft dennoch, da der einzige persönlich haftende Gesellschafter, Martin Giesecke, allein vertretungsberechtigt war.[283]

---

279 Vgl. Nachtrag vom 5.5.1954 zum Gesellschaftsvertrag der B. G. Teubner Kommanditgesellschaft vom 26.9.1932, SStAL, 22199 Teubner Stuttgart, Nr. 20.

280 Vertrag zwischen Erich A. B. Ackermann und der B. G. Teubner Kommanditgesellschaft, 5.5.1954, SStAL, 22199 Teubner Stuttgart, Nr. 20.

281 Vgl. Ackermann, Aktenvermerk, 10.3.1956, SStAL, 22199 Teubner Stuttgart, Nr. 79.

282 Vgl. Heisig, Der Teubner Verlag in meinem Leben/Mein Leben im Teubner Verlag. Eine Rückschau auf fünf Jahrzehnte, SStAL, 22199 Teubner Stuttgart, Nr. 171.

283 Zu diesen Vorgängen finden sich zahlreiche Dokumente (Verträge, Gesellschafterbeschlüsse, Handelsregistereinträge, zusammenfassende Darstellungen) im Sächsischen Staatsarchiv Leipzig. Vgl. u. a. Ausfertigung Urkundenrolle 341/1955, Notar Hohenstein, mit 7 Anlagen, 9.2.1955, SStAL, 21103 VB Druck, Nr. 174, Blatt 59–78; Gesellschaftsvertrag, Vertrag zwischen Erich Ackermann und

B. G. Teubner Buch-Gesellschaft mbH: Gesellschafter war die Teubner Grundbesitz-Gesellschaft. Der Sitz wurde am 6. Februar 1953 von Leipzig nach Stuttgart verlegt.

Teubner Redaktions-Gesellschaf mbH: Gesellschafter war ebenfalls die Teubner Grundbesitz Gesellschaft. Am 6. Februar 1953 erfolgte die Sitzverlegung von Leipzig nach Stuttgart.

B. G. Teubner KG: In Leipzig wurde unter dieser Firma der grafische Betrieb betrieben. Seit 1947 war die Teubner KG Inhaberin der Verlagsrechte und überließ diese der B. G. Teubner Verlagsgesellschaft zur Nutzung. Persönlich haftende Gesellschafter waren die beiden Firmen Teubner Buch-GmbH und Teubner Redaktions-GmbH, Kommanditist war die Teubner Grundbesitz Gesellschaft. Die Sitzverlegung von Leipzig nach Stuttgart wurde am 8. Dezember 1952 beschlossen, am 13. Februar 1953 erfolgte der Eintrag in das Stuttgarter Handelsregister. Im Juni 1953 trat Martin Giesecke als zusätzlicher persönlich haftender Gesellschafter ein, im Mai 1954 kam Erich Ackermann hinzu. In Stuttgart übte die Teubner KG die Funktion aus, die in Leipzig die Teubner Grundbesitz-Gesellschaft besessen hatte: Sie war Vermögensträgerin der Teubner-Firmen.

B. G. Teubner Verlagsgesellschaft KG: Diese Firma war 1947 in Leipzig neu gegründet worden, da für die anderen Firmen, an denen Martin Giesecke direkt oder indirekt beteiligt war, aufgrund der NSDAP-Mitgliedschaft des Verlegers keine Lizenz ausgestellt worden wäre. Bei Gründung waren die beiden Firmen Teubner Buch GmbH und Teubner Redaktions GmbH persönlich haftende Gesellschaft, sie wurden allerdings noch am gleichen Tag durch Herbert Heisig und Karl Taupitz ersetzt. Diese wirkten »im Innenverhältnis treuhänderisch für die B. G. Teubner Grund-Besitzgesellschaft«,[284] also letztlich für Giesecke und die anderen Gesellschafter dieser Firma. Kommanditisten waren Frida Giesecke und Hermann Müller-Schönau. Die Firma konnte nach Gieseckes und Heisigs Übersiedlung in den Westen zunächst nicht sitzverlegt werden, da sich mehrere Gesellschafter noch in der DDR aufhielten. Dann siedelte Frida Giesecke Ende 1953 in der Bundesrepublik über, Hermann Müller-Schönau verlegte 1954 seinen Wohnsitz von Leipzig nach Bad Homburg. Taupitz erhielt als persönlich haftender Gesellschafter von den anderen Gesellschaftern die Kündigung, welche er am 27. Dezember 1954 bestätigte. Damit waren alle Voraussetzungen für eine Sitzverlegung erfüllt. Der persönlich haftende Gesellschafter Herbert Heisig und Martin

---

der B. G. Teubner Kommanditgesellschaft, notarielle Erklärung, Nachtrag zum Gesellschaftsvertrag der B. G. Teubner Kommanditgesellschaft vom 26.9.1932, alle 5.5.1954, SStAL, 22199 Teubner Stuttgart, Nr. 20; Zur Situation der Teubner-Firmen bzw. des Teubner-Verlages, o. D. [1955], SStAL, 22199 Teubner Stuttgart, Nr. 82; Amtsgericht Stuttgart, HRA 5005 sowie Georg Greuner, Rechtsgutachten, 3.1.1953, SStAL, 22199 Teubner Stuttgart, Nr. 81. Eine Übersicht bietet B. G. Teubner, Die Struktur der Firma von 1811 bis 1986, SStAL, 22199 Teubner Stuttgart, Nr. 170. Eine bis 2011 ergänzte Fassung bei Krämer/Weiß 2011, S. 207–215.

284 Zur Situation der Teubner-Firmen bzw. des Teubner-Verlages, o. D. [1955], SStAL, 22199 Teubner Stuttgart, Nr. 82.

Giesecke in Vertretung für die Kommanditisten Frida Giesecke und Hermann Müller-Schönau beschlossen am 9. Februar 1955 die Sitzverlegung der Firma nach Stuttgart; der Eintrag in das Stuttgarter Handelsregister erfolgte am 18. März 1955. Das gesamte Vermögen der Firma wurde auf die Teubner Verlagsgesellschaft mbH in Stuttgart übertragen. Daraufhin erlosch die ehemalige Leipziger Teubner Verlagsgesellschaft KG.

B. G. Teubner Verlagsgesellschaft mbH: Diese Firma war 1946 in Hagen etabliert worden, übte aber keinen Geschäftsbetrieb aus. Am 23. Januar 1953 erfolgte die Sitzverlegung nach Stuttgart.

Verlag für Wissenschaft und Fachbuch GmbH: Dieser Verlag wurde 1948 in Bielefeld gegründet und dort am 5. April 1948 in das Handelsregister eingetragen. Es handelte sich um einen westlichen Teubner-Ableger, auch wenn der Name nicht verwendet werden konnte. Die Firma ging am 1. Januar 1953 auf die B. G. Teubner Verlagsgesellschaft mbH über.

Nach der Gründung der Leipziger Teubner Verlagsgesellschaft oblag dieser die Ausübung des Verlagsgeschäfts, die Verlagsrechte aber besaß die Firma B. G. Teubner KG. Diese überließ der Verlagsgesellschaft das Recht zur Nutzung, befristet bis zum 31. Dezember 1952.[285] Nach seinem Verlassen Leipzigs gehörte es zu den ersten Handlungen Gieseckes, das Eigentum an den Verlagsrechten zu klären.

Durch einen Vertrag vom 16. Oktober 1952 wurden die Verlagsrechte auf den Verlag für Wissenschaft und Fachbuch Bielefeld übertragen. Der Bielefelder Verlag übertrug die Rechte am 8. Dezember 1952 auf die B. G. Teubner Verlagsgesellschaft, von dieser gingen sie am 14. Februar 1953 an die Teubner KG, die inzwischen ihren Sitz in Stuttgart hatte. Ein Vertrag vom 2. April 1953 bestimmte, dass die nun ebenfalls in Stuttgart ansässige Teubner Verlagsgesellschaft die Rechte nutzen darf. Durch einen Vertrag vom 5. Mai 1954 erfolgte die Übertragung der Verlagsrechte der Teubner KG auf die Teubner Verlagsgesellschaft in Stuttgart.

Die DDR-Behörden und mit ihnen der Leipziger Verlag erkannten die Sitzverlegungen der Teubner-Firmen nicht an. Entsprechend gingen sie davon aus, dass die Firmen B. G. Teubner KG und die Teubner Verlagsgesellschaft weiterhin in Leipzig ihren Betrieb ausübten. Hinsichtlich der Verlagsrechte wurde am 20. Mai 1953 eine Zusatzvereinbarung geschlossen, nach der die Nutzung durch die Verlagsgesellschaft bis zum 31. Dezember 1954 verlängert wurde; danach sollten die Rechte endgültig an die Verlagsgesellschaft übergehen.[286]

---

285 Vgl. Vertrag zwischen der B. G. Teubner Verlagsgesellschaft und der Firma B. G. Teubner, 24.3.1950, SStAL, 21103 VB Druck, Nr. 174.
286 Vgl. Beschluss des Kreisgerichts Leipzig, 11.8.1955, SStAL, 21103 VB Druck, Nr. 174.

2.7.8 Auseinandersetzungen zwischen den Standorten in Leipzig und Stuttgart

Unmittelbar nach ihrer Übersiedlung nach Stuttgart bemühten sich Giesecke und Heisig, den Vertrieb der Leipziger Werke in der Bundesrepublik und West-Berlin zu unterbinden.[287] Die Autoren wurden sowohl vom Leipziger als auch vom Stuttgarter Unternehmen von der neuen Situation in Kenntnis gesetzt.[288]

Mit einem Beschluss vom 11. August 1955 untersagte das Kreisgericht Leipzig in einer einstweiligen Verfügung, die der Leipziger Verlag beantragt hatte, der Teubner Verlagsgesellschaft in Stuttgart, den Firmennamen zu führen und die Verlagsrechte auszunutzen, welche dem Verlag in Leipzig bis zum Weggang von Giesecke und Heisig zur Verfügung gestanden hatten. Dieses sollte den Autoren und Geschäftspartnern zur Kenntnis gegeben werden dürfen.[289] Teubner Stuttgart stellte daraufhin seinerseits einen Antrag auf einstweilige Verfügung gegen den Verwalter Erich Köhler beim Landgericht Stuttgart, dem dieses am 15. September 1955 stattgab. Darin wurde Teubner Leipzig untersagt, den Inhalt der Leipziger einstweiligen Verfügung zu verbreiten.[290] Sowohl Teubner Leipzig als auch Teubner Stuttgart verwendeten die einstweiligen Verfügungen, um Autoren und Buchhändler ihre jeweilige Rechtsauffassung darzulegen.[291] Es folgten im November 1955 eine Feststellungsklage von Teubner Leipzig gegen Teubner Stuttgart und daraufhin im Dezember ein Urteil des Kreisgerichts Leipzig.[292] Auch Stuttgart erhob Feststellungsklage gegen Erich Köhler und Max Kettner, der am 21. Januar 1956 ein Urteil des Landgerichts Stuttgart folgte.[293] Gegenstand beider Urteile waren die Namensführung und die Ausnutzung der Verlagsrechte, im Stuttgarter Urteil auch die Rechtmäßigkeit der Sitzverlegung der Firma nach Stuttgart.

Noch im Dezember 1955 waren, angestoßen vom Amt für Literatur und Verlagswesen, Vergleichsverhandlungen mit dem Verlag in Stuttgart angestrebt worden, die im Januar 1956 aufgenommen wurden.[294] Diese Verhandlungen erfuhren in den folgenden anderthalb Jahrzehnten immer wieder Unterbrechungen und Neuaufnahmen und zeitigen schließlich in einer Vereinbarung Ende 1968 ein Ergebnis.

---

287 Vgl. Teubner Stuttgart an Globig Berlin, 25.10.1952, SStAL, 22199 Teubner Stuttgart, Nr. 82.

288 Vgl. Teubner Stuttgart An unsere Autoren!, 12.1.1953, SStAL, 22199 Teubner Stuttgart, Nr. 101.

289 Vgl. Beschluss des Kreisgerichts Leipzig, 11.8.1955, SStAL, 21103 VB Druck, Nr. 174.

290 Vgl. Lichtenstein, Antrag auf einstweilige Verfügung an das Landgericht Stuttgart, 12.9.1955 sowie Beschluss des Landgerichts Stuttgart (Abschrift), 15.9.1955, SStAL, 22199 Teubner Stuttgart, Nr. 75.

291 Vgl. Schreiben an die Autoren des Teubner Verlages, Stuttgart, 20.9.1955, SStAL, 22199 Teubner Stuttgart, Nr. 78; Teubner Leipzig an Rohrberg, 7.9.1955, SStAL, 22198 Teubner Leipzig, Nr. 245.

292 Vgl. Urteil des Kreisgerichts Leipzig, verkündet am 1.12.1955, SStAL, 22198 Teubner Leipzig, Nr. 187.

293 Vgl. Urteil des Landgericht Stuttgarts, verkündet am 21.1.1956, BArch, DR1/7507.

294 Vgl. Besprechung zwischen den Herren Langhans (Deutsche Akademie Ost-Berlin), Dr. Breuer, Dr. Heisig und Giesecke, 12.1.1956, SStAL, 22199 Teubner Stuttgart, Nr. 79.

2.7.9 Die weiteren Entwicklungen in Leipzig und Stuttgart

Mit Wirkung vom 1. Januar 1964 wurden Teubner Leipzig und die Akademische Verlagsgesellschaft Geest & Portig zu einem organisatorisch und wirtschaftlich einheitlichen Unternehmen zusammengeschlossen, wobei die Verlage aber ihre bisherigen Namen behielten.[295] In Stuttgart übernahm 1969 die Firma Giesecke & Devrient den Teubner Verlag.[296]

Nach der deutschen Wiedervereinigung kaufte die Stuttgarter Firma den Leipziger Verlag im Jahr 1991; Teubner führte in den kommenden Jahren beide Standorte im Namen. 1999 erwarb die Bertelsmann AG den Verlagsteil mit dem technikwissenschaftlichen Programm, neuer Verlagssitz war Wiesbaden. Die geistes- und altertumswissenschaftlichen Verlagstitel gingen in diesem Zuge an den Verlag K. G. Saur und mit diesem 2006 an de Gruyter.[297] Nach dem Weiterverkauf an die Investorengruppe Cinven und Candover und der Umbenennung der Verlagsgruppe in Springer Science+Business Media wurde B. G. Teubner 2008 mit Vieweg zum Vieweg + Teubner Verlag vereinigt.[298] 2012 ist dort im Zuge einer Umstrukturierung im Bereich der Lehr- und Fachmedien eine Umbenennung in Springer Vieweg erfolgt, der Name Teubner damit verschwunden.[299]

2.8 Georg Thieme

2.8.1 Von der Gründung bis zum Ende des Zweiten Weltkriegs

Georg Thieme gründete am 1. Januar 1886 in Leipzig die gleichnamige Verlagsbuchhandlung, deren Schwerpunkt von Anfang an die medizinische Fachliteratur darstellte.[300] Den Grundstein für diese Programmausrichtung legte Thieme mit dem Erwerb des Verlags Theodor Fischer, durch den er in den Besitz der Rechte an 45 medizinischen Werken kam, die Bücher, Zeitschriften, Formulare und einen Kalender[301]

---

295 Vgl. Protokoll über die Gesellschafterversammlung der B. G. Teubner Verlagsgesellschaft, Leipzig, 28.1.1964, SStAL, 22198, Teubner Leipzig, Nr. 172.

296 Vgl. B. G. Teubner. Geschichtliche Entwicklung der Firma seit 1945 in Stichworten, 21.3.1977, SStAL, 22199 Teubner Stuttgart, Nr. 170. Es bestanden verwandtschaftliche Beziehungen zwischen den Inhabern von Teubner und der 1852 als Typografisches Kunst-Institut begründeten Firma Giesecke & Devrient. Vgl. Krämer/Weiß 2011, S. 222.

297 Vgl. Links 2010, S. 304f.

298 Vgl. zu den Entwicklungen seit 1990 Links 2010, S. 304f.; Krämer/Weiß 2011, S. 197–203.

299 Vgl. Börsenverein 2011.

300 Zur Geschichte des Verlags Georg Thieme siehe Staehr 2011; Jäger 2001, S. 480f.; Schulz 1954; Schulz 1957; Schulz 1961. Einen Überblick über die ersten fünfzig Jahre bietet o. V. 1936.

301 Dieser Reichs-Medicinal-Kalender umfasste unter anderem ein medizinstatistisches Jahrbuch, ein Adressbuch aller Ärzte im deutschen Reich, Sammlungen von Gesetzen und Verordnungen und weitere hilfreiche Informationen für die Berufsgruppe. Vgl. Staehr 2011, S. 15–17.

umfassten. Vor allem Letzterer und die kurze Zeit später erworbene *Deutsche Medizinische Wochenschrift* bildeten die Basis für die erfolgreiche Entwicklung und das rasche Wachstum des Unternehmens, hinzu kamen weitere passende Verlagsaufkäufe. Den medizinischen Zeitschriften, Monografien, Handbüchern und Lehrbüchern wurden gelegentlich Werke aus medizinischen Rand- und naturwissenschaftlichen Nachbardisziplinen, zum Beispiel der Chemie und Biologie, zur Seite gestellt.

1919 trat Bruno Hauff in die Firma ein – Thieme hatte seinen Nachfolger mittels einer Annonce im *Börsenblatt* gefunden. Von diesem Zeitpunkt an war der Verlag eine Kommanditgesellschaft.[302] Nach dem Tod Georg Thiemes 1925 übernahm Hauff die Leitung der Firma,[303] Thiemes Witwe Johanna und ihre Tochter Erna Fürst waren Kommanditisten.[304]

Die antijüdische Politik der Nationalsozialisten brachte für den Verlag Thieme persönliche und firmenrechtliche Einschnitte: Um den Weiterbestand seiner Firma zu sichern, ließ sich Bruno Hauff von seiner jüdischen Ehefrau scheiden.[305] Erna Fürst musste, weil sie einen jüdischen Ehemann hatte, 1935 aus der Gesellschaft ausscheiden.[306] Durch die alliierten Luftangriffe auf Leipzig im Dezember 1943 und Februar 1944 wurden die Gebäude des Thieme Verlags fast vollständig zerstört, so dass der Verlagsbetrieb in der letzten Kriegszeit nur noch sporadisch aufrechterhalten werden konnte.[307]

2.8.2 Neubeginn des Verlegers in der amerikanischen Zone

Nach dem Einzug der amerikanischen Truppen in Leipzig am 19. April 1945 gehörte Bruno Hauff zu den Verlegern, die von Douglas Waples im Auftrag der Information Control Division (ICD) zu einer Übersiedlung in die amerikanische Besatzungszone aufgefordert wurden. Hauff folgte dieser Einladung und fuhr am 12. Juni 1945 mit seiner Frau und seinem Sohn Günther nach Wiesbaden. Dort musste er bis zum 22. April 1946 auf die Lizenz warten[308] – der Prüfungskommission sei es zunächst suspekt erschienen, dass Hauff, der kein Mitglied der NSDAP gewesen war, seinen Verlag über die Zeit des Nationalsozialismus hatte retten können.[309] Verlegerkollege Hans Brock-

---

302 Amtsgericht Leipzig, HRA 1068, Eintragung vom 27.4.1938, StadtAL, PFP 14, Nr. 85.

303 Vgl. Staehr 2011, S. 59–61.

304 Amtsgericht Leipzig, HRA 6405, BArch, DR1/836, Blatt 14.

305 Vgl. Staehr 2011, S. 70.

306 Thieme Leipzig, an die Zentralstelle für Buch- und Bibliothekswesen, Leipzig, 6.9.1945, StadtAL, StVuR, Nr. 9266.

307 Vgl. Staehr 2011, S. 79. Die Quellenlage bei Georg Thieme für die Zeit nach 1945 ist unbefriedigend, da ein Verlagsarchiv nicht vorhanden ist. So fußt die Beschreibung auf der vorliegenden Literatur sowie den Quellen, die im Bundesarchiv und im Stadtarchiv Stuttgart zu finden sind.

308 Lizenz Nr. 2017. Vgl. ebd., S. 85.

309 Vgl. ebd., S. 88.

haus erinnerte sich, die zuständigen Stellen hätten ihnen mitgeteilt, »daß zunächst kleinere Verleger die Erlaubnis zur Arbeit bekommen müßten, die in der Nazizeit nicht zum Zuge gekommen seien«.[310] Am Tag der Lizenzerteilung wurde die Kommanditgesellschaft Georg Thieme Verlag gegründet,[311] kurz darauf erschien die erste Nachkriegsausgabe der *Deutschen Medizinischen Wochenschrift*.[312]

Noch im Oktober desselben Jahres ging Hauff mit seinem Verlag nach Stuttgart.[313] Er folgte damit einer Einladung des Stuttgarter Oberbürgermeisters Arnulf Klett, der seine Stadt wieder zu einem Zentrum des Buchhandels machen wollte.[314] Die Orientierung in die Region war schon früher erfolgt: Im benachbarten Esslingen hatte Thieme bereits seit Mai 1946 die meisten der Titel produzieren lassen.[315]

Bruno Hauffs jüngster Sohn Günther wurde 1953 Mitinhaber und übernahm die Firma, als der Vater 1963 starb.[316] Er baute den Verlag weiter aus, dessen Ausrichtung nun durch eine »naturwissenschaftliche Generallinie mit breitem Programm für alle Spezialitäten«[317] gekennzeichnet war.

2.8.3 Weiterarbeit im Leipziger Verlag

In Leipzig ordnete das Amt für Betriebsneuordnung beim Rat der Stadt im Januar 1946 Treuhandschaft über den Verlag an. Dieser Schritt fußte auf den Befehlen Nr. 124 und 126 der SMAD, nach denen nicht nur das Eigentum von Nationalsozialisten – die Inhaber Thiemes waren keine Parteimitglieder gewesen –, sondern auch ›herrenloses‹ Vermögen sequestriert werden konnte.[318] Als solches galt der Verlag nach dem Weggang des Gesellschafters Hauffs, der, so die Schilderung der Zentralstelle für Buch- und Bibliothekswesen, »vor Abzug der amerikanischen Besatzungstruppen nach Wiesbaden abgereist [war], in der deutlichen Absicht, sich aus dem Bereich der rußischen Besatzungsmacht zu entfernen«.[319] Als Treuhänder wurde Alfred Dornig eingesetzt, der seit vielen Jahren Prokurist war und die Geschäfte im Auftrag Hauffs

310 Zit. nach Keiderling 2005, S. 226.
311 Vgl. Amtsgericht Stuttgart, HRA 3499, Eintragung vom 30.12.1959.
312 Vgl. Staehr 2011, S. 84.
313 Vgl. Börsenblatt (Frankfurter Ausgabe), H. 19, 15.10.1946, S. 184.
314 Vgl. Klett an Thieme, 6. Juli 1946, Stadtarchiv Stuttgart, 21-2/268. Arnulf Klett stand in keinem verwandtschaftlichen Verhältnis zu Verleger Ernst Klett.
315 Vgl. Michopoulos 1995, S. 85.
316 Vgl. Staehr 2011, S. 93–97.
317 Ebd., S. 96.
318 Vgl. Amt für Betriebsneuordnung, Bestallung, 26.1.1946, StadtAL, StVuR, Nr. 11544.
319 Zentralstelle für Buch- und Bibliothekswesen an das Amt für Betriebsneuordnung, Leipzig, 16.1.1946, StadtAL, StVuR, Nr. 11544.

seit dessen Umsiedlung weiterführte.[320] Am 12. Juli 1946 wurde die Treuhandschaft wieder aufgehoben[321] – da Kommanditistin Johanna Thieme noch in Leipzig lebte, hatte es ihr an gesetzlicher Grundlage gemangelt. Wohl in Konsequenz dieser Ereignisse trat Alfred Dornig im Oktober 1946 pro forma als persönlich haftender Gesellschafter in die Firma ein.[322]

Georg Thieme Leipzig gehörte der Arbeitsgemeinschaft medizinischer Verleger seit ihrer Gründung am 21. März 1946 an und war über diese lizenziert, verfügte aber nicht über eine Einzellizenz.[323] Für drei der medizinischen Fachzeitschriften des Verlags und das *Biologische Zentralblatt* bekam der Leipziger ebenfalls Lizenzen erteilt.[324] Nachdem Dornig im Sommer 1950 nach Westdeutschland gegangen war,[325] wurde der Verlag am 18. Januar 1951 durch den Rat der Stadt Leipzig unter Treuhandschaft gestellt.[326] Als Treuhänder setzte der Rat der Stadt Walter May ein, der zwei Jahre später auch die Verlagsleitung übernahm.[327] Die von Hauff und Dornig geforderte Aufhebung der Treuhandschaft lehnte der Rat der Stadt ab, da gegen Dornig inzwischen ein Wirtschaftsstrafverfahren anhängig war.[328] Dahinter stand das Ziel der städtischen und staatlichen Behörden, den renommierten Verlag in Volkseigentum zu überführen. Wegen Wirtschaftsvergehen konnte allerdings keiner der Verlagseigentümer belangt werden.[329] Stattdessen war es eine neue staatliche

---

320 Vgl. Staehr 2011, S. 81; 75 Jahre Georg Thieme Verlag Stuttgart, SStAL, 22199 Teubner Stuttgart, Nr. 97.

321 Vgl. Thieme Leipzig an das Amt für Betriebsneuordnung, 12.7.1946, StadtAL, STVuR, Nr. 11544.

322 Vgl. Staehr 2011, S. 81; Amtsgericht Leipzig, HRA 1068, Eintragung vom 19.10.1946, StadtAL, PFP 14, Nr. 85. Staehr schreibt, die Vereinbarung, dass Dornig »als Proforma-Gesellschafter des Verlages die Stellung halten sollte«, sei bereits kurz vor der Übersiedlung Hauffs nach Wiesbaden geschlossen worden.

323 Im Lizenzen-Handbuch von 1949 ist Thieme als lizenzierter Verlag angeführt. Vgl. Jütte 2010, S. 279. Dies dürfte sich aber auf die Lizenz im Rahmen der Arbeitsgemeinschaft bezogen haben. Verschiedene Dokumente belegen, dass Thieme zunächst keine Einzellizenz besaß: Vgl. VVV an das Ministerium für Leichtindustrie, HV Polygrafische Industrie, Abtlg. Verlagswesen, 17.1.1952, BArch, DR1/727. Als die Arbeitsgemeinschaft medizinischer Verleger mit Wirkung vom 31.3.1953 liquidiert wurde, machte die VVV darauf aufmerksam, dass Thieme nun eine eigene Lizenz bräuchte, gewünscht wurde eine Genehmigung für Medizin und Naturwissenschaften und fünf Zeitschriften. Vgl. VVV an das das Ministerium für Leichtindustrie, HV Polygraphische Industrie, FA Verlagswesen, 27.3.1953, BArch, DR1/843.

324 Vgl. Thieme Leipzig an das Amt für Buch- und Bibliothekswesen, 23.9.1948, StadtAL, StVuR, Nr. 8904.

325 Vgl. Exposé über die Vorgänge, die als Grundlage für eine Enteignung des Thieme Verlages in Betracht kommen können, 5.12.1952, BArch, DR1/836.

326 Vgl. Übergabeprotokoll, 18.1.1951, StadtAL, PFP 14, Nr. 85.

327 Vgl. Börsenblatt (Leipziger Ausgabe), H. 5, 1.2.1966, S. 80.

328 Vgl. Thieme Stuttgart an den Rat der Stadt Leipzig, Sachgebiet Treuhandverwaltung, 14.9.1951 und 27.11.1951 sowie Rat der Stadt Leipzig, Sachgebiet Treuhandverwaltung an Thieme Stuttgart, 11.12.1951, alle StadtAL, PFP 14, Nr. 85.

329 Vgl. Aktennotiz, 17.12.1952, BArch, DR1/836, Blatt 91.

Verfügung, die den Weg zur Enteignung bereitete. Über die seit dem 17. Juli 1952 gültige *Verordnung zur Sicherung von Vermögenswerten* konnte Hauff und Dornig ihr Vermögen entzogen werden; der Anteil der dritten Gesellschafterin, Johanna Thieme, inzwischen ebenfalls in der Bundesrepublik ansässig, wurde aufgrund bestehender Steuerschulden in Volkseigentum überführt.[330] Die Gesellschafter der Firma fassten daraufhin den Beschluss, den Firmensitz von Leipzig nach Stuttgart zu verlegen.

Die Verlage in Leipzig und Stuttgart arbeiteten eng zusammen, bis Dornig Leipzig verließ; danach gab es weiterhin Kooperationen in einem überschaubaren Rahmen. Zum Konflikt kam es 1961, als der Stuttgarter Verlag Klage gegen den Leipziger Thieme Verlag einreichte, und das Landgericht Stuttgart entschied in seinem Urteil vom 23. März 1961, dass der VEB in Leipzig den Namen Georg Thieme nicht mehr benutzen, unter diesem keine Bücher mehr vertreiben und sich nicht als Rechtsnachfolger des 75 Jahren zuvor gegründeten Unternehmens ausgeben dürfe.[331]

2.8.4 Die weiteren Entwicklungen in Leipzig und Stuttgart

Trotz des Stuttgarter Urteils blieb der Leipziger Verlag unter dem alten Namen bestehen. 1958 war die Literatur-Arbeitsgemeinschaft Medizin geschaffen worden, der neben Georg Thieme die Verlage Gustav Fischer und Volk und Gesundheit angehörten; der Akademie-Verlag war an den Besprechungen ebenfalls beteiligt.[332] 1965 erfolgte der organisatorische Zusammenschluss dieser drei Verlage zum VE Verlage für Medizin und Biologie mit Zentrale in Berlin, Thieme behielt aber in der Außenwirkung seine Selbstständigkeit.[333] 1985 wurde die Gruppe vereinigt, womit die Rechtsfähigkeit des Thieme Verlags erlosch.

Nach der Wiedervereinigung kaufte Thieme Stuttgart das Leipziger Haus 1990 für 1 DM. Zum 31. März 1992 wurde der Verlag in Leipzig geschlossen.[334] Die Thieme Verlagsgruppe in Stuttgart ist nach diversen Aufkäufen anderer Verlage in den letzten Jahrzehnten heute ein großes Verlags- und Dienstleistungsunternehmen, dessen inhaltlichen Schwerpunkt weiterhin die Medizin darstellt.[335] Mit Albrecht Hauff ist ein Sohn Günther Hauffs, der 2001 starb, Inhaber des Verlags.

---

330 Vgl. Vertrag über die Veräußerung von Sachwerten an volkseigene Betriebe, 13.5.1953, StadtAL, StVuR, Nr. 14819; Kunze, Bericht über eine Sitzung der Planungsgemeinschaft Naturwissenschaften im Amt für Literatur und Verlagswesen, 6.5.1954, BArch, DR1/824.

331 Vgl. Bekanntmachung. In: Börsenblatt (Frankfurter Ausgabe), 6.6.1961, S. 2314.

332 Vgl. Stellungnahme zu dem vom Gen. Studzinski vorgelegten Vorschlag, o. D., BArch, DR1/1003.

333 Vgl. Links 2010, S. 165.

334 Vgl. ebd., S. 166.

335 Vgl. Georg Thieme Verlag 2015.

2.9 Resümee

Die älteren Wissenschaftsverlage hatten ihr Programmprofil vor allem in der zweiten Hälfte des 19. Jahrhunderts einer mehr oder weniger eng gefassten Spezialisierung unterzogen (J. A. Barth, B. G. Teubner) oder nahmen medizinische und
naturwissenschaftliche Titel in ihr bisher geisteswissenschaftlich dominiertes Programm auf (S. Hirzel); die Gründungen jüngeren Datums wiesen oft von Anbeginn der Verlagstätigkeit eine Konzentration auf bestimmte Fachgebiete aus den
Bereichen Medizin, Naturwissenschaften und Technik auf (Georg Thieme, Theodor
Steinkopff, Akademische Verlagsgesellschaft, Carl Marhold, Gustav Fischer). Alle
acht untersuchten Verlage waren in der ersten Hälfte des 20. Jahrhunderts auf ihren
Wissenschaftsgebieten zu Bedeutung gelangt, wenn sich auch Unternehmensgrößen
und Produktionsvolumen unterschieden. Die Verbindung mit einer Druckerei war bei
wissenschaftlichen Verlagen generell eher eine Ausnahme; lediglich B. G. Teubner in
Leipzig verfügte über einen großen grafischen Betrieb.[336]

Alle acht der untersuchten Wissenschaftsverlage konnten während der Zeit des
Nationalsozialismus weiterarbeiten;[337] vereinzelt wurden in den meist als Personengesellschaften organisierten Firmen personelle Veränderungen der Gesellschafter-
beteiligung vorgenommen. Nach Ende des Zweiten Weltkriegs war dies aufgrund
der Bestimmungen zur Entnazifizierung in einigen Fällen erneut nötig. Vorhandene
Buchbestände durften mit städtischer Genehmigung oft ab Herbst 1945 wiederver-
kauft werden, die verlegerische Tätigkeit bedurfte aber einer Lizenz der Sowjetischen
Militäradministration. Der Fokus der Verleger richtete sich zunächst darauf, diese
Genehmigung zur Weiterarbeit zu erlangen. Die Verlage, die medizinische Titel
im Verlagsprogramm führten (alle außer Teubner), konnten Titel aus diesem Be-
reich unter der Lizenz der Arbeitsgemeinschaft medizinischer Verleger produzieren.
Einzellizenzen für andere Programmbereiche erhielten die Verlage mit Ausnahme
Georg Thiemes zwischen August 1946 und Juni 1947 ebenfalls. Es dauerte damit von
Kriegsende an bis zu zwei Jahre, bis die Grundvoraussetzungen für die Weiterführung
der verlegerischen Tätigkeit erfüllt waren. Die Verlage mussten zudem im Kontext der
Lizenzerteilungen Einschränkungen ihrer Publikationsgebiete hinnehmen.

Die Gemengelage aus politischen und wirtschaftspolitischen Rahmenbedingungen sowie den speziellen Regelungen der Kommunikationskontrolle (siehe Kapitel 3)
führten zu Verlagerungsüberlegungen und -entscheidungen der Unternehmer. Erste
Zweigstellen der in der Sowjetischen Besatzungszone befindlichen Verlage wurden
noch 1945 in den westlichen Zonen errichtet, die letzten Verlagerungen fanden in der
ersten Hälfte der 1950er Jahre statt (siehe Kapitel 4). In der ersten Zeit wählten manche

---

336 Vgl. dazu auch Sarkowski 2004, S. 108f.
337 Vgl. Bühler 2002, S. 76–79. Bühler führt hier eine Liste mit denjenigen Verlagen an, die Ende 1944
noch existierten und die daher die vorangegangene Schließungsaktion überstanden hatten.

der Stammhäuser abweichende Firmennamen für ihre Dependancen (Barth, Fischer, Teubner), was aber jeweils nur eine Übergangslösung darstellte.

Die Eigentumsverhältnisse änderten sich in den folgenden Jahren unter den neuen gesellschafts- und wirtschaftspolitischen Bedingungen bei vielen Verlagen nochmals. Den Ausschlag dafür gab meist die Übersiedlung eines oder mehrerer Teilhaber in die westlichen Besatzungszonen bzw. die Bundesrepublik. Aber auch der Tod eines Gesellschafters konnte Begehrlichkeiten bei den verantwortlichen DDR-Stellen wecken und Versuche einer Übernahme in staatliche Hand auslösen (Akademische Verlagsgesellschaft). Drei Verlage wurden in der ersten Hälfte der 1950er Jahre in Volkseigentum überführt (Georg Thieme, Gustav Fischer und Carl Marhold); bei zwei Verlagen kam es zu einer staatlichen Beteiligung (Akademische Verlagsgesellschaft und B. G. Teubner); einer stand als Schweizer Unternehmen unter treuhänderischer Verwaltung (S. Hirzel), zwei der Verlage blieben in Privatbesitz (J. A. Barth und Theodor Steinkopff).

Die Stammhäuser in der Sowjetischen Besatzungszone bzw. der DDR standen nach Etablierung der Parallelverlage in den westlichen Besatzungszonen bzw. der Bundesrepublik oft zunächst noch in engem Kontakt zu diesen, vor allem aber der Zugriff des Staates auf die Ostverlage wirkte sich in mehr oder weniger starkem Maße negativ auf das Verhältnis aus. Alle Verlage suchten nach der Trennung ihre Beziehungen zu klären, wählten für die Bereinigung der auftretenden Konflikte (siehe Kapitel 5) jedoch sehr unterschiedliche Strategien. Diese waren im Verlauf der Zeit meist einem Wandel unterworfen; das Spektrum reichte von engen Kooperationen über konfliktvermeidendes Verhalten bis hin zu gerichtlichen Auseinandersetzungen (siehe Kapitel 6).

Bis 1989/90 hatten sich bei allen wissenschaftlichen Parallelverlagen, sofern sie noch existierten, die Verhältnisse normalisiert, als die gesellschaftlichen Umwälzungen wiederum Veränderungen in den Besitzverhältnissen mit sich brachten. Im Jahr 2015 ist als eigenständiger Verlag nur noch der Verlag Georg Thieme aktiv. S. Hirzel ist in die Verlagsgruppe Deutscher Apotheker Verlag integriert, von Gustav Fischer hat der Name als Bestandteils des Imprints ›Urban & Fischer‹ bei Elsevier überlebt. Auf die Tradition der Akademischen Verlagsgesellschaft beruft sich die Neugründung AKA-Verlag in Berlin, die allerdings erst einige Zeit nach der Auflösung des alten Verlags etabliert worden ist. Die Namen der anderen Verlage (Barth, Marhold, Steinkopff und Teubner) sind nach Insolvenzen, Aufkäufen und teilweise vorübergehenden Existenzen als Imprints aus der deutschen Verlagsbranche verschwunden.[338]

---

[338] Zu Erhalt und Verschwinden wissenschaftlicher Verlagsnamen siehe Seemann 2017.

3 Politik, Wirtschaft und Verlagswesen nach 1945

Verlage sind Wirtschaftsunternehmen, deren Arbeitsbedingungen und Handlungsspielräume unter anderem von der Ausgestaltung der sie umgebenden gesellschaftlichen und ökonomischen Systeme abhängen. Das allgemeine politische und kulturelle Umfeld, auch als globale oder Makro-Umwelt bezeichnet, beeinflusst über Gesellschafts- und Wirtschaftsordnung und Gesetzgebungen ebenso wie die Situation der Branche, der Zulieferer und der Absatzmärkte Entwicklungsmöglichkeiten und Erfolgsaussichten von Firmen.[1] In der Umbruchzeit nach 1945 war die gesamte Gesellschaft einem tiefgreifenden Wandel unterworfen, zwei neue politische und ökonomische Ordnungen waren im Entstehen begriffen. Gesetzliche Regelungen, beispielsweise für den Handel zwischen den Besatzungszonen, beeinflussten den Aktionsradius der Unternehmen; Bestimmungen wie jene zur Entnazifizierung erzwangen Veränderungen in der Personalstruktur. Die Verlage standen in dieser von steten Veränderungen und großer Unsicherheit geprägten Situation in einem besonderen Maße vor der Herausforderung, zu unternehmerischen Strategien zu finden, die das Überleben der Firma ermöglichten.[2] Es galt grundlegende Entscheidungen zu treffen auf einer breiten Skala von Handlungsalternativen, die von bestmöglicher Anpassung bis zu vollständiger Neuorientierung reichte.

Als Medienproduzenten sind Verlage auf besondere Weise in das »gesellschaftliche Regelungssystem«[3] eingebunden. Die von ihnen hergestellten Medien – hier wissenschaftliche Bücher und Zeitschriften – erfüllen spezifische Funktionen innerhalb des Wissenschaftssystems und damit für die Gesellschaft. Nach dem Zweiten Weltkrieg unterlag das Verlagswesen in allen Besatzungszonen einer strengen Reglementierung, da Druckerzeugnisse als wichtiges Mittel zur Durchsetzung der politischen Ziele der Alliierten betrachtet wurden; und auch nach der Gründung der beiden deutschen Staaten blieb das Buch sowohl als Inhaltsträger als auch als Handelsware Gegenstand politischer Diskussionen und staatlicher Zugriffe.

Dass aus Verlagen mit üblicherweise *einem* Firmensitz ›Parallelverlage‹ mit *zwei* Standorten wurden, hatte seine primäre Ursache in einigen Faktoren der Ausgestaltung der Makro-Umwelt jener Zeit: der Teilung des Landes in vier Zonen und der doppelten Staatsgründung im Jahr 1949 sowie den spezifischen Bedingungen, mit denen die Firmen in wirtschaftlicher, politischer und kommunikationspolitischer Hinsicht konfrontiert waren. Die Ausgestaltung der Beziehungen zwischen den ge-

---

1 Die Betriebswirtschaftslehre betrachtet die Unternehmensumwelt und -analyse als Teil des Strategischen Managements. Vgl. beispielsweise Thommen/Achleitner 2009, S. 1001–1004; Sander 2004, S. 289–292.

2 Generell gilt es als problematisch, dass Prognosen über Gefahren und Chancen der Umwelt für eine Firma immer mit Unsicherheiten behaftet sind. Vgl. Thommen/Achleitner 2009, S. 1004. In der Nachkriegszeit verschärfte sich diese Schwierigkeit.

3 Saxer 1999, S. 6.

https://doi.org/10.1515/9783110543421-003

trennten Verlagen wiederum vollzog sich vor dem Hintergrund des Verhältnisses der beiden deutschen Staaten. Für die Analyse der Entwicklungen der Verlage sind daher die Geschichte und die Folgen der deutschen Teilung, die unterschiedlichen wirtschaftspolitischen Wege und wirtschaftlichen Gegebenheiten in den vier Besatzungszonen bzw. den beiden Staaten, die Möglichkeiten und Bedingungen des (Buch-)Handels zwischen den Zonen und später den Staaten sowie die Strukturen des Verlagswesens von Bedeutung.

3.1 Deutschland nach dem Zweiten Weltkrieg

Nach dem Ende des Zweiten Weltkriegs übernahmen die Siegermächte USA, UdSSR, Großbritannien und Frankreich am 5. Juni 1945 die oberste Regierungsgewalt in Deutschland. Das Land wurde in vier Zonen geteilt, als höchstes Machtorgan konstituierten die Besatzungsmächte den Alliierten Kontrollrat. Die Befehlshaber in den einzelnen Zonen handelten nach den vom Kontrollrat erlassenen Richtlinien, im Übrigen aber nach den Weisungen ihrer Heimatregierung. Sie konnten in eigener Verantwortung Gesetze und Befehle für ihre jeweilige Zone erlassen; Angelegenheiten, die Deutschland als Ganzes betrafen, sollten gemeinsam entschieden werden. Auf der Potsdamer Konferenz vom 17. Juli bis 2. August 1945 einigten sich die Besatzungsmächte auf Grundsätze ihrer Politik, deren Kernelemente die Entnazifizierung, Entmilitarisierung, Demokratisierung und Dezentralisierung der Wirtschaft und Verwaltung des Landes waren.[4]

Die skizzierte Entwicklung offenbart einen Grundkonflikt der politischen Situation: Die vier Besatzungsmächte sahen sich vor die Aufgabe gestellt, gemeinsam über die Zukunft Deutschlands zu entscheiden – bereits in Potsdam waren allerdings die teils sehr verschiedenen Interessen deutlich geworden, und die fundamental gegensätzlichen Gesellschafts- und Wirtschaftssysteme der Sowjetunion auf der einen und der westlichen Staaten auf der anderen Seite ließen eine konfliktreiche Zukunft erahnen.[5] Die in Potsdam gefassten Vereinbarungen stellten laut Kielmannsegg der »Absicht nach [...] ein gemeinsames deutschlandpolitisches Programm der Siegermächte« dar, tatsächlich waren die gefundenen Formeln »Scheinkompromisse«.[6] Dass die Maßnahmen zur Umsetzung der Ziele unterschiedlich aussehen würden, war absehbar.[7]

---

4 Vgl. Benz 2009, S. 50–52, 55–58; Wirsching 2005, S. 89f.
5 Vgl. Wirsching 2005, S. 89.
6 Dieses und das vorangegangene Zitat: Kielmannsegg 2000, S. 26.
7 Vgl. Kielmannsegg 2000, S. 23–26.

3.1.1 Gesamtdeutsche Perspektive versus Teilung

Auch wenn es aus heutiger Sicht so scheinen mag: Die Zonenteilung hätte nicht zwangsläufig zur Teilung Deutschlands in zwei Staaten führen müssen.[8] Denkbar waren für die Alliierten zunächst verschiedene Szenarien. Während des Krieges waren Pläne für eine Teilung in mehrere Staaten entwickelt worden; im Frühjahr 1945 erfolgte aus wirtschaftlichen Überlegungen heraus ein Kurswechsel.[9] Auf den zwischen September 1945 und Dezember 1947 stattfindenden Tagungen des Rates der alliierten Außenminister wurde daher unter anderem über Möglichkeiten eines ungeteilten Deutschlands verhandelt.[10]

Ein klares deutschlandpolitisches Konzept war bei keiner der Mächte erkennbar. Die Sowjetunion handelte in dieser Frage oft widersprüchlich – eine plausible Erklärung ist, dass sie sich möglichst lange unterschiedliche Optionen offenhalten wollte.[11] Beharrlich und lange trat sie für ein ungeteiltes Deutschland unter der Herrschaft der SED oder auch ein neutrales, antifaschistisch-demokratisches Land ein.[12] Die USA, Großbritannien und Frankreich wollten die Kriegsallianz mit der Sowjetunion fortsetzen, allerdings nicht unter jeder Bedingung.[13] So rückte die ursprünglich ins Auge gefasste Option eines neutralisierten Deutschland bald in den Hintergrund.[14] Die Verhandlungen wurden von zunehmender Entfremdung, wachsendem Misstrauen und den immer stärker hervortretenden Eigeninteressen der östlichen und der westlichen Besatzungsmächte überschattet. Die Außenministerkonferenzen scheiterten regelmäßig; der Bruch war auf der letzten im November und Dezember 1947 endgültig. Die politische Spaltung war spätestens jetzt absehbar geworden.[15] Wie dies in der Bevölkerung wahrgenommen wurde, zeigt ein Schreiben von Theodor Steinkopff an seinen Sohn in Frankfurt am Main. Er schrieb am 16. Dezember 1947, einen Tag nach dem Ende der Londoner Außenministerkonferenz, von der »seit gestern bestehenden Gewißheit, daß wir nun vom übrigen Deutschland abgetrennt werden sollen. Alle die

---

8 Zum komplexen Weg in die deutsche Teilung siehe z. B. Kielmannsegg 2000; Halder 2002; Kleßmann 1991.

9 Vgl. Kielmannsegg 2000, S. 16–19. Die USA waren zunehmend an wirtschaftlich stabilen europäischen Staaten interessiert, Großbritannien fürchtete die Kosten eines geteilten, ökonomisch schwachen Deutschland.

10 Zu den vier Außenministerkonferenzen vgl. Benz 2009, S. 141–148, 163; Halder 2002, S. 22–46.

11 Die Forschung gibt auf die Frage, welche deutschlandpolitischen Ziele die Sowjetunion zwischen 1945 und 1949 verfolgte, unterschiedliche Antworten. Vgl. Kielmannsegg 2000, S. 30.

12 Vgl. Steiner 2007, S. 35f.; Kleßmann 1991, S. 26–28; Kielmannsegg 2000, S. 30.

13 Vgl. Kielmannsegg 2000, S. 33.

14 Vgl. Roesler 2006, S. 33f.

15 Vgl. Halder 2002, S. 22–46, 162; Möller 2008, S. 19.

kleinen Hoffnungsschimmerchen, die man noch hatte, sind geschwunden – und das nach 2½ Jahren geduldigen Wartens!«[16]

Das Konzept einer Teilung Deutschlands hatte sich schon im Verlauf des Jahres 1947 bei den Westmächten begonnen durchzusetzen. Die Stabilisierung des Landes und Westeuropas rückte in den Vordergrund, angesichts der als immer bedrohlicher empfundenen Bestrebungen Stalins, die Herrschaft über Osteuropa zu erlangen. Erste Schritte zur Teilung waren der wirtschaftliche Zusammenschluss des amerikanischen und des britischen Gebiets zur Bizone zum 1. Januar 1947, die Deklaration der Truman-Doktrin im März, mit der die USA allen Ländern Unterstützung zusagte, die sich gegen totalitäre Systeme zur Wehr setzten wollten, sowie die Verkündung wirtschaftlicher Hilfe für Europa im European Recovery Program (Marshall-Plan) im Juni.[17] Im April 1948 wurden die westlichen Zonen Mitglied der Organisation für europäische wirtschaftliche Zusammenarbeit.[18] Die Sechs-Mächte-Konferenz vom 23. Februar bis 2. Juni 1948 und die anschließende Übergabe der *Frankfurter Dokumente* an die Ministerpräsidenten der westlichen Länder stellten die Weichen für die Entstehung eines westlichen Teilstaates.[19] Parallel liefen in der Sowjetischen Besatzungszone (SBZ) mit der Gründung der Deutschen Wirtschaftskommission (DWK) im Juni 1947 und deren Ausbau zu einer regierungsähnlichen Zentralverwaltung ab Ende 1947 ebenfalls Vorbereitungen für die Gründung eines Teilstaates.[20]

Die in den drei Westzonen im Juni 1948 durchgeführte Währungsreform festigte die gegenläufigen Entwicklungen in Ost und West weiter; als östliche Reaktion folgte die Berlin-Blockade. Mit dem Inkrafttreten des Grundgesetzes am 24. Mai 1949 wurde schließlich formell die Bundesrepublik Deutschland gegründet, mit der Annahme der Verfassung am 7. Oktober 1949 war die Deutsche Demokratische Republik ins Leben gerufen worden.[21] Die damit manifeste deutsche Teilung war letztlich einerseits ein Ergebnis des Ost-West-Konfliktes, folgte aber auch aus innenpolitischen Zielsetzungen auf beiden Seiten.[22]

Die Entwicklung dieser Jahre zeigt sich auch in einem Wandel der Einschätzung der Situation durch die Bevölkerung: Während 1946 noch 80 Prozent der Deutschen geglaubt hatten, die Besatzungsmächte würden sich über die Zukunft Deutschlands einigen können, waren es Anfang 1948 nur noch 25 Prozent.[23]

---

16 Theodor Steinkopff, Dresden, an Dietrich Steinkopff, Frankfurt am Main, 16.12.1947, ZLB, Aktenarchiv Steinkopff, Dresden 1–249, vom 1945 bis 31.12.48.

17 Vgl. Kielmannsegg 2000, S. 28f., 34; Halder 2002, S. 43f. Der Plan hatte eine gesamtdeutsche Perspektive, die Annahme der Hilfe durch die östlichen Staaten wurde von der Sowjetunion aber abgelehnt.

18 Vgl. Morsey 2007, S. 16.

19 Vgl. Morsey 2007, S. 17; Halder 2002, S. 68–72.

20 Vgl. Weber 2012, S. 20; Halder 2002, S. 81–85.

21 Vgl. Halder 2002, S. 163–170; Morsey 2007, S. 19–23; Weber 2012, S. 28f.

22 Vgl. Möller 2008, S. 19; Kielmannsegg 2000, S. 19; Kleßmann 1991, S. 299.

23 Vgl. Kielmannsegg 2000, S. 62.

3.1.2 Zwei deutsche Staaten – eine deutsche Frage

Nach der doppelten Staatsgründung blieb die Frage der Einheit Deutschlands auf der Tagesordnung, das Ziel ihrer Wiederherstellung war sowohl im Grundgesetz der Bundesrepublik als auch in der Verfassung der DDR verankert.[24] Dabei hatte die ›deutsche Frage‹ verschiedene Dimensionen, durch die sich die Thematik komplex gestaltete.[25] Beide deutschen Regierungen positionierten sich öffentlich zur Frage der Einheit und entwickelten dazu verschiedene Konzepte, wobei diese Bekundungen nicht unbedingt mit ihrem politischen Handeln konform gingen. Da beide Staaten nach ihrer Gründung noch keine Souveränität besaßen und in außenpolitischen Fragen von den Besatzungsmächten abhängig waren, war ihr Spielraum entsprechend eingeschränkt, und die Verhandlungen über die Zukunft des Landes fanden zunächst weiterhin zwischen den Alliierten statt.[26] Vor allem für die DDR-Regierung galt, dass deren Deutschlandpolitik von Moskau bestimmt blieb, wenngleich auch die SED durchaus eigene Interessen verfolgte.[27]

Verbunden war die Haltung zur Einheitsfrage stets mit dem Anspruch beider Regierungen, die jeweils einzige legitime Vertretung des deutschen Volkes zu sein.[28] Die deutsche Frage beeinflusste außerdem die Beziehungen zwischen Menschen und Institutionen in Ost und West. Ebenso wie die Teilung selbst war später auch die Frage der Wiedervereinigung laut Lemke nicht nur »Auswirkung und Teil des Ost-West-Konfliktes«, sondern besaß für die »innere Gestaltung und Legitimation von DDR und Bundesrepublik eine wichtige Funktion«.[29]

Wiedervereinigungskonzepte der Bundesregierung

Nach dem Willen der bundesdeutschen Regierung sollte das Ziel der Wiedervereinigung über freie Wahlen in ganz Deutschland erreicht werden.[30] Bundeskanzler Konrad Adenauer ging davon aus, dass sich die Menschen in der DDR gegen die Besatzungsmacht bzw. Regierung wehren und so die Vereinigung der beiden Länder im

---

24 Vgl. Kielmannsegg 2000, S. 73. Die Präambel des Grundgesetzes der Bundesrepublik in der Fassung von 1949 endete mit dem Satz: »Das gesamte Deutsche Volk bleibt aufgefordert, in freier Selbstbestimmung die Einheit und Freiheit Deutschlands zu vollenden.« In Artikel 1 der Verfassung der DDR hieß es: »Deutschland ist eine unteilbare demokratische Republik [...].« Zit. nach Möller 2008, S. 22, 28.

25 Thematisiert wird die Frage bei Kielmannsegg 2000; Halder 2002; Kleßmann 1997, S. 82–98; Lemke 1993 und 1997. Den Stand der Diskussion zu Adenauers Deutschlandpolitik stellt Morsey 2007, S. 179–186 dar; Conze 1999 bietet neben einer Zusammenfassung Texte und Dokumente; Quellen zur Außen- und Deutschlandpolitik der Zeit bieten Maier/Thoss 1994.

26 Vgl. Maier/Thoss 1994, S. 1.

27 Vgl. Lemke, 2001, S. 12.

28 Vgl. Lemke 1993, S. 149; Kielmannsegg 2000, S. 490–493.

29 Dieses und das vorangegangene Zitat: Lemke 2001, S. 12. Vgl. auch Lemke 1997, S. 18.

30 Vgl. Kielmannsegg 2000, S. 493; Morsey 2007, S. 34.

Sinne eines Anschlusses an die Bundesrepublik herbeiführen würden – diese ›Magnettheorie‹ ging auf den SPD-Politiker Kurt Schumacher zurück.[31] In diesem Zusammenhang setzte die Bundesregierung darauf, die DDR für eine Lösung der Deutschen Frage zu destabilisieren.[32] Im tagespolitischen Handeln spielte die Einheit im Laufe der 1950er Jahre immer weniger eine Rolle, je deutlicher wurde, dass sie zu den angestrebten Konditionen nicht zu erlangen war.[33] Stattdessen trieb Adenauer konsequent die Integration in die westliche Welt voran.[34] Kielmannsegg bewertet diese Politik als im Grundsatz »wiedervereinigungsbezogen«, doch war sie »primär Politik für die Bundesrepublik, nicht Wiedervereinigungspolitik«.[35]

Seit Herbst 1955 definierte die *Hallstein-Doktrin* das Verhältnis zum ostdeutschen Nachbarn. Die Bundesrepublik wollte aufgrund ihres Alleinvertretungsanspruches die Aufnahme diplomatischer Beziehungen von Drittstaaten mit der DDR verhindern.[36] Diese Haltung beinhaltete die Nichtanerkennung der Staatlichkeit der DDR. Daher sprach man auch nicht von der ›DDR‹ oder der ›Deutschen Demokratischen Republik‹, sondern noch lange von der ›Sowjetzone‹ – ein Vorgehen, dass auch im Buchhandel bis weit in die 1960er Jahre Usus war.

Adenauers Westintegration war in großen Teilen der Bevölkerung und in der publizistischen Öffentlichkeit als realpolitisch notwendig akzeptiert,[37] hatte aber auch scharfe Kritiker. Das Konzept eines ›dritten Wegs‹, der über eine Neutralität Deutschlands zur Wiedervereinigung führen sollte, besaß nicht nur in der SPD, sondern auch in anderen Kreisen Befürworter.[38] Die Oppositionspartei unter Kurt Schumacher bekämpfte den Primat der Westintegration vor der Wiedervereinigung während der gesamten 1950er Jahre besonders intensiv, aber erfolglos.[39] Erst 1960 akzeptierte die SPD auf Anstoß Herbert Wehners hin die geschaffenen Tatsachen und begann sich dem außenpolitischen Konzept der West-Integration anzuschließen.[40]

---

31 Vgl. Dülffer 2004, S. 76. Zur ›Kernstaat- oder Magnettheorie‹ siehe Abelshauser 1979.
32 Vgl. Lemke 2001, S. 16.
33 Vgl. Lemke 1993, S. 155.
34 Vgl. Morsey 2007, S. 16, 26–43.
35 Dieses und das vorangegangene Zitat: Kielmannsegg 2000, S. 495. Eine zusammengefasste Bewertung der Politik Adenauers zwischen Wiedervereinigung und Westintegration bietet Kielmannsegg 2000, S. 493–498.
36 Vgl. Wentker 2003, S. 65; Kleßmann 1997, S. 83.
37 Vgl. Schildt 1999a, S. 26.
38 Vgl. Jesse 2010, S. 41f.
39 Vgl. Kielmannsegg 2000, S. 496.
40 Vgl. Kleßmann 1997, S. 93.

Wiedervereinigungskonzepte der SED

In der DDR propagierte die SED in den 1950er Jahren offensiv und in zahlreichen Kampagnen ihren Willen zur Herstellung der Einheit des Landes.[41] Regelmäßig ergingen von der DDR-Regierung Offerten an die Bundesregierung, über die Wiedervereinigung zu verhandeln.[42] Dabei fand im Laufe der Jahre eine Positionsverschiebung statt. Anfang der 1950er Jahre ging die SED noch von der Möglichkeit einer Vereinigung aus, bei der die ›antifaschistisch-demokratische Ordnung‹ auf den westlichen Teil des Landes übertragen werden sollte.[43] Dabei setzte sie zum einen – äquivalent zu Adenauers Haltung – auf eine Magnetwirkung auf die Menschen im Westen, da sie ihr Staatsmodell für überlegen hielt.[44] Zum anderen betrieb die SED eine aktive Westpolitik, mittels derer die Menschen in der Bundesrepublik in ihrem Sinne beeinflusst werden sollten.[45]

Mehrere Appelle der DDR-Regierung an die Bundesregierung und den Bundestag sowie verschiedene Kampagnen unter dem Motto *Deutsche an einen Tisch* in den Jahren 1950 und 1951 verhallten jedoch folgenlos.[46] Im Herbst 1951 schien die deutsche Einheit in greifbare Nähe zu rücken, als mit Zustimmung der Alliierten Vorbereitungen für gesamtdeutsche freie Wahlen liefen. Das Vorhaben scheiterte allerdings daran, dass sich beide Seiten nicht über die Modalitäten einigen konnten – oder gar nicht wollten.[47]

Schon die Zustimmung der Sowjetunion zur Durchführung freier Wahlen war im Westen als Reaktion auf die fortschreitende Westintegration der Bundesrepublik, die Moskau unbedingt verhindern wollte, interpretiert worden.[48] Dies galt erst recht für die vieldiskutierten *Stalin-Noten*, in denen Josef Stalin den Westmächten im März 1952 die Bildung eines einheitlichen, neutralen Deutschlands vorschlug. Der sowjetische Regierungschef scheiterte mit diesem Vorstoß.[49] Nach dem Aufstand in der DDR vom 17. Juni 1953 musste die SED erkennen, dass ihr Staat als »gesamtdeutsches Alternativmodell und Vorbild«[50] offensichtlich ebenso gescheitert war. Während sich die Sowjetunion zunächst gesamtdeutsche Optionen offenhielt, verstärkte die Erfahrung des Aufbegehrens der Bevölkerung die Bemühungen der SED, die Eigenstaatlichkeit

---

41 Vgl. Kleßmann 1993, S. 31; Wentker 2003, S. 64f.

42 Vgl. Morsey 2007, S. 32.

43 Vgl. dazu Lemke 2001, S. 505; Lemke 1997, S. 23; Amos 1999, S. 337.

44 Vgl. Schröder 1999, S. 60; Lemke 1997, S. 20f.

45 Vgl. zur Westpolitik der SED Amos 1999.

46 Vgl. Lemke 2001, S. 508; Amos 1999, S. 86; Weber 2010, S. 56.

47 Vgl. Weber 2010, S. 57; Amos 1999, S. 88–91.

48 Vgl. Lemke 2001, S. 508.

49 Vgl. Lemke 1997, S. 18; Kielmannsegg, S. 151–159. Es wird bis heute kontrovers diskutiert, welche deutschlandpolitischen Ziele Stalin verfolgte. Vgl. Morsey 2007, S. 175–179; Halder 2002, S. 16f.; Loth 1993; Lemke 2001, S. 508.

50 Lemke 2001, S. 511.

zu erhalten.[51] Die Verhandlungen der Besatzungsmächte über die deutsche Frage scheiterten weiterhin an der Unvereinbarkeit der Vorstellungen in Ost und West.

Das Jahr 1955 stellte einen Wendepunkt in der Deutschlandpolitik von Sowjetunion und DDR dar. Inzwischen war die Bündnisintegration auf beiden Seiten abgeschlossen worden.[52] Im Sommer 1955 vollzogen Moskau und Ost-Berlin mit der Verkündung der *Zwei-Staaten-Theorie* einen Paradigmenwechsel. Sie bedeutete eine Akzeptanz der deutschen Teilung, die politischen Ambitionen konzentrierten sich auf die Erlangung der Anerkennung der DDR als eigenständiger Staat.[53] Dieses Konzept erfuhr auf dem XX. Parteitag der KPdSU im Februar 1956 mit dem dort verkündeten Prinzip der »friedlichen Koexistenz zwischen Staaten mit unterschiedlichen Gesellschaftsordnungen«[54] eine Bestätigung.

Die SED hielt nach 1955 offiziell am Ziel der Wiedervereinigung fest – nicht zuletzt sollte die Bevölkerung damit vom Verlassen des Landes abgehalten werden. Deutschlandpolitisch wurde eine Art Langzeitprogramm verfolgt. Eines Tages, so die Hoffnung, werde ein sozialistisches Deutschland entstehen.[55] Konzepte der SED, nach denen die Einheit Deutschlands über eine Konföderation der beiden Staaten erreicht werden sollte, wurden wiederholt vorgelegt[56] – letztlich konnte die SED aber davon ausgehen, dass ihre Vorschläge vom Westen abgelehnt werden würden.[57] Die Verhandlungsangebote an die Bundesregierung dienten vorrangig Propagandazwecken; zum anderen versuchte die SED, über offizielle deutsch-deutsche Verhandlungen zu der ersehnten internationalen Anerkennung zu gelangen und das Land durch die Aufrechterhaltung und den Ausbau von Wirtschaftskontakten zu stabilisieren.[58]

Politische Rhetorik, keine offiziellen Kontakte

Insgesamt reduzierten sich die Aktivitäten zur Lösung des Deutschlandproblems im Laufe der 1950er Jahre immer weiter auf den Austausch der jeweiligen bekannten Standpunkte.[59] Von ihren Grundsatzpositionen war keine Seite bereit abzurücken.[60] Die Bekenntnisse zur Einheit verkümmerten aufgrund der konsequenten Anbindung an das jeweilige Bündnis zu »Elementen einer politischen Rhetorik«[61] – oder, in

---

51 Vgl. ebd., S. 512.
52 Vgl. Kielmannsegg 2000, S. 500; Lemke 2001, S. 512; Horstmeier, S. 72.
53 Vgl. Steiner 2007, S. 73; Kielmannsegg 2000, S. 154f.; Lemke 2001, S. 513.
54 Lemke 2001, S. 516.
55 Vgl. Lemke 2001, S. 514.
56 Vgl. Judt 1997, S. 511; Wentker 2003, S. 71.
57 Vgl. Lemke 1997, S. 28; Weber 2010, S. 61f.; Amos 2014, S. 53.
58 Vgl. Amos 1999, S. 339; Lemke 1997, S. 30.
59 Vgl. Morsey 2007, S. 34.
60 Vgl. Lemke 1997, S. 24.
61 Kleßmann 1993, S. 35.

den Worten von Peter Bender: »Sie sprachen über Deutschland und beschworen die Einheit, sorgten aber nur für ihren Teil.«[62]

Die DDR geriet am Ende dieses Jahrzehnts in eine Systemkrise, deren offenbarster Ausdruck die ›Republikflucht‹ zahlreicher Menschen war, wodurch sich wiederum die ökonomische Krise verschärfte. Mit dem Bau der Berliner Mauer im August 1961 reagierte die Ost-Berliner Regierung auf diese Entwicklung – der seit Mitte der 1950er Jahre eingeschlagene Weg der immer weiter verfestigten Teilung Deutschlands wurde damit von östlicher Seite aus vorläufig besiegelt.[63]

Trotz der Angebote der SED an die Bundesregierung fanden in den 1950er Jahren keine Gespräche zwischen beiden Staaten auf Regierungsebene statt. Derartige Gespräche wurden von der Bundesregierung grundsätzlich ausgeschlossen, weil der DDR-Regierung nach Bonner Auffassung die demokratische Legitimation fehlte.[64] Inoffizielle Unterredungen und gelegentliche (auch heimliche) Treffen von Emissären beider Seiten gab es indes.[65]

Grundzüge der Deutschlandpolitik bis 1972

Die 1960er Jahre brachten einen allmählichen Wandel in der Deutschlandpolitik beider Staaten. Auf internationaler Ebene setzten die Großmächte statt auf Konfrontation allmählich auf eine Politik der Entspannung. Die Politiker der Bundesrepublik folgten diesem Trend zunächst zögerlich.[66] 1963 plädierten Egon Bahr und Willy Brandt für einen ›Wandel durch Annäherung‹ – ein Konzept, das den Anstoß für die neue Deutschland- und Ostpolitik der späteren sozialliberalen Koalition geben sollte.[67] Seit 1966 die Große Koalition von CDU/CSU und SPD unter Kanzler Kiesinger die Regierung in Westdeutschland ausübte, konzentrierte sich die DDR auf die Forderung nach der Anerkennung des Landes. In der medialen Öffentlichkeit der Bundesrepublik wurde die Debatte um diese Anerkennungsfrage ab Mitte der 1960er Jahre immer offensiver geführt.[68] Unter der sozialliberalen Koalition kam es schließlich ab 1969 zu einer grundlegenden Veränderung der westlichen Deutschlandpolitik, die im Abschluss des Grundlagenvertrages zwischen BRD und DDR im Jahr 1972 ihren Niederschlag fand.[69] Endgültig konzentrierten sich die beiden deutschen Regierungen in der fol-

---

62 Bender, zit. nach Roesler 2006, S. 56.
63 Vgl. Wentker 2003, S. 73.
64 Vgl. Kielmannsegg 2000, S. 493; Amos 1999, S. 96. Dass Bundestagspräsident Ehlers 1952 eine Abordnung der Volkskammer empfing, stellte eine Ausnahme dar. Vgl. Weber 2010, S. 58.
65 Vgl. Roesler 2006, S. 56.
66 Vgl. ebd., S. 100–103.
67 Vgl. Kleßmann 1997, S. 93.
68 Vgl. Kleßmann 1997, S. 233. Siehe dazu auch Peter Bender, Zehn Gründe für die Anerkennung der DDR, 1968, zit. nach Kleßmann 1997, S. 504f.
69 Vgl. Kleßmann 1997, S. 231f., 290f., 453.

genden Zeit auf die Gestaltung der zwischendeutschen Interaktionen, die Vereinigung hingegen war immer weniger politisches Thema – sie schien auch kaum mehr vorstellbar.[70]

Abgrenzungsstrategien

Die offizielle Deutschlandpolitik ging mit einer Rhetorik und Aktionen einher, die von einer starken gegenseitigen Ablehnung und Abgrenzung der beiden Staaten voneinander gekennzeichnet waren. Jede Regierung hielt ihr Gesellschaftssystem für überlegen und strebte danach, die Bevölkerung des anderen Teils von ihrer Staatsform zu überzeugen – und die eigene vor den Einflüssen der anderen Seite zu schützen. Die SED entwickelte dafür zahlreiche Konzepte der ›Westarbeit‹. Persönlichkeiten aus Politik, Wissenschaft und anderen Bereichen wurden im sozialistischen Sinne beeinflusst; zudem strebte man die Unterwanderung der parlamentarischen Ordnung an.[71]

Neben der ›Westarbeit‹ richtete sich die Abgrenzung gegen alternative, nicht-sozialistische Gesellschaftsmodelle gegen die eigene Bevölkerung. Die SED setzte die Strategie der Unterdrückung anderer politischer Orientierungen, die schon die Zeit der Herrschaft der Sowjetischen Militäradministration geprägt hatte, fort. Politische Prozesse gab es Anfang der 1950er Jahre zahlreiche; der Aufstand vom Juli 1953 zeigte, dass die Regierung auch vor dem Einsatz von Panzern nicht zurückschreckte.[72]

Die Ost-Berliner Politik besaß in der Bundesrepublik mit dem in den 1950er Jahren stark ausgeprägten Antikommunismus eine gewisse Entsprechung, wobei hier durch die grundsätzlich demokratisch angelegte Gesellschafts- und Rechtsordnung dem Kampf gegen den politischen Gegner und der Willkür Schranken gesetzt waren.[73] Die antikommunistische Haltung erfuhr im 1949 gegründeten Ministerium für gesamtdeutsche Fragen eine staatliche Institutionalisierung. Die starke Ablehnung kommunistischen Gedankenguts besaß Wurzeln, die weit vor die Zeit des Nationalsozialismus zurückreichten, und wurde durch den konsequenten Umbau der ostdeutschen Gesellschafts- und Wirtschaftsordnung, die Teilung und die Sorge vor einer Beeinflussung der westlichen Bevölkerung neu gefestigt.[74] Im Sinne des Ziels einer Wiedervereinigung unter westlichen Vorzeichen richteten sich die Aktionen zum einen in die DDR hinein: Erklärte Ziele waren die Schwächung des dortigen Machtapparats, daneben sollte die Bevölkerung im antikommunistischen Sinne beeinflusst werden. Vor allem

---

70 Vgl. Lemke 1997, S. 519; Kleßmann 1997, S. 478.

71 Vgl. Amos 2014, S. 43. Zur Westpolitik der SED bis zum Anfang der 1960er Jahre siehe Amos 2014; Amos 1999.

72 Zur Opposition in der DDR siehe knapp zusammengefasst Lindner 2014. Ziele und Alternativkonzepte von Opposition und Widerstand in der DDR orientierten sich nicht unbedingt am kapitalistischen System respektive der Bundesrepublik.

73 Vgl. Kleßmann 1991, S. 300.

74 Vgl. Creuzberger/Hoffmann 2014, S. 1–5.

aber ging es in der Bundesrepublik um die Bekämpfung des ›inneren Feindes‹ und prophylaktischen Einfluss auf die Menschen. Die Aktionen waren ebenso gegen KPD-Mitglieder wie gegen Propagandaschriften aus dem Osten gerichtet; publizistische Kampagnen sollten die Bevölkerung vom deutschlandpolitischen Kurs und der gesellschaftlichen Ordnung der Bundesrepublik überzeugen.[75] Der Antikommunismus als »Basiskonsens« der bundesdeutschen Gesellschaft spielte für die Legitimation des Landes und seine Verankerung in der westlichen Welt eine wichtige Rolle, ging allerdings »über die legitime Abwehr kommunistischer Machtansprüche hinaus«[76] und einher mit einem »Freund-Feind-Denken, das wenig reflektiert war«.[77]

In diesem ideologischen ›Krieg‹ entpuppten sich im Bereich der Printmedien Flugschriften, Broschüren und Zeitschriften als besonders geeignet, weil die Herstellungszeit kürzer und Umfang und Gewicht geringer waren als bei Büchern. Sie konnten deshalb leichter geschmuggelt, mit der Post verschickt oder auf unkonventionellen Wegen auf die andere Seite der Grenze gebracht werden, zum Beispiel in Ballons.[78] Bücher wurden von beiden Seiten gleichfalls als Instrumente politischer Einflussnahme auf die jeweils andere Bevölkerung betrachtet.[79]

Gesamtdeutsche Möglichkeiten

Jenseits der geschaffenen Fakten und der politischen Bekundungen gab es weiterhin gesamtdeutsche Symbole, Ereignisse und Institutionen, so dass die deutsche Einheit bis weit in die 1950er Jahre hinein »nicht eine Frage, sondern eine Selbstverständlichkeit«[80] für die Bevölkerung in beiden Staaten darstellte.[81] Bis 1959 hatten beide Länder eine gemeinsame Flagge; die Kirchen waren bis in die 1960er Jahre gesamtdeutsch organisiert; 1956, 1960 und 1964 traten gesamtdeutsche Mannschaften bei den Olympischen Spielen an.[82] Es bestand vor allem in den 1950er Jahren noch ein relativ dichtes gesamtdeutsches Beziehungs- und Kommunikationsnetz, das bei organisierten Zusammenkünften wie wissenschaftlichen, kulturellen oder sportlichen Veranstaltungen gepflegt werden konnte und das auch aufgrund verwandtschaftlicher

---

75 Vgl. vor allem Creuzberger 2014; Kleßmann 1991, S. 256f., 298.

76 Kleßmann 1991, S. 257.

77 Creuzberger/Hoffmann 2014, S. 3.

78 Zum innerdeutschen »Broschürenkrieg« siehe Körner 1999.

79 Vgl. beispielsweise Hellbach, Sekretär der Fraktion, an den BV Frankfurt, 9.12.1954, ISG Frankfurt, BV, W2/8: 203.

80 Bender, zit. nach Wentker 2003, S. 60.

81 Der Verlagsleiter der Akademischen Verlagsgesellschaft Leipzig berichtete von seiner Reise in die Bundesrepublik: »Auch fanden wir oftmals den Wunsch einer baldigen Wiedervereinigung.« Akademische Verlagsgesellschaft, Reisebericht über die Dienstreise nach Westdeutschland vom 11.10. bis 29.10.1953, BArch, DR1/1120.

82 Vgl. Kielmannsegg 2000, S. 503.

Verhältnisse und Freundschaften weiter bestand.[83] Wissenschaftliche Gesellschaften blieben in einigen Fällen gesamtdeutsch bestehen. Die auf dem Gebiet der Altertumswissenschaften bedeutende Mommsen-Gesellschaft war zunächst interzonal und dann gesamtdeutsch angelegt; Tagungen fanden bis 1958 abwechselnd im Osten und im Westen statt, auch der Vorstand war paritätisch besetzt.[84] Die Deutsche Mathematiker-Vereinigung blieb bis zur Abspaltung der DDR-Mitglieder ebenfalls deutsch-deutsch organisiert, erst 1962 kam es zur Gründung der Mathematischen Gesellschaft der Deutschen Demokratischen Republik.[85] Insgesamt existierten Ende der 1950er Jahre mehr als 200 wissenschaftlich-technische Gesellschaften, die in der Bundesrepublik ihren Sitz hatten, aber ostdeutsche Wissenschaftler zu ihren Mitgliedern und teilweise auch Vorstandsmitgliedern zählten.[86]

Die zahlreichen Abwanderungen aus der SBZ/DDR in den Westen – und in einem geringeren Maße in die andere Richtung – trugen ebenfalls dazu bei, dass die Verbindung zwischen den beiden Staaten erhalten blieb, da die Menschen ihre Vergangenheit und ihre persönlichen und ökonomischen Beziehungen mit in den anderen deutschen Staat brachten.[87] Zwischen 1950 und 1961 siedelten etwa drei Millionen Menschen von der DDR in die Bundesrepublik über, immerhin eine halbe Million von der Bundesrepublik in die DDR.[88] Die Abwanderung zahlreicher Firmen aus der SBZ bzw. der DDR in den Westen hatte in jenen Fällen einen Anteil am Weiterbestehen der deutsch-deutschen Kontakte, in denen die Stammfirmen im Osten bestehen blieben. Die so entstandenen Parallelfirmen mussten sich mit der Existenz der jeweils anderen arrangieren, woraus eine Zusammenarbeit resultieren konnte. Damit in enger Verbindung steht der innerdeutsche Handel, der in der Forschung als der »traditionsreichste, älteste und stabilste Teil des gesamten innerdeutschen Beziehungsgeflechts«[89] bewertet wird.

---

83 Vgl. Wentker 2003, S. 59f.

84 Vgl. Aus dem Bericht der Tagung der Mommsengesellschaft, 8.–12.6.1954, BArch, DR1/1947.

85 Vgl. Schappacher/Kneser 1990, S. 75.

86 Vgl. Niederhut 2007, S. 74. Niederhut beschreibt die Entwicklung mehrerer naturwissenschaftlicher Gesellschaften hinsichtlich einer gesamtdeutschen Existenz bzw. Teilung in ost- und westdeutsche Gesellschaften. Vgl. ebd., S. 61–89.

87 Vgl. Kielmannsegg 2000, S. 505.

88 Vgl. Schildt 1999a, S. 30. Die DDR besaß vor allem für Künstler Attraktivität, da sie dort in das öffentliche Leben offensiver einbezogen und als rückkehrende Emigranten willkommen geheißen wurden. Die Vorstellung einer »Gesellschaft nach dem Kapitalismus« besaß Anziehungskraft. Siehe dazu Heukenkamp 1999, S. 82–84.

89 Haendcke-Hoppe-Arndt 1995, S. 1543. Vgl. auch Fäßler 2006a, S. 3.

3.1.3 Wirtschaftliche und wirtschaftspolitische Entwicklungen

Die gesamtgesellschaftliche Lage unmittelbar nach Kriegsende hat Kleßmann auf die Formel einer »Zusammenbruchgesellschaft«[90] gebracht. Entsprechend gestaltete sich die wirtschaftliche Situation und deren Voraussetzungen in allen vier Besatzungs-zonen: Produktionsanlagen waren zerstört, die Verkehrs- und Postwege unterbro-chen, Handel war weder mit dem Ausland noch zwischen den Zonen möglich. Noch im September 1945 berichtete Theodor Steinkopff, dass Briefe höchstens über Kuriere eine Chance hatten, von der sowjetischen in die amerikanische Zone zu gelangen; ein Bankverkehr war gänzlich unmöglich, im Osten waren »sämtliche Bankguthaben gesperrt oder eingefroren«.[91] Ein Geschäftsverkehr zwischen den Verlagen in der sowjetischen Zone und westlichen Zweigstellen fand praktisch nicht statt.

Das vordringlichste Problem stellte zunächst die Ernährung der Bevölkerung dar. Hinzu kam ein akuter Mangel an Wohnungen, gleichsam fehlte es an Räumlichkeiten für geschäftliche Zwecke.[92] In dieser Notsituation erhielten die Alliierten die Bewirt-schaftung von Lebensmitteln, Wohn- und Büroräumen, Transportmitteln, bestimm-ten Konsumgütern und Rohstoffen in ihren Zonen vorerst aufrecht.[93] Die Bewirtschaf-tung endete in den westlichen Zonen mit der Währungsreform vom Juni 1948; in der SBZ ging sie in diesem Jahr im System der Planwirtschaft auf.

Für die Unternehmen entstanden weitere Probleme durch einen Mangel an Per-sonal, den Krieg und Nationalsozialismus bedingt hatten: Zahllose Menschen wa-ren gefallen, in Gefangenschaft gekommen oder hatten unter Berufsverboten gelitten. Die Maßnahmen zur Entnazifizierung bedingten erneute Einschränkungen der Fach-kräfteverfügbarkeit, wenngleich sich diese oft nur vorübergehend auswirkten.[94]

3.1.4 Alliierte Wirtschaftspolitik

Im Rückblick scheinen der Weg der westlichen Zonen in die Marktwirtschaft und der der östlichen Zone in die sozialistische Planwirtschaft vorgezeichnet gewesen zu sein – doch die Situation in der ersten Zeit nach Kriegsende stellte sich diffe-renzierter dar. Der Zusammenhang von kapitalistischer Marktwirtschaft und Krieg

---

90 Kleßmann 1991, S. 37.

91 Theodor Steinkopff, Dresden, an Dietrich Steinkopff, Wiesbaden, 22.9.1945, ZLB, Aktenarchiv Stein-kopff, Dresden 1–249, vom 1945 bis 31.12.48.

92 Vgl. Halder 2002, S. 97–102.

93 Vgl. North 2005, S. 363; für die Buchbranche Altenhein 1995, S. 5. Unter Bewirtschaftung als staat-liche Maßnahme wird die »Zuteilung von verbrauchseinschränkenden Teilmengen bestimmter Güter, bes. in Mangelzeiten (Kriegswirtschaft) oder auch im Zusammenhang mit staatlicher Preispolitik, i.d.R. durchgeführt als ›Rationierung‹ mithilfe vielfältiger Bezugsschein- oder Kontingentierungsver-fahren« verstanden. Gabler Wirtschaftslexikon, S. 471.

94 Vgl. Umlauff 1978, Sp. 402.

wurde nicht nur von den Kommunisten als selbstverständlich angenommen; eine Teilschuld an Hitlers Aufstieg und am Kriegsausbruch sprach man auch in den Westzonen der Großindustrie und den Großbanken zu. Sozialistische Alternativen und die Verstaatlichung einiger Produktionsmittel wurden in den meisten deutschen Parteien in den Westzonen diskutiert und fanden in Teilen der Bevölkerung ebenfalls Zustimmung.[95] Gleichzeitig war die Frage nach der östlichen Wirtschaftsordnung ebenso wenig geklärt, die sowjetischen Machthaber hielten sich zunächst verschiedene Optionen offen.[96]

Vorerst gab es Ansätze einer gemeinsamen Wirtschaftspolitik der Alliierten. Die Wirtschaft sollte dezentralisiert werden, daneben besaß auch die Forderung nach einer Demilitarisierung ökonomische Aspekte. Schon bei der Frage der zu leistenden Reparationen verfolgten die Alliierten jedoch sehr unterschiedliche Zielsetzungen.[97] Daneben war die Entnazifizierung ein Ziel, das zunächst alle Alliierten verfolgten. Letztlich scheiterte das langwierige Vorhaben, das nicht eine Massenentnazifizierung zur Folge hatte, sondern »de facto zur Massenrehabilitierung geriet«.[98] In der Sowjetischen Besatzungszone (SBZ) bzw. der DDR kam es (später) ebenfalls zu Rehabilitierungen, allerdings war ehemaligen Nationalsozialisten hier stärker als im Westen der Weg zu wichtigen Positionen versperrt, da der gesellschaftliche Umbau vor allem Mitglieder der SED und Menschen aus den unteren gesellschaftlichen Schichten in wichtige Positionen brachte.[99]

Eine wirkliche gemeinsame Wirtschaftspolitik scheiterte schlussendlich bereits Anfang 1946.[100] Die Alliierten konzentrierten sich zunehmend auf ihre eigenen Interessen und Vorstellungen, und ein gutes Jahr später war kaum mehr eine konstruktive Zusammenarbeit zwischen den sowjetischen und angelsächsischen Vertretern im Alliierten Kontrollrat möglich.[101]

3.1.5 Kapazitäten in der Buchbranche

Die Arbeit im Verlagsbuchhandel wurde in den ersten Nachkriegsjahren durch einen Mangel an Materialien und Kapazitäten stark behindert. Vor allem Papier war knapp

---

95 Vgl. Kielmannsegg, S. 93–97; Abelshauser 2011, S. 87–89; North 2005, S. 366, 408; Halder 2002, S. 139f.

96 Vgl. Steiner 2007, S. 36.

97 Vgl. Mühlfriedel 1993, S. 270f. Zu Reparationen und Demontagen siehe auch Kleßmann 1991, S. 102–108. Einigkeit herrschte über die Notwendigkeit von Demontagen, nicht aber über deren Höhe. Die Sowjetunion hatte wegen der massiven Zerstörungen in ihrem Land enorme Forderungen, die USA waren selbst aber kaum betroffen. Vgl. Halder 2002, S. 27f.

98 Vollnhals 1991, S. 55.

99 Vgl. ebd., S. 53.

100 Vgl. Karlsch 1993, S. 31–34; Roesler 2006, S. 43.

101 Vgl. Mühlfriedel 1993, S. 273.

und daher ebenso wie andere Rohstoffe der Bewirtschaftung unterworfen.[102] Vorräte durften nicht ohne Genehmigung verwendet werden. Dies hatte zur Folge, dass in allen Zonen die Auflagen begrenzt und geplante Werke auf ihre Dringlichkeit hin bewertet wurden. Für alle als nicht unbedingt notwendig erachteten Titel stellten die Behörden kein Papier zur Verfügung.

Die Kriegszerstörungen hatten daneben vor allem den Verlust von Arbeits- und Büroräumen sowie fehlende Kapazitäten im Satz-, Druck- und Bindebereich zur Folge. Die westlichen Zonen waren von Zerstörungen von Produktionsanlangen ebenso betroffen wie die SBZ, aber deutlich weniger von Demontagen und Entnahmen aus der Produktion als die SBZ.[103] Allerdings bedeutete dies kaum bessere Produktionsbedingungen für die Verlage. Die bis dahin wichtigsten Zentren der Buchherstellung, Berlin und Leipzig, in denen sich die meisten Druckereien, Bindereien und Maschinenhersteller befanden, lagen nicht in den westlichen Zonen. Die Zulieferbetriebe in der SBZ waren den Verlagsfirmen in den westlichen Zonen aufgrund der Zonentrennung in der ersten Zeit nach Kriegsende daher nicht zugänglich.[104] Insgesamt waren nur etwa ein Viertel der Kapazitäten im Westen zu finden, wobei sich die Verhältnisse in den einzelnen Ländern teilweise erheblich unterschieden.[105] Den Wissenschaftsverlagen bereitete es zusätzlich Probleme, dass sie auf die Kenntnisse und Erfahrungen der Leipziger Setzer im wissenschaftlichen Spezialsatz verzichten mussten.[106]

3.1.6 Der Weg in die Planwirtschaft: SBZ/DDR

Die acht Wissenschaftsverlage, die Gegenstand dieser Untersuchung sind, waren wie alle Unternehmen Deutschlands vom Zweiten Weltkrieg auf verschiedenen Ebenen unmittelbar betroffen. Da sie 1945 alle auf dem Gebiet der Sowjetischen Besatzungszone ansässig waren, prägten daneben vor allem die dortigen Eingriffe in die Eigentumsverhältnisse sowie die Umgestaltung der ökonomischen Verhältnisse zu einer Planwirtschaft ihre Entwicklung.[107]

---

102 Vgl. Deutschland Jahrbuch 1949, S. 407.
103 Vgl. Steiner 2007, S. 33; für die Buchbranche Umlauff 1978, Sp. 406–412; Wittmann 1999, S. 406.
104 Vgl. Umlauff 1978, Sp. 408–410; German Book Publishing 1949, S. 84; Franke/Klump 1999, S. 393.
105 Vgl. Umlauff 1978, Sp. 406f.; German Book Publishing 1949, S. 88f.; Umlauff 1978, Sp. 407f., 420.
106 Vgl. Sarkowski 1997, S. 95.
107 Eine Überblicksdarstellung zur Wirtschaftsgeschichte der SBZ/DDR findet sich bei Steiner 2007. Sattler 2002 stellt detailliert die Diskussionen und Konzepte zur Wirtschaftspolitik sowie die Entscheidungsprozesse von KPD/SED und der sowjetischen Führung dar.

Folgen des Zweiten Weltkriegs für die Buchbranche

Für die gesamte Buchbranche als folgenschwer stellten sich zunächst die unmittelbaren Auswirkungen des Zweiten Weltkriegs dar. Schwer getroffen wurde vor allem die Buchstadt Leipzig[108], die nicht nur zahlreiche Verlage und Druckereien, damals noch oft als Grafische Großbetriebe beide Wirtschaftsstufen unter einem Dach vereinend, sondern auch viele Betriebe der Papierverarbeitung, Druckmaschinen- und Druckfarbenhersteller und Zwischenbuchhändler beherbergte.[109] Die Stadt war im Dezember 1943 Ziel eines alliierten Bombenangriffs geworden, dem etwa 2000 Menschen zum Opfer fielen. Etwa 80 Prozent der Gebäude des Graphischen Viertels und mit ihm große Bücher- und Papierbestände, Matern, Stehsatz sowie Maschinen und Anlagen wurden bei dem Angriff vernichtet.[110]

Nach Kriegsende war die wirtschaftliche Entwicklung in der SBZ zunächst durch die umfangreichen Reparationsleistungen bestimmt, welche die Besatzer wegen der immensen Zerstörungen ihres Landes beanspruchten.[111] Dies bedeutete zum einen Demontagen, die unter anderem die grafische Industrie betrafen – eine große Zahl an öffentlichen Bibliotheken und Betrieben der Buchbranche in der Sowjetunion waren den Angriffen der Deutschen zum Opfer gefallen.[112] Zahlreiche Anlagen für Papierherstellung, Buchdruck und -binderei wurden im Rahmen der Reparationen demontiert und in die Sowjetunion überführt.[113] Weiterhin tätigten die Besatzer Entnahmen aus der laufenden Produktion. So arbeiteten die Leipziger Druckereien und Buchbindereien in den ersten Jahren nach Kriegsende in großem Umfang für die Besatzungsmacht und stellten beispielsweise sowjetische Schulbücher her.[114] Die Reparationsleistungen führten auf der einen Seite zur raschen Wiederaufnahme der Produktion, auf der anderen Seite fehlten die Papier- und Druckkapazitäten den deutschen Verlagen und verhinderten, dass deren Publikationstätigkeit sich wieder entfalten konnte.[115] Zudem führten die Reparationsforderungen zu einer weitgehenden Ablehnung der Besatzungsmacht und bei der Bevölkerung zu Angst und Unsicherheit aufgrund der eigenen schlechten wirtschaftlichen Lage.[116]

---

108 Zum Begriff der ›Buchstadt Leipzig‹ und ihrer Entwicklung siehe Keiderling 2012.
109 Vgl. Golle 2002, S. 149.
110 Vgl. Titel 2001, S. 39; Keiderling 2012, S. 136–144; Umlauff 1978, Sp. 403.
111 Zu den Demontagen und Entnahmen in der SBZ siehe Karlsch 1993; Steiner 2007, S. 24–35.
112 Vgl. Bille 1992, S. 169.
113 Vgl. Umlauff 1978, Sp. 43; Weber 2012, S. 12; Karlsch 1993, S. 90.
114 Vgl. Herzog 1995, S. 302. Laut Bille wurde die grafische Industrie noch im November 1949 zu 85 Prozent für Reparationsleistungen eingesetzt. Vgl. Bille 1992, S. 171.
115 Vgl. Steiner 2006, S. 178; Herzog 1995, S. 303; Bille 1992, S. 169–171. Die SBZ war von Demontagen und Entnahmen ungleich stärker betroffen als die Westzonen. Vgl. Karlsch 1993, S. 233.
116 Vgl. Karlsch 1993, S. 238; Halder 2002, S. 128.

Theoretische Grundlagen der Umgestaltung der Eigentumsverhältnisse

Die Eingriffe in die Eigentumsverhältnisse waren von einschneidender Bedeutung für die wirtschaftliche Entwicklung in der SBZ. Die marxistisch-leninistische Theorie sah als Grundlage für die sozialistische Gesellschaft die Umwandlung des Privateigentums in so genanntes Volkseigentum vor, dessen Verwaltung dem Staat obliegen sollte.[117] Den Verantwortlichen[118] war allerdings bewusst, dass eine sofortige radikale Neuordnung der Wirtschaft nicht sinnvoll gewesen wäre – dies wäre auf den Widerstand der Privatunternehmer gestoßen, deren ökonomische Leistungen und Kompetenzen vorerst unverzichtbar waren.[119] Die SED versuchte daher mit der Verkündung ihres ›besonderen deutschen Wegs zum Sozialismus‹ in der ersten Jahreshälfte 1946, sich vom sowjetischen Modell zu distanzieren. Aber auch die Besatzungsmacht verfolgte zunächst eine offene Strategie. Die Frage der deutschen Einheit sollte möglichst lange offengehalten werden; ein sowjetisierter Teilstaat hätte der Idee eines neutralen Gesamtdeutschlands entgegengestanden.[120] Die vorerst propagierte Wirtschaftspolitik sah eine Übergangsordnung vor, in der eine regulierende Rolle des Staates und staatliche Betriebe vorgesehen waren, privates Eigentum aber ebenso seinen Platz haben sollte.[121]

Eine Grundtendenz weg von einer marktwirtschaftlichen Orientierung der Wirtschaftsordnung aber war durch die Maßnahmen der Besatzer und der SED bald erkennbar.[122] Im Herbst 1947 erfolgte die durch die sowjetische Führung erzwungene Abkehr von der These vom besonderen deutschen Weg zum Sozialismus. Die kritiklose Übernahme des sowjetischen Modells wurde nun erwartet, eine Wende in der Wirtschaftspolitik war die Folge.[123]

Maßnahmen zur Entnazifizierung

Mit den ersten wirtschaftspolitischen Eingriffen wurde noch ein gemeinsames wichtiges Ziel der Alliierten verfolgt – die Entnazifizierung, also die Entfernung aller aktiven Nationalsozialisten aus Privatunternehmen und wichtigen Ämtern.[124] Zu solchen

---

117 Vgl. dazu Sattler 2002; Halder 2001.

118 Zum komplizierten Zusammenspiel von Verantwortlichen auf deutscher und auf sowjetischer Seite siehe z. B. Lemke 1999.

119 Vgl. Owzar 2003, S. 179; Großbölting 2003, S. 138.

120 Vgl. Steiner 2007, S. 35f. sowie Owzar 2003, S. 178.

121 Vgl. Sattler 2002, S. 66–70; Owzar 2003, S. 182.

122 Vgl. Hefele 1998, S. 37.

123 Vgl. Weber 2012, S. 17–21.

124 Vgl. dazu Vollnhals 1991. In der DDR war der Antifaschismus »Kernbegriff der Legitimation«. Werkentin 1995, S. 168.

Schlüsselstellen gehören in modernen Gesellschaften die Medien.[125] Die SMAD-Befehle Nr. 124 und 126 vom 30. und 31. Oktober 1945 verfügten die Sequestrierung des Eigentums von Nationalsozialisten und ›herrenlosen Vermögens‹, womit ermöglicht war, die Entnazifizierung mit einem Prozess der Enteignung zu verbinden.[126] Beim Volksentscheid zum *Gesetz über die Übergabe von Betrieben von Kriegs- und Naziverbrechern in das Eigentum des Volkes* in Sachsen am 30. Juni 1946 votierten 77,6 Prozent der Stimmberechtigten für die Enteignung dieser Eigentümergruppen. Die Betriebe gingen in Volkseigentum über.[127] Die Enteignungen wurden in anderen Ländern in der SBZ ohne Abstimmungen ebenfalls durchgeführt. Bis zum April 1948, als diese Phase beendet war, waren fast 10.000 Unternehmen entschädigungslos enteignet worden.[128]

Im Verlagsbereich offenbarten sich hinsichtlich dieser Entnazifizierungsmaßnahmen unterschiedliche Interessen von Besatzern und deutschen verantwortlichen Stellen. Heinrich Becker, damals Leiter der Zentralstelle für Buch- und Bibliothekswesen in Leipziger Volksbildungsamt, machte im Zusammenhang mit dem Verlag Georg Thieme darauf aufmerksam, dass bei einer Beschlagnahme nach Befehl Nr. 124 der Verlag »zugunsten der rußischen Besatzungsmacht beschlagnahmt [würde]. Ob wir daran Interesse haben, ist zu überlegen«.[129]

Sozialistisches Eigentum

Während diese Enteignungen[130] noch auf das Potsdamer Abkommen vom August 1945 zurückgingen und in erster Linie auf die Entnazifizierung und die Entflechtung und Dezentralisierung der stark kartellierten Wirtschaftsstruktur zielten,[131] rückte in den kommenden Jahren das Ziel der sozialistischen Umgestaltung der Eigentumsverhältnisse in den Mittelpunkt.[132] Das Volkseigentum trat »zunächst konkurrierend, dann

---

125 Die entsprechende amerikanische Direktive führte ausdrücklich auch die »Verlagsanstalten« an. Endfassung der amerikanischen Besatzungsdirektive JCS 1067 vom 26.4.1945, zit. nach Vollnhals 1991, S. 99. Vgl. außerdem ebd., S. 8.

126 Vgl. Steiner 2007, S. 40f.; Schmidt 2003, S. 116; Schulz 1998, S. 218.

127 Vgl. Steiner 2007, S. 41f. Das Volkseigentum war eine besondere Eigentumsform in der DDR. Offiziell gehörte es allen Menschen, die wirtschaftliche Kontrolle aber hatte der Staat, der in Gestalt der Länder, Kommunen, der Republik oder ihrer Institutionen als Rechtsträger fungierte.

128 Vgl. Weber 2012, S. 14; Steiner 2007, S. 42. Der Befehl Nr. 64 beendete die Sequestrierungen: Bis Ende April sollte entweder enteignet werden oder die Rückgabe erfolgen. Vgl. Schulz 1998, S. 220.

129 Becker an Ballusek, 11./12.1.1946, BArch, DR2/896.

130 In der Literatur werden verschiedene ›Enteignungswellen‹ beschrieben. Hefele, der den Zeitraum bis etwa 1961 betrachtet, stellt in den Jahren 1946, 1948 und 1952/53 zeitliche Verdichtungen fest. Vgl. Hefele 198, S. 86. Riese nennt für die Buchbranche die Jahre 1948, 1952–1956 sowie den Anfang der 1970er Jahre. Vgl. Riese 2000b, S. 150.

131 Vgl. Sattler 2002, S. 96; Steiner 2007, S. 40.

132 Vgl. Großbölting 2003, S. 143f.

massiv verdrängend«[133] an die Stelle der Privatwirtschaft. Werkentin urteilt über den Prozess der folgenden Jahre, dass die Umgestaltung keine Mehrheit in der Bevölkerung gefunden hätte und es deshalb keinen Beschluss zu Enteignungen gab, sondern der SED nur die Möglichkeit blieb, »den Enteignungs- und Transformationsprozess hinter strafrechtlichen Deliktfabrikaten zu verstecken«.[134] So bildeten zwischen 1948 und 1952 verschiedene rechtliche Bestimmungen die Basis für weitere Enteignungen.[135] Die Wirtschaftsstrafverordnung von 1948 sah in bestimmten Fällen den Vermögenseinzug als Strafe vor, und da die Formulierungen Interpretationsspielräume offenließen, konnten Gesetzesverstöße auch konstruiert werden.[136] Im April 1949 trat eine Steuerreform in Kraft. Die Steuersätze variierten je nach Eigentumsform, die privaten Unternehmen wurden durch teilweise extrem hohe Sätze benachteiligt.[137] Ab Anfang 1950 fanden verstärkt Steuerprüfungen statt, die bis in das Jahr 1945 zurückgehen konnten und teils immense Nachforderungen, teils den Vermögenseinzug der Angeklagten zur Folge hatten; es kam zu zahlreichen Verfahren wegen tatsächlicher oder angeblicher Steuerhinterziehung. Vielen Unternehmen war damit die finanzielle Basis entzogen, eine Abwanderung der Eigentümer in den Westen war eine häufige Folge.[138] Weitere Gesetze und Verordnungen, zum Beispiel zur Kontrolle von Preisen und Rohstoffen oder zur Devisenbewirtschaftung[139], regulierten die Wirtschaft und wurden genutzt, um Privatunternehmer unter Druck zu setzen.[140]

Ausländisches Eigentum – hierunter war nicht das Vermögen von in der Bundesrepublik lebenden Personen zu verstehen, aber zum Beispiel das Eigentum von Schweizer Staatsbürgern – wurde nach einer Verordnung vom 6. September 1951 nicht enteignet, sondern »in Verwaltung und Schutz«[141] genommen. Die Vermögenswerte sollten in ihrer Substanz erhalten und zum Aufbau der Wirtschaft genutzt werden.

---

133 Hefele 1998, S. 37.

134 Werkentin 1995, S. 111.

135 Vgl. Roesler 1993, S. 173. Zum Einfluss von SED und Staat auf die Justiz sowie die personelle und institutionelle Umgestaltung des Rechtssystems in der SBZ/DDR von 1945 bis 1953 siehe Werkentin 1995, S. 19–46.

136 Vgl. Owzar 2003, S. 181; Hoffmann 1999, S. 42. Es kam in diesem Zusammenhang auch zu Schauprozessen. Der größte eindeutige Schauprozess war der Fall der Dessauer Continental-Gas-Gesellschaft 1950. Vgl. Schulz 1998, S. 220.

137 Vgl. Sattler 2002, S. 613f.; Hefele 1998, S. 53.

138 Vgl. Tatzkow 1993, S. 208f.; Halder 2002, S. 207; Sattler 2002, S. 615–619.

139 Unter Devisenbewirtschaftung wird »eine auf partielle oder totale Regelung des Zahlungsverkehrs mit dem Ausland gerichtete Währungspolitik des Staates« verstanden. Sie »impliziert stets eine mehr oder weniger ausgeprägte zentrale staatliche Lenkung des Außenhandels und ist i.d.R. in einem chronischen Devisenmangel begründet« und zielt auf »eine Abstimmung der Einnahmen und Ausgaben« ab. Gabler Wirtschaftslexikon, S. 697.

140 Vgl. Werkentin 1995, S. 58f. Zur »Strafjustiz als Hebel der gesellschaftlichen Umwälzung 1949 bis 1961« siehe das gleichnamige Kapitel bei Werkentin 1995, S. 47–112.

141 Verordnung über die Verwaltung und den Schutz ausländischen Eigentums in der Deutschen Demokratischen Republik vom 6.9.1951.

Steuerrechtlich wurden die Betriebe wie Privatunternehmen behandelt, die Gewinne gingen aber nicht an die Eigentümer, sondern an das Ministerium für Finanzen. Längerfristig verfolgten die Behörden das Ziel einer Ablösung der ausländischen Anteile und eine Übergabe in Volkseigentum.[142]

Nach der 2. Parteikonferenz der SED im Juli 1952, auf der die Partei den Aufbau des Sozialismus und eine Verschärfung des Klassenkampfes verkündete, ging man noch gezielter gegen die Privatunternehmer vor. Bei tatsächlichem oder vermeintlichem Verstoß gegen staatliche Lenkungsmaßnahmen wurden strenge Strafen verhängt, wobei es auch zu Konfiskationen von Betrieben kommen konnte. Weitere Benachteiligungen der Privaten waren im Bereich der Steuern, der Kreditvergabe und sogar der Lebensmittelkartenvergabe zu verzeichnen.[143] Das Eigentum von Personen, die das Gebiet der SBZ/DDR seit Kriegsende ohne polizeiliche Genehmigung verlassen oder die ohnehin ihren Wohnsitz in der Bundesrepublik hatten, konnte nach der *Verordnung zur Sicherung von Vermögenswerten* vom 17. Juli 1952 beschlagnahmt und unter Verwaltung gestellt werden. Auch die vermutete Vorbereitung einer ›Republikflucht‹ konnte die Beschlagnahmung des Vermögens zur Folge haben.[144] Das *Gesetz zum Schutz des Volkseigentums und anderen gesellschaftlichen Eigentums* vom 2. Oktober 1952 bildete eine weitere Grundlage für die Einziehung von Firmenvermögen.[145]

Von diesen Maßnahmen waren einige der Privatverlage betroffen. Seit Anfang der 1950er Jahre erschwerten vor allem hohe Steuernachforderungen vielen die Arbeit.[146] Dahinter stand das Ziel struktureller Veränderungen. Infolge Folge der 2. Parteikonferenz der SED sollten die Verlage den Aufbau des Sozialismus nicht nur mit ihren Publikationen unterstützen, vielmehr war das »Verlagswesen selbst so zu organisieren, damit es hinsichtlich seiner Struktur, seiner Arbeitsweise und seiner politischen und ökonomischen Leitung den Übergang zum sozialistischen Verlagswesen vollziehen kann«.[147] Dies führte im Amt für Literatur und Verlagswesen zu Überlegungen, wie der volkseigene Sektor weiter ausgebaut werden könnte. Bei den volkseigenen Verlagen bestanden größere Zugriffs- und Einflussmöglichkeiten, bei den privaten Firmen musste zurückhaltender und diskreter vorgegangen werden.[148] Durch die teilweise erheblichen Steuerrückstände, so ein Ansatz des Amts, sollte es möglich sein, »die Verlage einschließlich der Verlagsrechte aufzukaufen«.[149]

---

142 Bericht über die Arbeitstagung am 24.1.1952, 26.1.1952, SHV 61.
143 Vgl. Steiner 2007, S. 73–77; Hoffmann 1999, S. 23–25, 36f. und 44f.
144 Strafbar war das Verlassen der DDR erst ab 1957. Vgl. Roesler 2006, S. 88.
145 Vgl. Roesler 1993, S. 173f.; Sattler 2002, S. 634f.
146 Vgl. beispielsweise May, Thieme Leipzig, an den Rat der Stadt Leipzig, Dezernat Industrie und Verkehr, 11.4.1951, StadtAL, PrivFirm Paket 14, Nr. 85.
147 Selle 1972, S. 39.
148 Vgl. Lokatis 1999, S. 104; Barck/Langermann/Lokatis 1998, S. 33f.
149 Amt für Literatur und Verlagswesen an Misslitz, ZK der SED, Abtlg. Propaganda, 6.12.1952, BArch, DR1/1871.

Entspannung im Zeichen des ›Neuen Kurses‹

Mit dem von der Sowjetunion geforderten ›Neuen Kurs‹ ab Juni 1953 begann eine Phase der Entspannung. Restriktive Maßnahmen gegen die Mittelschicht wurden zurückgenommen, die Privatindustrie sollte wieder verbesserten Zugang zu den materiellen Ressourcen sowie Steuererleichterungen erhalten, beschlagnahmtes Eigentum war den aus dem Westen Heimkehrenden zurückzuerstatten oder es musste Ersatz geleistet werden.[150] Im Zuge dieser Lockerungen wurden auch Teilnahmen an Tagungen in der Bundesrepublik erleichtert, so wie es generell zu einer Liberalisierung des Reiseverkehrs kam.[151] Hinsichtlich des Eigentums von Menschen, die die DDR verließen, erließ die Regierung im Zuge des ›Neuen Kurse‹ ebenfalls neue Bestimmungen. Personen, die nach dem 10. Juni 1953 die DDR verlassen hatten oder dies noch tun würden, sollten laut einer Verordnung vom 1. Dezember 1953 einen Vermögensverwalter einsetzen können, ihr Eigentum wurde nicht mehr beschlagnahmt.[152]

Entsprechend dieser allgemeinen Linie gab das Amt für Literatur und Verlagswesen für die Behandlung der privaten Verlagsunternehmen neue Richtlinien heraus. Es räumte Fehler in der zweiten Hälfte des Jahres 1952 ein und ordnete an:

> Benachteiligungen der Privatverlage in Steuerfragen, in Fragen der verlegerischen Beziehungen zu Westdeutschland, in Fragen der Westmark-Beschaffung und der Materialversorgung sind aufzuheben. [...] Benachteiligungen einiger privater Verleger in den Fragen der Lizenzierung, Materialversorgung usw. sind zu überprüfen. Ungerechtfertigte Maßnahmen sind sofort zu beheben. [...] Die Papierkontingente der privaten Verlage sind auf Grund des neuen Kurses zu überprüfen. Bestehende Härten sind nach Möglichkeit auszugleichen [...] Bisher durchgeführte Maßnahmen zur Versorgung der privaten Verlage mit Westmarkbeträgen und Valuta zur Bezahlung von Honoraren an westdeutsche und ausländische Autoren sind verstärkt weiter fortzusetzen. [...] Zur Förderung der gesamtdeutschen Zusammenarbeit sind Westmarkbeträge für Interzonenreisen von leitenden Mitarbeitern der Verlage zur Teilnahme an Tagungen und zur Regelung von Geschäftsvereinbarungen und Vertragsabschlüssen zur Verfügung zu stellen.[153]

Die wirtschaftspolitischen Ziele wurden in einen Zusammenhang mit gesamtdeutschen Ambitionen gestellt. Die Parallelverlage und andere Verlage mit Verbindungen in die Bundesrepublik sollten im Hinblick auf die Förderung der Einheit Deutschlands unterstützt werden. Sogar die Begünstigungen der volkseigenen Häuser standen zur Disposition. Deren Methoden zur Erlangung von Monopolstellungen müssten überprüft und diesbezügliche Fehler abgestellt werden; geplante Verschmelzungen von Privat- und volkseigenen Verlagen sollten nicht durchgeführt werden, wenn »gesamtdeutsche Interessen darunter leiden würden«.[154]

---

150 Vgl. Owzar 2003, S. 180; Roesler 1993, S. 176; Steiner 2007, S. 79; Hoffmann 1999, S. 17f.

151 Vgl. Bispinck 2003, S. 292.

152 Vgl. Hoffmann 1999, S. 45f.

153 Richtlinien für die Arbeit der Fachabteilungen des Amtes auf der Grundlage des neuen Kurses, o. D. [1953], BArch, DR1/1084.

154 Ebd.

Betriebe mit staatlicher Beteiligung

Ab Ende 1955 fand die SED schließlich eine neue Strategie gegenüber den Privatfirmen. Das Ziel bestand jetzt darin, dass sich die Inhaber mit den Verhältnissen arrangieren und damit von einer Flucht in den Westen abgehalten werden sollten. Volkseigene Betriebe oder die Deutsche Investitionsbank wurden als Gesellschafter bei diesen Betrieben mit staatlicher Beteiligung (BSB) eingesetzt. Das Modell stellte eine Übergangsform zum ›sozialistischen Betrieb‹ dar. Formal erfolgte die Umwandlung der Firmen freiwillig, tatsächlich wurden viele Unternehmer durch die Androhung einer steuerlichen Tiefenprüfung und andere administrative Maßnahmen dazu gezwungen, einen entsprechenden Antrag zu stellen.[155] An Firmen, bei denen Miteigentümer in der Bundesrepublik lebten, war eine staatliche Beteiligung möglich, an Firmen mit ausländischen Gesellschaftern hingegen nicht.[156]

Für das Verlagswesen hielten es Mitarbeiter der HV Verlagswesen im Oktober 1956 noch für unmöglich, »von seiten des Staatsapparates an Privatverlage heranzutreten und ihnen nahezulegen eine staatl. Beteiligung für ihren Verlag zu beantragen«;[157] höchstens über eine Einflussnahme von SED-Mitgliedern in den Verlagen wurde eine Chance gesehen. Die seit Juli 1958 für die volkseigenen Verlage zuständige Wirtschaftszweigleitung Vereinigung Volkseigener Betriebe (VVB) Verlage hingegen ging nach dem V. Parteitag der SED das Ziel einer stärkeren staatlichen Beteiligung an den Privatverlagen offensiv an. Die entstehenden ›halbstaatlichen‹ Verlage sollten später soweit als möglich in Volkseigentum überführt werden. Die staatlichen Teilhaber würden unter anderem »Hilfe und Unterstützung« geben, »Einfluß [...] nehmen auf die Gestaltung der Produktionsprogramme« und die »Einführung sozialistischer Arbeits- und Leitungsmethoden«[158] fördern. Anstelle der Deutschen Investitionsbank sollten volkseigene Betriebe oder die VVB Verlage selbst Gesellschafterrechte in diesen Verlagen übernehmen, da nur auf diesem Wege eine ausreichende Einflussnahme auf die privaten Verlage gewährleistet werden könne.[159] Es gab allerdings weiterhin auch Vorbehalte gegenüber der neuen Strategie. Die in anderen Branchen bedeutsamen finanzpolitischen Aspekte der staatlichen Beteiligung würden im Verlagswesen keine bedeutende Rolle spielen; auch der Einfluss der staatlichen Teilhaber auf politisch-inhaltlicher Ebene sei weniger entscheidend, da durch die Lenkung der Verlage durch das Ministerium für Kultur (MfK) der entsprechende Einfluss bereits gesichert sei. In

---

155 Vgl. Roesler 1993, S. 176–178; Owzar 2003, S. 180; Steiner 2007, S. 91; Hoffmann 1999, S. 48–77. Hoffmann beschreibt Entstehung und Entwicklung dieser Betriebsform ausführlich.
156 Morgenstern, Aktennotiz zu den finanziellen Problemen der privaten und Treuhandverlage, 25.7.1956, BArch, DR1/1123.
157 MfK, HV Verlagswesen an Kraushaar, Abt. Schöne Literatur, 15.10.1956, BArch, DR1/1244.
158 Dieses und die vorangegangenen Zitate: Grundsätze für die Behandlung des nichtsozialistischen Sektors im Verlagswesen, 1.2.1959, BArch, DR1/909.
159 Vgl. ebd.

Einzelfällen sollte dennoch die Aufnahme einer staatlichen Beteiligung erfolgen[160] – was schließlich auch praktiziert wurde.

Im Zuge dieser Entwicklungen kam es mit einer neuen Anordnung vom 20. August 1958 zu einer Verschärfung der Bestimmungen über das *Vermögen von Personen, die die Deutsche Demokratische Republik ohne erforderliche Genehmigungen nach dem 10. Juli 1953 verlassen haben oder verlassen* vom 1. Dezember 1953. Nun mussten staatliche Treuhänder mit der Verwaltung des Vermögens beauftragt werden, die von der zuständigen kommunalen Behörde eingesetzt wurden.[161]

Wirtschaftsplanung

Eine Benachteiligung der privaten Unternehmen, die aus der Wirtschaftsplanung in der DDR resultierte, ergab sich aus der staatlichen Materialzuteilung. Unmittelbar nach Kriegsende hatte die allgemeine Notlage Zuteilungen notwendig gemacht – was dazu führte, dass Unternehmen ihre Vorräte und Kapazitäten verschleierten, da sie Reserven benötigten und Beschlagnahmungen fürchteten. Später waren die Zuteilungen ein wichtiges Element der ab Sommer 1948 schrittweise eingeführten Planwirtschaft.[162] Die Grundlagen hierfür hatte die im Juni 1947 gebildete Deutsche Wirtschaftskommission (DWK) gelegt, die nun als zentrale Instanz für die Wirtschaftslenkung zuständig war und nach Vorgaben der SED für 1948 einen Halbjahresplan und für 1949/50 einen Zweijahresplan vorlegte.[163] Der Prozess der Etablierung einer Planwirtschaft nach sowjetischem Vorbild, der zunächst noch am Widerstand der Blockparteien LPD und CDU gescheitert war, war schließlich mit der Arbeit an einem Fünfjahrplan für 1951 bis 1955 beendet.[164]

In der Verlagsbranche ging es vor allem um Papier sowie um Druck- und Bindekapazitäten. Da die Privatunternehmen zwar mittelfristig geduldet wurden, der volkseigene Sektor aber unbedingt wachsen sollte, erhielt Letzterer bevorzugt Rohstoffe und Material.[165]

Neue Grundsätze der Preispolitik, auf die der Staat Einfluss nehmen wollte, wurden 1953 beschlossen. Die Preise sollten sich nicht am Verhältnis von Angebot und Nachfrage orientieren; stattdessen strebte man einheitliche und feste Hersteller-Abgabepreise an. Die Preisbildung erfolgte auf der Basis der durchschnittlichen im

---

160 Vgl. Schmidt, VVB Verlage, an Hagemann, MfK, 11.8.1958, BArch, DR1/1017.

161 Vgl. Anordnung über die Behandlung des Vermögens der Personen, die die Deutsche Demokratische Republik nach dem 10. Juni 1953 verlassen, 1.12.1953, geändert und ergänzt durch Anordnung Nr. 2 vom 20.8.1958.

162 Vgl. Großbölting 2003, S. 166; Abelshauser 2011, S. 87; Steiner 2007, S. 46.

163 Vgl. Weber 2012, S. 20, 25; Steiner 2007, S. 52f. Jütte zufolge hatte die DWK für das Verlagswesen nur begrenzte Bedeutung. Vgl. Jütte 2010, S. 124–126.

164 Vgl. Steiner 2007, S. 63; Roesler 2006, S. 48f.

165 Vgl. Roesler 1993, S. 174; North, S. 409.

Plan vorgesehenen Selbstkostenpreise.[166] Auch die Buchpreise wurden derart geregelt und im Bedarfsfall durch Subventionen niedrig gehalten. Wirtschaftlich rentabel waren Titel oft erst bei vollständigem Abverkauf einer hohen Auflage.[167]

Devisenmangel

Ein großes Problem für die DDR-Wirtschaft war die fehlende Konvertibilität der Währung. Die getrennten Währungsreformen des Jahres 1948 hatten die DDR-Währung isoliert. Im planwirtschaftlichen System besaß die Regierung ein Valutamonopol und steuerte alle Transaktionen aufgrund staatlicher Pläne und Bilanzen. Die für Westimporte benötigten Devisen mussten durch Westexporte in entsprechender Höhe erwirtschaftet werden. Dies brachte die DDR-Wirtschaft in eine hohe Abhängigkeit von den Außenhandelsbeziehungen und bedingte aufgrund vielfacher Probleme der zentralen Planung einen chronischen Devisenmangel.[168]

Im Verlagsbereich wurden Devisen vor allem für den Import von westdeutscher Fachliteratur und die Bezahlung von Autorenhonoraren gebraucht. Bis Ende 1951 konnten Honorarverpflichtungen gegenüber westdeutschen Autoren noch erfüllt werden, auch weil die DDR-Verlage geduldete Westmark-Konten in der Bundesrepublik unterhalten hatten. In der ersten Jahreshälfte 1952 geriet die Devisenfrage zum massiven Problem.[169] Eine Lösung erblickte das Ministerium der Finanzen darin, dass Forderungen westlicher Autoren entweder mit Buch- oder Zeitschriftenlieferungen beglichen werden sollten oder mit Honoraren in Ostmark. Diese auf Sperrkonten eingezahlten Beträge konnten freigegeben werden, um in der DDR direkt ausgegeben zu werden. Obwohl dieses Vorgehen seit 1952 systematisiert wurde und sich einige Autoren darauf einließen, wuchsen in den folgenden Jahren die Schulden der Verlage bei den Autoren.[170] In der Konsequenz traten Autoren von ihren Verträgen zurück oder waren zur Zusammenarbeit mit DDR-Verlagen nicht mehr bereit.[171]

Neben den konkreten Benachteiligungen der Privatwirtschaft wirkten sich in den ersten Jahren nach Kriegsende die generell chaotischen Planungen negativ auf die Firmen aus. Nicht nur war das Wirtschaftsprogramm zunächst unklar, die Wirtschaftsfunktionäre verfügten außerdem teilweise weder über das notwendige Wissen noch

---

166 Vgl. Hoffmann 1999, S. 38–41; Steiner 2007, S. 60.

167 Vgl. Kretzschmar 2002, S. 291f.

168 Vgl. ebd., S. 294f.

169 Vgl. Großpietsch, Arbeitsgemeinschaft Medizinischer Verleger, an Rumpf, Staatliche Plankommission, 6.8.1952, BArch, DR1/1104. Vgl. auch Frohn 2014, S. 56f.

170 Vgl. Raddatz, Ministerium der Finanzen, an das Amt für Literatur und Verlagswesen, 23.1.1952, BArch, DR1/1104. Vgl. auch Barck/Langermann/Lokatis 1998, S. 63.

171 Vgl. Frohn 2014, S. 57.

die Erfahrung.[172] Trotz der geschilderten Maßnahmen gegen die Privatunternehmer und den daraus folgenden Abwanderungen sollte nicht übersehen werden, dass diese Unternehmensform nur allmählich und nie vollständig verschwand. So waren Ende 1948 noch zwei Fünftel der Betriebe in privater Hand bzw. wurden treuhänderisch verwaltet, 1950 war es noch ein Viertel, 1955 schließlich ein Fünftel.[173] Letztlich blieb vor allem in den Bereichen des Einzelhandels, des Handwerks und der Gastronomie das private Unternehmertum bestehen. Im Verlagsbereich befanden sich 1989 sechs von 78 Verlagen – rein formalrechtlich – noch in privater Hand.[174]

3.1.7 Wirtschaftswunder und -förderung: Westzonen/Bundesrepublik

Die privaten Verleger in der SBZ bzw. der DDR waren von den wirtschaftspolitischen Entwicklungen und vielen Maßnahmen der Zurückdrängung der privatwirtschaftlichen Unternehmensformen unmittelbar betroffen. Daneben erhielten sie Kenntnis von den Entwicklungen in den westlichen Zonen, die sich in einigen Aspekten in der unmittelbaren Nachkriegszeit zunächst nicht unterschieden – schon bald zeichnete sich aber ab, dass die Wege deutlich differierten sollten.

Folgen des Zweiten Weltkriegs für die Buchbranche

In den Westzonen wurde das Problem der mangelnden Kapazitäten der Nachkriegsjahre dadurch verschärft, dass der Bedarf stark stieg. So hatte sich zum Beispiel die Zahl der Verlage in Stuttgart durch Neugründungen und Sitzverlegungen von Verlagen aus der SBZ im Jahr 1948 gegenüber 1938 verdoppelt. Gleichzeitig trugen einige Sitzverlegungen von Herstellungsbetrieben aus der SBZ in die Westzonen zur Entspannung bei. Im Laufe der Zeit bestand auch wieder die Möglichkeit, Herstellungsaufträge in die SBZ oder andere Länder zu vergeben.[175] Eine deutliche Verbesserung der Situation wurde mit dem allgemeinen wirtschaftlichen Aufschwung nach der Währungsreform vom Sommer 1948 erreicht.

Entnazifizierungsmaßnahmen gab es über die Nichterteilung von Verlagslizenzen in den westlichen Besatzungszonen ebenso wie in der SBZ. Allerdings hatten diese im Westen keine längerfristigen Auswirkungen. Hier entfiel 1949 die Pflicht zur Lizenzierung, womit auch Verleger, die zuvor als politisch belastet eingestuft worden waren,

---

172 Vgl. Halder 2002, S. 155–160.

173 Vgl. Steiner 2007, S. 42f. Ciesla 2003 bezieht sich auf das Nettoprodukt aller Wirtschaftsbereiche: Hier betrug der Anteil der Privatbetriebe 45,7 Prozent im Jahr 1950 und 12,5 Prozent im Jahr 1960. Vgl. ebd., S. 157.

174 Vgl. Links 2010, S. 8. Es handelte sich um den Insel-Verlag, den Paul List Verlag, Philipp Reclam jun., B. G. Teubner, die Akademische Verlagsgesellschaft und S. Hirzel.

175 Vgl. Umlauff 1978, Sp. 409–411.

wieder offiziell in der Branche tätig sein konnten. Doch selbst in den Jahren zuvor war eine Kontinuität der verlegerischen Arbeit über Behelfskonstrukte möglich gewesen, indem unbelastete Familienmitglieder, Freunde oder Mitarbeiter neue Verlage unter einem anderen Namen gründeten, die de facto die Programme der alten Verlage fortführten. So etablierte die Verlegerfamilie Beck nach 1946 den Biederstein Verlag, für den ein Cousin des damaligen Verlegers Heinrich Beck die Lizenz beantragte; Oldenbourg setzte seine Arbeit unter der Bezeichnung Leibniz Verlag fort. 1949 wurden die traditionellen Firmenbezeichnungen meist reaktiviert.[176] In der Sowjetischen Besatzungszone hingegen kam es zu einem grundsätzlichen Umbau des Verlagswesens (siehe Kapitel 3.4.1).

Sozialisierung versus Marktwirtschaft

Unter den Westmächten gab es vorerst ebenso wenig wie in der SBZ ein einheitliches Konzept hinsichtlich einer Neuordnung der Wirtschaft.[177] Eine Lenkung der Wirtschaft wurde in der ersten Zeit nach Kriegsende auch im Westen als notwendig erachtet, wobei über Ausgestaltung und Umfang keine Einigkeit herrschte.[178]

Vor allem bei den Amerikanern setzte sich die Zielsetzung durch, Deutschland wieder ökonomisch zu stärken. Dahinter stand die Befürchtung, dass andernfalls hohe Kosten für die eigene Volkswirtschaft entstehen und die Zonen unter sowjetischen Einfluss geraten könnten. Großbritannien verfolgte zwischenzeitlich weitgehende Sozialisierungspläne, schwenkte aber bald auf den amerikanischen Kurs ein, zumal den Deutschen kein Sozialismus verordnet werden sollte. Frankreich hatte die größten sicherheitspolitischen Bedenken und verfolgte ähnlich wie die Sowjetunion eigene materielle Interessen, passte sich letztlich jedoch der amerikanischen Linie an.[179]

Innerhalb der Parteien in den Westzonen wurden Sozialisierungsmaßnahmen ebenfalls befürwortet. Dass ein Teil der Großindustrie in öffentlichen Besitz übergehen solle, forderte zum Beispiel die nordrhein-westfälische CDU in ihrem Ahlener Wirtschaftsprogramm von 1947; die SPD wollte gar eine »sozialistische Wirtschaft durch planmäßige Lenkung und gemeinwirtschaftliche Gestaltung«[180] und begann erst nach der Gründung der Bundesrepublik, diesen Kurs zu korrigieren. Die Umsetzung derartiger Pläne verhinderten die Amerikaner.[181] So beschränkten sich die Eingriffe in die Wirtschaftsstruktur letztlich auf die ›Entflechtung‹ einiger weniger

---

176 Vgl. Rebenich 2013, S. 429–431; Deutschland-Jahrbuch 1949, S. 403. Es werden hier eine ganze Reihe weiterer Beispiele angeführt.

177 Vgl. North 2005, S. 363f.; Abelshauser 2011, S. 87–105.

178 Vgl. Halder 2002, S. 115f., 140.

179 Vgl. Halder 2002, S. 117–123; Kielmannsegg 2000, S. 93f.

180 Zit. nach Halder 2002, S. 141.

181 Vgl. Werkentin 1995, S. 53f.; Halder 2002, S. 145; Mühlfriedel 1993, S. 273.

großer Konzerne aus den Bereichen Kohle, Schwerindustrie, Chemie und Finanzen, die in mehrere kleinere Firmen aufgeteilt wurden.[182]

Im Laufe des Jahres 1948 gelang es Ludwig Erhard, sein Konzept einer ›sozial verpflichteten Marktwirtschaft‹ in der CDU durchzusetzen. Mit der Währungsreform vom Sommer 1948 wurden dessen Prinzipien durch die Beendigung der Zwangsbewirtschaftung der meisten Güter und der Freigabe der Preise umgesetzt und die wirtschaftspolitische Wende geschaffen.[183] Dieser neoliberale Ansatz ging in die *Düsseldorfer Leitsätze* vom Juli 1949 ein, womit längerfristig die Grundlinie der CDU und damit der Bundesrepublik bestimmt war.[184]

Halder fasst zusammen, dass es im Westen Alternativmodelle gab und sich die Marktwirtschaft nur gegen deutliche Widerstände durchsetzen ließ – der Unterschied zur Entwicklung in der östlichen Zone aber darin bestand, dass dort die Wirtschaftsverwaltung größtenteils mit Kommunisten besetzt wurde und der Prozess daher von vornherein weniger offen war.[185]

Wirtschaftswunder und Wirtschaftsförderung

Nachdem die westlichen Besatzungsmächte Einigkeit darüber erlangt hatten, die deutsche Wirtschaft wieder stärken zu wollen, und sich in der deutschen Politik das Konzept einer liberalen Wirtschaftsordnung durchgesetzt hatte, führten verschiedene Maßnahmen und Entwicklungen schließlich zu dem, was als das bundesdeutsche ›Wirtschaftswunder‹ bezeichnet wird. Die Währungsreform von 1948; der European Recovery Plan (Marshall-Plan), durch den dem westlichen Deutschland Kredite und weitere wirtschaftliche Hilfen durch die USA zur Verfügung gestellt wurden; die Reduzierung der ursprünglich vorgesehenen Demontagen; das Wiedererstarken von Wirtschaftsverbänden und Kammern; nicht zuletzt die Abwanderung zahlreicher Unternehmen aus dem Osten und deren Neuansiedlung im Westen – dies alles führte zu einem deutlichen Wirtschaftsaufschwung ab dem Ende der 1940er Jahre.

Zu diesen Entwicklungen, die das gesamte westliche Deutschland prägten, traten durch die föderale Organisation bedingte regionale Maßnahmen der Wirtschaftsförderung. Die durch Flucht und Vertreibung ausgelösten Wanderungsbewegungen Richtung Westen führten dazu, dass zahlreiche Unternehmer auf der Suche nach neuen Standorten waren. Städte und Kommunen unternahmen verschiedenartige Anstrengungen, Firmen von einer Ansiedlung an ihrem Ort zu überzeugen. Sie wünschten eine Erhöhung des Lebensstandards ihrer Bürger und suchten die kommunale Wirtschafskraft zu stärken, da »Industrie und Gewerbe [...] die Existenzgrundlagen für die meisten unserer Städte in der arbeitsteiligen industriellen Welt« darstellen und primär

---

182 Vgl. Roesler 2006, S. 47.
183 Vgl. Morsey 2007, S. 16; Halder 2002, S. 148; Steiner 2007, S. 57.
184 Vgl. Halder 2002, S. 144f.
185 Vgl. ebd., S. 149f.

über die Schaffung von verschiedenartigen Arbeitsplätzen und durch Steuereinnahmen das »Gewerbe [...] Quelle für privates und öffentliches Einkommen [ist]«.[186]

Unter den Unternehmen, die von den Städten umworben wurden, waren auch Verlage. Hier tat sich vor allem Stuttgart mit seinem Oberbürgermeister Arnulf Klett hervor, der die Stadt zur »erste[n] Verlegerstadt Deutschlands«[187] machen wollte und den Firmeninhabern Unterstützung bei der Beschaffung von Wohnungs- und Büroräumen anbot (siehe Kapitel 4.3.1). Darmstadt bemühte sich mit seinem Wiederaufbauprogramm um die Ansiedlung der ›rauchlosen Industrie‹. Unter diesem Schlagwort wurden bis 1959 insgesamt 170 Firmen nach Darmstadt geholt, vorrangig Verlage und Druckereien. In Wiesbaden rückte ab 1946 ebenfalls die Verlagsbranche in den Fokus der Überlegungen zur Wirtschaftsförderung. Der Aufbau einer ›Verlagsstadt‹ gelang zwar nicht, man schuf aber gute Arbeitsvoraussetzungen für die schon vor Ort befindlichen und später hinzukommenden Verlage.[188]

3.1.8 Nötigung und Flucht: Firmenabwanderungen

Aufgrund der vielfältigen Schwierigkeiten, denen sich die Privatunternehmer ausgesetzt sahen, verließen zahlreiche von ihnen die SBZ bzw. DDR. Steiner nennt die Zahl von etwa 4.000 *Industrie*unternehmen – hierzu zählten weder Banken und Versicherungsgesellschaften noch Handels- und Dienstleistungsbetriebe, also auch keine Verlage –, die bis 1953 aus der SBZ bzw. der DDR in den Westen verlagert wurden. Darunter befanden sich große und bedeutende wie Agfa, Auto Union und Carl Zeiss.[189] Hefele geht von insgesamt ca. 36.000 Unternehmen (einschließlich Handels- und Dienstleistungsunternehmen) aus, die in den Westen abgewandert sind, wovon ca. 8.000 Betriebe längerfristig fortgeführt wurden.[190] Nach Bähr wurden im Bereich des Druck- und Papiermaschinenbaus 40 Betriebe sowie 106 Druckereien und Betriebe der Vervielfältigungsindustrie verlagert.[191] Laut *Buch und Buchhandel in Zahlen* hatte Leipzig im Vergleich von 1927 und 1953 vier Jahre nach Gründung der DDR insgesamt 394 Verlage verloren, Dresden 111, Halle 22 und Jena neun.[192]

---

186 Dieses und das vorangegangene Zitat: Afheldt 1983, S. 2, zit. nach Seltsam 2001, S. 1.

187 Klett an den Herrn Wirtschaftsreferenten, 30.9.1946, Stadtarchiv Stuttgart, 21-2/268.

188 Vgl. Michopoulos 1995, S. 114–117. Die regionale Wirtschaftsförderung in der Bundesrepublik findet ein gewisses Pendant in den Bemühungen der Leipziger Politiker und Buchhändler um den Erhalt der traditionellen Buchstadt. Diesen standen allerdings die Zentralisierung und die Stärkung von Berlin als neuem Verlagsstandort gegenüber.

189 Vgl. Steiner 2007, S. 72; Bähr 1997, S. 236, 240f.

190 Vgl. Hefele 1998, S. 54. Vom Ausgangsstand 1945 gerechnet blieben laut seiner Berechnung 210.000 bis 300.000 Firmen an ihrem alten Standort, 11.000 blieben als Privatunternehmer in der DDR bis 1972 bestehen.

191 Vgl. Bähr 1997, S. 242, 248.

192 Vgl. Buch und Buchhandel in Zahlen, 1954, S. 38.

Noch bevor allerdings die wirtschaftspolitischen Einflussnahmen in der SBZ bzw. DDR einsetzten, die zahlreiche Unternehmen zur Abwanderung veranlassten, fanden erste Transfers von Unternehmen, Know-How und ›Humankapital‹ auf Betreiben der amerikanischen Besatzer statt. Sachsen und Thüringen waren im April 1945 zunächst von diesen besetzt worden, bevor Anfang Juli der bereits vereinbarte Gebietstausch mit der sowjetischen Armee erfolgte. Die Überführungen reichten nicht nur vom »stillschweigend geduldetem Abtransport bis zur planmäßig organisierten, systematischen Verlagerung kompletter Produktionsanlagen«,[193] sondern schlossen auch gewaltsame Verbringungen ein.[194] In einer geheimen Aktion wurden im Juni 1945 ca. 1.500 Wissenschaftler und Techniker zwangsweise in die amerikanische Zone und später teilweise in die USA verbracht.[195] Führungskräfte und Mitarbeiter aus Unternehmen verschiedener Branchen, aber auch Professoren und Wissenschaftler der Universitäten Leipzig, Jena und Halle, vor allem Naturwissenschaftler und Mediziner, wurden »zur Abreise in den Westen aufgefordert, gedrängt, genötigt oder gezwungen«.[196] Die ausgewählten Personen mussten oft schon wenige Tage nach der Unterrichtung vom Abtransport abreisen.[197] Die Zwangsevakuierungen erfolgten in erster Linie, weil die Amerikaner an Expertenwissen vor allem in kriegswichtigen Bereichen gelangen wollten. Darüber hinaus sollten die Voraussetzungen für den Aufbau von Ersatzwerken (Siemens, Afga, Telefunken, Zeiss) in den westlichen Zonen geschaffen werden.[198]

Eine solche Aktion, allerdings ohne Nötigungen, fand auch im Bereich der Buchbranche statt (siehe Kapitel 4.2.1). Sie erfolgte vor dem Hintergrund, dass die Information Control Division (ICD) Stuttgart, Frankfurt am Main und München zu neuen Verlagszentren machen wollte.[199] Tatsächlich verdankt München seinen Aufstieg zur heute verlagsreichsten deutschen Stadt vor allem der Zuwanderung Leipziger und Berliner Verlage nach dem Krieg.[200] Stuttgart hatte sich Anfang der 1950er Jahre vorüber-

---

193 Hefele 1998, S. 130.

194 Dazu siehe vor allem Henke 1995, S. 742–776. Die sowjetische Besatzungsmacht verschleppte über 5.000 Wissenschaftler und Facharbeiter in die UdSSR. Vgl. Karlsch 1993, S. 153–166.

195 Vgl. Henke 1995, S. 745–749.

196 Henke 1995, S. 755, 762. Henke geht von 1.000 bis 1.200 Mitarbeitern aus mindestens 50 Betrieben verschiedener Branchen und ca. 200 Wissenschaftlern aus. Vgl. Henke 1995, S. 761, 765.

197 Vgl. Henke 1995, S. 755f. Betroffen war zum Beispiel der Chemiker Horst Müller, zeitweise Mitherausgeber der *Kolloid-Zeitschrift*, die im Verlag Steinkopff erschien. Vgl. Müller an Erbring, 1.1.1946, ZLB, Aktenarchiv Steinkopff, Müller. Auch Steinkopff-Autor Emil Abderhalden musste seine Wirkungsstadt Halle verlassen und wurde in die amerikanische Zone deportiert. Er konnte kurz darauf in die Schweiz gehen. Vgl. Henke 1995, S. 765.

198 Vgl. Bähr 1997, S. 234.

199 Vgl. Gruschka 1995b, S. 60.

200 Vgl. Hefele 1998, S. 162; Kastner 2007, S. 368f.

gehend zur verlagsreichsten Stadt der Bundesrepublik entwickelt, bevor es diese Position an die bayerische Landeshauptstadt abgeben musste.[201]

Die Abwanderungen von Unternehmen aus der SBZ führten zum Aufbau neuer ökonomischer Strukturen in den westlichen Zonen. Die häufigsten Zielorte von verlagerten Unternehmen im Westen lagen in Nordrhein-Westfalen, Bayern, Hessen und Baden-Württemberg. Die Unternehmen aus Sachsen und Thüringen wanderten alle in die amerikanische Zone ein, was auch für die Abwanderungen der acht untersuchten Verlage zutrifft. Die Hälfte der Firmen verlegte bis 1950 ihren Sitz, 90 Prozent bis 1953. Die holz- und papierverarbeitenden Betriebe sowie die Handels- und Verlagsunternehmen aus Sachsen gingen vor allem nach Bayern, die polygrafischen Betriebe nach Baden-Württemberg,[202] insgesamt wurden 101 Betriebe der papierverarbeitenden Industrie in den Westen verlagert. Im Bereich der Druckereien und der Vervielfältigungsindustrie verlagerten 106 Betriebe mit 2.709 Beschäftigten ihren Sitz bis 1953 in die Bundesrepublik.[203]

3.2 Der deutsch-deutsche Buchhandel

Deutschland sollte nach den Beschlüssen des Potsdamer Abkommens während der Besatzungszeit als wirtschaftliche Einheit betrachtet werden. Dem standen aber sowohl die unterschiedlichen Wirtschaftssysteme der Siegermächte als auch ihre divergierenden Vorstellungen von den zu erbringenden Reparationen entgegen. Eine Zusammenführung aller Besatzungszonen auf marktwirtschaftlicher Basis, wie von den Amerikanern gefordert, kam aufgrund dieser Differenzen nicht zustande.[204] Stattdessen schlossen sich die amerikanische und die britische Zone mit Wirkung vom 1. Januar 1947 zum Vereinigten Wirtschaftsgebiet (Bizone) zusammen. 1948 wurde diese Wirtschaftseinheit um die französische Besatzungszone zur so genannten Trizone erweitert. Die Teilung des Landes war damit in wirtschaftlicher Hinsicht bereits deutlich vor der endgültigen politischen Teilung durch die Staatsgründungen besiegelt worden.

---

201 Vgl. Ziermann 2000, S. 29.
202 Vgl. Hefele 1998, S. 97f., 108.
203 Vgl. Statistisches Jahrbuch für die Bundesrepublik Deutschland 1955, S. 217, zit. nach Bähr 1997, S. 248.
204 Vgl. Haendcke-Hoppe-Arndt 1995, S. 1544; Umlauff 1978, Sp. 1190.

3.2.1 Anfänge des interzonalen (Buch-)Handels

Die Teilung in zunächst vier, später drei und schließlich zwei Wirtschaftsgebiete hatte gravierende Folgen. Der Handel zwischen den Unternehmen über die Zonengrenzen hinweg unterlag der Kontrolle der Besatzungsmächte und war unmittelbar nach Kriegsende offiziell verboten; aufgrund der vielfach zerstörten Transportwege und Kommunikationsnetze war ein Austausch von Gütern über größere Entfernungen zunächst ohnehin kaum möglich.[205] Da die Wirtschaft in allen Zonen aber auf eine funktionierende Zusammenarbeit angewiesen war, ließen die Besatzungsmächte den Interzonenhandel[206] unter ihrer Aufsicht bald wieder zu.[207] Zunächst wurden seit Sommer 1945 Kompensationsgeschäfte zwischen Einzelunternehmen verschiedener Zonen abgeschlossen, ab Herbst 1945 folgten erste Geschäftsabkommen zwischen den Ländern bzw. Zonen. Das *Mindener Abkommen* vom Januar 1947 schließlich regelte den Handel zwischen der Bizone und der SBZ in größerem Rahmen: Darin wurde ein Warenaustausch in einem Volumen von je 206 Millionen Reichsmark in beiden Richtungen für das laufende Jahr vereinbart.[208]

Das *Berliner Abkommen* vom November 1947 sollte im Anschluss für 1948 gelten. Der (legale) Interzonenhandel kam mit der im Juni 1948 beginnenden Berlin-Krise allerdings fast vollständig zum Erliegen. Als Reaktion auf die Ankündigung der Währungsreform in den westlichen Besatzungszonen blockierten die sowjetischen Besatzer die Versorgungswege nach West-Berlin, woraufhin die Westmächte den Handel zwischen ihren Zonen und der östlichen stoppten.[209] Erst im Mai 1949 wurde im *Jessup-Malik-Abkommen* eine Aufhebung der gegenseitigen Einschränkungen von Verkehr und Handel festgeschrieben. Das *Berliner Abkommen* war zu diesem Zeitpunkt aber bereits abgelaufen und konnte zudem wegen der zwischenzeitlich erfolgten Währungsreform nicht mehr die Grundlage für den Handel darstellen, da zunächst ein neuer Verrechnungsmodus gefunden werden musste. Der Interzonenhandel fand nun meist auf Basis von Kompensationsgeschäften statt.[210]

---

205 Vgl. Fäßler 2006a, S. 20f., 31f.

206 Die Begriffe ›Interzonenhandel‹ und ›innerdeutscher Handel‹ werden hier den historischen Phasen entsprechend verwendet: Vom Interzonenhandel wird für die Zeit zwischen 1945 und 1949 gesprochen, vom innerdeutschen Handel seit den beiden Staatsgründungen. Der zeitgenössische Umgang war ein anderer. In der Bundesrepublik war für den allgemeinen und den Buchhandel bis 1971 vom »Interzonenhandel« die Rede, damit nicht der Eindruck einer de-jure-Anerkennung der DDR erweckt wurde. Vgl. Frohn 2014, S. 55; Sarkowski 1997, S. 89.

207 Vgl. Fäßler 2006a, S. 32f.; Haendcke-Hoppe-Arndt 1995, S. 1544f.

208 Vgl. Fäßler 2006a, S. 33, 38f.

209 Vgl. Haendcke-Hoppe-Arndt 1995, S. 1545; Fäßler 2006a, S. 40–43; Umlauff, Sp. 1330. Zwischen Berlin-Frage und Interzonen-/innerdeutschem Handel wurde politisch auch in den kommenden Jahren immer wieder eine Verbindung geschaffen, faktisch bestand ein nicht fixiertes, umstrittenes Junktim. Siehe dazu Mai 1993; Fäßler 2006a, S. 131–142.

210 Vgl. Fäßler 2006a, S. 89.

In diesen ersten Jahren nach Kriegsende (und noch bis Mitte der 1950er Jahre) wurde zwischen den Unternehmen der Zonen ein lebhafter illegaler Handel betrieben, der den legalen Interzonenhandel quantitativ zeitweise sogar überstieg. Die Ursache hierfür lag unter anderem in den komplizierten Bestimmungen und Verfahren; manche Waren durften überhaupt nicht gehandelt werden.[211]

Im Buchhandel fand ein legaler Handel mit Druckerzeugnissen bis mindestens Ende 1945 nicht statt.[212] Dafür fehlte zunächst die rechtliche Regelung. Schwarzhandel und »semioffizielle Lieferungen in beide Richtungen«[213] waren allerdings anzutreffen. Im Vergleich zu anderen Branchen kam für die Verlage zu den ohnehin strengen Handelsbeschränkungen erschwerend hinzu, dass zusätzlich die (oft wechselnden) Regelungen der Kommunikationskontrolle griffen. Für den Vertrieb waren Verkaufsgenehmigungen notwendig, für Publikationen Lizenzen – da die Besatzungsmächte in ihren Zonen bestimmten, welche Druckschriften erscheinen durften, wollten sie auch die Kontrolle über jene Werke haben, die aus anderen Zonen hereinkamen. Der Buchhandel zwischen den Zonen wurde dadurch gehemmt und war teilweise gar unmöglich.

Die Buchhändler und die entstehenden regionalen Buchhändlerverbände waren bestrebt, für ihren Handelszweig Ausnahmegenehmigungen von den offiziellen Verfahren zu erwirken. Sie argumentierten dabei unter anderem mit der Besonderheit des Kulturgutes Buch.[214] Darüber wurde auf der Ebene des Alliierten Kontrollrats verhandelt, allerdings konnte keine Einigung zwischen allen vier Besatzungsmächten erzielt werden. Am 16. September 1946 trafen die drei Westzonen ein Abkommen ohne Beteiligung der SBZ: Bücher, Zeitschriften und andere Publikationen sollten zwischen der amerikanischen, der britischen und der französischen Zone frei ausgetauscht werden können.[215] Für die Verlage in der Sowjetischen Besatzungszone war es nicht möglich, Buchhandlungen und Privatkunden in den westlichen Zonen zu beliefern – dies war in der Verordnung ausdrücklich festgelegt.[216] Erst im Juni 1947 erlaubte die Direktive Nr. 55 des Kontrollrats den freien Austausch von Druckschriften zwischen allen vier

---

211 Vgl. ebd., S. 42–44.

212 Vgl. Umlauff 1978, Sp. 1194. Der Arbeitsausschuss für den Bayerischen Buchhandel beklagte Mitte 1945 die fehlenden Absatzmöglichkeiten in den westlichen Zonen; mit dem Verlust des Gebietes der SBZ als Markt hatten sich die Buchhändler zu diesem Zeitpunkt schon beinahe abgefunden. Vgl. Benz 1979, S. 723.

213 Frohn 2014, S. 44f.

214 Vgl. Umlauff 1978, Sp. 1195–1198.

215 Vgl. Freier Dreizonenaustausch. In: Börsenblatt (Frankfurter Ausgabe), H. 20/21, 11.11.1946, S. 193; Umlauff 1978, Sp. 1200.

216 Vgl. Umlauff 1978, Sp. 75, 1201. Für Berlin galt eine Ausnahme, hier war der freie Austausch zwischen den Sektoren erlaubt. Die Lieferung aus der SBZ in die Westzonen wäre mit einem vereinfachten Genehmigungsverfahren von Seiten der SMAD möglich gewesen. Vgl. ebd., Sp. 1333.

Zonen, wobei es den Zonenbefehlshabern überlassen blieb, Beschränkungen im Interesse der Sicherheit vorzunehmen.[217]

Der Buchhandel zwischen den westlichen Zonen und der östlichen Zone konnte dennoch nicht ungehindert stattfinden, was in Unsicherheiten bezüglich der Zahlungsmodalitäten – auch hierzu wechselten die Bestimmungen immer wieder – sowie verschiedenen Verordnungen der Militärregierungen begründet lag, die trotz der Direktive nicht auf Kontrollen verzichten wollten. Lieferungen von Büchern und Zeitschriften mussten wie alles Handelsgut mit Warenbegleitscheinen versehen werden, wodurch das Verfahren kompliziert und aufwändig blieb.[218]

Als Reaktion auf die mehrfache Beschlagnahme westlicher Druckerzeugnisse und die Untersagung des Bezugs westlicher Zeitungen durch die SMAD kam es im Mai 1948 zu einem Verbot der Einfuhr von sowjetisch lizenzierten Verlagserzeugnissen in die amerikanische Zone;[219] in der britischen Besatzungszone waren bereits im September 1946 Bestimmungen erlassen worden, die den Bezug sowjetzonaler Literatur reglementierten und zeitweise verboten.[220] Bei wissenschaftlichen Büchern sollen die amerikanische und die britische Besatzungsmacht allerdings zur Großzügigkeit bereit gewesen sein.[221] Der Handel wurde aber seit den Währungsreformen im Sommer 1948 zusätzlich durch Zahlungsprobleme gehemmt. Zur gleichen Zeit begann die Berlin-Blockade, in deren Folge der offizielle Interzonenhandel vorerst brachlag. Für die Verlage eine Situation der steten Unsicherheit – oft hörten sie nur gerüchteweise von neuen Reglementierungen. So kam es vor, dass sich ein Verlag hilfesuchend an den Börsenverein wandte, weil er gehört hatte, dass »jeder, der Bücher aus der Ostzone nach der Westzone verkauft, vor ein Militärgericht [kommt]«.[222]

Neben den Reglementierungen durch die Besatzungsmächte litt der Interzonenhandel unter logistischen Problemen und postalischen Beschränkungen.[223] Der für den Buchhandel wichtige Bücherwagenverkehr kam ab Sommer 1946 wieder in Gang, war allerdings mit umständlichen behördlichen Vorschriften belegt. Kommissionären und Speditionsfirmen kam in dieser Zeit eine wichtige Rolle zu, da sie Bestellungen bündelten und so eine dringend notwendige Rationalisierung erreichten.[224]

Eine wichtige Rolle im innerdeutschen Buchhandel sollten später Druckaufträge von Verlagen aus der Bundesrepublik an DDR-Firmen spielen. Schon 1946/47 war es

---

217 Vgl. ebd., Sp. 1202f.
218 Vgl. ebd., Sp. 1205.
219 Vgl. Landesverband der Buchhändler von Nord-Württemberg und Nord-Baden, 27.5.1948, ISG Frankfurt, BV, W2/8: 203; Umlauff 1978, Sp. 1207.
220 Vgl. Umlauff 1978, Sp. 1207–1209; Sarkowski 1997, S. 91.
221 Vgl. Umlauff 1978, Sp. 1378.
222 Rudolf A. Lang Verlag an den BV Leipzig, 15.2.1949, SStAL, 21766 BV II, Nr. 942. Siehe auch die Antwort des Börsenvereins, ebd.
223 Vgl. Frohn 2014, S. 46.
224 Vgl. Umlauff 1978, Sp. 1210–1214; Sarkowski 1997, S. 91f.

möglich, solche Aufträge in die SBZ zu vergeben, die Druckvorlagen mussten allerdings der SMAD vorgelegt werden. Mit der offiziellen Aufhebung der Vorzensur im März 1947 dürfte eine Erleichterung des Procederes einhergegangen sein.[225]

Die offiziellen Bestimmungen wurden nicht immer eingehalten und illegale Möglichkeiten der Buchbeschaffung und des Buchverkaufs über die Zonengrenzen hinweg zahlreich genutzt[226] – eine Situation, über die Umlauff schrieb:

> Über all dem, was auf dem Gebiet des Interzonenhandels mit Verlagserzeugnissen damals praktiziert wurde, liegt ein schwer zu durchdringendes Halbdunkel; als sicher ist nur anzunehmen, daß mancherlei Gelegenheiten, im trüben zu fischen, bestanden und auch weidlich genutzt wurden.[227]

3.2.2 Abkommen und Charakteristika des innerdeutschen Handels

Nach der Gründung der beiden deutschen Staaten trat mit dem *Abkommen über den Interzonenhandel (Frankfurter Abkommen)* vom 8. Oktober 1949 eine neue Vereinbarung in Kraft, die umfangreiche Warenlisten enthielt, die die Grundlage für die gegenseitigen Lieferungen im folgenden Jahr darstellen sollten.[228] Dieses Abkommen galt bis Juni 1950 und wurde bis März 1951 verlängert. Da die Verhandlungen um ein neues Abkommen noch längere Zeit in Anspruch nehmen würden, kam es im Februar 1951 zum Abschluss einer ›Vorgriffs-Vereinbarung‹ für 1951, die bis Ende April 1951 gelten sollte und wiederum bis Ende Juli 1951 verlängert wurde. Im September 1951 folgte das *Berliner Abkommen*. Es sollte einen dauerhaften Rahmen für den Handel darstellen, da es nicht mehr befristet war und lediglich die Warenlisten jeweils neu verhandelt werden mussten. In einer Neufassung vom August 1960[229] behielt es bis 1990 seine Geltung.[230] Allerdings kam es bereits kurz nach Abschluss zu einer Suspendierung durch die Bundesregierung. Der Grund war, dass es (wieder) zu Störungen der Versorgung West-Berlins sowie des Verkehrs zwischen der Bundesrepublik und West-Berlin

---

225 Vgl. Umlauff 1978, Sp. 1276f. Sarkowski führt den Springer-Verlag als Beispiel an, der schon Ende 1945 wieder mit Druckereien in Sachsen und Thüringen zusammenarbeitete. Vgl. Sarkowski 1997, S. 92.
226 Vgl. Sarkowski 1997, S. 93. Siehe dazu auch Wälde 1994: In seinem Bericht beschreibt der Verlagsvertreter Peter Wälde, wie er nach dem Krieg Bücher und Matern für verschiedene Verlage über die Zonengrenzen hinweg transportierte. Nachdem dies lange gutgegangen war, wurde er schließlich gestellt und für sechs Monate inhaftiert. Vgl. ebd., S. S. 198–202.
227 Umlauff 1978, Sp. 1334.
228 Vgl. Fäßler 2007, S. 34; Haendcke-Hoppe-Arndt 1995, S. 1545.
229 Zu der revidierten Fassung siehe Fäßler 2006a, S. 221f.
230 Vgl. Fäßler 2007, S. 34, 129f.; Haendcke-Hoppe-Arndt 1995, S. 1545.

durch die DDR-Behörden gekommen war. Erst ab Mai 1952 wurde der Handel zwischen den beiden Staaten im Rahmen des *Berliner Abkommens* wieder aufgenommen.[231]

Ein Grundprinzip des Austauschs war die Schaffung eines Gleichgewichts zwischen Lieferungen und Bezügen der beiden Staaten, wobei sich die Gegenseitigkeit nicht auf die gleiche Warenart beschränken musste.[232] In den Handelsabkommen war festgelegt, dass Zahlungen für Waren und Dienstleistungen nur im Verrechnungswege beglichen werden durften (Clearing-Verfahren). Die Bezahlung erfolgte über die jeweiligen Notenbanken – die Bank deutscher Länder (bis 1957) bzw. die Deutsche Bundesbank und die Deutsche Notenbank (bis 1968) bzw. die Staatsbank der DDR. Die Basis stellten Verrechnungseinheiten (VE) dar, wobei eine VE dem Wert einer D-Mark entsprach. Einzahlungen durch den Abnehmer und Auszahlungen an den Verkäufer erfolgten in dessen jeweiliger Währung.[233] Das bedeutete, dass Firmen aus der DDR, die in den Westen exportierten, dadurch nicht selbst Devisen erwerben konnten, sondern die Gegenwertforderungen in DM-Ost erhielten.[234] Jegliche Bezüge und Lieferungen mussten von den zuständigen Behörden genehmigt werden, was durch die Erteilung von Zahlungs- und Bezugsgenehmigungen oder Warenbegleitscheinen erfolgte.[235]

Eine andere Handelsmöglichkeit stellten Kompensationsgeschäfte (auch Gegengeschäfte oder Gegenseitigkeitsgeschäfte) dar, bei denen die Partner wechselseitig Leistungen lieferten bzw. abnahmen, für die bei vollständiger Kompensation keine Zahlungsmittel eingesetzt werden mussten.[236] Diese Art Geschäfte war nach dem *Berliner Abkommen* im Grundsatz verboten – allerdings wurden Ausnahmen unter der Voraussetzung zugelassen, dass beide Verhandlungspartner zustimmten. Für Waren, die nicht auf den ausgehandelten Listen standen – dazu zählten bis 1951 auch Bücher – konnten gesonderte Vereinbarungen getroffen werden. Die Abwicklung musste

---

231 Vgl. Haendcke-Hoppe-Arndt 1995, S. 1554; Fäßler 2006a, S. 131–142. Auch nach Abschluss des *Frankfurter Abkommen* gab es wiederholt politisch bedingte Störungen des innerdeutschen Handels bzw. des Berlin-Verkehrs. Siehe dazu Fäßler 2006a, S. 109–116, 185–191.

232 Vgl. Umlauff 1978, Sp. 1358–1360.

233 Vgl. Frohn 2014, S. 52; Neue Ausschreibung für Bücher, Zeitschriften und Noten. In: Börsenblatt (Frankfurter Ausgabe), H. 51, 26.6.1953, S. 307: »Der Bezieher in der Ostzone zahlt [...] den Rechnungsbetrag in DMark-Ost ein, der Lieferant in Westdeutschland oder West-Berlin erhält den Gegenwert in DMark-West im Verhältnis 1:1 über die Bank Deutscher Länder ausbezahlt. Der Bezieher ostzonaler Druckerzeugnisse in Westdeutschland und West-Berlin zahlt seinerseits den Rechnungsbetrag in DMark-West ein.«

234 Vgl. Hefele 1998, S. 131f.

235 Vgl. Fäßler 2007, S. 34; Haendcke-Hoppe-Arndt 1995, S. 1546f. Clearing bezeichnet die »gegenseitige Aufrechnung und Verrechnung von Forderungen und Verbindlichkeiten zwischen Geschäftspartnern«. Vgl. Gabler Wirtschaftslexikon, S. 595. In der DDR konnten Verstöße gegen das *Gesetz zum Schutze des innerdeutschen Handels* vom 21.4.1950, in dem die Pflicht zu Warenbegleitscheinen festgeschrieben war, mit Gefängnis und Vermögenseinzug geahndet werden.

236 Vgl. Gabler Wirtschaftslexikon, S. 1738.

in diesen Fällen ebenfalls über Verrechnungskonten erfolgen.[237] Insgesamt wurden nur etwa 5 bis 10 Prozent der innerdeutschen Geschäfte auf dem Kompensationsweg abgewickelt.[238] In der Buchbranche waren Kompensationsgeschäfte allerdings ein oft genutztes Modell.

3.2.3 Bücher im Kontext der Handelsabkommen

Bücher und sonstige Druckerzeugnisse waren auf den Warenlisten des Handelsabkommens von 1949 nicht enthalten. Die Börsenvereine in Leipzig und Frankfurt waren sich einig, dass ein legaler Weg für den innerdeutschen Buchhandel gefunden werde müsse, mindestens für den Austausch wissenschaftlicher und Fachliteratur. Dies sollte entweder durch den Einbezug von Buchhandelserzeugnissen in das *Frankfurter Abkommen* oder den Abschluss eines Sonderabkommens erreicht werden.[239] Ihre Bemühungen führten im Juli 1950 zum Abschluss eines Kompensationsvertrages in Höhe von 30.000 VE zwischen den Zwischenbuchhandlungen Ernst Globig in West-Berlin und Leipziger Kommissions- und Großbuchhandel (LKG), die von den Verbänden für dieses Geschäft autorisiert wurden. Gegenstand des Abkommens waren ausschließlich wissenschaftliche Titel und Fachliteratur. Es hatte zunächst eine Laufzeit bis zum 30. September 1950, wurde zweimal verlängert und war schließlich bis zum 31. Januar 1951 gültig. Nachdem das erste Kontingent aufgebraucht war, erfolgte eine Aufstockung um 30.000 VE.[240] Im Frankfurter *Börsenblatt* wies man explizit darauf hin, dass alle Einkäufe des westlichen Sortiments nur im Rahmen dieses Abkommens rechtens seien.[241]

Zum damaligen Zeitpunkt bestand darüber hinaus die Möglichkeit für westdeutsche Verlage, im Rahmen des regulären Handelsabkommens Herstellungsaufträge an grafische Betriebe in der DDR zu vergeben und anstelle einer Bezahlung einen Teil der dabei entstehenden Auflage an die LKG zum Vertrieb in der DDR zu geben – eine Druckgenehmigung durch den Kulturellen Beirat vorausgesetzt.[242] Die LKG selbst wies im September 1950 auf eine weitere Möglichkeit hin: den Abschluss eines abseits des offiziellen Kompensationsvertrages stehenden individuellen »Sondertauschvertrags«, bei dem die LKG Werke eines westlichen Verlags in der DDR verkaufen

---

237 Vgl. Umlauff, Sp. 1131, 1338, 1371–1375.

238 Vgl. Lambrecht/Melzer/Schwartau 1983, S. 74.

239 Vgl. Umlauff 1978, Sp. 1331, 1336f., 1341f.

240 Vgl. LKG) Leipzig an Piscator Stuttgart, 26.9.1950, HA/BV 52, Nr. 7; Innerdeutscher Handelsvertrag für wissenschaftliche Literatur. In: Börsenblatt (Leipziger Ausgabe), H. 34, 26.8.1950, S. 369; Interzonenhandel – Kompensationsvertrag. In: Börsenblatt (Frankfurter Ausgabe), H. 62, 4.8.1950, S. 257; Umlauff 1978, Sp. 1343–1345, 1392.

241 Vgl. Interzonenhandel – Kompensationsvertrag. In: Börsenblatt (Frankfurter Ausgabe), H. 62, 4.8.1950, S. 257.

242 Vgl. LKG Leipzig an Fischer, 23.12.1950, HA/BV 52, Nr. 7.

und ein ebenfalls beteiligter Westberliner Kommissionär Werke eines DDR-Verlags in der Bundesrepublik vertreiben würde. Für Buchtauschabkommen zwischen der LKG und einem westdeutschen Verlag ohne Einschaltung eines Kommissionärs, die von Leipziger Seite aus befürwortet wären, wurden damals von den zuständigen westlichen Behörden keine Genehmigungen erteilt.[243]

Im September 1950 liefen gerade die Verhandlungen über das neue allgemeine Handelsabkommen, als die Gespräche am 20. September unterbrochen wurden. Durch die DDR-Regierung war die Belieferung West-Berlins mit Wasser und Strom eingestellt worden war.[244] In dieser Situation war es offenbar trotz des Sonderabkommens für die Verlage kaum möglich, Geschäfte abzuwickeln. Wegen des damaligen »vertragslosen Zustandes zwischen der DDR und der Bundesrepublik«[245] wurden Vereinbarungen von den westdeutschen Behörden nicht oder nur schwer genehmigt. Ende Dezember trat das Abkommen wieder in Kraft.[246]

In der Vorgriffs-Vereinbarung vom Februar 1951 (siehe Kapitel 3.3.2) waren erstmals Druckerzeugnisse in die Warenlisten aufgenommen worden.[247] Im April 1951 standen Devisen für den Import von Westliteratur zur Verfügung; zuvor hatte sich alles im Rahmen von Kompensationsverträgen abgespielt.[248] Nachdem die Vereinbarung Ende Juli ausgelaufen war und die Leipziger Ausgabe des *Börsenblatts* für die Zeit zwischen Anfang August und Mitte September 1951 erneut einen »vertragslosen Zustand«[249] beklagen musste, konnte mit dem Inkrafttreten des *Berliner Abkommens* am 20. September 1951 eine Kehrtwende für die Branche begrüßt werden: In den Warenlisten waren nun beiderseitige Lieferungen von Druckerzeugnissen (eingeschlossen waren auf DDR-Seite Herstellungsarbeiten grafischer Betriebe) in Höhe von je 4,5 Millionen VE vorgesehen.[250]

Dass das *Berliner Abkommen* erst im September 1951 in Kraft trat, obwohl es bereits im Juli abgeschlossen worden war, lag an den wiederholten Behinderungen des Verkehrs und Handels zwischen West-Berlin und der Bundesrepublik durch Ost-Berlin. Da diese andauerten, wurde das Abkommen im November bereits wieder ausgesetzt – eine Reaktion, die im Leipziger *Börsenblatt* später so interpretiert wurde,

---

243 Vgl. Tensierowski, LKG Leipzig), an Piscator Stuttgart, 26.9.1950 sowie LKG Leipzig an Piscator Stuttgart, 24.10.1950, HA/BV 52, Nr. 7.

244 Vgl. Sarkowski 1997, S. 98.

245 Tensierowski, LKG Leipzig, an Piscator Stuttgart, 24.10.1950, HA/BV 52, Nr. 7.

246 Tensierowski, LKG Leipzig, an Piscator Stuttgart, 22.12.1950, HA/BV 52, Nr. 7.

247 Vgl. Umlauff 1978, Sp. 1368; Interzonenhandel. In: Börsenblatt (Frankfurter Ausgabe), H. 15, 20.2.1951, S. 53f.

248 Memorandum der Firma Koehler & Volckmar, 1.10.1951, BArch, DR1/1104.

249 Das innerdeutsche Handelsabkommen und der Buchhandel. In: Börsenblatt (Leipziger Ausgabe), H. 40, 6.10.1951, S. 509.

250 Vgl. ebd., S. 509.

daß es sich bei den Störungsversuchen um schmutzige Konkurrenzmanöver der Westmächte handelt, die bestrebt sind, den Handel mit den fortschrittlichen Ländern des Friedenslagers an sich zu reißen und Westdeutschland davon auszuschließen.[251]

Bereits kurz vor dem Inkrafttreten des Abkommen hatte Hermann Makower Mitte September 1951 im Leipziger *Börsenblatt* dafür plädiert, für den Buchhandel Lösungen außerhalb der offiziellen Handelsabkommen zu finden:

> Wir sollten uns [...] überlegen, ob es nicht zweckmäßig ist, Literaturaustausch und Druckaufträge teilweise außerhalb des innerdeutschen Handelsabkommens abzuwickeln, ohne Verrechnung über die offiziellen Clearing-Konten. Dies selbst dann, wenn die gesamte deutsche Wirtschaft die Unterzeichnung des Abkommens schließlich durchsetzt. Wir glauben, wir sollten den Austausch dieser Kulturgüter von den mannigfachen Schicksalen des allgemeinen Warenverkehrs unabhängig machen. [...] Bis eine solche Vereinbarung zustande kommt, könnte sich der Kulturaustausch auf Grund von Einzelverträgen abspielen, die zwischen Ihren Verlagen und Kommissionären auf der einen Seite und Koehler & Volckmar auf der andererseits abgeschlossen werden und eine Verrechnung ohne Bewegung von Barmitteln ermöglichen.[252]

Tatsächlich hatten die Börsenvereine in Frankfurt und Leipzig schon zuvor vereinbart, dass erneut Kompensationsgeschäfte zwischen Kommissionsbuchhandlungen abgeschlossen werden sollten.[253] Mit dem Abschluss entsprechender Verträge war der Bedingung Rechnung getragen, dass beide Seiten mit dieser Art von Geschäften einverstanden sein mussten und Interesse daran hatten.[254] In einem beschränkten Umfang sind in der Zeit zwischen dem Aussetzen des *Berliner Abkommens* im November 1951 und dem Wiederinkrafttreten im Mai 1952 Kompensationsgeschäfte durchgeführt worden, an denen West-Berliner Kommissionäre wie Globig oder KAWE beteiligt waren.[255]

In die Warenlisten waren »Gegenstände des Buchhandels«[256] im Wert von 1,5 Millionen VE einbegriffen. Geliefert werden sollten aus der Bundesrepublik Bücher und Zeitschriften und aus der DDR neben wissenschaftlichen Büchern und Zeitschriften sowie Fachbüchern und -zeitschriften und Musikalien auch Druck- und Herstellarbei-

---

251 Die gegenwärtige Lage im innerdeutschen Buchhandel. In: Börsenblatt (Leipziger Ausgabe), H. 51/52, 20.12.1952, S. 957.

252 Über alle Schwierigkeiten hinweg zur Einheit Deutschlands! In: Börsenblatt (Leipziger Ausgabe), H. 37, 15.9.1951, S. 468–471, hier S. 470.

253 Ein solches Kompensationsgeschäft wurde von Koehler & Volckmar mit dem Frankfurter Börsenverein im Januar 1952 »außerhalb des Berliner Abkommens« vereinbart. Vereinbart wurden »1) Buch gegen Buch in Höhe von 1 Million DM. 2) Buch gegen Dienstleistungen grafischer Betriebe in Höhe von 3 Millionen DM.« Tensirowski, Reisebericht Westdeutschland vom 6.–17.1.1952, BArch, DR1/2064.

254 Vgl. Umlauff 1978, Sp. 1371.

255 Die gegenwärtige Lage im innerdeutschen Buchhandel. In: Börsenblatt (Leipziger Ausgabe), H. 51/52, 20.12.1952, S. 957. Vgl. auch Information für die Mitglieder des Vorstandes zum Punkte Interzonenhandel, 14.6.1951, ISG Frankfurt, BV, W2/8:203.

256 Vgl. Umlauff 1978, Sp. 1371f.

ten und das dafür nötige Papier.[257] In einer zweiten Warenliste vom August 1952 waren für den Buchhandel Lieferungen und Bezüge von je 5 Millionen VE vorgesehen.[258] Hinzugekommen waren neben der eigentlichen Form des innerdeutschen Handels, dem Clearing, Sonderregelungen über Kompensationsgeschäfte im Buchhandel.[259] Die Einbeziehung der Herstellungsaufträge führte dazu, dass aus der DDR lediglich Bücher im Wert von 2,3 Millionen VE in die Bundesrepublik gelangten und die übrigen 2,7 Millionen VE für Druck- und Bindearbeiten eingesetzt wurden, wohingegen wissenschaftliche Literatur und Fachbücher im Wert von 5 Millionen VE aus der Bundesrepublik in die DDR kamen.[260] Die Vereinbarung vom Februar 1953 führte die Position »Druckaustausch« mit je 10 Millionen VE auf, gleiches fand sich im Abkommen für 1954.[261]

Das Abkommen für 1955 brachte zwei Änderungen: Erstmals war ein Posten »nicht-wissenschaftliche bzw. nicht-fachliche Literatur« ausgeschrieben, womit die Belletristik offiziellen Eingang in den innerdeutschen Buchhandel fand, und außer für diese waren keine Wertgrenzen mehr genannt, allerdings intern auf 24 Millionen VE festgelegt worden.[262] Gegen die Aufnahme der Belletristik hatten sich Frankfurter Börsenverein und verschiedene Bonner Ministerien zuvor gestellt, vor allem weil sie eine kommunistische Infiltration oder Möglichkeiten einer Destabilisierung der Bundesrepublik verhindern wollten. Da den Menschen in der DDR durch die Einfuhr westlicher schöngeistiger Literatur geholfen werden könne, so die Gegenargumentation, müsse wohl oder übel auch die Lieferung von DDR-Literatur in den Westen akzeptiert werden. Im Bereich der wissenschaftlichen und Fachbücher betrachtete der Frankfurter Branchenverband die niedrigen Preise der DDR-Bücher, die die Titel vor allem für Studenten im Westen attraktiv machten, als Problem.[263]

---

257 Vgl. Interzonenhandel. In: Börsenblatt (Frankfurter Ausgabe), H. 59, 22.7.1952, S. 301; Umlauff 1978, Sp. 1372–1374.

258 Amt für Literatur und Verlagswesen, HV Verlagswesen und Buchhandel Apelt, Amtsleitung, 15.8.1952, BArch, DR1/1104. An den Verhandlungen hatten Vertreter der Treuhandstelle für den Interzonenhandel in West-Berlin, Vertreter des Frankfurter Börsenvereins und das Ministerium für Außenhandel und Innerdeutschen Handel teilgenommen. Vgl. zu diesem Abkommen auch Umlauff 1978, Sp. 1373f.; Interzonenhandel. In: Börsenblatt (Frankfurter Ausgabe), H. 81, 7.10.1952, S. 414.

259 Vgl. Interzonenhandel. In: Börsenblatt (Frankfurter Ausgabe), H. 81, 7.10.1952, S. 414. Hier sind neben der Verrechnung über Unterkonto 2 auch die »direkte Verrechnung (Tauschgeschäfte)« und die »Verrechnung gegen Honorare (Sperrkonto)« angeführt, die in den folgenden Vereinbarungen wieder auftauchen. Vgl. auch Sarkowski 1997, S. 98.

260 Vgl. Umlauff 1978, Sp. 1373f.

261 Vgl. Interzonenhandel. In: Börsenblatt (Frankfurter Ausgabe), H. 51, 26.6.1953, S. 307; Umlauff 1978, Sp. 1375.

262 Vgl. Interzonenhandel. In: Börsenblatt (Frankfurter Ausgabe), H. 18, 4.3.1955, S. 142; Umlauff 1978, Sp. 1375, 1408.

263 Auszug aus Protokoll der 59. Vorstands-Sitzung 7./8.6.1955, ISG Frankfurt, BV, W2/8:203. Die weltanschauliche Gefahr, die nach Meinung beispielsweise des Bundesministeriums für gesamtdeutsche

Die zweite Änderung betraf die Öffnung der westdeutschen Postzeitungsliste für wissenschaftliche Zeitschriften aus der DDR.[264] Bis dato hatten auf der westdeutschen Liste nur vier Zeitschriften aus der DDR gestanden, die zudem irrtümlich dorthin geraten waren. Die DDR führte zu dieser Zeit 161 wissenschaftliche Zeitschriften auf ihrer Postzeitungsliste.[265] In der Bundesrepublik waren die Zeitschriften auch auf anderen Wegen – über Kommissionäre und damit für den Endkunden regulär über den Sortimentsbuchhandel – zu beziehen, aber die Angelegenheit war eine politische. Die zentrale Auslieferung der Zeitschriften über die Postzeitungsliste der DDR bedeutete die Möglichkeit von Zensurmaßnahmen, die auch ausgiebig genutzt wurde.[266] In der Bundesrepublik wollte eine solche Zensurrolle niemand übernehmen, und allein die Entscheidung, welche Zeitschriften man aufnehmen würde und welche nicht, interpretierte man als ungewollte Kommunikationskontrolle. Die DDR beharrte aber immer wieder darauf, dass ihre Zeitschriften in der Bundesrepublik über die Postzeitungsliste erhältlich sein müssten, und sperrte schließlich die eigene Liste für Neuaufnahmen von Zeitschriften und Abonnenten. Im Herbst 1955 wurde dem Drängen schließlich mit der Aufnahme von zunächst 92 Zeitschriften aus der DDR nachgegeben. Periodika aus ostdeutschen Parallelverlagen, darauf bestand der Börsenverein in Frankfurt, sollten aber ausgeschlossen bleiben.[267] 1956 standen dann bereits 160 Ost-Zeitschriften auf der westdeutschen Postzeitungsliste.[268]

Ende der 1950er Jahre hatte sich der innerdeutsche Buchhandel eingespielt, Bezüge und Lieferungen waren quantitativ in ihrer Gesamtheit in etwa ausgeglichen. 1958 lieferten die Verlage der Bundesrepublik Bücher und Zeitschriften im Wert von 10,3 Millionen VE in die DDR, die DDR lieferte für 11,9 Millionen VE Bücher und Zeitschriften in die Bundesrepublik – wobei zur Position ›Bücher‹ auch Herstellungsarbeiten zählten und unklar ist, inwieweit Lizenznahmen und Lizenzvergaben die

---

Fragen von den DDR-Büchern ausging, schätzte Carl Hanser als nicht mehr so gravierend ein. Daneben meinte der Frankfurter Börsenverein, dass die Bücher aus der DDR ohnehin kaum Absatzchancen auf dem westdeutschen Markt hätten, was die Gefahr einer negativen Beeinflussung der Bevölkerung wiederum minderte. Zu diesem Aspekt ausführlich Umlauff 1978, Sp. 1380, 1392–1410. Vgl. auch Umlauff, BV Frankfurt, an Georgi, 23.12.1955, ISG Frankfurt, BV, W2/8:203; Sarkowski 1997, S. 102.

264 Zum gesamten Komplex des »Zeitschriftenproblems« siehe Umlauff 1978, Sp. 1410–1454.

265 Vgl. Sarkowksi 1997, S. 101. Die Erlöse der westdeutschen Verleger wurden auf Sperrkonten gezahlt und konnten mit Druckaufträgen verrechnet werden. 1953 hatten nach Jütte noch 180 westdeutsche Zeitschriften auf der Ost-Liste gestanden. Vgl. Jütte 1999, S. 565f.

266 Vgl. Sarkowksi 1997, S. 101. Ablehnungen, Streichungen und (Wieder-)Aufnahmen westdeutscher Zeitschriften füllten bei der Zentralstelle für wissenschaftliche Literatur ganze Ordner. Siehe zum Beispiel BArch, DR1/687–689.

267 Vgl. Sarkowski 1997, S. 100–102; Bericht des Vorstehers, Reinhard Jaspert, auf der Hauptversammlung. In: Börsenblatt (Frankfurter Ausgabe), H. 88, 3.11.1959, S. 1513–1517, hier S. 1516.

268 Vgl. Ministerium für Leichtindustrie, HV Polygraphische Industrie, Abt. Technologie, Aktenvermerk, 7.2.1956, DR1/698.

Statistik eingeflossen sind.[269] Das Verhältnis der eigentlichen *Buch*lieferungen und *Buch*bezüge war also nach wie vor unausgewogen. 1957 zum Beispiel hatte die DDR aus der Bundesrepublik Bücher und Zeitschriften für 14 Millionen DM bezogen, die Bundesrepublik aber nur Titel im Wert von 3 Millionen DM abgenommen.[270] Mit dem Bau der Berliner Mauer im August 1961 kam der innerdeutsche Buchhandel vorübergehend zum Erliegen, normalisierte sich aber bald wieder.[271]

3.2.4 Ausgestaltung des innerdeutschen Buchhandels

Verfahrenswege und Prozesse der Buchhandelsgeschäfte mussten sich im Laufe der 1950er Jahre erst einspielen, es kristallisierten sich aber bald einige Modelle als besonders oft genutzt und vorteilhaft heraus. Ebenso war eine Konzentration auf bestimmte Firmen zu erkennen, die am Handel beteiligt waren. In der DDR erhielt die Firma Buch-Export Ende 1953 das Monopol auf die Abwicklung aller Außenhandelsgeschäfte, aber auch in der Bundesrepublik spezialisierten sich einige Kommissionsbuchhandlungen auf die Geschäfte mit der DDR.

Modelle des Buchhandels und -austauschs

Zum größten Teil wurde der innerdeutsche Buchhandel auf dem Wege der direkten Verrechnung vollzogen, also in Tausch- und Kompensationsgeschäften.[272] Dabei war es möglich, Buchlieferungen Buchbezüge im gleichen Wert gegenüberzustellen (Buch gegen Buch). Weiterhin war es für die westdeutschen Verlage möglich, Bücher oder Zeitschriften in die DDR zu liefern und im Gegenzug Druckaufträge von DDR-Betrieben ausführen zu lassen (Buch oder Zeitschrift gegen Herstellungsaufträge). Gegen die Vergabe von Aufträgen an Druckereien in der DDR hatte sich die westdeutsche und West-Berliner grafische Industrie, vertreten durch die Arbeitsgemeinschaft der Grafischen Verbände (AGV) und unterstützt vom Bundeswirtschaftsministerium, anfangs gewehrt. Sie musste sich aber letztlich mit der Aufnahme dieser Möglichkeit in das Handelsabkommen arrangieren.[273] In geringerem Umfang wurden Bücher und Zeitschriften im Clearing-Verfahren erworben, also der vorgeschriebenen ›Normalform‹

---

269 Vgl. Sarkowski 1997, S. 106. Die Zahlen sind dem Statistischen Jahrbuch der BRD entnommen.
270 Vgl. Barck/Langermann/Lokatis 1998, S. 64.
271 Vgl. Frohn 2014, S. 70.
272 Theodor Steinkopff wies auf die Ähnlichkeit der Kompensationsgeschäfte mit dem früher üblichen Tauschhandel hin: »Im Leipziger Ostermesse-Verkehr spielte früher der sogen. ›Chance-Verkehr‹ eine große Rolle, d. h. der Buchhandel kam zusammen. Man zeigte sich seine neuen Werke, und jeder bestellte vom anderen u. verbuchte ›im Tausch‹, und nur die Spitzen wurden ausgeglichen«. Theodor Steinkopff, Dresden, an Dietrich Steinkopff, Darmstadt, 18.10.1952, ZLB, Aktenarchiv Steinkopff, Dresden 250–522. vom 1.1.1949 bis 31.12.1953.
273 Vgl. Umlauff 1978, Sp. 1351–1355, 1360–1367.

des innerdeutschen Handels. Bei diesem Verfahren mussten die Verlage den folgenden von Dietrich Steinkopff beschriebenen Weg beschreiten:

> Erst wird ein Vertrag geschlossen, dann muss bei K & V [Koehler und Volckmar Leipzig, A-M.S.]
> die Genehmigung erteilt werden und eine Bezugsgenehmigung eingeholt werden, worauf die
> prinzipielle Zahlungsgenehmigung uns geschickt wird, auf Grund deren wir dann jeweils nach
> Abruf die Bestellungen ausführen können (mit Warenbegleitschein etc.). Nach Eingang der Wa-
> ren beantragt dann K & V bei seiner Behörde die Zahlung, die dann auf dem Umweg Deutsche
> Notenbank – Bank deutscher Länder auch wieder eine Zeit dauert.[274]

Weitere Möglichkeiten, die in geringerem Umfang genutzt wurden, bestanden in der
Lieferung von Zeitungsdruckpapier gegen Buchlieferungen sowie in der Verrech-
nung von Honoraren westdeutscher Autoren gegen Bezüge von Zeitschriften und
Büchern.[275]

Für westliche Sortimenter gestaltete sich das Verfahren weniger aufwendig, sofern
sie nur kleine Mengen an Titeln bestellen wollten. Wollten die Buchhändler Bücher
eines DDR-Verlags bis zu einem Wert von 1.000 VE erwerben, mussten sie formlos eine
Bezugsgenehmigung bei ihrer zuständigen Behörde beantragen und ihre Bestellung
an Koehler & Volckmar bzw. ab November 1953 an Buch-Export schicken. Eine andere
Möglichkeit war, sich der Vermittlung westdeutscher Kommissionsbuchhändler zu bedienen, die mit Buch-Export Verträge abgeschlossen hatten oder Auslieferungslager
von DDR-Büchern unterhielten.[276]

Es erfolgte eine Unterscheidung in *Sortimentsexport* und *Auflagenexport*. Der
Sortimentsexport bezeichnete den Verkauf von Büchern eines DDR-Verlags an Abnehmer im Ausland, einschließlich der Bundesrepublik und West-Berlin, also an den
Bucheinzelhandel sowie andere Kunden. Die Bücher waren mit der Verlagsangabe
des DDR-Verlags versehen. Um diesen Verkauf anzukurbeln, reisten Verlagsvertreter
beider Länder in das jeweils andere Gebiet. Beim Auflagenexport hingegen wurden Teilauflagen oder Gemeinschaftsausgaben exportiert. Hier kam eine eigene
Titelseite des Partnerverlags, für den die Auflage produziert wurde, zum Einsatz;

---

274 Dietrich Steinkopff, Darmstadt, an Theodor Steinkopff, Dresden, 24.9.1953, Versch. Korresp. Steinkopff Dresden vom 1. Januar 1953 bis ... [sic] meist Briefe von Mitarbeitern.
275 Vgl. zu den genannten Modellen: »Interzonenhandel und Leipziger Buchmesse.« Berichtsblatt
von KAW, o. D., BArch, DR1/2011; Schreiben zur Literaturbeschaffung aus Westdeutschland und dem
kapitalistischen Ausland, 29.3.1958, BArch, DR1/1078; Umlauff 1978, Sp. 1351–1367, 1373f.; Becker,
Heinrich: Die gesamtdeutsche Aufgabe des Buchhandels im Jahre 1954. In: Börsenblatt (Leipziger
Ausgabe), H. 1, 2.1.1954, S. 3–5, hier S. 4; Weitzmann, L.: Druckaustausch im Interzonenhandel. In:
Börsenblatt (Frankfurter Ausgabe), H. 76, 22.9.1959, S. 1133–1135. Umlauff bemerkt, dass sich mit der
Zeit grosso modo ein Drittelverhältnis einspielte: Ein Drittel wurde gegen Buch oder Zeitschrift, ein
Drittel gegen Zeitungsdruckpapier und ein Drittel gegen Herstellungsaufträge abgegolten. Vgl. Um-
lauff 1978, Sp. 1360.
276 Vgl. Bezugsmöglichkeiten von DDR-Literatur für westdeutsche Sortimenter. In: Börsenblatt (Leipziger Ausgabe), H. 10, 6.3.1954, S. 198f.

der Originalverlag war im Allgemeinen als Inhaber des Copyrights angegeben. Bei der Handhabung der Verlags- und Impressumsangaben gab es allerdings weitere Varianten (siehe Kapitel 6.2.2).[277]

Eine weitere Möglichkeit des Austausches von Literatur bestand im *Lizenzhandel*. Dass dieser schon bald nach 1945 zwischen den Zonen in Gang kam, war »noch keineswegs Ausdruck der Sorge über ein zukünftig gespaltenes Deutschland, vielmehr passten sich Buchhändler und Verleger nach den Regeln des allgemeinen Lizenzwesens (das auch innerhalb eines Staates zur Anwendung kam und kommt) an die Situation des viergeteilten Landes an.«[278] Da im Lizenzgeschäft die Kosten übersichtlich waren und Probleme wie Qualitäts- und Terminschwierigkeiten nicht auftreten konnten, erfolgte wenigstens im Bereich der Belletristik der Literaturaustausch zum überwiegenden Teil über Lizenzen.

Beteiligte Institutionen und Firmen

In der DDR waren branchenspezifische Außenhandelsunternehmen für den Im- und Export zuständig, die auch die Kontakte zu westdeutschen Geschäftspartnern, Verbandsvertretern und Politikern pflegten.[279] Ab September 1951 wurden diese Unternehmen gegründet, wodurch sich ein Außenhandelsmonopol des Staates zu entwickeln begann – nur der Staat durfte Geschäfte mit dem Ausland einschließlich Devisentransaktionen durchführen.[280] In der Buchbranche wickelte die Deutsche Buch-Export und -Import GmbH ab November 1953 den Außenhandel ab.[281] Diese Firma war für die bundesdeutschen Verlage der Partner für ihre Geschäfte mit der DDR.

Zuvor war zunächst die LKG Leipzig von den DDR-Behörden für die Einfuhr westlicher Literatur autorisiert;[282] später führte Koehler & Volckmar den Buchaußenhandel durch. Nachdem einer der Mitinhaber des Leipziger Zwischenbuchhändlers von der geplanten Enteignung seines Unternehmen erfahren und sich 1948 in die Bundesrepublik abgesetzt hatte, wurde Koehler & Volckmar zum 1. Januar 1950 in Volkseigentum überführt.[283] Die Firma verfügte über eine eigene Abteilung »Außenhandel und innerdeutscher Handel«[284] und etablierte sich bald als »Zentralstelle für

---

277 Vgl. Frohn 2014, S. 64f.; Kretzschmar 2002, S. 284, Fußnote 30.

278 Frohn 2014, S. 82.

279 Vgl. Fäßler 2006a, S. 81.

280 Vgl. Fäßler 2006a, S. 85; Seiffert 1988, S. 13; Steiner 2007, S. 62. Formaljuristisch existierte das Außenhandelsmonopol erst ab 1958. Vgl. Fäßler 2006a, S. 85–87.

281 Vgl. Deutscher Buch-Import und -Export GmbH. In: Börsenblatt (Leipziger Ausgabe), H. 45, 7.11.1953, S. 841; Deutscher Buch-Export u. -Import GmbH, Entwicklung der Deutschen Buch-Export und -Import GmbH, Leipzig, o. D. (ca. 1960), BArch, DY30/IV2/2.026/109, Blatt 164.

282 Vgl. LKG) Leipzig an Piscator Stuttgart, 14.10.1950, HA/BV 52, Nr. 7.

283 Vgl. Keiderling 2010, S. 164f.; Frohn 2014, S. 422f.

284 Börsenblatt (Leipziger Ausgabe), H. 23, 9.6.1951, S. 288.

den Import wissenschaftlicher Bücher aus Westdeutschland und dem kapitalistischen Ausland«,[285] daneben war sie zuständig für den Export in das Ausland.[286] In dieser Schlüsselposition für den innerdeutschen Handel übernahm Koehler & Volckmar auch die Auslieferung für westdeutsche Buch- und Zeitschriftenverlage, unter anderem für die westdeutsche Zweigstelle des Verlags Gustav Fischer, Piscator in Stuttgart, sowie die Verlage S. Hirzel und Georg Thieme in Stuttgart.[287] In seiner Funktion als Außenhandelsunternehmen unterstand Koehler & Volckmar dem Deutschen Innen- und Außenhandel (DIA), Papier und Druck.[288]

Im November 1953 stellte Koehler & Volckmar seine Tätigkeit ein. Die Aufgaben wurden an die neu gegründete Deutsche Buch-Export und -Import GmbH abgegeben, die Mitarbeiter übernahm Buch-Export ebenfalls.[289] Das seit der Umsiedlung der Firmeninhaber nach Stuttgart dort existierende Parallelunternehmen Koehler & Volckmar dürfte für den Verzicht auf den traditionsreichen Namen in der DDR (mit-)verantwortlich gewesen sein.

Die Firma Buch-Export, die 1957 in einen Volkseigenen Betrieb umgewandelt wurde, besaß wegen der gewollten Zentralisierung der Außenhandelsgeschäfte eine Monopolstellung im Import und Export von Druckerzeugnissen. Unter anderem organisierte Buch-Export Kompensationsgeschäfte, sorgte dafür, dass die Verlage einen bestimmten Auflagenteil für Exporte blockierten und verfügte über ein eigenes Papierkontingent für westliche Druckaufträge.[290] So wie die Verlage wurden Buch-Export und seine Vorgänger im Buchaußenhandel von staatlichen und SED-Stellen angeleitet und gelenkt. Das Ministerium für Kultur nahm ebenso wie das Ministerium für Außenhandel und Innerdeutschen Handel Einfluss auf die Handelsbeziehungen zur Bundesrepublik.

Im westlichen Teil des Landes gab es keine zentrale Einfuhrstelle für Druckerzeugnisse aus der DDR, wie der gesamte innerdeutsche Handel aber war auch der Buchhandel von staatlichen Stellen in der Bundesrepublik mitbestimmt. Verschiedene Ministerien, so das Wirtschaftsministerium, das Ministerium für Inneres, das Justizministerium und das Ministerium für Gesamtdeutsche Fragen, wirkten an der Gestaltung der offiziellen Handelsabkommen mit und verfolgten dabei gelegentlich unterschiedliche Interessen.[291] So wie das Verhältnis des bundesdeutschen Staates

---

285 Vorschlag, Koehler und Volckmar in die Buch-Export und -Import umzuwandeln, 22.1.1953, SStAL, K&V, 259, zit. nach Frohn 2014, S. 423.

286 Das ganze Deutschland soll es sein. In: Börsenblatt (Leipziger Ausgabe), H. 35, 29.8.1953, S. 713.

287 Vgl. Memorandum der Firma Koehler & Volckmar, 1.10.1951, BArch, DR1/1104.

288 Vgl. Außenstelle der DIA in Leipzig. In: Börsenblatt (Leipziger Ausgabe), H. 4, 26.1.1952, S. 64.

289 Vgl. Frohn 2014, S. 424; Bez/Keiderling 2010, S. 164f.; Der Deutsche Buch-Export und -Import ruft die Verlage! In: Börsenblatt (Leipziger Ausgabe), H. 46, 14.11.1953, S. 964f.

290 Vgl. Kretzschmar 2002, S. 301f.

291 Vgl. Fäßler 2006a, S. 297–299; Frohn 2014, S. 59.

zur DDR, vor allem in den ersten beiden Jahrzehnten nach der doppelten Staatsgründung, stets zentrales Thema parteipolitischer Positionierungen war, so bot auch der Handel mit der ›Geistesware Buch‹ den Parteien die Möglichkeit, zu gesamtdeutschen Fragen Haltung zu beziehen.

Der innerdeutsche Buchhandel konzentrierte sich in der Bundesrepublik auf bestimmte Firmen, die sich besonders aktiv im Handel mit der DDR zeigten.[292] Dazu gehörten im Zwischenbuchhandel die Firmen KAWE Kommissionsbuchhandlung[293] und die Kommissions- und Großbuchhandlung Ernst Globig, beide West-Berlin. Diese hatten mit Buch-Export Leipzig »größere Austauschverträge abgeschlossen« und unterhielten »zum Teil auch Auslieferungslager von DDR-Literatur«.[294] Die Stuttgarter Firma Kunst und Wissen Erich Bieber war ebenfalls im innerdeutschen Handel aktiv. Dieses Unternehmen hatte der Ost-Berliner Akademie-Verlag im Jahr 1948 gegründet, um »Literatur für Verlagszwecke zu beschaffen, die Kunden des Verlags zu betreuen und die Geldeingänge zu verwalten«,[295] es stellte einen »Vertreter des Akademie-Verlags«[296] im Westen dar. Die Maßnahme wurde unter anderem ergriffen, um Schwierigkeiten im Interzonenhandel und beim Geldtransfer zwischen den Zonen zu umgehen. Später war Kunst und Wissen nicht nur als Auslieferung für den Akademie-Verlag tätig, sondern auch in die Westgeschäfte anderer Verlage involviert,[297] unter anderem für B. G. Teubner (siehe Kapitel 6.3).

Für die DDR-Verlage war neben dem Verkauf in der Bundesrepublik der Export nach Österreich und in die Schweiz von großer Bedeutung. Hier gab es ebenfalls Firmen, die sich auf den Vertrieb von DDR-Büchern spezialisiert hatten. In Österreich übernahm dies vor allem der Globus Buchvertrieb, eine Abteilung des Globus Verlags, der im August 1945 als Verlag der Kommunistischen Partei Österreichs gegründet worden war. Im Juli 1948 erreichte Globus den Abschluss eines Kompensationsabkommens zwischen der SBZ und Österreich. Darin war vereinbart, »daß österreichische Verlagswerke in der Höhe von einer Million Dollar exportiert werden durften und man davon für 20 Prozent der gelieferten Werke naturwissenschaftliche Bücher importiert und den Rest in Form von Wirtschaftsgütern abgilt.« Der Umfang der

---

292 Neben den genannten waren auch die Firmen Kubon & Sagner (Furth im Wald), MÜKO (München), Hamburger Kommissionsbuchhandlung, Erich Vogel (Bielefeld), Santo Vanasia Buchexport-Import (Köln), Arcini & Co. (Stuttgart) und Werner Dausien (Hanau) im innerdeutschen Buchhandel tätig. Vgl. Bezugsmöglichkeiten von DDR-Literatur für westdeutsche Sortimenter. In: Börsenblatt (Leipziger Ausgabe), H. 10, 6.3.1954, S. 199.
293 Zu KAWE siehe Frohn, S. 63.
294 Dieses und das vorangegangene Zitat: Bezugsmöglichkeiten von DDR-Literatur für westdeutsche Sortimenter. In: Börsenblatt (Leipziger Ausgabe), H. 10, 6.3.1954, S. 198f., hier S. 199.
295 Zit. nach Lokatis 1997a, S. 35. Vgl. auch Fischl 2011, S. 19, 47.
296 Langhans, Akademie der Wissenschaften, an Morgenstern, HV Verlagswesen, 24.8.1956, BArch, DR1/1947.
297 Vgl. Fischl 2011, S. 48.

Lieferungen und Bezüge erhöhte sich in den folgenden Jahren stetig. Für den Globus Buchvertrieb stellte der Verkauf der Bücher aus der DDR eine wichtige Umsatzquelle dar – es wurde »praktisch das gesamte Verlagsprogramm der DDR-Verlage angeboten«.[298] Die Bücher wurden auch in firmeneigenen Buchhandlungen verkauft und weiterexportiert. In der DDR mussten Mitarbeiter von Buch-Export feststellen, dass Teile der westdeutschen Sortimenter Globus wegen des politischen Hintergrundes abgelehnten.[299]

In der Schweiz war der »Kommunist und Büchernarr«[300] Theo Pinkus einer der aktiven Vertreiber von DDR-Literatur. Pinkus betrieb verschiedene buchhändlerische Firmen (Antiquariat, Buchhandlung und Verlag) und war für die DDR-Verlage und Buch-Export ein wichtiger Geschäftspartner in der Schweiz, da er sich offen für die DDR und ihre Literatur einsetzte. Seine Pinkus-Genossenschaft bezeichnete der umtriebige Linke selbst als »Pionierin in der Verbreitung von DDR-Literatur«.[301]

Problematische Aspekte

Der innerdeutsche Handel war eine höchst bürokratische Angelegenheit. Die Ursache hierfür lag in seiner staatlichen Steuerung, die von beiden Seiten nicht zuletzt aufgrund der angestrebten Aufrechterhaltung des Gleichgewichts zwischen Lieferungen und Bezügen betrieben wurde. In der DDR lief der Handel über Buch-Export; in der Bundesrepublik gab es ein zentrales Ausschreibungsverfahren. Die ausgehandelten Warenlisten wurden im *Bundesanzeiger* veröffentlicht, die Ausschreibungen für den Buchhandel dann im Frankfurter *Börsenblatt* abgedruckt. Lieferungen und Bezüge mussten daraufhin beantragt werden – das Verfahren konnte sich über Monate hinziehen. Lieferungen in die DDR mussten in der Bundesrepublik 15 behördliche Schritte durchlaufen; an den Vorgängen waren mehrere bundesdeutsche Ministerien beteiligt.[302]

Schwierigkeiten für die westdeutschen Besteller und Lieferanten entstanden durch häufige Liefer- und Zahlungsverzögerungen sowie Qualitätsmängel. Im Buchbereich entstanden diese unter anderem durch den andauernden Papiermangel in der DDR.[303] Dies wurde im DDR-Buchhandel erkannt und in Beiträgen zum inner-

---

298 Dieses und das vorangegangene Zitat: Köstner 2001, S. 82.

299 Vgl. Deutscher Buch-Export u. -Import GmbH, Entwicklung der Deutschen Buch-Export und -Import GmbH, Leipzig, o. D. [1960], DY30/IV2/2.026/109, Blatt 188.

300 So der Titel eines Porträts des Buchhändlers und Verlegers von Fritz J. Raddatz in der ZEIT. Raddatz 1980.

301 Lüscher/Schweizer 1987, S. 299.

302 Vgl. Fäßler 2006a, S. 101; Sarkowski 1997, S. 89. Eine Klage über das umständliche Verfahren im Buchhandel war im Börsenblatt (Frankfurter Ausgabe), H. 81, 7.10.1952, S. 414f. zu lesen, abgedruckt bei Umlauff 1978, Sp. 1358.

303 Vgl. Abschrift aus der Niederschrift über die Sitzung des Ausschusses für innerdeutsche und Auslandsfragen, 16.6.1954, SStAL, 21766 BV II, Nr. 1240.

deutschen Buchhandel in den Jahren 1953 und 1954 auch selbstkritisch benannt[304] – eine Besserung trat aber nicht ein. Daneben bestanden vor allem in den Anfangs-jahren Unsicherheiten bezüglich der Verfügbarkeit der Guthaben.[305] Wegen des Preis-gefälles zwischen Ost und West fürchtete der westdeutsche Buchhandel zudem Rückimporte in die Bundesrepublik.[306] Verlage versuchten daher ebenso wie der Frankfurter Börsenverein immer wieder, das Volumen der ausgetauschten Literatur zu begrenzen.[307]

Der DDR-Buchhandel hingegen beklagte wiederholt, dass der Absatz der eigenen Literatur im Westen behindert würde. Bedingt war dies zum Beispiel durch das Anfang der 1950er Jahre verhängte Verbot der Teilnahme der DDR-Verlage an der Frankfur-ter Buchmesse. Dieses wurde zwar 1955 aufgehoben, Einschränkungen der Messeteil-nahme bestanden aber weiterhin (siehe Kapitel 8.2). Während der gesamten 1950er und 1960er Jahre durften die DDR-Verlage zudem im Frankfurter *Börsenblatt* keine Buchanzeigen aufgeben (siehe Kapitel 7.1.5). Klage führte der ostdeutsche Buchhandel auch über das lange Prozedere des Genehmigungsprozesses auf westdeutscher Seite, das er als »Verzögerungstaktik der Bonner Behörden«[308] hinstellte.

Kritisiert wurde von DDR-Seite aus auch das Ungleichgewicht der Lieferungen und Bezüge, denn aus der Bundesrepublik kamen weitaus mehr Bücher in die DDR als umgekehrt. Der westdeutsche Buchhandel hatte am Nutzen der Herstellungskapazi-täten des Ostens deutlich mehr Interesse als am Import von DDR-Literatur und war zugleich selbst am Absatz der eigenen Bücher in der DDR interessiert, weshalb das Ungleichgewicht bestehen blieb.[309]

3.2.5 Funktionen und Bedeutung des innerdeutschen (Buch-)Handels

Der innerdeutsche Handel besaß für die Unternehmen in der Bundesrepublik und in der DDR, aber auch für beide Staaten ökonomische und politische Funktionen.

---

304 Vgl. z. B. Tensierowksi, Otto: Reibungsloser Buchaustausch, wenn die Verpflichtungen beider-seits eingehalten werden. In: Börsenblatt (Leipziger Ausgabe), H. 1, 2.1.1954, S. 3–5; Innerdeutscher Handel – ein Schritt zur deutschen Einheit. In: Börsenblatt (Leipziger Ausgabe), H. 30, 25.7.1953, S. 605f.

305 Vgl. Fäßler 2006a, S. 174–176; für die Buchbranche beispielsweise: Umlauf 1978, Sp.1345; Interzo-nenhandel. In: Börsenblatt (Frankfurter Ausgabe), H. 93, 21.11.1950, S. 405.

306 Vgl. zum Beispiel Piscator Stuttgart an LKG Leipzig, 19.19.1950, HA/BV 52, Nr. 7. Vgl. auch Interzo-nenhandel. In: Börsenblatt (Frankfurter Ausgabe), H. 93, 21.11.1950, S. 405.

307 Vgl. Umlauff 1978, Sp. 1337, 1344.

308 Die gegenwärtige Lage im innerdeutschen Buchhandel. In: Börsenblatt (Leipziger Ausgabe), H. 51/52, 20.12.1952, S. 957.

309 Vgl. Frohn 2014, S. 56.

Ökonomische Bedeutung des (Buch-)Handels

Gesamtwirtschaftlich gesehen hatte die SBZ/DDR das größere Interesse an den gegenseitigen Lieferungen und Bezügen, da sie sich in einer ökonomisch schwächeren Position befand, bedingt durch die spezifische Konstellation, welche Kriegsfolgen, Teilung und politische Umgestaltung nach sich zogen.[310] Für die chronisch unter Devisenknappheit leidende DDR stellte der innerdeutsche Handel außerdem einen günstigen Weg dar, die benötigten Waren zu beziehen.[311] Auf westlicher Seite gab es vor allem Anfang der 1950er Jahre ein ökonomisches Interesse an Lieferungen aus der DDR bei bestimmten Gütern.[312] Auch als Absatzmarkt war der Osten interessant. Dies galt vor allem in der Krisenzeit von 1949 bis 1951, als hohe Arbeitslosenquoten, Devisenknappheit und Absatzschwierigkeiten die westdeutsche Wirtschaftsentwicklung kennzeichneten.[313]

Was für die Gesamtwirtschaft galt, traf grosso modo auch auf den Buchhandel zu, der innerhalb des Gesamtgefüges des innerdeutschen Handels eine ökonomisch eher geringe Rolle spielte.[314] In der DDR gab es an den Universitäten und in den Bibliotheken einen großen Bedarf an wissenschaftlicher Literatur und Fachbüchern, der nicht allein aus der Produktion der DDR-Verlage gedeckt werden konnte.[315] Auch für den Aufbau der Industrie wurde die westliche Literatur als wichtig erachtet.[316] Der innerdeutsche Buchhandel eröffnete die Möglichkeit, die benötigten westdeutschen Bücher gegen eigene Exporte oder eine Kompensation durch Herstellungsaufträge zu beziehen, weshalb die DDR-Seite stets Erhöhungen der Austauschvolumina anstrebte. Im Laufe der 1950er Jahre wurden dann die Bemühungen verstärkt, sich davon unabhängig(er) zu machen.

In der mittelständisch geprägten Buchbranche der Bundesrepublik gab es ein Interesse an einem Export in die DDR – schon deshalb, weil den Verlagen mit der Abtrennung der SBZ bzw. DDR ein Teil des angestammten Absatzgebietes verloren gegangen war.[317] Als im Juli 1950 über ein neues Interzonenhandelsabkommen verhandelt wurde und der Frankfurter Börsenverein sich der Treuhandstelle für den Interzonen-

---

310 Vgl. Fäßler 2006a, S. 288; Mai 1993, S. 437.

311 Vgl. Fäßler 2007, S. 36.

312 Anfang der 1950er Jahren waren das vor allem Bau- und Grubenholz, Zucker und Getreide. Ebenfalls bestand ein Bedarf an Braunkohle und bestimmten Chemikalien. Vgl. Fäßler 2006a, S. 159.

313 Vgl. Fäßler 2006a, S. 90f., 103; Fäßler 2007, S. 34; für die Buchbranche Umlauff 1978, Sp. 1393f.

314 Bezüge und Lieferungen der Bundesrepublik bewegten sich in den 1960er Jahren in der gesamten Warengruppe 57, Druckerei- und Vervielfältigungsindustrie, zwischen 0,8 und 1,4 Prozent. Vgl. Schlemper 1978, S. 300–302.

315 Im Zweifel musste der Import von Wissenschafts- und Fachliteratur hinter dringender gebrauchten Waren zurückstehen. Vgl. Umlauff 1978, Sp. 1393f., 1408.

316 Vgl. Frohn 2014, S. 52; Sarkowski 1997, S. 94.

317 Vgl. Information für die Mitglieder des Vorstandes zum Punkte Interzonenhandel, 14.6.1951, ISG Frankfurt, BV, W2/8:203.

handel gegenüber zur Situation der Branche erklären sollte, stellte er fest, dass für die westlichen Verlage,

> für welche die Lieferungen von Büchern und Zeitschriften in die Sowjetzone, die ja, pauschal gerechnet, etwa ein Fünftel des gesamten Absatzgebietes ausmache, von entscheidender Bedeutung seien, vorausgesetzt, daß die Absatzerlöse den liefernden Verlegern in irgendeiner Form zufließen würden.[318]

Anderthalb Jahre später konstatierten Vertreter von Koehler & Volckmar Leipzig ein großes Interesse der für die DDR

> wichtigsten wissenschaftlichen Verlage Westdeutschlands, die durchweg stärkstens am Abschluß weiterer Kompensationsverträge [...] interessiert sind unter der Voraussetzung, dass die Papierfrage zufriedenstellend gelöst wird und künftig Druckaufträge in der DDR termingemäß und ohne Störungen abgewickelt werden können.[319]

Auch an der Auslieferung von Teilauflagen westlicher Titel in der DDR und dem Lizenzaustausch bestand bei den Verlagen der Bundesrepublik ein Interesse. Unter den Verlagen, mit denen Koehler & Volckmar Gespräche geführt hatten, waren Carl Hanser in München, Moritz Diesterweg in Frankfurt am Main, Ferdinand Enke in Stuttgart, Hüthig in Heidelberg und der Verlag Chemie in Weinheim. Neben diesen Unternehmen, die alle bereits vor 1945 an den angegebenen Orten ansässig gewesen waren, hatten auch Verhandlungen mit den Parallelverlagen S. Hirzel und Georg Thieme in Stuttgart, Dr. Dietrich Steinkopff in Darmstadt und dem Piscator-Verlag, der Stuttgarter Dependance des Jenaer Verlags Gustav Fischer, stattgefunden.[320]

Der Frankfurter Börsenverein schätzte 1964 für den gesamten Buchhandel, dass die Bedeutung des Interzonenhandels eher gering und eine Konzentration auf »die wissenschaftlichen und Fachverlage der Bundesrepublik und Westberlins« anzutreffen sei. Bei diesen Verlagen, so räumte der Verband ein, »spielt er doch auch wirtschaftlich eine gewisse Rolle«.[321] Die zurückhaltende Einschätzung dürfte im Kontext der damals abgekühlten Beziehungen zum ostdeutschen Buchhandel und dem Börsenverein (siehe Kapitel 7.1.3) und unter dem Eindruck des Baus der Berliner Mauer drei Jahre zuvor zu lesen sein.

Politische Bedeutung des (Buch-)Handels

Die Führung in der DDR erblickte im innerdeutschen Handel ein Instrument zur Erlangung der völkerrechtlichen Anerkennung, die ihr die Bundesrepublik mit ihrem

---

318 Umlauff 1978, Sp. 1369.
319 Tensierowski, Reisebericht Westdeutschland vom 6.–17.1.1952, BArch, DR1/2064.
320 Vgl. ebd.
321 Dieses und das vorangegangene Zitat: Georgi, Interzonenhandel mit Gegenständen des Buchhandels, März 1964, ISG Frankfurt, BV, W2/7:2825.

Alleinvertretungsanspruch verwehrte.[322] Die Machthaber versuchten, ihr Ziel mit kleinen Schritten und durch die »normative Kraft des Faktischen«[323] zu erreichen. So existierte mit dem *Berliner Abkommen* ein offizieller Vertrag und es fanden regelmäßige Gespräche statt, die über zwei Jahrzehnte sogar die einzige durchgehende Kommunikation zwischen den Staaten darstellte.[324] Außerdem versuchte die DDR, ihre Unternehmen im Westen unter der Bezeichnung ›Deutsche Demokratische Republik‹ auftreten zu lassen, beispielsweise auf Messen. Dies war schon seit 1950 vereinzelt versucht worden und wurde ab 1955 systematisch betrieben.[325] Die Teilnahme der DDR-Firmen an internationalen Ausstellungen wertete die DDR-Führung als de-facto-Anerkennung.[326] Bei der Präsenz der DDR-Verlage auf der Frankfurter Buchmesse sollte dieses Thema eine wichtige Rolle spielen (siehe Kapitel 8.2).

Die Bundesregierung verfolgte mit dem innerdeutschen Handel ebenfalls politische Ziele. Dazu gehörte neben anderen die »Gewöhnung der Bevölkerung der kommunistischen Länder an den Kontakt mit der westlichen Welt«,[327] also gleichsam eine ›Unterwanderung‹ des Ostens mittels westlicher Produkte. Die Verbindung zu den Menschen in der DDR sollte nicht abreißen, auch im Hinblick auf eine eventuelle Wiedervereinigung. Wichtiger wurden im Laufe der 1950er Jahre humanitäre Gesichtspunkte: Man wollte die DDR-Bevölkerung mit Lebensmitteln und Konsumgütern unterstützen.[328] Nach Unterzeichnung des Deutschlandvertrages und der weitgehend abgeschlossenen Westintegration Mitte der 1950er Jahre war der innerdeutsche Handel für die Regierung der Bundesrepublik ein Mittel, für die Öffentlichkeit am Gedanken der deutschen Einheit festzuhalten. Nicht zuletzt versuchte die Bundesregierung, mit dem innerdeutschen Handel als Druckmittel einen störungsfreien Berlin-Verkehr erwirken zu können.[329]

Diese Zielsetzungen auf Staatsebene finden ihre Entsprechungen im Buchhandel. Der Buchexport besaß für die DDR-Regierung (und mit ihr für viele Akteure der Branche) eine politische Funktion. Mit dem Export ostdeutscher Literatur sollte für das sozialistische System geworben werden.[330] Die beiden Zielsetzungen, die politische und die ökonomische, benannte die HV Verlagswesen 1957: Der Vertrieb der DDR-Literatur in der Bundesrepublik diene dazu,

---

322 Vgl. Fäßler 2006a, S. 291–294.
323 Fäßler 2006a, S. 104.
324 Vgl. Fäßler 2007, S. 34. Auf Seiten der DDR führten Vertreter des Ministeriums für Außenhandel und innerdeutschen Handel die Verhandlungen, auf Seiten der Bundesrepublik die Treuhandstelle für Interzonenhandel. Vgl. ebd., S. 34f.
325 Vgl. Fäßler 2006a, S. 105, 169.
326 Vgl. Judt 1997, S. 503.
327 Wilhelm Röpke, zit. nach Fäßler 2006a, S. 102.
328 Vgl. Fäßler 2006a, S. 159f.
329 Vgl. ebd, S. 102f., 144; Kruse 2005, S. 66.
330 Vgl. Umlauff 1978, Sp. 1385f.; Frohn 2014, S. 60.

1) unsere Ideologie zu verbreiten und das Ansehen der Deutschen Demokratischen Republik und des sozialistischen Lagers zu stärken,

2) einen Ausgleich zu schaffen für die von uns aus Westdeutschland benötigte Literatur.[331]

Die wissenschaftlichen Bücher waren vor allem auf dem zweiten Gebiet wichtig.

Im bundesdeutschen Buchhandel argumentierte die Branchenvertretung gleichfalls politisch, wenn es um die Ausweitung des innerdeutschen Buchhandels und den Export der westlichen Bücher in die DDR ging. Es bestünde eine Verpflichtung der Verleger zum Export, da die Menschen im Osten »nach Büchern aller Art aus Westdeutschland und West-Berlin hungerten«.[332] Außerdem hegte man die Hoffnung, die Bücher könnten die Bevölkerung politisch im westlichen Sinne beeinflussen.

Sowohl für die Bundesrepublik als auch für die DDR besaß der innerdeutsche Handel eine Klammer- und Brückenfunktion. Im Hinblick auf die zu Beginn der 1950er Jahre noch erwartete Wiedervereinigung sollten die Wirtschaftsbeziehungen aufrechterhalten und die beiden Staaten zusammengehalten werden. Zudem gingen die politisch Verantwortlichen von positiven Effekten auf die Gesellschaft aus, da durch die persönlichen Wirtschaftskontakte das Einheitsgefühl gestärkt und die gemeinsame Kultur erhalten bleiben sollte.[333] Mit der Brückenfunktion wurde im Buchhandel ebenfalls argumentiert – in ungewöhnlichem Gleichklang der Formulierungen. Während das Leipziger *Börsenblatt* 1953 davon sprach, dass »der innerdeutsche Handel die starke Brücke [sei], die Ost- und Westdeutschland verbindet,«[334] verlautete im Frankfurter Börsenverein nach dem Mauerbau, dass der Interzonenhandel als »einzige Brücke zu den deutschen Menschen im Osten«[335] aufrechterhalten werden müsse.

Zur Komplexität der Thematik trug bei, dass der Wunsch nach Wiederherstellung der deutschen Einheit, der hinter dem ›Brückengedanken‹ stand, auf das Bedürfnis nach Abgrenzung vom anderen Gesellschaftssystem traf. Auch berührten die Fragen des innerdeutschen Buchhandels nicht nur ökonomische und politische, sondern – und dies bezog sich unter anderem konkret auf das Problem der Parallelverlage – auch rechtliche und emotionale Fragen, wie ein Statement des Verlegers Friedrich Georgi aus dem Jahr 1958 verdeutlicht:

> Die Problematik des Interzonenhandels ist allgemein bekannt. Kulturelle, politische, wirtschaftliche, juristische, gefühlsbedingte und moralische Fragen sind untrennbar miteinander

---

331 Abteilung Buchhandel, Kollegen Karl Böhm über Kollegen Clemens Seifert, 24.12.1957, BArch, DR1/1079, Blatt 207.

332 Umlauff 1978, Sp. 1394.

333 Vgl. Fäßler 2007, S. 35f.; Kruse 2005, S. 65.

334 Der innerdeutsche Handel und das Buch. In: Börsenblatt (Leipziger Ausgabe), H. 37, 12.9.1953, S. 753.

335 Protokoll über die Sitzung des Ausschusses für Fragen des Interzonenhandels des Börsenvereins am Montag, 4.9.1961, in Berlin, ISG Frankfurt, BV, W2/7: 2819.

verknüpft und spiegeln die ganze Situation unseres getrennten Vaterlandes der Nachkriegszeit wieder. Alle Fragen des Interzonenhandels bedürfen einer sehr behutsamen Behandlung. Wir müssen versuchen, aus der komplizierten Situation das beste zu machen. Die grossen politischen und juristischen Fragen können auf unserer Ebene nicht gelöst und entschieden werden. Wir sollten aber um der Einheit unseres Volkes willen doch den Versuch machen, die wenigen noch vorhandenen Brücken und Wege zueinander zu erhalten und daran zu arbeiten, die bestehenden Schwierigkeiten im Rahmen unserer Möglichkeiten zu verringern. Es versteht sich von selbst, daß damit keine Anerkennung eines zweiten deutschen Staates verbunden sein kann und kein Abfinden mit den Maßnahmen, die die dortigen Machthaber ergriffen haben und noch ergreifen werden.[336]

3.3 Kommunikationskontrolle: Der Verlagsbuchhandel nach 1945

Alle Besatzungsmächte brachten den Medien und damit dem Buchhandel eine besondere Aufmerksamkeit entgegen. Sie erblickten in ihnen wichtige Instrumente, um die im Potsdamer Abkommen festgehaltenen politischen Ziele zu erreichen. Zum einen sollte der mögliche Einfluss der Literatur auf Ansichten, Normen und Werte der Menschen im positiven Sinne zur ›Umerziehung‹ (reeducation/reorientation) der deutschen Bevölkerung genutzt werden, zum anderen strebten die Besatzer Entnazifizierung und Entmilitarisierung auch im Bereich der Literatur an. Alles Nationalsozialistische und Militaristische sollte aus dem Verkehr gezogen und die Entstehung neuer derartiger Werke verhindert werden. Dies erfolgte auf zwei Ebenen: durch die Auswahl der Personen, die auf dem Gebiet der Medien tätig sein durften, sowie die Kontrolle der zu veröffentlichenden Schriften.[337] Der Aufbau dieser Kontrollstrukturen, der damit verbundene Bürokratismus sowie eine allgemeine Vorsicht gegenüber allen Personen, die schon während des Nationalsozialismus professionell mit Medien beschäftigt waren, bewirkten, dass die Buchproduktion erst allmählich wieder in Gang kam.[338] In der ersten Zeit gelangten vor allem kleine Broschüren und Neuauflagen von älteren Titeln, z. B. Fachbücher oder Klassiker der Belletristik, auf den Markt.[339]

Auf den alliierten Konferenzen wurde die Kontrolle der Medien thematisiert, sie sollte allerdings nicht zentral geregelt werden.[340] So blieb sie den Oberbefehlshabern der vier Besatzungszonen überlassen, weshalb es kaum Gesetze zum Buchhandel gab,

---

336 Interzonenhandel, Bericht des Vorsitzenden des Ausschusses für Fragen des Interzonenhandels, 25.9.1958, Frankfurt, ISG Frankfurt, BV, W2/7:2783.
337 Vgl. Umlauff 1978, Sp. 68f.; Jütte 2010, S. 134; Schildt 1999b, S. 135. Zum Hintergrund dieses »Umerziehungsgedankens« durch Bücher bei den Amerikanern siehe Gruschka 1995a, S. 49–55.
338 Vgl. Umlauff 1978, Sp. 66.
339 Vgl. Schildt 1999b, S. 138.
340 Vgl. ebd., S. 134; Umlauff 1978, Sp. 49.

die für ganz Deutschland Geltung hatten.[341] Dass die Besatzer unterschiedliche Vorstellungen vom Wiederaufbau des Buchhandels hatten, zeigt auch die quantitative Betrachtung: Bis 1949 wurden in der SBZ 160 Lizenzen für Buchverlage, in den westlichen Zonen im gleichen Zeitraum 902 Lizenzen, davon 390 in der amerikanischen Zone, vergeben.[342] Bei einer etwas höheren Bevölkerungszahl in der SBZ (18 Millionen im Jahr 1946) als in der amerikanischen Zone (16,7 Millionen im Jahr 1946) gab es dort deutlich mehr als doppelt so viele zugelassene Verlage. Parallelen wies der Umgang mit den Buchhandelsfirmen bzw. ihren Inhabern durch die Besatzungsmächte in den ersten Jahren nach Kriegsende gleichwohl auf.

3.3.1 Alte Traditionen und neue Eigentumsverhältnisse: SBZ

In der Sowjetischen Besatzungszone existierte in den ersten drei Monaten nach Kriegsende keine das Verlagswesen betreffende Vorschrift, die die gesamte Zone betraf. Erste Regelungen erfolgten auf lokaler oder regionaler Ebene. So erhielten im Oktober 1945 in Leipzig 145 Verlage nach ihrer Überprüfung eine »Weiterarbeitsgenehmigung« und damit die Erlaubnis, alte, politisch unbedenkliche Bestände zu verkaufen.[343] Für den Erhalt einer Gewerbegenehmigung mussten Auflagen erfüllt werden: Geprüft wurde die politische Haltung während der Zeit des Nationalsozialismus ebenso wie die aktuelle; eine buchhändlerische Vorbildung wurde erwartet, ebenso ein einwandfreies Verhalten in persönlicher und geschäftlicher Hinsicht; im besten Falle sollte ein Startkapital vorhanden sein.[344]

Lizenzierungsverfahren

Für die Publikation neuer Werke benötigten die Verlage eine Lizenz, wie es im SMAD-Befehl Nr. 19 vom 2. August 1945 geregelt war. Herausgabe und Druck sämtlicher Druckschriften durften nur von Betrieben mit einer Genehmigung der Militäradministration durchgeführt werden,[345] außerdem waren Druckgenehmigungen für die

---

341 Vgl. Jütte 2010, S. 116; Umlauff 1978, Sp. 73f. Ausnahmen stellen der Kontrollrats-Befehl Nr. 4 vom 13.5.1946, der die Einziehung sämtlicher Literatur nationalsozialistischen Inhalts bestimmte, und eine Bestimmung zum Interzonenverkehr dar.

342 Vgl. Ziermann 2000, S. 12f.; Links 2010, S. 20.

343 Vgl. Jütte 2010, S. 194. Überprüft wurden die politische Belastung der Firmeninhaber und leitenden Angestellten sowie die Buchbestände. Vgl. Rat der Stadt Leipzig, Erziehungs- und Kulturamt, Betr. Wiedereröffnung des Buchhandels, 6.8.1945, SStAL, 22198 Teubner Leipzig, Nr. 176.

344 Vgl. Richtlinien für die Neuzulassung, Führung und Uebernahme buchhändlerischer Betriebe, StadtAL, StVuR, Nr. 9302.

345 Vgl. Befehl Nr. 19 der SMAD vom 2. August 1945 zur »Verbesserung der Arbeit der Verlage und Druckereien und der Regelung der Kontrolle ihrer Tätigkeit«. Jütte 2010, S. 135.

einzelnen Werke einzuholen.[346] Mit diesem Befehl war die Grundlage für die personelle und inhaltliche Kontrolle der Buchbranche in der gesamten SBZ geschaffen.
Auf welchem Wege die Verlage die Lizenzen erhalten sollten, war in dem Dokument
nicht festgelegt; Verfahren und Zuständigkeit für die Lizenzerteilung klärten sich erst
allmählich. Grundsätzlich war innerhalb der SMAD die Propagandaverwaltung, später Informationsverwaltung,[347] für die Organisation und Kontrolle des Verlagswesens
zuständig und damit auch für die Erteilung von Verlags- und Zeitschriftenlizenzen.[348]
Unterstützung erhielt sie von der Deutschen Zentralverwaltung für Volksbildung
(später Deutsche Verwaltung für Volksbildung), deren Referat Verlagswesen[349] ab
Anfang 1946 Vorschläge unterbreitete, welchen Verlagen eine Lizenz erteilt werden
sollte, sowie von den entsprechenden Behörden der Länder und Provinzen.[350]

Der Schwerpunkt der Kommunikationskontrolle lag in der ersten Zeit allerdings
auf der Aussonderung unerwünschter Literatur und nicht auf der Vergabe von Lizenzen. Da sich das Verfahren zudem erst einspielen musste, verzögerte sich der Prozess,
wovon vor allem die Privatverleger betroffen waren. Sie erhielten vorerst keine Lizenzen, die SMAD konzentrierte sich stattdessen im Jahr 1945 auf neu gegründete Verlage
von ihr zugelassener Parteien, Organisationen und Verwaltungen.[351] An die Privatverleger erging auf einer Verlegerversammlung im Oktober 1945 die Aufforderung, weniger an das Geschäft zu denken als sich zu vergegenwärtigen, »daß der deutsche Verlag
an der sittlichen Verwahrlosung der letzten 12 Jahre eine große Schuld habe«.[352] Unter
den privat geführten Verlagen wuchs die Beunruhigung. Sie fürchteten ein Verlagswesen nach sowjetischem Vorbild, in dem es nur noch Staats- und kaum Privatverlage
geben würde.[353] Auf der anderen Seite hatte sich die KPD in ihrem Aufruf vom 11. Juni
1945 ausdrücklich für die »Privatinitiative auf der Grundlage des Privateigentums«[354]

---

346 Es konnten zunächst auch Verleger ohne Lizenz Druckgenehmigungen beantragen und erhalten.
Vgl. Jütte 2010, S. 139f.
347 Die genaue Bezeichnung der Verwaltung wechselte, siehe dazu und zu ihrer Organisation Jütte
2010, S. 14–24. Strunk beleuchtet vor allem Persönlichkeit und Stellung des Leiters der Verwaltung,
Sergej Iwanowitsch Tulpanow. Siehe Strunk 1996, S. 26–32.
348 Vgl. Jütte 2010, S. 23f.
349 Das Referat wechselte mehrfach seinen Namen. Vgl. Jütte 2010, S. 30. Zu den anderen Aufgaben
des Referats im Verlagsbereich siehe Jütte 2010, S. 36f.
350 In Sachsen war zwischenzeitlich der im Juni 1946 lizenzierte Leipziger Börsenverein für Buch-
handelsangelegenheiten, so auch die Lizenzanträge, zuständig. Vgl. Jütte 2010, S. 85f.
351 Vgl. Jütte 2010, S. 168. Bis Dezember 1945 erhielten fünf dieser Verlage eine Lizenz: der SWA-Verlag
der SMAD, der Aufbau-Verlag des Kulturbundes, der KPD-Verlag Neuer Weg, der zur Vereinigung der
gegenseitigen Bauernhilfe gehörige Deutsche Bauernverlag und der staatliche Verlag Volk und Wissen, der der Deutschen Zentralverwaltung für Volksbildung zugeordnet war. Weitere Lizenzen wurden
für Zeitungen und Zeitschriften erteilt.
352 Aus einer Rede von Heinrich Becker, zit. nach Umlauff 1978, Sp. 1223.
353 Vgl. Umlauff 1978, Sp. 1224.
354 Mortier 1988, S. 66.

ausgesprochen. Somit drohte der langsame Lizenzierungsprozess zum Glaubwürdigkeitsproblem für die Partei zu werden.

Verantwortliche in den deutschen Behörden, Parteien und Organisationen begannen sich für die Privatverleger einzusetzen, vor allem in Leipzig. Innerhalb des Kulturbundes zur demokratischen Erneuerung Deutschlands kam es wegen der fehlenden Lizenzierungen zu Protesten von Lehrern, Schriftstellern und Wissenschaftlern.[355] Der Kulturausschuss der Liberal-Demokratischen Partei in Leipzig warnte Ende 1945 in der Denkschrift *Über die Unentbehrlichkeit der Privatverlage* vor den Folgen einer »einseitige[n] Uniformierung« und »zentralgelenkte[r] Betreuung«.[356] Auch die Leipziger Zentralstelle für Buch- und Bibliothekswesen, die unter anderem Lizenzanträge von Leipziger Verlagen begutachtete und Listen von Verlagen zusammenstellte, deren Lizenzierung sie besonders befürwortete, setzte sich sehr für die Verleger ein.[357] Ein entscheidendes Motiv für diese Bemühungen war der Kampf gegen den Verlust der Bedeutung der Buchstadt Leipzig und die offensichtliche Bevorzugung Berlins, wo die neuen Verlage gegründet wurden.[358] Die Verlagerung wichtiger Buchhandelsstrukturen in die westlichen Zonen, wo in Hamburg, Frankfurt am Main, München und Stuttgart neue Kommissionsplätze aufgebaut wurden, empfanden die Leipziger als Bedrohung.[359]

In Thüringen bemühte sich Joseph Witsch, Leiter der Landesstelle für Buch- und Bibliothekswesen, die Lizenzierung verschiedener Privatverlage, so des Verlags Gustav Fischer, durchzusetzen.[360] Auch in Berlin wuchs die Sorge, dass das (ost)deutsche Verlagswesen an Bedeutung verlieren könnte. Lothar von Balluseck, Leiter des Referats Verlagswesen in der Zentralverwaltung für Volksbildung, hatte schon im Oktober 1945 festgestellt, »daß in den Verlagsplanungen der englischamerikanischen Zone uns gegenüber ein strategischer Vorsprung erreicht ist«.[361] Zwei Monate später wies er die SMAD auf bekannte Buchreihen aus den Leipziger Verlagen hin, die

---

355 Vgl. Ziermann 2000, S. 12.

356 Dieses und das vorangegangene Zitat: Über die Unentbehrlichkeit der Privatverlage für den Neuaufbau des deutschen Kulturlebens, verfasst von der Arbeitsgemeinschaft Buchhandel im Kulturausschuss der Liberal-Demokratischen Partei. Zit. nach Umlauff 1978, Sp. 1225. Der vollständige Wortlaut der Denkschrift findet sich bei Umlauff 1978, Sp. 1651–1656.

357 Vgl. Jütte 2010, S. 109–115. 40 Verlegern wurde zwischen 1946 und 1948 von der Zentralstelle bzw. ihrem jeweiligen Leiter zur Lizenz verholfen.

358 Die Veränderung machen folgende Zahlen deutlich: 1953 waren 65 Prozent der DDR-Verlage in Ost-Berlin und Leipzig ansässig, seit 1953 stand Ost-Berlin in Bezug auf Titel und Verlage an erster Stelle, 1951 hatte Leipzig noch, wenigstens in Bezug auf die Zahl der Verlage, geführt. Vgl. Taubert, Sigfred: Buchproduktion und Verlagswesen der sowjetisch besetzten Zone Deutschlands im Jahr 1953. In: Börsenblatt (Frankfurter Ausgabe), H. 45, 9.6.1954, S. 337–344, hier S. 342.

359 Wochenbericht der Wirtschaftskammer Leipzig Nr. 23, 22.12.1945, StadtAL, StVuR, Nr. 9157.

360 Vgl. Jütte 2010, S. 200f.

361 Zit. nach Mortier 1988, S. 65.

andere, zusätzliche Käufer finden [würden], als die Ausgaben des Verlages ›Neuer Weg‹ [der KPD-Verlag, A.-M. S.]. Mit den privaten Verlagen und nicht mit unseren neuen Verlagsunternehmungen haben wir die stärkste Aussicht, in die anderen Besatzungszonen und zu späterer Zeit in andere deutschsprachige Gebiete hinüberzustrahlen.[362]

Der Hinweis auf die Abwanderung der Verleger in den Westen wurde spätestens seit Ende 1945 ein gewichtiges Argument für die Forderung nach Lizenzerteilungen für die Privatverlage. Einige hatten zu diesem Zeitpunkt die SBZ bereits verlassen oder in den westlichen Zonen Lizenzen erhalten. Der Leipziger Stadtdirektor Erich Ott forderte die Deutsche Zentralverwaltung für Volksbildung unter Hinweis auf die »konkurrierenden Verlage in den westlichen Besatzungszonen«[363] Ende 1945 auf, sich endlich um die Lizenzerteilungen zu kümmern. Wilhelm Girnus, Leiter der Abteilung Kulturelle Aufklärung der Deutschen Verwaltung für Volksbildung, sowie Carl Buttke, Referent für das Verlagswesen im Berliner Magistrat, äußerten Anfang 1946 ebenfalls ihre Sorge darüber, dass die Privatverlage in die westlichen Zonen gehen könnten.[364] Zusätzlich wurde befürchtet, dass die Autoren zu Verlagen im Westen wechseln würden, sollten ihre ursprünglichen Verlage mangels Lizenz nicht arbeitsfähig sein.[365] In Leipzig und Berlin war zudem inzwischen bekannt geworden, dass die amerikanischen und englischen Besatzungsbehörden versuchten, die Verleger aus der SBZ zu einem Umzug nach Stuttgart bzw. Braunschweig zu bewegen, mit der Aussicht, dass sie dort »Lizenzen für ihre Verlage in beliebigem Umfang erhalten würden.«[366]

Anfang 1946 erklärte die SMAD aber zunächst, dass die Zahl der Verlagslizenzen insgesamt geringgehalten werde und lediglich fünf Privatverlage eine Lizenz erhalten sollten.[367] Wie in der deutschen Verlagsbranche befürchtet, wollten die sowjetischen Besatzer das Verlagssystem ähnlich dem der Sowjetunion aufbauen. Basierend auf volks-, partei- oder organisationseigenen Verlagen sollte es auf den wichtigsten Sachgebieten lediglich einen Verlag geben, dem die anderen Firmen eingegliedert werden würden. Deutsche kommunistische Schriftsteller und Funktionäre hatten im Exil in Moskau ein Konzept entwickelt, nach dem neben den neuen Verlagen nur einzelne private Verlage unter bestimmten Bedingungen wieder zugelassen werden sollten.[368]

---

362 Balluseck an SMAD Karlshorst, 5.12.1945, BArch, DR2/896.
363 Jütte 2010, S. 169.
364 Vgl. Jütte 2010, S. 175.
365 Vgl. Bille 1992, S. 173.
366 Girnus, Bericht über die Arbeit der Abt. Kulturelle Aufklärung bei der Deutschen Verwaltung für Volksbildung an das ZK der KPD, Ulbricht, 20.2.1946, BArch, DR2/1090.
367 Becker, Anruf des Herrn v. Ballusek, Deutsche Zentralverwaltung, Berlin, 7.1.1946, StadtAL, StVuR, Nr. 8889.
368 Vgl. Riese 2000a, S. 185; Lokatis 1995, S. 14; Becker 1974, S. 355; Mortier 1988, S. 65. Lenin hatte schon 1905 geplant, dass Verlage und andere Literaturbetriebe der Partei unterstehen und eine Funktion innerhalb der neuen Gesellschaftsordnung erfüllen sollten. Selle 1972, S. 19. Zum Verlagssystem

Die nicht mit Lizenzen bedachten Privatverlage würden mit einem der neuen Verlage fusionieren oder ihre Tätigkeit einstellen müssen. Für die Fusionierungen war der Verlag Volk und Wissen als ›Mutterverlag‹ auserkoren. Die Privatverlage sollten entsprechend ihrer Programme in mehreren Abteilungen in den Verlag eingefügt werden. Volk und Wissen würde demnach als Teilhaber in die Verlage eintreten, die ursprünglichen Verlagsnamen allerdings erhalten bleiben; die Verlagsrechte sollten ebenfalls bei den Ursprungsverlagen bleiben, die Verwertung aber nur über den geplanten ›Staatsverlag‹ möglich sein.[369] Dieser Konzeption eines beherrschenden staatlichen Verlags lag der Gedanke zugrunde, die Privatverlage letztlich in die öffentliche Hand zu überführen, was im Hinblick auf eine sozialistische Gesellschaftsordnung auch bei den deutschen Verantwortlichen erwünscht war.[370] In die Überlegungen waren einige der wissenschaftlichen Parallelverlage einbezogen (siehe Kapitel 4.2.2).

Konzept der verlegerischen Arbeitsgemeinschaften

Verwirklicht wurden diese weitgehenden Pläne nicht, der Widerstand der Verantwortlichen auf deutscher Seite war stärker. Immer wieder wiesen diese darauf hin, dass die Fusionspläne eine weitere Abwanderung in die westlichen Zonen zur Folge haben würde.[371] Den Kompromissvorschlag lieferte Heinrich Becker. Er wollte für die Privatverlage Rahmenbedingungen schaffen, die ihnen eine Weiterarbeit »in Anlehnung an bzw. Einfügung in die zugelassenen Verlage, möglichst der öffentlichen Hand«, ermöglichen würde, ohne allerdings den Eindruck von »Zwangssozialisierungen«[372] zu erwecken. Becker schlug die Bildung von Arbeitsgemeinschaften vor, unter deren Lizenz die Mitglieder selbstständig produzieren könnten.[373] Auf dieses Konzept einigten sich die Zuständigen auf sowjetischer und deutscher Seite schließlich. In den Jahren

---

in Russland bzw. der UdSSR zwischen 1917 und 1935 siehe Becker 2003, S. 17–62. Damals erfolgte die Ausschaltung des privaten Sektors im sowjetischen Verlagswesen.

369 Vgl. zu diesen Plänen Frommhold, Aktennotiz, Betr.: Fusionierung nicht zugelassener Verlage mit dem Verlag VOLK UND WISSEN, 14.1.1946, BArch, DR2/896; Becker, an Herrn v. Ballusek, 12.1.1946, BArch, DR2/896; Becker, Zentralstelle für Buch- und Bibliothekswesen, Betr.: Verlagsfragen der russischen Besatzungszone, 14.1.1946, StadtAL, StVuR, Nr. 8889; Plan der neuen Verlagsorganisation in der sowjetischen Besatzungszone, 14.1.1946, StadtAL, StVuR, Nr. 8889; Jütte 2010, S. 173f.

370 Jütte 2010, S. 174.

371 Vgl. Frommhold, Aktennotiz, Betr.: Fusionierung nicht zugelassener Verlage mit dem Verlag VOLK UND WISSEN, 14.1.1946, BArch, DR2/896 sowie Becker, Zentralstelle für Buch- und Bibliothekswesen, Betr.: Verlagsfragen der russischen Besatzungszone, 14.1.1946, StadtAL, StVuR, Nr. 8889.

372 Dieses und das vorangegangene Zitat: [Becker], Zentralstelle für Buch- und Bibliothekswesen, Wiederingangsetzung der verlegerischen Produktion in der sowjetischen Besatzungszone, 8.1.1946, BArch, DR2/896.

373 Vgl. Becker 1974, S. 355f. In der amerikanischen Zone hatte es ebenfalls Überlegungen gegeben, Verlage in »Gruppen für ihre Arbeitsgebiete« zusammenzuschließen. Hintergrund war der Papiermangel. Umlauff 1978, Sp. 431f.

1946 und 1947 kam es zur Bildung mehrerer solcher Verlagsarbeitsgemeinschaften: auf überregionaler Ebene die Arbeitsgemeinschaft medizinischer Verleger und die Arbeitsgemeinschaft der Fach- und Fachzeitschriften-Verleger, auf regionaler Ebene die Arbeitsgemeinschaft Thüringischer Verleger und der Berliner Zusammenschluss Verlagsgemeinschaft GmbH Jugend und Welt. Weitere Arbeitsgemeinschaften wurden geplant, aber nicht realisiert.[374]

An der Arbeitsgemeinschaft medizinischer Verleger waren sieben der acht hier untersuchten Parallelverlage beteiligt (siehe Kapitel 4.2.2). Die offiziell formulierten Zwecke der Arbeitsgemeinschaft bestanden in der gemeinsamen Vertretung gegenüber den Behörden, einer gemeinsamen Planung und Beschaffung sowie der Überwindung der Herstellungsschwierigkeiten.[375] Die Behörden hatten zunächst weitergehende Ziele mit der Gründung verbunden. Die Arbeitsgemeinschaft sollte »eine wirklich auf ein einheitliches Ziel hin arbeitende Gesellschaft [werden], in der hinter der Erreichung der verlegerisch-wissenschaftlichen Ziele die des Gewinnstrebens und der individuellen Belange der einzelnen Verleger mehr und mehr zurücktreten«.[376] Den Verlegern gelang es in den Vorverhandlungen, innerhalb des Konstrukts ihre weitgehende Eigenständigkeit zu erhalten, dennoch war ein bedeutender Einfluss staatlicher Stellen über die Besetzung des Aufsichtsrates gesichert. Ihm gehörten mehrere Vertreter der DWK Hauptverwaltung Gesundheitswesen sowie je einer der Hauptverwaltung Finanzen und der Verwaltung für Volksbildung an. Mit Alfred Dornig von Georg Thieme und Annelise von Lucius von Gustav Fischer waren daneben auch zwei Verlage im Aufsichtsrat vertreten.[377]

Erste Einzellizenzen an Privatverlage

Die Deutsche Verwaltung für Volksbildung ließ der SMAD Anfang 1946 wiederholt Listen mit Empfehlungen für die zu lizenzierenden Verlage zukommen, deren Zusammenstellung variierte. Barth, Becker & Erler (Akademische Verlagsgesellschaft), Fischer, Steinkopff, Teubner und Thieme fanden sich als »in erster« bzw. »in zweiter Linie zu berücksichtigende Verlage«[378] darunter. Im Februar konnte die Verwaltung

---

374 Zu den lizenzierten und geplanten Arbeitsgemeinschaften siehe vor allem Jütte 2010, S. 213–217 (regionale Arbeitsgemeinschaften), S. 217–231 (überregionale Arbeitsgemeinschaften) sowie S. 231–238 (geplante Arbeitsgemeinschaften).

375 Die Arbeitsgemeinschaft medizinischer Verlage. In: Börsenblatt (Leipziger Ausgabe), H. 8, 25.11.1946, S. 147.

376 Maikowksi, 19.3.1946, BArch, DR1/896, Blatt 89. Gemeinsam erfolgten für alle Verlage zum Beispiel die Betreuung der Zeitschriften-Anzeigenteile und die Organisation der Übersetzungen von Summarys. Vgl. Napiralski und Saenger, Geschäftsbericht der Arbeitsgemeinschaft medizinischer Verlage GmbH, 30.4.1949, BArch, DR2/981, Blatt 22–39.

377 Vgl. Napiralski und Saenger, Geschäftsbericht der Arbeitsgemeinschaft medizinischer Verlage GmbH, 30.4.1949, BArch, DR2/981, Blatt 22–39.

378 Jütte 2010, S. 171. Eine tabellarische Übersicht über diese Empfehlungen: Ebd., S. 171f.

verkünden, dass es ihr gelungen sei, die SMAD »von der Wichtigkeit bestimmter weltbekannter Verlage (Insel, Reclam, Kiepenheuer und die Gruppe der wissenschaftlichen Verlage) zu überzeugen und ihre Zulassung in Erwägung zu ziehen.«[379] Daneben sollte ein »Zentralverlag« für bestimmte Fachbereiche (Land- und Forstwirtschaft, Technik und Industrie, Gesundheitswesen, Verwaltung, Finanz und Statistik) geschaffen werden, die »wissenschaftlichen Verlage, die sozusagen die Schlüsselposition unserer Verlagtätigkeit im sowjetischen Sektor mit dem Zentrum von Leipzig darstellen«,[380] in Verlagsgruppen zusammengeschlossen werden, andere nach wie vor unter Führung von Volk und Wissen vereinigt werden. Letztlich erhielten Breitkopf & Härtel, Insel, Kiepenheuer, Reclam und E. A. Seemann im März 1946 als erste fünf Privatverlage eine Einzellizenz; einige Wissenschaftsverlage wurden wie geplant in der Arbeitsgemeinschaft medizinischer Verleger zusammengefasst.

Anfang 1947 kam es erneut zu Interventionen, da die Lizenzierungen weiterhin nur langsam vorankamen. Wieder wurde dabei unter anderem mit dem Problem der Abwanderung argumentiert. Auf Initiative der SED-Bezirksleitung Westsachsen besuchte eine vierköpfige Delegation aus Buchhandelsvertretern am 7. Januar 1947 Paul Wandel, den Präsidenten der Deutschen Zentralverwaltung für Volksbildung.[381] Die Buchhändler beklagten eine ganze Reihe an Problemen: die Bestrebungen, die Bedeutung Leipzigs als Buchstadt zugunsten Berlins zurückzudrängen, die Demontagen, die schleppende Lizenzerteilung, die Untätigkeit der Deutschen Zentralverwaltung für Volksbildung angesichts der Abwanderung von Autoren sowie die Unklarheiten über die Rollen von Staats- und Privatverlagen.[382] Zum letzten Punkt äußerte sich Wandel entsprechend der offiziellen SED-Haltung, die Walter Ulbricht im Sommer 1945 verkündet hatte: »Den privaten Unternehmern bleiben noch große Möglichkeiten« – allerdings mit der Einschränkung, dass »die Bäume dieser Privatunternehmer [...] nicht mehr in den Himmel [wachsen würden]«.[383]

Im Nachgang zu diesem Treffen brachten einige Buchhändler in Vertretung von Börsenverein und Leipziger Verlagen am 10. Januar 1947 ihre Unzufriedenheit Paul Wandel gegenüber erneut zum Ausdruck:

> Der Verlauf einer über einjährigen Tätigkeit der Abteilung Verlagswesen hat das Leipziger Verlagswesen durch Abwanderung von Verlagsrechten, Autoren und ganzer Verlagsfirmen [...] in kaum noch überbrückbare Schwierigkeiten gebracht [...].[384]

---

379 Girnus, Bericht über die Arbeit der Abt. Kulturelle Aufklärung bei der Deutschen Verwaltung für Volksbildung an das ZK der KPD, Ulbricht, 20.2.1946, BArch, DR2/1090.

380 Vgl. ebd.

381 Zu Wandel vgl. Erler/Mestrup 2010, S. 1378f.

382 Vgl. Bille 1992, S. 177f.

383 Dieses und das vorangegangene Zitat: Walter Ulbricht, zit. nach Frank 2001, S. 194. Vgl. auch Bille 1992, S. 177f.

384 Schreiben an Präsident Wandel, Deutsche Zentralverwaltung für Volksbildung, 10.1.1947, BArch, DR2/1149.

Kurze Zeit später erreichte Wandel ein weiteres Schreiben aus Leipzig, eine im Namen der Leipziger Verleger von Hans Albert Förster abgefasste achtzehnseitige Denkschrift. Neben der Bevorzugung der Berliner Verlage wurde auf das Wiedererstarken Frankfurts als Buchhandelsplatz hingewiesen und der Sorge Ausdruck verliehen, dass durch diese beiden Tendenzen »die Vernichtung des Buchforums Leipzig ohne Zweifel die Folge [wäre], das Schwergewicht der buchhändlerischen Arbeit verlagerte sich auch nach Vollziehung der staatlichen Einheit westwärts«.[385]

Das immer wieder vorgebrachte Argument der drohenden Abwanderung von Verlegern und Verlagsrechten führte zu Überlegungen, wie dieser Entwicklung auch ohne eine Lizenzerteilung an die Verleger (beispielsweise im Falle ihrer politischen Belastung) Einhalt geboten werden könnte. Im Referat Verlagswesen der Deutschen Verwaltung für Volksbildung hätte man gern eine gesetzliche Regelung gesehen: »So wie es nicht gestattet ist, Vermögen, bewegliches Betriebseigentum usw. in eine andere Zone zu verlagern, müsste es auch möglich sein, zu verbieten, dass Verlagsrechte verlagert werden.«[386] Dies durch Befehle oder Anordnungen durchzusetzen war allerdings umstritten – und konnte letztlich nicht realisiert werden.[387]

In der ersten Jahreshälfte 1947 kam es zu zahlreichen weiteren Lizenzierungen.[388] Unter anderem erhielt B. G. Teubner, der an der Arbeitsgemeinschaft medizinischer Verleger nicht beteiligt war und der auf einer Liste der Abteilung Buch- und Bibliothekswesen des Leipziger Volksbildungsamts vom März 1947 erneut als »dringendst befürworteter«[389] Verlag angeführt worden war, im Juni 1947 die Lizenz. Neben den Interventionen und den befürchteten Abwanderungen dürfte ein weiterer Grund für die Lizenzerteilungen gewesen sein, dass Anfang 1947 neben der Deutschen Zentralverwaltung für Volksbildung der Kulturelle Beirat etabliert war und die Kontrolle der Verlage damit gewährleistet werden konnte.[390]

Dass die Politik der SMAD hinsichtlich der Verlage dennoch im Grundsatz restriktiv blieb, wird daran ersichtlich, dass das Referat für Verlagswesen der Deutschen Verwaltung für Volksbildung im zweiten Halbjahr 1947 200 Lizenzanträge prüfte, von denen sie 70 befürwortete und an die SMAD weiterleitete – diese bewilligte lediglich neun dieser Anträge. Neben dem Ziel, ein neues Verlagssystem zu etablieren, waren für dieses Vorgehen auch der Papiermangel, die Demontagen und die Nutzung

---

385 Denkschrift für Herrn Präsident Wandel, Berlin, 13. oder 23.1.1947, StVuR, Nr. 8905, Blatt 18–35.
386 Frommhold, Aktennotiz, Betr.: Fusionierung nicht zugelassener Verlage mit dem Verlag VOLK UND WISSEN, 14.1.1946, BArch, DR2/896.
387 Vgl. Beratung der Minister für Volksbildung der Länder und Provinzen in Berlin am 13. und 14. Januar 1947, BArch, DR2/52; Mortier 1988, S. 71.
388 Vgl. Bille 1992, S. 174; Jütte 2010, S. 281–287.
389 Vgl. Jütte 2010, S. 198.
390 Vgl. Bille 1992, S. 174.

der Druckereikapazitäten für Reparationsaufträge verantwortlich.[391] Bis 1948 erhielten nur 37 von einst 300 Leipziger Verlagen eine Lizenz.[392]

Die tatsächliche und weiterhin drohende Abwanderung von Verlagen und Verlagsrechten war eine Ursache dafür, dass in der SBZ mehr private Verlage eine Lizenz erhielten als ursprünglich geplant.[393] Die Verantwortlichen in den deutschen Behörden bemühten sich, den ›Brain Drain‹ nach Westen zu verhindern oder doch wenigstens einzudämmen und gleichzeitig den sozialistischen Vorstellungen der Besatzungsmacht gerecht zu werden. Konstrukte wie die der Arbeitsgemeinschaften waren Kompromissformeln, auf die sie sich mit den sowjetischen Kulturoffizieren einigen konnten. Daneben waren es die Besonderheiten des deutschen Verlagswesens und seine Traditionen, die die SMAD von einer noch radikaleren Umwandlung der Eigentumsverhältnisse Abstand nehmen ließen, wie Lokatis zusammenfasst:

> Spätestens Ende 1945 war deutlich, daß das ursprüngliche Konzept, die ›antifaschistische Umerziehung‹ mit den neugegründeten großen Organisationsverlagen in Berlin wie Dietz, Aufbau und Volk und Wissen zu betreiben, den Verzicht auf die gesamtdeutsche Ausstrahlung der traditionellen Drehscheibe des deutschen Buchhandels, Leipzig, mit sich gebracht hätte.[394]

Diese Flexibilität der sowjetischen Besatzer war möglich, da sie keine fertige »Theorie der Besatzung«[395] nach Deutschland mitgebracht hatten, und zwar weder für die allgemeine noch für die Medienpolitik. Sergej Tulpanow, von Oktober 1945 bis September 1949 Leiter der Propaganda- bzw. Informationsverwaltung der SMAD,[396] schrieb rückblickend, dass sich die sowjetische Regierung aufgrund des Fehlens eines klaren Besatzungskonzeptes »in ihrer von der SMAD ausgeübten Tätigkeit von den allgemeinen Grundsätzen der marxistisch-leninistischen Theorie leiten«[397] ließ.

Zeitschriftenlizenzen

Für Zeitschriften, die für die Wissenschaftsverlage eine große Bedeutung hatten, mussten eigene Lizenzen beantragt werden. Grundsätzlich konnten Personen, die im Besitz einer Verlagslizenz waren und als politisch unbelastet galten, eine Zeitschriftenlizenz beantragen, wobei sie neben ihrer eigenen politischen Unbescholtenheit auch die der vorgesehenen Herausgeber und der Redaktion nachweisen mussten. Die wissenschaftlichen und die Fachzeitschriften waren als besonders dringlich eingestuft.

---

391 Vgl. Mortier 1999, S. 64–67.
392 Vgl. Riese 2000a, S. 188.
393 Vgl. auch Jütte 2010, S. 176.
394 Lokatis 1999, S. 1261.
395 Strunk 1996, S. 17f.
396 Vgl. Jütte 2010, S. 317.
397 Löffler 2011, S. 31.

Die ersten Zeitschriftenlizenzen gingen äquivalent zu den Verlagslizenzen an die neuen organisationseigenen Verlagsfirmen. Seit ihrer Lizenzierung im Jahr 1946 erschienen auch in den Privatverlagen zunehmend wieder Zeitschriften, die neuen Verlage wurden aber weiterhin bevorzugt.[398]

Vorzensur und Verteilungsstrategien

Die Propaganda- bzw. Informationsverwaltung der SMAD war nicht nur für die Lizenzierungen, sondern auch für Verlagsneugründungen, die Papierzuteilungen, die Kontrolle der Verlage und die Durchführung der Leipziger Frühjahrs- und Herbstmessen zuständig. Sie übte daneben eine Vorzensur aus. Für die Umsetzung einzelner Verlagsprojekte benötigten die Verlage in der SBZ Druckgenehmigungen. Diese wurden zunächst von den entsprechenden Stellen der SMAD in den Ländern bzw. Provinzen erteilt;[399] ab April 1947 sollte der seit Juni 1946 tätige Kulturelle Beirat für das Verlagswesen diese Aufgabe übernehmen.[400] Lokatis weist darauf hin, dass diese Institution vor allem zum Zwecke der Kontrolle der privaten Verlage etabliert wurde, denen man misstraute.[401] Da der Kulturelle Beirat außerdem für die Festlegung der Auflagenhöhen sowie die Zuteilung der von der SMAD genehmigten Papierkontingente zuständig war, bestimmte er das Verlagswesen in der SBZ entscheidend.

Problematisch waren nicht nur die Druckgenehmigungen an sich, sondern vor allem auch, dass die Begutachtungsprozesse teilweise sehr lange dauerten, zeitraubend waren und daher die Nerven aller Beteiligten strapazierten. Dies lag an der chronischen personellen Unterbesetzung des Kulturellen Beirats sowie Budget- und Kommunikationsschwierigkeiten.[402] Verleger wie Autoren kritisierten, dass das Verfahren intransparent war – Begründungen für Ablehnungen gab es nicht.[403] Obgleich der Kulturelle Beirat die eingereichten Manuskripte objektiv beurteilen sollte, wurden einige der nach Kriegsende neu gegründeten Verlage bevorzugt behandelt.[404]

---

398 Vgl. Jütte 1999, S. 560f.

399 Zur komplizierten Struktur der regionalen Verantwortlichkeiten siehe Jütte 2010, S. 50–104.

400 Zum Kulturellen Beirat siehe Mortier 1988, S. 72–77; Jütte 2010, S. 37–50. Durch Befehl Nr. 25 vom 25.1.1947 wurde der Kulturelle Beirat neu organisiert. Befehl Nr. 90 untersagte Verlagen, die keine Lizenz hatten, die Ausübung jeglicher Tätigkeit. Offiziell wurde damit die Vorzensur durch die SMAD aufgehoben, die »Billigung« von Verlagsplänen durch den Kulturellen Beirat trat an ihre Stelle. SMAD-Befehl Nr. 90, 17.4.1947, abgedruckt bei Umlauff 1978, Sp. 1655–1658.

401 Vgl. Barck/Langermann/Lokatis 1998, S. 21.

402 Vgl. Lokatis 1995, S. 17; Lokatis 1999, S. 1261; Jütte 2010, S. 49. Eine eindrückliche Schilderung der »Langwierigkeit des Verfahrens« bei: Barth Leipzig an Balluseck, Deutsche Zentralverwaltung für Volksbildung, 6.1.1947, StadtAL, StVuR, Nr. 8905.

403 Vgl. Protokoll der Arbeitsbesprechung Leipziger Verleger, 3.1.1947, StadtAL, StVuR, Nr. 8905, Blatt 12–14; Mortier 1988, S. 75.

404 So zum Beispiel Aufbau, Volk und Wissen und Akademie-Verlag. Vgl. Jütte 2010, S. 48.

In das Zensursystem waren die Druckereien eingebunden. Das Verfahren sah vier Stufen der Beurteilung vor: »I vordringlich mit Papierbefürwortung«, »II dringlich ohne Papierbefürwortung«, »III nicht dringlich« und »IV Ablehnung«.[405] Die Befürwortung von Verlagsvorhaben geriet damit in einen direkten Zusammenhang mit der Papierzuteilung; das Begutachtungsverfahren konnte so mit dem Mangel an Material und Kapazitäten begründet werden.

Das Zusammentreffen des Mangels mit der neuen Wirtschaftspolitik führte dazu, dass die volks-, organisations- und parteieigenen Verlage bei der Zuteilung von Papier und Herstellungskapazitäten bevorzugt wurden.[406] Noch vor diesen wurde allerdings in der unmittelbaren Nachkriegszeit der SWA-Verlag[407] mit den notwenigen Ressourcen bedacht. Der Verlag der SMAD bestand von Oktober 1945 bis etwa 1950. Er publizierte Übersetzungen russischer bzw. sowjetischer politischer Schriften und Literatur in großen Auflagen und stellte Presseerzeugnisse, Schul- und Kinderbücher für die Sowjetunion her.[408]

3.3.2 Abnehmende Reglementierungen: Westliche Besatzungszonen

Von den acht in der vorliegenden Arbeit untersuchten Wissenschaftsverlagen errichteten sechs Verlage vor der Gründung der beiden deutschen Staaten Zweigstellen in den westlichen Zonen.[409] Fünf davon waren in der amerikanischen Besatzungszone angesiedelt. Barth etablierte eine Dependance in München; Gustav Fischer und Hirzel gingen nach Stuttgart; Thieme zunächst nach Wiesbaden und später ebenfalls nach Stuttgart; Dietrich Steinkopff kam über Wiesbaden und Frankfurt am Main nach Darmstadt. Lediglich die Zweigstelle von B. G. Teubner, der Verlag für Wissenschaft und Fachbuch, wurde in der britischen Besatzungszone eröffnet, in Bielefeld. 1952 verlegten die Inhaber den Sitz von B. G. Teubner nach Stuttgart.

Die Schwerpunkte der amerikanischen Kommunikationskontrolle lagen zuerst auf der Aussonderung von »objectionable books«[410] und der Verbreitung von Literatur, die von den Besatzern erwünscht wurde. Hierzu zählten amerikanische Sachbücher, belletristische Titel und Periodika sowie Bücher über den Nationalsozialismus und den Zweiten Weltkrieg. Außerdem wurden Übersetzungsrechte zwischen

---

405 Zit. nach Jütte 2010, S. 48.

406 Vgl. Wurm 1996, S. 28; Umlauff 1978, Sp. 1257. Laut Wurm konnte Aufbau wegen seiner guten Beziehungen zur SMAD und zu Lieferanten sehr schnell hohe Auflagen drucken.

407 Das Kürzel stand für Sowjetskaja Wojennaja Administratija (Sowjetische Militäradministration) und wurde später zu »Sozialismus – Wissenschaft – Aufklärung« umgewandelt. Strunk 1996, S. 45.

408 Vgl. Bille 1992, S. 170f.; Bunke 1988, S. 53f.; Lokatis 2006, S. 158.

409 Die westlichen Verlage Carl Marhold und Akademische Verlagsgesellschaft wurden erst 1951 bzw. 1955 etabliert – hier spielte die alliierte Kommunikationskontrolle keine Rolle mehr.

410 Wittmann 1999, S. 406.

amerikanischen und deutschen Verlagen vermittelt.[411] Diese Literatur sollte neben vorhandenen Beständen von »non-Nazi German books«[412] in der Übergangszeit verbreitet werden, bis die deutschen Verleger wieder würden arbeiten können.

Lizenzierungsverfahren

Zunächst war durch Verfügung Nr. 191 des Alliierten Kontrollrates vom 24. November 1944 das »Drucken, Erzeugen, Veröffentlichen, Vertreiben, Verkaufen und gewerbliche Verleihen von Zeitungen, Magazinen, Zeitschriften, Büchern, Broschüren, Plakaten, Musikalien und sonstigen gedruckten oder (mechanisch) vervielfältigten Veröffentlichungen«[413] verboten. Zusammen mit einer geänderten Fassung des Gesetzes vom 12. Mai 1945 wurde mit der Nachrichtenkontroll-Vorschrift Nr. 1 vom selben Tag ergänzt, dass Verleger mit einer Lizenz der Militärregierung Druckschriften wieder publizieren und Firmen mit einer Registrierung Bücher drucken und vertreiben durften. Dieses Gesetz hatte in den drei westlichen Zonen Gültigkeit.[414] Lizenzen zur Gründung oder Wiedereröffnung eines Verlags konnten ab August 1945 beantragt werden.[415] Bereits vor der Lizenzerteilung durften die Verlage »unbedenkliche Lagerbestände«[416] an registrierte Buchhändler verkaufen.

Verantwortlich für die Lizenzierungen war seit Januar 1946 die Information Control Division (ICD), unterstützt vom Information Control Licensing Board.[417] Voraussetzungen für den Erhalt einer Verlagslizenz waren die berufliche Eignung des Antragstellers, ein Verhalten während des Nationalsozialismus, das auf eine demokratische Gesinnung schließen ließ, eine gesicherte Finanzierung der Firma und das Vorliegen eines Verlagsprogramms, für das er die Rechte besaß.[418] Mit dem Lizenzierungsprozess ging also eine politische Überprüfung der Antragsteller einher: Nationalsozialisten und sonstige politisch Belastete sollten nicht mehr im Bereich der Medien arbeiten dürfen.[419] Die Verleger waren auch für die politische Unbedenklichkeit ihres Personals

---

411 Vgl. Gruschka 1995b, S. 61f. Zur Lizenzierungspolitik in der amerikanischen Zone ausführlich Gruschka 1995a; Benz 1979.

412 Vgl. Gruschka 1995a, S. 55.

413 Zitiert nach Jütte 2010, S. 134. Gesetz Nr. 191: »Kontrolle über Druckschriften, Rundfunk, Nachrichtendienste, Film, Theater und Musik, und Untersagung der Tätigkeit des Reichsministeriums für Volksaufklärung und Propaganda« (geänderte Fassung vom 12. Mai 1945, die ursprüngliche Fassung war am 24. November 1944 ausgegeben worden). Vgl. Umlauff 1978, Sp. 70.

414 Vgl. Gruschka 1995a, S. 59; Umlauff 1978, Sp. 71–73.

415 Vgl. Benz 1979, S. 711.

416 Gruschka 1995a, S. 69.

417 Vgl. Gruschka 1995a, S. 46. Zu den Vorläufern und dem Aufbau der Abteilung siehe Gruschka 1995a, S. 46–49.

418 Vgl. Gruschka 1995a, S. 70f.; Gruschka 1995b, S. 63.

419 Vgl. Gruschka 1995b, S. 63. Hierfür wurden »Whtite, Grey and Black Lists for Information Control Purposes« erstellt.

und ihrer Autoren verantwortlich.[420] Der Prozess der Lizenzerteilungen nahm in der amerikanischen Zone zunächst einige Zeit in Anspruch, da verschiedene Instanzen daran beteiligt waren und er sehr bürokratisch ablief. Das Problem wurde aber bereits im Herbst 1945 erkannt und eine Lösung in Form der Dezentralisierung des Verfahrens in Angriff genommen. Die Lizenzen mussten nun nicht mehr von der ICD-Zentrale vergeben, sondern konnten von deren District Information Control Units erteilt werden.[421]

Die amerikanische Militärregierung wünschte eine Beteiligung deutscher Stellen an den Verlagszulassungen und Papierzuteilungen, sie wurden aber lediglich vereinzelt in Fragen der Lizenzerteilungen beratend hinzugezogen. In der britischen Zone hingegen wurde die Zuständigkeit für die Erteilung (und Entziehung) von Verlagslizenzen im Oktober 1947 rein formal den verantwortlichen Ministerien in den Ländern übertragen.[422] In der praktischen Arbeit entstand hier ein Vakuum: Noch im Mai 1948 gab es Berichte über Bemühungen von Verlegern, von den Briten eine Verlagslizenz zu erlangen. Diese nahmen keine Anträge mehr entgegen – die zuständige deutsche Kommission aber war noch nicht arbeitsfähig.[423] Der Papiermangel stellte einen weiteren Grund für Verzögerungen im Lizenzierungsprozess dar.[424]

In der amerikanischen Zone wurden zunächst fast alle der bis September 1945 eingegangenen 726 Anträge aus Gründen der politischen Bedenklichkeit der Antragsteller abgelehnt.[425] Die eigentliche Phase der Lizenzierung begann im November 1945, als Kurt Desch als erster Verleger in Bayern seine Lizenz erhielt.[426] Bis Juni 1946 wurden 74 Verlage zugelassen,[427] bis August 1948 dann 384.[428] In der britischen Zone bekamen ab September 1945 bis Mitte 1948 242 Verlage und in der französischen ab Oktober 1945 bis Mitte 1948 190 Verlage Lizenzen erteilt.[429]

Mit der Allgemeinen Genehmigung Nr. 3 (General License No 3) vom 2. Mai 1949 war »jeder, dem dieses deutsche Gesetze oder Gesetze der Militärregierung nicht anderweitig untersagen, berechtigt [...], Zeitungen, Magazine, Zeitschriften, Bücher, Broschüren, Plakate, Noten und sonstige Veröffentlichungen herauszugeben«[430] – die Lizenzierungspflicht war aufgehoben. Die Bestimmung trat in Württemberg-Baden am 1. Juni und in Bayern am 22. August 1949 in Kraft, nachdem in den Ländern Presse-

---

420 Vgl. Gruschka 1995a, S. 57; Umlauff 1978, Sp. 113–118.
421 Vgl. Gruschka 1995a, S. 73.
422 Vgl. Umlauff 1978, Sp. 78–82. Zur Arbeit des Beratenden Zonenausschusses für das Buch-Verlagswesen siehe Umlauff 1978, Sp. 81–89.
423 Vgl. Teubner, Betrifft: Verlagslizenz, Mai 1948, SStAL, 22199 Teubner Stuttgart, Nr. 74.
424 Vgl. Teubner, Betrifft: Verlagslizenz, 30.6.48, SStAL, 22199 Teubner Stuttgart, Nr. 74.
425 Vgl. Benz 1979, S. 711; Wittmann 1997, S. 39.
426 Vgl. German Book Publishing, S. 122; Gruschka 1995a, S. 114.
427 Vgl. Benz 1979, S. 711.
428 Vgl. German Book Publishing, S. 18.
429 Vgl. Widmann 1975, S. 57.
430 Allgemeine Genehmigung Nr. 3, zit. nach Umlauff 1978, Sp. 1520.

gesetze verabschiedet worden waren.[431] Gesetz Nr. 5 der Alliierten Hohen Kommission vom 21. September 1949 hob die Beschränkungen über die Nachrichtenkontrolle schließlich generell für die Verleger der Bundesrepublik auf. Bestehen blieb die Möglichkeit einer Nachzensur und Beschlagnahmung von Werken, die »Ansehen und die Sicherheit des alliierten Personals«[432] gefährden könnten.

Zeitschriftenlizenzen

In den westlichen Besatzungszonen wurden für Zeitschriften ebenfalls gesonderte Lizenzen erteilt. Die Information Control Division vergab schon früh und großzügig Zeitschriftenlizenzen, wohingegen man in der britischen Zone wesentlich zurückhaltender verfuhr.[433] Betroffen war davon beispielsweise der Verlag de Gruyter, der noch Mitte 1948 beklagte, dass von seinen 23 Zeitschriften nur eine einzige lizensiert worden war.[434] Die Lizenzen sollten in der amerikanischen Besatzungszone an den wirtschaftlich und publizistisch Verantwortlichen einer Zeitschrift vergeben werden; die Bewerber mussten ein strenges Auswahlverfahren durchlaufen, in dem sie (ähnlich wie die Verleger) auf ihre fachliche und politische Eignung hin geprüft wurden.[435] Der persönliche Kontakt eines Lizenzbewerbers zum zuständigen Besatzungsoffizier und die Frage von Sympathie oder Antipathie waren für Erfolg oder Misserfolg eines Antrags mit entscheidend.[436]

Weitere Mechanismen der Kommunikationskontrolle

Zur Lizenzierungspflicht für die Verleger kam die Kontrolle der publizierten Druckwerke. In der amerikanischen Zone fand einige Monate lang eine Vorzensur statt, also die Überprüfung eingereichter Manuskripte vor Drucklegung. Im Oktober wurde diese Bestimmung aufgehoben.[437] An ihre Stelle trat die Selektion von Titeln durch Papierzuteilungen – dies war aufgrund des Papiermangels notwendig, bedeutete aber, dass die »begrenzte Produktionskapazität als Zensurparameter«[438] eingeführt wurde. Titel, für die ein Verlag Papierzuteilungen beantragte, prüfte die Behörde aufgrund einer kurzen Charakteristik des Inhaltes auf ihre Eignung zur Umerziehung hin. Zur Anfor-

---

431 Vgl. Umlauff 1978, Sp. 81.
432 Umlauff 1978, Sp. 76f., 1379.
433 Vgl. Umlauff 1978, Sp. 423. Zwischenzeitlich wurden auch in der amerikanischen Zone Forderungen nach einer sparsameren Lizenzvergabe für Zeitschriften aufgrund des Papiermangels laut. Vgl. Umlauff 1978, Sp. 429.
434 Vgl. Umlauff 1978, Sp. 454.
435 Vgl. Pürer/Raabe 1996, S. 93; Laurien 1991, S. 33.
436 Vgl. Laurien 1991, S. 34; Breitenkamp 1953, S. 40f. Dies wird auch durch die Schilderung der Lizenzierungsprozesse bei Dietrich Steinkopff sowie von Joos 2015 bestätigt.
437 Vgl. Umlauff 1978, Sp. 104.
438 Gruschka 1995a, S. 73.

derung von Manuskripten kam es vor allem bei belletristischen und politischen Titeln. Dann erfolgte eine Einteilung in vier Dringlichkeitsstufen: A bedeutete »vordringlich«, B »dringlich«, C »wichtig«, bei D sollte die Veröffentlichung unterbleiben.[439] Papier war zunächst nicht einmal für alle Titel vorhanden, die als »vordringlich« bewertet worden waren.[440]

Die Besatzungsmacht nutzte nach der offiziellen Abschaffung der Vorzensur nicht nur die Papierbewirtschaftung als Instrument der Kommunikationskontrolle, sondern führte zugleich eine Nachzensur ein. Bei den zuständigen Dienststellen mussten nach Erscheinen eines Titels mehrere Belegexemplare eingereicht werden. Dieses Verfahren wurde bis September 1949 angewendet und blieb mit dem Veto-Recht der Alliierten Hohen Kommission bis zu deren Auflösung im Mai 1952 bestehen. In der britischen Zone bestand die Vorzensur bis Ende Januar 1947. Hier mussten vor Drucklegung Fahnenabzüge eingereicht werden. Später blieb ebenfalls die Nachzensur erhalten; außerdem konnten die Verleger sich einer freiwilligen Vorzensur unterziehen.[441]

Die amerikanische Kommunikationskontrolle betraf auch die Autoren. Von politisch oder weltanschaulich belasteten Autoren durften weder Neuauflagen alter Werke noch Neuerscheinungen publiziert werden. Im Bereich der wissenschaftlichen und der Fachbücher sollten neue Werke diejenigen von belasteten Autoren ersetzen. Die Verantwortung hierfür trugen die Verleger, die für die Integrität ihrer Autoren zu bürgen hatten. Dadurch war es möglich zu vermeiden, für die Autoren selbst Schreibverbote aussprechen zu müssen, was an die Zustände während des Nationalsozialismus erinnert hätte. Verstießen die Verleger gegen diese Verpflichtung, drohte ihnen der Lizenzentzug. Autoren, die Mitglieder der NSDAP gewesen waren, hatten in der amerikanischen Besatzungszone die größten Schwierigkeiten, was Abwanderungen in andere Zonen zur Folge hatte.[442] In der britischen Zone lag die Verantwortung für die Autoren ebenfalls bei den Verlegern. Wer aus seinem Amt im Rahmen der Entnazifizierung entlassen werden musste, durfte weder »Verfasser oder Mitarbeiter irgend eines [britisch lizenzierten] Buches«[443] sein.

Papier- und Kapazitätenprobleme

Das größte Problem für die Verlagsbranche in der unmittelbaren Nachkriegszeit stellte der Papiermangel dar. Es fand eine Bewirtschaftung statt; Vorräte durften nicht ohne

---

439 Gruschka 1995a, S. 75f.

440 Umlauff 1978, Sp. 463.

441 Vgl. ebd., Sp. 105–107.

442 Vgl. ebd., Sp. 113–117. Für die Feststellung der Belastung der Autoren wurden den Verlegern Fragebogen zur Verfügung gestellt.

443 Der Kultusminister des Landes Nordrhein-Westfalen, Anweisungen für lizenzierte Buchverlage, 23.11.1948, SStAL, 22199 Teubner Stuttgart, Nr. 74.

Genehmigung verwendet werden, Auflagenhöhen waren begrenzt.[444] Generell betrug die Höchstauflage 5.000 Exemplare, für höhere Auflagen musste die Zustimmung der ICD-Zentrale eingeholt werden.[445] Die Papier- und auch Druckkapazitäten wurden zunächst bevorzugt für Schulbücher und das alliierte Publikationsprogramm eingesetzt. Bis August 1946 bestand mehr als die Hälfte aller publizierten Titel aus Übersetzungen von US-amerikanischen Autoren.[446] Im letzten Quartal des Jahres 1947 war der Tiefpunkt der Papierversorgung erreicht. Ein großer Teil des produzierten Papiers wurde auf dem Schwarzmarkt verkauft und erhebliche Mengen aus der russischen Zone importiert.[447]

Nach der Währungsreform vom 20. Juni 1948 und der Veröffentlichung der *Verordnung über die Aufhebung der Papierwirtschaft* vom 1. Juli stieg die Produktion von Papier und Werkstoffen für die Buchbindereien allmählich wieder an, gleichzeitig erhöhte sich aber der Bedarf. So blieben die Schwierigkeiten zunächst bestehen und konnten erst nach 1949 überwunden werden.[448]

3.3.3 Aspekte der Verlagspolitik in der DDR

In den Maßnahmen der Kommunikationskontrolle der sowjetischen Besatzungsmacht waren bereits wesentliche Elemente zu finden, die die Verlagspolitik nach Gründung der DDR prägten. Die 1950er Jahre waren weiterhin davon gekennzeichnet, dass die Vorstellungen und Ziele der Verantwortlichen in Verwaltung und Partei auf die Besonderheiten der deutschen Buchbranche trafen. In der Folge gewannen Zuständigkeiten, Strukturen und Steuerungsmechanismen erst im Laufe des Jahrzehnts stärker an Kontur. Das deutsch-deutsche Verhältnis fand in seiner politischen wie auch seiner ökonomischen Dimension Eingang in Aspekte der ostdeutschen Verlagspolitik. Die Entwicklungen hatten vor allem für die privaten Verlage Konsequenzen und prägten die Geschicke der Parallelverlage entscheidend.

Struktur der Kommunikationskontrolle

Die Grundsätze der Lenkung und Kontrolle des Verlagswesens waren schon für den Kulturellen Beirat festgelegt worden, der für die »planwirtschaftliche Steuerung des Verlagswesen, für kulturelle Förderung [...] und für politische Aufsicht«[449] sorgen sollte. Im Wesentlichen waren dies auch die Aufgaben der Verlagslenkung in der

---

444 Zur Papierversorgung der Verlage vgl. ausführlich Umlauff 1978, Sp. 412–472.
445 Vgl. Gruschka 1995a, S. 72.
446 Vgl. Umlauff 1978, Sp. 414; Gruschka 1995b, S. 61f.; Ziermann 2000, S. 14.
447 Vgl. Umlauff 1978, Sp. 440–443; German Book Publishing, S. 75.
448 Vgl. Umlauff 1978, Sp. 457–469, 472–476; Ziermann 2000, S. 17.
449 Lokatis 1993, S. 305.

DDR, allerdings entstand nun ein (neues) komplexes Geflecht aus verantwortlichen Stellen, die mehrfach den Namen und das Unterstellungsverhältnis wechselten; es existierten zudem verschiedene, teilweise miteinander konkurrierende Stellen, die für die Anleitung der gleichen Verlage zuständig waren. Dafür war unter anderem die doppelte Aufsicht durch den Verwaltungsapparat einerseits und die SED andererseits verantwortlich. Neben dem Ministerium für Kultur waren auch das Ministerium für Finanzen und das Ministerium für Auswärtige Angelegenheiten mit Aspekten der Verlagssteuerung befasst.[450] Zusätzlich sorgten die phasenweise Trennung von politisch-ideologischer und inhaltlicher Anleitung auf der einen und wirtschaftlicher Anleitung auf der anderen Seite sowie die Unterscheidung verschiedener Verlagstypen nach Eigentumsverhältnissen für eine komplizierte Verantwortlichkeitsstruktur, die in einer Uneinheitlichkeit der Anleitung resultieren konnte.[451]

Ende 1950 wurde der Kulturelle Beirat, der in der SBZ als zentrale deutsche Behörde für die Verlage zuständig gewesen war, als Hauptabteilung Literatur dem Ministerium für Volksbildung angeschlossen. Die *Verordnung über die Entwicklung fortschrittlicher Literatur* vom 16. August 1951 führte zur Auflösung des Beirats und zur Gründung des Amts für Literatur und Verlagswesen.[452] Die wichtigsten Funktionen der neuen Verlagsbehörde waren die Begutachtung (Zensur), die Themenplanung und die Betreuung der Verlage. Die Verteilung der Papierkontingente lag hingegen nicht vollständig in der Macht des Amts.[453] In seine Zuständigkeit fielen aber die Steuerung und Überwachung der Verlagskontakte in die Bundesrepublik: Devisenlenkung, Bearbeitung der Valutaanträge der Verlage und Überwachung des innerdeutschen Buchhandels.[454] Sämtliche Verträge von DDR-Verlagen mit solchen in der BRD bedurften der vorherigen Genehmigung des Amts. Dieses stellte dem Verlag ein Devisenkontingent für die Begleichung von Forderungen zur Verfügung.[455]

Für die Erteilung von Verlagslizenzen, die die Tätigkeit der Verlage weiterhin auf bestimmte Programmbereiche beschränkten, war das Amt ebenfalls zuständig.[456] Ende 1951 verloren sämtliche von der SMAD ausgestellten Lizenzen ihre Gültigkeit

---

450 Vgl. Lokatis 1999, S. 1249. Die Zusammenarbeit erfolgte dabei nicht immer zur Zufriedenheit der Mitarbeiter der Verlagsbehörde. Vgl. Koven, Ludolf: Die Buchproduktion im Fünfjahrplan. In: Börsenblatt (Leipziger Ausgabe), H. 23, 9.6.1951, S. 284.

451 Lokatis bewertet das Amt für Literatur und Verlagswesen und seine Nachfolgeinstitutionen als »instabilste aller Behörden«, konfrontiert mit sich ändernden »Kursschwankungen und der Unberechenbarkeit des Kräftespiels im ZK«. Lokatis 1999, S. 100, 102.

452 Vgl. Barck/Langermann/Lokatis 1998, S. 19. Zu Entstehung und Aufbau siehe Lokatis 1993.

453 Es genehmigte zwar das Papier, ob die Verlage es aber erhielten, oblag der Entscheidung der ökonomischen Leitungsstellen. Vgl. Barck/Langermann/Lokatis 1998, S. 43.

454 Vgl. ebd., S. 19, 22, 43f.; Riese 2000a, S. 207.

455 Amt für Literatur und Verlagswesen an Misslitz, ZK der SED, Abteilung Propaganda, 6.12.1952, BArch, DR1/1871.

456 Vgl. Lokatis 1993, S. 307.

und mussten erneuert werden. In diesem Zuge wurde die Zahl der privaten Verlage (erneut) drastisch verkleinert.[457]

Im Sommer 1956 wurde das Amt für Literatur und Verlagswesen als selbstständige Stelle aufgelöst und in das Ministerium für Kultur integriert.[458] Fortan war bis 1958 die Hauptverwaltung Verlagswesen (HV) für die Steuerung der Verlage zuständig; im Anschluss die Abteilung Literatur und Buchwesen. 1963 erfolgte die letzte Umstrukturierung. Dabei wurde zum 1. Januar die Hauptverwaltung Verlage und Buchhandel im Ministerium für Kultur etabliert.[459]

Jeder Behörde war eine Parteistelle vorgeordnet. Dies zog bei grundsätzlicher Verantwortung der staatlichen Institution eine gleichzeitige Kontrolle und eventuelle Korrektur von Entscheidungen durch Parteistellen nach sich.[460] Dabei mangelte es der Anleitung der für den Buchhandel zuständigen Behörden durch die SED an Stringenz. Richtlinien für seine Arbeit erhielt das Amt für Literatur und Verlagswesen manchmal eher »zufällig«.[461] Auch war die Zuständigkeit phasenweise geteilt: Bis 1956 unterstand das Amt für Literatur und Verlagswesen der Abteilung Wissenschaft[462] im ZK der SED; innerhalb dieser war der Sektor Verlage unter Lucie Pflug verantwortlich. Nach der Integration der neuen Hauptverwaltung Verlagswesen in das Ministerium für Kultur im Sommer 1956 war daneben die Abteilung Kultur und Volksbildung im ZK zuständig, die das Ministerium anleitete.[463] Konflikte erschwerten die Einheitlichkeit der Lenkung.[464] Verkompliziert wurde die Situation zusätzlich, da die Behörden zwar grundsätzlich nach den Weisungen des ZK und des Politbüros zu handeln hatten und diese sich die Entscheidungen »in letzter Instanz«[465] vorbehielten, die Befugnisse und der Grad der Möglichkeit, eigenständig zu handeln, sich im Laufe der 1950er Jahre aber verschoben. Hatte das Amt für Literatur und Verlagswesen am Beginn seiner Existenz noch lediglich »Maßnahmenkataloge des ZK« zur Ausführung gebracht, war sein Spielraum im Laufe der Jahre gewachsen:

---

457 Vgl. Links 2010, S. 22; Lokatis 1993, S. 307; Lokatis 2005, S. 401.

458 Vgl. Neuordnung im Verlagswesen und in der grafischen Industrie. In: Börsenblatt (Leipziger Ausgabe), H. 29, 21.7.1956, S. 449; Barck/Langermann/Lokatis 1998, S. 24.

459 Vgl. ebd., S. 20f.

460 Löffler 2011, S. 57. An der Spitze stand das Politbüro, formal nachgeordnet das Sekretariat des ZK der SED, die dritte Ebene stellten die Abteilungen des ZK der SED als ausführende Organe dar. Kurt Hager war als Sekretär des ZK sowohl für die Abteilung Kultur als auch für die Abteilung Wissenschaften zuständig. Vgl. Löffler 2011, S. 56–62.

461 Barck/Langermann/Lokatis 1998, S. 32.

462 Vorher hieß die Abteilung Propaganda bzw. Wissenschaften und Propaganda. Vgl. Lokatis 1999, S. 1262.

463 Vgl. Barck/Langermann/Lokatis 1998, S. 73.

464 Vgl. Lokatis 1999, S. 1262. Siehe auch Hagemann, stellvertretender Minister für Kultur, an Kurella, Kulturkommission beim Zentralkomitee der SED, 24.3.1958, BArch, DY30/IV2/2.026/109. Hagemann empfand die doppelte Unterstellung der HV Verlagswesen als negativ.

465 Lokatis 1993, S. 304.

Unter Ausnutzung der komplizierten Machtverhältnisse, der Handlungszwänge im Parteiapparat und der politischen Konjunktur konnte die staatliche Bürokratie der DDR auch in zentralen Fragen relativ selbständig Entscheidungen konzipieren, politisch vorbereiten und durchzusetzen versuchen.[466]

Eine weitere Teilung bestand hinsichtlich der politischen und der wirtschaftlichen Lenkung der Verlage. Die kulturpolitische Anleitung erfolgte zunächst durch das Amt für Literatur und Verlagswesen, in ökonomischer Hinsicht wurden die VEB- und die Treuhandverlage von der Vereinigung bzw. Verwaltung Volkseigener Verlage angeleitet.[467] Ab 1956 wurde diese Trennung für den Bereich der VEB-Verlage aufgehoben, der volkseigene Bereich erhielt eine einheitliche Lenkung im Ministerium für Kultur.[468] Zwei Jahre später allerdings kam es zu einer erneuten Teilung. Die politisch-ideologische Anleitung der volkseigenen Verlage übernahm die Abteilung Literatur und Buchwesen im Ministerium für Kultur, für die ökonomische Anleitung wurde die Wirtschaftszweigleitung Vereinigung Volkseigener Betriebe (VVB) Verlage geschaffen. Mitarbeiter der Hauptverwaltung Verlagswesen kritisierten diese Entwicklung scharf und argumentierten mit dem besonderen Charakter der Ware Buch, dass andernorts sinnvolle Regelungen sich in ihrem Bereich nicht positiv auswirken würden.[469] Erst mit der Etablierung der HV Verlagswesen und Buchhandel im Jahr 1963 war wieder eine weitreichende gemeinschaftliche (auch ökonomische) Steuerung erreicht.[470]

Auf die Arbeit der wissenschaftlichen Verlage und der Parallelverlage nahmen weitere Stellen Einfluss, so die Zentralstelle für wissenschaftliche Literatur. Seit 1950 war sie für die Beschaffung und Begutachtung sämtlicher wissenschaftlicher Literatur zuständig, die außerhalb der DDR erschien. Sämtliche aus der Bundesrepublik importierte Literatur war genehmigungspflichtig.[471] Das Procedere schilderte die LKG Leipzig ihrem westlichen Vertragspartner: »Die hiesigen Bedarfsträger und sonstigen Interessenten müssen ihre Bestellungen zunächst bei der Zentralstelle für wissen-

---

466 Dieses und das vorangegangene Zitat: Barck/Langermann/Lokatis 1998, S. 54.

467 Vgl. Lokatis 1993, S. 308, Barck/Langermann/Lokatis 1998, S. 33; Selle 1972, S. 46. Die organisationseigenen Verlage und die SED-Verlage unterstanden dem Druckerei- und Verlagskontor, die anderen parteieigenen Verlage den Vereinigungen organisationseigener Betriebe (VOB). Dietz wurde direkt von der SED kontrolliert, Volk und Wissen vom Ministerium für Volksbildung. Vgl. Barck/Langermann/Lokatis 1998, S. 39f.; Löffler 2011, S. 67f.; Links 2010, S. 23.

468 Vgl. Lokatis 1993, S. 308. Laut Lokatis war die angestrebte Aufhebung der Trennung von politischer und wirtschaftlicher Anleitung ein Hauptgrund für Umstrukturierung.

469 Vgl. Barck/Langermann/Lokatis 1998, S. 71.

470 Vgl. Links 2010, S. 23.

471 Durchführungsverordnung zu der Verordnung zur Entwicklung einer fortschrittlichen demokratischen Kultur des deutschen Volkes (Schaffung einer Zentralstelle für wissenschaftliche Literatur), 16.11.1950, abgedruckt in: Börsenblatt (Leipziger Ausgabe), H. 49, 9.12.1950, S. 550. Zu ihren Aufgaben siehe auch Umlauff 1978, Sp. 1243–1246; Lokatis 1997a, S. 36f.

schaftliche Literatur aufgeben und werden von dieser, soweit sie genehmigt werden können, an uns zur Erledigung weitergegeben.«[472]

›Bedarfsträger‹ waren in erster Linie Bibliotheken und Institutionen, Privatpersonen konnten nur in besonders begründeten Ausnahmefällen an die Publikationen gelangen.[473] 1955 wurden die Aufgaben der Beschaffung und Begutachtung ausländischer Literatur dem Amt für Literatur und Verlagswesen übertragen.[474]

Für die Parallelverlage als wichtig sollte sich außerdem das Büro für Urheberrechte erweisen, das 1957 offiziell seine Arbeit aufnahm. Es war der HV Verlagswesen, später der HV Verlage und Buchhandel unterstellt. In seinen Aufgabenbereich fielen die Beschäftigung mit urheberrechtlichen Fragen, darunter die Unterstützung der Verlage bei Rechtsfragen und Valutaangelegenheiten, sowie die »Überprüfung von Verträgen mit Westdeutschland und dem Ausland (Lizenzverträge, Gemeinschaftsproduktion, Rechtsbeziehungen der sogenannten gespaltenen Verlage)«.[475] Frohn bezeichnet das Büro für Urheberrechte als »zentrale Kontrollstelle des deutsch-deutschen Literaturaustauschs«,[476] nachdem es ab 1961 alle Vertragsabschlüsse von DDR-Autoren mit Westverlagen ebenso wie damit verbundene Zahlungen steuern sollte. Da Direktkontakte der Autoren mit den westlichen Verlagen jedoch nicht endgültig verhindert werden konnten, versuchten verschiedene Anordnungen und Gesetze strengere Vorgaben durchzusetzen.[477]

Druckgenehmigungsverfahren

Pauschale Aussagen darüber, inwieweit das System der Druckgenehmigungen diejenigen Verlage belastete, deren Arbeitsbereiche Naturwissenschaften, Medizin und Technik darstellten, sind schwer zu treffen. Als problematisch stellte sich in jedem Fall die Begutachtung der Manuskripte an sich dar: Nicht alle Wissenschaftler wollten sich dem unterwerfen, zudem bedeutete der Prozess stets Verzögerungen. Zur inhaltlichen Seite urteilt Lokatis, dass »die für die Schwerpunktproduktion von Fachbüchern für den Fünfjahresplan zuständigen Lektorate Technik und Naturwissenschaften naheliegenderweise weitgehend auf die Ausübung einer politischen Aufsichtsfunktion

---

472 LKG Leipzig an Piscator Stuttgart, 24.10.1950, HA/BV 52, Nr. 7.
473 Vgl. BV Leipzig an Starke, 25.9.1951, SStAL, 21766 BV II, Nr. 1236, Blatt 145.
474 Vierte Durchführungsbestimmung zur Verordnung zur Entwicklung einer fortschrittlichen demokratischen Kultur des deutschen Volkes, 1.8.1955, SStAL, 21766 BV II, Nr. 1218.
475 Richter, Walter: Daten und Fakten. Eine chronologische Übersicht zur Entwicklung des Verlagswesens und des Buchhandels in der Deutschen Demokratischen Republik. In: Börsenblatt (Leipziger Ausgabe), Sonderheft, S. 640–656, hier S. 652. Vgl. zum Büro für Urheberrechte auch Lokatis 1997a, S. 41; Glücksmann, Anselm: Das neue »Büro für Urheberrechte«. In: Börsenblatt (Leipziger Ausgabe), H. 1, 5.1.1957, S. 4f.
476 Frohn 2014, S. 397.
477 Zum Büro für Urheberrechte siehe zusammenfassend Frohn 2014, S. 396–402.

[verzichteten]«.[478] Für Publikationen, die für den Export in das westliche Ausland bestimmt waren, und dies betraf vor allem wissenschaftliche und Fachbücher, wurden sogar im Gegenteil weitgehende ideologische Zugeständnisse gemacht, wie Lokatis für den Akademie-Verlag beschreibt.

> Wenn es darum ging, Bücher für den Export aufzubereiten, wurde im Akademie-Verlag sogar eine Art von Zensur unter umgekehrten Vorzeichen ausgeübt, die ideologiebefrachtete Stellen strich. Verlage, die in erster Linie für den Export arbeiteten, besaßen erstaunliche Freiräume.[479]

Lokatis konstatiert in diesem Zusammenhang einen generellen »Pragmatismus, der sich Mitte der fünfziger Jahre in der Zensurpolitik breit machte, sobald es um Devisengeschäfte ging.«[480] So gab der Exportausschuss der Hauptverwaltung Verlagswesen im Februar 1957 die Empfehlung, den Verlagen bei Exportauflagen für das westliche Ausland zu gestatten, im Impressum auf die Bezeichnung ›VEB‹ zu verzichten. Der Hinweis auf die sozialistische Eigentumsform hatte sich in der Vergangenheit trotz des Interesses auf westlicher Seite als Verkaufshindernis erwiesen.[481]

Gleichwohl war bereits Anfang der 1950er Jahre die Forderung nach einer Politisierung der wissenschaftlichen Literatur im Leipziger *Börsenblatt* erhoben und kritisiert worden, dass dies zum Beispiel in den Zeitschriften aus der Arbeitsgemeinschaft medizinischer Verleger ungenügend umgesetzt werde.[482] Es dürften also vor allem die privaten Verlage von inhaltlicher Einflussnahme betroffen gewesen sein. So begegnet eine frühe Kritik an Büchern, die »von einer reaktionären, idealistischen Weltanschauung durchdrungen sind«,[483] bei vier Titeln von Gustav Fischer. Auch B. G. Teubner Leipzig klagte über Versuche politischer Einflussnahme auf das Verlagsprogramm (siehe Kapitel 4.2.5). Daneben gab es Forderungen nach Änderungen von Begriffen sowie Beispielen oder Abbildungen, die der gesellschaftlichen Realität der DDR entsprechen sollten.[484]

In der zweiten Hälfte der 1950er Jahre, als sich die Linie der SED nach vorangegangenen ›Tauwetter-Perioden‹ wieder verschärfte, wurden an die Wissenschaftsverlage verstärkt Forderungen nach einer Politisierung der Literatur herangetragen. Auf der Konferenz der HV Verlagswesen im Mai 1958 erging die Aufforderung an die wissenschaftlichen und Fachbuchverleger, sie mögen die marxistisch-leninistische Weltanschauung mit ihren Publikationen verbreiten; nach dem V. Parteitag der SED

---

478 Lokatis 1993, S. 317.
479 Lokatis 1999, S. 109.
480 Lokatis 2005, S. 403.
481 Vgl. Wünsche an Schmidt, 7.2.1957, BArch, DR1/1102.
482 Vgl. Ein verheißungsvoller Anfang. In: Börsenblatt (Leipziger Ausgabe), H. 48, 1.12.1951, S. 625–635, hier S. 628.
483 Über die Tätigkeit der Verlage, BArch, DY30/IV2/2.022/13.
484 Vgl. Barck/Langermann/Lokatis 1998, S. 24.

im Juli 1958 wurden die Verlage aufgerufen, aktiv die sozialistische Umwälzung zu unterstützen.[485]

Die deutsche Frage und gesamtdeutsche Bestrebungen im Buchhandel

Die Frage der Teilung bzw. der (offiziell weiterhin gewünschten) Einheit Deutschlands beeinflusste die Verlagspolitik in der DDR. Anfang der 1950er Jahre waren die Verlautbarungen von einer Gleichzeitigkeit der Rhetorik des ›Kalten Krieges‹ und des Beschwörens der Einheit gekennzeichnet. Ein Treffen von Buchhändlern aus Ost und West im Herbst 1951 in Leipzig wurde vom Leipziger *Börsenblatt* als »Förderung einer gesamtdeutschen Kultur« gewertet, zugleich aber beklagt, dass das Ziel kaum zu erreichen sei, da sich »Kriegstreiber« und »Friedenskämpfer«[486] gegenüber stehen würden. Karl Böhm, stellvertretender Leiter des Amts für Literatur und Verlagswesen, verkündete Ende 1951, die Buchhändler der DDR würden »die Einheit und den Fortbestand unseres Vaterlandes auf friedlichem Wege erzwingen« wollen. Erklärtes Ziel war, dass »alle westdeutschen Verlage wieder die Möglichkeit zum verantwortungsbewußten verlegerischen Schaffen bekommen. Wir müssen also auch auf dem Gebiet der Literatur und des Verlagswesens den Kampf um die Einheit Deutschlands verstärken.«[487]

Solcherart Polemik sollte im Kontext des ›Neues Kurses‹ ab Mitte 1953 unterbunden werden. »Jede sektiererische Haltung, jeder geistig enge Artikel und jede Brüskierung schädigt die gesamtdeutschen Interessen des deutschen Buchhandels.«[488] Die ›Gesamtdeutsche Arbeit‹ rückte in den Mittelpunkt, es wurden »alle Hebel in Bewegung [gesetzt], um den deutsch-deutschen Literaturaustausch zu beleben«.[489] Die DDR-Regierung forderte im November 1953 den »freien Austausch humanistischer Literatur«[490] und schlug die Bildung einer Kommission aus Verlegern und Wissenschaftlern vor, der die Entscheidung über auszutauschende Titel obliegen sollte.[491] Im Amt für Literatur und Verlagswesen wurde ein Hauptreferat Gesamtdeutsche Arbeit ge-

---

485 Vgl. Selle 1972, S. 49f.

486 Dieses und die vorangegangenen Zitate: Über alle Schwierigkeiten hinweg zur Einheit Deutschlands! In: Börsenblatt (Leipziger Ausgabe), H. 37, 15.9.1951, S. 468–471, hier S. 471.

487 Dieses und das vorangegangene Zitat nach: Ein verheißungsvoller Anfang. In: Börsenblatt (Leipziger Ausgabe), H. 48, 1.12.1951, S. 625–635, hier S. 626.

488 Richtlinien für die Arbeit der Fachabteilungen des Amtes auf der Grundlage des neuen Kurses, o. D. [1953], BArch, DR1/1084.

489 Lokatis 2006, S. 162. Zu dieser Phase, die von 1953 bis 1957 dauerte, vgl. auch Lokatis 1997a, S. 38–45; Lokatis 2006, S. 158–168.

490 Becker, Annemarie: Offener Brief an die Buchhändler Westdeutschlands. In: Börsenblatt (Leipziger Ausgabe), 2.1.1954, S. 3.

491 Vgl. Frohn 2014, S. 58.

gründet.[492] Kooperationen mit Verlagen, Buchhändlern, Autoren und wissenschaftlichen Gesellschaften in der Bundesrepublik sollten verstärkt, für den Auf- und Ausbau der Beziehungen sogar Valuta großzügig genehmigt werden. Speziell den Parallelverlagen gestand man das Potenzial zu, auf dem Weg zur angestrebten Einheit hilfreich sein zu können. Zu den Zielen der gesamtdeutschen Arbeit gehörte, »jede Möglichkeit einer Verständigung im Sinne unserer gesamtdeutschen Bestrebungen auszuschöpfen«.[493] Die Beziehungen zwischen den Börsenvereinen sollten ausgebaut, die Probleme zwischen Parallelverlagen beseitigt werden.

Das Jahr 1954 stand in der DDR ganz im Zeichen offizieller Einheitsbestrebungen, die auf den Buchhandel einwirkten. Anfang des Jahres wurde eine gesamtdeutsche Buchausstellung in Ost-Berlin veranstaltet. Anlass war die im Januar und Februar stattfindende Konferenz der vier Außenminister in Berlin[494] – durch die Wahl dieses Zeitpunktes stellte die Ausstellung eine »durchsichtige Propagandaaktion«[495] gegen die Politik der Westintegration Adenauers dar. Gleichzeitig nutzen die Buchhändler in Ost und West solche Gelegenheiten, um jenseits der großen Politik pragmatische Fragen anzugehen.[496]

In der Verlagsarbeit wurden, forciert vom Amt für Literatur und Verlagswesen, Kooperationen im Lizenz- und Mitdruckgeschäft und Exporte – auch unter Verzicht auf die Durchsetzung ideologischer Grundsätze – gefördert sowie gesamtdeutsche Buchprojekte entwickelt, beispielsweise über die Olympischen Spiele von Melbourne.[497] Der Aufbau-Verlag vertrat mit der Zeitschrift *Neue Deutsche Literatur* bis 1958 das Konzept einer gesamtdeutschen Gegenwartsliteratur.[498] Diese Bestrebungen berührten auch die Wissenschaftsverlage:

> Gelegenheiten zur gemeinsamen Publikation ost-westdeutscher Gremien oder Redaktionen sind sowohl bei gegebenem Anlass als auch zur laufenden Herausgabe wissenschaftlicher Zeitschriften wahrzunehmen.[499]

---

492 Vgl. HR Literatur-Austausch an Böhm, HV Leitung, Entwurf, Analyse der gesamtdeutschen Arbeit der HV Verlagswesen, 5.12.1957, BArch, DR1/1079, Blatt 215.

493 Amt für Literatur und Verlagswesen, Vorlage für die Sitzung des Kollegiums am 3.8.1954, BArch, DR1/1079.

494 Richter, Walter: Daten und Fakten. Eine chronologische Übersicht zur Entwicklung des Verlagswesens und des Buchhandels in der Deutschen Demokratischen Republik. In: Börsenblatt (Leipziger Ausgabe), Sonderheft, S. 640–656, hier S. 647.

495 Lokatis 2006, S. 162f.

496 Vgl. Bericht über die Verlegertagung in Berlin am 17.2.1954, BArch, DR1/742.

497 Vgl. Lokatis 2006, S. 162–165; Lokatis 1997a, S. 40. Lokatis weist darauf hin, dass Parallelverlage, beispielsweise einige Musikverlage, ihre alten Konflikte hintanstellten und sich zu einer ökonomisch vorteilhaften Zusammenarbeit entschlossen. Vgl. Lokatis 1997a, S. 43.

498 Vgl. Heukenkamp 1999, S. 89. Zur Zeitschrift siehe auch Barck/Langermann/Lokatis 1998, S. 362–401.

499 Richtlinien für die Arbeit der Fachabteilungen des Amtes auf der Grundlage des neuen Kurses, o. D. [1953], BArch, DR1/1084.

Begleitet wurde dies von offiziellen Bekundungen: In einer Programmerklärung des Ministers für Kultur auf einer internationalen Pressekonferenz im April 1954 wurden Anregungen für die Gestaltung des gesamtdeutschen Buchhandels durch Vereinbarungen über Handel, Lizenzen und Gemeinschaftsarbeiten der Verlage in Ost und West unterbreitet.[500]

Die Hintergründe dieser Bemühungen gingen mit den allgemeinen Zielstellungen der Deutschlandpolitik der SED d'accord. Wie in anderen Bereichen auch sollten die Buchhandelskontakte genutzt werden, um politischen Einfluss auf die westdeutschen Partner zu nehmen – mit dem Ziel der Schaffung eines einheitlichen Deutschland unter sozialistischen Vorzeichen.

> Das Hauptziel, das in der gesamtdeutschen Arbeit auch der wissenschaftlichen Verlage angestrebt wird, besteht darin, unsere Verlage auf ihrem Arbeitsgebiet zu den führenden Einrichtungen für ganz Deutschland zu machen, und zwar sowohl was die Autoren, als auch was die Produktion und ihren Vertrieb anbelangt. Gleichzeitig müssen die zahlreichen Möglichkeiten für Aussprachen [...] dazu ausgenützt werden, politisch aufklärend zu wirken, kulturpolitischen Einfluss auf einzelne Persönlichkeiten und auf Gremien zu nehmen, die Bestrebungen der westdeutschen Kämpfer für Einheit und Frieden zu unterstützen – kurz: die Forderung ›Deutsche an einen Tisch‹ auf unserem Arbeitsgebiet zu erfüllen.[501]

Im August 1955 entwarf das Amt für Literatur und Verlagswesen ein weitreichendes Konzept für den freien innerdeutschen Literaturaustausch, das sich durch das »Fehlen jedweder parteipolitischer Plattitüden bzw. überhaupt irgendwelcher ideologischer Ziele«[502] auszeichnete. Unter der Voraussetzung, dass Literatur ausgenommen würde, die »gegen die Menschlichkeit gerichtet ist«[503] – hier wäre sicher Raum für Interpretationen gewesen –, sollte es im Buchhandel für beide Seiten möglich sein, alle gewünschten Titel zu beziehen.

Als Ende 1955 weiterhin gefordert wurde, Kontakte zwischen der Bevölkerung in Ost und West sowie Kooperationen im wirtschaftlichen und kulturellen Bereich zu fördern, schwang ein neuer Aspekt in den Anweisungen mit: Das Ziel der Anerkennung der DDR als souveräner deutscher Staat rückte in den Mittelpunkt.[504] Umgesetzt wurde diese Strategie allerdings zunächst ungenügend, wie im kritischen Rückblick auf die gesamtdeutsche Arbeit der Jahre 1955 bis 1957 zu lesen ist:

---

500 Richter, Walter: Daten und Fakten. Eine chronologische Übersicht zur Entwicklung des Verlagswesens und des Buchhandels in der Deutschen Demokratischen Republik. In: Börsenblatt (Leipziger Ausgabe), Sonderheft, S. 640–656, hier S. 648.

501 Böhm, Amt für Literatur und Verlagswesen, an Szafranek, ZK der SED, Abt. Wissenschaft und Propaganda, 30.4.1955, BArch, DR1/1918.

502 Frohn 2014, S. 61.

503 Ebd., S. 60.

504 Vgl. HR Literatur-Austausch an Böhm, HV Leitung, Entwurf, Analyse der gesamtdeutschen Arbeit der HV Verlagswesen, 5.12.1957, BArch, DR1/1079, Blatt 209f.

Obwohl von Wahrung unserer Rechte und Nichtpreisgabe unserer Positionen die Rede ist, fehlt die klare politische Formulierung zur Anerkennung der Souveränität der DDR, die konsequente Vertretung des Prinzips der friedlichen Koexistenz, und der politische Begriff der DDR als Vorbild für das ganze friedliebende, demokratische Deutschland, ist noch nicht konzipiert.[505]

Der XX. Parteitag der KPdSU im Februar 1956 löste mit der dortigen Abrechnung mit Diktator Stalin eine kurze ›Tauwetter-Periode‹ in den Ostblockländern aus. In der DDR kamen systemkritische Debatten unter Intellektuellen in Gang.[506] Im Verlagsbereich gab es Bestrebungen, die Druckgenehmigungen abzuschaffen.[507] Die zur Schau gestellte Kritik und Offenheit ging den Machthabern aber zu weit, sie fürchteten nach den Aufständen in Polen im Sommer und in Ungarn im Herbst 1956 eine Destabilisierung der jungen DDR. Das 30. Plenum der SED im Januar 1957 läutete eine »ideologische Offensive«[508] ein, die auch die Kultur- und damit die Verlagspolitik traf.

Der Beginn dieser ideologischen Verhärtung bedeutete das Ende der »kurze[n] gesamtdeutsche[n] Phase der DDR-Literaturpolitik«.[509] In diesem Kontext angeordnete Überprüfungen der Arbeit des Ministeriums der Kultur und der DDR-Verlage förderten nach dem Urteil der SED politische und ökonomische Fehlentwicklungen zutage. Die DDR-Verlagsprogramme waren ebenso wenig wie BRD-Importe ausreichend geprüft worden; zu viele Lizenznahmen aus dem Westen, Devisenverschwendungen und ein ungenügender Überblick über die Valutasituation wurden kritisiert.[510] Im September 1957 ordnete das MfK deshalb an, dass bis Ende des Jahres keine neuen Verträge abgeschlossen werden dürften, aus denen Valutaverpflichtungen gegenüber Westdeutschland resultieren würden.[511] Die Kulturkonferenz vom Oktober 1957 brachte weitere Vorgaben. Die Zensur wurde verschärft, Importe von Literatur aus der Bundesrepublik sollten gedrosselt werden – davon waren vor allem die Wissenschaftsverlage betroffen. Bis dato geförderte gesamtdeutsche Projekte mussten beendet werden.[512] Die Privatverlage gerieten wieder stärker unter Druck.[513]

Die 1960er Jahre brachten eine erneute Öffnung. Die Einheitsrhetorik wandelte sich, so wie sie sich auch auf Regierungsebene verändert hatte. Man beharrte nicht

---

505 HR Literatur-Austausch an Böhm, HV Leitung, Entwurf, Analyse der gesamtdeutschen Arbeit der HV Verlagswesen, 5.12.1957, BArch, DR1/1079, Blatt 209f.

506 Vgl. Malycha 2006, S. 25–32.

507 Vgl. Lokatis 1997a, S. 45.

508 Ebd.

509 Lokatis 2006, S. 164. Vgl. zum ›Tauwetter‹ und der Verhärtung in der DDR-Politik Mählert 2010, S. 83–86, zu den Konsequenzen für das DDR-Verlagswesen Lokatis 1997a, S. 45–49.

510 Vgl. Gansel 1996, S. 365, 368f.; Lokatis 1997a, S. 46.

511 Vgl. Stellungnahme des MfK zum Bericht der Zentralen Kommission für Staatliche Kontrolle, 20.8.1957, BArch, DY 30/IV 2/9.06/306.

512 Vgl. Lokatis 1997a, S. 46; Barck/Langermann/Lokatis 1998, S. 75–84.

513 Vgl. Lokatis 1999, S. 118.

mehr auf der Einheit der deutschen Kultur, sondern richtete die Aufmerksamkeit auf die Anerkennung der DDR als eigenständige sozialistische Nation, und damit auf die Anerkennung ihrer Autoren und Verlage. Die Ökonomie gewann wieder gegenüber der Politik an Bedeutung.[514]

Profilierung des DDR-Verlagswesens

Ein wichtiger Grundsatz der Verlagspolitik der DDR war schon die Basis der ersten Überlegungen zur Gestaltung der Verlagslandschaft unmittelbar nach dem Zweiten Weltkrieg gewesen. Dass die »Grundlage der Tätigkeit der sozialistischen Verlage [...] nicht von kommerziellen Zielen bestimmt [werden sollte] sondern von den Interessen des Staates und Volkes«,[515] führte zu einer Auffassung der Verlage »als arbeitsteilig funktionierendes Gesamtsystem«, innerhalb dessen »Abstimmung und Abgrenzung der einzelnen Verlagspläne zur Vermeidung von Überschneidungen und Doppelproduktionen«[516] bezweckt wurden. Dies suchten die Verantwortlichen mit verschiedenen Maßnahmen unter dem Schlagwort der ›Profilierung‹ umzusetzen. Die systematische Planung und zentrale Steuerung der Verlagsproduktion sollte dadurch erleichtert werden. Ein solcher Zugriff war bei Verlagen, über die der Staat direkte Einflussmöglichkeiten besaß, einfacher zu erlangen als bei Privatunternehmen. Daher kam es im Zuge der Profilierungen zu zahlreichen Verlagsneugründungen. Dass dennoch nie eine gänzliche Ausschaltung der privaten Verlage erreicht und das Verlagssystem nicht vollständig auf das sowjetische Modell umgestellt wurde, lag in der Tradition und dem internationalen Renommee vieler Verlage begründet (siehe Kapitel 3.4.2).[517] Auch dass bei etlichen dieser Verlage Parallelunternehmen im Westen existierten, begünstigte in vielen Fällen ihre Weiterexistenz in der DDR. Hierbei hatte die Verlagsbehörde vor allem in den 1950er Jahren noch stets die mögliche Wiedervereinigung der beiden deutschen Staaten im Blick.[518]

> Durch die Spaltung Deutschlands hat ein großer Teil treuhänderisch verwalteter Verlage in Westdeutschland Parallelunternehmen. Das gleiche trifft für viele volkseigene Verlage zu. In der Perspektive einer Wiedervereinigung Deutschlands, die unter keinen Umständen die Aufgabe der demokratischen Errungenschaften unserer Werktätigen bedeuten wird, wird ein Teil der zweigleisigen Verlage, sofern er nicht in Volkseigentum übergegangen ist, sondern nur treuhänderisch verwaltet wird, vermutlich wieder zu einem einheitlichen Verlag zusammengeschlossen werden. Es kommt also darauf an, durch die Profilierung den im Gebiet der DDR liegenden treuhänderisch verwalteten zweigleisigen Verlagen zu helfen, sich durch die Entwicklung neuer Verlags-

---

514 Vgl. Lokatis 1997a, S. 51–54.
515 Merkmale und Aufgaben der sozialistischen Verlage, o. D., BArch, DR1/1021.
516 Dieses und das vorangegangen Zitat: Lokatis 1993, S. 307f.
517 Vgl. Entwurf zur Vorlage: Koordinierung und Profilierung der Verlage, 10.11.1955, BArch, DR1/1118.
518 Vgl. Amt für Literatur und Verlagswesen, Vorlage: Koordinierung und Profilierung der Verlage, 15.3.1956, BArch, DR1/1118; Löffler 2011, S. 159–162.

recht[e] so zu stärken, daß im Falle einer Wiedervereinigung ein möglichst großer Fundus an DDR-Rechten vorhanden ist, der dafür bürgt, daß die Leitung der betreffenden Verlage in unseren Händen bleibt, bzw. daß ein maßgeblicher Einfluß auf sie gesichert ist.[519]

Erste Profilierungsbestrebungen waren durch die Beschränkungen der Verlagsgebiete durchgesetzt worden, die mit den Lizenzerteilungen der SMAD verbunden waren. Diese Politik erfuhr mit der Neulizenzierung der Verlage durch das Amt für Literatur und Verlagswesen 1951 eine Fortsetzung.

Stärkere Umstrukturierungsmaßnahmen wurden während der 1950er Jahre im Amt für Literatur und Verlagswesen und seinen Nachfolgeinstitutionen immer wieder diskutiert. Das Amt formulierte Mitte 1954 das Fernziel, dass letztlich lediglich Staats- und organisationseigene Verlage im sozialistischen System existieren, die Privatverlage vorerst aber erhalten bleiben sollten: »Der neue Kurs unserer Regierung ist auf eine lange Periode berechnet, in der die private Wirtschaft ihre ökonomischen Funktionen behält. Aus diesem Grunde muß auch für eine lange Periode mit der Existenz der Privatverlage gerechnet werden.«[520]

Eine Profilierungskommission beim Amt fand zum ersten Mal im Juli 1955 zusammen.[521] Zunächst rückten die wissenschaftlichen und technischen Verlage in den Blick. Dies lag darin begründet, dass in diesen Bereichen viel Literatur aus der Bundesrepublik eingeführt werden musste – eine Verbesserung dieser Situation zugunsten der DDR-Verlage sollte durch eine Neuorganisation erreicht werden.[522]

Konkrete Pläne zu einer Neuprofilierung der technischen Verlage nahmen ab 1956 Gestalt an und hatten das Ziel, dass für jedes Programmgebiet nur noch ein Verlag zuständig sein sollte. Man erhoffte sich eine erleichterte Planung und Effizienzsteigerungen. Als Nebeneffekt könnten die Privatverlage zurückgedrängt werden, die volkseigenen hingegen eine »Leittätigkeit«[523] ausüben. Mit der Gründung einer Reihe neuer Verlage zum 1. Januar 1960 und der gleichzeitigen Auflösung einiger bestehender Verlage war die erste Phase der Profilierung abgeschlossen.[524] Während einer zweiten Phase zwischen 1963 und 1965 erfuhr vorrangig der Bereich Belletristik durch Zusam-

---

519 Amt für Literatur und Verlagswesen, Vorlage: Koordinierung und Profilierung der Verlage, 15.3.1956, BArch, DR1/1118.

520 Richtlinien für die Profilierung der Verlage und Neuabgrenzung der Verlagslizenzbereiche, 21.6.1954, BArch, DR1/1906.

521 Vgl. Erste Zusammenkunft einer Profilierungskommission beim Amt für Literatur und Verlagswesen, 29.7.1955, BArch, DR1/1906. Vgl. dazu auch Löffler 2011, S. 162.

522 Vgl. Links 2010, S. 23.

523 Stellungnahme zum Vorschlag der Neuprofilierung der technischen Verlage unserer Republik, 14.2.1956, BArch, DR1/1118. Vgl. auch Kretzschmar 2002, S. 283.

524 1959 wurde auch mit der Profilierung der Musikverlage begonnen, diese allerdings nach Einschätzung von Hinterthür nur unzureichend umgesetzt. In diesem Bereich kam es ebenfalls zu Verlagsneugründungen. Vgl. Hinterthür 2006, S. 510–515.

menlegungen und Schließungen eine Neuordnung.[525] Im Bereich der wissenschaftlichen Verlage wurden die drei volkseigenen Verlage für Medizin und Biologie – Gustav Fischer, Georg Thieme und Volk und Gesundheit – »bei weitgehender Selbständigkeit der einzelnen Verlage unter eine gemeinsame Leitung gestellt, um eine höhere Effektivität der Arbeit zu erzielen«.[526] 1964 wurde die Akademische Verlagsgesellschaft mit Teubner zu einer organisatorischen Einheit zusammengeschlossen, beide Verlage arbeiteten weiter unter ihrem eigenen Namen.[527] 1968 kam zu dieser Gruppe Hirzel hinzu.

Kooperationsmodelle

Übergangslösungen auf dem Weg zu einer endgültigen Profilierung des DDR-Verlagswesens stellten verschiedene Arten von Zusammenschlüssen und Kooperationsmodellen dar. Im November 1951 kündigte Fritz Apelt, der Leiter des Amts für Literatur und Verlagswesen, die Bildung von ›Planungsgemeinschaften‹ an, in denen Verlage gleicher Programmgebiete zusammengefasst werden und die »als beratende Gremien die Koordinierung der thematischen Planung«[528] unterstützen sollten. Es existierten fortan unter anderem eine Planungsgemeinschaft für Medizin und eine für Naturwissenschaften. Als Nachfolger wurden 1958 ›Literaturarbeitsgemeinschaften‹ gegründet. Die volkseigenen Verlage erhielten damit ein Forum für die Diskussion und Beratung über Titel, Themen und Verlagspläne. Neben den Verlagen selbst nahmen Vertreter inhaltlich involvierter staatlicher Stellen an den Treffen teil.[529] In diesem Kontext begannen unter anderem die Verlage Georg Thieme, Gustav Fischer und Volk und Gesundheit, die von ihnen bearbeiteten medizinischen Disziplinen in einem gewissen Rahmen abzustimmen.[530]

---

525 Vgl. Selle 1972, S. 58f.; Links 2010, S. 24f.; Barck/Langermann/Lokatis 1998, S. 184f. Letztere bezeichnen dies als letzte große Profilierungsphase; Links spricht für den Anfang der 1970er Jahre von der letzten Phase, als durch Verstaatlichungen und staatliche Beteiligung der Anteil des Privateigentums noch einmal reduziert wurde. Vgl. Links 2010, S. 23f.

526 Selle 1972, S. 59.

527 Vgl. Protokoll über die Gesellschafterversammlung der B. G. Teubner Verlagsgesellschaft, Leipzig, 28.1.1964, SStAL, 22198 Teubner Leipzig, Nr. 172.

528 Selle 1972, S. 38. Vgl. auch Barck/Langermann/Lokatis 1998, S. 43; Protokolle über die Arbeitsbesprechungen der Planungsgemeinschaften Naturwissenschaft und Medizin im Amt für Literatur und Verlagswesen in Berlin, 26.6.1953, BArch, DR1/765; Korrespondenz mit verschiedenen Verlagen in Akte BArch, DR1/1910. Demnach umfasste die Planungsgemeinschaft Medizin im Mai 1952 u. a. die Akademische Verlagsgesellschaft, die Arbeitsgemeinschaft Medizinischer Verlage, Barth, Fischer, Hirzel, Marhold, Steinkopff und Thieme.

529 Vgl. Richtlinie zur Bildung und zur Tätigkeit von Literatur-Arbeitsgemeinschaften der sozialistischen Verlage beim Ministerium für Kultur, 10.6.1958, BArch, DR1/1050; Löffler 2011, S. 164f.; Selle 1972, S. 50.

530 Vgl. Baier, Hans: Die weitere Entwicklung der medizinisch-wissenschaftlichen Literatur. In: Börsenblatt (Leipziger Ausgabe), H. 1, 7.1.1961, S. 11–13, hier S. 11.

Begründet wurde diese Form der Zusammenarbeit mit den Grenzen der Profilierungsbestrebungen, die auch knapp zehn Jahre nach Gründung der DDR noch bestanden: Anders als in der UdSSR oder anderen östlichen Ländern sei ein medizinischer Staatsverlag in der DDR »inopportun«; durch die Arbeitsgemeinschaft bestünde aber die Möglichkeit, dennoch gemeinsam zu planen und »die Nachteile dieser Vielfalt der Verlage auf ein Minimum zu beschränken«. Dem Privatverlag Barth, der an der Arbeitsgemeinschaft nicht beteiligt war, wurden hingegen »volle verlegerische Entwicklungsmöglichkeiten« zugestanden. Insgesamt strebte die Behörde eine »elastische Profilierung«[531] an. Die Profilierungen führten ebenso wenig wie andere wirtschaftspolitische Maßnahmen zu einem vollständigen Verschwinden des Privateigentums bei den Verlagen.[532]

Bei den Neugründungen wurde – sowohl in der zeitgenössischen DDR-Buchhandelsgeschichtsschreibung als auch in der heutigen Bewertung – darauf hingewiesen, dass die Ursachen auch in den westdeutschen Parallelverlagen bzw. in von diesen ausgehenden »Störmaßnahmen«[533] lägen.[534] Für die Verlage mit naturwissenschaftlichem bzw. medizinischem Programm stellten die Neugründungen tatsächlich eine Problemlösungsstrategie der Ost-Berliner Behörden dar (siehe Kapitel 6.4.1).

›Störfreimachung‹

1961 wurde für die DDR-Wirtschaft die ›Aktion Störfreimachung‹ ausgerufen. Durch eine verstärkte Eigenproduktion sollte die Abhängigkeit von der westlichen Wirtschaft verringert werden, Handelsboykottmaßnahmen der bundesdeutschen Regierung als Reaktion auf politische Entwicklungen in der DDR sollten so weit als möglich ausgeschaltet werden.[535] Für den Verlagsbereich bedeutete dies in erster Linie, wissenschaftliche und Fachbücher aus der Bundesrepublik durch Titel von DDR-Autoren zu ersetzen.[536]

Fäßler weist für den Bereich der Gesamtwirtschaft zu Recht darauf hin, dass diese Entwicklung keine Kehrtwende der bisherigen Politik darstellte, sondern entsprechende Bestrebungen schon ab Beginn der 1950er Jahre anzutreffen waren.[537] Bereits im September 1951, so war in der Leipziger Ausgabe des *Börsenblatts* zu lesen, hatte Ministerpräsident Otto Grotewohl verkündet:

---

531 Dieses und die vorangegangenen Zitate: Protokoll, 2. Arbeitstagung der Literatur-Arbeitsgemeinschaft Medizin, 13.1.1959, BArch, DR1/1002.

532 Vgl. Links 2010, S. 25.

533 Selle 1972, S. 42.

534 Vgl. Riese 2000a, S. 208. Als Beispiele nennt Riese den Verlag der Kunst, Volk und Gesundheit, den Deutschen Verlag der Wissenschaften sowie den Deutschen Verlag für Musik.

535 Vgl. Fäßler 2006a, S. 245f.; Fäßler 2012, S. 14f.; für das Verlagswesen Selle 1972, S. 56.

536 Vgl. Barck/Langermann/Lokatis 1998, S. 207.

537 Vgl. Fäßler 2006a, S. 245; Fäßler 2012, S. 14.

> Wir werden uns von den Willkürmaßnahmen der amerikanischen Imperialisten sehr schnell unabhängig machen, indem die Industrie der Deutschen Demokratischen Republik wichtige Erzeugnisse, die wir jetzt aus Westdeutschland oder den kapitalistischen Ländern beziehen, aus eigener Produktion fertigen oder aus den Ländern des Friedenslagers beschaffen wird.[538]

Der Abdruck im DDR-Branchenblatt zeigt, dass dieses Motto im Verlagswesen Berücksichtigung finden sollte. Neben politischen Gründen war für diese Bestrebungen auch der Devisenmangel verantwortlich. Für die Naturwissenschaften wurde im Juni 1953 gefordert, dass alle Titel, für deren Einfuhr Valutabeträge aufgewendet werden müssten, »auf ihre unbedingte Notwendigkeit hin sorgfältig zu überprüfen« seien. »Für Objekte mit großen Verpflichtungen Westautoren gegenüber ist immer die Frage zu klären, ob geeigneter Ersatz innerhalb der DDR möglich ist.«[539] Im November 1956 erklärte Kurt Hager auf einer Verlagskonferenz, die zahlreichen importierten wissenschaftlichen Standardwerke müssten durch bessere Titel aus DDR-Verlagen ersetzt werden.[540] Für diese Aufgabe waren vor allem die staatlichen Verlage vorgesehen. So wurde der Verlag Technik, gegründet 1946 und seit 1953 volkseigen, dazu aufgefordert, solche Werke herauszubringen, die die Fachliteratur aus der Bundesrepublik ersetzen sollten.[541]

3.3.4 Kommunikationskontrolle in der Bundesrepublik

In der Bundesrepublik fand seit dem Ende der alliierten Medienkontrolle keine zentrale Lenkung des Verlagswesens statt – Maßnahmen der Kommunikationskontrolle gab es dennoch.[542] Vor allem begründet mit dem Jugendschutz sowie ›sittlichen‹ und moralischen Argumenten wurde in den ersten Jahrzehnten der Bundesrepublik eine ganze Reihe von Indizierungsverfahren angestrengt.[543] Dass Zensurmaßnahmen ent-

---

538 Über alle Schwierigkeiten hinweg zur Einheit Deutschlands! In: Börsenblatt (Leipziger Ausgabe), H. 37, 15.9.1951, S. 468–471, hier S. 470.

539 Dieses und das vorangegangene Zitat: Protokoll über die Arbeitsbesprechung der Planungsgemeinschaft Naturwissenschaft im Amt für Literatur und Verlagswesen in Berlin, 26.6.1953, BArch, DR1/765.

540 Richter, Walter: Daten und Fakten. Eine chronologische Übersicht zur Entwicklung des Verlagswesens und des Buchhandels in der Deutschen Demokratischen Republik. In: Börsenblatt (Leipziger Ausgabe), Sonderheft, S. 640–656, hier S. 650.

541 Vgl. Kern und Kienast, Einfuhr von wissenschaftlicher und technischer Literatur aus Westdeutschland, 9.2.1956, BArch, DR1/1002.

542 Mix konstatiert noch 2014: »Während sich die Erforschung der Zensurverhältnisse im Biedermeier, wilhelminische Deutschland, NS-Staat und in der DDR zu einem weit gefächerten Arbeitsfeld entwickelt hat, weist die Beschäftigung mit diesem Thema für die Geschichte der Bundesrepublik alarmierende Defizite auf.« Mix 2014, S. 9f.

543 Siehe die Fallbeispiele bei Lorenz 2009, S. 93–117.

gegen der im Grundgesetz verankerten Formel »Eine Zensur findet nicht statt«[544] in einigen Bevölkerungsgruppen Akzeptanz fanden, zeigt eine behördlich genehmigte Bücherverbrennung von 1965, bei der unter anderem Titel von Günter Grass, Erich Kästner und Albert Camus öffentlich in die Flammen geworfen wurden.

Auch bewegte sich der westdeutsche Buchhandel nicht in politiklosem Raum und konnte es im Angesicht der Konfrontation der Gesellschaftssysteme gar nicht. Mit den bundesdeutschen Abgrenzungsstrategien nach außen und nach innen korrespondierten Abgrenzungsbestrebungen im Buchhandel gegenüber der Literatur des östlichen Nachbarn. Dies äußerte sich bis 1955 im Ausschluss von belletristischen Titeln und Jugendbüchern aus den innerdeutschen Buchhandelsabkommen. Politische Einflussnahmen mit Zensurcharakter fanden über den Paragrafen 93 des Strafgesetzbuches statt, der die Herstellung, Verbreitung und Lagerung »staatsgefährdender« bzw. »verfassungsverräterischer«[545] Publikationen verbot. Die fehlende genauere Definition des Tatbestandes machte ein willkürliches juristisches Vorgehen gegen Buchhändler, die derart bewertete Literatur aus der DDR importierten, möglich. Die Buchhändler, ohnehin oftmals skeptisch gegenüber Schriften aus dem anderen Deutschland, ließen sich von dem Paragrafen und Fällen wie dem des Verlegers und Buchhändlers Willi Weismann verunsichern. Weismann, der sich politisch link positionierte, dem die Verständigung der beiden deutschen Staaten am Herzen lag und der sich deshalb als Importeur von DDR-Literatur betätigte, wurde mehrfach wegen der Publikation vermeintlich jugendgefährdender Literatur und später wegen der Einfuhr staatsgefährdender Schriften angeklagt. Behördliche Schikanen in der Bundesrepublik und weitere gegen den als »Kommunistenfreund« verfemten Weismann gerichtete Aktivitäten waren am wirtschaftlichen Scheitern des Buchhändlers mit schuldig.[546]

Deutlich wurden die politischen Implikationen vor allem an den Beziehungen und der Tätigkeit der beiden deutschen Buchhandelsorganisationen, den Börsenvereinen in Leipzig und Frankfurt am Main. Auch die Buchmessen in Leipzig und Frankfurt am Main waren lange Jahre eine Plattform für politische Statements. Schon die Beteiligung oder ostentative Nicht-Beteiligung von Verlagen an den Messen im anderen Deutschland oder Reglementierungen der Messeleitungen konnten als politische Positionierung gemeint sein oder gewertet werden (siehe Kapitel 7 und 8).

---

544 Grundgesetz für die Bundesrepublik Deutschland. Artikel 5: »Jeder hat das Recht, seine Meinung in Wort, Schrift und Bild frei zu äußern und zu verbreiten und sich aus allgemein zugänglichen Quellen ungehindert zu unterrichten. Die Pressefreiheit und die Freiheit der Berichterstattung durch Rundfunk und Film werden gewährleistet. Eine Zensur findet nicht statt.«

545 Frohn 2014, S. 80f.

546 Siehe dazu ausführlich Frohn 2014, S. 303–319. Das Gesetz über die Verbreitung jugendgefährdender Schriften, das im Juni 1953 in der Bundesrepublik in Kraft trat, war ebenfalls dazu angetan, so das P.E.N.-Zentrum der Bundesrepublik, »das freie literarische Schaffen [zu] beeinträchtigen.« Zit. nach Frohn 2014, S. 80. Vgl. auch Wittmann 1999, S. 411f.

3.3.5 Die Frage der Einheit im gesamtdeutschen Buchhandel

Die Spaltung des Landes hatte für die Arbeit der Buchhändler und Verleger in Ost und West gravierende Konsequenzen. Die deutsche Teilung war daher ebenso wie Bestrebungen nach der Wiederherstellung der Einheit Thema zahlreicher Korrespondenzen, Gespräche und Publikationen: innerhalb des Buchhandels, bevorzugt angesiedelt bei den buchhändlerischen Organisationen oder anlässlich der Buchmessen, und auf östlicher Seite bald ebenso von staatlicher Seite aus initiiert (siehe Kapitel 3.4.3).

Mitte 1945 schien der Gedanke, die Teilung könne von Dauer sein, noch in weiter Ferne – wenn auch mögliche Folgen sich bereits abzeichneten, wie dieses Schreiben des Leipziger Börsenvereins zeigt:

> Man kann es sich kaum vorstellen, dass das deutsche Reichsgebiet kulturell in zwei oder mehr Teil zerschnitten wird. Wir haben in Deutschland im Gegensatz zu anderen Ländern einen geographisch über das ganze Gebiet zerstreuten Verlag, wenn natürlich auch Berlin, Leipzig, Stuttgart, München führend an der Spitze stehen, und es ist schwer ausdenkbar, dass beispielsweise Werke aus dem Verlag Teubner nicht gleichzeitig im ganzen Gebiet, sondern eben nur in der östlichen Zone verkauft werden können, während gleichzeitig ein Verlag im Westen das gleiche oder ein ähnliches Werk für die westliche Zone herausbringen müsste.[547]

In den folgenden Jahren mussten sich die Buchhändler mit dem Faktum der Teilung abfinden, dennoch gab es zunächst weiterhin ernsthafte Bemühungen um den Erhalt der Einheit des deutschen Buchhandels. In Leipzig zeigten sich die Buchhändler im Interesse des Bedeutungserhalts der Stadt und ihrer gesamtdeutschen Ausstrahlung besonders engagiert.[548] In der Broschüre *Deutsche Einheit und Buchhandel*, die während einer Messekundgebung in Leipzig im März 1947 gehaltene Reden enthält, finden sich Bekenntnisse verschiedener Persönlichkeiten zur Einheit. Verleger Felix Meiner wies vor allem auf die Bedeutung der »Einheit des Absatzgebietes« hin, der Philosoph Theodor Litt beklagte den fehlenden einheitlichen Buchmarkt für die geistige Entwicklung der Deutschen. Wladimir Koltypin, Leiter des Informationsbüros der SMAD, bekannte sich dazu, dass »das neue Deutschland in wirtschaftlicher und politischer Hinsicht einheitlich und sein Buchhandelszentrum – Leipzig sein soll« – eine leere Floskel, da die Verlagspolitik der SMAD selbst wesentlich zum Bedeutungsverlust der Buchstadt beitrug. Heinrich Becker beschränkte sich in seiner Forderung nach Einheit eher pragmatisch auf die »möglichst baldige Wiederherstellung des uneingeschränkten innerdeutschen Buchverkehrs«.[549]

Im Laufe des Jahres 1947 kam es zu verschiedenen anderen Formen der Annäherung und Zusammenarbeit zwischen Buchhändlern und Verlegern aus der sowjetischen und den westlichen Besatzungszonen. Möglicherweise gab es verstärkte Be-

---

547 BV Leipzig an Zeigner, 2.7.1945, StadtAL, StVuR, Nr. 9157.
548 Vgl. Lokatis 1997b, S. 118.
549 Dieses und die vorangegangenen Zitate: Deutsche Einheit und Buchhandel, Verlag des Börsenvereins der deutschen Buchhändler zu Leipzig, 1947, StadtAL, StVuR, Nr. 9157.

mühungen, da einerseits die Entfremdung der Besatzungsmächte und das Auseinanderdriften der Zonen immer offensichtlicher wurde, zugleich aber die Hoffnung, die Zeit der Teilung möge bald vorüber sein, noch lebendig war. Es fanden gemeinsame Tagungen und gesamtdeutsche Buchhändlerbesprechungen statt, Arbeitsausschüsse wurden gebildet, auf der Leipziger Messe begegneten sich Buchhandelsvertreter aus allen Zonen (siehe Kapitel 7.1.3). Sie bekannten sich zur deutschen Einheit; auf einer pragmatischen Ebene ging es um den Erhalt bzw. die Wiederherstellung der Einheit im Buchhandel, also um vernünftige Kommunikations- und Handelsbedingungen.

Nachdem Ende 1947 die politische Lage nur wenig Hoffnung auf eine baldige Wiedervereinigung verhieß und sich 1948 durch die getrennten Währungsreformen die Spaltung vertiefte, verlagerte sich der Schwerpunkt der buchhändlerischen Initiativen immer mehr auf die Lösung praktischer Fragen und wenige verbliebene Möglichkeiten der Zusammenarbeit. Das *Adressbuch für den deutschen Buchhandel*, 1948 in ost- und westdeutscher Kooperation herausgebracht, wurde als Symbol der immer noch bestehenden Möglichkeit von Gemeinschaftsproduktionen gefeiert[550] – eine Fortsetzung erfuhr das Projekt nicht (siehe Kapitel 7.1.3). Weitere geplante Gemeinschaftsarbeiten gelangten nicht zur Umsetzung.

Nach der Gründung der beiden deutschen Staaten 1949 standen sich schließlich zwei Länder gegenüber, die die Legitimität des jeweils anderen bestritten – auf dieser Grundlage waren zunächst keinerlei offizielle Kontakte möglich. Vereinzelten Versuchen Mitte der 1950er Jahre, den Gedanken der Einheit im deutschen Buchhandel nicht nur aufrechtzuerhalten, sondern in Gremien oder Begegnungsforen zu institutionalisieren, war kein Erfolg beschieden.[551] Ökonomische Beziehungen blieben allerdings bestehen oder wurden auf- und ausgebaut; ebenso bestanden auf persönlichen Ebenen weiterhin Kontakte. Zwischen den beiden Börsenvereinen lagen die Beziehungen vorerst auf Eis, erst Mitte der 1950er Jahre wurden sie reaktiviert (siehe Kapitel 7).

3.4 Resümee

Grundlegende Entscheidungen wie die Standortwahl treffen Unternehmer für gewöhnlich nach einer Analyse der Makro-Umwelt, zu deren wesentlichen Merkmalen die politischen, rechtlichen und ökonomischen Rahmenbedingungen zählen. Nach dem Zweiten Weltkrieg war eine unmittelbare gründliche Bewertung der Lage kaum möglich. Viele Faktoren waren den Akteuren nicht bekannt; die Gesellschafts- und Wirtschaftsordnung war in einem tiefgreifenden Wandel begriffen, dessen unter-

---

550 Vgl. Frohn 2014, S. 50.
551 Hervorzuheben sind das Buchhändler- und Verlegerforum, etabliert auf der Leipziger Frühjahrsmesse 1956 von Buchhändlern und Verlegern aus Ost und West sowie das Kuratorium Unteilbares Deutschland, das 1954 unter Beteiligung von Buchbranchenvertretern den Literaturaustausch zwischen den beiden Ländern fördern wollte. Vgl. Frohn 2014, S. 390f., 434.

schiedliche Ergebnisse in Ost und West zwar bald zu erahnen waren, aber doch erst allmählich an Kontur gewannen. Inwieweit anzutreffende Kontinuitäten gegenüber den Neuanfängen bestimmend sein würden, musste sich noch entscheiden. Dass eine *gemeinsame* (Deutschland-)Politik der Besatzungsmächte nicht gelingen konnte, wurde jedoch bald offensichtlich. Da die Politik der Alliierten aus den verschiedenen Lagern aber aufeinander bezogen blieb und mit den Interessen der deutschen Behörden und Parteien in Einklang gebracht werden musste, konnte es auf keiner Seite ein klares Konzept geben, das von Anbeginn Gültigkeit gehabt hätte. Widersprüche und Richtungskämpfe waren die Folge.

Für die Verleger bedeutete dies, dass sie unternehmerische Entscheidungen auf unsicherer Basis treffen mussten. Die Einschätzung der Frage, wohin die politischen und wirtschaftspolitischen Entwicklungen in den verschiedenen Besatzungszonen führen würden, konnte in dieser Situation unterschiedliche Ergebnisse zeitigen, Wahrnehmung und Interpretation der Lage waren im Einzelfall von den persönlichen Dispositionen der Verleger abhängig. Bestimmte Grundtendenzen in der äußeren Unternehmensumwelt waren dennoch für alle Akteure ersichtlich:

– Die Teilung Deutschlands in vier Besatzungszonen ging innerhalb der ersten Jahre nach Kriegsende schrittweise in eine Zweiteilung des Landes über, die vom Gegensatz der beiden politischen Hemisphären geprägt war, für deren Grundrichtungen die USA und die UdSSR standen. Die Entwicklung kulminierte in der Gründung von Bundesrepublik und DDR im Jahr 1949.

– Wenngleich die Teilung spätestens Ende 1947 absehbar war, dauerten die Verhandlungen über eine Wiedervereinigung in den 1950er Jahren an. Die politische Rhetorik, die in beiden Staaten am unbedingten Willen zu Einheit festhielt, widersprach auf beiden Seiten zunehmend dem politischen Handeln, das sich auf die Festigung der jeweiligen Bündniszugehörigkeit konzentrierte. Nichtsdestotrotz blieb die Frage der Einheit Deutschlands Bezugspunkt des politischen und (teilweise) auch des ökonomischen Denkens.

– Dem Einheitsstreben stand eine phasenweise scharfe gegenseitige Abgrenzungsrhetorik beider deutscher Staaten gegenüber bzw. zur Seite. Trotz stellenweise aufscheinender Kompromissmöglichkeiten und Debatten über einen ›dritten Weg‹ hielten beide Staaten daran fest, dass ihr jeweiliges Gesellschafts- und Wirtschaftsmodell Ausgangspunkt für jegliche Wiedervereinigungsgedanken sein müsse. Dies verband sich mit einer starken Ablehnung und mit der Überzeugung von der Illegitimität des jeweils anderen Staates.

– Die Verlage waren in allen Zonen Maßnahmen der Kommunikationskontrolle durch die Besatzungsmächte unterworfen. Diese wiesen sowohl inhaltliche als auch formale Parallelen auf, unterschieden sich aber auch hinsichtlich einiger Faktoren. So waren überall Lizenzen für die Verlagsarbeit nötig, diese wurden in den westlichen Zonen aber schneller und in größerer Anzahl vergeben. In der Sowjetischen Besatzungszone stand hinter dem Prozess der Lizenzerteilungen das Konzept eines Umbaus des Verlagswesens.

- Mit der Gründung der Bundesrepublik entfiel dort die Pflicht zur Lizenzierung, in der DDR hingegen wurde das System aufrechterhalten und die Kontrolle der Buchbranche Angelegenheit von Regierung und Verwaltungsapparat. Trotz des Anspruchs einer zentralen Steuerung gelang eine konsistente, einheitliche Lenkung in den 1950er Jahren noch nicht.
- Wenngleich in der Bundesrepublik eine zentrale staatliche Steuerung der Buchbranche nicht anzutreffen war, waren das ›Kulturgut‹ Buch und die mit seiner Herstellung und seinem Vertrieb befassten Personen, Institutionen und Firmen auch hier politischen Einflussnahmen ausgesetzt.
- Neben dem System der Verlagskontrolle in der SBZ bzw. der DDR prägte dort vor allem der wirtschaftspolitische Umbruch die Arbeitsbedingungen der Verlage. Die privaten Unternehmen im Verlagswesen wurden systematisch zurückgedrängt und benachteiligt; in verschiedenen Phasen kam es zu Umstrukturierungen der Gesamtbranche, die mit Neugründungen und Schließungen von Verlagen verbunden waren. Dennoch war vor allem unter den Parallelverlagen eine (formal) privatrechtliche Firmenorganisation weiterhin vorzufinden.
- Die wirtschaftliche Lage im Westen war, spätestens nachdem sich das Modell einer marktwirtschaftlichen Organisation 1948 durchgesetzt hatte und die Währungsreform vollzogen war, von abnehmenden Reglementierungen und einer zugleich einsetzenden Wirtschaftsförderung gekennzeichnet.
- Die Situation auf dem Beschaffungsmarkt gestaltete sich für die Verlage in Ost und West zunächst ähnlich schwierig. Im östlichen Teil lagen die wichtigsten Zentren der Buchherstellung, allerdings waren diese durch Kriegszerstörungen dezimiert und erlitten durch Reparationen und Demontagen weitere Verluste. Im Westen fehlten Kapazitäten in den ersten Jahren ebenfalls. Nach der Währungsreform besserte sich die Lage zusehends, auch bedingt durch die Verlagerung von Herstellungsbetrieben vom Ost- in den Westteil des Landes. Dennoch griffen Verlage im Westen während der Zeit der Teilung weiterhin auf Herstellungsbetriebe im Osten zurück.
- Der Handel zwischen den Zonen bzw. den beiden Staaten war starken Reglementierungen unterworfen und besaß politische Implikationen. Die konkreten Modalitäten gehörten zu den wichtigen Faktoren der Makro-Umwelt der Unternehmen.
- Abwanderungen von Firmen in den Westen waren auch in anderen Branchen die Folge der wirtschaftlichen und politischen Rahmenbedingungen, denen die Firmen im Ostteil des Landes nach 1945 ausgesetzt waren.

Die geschilderten Bedingungen der Makro-Umwelt stellten die Basis für die Entscheidungen dar, die die Verleger bezüglich der künftigen Ausgestaltung ihrer Firmen nach 1945 treffen mussten. Abhängig von den individuellen Verhältnissen und persönlichen Einstellungen der Inhaber konnten die Chancen und Risiken einer Filialgründung oder Verlagerung unterschiedlich bewertet werden; entsprechend verschieden gestalteten sich die Prozesse der Parallelverlagsentstehung.

4 Entstehung der Parallelverlage: Ursachen und Gestaltungsoptionen

Die Entscheidung, eine Firmenzweigstelle zu errichten oder den Firmensitz an einen anderen Ort zu verlagern, berührt grundlegend das unternehmerische Handeln. Die Standortwahl kann in entscheidendem Maße die Erreichung der Unternehmensziele beeinflussen.[1] In der besonderen historischen Umbruchsituation nach 1945 – unter der Besatzung und vor dem Hintergrund der wirtschaftspolitischen Entwicklungen – war ein allen anderen vorgelagertes Unternehmensziel die Sicherung und der Erhalt des Unternehmens. Hierbei ist zu differenzieren, dass dies einerseits auf die grundsätzliche Möglichkeit zielen konnte, das Sachziel des Verlags – die Produktion und Distribution von Büchern und Zeitschriften – weiterhin erreichen zu können, oder andererseits auf den Erhalt einer konkreten Betriebsstätte, eines Mitarbeiter- oder Autorenstamms.[2] Diese Unterscheidung rückt einen weiteren Aspekt in den Blickpunkt, der bei der Entscheidung über eine Verlagerung eine wesentliche Rolle spielte. Für einen reinen Verlag war es vergleichsweise leicht, eine Zweigstelle aufzubauen oder den Sitz der Firma zu verlegen, da hier keine Produktionsanlagen oder sonstigen materiellen Güter in relevantem Umfang vorhanden waren, sieht man von Gebäuden und Grundstücken ab. Anders war dies bei Firmen, die – wie B. G. Teubner in Leipzig – neben dem Verlag über einen großen grafischen Betrieb verfügten.

Im Zusammenhang mit dem angestrebten Unternehmenserhalt sind weitere Ziele von Belang. Ökonomischer Erfolg und Erhaltung der Liquidität stellen Voraussetzungen für die längerfristige Existenz eines Wirtschaftsunternehmens dar. Inwieweit dies erreicht wird, ist unter anderem von den konkreten Bedingungen am Standort abhängig, die wiederum an die Ausgestaltung der Sphären gekoppelt sind, die ein Unternehmen umgeben.[3] Die Politik gibt die Rahmenbedingungen für das Wirtschaftssystem vor und beeinflusst damit die Handlungsfreiheit von Unternehmen. Sie bestimmt die relevante Gesetzgebung, zum Beispiel das Steuerrecht, und kann mittels Währungs- und (Außen-) Handelspolitik Einfluss auf Handlungsspielräume von Unternehmen nehmen. Die Verfügbarkeit und die Kosten für benötigte Ressourcen (u. a. Material und Arbeitskräfte) und die Branchenstruktur sind weitere Aspekte, die die Attrakti-

---

1 Zur Theorie von Unternehmenszielen und zur Differenzierung verschiedener Zielinhalte siehe Thommen/Achleitner 2009, S. 113–122. Zur Standortwahl siehe Wöhe 2005, S. 304–310. Hefele betont, dass die Standortwahl »seit Alfred Weber und Walter Christaller zu den Kernelementen betriebswirtschaftlicher [...] Theorie« zählt. Hefele 1998, S. 55.

2 Hefele weist darauf hin, dass es neben verschiedenen Motiven zur Abwanderung eines Unternehmens auch »abwanderungshemmende Einflüsse« gab, zu denen die Verantwortung gegenüber dem Betrieb und den Mitarbeitern zählte. Hefele 1998, S. 60.

3 In der Betriebswirtschaftslehre werden diese Aspekte als Teil der externen Umweltanalyse betrachtet. Vgl. Wöhe 2005, S. 305–307.

https://doi.org/10.1515/9783110543421-004

vität eines Standortes ausmachen. Die politische und wirtschaftliche Situation prägt darüber hinaus die Bedingungen, unter denen Kunden und Lieferanten eines Unternehmens tätig sein und mit ihren Partnern zusammenarbeiten können.

Bei der Analyse der Entscheidungsfindungen ist weiterhin die jeweilige Rechtsform des Unternehmens von Bedeutung. Die meisten Verlage waren als Kommandit-, also Personengesellschaften organisiert, in denen die Verleger die Positionen der Komplementäre innehatten. Damit waren sie Gesellschafter, die mit ihrem gesamten Vermögen hafteten und das Recht und die Pflicht zur Ausübung der Geschäftsführung besaßen. Sie waren in hohem Maße persönlich von der ökonomischen Entwicklung ihrer Firma betroffen und zugleich mit einer weitgehenden Entscheidungsgewalt über deren Zukunft ausgestattet.

Die politischen und wirtschaftspolitischen Rahmenbedingungen sowie die besonderen Reglements in der Buchbranche, mit denen die deutschen Verlage nach dem Ende des Zweiten Weltkrieges konfrontiert waren, führten bei den in der vorliegenden Arbeit betrachteten Unternehmen durch Filialgründungen bzw. Firmenverlagerungen zur Entstehung der Parallelverlage. Die Analyse der zugrundeliegenden Entscheidungsprozesse erfolgt auf zwei Ebenen: Die Rahmenbedingungen stellen die exogenen, grundsätzlich für alle Unternehmen gleichen Faktoren dar, auf deren Basis sich die individuellen Unternehmerentscheidungen vollzogen. Diese waren zusätzlich durch die jeweilige Situation in den Verlagen bestimmt, beispielsweise die Betriebsgröße, die Personalstruktur, die Eigentumsverhältnisse oder die politischen Ansichten der Unternehmensleitung. Das Quellenmaterial wird danach befragt, in welcher Weise sich die Rahmenbedingungen auf der einen und die individuellen Verhältnisse auf der anderen Seite auf die Entscheidung auswirkten, in den westlichen Besatzungszonen Zweigstellen aufzubauen oder Unternehmen dorthin zu verlagern.

4.1 Unternehmensverlagerungen nach 1945

Parallelunternehmen entstanden nach 1945 nicht nur in der Buchbranche, vielmehr waren davon zahlreiche Wirtschaftszweige betroffen: Carl Zeiss, Agfa, BMW und die Lufthansa sind prominente Beispiele.[4] Hefele hat in seiner Studie zur Verlagerung von Unternehmen aus der Sowjetischen Besatzungszone in die westlichen Zonen nach 1945 verschiedene Ursachen und Faktoren benannt, die dazu bei trugen, »privatunternehmerische Existenz auf Dauer unmöglich zu machen«:[5] die Wirtschaftsordnung und die (innerdeutschen) Rechtsverhältnisse, den Binnen- und Außenhandel sowie den innerdeutschen Handel, das Arbeitskräftepotenzial und innerbetriebliche Aus-

---

4 Vgl. Bähr 1997, S. 244. Detailuntersuchungen liegen vor zur Lufthansa (Fäßler 2005a), Agfa (Karlsch 1992), Carl Zeiss (Hermann 2002).
5 Hefele 1998, S. 36f.

einandersetzungen, Kreditbeziehungen und das Steuersystem. Bähr identifiziert in seinem Aufsatz zur Firmenabwanderung als Ursachen für die Übersiedlungen die sowjetische Besatzung und die Errichtung der Zonengrenzen, die Enteignungen und die »Systemtransformation« in der Sowjetischen Besatzungszone, wozu auch die Veränderungen im kulturellen und wissenschaftlichen Gebiet zählten, und schließlich die »offene[n] Repressionen gegen die Unternehmer«.[6]

In ihrer Fallstudie zu den ›zweigleisigen Verlagen‹ analysiert Jütte die Geschichte des Verlags Gustav Fischer zwischen 1945 und 1953. Darin benennt sie als Ursachen für die Entstehung zweier Verlagsstandorte (Jena und Stuttgart) die Lizenzierungspolitik in der SBZ, besonders auch die Notwendigkeit eigener Lizenzen für Zeitschriften, die langwierigen Druckgenehmigungsverfahren, die Konkurrenz durch die staatlichen und organisationseigenen Verlage, die Probleme im Interzonenhandel, die Währungsreform und damit das Problem der Bezahlung der Honorare an die westdeutschen Autoren und schließlich Repressionen gegen die Verlagseigentümer.[7]

Hinterthür konstatiert zur Abwanderung traditionsreicher Musikalienverlage in den Westen, dass die »privaten Musikverlage in der SBZ von Maßnahmen betroffen [waren], die insgesamt auf die ›Verdrängung, Einbeziehung und Liquidierung der Privatwirtschaft in der SBZ/DDR‹ zielten«.[8] Einige Verlage trafen die Sequestrierungen und teilweise folgenden Enteignungen im Rahmen der Entnazifizierung.[9] Bei Breitkopf & Härtel wurde schon früh die Sorge vor einer »Abschließung des westlichen Deutschlands«[10] von der SBZ geäußert; die Gründung einer westlichen Zweigstelle des Leipziger Verlags erfolgte u. a. zu dem Zweck, die Herstellung und den Verkauf der Verlagswerke im Westen sicherzustellen. Andere Verlage begannen ihre Übersiedlung ab 1947 vorzubereiten, weil sie der politischen Entwicklung misstrauten und sich abzeichnete, dass der Verlagsstandort Leipzig seine traditionelle Bedeutung verlieren würde. Zwischen 1948 und 1950 wanderten mindestens zwölf Musikverlage aus der SBZ in den Westen ab, weil die meisten von ihnen noch immer keine Lizenz erhalten hatten – die bis dato noch bestehende Aussicht, wenigstens im Rahmen einer Arbeitsgemeinschaft lizenziert zu werden, war geschwunden.[11]

Aber auch Verleger, die im Besitz einer Lizenz waren, darunter Breitkopf & Härtel, C. F. Peters und Hofmeister, entschieden sich zur Übersiedlung. In einigen Fällen bekamen Verleger und ihre Familien persönliche Schwierigkeiten, wurden ihrer Ämter enthoben oder entlassen, wenn sie politisch nicht linientreu waren. Zudem wurden unterschiedliche Vorstellungen von Verlagen und Behörden bezüglich der Arbeits-

---

6 Bähr 1997, S. 233–239.
7 Vgl. Jütte 1997.
8 Hinterthür 2006, S. 92f.
9 Vgl. ebd., S. 93f.
10 Ebd., S. 95f.
11 Vgl. ebd., S. 97, 119f.

weise von Musikverlagen deutlich.[12] Anfang der 1950er Jahre führten Repressionen, Enteignungen und Überführungen in Volkseigentum zur Trennung von Ost- und West-Niederlassungen der Verlage.[13]

4.2 Ursachen für die Neuorientierungen der Verleger

Die acht Wissenschaftsverlage, die in dieser Arbeit untersucht werden, hatten ebenso wie alle anderen Parallelverlage ihren Sitz am Ende des Zweiten Weltkriegs im Gebiet der Sowjetischen Besatzungszone: in Leipzig die Akademische Verlagsgesellschaft, Johann Ambrosius Barth, S. Hirzel, B. G. Teubner und Georg Thieme, in Halle/Saale Carl Marhold, in Jena Gustav Fischer und in Dresden Theodor Steinkopff. Die Inhaber dieser Verlage waren primär mit den politischen, wirtschaftspolitischen und buch-branchenspezifischen Rahmenbedingungen konfrontiert, die in ihrer Besatzungszone herrschten, nahmen aber jene in den westlichen Zonen ebenso zur Kenntnis. Die dem Historiker heute zugänglichen Informationen waren den damaligen Akteuren allerdings nicht umfassend bekannt, entsprechend schwer fiel ihnen oft die Einschätzung der Lage.

4.2.1 ›Aktion Zweigstelle‹: Initiierte Abwanderungen

Leipzig, bis zur Zeit des Nationalsozialismus die wichtigste Stadt des deutschen Buchhandels, wurde am 18./19. April 1945 von amerikanischen Truppen besetzt. Es stand zu diesem Zeitpunkt bereits fest, dass die Besatzung nur einige Wochen dauern würde. Im Krimabkommen vom September 1944 war festgelegt worden, dass nach Ende des Krieges ein Gebietstausch mit der sowjetischen Armee erfolgen sollte.[14] Zunächst waren die Herstellung und der Vertrieb jeglicher Publikationen durch das vom Obersten Befehlshaber der alliierten Streitkräfte erlassene Gesetz Nr. 191 verboten.[15] Es gab auch keine Bemühungen der Amerikaner, das Leipziger Buchgewerbe wieder in Gang zu bringen – vielmehr planten sie bereits den Aufbau des Buchhandels in ihrer eigenen Besatzungszone. Sie versuchten zu diesem Zweck, Expertenwissen und Buchhan-

---

12 Vgl. ebd., S. 120, 158. Nach Wunsch des Kulturellen Beirats sollten verstärkt zeitgenössische Komponisten und Kompositionen gefördert werden, wogegen sich Breitkopf & Härtel in der wirtschaftlich schwierigen Nachkriegszeit zur Wehr zu setzen suchte.
13 Vgl. ebd., S. 163.
14 Vgl. Titel 2001, S. 40; Bille 1995, S. 36.
15 Vgl. Umlauff 1978, Sp. 70ff. Das Gesetz wurde am 24.11.1944 erlassen und in einer abgeänderten Form am 12.5.1945 erneut veröffentlicht.

delsstrukturen aus Leipzig nach Frankfurt am Main bzw. Wiesbaden zu überführen.[16] Mit der Leitung dieses geheimen Unternehmens war Douglas Waples betraut, der sich bereits mit Buchhandels- und Leseforschung befasst hatte und die Situation in der Leipziger Buchbranche kannte; ihm zu Seite standen Hellmuth Lehmann-Haupt und Charles Haimoff von der Abteilung für psychologische Kriegsführung der amerikanischen Militärregierung.[17] Sie sollten »ausgewählte Persönlichkeiten des Buchhandels«[18] über den geplanten Gebietstausch informieren und ihnen anbieten, vorher mit ihren Familien in die amerikanische Zone überzusiedeln. Explizit war davon die Rede, dass es sich lediglich um die »Errichtung von Verlagsfilialen« handeln sollte, nicht aber um die »vollständige Übersiedlung der betreffenden Verlagsfirmen«.[19] Außerdem war die Etablierung einer Zweigstelle des Börsenvereins vorgesehen, die die Herausgabe des *Börsenblatts*, einer Neuerscheinungsbibliografie und eines Adressverzeichnis übernehmen würde.[20]

Zu den Personen, die von Waples Ende Mai angesprochen wurden, gehörte neben Hans Brockhaus (F. A. Brockhaus), Wilhelm Klemm (Dieterich'sche Verlagsbuchhandlung und Kommissionshaus Carl Friedrich Fleischer; Klemm sollte auch den westdeutschen Börsenverein etablieren), Friedrich Michael (Lektor bei Insel), Karl Rauch (Karl Rauch Verlag) und Ernst Reclam (Philipp Reclam jun.) auch Bruno Hauff vom Verlag Georg Thieme.[21] Der Verlag S. Hirzel, den zu fragen Klemm vorgeschlagen hatte, war von der Militärregierung abgelehnt worden.[22] Abgesehen von Rauch und Reclam entschieden sich die ausgewählten Verleger zur Übersiedlung.[23] So folgte auch Hauff dem Angebot der Amerikaner und fuhr mit seiner Frau, seinem Sohn Günther und

---

16 Vgl. Titel 2001, S. 40; Sarkowski 1995, S. 8 f.; Bille 1995, S. 36. Ausführlich berichtet Seiffert 2000 von den Vorbereitungen und Gesprächen im Zusammenhang mit der Aktion; dort sind auch Gesprächsprotokolle und Aktennotizen abgedruckt.

17 Vgl. Keiderling 2005, S. 223. Waples war Professor an der Graduate Library School der Universität Chicago und nun für die Abteilung Verlagswesen innerhalb der Information Control Division zuständig. Vgl. Sarkowski 1995, S. 8; Keiderling 2005, S. 402, Anm. 11.

18 Keiderling 2005, S. 223. Vgl. auch Titel 2001, S. 40.

19 Dieses und das vorangegangene Zitat: Bericht über die Sitzung des Aktionsausschusses in der Wohnung von K. Voerster, 5.6.1945, SStAL, 21766 BV II, Nr. 1789.

20 Vgl. Heß, Aktennotiz über die Besprechung vom 31.5.1945, SStAL, 21766 BV II, Nr. 1862.

21 Vgl. Sarkowski 1995, S. 9; Bille 1995, S. 37. Erich Ackermann (B. G. Teubner) schrieb an Mitinhaber Hermann B. Müller-Schönau am 4.9.1957: »Wenn Ihr nicht die Prozesse gegen uns geführt hättet, dann wäre vielleicht an Teubner, genau wie an die anderen Verleger, im Jahre 1945 von den Amerikanern die Aufforderung gerichtet worden, sich nach Westdeutschland abzusetzen. So ist nun aber das umgekehrte eingetreten.« SStAL, 22199 Teubner Stuttgart, Nr. 27. Zu den Prozessen siehe Kapitel 2.7.

22 Vgl. Bericht über die Sitzung des Aktionsausschusses in der Wohnung von K. Voerster, 5.6.1945, SStAL, 21766 BV II, Nr. 1789. Die Errichtung einer Zweigstelle von Koehler & Volckmar, die Heß vorgeschlagen hatte, wurde von den Amerikanern als »nach den militärischen Grundsätzen nicht tragbar« bewertet. Zit. nach Seiffert 2000, S. 150.

23 Zur Ansiedlung der Buchhandelsfirmen in Wiesbaden, den Arbeitsbedingungen und den ersten Produktionen siehe Michopoulos 1995.

den anderen Verlegern nebst Familien am 12. Juni 1945 nach Wiesbaden.[24] Der alliierte Zonenplan war der deutschen Öffentlichkeit eine Woche zuvor bekannt gegeben worden.[25]

Die ersten Verlage, die Zweigstellen im Westen aufbauten und die später zu den Parallelverlagen gehörten, waren damit Firmen, die von der amerikanischen Besatzungsmacht zu diesem Schritt aufgefordert wurden. Die Aktion sprach sich unter den Leipziger Verlegern herum. Hellmuth von Hase vom Musikverlag Breitkopf & Härtel hörte noch vor Abreise der Verleger von dem Unterfangen und suchte Anschluss zu gewinnen. Er konnte mit seiner Familie sowie einer Mitarbeiterin und deren Angehörigen am 19. Juni ebenfalls nach Wiesbaden reisen.[26]

Bruno Hauff nutzte im Angesicht des bevorstehenden Besatzungswechsels die Gelegenheit zur Eröffnung einer Zweigstelle in der amerikanischen Zone; detaillierter sind die Gründe für seine Entscheidung nicht belegt.[27] Hellmuth von Hase befürchtete für den Fall einer sowjetischen Besatzung »kommunistische Herrschaft, Enteignung der ›kapitalistischen‹ Unternehmer und deren persönliche Verfolgung«.[28] Hans Brockhaus war sich weniger sicher, ließ sich aber von seiner Frau Susanne überzeugen: »Wir haben eine lange Phase der Unfreiheit hinter uns. Und was mit den Russen hier passieren wird, das weiß man nicht. Lass uns die Chance nutzen, und wenn du sie nicht für dich siehst, dann sieh sie für deine Kinder!«[29] Doch auch Verleger, die sich vorerst zum Bleiben in der Sowjetischen Zone entschlossen, begrüßten die Entwicklungen nicht. Annelise von Lucius von Gustav Fischer, die Jena nicht verließ, hätte ein Bleiben der ersten Besatzungsmacht bevorzugt. Sie notierte am 30. Juni in ihrem Tagebuch: »Noch Hoffnung, dass wir amerikanisch bleiben!« Am Tag darauf hieß es: »Die Amerikaner packen ein, die ersten Russen da! Deprimiert.«[30]

Der geplante Gebietstausch erfolgte etwa acht Wochen nach Ende des Krieges. Die amerikanischen Truppen verließen Leipzig am 30. Juni 1945, am 1./2. Juli war die sowjetische Armee in der Stadt.[31] Die Stimmung in großen Teilen der Bevölkerung schwankte wohl zwischen der von Susanne Brockhaus geäußerten Unsicherheit und der konkreten Befürchtung von Hases, die Besatzer würden ihr eigenes Gesellschaftssystem einführen. Diese Ängste waren während der Zeit des Nationalsozialismus gezielt geweckt worden und erfuhren durch die Besatzungspraxis eine teilweise Bestätigung: »Die Russen- und Kommunistenfurcht hatte Tradition, war durch Goebbels

---

24 Vgl. Kapitel 2.8; Sarkowski 1995, S. 9.
25 Vgl. Keiderling 2005, S. 222.
26 Vgl. von Hase 1968, S. 104.
27 Vgl. Staehr 2011, S. 80.
28 Von Hase 1968, S. 104.
29 Aus einem Interview mit Mariella von Boch, 10.12.1998, zit. nach Keiderling 2005, S. 223.
30 Dieses und das vorangegangene Zitat: Tagebucheintrag von Annelise von Lucius, zit. nach Jütte 2010, S. 343.
31 Vgl. Riese 2000a, S. 182.

wiedererweckt, durch die Schrecken des sowjetischen Einmarsches oft zur Panik gesteigert [...] worden«,[32] fasst Bender zusammen. Die nationalsozialistische Regierung hatte zwar nicht nur gegen die Russen, sondern auch gegen die Amerikaner propagiert, allerdings hatten letztere Bemühungen kaum Erfolg gezeitigt. »Wenige zweifelten wohl wirklich daran, daß die Amerikaner das mittelständische Privateigentum unangetastet lassen, das Prinzip der Rechtsstaatlichkeit in Deutschland wieder durchsetzen, in jedem Falle aber eine kommunistische Umwälzung von Staat und Gesellschaft verhindern würden«,[33] so Henke. Dieser Einschätzung folgten vor allem Menschen aus bürgerlichen Kreisen, die aus der SBZ häufig in den Westen flohen.[34]

Die nach Wiesbaden gebrachten Verleger mussten trotz der Versprechen der Amerikaner teilweise lange auf eine Lizenz warten. Hans Brockhaus und Bruno Hauff wurde als Begründung mitgeteilt, »daß zunächst kleinere Verleger die Erlaubnis zur Arbeit bekommen müssten, die in der Nazizeit nicht zum Zuge gekommen seien«.[35] Erst am 22. April 1946 erhielt Hauff die Verlagslizenz; Brockhaus hatte seinen Verlag unter dem Namen seines Sohnes Eberhard Brockhaus angemeldet und für diesen am 21. März 1946 die Produktionserlaubnis erhalten.[36]

4.2.2 Reglementierung und Unsicherheit: Verlage in der SBZ/DDR

Die Verlage benötigten bis 1949 in allen Besatzungszonen eine Verlagslizenz, um Neuerscheinungen publizieren zu können. Für die Verleger war dies nicht zuletzt deswegen problematisch, weil sich die Prozesse zum Teil sehr lange hinzogen. In der sowjetisch besetzten Zone mussten die Privatverlage ein knappes Jahr warten, bis die ersten unter ihnen mit einer Lizenz die Erlaubnis für die Produktion der ersten Neuerscheinungen erhielten. In der Wartezeit konnten zwar Vorbereitungen für die Neuproduktionen getroffen, Verkaufserlöse aber nur durch den Verkauf alter Bestände erzielt werden, sofern ein Verlag dafür eine Genehmigung bekommen hatte. Personal-, Raum- und sonstige Gemeinkosten fielen dennoch an. Gemildert wurden diese finanziellen Nachteile bei den Verlagen, die über weitere Betriebsteile verfügten oder auch andere Produkte anboten. Zur Firma B. G. Teubner gehörte beispielsweise ein großer

---

32 Bender 2008, S. 102. Zum *Antikommunismus als Querschnittsphänomen politischer Kultur* in den Jahren 1917 bis 1945 siehe den gleichnamigen Aufsatz von Wirsching 2014.

33 Henke 1995, S. 92.

34 Vgl. Malzahn 2005, S. 36.

35 Zit. nach Keiderling 2005, S. 226.

36 Vgl. Keiderling 2005, S. 227.

grafischer Betrieb; der Verlag Carl Marhold hatte in den ersten Jahren nach 1945 ein breites Lehrmittel-Sortiment im Angebot.[37]

Zwischen Zukunftsangst und Zuversicht

In der SBZ wurde die Wartezeit von der Unsicherheit begleitet, ob die Privatverlage überhaupt eine Aussicht auf Lizenzerteilung haben würden. Diese Sorge wurzelte in ungesicherten Kenntnissen darüber, wohin die gesellschaftlichen Entwicklungen und damit die medien- und wirtschaftspolitischen führen würden – lediglich *dass* es zu Veränderungen der herkömmlichen Branchenstruktur kommen würde, schien klar. Die schlechte Informationslage beklagten die Verleger auf einer Versammlung im Oktober 1945, indem sie feststellten, dass sie »zu wenig Fühlung mit Berlin haben und überhaupt nicht darüber unterrichtet sind, wie die Dinge dort laufen.«[38]

Diese Ungewissheit, teilweise gepaart mit konkreten Befürchtungen bezüglich der sowjetischen Besatzung, hatte die Verleger von Thieme (wie auch von Brockhaus und Breitkopf & Härtel) schon im Juni 1945 zur Abwanderung in den Westen bewegt. Die Situation führte nun bei weiteren Verlegern dazu, über die Einrichtung einer Zweigstelle oder die Verlegung des Unternehmens in eine der westlichen Zonen nachzudenken. Dietrich Steinkopff, der Sohn des Dresdner Verlegers Theodor Steinkopff, befürchtete negative Entwicklungen hinsichtlich der Verlagsarbeit unter der sowjetischen Besatzungsmacht:

> Da mir auf die Dauer eine erfolgreiche, aufbauende wissenschaftliche Verlagstätigkeit in der Ostzone nicht möglich erscheint, war es seit längerer Zeit mein Bestreben, irgendwie für meinen Verlag in der westlichen Zone Arbeitsmöglichkeiten zu suchen.[39]

Er war der Überzeugung, die östlichen Autoren würden »von den Russen für ihre Zwecke eingespannt werden« und für die »wissenschaftliche Publizistik in Deutschland mehr oder weniger bald wegfallen.«[40] Sein Vater Theodor Steinkopff hingegen hatte im Juli 1945 noch positiv von den Entwicklungen in Dresden berichtet:

> Die Weiterarbeit ist nicht aussichtslos, da ich mit den maßgebenden Behörden endlich gute Verbindung erhalten habe. Der Verlag ist als einziger wissenschaftlicher Verlag in Dresden anerkannt, soll weiterarbeiten, wird geschützt und unterstützt.[41]

---

37 Vgl. z. B. Lehrmittel-Sortiment Marhold, 20.1.1948, StaH A 2.36 Nr. 1941 Bd.1; Lehrmittel-Sortiment der Carl Marhold Verlagsbuchhandlung, StaH A 2.36 Nr. 1950 Bd. 1.
38 Sitzung des Kulturausschusses bzw. der Verlegergruppe der liberal-demokratischen Partei, 15.10.1945, Notiz dazu vom 17.10.1945, SStAL, 22198 Teubner Leipzig, Nr. 176.
39 Dietrich Steinkopff an Jost, 12.9.1945, ZLB, Aktenarchiv Steinkopff, Jost vom 12.9.1945 bis 30.9.1956.
40 Dietrich Steinkopff an Müller, 27.9.1945, ZLB, Aktenarchiv Steinkopff, Müller.
41 Theodor Steinkopff, Dresden, an Dietrich Steinkopff, 11.7.1945, ZLB, Aktenarchiv Steinkopff, Dresden 1–249, vom 1945 bis 31.12.48.

Im darauffolgenden Monat dachte Theodor Steinkopff über eine Orientierung Richtung Westen nach, war aber noch vorsichtig zuversichtlich.[42] Im Dezember schließlich schilderte Steinkopff seinem Sohn, der zu dieser Zeit bereits in Frankfurt am Main weilte, seine Einschätzung der Lage nahezu resigniert:

> Besonders bemerkenswert ist, daß die Zensurangelegenheit immer düsterer zu werden scheint. Es häufen sich die Anzeichen, daß man tatsächlich in der russischen Zone an diese staatlich oder städtisch aufgezogenen Unternehmen denkt, die mehr oder weniger mit Lizenz vom Aufbau-Verlag, jedenfalls aber abhängig von der Regierung, wenn vielleicht auch unter altem Firmennamen, weiterarbeiten.[43]

Die Hoffnung, dass es in den westlichen Zonen leichter sein würde, die Verlagsarbeit weiterzuführen, teilte im Januar 1946 auch er.[44] Wieder einen Monat später gab es Anlass zu neuem Optimismus bezüglich der Weiterarbeit in Dresden. Theodor Steinkopff erhielt von seinem Verlegerkollegen Wilhelm Heyne, der in Berlin gewesen war, die Nachricht, dass Steinkopff zu den fünf wissenschaftlichen Verlagen gehören würde, die in der russischen Zone eine Lizenz bekommen sollten. Neben Steinkopff, so hieß es, sollte es sich um Gustav Fischer, Georg Thieme, Springer und Urban & Schwarzenberg handeln.[45] Steinkopff erhielt zwar zunächst noch keine Einzellizenz, konnte aber ab März 1946 unter der Lizenz der Arbeitsgemeinschaft medizinischer Verleger die Arbeit wieder aufnehmen – und die Sorge vor dem befürchteten ›Staatsverlag‹ war zunächst ausgeräumt:

> Außerdem ist die Gefahr des Staatsverlages, wie wir ihn befürchteten, [...] nicht so groß, denn der Russe hat endlich verstanden, daß es doch so wie bisher einfach nicht geht und will plötzlich handeln, angesichts der Tatsache, daß in den anderen Zonen so allerlei geschieht (gute Verlagsobjekte abschwimmen, etc.).[46]

Die Statements von Theodor und Dietrich Steinkopff lassen Rückschlüsse darauf zu, welche individuellen Faktoren die Überlegungen zur Frage einer Abwanderung beeinflussten. Theodor Steinkopffs Haltung zur politischen Situation war im Gegensatz zu der seines Sohnes von einer optimistischeren Grundhaltung getragen. Allerdings war er 1945 bereits 75 Jahre alt und wollte sich vermutlich auch deshalb nicht mit

---

42 Theodor Steinkopff an Fischer, 30.8.1945, ThHStAW, GFV, Nr. 555, zit. nach Jütte 2010, S. 262, Fußnote 415.

43 Theodor Steinkopff, Dresden, an Dietrich Steinkopff, 15.12.1945, ZLB, Aktenarchiv Steinkopff, Dresden 1–249, vom 1945 bis 31.12.48.

44 Theodor Steinkopff, Dresden, an Dietrich Steinkopff, 5.1.1946, ZLB, Aktenarchiv Steinkopff, Dresden 1–249, vom 1945 bis 31.12.48.

45 Theodor Steinkopff, Dresden, an Dietrich Steinkopff, 16.2.1946, ZLB, Aktenarchiv Steinkopff, Dresden 1–249, vom 1945 bis 31.12.48.

46 Theodor Steinkopff, Dresden, an Dietrich Steinkopff, 26.3.1946, ZLB, Aktenarchiv Steinkopff, Dresden 1–249, vom 1945 bis 31.12.48.

dem Gedanken anfreunden, seine Heimatstadt verlassen zu müssen, in der er fast 50 Jahre zuvor sein Unternehmen gegründet hatte. Aufgrund der Tatsache, dass sich sein Sohn Dietrich Steinkopff bereits im Westen befand und dort eine Zweistelle des Verlags aufbauen sollte, war zudem die Frage einer Absicherung der Firma geklärt. Der Verleger konnte leichter die Geduld beim Warten auf die Lizenz aufbringen, als dies ohne den familiären Hintergrund der Fall gewesen wäre.

Die Äußerung zur »düsteren Zensurangelegenheit« gibt Hinweise auf die Informationsproblematik, die als typisch für jene Zeit gelten kann. Steinkopff war über Grundtendenzen der Entwicklung der Verlagssteuerung durch die sowjetische Besatzungsmacht im Bilde, verfügte aber über keine gesicherten und konkreten Informationen. An die Stelle seines anfänglichen Optimismus bezüglich der Verlagspolitik in der SBZ war im Laufe der letzten Monate des Jahres 1946 ein stetig größer werdender Pessimismus getreten. Dieser hatte seine Berechtigung, planten die sowjetischen Stellen doch in dieser Zeit eine starke Limitierung auf nur fünf Privatverlage, die eine Zulassung erhalten sollten, und einen Zusammenschluss der anderen unter dem Dach eines der neu gegründeten Verlage. Von einem solchen Konstrukt hatte Steinkopff gehört, wenn auch nach seiner Information der Aufbau-Verlag statt wie tatsächlich geplant Volk und Wissen die Führung dieses Konglomerates übernehmen sollte (siehe dazu Kapitel 3.4.1).

Im Verlag B. G. Teubner in Leipzig dachte man im Sommer 1945 über die Eröffnung einer Zweigstelle in einer westlichen Zone nach, nachdem die Verlagerung einiger Buchhandelsfirmen nach Wiesbaden im Juni bekannt geworden war.[47] Braunschweiger Verlagskollegen unterstützten dies und erteilten den dringenden Rat, so bald wie möglich eine Niederlassung zu gründen, da »die zu erwartende russische Besatzung einen Vorhang herabsinken lassen würde, der es uns [Teubner] vorerst unmöglich machen könnte, in der Westzone zu arbeiten«.[48] Nach dem Einzug der sowjetischen Armee in Leipzig sah der damalige Verlagsleiter Becher das künftige Schicksal des Verlags als ungewiss an.[49] Die Überlegungen zu einer Zweigstellengründung, die unabhängig vom Leipziger Verlag arbeiten sollte, konkretisierten sich.[50]

---

47 Vgl. Becher, Teubner, 22.6.1945, SStAL, 22198 Teubner Leipzig, Nr. 176. Es gab Überlegungen zur Errichtung eines Zweigbetriebes in Würzburg und zur vorsorglichen Beschaffung von Lagerräumen in Friedrichroda, von dem Becher dachte, dass es amerikanisch besetzt bleiben würde. Dass Teubner selbst keine Einladung zur Übersiedlung von den Amerikanern erhalten hatte, war nach Bechers Ansicht »im wesentlichen darauf zurückzuführen, daß BGT als ausgesprochener Schulbuchverlag, auch beim Börsenverein, gilt, als solcher an der nationalsozialistischen Erziehung der Jugend beigetragen hat [...]«.

48 Becher, Teubner, 26.6.1945, SStAL, 22198 Teubner Leipzig, Nr. 176. Es handelte sich um Sandig und Trapp vom Verlag Westermann in Braunschweig.

49 Vgl. Becher, 19.9.1945, SStAL, 22198 Teubner Leipzig, Nr. 176.

50 Vgl. ebd. Erste Planungen zogen eine Gründung im Ruhrgebiet in Betracht.

Kurze Zeit darauf gab es Informationen aus Ost-Berlin, die gleichzeitig zu Hoffnung Anlass gaben und vorhandene Befürchtungen stützten. Mitinhaber Heisig führte im Oktober Gespräche mit verschiedenen Stellen in Ost-Berlin, unter anderem mit der Zentralverwaltung für Volksbildung:

> Von allen Herren wurde ausnahmslos betont, daß die Mitarbeit eines Verlages wie B. G. T. und überhaupt die Mitarbeit leistungsfähiger Verlage auch künftig nicht wegfallen solle. [...] Indessen sei die Form der Mitarbeit noch nicht geklärt. Daß wesentliche Einschränkungen im Verlagswesen würden stattfinden müssen, wurde auch überall betont.[51]

Eine Orientierung in die westlichen Zonen schien also weiterhin ratsam. Tatsächlich kam es am 12. Januar 1946 zur Gründung der B. G. Teubner Verlagsgesellschaft mbH in Hagen (Westfalen), was allerdings lediglich eine Formalität darstellte. Der Zweck der Gesellschaft »war zunächst nur, den Namen B. G. Teubner in Westdeutschland in rechtlich einwandfreier Weise zur Verfügung zu haben«.[52]

Erst relativ spät, ab Oktober 1948, wurde mit dem Verlag für Wissenschaft und Fachbuch in Bielefeld eine aktive Vertretung von Teubner im Westen etabliert.

> Der Verlag für Wissenschaft und Fachbuch [...] übernahm die Interessenvertretung für den Leipziger Teubner Verlag in Westdeutschland wie überhaupt in den westlichen Ländern. Er hielt die Verbindung mit den in Westdeutschland ansässigen Teubner-Autoren und begann nach und nach eine kleine Produktion zu entwickeln, wobei er überwiegend Lizenzausgaben des Teubner-Verlages brachte und zwar mit Rücksicht darauf, dass Werke des Teubner Verlages auch in Westdeutschland erscheinen und dort verfügbar sein sollten.[53]

Für diese verhältnismäßig späte Entscheidung mögen vor allem zwei Ursachen ausschlaggebend gewesen sein. Zum einen musste für dieses Vorhaben eine Vertrauensperson gefunden werden, die »natürlich politisch ganz unbescholten und auch sonst angesehen sein«[54] sollte. Mitgesellschafter oder Familienangehörige, die bereits in einer westlichen Zone lebten und die mit der Gründung einer Zweigniederlassung hätten betraut werden können, gab es bei Teubner nicht. Zum anderen warteten die Verleger auch in den westlichen Zonen teilweise lange auf eine Lizenz. Das zeigt das Beispiel von Dietrich Steinkopff, der schon seit Sommer 1945 in der amerikanischen Zone war, aber erst im März 1947 eine Lizenz der amerikanischen Militärregierung erhielt. Zwischenzeitlich schien die Erteilung einer eigenen Lizenz sogar unwahrschein-

---

51 Heisig, Besuche und Besprechungen in der deutschen Zentralverwaltung (ZV) für Volksbildung vom 18. bis 20.10.1945, SStAL, 22198 Teubner Leipzig, Nr. 176.

52 Niederschrift über die Vorgänge bei den Teubner-Firmen anläßlich der Sitzverlegung des Verlages nach Stuttgart, 11.6.1953, SStAL, 22199 Teubner Stuttgart, Nr. 82.

53 Breuer, Stellungnahme zum Prüfungsbericht der Oberfinanzdirektion Stuttgart über die bei der Verlag für Wissenschaft und Fachbuch G.m.b.H., Bielefeld, durchgeführte Devisennachschau, 21.10.1953, SStAL, 22199 Teubner Stuttgart, Nr. 81.

54 Becher, 19.9.1945, SStAL, 22198 Teubner Leipzig, Nr. 176.

lich, da Steinkopff empfohlen wurde, Anschluss an ein anderes bereits lizenziertes Unternehmen zu suchen.[55]

Die Inhaber der Firma B. G. Teubner in Leipzig blieben auch nach der Bielefelder Zweigstellengründung noch einige Jahre in der SBZ bzw. DDR. Dazu trug der Umstand bei, dass am Verlag, vor allem aber am grafischen Betrieb eine große Belegschaft hing, für die die Eigentümer sich verantwortlich fühlten.[56]

Theodor Steinkopff und B. G. Teubner sind Beispiele für Zweigstellenerrichtungen als Reaktion auf die Unsicherheit bezüglich der weiteren politischen und verlagspolitischen Entwicklungen nach Errichtung der Zonengrenzen. Die Stammsitze der Firmen wurden noch nicht aufgegeben, die Zweigstellen stellten eine »Rückversicherung gegen die politische Entwicklung in der SBZ«[57] dar.

Tabelle 2: Lizenzen für die Wissenschaftsverlage: Datum der Erteilung und auf der Urkunde benannter Programmbereich

Lizenz in der SBZ	Verlag	Verlagsgebiet
22. März 1946	Arbeitsgemeinschaft Medizinischer Verleger	Medizin
28. August 1946	Johann Ambrosius Barth	Allgemeine Biologie, Chemie, Physik, Technik, Astronomie, Geisteswissenschaften
10. Dezember 1946	Gustav Fischer	Natur-, Sozial- und Wirtschaftswissenschaften
10. Dezember 1946	Theodor Steinkopff	*keine Angabe*
8. Februar 1947	Carl Marhold	Wissenschaft und Technik
25. Februar 1947	Akademische Verlagsgesellschaft	Wissenschaft und Technik
25. Februar 1947	S. Hirzel	*keine Angabe*
Juni 1947	B. G. Teubner	Philosophie, Mathematik, Technik, Naturwissenschaften, Philologie, Geographie und Geschichte

Die Wartezeit war für die Privatverleger auch deshalb schwierig, weil andere wissenschaftliche Verlage deutlich früher Lizenzen erhalten hatten. So gelang es Herbert Cram, die erste Verlagslizenz im britischen Besatzungsgebiet für den Verlag Walter de Gruyter schon am 3. Oktober 1945 zu bekommen.[58] Springer in Berlin erhielt am

---

55 Vgl. Dietrich Steinkopff an aufm Kampe, 6.12.1946, ZLB, Aktenarchiv Steinkopff, Aufm Kampe.
56 Vgl. Erinnerungen von Herbert Heisig, SStAL, 22199 Teubner Stuttgart, Nr. 171.
57 Bähr 1997, S. 235.
58 Vgl. Ziesak 1999, S. 259.

25. Oktober 1945 eine Lizenz von der britischen Militärregierung für die Buchproduktion, am 5. August 1946 folgte eine Lizenz der Amerikaner für eine Niederlassung in Heidelberg für Bücher und Zeitschriften (letztere hatten zuvor einzeln genehmigt werden müssen).[59] Urban & Schwarzenberg war am 24. Oktober 1945 in Berlin lizenziert worden.[60]

Aufgrund der Unsicherheit über die weitere politische Entwicklung blieb für einige Akteure aber auch die Hoffnung auf ein Ende der Zonen- bzw. der deutschen Teilung lebendig. Diese Aussicht konnte die Entscheidung, mit dem Stammhaus (zunächst) in der SBZ bzw. der DDR zu bleiben, festigen. So äußerte beispielsweise Annelise von Lucius, dass vor der »eher spontan« getroffenen Entscheidung einer Zweigstellengründung in Stuttgart im November 1947 über eine solche Möglichkeit nicht nachgedacht worden war, da sie »immer davon aus[ging], dass die Deutschen bald wieder alle an einem Tisch sitzen würden.«[61] Und auch zu diesem Zeitpunkt plante die Verlegerin die vollständige Übersiedlung noch längst nicht.[62] Theodor Steinkopff bemerkte noch im Dezember 1951: »Wir wollen die Hoffnung nicht aufgeben, daß die Einheit zwischen Ost und West im kommenden Jahr zustande kommt, dann wäre für uns auch schlagartig alles viel einfacher und schöner.«[63]

Reglementierung der Verlagsgebiete

Die Lizenzierungspflicht zog weitere Einschränkungen nach sich. Schon in den ersten, noch formlosen Lizenzurkunden wurde die Publikationstätigkeit bei wissenschaftlichen Verlagen und Verlagszusammenschlüssen in Arbeitsgemeinschaften auf bestimmte Fachgebiete beschränkt.[64] So erhielt die Lizenzurkunde für die Arbeitsgemeinschaft medizinischer Verleger vom 22. März 1946 den Passus: »Dem Verlag ist die Herausgabe von medizinischen Büchern, Broschüren und Zeitschriften genehmigt.«[65] Dieser Zusatz erscheint für die Arbeitsgemeinschaft plausibel, betraf aber ebenso einzelne Verlage. Ab der am 18. Juni 1946 vergebenen Lizenz Nr. 72 waren die Urkunden standardisiert. Hier konnten Beschränkungen der Verlagsgebiete unter Punkt 2 auftauchen, wo Bedingungen für die Lizenzerteilung aufgelistet wurden. Unter Un-

---

59 Vgl. Götze 1994, S. 4–9.
60 Vgl. Remmert/Schneider 2010, S. 269.
61 Dieses und das vorangegangene Zitat: Interview mit Annelise und Wulf Dietrich von Lucius, zit. nach Jütte 2010, S. 352.
62 Vgl. Jütte 2010, S. 352.
63 Theodor Steinkopff, Dresden, an Dietrich Steinkopff, Darmstadt, 29.12.1951, ZLB, Aktenarchiv Steinkopff, Dresden 250–522. vom 1.1.1949 bis 31.12.1953.
64 Vgl. Jütte 2010, S. 185. Bei den formlosen Lizenzurkunden war nur der Dokumentenkopf vorgedruckt. Vgl. ein Beispiel für eine formlose Lizenzurkunde bei Jütte 2010, S. 186, Abb. 19.
65 Kopie der Lizenzurkunde Nr. 37 der Arbeitsgemeinschaft Medizinischer Verleger, 22.3.1946, abgebildet bei Jütte 2010, S. 223.

terpunkt e) »Sonstige Bedingungen« wurden bei manchen Verlagen die genehmigten Publikationsgebiete benannt, so beispielsweise in der Lizenzurkunde der Akademischen Verlagsgesellschaft vom 25. Februar 1947, wo an dieser Stelle die Worte »Gebiet: wissenschaftliche und technische Literatur«[66] eingetragen waren. Mit Befehl Nr. 90 der SMAD vom 17. April 1947 war die Reglementierung wieder festgeschrieben, indem ein eigener Punkt 2 die »Art der Veröffentlichungen« aufführte.[67] Davon waren nun alle Verlage, nicht nur die wissenschaftlichen, betroffen.

Das hatte zur Folge, dass manche Verlage nicht in allen früheren Programmbereichen publizieren konnten. Marhold-Verleger Wolfgang Jäh benannte diesen Punkt nach seinem Weggang von Halle als eine Ursache für seine Entscheidung.

> Ein weiterer Grund ist der, dass ich nicht länger auf das Gebiet der Heilpädagogik verzichten kann, auf dem der Verlag Marhold international anerkannt und führend war. Wie sehr bemühte ich mich, mit der damaligen Zentralverwaltung für Volksbildung und später mit dem Volksbildungsministerium aus unseren Standardwerken diejenigen auszuwählen, die am dringendsten benötigt werden. Nach langwierigen Verhandlungen wurden mir die Manuskripte entweder zurückgegeben, also überhaupt abgelehnt, oder man liess mich wissen, dass die Zeit für deren Herausgabe noch nicht reif sei.[68]

Marholds Verlagslizenz war für technische und wissenschaftliche Literatur erteilt worden; darüber hinaus durften medizinische Werke im Rahmen der Arbeitsgemeinschaft medizinischer Verleger publiziert werden. Heilpädagogische Schriften waren dabei ausgeschlossen. Auch die Zeitschrift *Die Hilfsschule*[69] konnte Marhold in der DDR daher nicht verlegen. Die Reihe *Marholds Jugendbücher*, in der Kinder- und Jugendliteratur in altersgerechter Sprache veröffentlicht wurden, war bis in die 1940er Jahre hinein ein weiterer fester Programmbereich des Hallenser Verlags gewesen. Jäh äußerte der Stadt Halle gegenüber, dass die Wiederbelebung der Reihe »zu den vordringlichsten Aufgaben des Verlages«[70] nach 1945 gehörte, da sie günstige Lesestoffe für den Schulunterricht bereitstellte. Tatsächlich konnte Jäh zwischen 1947 und 1949 eine beachtliche Anzahl von Titeln dieser Reihe publizieren – eine Ausnahme von der Lizenzbeschränkung, die wohl mit der von der Besatzungsmacht als wichtig erachte-

---

66 Lizenz Nr. 194, ausgestellt am 25.2.1947, StadtAL, StVuR, Nr. 8904. Dass durch die Urkunden in dieser Phase also »kein Verlag mehr auf die Herausgabe von Literatur eines bestimmten Fachgebiets eingeschränkt« wurde, wie Jütte schreibt, ist nicht richtig. Vgl. Jütte 2010, S. 188.

67 Jütte 2010, S. 185–188. »Die Verlage dürfen nur Ausgaben veröffentlichen, die in den ihnen ausgestellten Lizenzen vorgesehen und im Verlagsplan bestätigt sind.« Richtlinien über die Herausgabe von Zeitungen, Zeitschriften, Büchern, Broschüren, Plakaten und anderen Drucksachen, Satz 2, zitiert nach Jütte 2010, S. 142.

68 Jäh, Marhold, an seine Mitarbeiter in Halle, 6.9.1951, SStAL, 21094 Bibliographisches Institut, Nr. 114.

69 Die *Hilfsschule* war bis 1933 beim Verlag Marhold erschienen und wurde ab 1934 als Teil der Zeitschrift *Die deutsche Sonderschule* im Deutschen Volksverlag München fortgeführt.

70 Jäh, Marhold, an den Überbürgermeister Mertens, Halle, 30.3.1946, StaH A 3.25 Nr. 246 Bd.1.

ten Bereitstellung von Schullektüre zusammenhing. Danach allerdings kamen keine Bücher in der Reihe mehr heraus. Sie erschienen erst ab 1952 wieder, nun im West-Berliner Verlag Carl Marhold.

Die Praxis der fachspezifischen Lizenzbeschränkungen traf auch B. G. Teubner hart: Der bis in die Zeit des Nationalsozialismus bedeutende Schulbuchverlag konnte in diesem Bereich nach 1945 noch kurze Zeit, aber nicht mehr selbstständig und schließlich gar nicht mehr arbeiten (siehe dazu ausführlich Kapitel 4.2.3).

Das Verlagsprogramm von Gustav Fischer erfuhr eine späte Einschränkung, die bereits in die Verantwortung der DDR-Behörden fiel. Der Verlag hatte zunächst medizinische Titel unter der Arbeitsgemeinschaft medizinischer Verleger und unter der eigenen Lizenz Titel aus den Bereichen Natur-, Sozial- und Wirtschaftswissenschaften veröffentlichen dürfen. Im Zuge der Anfang der 1950er Jahre durchgeführten Neulizenzierungen der Verlage wurde diese nur noch »für die Gebiete der Medizin und Naturwissenschaften erteilt«.[71]

Verlegerische Arbeitsgemeinschaften

Einschränkungen der Publikationsgebiete wurden nicht nur über die Bestimmungen in den Lizenzurkunden erreicht, sondern waren auch eine Folge der Zusammenfassung von Verlagen in Arbeitsgemeinschaften. Bevor die Wissenschaftsverlage für ihre Verlage eigene Lizenzen erhielten, wurde am 22. März 1946 die Arbeitsgemeinschaft medizinischer Verleger lizenziert. Dieses Konstrukt stellte einen Kompromiss aus den verschiedenen Vorstellungen der sowjetischen Besatzer und den für den Buchhandel verantwortlichen Deutschen dar (siehe dazu ausführlich Kapitel 3.4.1).

Zuvor waren verschiedene Modelle derartiger Arbeitsgemeinschaften in unterschiedlichen Zusammensetzungen entwickelt worden. Erste Überlegungen hatte es schon im Oktober 1945 gegeben. Begründet wurden sie unter anderem mit dem Papiermangel und der sich daraus ergebenden Notwendigkeit von Gemeinschaftspublikationen von Autoren, um »die Gefahr und Zahl von Konkurrenzbüchern herabzusetzen« sowie von Absprachen der Verleger, »die sich untereinander über die besten für die zur Veröffentlichung geeigneten und deshalb einzureichenden Bücher einigen müßten.«[72] Im Januar 1946 wurde ein Zusammenschluss mehrerer Privatverlage unter der Führung des neuen Verlags Volk und Wissen diskutiert. Die Verlage würden diesen Plänen zufolge mehreren Programmabteilungen zugeordnet und ihre alten Namen beibehalten, ihre Selbstständigkeit aber verlieren. In diese Gruppe um Volk und Wissen sollte unter anderem Georg Thieme integriert werden;[73] an anderer Stelle

---

71 Fischer Jena an Amonn, 20.10.1952, HA/BV 52, Nr. 7. Vgl. zu den Neulizenzierungen Links 2010, S. 22.

72 Dieses und das vorangegangene Zitat: Sitzungsbericht der Schulbuchverleger, 10.10.1945, SStAL, 22198 Teubner Leipzig, Nr. 176. Vgl. auch Bille 1992, S. 173.

73 Vgl. Mortier 1988, S. 69, 79, Fußnote 14.

ist von Teubner als Kandidaten der Eingliederung in den ›Konzern‹ Volk und Wissen die Rede.[74] Die Akademische Verlagsgesellschaft erhielt am 18. Februar 1946 die Nachricht, dass es einen »gemeinwirtschaftlichen Zusammenschluss« der Verlage Akademische Verlagsgesellschaft, Barth, Teubner und Thieme »unter Anschluss an den Verlag Volk und Wissen G.m.b.H., Berlin, und unter dessen Führung«[75] geben solle. Im Gegensatz dazu gehörten laut anderen Dokumenten Teubner und Thieme ebenso wie Fischer neben anderen zu den Verlagen, denen das Privileg einer Einzellizenz zuteilwerden sollte.[76]

Die Pläne, die eine Entwicklung zu einem beherrschenden Staatsverlag bedeutet hätte, wurden nicht umgesetzt. Stattdessen setzte sich das von Heinrich Becker entwickelte Modell einzelner Arbeitsgemeinschaften durch. In der Abteilung Kulturelle Aufklärung bei der Deutschen Verwaltung für Volksbildung – so der Stand am 20. Februar 1946 – war vorgesehen, Barth, Thieme, Fischer und die Akademische Verlagsgesellschaft in einer Verlagsgruppe ›Medizin und Biologie‹ zusammenzufassen, Marhold sollte mit zwei anderen Verlagen in der Gruppe ›Technik und Verkehr‹, Teubner mit zehn weiteren unter der Leitung durch Volk und Wissen vereinigt werden. Auf diese Weise, so hofften die Ostdeutschen, könnte die weitere Abwanderung der Leipziger Verleger verhindert und gleichzeitig den Vorstellungen der sowjetischen Besatzer Rechnung, unter anderem nach einer deutlichen Limitierung der Verlagslizenzen, getragen werden.[77] Theodor Steinkopff in Dresden hörte zehn Tage später: »4 Verleger der Ostzone, Barth, Fischer, Steinkopff, Thieme, sollen Arbeitsgemeinschaft unter Zentralverwaltung bilden.«[78]

Im März wurde die Arbeitsgemeinschaft medizinischer Verleger etabliert. Verlage, die medizinische Werke im Programm hatten, durften diese nun ausschließlich im Rahmen der Arbeitsgemeinschaft veröffentlichen. Die anderen Wissenschaftsverlage sollten unter Anschluss an Volk und Wissen zu einer Arbeitsgemeinschaft wissenschaftlicher Verleger zusammengeschlossen werden.[79]

Von den untersuchten Verlagen waren Johann Ambrosius Barth, Theodor Steinkopff und Georg Thieme von der Gründung am 21. März 1946 an dabei,[80] im Juni 1946

---

74 Vgl. Becker, Anruf des Herrn v. Ballusek, Deutsche Zentralverwaltung, Berlin, 7.1.1946, StadtAL, StVuR, Nr. 8889.

75 Dieses und das vorangegangene Zitat: Schreiben an Erler, 18.2.1946, SStAL, 21091 Akademische Verlagsgesellschaft Leipzig, Nr. 97.

76 Vgl. Becker, Zentralstelle für Buch- und Bibliothekswesen, Betr.: Verlagsfragen der russischen Besatzungszone, 14.1.1946, StadtAL, StVuR, Nr. 8889.

77 Girnus, Bericht über die Arbeit der Abt. Kulturelle Aufklärung bei der Deutschen Verwaltung für Volksbildung an das ZK der KPD, Ulbricht, 20.2.1946, BArch, DR2/1090. Vgl. auch Jütte 2010, S. 217.

78 Theodor Steinkopff, Dresden, an Dietrich Steinkopff, 28.2.1946, ZLB, Aktenarchiv Steinkopff, Dresden 1–249, vom 1945 bis 31.12.48.

79 Vgl. Volksbildungsamt, Buch- und Bibliothekswesen, an das Nachrichtenamt, 19.3.1946, StadtAL, StVuR, Nr. 2125.

80 Vgl. Jütte 2010, S. 221–223. Der vierte Gründungsverlag war Dr. Werner Saenger, Berlin.

schloss sich Gustav Fischer an.[81] Im März 1947 kam die Akademische Verlagsgesellschaft Geest & Portig hinzu,[82] im November 1947 S. Hirzel,[83] im Mai 1949 folgte Carl Marhold.[84] Damit waren sieben der acht untersuchten Verlage in der Arbeitsgemeinschaft vertreten; lediglich B. G. Teubner gehörte ihr nicht an, da dieser nach 1945 nicht mehr über einen medizinischen Programmbereich verfügte.[85]

Die Arbeitsgemeinschaft medizinischer Verleger erhielt 1951 eine neue Lizenz vom Amt für Literatur und Verlagswesen.[86] Zum 31. März 1953 wurde sie liquidiert, nachdem im Jahr zuvor in Berlin der volkseigene Verlag Volk und Gesundheit gegründet worden war.[87]

Der Plan zur Bildung der Arbeitsgemeinschaft Wissenschaftlicher Verleger gelangte nicht zur Umsetzung, obschon die Bereitschaft zur Beteiligung bei verschiedenen Verlagen, so bei der Akademischen Verlagsgesellschaft, Gustav Fischer, Theodor Steinkopff und B. G. Teubner, bestanden hatte.[88] Weitere Arbeitsgemeinschaften hingegen entstanden, darunter eine Arbeitsgemeinschaft der Fachbuch- und Fachzeitschriften-Verleger.[89] Bei Vorbesprechungen und selbst bei der Gründungsversammlung im Mai 1946 waren Vertreter von Teubner dabei – nachdem die Arbeitsgemeinschaft im Dezember von der SMAD die Lizenz erhalten hatte, war der Verlag Teubner allerdings nicht beteiligt.[90]

---

81 Vgl. ebd., S. 249.

82 Vgl. Vertrag zwischen der Akademischen Verlagsgesellschaft und der Arbeitsgemeinschaft medizinischer Verleger, 15.3.1047, SStAL, 21091 Akademische Verlagsgesellschaft Leipzig, Nr. 97.

83 Vgl. Lizenz Nr. 346 für Gesellschafter S. Hirzel Verlag, 10.12.1947, StadtAL, StVuR, Nr. 8904.

84 Vgl. Jäh, Marhold, an das Amt für Information, Abtl. Presse-Gesetz, 9./23.11.1950, SStAL, 21094 Bibliographisches Institut, Nr. 114; Vertrag zwischen der Arbeitsgemeinschaft medizinischer Verlage und Carl Marhold, 19.5.1949, SStAL, 21094 Bibliographisches Institut, Nr. 131.

85 Vgl. Jütte 2010, S. 221f.; Lizenz Nr. 346 für die Arbeitsgemeinschaft Medizinischer Verleger, 10.12.1947, SHV 2. Beteiligt waren außerdem die Verlage Dr. Werner Saenger, H. Heinecke, Dr. Willmar Schwabe, Elwin Staude und der Verlag des Deutschen Hygienemuseums.

86 Vgl. Hauptreferat Verlagsaufbau, Verlagsverzeichnis der neu lizenzierten Buchverlage für den öffentlichen Gebrauch, o. D., BArch, DR1/824.

87 Vgl. Verwaltung Volkseigener Verlage an das Ministerium für Leichtindustrie, HV Polygraphische Industrie, FA Verlagswesen, 27.3.1953, BArch, DR1/843; 25 Jahre Volkseigene Verlage für Medizin und Biologie 1978, S. 10.

88 Vgl. Koch, Aktennotiz, 27.11.1946, SStAL, 22199 Teubner Stuttgart, Nr. 5; Vertragsentwurf für Arbeitsgemeinschaft Wissenschaftlicher Verleger, SStAL, 21091 Akademische Verlagsgesellschaft Leipzig, Nr. 97; Volksbildungsamt, Buch- und Bibliothekswesen, an das Nachrichtenamt, 19.3.1946, StadtAL, StVuR, Nr. 2125; Jütte 2010, S. 219 f., 237f.

89 Vgl. Löffler 2011, S. 156.

90 Vgl. Niederschrift über die Besprechung betreffend Gründung einer Arbeitsgemeinschaft der Fachbuch-Verleger am 10.4.1946 sowie Niederschrift über die Gründungsversammlung der Arbeitsgemeinschaft der Fachbuch- und Fachzeitschriften-Verleger am 16.5.1946, SStAL, 21766 BV II, Nr. 1424; Jütte 2010, S. 227–231, zur Geschichte dieser Arbeitsgemeinschaft.

Die Zusammenfassung der Verlage in der Medizin-Arbeitsgemeinschaft führte zu einer Verunsicherung bei den Privatverlegern, zumal Einzellizenzen zu diesem Zeitpunkt noch nicht vergeben worden waren. Annelise von Lucius von Gustav Fischer entschied sich zunächst gegen einen Beitritt zur Arbeitsgemeinschaft, da sie entschlossen war, auch die anderen Programmbereiche des Verlags, die Naturwissenschaft und die Volkswirtschaft, fortzuführen.[91] Sie war optimistisch, eine Einzellizenz für den Verlag zu erhalten, bei einem Beitritt zur Arbeitsgemeinschaft hingegen befürchtete sie eine Beschränkung des Verlagsprogramms auf medizinische Werke.[92] Die erhoffte Einzellizenz sollte Fischer nach dem Willen des Referats Verlagswesen der Deutschen Verwaltung für Volksbildung aber nach der Bildung der Arbeitsgemeinschaft medizinischer Verleger gerade nicht erhalten, da dies »die Auflösung der eben gebildeten Arbeitsgemeinschaft medizinischer Verlage bedeute[t]« hätte und daher »nicht diskutabel«[93] war. Eine Ausnahme für den renommierten Verlag Gustav Fischer hätte also das ganze Unternehmen in Frage gestellt.[94] Andererseits befürchtete das Referat Verlagswesen, dass die Familie ohne eine Lizenzerteilung in eine der westlichen Zonen übersiedeln könnte, was verhindert werden sollte.[95] Um den Verlag doch zu einem Beitritt zur Arbeitsgemeinschaft zu bewegen, setzten die Mitarbeiter des Referats ihn durch den Entzug von 20 bereits erteilten Genehmigungen für Nachdrucke unter Druck. Außerdem wurde in Aussicht gestellt, dass Fischer einer geplanten Arbeitsgemeinschaft Wissenschaftlicher Verleger beitreten und somit auch in seinen anderen Fachgebieten wieder publizieren könne. Nachdem weitere Bemühungen um den Erhalt einer Einzellizenz gescheitert waren, entschloss sich der Verlag Gustav Fischer am 1. Juni 1946 zum Beitritt zur Arbeitsgemeinschaft.[96]

Unsicher und misstrauisch war auch Theodor Steinkopff, der seinem Sohn Dietrich am 6. März 1946 von den Plänen für die Arbeitsgemeinschaft und dem Druck berichtete, dem er ausgesetzt war:[97] »Eine Nichtbeteiligung würde, wie immer wieder betont wurde, vermutlich eine Stillegung der Verlage nach sich ziehen mit wenigen Ausnahmen«. Die Drohungen führten im Falle Steinkopffs zum gewünschten Ergebnis. Obwohl er das Vorhaben als »schwülstig, umständlich und, gemessen an den von Natur aus einfachen Verhältnissen im Verlagswesen, bürokratisch und konzernmäßig

---

91 Vgl. Annelise von Lucius an die Thüringische Landesstelle für Buch- und Bibliothekswesen, 20.3.1946, zit. nach Jütte 2010, S. 247.
92 Vgl. Jütte 2010, S. 246.
93 Dieses und das vorangegangene Zitat: Balluseck, Betrifft: Verlag Gustav Fischer, 28.3.1946, BArch, DR 2/896.
94 Vgl. Jütte 2010, S. 248.
95 Vgl. Balluseck, Betrifft: Verlag Gustav Fischer, 28.3.1946. BArch, DR 2/896.
96 Vgl. Jütte 2010, S. 248f. Dort findet sich eine detailliertere Schilderung der Entwicklungen.
97 Vgl. Theodor Steinkopff an Dietrich Steinkopff, 6.3.1946. ZLB, Aktenarchiv Steinkopff, Dresden 1–249, vom 1945 bis 31.12.48.

konstruiert«[98] kritisierte, sah er darin die einzige Möglichkeit, »überhaupt produzieren zu können«[99] und entschied sich für eine Beteiligung. Er urteilte nach Vertragsabschluss: »Die Gefahr, womöglich alles zu verlieren, falls wir unbeteiligt beiseite stehen, war groß.«[100]

Die Arbeitsgemeinschaften stellten eine durchaus sinnvolle Reaktion auf Probleme der Zeit, wie den Papier- und Kapazitätenmangel, dar. In den westlichen Besatzungszonen, wo es solche Konstrukte nicht gab und die Lizenzen großzügiger verteilt worden waren, beklagte sich beispielsweise Gottfried Bermann Fischer 1948 über die wegen »allzu großzügiger Lizenzierungen, fehlender Koordination der Verlagsprogramme mit entsprechendem Risiko von Doubletten«[101] entstandenen Probleme. Problematisch waren hingegen die juristische Grundlage und die damit verbundene Einschränkung der verlegerischen Freiheit.[102] Im Gesamtkontext der kulturpolitischen Entwicklung in der SBZ waren sie immerhin ein erfolgreicher Kompromiss auf dem Weg zu einer besonderen ostdeutschen Verlagsstruktur, die gleichzeitig den sowjetischen Vorstellungen als auch in einem gewissen Rahmen den Wünschen der deutschen Verleger und Verlagspolitiker Rechnung trug.

Zeitschriftenprobleme

Um Zeitschriften publizieren zu können, reichte eine allgemeine Verlagslizenz nicht; stattdessen mussten die Verlage für jede Zeitschrift eine eigene Lizenz beantragen.[103] Dieser Umstand fiel stark ins Gewicht, da die wissenschaftlichen Zeitschriften seit dem 19. Jahrhundert eine immer größere programmpolitische und ökonomische Rolle in den Verlagen spielten. Ihre Zahl war, vor allem in den Naturwissenschaften und in der Medizin, stark angestiegen. Sie waren zum üblichen Publikationsort für aktuelle Forschungsergebnisse geworden; die Spezialisierung in den akademischen Disziplinen hatte die Entstehung zahlreicher Spezialzeitschriften nach sich gezogen. Ökonomisch waren die Zeitschriften so interessant, dass allein aus finanziellen

---

98 Dieses und das vorangegangene Zitat: Theodor Steinkopff an Dietrich Steinkopff vom 19.3.1946, ZLB, Aktenarchiv Steinkopff, Dresden 1–249, vom 1945 bis 31.12.48.

99 Theodor Steinkopff an Dietrich Steinkopff vom 23.3.1946. ZLB, Aktenarchiv Steinkopff, Dresden 1–249, vom 1945 bis 31.12.48.

100 Theodor Steinkopff an Dietrich Steinkopff vom 26.3.1946. ZLB, Aktenarchiv Steinkopff, Dresden 1–249, vom 1945 bis 31.12.48.

101 Wittmann, S. 406f.

102 Vgl. Mortier 1988, S. 70f.

103 Vgl. die Übersicht über die Lizenzen für die Zeitschriften von Barth, 31.5.1948. SStAL, 21101 Barth Leipzig, Nr. 704; Jütte 1997, S. 188. In den Lizenzurkunden für Zeitschriften wurden Format, Umfang, Auflagenhöhe und Erscheinungsweise festgelegt. Vgl. Jütte 2010, S. 185.

Erwägungen Neugründungen oder Aufkäufe erfolgten.[104] Für die Verleger waren die Periodika zudem »Aushängeschilder ihrer inhaltlichen Schwerpunkte«.[105] So existierten im Jahr 1928 einer auf *Sperlings Zeitschriften-Adressbuch* basierenden Statistik zufolge 351 Zeitschriften auf dem Gebiet der Medizin und 212 in den Naturwissenschaften.[106] Die deutschsprachigen wissenschaftlichen Zeitschriften, »deren Inhalte bis zu zwei Dritteln aus Beiträgen ausländischer Wissenschaftler bestanden«,[107] hatten auch international eine hohe Relevanz.

Der Frage der Zeitschriftenlizenzen galt daher bei den Wissenschaftsverlagen nach 1945 große Aufmerksamkeit. Bei jenen Verlagen, die über eine Zweigstelle in einer der westlichen Zonen verfügten, beeinflusste die Existenz selbiger die Strategien zur Wiederbelebung des Zeitschriftengeschäfts ebenso wie die Herausgeber.

Bei dem seit 1895 in zwei Abteilungen bei Gustav Fischer erscheinenden *Zentralblatt für Bakteriologie, Parasitenkunde, Infektionskrankheiten und Hygiene* hatte sich die Hoffnung auf eine Lizenzerteilung für die zweite Abteilung in Jena nicht verwirklicht, obwohl die erste Abteilung bereits im Dezember 1946 lizenziert worden war und seit Mai 1947 wieder Hefte herauskamen.[108] Herausgeber Carl Stapp aus Braunschweig fragte daher 1951 bei Piscator in Stuttgart an, ob der Verlag »bereit und in der Lage ist, in absehbarer Zeit die alte Zeitschrift im Westen wieder erscheinen zu lassen«.[109] Es gelang schließlich doch, für den Jenaer Verlag 1952 eine Lizenz für die zweite Abteilung zu erhalten. Nachdem Verlegerin Annelise von Lucius Jena im Januar 1953 nach Stuttgart geflohen war, wurde die erste Abteilung ab 1954 allerdings in Stuttgart herausgegeben, während die zweite in Jena blieb.[110] Für die *Berichte der deutschen Botanischen Gesellschaft*, eine Zeitschrift, die seit 1883 bei Gebr. Borntraeger in Berlin erschienen und später zu Fischer gekommen war, hatte der Verlag in Jena ebenfalls einen Antrag auf Lizenzerteilung gestellt, auf die Herausgeber Ernst Tiegs im Jahr 1949 bereits seit zwei Jahren wartete. Weitere Verzögerungen wollte er nicht mehr in Kauf nehmen, »da wir [die Deutsche Botanische Gesellschaft] nicht länger im Interesse der botanischen Wissenschaft auf die Herausgabe der Berichte verzichten können«.[111] Überlegungen, bei der Zeitschrift hinsichtlich der Lizenzbeantragung oder gar der Publikation zweigleisig vorzugehen, wurden von Piscator in Stuttgart mit der Begründung verworfen,

---

104 Zur Bedeutung der wissenschaftlichen Zeitschriften im 19. Jahrhundert: Jäger 2003, S. 390–392; Schneider 2007, S. 425f.; Stöckel 2009, S. 13f; Fabian 1983, S. 171f.

105 Stöckel 2009, S. 13.

106 Vgl. Schneider 2007, S. 426.

107 Ebd., S. 429.

108 Vgl. Jütte 2010, S. 258f.

109 Stapp an Piscator Stuttgart, 17.5.1951, HA/BV 52, Nr. 7.

110 Vgl. Jütte 2010, S. 258f.

111 Tiegs an Piscator, 26.2.1949, HA/BV 52, Nr. 7.

[...] dass es nicht möglich ist für die gleiche Zeitschrift zwei Lizenzen zu beantragen, ebenso ist es m. E. unmöglich die gleiche Zeitschrift mit 2 verschiedenen Titeln herauszubringen, wenn auch die eine in der Ostzone, die andere in der Westzone erscheint.[112]

So fiel im Februar 1949 die Entscheidung, die Zeitschrift künftig in Stuttgart bei Piscator verlegen zu lassen, wo 1949/50 der erste Nachkriegsband erschien.[113]

Die *Beiträge zur pathologischen Anatomie* hingegen waren in der sowjetischen Besatzungszone lizenziert worden und sollten daher nicht ebenfalls in Stuttgart erscheinen, da dort andernfalls der Entzug der Lizenz und weitere »schwerwiegende Folgen«[114] für die Schwesterfirma befürchtet wurden. Die Zeitschrift blieb in Jena, solange Annelise von Lucius den dortigen Verlag leitete. Erst mit dem zweiten Heft 1953 erfolgte der Wechsel zum Stuttgarter Verlag.

Schwierigkeiten mit der Besatzungsmacht fürchtete auch Theodor Steinkopff in Dresden – dennoch hatten für eines der wichtigsten Zeitschriftenprojekte des Verlags, die *Kolloid-Zeitschrift*, sowohl Theodor Steinkopff in Dresden als auch Dietrich Steinkopff in Darmstadt die Lizenz beantragt. Mit der so entstandenen Situation fühlte sich der Dresdner Verleger aber nicht wohl:

Was wird nun, wenn die Lizenz in beiden Zonen erteilt werden sollte? Entweder muss eine zurückgezogen werden und die betreffende Besatzungsbehörde, der man nun endlich die Genehmigung nach langer Vorarbeit abgerungen hat, wird natürlich verschnupft sein, wenn man von der Auszeichnung keinen Gebrauch macht, oder aber der Gedanke einer doppelten Ausgabe für Ost und West tritt wieder in Erscheinung.[115]

Neben den beiden Verlegern äußerte auch Mitherausgeber Horst Müller seine Meinung zur Frage des Erscheinungsortes: »Ich halte nach wie vor die Anmeldung in der Russ. Zone für einen Prestige-Verlust.«[116] Er wurde darin von Dietrich Steinkopff unterstützt, der die Hoffnung ohnehin auf die Arbeit im Westen legte:

Es muss sich nun zeigen, wo die Anmeldung der KZ [Kolloid-Zeitschrift, A.-M. S.] schneller zum Ziel führt. [...] Es ist wohl naheliegend, dass natürlich jeder mehr oder weniger die Dinge unter irgendeinem Gesichtswinkel sieht und demzufolge unter den augenblicklichen trostlosen Zonenabgrenzungen auch mehr oder weniger an die Möglichkeiten oder Aussichten in der eigenen Zone glaubt. Ich persönlich möchte jedenfalls auf die weitere Zukunft gesehen nach wie vor glauben, dass trotz aller Hemmungen und Schwierigkeiten, die wir hier zu erleben haben, die wissenschaftliche Zukunftsarbeit, wenigstens soweit es eine Verlagstätigkeit im alten Sinne be-

---

112 Piscator an Tiegs, 16.2.1949, HA/BV 52, Nr. 7.

113 Vgl. ebd.

114 Piscator an Letterer, 27.11.1950, HA/BV 52, Nr. 7.

115 Theodor Steinkopff an Dietrich Steinkopff, 21.2.1947, ZLB, Aktenarchiv Steinkopff, Dresden 1–249, vom 1945 bis 31.12.48.

116 Müller an Dietrich Steinkopff, 15.1.1947, ZLB, Aktenarchiv Steinkopff, Müller.

trifft, im Westen liegt, wobei ich mich absolut nicht dem starken Interesse, welches für gewisse Wissenschaftsgebiete auch im Osten besteht, verschliesse.[117]

Die Zeitschrift erschien ab September 1948 in Darmstadt, nachdem Dietrich Steinkopff im Zusammenhang mit der Verlagslizenzerteilung zugesichert worden war, dass er dieses Objekt bald wieder herausbringen könne.[118] Zwei weitere wichtige Zeitschriften des Verlags, die *Zeitschrift für Kreislaufforschung* und die *Zeitschrift für Rheumaforschung,* erschienen ab 1948 bzw. 1949 bei Dietrich Steinkopff zunächst in Frankfurt/Main und ab 1950 in Darmstadt.[119] Die Genehmigung für die Herausgabe beider Zeitschriften war ebenfalls schon zusammen mit der Verlagslizenz erteilt worden, vorbehaltlich einer noch zu treffenden Regelung bezüglich der Herausgeber.[120]

Für Wolfgang Jäh von Carl Marhold stellte die Nicht-Lizenzierung einiger der renommierten Zeitschriften seines Verlags einen der Gründe für sein Verlassen der DDR im September 1951 dar. Jäh hatte keine Lizenz für die Zeitschrift *Die Hilfsschule* erhalten, da ihm auf dem gesamten Gebiet der Heilpädagogik eine Weiterarbeit nicht mehr möglich war. Das Organ des Verbandes der Hilfsschulen Deutschlands war seit 1908 bei Marhold erschienen; im Nationalsozialismus hatten die Publikation ebenso wie die Verbandstätigkeit eingestellt werden müssen. Nach der Neugründung des Verbandes deutscher Hilfsschulen 1948 kamen ab 1949 zunächst die *Heilpädagogischen Blätter* heraus – allerdings nicht mehr bei Marhold.[121] Der Kontakt zwischen Verband und Verlag bestand aber im September 1951 noch (siehe Schreiben von Wolfgang Jäh an seine Mitarbeiter auf S. 190 ff.):

> Nun schrieb mir der Vorsitzende dieses Verbandes, dass er bereit sei, mich in jeder Weise zu unterstützen und auch das Verbandsorgan wieder bei Marhold erscheinen zu lassen, wenn ich eine Zweigstelle in Westdeutschland zu eröffnen bereit sei oder den Sitz meines Unternehmens überhaupt zu verlegen.[122]

---

117 Dietrich Steinkopff an Müller, 28.12.1946, ZLB, Aktenarchiv Steinkopff, Müller.
118 Vgl. Dietrich Steinkopff an Müller, 8.7.1947, ZLB, Aktenarchiv Steinkopff, Müller.
119 Angaben zu den Zeitschriften finden sich in: Theodor Steinkopff Dresden und Leipzig 1958.
120 Vgl. Theodor Steinkopff an Dietrich Steinkopff, 20.–26.7.1947 und 14.–20.9.1947, ZLB, Aktenarchiv Steinkopff, Müller.
121 1898 wurde der Verband der Hilfsschulen Deutschlands (VdHD) in Hannover gegründet. 1933 wurde der Verband zunächst ›gleichgeschaltet‹ und dann aufgelöst, schließlich in den Nationalsozialistischen Lehrerbund überführt. Das Erscheinen der *Hilfsschule* wurde 1934 eingestellt, an ihre Stelle trat die neue Zeitschrift *Die deutsche Sonderschule.* Am 9.4.1948 wurde in Frankfurt am Main der Verband deutscher Hilfsschulen (VDH) gegründet, ab 1955 unter dem Namen Verband Deutscher Sonderschulen. Vgl. Möckel 1998.
122 Jäh, Marhold, an seine Mitarbeiter in Halle, 6.9.1951, SStAL, 21094 Bibliographisches Institut, Nr. 114.

Es gelang Jäh allerdings auch nach seiner Übersiedlung nicht, die Verbandszeitschrift wieder in seinen Verlag zu holen, die im Oktober 1951 unter dem neuen Titel *Zeitschrift für Heilpädagogik* ebenfalls in einem anderen Verlag erschien.

Auch für die Zeitschrift *Autogene Metallbearbeitung*, 1945 im 38. Jahrgang befindlich, hatte Jäh keine Lizenz mehr erhalten. Besonders traf es den Verleger, als er von der Publikation einer Konkurrenzzeitschrift in einem der neu gegründeten Verlage erfahren musste. Dies brachte für ihn das Fass zum Überlaufen – er verließ die DDR.

> Der letzte Anstoß zu meinem Entschluss aber war die Anzeige des Verlages Technik über das Erscheinen einer Schweisstechnischen Zeitschrift. Sogleich nach meiner Lizenzierung reichte ich den Antrag zur Neuherausgabe unserer alten ›Autogene Metallbearbeitung‹ ein, nun erweitert auf das Gesamtgebiet der Schweißtechnik. Immer blieb die Sache in der Schwebe, auch mein Lizenzantrag, denn einen abschlägigen Bescheid erhielt ich bis heute nicht. Nun lese ich, dass diese Zeitschrift im Verlage Technik erscheint. Warum gibt man ein solches Fachblatt nicht dem Verlage, der sich gerade auf dem Gebiete der Schweißtechnik einen Namen gemacht hat?[123]

Für eine Reihe weiterer Zeitschriften erhielt Jäh nach 1945 keine Lizenz mehr.[124] Eine Zeitschrift, die Marhold aufgrund der Verlagskompetenz im technischen Bereich neu konzipiert hatte und die den Titel *Technik im Neuaufbau* tragen sollte, hatte laut Jäh zwar Anfang 1946 bereits die »grundsätzliche Billigung der SMA gefunden«,[125] wurde aber nicht realisiert. Stattdessen kam Marhold auch hier der neue Verlag Technik in die Quere, der ab Juli 1946 die Zeitschrift *Die Technik* publizierte.[126]

Die Beispiele aus den Verlagen Gustav Fischer, Steinkopff und Marhold verdeutlichen sowohl die Bedeutung der Zeitschriften als auch die der Zweigstellen für die Verlage. Die Verleger dachten über eine doppelte Antragstellung nach (Fischer) oder praktizierten diese sogar (Steinkopff), um die Chance auf eine Lizenzerteilung zu erhöhen – zugleich fürchteten die Verleger bei diesem Vorgehen Unannehmlichkeiten mit den Besatzungsbehörden. Außerdem wurden parallele Ausgaben der Zeitschriften in Ost und West in Erwägung gezogen.[127]

---

123 Ebd.
124 Jäh führte in einem Schreiben an den Hallenser Oberbürgermeister im März 1946 neben den im Text genannten die *Haustechnische Rundschau*, die *Futtermittel-Industrie*, das *Fachblatt für das Juwelier-, Gold- und Silberschmiedehandwerk* und die Zeitschrift *Der deutsche Graveur, Ziseleur und Emailleur* an. Vgl. Carl Marhold, an Oberbürgermeister Mertens, Halle, 30.3.1946, StaH, A 3.25 Nr. 246 Bd. 1. Für keine dieser Zeitschriften erhielt er eine Lizenz. Die *Haustechnische Rundschau* erschien nach Jähs Umsiedlung nach West-Berlin wieder bei Carl Marhold bzw. Jähs Verlag Haenchen und Jäh.
125 Carl Marhold, an Oberbürgermeister Mertens, Halle, 30.3.1946, StaH, A 3.25 Nr. 246 Bd. 1.
126 Vgl. Links 2010, S. 93. Der Verlag konzentrierte seine Tätigkeit in den Anfangsjahren auf die Publikation dieser Zeitschrift.
127 Im Falle der *Zeitschrift für physikalische Chemie* der Akademischen Verlagsgesellschaft wurde ab 1954 für einige Jahre ein doppeltes Erscheinen praktiziert (siehe Kapitel 6.2.3). Ein Beispiel für eine gesamtdeutsche Zeitschriftenherausgabe stellt die Publikation des *Chemischen Zentralblatts* durch

erledigt. 8. Sep. 1951

Berlin,6.9.51

Meine lieben Mitarbeiter und Mitarbeiterinnen!

Ich habe mich entschlossen,Halle zu verlassen.Das schreibt sich so
einfach nieder.Aber keiner von Ihnen kann ermessen,wie schwer mir
dieser Entschluss geworden ist.Sie wissen ja selbst,mit wieviel Freu-
de ich an dem Wiederaufbau des Verlages Marhold gearbeitet habe.Und
wenn ich nun das alles,was wir gemeinsam geschaffen haben,aufgebe,so
habe ich dafür gewichtige Gründe.

Ich habe keinem Menschen von meinem Entschlusse erzählt,nicht einmal
meiner Mutter;und meiner Frau erst vor ganz kurzer Zeit.Wenn mich je-
mand von Ihnen während meiner Krankheit besuchte,so legte ich mich zur
Täuschung auch dann noch zu Bett,als ich bereits auf dem Wege der Besserung war,um ja keinen Verdacht aufkommen zu lassen.Diese Täuschung
möge mir niemand verübeln.Nun waren meine Frau und ich noch einmal dort,
und ich habe mir verschiedene Unterlagen,die ich zur Weiterführung meines Verlages benötige,geholt.So einen Teil der Verlagsverträge,die
Lagerkartei,die ich zur Abrechnung mit meinen westdeutschen Autoren
benötige,und anderes.

Warum nun habe ich den Entschluss gefasst? Dafür gibt es viele Gründe.
Der erste ist der,dass ich immer mehr mit erschreckender Klarheit sehe,
wie es ständig unmöglicher wird,die westdeutschen Autoren,die nun einmal die Verfasser meiner besten Bücher sind,zu halten,und wie es schon
heute aussichtslos wird,sich um neue zu bemühen.Nicht nur,dass diese
westdeutschen Autoren heute nicht mehr bereit sind,die Autorität einer
Druckgenehmigungsstelle anzuerkennen,verlangen sie,und zwar mit vollem
Rechte,ihr Honorar in Westmark.Jeder mit der Situation Vertraute weiss,
dass diese Forderung aus vielen Gründen nicht erfüllt werden kann.Vor
allem ist,wie Sie wissen,unser Konto in Wolfenbüttel von westdeutscher
Seite aus gesperrt.Darin also liegt einer der Gründe für meinen Weggang: Um das Konto aufzutauen,muss ich Westdeutscher sein,und es ist
nun eine meiner ersten Aufgaben,die rückständigen Honorare meiner westdeutschen Autoren von diesem Konto,das damit so gut wie vollständig
aufgebraucht wird,zu überweisen.Ich bin es einfach den Namen Jäh und
Marhold schuldig,meinen Autoren den Glauben an die Solidität ihres Verlegers zurückzugeben.

Ein weiterer Grund ist der,dass ich nicht länger auf das Gebiet der
Heilpädagogik verzichten kann,auf dem der Verlag Marhold international

Abb. 3: Schreiben von Wolfgang Jäh, Verleger von Carl Marhold, an seine Mitarbeiterinnen und Mitarbeiter in Halle/Saale, verfasst kurz nachdem er seine Heimatstadt verlassen hatte und nach West-Berlin übergesiedelt war, 6.9.1951. Quelle: SStAL, 21094 Bibliographisches Institut, Nr. 114.

anerkannt und führend war.Wie sehr bemühte ich mich,mit der damaligen
Zentralverwaltung für Volksbildung und später mit dem Volksbildungs-
ministerium aus unseren Standarwerken diejenigen auszuwählen,die am
dingendsten benötigt worden.Nach lanwierigen Verhandlungen wurden mir
die Manuskripte entweder zurückgegeben ,also überhaupt abgelehnt,oder
man liess mich wissen,dass die Zeit für deren Herausgabe noch nicht reif
sei.Inzwischen wurde in Westdeutschland der Verband deutscher Hilfsschulen neugegründet,und unsere frühere Zeitschrift "Die Hilfsschule" wird
wieder herausgeggeben.Nun schrieb mir der Vorsitzende dieses Verbandes,
dass er bereit sei,mich in jeder Weise zu unterstützen und auch das
Verbandsorgan wieder bei Marhold erscheinen zu lassen,wenn ich eine Zweigstelle in Westdeutschland zu eröffnen bereit sei oder den Sitz meines
Unternehmens überhaupt zu verlegen.

Der letzte Anstoss zu meinem Entschluss aber war die Anzeige des Verlages
Technik über das Erscheinen einer Schweisstechnischen Zeitschrift.So-
gleich nach meiner Lizenzierung reichte ich den Antrag zur Neuherausgabe
unserer alten "Autogene Metallbearbeitung" ein,nun erweitert auf das
Gesamtgebiet der Schweisstechnik.Immer blieb die Sache in der Schwebe,
auch mein Lizenzantrag,denn einen abschlägigen Bescheid erhielt ich bis
heute nicht.Nun lese ich,dass diese Zeitschrift im Verlage Technik er-
scheint.Warum gibt man ein solches Fachblatt nicht d e m   Verlage,der
sich gerade auf dem Gebiete der Schweisstechnik einen Namen gemacht hat?

Auch in diesem Falle ist es so,dass mir der in Westdeutschland neuge-
gründete Deutsche Verband für Schweisstechnik anheimstellte,meinen Wohnsitz nach Westdeutschland zu verlegen,damit das Organ des Verbandes wieder bei Marhold erscheinen könne.Ich lehnte damals auch dieses Ersuchen
ab,weil ich der Überzeugung war,dass die aus ihrer Tradition und aus
ihrem bisherigen Arbeitsgebiet erwachsenen Ansprüche der Verlage berücksichtigt würden.Ich habe mit dieser Ablehnung auf ein weiteres,sehr wertvolles Verlagsobjekt verzichtet,auf die "Zeitschrift für Schweisstechnik",
die jetzt im Verlage Vieweg und Sohn in Braunschweig als Organ des genannten Verbandes erscheint.

So könnte ich Grund an Grund reihen,um mich Ihnen gegenüber dafür zu rechtfertigen,dass ich Sie nun im Stiche lasse,auch meine Mutter,der gegenüber
ich ein wirklich schlechtes Gewissen habe.Immerhin kann man mir nicht
nachsagen,dass ich etwa wegen Steuerschulden oder schlechter Geschäftsführung gegangen sei.Es wird wenige "Emigranten" geben,die ein Steuer-

Abb. 3 (fortgesetzt)

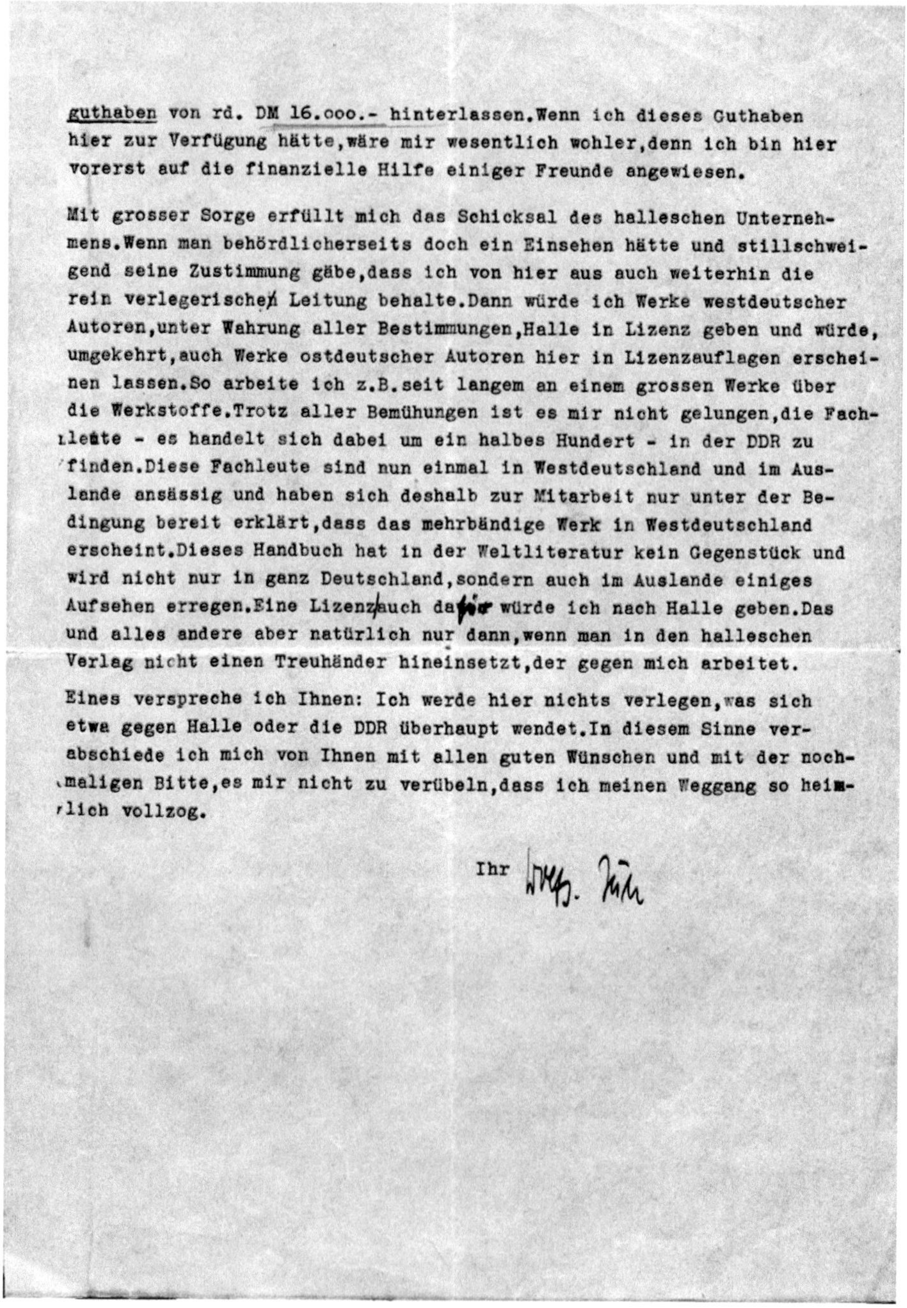

guthaben von rd. DM 16.ooo.- hinterlassen.Wenn ich dieses Guthaben
hier zur Verfügung hätte,wäre mir wesentlich wohler,denn ich bin hier
vorerst auf die finanzielle Hilfe einiger Freunde angewiesen.

Mit grosser Sorge erfüllt mich das Schicksal des halleschen Unterneh-
mens.Wenn man behördlicherseits doch ein Einsehen hätte und stillschweigend seine Zustimmung gäbe,dass ich von hier aus auch weiterhin die
rein verlegerischen Leitung behalte.Dann würde ich Werke westdeutscher
Autoren,unter Wahrung aller Bestimmungen,Halle in Lizenz geben und würde,
umgekehrt,auch Werke ostdeutscher Autoren hier in Lizenzauflagen erscheinen lassen.So arbeite ich z.B.seit langem an einem grossen Werke über
die Werkstoffe.Trotz aller Bemühungen ist es mir nicht gelungen,die Fach-
lleute - es handelt sich dabei um ein halbes Hundert - in der DDR zu
finden.Diese Fachleute sind nun einmal in Westdeutschland und im Auslande ansässig und haben sich deshalb zur Mitarbeit nur unter der Bedingung bereit erklärt,dass das mehrbändige Werk in Westdeutschland
erscheint.Dieses Handbuch hat in der Weltliteratur kein Gegenstück und
wird nicht nur in ganz Deutschland,sondern auch im Auslande einiges
Aufsehen erregen.Eine Lizenz auch dafür würde ich nach Halle geben.Das
und alles andere aber natürlich nur dann,wenn man in den halleschen
Verlag nicht einen Treuhänder hineinsetzt,der gegen mich arbeitet.

Eines verspreche ich Ihnen: Ich werde hier nichts verlegen,was sich
etwa gegen Halle oder die DDR überhaupt wendet.In diesem Sinne ver-
abschiede ich mich von Ihnen mit allen guten Wünschen und mit der noch-
maligen Bitte,es mir nicht zu verübeln,dass ich meinen Weggang so heim-
lich vollzog.

                                        Ihr

Abb. 3 (fortgesetzt)

Die Zeitschriften konnten auch eine Veränderung der Bedeutung einer westlichen Zweigstelle nach sich ziehen. Waren die Zeitschriften in ihrer Entstehungszeit für die Verleger oft deshalb relevant gewesen, weil sie »den Absatz seiner in das Fachgebiet einschlägigen Bücher erleichtert und [ge]fördert«[128] und den Verlag als Publikationsort für die entsprechenden Autoren attraktiv gemacht hatten, so dürften solche Überlegungen auch bei der Wiederbelebung nach dem Krieg eine Rolle gespielt haben. In der Korrespondenz zwischen Theodor und Dietrich Steinkopff nahm die Zeitschriftenfrage großen Raum ein. Hier schien auch erstmals eine Rivalität zwischen den beiden Verlegern auf. Dietrich Steinkopff, der noch im Herbst 1946 auf seine Lizenz wartete, plädierte gegen eine Anmeldung der *Kolloid-Zeitschrift* in Dresden, da er selbst die Zeitschrift gern ins Programm nehmen wollte. Theodor Steinkopff hielt diese »Taktik des weiteren Abwartens und damit Zermürbt-Werdens«[129] nicht für richtig. Tatsächlich gelang es in Darmstadt eher, Lizenzen für die Zeitschriften zu erhalten, so dass letztlich vier der alten Steinkopff-Zeitschriften nach dem Krieg im Westen weitergeführt wurden, in Dresden hingegen nur zwei. Dieser Umstand mag zum Bedeutungsverlust der Dresdner Firma beigetragen haben.[130]

Von großer Bedeutung für den Fortbestand der Zeitschriften waren auch deren Herausgeber. Weder in der sowjetischen noch in der amerikanisch besetzten Zone durften politisch belastete Wissenschaftler eine Herausgeberschaft übernehmen.[131] Theodor Steinkopff, selbst politisch nicht belastet, zeigte für diese Entnazifizierungsmaßnahme kein Verständnis:

> Die Bestätigung des bereits gehörten Gerüchts, daß im Westen frühere Pg.s, auch wenn sie rehabilitiert sind, nicht mehr Herausgeber sein sollen, ist ja geradezu unverständlich. Wenn das

---

den Akademie-Verlag (Ost-Berlin) und den Verlag Chemie (Weinheim) dar. Nachdem nach dem Krieg zunächst Herausgeber in der sowjetischen und in der amerikanischen Besatzungszone eine Lizenz erhalten hatten und das *Zentralblatt* doppelt erschienen war, wurde 1950 ein Modell mit einem west-östlichen Herausgebergremium gefunden. Vgl. Tandler 1999. Die Zeitschrift *Philologus* erschien im Akademie-Verlag in Arbeitsgemeinschaft mit der Dieterich'schen Verlagsbuchhandlung (Wiesbaden). Vgl. Irmscher 1957.

128 Zit. nach Jäger 2003b, S. 392.

129 Theodor Steinkopff an Dietrich Steinkopff, 26.–30.11.1946, ZLB, Aktenarchiv Steinkopff, Dresden 1–249, vom 1945 bis 31.12.48.

130 In Darmstadt wurden die *Kolloid-Zeitschrift* (begründet 1906), die *Zeitschrift für Kreislaufforschung* (seit 1909), das dazugehörige *Archiv für Kreislaufforschung* (begründet 1937) und die *Zeitschrift für Rheumaforschung* (begründet 1938) fortgeführt, in Dresden die *Pharmazeutische Zentralhalle für Deutschland* (begründet 1859) und die *Zeitschrift für Altersforschung* (begründet 1939). Vgl. Theodor Steinkopff Dresden und Leipzig 1958.

131 Vgl. für die SBZ Jütte 1999, S. 560; für die amerikanische Zone Dietrich Steinkopff an Konrad Spang, 10.1.1948, ZLB, Aktenarchiv Steinkopff, Spang, Alt-Korrespond.

so weiter geht, verbaut sich ja der Westen überhaupt jede Möglichkeit zur wissenschaftlichen Arbeit [...].[132]

Von dieser Regelung war wiederum die *Kolloid-Zeitschrift* betroffen. Der Vertrag mit den bisherigen drei Herausgebern Hans Erbring, Walter Scheele und Horst Müller bestand »auf Grund der Bestimmungen der Militärregierung der amerikanischen Besatzungszone«[133] nicht weiter. Für Verlegersohn Dietrich Steinkopff, der die Zeitschrift in Frankfurt am Main wieder herausgeben wollte, entstand eine schwierige Situation. Wenigstens Müller wollte er unbedingt als Herausgeber halten bzw. wiedereinsetzen, allerdings zogen sich die Entnazifizierungsverfahren hin. Steinkopff empfand die Anforderungen der Militärregierung als unklar und widersprüchlich. Einerseits wurde den ehemaligen Herausgebern die Fortführung ihrer Tätigkeit nicht gestattet, andererseits sollten die Verleger die Verantwortung übernehmen.[134] Dietrich Steinkopff fand schließlich in Lothar Hock einen unbelasteten Wissenschaftler, der sich für die Herausgebertätigkeit zur Verfügung stellte. Müller wurde im September 1948 ›entlastet‹, woraufhin Steinkopff vom Verantwortlichen der amerikanischen Militärregierung die Zusicherung erhielt, dass dieser gegen eine Mitwirkung Müllers als Mitherausgeber der *Kolloid-Zeitschrift* nichts einzuwenden habe, sofern Dietrich Steinkopff die politische Verantwortung tragen könne.[135] Müller, der ohnehin weiter an der Zeitschrift mitgearbeitet hatte, wurde ab November 1948 wieder offiziell als Herausgeber angeführt.[136]

Der Wohnort der Herausgeber spielte in den Überlegungen zum Erscheinungsort auch eine Rolle. Die bereits etablierten Herausgeber der Zeitschriften bzw. diejenigen Wissenschaftler, die neu für die Herausgabe in Frage kamen, waren teils im Osten, teils im Westen ansässig. Nach Einschätzung des Kolloidchemikers Josef Reitstötters, der nach dem Krieg in West-Berlin tätig war und dort Erfahrungen mit der sowjetischen, der amerikanischen und der englischen Besatzern gesammelt hatte, wäre »eine Herausgabe der [Kolloid-]Zeitschrift im russischen Sektor unmöglich [...], wenn der Herausgeber nicht auch in dieser Zone ansässig ist«.[137] Dietrich Steinkopff brachte aufgrund der politischen Belastung der bisherigen Herausgeber vorübergehend den Chemiker Raphael Liesegang ins Gespräch, der der Zeitschrift schon lange als Mitarbeiter sowie Herausgeber des Referatenteils verbunden war. Dieser war in Bad Homburg tätig, wes-

---

132 Theodor Steinkopff an Dietrich Steinkopff, 19.–21.9.1946, ZLB, Aktenarchiv Steinkopff, Dresden 1–249, vom 1945 bis 31.12.48.
133 Dietrich Steinkopff an Hock, Anlage: Entwurf Herausgeber-Vertrag, 24.1. 1948, ZLB, Aktenarchiv Steinkopff, Hock 1946/50.
134 Vgl. Dietrich Steinkopff an Hock, 16.1.1948, ZLB, Aktenarchiv Steinkopff, Hock 1946/50.
135 Vgl. Dietrich Steinkopff an Müller, 17.9.1948, ZLB, Aktenarchiv Steinkopff, Müller.
136 Vgl. Dietrich Steinkopff an Müller, 3.11.1948, ZLB, Aktenarchiv Steinkopff, Müller.
137 Dietrich Steinkopff an Müller, 14.9.1946, ZLB, Aktenarchiv Steinkopff, Müller.

halb nach Reitstötters Auffassung nur ein in der amerikanischen Zone ansässiger Verlag in Frage gekommen wäre.[138] Mit Liesegangs unerwartetem Tod im November 1947 hatten sich diese Überlegungen erübrigt. Der schließlich als Herausgeber ernannte Lothar Hock erfüllte die nach Reitstötters Auffassung nötige Voraussetzung ebenfalls: Er war seit 1946 an der Universität Marburg tätig, bevor er 1953 nach Gießen wechselte. Da die Verlage von fähigen, renommierten Herausgebern für ihre Zeitschriften abhängig waren und diese oft in den westlichen Zonen beheimatet waren oder dorthin abwanderten,[139] bedeuteten Zweigstellen in den westlichen Besatzungszonen also auch in dieser Hinsicht eine Absicherung für die Verlage.

Die Zonen- bzw. Landestrennung musste in jenen Jahren allerdings nicht zwangsläufig eine strenge Scheidung in Ost- bzw. West-Zeitschriften mit entsprechendem Herausgeber und Verlagsort zur Folge haben. Zeitschriften mit einem gesamtdeutschen Herausgeber-Gremium waren während der 1950er Jahre nicht unüblich – das Amt für Literatur und Verlagswesen zählte für 1954 immerhin 34 solcher Zeitschriften.[140] Es gab ebenso Fälle, in denen Zeitschriften in der DDR von Institutionen in der Bundesrepublik herausgegeben wurden.[141] Damals existierte noch eine »gesamt deutsche Wissenschaftlergemeinschaft«,[142] deren Mitglieder durch die gemeinsame Sprache und Traditionen verbunden waren, zu denen neben den wissenschaftlichen Gesellschaften auch die Zeitschriften und Verlage gehörten.

Bei Gustav Fischer betraf diese Konstellation u. a. das *Zentralblatt für Bakteriologie*. Die drei Herausgeber der Ersten Abteilung der Zeitschrift waren 1948/49 in Göttingen bzw. Köln (Josef Bürgers) sowie Berlin-West (Georg Henneberg) ansässig, wenig später kam ein Wissenschaftler aus Rostock hinzu (Johannes Kathe). Diese Kombination wurde vom Verlag in Stuttgart als günstig erachtet, »da ich ja hoffe, die früheren Abonnenten in der Ostzone auch von hier aus wieder beliefern zu können und dabei hätte sein Name [Kathe] doch vielleicht eine bestimmte Rolle gespielt«.[143] Bei Fischer

---

138 Vgl. Kolloid-Zeitschrift, Band 110, Heft 2, August 1948, S. 2.

139 Vgl. Tandler 2000, S. 32–34. Die Ursachen für die Abwanderung der Wissenschaftler aus der DDR lagen zum einen in den politischen Entwicklungen – die Zahl der Flüchtlinge stieg beispielsweise nach der 2. Parteikonferenz der SED im Juli 1952 stark an – und zum anderen in der vergleichsweise schlechten Bezahlung.

140 Angaben zur gesamtdeutschen Arbeit auf dem Zeitschriftensektor, 20.1.1954, BArch, DR1/2005. Vor allem waren dies Zeitschriften der Akademischen Verlagsgesellschaft, außerdem wurden die *Zeitschrift für Immunitätsforschung* und die *Zeitschrift für experimentelle Therapie* von Fischer Jena genannt, weiter das *Zentralblatt für Chirurgie* und die *Zeitschrift für Endokrinologie* von Barth Leipzig und das *Archiv für physikalische Therapie* von Thieme Leipzig.

141 So vom Institut für Hirnforschung. Angaben zur gesamtdeutschen Arbeit auf dem Zeitschriftensektor, 20.1.1954, BArch, DR1/2005.

142 Tandler 2000, S. 7.

143 Fischer Stuttgart an Bürgers, 23.11.1953, HA/BV 52, Nr. 7.

in Jena gab es auch 1959 noch Zeitschriften, deren Herausgeber zum Teil in der Bundesrepublik, zum Teil in der DDR ansässig waren.[144]

Als die Lizenzierungspflicht in den westlichen Zonen im September 1949 aufgehoben wurde und damit die Reglementierungen bezüglich der Zeitschriften und ihrer Herausgeber wegfielen, wurde die Weiterführung bzw. Wiederbelebung der renommierten Zeitschriften im Westen deutlich erleichtert. In der DDR blieb die Kontrolle der Verlage und der Zeitschriften hingegen bestehen, was zu weiteren Verlagerungen von Zeitschriften führte.

4.2.3 Privilegierte Konkurrenz: Neue Verlage in der SBZ/DDR

Die mit der Lizenzierungspolitik einhergehende Einschränkung der Publikationsgebiete ermöglichte nicht nur eine Kontrolle und Steuerung der Verlagsproduktion, sondern stand auch im Zusammenhang mit einem weiteren Aspekt der Verlagspolitik in der Sowjetischen Besatzungszone: Die ersten Lizenzen der SMAD wurden neu gegründeten Verlagen erteilt, deren Eigentümer Parteien, Organisationen oder Verwaltungen waren und die die Behörden besonders förderten.[145]

Das Beispiel B. G. Teubners zeigt, welch weitreichende Konsequenzen dies für die Privatverlage haben konnte. Der Verlag war bis in die Zeit des Nationalsozialismus hinein ein bedeutender Schulbuchverlag gewesen.[146] Erste Bemühungen nach dem Ende des Zweiten Weltkriegs von Seiten des Verlags zielten daher darauf ab, das Schulbuchgeschäft wieder zu beleben. Dies hätte theoretisch ein erfolgreiches Unterfangen werden können, da die Produktion von Schulbüchern zu den Aufgaben gehörte, der sich alle Besatzungsmächte vordringlich widmeten. Die Volksschulen sollten schon wenige Monate nach Kriegsende wiedereröffnet werden, wofür man rasch zahlreiche Bücher benötigte. Jene aus der Zeit des Nationalsozialismus konnten nicht mehr verwendet werden, daher wurden zunächst vor allem Nachdrucke von Schulbüchern aus der Zeit vor 1933 hergestellt.[147] In der SBZ druckte die Militärregierung Werke aus ver-

---

144 Vgl. Fischer Jena an die VVB Verlage, 17.4.1959, BArch, DR1/1002. Es handelte sich dabei um das *Zentralblatt für allgemeine Pathologie* (Herausgeber in Jena und Göttingen) und den *Anatomischen Anzeiger* (Herausgeber in Jena und Mainz).

145 Vgl. Kapitel 3.4.1.

146 1927 waren bei Teubner von 590 publizierten Büchern, was den Verlag zum »produktionsstärkste[n] aller Verlage auf dem deutschen Buchmarkt« machte, 364 Schulbücher. Schneider 2007, S. 387. Vgl. auch Oltmanns, Entwurf zu einer Denkschrift, Teubner, 23./24.5.1945, SStAL, 22198 Teubner Leipzig, Nr. 176.

147 Vgl. Umlauff 1978, Sp. 837–839.

schiedenen Schulbuchverlagen nach,[148] bevor am 12. Oktober 1945 die Gründung des Verlags Volk und Wissen erfolgte.[149] Trotz dieses neuen staatlichen Verlags, dem die Herausgabe von Schulbüchern explizit zugedacht war, sicherte die Deutsche Zentralverwaltung für Volksbildung Teubner zu, dass eine Zusammenarbeit mit den privaten Schulbuchverlegern erwünscht sei.[150] Das wurde ab März 1946 in Gestalt einer Arbeitsgemeinschaft von B. G. Teubner und Verlag Volk und Wissen umgesetzt.[151] Entgegen der getroffenen Vereinbarungen allerdings führten die publizierten Bücher auf dem Titelblatt Teubner nicht als Verlag auf. Der Grund hierfür, so vermutete man im Verlag, lag in der Person von Verlagsinhaber Martin Giesecke, der Mitglied der NSDAP gewesen war.[152] Zudem reduzierte sich die Aufgabe von Teubner auf »Lektorats- und Herstellungsaufgaben für die Schulbuchproduktion des Volk und Wissen Verlages; die gesamte Planung übernahm letzterer«.[153]

Die Entwicklungen in der Zusammenarbeit mit Volk und Wissen gaben dazu Anlass, dass sich Rechtsanwalt Rudolf Mothes, der die Familie Ackermann in einem Rechtsstreit gegenüber der Familie Giesecke vertrat (siehe Kapitel 2.7), im Februar 1946 zur Frage der Verlagszukunft äußerte:

> In der sowjetischen Besatzungszone muss BGT mit der Ausdehnung des staatlichen Schulbücherverlages Volk und Wissen rechnen. Man wird guttun, in der britischen oder amerikanischen Zone eine Zweigniederlassung zu gründen, um damit einen erklecklichen Teil des Idealwertes zu erhalten, solange noch Beziehungen lebendig sind.[154]

Im Mai schilderte Mothes einem Anwaltskollegen die Situation und verwies auf die Verleger, die die SBZ bereits verlassen und sich in Wiesbaden niedergelassen hatten:

> Die Verlagslizenzen wurden bisher noch von den einzelnen Besatzungsmächten erteilt, woraus sich die räumliche Geltung nur für die einzelnen Zonen herleiten lässt. [...] Aus der räumlichen

---

148 Hierüber gab es Verhandlungen über Entschädigungen an die Rechteinhaber, zu denen Teubner gehörte. Vgl. Protokoll der Verlegersitzung, 12.10.1945, SStAL, 22198 Teubner Leipzig, Nr. 176.
149 Vgl. Links 2010, S. 98.
150 Vgl. Besuche und Besprechungen in der deutschen Zentralverwaltung (ZW) für Volksbildung, 18. bis 20.10.1945, SStAL, 22198 Teubner Leipzig, Nr. 176.
151 Volk und Wissen ging auch mit anderen Verlagen und Institutionen Arbeitsgemeinschaften ein: mit Justus Perthes, den Karthographischen Anstalten des Bibliographischen Instituts, der Verlagsanstalt List & von Bessendorf und Bonneß & Hachfeld. Damit konnte neben der Buchproduktion auch die Herstellung von Lehr- und Lernmitteln bei Volk und Wissen konzentriert werden. Vgl. Schwab 2007, S. 46f.
152 Vgl. Betriebsrat von Teubner an Wandel, Deutsche Verwaltung für Volksbildung in der sowjetischen Besatzungszone, 3.7.1946, StadtAL, StVuR, Nr. 9103; Koch, Aktennotiz, 27.11.1946, SStAL, 22199 Teubner Stuttgart, Nr. 5.
153 Schwab 2007, S. 47. Siehe auch Mortier 1988, S. 69.
154 Mothes an von Mocki, 8.2.1946, SStAL, 22199 Teubner Stuttgart, Nr. 5.

> Begrenzung der Lizenzen ergibt sich die Notwendigkeit, Zweigniederlassung oder Kommanditen in den verschiedenen Besatzungszonen zu unterhalten.[155]

Für den Bereich des Schulbuchs entschloss sich Martin Giesecke zu einem anderen Vorgehen. Teubner vergab in den ersten Jahren nach Kriegsende Lizenzen an Verlage in den westlichen Besatzungszonen, für Schulbücher vorrangig an Ernst Klett in Stuttgart. In den Verträgen bekamen die Verlage das Recht zur Verbreitung der Titel in ihren jeweiligen Besatzungszonen.[156] Laut Lokatis verdankt Klett den Teubner-Rechten »seine Stellung als führender Schulbuch-Verlag«[157] – Teubner hingegen wurde auch nach Etablierung der Bielefelder Zweigstelle 1948 und der Sitzverlegung des Leipziger Verlags nach Stuttgart 1952 im Schulbuchsegment nicht mehr aktiv.

Im östlichen Teil Deutschlands war die Zeit des Schulbuchverlegers Teubner ebenfalls vorbei. Die Arbeitsgemeinschaft mit Volk und Wissen, in der Teubner ohnehin benachteiligt worden war, kündigte der staatliche Verlag zum 30. Juni 1949.[158] Der Leitung von Teubner wurde Anfang 1949 erläutert, dass es nicht mehr möglich sei, beim Schulbuch »mit einem privatkapitalistischen Verlag zusammenzuarbeiten, auch im Hinblick auf die kommende Lehrmittelfreiheit«,[159] und dass

> es in Zukunft nicht mehr möglich sein wird, diese [die Frage des Schulbuchs] vom gewinnbringenden Standpunkt aus zu betrachten, sondern rein vom Zweckmäßigkeitsstandpunkt aus. Nur Betriebe volkseigener Art können dabei mitwirken, die nicht darauf bedacht sind, im alten kapitalistischen Sinne rentabel zu arbeiten, sondern darauf, daß sie möglichst billige Bücher auf den Markt bringen. In Zukunft können Privatbetriebe von der Struktur Teubner an einer solchen Aufgabe nicht mehr mitwirken.[160]

Die in dieser Zeit laufenden Verhandlungen über eine Überführung des Verlags Teubner in Volkseigentum führten zu keinem Ergebnis, so dass die in Aussicht gestellte Neuaufnahme der Zusammenarbeit mit Volk und Wissen nicht erfolgte.[161] Tatsächlich war Volk und Wissen wenig später der einzige Verlag, der in der DDR Schulbücher herausbrachte. Teubner hatte den traditionell starken Bereich der Lehrbücher an den

---

155 Mothes an Zander, 20.5.1946, SStAL, 22199 Teubner Stuttgart, Nr. 5.

156 Vgl. beispielsweise Lizenz-Vereinbarung zwischen der B. G. Verlagsgesellschaft und Ernst Klett Verlag Stuttgart, 15.1.1948, SStAL, 22198 Teubner Leipzig, Nr. 1637. Vgl. dazu auch Verlagsgeschichte 1933 bis 1952, SStAL, 22199 Teubner Stuttgart, Nr. 171.

157 Lokatis 2009, S. 122.

158 Vgl. Betr. Überführung des Betriebes in Volkseigentum, 12.1.1949, SStAL, 22199 Teubner Stuttgart, Nr. 180.

159 Ebd.

160 Protokoll der Besprechungen betr. Überführung der Firmen B. G. Teubner, Graphischer Betrieb, und B. G. Teubner Verlagsgesellschaft in das Eigentum des Volkes, 11.1.1949, SStAL, 22199 Teubner Stuttgart, Nr. 180.

161 Vgl. Betr. Überführung des Betriebes in Volkseigentum, 12.1.1949, SStAL, 22199 Teubner Stuttgart, Nr. 180.

neu gegründeten Verlag verloren, wobei die Rolle des Verlags als wichtiger Schulbuchverlag im Nationalsozialismus und die NSDAP-Mitgliedschaft Martin Gieseckes dafür nicht die entscheidende Bedeutung gehabt haben dürften.[162]

Im Bereich der Wissenschaften, der Medizin und der Technik waren ebenfalls Verlagsneugründungen zu verzeichnen. Bereits am 12. Februar 1946 wurde der Verlag Technik als »technisch-wissenschaftlicher Buch- und Zeitschriftenverlag« etabliert.[163] Dessen Produktion beschränkte sich in den ersten Jahren fast ausschließlich auf die Herausgabe der Zeitschrift *Die Technik*.[164] Für Wolfang Jäh von Carl Marhold stellte die Existenz dieses Verlags und die darin ab Sommer 1951 erscheinende Zeitschrift *Schweißtechnik*[165] einen der Gründe für das Verlassen der DDR dar: Jähs eigene Zeitschrift auf diesem Gebiet war nicht lizenziert worden.[166]

Der am 23. Dezember 1946 gegründete Akademie-Verlag war der Publikationsort der im Juli ins Leben gerufenen Deutschen Akademie der Wissenschaften.[167] Darüber hinaus wurde der Verlag 1950 verpflichtet, dringend benötigte wissenschaftliche Literatur bereitzustellen, was ihn zu einer Konkurrenz zu den etablierten Wissenschaftsverlagen werden ließ.[168] Zu den Privilegien zählte der Zugriff auf fünf Spezialdruckereien, über die die Akademie der Wissenschaften verfügte.[169] Theodor Steinkopff äußerte sich über den Akademie-Verlag entsprechend kritisch.

> Es ist naheliegend, daß auch hier die Autoren, die sich gern gedruckt sehen, dorthin strömen und dann [...] noch damit geprunkt wird, daß der Verlag großzügiger sei (z. B. 15% statt 10% Honorar). Wenn das Geld alle ist, wird einfach wieder neu aufgefüllt.[170]

Im Bereich Medizin wurde im Oktober 1952 der Verlag Volk und Gesundheit in Berlin gegründet. Diese Gründung stellte allerdings keine Ursache für die Entstehung von Parallelverlagen mehr da, sondern bereits eine Folge. Der Verlag sollte

---

162 Für die Weiterarbeit von ehemaligen NSDAP-Mitgliedern hätte bei Bestehen eines öffentlichen Interesses an der Firma eine Ausnahmegenehmigung erteilt werden können. Vgl. Koch, 27.11.46, SStAL, 22198 Teubner Leipzig, Nr. 5.

163 Angaben für den Eintrag in das Adressbuch des Deutschen Buchhandels, 6.6.1946, Archiv des Börsenvereins, Mitgliederstelle, zit. nach Links 2010, S. 93.

164 Vgl. Links 2010, S. 93.

165 Ab Juli 1951 erschien die *Schweißtechnik* im Verlag Technik. Angekündigt war eine *Schweißtechnik. Wissenschaftliche und betriebstechnische Zeitschrift für die gesamte Schweißtechnik* schon im Börsenblatt (Frankfurter Ausgabe), H. 24, 12.10.1948, S. 878.

166 Vgl. Jäh, Marhold, an seine Mitarbeiter, 6.9.1951, SStAL, 21094 Bibliographisches Institut, Nr. 114. Die *Autogene Metallbearbeitung* war zwischen 1908 und 1945 erschienen.

167 Zur Geschichte des Verlags siehe Fischl 2011.

168 Vgl. Links 2010, S. 49.

169 Vgl. Lokatis 1996, S. 53.

170 Theodor Steinkopff an Dietrich Steinkopff, 10.6.1950, ZLB, Aktenarchiv Steinkopff, Dresden 250–522. vom 1.1.1949 bis 31.12.1953.

»u. a. dazu genutzt werden, Titel aus den verstaatlichten alten Medizinverlagen (Fischer und Thieme, später auch Barth) exportfähig zu machen«.[171] 1958 fassten die Behörden Volk und Gesundheit, Georg Thieme und Gustav Fischer in einer ›Literatur-Arbeitsgemeinschaft Medizin‹ und 1965 zu den ›Volkseigenen Verlagen für Medizin und Biologie‹ zusammen.[172]

1954 nahm ein weiterer staatlicher Wissenschaftsverlag die Arbeit auf, der das Programm bereits im Namen trug: der Deutsche Verlag für Wissenschaften. Dieser war aus der 1952 geschaffenen Hauptabteilung Hochschulliteratur des Verlags Volk und Wissen hervorgegangen und brachte in den ersten zehn Jahren seines Bestehens in erster Linie »Hochschullehrbücher und Monografien mit mathematischem und naturwissenschaftlichen Inhalt«[173] heraus. Dass mit diesen Gründungen eine Verdrängung der Privatverlage in der DDR beabsichtigt wurde, zeigt ein Beschluss der SED-Mitglieder im Kulturellen Beirat vom Mai 1950:

> Es wird beschlossen: Schritte zu unternehmen zur Neugründung eines Verlages in öffentlicher Hand (anstelle des Teubner-Verlages), der die Herausgabe des wissenschaftlichen Lehrbuches und der wissenschaftlichen Monographien besonders von jungen Autoren übernimmt. Dieser Verlag muss öffentliche Zuschüsse erhalten, so dass er in der Lage ist, den Autoren günstigere Bedingungen zu bieten als es den Privatverlagen möglich ist.[174]

Es ist anzunehmen, dass die vorgesehene Gründung zunächst in der Etablierung der genannten Hauptabteilung Hochschulliteratur des Verlags Volk und Wissen resultierte, aus der später der Deutsche Verlag der Wissenschaften entstand. Giesecke und Heisig von B. G. Teubner führten bei der Begründung ihres Weggangs von Leipzig jedenfalls auch einen »Verlag der deutschen Wissenschaften« an, dessen Existenz und Privilegien neben anderen ihnen die verlegerische Arbeit erschwert hatte.

> [...] [E]in Neuaufbau des Verlages auf den Gebieten der Mathematik, Naturwissenschaften und Technik mit Autoren der DDR ist durch das Bestehen des Fachbuchverlags, des Verlags Technik, des Verlages der deutschen Wissenschaften und des Akademie-Verlages von vornherein zum Scheitern verurteilt. Es ist [...] bekannt, daß die erwähnten Staatsverlage zufolge ihrer führenden Stellung die Fachwissenschaftler der DDR künftig noch weit stärker als bisher mit Unterstützung der zuständigen Ministerien für sich als Autoren heranziehen werden und auch sonst in jeder nur denkbaren Weise einen solchen Neuaufbau des Verlages behindern würden.[175]

---

171 Links 2010, S. 95.
172 Vgl. Stellungnahme zu dem vom Gen. Studzinski vorgelegten Vorschlag, o. D., BArch, DR1/1003; Links 2010, S. 165.
173 Links 2010, S. 56.
174 Kultureller Beirat, Sitzung der SED-Mitglieder, 23.5.1950, zit. nach Gansel 1996, S. 261.
175 Giesecke und Heisig an die Betriebsleitung und Betriebsgewerkschaftsleitung der Firmen B. G. Teubner und B. G. Teubner Verlagsgesellschaft, 13.10.1952, SStAL, 22199 Teubner Stuttgart, Nr. 82.

Im Zusammenhang mit den neuen staatlichen Verlagen wiesen Giesecke und Heisig auf einen weiteren Punkt der Benachteiligung der Privatverlage hin. Für leitende Angestellte bestand dort eine faktische Höchstgrenze von 700 Mark beim Gehalt, an die die staatlichen Verlage nicht gebunden waren. Diese hatten außerdem die Möglichkeit, Prämien zu zahlen.[176] Benachteiligt wurden die privaten Verlage auch hinsichtlich der Papierzuteilungen. Klagen über einen Mangel an Papier und über die schlechte Qualität, was besonders bei für den Export bestimmten Büchern von westdeutschen Autoren problematisch war, ziehen sich als Dauerthema durch die Korrespondenz. Die neuen organisations- oder volkseigenen Verlage wurden zu Recht von den alten Privatverlagen als Bedrohung empfunden – sie bekamen schneller ihre Verlagslizenzen sowie Lizenzen für neue Fachzeitschriften, die für die traditionellen Zeitschriften eine Konkurrenz darstellten.

4.2.4 An den Grenzen der Legalität: Interzonenhandel

Der Interzonenhandel war nach Kriegsende zunächst gänzlich verboten und kam erst im Laufe der Zeit wieder in Gang. Geprägt war der Handel – auch jener mit Büchern – über Jahre hinweg von wechselnden Bestimmungen: Einfuhrverbote wechselten mit zeitweiligen Lockerungen ab und wurden von neuen Kontrollmaßnahmen abgelöst (siehe Kapitel 3.3). In der Anfangszeit bedeuteten die Zonengrenzen für die Verlage in der Sowjetischen Besatzungszone faktisch eine Abriegelung vom westlichen Markt. Bei einer Besprechung von Leipziger Wissenschaftsverlegern im September 1945 schätzte Erich Ott, der Stadtdirektor des Nachrichtenamtes, die Situation auch für die Zukunft sehr pessimistisch ein:

> Ferner wurde die Frage der Lieferung nach der Westzone angeschnitten. Ott sah in diesem Punkt recht schwarz. Nach seiner Meinung müßte man damit rechnen, daß der Verkehr mit der Westzone sich auf Jahre hinaus höchstens in dem Umfange bewegen werde wie früher der Verkehr mit Frankreich und anderem benachbarten Ausland.[177]

Die Entscheidung, Zweigstellen in den westlichen Zonen zu errichten, bedeutete für die Verlage neben einem vereinfachten Kontakt mit ihren westlichen Autoren auch eine Sicherung des »Zugang[s] zum westdeutschen Markt«.[178] Der im März 1949 geschlossene Vertrag zwischen J. A. Barth in Leipzig und seiner Zweigstelle M-N-G-Verlag in München sah unter anderem vor, dass Barth seiner Münchner Dependance Lizen-

---

176 Vgl. ebd. »Ein diesen Betrag überschreitendes höheres Gehalt muß in der Differenzsumme steuerlich als Gewinnverwendung behandelt werden.«

177 Besprechung mit Stadt-Direktor Ott, 20.9.1945, SStAL, 22198 Teubner Leipzig, Nr. 176. Beteiligt waren u. a. Teubner, Koehler & Volckmar, Barth und die Akademische Verlagsgesellschaft.

178 Bähr 1997, S. 235. Vgl. auch Hefele 1998, S. 59, der den »Verlust von Märkten« als einen Grund für die Firmenabwanderung nennt.

zen von Werken überlassen wollte, die »in den Westzonen von Leipzig aus nicht verbreitet werden können«. Die Handelsbeschränkungen stellten einen wichtigen Grund für die Errichtung des westlichen Verlags dar.

> Sollten die Zonengrenzen innerhalb Deutschlands aufgehoben bzw. die bestehenden Beschränkungen soweit gemildert werden, daß ein ungehinderter Verkehr zwischen den Zonen möglich wird, ist im gegenseitigen Einverständnis der M-N-G-Verlag in Barth überzuführen.[179]

Bei Gustav Fischer spielten die Schwierigkeiten im Interzonenhandel ebenfalls eine Rolle für die Errichtung der Zweigstelle in Form des Piscator-Verlags. Den Autoren gegenüber versicherten die Verlagsmitarbeiter zwar, der Vertrieb in die Westzonen würde funktionieren[180] – Annelise von Lucius erinnerte sich hingegen, dass ein interzonaler Handel zwar stattfand, allerdings »lief alles schwarz. Die Bücher wurden auf Wagen unter Stroh versteckt und so in die anderen Zonen eingeführt«. Um die Bücher verkaufen zu können, war es »wichtig ein Buchlager im Westen zu haben«.[181] Dies war mit Piscator der Fall, doch bot selbst dieser Umstand keine Gewähr für den Vertrieb im Westen, da Maßnahmen der Kommunikationskontrolle den Handel behindern konnten. Im Oktober 1948 wurde im Frankfurter *Börsenblatt* angekündigt, dass Bücher mit einer russischen Lizenz nicht mehr verkauft werden dürften. Von Lucius setzte die Lieferungen nach Stuttgart zunächst dennoch fort, da sie der Meinung war, dass sich die Verordnung »wohl sinngemäß eigentlich nur auf politische Schriften bezieht«.[182] Im Februar 1949 berichtete Piscator davon, dass der »gesamte Interzonenverkehr zwischen Ost und West gesperrt«[183] sei – es war die Zeit des wegen der Berlin-Blockade brachliegenden Interzonenhandels – und nun tatsächlich überhaupt keine Bücher mehr verkauft werden durften, »wenn in denselben russische Lizenz Nummern eingedruckt sind«.[184] Es gelang Piscator aber, mit der zuständigen amerikanischen Behörde eine Übereinkunft zu treffen, dass der Verkauf der vorhandenen Bestände mit einer eingeklebten amerikanischen Lizenz möglich sei.[185] Die Probleme verschärften sich Anfang der 1950er Jahre.

> Da die Trennung zwischen den beiden Zonen immer krasser und das Herüberschicken der Bücher aus der Ostzone immer schwieriger wird, haben sich die beiden Verlage, also das Jenaer Haus

---

179 Dieses und das vorangegangene Zitat: Vertrag zwischen Johann Ambrosius Barth, Leipzig und M-N-G-Verlag Dr. Annemarie Meiner, München, 14.3.1949, SStAL, 11705 Barth Leipzig, Nr. 486.
180 Vgl. Jütte 1997, S. 194.
181 Dieses und das vorangegangene Zitat: Aus dem Interview mit Annelise und Wulf Dietrich von Lucius, zit. nach Jütte 2010, S. 356.
182 Annelise von Lucius, Fischer Jena, an Maas, Piscator Stuttgart, 21.10.1948, HA/BV 52, Nr. 3. Vgl. dazu auch Maas, Piscator Stuttgart, an Annelise von Lucius, Fischer Jena, 10.10.1948, HA/BV 52, Nr. 3.
183 Maas, Piscator Stuttgart, an Annelise von Lucius, Fischer Jena, 9.2.1949, HA/BV 52, Nr. 4.
184 Maas, Piscator Stuttgart, an Annelise von Lucius, Fischer Jena, 25.2.1949, HA/BV 52, Nr. 4.
185 Vgl. ebd.

und unser hiesiges Unternehmen, bei einer Anzahl von Werken geeinigt, Ost- und Westauflagen herzustellen.[186]

Das Beispiel von Gustav Fischer zeigt, dass es durch die Existenz einer westlichen Zweigstelle im Wesentlichen zwei Möglichkeiten gab, Publikationen des Stammverlags an die westlichen Käufer zu bringen. Zum einen konnte der Verlag im Westen die Bücher des Ost-Verlags in Lizenz selbst herausbringen, wodurch die Handelsprobleme umgangen werden konnten – ökonomisch sinnvoll war dies aber nicht. Die Alternative, der Versand von fertigen Büchern von Ost nach West, war aber mit weitaus mehr Schwierigkeiten behaftet, wie die Schilderung des Leipziger Verlags S. Hirzel deutlich macht.

> Ich erwähne u. a. die Schwierigkeiten, die uns der Versand von so grossen Mengen nach St. [Stuttgart] bereitet. Die 30 Kisten sind immer noch nicht eingetroffen – das kürzlich eingeschickte Verpackungsmaterial wird nunmehr für die Versendung verwendet – es gibt nur einen Weg und der ist überlastet und wir müssen uns gedulden, bis die Reihe an uns ist.[187]

Die Gründung des westlichen Ablegers von B. G. Teubner, des Verlags für Wissenschaft und Fachbuch in Bielefeld, war eindeutig zur Vermeidung der Schwierigkeiten im Interzonenhandel gedacht, da dort vorrangig Lizenzausgaben der Leipziger Bücher erscheinen sollten. Teubner-Inhaber Martin Giesecke führte den Aspekt des Handels in die Bundesrepublik als einen Grund für die Verlagerung seines Verlags nach Stuttgart an – zu einem Zeitpunkt (Oktober 1952), als der innerdeutsche Handel durch die zwischen den Ländern geschlossenen Verträge wieder funktionierte. Zuvor aber hatte er zwischen November 1951 und Mai 1952 über ein halbes Jahr lang offiziell brachgelegen und der innerdeutsche Buchhandel war nur mittels Kompensationsgeschäften in geringem Umfang möglich gewesen.

> Es ist Ihnen weiterhin bekannt, daß Lieferungen nach Westdeutschland zwar in beschränktem Umfange möglich sind, daß aber die Aufnahme der Bücher des Verlages durch westdeutsche Sortimenter zufolge der Lieferungsbehinderungen seit langem praktisch gleich Null sind.[188]

4.2.5 Druck der Amtsstellen: Politische Einflussnahmen

Alle Manuskripte geplanter Titel wurden in der Sowjetischen Besatzungszone ebenso wie später in der DDR einer Vorzensur unterworfen. Titel konnten zum Beispiel abgelehnt werden, wenn sie politisch nicht opportun erschienen, als nicht dringlich

---

186 Piscator Stuttgart an Bode, 29.10.1952, HA/BV 52, Nr. 7. Vgl. auch die ähnliche Argumentation bei: Piscator Stuttgart an Kohlrausch, 12.9.1952, HA/BV 52, Nr. 7.
187 Anruf von S. Hirzel Stuttgart, 1.12.1948, SHV 164.
188 Giesecke und Heisig an die Betriebsleitung und Betriebsgewerkschaftsleitung der Firmen B. G. Teubner und B. G. Teubner Verlagsgesellschaft, 13.10.1952, SStAL, 22199 Teubner Stuttgart, Nr. 82.

erachtet wurden oder – bei Wissenschafts- und Fachbüchern – alternative Titel sich in Planung befanden. Diese erfuhren eine bevorzugte Behandlung, wenn sie beispielsweise von einem östlichen Autor statt von einem westlichen geschrieben worden waren oder in einem der staatlichen Verlage statt in einem privaten erscheinen sollten.

Die Verlage in der SBZ konnten bei Problemen mit Druckgenehmigungen auf ihre Zweigstellen im Westen zurückgreifen. Bei Gustav Fischer geschah dies beim *Lehrbuch der Botanik für Hochschulen*, das 1947 in 23./24. Auflage im Jenaer Verlag erschienen war. Die Erteilung der Druckgenehmigung für eine neue Auflage verzögerte sich.[189] Der Grund lag in der Vererbungslehre des sowjetischen Biologen Lyssenko, die nach Anweisung des Kulturellen Beirats in das Buch aufgenommen werden sollte. Die im Westen ansässigen Bearbeiter des Buches wehrten sich gegen diese Forderung.[190] Schon Anfang 1949 hatte Piscator in Stuttgart einem Zeitschriften-Herausgeber gegenüber geäußert, dass der Verlag »alle die Werke herausbringen [könne], die in der Ostzone aus irgend welchen Gründen beanstandet oder nicht gerne gesehen werden«.[191] So geschah es beim Botanik-Lehrbuch: In Jena wurde 1949, »wenn auch schweren Herzens, de[r] endgültige Beschluss gefasst, die neue Auflage des Lehrbuches in Stuttgart drucken zu lassen. Sie wird also im Piscator-Verlag in Stuttgart erscheinen, mit dem die erforderlichen Vorbereitungen schon seit längerer Zeit getroffen sind.«[192] 1951 kam das Lehrbuch in 25. Auflage bei Piscator heraus.

Ein weiterer Grund für die Verweigerung der Druckgenehmigung lag wahrscheinlich darin, dass beim staatlichen Ost-Berliner Konkurrenten, dem Akademie-Verlag, ein *Lehrbuch der allgemeinen Botanik* vorbereitet wurde, dessen erste Auflage 1951 erschien. Verfasser war Hermann von Guttenberg, ein in Rostock lebender Professor für Botanik. Bei Piscator bestand kein Zweifel darüber, dass die neue Auflage des Fischer-Buches in Jena hätte erscheinen können, »wenn nicht nur der Verlag, sondern auch die Herren Verfasser im Osten lebten und damit von vorneherein mehr oder weniger unter der östlichen Gewalt stehen würden.«[193] Bei von Guttenberg war dies der Fall. Das Vorgehen entsprach der Linie der zuständigen Behörde, wissenschaftliche Literatur von westlichen Autoren wenn möglich durch Bücher von in der DDR lebenden Autoren zu ersetzen.[194]

---

189 Vgl. Piscator Stuttgart an Fitting, 23.8.1950, HA/BV 52, Nr. 7.

190 Vgl. Lucius 1994, S. 16–18. Zum wissenschaftstheoretischen und -historischen Hintergrund siehe Fäßler 2001.

191 Piscator Stuttgart an Tiegs, 31.1.1949, HA/BV 52, Nr. 7.

192 Bremser, Fischer Jena, an Fitting, 31.12.1949, HA/BV 52, Nr. 7.

193 Piscator Stuttgart an Fitting, 24.8.1951, HA/BV 52, Nr. 7.

194 Vgl. Protokoll über die Arbeitsbesprechung der Planungsgemeinschaft Naturwissenschaft im Amt für Literatur und Verlagswesen, 26.6.1953, BArch, DR1/765. Im Mai 1952 kam der Bescheid aus Jena, dass das Amt für Literatur und Verlagswesen nun doch einer DDR-Ausgabe zugestimmt hätte, der allerdings eine erneute Prüfung des Manuskripts vorausgehen sollte. In den folgenden Monaten wurde zwischen Verlagen und Herausgebern über eine Doppelauflage für Stuttgart und Jena verhandelt. Im

Der Verlag B. G. Teubner klagte Anfang der 1950er Jahre zunehmend über politischen Forderungen und Einflussnahmen auf das Verlagsprogramm.

> Dem schon seit längerem stärken werdenden Druck der Amtsstellen (u. a. des Kulturellen Beirats für das Verlagswesen – späteren Amtes für Literatur und Verlagswesen, Kammer der Technik) sowie der politischen Kreise des Betriebes selbst (Betriebsgewerkschaftsleitung, SED-Betriebsgruppe und Parteisekretär), auch in Büchern [...] in Vorworten und Buchtexten politische sowie die Entwicklung in der Ostzone berücksichtigende Ausführungen aufzunehmen, konnte sich der Verlag nur mit Mühe entziehen [...] Anfang 1952 nahmen jedoch die politischen Angriffe gegen den Verlag an Schärfe zu.[195]

Dazu gehörten unter anderem »scharf ablehnende«[196] Besprechungen von Teubner-Büchern. In den Rezensionen wurde beispielsweise bemängelt, dass »der Aufbau des Sozialismus in dem Werk keine Berücksichtigung findet«[197] oder technische und ge-sellschaftliche Veränderungen in der DDR nicht beachtet würden. Außerdem forderte das Amt für Literatur und Verlagswesen die Verlage seit 1951 immer stärker auf, Über-setzungen russischer Autoren herauszubringen. Unter anderem sollte sich Teubner an der Reihe *Große Sowjetische Enzyklopädie* beteiligen, die in Übersetzung erscheinen-den Artikel sowjetischer Autoren enthielten aber »schwere politische Angriffe gegen die Physiker in den westlichen Ländern«. Unter anderem mit dieser »politischen Ge-fährdung der weiteren Verlagsarbeit, die unfehlbar zum geistigen Untergang des in der ganzen wissenschaftlichen Welt hochangesehen Teubner-Verlags geführt hätte«,[198] begründeten Giesecke und Heisig ihren Weggang von Leipzig.

4.2.6 Verlegerische Pflichten: Die Zusammenarbeit mit den Autoren

Viele der Wissenschaftler, die als Autoren für die Verlage tätig waren, lebten in den westlichen Besatzungszonen bzw. der Bundesrepublik oder übersiedelten im Laufe der Zeit dorthin. Dietrich Steinkopff stellte bereits im Oktober 1945 fest, dass »die Mehrzahl der für uns in Frage kommenden wissenschaftlichen Autoren im Westen

---

Juni 1953 erteilte der Stuttgarter Verlag dem Jenaer Haus eine Absage für eine ostdeutsche Ausgabe – wohl weil Annelise von Lucius Jena ein halbes Jahr zuvor verlassen hatte. Vgl. Korrespondenz zu dem Lehrbuch, HA/BV 52, Nr. 7.

195 Giesecke, Heisig, Hauschild, Betr. Notaufnahme folgender, bis Oktober 1952 im Verlag Teubner, Leipzig, tätig gewesener Personen und ihrer Familienangehörigen, 12.1.1953, SStAL, 22199 Teubner Stuttgart, Nr. 180.

196 Ebd.

197 Ebd. Vgl. zum Beispiel die Besprechungen in *Wir bauen für den Frieden*, Sonderbeilage für *Bauzei-tung* und *Bauplanung und Bautechnik*, 1952. Seite 41/42 und in der Bücherschau der Zeitschrift *Planen und Bauen*, H. 21, November 1951, SStAL, 22199 Teubner Stuttgart, Nr. 180.

198 Giesecke, Heisig, Hauschild, Betr. Notaufnahme folgender, bis Oktober 1952 im Verlag Teubner, Leipzig, tätig gewesener Personen und ihrer Familienangehörigen, 12.1.1953, SStAL, 22199 Teubner Stuttgart, Nr. 180.

tätig ist«.[199] Für den ganzen Bereich des wissenschaftlichen Verlagsbuchhandels schätzte man bei Gustav Fischer und Johann Ambrosius Barth Ende 1950, dass 70 bis 80 Prozent der Autoren in der Bundesrepublik und im Ausland lebten.[200] Bei Barth standen Anfang 1951 294 westdeutschen Autoren (das entsprach 71 Prozent) lediglich 77 in der DDR wohnende Autoren (18,6 Prozent) und 43 im Ausland lebende gegenüber (10,4 Prozent).[201] Als die Inhaber von B. G. Teubner im Oktober 1952 Leipzig verließen, gaben sie an, dass 70 Prozent der Verlagsautoren in der Bundesrepublik ansässig waren.[202] Bei Gustav Fischer wurde 1953 ebenfalls festgestellt, dass noch immer 70 Prozent der vorhandenen Verlagsverträge mit Autoren in der Bundesrepublik abgeschlossen waren.[203]

Schwierigkeiten, mit denen die Verlage aufgrund der Verlagspolitik in der SBZ zu kämpfen hatten, wirkten sich oft direkt und negativ auch auf die Verlagsautoren aus. Für dieses konnten noch gravierendere Folgen entstehen als für die Verlage, da bei einzelnen beanstandeten Titeln die Verlage für gewöhnlich noch eine Reihe anderer Werke im Programm hatten, für die Autoren aber das jeweilige Werk von großer, eventuell existentieller Bedeutung sein konnte.

Kommunikation und räumliche Nähe

Aufgrund der mit den Zonengrenzen einhergehenden Schwierigkeiten in Bezug auf Kommunikation, Transport und Handel war allein der Umstand, dass sich die Mehrzahl der Autoren im Westen befand, ein Grund zur Etablierung einer dortigen Zweigstelle. Dietrich Steinkopff begründete seine Umsiedlung nach Frankfurt/Main ausdrücklich mit Verweis auf diese Situation: »Die Filiale soll vor allem die Neuproduktion in den westlichen Gebieten ermöglichen, da hier die Mehrzahl meiner Autoren wirkt.«[204]

Für die Errichtung der Stuttgarter Zweigstelle von Gustav Fischer spielte diese Situation ebenfalls eine Rolle. Annelise von Lucius erhoffte sich »[b]essere Möglichkeiten zur Aufrechterhaltung der Autorenbeziehungen. Die Autoren lebten fast alle im Westen«.[205] Zuvor hatte Fischer erleben müssen, dass die Zonengrenzen sich schon bald nach Kriegsende negativ auf die Autorenbindungen ausgewirkt hatten. Für den Verlag hatte die Nähe zur Jenaer Universität und den dort tätigen Wissenschaftlern

---

199 Dietrich Steinkopff an Jost, 2.10.1945, ZLB, Aktenarchiv Steinkopff, Jost vom 12.9.1945 bis 30.9.1956.
200 Vgl. Annelise von Lucius, Fischer Jena, und Schubert, Barth Leipzig, an die Arbeitsgemeinschaft Medizinischer Verlage, 20.12.1950, SHV 164.
201 Vgl. Notizzettel, 2.2.1951, SStAL, 21101 Barth Leipzig, Nr. 704.
202 Vgl. Giesecke und Heisig an die Betriebsleitung und Betriebsgewerkschaftsleitung der Firmen B. G. Teubner und B. G. Teubner Verlagsgesellschaft, 13.10.1952, SStAL, 22199 Teubner Stuttgart, Nr. 82.
203 Vgl. Bericht von Grabenstein, 23./24.1.1953 betr.: Gustav Fischer Verlag, Jena, BArch, DR1/765.
204 Dietrich Steinkopff an Czerny, 3.12.1945, ZLB, Aktenarchiv Steinkopff, v. Bracken. Czerny.
205 Aus dem Interview mit Annelise und Wulf Dietrich von Lucius, zit. nach Jütte 2010, S. 352.

von frühen Verlagsjahren an einen deutlichen Standortvorteil bedeutet. Nach dem Abzug der Amerikaner aus Thüringen Ende Juni/Anfang Juli 1945 gingen viele der Wissenschaftler in die amerikanische Zone – freiwillig oder unfreiwillig (siehe Kapitel 3.2.5). Fischer verlor aus diesem Grund Autoren, wie das Beispiel von Rudolf Medem zeigt. Dieser schrieb im Dezember 1945, er wolle »die Arbeiten wie auch das Honorar in [seiner] ›Nähe‹ sehen«.[206] Da der Verlag Fischer dies nicht gewährleisten konnte, wechselte er zu einem anderen Verlag.

B. G. Teubner reklamierte »die außerordentlichen Schwierigkeiten, die für den wissenschaftlichen Verlag wegen der scharfen Trennung der Zonen entstehen [...]« schon im September 1945. Auf dem Treffen wissenschaftlicher Verleger mit Vertreter der Stadt Leipzig wurde von den

> Verlagen [...] einstimmig betont, daß eine Verbindung mit den Westzonen für die Weiterführung der Arbeiten von größter Bedeutung, ja nahezu unerläßlich sei, insbesondere könnten die meisten in Herstellung befindlichen Werke nicht ohne Fühlungnahme mit den westlichen Autoren fertiggestellt werden. Zumindest müßte ein Briefverkehr mit der Westzone angestrebt werden.[207]

Für J. A. Barth wirkte Arthur Meiners Tochter Annemarie Meiner in München seit Kriegsende als Kontaktperson, die unter anderem damit beauftragt war, mit Autoren zu verhandeln und allgemeine Tuchfühlung mit den für Verlag und Verlagsprogramm interessanten akademischen Kreisen zu halten.[208]

Fehlende Lizenzen

In den ersten beiden Jahren nach Kriegsende, als die Privatverleger in der Sowjetischen Besatzungszone erst allmählich Lizenzen erhielten, stellte sich einigen Autoren die Frage nach einem Verlagswechsel. Obwohl die Verleger auch im Westen teilweise länger auf ihre Lizenz warten mussten, erschien es einigen Autoren einfacher, sich dorthin zu wenden. So schrieb der 1945 in Flensburg und Kiel tätige Gynäkologe Felix von Mikulicz-Radecki an seinen Verlag J. A. Barth in Leipzig im Oktober:

> Werden Sie in absehbarer Zeit in der Lage sein, meine ›Geburtshilfe des praktischen Arztes‹ neu zu verlegen? Falls Sie diese Frage verneinen, wären Sie damit einverstanden, daß die nächste Auflage in einem anderen Verlag erscheint, z. B. bei Thieme, zurzeit Frankfurt am Main? Ich könnte in absehbarer Zeit mit Thieme direkt verhandeln. Daß Ihre Rechte für die Zukunft erhalten bleiben, ist selbstverständlich, wir sind anständige Menschen. Ich denke in dieser Sache nur an die Bedürfnisse der Studenten.[209]

---

206 Jütte 2010, S. 265.
207 Dieses und das vorangegangene Zitat: Besprechung mit Stadt-Direktor Ott, 20.9.1945, SStAL, 22198 Teubner Leipzig, Nr. 176.
208 Vgl. Barth Leipzig an Annemarie Meiner, 5.3.1947, SStAL, 21101 Barth Leipzig, Nr. 285.
209 Arthur Meiner, Barth Leipzig, an Becker, Leipzig, 10.10.1945, StadtAL, StVuR, Nr. 8920.

Ob Mikulicz-Radecki wusste, dass Thieme, dessen Verleger Bruno Hauff sich damals in Wiesbaden (und nicht in Frankfurt am Main) aufhielt, dort auch noch keine Lizenz erhalten hatte, bleibt offen. Barth-Verleger Arthur Meiner in Leipzig interpretierte das vorgetragene Ansinnen auch weniger als Initiative des Autors, sondern vielmehr als eine in seinen Augen problematische »Handlungsweise eines abgewanderten Verlegers«.[210] Für Meiner ergab sich aus diesem Vorfall die Notwendigkeit, selbst im Westen aktiv zu werden, worin er von seiner in München lebenden Tochter Annemarie Meiner unterstützt wurde. Er zitierte ihre Einschätzung der Lage in einem Brief an Heinrich Becker:

> Keiner ist hier der Ansicht, daß ein einheitliches Wirtschaftsgebiet in absehbarer Zeit verwirklicht wird. Alle sind der Ansicht, daß insbesondere mit einer längeren Trennung der russischen Zone zu rechnen ist. Ich halte es nach wie vor für wichtig, solange die Grenzen gesperrt sind, hier die Autoren von Barth zu sammeln und ihre Rechte wahrzunehmen. Schon jetzt treten andere Verleger im amerikanischen Gebiet an die Autoren von Barth heran, und wenn Barth sich nicht um sie kümmert, ist es den Autoren nicht zu verübeln, daß sie zur Konkurrenz gehen.[211]

Auch bei Gustav Fischer sah man sich wegen der noch nicht vorliegenden Verlagslizenz von seinen Autoren unter Druck gesetzt. F. Büchner schrieb, ebenfalls im Oktober 1945, an seinen Jenaer Verlag:

> Haben Sie eine Verlegung Ihres Verlages in das westdeutsche Gebiet vorgesehen, etwa wie Springer oder Thieme mit ihrer Verlegung nach Wiesbaden? Wenn nicht, so würde ich vorschlagen, daß Sie vertraglich die Lizenz für die Beiträge [Beiträge zur pathologischen Anatomie] auf 5 Jahre dem Alber-Verlag-Freiburg übertragen, der dem Verlag Herder-Freiburg angegliedert ist.[212]

Der Verlag Gustav Fischer sah allerdings zu diesem Zeitpunkt noch keine Veranlassung, in den Westzonen eine Filiale zu etablieren; auf den Vorschlag, die *Beiträge zur pathologischen Anatomie* einem Verlag im Westen zu überlassen, ging er nicht ein. Stattdessen versuchten die Verlagsmitarbeiter, die Autoren über die Wartezeit auf die Lizenz mit Optimismus hinwegzutrösten. Dies gelang nicht in allen Fällen, und ebenso wie die Behörden in der SBZ fürchteten die Verlage den Verlust für sie wichtiger Verlagsrechte. Der Arzt Alexander Sturm entschied 1946, ein Manuskript über die Pathologie der Lunge an die Wissenschaftliche Verlagsgesellschaft in Stuttgart zu geben, obwohl die Herstellung bei Fischer bereits begonnen hatte. Fischer hatte zu dieser Zeit allerdings noch keine Verlagslizenz und war der bereits lizenzierten Arbeitsgemeinschaft medizinischer Verleger noch nicht beigetreten. Das Beispiel zeigt, wie knapp einem Verlag die Sicherung von Verlagsrechten entgehen konnte. Im April 1946 fragte Sturm bei Fischer-Prokurist Karl Bremser nach dessen Einverständnis, den Titel einem Verlag in der amerikanischen Zone überlassen zu dürfen. Bremser entgegnete im Mai,

---

210 Ebd.
211 Arthur Meiner, Barth Leipzig, an Becker, Leipzig, 18.10.1945, StadtAL, StVuR, Nr. 8920.
212 Büchner an Gustav Fischer, 26.10.1945, ThHStAW, GFV, Nr. 553, zit. nach Jütte 2010, S. 262.

dass er dies sehr bedauern würde, zumal Fischer bereits Kosten entstanden waren. Als der Verlag Gustav Fischer im Juni der Arbeitsgemeinschaft medizinischer Verleger beitrat und fortan auf diesem Gebiet produzieren durfte, hatte sich Sturm kurz zuvor entschieden, das Buch bei der Wissenschaftlichen Verlagsgesellschaft in Stuttgart publizieren zu lassen.[213]

Autorenhonorare

»Kardinal-Frage in der Zusammenarbeit mit den westdeutschen Autoren«[214] war die Honorierung. Aufgrund der seit Mitte 1948 unterschiedlichen Währungen, der späteren andauernden Devisenknappheit der DDR und der komplizierten Regelungen zum interzonalen bzw. innerdeutschen Zahlungsverkehr konnte sich die Begleichung von Honorarforderungen für die Beteiligten zu einer zermürbenden Angelegenheit entwickeln. Die Autoren im Westen mussten teilweise ausgesprochen lange auf ihre Honorare warten; streckenweise war nicht klar, ob und auf welchen Wegen sie überhaupt an ihr Geld gelangen würden.

Unmittelbar nach den Währungsreformen von 1948 war der Zahlungsverkehr zwischen Ost und West gänzlich unmöglich – bei Gustav Fischer waren im September 1948 die Stuttgarter Konten des Verlags eingefroren.[215] Der Zustand hielt an: Noch 1951 waren Verlagskonten bei westdeutschen Banken gesperrt, solange die Inhaber der Konten in der DDR lebten und als Bürger der Bundesrepublik nicht anerkannt waren. Sie durften offiziell auch nicht verwendet werden, um Verpflichtungen des Verlags gegenüber Autoren in der Bundesrepublik nachzukommen.[216]

Solange dies möglich war, griffen einige Verlage zu der – illegalen – Lösung, von Freunden oder Verwandten in der Bundesrepublik oder West-Berlin Konten einrichten zu lassen, über welche Zahlungen entgegengenommen und geleistet werden konnten. Dies praktizierte Georg Thieme Leipzig. Verlagsleiter Dornig hatte einen in Göttingen lebenden Schwiegersohn mit der Führung eines Kontos im Auftrag des Leipziger Verlags betraut.[217] Für J. A. Barth war Annemarie Meiner in München bereits seit Kriegsende informell und ab März 1947 auch per Vereinbarung mit der Führung eines Bankkontos beauftragt, »auf das ich [Barth Leipzig] Zahlungen für meine Lieferungen nach den Westzonen leisten lasse und von denen Sie Auszahlungen meinen Anweisungen entsprechend, vor allem an Autoren für Honorare, vornehmen«.[218]

---

213 Vgl. Jütte 2010, S. 263f.

214 Bericht über die 1. Sitzung der Arbeitsgemeinschaft medizinischer Verlage der VVV, 13.1.1954, BArch, DR1/740.

215 Vgl. Maas, Piscator Stuttgart, an Annelise von Lucius, Fischer Jena, 17.9.1948, HA/BV 52, Nr. 3.

216 Vgl. Treuhandbericht Nr. 1, 12.9.1951, SStAL, 21094 Bibliographisches Institut, Nr. 114.

217 Vgl. Bericht über die Interzonenreise von Georg Thieme vom 25.2. bis 11.3.1951, 28.3.1951, BArch, DR1/1951.

218 Barth Leipzig an Annemarie Meiner, 5.3.1947, SStAL, 21101 Barth Leipzig, Nr. 285.

Für die Verlage konnte die Errichtung einer Zweigstelle in einer der westlichen Zonen zunächst eine Lösung der Zahlungsproblematik bedeuten. Annelise von Lucius von Gustav Fischer berichtete, dass »von den Einnahmen in Stuttgart [...] die Honorare unserer Autoren im Westen bezahlt [wurden]«.[219] Das Verfahren der Unterhaltung eines Westmark-Kontos in der Bundesrepublik, ob dies nun über eine Zweigstelle oder einen Mittelsmann im Westen lief, erfolgte bis zum Beginn der 1950er Jahre gar »unter stiller Duldung des Ministeriums der Finanzen«[220] der DDR.

Das änderte sich mit dem *Gesetz zur Regelung des Innerdeutschen Zahlungsverkehrs* vom 15. Dezember 1950, welches nun die Modalitäten vorschrieb, wie Zahlungen einer in der DDR ansässigen Firma an einen Gläubiger in der Bundesrepublik vorzunehmen waren. Derartige Transaktionen mussten durch »Einzahlung bei einem Kreditinstitut des Ostens zur Gutschrift auf ein auf den Namen des Westgläubigers lautendes Konto«[221] erfolgen. Die noch bestehenden Westmarkkonten der DDR-Verlage wurden in der folgenden Zeit wegen ihrer Intransparenz für die Behörden und des sich verschärfenden Devisenmangels geschlossen.[222]

Aufgrund dieser Situation waren die Wissenschaftsverleger nicht in der Lage, ihren Honorarverpflichtungen für das Jahr 1950 nachzukommen – Beschwerden der Autoren und Rücktritte von den Verträgen waren die Folge.[223] Nicht nur in den Verlagen, sondern auch bei einigen staatlichen Stellen mehrten sich die Stimmen, die davor warnten, dass die Honorarzahlungsprobleme den Verlust wertvoller Autoren und ihrer Bücher zur Folge haben würden, die von ihren DDR-Verlagen zu westdeutschen abwandern würden.[224] Herbert Kienast und Ludolf Koven vom Amt für Literatur und Verlagswesen machten die SED-Stellen auf einen zusätzlichen Aspekt aufmerksam. Sie wiesen darauf hin, dass »die bei uns erscheinende wissenschaftliche Buch- und Zeitschriftenliteratur von westdeutschen Autoren trotz des Westmarkbedarfs für Honorare im ganzen Devisenbringer ist«.[225] Wesentlich größere Devisenbeträge müssten aufgebracht werden, um die nicht mehr in der DDR erscheinenden Werke, die aber benötigt wurden, zu importieren.[226] Außerdem brächten die Bücher der Westautoren bei ihrem Export in das westliche Ausland ihrerseits wieder Devisen in das Land.

---

219 Interview mit Annelise und Wulf Dietrich von Lucius, zit. nach Jütte 2010, S. 356.

220 Protokoll über die Sitzung am 12.3.1951 im Ministerium für Gesundheitswesen, 14.3.1951, BArch, DR1/38738, zit. nach Frohn 2014, S. 56.

221 Wünschmann: Das Gesetz der Ostzone zur Regelung des innerdeutschen Zahlungsverkehrs. In: Juristische Rundschau. H. 4, Januar 1951, S. 109–113, hier S. 109.

222 Vgl. Frohn 2014, S. 56f.; Fäßler 2006a, S. 84.

223 Vgl. Niederschrift über die Versammlung der lizenzierten wissenschaftlichen und Fachbuchverleger der DDR und des Demokratischen Sektors von Berlin, 31.1.1951, BArch, DR1/1104. Anwesend waren Vertreter aller acht der in dieser Arbeit untersuchten Parallelverlage. Vgl. auch Frohn 2014, S. 57.

224 Vgl. Harig an Rumpf, Ministerium der Finanzen, 16.7.1952, BArch, DR1/1104.

225 Böhm, Information, an Misslitz, Betr. Devisenvorlage, Berlin, den 15.7.1952, BArch, DR1/1104.

226 Vgl. Kienast an das ZK der SED, Abteilung Propaganda, 20.6.1952, BArch, DR1/1104.

1952 versuchten die staatlichen Stellen in der DDR, der Devisenproblematik mittels neuer Zahlungsmodelle von Autorenhonoraren Herr zu werden. Die Bereitstellung von Westmark-Beträgen war inzwischen zwar als unumgänglich anerkannt, sollte aber möglichst die Ausnahme bleiben. So unterbreitete das Amt für Literatur und Verlagswesen den Vorschlag, die Honorare gegen Druckaufträge zu verrechnen oder durch entsprechende Bücher- und Zeitschriftenlieferungen auszugleichen.[227] Diese Möglichkeit wurde in den Gesprächen über die neuen Vereinbarungen im innerdeutschen Buchhandel mit den westdeutschen Stellen erörtert und führte dazu, dass im Interzonenhandelsabkommen vom August 1952 für den Bereich Buchhandel »die Möglichkeit eröffnet [wurde] für die Abgeltung von Leistungen westdeutscher Autoren für ostzonale Verlage bzw. Zeitschriften«[228] in Höhe von 0,3 Millionen VE. Als Gegenposten waren Bezüge von Büchern und Zeitschriften durch die Bundesrepublik in gleicher Höhe vorgesehen.

Das Ministerium der Finanzen der DDR wollte ein weiteres Modell durchsetzen. Es drängte darauf, »daß der Ausgleich der Forderungen der westdeutschen Autoren möglichst durch Leistungen innerhalb des Gebietes der Deutschen Demokratischen Republik erfolgt«.[229] Teilweise gelang es den Verlegern, mit Autoren in der Bundesrepublik »Verlagsverträge auf Ostmark-Basis«[230] abzuschließen. Doch war nicht gesichert, dass die Autoren über ihre Honorare verfügen konnten, da diese auf ein Sperrkonto überwiesen werden mussten, über dessen Beträge nur mit Genehmigung der Deutschen Notenbank verfügt werden konnte. Diese Genehmigung wurde nach Aussage des Deutschen Schriftsteller-Verbandes nur sehr selten erteilt, beispielsweise für die Übernahme der Kosten von Begräbnissen oder für Ferienaufenthalte in der DDR.[231] Das Ziel, dieses Zahlungsmodell in den Autorenverträgen zu verankern, blieb dennoch bestehen. Damit war auch eine kulturpolitische Intention verbunden: Die Autoren sollten »in die DDR kommen, um hier ihr Guthaben in DMdDNB [Deutsche Mark der Deutschen Notenbank, A.-M. S.] zu verbrauchen und sich dabei daran zu gewöhnen, in der DDR auch anschauungsmäßig ihren Freund und ihren Hort zu sehen«.[232]

---

227 Vgl. Entwurf eines Vorschlages über den Verfahrensweg bei Honorarzahlungen an in Westdeutschland und in den Volksdemokratien lebende Autoren, o. D., BArch, DR1/1104. Auch »Lieferungen aus der DDR [...], die nicht den möglichen Export gegen Devisen oder Kompensationsgüter beeinträchtigen«, wurden ins Spiel gebracht.
228 Umlauff 1978, Sp. 1373.
229 Raddatz, Ministerium der Finanzen, Devisenverwaltung, an das Amt für Literatur und Verlagswesen, 23.1.1952, BArch, DR1/1104.
230 Niederschrift über die Versammlung der lizenzierten wissenschaftlichen und Fachbuchverleger der DDR und des Demokratischen Sektors von Berlin, 31.1.1951, BArch, DR1/1104.
231 Vgl. Deutscher Schriftsteller-Verband und Schutzverband Deutscher Autoren, 17.5.1952, BArch, DR1/1104.
232 Lokatis 1997a, S. 37.

Die Schwierigkeiten mit den Honorarzahlungen an die westdeutschen Autoren gehörten zu den Ursachen für die Sitzverlegungen von Wissenschaftsverlagen. Bei B. G. Teubner wurden seit April 1952 Zahlungen von Honoraren an westliche Autoren nicht mehr genehmigt, obwohl der Verlag über eigene Westmarkguthaben verfügte.[233] Wiederholt wiesen Giesecke und Heisig auf die Gefahr des Verlustes der Verlagsrechte hin; zudem beklagten sie, dass die eigentliche verlegerische Arbeit zu kurz komme, wenn wegen der Honorarfrage ständig mit den zuständigen Behörden verhandelt werden müsse.[234] So gehörten die Honorarzahlungsschwierigkeiten zu den Faktoren, die von den Inhabern von B. G. Teubner als Begründung für ihren Weggang von Leipzig angeführt wurden.

> Die Tatsache, dass den westdeutschen Autoren des Verlages [...] seit Anfang des Jahres so gut wie keine Honorare in DMW gezahlt werden konnten und auch Verfügungen über Westzonenkonten und Westsektorenkonten in den letzten Monaten nicht oder nur in ganz beschränktem Umfange möglich waren, hat [...] die Verlagsrechte in eine Gefahr gebracht, die sich im Laufe der nächsten Wochen zu einer Katastrophe ausgewirkt hätte.[235]

Die Honorare konnten für bereits verlegte Werke nicht gezahlt werden, ebenso sorgten sich die Inhaber um künftige Zahlungsverpflichtungen: »Wir können es auch nicht mehr verantworten, Werke westdeutscher Autoren zu drucken, ohne die Gewähr dafür zu haben, daß diese dann auch wirklich ihr Arbeitsentgelt erhalten.«[236]

Auch bei Carl Marhold spielten die westdeutschen Autoren und die Honorarfrage eine wesentliche Rolle bei der Entscheidung des Verlegers, Halle zu verlassen.

> Der erste [Grund] ist der, dass ich immer mehr mit erschreckender Klarheit sehe, wie es ständig unmöglicher wird, die westdeutschen Autoren, die nun einmal die Verfasser meiner besten Bücher sind, zu halten, und wie es schon heute aussichtslos ist, sich um neue zu bemühen. Nicht nur, dass diese westdeutschen Autoren heute nicht mehr bereit sind, die Autorität einer Druckgenehmigungsstelle anzuerkennen, verlangen sie, und zwar mit vollem Recht, ihr Honorar in Westmark.[237]

---

233 Vgl. Heisig, Teubner Leipzig, an Rumpf, Ministerium der Finanzen der DDR, 12.7.1952, BArch, DR1/1104. Über eigene Westmarkguthaben verfügten auch die Verlage Gustav Fischer, S. Hirzel, Thieme, Barth und die Akademische Verlagsgesellschaft.
234 Vgl. Heisig, Teubner Leipzig, an Rumpf, Ministerium der Finanzen der DDR, 12.7.1952, BArch, DR1/1104.
235 Giesecke und Heisig an die Betriebsleitung und Betriebsgewerkschaftsleitung der Firmen B. G. Teubner und B. G. Teubner Verlagsgesellschaft, 13.10.1952, SStAL, 22199 Teubner Stuttgart, Nr. 82.
236 Ebd.
237 Jäh, Marhold, an seine Mitarbeiter in Halle, 6.9.1951, SStAL, 21094 Bibliographisches Institut, Nr. 114.

Druckgenehmigungsverfahren

Neben der Honorarfrage belasteten die Druckgenehmigungsverfahren die Zusammenarbeit der Verlage mit ihren Autoren. Schwierig war zum einen, dass die Verfahren
sehr lange dauerten, die Begutachtung eines Titels konnte sich in der Anfangszeit
bis zu zwei Jahren hinziehen.[238] Da es vor allem im naturwissenschaftlichen Bereich
aber wichtig ist, dass Titel schnell auf den Markt kommen, war das Procedere an sich,
unabhängig von seinem Ergebnis, für die Autoren sehr problematisch.[239]

Die inhaltliche Kontrolle und die damit einhergehende Gefahr einer Ablehnung
des Manuskripts – die Quote der abgelehnten Manuskripte lag zeitweise bei 30 Prozent, und nur für ein Drittel der genehmigten Titel wurde das Papier zur Verfügung
gestellt[240] – waren für viele Autoren ebenfalls schwer zu akzeptieren. Der Inhaber des
Carl Marhold Verlags in Halle schrieb, dass viele Autoren im Westen nicht mehr bereit
seien, »die Autorität einer Druckgenehmigungsstelle anzuerkennen«.[241] Immer häufiger kam es zu politischen Beanstandungen von Titeln westdeutscher Autoren durch
die Zensurstelle. B. G. Teubner beklagte die

> in den letzten Monaten [vor Oktober 1952] in immer stärkeren Ausmaß auftretenden Schwierig-
> keiten der Herausgabe von Neuauflagen und Neubearbeitungen, insbesondere von Fachbüchern
> westdeutscher Autoren, die den politischen Anforderungen wie auch den fachwissenschaftlichen
> Gegebenheiten der DDR nicht entsprechen bzw. entsprechen konnten und somit zwangsläufig zu
> der Frage der Weiterführung dieser Veröffentlichungen überhaupt führten.[242]

Verbreitung und Konkurrenz

Autoren, die in einer der westlichen Zonen bzw. der Bundesrepublik lebten und ihre
Verlagsverbindungen zu Firmen im Osten aufrechterhielten, empfanden den mindestens komplizierten, manchmal gar unmöglichen Vertrieb ihrer Bücher im Westen als
Problem. Eine westliche Verlagszweigstelle konnte eine Lösung darstellen. War diese
nicht vorhanden, drohte der Verlust von Verlagsrechten – was in manchen Fällen
durch Verleger im Westen, welche die Situation zu ihren Gunsten auszunutzen wuss-
ten, befördert wurde. Als Beispiel hierfür begegnet in der Korrespondenz verschiedener Wissenschaftsverleger wiederholt Wilhelm Klemm.

Bei der Reihe *Vorlesungen über Theoretische Physik* von Arnold Sommerfeld kam
es nach 1945 zu »einem verwirrenden Nebeneinander von West- und Ostausgaben«.[243]

---

238 Vgl. Lokatis 1993, S. 316.
239 Vgl. Sarkowski 1985, S. B 134f.
240 Vgl. Lokatis 1999, S. 1261.
241 Jäh, Marhold, an seine Mitarbeiter in Halle, 6.9.1951, SStAL, 21094 Bibliographisches Institut,
Nr. 114.
242 Giesecke und Heisig an die Betriebsleitung und Betriebsgewerkschaftsleitung der Firmen B. G.
Teubner und B. G. Teubner Verlagsgesellschaft, 13.10.1952, SStAL, 22199 Teubner Stuttgart, Nr. 82.
243 Eckert 2013, S. 503.

Die Bände I und II der Reihe waren 1943 bzw. 1945 bei der Akademischen Verlagsgesellschaft in Leipzig erschienen, weitere Bände befanden sich in Planung. Wilhelm Klemm von der Dieterich'schen Verlagsbuchhandlung, der im Juni 1945 mit den Amerikanern nach Wiesbaden gegangen und im selben Jahr noch lizenziert worden war,[244] gelang es, Sommerfeld für die Herstellung von Westausgaben in seinem Verlag zu gewinnen. Ausschlaggebend für Sommerfelds Bereitschaft dürfte zunächst die bei der Akademischen Verlagsgesellschaft noch fehlende Publikationserlaubnis gewesen sein. Dieses Problem war durch die Lizenzerteilung an den Leipziger Verlag im Februar 1947 ausgeräumt – die Schwierigkeiten im Interzonenhandel allerdings blieben bestehen, so dass sich Sommerfeld zu einer weiteren Zusammenarbeit mit Klemm in Wiesbaden entschied. Trotz der Zusicherung der Akademischen Verlagsgesellschaft, dass »der ungehinderten Verbreitung des Bandes in ganz Deutschland«[245] nichts im Weg stünde, gab Sommerfeld das Manuskript für Band III der Reihe an die Dieterich'sche Verlagsbuchhandlung, nachdem zuvor bereits Nachdrucke der Leipziger Bände in Wiesbaden herausgebracht worden waren.[246]

> Bisher konnte der Buchhandel im Westen, nach allem was ich höre, nicht von Ihnen versorgt werden. Das ist erst durch den Dieterich-Verlag geschehen. Sie werden es mir nachempfinden, dass ich die große Arbeit, die ich in die Herausgabe meiner Vorlesungen stecke, nicht nur für den beschränkten Kreis Ihrer Lieferungsmöglichkeiten unternehmen kann.[247]

Die Akademische Verlagsgesellschaft versuchte sich mit Klemm zu arrangieren, wenn auch eher widerwillig und vor allem dem prominenten Autor zuliebe. Sie klagte Sommerfeld gegenüber wiederholt über Klemms mangelnde Redlichkeit hinsichtlich verlegerischer Gepflogenheiten. So hatte Klemm die Akademische Verlagsgesellschaft von dem geplanten Nachdruck von Band II vorab nicht in Kenntnis gesetzt; später lehnte er die Zahlung der üblichen Lizenzgebühren für diesen Nachdruck, der 1947/48 in Wiesbaden erschien, ab.[248] Eine Schwierigkeit entstand durch die Westausgaben für die Akademische Verlagsgesellschaft nach den Währungsreformen auch dadurch, dass sich der Leipziger Verlag auf Wunsch des Autors verpflichtete, die eigene Auflage nicht im Westen zu verkaufen – das Autorenhonorar für die Ostauflage musste aber in Westmark beglichen werden.[249] Der Leipziger Verleger Felix Portig versuchte immer wieder aufs Neue, Sommerfeld davon zu überzeugen, dass eigene Westausga-

244 Vgl. Links 2010, S. 223f.
245 Portig, Akademische Verlagsgesellschaft, an Sommerfeld, 24.2.1947, DMA, NL 89/005.
246 Vgl. Sommerfeld an Akademischer Verlag [Akademische Verlagsgesellschaft], 18.7.1947, DMA, NL 89/005.
247 Sommerfeld an Portig, Akademische Verlagsgesellschaft Leipzig, 22.10.1948, DMA, NL 89/005.
248 Vgl. Portig, Akademische Verlagsgesellschaft Leipzig, an Sommerfeld, 29.4.1948 sowie Portig, Akademische Verlagsgesellschaft Leipzig, an Sommerfeld, 8.11.1948, DMA, NL 89/005.
249 Portig, Akademische Verlagsgesellschaft Leipzig, an Sommerfeld, 30.5.1949, DMA, NL 89/005.

ben nicht mehr nötig seien; Klemm argumentierte stets gegenteilig.[250] Der Verleger in Wiesbaden schilderte dem Autor gegenüber die Situation in der Sowjetischen Besatzungszone mit düsteren Worten:

> Nach und nach werden alle Betriebe Staatseigentum und ich glaube, bestimmt annehmen zu können, dass auch Herr Portig keine Ausnahme machen wird. Gewöhnlich werden dann die bisherigen Führer des Betriebes eliminiert und durch zuverlässige Bolschewisten ersetzt.[251]

Nachdem im Mai 1948 die Einfuhr sowjetisch lizenzierter Literatur in die amerikanische Besatzungszone verboten worden war und Klemm Sommerfeld darauf aufmerksam machte, entgegnete Portig, dass der Leipziger Verlag »entgegen der Ansicht der Dieterich'schen Verlagsbuchhandlung bisher immer Mittel und Wege zur schnellsten Erledigung der eingehenden Bestellungen gefunden«[252] habe. 1948 liefen zudem Vorbereitungen für den Aufbau einer westlichen Zweigstelle der Akademischen Verlagsgesellschaft, die von Portig ebenfalls ins Feld geführt wurden – realisiert wurden dieser Pläne allerdings nicht.

Sommerfeld entschied in dieser komplizierten Situation, in Leipzig nur noch einen Nachdruck von Band III, die noch fehlenden Bände IV und V seiner Reihe aber in Wiesbaden erscheinen zu lassen. Ostausgaben der neuen Bände kamen erst wieder einige Jahre später, nach Sommerfelds Tod 1951, auf den Markt.[253] Als die Akademische Verlagsgesellschaft 1953 eine Gesamtausgabe herausbringen wollte, wehrte sich Klemm gegen dieses Unterfangen.[254]

Bei B. G. Teubner stand man Wilhelm Klemm ebenfalls misstrauisch gegenüber. Hans-Joachim Ernst, der für Teubner den Verlag für Wissenschaft und Fachbuch als westliche Filiale in Bielefeld aufbaute, berichtete im Sommer 1948 von Versuchen Klemms, das Standardwerk *Praktische Physik* von Friedrich Kohlrausch, das seit 1870 bei Teubner erschien und zuletzt in 19. Auflage im Jahr 1944 herausgegeben worden war, in seinen Verlag zu holen.

> Scheinbar hat sich unter Ausnützung der Ost-West-Hindernisse auch die Dieterich'sche Verlagsbuchhandlung in Wiesbaden hinter die F.T.R. [Physikalisch-Technische Reichsanstalt] gesteckt,

250 Vgl. Klemm, Dieterich'sche Verlagsbuchhandlung Wiesbaden, an Sommerfeld, 16.10.1948, DMA, NL 89, 007.

251 Klemm, Dieterich'sche Verlagsbuchhandlung Wiesbaden, an Sommerfeld, 15.3.1949, DMA, NL 89/007.

252 Portig, Akademische Verlagsgesellschaft Leipzig, an Sommerfeld, 8.11.1948, DMA, NL 89/005.

253 Vgl. Eckert 2013, S. 531.

254 Vgl. Nitsche, Reisebericht über die Dienstreise nach Westdeutschland, 11.10. bis 29.10.1953, BArch, DR1/1120.

um unter Nichtbeachtung der verlagsrechtlichen Grundlagen das Werk in die Hände gespielt zu bekommen.[255]

Die westliche Teubner-Filiale Verlag für Wissenschaft und Fachbuch gab letztlich den Ausschlag, dass sich Herausgeber und Autoren des ›Kohlrausch‹ schließlich doch entschlossen, das Werk weiterhin beim Verlag Teubner herauszubringen.[256]

Theodor Steinkopff war nicht unmittelbar betroffen, empfand Klemms Agieren aber dennoch als Einmischung in angestammte Verlagsfelder. Er äußerte sich wiederholt negativ über Klemm, weil dieser neue naturwissenschaftliche Zeitschriften etablierte, obwohl er in seinem Verlag in diesem Bereich bislang nicht tätig gewesen war – und zwar bereits 1945, als sowohl Theodor Steinkopff in Dresden als auch sein Sohn Dietrich Steinkopff in Wiesbaden/Frankfurt noch auf ihre Lizenzen warteten.[257]

Papiermangel

Probleme mit den Autoren entstanden auch durch den quantitativen und qualitativen Mangel an Papier, der vor allem bis Mitte der 1950er Jahre ein großes Problem darstellte. Autoren, und zwar sowohl aus der Bundesrepublik als auch aus der DDR, drohten ihren Verlagen wiederholt damit, zu einem Verlag im Westen zu gehen, falls der Publikationsprozess keine Beschleunigung erfahren sollte, und machten dies auch wahr – der Grund für die Verzögerungen lag oft im fehlenden Papier.[258] Wurden aus Papiernot bereits geplante Titel gestrichen, konnte dies bevorzugt Titel westdeutscher Autoren treffen.[259] Auch die Papierqualität gab immer wieder Anlass zu Beschwerden, die die Verlage an das Amt für Literatur und Verlagswesen weitergaben. Die im Westen ansässigen Autoren kündigten an, ihre Bücher bei westdeutschen Verlagen herauszubringen, sollte die Qualität ihren Ansprüchen nicht genügen.[260] Da die Verlage ihre

---

255 Ernst an Georgi, 12.8.1948, SStAL, 22199 Teubner Stuttgart, Nr. 74. Verleger Arthur Georgi bestätigte Ernsts Eindruck und warnte vor Klemm, auch mit Hinweis auf sein Verhalten im Nationalsozialismus: »Vor Klemm ist grösste Vorsicht geboten. Er ist ein Usurpator par exellence, der schon zur Nazizeit eine sehr unrühmliche Rolle [...] spielte [...] Heute hat er seine Finger überall drin.« Georgi an Ernst, 14.8.1948, SStAL, 22199 Teubner Stuttgart, Nr. 74.
256 Vgl. Heisig, Der Teubner Verlag in meinem Leben/Mein Leben im Teubner Verlag. Eine Rückschau auf fünf Jahrzehnte, SStAL, 22199 Teubner Stuttgart, Nr. 171.
257 Vgl. Theodor Steinkopff an Dietrich Steinkopff, 8.12.1945 sowie Theodor Steinkopff an Dietrich Steinkopff, 12.1.1946, Dresden 1–249, vom 1945 bis 31.12.48. Steinkopff nennt zum Beispiel die von Klemm neu etablierte *Naturwissenschaftliche Rundschau*.
258 Vgl. zum Beispiel Protokoll zur Verlagsleitertagung, 23.7.1953, BArch, DR1/799; Dokument zur Papiersituation, o. D., BArch, DR1/824.
259 Vgl. Grabenstein, VVV, Jahresbericht 1953, 4.3.1954, BArch, DR1/736.
260 Vgl. Protokoll über die Arbeitsbesprechung der Planungsgemeinschaft Naturwissenschaft im Amt für Literatur und Verlagswesen in Berlin, 26.6.1953, BArch, DR1/765.

Autoren nicht an andere Verlage verlieren wollten, erwies sich eine Zweigstelle im Westen oder eine Firmenverlagerung als Lösung.

4.2.7 Kontrolle und Eigentum: Wirtschaftspolitische Einwirkungen

Hinter den ökonomischen Benachteiligungen, wirtschaftspolitischen Eingriffen und Repressionen, die sich gegen Privatunternehmen richteten, stand das Ziel einer Änderung der Eigentumsverhältnisse zugunsten des ›sozialistischen Sektors‹. Die Enteignung eines Firmeninhabers und die Überführung des Betriebes in Volkseigentum stellte dabei die weitest gehende Variante dar. Nach Abschluss der Sequestrierungen und Enteignungen im Rahmen des Entnazifizierungsprogramms der SMAD entstanden ab 1948/49 vor allem durch die neue Steuergesetzgebung, die Privatfirmen benachteiligte, und damit in Zusammenhang stehende Überprüfungen der Firmen große Schwierigkeiten. Viele Verlage sahen sich hohen Steuernachforderungen gegenüber. Die Firmenprüfungen hatten daneben oft das Ziel, Unregelmäßigkeiten in der Buchführung oder Verstöße gegen die Bestimmungen beispielsweise im Interzonenhandel aufzudecken. Auf Basis der neuen Wirtschaftsstrafverordnung von 1948 in Gang gesetzte Gerichtsprozesse stellten somit eine weitere Möglichkeit dar, Eingriffe in die Eigentumsverhältnisse vorzubereiten (siehe Kapitel 3.2.3).[261]

Repressionen: Vorräte, Steuern und Westkontakte

Arnold Plohmann, der den Verlag S. Hirzel in Leipzig nach dem Zweiten Weltkrieg im Auftrag des Inhabers Heinrich Hirzel leitete, wurde im April 1948 wegen des Besitzes nicht gemeldeter Papierbestände verhaftet.[262] Die Verschleierung von Vorräten, die regelmäßig gemeldet werden mussten, war in jenen Jahren aufgrund der allgemeinen Materialknappheit nicht unüblich.

Nach seiner Freilassung ging Plohmann im Mai 1948 nach Stuttgart und übernahm die Leitung der dortigen Zweigstelle. Es war somit kein vom Inhaber beauftragter Geschäftsführer mehr in Leipzig tätig, zunächst bestand aber weiterhin eine enge Zusammenarbeit der beiden Häuser. In Verlagsverträgen wurde 1949 der ›Verlag S. Hirzel in Leipzig und Stuttgart‹ als Vertragspartner genannt. Im April 1950 jedoch ließen

---

261 Solch ein Verfahren wurde u. a. gegen die Eigentümer des Musikverlags Breitkopf & Härtel geführt, die im Juni 1945 nach Wiesbaden übergesiedelt waren. Den Angeklagten wurden illegale Ost-West-Geschäfte, das Verbringen wertvoller Archivalien nach Westdeutschland und deren versuchte Veräußerung sowie die laufende finanzielle Schädigung des Leipziger Betriebes durch den Einzug von Forderungen des Leipziger Verlags gegenüber westdeutschen Kunden vorgeworfen. Das Ziel des Verfahrens war die Überführung der Firma in Volkseigentum. Vgl. Seemann 2003, S. 31f.
262 Vgl. Hirzel, Strafsache Plohmann, SHV 164. Die Akte SHV 164 enthält zur »Strafsache Plohmann« zahlreiche weitere Dokumente.

Heinrich Hirzel in seiner Funktion als alleinvertretungsberechtigter persönlich haftender Gesellschafter des Leipziger Verlags und Arnold Plohmann als Einzelprokurist der Stuttgarter Niederlassung eine Erklärung notariell beurkunden, die das Verhältnis der beiden Verlage entscheidend veränderte: Die S. Hirzel Verlagsgesellschaft in Leipzig trat darin der S. Hirzel Verlag Kommanditgesellschaft in Stuttgart »alle ihr zustehenden Verlagsrechte und sonstigen Rechte aus Autoren- und Verlagsverträgen mit sofortiger Wirkung ab.« Dieser Schritt erfolgte Hirzel zufolge aufgrund einer »Anfang 1947 bei Errichtung der Stuttgarter Firma erfolgten mündlichen Vereinbarung«. Dem Leipziger Verlag wurde von Stuttgart eine »nicht ausschließliche Lizenz für diese Titel für die sowjetisch besetzte Zone Deutschlands ein[geräumt], solange die Zonenteilung besteht«.[263] Die Lizenzgebühr sollte vorbehaltlich abweichender Vereinbarungen 5 Prozent des Ladenpreises betragen.[264] Mit dieser Übertragung der Rechte wurde das Stuttgarter Verlagshaus faktisch zum Hauptsitz erklärt.

Eines der größten Probleme für die Verlage war die Besteuerung, diese zog sich in den gesamten 1950er Jahren als andauerndes Thema durch die Korrespondenz mit verschiedenen kommunalen und staatlichen Stellen. Anfang 1953 klagten Vertreter der Akademischen Verlagsgesellschaft, von Barth, Steinkopff und Gustav Fischer, dass sie ihre Produktion einstellen oder wenigstens deutlich einschränken müssten, würden die Behörden kompromisslos die angesetzten Steuerforderungen einziehen.[265] Herbert Kienast vom Amt für Literatur und Verlagswesen setzte sich für die betroffenen Verlage mit der Begründung ein, man müsse die Bedeutung der Verlage und deren Zweigstellen in der Bundesrepublik bedenken. Der Verlust wichtiger Verlagsrechte müsse verhindert werden, vielmehr solle die Möglichkeit erhalten bleiben, diese Rechte in volkseigene Verlage zu überführen und eine kontinuierliche Verlagsproduktion zu gewährleisten.[266]

Das Engagement Kienasts konnte indes die Verlagerung der Verlage nicht verhindern. Bei Gustav Fischer in Jena war 1950 eine mehrere Monate dauernde Steuerprüfung für die Jahre 1946 bis 1949 durchgeführt worden, die die Festsetzung einer hohen Nachforderung im folgenden Jahr ergab. Misstrauisch machten dabei die finanziellen Verflechtungen des Jenaer Stammhauses mit der Stuttgarter Zweigstelle – Westkontakte wurden von den Behörden generell kritisch beäugt. Weitere Folgen schien diese Prüfung zunächst nicht zu haben, bis die Verlagsinhaberin Annelise von Lucius und ihre Mutter Marie Fischer im Januar 1953 festgenommen und eine Nacht lang verhört wurden. Am folgenden Tag flohen beide über Berlin nach Stuttgart. Annelise

---

263 Dieses und die vorangegangenen Zitate: Urk.-Rolle Nr. 114/1950, 27.4.1950, gez. Heinrich Hirzel, S. Hirzel Verlag Kommanditgesellschaft ppa. Plohmann, Dr. Noske, Notar, SHV 112.
264 Vgl. ebd.
265 Vgl. HA Verlagswesen und Buchhandel an das Ministerium der Finanzen, 13.2.1953, BArch, DR1/1941.
266 Vgl. Kienast an das Ministerium für Finanzen, 13.2.1953, BArch, DR1/1941.

von Lucius erinnerte sich später daran, dass es im Verhör neben finanziellen Ange-
legenheiten vor allem um ihre Kontakte zum Stuttgarter Verlag gegangen war.[267] Den
Autoren erklärte der Verlag die neue Entwicklung damit, dass man von Lucius in der
DDR einen Wirtschaftsprozess angedroht hätte.[268] In Stuttgart wurde daraufhin die
Zweigstelle des Jenaer Verlags, Piscator, von der seit 1950 zusätzlich existierenden
Firma Gustav Fischer übernommen – Annelise von Lucius arbeitete in Stuttgart damit
unter dem Namen Gustav Fischer weiter. Die Zweigstelle wurde so zum neuen Hauptsitz des Verlags, und es war »nach westlicher Rechtsauffassung [...] vollkommen klar,
dass die Verlagsrechte uns gehören, und es sollen deshalb auch die neuen Auflagen
früher in Jena erschienener Werke bei uns herauskommen«.[269]

Die Steuern blieben ein Problem. Bis Mitte der 1950er Jahre hatte sich die Situation
für die Verlage nicht verbessert,[270] auch wenn es in Einzelfällen gelang, mit Mitarbeitern des Finanzministeriums zu tragbaren Bewertungsgrundsätzen für Bücher und
Zeitschriften zu gelangen.[271] Im Gegenteil waren neue Erschwernisse hinzugekommen. Zeitschriften-Bestände sollten jetzt in die steuerliche Bewertung einfließen, was
vorher nicht geschehen war, da es über das erste Jahr nach Erscheinen hinaus für
gewöhnlich nur noch einen sehr geringen Absatz gab, der sich zudem über Jahrzehnte
erstrecken konnte. Durch die Bewertung der Bestände kam es zu beträchtlichen Erhöhungen der zu entrichtenden Einkommensteuern. Die Verlage suchten sich gegen
die Neuregelung zu wehren und drohten damit, dass sie ihre Bestände makulieren
müssten, sollte es bei der Neuregelung bleiben, und schlimmstenfalls ihre Produktion
einzustellen gezwungen wären.[272] Die Hauptverwaltung Verlagswesen bemühte sich,
akzeptable Lösungen für die Verlage zu finden. Auf diese Intervention hin legte das
Ministerium der Finanzen im August 1957 die Grundsätze neu fest, was eine leicht
abgemilderte Variante der Bewertungen bedeutete.[273] Die Gesamtsituation für die Privatverlage hatte sich damit aber nicht verbessert, was sich unter anderem in Anträgen
der Verlage auf staatliche Beteiligung niederschlug.

---

267 Vgl. Jütte 2010, S. 268f., 356f.
268 Vgl. Fischer Stuttgart an Delius, 10.2.1953, HA/BV 52, Nr. 7.
269 Annelise von Lucius an Küster, 22.10.1953, HA/BV 52, Nr. 8.
270 Vgl. Protokoll der Besprechung mit den wissenschaftlichen Privatverlagen, 14.3.1955, BArch,
DR1/1102.
271 Vgl. Barth Leipzig an Morgenstern, MfK, HV Verlagswesen, 18.12.1957, BArch, DR1/1123.
272 Vgl. Protokoll der Besprechung mit den wissenschaftlichen Privatverlagen, 14.3.1955, BArch,
DR1/1102; Barth Leipzig an Morgenstern, MfK, HV Verlagswesen, 18.12.1957, BArch, DR1/1123.
273 Vgl. Ministerium für Finanzen, HA Steuern, an alle Räte der Bezirke und Magistrat von Groß-
Berlin, 1.8.1957, BArch, DR1/1123. Wissenschaftliche Zeitschriften sollten demnach am Ende des Er-
scheinungsjahres und am Ende des folgenden Jahres mit 100 Prozent, am Ende des zweiten Jahres
nach dem Erscheinungsjahr mit 60, im darauffolgenden mit 40 und nach dem Ende des vierten Jahres
nach dem Erscheinungsjahr mit 0 Prozent angesetzt werden; bei Büchern sank die Bewertung von 100
auf 0 Prozent nach Ablauf von sechs Jahren nach Erscheinen.

Alle Privatverlage waren von den wirtschaftspolitisch bedingten Benachteiligungen gegenüber den staatlichen Verlagen betroffen. Die Firma B. G. Teubner litt darunter zusätzlich, da sich dies nicht nur auf den Verlag, sondern auch auf den grafischen Betrieb auswirkte. Obwohl auch die volkseigenen Betriebe unter dem Papiermangel litten, wurde doch deutlich,

> dass in erster Linie der Bedarf dieser Betriebe gedeckt wird und erst in zweiter Linie der eines Privatbetriebes. Diese Schwierigkeiten der Materialversorgung wirken sich auch auf die Produktion des Verlags aus, und es ist bekannt, daß andere Privatverlage, die mit volkseigenen graphischen Betrieben arbeiten, sich in dieser Hinsicht durchaus in einer günstigeren Situation befinden.[274]

Bei Hirzel, Fischer und Teubner bestanden schon vor dem Einsetzen der geschilderten wirtschaftspolitischen Einwirkungen Zweigstellen der Verlage in der amerikanischen Zone. Deren Etablierung stellte also keine Reaktion auf die Maßnahmen dar. Allerdings bewirkten sie, dass die Inhaber (Fischer und Teubner) bzw. der vom Inhaber eingesetzte Verlagsleiter (Hirzel) die sowjetische Besatzungszone bzw. die DDR verließen. Bei Hirzel und Fischer stellte dies eine unmittelbare Reaktion auf die Verhaftungen dar, bei Teubner hatten verschiedenartige Schwierigkeiten und Benachteiligungen, die über eine längere Zeit beobachtet worden waren, schließlich den Entschluss zur Sitzverlegung ausgelöst. In allen drei Fällen zog der Weggang der betreffenden Personen eine Umwandlung der Zweigstelle in den Hauptsitz bzw. eine Sitzverlegung nach sich – womit die Parallelverlage erst entstanden waren.

Überführungen in Volkseigentum

Wirtschaftspolitische Eingriffe im engeren Sinn erfolgten auf unterschiedliche Weise. Üblicherweise wurde ein Verlag zunächst unter Treuhandschaft oder Verwaltung gestellt, wenn einer, mehrere oder alle Eigentümer die DDR verlassen hatten. Der eingesetzte Treuhänder war ab diesem Zeitpunkt für alle grundsätzlichen Betriebsangelegenheiten (Organisation, Finanzen, Personal) zuständig, er vertrat die Firma nach außen und war zeichnungsberechtigt.[275] Die Rechte der Inhaber ruhten, waren aber nicht aufgehoben. In der Praxis bedeutete dies, so teilte man dem unter Treuhandschaft stehenden Verlag Carl Marhold mit, dass Entscheidungen über außerhalb des Gebiets der DDR liegende Vermögensteile von den Eigentümern getroffen werden konnten und wirksam wurden, auf das Eigentum innerhalb der DDR war hingegen kein Zugriff möglich.[276] Der Blick auf die Einzelfälle belegt ein uneinheitliches Vorge-

---

[274] Giesecke und Heisig an die Betriebsleitung und Betriebsgewerkschaftsleitung der Firmen B. G. Teubner und B. G. Teubner Verlagsgesellschaft, 13.10.1952, SStAL, 22199 Teubner Stuttgart, Nr. 82.

[275] Vgl. Aktenvermerk, Regelung des Geschäftsbetriebes, 20.9.1951, SStAL, 21094 Bibliographisches Institut, Nr. 120.

[276] Vgl. Innere Verwaltung, Schutz des Volkseigentums, an Marhold Halle, 15.10.1951, BArch, DR1/704, Blatt 7.

hen der Behörden. Bei den privaten Wissenschaftsverlagen sollte es sich als wichtig erweisen, dass nur für den Fall, dass sich *alle* Eigentümer in der Bundesrepublik befanden, das Gesetz eine anschließende Überführung in Volkseigentum vorsah.

Verleger Bruno Hauff von Georg Thieme war bereits im Juni 1945 mit den Amerikanern nach Wiesbaden gegangen. Nachdem der von Hauff eingesetzte Leipziger Verlagsleiter Dornig 1950 ebenfalls in den Westen übergesiedelt war,[277] wurde der Verlag am 18. Januar 1951 vom Rat der Stadt Leipzig unter Treuhandschaft gestellt und als Treuhänder der langjährige Mitarbeiter Walter May eingesetzt.[278] Hauff und Dornig forderten von Stuttgart aus die Aufhebung der Treuhandschaft.[279] Dies wurde vom Rat der Stadt mit der Begründung abgelehnt, dass gegen Alfred Dornig ein Wirtschaftsstrafverfahren eingeleitet worden sei.[280] Die Leipziger Oberstaatsanwaltschaft stellte das Verfahren allerdings mangels ausreichender Gründe im März 1952 wieder ein.[281] Die Ermittlungen gegen Dornig standen im Zusammenhang mit der Bestrebung, den Verlag in Volkseigentum zu überführen, woran sich vor allem der Rat der Stadt Leipzig und die Verwaltung Volkseigener Verlage interessiert zeigten.

Einen ersten Schritt stellte der Wechsel unter die Treuhandschaft der Vereinigung Volkseigener Verlage mit Wirkung vom 1. Oktober 1951 dar.[282] Gegen diese Entscheidung der Hauptverwaltung Polygrafische Industrie im Ministerium für Leichtindustrie legten verschiedene Stellen, darunter der Kulturelle Beirat, Einspruch ein. Sie befürchteten, dies könne sich negativ auf die Zusammenarbeit mit den westdeutschen Autoren auswirken und forderten, den Schritt rückgängig zu machen und keinesfalls publik werden zu lassen.[283] Das Ziel wurde jedoch weiterverfolgt. Über eine Anklage wegen Wirtschaftsverbrechen konnte es nach Ansicht des Staatsanwalts aber weder bei Dornig noch bei Bruno Hauff oder Johanna Thieme erreicht werde.[284] Seit dem 17. Juli 1952 stand dann mit der *Verordnung zur Sicherung von Vermögenswerten* ein Instrument zur Verfügung, Personen zu enteignen, die das Gebiet der SBZ bzw. der DDR seit dem Ende des Krieges illegal verlassen hatten. Dies traf auf Hauff und Dornig, allerdings nicht auf Johanna Thieme zu, die bei ihrem Weggang aus der DDR die

---

277 Vgl. Exposé über die Vorgänge, die als Grundlage für eine Enteignung des Thieme Verlages in Betracht kommen können, 5.12.1952, BArch, DR1/836.

278 Vgl. Übergabeprotokoll, 18.1.1951, PFP 14, Nr. 85.

279 Vgl. Thieme Stuttgart an den Rat der Stadt Leipzig, Sachgebiet Treuhandverwaltung, 14.9.1951 sowie 27.11.1951, StadtAL, PrivFirm Paket 14, Nr. 85.

280 Vgl. Brüning, Rat der Stadt Leipzig, Sachgebiet Treuhandverwaltung an Thieme Stuttgart, 11.12.1951, StadtAL, PrivFirm Paket 14, Nr. 85, Blatt 8.

281 Vgl. Oberstaatsanwalt des Bezirks Leipzig an den Rat des Stadtkreises Leipzig, 12.3.1952, StadtAL, PrivFirm Paket 14, Nr. 85, Blatt 6.

282 Vgl. Treuhänder-Bestallungs-Urkunde, 21.9.1951, StadtAL, PrivFirm Paket 14, Nr. 85, Blatt 12.

283 Vgl. Treuhandverwaltung, Aktennotiz, 10.10.1951, StadtAL, PrivFirm Paket 14, Nr. 85, Blatt 10.

284 Vgl. Aktennotiz, 17.12.1952, BArch, DR1/836, Blatt 91.

nötigen Formalitäten eingehalten hatte.[285] Die Behörden fanden schließlich über die seit 1951 angewachsenen Steuerschulden der Teilhaber eine Möglichkeit. Die Steuerschulden von Johanna Thieme wurden gegen ihren Anteil am Verlag aufgerechnet, dieser wurde damit in Volkseigentum überführt. Die Anteile von Hauff und Dornig gingen am 1. April 1953 in Volkseigentum über.[286] Der Verlag firmierte fortan als ›VEB Georg Thieme, Verlag für Medizin und Naturwissenschaften‹.

Laut Staehr fassten die Gesellschafter daraufhin den Beschluss, den Firmensitz von Leipzig nach Stuttgart zu verlegen. Zuvor hatten faktisch zwei selbstständige Thieme-Verlage existiert. Im April 1946 war eine Georg Thieme Verlag KG in das Stuttgarter Handelsregister eingetragen worden; die Sitzverlegung der seit 1919 bestehenden Leipziger KG nach Stuttgart wurde später in einem eigenen Eintrag vermerkt.[287]

Als Verleger Jäh vom Verlag Carl Marhold im September 1951 die DDR verlassen und sich in West-Berlin niedergelassen hatte, wurde Treuhandschaft über den Verlag angeordnet. Das Hallenser Stammhaus und der von Jäh in West-Berlin neu aufgebaute Verlag Marhold arbeiteten zunächst in beiderseitigem Interesse zusammen. Dies änderte sich 1952, als die Behörden nach der 2. Parteikonferenz der SED im Juli verstärkt gegen die Privatunternehmer vorgingen. Zuerst erfolgte der Austausch des Treuhänders, anschließend die Entlassung des Verlagsleiters, eines Schwagers von Wolfgang Jäh. Die *Verordnung zur Sicherung von Vermögenswerten* vom Juli 1952 und das *Gesetz zum Schutz des Volkseigentums und anderen gesellschaftlichen Eigentums* vom 2. Oktober 1952 waren Grundlage für die zum 1. November wirksam werdende Überführung von Marhold in Volkseigentum. Vier Jahre später mussten die zuständigen Behörden einräumen, dass die Enteignung nach geltendem Recht der DDR gesetzeswidrig erfolgt war, da eine Miteigentümerin, die Mutter des Verlegers, die DDR nicht verlassen hatte.[288]

Nachdem Annelise von Lucius im Januar 1953 nach Stuttgart gegangen war, wurde der Verlag Gustav Fischer in Jena im Februar unter Treuhandschaft gestellt und im April 1953 rückwirkend zum 1. Februar als VEB Gustav Fischer Verlag in Volkseigentum überführt. Der Tatbestand des illegalen Verlassens der DDR aller Eigentümer traf hier zu, weshalb die *Verordnung zur Sicherung von Vermögenswerten*, die ein halbes Jahr zuvor in Kraft getreten war, Anwendung fand.

---

285 Vgl. Aktennotiz, 5.12.1952, BArch, DR1/836, Blatt 104.

286 Vgl. Vertrag über die Veräußerung von Sachwerten an volkseigene Betriebe, 13.5.1953, StadtAL, StVuR, Nr. 14819; Kunze, Bericht über eine Sitzung der Planungsgemeinschaft Naturwissenschaften im Amt für Literatur und Verlagswesen, 6.5.1954, BArch, DR1/824.

287 Vgl. Staehr 2011, S. 76, 88; Amtsgericht Stuttgart, HRA 7032, Eintragung vom 10.11.1960; Amtsgericht Stuttgart, HRA 3499, Eintragung vom 30.12.1959; Amtsgericht Leipzig, HRA 1068, Eintragungen vom 27.4.1938 und 19.10.1946.

288 Vgl. Kapitel 2.5.

Bei diesen drei Verlagen wurde der weitest gehende Eingriff in die Eigentumsverhältnisse unternommen: die Enteignung. Die Enteignung und das jeweils vorausgehende Verhängen der Treuhandschaft über die Verlage stellten eine Folge, nicht aber die Ursache für die Verlagerung der Verlage dar. Die Enteignungen hatten allerdings großen Einfluss auf das Verhältnis der Parallelverlage. Die ursprünglichen Verlagsinhaber betrachteten den Entzug ihres Eigentums als unrechtmäßig; die Behörden in der DDR und mit ihnen die dortigen Verlagsleiter und -mitarbeiter sprachen dagegen den neuen westdeutschen Verlagen die Existenzberechtigung ab. Bei Thieme war der Einschnitt im Verhältnis zwischen Leipzig und Stuttgart bereits vor der Enteignung erfolgt. Hier war es der Weggang der Verleger-Vertrauten Dornig, der Anlass dafür gab, die Stuttgarter Zweigstelle in den neuen Hauptsitz umzuwandeln. Die im Jahr darauffolgende Enteignung stellte eine formale Verschärfung der ohnehin schon eingetretenen Verlagstrennung dar. Bei Marhold hatten die Verlage in Halle und West-Berlin seit September 1951, nachdem Verleger Jäh Halle verlassen hatte, zunächst kooperiert. Die Beziehung hatte sich wegen der staatlichen Eingriffe im Sommer 1952 deutlich verschlechtert; mit der Überführung in Volkseigentum war die Zusammenarbeit beendet. Im Falle der beiden Gustav Fischer Verlage in Jena und Stuttgart hingegen gelang es, das Verhältnis trotz der Eigentumsverhältnisse nach nur wenigen Monaten kooperativ und zum gegenseitigen Nutzen zu gestalten, obschon die Einschätzung beider Seiten, nämlich der jeweils einzige legitime Verlag Gustav Fischer zu sein, sich nicht von der in anderen Verlagen unterschied.[289]

In der DDR-Verlagsgeschichtsschreibung wurden die Überführungen in Volkseigentum als notwendige Reaktion auf Urteile und Verfügungen westdeutscher Gerichte von Parallelverlagen dargestellt.

> Nachdem einige privatkapitalistische Verlagsbesitzer, deren Verlage sich auf dem Gebiet der DDR befanden, in Westdeutschland schon Jahre zuvor und zum Teil mit Unterstützung westlicher Besatzungsmächte Schein- bzw. Pseudounternehmen gegründet hatten, hielten sie die Zeit für gekommen, die Produktion ihrer in der DDR ansässigen Verlage durch unrechtmäßige Urteile und Verfügungen westdeutscher Gerichte zum Erliegen zu bringen. Damit sollten der DDR Verlagsrechte entzogen, die Versorgung der Bildungseinrichtungen der DDR mit Lehr- und Fachbüchern entscheidend gestört und die Exporttätigkeit behindert werden. Die Wissenschaftler und Autoren der DDR und auch die meisten der in Westdeutschland wohnenden Autoren verurteilten diese Machenschaften und blieben den zumeist traditionsreichen Verlagshäusern in der DDR auch nach ihrer notwendig gewordenen Übernahme in das Volkseigentum treu.[290]

Staatliche Beteiligung als Kompromisslösung

Bei einigen der wissenschaftlichen Privatverlage hielten sich die DDR-Behörden mit wirtschaftspolitischen Eingriffen zurück. Dazu trug neben den westlichen Au-

---

289 Vgl. von Lucius 1997, S. 199f.
290 Selle 1972, S. 42.

toren, deren Verlust befürchtet wurde, auch die Existenz einer Zweigstelle oder eines Parallelverlags in der Bundesrepublik bei. War die Verlagsproduktion für den Export bedeutsam, konnte es zu Interventionen seitens der zuständigen Literaturbehörde kommen, die Eingriffe in die Eigentumsverhältnisse zu verhindern suchten. Die Ansichten und Maßnahmen zu diesem Komplex unterschieden sich allerdings, je nach aktueller politischer Lage oder handelndem Akteur.

B. G. Teubner nahm 1958 aufgrund hoher Steuerschulden staatliche Beteiligung auf, Enteignung und Umwandlung in einen volkseigenen Betrieb erfolgten bis zum Ende der DDR nicht. Einen Versuch, Teubner zu einem VEB zu machen, hatte es 1949 gegeben, als sich Verleger Giesecke noch in Leipzig befand. Die Belegschaft des Betriebes, wohl auf Betreiben der SED-Gruppe innerhalb der Mitarbeiter, hatte einen Antrag auf Aufnahme des grafischen Betriebes und des Verlags in die Vereinigung volkseigener Betriebe gestellt. Die Betriebsgewerkschaftsleitung begründete dies mit Hinweis auf die staatlichen Zuteilungsverfahren: »Betriebe, die sich nicht in Volkseigentum befänden, würden somit nach und nach verkümmern, da sie in der Planung, Waren- und Rohstoffzuteilung keine bzw. nur geringe Berücksichtigung erfahren könnten.«[291] Die einzelnen Teubner-Firmen wurden in diesem Zusammenhang im Januar 1949 unter Treuhandschaft gestellt, die Geschäftsführung der Eigentümer ruhte, ein Treuhänder wurde eingesetzt.[292] Die Überführung kam jedoch nicht zustande, weil die rechtliche Grundlage fehlte. Der Betrieb ging an die privaten Eigentümer zurück. Martin Giesecke, der im Zusammenhang mit diesen Verhandlungen über eine Übersiedelung in den Westen nachgedacht hatte, blieb vorerst in Leipzig.[293]

Nachdem die Inhaber Giesecke und Heisig im Oktober 1952 Leipzig schließlich doch verlasen hatten, blieb ein Teil der Gesellschafter in der DDR. Über die Firma wurde Verwaltung angeordnet; eine Überführung in Volkseigentum kam nach den gesetzlichen Regelungen unter diesen Umständen nicht in Frage. Das ZK war der Meinung, dass man »bei Teubner schon längst schärfer hätte durchgreifen müssen«.[294] Heinz Mißlitz von der Abteilung Wissenschaft und Propaganda schlug vor, bei den weiterhin in DDR ansässigen Kommanditisten Beweise dafür zu finden, dass sie von Heisigs und Gieseckes Fluchtplan gewusst hatten, notfalls über Hausdurchsuchun-

---

291 Betr. Überführung in Volkseigentum, 12.1.1949, SStAL, 22199 Teubner Stuttgart, Nr. 171. Vgl. auch Herbert Heisig, Bemerkungen zu dem Schriftsatz von Rechtsanwalt Praxmarer, 8.12.1955, SStAL, 22199 Teubner Stuttgart, Nr. 75.

292 Vgl. Protokoll der Besprechungen betr. Überführung der Firmen B. G. Teubner, Graphischer Betrieb, und B. G. Teubner Verlagsgesellschaft in das Eigentum des Volkes, 11.1.1949 sowie Bestallung, Rat der Stadt Leipzig, Dezernat Wirtschaft und Wirtschaftsplanung, 25.1.1949, SStAL, 22199 Teubner Stuttgart, Nr. 180.

293 Vgl. Bericht über den ersten Besuch bei der B. G. Teubner Verlagsgesellschaft, 25.10.1952, BArch, DR1/1946; Praxmarer an das Landgericht Stuttgart, 15.12.1955, SStAL, 22198 Teubner Leipzig, Nr. 187; Urteil des Landgerichts Stuttgart, 21.1.1956, BArch, DR1/7507.

294 Seifert, Aktennotiz betr. Besprechung mit Heinz Mißlitz am 12.12.52, 17.12.1952, BArch, DR1/1947.

gen.[295] Ludolf Koven, der Leiter des Amtes für Literatur und Verlagswesen, schloss sich dieser Linie an. Teubner sollte volkseigen werden.

> Wirtschaftlich-rechtlich gesehen konnte bisher der Verlag nur unter Treuhandschaft gestellt werden und noch nicht ins Volkseigentum überführt werden, da die wirtschaftlich maßgeblichen Kommanditisten in Leipzig geblieben sind. Kriminalpolizei und Staatsanwalt haben sogar die Einleitung einer Voruntersuchung abgelehnt, die von mir bereits [...] verlangt wurde. Infolgedessen habe ich den gesamten Komplex dem Amt zum Schutze des Volkseigentums übergeben, da ich es für möglich halte, daß bei den zahlreichen Lizenzvergebungen für Verlagsrechte an westdeutsche Firmen das Gesetz zur Regelung des innerdeutschen Zahlungsverkehrs nicht genug beachtet wurde. Gleichzeitig habe ich dem Amt gegenüber die Forderung ausgesprochen, sofort ein Strafverfahren aufgrund der Wirtschaftsstrafverordnung zu beantragen, wenn Verstöße gegen das Gesetz nachgewiesen werden können.[296]

Vermutlich wurde der Plan in der Phase des ›Neuen Kurses‹ ab Sommer 1953 und den damit verbundenen Korrekturen im Umgang mit Privatfirmen wieder aufgegeben.

1956 stellte der Verlag einen Antrag auf staatliche Beteiligung, was unter anderem mit einer bestehenden Steuerschuld begründet wurde.[297] Diesem Antrag sollte auf Anraten der HV Verlagswesen wegen der laufenden Vergleichsverhandlungen mit dem Stuttgarter Verlag nicht entsprochen werden, damit diese nicht gefährdet würden. B. G. Teubner Leipzig sollte seinen »privaten Charakter«[298] behalten. Der stellvertretende Kulturminister Karl Hagemann schloss sich dieser Auffassung an.[299] Zunächst nahm man 1957 Veränderungen vor, die in der Situation der bisherigen Gesellschafter begründet lagen: Karl Taupitz trat aus der Firma aus, der Anteil von Heisig ging in Volkseigentum über, die Anteile der nun in der Bundesrepublik lebenden zwei Kommanditisten verwaltete die Deutsche Investitionsbank. Eine staatliche Beteiligung wurde im September dieses Jahres von der VVB Verlage »mit Nachdruck«[300] gewünscht und 1958 mit der Aufnahme der Deutschen Investitionsbank als persönlich haftendem Gesellschafter aufgenommen.

Bei der Akademischen Verlagsgesellschaft versuchte der Leiter des Amtes für Literatur und Verlagswesen, Fritz Apelt, das Ministerium der Finanzen im Sommer 1953 davon abzubringen, dass der international bedeutende Verlag, dessen Autoren zum größten Teil in Westdeutschland ansässig seien, »infolge seiner Steuerschulden an die Abgabenverwaltung in Konkurs gerät und in Treuhandschaft bzw. Volkseigentum überführt wird«.[301] Ein Jahr später erhielt dieses Ansinnen neue Dringlichkeit, nach-

---

295 Vgl. ebd.

296 Koven, Aktenvermerk zu Teubner, 9.1.1953, BArch, DR1/1946.

297 Vgl. Vockert, Aktennotiz, 10.1.1957, BArch, DR1/1122.

298 Hoffmann an die DIB, 29.9.1956, BArch, DR1/1947.

299 Vgl. Hagemann an die DIB, 1.11.1956, BArch, DR1/1122.

300 Morgenstern an die DIB, 17.9.1957, BArch, DR1/1122.

301 Apelt an das Ministerium der Finanzen, 5.6.1953, BArch, DR1/1120.

dem im Dezember 1953 die Akademische Verlagsgesellschaft in Frankfurt am Main etabliert worden war. Amtsmitarbeiter Herbert Kienast fürchtete, dass die finanziellen Probleme in Verbindung mit der Existenz des Parallelverlags zu einer Abwanderung der westdeutschen Autoren und damit zu einem Verlust des Exportgeschäftes führen würden.[302] Er formulierte in einem Schreiben an das Ministerium der Finanzen polemisch. Würden steuerliche Maßnahmen ergriffen,

> die dem Verlag, der über wichtige Verlagsrechte verfügt, die finanzielle Basis entziehen, dann würde man unmittelbar den in Westdeutschland lebenden Verbrechern und ihren amerikanischen Hintermännern in die Hände arbeiten. Es handelt sich also um einen hochpolitischen und äusserst wichtigen Vorgang.[303]

Kienast schrieb auch an die Abgabenabteilung des Rates des Stadtbezirks Leipzig, die vor Ort für die Eintreibung der Steuerrückstande zuständig war, dass sie durch die »Anwendung von irgendwelchen Zwangsmassnahmen [...] unmittelbar den in Westdeutschland wohnenden Kontrahenten in die Hände arbeiten [würden]«.[304]

Die Bemühungen des Verlags und des Amts für Literatur und Verlagswesen um eine Stundung der Schulden oder einen Kredit schlugen fehl.[305] Auch ein Schreiben der Abteilung Wirtschaftspolitik der SED-Bezirksleitung Leipzig an das ZK der SED in Ost-Berlin, das zur Lösung des Problems beitragen sollte, hatte keinen Erfolg.[306] Aus der andauernden finanziellen Notlage heraus stellte die Akademische Verlagsgesellschaft 1956 einen Antrag auf staatliche Beteiligung. Das Amt für Literatur und Verlagswesen war jedoch der Meinung, dass der private Charakter des Unternehmens gewahrt bleiben müsse, die Gewährung eines Kredites die bessere Lösung sei und eine Firmenbezeichnung, durch die die staatliche Beteiligung sichtbar würde, auf jeden Fall vermieden werden solle.[307] Im Gesellschaftsvertrag vom 16. September 1957 wurde die Deutsche Investitionsbank als Gesellschafter aufgenommen, rückwirkend zum 1. Januar 1957 gab es beim Verlag damit faktisch eine staatliche Beteiligung.[308] Nach außen hin war diese aber nicht erkennbar.

---

302 Vgl. Kienast an Sender, Ministerium der Finanzen, 1.6.1954, BArch, DR1/1120.

303 Kienast an das Ministerium der Finanzen, 2.6.1954, BArch, DR1/1941. Kienast meinte die ehemaligen Eigentümer Kurt Jacoby und Walter Jolowicz/Johnson, die in die USA emigriert waren und in Frankfurt am Main die Akademische Verlagsgesellschaft neu etabliert hatten.

304 Kienast an den Rat des Stadtbezirks 5 der Stadt Leipzig, Sachgebiet Finanzen, Sachgruppe Abgaben, 29.7.1954, BArch, DR1/1120.

305 Vgl. Kienast, Amt für Literatur und Verlagswesen, an Sender, Ministerium der Finanzen, Abgabenverwaltung, 1./2.6.1954, BArch, DR1/1120. Diese und die Akte BArch, DR1/1941, enthalten umfängliche Korrespondenz zu dem Vorgang.

306 Vgl. Bauer, SED-Bezirksleitung Leipzig, Abteilung Wirtschaftspolitik an das ZK der SED, Abt. Planung und Finanzen, 22.1.1955, BArch, DY30/IV2/9.04/681.

307 Vgl. Amt für Literatur und Verlagswesen an die DIB, 6.6.1956, BArch, DR1/1120.

308 Vgl. Gesellschaftsvertrag, 16.9.1957, BArch, DR1/1123.

Bei Theodor Steinkopff wurde ebenfalls der Weg der staatlichen Beteiligung zur Erlangung von Einfluss auf die Firma gewählt. Theodor Steinkopff hatte die DDR bis zu seinem Tod 1955 nicht verlassen, danach war sein Erbe geregelt – eine Grundlage für die Entziehung seines Eigentums bestand daher nicht. Interesse an einer Weiterarbeit des Verlags Steinkopff äußerte die Literaturbehörde im Jahr 1956, weil er »wissenschaftliche Literatur auf den sogenannten Grenzgebieten herausgibt, die im Augenblick leider von keinem volkseigenen Verlag betreut werden«.[309] Aufgrund der Existenz des Dr. Dietrich Steinkopff Verlags in Darmstadt und der in Westdeutschland lebenden Autoren befürchteten die DDR-Behörden eine Abwanderung der Verlagsrechte dorthin. Sie erwogen in der Diskussion zwei Vorgehensweisen: entweder den Verlag schrittweise einzuschränken bis hin zum Entzug der Lizenzurkunde oder mit staatlichen Anteilen Einfluss auf die Tätigkeit des Verlagsschaffens zu erlangen.[310] Zur staatlichen Beteiligung kam es allerdings erst zehn Jahre später, im Jahr 1966. Wiederum zwölf Jahre später, 1978, wurde der Verlag aufgelöst. Die Behörden glaubten jetzt, bei diesem Verlag – anders als bei anderen Wissenschaftsverlagen wie Teubner oder Hirzel – auf den Namen verzichten zu können, da sein Renommee als weniger bedeutend eingeschätzt wurde.[311]

Der Verlag S. Hirzel wurde ebenfalls nicht enteignet. Im Juli 1951 entzog der Rat der Stadt Leipzig dem Schweizer Staatsbürger Heinrich Hirzel die Verfügungsgewalt über den Verlag; am 14. Juli 1952 kam dieser unter Verwaltung. Nach der Verordnung vom 6. September 1951 wurde solches »ausländische Vermögen« nicht enteignet, sondern »in Verwaltung und Schutz«[312] genommen. Nach Aussage von Morgenstern von der VVB Verlage in Ost-Berlin sollte es aber ab 1959 die Möglichkeit einer staatlichen Beteiligung auch bei Betrieben mit ausländischen Anteilen geben. Er schlug dies für Hirzel vor, weil auf diesem Wege die Publikationstätigkeit erweitern werden könne und die Möglichkeit einer »direkten politischen und ökonomische Zusammenarbeit«[313] gegeben wäre. Karlheinz Selle, damals Sektorenleiter Naturwissenschaften in der Abteilung Literatur und Buchwesen im MfK, hielt dies hingegen nicht für sinnvoll. Hirzel brachte nach seiner Einschätzung hauptsächlich Neuauflagen heraus und verfügte

---

309 Protokoll über eine Besprechung am 19.3.1956 zur Entwicklung des Steinkopff Verlages, BArch, DR1/1118.

310 Vgl. ebd.

311 Vgl. Götze 1994, S. 168; Entwurf zu einer Vorlage, o. D., BArch, DR1/7188. Es heißt dort, und zwar schon fünf Jahre vor der tatsächlichen Auflösung der Firma: »Von diesen Verlagen ist der Verlag Theodor Steinkopff in Dresden der unbedeutendste. An dessen Verlagsnamen sind weder besondere Rechte gebunden, noch gibt es Schwierigkeiten bei der Übernahme der Produktion durch unsere volkseigenen Verlage. Es wird daher vorgeschlagen, daß der Verlag mit Wirkung vom 31.12.1973 seine Tätigkeit einstellt und seine Lizenz zurückgenommen wird.«

312 Verordnung über die Verwaltung und den Schutz ausländischen Eigentums in der Deutschen Demokratischen Republik vom 6.9.1951.

313 Morgenstern an die VVB Verlage, 3.7.1959, BArch, DR1/909.

nur über einen kleinen und alten Mitarbeiterstamm. Außerdem seien auf den Fachgebieten, die der Leipziger Verlag betreute, genug volkseigene Verlage tätig.[314] Der Plan
wurde letztlich nicht weiterverfolgt.

J. A. Barth blieb formal ebenfalls bis fast zum Ende der DDR ein Privatunternehmen. Nach dem Tod der Inhabers Arthur Meiner im Dezember 1952 äußerten sich
die Zeitschriften-Herausgeber und Professoren Günther Rienäcker und Wolfgang
Rosenthal[315] sehr besorgt ob der »Möglichkeit [...], dass an Struktur und Eigentumsverhältnissen des Verlages auch nach aussen hin sichtbare grundsätzliche Aenderungen
oder Eingriffe stattfinden [könnten]«.[316] Dies sei unbedingt zu vermeiden.[317] Begründet wurde das Anliegen mit der Verlustgefahr der westlichen und ausländischen
Autoren sowie damit, dass

> das Verlagshaus Johann Ambrosius Barth in seiner bisherigen Struktur eine grossangelegte kul-
> turelle Werbung für die DDR ausübte, da Ihre unentbehrlichen Lehrbücher sowohl wie ihre Zen-
> tralblätter in alle Welt gingen und Zeugnis ablegten für die ungemeine Förderung, die von den
> verantwortlichen Behörden in der DDR der medizinischen Wissenschaft zugewendet wurde.[318]

Ob diese nicht nur den Verlag, sondern auch die DDR-Behörden überschwänglich lo-
benden Worte, denen sicher taktische Überlegungen zugrundelagen, selbige Behörden erreichten und dort auf wohlwollende Ohren stießen, ist nicht belegt. Fest steht,
dass Barth von den befürchteten Eingriffen verschont blieb. Es hatten Ende 1952 Besprechungen über die Zukunft des Verlags zwischen Amt für Literatur und Verlagswesen und ZK der SED stattgefunden, in denen sich Mißlitz vom ZK explizit gegen
eine Ausschaltung der Privatverlage im Allgemeinen und konkret von Barth ausgesprochen hatte. Vielmehr wollte er die bestehenden westdeutschen Bankguthaben des
ausgesprochenen Export-Verlags für die Verpflichtungen anderer Verlage verwenden.
Barth solle von den Gutschriften, die ihm auf diesem Wege zufließen würden, seine
Steuerschulden begleichen – eine perfide Verquickung von Verschonung des Verlags
einerseits und Ausnutzung seiner einerseits vorteilhaften, andererseits schwierigen finanziellen Lage. Dadurch, so Mißlitz, könne außerdem verhindert werden, »daß sich
die jetzt für den Verlag Verantwortlichen nach dem Westen ab setzen und dort über
die notwendigen Mittel verfügen, ein neues Unternehmen zu gründen«.[319] Der bereits

---

314 Vgl. Selle, MfK, Abteilung Literatur und Buchwesen, 13.7.1959, BArch, DR1/909.
315 Der Chemiker Rienäcker war Herausgeber der *Zeitschrift für anorganische und allgemeine Chemie*,
der Kiefernchirurg Rosenthal war Herausgeber der *Deutschen Zahn-, Mund- und Kieferheilkunde mit
Zentralblatt*.
316 Rienäcker an das Staatssekretariat für Hochschulwesen, Abteilung Wissenschaftliche Publikationen, 27.1.1953, SStAL, 21101 Barth Leipzig, Nr. 718.
317 Vgl. ebd.
318 Rosenthal an Barth Leipzig, 7.2.1953, SStAL, 21101 Barth Leipzig, Nr. 718.
319 Seifert, Aktennotiz betr. Besprechung mit Heinz Mißlitz am 12.12.52, 17.12.1952, BArch, DR1/1947.

vorhandene westdeutsche Sitz von Barth in München wurde offenbar nicht als problematisch wahrgenommen, da sich die Inhaber noch in Leipzig befanden und zwischen
den Verlagen die bei anderen Parallelverlagen typischen Probleme nicht auftraten.

Einen Antrag auf staatliche Beteiligung schätzte das Ministerium für Kultur 1957
zwar als wünschenswert ein und die Erfolgsaussichten durch eine bestehende Steuerschuld als gut, letztlich kam es dazu aber nicht.[320] In Volkseigentum wurde lediglich
der Anteil von Helmut Meiner überführt; eine Überführung des gesamten Verlags kam
hingegen nicht in Frage, solange Arthur Meiners Witwe Hertha Eigentümerin war.
Doch selbst nach ihrem Tod wurden die Anteile der in der Bundesrepublik lebenden
Gesellschafter treuhänderisch verwaltet; der Verlag blieb bis 1988 als Privatunternehmen bestehen.[321]

Dieses vergleichsweise zurückhaltende Vorgehen der Behörden den Verlagen gegenüber wurde noch längere Zeit beibehalten. Noch 1972 stellte die Hauptverwaltung Verlage und Buchhandel zu den Verlagen mit staatlicher Beteiligung (darunter Teubner
und Steinkopff) sowie jenen in staatlicher Verwaltung (wie Hirzel) fest:

> Da es sich bei diesen Verlagen [...] um Betriebe handelt mit Kapitalanteilen von Gesellschaftern,
> die ihren Wohnsitz ausserhalb der DDR haben, und darüber hinaus an die Verlagsnamen Rechte
> gebunden sind, die für uns von grosser Bedeutung sind, wie z. B. [...] bei Hirzel das Grimmsche
> Wörterbuch usw. –, haben wir in Abstimmung mit der Abt. Wissenschaft des ZK, Sektor Verlage,
> Genossin Pflug, vorerst keine Maßnahmen zur Überführung dieser Betriebe in Volkseigentum
> eingeleitet.[322]

Lediglich der Verlag Theodor Steinkopff wurde Ende der 1970er Jahren aufgelöst. 1989
waren unter den 78 Verlagen, die in der DDR noch existierten, sechs private Verlage.
Alle waren Parallelverlage, drei von ihnen (Teubner, Akademische Verlagsgesellschaft
und Hirzel) gehörten zu den wissenschaftlichen Parallelverlagen.[323]

4.2.8 ›Arisierung‹ und keine Restitution: Akademische Verlagsgesellschaft

Ganz andere Gründe als die bisher geschilderten führten bei der Akademischen Verlagsgesellschaft Geest & Portig zur Gründung eines Parallelunternehmens in Frankfurt am Main. Die Firma war ab 1937 ›arisiert‹ worden. Die jüdischen Eigentümer Kurt

---

320 Vgl. Hagemann an Kasten, Staatssekretariat für Örtliche Wirtschaft, 15.7.1957, BArch, DR1/1123;
Grabenstein, Reisebericht, 10./11.2.1953, BArch, DR1/799. Hagemann war Stellvertreter des Ministers
für Kultur und unter anderem für das Verlagswesen zuständig.
321 Vgl. Links 2010, S. 103.
322 Thormann, HV Verlage und Buchhandel, an Gysi, 18.5.1972, BArch, DR1/9868. Es ging daneben
um die Verlage Philipp Reclam jun., Harth Musik Verlag, Paul Räth Nachfolger., Paul List. und Insel.
323 Vgl. Links 2010. Daneben handelte es sich um Philipp Reclam jun. (Leipzig/Stuttgart), den Insel-
Verlag Anton Kippenberg (Leipzig/Wiesbaden) und den Paul List Verlag (Leipzig/München).

Jacoby und Leo Jolowicz sowie dessen Sohn Walter Jolowicz, der Prokurist war, wurden aus dem Verlag gedrängt. Leo Jolowicz starb 1940, sein Sohn, der sich nun Walter J. Johnson nannte, und Jacoby emigrierten in die USA und etablierten sich dort mit neuen buchhändlerischen Unternehmen. Felix Portig, zu dieser Zeit im Unternehmen in leitender Position tätig, wurde im Zuge der Arisierung im Leipziger Verlag Prokura gegeben; nach 1945, als sich die Firmenverhältnisse wegen des Ausscheidens politisch belasteter Gesellschafter änderten, trat Portig als Gesellschafter in den Verlag ein. Er genoss das Vertrauen der ehemaligen Eigentümer, die mit ihm nach Kriegsende regelmäßig in Kontakt standen: Man schrieb sich Briefe und traf sich anlässlich der Deutschland-Reisen Walter Johnsons.[324]

Spätestens seit 1948 gab es Überlegungen von Seiten der ehemaligen jüdischen Eigentümer, eine Dependance des Verlags in einer der westlichen Zonen zu errichten, konkret war Wiesbaden als Sitz im Gespräch.[325] Über dieses Vorhaben erfolgte zwischen Johnson und Portig eine Verständigung.[326] Im Juli 1948 sollten die Pläne mit der Anmeldung einer Zweigniederlassung unter der Firma Akademische Verlagsgesellschaft Geest & Portig KG. Zweigniederlassung Wiesbaden beim Amtsgericht Leipzig in die Tat umgesetzt werden.[327] Portig schrieb am 14. Oktober 1948 an den Autor Arnold Sommerfeld, dass auch die Lizenzerteilung in Wiesbaden in »allernächster Zeit«[328] erwartet würde, nachdem Jacoby Sommerfeld gegenüber angekündigt hatte, dass die West-Filiale definitiv etabliert werden solle. Ein Jahr später vermeldete Jacoby allerdings: »We did not make any progress in the organization of the Aka-West.«[329] Wie andere Fälle zeigen, dürfte die Anmeldung beim Amtsgericht in Leipzig keinen Erfolg gehabt haben, da westdeutschen Zweigstellen nicht genehmigt wurden. Inwieweit dies dazu geführt hat, dass man von den Plänen abließ, ist unklar – immerhin gründeten zahlreiche andere Verlage trotz dieses formalen Verbots Filialen im Westen. Womöglich stand keine Vertrauensperson zur Verfügung, die die Aufgabe im Auftrag von Johnson und Jacoby und Portig hätte übernehmen können. Fest steht, dass eine Zweigstelle verlegerisch nicht aktiv geworden ist. Lediglich eine Auslieferungsstelle für den Leipziger Verlag befand sich in Wiesbaden – dass diese aber einen aktiven Geschäftsbetrieb ausübte, ist unwahrscheinlich.[330]

---

324 Vgl. Portig, Akademische Verlagsgesellschaft Leipzig, 24.2.1947, DMA, NL 89/005; Jacoby, Academic Press, an Sommerfeld, 16.9.1949, DMA, NL 89/005.
325 Vgl. Klemm, Dieterich'sche Verlagsbuchhandlung, an Sommerfeld, 12.1.1948, DMA, NL 89/007; Sommerfeld an Portig, Akademischer Verlag [Akademische Verlagsgesellschaft], 22.10.1948, DMA, NL 89/005; Klemm, Dieterich'sche Verlagsbuchhandlung an Sommerfeld, 27.10.1948, DMA, NL 89/007.
326 Vgl. Jacoby, Acacemic Press, an Sommerfeld, 16.9.1949, DMA, NL 89/005.
327 Vgl. An das Amtsgericht Leipzig, 30.7.1948, StadtAL, StVuR, Nr. 14825.
328 Jacoby an Sommerfeld, 16.9.1949, DMA, NL 89/005.
329 Jacoby an Sommerfeld, 25.10.1949, DMA, NL 89/005.
330 Vgl. HA/BV 50: Akademische Verlagsgesellschaft Geest & Portig.

Nachdem der erste Versuch einer westlichen Filialgründung gescheitert war, etablierten im Dezember 1953 Kurt Jacoby als ehemaliger Eigentümer, Walter J. Johnson als Erbe von Leo Jolowicz, Otto Wedesweiler in Vertretung der weiteren Erben von Leo Jolowicz sowie die aus der DDR übergesiedelte Herstellungsleiterin Marianne Lotze, die in Leipzig als Kommanditistin an der Gesellschaft beteiligt gewesen war, die Akademische Verlagsgesellschaft mit beschränkter Haftung in Frankfurt am Main.[331] Sie begründeten diesen Schritt mit der Unmöglichkeit, in der DDR die Ansprüche auf Rückerstattung ihres ehemaligen Eigentums durchsetzen zu können.

> Da die Gesetzgeber der Ostzone Deutschlands im Gegensatz zu den Westzonen Rückerstattungsansprüche nicht begründet hat oder anerkennt, sind die rechtmässigen Besitzer bzw. deren Erben nicht in der Lage, ihre Ansprüche in Leipzig, dem früheren Sitz der Gesellschaft gegen deren jetzige Inhaber durchzusetzen. Aus diesem Grunde erfolgt nunmehr in Frankfurt am Main die Neugründung der Gesellschaft unter dem alten Namen, der durch die Tätigkeit der früheren Inhaber in der gesamten wissenschaftlichen Welt seinen guten Ruf und seine Geltung erlangt hat.[332]

Es hatte nach dem Zweiten Weltkrieg in der SBZ zwar Debatten um das Thema Wiedergutmachung und verschiedene Bemühungen gegeben, die Rückgabe jüdischen Eigentums oder Entschädigungsleistungen gesetzlich zu regeln – um 1950 wurde in der SED jedoch entschieden, dass es grundsätzlich keine Rückübertragung und keine Entschädigung für jüdisches Eigentum geben sollte, das im Nationalsozialismus enteignet oder ›arisiert‹ worden war.[333] Die Gründe lagen unter anderem in der Abkehr von einer privatwirtschaftlichen Organisation der Wirtschaft und einem Wiedergutmachungsgedanken, der die Übernahme sozialer Verantwortung für die Opfer des Nationalsozialismus, beispielsweise durch die Zahlung von Renten und die Bereitstellung von Wohnraum, in den Mittelpunkt stellte.[334] Die in der DDR lebenden Juden wurden auf die Möglichkeit verwiesen, sich wegen ›arisierter‹ Grundstücke, die sich in Privatbesitz befanden, an die zuständigen Gerichte in der DDR zu wenden. Laut Spannuth hat es nur wenige solcher Prozesse gegeben, ab Anfang der 1950er Jahre wurden diese nicht mehr zugelassen.[335]

Die Rechtmäßigkeit der Frankfurter Gründung – und damit auch die Rechtmäßigkeit der weiteren Existenz des Leipziger Verlags – waren Thema von Korrespondenzen mit Rechtsanwälten, Gesprächen und im Jahr 1954 zweier gerichtlicher Auseinandersetzungen zwischen den Verlagen in Leipzig und Frankfurt. Die dabei von beiden Sei-

---

331 Vgl. Nr. 206 der Urkundenrolle für 1953 sowie Abschrift des Schreibens an Otto Wedesweiler, o. D., BArch, DY 30/IV2/9.04/681.

332 Vorwort zum Gesellschaftsvertrag [1953], BArch, DY 30/IV 2/9.04/681.

333 Vgl. dazu Rürup 2002; Kessler 2002. Von dieser Entscheidung der SED war auch der Musikverlag C. F. Peters in Leipzig betroffen. Vgl. Hinterthür 2006, S. 163–171; Molkenbuhr 2001.

334 Vgl. Rürup 2002, S. 192. Vgl. ausführlich zum Scheitern der Bemühungen um eine gesetzliche Regelung Kessler 2002, S. 208–213.

335 Vgl. Spannuth 2002, S. 249. Spannuth spricht allerdings explizit nur von Grundstücken.

ten vorgetragenen Argumente erhellen die Gründe für die Etablierung des Frankfurter Verlags.

Auf DDR-Seite wurde immer wieder auf den Weg einer gerichtlichen Klärung hingewiesen, der aufgrund des Fehlens einer eigenen Wiedergutmachungsregelung in der DDR hätte beschritten werden müssen.[336] Der Leipziger Verlag wies in Übereinstimmung mit Anwälten und dem Leipziger Gericht darauf hin, dass »in einer Unzahl von Fällen von Juden Ansprüche auf Rückgewähr solcher Vermögenswerte vor Gerichten der Sowjetischen Besatzungszone mit Erfolg durchgeführt worden«. Die grundsätzliche Berechtigung der Ansprüche wurde dabei nicht bestritten, die Enteignungen in der Zeit des Nationalsozialismus könnten »von keiner staatlichen Rechtsordnung anerkannt oder gebilligt werden«. Inzwischen – so die Argumentation im Jahr 1955 – sei der Anspruch allerdings durch die »jahrelange Genehmigung und Duldung« verwirkt, zum anderen hatten Jacoby und Johnson »absichtlich nichts getan und damit alle Fristen verstreichen lassen«,[337] und zwar sowohl im Osten als auch im Westen, um ihre Ansprüche geltend zu machen. Die Frankfurter Neuetablierung der Akademischen Verlagsgesellschaft wurde als »Selbsthilfe« interpretiert, die allerdings nicht im Rahmen dessen lag, was nach §229 BGB statthaft wäre.[338]

Demgegenüber führten die nunmehrigen Inhaber des Frankfurter Verlags an, dass sie ihre Rückübertragungsansprüche beim Zentralmeldeamt in Bad Nauheim Ende 1948 angemeldet hatten, ihnen daraufhin vom Amt für Vermögenskontrolle und Wiedergutmachung in Wiesbaden aber mitgeteilt worden war, dass diese Stelle nicht zuständig sei, weil sich der Vermögensgegenstand nicht in der amerikanischen Zone befand. Das Amt für Wirtschaft beim Rat der Stadt Leipzig, an das sich die Eigentümer ebenfalls schon im Jahr 1947 gewandt hatten, hatte sich ebenfalls für nicht zuständig erklärt und auf die Verantwortung der SMAD verwiesen. Eine weitere Verfolgung ihrer Ansprüche hielten die ehemaligen Eigentümer aufgrund dieser Erfahrungen für nicht sinnvoll.

> Angesichts der Enteignungsmaßnahmen der sowjetzonalen Dienststellen, die auch vor arisiertem Besitz nicht haltmachten, sei es sinnlos gewesen, etwa vor einem Gericht der Sowjetzone Klage auf Rückgewähr des Rechts an den Geschäftsanteilen zu erheben. Den rechtmäßigen Inhabern bzw. ihren Nachfolgern sei vielmehr nichts anderes übriggeblieben, als ihre Rechte im Gebiet der Bundesrepublik zu verwirklichen, weil hier allein ihre Rechte geschützt würden.[339]

Johnson und Jacoby wiesen zudem darauf hin, dass ihnen von ihrem Leipziger Anwalt mehrfach gesagt worden sei, dass eine »Klage auf Rückgabe der entzogenen Vermö-

---

336 Vgl. Napp an das Oberlandesgericht Frankfurt/Main, 28.2.1955, BArch, DR1/1941.
337 Dieses und die vorangegangenen Zitate: Akademische Verlagsgesellschaft Leipzig an Hofmann, Frankfurt/Main, 16.7.1955, BArch, DR1/1941.
338 Ebd. Nach diesem Paragraphen ist »Selbsthilfe« unter bestimmten Umständen statthaft, wenn »obrigkeitliche nicht rechtzeitig zu erlangen ist«.
339 Im Namen des Volkes, Urteil vom 17.3.1955, BArch, DR1/1941.

genswerte [...] in der Ostzone dann unmöglich gewesen [sei], wenn die Geschädigten die amerikanische Staatsbürgerschaft hätten«.[340]

Das Gericht in Frankfurt am Main erklärte die Geltendmachung der Ansprüche auf den Leipziger Verlag durch die Firmenetablierung in Frankfurt am Main für rechtens. Die Enteignung unter den Nationalsozialisten sei »unter sittenwidriger Ausnutzung einer Zwangslage erfolgt«[341] war und daher nichtig. Die Ansprüche bestünden zu Recht und könnten nicht davon abhängig gemacht werden, ob diese in der DDR gerichtlich oder behördlich anerkannt würden.[342] Da es in der DDR keine spezielle Wiedergutmachungsgesetzgebung gab, seien die Inhaber weiterhin Inhaber und könnten sich auf die Nichtigkeit der Enteignung berufen, da diese nicht rechtswirksam geworden sei. Die Neugründung in Frankfurt wurde unter diesen Gesichtspunkten als Sitzverlegung interpretiert.[343]

Johnson begründete seinen Schritt außerdem damit, dass Portig sich immer als Treuhänder des Verlags verstanden habe, der diesen wieder zurückgeben wollte, sobald die Möglichkeit dazu bestehen sollte.[344] Dies wird durch den Kontakt, den Portig nach dem Krieg zu Johnson und Jacoby hielt, gestützt. Daneben hatte Rechtsanwalt Franz, der die früheren Eigentümer in Leipzig vertrat, den neuen Gesellschaftern, darunter Portig und vorübergehend auch Lotze, die Rechte von Johnson und Jacoby auf Wiedergutmachung und Rückgabe des Betriebs zu gegebener Zeit geltend gemacht, wie ein Betriebsprüfer in Leipzig schon 1951 feststellte.[345] Dies zeigt, dass das Thema im Leipziger Verlag in den Jahren nach 1945 präsent und den Gesellschaftern der Anspruch der alten Eigentümer bekannt war.

Walter J. Johnson berichtete außerdem davon, dass er Portig des Öfteren die Gründung einer Zweigstelle in Frankfurt vorgeschlagen habe. Das mag sich auf die Versuche in der zweiten Hälfte der 1940er Jahren bezogen haben, eventuell aber auch auf kürzer zurückliegende Überlegungen. Über Portigs Rolle und Ansichten dazu existieren widersprüchliche Aussagen. Während Johnson nach Aussage des Leipziger Verlagsleiters Nitsche selbst gesagt haben soll, dass Portig die Filialgründung ablehnte,[346] habe ein Vertrauter des Verlegers berichtet, dass Portig die Übersiedlung des Verlags in den Westen gemeinsam mit Marianne Lotze plante – allein sein

---

340 Hofmann an Akademische Verlagsgesellschaft Leipzig, 24.3.1955, BArch, DR1/1941.

341 Im Namen des Volkes, Urteil, 17.3.1955, BArch, DR1/1941.

342 Akademische Verlagsgesellschaft Leipzig an Hofmann, 16.7.1955, BArch, DR1/1941.

343 Vgl. Im Namen des Volkes, Urteil, 17.3.1955, BArch, DR1/1941.

344 Vgl. ebd.; Niederschrift über die Besprechung mit Herrn Walter Johnson, New York, am 16.9.55, 20.9.1955, BArch, DY 30/IV2/9.04/681.

345 Vgl. Bericht des Betriebsprüfers Hartmann über die auf Anordnung der LFD Sachsen vom 27.2. bis 2.3. und 5.3.1951 für 1946 bis 1949 bei der Firma Akademische Verlagsgesellschaft Geest & Portig, KG, Leipzig, gem. §9 Abg. Ges. vorgenommene Betriebsprüfung, 12.3.1951, SStAL, 21091 Akademische Verlagsgesellschaft Leipzig, Nr. 364.

346 Vgl. Niederschrift über die Besprechung mit Herrn Walter Johnson, New York, am 16.9.55, 20.9.1955, BArch, DY 30/IV2/9.04/681.

Tod habe dies verhindert.[347] Lotze wiederum schilderte, dass Johnson von Portig die Zusicherung erhalten hatte, »sobald die Verstaatlichung der Leipziger Firma drohe oder sobald die Verhältnisse sonst unerträglich würden, nach dem Westen herüberzugehen«.[348] Portig, der seit 1951 erkrankt war und im Januar 1953 starb, habe dies aber nicht mehr umsetzen können.

4.3 Gestaltungsoptionen der Verleger

Bruno Hauff vom Thieme Verlag verließ Leipzig bereits im Juni 1945 und siedelte nach Wiesbaden über, wo er ein knappes Jahr später eine Lizenz erhielt und die Verlagsarbeit aufnehmen konnte. Der Sohn des Verlegers Theodor Steinkopff, Dietrich Steinkopff, verließ seine in der Sowjetischen Besatzungszone gelegene Heimatstadt Dresden ebenfalls unmittelbar nach Kriegsende, er ging nach Wiesbaden und baute hier ab März 1947 zunächst eine Zweigstelle des Dresdner Verlags auf; kurz darauf entstand sein eigener Verlag Dr. Dietrich Steinkopff. Heinrich Hirzel, der Inhaber des Leipziger Hirzel Verlags, lebte in der Schweiz und errichtete zunächst dort, ab Ende 1946 zusätzlich in Stuttgart, Zweigniederlassungen des Leipziger Stammhauses.

Bei B. G. Teubner hatten im Sommer 1945 erste Überlegungen stattgefunden, eine Zweigstelle in einer der westlichen Zonen zu etablieren. Mit der Gründung der B. G. Teubner Verlagsgesellschaft mbH in Hagen (Westfalen) im Januar 1946 wurde der Plan realisiert, allerdings war diese Firma nicht aktiv. Erst mit dem in Bielefeld etablierten Verlag für Wissenschaft und Fachbuch G.m.b.H., der ab der Lizenzerteilung im Oktober 1948 arbeiten konnte, entstand eine verlegerisch tätige Zweigstelle von Teubner. Die Inhaber von Gustav Fischer fällten Ende 1947 die Entscheidung zur Gründung des Piscator-Verlags in Stuttgart – eine vollständige Übersiedlung des Verlags in den Westen war damals noch nicht geplant. Der Johann Ambrosius Barth Verlag verfügte mit Verlegertochter Annemarie Meiner, die in München lebte, über eine Kontaktperson und Barth-Vertreterin in der amerikanischen Zone. Ende 1948 gründete sie den M-N-G-Verlag, ab 1949 arbeitete dieser unter dem Namen Johann Ambrosius Barth weiter. Er wies die Besonderheit auf, dass es sich explizit um eine zweite, eigenständige Hauptniederlassung handelte.

Die kurze Zusammenschau der einzelnen Fälle rückt verschiedene Aspekte der Entstehung der Parallelverlage in den Blick. Es gab regionale Schwerpunkte, an denen die neuen Verlage gegründet wurden. Diese entstanden teils unter dem Namen der Stammhäuser, teils aber auch unter völlig neuen Firmenbezeichnungen. Zudem

---

347 Vgl. Nitsche, Protokoll über die am 14.6.1954 geführte Besprechung über die nächsten Maßnahmen im Börsenblatt gegen den geplanten Raub unserer Verlagsrechte, 17.6.1954, BArch, DR1/1941; Reisebericht über die Teilnahme am Kongreß der Deutschen Zoologischen Gesellschaft in Tübingen, 7.–12.6.1954, BArch, DY 30/IV2/9.04/681.
348 Lotze, Eidesstaatliche Erklärung, 6.7.1954, BArch, DY30/IV2/9.04/681.

lassen sich verschiedene Stadien und firmenrechtliche Konstrukte auf dem Weg in die ›Zweiverlaglichkeit‹ differenzieren und daraus mehrere Phasen ableiten.

4.3.1 Branchencluster der Buchproduktion: Standortwahl

Alle acht Wissenschaftsverlage entschieden sich für einen neuen Standort in der amerikanischen Besatzungszone; nur Teuber ging mit dem Verlag für Wissenschaft und Fachbuch in Bielefeld zunächst in die britische Zone, wechselte aber schließlich mit der Niederlassung in Stuttgart ebenfalls in die amerikanische. Insgesamt wählten vier der Verlage, wenngleich nicht alle sofort, Stuttgart als neuen Standort für ihren Verlag (Fischer, Hirzel, Teubner, Thieme). Ein weiterer regionaler Schwerpunkt fand sich in Frankfurt am Main und den benachbarten Städten Wiesbaden und Darmstadt: Die Akademische Verlagsgesellschaft siedelte sich in Frankfurt an, Dr. Dietrich Steinkopff kam über Wiesbaden und Frankfurt schließlich nach Darmstadt. Einer der späteren Stuttgarter Verlage (Thieme) hatte sich zunächst in Wiesbaden niedergelassen, was allerdings keine eigene Entscheidung gewesen, sondern auf Aufforderung der amerikanischen Besatzer erfolgt war. Mit München (Barth) ist eine dritte Stadt bzw. Region als neuer Standort vertreten.

Diese Entscheidungen waren in den meisten Fällen keine zufälligen – historische Entwicklungen und damit verbundene Standortmerkmale trafen mit Bemühungen der amerikanischen Besatzungsmacht und deutscher Kommunalpolitiker zusammen. Die Information Control Division verfolgte den Plan, »Stuttgart, Frankfurt am Main und vor allem München zu Verlagszentren auszubauen, die gemeinsam das in der russischen Zone befindliche Leipzig ersetzen sollten«.[349] In Frankfurt befand sich das Hauptquartiert der amerikanischen Militärverwaltung. Für die Wahl Stuttgarts und Münchens dürfte ausschlaggebend gewesen sein, dass diese Städte schon in der Zeit der Weimarer Republik auf Platz drei und vier der wichtigsten Verlagsstädte (nach Berlin und Leipzig) rangiert hatten.[350] München hatte seit dem Ende des 19. Jahrhunderts eine wachsende Bedeutung als Verlagsstandort erfahren.[351] Stuttgart

---

[349] Gruschka 1995b, S. 60. Von den in der Liste der Ost-West-Verlage, 7.7.1954, BArch, DR1/1933, angeführten Parallelverlagen haben sich neben Fischer, Hirzel, Teubner und Thieme auch Koehler & Amelang und Reclam (sowie der in der Liste nicht genannte Anton Hiersemann) in Stuttgart niedergelassen; neben Dietrich Steinkopff, der sich in Wiesbaden vorübergehend aufhielt, waren dorthin auch Breitkopf & Härtel, F. A. Brockhaus, die Dieterich'sche Verlagsbuchhandlung, Otto Harrassowitz und Insel gegangen; in Frankfurt am Main eröffneten neben der Akademischen Verlagsgesellschaft Paul List sowie der Hermelin Verlag Dr. Paul Schöps Dependancen; Friedrich Hofmeister führte die Verlagsarbeit in der Bundesrepublik in Frankfurt am Main fort, wo sich auch C. F. Peters niedergelassen hatte. In München hatte Barth seine zweite Niederlassung etabliert, dort fand sich eine weitere Filiale von Paul List.

[350] Vgl. Kastner 2007, S. 368f.

[351] Vgl. Benz 1979, S. 721. Zu München als Buch- und Buchhandelsstadt siehe Wittmann 1993.

hatte eine längere Tradition als Buchstadt vorzuweisen und im 19. Jahrhunderts einen deutlichen Aufschwung erlebt. Wichtige Verlage ließen sich hier nieder oder siedelten aus anderen Städten im Laufe des Jahrhunderts nach Stuttgart über (so war Cotta 1810 von Tübingen nach Stuttgart und Ferdinand Enke 1874 aus Erlangen nach Stuttgart gekommen). Daneben spielte die Stadt eine wichtige Rolle für den Zwischenbuchhandel im süddeutschen Raum. Im 19. Jahrhundert hatte Stuttgart mit Frankfurt um die Vormachtstellung eines südlichen Buchhandelszentrums konkurriert und diesen Wettstreit im Laufe des Jahrhunderts, auch wegen der günstigeren geografischen Lage innerhalb Süddeutschlands, schließlich für sich entschieden.[352]

Vor allem im Raum Stuttgart hatte sich aufgrund dieser Entwicklung ein sogenanntes Branchencluster gebildet – nach Porter stellt die räumliche Nähe von konkurrierenden Unternehmen sowie Zuliefer- und verwandten Branchen einen entscheidenden Wettbewerbsvorteil dar.[353] Vor 1945 hatte es Cluster im Bereich der Buchherstellung (Verlage, Druckereien, Bindereien, Setzereien etc.) vor allem in Leipzig und Berlin gegeben – die Zonenteilung führte dazu, dass Ballungsräume in den westlichen Zonen eine neue Bedeutung erhielten. Die Verlage ließen sich bei ihren Überlegungen zur Standortwahl sowohl von den bereits ansässigen als auch von den zuwandernden Verlagen und Herstellungsbetrieben, die sich neben Bayern vor allem in Baden-Württemberg ansiedelten, beeinflussen. Für die untersuchten Verlage kam dazu, dass es in Stuttgart eine Konzentration von Wissenschafts- und Schulbuchverlagen gab. Bereits seit 1682 befand sich hier die J. B. Metzler'sche Verlagsbuchhandlung, 1866 wurde der Kohlhammer Verlag gegründet, 1897 siedelte sich Ernst Klett an. Dieses Cluster stellte neben den besseren technischen Voraussetzungen, bedingt durch geringere Zerstörungen der Produktionsanlagen, einen klaren Vorteil beispielsweise gegenüber Wiesbaden dar. In der hessischen Stadt hatte es Bestrebungen gegeben, den alten Kur- und Bäderort zu einem neuen Verlagszentrum auszubauen, so durch die Gründung einer neuen Großdruckerei, allerdings war diesen Bemühungen längerfristig geringerer Erfolg beschieden.[354]

Erfolgreicher war die Stadt Stuttgart mit ihrem Oberbürgermeister Arnulf Klett in dem Bestreben, Stuttgart zur »erste[n] Verlegerstadt Deutschlands«[355] zu machen.

---

352 Zur Entwicklung in Stuttgart Hoffmann 1997, S. 9; zur Bedeutung als Kommissionsplatz Bez 2010, S. 179ff.; vgl. auch Titel 1999, S. 73–76; Umlauff 1978, Sp. 611.

353 Vgl. Porter 1991, S. 155, 178–181; Bähr 1997, S. 244f.

354 Zur Förderung des Verlagswesens durch die Stadt Wiesbaden vgl. Michopoulos 1995, S. 101–113. Michopoulos stellt resümierend eine »relativ kurze Blüte des Wiesbadener Verlagswesens« (Michopoulos 1995, S. 117) nach 1945 fest, die sich in der Anwesenheit von immerhin 66 Verlagen Anfang der 1950er Jahre zeigte. Vor allem eine zu defensive und inkonsequente Verlagspolitik von Kommune und Besatzungsmacht, in deren Folge weder ausreichende Herstellungskapazitäten noch genügend Wohn- und Büroräume zur Verfügung gestellt werden konnten, führten dazu, dass Wiesbaden nicht zu einem »neuen Leipzig am Rhein« (Wiesbadener Kurier vom 28.4.1948, zit. nach Michopoulos 1995, S. 117) werden konnte. Vgl. Michopoulos 1995, S. 114–117.

355 Klett an den Herrn Wirtschaftsreferenten, 30.9.1946, Stadtarchiv Stuttgart, 21-2/268.

Dazu trugen die geschilderten Standortvorteile bei. Klett hatte einigen aus der SBZ nach Wiesbaden übergesiedelten Verlagen angeboten, ihren Wohnsitz nach Stuttgart zu verlegen.[356] Leipzig erreichte Anfang 1946 die Kunde von diesem Unterfangen.

> Ein Verlagsbuchhändler aus Stuttgart berichtet, daß der Oberbürgermeister von Stuttgart eine Erklärung abgegeben habe, aus der hervorgeht, daß beim Neuaufbau der Stadt ein besonderer Stadtteil für die Verlagshäuser und Buchdrucker vorgesehen sei und daß von dort aus an die in die Westzone ausgesiedelten Verleger Aufforderungen ergangen sind, sich in Stuttgart anzusiedeln.[357]

An den seit Juni 1945 in Wiesbaden befindlichen Thieme-Verleger Bruno Hauff schrieb Klett im Sommer 1946: »Im Rahmen meiner Bemühungen, bedeutende deutsche Verlage nach hier zu bekommen, habe ich auch Ihnen angeboten, Ihren Sitz nach Stuttgart zu verlegen.«[358] Klett war Hauff unter anderem bei der Beschaffung von Geschäfts- und Wohnräumen behilflich. Tatsächlich errichtete Hauff zunächst eine Zweigstelle des Verlags in Stuttgart und siedelte im Oktober 1946 gänzlich in die baden-württembergische Stadt um.[359]

Giesecke von Teubner hatte nach dem Verlassen Leipzigs mit städtischen Stellen, teils auch mit Banken in Darmstadt, Frankfurt am Main, Wiesbaden, Tübingen und Stuttgart verhandelt. Er entschied sich Ende 1952 für Stuttgart als neuen Sitz.[360] Dort hatte der Verleger mit dem Klett-Verlag, der Lizenzen für Schulbücher von Teubner erhalten hatte, und der Deutschen Verlagsanstalt eine eventuelle Zusammenarbeit erörtert. Vor allem überzeugte Giesecke aber, dass »Stuttgart eine geeignete verlegerische Atmosphäre« zeigte: »Es ist gewissermaßen das westliche Leipzig. Hier sitzen alle grossen Kommissionäre.«[361] Giesecke sah sich in seiner Einschätzung bestätigt, nachdem er ein halbes Jahr in Stuttgart tätig war und nun urteilte, »dass Stuttgart praktisch die Nachfolge von Leipzig als Buchhändlerstadt angetreten hat«.[362]

Dies wurde in der Verlagsbranche auch andernorts so wahrgenommen. Theodor Steinkopff in Dresden glaubte schon im Oktober 1946, dass der »Vorsprung Stuttgarts«

---

356 Vgl. Entwurf eines Schreiben von Klett an Thieme, 6.7.1946, Stadtarchiv Stuttgart, Nr. 21-2/268. Arnulf Klett steht in keinem verwandtschaftlichen Verhältnis zu Verleger Ernst Klett. Schriftliche Auskunft von Anja Vrachliotis, Ernst Klett Verlag GmbH, 7.2.2013.

357 Ott, Stadtdirektor, an Girnus, Zentralverwaltung für Volksbildung, 9.2.1946, BArch, DR2/629. Ähnliches wurde aus Braunschweig berichtet: »Desgleichen wird mir mitgeteilt, daß eine hohe Amtsstelle der britischen Besatzungszone Verlegern angeboten habe, sich in Braunschweig niederzulassen und dafür alle erforderliche Bevorzugung bezüglich der Raumgewährung zugebilligt werde, weil man dort auf eine Stärkung der Kulturarbeit größtes Gewicht lege.«

358 Klett an Bruno Hauff, 15.7.1946, Stadtarchiv Stuttgart, 21-2/268.

359 Zu den Verhandlungen siehe die Korrespondenz im Stadtarchiv Stuttgart, 21-2/268.

360 Vgl. Koch, Aktennotiz, 15.12.1952, SStAL, 22199 Teubner Stuttgart, Nr. 2.

361 Dieses und das vorangegangene Zitat: ebd.

362 Niederschrift über die Vorgänge bei den Teubner-Firmen anlässlich der Sitzverlegung des Verlages nach Stuttgart, 11.6.1953, SStAL, 22199 Teubner Stuttgart, Nr. 24.

nicht mehr einzuholen sei. »Der wissenschaftliche Verlag würde dann ziemlich stark in Stuttgart dominieren; jetzt schon Enke, Thieme, Schmiedel, Hirzel«.[363] Drei Jahre später stellte Steinkopff fest: »Daß Stuttgart sich in so verhältnismäßig kurzer Zeit derartig ausgesprochen zum ersten Buchhandelsplatz entwickeln würde, war trotz allem kaum vorauszusehen.«[364] Die Statistik bestätigt die Wahrnehmung der Verleger: 1953 lag Stuttgart nach München auf Platz zwei der führenden westdeutschen Verlagsorte nach der Anzahl der Verlage und auf Platz eins nach Titeln.[365]

4.3.2 Filiale oder Tarnname: Firmenbezeichnungen

Die Beispiele von Gustav Fischer, B. G. Teubner und Barth machen eine Besonderheit der Zweigstellengründungen in der frühen Nachkriegszeit deutlich. Alle drei gründeten (zunächst) Verlage unter einem anderen Firmennamen. Das lag zum einen darin begründet, dass offizielle Filialgründungen von den östlichen Behörden nicht genehmigt wurden – wenngleich andere Verlage solche Gründungen praktizierten.[366] Mindestens mit Schwierigkeiten mit der SMAD rechneten die Verleger bei einer offiziellen Zweigstellengründung, wie sich Annelise von Lucius von Gustav Fischer erinnerte.[367] Auch bei Teubner fürchtete man sich vor möglichen negativen Auswirkungen auf das Leipziger Haus bei Gründung eines westlichen Teubner-Ablegers. Doch auch die für die Lizenzvergabe in den Westzonen Verantwortlichen standen der Etablierung solcher ›Doppel-Firmen‹ ablehnend gegenüber. So äußerte sich Hermann Augustine Piehler, Publications Officer in der britischen Besatzungszone, zu den Plänen einer westlichen Verlagsgründung »unter Grundlage der Teubner-Lizenzen« zwar grundsätzlich positiv, »streifte jedoch die Frage einer Doppel-Lizenz, die nicht in Frage käme«.[368] Vielmehr »betonte er nochmal in ganz entschiedener Form, dass bei Beibehaltung der Firmenbezeichnung keinerlei Lizenzaussichten beständen. Es sei dies absolut unmöglich sowohl aus politischen Gründen wie auch den Deutschen Stellen gegenüber, denen stets strikt jede Doppellizenz seit längerer Zeit abgelehnt würde

---

363 Dieses und das vorangegangene Zitat: Theodor Steinkopff an Dietrich Steinkopff, 22.–26.10.1946, ZLB, Aktenarchiv Steinkopff, Dresden 1–249, vom 1945 bis 31.12.48. Der 1837 in Erlangen gegründete Ferdinand Enke Verlag wurde 1874 nach Stuttgart verlegt. Roland Schmiedel gründete 1921 die Wissenschaftliche Verlagsgesellschaft (WVG) in Stuttgart.

364 Theodor Steinkopff an Dietrich Steinkopff, 13.8.1949, ZLB, Aktenarchiv Steinkopff, Dresden 250–522. vom 1.1.1949 bis 31.12.1953.

365 Vgl. Buch und Buchhandel in Zahlen 1954, S. 34f.

366 So hatte Prokurist Arnold Plohmann von S. Hirzel am 11.9. den Antrag gestellt, dass die Zweigstelle des S. Hirzel Verlags in Stuttgart in das Leipziger Handelsregister eingetragen werden sollte. Dieser Antrag wurde abgelehnt. Vgl. SHV 58.

367 Vgl. Jütte 2010, S. 353.

368 Dieses und das vorangegangene Zitat: Ernst, Betrifft: Lizenz-Antrag, Unterredung mit Mr. Piehler, Leiter der Book-Section, 18.3.1948, SStAL, 22199 Teubner Stuttgart, Nr. 74.

und die sich selbst jetzt diesen Standpunkt zu eigen gemacht hätten.«[369] Der Antrag auf Lizenzierung eines westlichen Verlags B. G. Teubner wurde daher zurückgezogen und stattdessen der Name Verlag für Wissenschaft und Fachbuch gewählt. Daneben erwähnte Antragsteller Ernst im eingereichten Verlagsprogramm in einem Nachtrag explizit, dass sich die Arbeit des Verlags nicht auf die Publikation von Lizenzausgaben der Teubner-Titel beschränken, sondern daneben auch eigene wissenschaftliche und Fachbücher geschaffen werden sollten.[370] Von der Besatzungsmacht war zuvor eben das bemängelt worden. Tatsächlich sollte der Verlag nach dem Willen von Giesecke nicht eigenständig arbeiten, sondern sich auf die Teubner-Werke fokussieren – um diesen Eindruck aber nach außen hin zu erwecken, wollte der Bielefelder Verlagsleiter Ernst »einige neue geplante Werke von Leipzig als eigene angeben«[371] und dann seinerseits eine Lizenz an Teubner in Leipzig geben.

Für Barth weist Bast darauf hin, dass in der Zeit, als die Verlagslizenzen durch die amerikanische Besatzungsmacht vergeben wurden, eine Gründung unter Barth noch nicht möglich gewesen wäre. Meiner bekannte allerdings, dass der Name M-N-G-Verlag »wenig glücklich«[372] war, so dass sobald als möglich die Umbenennung in Johann Ambrosius Barth erfolgte.

Eine Einschätzung der Schwierigkeit, in einer westlichen Zone eine Dependance eines Verlags aus der SBZ zu errichten, findet sich bei Wilhelm Klemm. Die gemeinsamen Bestrebungen der ehemaligen jüdischen Eigentümer und der Leipziger Gesellschafter der Akademischen Verlagsgesellschaft, eine Zweigstelle in Wiesbaden zu gründen, hielt Klemm für wenig aussichtsreich.

> Die Amerikaner haben auch kein Interesse daran, einem Geschäft, das sich in sowjetisch lizenzierter Hand befindet, zu gestatten, hier eine Filiale zu eröffnen, deren Gewinne nach dem Osten gehen und die hier die ohnehin so sehr beschränkten Herstellungsmöglichkeiten zusätzlich in Anspruch nehmen will.[373]

Wenn diese harsche Bewertung auch in der Absicht erfolgte, den Adressaten Arnold Sommerfeld von einer weiteren Zusammenarbeit mit der Akademischen Verlagsgesellschaft abzuhalten und ihn stattdessen an Klemms eigenen Verlag Dieterich'sche

---

369 Ernst, Betrifft: Verlagslizenz, Mai 1948, SStAL, 22199 Teubner Stuttgart, Nr. 74.

370 Vgl. Nachtrag zum Verlagsprogramm der Verlag für Wissenschaft und Fachbuch G.m.b.H., 25.8.1948, SStAL, 22199 Teubner Stuttgart, Nr. 74.

371 Ernst an Teubner Leipzig, 13.8.1948. Im September 1949 wäre die Umbenennung des Bielefelder Verlags in Teubner-Verlag von den westdeutschen Behörden genehmigt worden, allerdings nur, wenn man hätte nachweisen können, »daß der Teubner-Verlag in Leipzig damit einverstanden ist, daß Sie seine Firmenbezeichnung führen dürfen.« Der Kultusminister des Landes Nordrhein-Westfalen, Abt. III K 4 L Tgb. Nr. 658/49 an den Verlag für Wissenschaft und Fachbuch, 8.9.1949, SStAL, 22199 Teubner Stuttgart, Nr. 74.

372 Bast 1997, S. 121.

373 Klemm, Dieterich'sche Verlagsbuchhandlung Wiesbaden, an Sommerfeld, 27.10.1948, DMA, NL 89/005.

Verlagsbuchhandlung zu binden, so entbehrte sie nicht jeder Grundlage, wie der Beispiel von Teubner zeigt. Die Haltung der alliierten und der deutschen Behörden war in dieser Frage nicht eindeutig. Steinkopff und Thieme eröffneten Zweigstellen unter dem Namen der Stammhäuser und bekamen damit keine Probleme. Hirzel scheiterte mit dem Versuch, die Stuttgarter Zweigstelle in das Leipziger Handelsregister eintragen zu lassen, ließ sich dadurch aber nicht von der Stuttgarter Gründung unter der Bezeichnung S. Hirzel abhalten. Mit dem Wegfall der Lizenzierungspflicht bei Gründung der Bundesrepublik hatte sich das Problem der Firmennamensgebung erübrigt.

4.3.3 Der lange Weg zum Parallelverlag

Die Entstehungswege der Parallelverlage lassen sich hinsichtlich des Grades von Zusammengehörigkeit bzw. Selbstständigkeit von Stammfirma und Zweigstelle systematisieren. Es konnte sich dabei um mehrere aufeinanderfolgende Schritte handeln, die allerdings nicht notwendig alle und auch nicht unbedingt in dieser Reihenfolge durchlaufen werden mussten.[374]

- Als Vorstufe der Etablierung einer Zweigstelle kann der *Kontakt* zu einem Familienmitglied bzw. Mitinhaber in einer der westlichen Zonen oder im westlichen Ausland gesehen werden, wie dies bei Barth und Hirzel direkt nach Kriegsende der Fall war.[375]
- Die erste Stufe in Richtung Parallelverlag war in vielen Fällen die Gründung einer Zweigstelle oder die Gründung eines neuen Verlags, der eine *westliche Vertretung des Stammhauses* darstellen sollte. Dies geschah bei Georg Thieme mit der Gründung der Zweigniederlassung in Wiesbaden im April 1946, bei Hirzel mit der Etablierung der Stuttgarter Zweigstelle im Januar 1947, bei Steinkopff mit der Gründung der Zweigniederlassung des Dresdner Hauses 1948 in Darmstadt, bei Fischer mit der Errichtung der Stuttgarter Zweigstelle im März 1948 und des Piscator-Verlags im darauffolgenden Jahr, bei Teubner mit der Etablierung des Verlags für Wissenschaft und Fachbuch in Bielefeld im Oktober 1948 und bei Barth mit der Gründung des M-N-G-Verlags im November 1948.[376]

---

374 Bähr unterscheidet in seiner Untersuchung der Firmenabwanderung bis 1953 fünf Formen: Sitzverlegung; Firmenneugründung durch ehemalige Mitarbeiter; Umwandlung von Zweigbetrieben zu selbstständigen Firmen; Neuaufbau einzelner Unternehmenszweige in Kooperation mit einer im Westen ansässigen Firma; Verlagerung von Zweigbetrieben in der SBZ/West-Berlin. Vgl. Bähr 1997, S. 231f.
375 Laut Hefele war die Wahrscheinlichkeit, sich im Westen erfolgreich (neu) zu etablieren, besonders hoch, wenn dafür auf (jüngeres) Personal oder Familienmitglieder zurückgegriffen werden konnte. Vgl. Hefele 1998, S. 61.
376 Es sei in diesem Zusammenhang auf zwei besondere Fälle hingewiesen: Rowohlt hatte als einziger Verleger in allen vier Zonen Lizenzen erhalten. Er gehörte dennoch nicht zu den Parallelverlagen. Es handelte sich um Zweigstellen des Verlags, die sich nicht im Konflikt befanden und die im August

- In einigen Fällen kam es in der folgenden Zeit zu einer *Verselbstständigung der Zweigstelle*, wie bei Steinkopff mit der Gründung des Verlags Dr. Dietrich Steinkopff im Juni 1948 oder bei Barth mit der Umwandlung des M-N-G-Verlags in eine eigenständige neue Firma Johann Ambrosius Barth in München. Bei diesen Unternehmen existierten die Verlage in Ost und West in der folgenden Zeit gleichberechtigt und in gegenseitiger Akzeptanz.
- Zu einer Trennung der Verlage konnte es durch eine *Sitzverlegung* der Stammfirma kommen – wie bei Teubner 1952 oder bei Fischer 1953 – oder die *Umwandlung der Zweigstelle in den neuen Hauptsitz*, beispielsweise durch die Übertragung der Verlagsrechte auf die Firma am neuen Standort, was bei Hirzel 1950 praktiziert wurde.
- Einen Sonderfall stellt die *Neuetablierung* des Verlags Carl Marhold dar. Als Verleger Wolfgang Jäh 1951 Halle verließ und nach West-Berlin übersiedelte, war die Gründung des dortigen Verlags keine Zweigstelle zur Absicherung der alten Firma, sondern bedeutete eine Kapitulation vor den schwierigen Verhältnissen in der DDR, und damit eine endgültige Entscheidung. Gleichwohl erkannte er – und in diesem Stadium und dieser Konstellation ist dies eine Ausnahme – zunächst die weitere Existenz des Hallenser Stammhauses an.
- Ebenfalls eine Neuetablierung, aber vor einem gänzlich anderen Hintergrund, war die Gründung der Akademischen Verlagsgesellschaft in Frankfurt am Main. Die im Nationalsozialismus enteigneten jüdischen Eigentümer der Akademischen Verlagsgesellschaft bzw. deren Erben waren in der Zeit des Nationalsozialismus in die USA emigriert und hatten sich dort beruflich neu etabliert. Da sie ihren alten Besitz, zumindest bezogen auf die immateriellen Werte des Verlagsnamens und der Verlagsrechte, dennoch nicht verloren geben wollten, gründeten sie Ende 1953 den Verlag in der Bundesrepublik neu. Aufgrund der Gesetzgebung in der DDR war eine Rückerstattung ihres Eigentums in Leipzig nicht möglich.

An die Systematisierung der Entstehungswege gekoppelt können drei Phasen identifiziert werden, in denen die Verlagerungen der Firmen in verschiedenen Stadien stattfanden:[377]

1950 zusammengeführt wurden. Vgl. Frohn 2014, S. 285–289. Ein anderer Spezialfall ist Erich Röth: Der Verlag aus Eisenach erhielt vom Amt für Literatur und Verlagswesen 1955 die Erlaubnis, eine Filiale des Verlags in der Bundesrepublik zu eröffnen. Diese Niederlassung entstand in Kassel unter Leitung des Sohnes des Verlegers. 1958 wurde dem Verlag in der DDR die Lizenz entzogen. Vgl. Institut für Zeitgeschichte, Findmittel zum Bestand ED, Erich Röth. Aufgrund dieser Konstellation kann man Röth ebenfalls nicht zu den Parallelverlagen zählen.

377 Bähr unterteilt in folgende drei Phasen: Verlagerungen im Jahr 1945, die eine Reaktion auf die sowjetische Besatzung waren und teilweise noch vor Kriegsende einsetzten; Verlagerungen von 1946 bis 1949 als Reaktion auf die wirtschaftspolitischen Umwälzungen in der SBZ (hier fanden die meisten Sitzverlegungen statt); Verlagerungen nach 1949, die Bähr als »Nachzügler« bezeichnet. Bähr 1997, S. 233.

– In der ersten Phase, die etwa von *Juni bis August 1945* dauerte, erfolgte die Abwanderung eines der Inhaber mit dem Plan einer Zweigstellengründung als unmittelbare Reaktion auf die sowjetische Besatzung (Steinkopff und Thieme).
– In der zweiten Phase zwischen *1946 und 1949* erging an Mitarbeiter, Familienmitglieder oder den Verlegern verbundene Personen der Auftrag, eine Zweigstelle oder einen neuen Verlag als Standbein im Westen zu etablieren (Barth, Fischer, Hirzel, Teubner).
– Die dritte Phase von *1948 bis 1953* überschneidet sich mit der zweiten: Jetzt erfolgten Verselbstständigungen der Zweigniederlassungen (Steinkopff) oder Sitzverlegungen (Fischer, Hirzel, Teubner, Thieme).

Die meisten Verlage durchliefen mehrere der genannten Schritte, bis es zu einer endgültigen Trennung der Firmen kam. Die allgemeine Ungewissheit über die künftigen politischen Entwicklungen bzw. die bei einigen länger bestehende Hoffnung auf eine baldige Wiedervereinigung des Landes trugen dazu bei, dass vorerst oft noch keine grundsätzlichen Entscheidungen gefällt wurden. Die Unsicherheit sowie die Zonenteilung und damit einhergehende Bestimmungen bedingten, dass das Verhältnis zwischen Stammhaus und Zweigstelle in vielen Fällen mindestens phasenweise firmenrechtlich nicht einwandfrei geklärt war. Parallelverlage im eigentlichen Sinne – also Verlage, die in Ost und West unter gleichem Namen, aber formal unabhängig voneinander existierten und arbeiteten – entstanden demnach in den meisten Fällen in einem längeren Prozess innerhalb des ersten Jahrzehnts nach Kriegsende.[378] Für die Bewertung des gegenseitigen Verhältnisses und der Änderungen desselben – wann ist von Stammhaus und Zweigstelle zu sprechen, wann von unabhängigen Parallelverlagen? – müssen in jedem einzelnen Fall verschiedene Kriterien betrachtet werden:
– Entscheidend ist zunächst, in welcher *firmenrechtlichen Form* die Eintragung einer neuen Firma in den westlichen Zonen bzw. der Bundesrepublik erfolgte. Offiziell wurden meist keine Dependancen etabliert, sondern Firmen unter einem eigenen Namen (M-N-G-Verlag bei Barth, Verlag für Wissenschaft und Fachbuch bei Teubner, Piscator bei Fischer) oder zwar unter dem alten Namen, aber ohne dass der Zweigstellencharakter handelsrechtlich sichtbar wurde. Dennoch waren die neuen Firmen als Zweigstellen gedacht.
– Die Stellung des oder der *Inhaber und deren Mitwirken im Verlag* bieten weitere Anhaltspunkte. Bei Georg Thieme war Verleger Bruno Hauff zwar selbst in den Westen gegangen, eine Sitzverlegung des Leipziger Verlags war damit aber (noch) nicht verbunden. Hauff beauftragte einen langjährigen Mitarbeiter in Leipzig damit, den Verlag in seinem Auftrag zu führen, er besaß also weithin Einfluss und Zugriff. Ähnlich war die Konstellation bei Hirzel. Anders stellte sich die Situation bei B. G. Teubner und Gustav Fischer dar: Als die Inhaber die DDR verließen, zog

---

378 Vgl. die in der Buchwissenschaft gängige Definition eines Parallelverlags bei Fetzer 2015, S. 307.

dies jeweils eine Umwandlung der bisherigen Zweigstelle in den neuen Hauptsitz des Unternehmens nach sich. Dies erfolgte durch einen entsprechenden Eintrag in das *Handelsregister* am neuen Verlagsort.

- Ein nächster entscheidender Aspekt bei der Bewertung der Stellung der Verlage zueinander ist der Umgang mit den *Verlagsrechten*. Bei Teubner wurde nicht nur die Sitzverlegung handelsrechtlich vollzogen, sondern auch eine Übertragung der Verlagsrechte auf den nun in der Bundesrepublik befindlichen Verlag vorgenommen. Bei S. Hirzel fand 1950 eine Übertragung der Rechte auf den Stuttgarter Verlag statt, und erst mit diesem notariell beglaubigten Akt wurde der Status der Stuttgarter Firma als neuer, selbstständiger Hauptsitz definiert. Die Entwicklungen in den Jahren zuvor hatten dies noch nicht bewirkt: Inhaber Heinrich Hirzel hatte sich seit Kriegsende nicht mehr in Leipzig aufgehalten, die Zweigstelle in Stuttgart bestand bereits seit Anfang 1947 und der von Hirzel mit der Geschäftsführung des Leipziger Verlags betraute Arnold Plohmann war seit Mai 1948 in Stuttgart tätig.
- In anderen Fällen existierten im Westen selbstständig tätige Firmen, die im Einvernehmen mit dem Stammhaus im Osten arbeiteten und bei denen keine generelle Rechteübertragung erfolgte, sondern für Einzelfälle Absprachen getätigt wurden, wie bei Barth und Steinkopff. In diesen Fällen wäre ebenfalls die Eintragung der neuen Firma in das *Handelsregister* als Zeitpunkt zu definieren, ab dem ein Parallelverlag existierte.
- *Familiäre Konstellationen* beeinflussten die Beziehungen ebenfalls. Für Dietrich Steinkopff eröffnete sich durch die Nachkriegsentwicklungen die Gelegenheit, sich vom väterlichen Unternehmen weitgehend unabhängig mit einem eigenen Verlag selbstständig machen zu können. Durch die Verwendung des Vornamens des Inhabers im Firmennamen erfolgte eine Abgrenzung vom Theodor Steinkopff Verlag; durch das Verlagsprogramm und die Übernahme von Zeitschriften- und Buchtiteln nach Frankfurt bzw. Darmstadt wurde dagegen deutlich, dass sich der neue Verlag in der Tradition des Dresdner Stammhauses sah. Insofern kann auch Steinkopff als Parallelverlag betrachtet werden. Der Münchner Barth-Verlag wies die Besonderheit auf, dass es sich von Anbeginn um eine zweite, selbstständige Hauptniederlassung der alten Leipziger Firma handelte. Dies war so ebenfalls vor allem aufgrund der familiären Situation möglich.
- Bedacht werden muss, dass *Bedeutung und Funktion* der westlichen Zweigstellen oder Neuverlage in manchen Fällen von den Akteuren in Ost und West anders beurteilt wurden. Diese konnten, selbst im Falle eines grundsätzlichen Einvernehmens, unterschiedliche Interessen verfolgen. Bei Gustav Fischer sprach der Stuttgarter Verlagsleiter 1950 davon, »dass mein Verlag die Weiterführung der Tradition des Hauses Gustav Fischer in Jena für den westlichen Teil der Welt übernommen hat, während der eigentliche Verlag in Jena unter russischer Lizenz weiterarbeitet.« Die Schilderung geht von einer auf die beiden politischen Sphären bezogenen Gleichberechtigung der Firmen aus. Die noch bis Anfang 1953 in

Jena ansässige Inhaberin sah das anders. Nach ihrer Flucht nach Stuttgart schrieb Annelise von Lucius, dass nun »auf der Grundlage unserer kleinen, ehemaligen Zweigstelle« versucht werde, »den Verlag Gustav Fischer langsam wieder neu aufzubauen«.[379]

4.4 Resümee

Die Forschungsbefunde zu den Gründen der Firmenverlagerungen werden durch die dargestellte Analyse der Entwicklungen der wissenschaftlichen Parallelverlage bestätigt. Die ersten Verleger, die die Sowjetische Besatzungszone verließen, taten dies auf Veranlassung der Amerikaner, die mehrere Leipziger Buchhandelsfirmen zur Etablierung einer Zweigniederlassung in ihrer eigenen Besatzungszone einluden, oder weil sie mit dem Einmarsch der sowjetischen Armee bereits eine gesellschaftliche Umwälzung befürchteten. Für diejenigen, die blieben, begann eine Phase der Unsicherheit, wann bzw. ob überhaupt den Privatverlagen die für die Arbeit nötige Lizenz erteilt und wie das Verlagssystem künftig gestaltet werden würde. Als sich die Richtung abzuzeichnen begann und die Schwierigkeiten, mit denen die Verleger konfrontiert waren, konkrete Gestalt annahmen – Einschränkung der Verlagsgebiete, Lizenzierungspflicht auch für einzelne Zeitschriften, langwierige Druckgenehmigungsprozesse –, stellten Zweigniederlassungen eine Rückversicherung gegen diese Entwicklungen dar. In den westlichen Zonen war die Verlagsarbeit auch reglementiert, allerdings nahmen die politischen Einflüsse auf die Branche stetig ab, und viele Verleger vertrauten früh auf die Wiedereinführung marktorientierter Wirtschaftsverhältnisse. Für die Verlage in der Sowjetischen Besatzungszone bedeutete der ebenfalls gesteuerte und kontrollierte Interzonenhandel einen erschwerten Zugang zum westlichen Markt.

Die westlichen Zonen stellten nicht nur einen wichtigen Absatzmarkt dar – hier befand sich auch der Großteil der wissenschaftlichen Verlagsautoren. Das Verhältnis zu diesen wurde nach 1945 durch Kommunikations- und Zahlungsschwierigkeiten beeinträchtigt. Über die Honorare hinaus stellten die Autoren Forderungen an ihre Verlage bezüglich der Zügigkeit der Publikationen, der Ausstattung der Bücher und deren Erhältlichkeit auch im Westen. Für all dies konnte in den östlichen Verlagen nicht immer gebürgt werden, so dass die Autoren sich teilweise von konkurrierenden Verlagen im Westen abwerben ließen. Wenn auch die Verhältnisse in den westlichen Zonen anfangs ebenso von vielfältigen Schwierigkeiten geprägt waren, so besserte sich die Situation im Vergleich doch allmählich, zum Beispiel hinsichtlich der Verfügbarkeit und Qualität des Druckpapiers. Durch die Gründung einer Zweigstelle oder

---

379 Annelise von Lucius an Amonn, Bern/Schweiz, 11.3.1953, HA/BV 52, Nr. 7.

eine Sitzverlegung waren die Verleger imstande, den Wünschen ihrer Autoren gerecht zu werden.

Vom Umbau der Wirtschaftsordnung waren die Verlage zunächst nur indirekt betroffen, beispielsweise durch den Aufbau und die Förderung neuer staatlicher Verlage; die Verlage durften aber als Privatunternehmen weiterarbeiten. Wirtschaftspolitisch bedingte Repressionen gegen die Verlage und ihre Inhaber lösten später die Übersiedlung von Verlegern oder Mitarbeitern aus, die Verlagerungen sind damit als Reaktion »auf die Überschreitung eines unternehmensspezifischen Belastungspotenzials«[380] zu verstehen. Dem Verlassen der DDR folgte für gewöhnliche eine Neudefinition des Verhältnisses von Stammfirma und Zweigstelle. So stellten die wirtschaftspolitischen Einwirkungen die Ursache für die letztliche Verlagerung der Unternehmen dar – Zweigstellen hingegen hatte es vorher schon gegeben. Maßnahmen wie die Übernahme von Firmen in Treuhandschaft oder die Enteignung von Verlegern erfolgten für gewöhnlich erst nach deren Abwanderung und waren damit nicht die primäre Ursache für die Entstehung der Parallelfirmen, besiegelten aber die Trennung der Firmen in zwei formal unabhängig voneinander arbeitende Standorte. Vor dem vollständigen Zugriff des DDR-Staates blieben einige Firmen aufgrund ihres Exportpotenzials und der Existenz des westlichen Hauses weiterhin verschont.

Bei der Betrachtung der Entstehungswege der Parallelverlage werden Gemeinsamkeiten ebenso wie individuelle Besonderheiten erkennbar. Hinsichtlich der Standortwahl der westlichen Niederlassungen gab es bei den wissenschaftlichen Verlagen eine klare Präferenz für die amerikanische Besatzungszone und darin speziell für Stuttgart. Hier ließen sich längerfristig vier der acht Verlage nieder. Bedingt war dies durch die historische Bedeutung der Stadt als süddeutsches Buchhandels- und -herstellungszentrum; hier befanden sich zudem bereits wichtige Verlage, vor allem mit Wissenschaftsprogramm. Nach 1945 wurde dieser Anziehungseffekt des Branchenclusters noch einmal verstärkt, da sich viele Firmen der Buchbranche, die aus der Sowjetischen Zone übersiedelten, hier niederließen. Im Großraum Frankfurt am Main (mit Wiesbaden und Darmstadt) blieben längerfristig zwei der Verlage. Auch wenn die Region zunächst durch die dortige Präsenz der amerikanischen Besatzungsmacht und die auf deren Geheiß übergesiedelten Verleger gute Startbedingungen für die Entwicklung zu einem wichtigen neuen Verlagsstandorts vorweisen konnte, gelang es ihr nicht, zumindest im Vergleich mit Stuttgart, dieses Potenzial voll auszuschöpfen.

Der unterschiedliche Umgang mit der Wahl der Firmennamen für die westlichen Filialen macht deutlich, dass in diesem Punkt keine einheitlichen Bestimmungen der Besatzungsmächte vorlagen. Niederlassungen einer Firma in mehreren Zonen waren weder in den westlichen noch in der östlichen Zone gern gesehen – ob eine Etablie-

---

380 Hefele 1998, S. 36.

rung von gleichnamigen Zweigstellen aber gelang oder nicht, hing von der Entscheidung der jeweils zuständigen Behörde bzw. den individuellen Akteuren ab. Einige der Verlage behalfen sich mit der Gründung von Firmen unter Tarnnamen, anderen hingegen wurde die direkte Gründung von Zweigstellen genehmigt. Die Sowjetische Militäradministration bemühte sich, dies zu verhindern, da mit den Filialentstehungen immer die Gefahr einer Abwanderung der Verlagsrechte verbunden war, letztlich fehlte ihnen aber die Handhabe hierfür.

Betrachtet man die Entstehungsprozesse der Verlagstrennungen und die sich dabei wandelnden Verhältnisse zwischen den Verlagen, wird deutlich, dass jeder einzelne Fall anders gelagert war. Wie sich die Beziehungen gestalteten und wie abhängig oder selbstständig die westlichen Häuser agierten, hing von den Motiven der Verleger ab, die sie zum Verlassen der SBZ bzw. DDR veranlasst hatten, von familiärem und personellem Potenzial, von der jeweiligen Einschätzung der und Haltung zur politischen Gesamtsituation und nicht zuletzt von den persönlichen Erfahrungen, die die Privatunternehmer in den verschiedenen Nachkriegsphasen mit den maßgebenden Behörden machten. Gleichwohl lassen sich auch Gemeinsamkeiten ausmachen: Bevor es zur Entstehung von Parallelverlagen in dem Sinne kam, dass zwei Verlage in Ost und West formal unabhängig voneinander existierten und arbeiteten, durchliefen die meisten Firmen eine Phase der Zweigleisigkeit, in der zum Stammhaus in der SBZ zusätzlich eine Niederlassung in einer westlichen (vor allem der amerikanischen) Besatzungszone gegründet wurde. Die Umbruchsituation nach dem Krieg, die die Entstehung zweier unterschiedlicher Wirtschaftsordnungen mit sich brachte, und die allgemeine Verunsicherung bezüglich der Entwicklungen trugen dazu bei, dass das Verhältnis zwischen den Verlagen in firmenrechtlicher Hinsicht oftmals wenigstens vorübergehend nicht klar definiert war.

Die Analyse der Entstehungsphasen (siehe Kapitel 4.3.3) macht deutlich, dass die Entscheidung zur (endgültigen) Firmenverlagerung bei einem großen Teil der Verlage erst vergleichsweise spät fiel. Laut Bähr fanden die meisten Firmenverlagerungen in Deutschland vor 1949 statt – die späteren bezeichnet er als »Nachzügler«.[381] Hefele stellt für die Industrie- und Handelsunternehmen fest, dass bis einschließlich 1949 etwas über die Hälfte der letztlich übergesiedelten Unternehmen ihren Sitz verlegt hatte.[382] Bei den untersuchten Wissenschaftsverlagen fanden die Sitzverlegungen überwiegend erst ab Anfang der 1950er Jahre statt. Mit Blick auf die exogenen Rahmenbedingungen lag dies zum einen daran, dass es sich bei den Verlagen um kleinere Firmen handelte, die beim wirtschaftspolitischen Umbau zunächst weniger im Fokus standen als die Großindustrie, Banken, Versicherungsgesellschaften etc. Daher erlaubte es die Struktur der Verlage, ohne allzu großen finanziellen und personellen

---

381 Bähr 1997, S. 233.
382 Vgl. Hefele 1998, S. 113. Dies galt für die bayerischen Unternehmen, die im Zentrum von Hefeles Untersuchung standen – Bayern lag hierbei allerdings im bundesdeutschen Trend.

Aufwand zunächst Zweigstellen zu etablieren, die eine Absicherung für die Stamm-firmen darstellten und das Verbleiben der Inhaber am alten Sitz im Osten erleichter-ten. Eine Ausnahme bildete B. G. Teubner mit dem angeschlossenen grafischen Be-trieb. Hier war es gerade die Größe des Unternehmens mit einer entsprechend großen Belegschaft, die die Eigentümer so lange in der SBZ bzw. ausharren ließ. Zu den ver-hältnismäßig späten Verlagerungen hat zudem beigetragen, dass viele Deutsche in den ersten Jahren nach Kriegsende davon ausgingen, die Teilung des Landes sei nur vorübergehend.

5 Konfliktfelder: Bedeutung und Argumente

Die parallele Existenz von Verlagshäusern gleichen Namens in Ost und West brachte eine Reihe von konflikträchtigen Fragen mit sich: Welcher Verlag sollte weiterhin den traditionsreichen Namen führen dürfen? Welcher sollte die bestehenden Verlagsrechte ausnutzen können, welcher die Autorenbeziehungen weiter pflegen? Und falls in diesen Punkten keine Einigung möglich war: Wie sollten zwei Unternehmen mit derselben Firmenbezeichnung und demselben Signet nebeneinander auf – teilweise – denselben Absatzmärkten agieren?

Diese Fragestellungen waren Gegenstand der Kommunikation sowohl zwischen den Verlagen in Ost und West als auch mit deren Geschäftspartnern. Aus ihnen lassen sich vier wesentliche Konfliktfelder ableiten:

- Zuerst und grundsätzlich sprachen sich die Parallelverlage gegenseitig die *Existenzberechtigung* ab. Jeder Verlag beanspruchte, der einzig rechtmäßige zu sein, und betrachtete das (Weiter-)Bestehen des anderen Hauses folglich als illegitim.
- Eng an diesen Aspekt geknüpft waren die Führung des traditionellen *Firmennamens* und die Nutzung des *Verlagssignets*. Aufgrund der Auffassung beider Seiten, dass die Existenz des jeweiligen Parallelverlags unrechtmäßig war, wurde folgerichtig auch die Verwendung von Namen und Signet durch diese Firma als unrechtmäßig erachtet. Dies bezog sich vor allem auf Cover, Titel- und Impressumsseiten der Verlagspublikationen, aber ebenso auf das benutzte Geschäftspapier, auf Messeauftritte, Werbeanzeige und dergleichen.
- Ein weiteres Konfliktfeld ergab sich daraus, dass die Parallelverlage mit ihrem Anspruch auf die eigene Rechtmäßigkeit das Recht zur Ausnutzung der vorhandenen *Verlagsrechte* und zur Fortführung der *Autorenbeziehungen* verbanden.
- Konnten die Streitigkeiten um Verlagsnamen und Verlagsrechte nicht beigelegt werden, agierten die Parallelverlage auf teilweise gleichen Absatzmärkten und machten sich dort gegenseitig Konkurrenz. Daher standen auch die jeweiligen *Vertriebsgebiete* zwischen den Verlagen zur Debatte.

Dass vor allem die Weiterführung und Verwendung von Verlagsnamen, Verlagsrechten und Autorenbindungen zu Konflikten führte, liegt darin begründet, dass diese zu den wichtigen Produktionsfaktoren eines Verlags gehören.[1] Für gewöhnlich sind es diese immateriellen Werte, welche das entscheidende Kapital eines Verlags darstellen. Abgesehen von eventuell vorhandenen Grundstücken und Gebäuden sowie finanziellen Mitteln gibt es in den meisten Verlagen kaum größere materielle Güter, die für die

---

[1] Produktionsfaktoren sind alle materiellen und immateriellen Mittel und Leistungen, die zur Herstellung der Produkte oder Dienstleistungen eines Unternehmens benötigt werden. Rechte und Marken gehören hierbei ebenso wie Wissen und Information zu den immateriellen Betriebsmitteln. Vgl. Thommen/Achleitner 2009, S. 39.

https://doi.org/10.1515/9783110543421-005

Publikation von Büchern und Zeitschriften nötig wären. Eine Ausnahme stellen nur Verlage dar, die über einen graphischen Betrieb verfügten, wie B. G. Teubner.

Die detaillierte Analyse der verschiedenen Konfliktfelder soll aufzeigen, welche Relevanz diese in den Auseinandersetzungen besaßen, auf welchen rechtlichen Grundlagen deren Bewertungen standen und welche Argumente vorgebracht wurden. Auf dieser Basis können die Strategien, die die Verlage zur Lösung der Konflikte anwandten, nachvollzogen und eingeordnet werden.

5.1 Konfliktfeld I: Rechtmäßigkeit

Der Grundsatzkonflikt spiegelt sich in der unterschiedlichen firmenrechtlichen Interpretation der Etablierung der westdeutschen Parallelverlage. In der DDR wurden die Firmen in der Bundesrepublik als *Neugründungen* betrachtet, weshalb sie keinen Anspruch auf die Namen und die Auswertung der Verlagsrechte haben sollten.[2] So war 1955 in einem Artikel in der Leipziger Ausgabe des *Börsenblatts für den Deutschen Buchhandel* die Rede von »westdeutschen Neugründungen, die vielfach den Namen der Stammhäuser übernommen haben«.[3] Die Auffassung, bei den westdeutschen Unternehmen handele es sich um neue, von den ›Stammhäusern‹ unabhängige Firmen, wurde auch in anwaltlichen Stellungnahmen und von Gerichten auf DDR-Seite vertreten.[4] Begründet wurde dies zum Beispiel bei B. G. Teubner damit, dass die von den Eigentümern erklärte Sitzverlegung der Firma nicht wirksam sei, weil ein entsprechender Antrag beim Handelsregister in Leipzig nicht eingegangen war – das Handelsrecht einen solchen im Falle einer Sitzverlegung aber vorschrieb.[5] Da ebenso wenig eine Löschung im Leipziger Handelsregister erfolgt sei, bestünde der Verlag in Leipzig weiterhin und besitze daher das Recht zur Ausnutzung der Verlagsrechte.[6] Ein weiteres Argument der östlichen Seite bestand in der fehlenden Verfügungsgewalt der Eigentümer über ihre Firma, nachdem diese die DDR verlassen hatten. Im Falle von Teubner war der Verlag unter Verwaltung gestellt worden. Beschlüsse über eine Sitzverlegung könnten danach von den Gesellschaftern ohne Genehmigung der nun

---

2 Dies stellt Hinterthür auch für die parallelen Musikverlage fest. Vgl. Hinterthür 2006, S. 184.
3 Die Rechte der DDR-Verlage sind unantastbar. In: Börsenblatt (Leipziger Ausgabe), H. 46, 12.11.1955, S. 797.
4 Vgl. Franz, Gutachten, 31.8.1953, BArch, DR1/765.
5 Vgl. Gutachtliche Äußerung zur Frage, wem die Verlagsrechte der Firma B. G. Teubner zustehen, 3.1.1955, SStAL, 22198 Teubner Leipzig, Nr. 186; Beschluss des Kreisgerichts Leipzig, 11. August 1955, SStAL, 21103 VVB Druck Leipzig, Nr. 174; Kaemmel an das Amt für Literatur und Verlagswesen, 21.3.1955, BArch, DR1/1946.
6 Vgl. Franz, Gutachten, 31.8.1953, BArch, DR1/765.

verantwortlichen staatlichen oder kommunalen Behörde nicht mehr gefällt werden.[7] Die Übertragung der Verlagsrechte von B. G. Teubner durch Eigentümer Martin Giesecke auf Verlage in der Bundesrepublik (siehe Kapitel 2.7.7) war nach dieser Ansicht aus denselben Gründen unrechtmäßig: Zur Zeit dieser Maßnahmen hatte bereits Verwaltung über die Leipziger Firma bestanden, die Gesellschafter hätten daher zu diesen Vertragsabschlüssen keine Berechtigung mehr besessen.[8]

Die westlichen Verlage – und mit ihnen die dortigen Gerichte – vertraten hingegen die Auffassung, dass es sich um *Sitzverlegungen* der Firmen handelte, dass also die Firmen in der Bundesrepublik mit denen an den Ursprungsorten identisch seien und diese daher die Rechte weiterhin besäßen. Bezüglich des Handelsrechts wiesen Anwälte und Richter darauf hin, dass nach bundesdeutscher Rechtsprechung auf die »Mitwirkung des Amtsgerichtes, Handelsregister, der bisherigen Niederlassung verzichtet werden kann, wenn es sich um ein ostzonales Gericht handelt, das auf Grund der in der Deutschen Demokratischen Republik erlassenen [...] Bestimmungen an der gesetzlich vorgeschriebenen Tätigkeit verhindert ist.«[9] Da also eine Sitzverlegung vom Registerregister in der DDR ohnehin nicht genehmigt worden wäre, müsse diese dort nicht angezeigt werden und würde auch ohne diesen formalen Akt in der Bundesrepublik Gültigkeit erlangen. Diese Einschätzung traf zu. Schon die Errichtung einer Zweigstelle wurde von den östlichen Behörden gemeinhin nicht genehmigt. Arnold Plohmann, Prokurist bei S. Hirzel in Leipzig, zeigte im September 1946 beim Leipziger Amtsgericht die Errichtung der Stuttgarter Zweigniederlassung an[10] – die Anmeldung wurde abgelehnt.

Anordnungen der Verwaltung über eine Firma in der DDR, auch wenn keine Enteignung der Eigentümer erfolgte, wurden in der Rechtsprechung der Bundesrepublik als »konfiskatorische Maßnahmen« bewertet, »die mit den Bestimmungen des Grundgesetzes in Widerspruch [standen]« und deren Wirkung sich daher »auf das Gebiet der Deutschen Demokratischen Republik [beschränkte] und irgendwelche Wirkungen für das Gebiet der Deutschen Bundesrepublik nicht haben [konnten].«[11] Diese Bewertung untermauerte Anwalt Greuner, der für B. G. Teubner in Stuttgart tätig war, mit verschiedenen Gerichtsentscheidungen aus den westlichen Zonen bzw. der Bundes-

---

7 Vgl. Entwurf eines Schreibens der B. G. Teubner Verlagsgesellschaft in Verwaltung, Leipzig, an ihre westdeutschen Autoren zur Frage, wem die Verlagsrechte der B. G. Teubner zustehen, o. D. [1953], BArch, DR1/1946.

8 Vgl. Gutachtliche Äußerung zur Frage, wem die Verlagsrechte der Firma B. G. Teubner zustehen, 3.1.1955, SStAL, 22198 Teubner Leipzig, Nr. 186. Dieselbe Argumentation wurde auch bei Gustav Fischer und Carl Marhold vorgebracht.

9 Greuner an Teubner, Stuttgart, 7.12.1953, SStAL, 22199 Teubner Stuttgart, Nr. 88.

10 Vgl. Hirzel Leipzig an das Amtsgericht Leipzig, 11.9.1946, SHV 122.

11 Dieses und die vorangegangenen Zitate: Greuner, Rechtsgutachten 3.1.1953, SStAL, 22199 Teubner Stuttgart, Nr. 81.

republik.[12] Bei Teubner wurde 1958 auf ein Urteil des Bundesgerichtshofes vom 24. Juli 1957 hingewiesen, in dem es hieß:

> Ist bei einem in der SBZ entschädigungslos enteigneten Unternehmen dem neuen Rechtsträger von den sowjetzonalen Machthabern der Firmenname des alten Unternehmens verliehen worden, verstösst die Geltendmachung der Rechte aus der Namensverleihung jedenfalls dann gegen den ordre public (Art. 30 EGBGB) der Bundesrepublik, wenn das Unternehmen von seinem bisherigen Inhaber unter demselben Namen in der Bundesrepublik fortgeführt wird.[13]

In einigen anderen westlichen Ländern teilten die Gerichte diese Einschätzung. Im August 1958 wurde in der Frankfurter Ausgabe des *Börsenblatts* bekanntgegeben, dass Gerichte in Italien, den Niederlanden, in Österreich und der Schweiz in mehreren Urteilen seit 1953 entschieden hatten, dass die Enteignungen in der DDR den Rechtsauffassungen bzw. Verfassungen in diesen Ländern widersprächen und die Namensrechte daher den Firmen in der Bundesrepublik zustünden. Die Urteile bezogen sich auf Industrieunternehmen wie Carl Zeiss – der Justiziar des Börsenvereins ergänzte allerdings, dass die Wertung auf die Verlage übertragen werden könne und diese damit die Möglichkeit hätten, dem Vertrieb der Produkte aus den DDR-Häusern in den betreffenden Ländern zu widersprechen.[14]

An die Annahme der Wirkungslosigkeit der Enteignungen war geknüpft, dass die Sitzverlegungen in die Bundesrepublik gebilligt wurden. In diesen Fällen war zwar grundsätzlich gefordert, dass sich Vermögenswerte des betreffenden Unternehmens schon in der Bundesrepublik befinden mussten – dies sei, so argumentierte zum Beispiel das Frankfurter Oberlandesgericht im Falle der Akademischen Verlagsgesellschaft, durch die Immaterialität der Güter Verlagsnamen, -signets und -rechte, die nicht an einen bestimmten Ort gebunden seien, gegeben.[15]

Leipold verweist darauf, dass trotz der länger bestehenden Gültigkeit des BGB in der DDR (in den meisten Bereichen bis 1975) der entscheidende Unterschied in den Rechtsordnungen in der »radikal umgestalteten Eigentumsordnung«[16] im Osten lag. Die staatliche Einflussnahme auf Wirtschaft und Justiz auf DDR-Seite bedingte, dass die Bewertung der firmenrechtlichen Fragen gänzlich andere Ergebnisse hervorbrachte als in der Bundesrepublik. In diesem Punkt wäre eine Einigung selbst bei beiderseitigen Willen zur Verständigung nicht möglich gewesen.

---

12 Vgl. ebd.
13 Ackermann an Giesecke, Teubner Stuttgart, 4.2.1958, SStAL, 22199 Teubner Stuttgart, Nr. 29.
14 Vgl. Keine Anerkennung ostzonaler Enteignungen in Italien, den Niederlanden und Österreich. In: Börsenblatt (Frankfurter Ausgabe), H. 67, 22.8.1958, S. 1021.
15 Vgl. Oberlandesgericht, Frankfurt am Main, Urteil Im Namen des Volkes, 17.3.1055, BArch, DR1/1941.
16 Leipold 2013, S. 32.

5.2 Konfliktfeld II: Verlagsnamen und Signets

Ein wesentlicher Konfliktpunkt zwischen den Parallelverlagen war die Verwendung des traditionellen Verlagsnamens und des Signets. Im Allgemeinen behielten die Verlage in der SBZ/DDR die alten Namen bei, nachdem die Eigentümer in den Westen übergesiedelt waren, und diese führten die Firmennamen dort ebenfalls weiter. Gleiches galt für die Signets. In einigen Fällen wurden die Namen in der SBZ/DDR allerdings um Zusätze ergänzt, die die veränderten Besitzverhältnisse zum Ausdruck brachten. Die Bezeichnungen auf den Buchcovern und -umschlägen nannten zudem für gewöhnlich den Verlagsort. So wandelte sich die Firmierung beim ›Verlag von Gustav Fischer in Jena‹ in ›VEB Gustav Fischer Verlag Jena‹. Aus der ›Carl Marhold Verlagsbuchhandlung, Halle/Saale‹ wurde der ›VEB Carl Marhold Verlag, Halle/Saale‹ und aus ›Georg Thieme/Verlag/Leipzig‹ der ›VEB Georg Thieme Leipzig‹. Der Firmenname ›S. Hirzel Verlag in Leipzig‹ wurde durch ›unter Verwaltung‹ ergänzt. B. G. Teubner firmierte in der DDR auf den Buchcovern unter ›B. G. Teubner Verlagsgesellschaft Leipzig‹; auf dem Geschäftspapier war ab 1953 der Zusatz ›in Verwaltung‹ zu finden.

Die ›Akademische Verlagsgesellschaft Geest & Portig‹ behielt die Beifügung der Inhabernamen, die sich 1947 von ›Becker & Erler‹ in ›Geest & Portig‹ geändert hatte, auch nach dem Tode von Johannes Geest (1948) und Felix Portig (1953) bei. Dies unterschied den Leipziger Verlag deutlicher als in anderen Fällen vom westlichen Parallelunternehmen, das 1953 in Frankfurt am Main unter dem Namen ›Akademische Verlagsgesellschaft mbH‹ gegründet wurde. Auch beim Dresdner Verlag Theodor Steinkopff war eine eindeutige Unterscheidung zum Unternehmen im Westen gegeben, da der Verlegersohn dieses als Dr. Dietrich Steinkopff Verlag führte. Namenszusätze fanden sich bei den formal privatrechtlich organisierten Verlagen nicht. Johann Ambrosius Barth Leipzig blieb ebenfalls bis zum Ende der 1980er Jahre ein privat geführter Verlag, dessen Parallelunternehmen in München den gleichen Namen trug. Auf den Buchcovern firmierten die Verlage als ›Johann Ambrosius Barth München‹ und ›Johann Ambrosius Barth – Verlag – München‹.

5.2.1 Der Verlagsname als Marke

Dass die Firmennamen für die Verlage von so großer Bedeutung waren, wirft die Frage nach ihrer Funktionalität im Buchhandelssystem auf. Eine Erklärung ist, dass Verlagsnamen Eigenschaften einer Marke besitzen können. Dieser These soll hier anhand von aktuellen Definitionen und Einschätzungen aus dem Untersuchungszeitraum nachgegangen werden.

In der betriebswirtschaftlichen Diskussion werden Marken heute vor allem unter dem Aspekt ihrer Wirksamkeit betrachtet, wenn sie als »Summe aller Vorstellungen verstanden werden, die ein *Markenname (Brand Name)* oder ein *Markenzeichen (Brand*

Mark) beim Kunden hervorruft bzw. beim Kunden hervorrufen soll, um die Waren [...] eines Unternehmens von denjenigen anderer Unternehmen zu unterscheiden.«[17] Eine Marke wäre demnach eine solche, wenn sie vom Kunden entsprechend wahrgenommen wird. Je nach Kategorisierungsansatz[18] ließen sich Verlagsnamen bezogen auf den Markenträger als Herstellermarken[19] auffassen, die einen »*direkte[n] Kontakt* zwischen Hersteller und Konsument herstell[en].«[20] Nach der Art der Markierung handelte es sich bei den Verlagsmarken um eine Kombination von Wortmarke (Firmenname) und Bildmarke (Verlagssignet).[21]

In der Buchbranche ist die Bedeutung von Marken stets kontrovers diskutiert worden, und bis heute herrscht in dieser Frage keine Einigkeit – obgleich außer Frage steht, dass das Buch nicht nur Kulturträger und Kommunikationsmittel, sondern ebenso Ware ist.[22] Für Publikumsverlage wird die Bedeutung des Verlags als Marke noch immer eher negiert, vor allem in den Verlagen selbst;[23] eher noch wird Autoren und Reihen das Potenzial zugebilligt, als Marke wahrgenommen zu werden.[24] Andernorts wird es zunehmend als selbstverständlich erachtet, dass im Buchmarketing »die Marke des Verlags [...] eine bestimmte Themenkompetenz und inhaltliche Zielrichtung [signalisiert].«[25] Das durch den Verlagsnamen markierte Buch ermöglicht dem Kunden »die Heraushebung aus der Masse vergleichbarer Angebote«, »gewährleistet damit die Wiedererkennbarkeit« und »sichert so Wiederholungskäufe«.[26]

Ein Hauptargument gegen das Potenzial von Verlagsnamen, Marken zu bilden, war und ist deren vermeintlich fehlende Verankerung im Bewusstsein der Kunden.[27] Tatsächlich bestätigen Umfragen unter Buchkäufern diese Einschätzung auch in jüngerer Zeit noch: Nach einer 2008 vom Börsenverein des Deutschen Buchhandels durchgeführten Studie achtet die überwiegende Zahl der Kunden beim Bucherwerb nicht auf den Verlagsnamen. Unterschiede sind in den Warengruppen erkennbar:

---

17 Springer Gabler Verlag 2014. Vgl. auch Meffert/Burmann/Kirchgeorg 2012, S. 359.

18 Vgl. hierzu die Darstellung der »Erscheinungsformen von Marken« bei Bruhn 2001, S. 36–44.

19 »Bei Herstellermarken tritt der Produzent der Marke gegenüber dem Konsumenten als Produktverantwortlicher auf, indem die Firmenbezeichnung auf dem Produkt angegeben und der Hersteller somit als Absender der Markenbotschaft erkennbar wird.« Ebd., S. 38.

20 Ebd., S. 32f.

21 Vgl. ebd., S. 42.

22 Aktuell beklagte Unternehmensberater Ehrhardt F. Heinold im Januar 2016: »Die meisten Verlage haben weder eine Markenführung noch ein Markenmanagement.« Heinold 2016.

23 Vgl. Meyer 2009, S. 161. Meyer stellt zwei divergierende Auffassungen zum Thema Buchmarken vor: »Verlags(Marken) spielen für den Endkunden im Buchmarkt keine nachweisbare Rolle«, wobei sich diese Aussage auf die Haltung vor allem in großen Publikumsverlagen bezieht. Die andere Position geht davon aus, dass »der Buchmarkt ein Markt wie jeder andere auch« sei und die Bedeutung von Marken daher ebenso groß wie in anderen Branchen ist.

24 Vgl. Huse 2013, S. 27.

25 Breyer-Mayländer/Seeger 2006, S. 168.

26 Dieses und die vorangegangenen Zitate: Huse 2013, S. 28.

27 Vgl. ebd., S. 27.

Bezogen auf den Kauf von wissenschaftlichen und Fachbüchern gaben 13 Prozent an, hier immer oder häufig auf den Verlag zu achten, sieben Prozent manchmal. 70 Prozent der Befragten hingegen achten beim Kauf nie auf den Verlag. Damit spielen Verlagsnamen in diesem Bereich im Vergleich zu anderen Genres immerhin eine deutlich größere Rolle, die sonst nur noch im Reisebuchsegment zu finden ist.[28]

Marken und Markierung im Buchhandel in historischer Perspektive

Die Markierung von Waren ist keine moderne Erfindung. Im Gegenteil wurde die Kennzeichnung von Waren mit einem Herkunftsnachweis, der oft zugleich eine bestimmte Qualität implizierte, schon im Altertum praktiziert.[29] Beim gedruckten Buch finden sich Hinweise auf die Produzenten von der Inkunabelzeit an.[30] Die damals verwendeten Druckermarken dienten als Firmen- und auch Qualitätszeichen.[31] Später verwiesen die Titelblätter auf die Buchersteller;[32] die Verlagssignets auf Einbänden und Schutzumschlägen wurden ab dem 19. Jahrhundert zur Markierung der Bücher mit werbender Wirkung eingesetzt.[33]

Im Wissenschaftsverlag konnten auch bestimmte Titel, vor allem Lehrbücher, zu Markenartikeln werden. Jäger nennt als Beispiel den Verlag Gustav Fischer, in dessen Programm sich zahlreiche Titel fanden, die »zu Markennamen avancierten«.[34] Zur Marke wurde hier oft nicht der eigentliche Buchtitel, sondern der Name des ersten Autors. Ein bekanntes Beispiel ist der ›Pschyrembel‹, ein klinisches Wörterbuch, das Willibald Pschyrembel über mehrere Jahrzehnte bearbeitet und redaktionell betreut hatte.

Nach dem Zweiten Weltkrieg wurde über das Buch als Markenartikel in Branchenpresse und Literatur kontrovers diskutiert. Heinz Weinhold betrachtete in einer 1956 publizierten Untersuchung die Marke als »Symbol für eine Reihe von Leistungen, die durch die Marke [...] übertragen werden«.[35] Für Titel einer ›Buchgruppe‹ – unter der die Titel eines Wissenschaftsverlags oder auch die Verlagstitel innerhalb eines Fachgebiets verstanden werden können – ist der Begriff der Markenware nach Weinhold anwendbar, da »die beim ersten oder bei früheren Käufen gemachten guten Erfahrungen auf die anderen Käufe zugunsten des eigenen markierten [...] Buches« übertragen

---

28 Vgl. Buchkäufer und Leser 2008, S. 127f.

29 Vgl. Schütz 2001, S. 84.

30 Vgl. Funke 1999, S. 115. In dieser Zeit hatte noch keine Ausdifferenzierung der buchhändlerischen Gewerbe stattgefunden, gesamtverantwortlich für Druck, Verlag und Vertrieb war der Druckerverleger. Vgl. Rautenberg 1999, S. 347.

31 Vgl. Rautenberg 2015b, S. 129f.

32 Vgl. Rautenberg 2015c, S. 385.

33 Vgl. Goerke 2015, S. 405f sowie Meiner 1922, S. 23.

34 Jäger 2001, S. 425.

35 Weinhold 1956, S. 388.

werden können. Weiter führt er aus, dass auch der Verlegername zur Marke werden kann, sofern er als Symbol für die beiden Markenleistungen, »Qualitätsgarantie und Wertsuggestion«,[36] steht.

Weitere Autoren jener Zeit sprachen sich für eine Anerkennung des Buches als potentiellen Markenartikel aus, andere bestritten den Markencharakter.[37] Beachtenswert ist, dass die Diskussion oft im Zusammenhang mit einer Kritik an oder einer Verteidigung der Buchpreisbindung stand[38] – und damit interessen- und zielgeleitet und weniger unter betriebswirtschaftlichen Gesichtspunkten geführt wurde.

In der Frankfurter Ausgabe des *Börsenblatts für den Deutschen Buchhandel* erschien 1949 unter der Überschrift *Verlagszeichen als Wertmarke* ein Artikel, der eine unter Buchhändlern durchgeführte Umfrage zur Beliebtheit von Büchern referierte. Darin wurde auf das Thema »Verlagsname und Erfolg« eingegangen und festgestellt: »Noch immer halten sich viele Leser an das dem Buch mitgegebene Verlagszeichen als eine untrügliche Wertmarke.«[39] Wenn auch Angaben zu Erhebungsdetails fehlen und die Buchhändler und nicht die Buchkäufer die Befragten waren, deutet die Aussage eine Tendenz an, die die Wahrnehmung zur damaligen Zeit gekennzeichnet haben mag.

Beibehaltung der wissenschaftlichen Verlagsnamen

Welche Bedeutung die Verlagsnamen für Verlage und Wissenschaftler in den 1950er Jahren hatten, zeigt sich bereits daran, dass sich zwischen den parallelen Firmen in den meisten Fällen ein Konflikt um die weitere Nutzung des Namens entwickelte. Auf beiden Seiten wurde dabei mit dem Renommee und der (internationalen) Bekanntheit des Firmennamens argumentiert. Schon 1946 wies ein Mitarbeiter der Deutschen Verwaltung für Volksbildung auf das Problempotenzial hin:

> Die Firmennamen der bedeutendsten Verlage sind in der ganzen Welt bekannt. Sie repräsentieren einen Teil unseres kulturellen Ansehens. Bedeutende Gelehrte des In- und Auslandes fanden auf Grund dieses Ansehens, dass das Resultat verantwortungsbewusster, oft seit Generationen ausgeübter verlegerischer Kulturarbeit war, den Weg zu diesen Verlagen, um ihnen ihre Manuskripte zur Veröffentlichung anzuvertrauen. Der gesamten wissenschaftlichen Welt bedeutete der Verlagsname ein Programm, war er die Gewähr für wertvolle wissenschaftliche Literatur.[40]

Vollständig sakrosankt waren die Namen gleichwohl nicht. Mitarbeiter der ostdeutschen Verlagsbehörde stellten immer wieder Überlegungen zur Bedeutung der Verlags-

---

36 Dieses und das vorangegangene Zitat: ebd., S. 393.
37 Beispiele für die Diskussion seit den 1950er Jahren finden sich bei Bezold 1991, S. 111f.
38 Vgl. Bezold 1991, S. 111f.; Kuhlmann 1972, S. 100f.
39 Verlagszeichen als Wertmarke. In: Börsenblatt (Frankfurter Ausgabe), H. 27/28, 22.4.1949, S. 97.
40 Frommhold, Aktennotiz, Betr.: Fusionierung nicht zugelassener Verlage mit dem Verlag VOLK UND WISSEN, 14.1.1946, BArch, DR2/896.

namen an, auch weil einige westliche Parallelverlage Forderungen nach Namensänderungen der DDR-Verlage erhoben (siehe Kapitel 6.4.3). Gelegentlich wurden Zweifel an der Bedeutung der Namen geäußert, wenn etwa ein Mitarbeiter die Frage notierte: »Haben wir Interesse daran, die alten Verlagsnamen zu behalten? Kennt das breite Publikum Verlagsnamen?«[41] Der Bezug zum »breiten Publikum« zeigt, dass sich diese Überlegungen nicht auf die Wissenschaftsverlage bezogen. Im Allgemeinen war man staatlicherseits in der DDR nicht bereit, die Verlagsnamen aufzugeben. Begründet wurde dies unter anderem damit, dass »an die Verlagsnamen Rechte gebunden sind, die für uns von grosser Bedeutung sind«,[42] sowie mit der Tradition, der Verbindung zu bekannten Wissenschaftlern als Autoren und der gesamtdeutschen sowie internationalen Bedeutung der Produktion.[43] Ein Verzicht auf die traditionsreichen Namen wurde in der DDR lediglich in zwei Fällen in Betracht gezogen und letztlich mit der Liquidierung der Firmen auch vollzogen: bei Carl Marhold und bei Theodor Steinkopff. Davon abgesehen bestand ein Konsens über die Bedeutung des Namens und die damit verbundenen Wettbewerbs- und ökonomischen Vorteile.[44]

Auch im Westen waren die Verleger nicht gewillt, unter anderen Namen weiterzuarbeiten. Sie taten dies nur widerstrebend, wenn die Alliierten keine Doppellizenzen vergeben wollten. Verlegerkollege Arthur Georgi äußerte dem Leiter der westlichen Teubner-Dependance, des Verlags für Wissenschaft und Fachbuch, gegenüber sein Bedauern, dass aufgrund des neuen Namens »der Name Teubner mit seiner enormen Werbewirkung zwangsläufig nicht Verwendung finden konnte.«[45]

Einen weiteren Beleg für die Wirkung der Verlagsnamen als Marke über die 1950er Jahre hinaus stellt die Tatsache dar, dass die Namen nach Unternehmenszusammenschlüssen meist erhalten blieben[46] – eine Trendwende ist hier erst seit Mitte der 2000er Jahre festzustellen. Nach der Übernahme des West-Berliner Verlags Carl Marhold durch den Wissenschaftsverlag Volker Spiess in den 1980er Jahren führte dieser die Marhold-Titel in der *Edition Marhold* weiter. Ebenso wurde der Name Steinkopff nach dem Erwerb des Darmstädter Verlags Dr. Dietrich Steinkopff durch den Wissenschaftsverlag Springer im Jahr 1980 beibehalten und existierte als Marke noch bis 2009. Auch der Name S. Hirzel blieb nach dem Verkauf an den Deutschen Apotheker Verlag 1969 bis heute bestehen. Der seit 1992 zu Holtzbrinck gehörende

---

41 Handschriftliche Notiz, 3.9.1957, BArch, DR1/1079.

42 Thormann, HV Verlage und Buchhandel, an Gysi, 18.5.1972, BArch, DR1/9868.

43 Vgl. Hoffmann, Linie unseres Verhaltens gegenüber Privatverlagen, 28.12.1955, BArch, DR1/1118.

44 Renommierte Marken »[...] tragen maßgeblich zur Steigerung des unternehmerischen goodwill bei. Solchermaßen gekennzeichnete Produkte heben sich positiv von denen der Konkurrenz ab, was entsprechende Auswirkungen auf den Absatz, die Preisgestaltung und damit auf die Gewinnmargen nach sich zieht.« Fäßler 2006b, S. 287.

45 Georgi an Ernst, 14.8.1948, SStAL, 22199 Teubner Stuttgart, Nr. 74.

46 Dies stellt bereits Bezold fest. Er lässt allerdings offen, ob dies »absatzpolitische, beschaffungspolitische oder auch organisationspolitische Gründe hat«. Bezold 1991, S. 115.

Gustav Fischer Verlag wurde 1999 mit Urban & Schwarzenberg zum Urban & Fischer Verlag zusammengelegt. Dieser Name wird weiterhin als Imprint, heute innerhalb des Elsevier-Konzerns verwendet. Ähnlich verfuhr man bei B. G. Teubner: Der nun zu Springer Science+Business Media gehörende Verlag wurde 2008 mit dem Vieweg Verlag zusammengelegt und unter Vieweg + Teubner weitergeführt. Erst seit 2012, als eine Umbenennung der Sparte in Springer Vieweg erfolgte, existiert der Name nicht mehr. Nach dem Verkauf von J. A. Barth Leipzig an die Hüthig-Gruppe 1991 wurde die Marke Barth als Imprint weiterverwendet; mit der Übernahme der Barth-Rechte durch Thieme erfolgte die Aufgabe des Namens Anfang der 2000er Jahre. 1996 gründeten der japanische Verlag Ohmsha und der niederländische Verlag IOS Press die Akademische Verlagsgesellschaft AKA GmbH in Berlin. Es handelt sich um eine juristische Neugründung, allerdings berufen sich die Gesellschafter auf die Geschichte der 1906 gegründeten Akademischen Verlagsgesellschaft und möchten nach eigenem Bekunden deren Tradition fortsetzen.[47]

Bei den Zusammenschlüssen auf DDR-Seite blieben die alten Namen ebenfalls erhalten, so als B. G. Teubner und die Akademische Verlagsgesellschaft 1964 zu einer organisatorischen Einheit verbunden wurden; 1968 kam S. Hirzel zu der Gruppe hinzu. Als Gustav Fischer und Georg Thieme mit dem VEB Volk und Gesundheit 1965 zur Gruppe der volkseigenen Verlage für Medizin und Biologie zusammengeschlossen wurden, behielten die Verlage nach außen hin ebenfalls ihre Selbstständigkeit und damit auch die Firmennamen.

Die Namen der Wissenschaftsverlage als Marken

Die vorgestellten Befunde aus Literatur sowie verlegerischer und verlagspolitischer Praxis lassen den Schluss zu, dass im Bereich des wissenschaftlichen Verlagsbuchhandels im Untersuchungszeitraum die Verlagsnamen als Marken fungierten. Das unbestrittene Potenzial von Firmennamen, als Marke zu dienen, die jahrhundertealte Tradition der Kennzeichnung von Büchern mit einem Herstellernachweis, der Erhalt der traditionellen Verlagsnamen auch gegen Widerstände und über Eigentümerwechsel hinweg – dies alles spricht trotz vereinzelter Gegenargumente für die These. Hinzu kommt, dass es sich bei den Zielgruppen der Wissenschaftsverlage um verhältnismäßig kleine Communities handelte, für die Irmer noch am Anfang des 21. Jahrhundert konstatiert, dass »der Rezipient in der Regel einschätzen [kann], welche Zeitschrift oder welcher Verlag als qualitativ hochwertig anzusehen sind«.[48] Diese dem Rezipienten unterstellte Fähigkeit fußt in der Regel auf einer Imagebildung von Verlagen, die nicht im Laufe von wenigen Jahren, sondern meist vielen Jahrzehnten oder gar

---

47 Vgl. Schriftliche Auskunft von Arnoud de Kemp vom 16.2.2010. Vgl. auch Akademische Verlagsgesellschaft AKA GmbH, Der Verlag – wer wir sind, o. J.
48 Irmer 2011, S. 37. Irmer begründet mit dieser Feststellung, warum Wissenschaftler auch im digitalen Zeitalter an den »klassischen« Quellen und Kanälen festhalten.

Jahrhunderten erfolgt ist. Die Geschichte des heutigen deutschen Marktführers unter den Wissenschaftsverlagen – Springer Science+Business Media – begann 1842; die Thieme-Verlagsgruppe, größter deutschsprachiger Anbieter im Bereich Humanmedizin, geht auf den 1886 gegründeten Verlag Georg Thieme zurück. Die anderen Wissenschaftsverlage dieser Untersuchung existieren heute zwar nur noch als Imprint oder nicht mehr, besaßen aber in der Mitte des 20. Jahrhunderts in den von ihnen vertretenen Wissenschaftszweigen große Bedeutung.

Bei den Wissenschaftsverlagen lässt sich zusätzlich die Rückwirkung einer erfolgreichen Marke auf die wichtigsten Lieferanten der Verlage feststellen: die Autoren.[49] Unternehmensmarken können auf den Beschaffungsmärkten zu einer »[h]öhere[n] Lieferantenbindung« und einer »[b]essere[n] Lieferbereitschaft«[50] führen. Für die Autoren stellt ein – auf ihrem Gebiet – renommierter Verlagsname einen wichtigen Anreiz für die Zusammenarbeit dar, wie Irmer darlegt: »Der publizierende Forscher weiß ebenfalls, bei welchem Journal oder Verlag er seinen Text einreichen muss, um diesen mit einem hohen Qualitätssiegel versehen zu lassen.«[51]

5.2.2 Firmennamenstreitigkeiten in anderen Branchen

Streitigkeiten um Firmennamen und die Nutzung von damit verbundenen Rechten zwischen ost- und westdeutschen Firmen gab es nach 1945 nicht nur bei den Verlagen, sondern auch in vielen weiteren Branchen;[52] bekannte Fälle sind die Deutsche Lufthansa, Agfa und Carl Zeiss.[53] Bei einem Blick auf die anderen Wirtschaftszweige fällt auf, dass die Firmennamen oder einzelne Produkte als Warenzeichen in entsprechenden Registern eingetragen waren. Nach Gründung der Bundesrepublik konnten Firmen in die beim Deutschen Patentamt in München hinterlegte Warenzeichenrolle ihre Marken eintragen lassen – eine wichtige Voraussetzung für die auf dem so genannten ›Heimatschutz‹ beruhende internationale Anerkennung.[54] Die DDR-Regierung unterschätzte die Problematik zunächst; Marken wurden als »typisch

---

49 Die Funktion von Marken wird normalerweise aus Hersteller-, Handels- und Konsumentensicht dargestellt. Vgl. Bruhn 2001, S. 32.

50 Dieses und das vorangegangene Zitat: Bierwirth 2003, S. 39.

51 Irmer 2011, S. 37.

52 Konflikte um Firmen- und Warenzeichen wurden vor allem in den Branchen Fahrzeugbau, Elektrotechnik, Feinmechanik, Optik, Foto und Film ausgetragen. Vgl. Fäßler 2006a, S. 174f.

53 Zu den Auseinandersetzungen um die Deutsche Lufthansa siehe Fäßler 2005a. Der Streit wurde 1963 mit der Überführung der ostdeutschen Lufthansa in die Interflug GmbH beigelegt. Zu Konflikten und Zusammenarbeit der Afga-Firmen in Leverkusen/Wolfen siehe Karlsch 1992. Auch in diesem Fall wurde in der DDR der Firmenname aufgegeben und ab 1964 das neu entwickelte Zeichen ORWO verwendet. Vgl. ebd., S. 117f. Zur deutsch-deutschen Geschichte der Firma Carl Zeiss siehe Hermann 2002.

54 Vgl. Fäßler 2006b, S. 289f.

kapitalistische Symbole«[55] und damit als überflüssig erachtet. Erst ab Mitte der 1950er Jahre erkannten die Behörden die Bedeutung eingetragener Warenzeichen bei Exportgeschäften, auch im Zusammenhang mit den Streitigkeiten zwischen deutsch-deutschen Unternehmen. Für die in jener Zeit stark um internationale Anerkennung ringende DDR, das wurde nun deutlich, ging es dabei auch um eben jenes internationale Ansehen.[56] In der Folge kam es Anfang 1954 zur Verabschiedung eines Warenzeichengesetzes. Damit bestand die formale Grundlage für die internationale Anerkennung der eingetragenen Warenzeichen, die im Jahr darauf durch die Ankündigung der DDR, dass man sich nun auch wieder an den internationalen Markeneintragungen beim Berner Büro beteiligen wolle, gesichert werden sollte.[57]

Die wissenschaftlichen Parallelverlage hatten ihre Namen nicht als Marken eintragen lassen.[58] Der Schutz der Firmennamen war allerdings auch ohne eine Eintragung durch entsprechende Paragraphen des BGB (das auch in der DDR in dieser Zeit grundsätzlich noch Gültigkeit besaß)[59] bzw. des Gesetzes gegen den unlauteren Wettbewerb grundsätzlich gewährleistet.[60] Der entscheidende Unterschied zwischen den Auseinandersetzungen von Parallelunternehmen wie Lufthansa, Afga, Zeiss und anderen, deren Firmennamen nach dem Zweiten Weltkrieg (erneut) als Marken eingetragen worden waren, und den Parallelverlagen lag in der Reichweite: Prozesse wurden von den großen Unternehmen auf westlicher Seite grundsätzlich in der ganzen Welt geführt; die ostdeutsche Seite beschränkte sich aus ökonomischen und politischen Erwägungen heraus auf Staaten, in denen eine Aussicht auf Erfolg bestand. Das waren vornehmlich die sozialistischen ›Bruderstaaten‹ sowie einige ausgewählte blockfreie Länder.[61] Die Verlage hingegen führten juristische Auseinandersetzungen lediglich in dem Land, in dem sie selbst ansässig waren, also in der DDR oder der Bundes-

---

55 Fäßler 2006a, S. 175.

56 Vgl. ebd., S. 175.

57 Vgl. Fäßler 2006b, S. 290.

58 Eine Recherche nach den Namen der acht Wissenschaftsverlage und Verlagen allgemein auf der Internetseite des Deutschen Patent- und Markenamtes ergab, dass sich in den ersten Jahrzehnten nach 1945 lediglich der Verlag Philipp Reclam jun. 1962 die Marke ›Reclam‹ sichern ließ, angemeldet am 4.8.1962. Der Verlag ließ zusätzlich die Marke ›Universal-Bibliothek‹ in die Warenzeichenrolle eintragen. Vgl. Max 2003, S. 58.

59 Nach 1945 behielt das BGB in der DDR zunächst seine Gültigkeit. 1966 wurde das Familienrecht neu geregelt und der entsprechende Teil des BGB außer Kraft gesetzt, 1976 löste das Zivilgesetzbuch der DDR das BGB schließlich vollständig ab. Vgl. Leipold 2013, S. 32.

60 Vgl. Schröter 1967, S. 87. §12 BGB bezieht sich explizit auf das Namensrecht: »Wird das Recht zum Gebrauch eines Namens dem Berechtigten von einem anderen bestritten oder wird das Interesse des Berechtigten dadurch verletzt, dass ein anderer unbefugt den gleichen Namen gebraucht, so kann der Berechtigte von dem anderen Beseitigung der Beeinträchtigung verlangen. Sind weitere Beeinträchtigungen zu besorgen, so kann er auf Unterlassung klagen.«

61 Vgl. Fäßler 2006b, S. 293f. Ein wichtiger Unterschied war, dass es bei den genannten Firmen um so genannte Altzeichen ging, d. h. Warenzeichen, die »sich vor dem 8.5.1945 im Besitz eines deutschen Unternehmens befunden hatten, zwischenzeitlich im Ausland aber von der jeweiligen Regierung se-

republik. Dies lag daran, dass für die Produkte bzw. Dienstleistungen der genannten Firmen im Gegensatz zu den Verlagen die ausländischen Märkte von ungleich größerer ökonomischer Bedeutung waren, selbst wenn die Exportfrage für die Verlage durchaus ebenfalls relevant war (siehe Kapitel 5.4). Zudem hätten Verfahren im Ausland finanzieller Mittel bedurft, die den Verlagen in beiden Teilen des Landes nicht zur Verfügung standen und deren Einsatz durch die Höhe der Exportumsätze auch kaum gerechtfertigt gewesen wäre. Darüber hinaus fehlte den Verlagen die politische Rückendeckung, welche die großen Unternehmen in Ost und West von den jeweiligen Regierungsstellen erhielten.[62]

Dass die fehlenden Auslandsurteile von den Verlagen als problematisch aufgefasst wurden, zeigt ein Schreiben Martin Gieseckes von B. G. Teubner Stuttgart:

> Während innerhalb des Bundesgebiets für unseren Verlag nicht zuletzt zufolge des Urteils des Landgerichts Stuttgart eine völlig klare Situation gegeben ist, so ist es immer wieder schwierig, im westlichen Ausland den Bezug und Vertrieb Leipziger Werke zu unterbinden bzw. zu beschränken. Wenn auch die Rechtsprechung des westlichen Auslands hinsichtlich einer Konfiskation der des Bundesgebietes grundsätzlich entspricht, so würde es aber in jedem Land eines Urteils bedürfen, wenn man gewillt ist, gegen den Vertrieb der in er SBZ erschienenen Veröffentlichungen gegebenenfalls gerichtliche Schritte zu unternehmen.[63]

Mit der Einschätzung des Frankfurter Börsenvereins, dass vorliegende Gerichtsurteile zu branchenfremden Unternehmen aus westlichen Ländern Relevanz auch für die Verlage hätten (siehe Kapitel 5.1), verbesserte sich diese Situation wenigstens formal und auf einige konkrete Staaten bezogen.

Der Vergleich von Verlagsbranchen und anderen Wirtschaftszweigen zeigt, dass es trotz der geschilderten Unterschiede im Umgang mit der Situation grundsätzlich um die gleichen Konflikte ging, die die großen Firmen anderer Branchen austrugen: um die Rechtmäßigkeit der Existenz der jeweils anderen Firma, die Führung des Unternehmensnamens und den Vertrieb der Produkte unter diesem Namen.

5.3 Konfliktfeld III: Verlagsrechte und Autorenbindungen

Zwischen den Parallelverlagen entstanden in vielen Fällen Streitigkeiten um die Nutzung der bestehenden Verlagsrechte und die damit verbundenen Autorenbindungen. Bei den Wissenschaftsverlagen hatte diese Rechtefragen besondere Relevanz, da viele Verlage zahlreiche Standardwerke im Programm hatten, die oftmals seit Jahrzehnten

---

questriert worden waren.« Ebd., S. 284, Fußnote 4. Die Firmen konnten ab Ende 1949 ihre Ansprüche auf die Altzeichen international versuchen durchzusetzen. Vgl. ebd., S. 290.

62 Vgl. ebd., S. 298.

63 Giesecke, Teubner Stuttgart, an Seemann, 20.11.1956, SStAL, 22199 Teubner Stuttgart, Nr. 85. Zu dem erwähnten Urteil siehe Kapitel 6.1.2.

in immer neuen Auflagen erschienen und an deren weiterer Publikation großes Interesse bei den Verlagen bestand. Einige Beispiele aus den wissenschaftlichen Parallelverlagen mögen dies verdeutlichen:

– Ein aufgrund der insgesamt erreichten Auflagenzahl beeindruckendes Beispiel stellt das *Lehrbuch der Botanik für Hochschulen* dar, das von dem Jenaer Botanik-Professor Eduard Strasburger und drei Mitautoren verfasst wurde. Es erschien erstmals 1894 im Verlag Gustav Fischer und 1998 in 35. Auflage letztmals bei Fischer; die 36. Auflage kam im Jahr 2008 bei Spektrum, Akademischer Verlag (heute Springer Spektrum) heraus; in den über einhundert Jahren seiner Existenz erlebte die ›Bibel der Botanik‹ diverse Neubearbeiter.[64]

– Das dreibändige Werk *Praktische Physik* von Friedrich Kohlrausch, das 1870 bei B. G. Teubner zunächst unter dem Titel *Leitfaden der praktischen Physik* erschienen war, wurde bis 1996 bei Teubner in Stuttgart verlegt, wo es in 24., neu bearbeiteter und erweiterter Auflage herauskam.

– Das Werk *Lehrbuch und Atlas der Anatomie des Menschen*, im 19. Jahrhundert auf der Basis von Quains *Elements of Anatomy* von August Rauber begründet, fortgeführt von Friedrich Kopsch und ursprünglich beim Verlag Besold in Erlangen publiziert, kam Anfang des 20. Jahrhunderts zu Georg Thieme.[65] 1968 wurde die 20. Auflage von Thieme Stuttgart herausgebracht. Seit 1987 erscheint das Buch unter dem Titel Rauber/Kopsch, *Anatomie des Menschen* in neuer Auflagenzählung, die jüngste 3. Auflage stammt aus dem Jahr 2003.

Neben den bestehenden Verlagsverträgen war den Verlagen meist an potenziellen neuen Werken der Wissenschaftler gelegen. Insofern hatten die Parallelverlage über den konkreten Verlagsvertrag hinaus ein grundsätzliches Interesse an der Fortsetzung der bestehenden Beziehungen. Ebenso sollten die für die wissenschaftlichen Zeitschriften verantwortlichen Herausgeber und Redakteure gehalten werden.

5.3.1 (Verlags-)Rechtliche Rahmenbedingungen

Da die Beziehungen zwischen Verlag und Autor wesentlich durch die zwischen den Parteien abgeschlossenen Verlagsverträge und die damit in Zusammenhang stehenden Regelungen im Verlagsgesetz und im Bürgerlichen Gesetzbuch bestimmt sind, soll ein Blick auf die rechtlichen Rahmenbedingungen die Lage verdeutlichen, in denen sich die Akteure befanden.

Die verschiedenen Instrumente der Kommunikationskontrolle, die von den Alliierten in den Nachkriegsjahren angewendet wurden, führten zu Unsicherheiten im Verhältnis von Verleger und Autor, auch bezüglich ihrer gegenseitigen vertraglichen

---

64 Zur Publikationsgeschichte siehe Lucius 1994.
65 Vgl. Staehr 2011, S. 41f.

Verpflichtungen. Dies spiegelt sich in Veröffentlichungen zu juristischen Fragen des Verlags- und Urheberrechts aus jenen Jahren wider. Zu dem Thema erschienen verschiedene Artikel in der Frankfurter und der Leipziger Ausgabe des *Börsenblatts für den Deutschen Buchhandel*. Auch Monografien zum Verlags- und Urheberrecht aus jenen Jahren gingen entweder im Rahmen einer Gesamtdarstellung auf besondere Probleme der Zeit ein – so zum Beispiel das Werk *Urheber- und Verlagsrecht* von Kurt Runge, das in drei Fortsetzungen zwischen 1948 und 1953 erschien – oder behandelten ausschließlich solche Spezialfragen, wie das Buch *Die Rechtsbeziehungen zwischen Verfasser und behindertem Verleger* von Richard Vetter, publiziert 1949.[66]

Im Fokus der Diskussionen stand das Problem der Nichtlizenzierung eines Verlags. Hierbei wurde zwischen einer noch nicht erfolgten Lizenzierung – eine Situation also, in der sich Verlag und Autoren in Unsicherheit über die künftige Entwicklung befanden, aber noch Aussicht auf eine Lizenzerteilung bestand – und der bereits endgültigen Nichtlizenzierung unterschieden. Bei den Parallelverlagen wäre eine Situation vorstellbar gewesen, in der die Frage der Lizenzerteilung zu Konflikten um die Autorenrechte hätte führen können – wenn eine Verlagsniederlassung deutlich früher eine Lizenz erhalten hätte als die andere und beide Firmen sich hinsichtlich der Autorenbindungen nicht hätten einigen können. Dies war allerdings bei den untersuchten Unternehmen nicht der Fall. Entweder erhielten die Verlage ihre Lizenzen in Ost und West ohne großen zeitlichen Abstand (S. Hirzel, Georg Thieme); die endgültige Firmentrennung, in der Konflikte auftraten, erfolgte erst in den 1950er Jahren, als die Lizenzerteilungen keine Rolle mehr spielten (Akademische Verlagsgesellschaft, Gustav Fischer, Carl Marhold, B. G. Teubner); oder es bestand zwischen den Parallelverlagen ein anhaltend kooperatives Verhältnis (Johann Ambrosius Barth, Theodor Steinkopff/Dr. Dietrich Steinkopff).

Hingewiesen wurde in der Diskussion auf das besondere Vertrauensverhältnis zwischen Autor und Verleger, das eine »gegenseitige [...] Treuepflicht« zur Folge habe. Daher sei »jede Vertragspartei [...] verpflichtet [...], auf die Interessen des Vertragspartners Rücksicht zu nehmen und auch das Wohl des Vertragspartners im Auge zu haben«.[67] In diesem Zusammenhang warnte im April 1946 ein Artikel in der Frankfurter Branchenpresse davor, bestehende Vertragsbindungen aufgrund der unsicheren Verhältnisse »leichtfertig« oder »übereilt«[68] aufzulösen. In einem Artikel über *Das Treueverhältnis zwischen Autor und Verleger* vom September 1946 erörterte der Autor verschiedene Möglichkeiten, im Falle einer Nichtlizenzierung des Verlegers eine für alle Beteiligten akzeptable Lösung zu finden, zum Beispiel durch den Verkauf der Verlagsrechte an einen lizenzierten Verleger.[69]

---

66 Mit dem »behinderten« Verleger ist ein nicht lizenzierter Verleger gemeint.

67 Dieses und das vorangegangene Zitat: Vetter 1949, S. 19f.

68 Gegen leichtfertigen Verlagswechsel. In: Börsenblatt (Frankfurter Ausgabe), H. 7, 1.4.1946, S. 59.

69 Vgl. Klotz, L.: Das Treueverhältnis zwischen Autor und Verleger. In: Börsenblatt (Frankfurter Ausgabe), H. 17/18, 20.9. 1946, S. 139f.

Im selben Artikel wurde das durch die Zonengrenzen entstandene Problem diskutiert, dass ein Werk nur in der Zone verbreitet werden konnte, in der der Verleger ansässig war. Als Lösung schlug der Autor die Vergabe einer Lizenz an einen Verleger in einer anderen Zone vor[70] – ein Verfahren, das die Parallelverlage, sofern sie kooperierten, selbstverständlich praktizierten (siehe Kapitel 6.2).

In der Leipziger Ausgabe des *Börsenblatts für den deutschen Buchhandel* erläuterte ein Artikel vom Februar 1947 zum Thema der Nichtlizenzierung eines Verlegers Besonderheiten der Branchensituation in der Sowjetischen Besatzungszone. Der Autor ging unter anderem auf den Fall einer Enteignung des Verlegers ein – zu diesem Zeitpunkt bezog sich ein solcher Akt für gewöhnlich auf eine Beschlagnahme aufgrund von Befehl Nr. 124 vom 30. Oktober 1945 und wurde noch nicht als Folge von Wirtschaftsprozessen oder einer ›Republikflucht‹ eines Firmenbesitzers durchgeführt, wie dies Anfang der 1950er Jahre der Fall war (siehe Kapitel 3.2.3). Hierzu vertrat der Autor die Auffassung: »Den Übergang auf den Staat muß der Verfasser gegen sich gelten lassen, da es sich um einen gesetzlichen Akt handelt.«[71] Durch die unterschiedlichen politischen und wirtschaftspolitischen Entwicklungen in den Besatzungszonen bzw. den beiden Staaten galt diese Bewertung aber nur für die SBZ/DDR, wohingegen in den westlichen Zonen/der Bundesrepublik Anordnungen von Treuhandschaft oder Verwaltung sowie Enteignungen nicht anerkannt wurden.

Interessant sind die genannten Publikationen zu den Rechtsbeziehungen zwischen Autoren und nichtlizenzierten Verlegern unter anderem deshalb, weil hier grundsätzlich ausgeführt wurde, unter welchen Bedingungen und auf Grundlage welcher gesetzlichen Regelungen die Autoren verpflichtet waren, ihre bestehenden Vertragsbeziehungen zu einem Verlag fortzusetzen beziehungsweise wann ihnen eine Auflösung des Vertragsverhältnisses möglich war. Zu differenzieren ist hierbei zunächst, ob ein Verleger aufgrund des geschlossenen Vertrags zur Vervielfältigung und Verbreitung nur einer Auflage berechtigt und verpflichtet war oder vom Verfasser »das Verlagsrecht für alle Auflagen und auch für alle Ausgaben eines Werkes übertragen«[72] bekam. Letzteres war laut Runge in der Mitte des 20. Jahrhunderts gängige Praxis.[73] Dies galt auch für die wissenschaftlichen Parallelverlage, da Streitigkeiten über die Neuauflagen wichtiger Werke nicht aufgetreten wären, wenn der Autor bei jeder neuen Auflage ohne Probleme einen Verlagsvertrag mit einem neuen Verleger hätte abschließen können.

Im Zusammenhang mit der Parallelverlagsproblematik ist im Gesetz über das Verlagsrecht vom 29. Juni 1901 vor allem §35 VG von Belang. Dieser behandelt das

---

70 Vgl. ebd.
71 Die Rechtslage bei Nichtlizenzierung des Verlegers. In: Börsenblatt (Leipziger Ausgabe), H. 4, 25.2.1947, S. 48.
72 Runge 1948–1953, S. 443.
73 Vgl. ebd.

»Rücktrittsrecht des Verfassers wegen veränderter Umstände«.[74] Das Recht wird dahingehend konkretisiert, dass ein Rücktritt möglich ist, wenn sich nach Vertragsabschluss, aber noch vor Beginn der Vervielfältigung, »neue, objektiv feststellbare Umstände ergeben haben, die den Verfasser vernünftigerweise vom Vertragsschluß abgehalten hätten, wenn diese Umstände damals bereits vorhanden gewesen wären [...]«.[75] In der Regel wären dies Gründe, die im Werk selbst zu suchen sind, beispielsweise das Bekanntwerden neuer Forschungsergebnisse, welche die im Werk dargestellten widerlegen, oder politische Bekenntnisse eines Autors, die unter einer neuen Regierung nicht mehr vertretbar sind.[76] Die Situation einer Trennung eines Verlags in zwei parallele Unternehmen fiele demnach nicht in diese Kategorie – ausgeführt wird der Fall in der genannten Literatur nicht.

Die beiden anderen Paragraphen im Verlagsgesetz, die eine Beendigung des Vertragsverhältnisses von Seiten des Autors erlaubt hätten, beziehen sich auf die Pflicht des Verlegers zur Vervielfältigung bzw. zur Veranstaltung einer neuen Auflage.[77] Unabhängig von einem Verschulden des Verlegers, so auch die Auffassung des Leipziger Börsenvereins Ende der 1940er Jahre, hätte ein Autor das Recht zum Rücktritt vom Vertrag, wenn ein Verleger dieser Pflicht nicht nachkommt. Er solle zwar nicht zu rasch einen solchen Rücktritt in Erwägung ziehen – allzu langes Warten könne ihm aber nicht zugemutet werden.[78] Diese gesetzliche Regelung war vor allem in den Fällen von Belang, in denen ein Verlag keine Lizenz erhalten hatte, aber auch dann, wenn er keine Druckgenehmigung bzw. kein Papier für ein bestimmtes Werk erlangen konnte. Da die Rechtsbeziehungen im Verlagsgesetz nicht erschöpfend geregelt sind, finden die Vertragsbeziehungen von Autor und Verleger betreffend weiterhin allgemeine Gesetze Anwendung.[79]

5.3.2 Bedeutung der Rechtslage für Autoren und Verleger

Es stellt sich die Frage, ob der Rücktritt oder die Kündigung eines Verlagsvertrags für den Autor eines Parallelverlags von Interesse hätte sein können. Für gewöhnlich geriet der Autor durch die Teilung eines Verlags in die Situation, sich entscheiden zu müssen, bei welchem der nunmehr zwei Verlage seine künftigen Werke bzw. Neuauflagen bereits publizierter Werke erscheinen sollen. Er hätte sich der Situation und der

---

74 Urheber- und Verlagsrecht 2010, S. 82.

75 Runge 1948–1953, S. 556.

76 Vgl. Runge 1948–1953, S. 559; Vetter 1949, S. 51f.

77 Zu §17 des Verlagsgesetzes vgl. Lutz 2013, S. 52; Runge 1948–1953, S. 547–549. Zu §32 vgl. Lutz 2013, S. 52; Runge 1948–1953, S. 551f.

78 Vgl. Julius Beltz, Langensalza, an BV Leipzig, 1.3.1949 sowie BV Leipzig an Julius Beltz, Langensalza, 19.3.1949, SStAL, 21766 BV II, Nr. 921.

79 Vgl. dazu Vetter 1949, S. 54–56; Lutz 2013, S. 52.

Entscheidung durch Kündigung des Verlagsvertrags entziehen und sich einen neuen Verlag suchen können. Das kam vor, scheint allerdings bei den Wissenschaftsverlagen nicht häufig aufgetreten zu sein. Denkbar wäre theoretisch auch, dass der Autor einen bestehenden Verlagsvertrag gelöst und mit dem Verlagsteil seiner Wahl einen neuen Vertrag abgeschlossen hätte. In diesem Fall hätte die dargelegte juristische Situation Relevanz besessen – es kann an dieser Stelle allerdings nicht verallgemeinernd beurteilt werden, ob der Umstand einer Firmenteilung den Autor zu einem Rücktritt oder einer Kündigung des Verlagsvertrags tatsächlich berechtigt hätte. Die Fälle waren unterschiedlich gelagert, und die Literatur liefert zu dem konkreten Problem der parallelen Unternehmen keine Antworten.[80] Klar war die Sachlage nur in den Fällen, in denen ein Verlag – und dies betraf vor allem die Verlage in der SBZ/DDR – seiner Pflicht zur Verbreitung nicht nachkommen konnte, weil er keine Genehmigung oder kein Papier erhielt. Dann hätte ein Autor vom Vertrag zurücktreten und einen Wechsel zum gleichnamigen Verlag im Westen rechtfertigen können.

Interessant ist, dass sich in den Argumentationen der Verlage auf beiden Seiten kaum Hinweise auf die verlagsrechtliche Lage finden. Im Mittelpunkt der durchaus geführten Auseinandersetzungen zwischen Verlagen und Autoren stand stets der grundlegendere Aspekt der Rechtmäßigkeit respektive der Illegitimität des einen bzw. anderen Verlags (siehe Kapitel 6.1.1).[81]

In der DDR äußerte sich das Amt für Literatur und Verlagswesen zu der Frage, welchem der Parallelverlage die Verlagsrechte nach der Teilung zustehen würden, im Fall der Gustav Fischer Verlage eindeutig, allerdings wurde in der Begründung ohne Bezugnahme auf konkrete Gesetze argumentiert: Es

> [...] bleiben nach dem in der DDR geltenden Recht die Verlagsrechte im Besitz des Verlages, in dem sie entstanden sind, auch dann, wenn die ehemaligen Verlagsinhaber die DDR verlassen und in Westdeutschland ein Parallelunternehmen gegründet haben. Die Verlagsrechte sind in der alten Firma verankert und von ihr nicht gekündigt worden. [...] Der Autor ist sinngemäß an seine Vertragspflichten gegenüber dem Verlag gebunden und schadensersatzpflichtig, wenn er ohne ersichtlichen Grund die Weiterarbeit verweigert. Die Autoren sind nicht an die republikflüchtigen Inhaber gebunden, wohl aber an den Verlag, der weder seinen Wohnsitz geändert noch das Vertragsverhältnis mit ihnen gelöst hat.[82]

---

80 Für den ursprünglich in Leipzig ansässigen Verlag Reclam stellt Laux 2012 dar, wie die schwierigen Produktionsbedingungen der Nachkriegszeit dazu führten, dass Autoren entweder zum westdeutschen Parallelverlag nach Stuttgart oder zu anderen westdeutschen Verlagen wechselten. Für den Eugen Diederichs Verlag bietet Ulf Diederichs einige Auszüge aus Briefwechseln mit Autoren aus den Nachkriegsjahren, die die Probleme verdeutlichen. Der Verlagssitz wurde nach 1945 von Jena nach Düsseldorf und Köln verlegt. Vgl. Diederichs 2000/1, S. B8–B11.
81 Das Verhältnis der Parallelverlage zu ihren Autoren steht in dieser Arbeit nicht im Fokus. Einzelne Reaktionen und Argumentationen finden sich in Kapitel 6; zu den Beziehungen zwischen Verlagen und ihren Autoren siehe außerdem Seemann 2013.
82 Böhm, Amt für Literatur und Verlagswesen, an Böhme, Fischer Jena, 23.12.1953, BArch, DR1/765.

Für Gustav Fischer wurde daraus geschlussfolgert, dass der Jenaer Verlag das Recht zu einem Nachdruck auch ohne Zustimmung des Autors habe. Der Leipziger Anwalt Rudolf Franz, der für B. G. Teubner ein Rechtsgutachten zur Frage der Verlagsrechte erstellte, kam – ebenfalls ohne Bezugnahme auf konkrete Gesetze – zu einer ähnlichen Einschätzung, dass nämlich die Autoren nach der Etablierung des Stuttgarter Verlags »ihrer Vertragspflicht gegenüber der Leipziger Firma B. G. Teubner nicht entbunden« seien. Im Gegenteil würden sie sich »schadensersatzpflichtig machen, wenn sie ohne ersichtlichen Grund ihre Weiterarbeit verweigern, solange die Firma B. G. Teubner Leipzig auch ihrerseits die Verträge erfüllt«. Der Anwalt versäumte es nicht, seine Argumentation zusätzlich in einen größeren politischen Kontext einzuordnen, wenn er abschließend bemerkte: »Die Autoren müssen auch ihrerseits alles dazu tun, um dem großen Ziel der späteren Wiedervereinigung zu dienen.«[83] Das Amt für Literatur und Verlagswesen schloss sich dieser Auffassung an.[84]

Zugleich hatte man im östlichen Deutschland schon früh erkannt, dass diese Rechtsauffassung im Westen im Zweifel nicht durchsetzbar sein würde. So erhielt der Verlag Julius Beltz in Langensalza, bei dem Anfang 1949 ein Parallelunternehmen in Weinheim entstanden war, vom Leipziger Börsenverein wenig später die Auskunft, dass man aufgrund der fehlenden Anerkennung der östlichen »Sozialisierungsmaßnahmen« kaum erfolgreich dagegen vorgehen könne, wenn die Eigentümer im Westen die Verlagsrechte für sich in Anspruch nehmen und ausnutzen.[85]

In der Bundesrepublik gab es keine Institution, die die Angelegenheiten der Verlage zentral steuerte. Allerdings konnte es vorkommen, dass Verwaltungsorgane – so das Bundesministerium für gesamtdeutsche Fragen oder das Bundesministerium für Justiz – mit Anfragen von betroffenen Verlegern oder Autoren konfrontiert wurden, wie das Beispiel des Mathematikers Erich Kamke zeigt. Der Tübinger Professor trat im Dezember 1953 an den Bundesminister für gesamtdeutsche Fragen heran und erbat Auskunft darüber, »ob ein im Bundesgebiet wohnender Autor von einem mit einem Verleger in der sowjetischen Besatzungszone vor 1945 geschlossenen Verlagsvertrag freikommen kann«. Die Antwort lautete, dass dies im Einzelfall von den Gerichten zu entscheiden sei; darüber hinaus wurden zur Rechtslage einige grundsätzliche Einschätzungen gegeben. Unter anderem stellte der Schreiber fest, dass für den Fall, dass der »ostzonale Verlag [...] in volkseigenes Vermögen überführt worden [ist]«, »die Verlagsrechte für das Bundesgebiet wie auch für das Ausland [...] dem Inhaber des betreffenden Verlages trotz der Enteignung erhalten [bleiben]«. Die Begründung lautete, dass »die Enteignung nur für das Gebiet, in dem sie verfügt worden ist«,[86] wirke. Diese

---

83 Dieses und die vorangegangenen Zitate: Franz, Gutachten, 31.8.1953, BArch, DR1/765.

84 Vgl. Amt für Literatur und Verlagswesen, Böhm, an Teubner Leipzig, 24.12.1953, BArch, DR1/1947.

85 BV Leipzig an Julius Beltz, Langensalza, 19.3.1949, SStAL, 21766 BV II, Nr. 921.

86 Dieses und die vorangegangenen Zitate: Bundesminister der Justiz an den Bundesminister für Gesamtdeutsche Fragen, 4.5.1953, SStAL, 22199 Teubner Stuttgart, Nr. 78.

juristische Einschätzung deckt sich mit der in der Bundesrepublik gängigen Bewertung der firmenrechtlichen Situation (siehe Kapitel 5.1).

Damit ist der Kern der gegenteiligen Rechtsauffassungen in Ost und West getroffen: Die Überführungen der Firmen in Volkseigentum bzw. in Verwaltung, von denen die meisten Verlage betroffen waren, nachdem die Eigentümer die SBZ bzw. die DDR verlassen hatten, stellten in der DDR staatlich gewollte oder angeordnete Vorgänge dar, die durch die Gesetzgebung gestützt waren. In der Folge war aus DDR-Sicht auch die Lage bezüglich der Autorenrechte klar. Die Verlage waren an ihrem Ursprungsort geblieben, es hatten sich lediglich die Eigentumsverhältnisse aufgrund von staatlichen Hoheitsakten geändert – es gab daher keinen Grund, nicht an den bestehenden Verlagsrechten festzuhalten. In der Bundesrepublik hingegen, in der das Privateigentum im Rahmen der kapitalistischen Wirtschaftsordnung eine ganz andere Bedeutung hatte als das private Eigentum in der DDR (wo das ›sozialistische Eigentum‹ im Fokus stand), galten die Verlagsrechte als immaterielles Eigentum der Verleger als an ihre Besitzer gebunden. Da darüber hinaus die Anordnungen der Treuhandschaft und die Enteignungen auf dem Gebiet der SBZ/DDR in der Bundesrepublik nicht anerkannt wurden, galt die Sachlage hier ebenfalls als klar, nur unter umgekehrten Vorzeichen: Die Verleger blieben Eigentümer der erworbenen Rechte, auch nachdem sie den Sitz ihrer Firma verlegt oder neue Unternehmen in der Bundesrepublik gegründet hatten.

Wie es um die Einschätzung der Rechtslage in der unmittelbaren Nachkriegszeit bestellt war, zeigt ein Zitat von Dietrich Steinkopff vom September 1947, der beklagte, dass in diesen Zeiten offenbar andere als juristische Kräfte ausschlaggebend sein konnten: »Was haben denn ›vertragliche Bindungen‹ heute für einen Wert, wenn höhere Gewalt jetzt in allen Zonen Deutschlands maßgebend ist?«[87]

5.3.3 Bedeutung der Verlagsrechte für die Verlage

Wenn Fischer unter Bezug auf Pierre Bourdieus Feldtheorie für Literaturverlage konstatiert, dass »Autorenrechte und -bindungen [deren] wichtigste[s] Kapital darstellen«,[88] so kann man diese Feststellung ohne Zögern auf die Wissenschaftsverlage übertragen – und nach den Befunden von Kapitel 5.2 um die Verlagsnamen ergänzen. Sofern zu den Verlagen keine grafischen Betriebe gehörten, verfügten sie daneben über nur wenige Werte von großer ökonomischer Bedeutung. Die materiellen Güter, die in Form von Büroräumen, Buchbeständen, fertigem Stehsatz und Matern vorhanden waren, hatten im Zweiten Weltkrieg teilweise große Schäden erlitten. Die Verleger, die die SBZ bzw. die DDR verließen, mussten bei ihrem Weggang den größten Teil

---

87 Theodor Steinkopff an Dietrich Steinkopff, 14.–20.9.1947, ZLB, Aktenarchiv Steinkopff, Dresden 1–249, vom 1945 bis 31.12.48.
88 Fischer 2012, S. 187.

dessen, was noch übrig war, zurücklassen.[89] Gleiches galt für immaterielle Werte wie Mitarbeiter und bestehende Geschäftsbeziehungen. Durch die wirtschaftspolitischen Umwälzungen hatten auch die Verlage in der DDR mit dem Verlust ökonomischer Substanz zu kämpfen. Umso bedeutender waren die Verlagsnamen, die Verlagsrechte und Autorenbeziehungen, ohne die Verlage nicht über symbolisches Kapital verfügten, die sie in ökonomisches Kapital umwandeln konnten.[90] Durch eine Gefährdung von Verlagsnamen und Verlagsrechten war die Existenzgrundlage der Verlage berührt, und so nimmt es nicht wunder, dass sich hier zentrale Konfliktfelder zwischen den Parallelverlagen in Ost und West auftaten.

Hingewiesen sei auf die Unterscheidung zwischen den so genannten ›alten‹ Rechten, also jenen, die die Verlage vor ihrer Trennung erworben hatten, und den ›neuen‹ aus der Zeit danach. Wenn die westdeutschen Parallelverlage Einspruch gegen die Verbreitung auch der neuen Titel erhoben, so stützten sie diese Forderung, so argumentierte beispielsweise Teubner-Verleger Martin Giesecke, »auf die Verletzung unseres Firmenrechts«.[91] Der Börsenverein in Frankfurt am Main unterstützte diese Haltung grundsätzlich, befand sich aber in einem Zwiespalt, da vor allem die Sortimentsbuchhändler in der Bundesrepublik Interesse an einer Einfuhr der Bücher aus den DDR-Verlagen hatten (siehe Kapitel 7.2.4).

Dass die Rechte ein wichtiges Gut für die Verlage darstellten, wird daran ersichtlich, dass sie diesem Aspekt oft große Aufmerksamkeit zuteilwerden ließen. Die Inhaber von Teubner übertrugen nach ihrem Verlassen Leipzigs die Rechte in mehreren Schritten auf Firmen in der Bundesrepublik – ein kompliziertes und zugleich penibles Vorgehen. Bei S. Hirzel sollte ein notariell beglaubigtes Dokument den Übergang der Verlagsrechte vom Leipziger auf den Stuttgarter Verlag juristisch belegen.[92]

Ambivalenz: Verlagsrechte im Kontext der ›Störfreimachung‹

Eine Einschränkung bezüglich des Interesses der DDR-Verlage an den Autorenrechten ist zu machen: Dies betrifft die Einschätzung der Verlagsrechte im Kontext der so genannten ›Störfreimachung‹. Dessen Ziel war es, die DDR-Wirtschaft aus der Abhängigkeit von der bundesdeutschen Wirtschaft zu befreien. Wenngleich die ›Störfreimachung‹ erst Anfang 1961 mit einem Beschluss der Staatlichen Plankommission zum

---

89 Vgl. Breuer, Stellungnahme zum Prüfungsbericht der Oberfinanzdirektion Stuttgart über die bei der Verlag für Wissenschaft und Fachbuch G.m.b.H., Bielefeld, durchgeführte Devisennachschau, 21.10.1953, SStAL, 22199 Teubner Stuttgart, Nr. 81.

90 Vgl. Fischer 2006, S. 249.

91 Vgl. Giesecke, Teubner Stuttgart, an Dietrich Steinkopff, 28.8.1956, SStAL, 22199 Teubner Stuttgart, Nr. 85.

92 Vgl. Kapitel 2.7.7 (Teubner) und 6.2.1 (Thieme).

offiziellen Programm erhoben wurde, so lassen sich derartige Bestrebungen bereits ab Beginn der 1950er Jahren feststellen (siehe auch Kapitel 3.4.3).[93]

Bei den Verlagen spielte zudem eine wichtige Rolle, dass die in der Bundesrepublik ansässigen Autoren erwarteten, ihre Honorare in DM-West zu erhalten. Aufgrund der Devisenknappheit in der DDR stellte dies ein dauerhaftes Problem in den Beziehungen zwischen Verlagen und Autoren dar. Daher gab es immer wieder Versuche, die westdeutschen Autoren bzw. ihre Publikationen durch DDR-Wissenschaftler zu ersetzen.[94] So schrieb Erich Köhler, Verlagsleiter bei B. G. Teubner in Leipzig, im Juni 1954 an das Amt für Literatur und Verlagswesen:

> Um für die Honorarzahlungen so wenig wie möglich Devisen in Anspruch nehmen zu müssen, wurde im Frühjahr 1953 damit begonnen, neue, in der DDR ansässige Autoren zu gewinnen, und dies ist auch in vielen Fällen gelungen. Dabei war der Autorenwechsel auf dem Gebiet der technischen Lehrbücher sowieso mehr als notwendig, und zwar einmal im Hinblick auf die Einführung neuer Arbeitsmethoden in unseren Betrieben und zum anderen ganz besonders auch mit Rücksicht auf die Abweichungen zwischen den in der DDR und den in Westdeutschland gültigen Normen.[95]

Der Aspekt der divergierenden Entwicklungen in Ost und West spielte im technischen Bereich zunehmend eine Rolle bei der Wahl der Autoren; in den Naturwissenschaften war dies hingegen, jedenfalls in den 1950er Jahren, ein geringeres Problem.

Größere Bedeutung bekam die ›Störfreimachung‹ im Verlagswesen ab Beginn der 1960er Jahre, als vor allem in den neuen DDR-Verlagen, aber auch in den alten Wissenschaftsverlagen gezielt Titel entwickelt wurden, die dem Ziel der ›Störfreimachung‹ explizit dienen sollten.[96] Neben der Gewinnung von Autoren aus der DDR spielten zunehmend Übersetzungen aus dem Russischen oder aus anderen Sprachen der Ostblockländer eine Rolle.[97] Bei S. Hirzel wurde so ein traditionelles Lehrbuch, das einen Streitpunkt mit dem Stuttgarter Parallelverlag darstellte, nach Meinung der staatlichen Stellen überflüssig. Das *Lehrbuch der physikalischen Chemie* von John Eggert, Lothar Hock und Georg-Maria Schwab war erstmals 1926 publiziert worden und erschien 1960 in 8. Auflage bei Hirzel in Stuttgart. Der Leipziger Verlag versuchte über mehrere Jahre, mit dem Autor John Eggert und dem Stuttgarter Parallelverlag zu einer Einigung über eine Auflage in der DDR zu kommen. Die Bemühungen wurden hinfällig, als vom Ministerium für Kultur an den Leipziger Verlag die Aufforderung erging, das Buch nicht zu publizieren. Begründet wurde dies mit der Existenz ent-

---

93 Vgl. Fäßler 2012, S. 12, 14; Karlsch 1992, S. 110; für die Verlage Lokatis 1999, S. 1258.
94 Vgl. Protokoll über die Arbeitsbesprechung der Planungsgemeinschaft Naturwissenschaft im Amt für Literatur und Verlagswesen in Berlin am 26.6.1953, BArch, DR1/765.
95 Köhler, Teubner Leipzig, an das Amt für Literatur und Verlagswesen, 28.6.1954, BArch, DR1/1947.
96 Vgl. beispielsweise die Jahresberichte des VEB Verlag Volk und Gesundheit sowie des Deutschen Verlags der Wissenschaft für das Jahr 1961, BArch, DR1/929.
97 Vgl. MfK, Abteilung Literatur und Buchwesen, Sektor Naturwissenschaften und Technik, 14.7.1961, BArch, DR1/8564.

sprechender Bücher, die in der DDR entwickelt worden waren.[98] Es handelte sich dabei um das Buch *Grundlagen der physikalischen Chemie* des tschechischen Autors Rudolf Brdička, das 1958 im Deutschen Verlag der Wissenschaften erschienen war, sowie die *Physikalische Chemie* des in der DDR lebenden Chemikers Kurt Schwabe, die sich Anfang der 1960er Jahre bereits in Vorbereitung befand und 1973/74 in drei Bänden im Akademie-Verlag erschien.

5.4 Konfliktfeld IV: Absatzmärkte

Konnte auf den bisher beschriebenen Konfliktfeldern keine Einigung zwischen dem ost- und dem westdeutschen Verlag erzielt werden – betrachteten sich die Parallelverlage also beide als legitim –, so waren die Verlage unter gleichem Namen und teilweise mit den gleichen Werken auf dem Markt präsent und machten sich dort im Falle fehlender Verständigung gegenseitig Konkurrenz. Auf diese Weise rückten der Vertrieb bzw. bestimmte Absatzmärkte in den Blickpunkt.

In den Auseinandersetzungen zwischen den Parallelverlagen ebenso wie in der praktischen Zusammenarbeit wurden verschiedene Absatzmärkte unterschieden. In den meisten Fällen ging es um den Absatz in der DDR einerseits und in der Bundesrepublik andererseits; häufig wurden im Zusammenhang mit dem bundesdeutschen zusätzlich der österreichische und der Schweizer Markt genannt. Für die Wissenschaftsverlage spielten darüber hinaus in den 1950er Jahren auch die nicht-deutschsprachigen Märkte eine große Rolle, wobei hier meist nur eine grobe Unterscheidung in das ›westliche‹ und das ›östliche‹ Ausland erfolgte.[99]

5.4.1 Deutsch als Wissenschaftssprache

Die Bedeutung des nicht-deutschsprachigen Marktes für die Verlage wird bei einem Blick auf die Entwicklung der Sprachgepflogenheiten im Wissenschaftsbetrieb in der ersten Hälfte des 20. Jahrhunderts deutlich. Die deutsche Sprache hatte sich im 19. Jahrhundert in vielen Naturwissenschaften zur beherrschenden Wissenschaftssprache entwickelt.[100] Auch in den ersten Jahrzehnten des 20. Jahrhunderts blieb das Deutsche in einer großen Zahl von Fächern wichtigste Publikations- und Rezeptionssprache. Die Kenntnis unter anderem der deutschen Sprache und die Rezeption entsprechender Publikationen stellte für die meisten Wissenschaftler eine Selbstver-

---

98 Vgl. Besprechung am 30.10.1963 bei Kolln. Beck, Berlin, SHV, Nr. 142.
99 Eine hingegen sehr differenzierte Teilung der Absatzmärkte findet sich beim *Mathematischen Wörterbuch*, das gemeinsam vom Akademie-Verlag Berlin und B. G. Teubner Stuttgart herausgebracht wurde (siehe Kapitel 6.4.2).
100 Vgl. Ammon 2000, S. 60.

ständlichkeit dar; deutschsprachige Zeitschriften und Bücher waren an Hochschulen und Bibliotheken weltweit unverzichtbar.[101] Infolge des Ersten Weltkriegs erfuhr das Deutsche als Wissenschaftssprache eine erste Schwächung. Deutsche waren zu Kongressen nicht mehr zugelassen, Deutsch als Sprache war verboten.[102] Der allgemeinen Notlage sollte die Gründung der *Notgemeinschaft der Deutschen Wissenschaft* (die spätere *Deutsche Forschungsgemeinschaft*) entgegenwirken, zu deren vornehmsten Aufgaben die finanzielle Unterstützung von Publikationen und wissenschaftlichen Langzeitprojekten gehörte.[103] Nationalsozialismus und Zweiter Weltkrieg verstärkten den Bedeutungsverlust der deutschen Sprache weiter, da viele Wissenschaftler zur Emigration gezwungen und die in Deutschland verbliebenen zunehmend isoliert wurden.[104] Ab den 1950er Jahren war in der Bundesrepublik eine verstärkte Orientierung an der Wissenschaft der westlichen Welt, namentlich der USA, zu verzeichnen, während in der DDR eine Hinwendung zur östlichen Hemisphäre, vor allem zur russischen Wissenschaft, erfolgte.[105]

Die konkreten sprachlichen Folgen dieser Entwicklungen sind noch unzureichend erforscht; gleiches gilt für die Auswirkungen auf die deutschsprachigen Wissenschaftsverlage. Eine statistische Auswertung von Zitatenanteilen in chemischen Fachzeitschriften zwischen 1920 und 1990, die die Bedeutung des Deutschen, des Englischen und des Französischen als Rezeptionssprache anschaulich macht, zeigt aber die Tendenz auf: Ab den 1920er Jahren verliert das Deutsche kontinuierlich an Gewicht, der Zitatenanteil sinkt von 50,5 Prozent im Jahr 1920 auf 26,5 Prozent im Jahr 1950. Hier ist das Englische erstmals mit 29,8 Prozent etwas stärker vertreten.[106]

Die Bedeutung des Deutschen in der Wissenschaft der ganzen Welt brachte es mit sich, dass die Verlage vor allen in den Naturwissenschaften, der Technik und Medizin große Anteile ihrer Produktion exportierten. Einige Verlage, so Springer, verkauften vor Ausbruch des Zweiten Weltkriegs etwa 50 Prozent ihrer ausschließlich deutschsprachigen Publikationen in das Ausland, unter anderem nach Japan, in die USA und in die Sowjetunion.[107] Die Bedeutung der Titel war, neben den Leistungen der Wissenschaftler, unter anderem der »Vorbildfunktion«[108] deutscher Bildungsinstitutionen, aber auch der einzigartigen Organisation des Buchhandels zu verdanken.

---

101 Vgl. ebd.; Gerok 2000, S. 231. Hermann schreibt, dass »vor dem Ersten Weltkrieg der Anteil Deutschlands an der Produktion wissenschaftlicher Literatur etwa 45 Prozent« betrug. Hermann 2000, S. 212.

102 Vgl. Schneider 2007, S. 379; Sarkowski 2004, S. 109; Ammon 2000, S. 68–70.

103 Vgl. Schneider 2007, S. 380–382; Hermann 2000, S. 217.

104 Vgl. Ammon 2000, S. 72.

105 Vgl. Kollmann 2000, S. 12.

106 Vgl. Ammon 2000, S. 63, 70, 72.

107 Vgl. German book publishing, S. 37–39; Sarkowski 1985, S. B 142; Sarkowski 2004, S. 110.

108 Sarkowski 2004, S. 108. Vgl. zum Zusammenhang von Wissenschaft, Sprache und Buchhandel auch Jäger 2001, S. 427f.

5.4.2 Bedeutung der Absatzmärkte

In der Mitte des 20. Jahrhunderts war der Bedeutungsverlust des Deutschen in den Wissenschaften also bereits spürbar – da der Prozess aber langsam vonstattenging, kann von einer immer noch hohen Relevanz des Exports für die deutschen Wissenschaftsverlage in den 1950er Jahren ausgegangen werden. Für die DDR-Verlage und deren Exportmöglichkeiten in die Ostblockstaaten ist die Besonderheit hervorzuheben, dass diese Länder sich beim Aufbau ihrer Hochschulen am deutschen System orientierten und viele Dozenten ihre eigene Ausbildung in deutschsprachigen Ländern erfahren hatten, so dass das Deutsche als Wissenschaftssprache nach 1945 noch für einige Jahrzehnte vorherrschte.[109]

Die westdeutschen Verlage versuchten vielfach, den Vertrieb der Bücher und Zeitschriften aus ihrem DDR-Parallelverlag in der Bundesrepublik und im westlichen Ausland zu verhindern, wobei sich dies auf alle Bücher eines Verlags oder nur auf eine Auswahl bestimmter Titel beziehen konnte. Davon abgesehen, dass die Verlage in den meisten Fällen weiterhin ähnliche Programmbereiche bedienten und so ohnehin als Konkurrenten auf diesen Fachgebieten auftraten, stellten die DDR-Werke für die westdeutschen Verlage in jenen Fällen eine unmittelbare Konkurrenz dar, in denen dieselben Werke in Ost und in West produziert wurden und es zu keiner Einigung über den Vertrieb kam. Dies war beispielsweise beim Titel *Höhere Mathematik für Mathematiker, Physiker und Ingenieure* von Rudolf Ernst Rothe oder beim Buch *Technisches Zeichnen* von Albert Bachmann und Richard Forberg der Fall. Von beiden Titeln erschienen Neuauflagen in den 1950er Jahren parallel sowohl bei B. G. Teubner in Stuttgart als auch bei B. G. Teubner in Leipzig, ohne dass eine Verständigung zwischen beiden Verlagen erfolgte. Hier waren die günstigeren Bücher aus der DDR auch in der Bundesrepublik und im westlichen Ausland erhältlich und bedeuteten für die Westverlage einen direkten finanziellen Schaden. Ebenso war eine für die Verlage inakzeptable Konkurrenzsituation gegeben, wenn der westdeutsche Verlag die Publikation eines Titels oder einer Reihe im eigenen Haus anstrebte, die weiterhin von dem ostdeutschen Parallelverlag hergestellt und vertrieben wurde. Blieb die Rechtelage für den westdeutschen Parallelverlag ungelöst, zielten seine Aktivitäten auf eine Klärung der Vertriebsaktivitäten (siehe Kapitel 6.2.2 und 6.3.2).

Eine Durchsetzung des Vertriebsverbots erwies sich in der Praxis als schwierig; noch problematischer als in der Bundesrepublik war es im Ausland zu erwirken. Martin Giesecke von B. G. Teubner Stuttgart schilderte das Problem:

> Nicht unerwähnt sei, daß ich von verschiedenen Sortimentern sehr eindeutig darauf angesprochen worden bin, daß die Aufrechterhaltung unseres Bezugs- und Vertriebsverbotes in Leipzig erschienener Werke im besonderen gegenüber dem Ausland unmöglich sei. Die betreffenden Firmen legen durchaus verständlich dar, daß letztlich ihre gesamten Auslandsverbindungen gefähr-

---

109 Vgl. Pahl 2000, S. 240.

det, zumindest aber stark beeinträchtigt seien, wenn sie nicht in der Lage wären, die bestellten Leipziger Teubner Werke zu liefern. Im Ausland habe man von diesen besonderen Verhältnissen keine Vorstellung, man könne sie auch nicht verstehen, man sehe in der Nichtlieferung der Leipziger Werke lediglich eine Unfähigkeit ihrer Firma. Die Situation sei umso unerfreulicher, als sich ja die betreffenden Auslandskunden die Leipziger Werke auch anderweit ohne Schwierigkeiten beschaffen könnten.[110]

Die DDR-Verlage und die zuständigen Behörden wiederum wollten freiwillig nicht auf große Teile des Absatzmarktes verzichten, welche die Verlage traditionell bedient hatten und auf denen nun Devisen erwirtschaftet werden konnten. Immerhin machte die DDR lediglich einen kleinen Teil des deutschsprachigen Raums aus: Allein innerhalb Deutschlands standen im Jahr 1960 56,6 Millionen Bundesbürgern 17,19 Millionen DDR-Bürger gegenüber. Neben dem bundesdeutschen Absatzmarkt waren vor allem die deutschsprachige Schweiz und Österreich, aber auch das weitere Ausland relevant. Deutlich wird dies zum Beispiel an den Abonnentenzahlen der wissenschaftlichen Zeitschriften. Bei Gustav Fischer in Jena erschienen Ende der 1950er Jahre noch immer einige traditionsreiche medizinische Zeitschriften, von denen eine Auswahl mit Abonnentenzahlen in der folgenden Tabelle dargestellt ist.[111]

Tabelle 3: Ausgewählte Zeitschriften im Verlag Gustav Fischer: Angaben zum Gründungsjahr, zum Sitz der Herausgeber und zu Abonnentenzahlen

Zeitschrift	Sitz der Herausgeber	Abonnenten gesamt	davon in der DDR	davon in der BRD	davon im »kapitalistischen Ausland«	davon im »sozialistischen Lager«
Zentralblatt für Bakteriologie, Parasitenkunde, Infektionskrankheiten und Hygiene (seit 1887)	Berlin (Ost), Braunschweig	993	124	221	135	513
Zentralblatt für allgemeine Pathologie und pathologische Anatomie (seit 1890)	Jena, Göttingen	744	105	276	126	236
Anatomischer Anzeiger (seit 1897)	Jena, Mainz	823	46	182	190	405

---

110 Giesecke, Teubner Stuttgart, an Dietrich Steinkopff, 28.8.1956, SStAL, 22199 Teubner Stuttgart, Nr. 85.

111 Vgl. Fischer Jena an die VVB Verlage, 17.4.1959, BArch, DR1/1002.

Solche Exporterfolge konnten allerdings nur mit den Zeitschriften erzielt werden, die auf eine längere Tradition zurückblicken konnten. Von Bedeutung für die Export-zahlen war außerdem die Tatsache, dass an der Herausgabe sowohl Wissenschaftler aus der Bundesrepublik als auch aus der DDR beteiligt waren. In der DDR neu gegrün-dete Zeitschriften, wie zum Beispiel die *Monatsschrift für Tuberkulosebekämpfung* (ab 1958), konnten solche Zahlen keinesfalls vorweisen. Hier waren von den insgesamt 926 Abonnenten 857 in der DDR und nur 18 in der Bundesrepublik ansässig.[112]

In der Verlagsgeschichte von Gustav Fischer aus dem Jahr 1978 wird zusam-menfassend konstatiert, dass der Jenaer Verlag teilweise bis zu 80 Prozent seiner Zeitschriftenproduktion exportierte.[113] Generell gehörte der Verlag Gustav Fischer in Jena zu den im Export sehr starken Verlagen. Bezogen auf die Ausfuhr in das ›nicht-sozialistische Wirtschaftsgebiet‹ befand sich Fischer trotz der Verlagsneugründungen, die unter anderen speziell für den Export etabliert worden waren, auch in den 1970er Jahren noch auf Platz 2 – mehr exportierte nur der Akademie-Verlag.[114]

Auch für andere Wissenschaftsverlage sind hohe Exportanteile belegt. Die Akade-mische Verlagsgesellschaft Leipzig exportierte Mitte der 1950er Jahre etwas mehr als 50 Prozent der produzierten Bücher und Zeitschriften.[115] Für 1965 wurde der Anteil am Export der zwölf wissenschaftlichen Zeitschriften mit »durchschnittlich 85 Prozent«[116] angegeben. Die Zahlen sahen bei Johann Ambrosius Barth ähnlich aus. Dessen Pro-duktion wurde Mitte der 1950er Jahre etwa zur Hälfte exportiert, bei einzelnen Werken waren es bis zu 75 Prozent.[117] 1980 konnte der Verlagsleiter in der Frankfurter Aus-gabe des *Börsenblatts für den Deutschen Buchhandel* unter der Überschrift *Auch 200 Jahre nach der Gründung in Leipzig: Sozusagen zum Erfolg verdammt* »Exportanteile von 91 Prozent bei verschiedenen Zeitschriften«[118] verkünden. Georg Thieme Leipzig exportierte 1960 ca. 42 Prozent der Buchproduktion, bei einigen medizinischen Fach-zeitschriften knapp 70 Prozent.[119]

Wichtig war der Export der Wissenschaftsverlage auch für das Gesamtgefüge der DDR-Buchbranche. Er ermöglichte, dass die in der DDR benötigte wissenschaftliche und Fachliteratur aus dem Westen gekauft werden konnte; nach dem Prinzip des in-

---

112 Vgl. ebd.

113 Vgl. Breyer 1978, S. 55.

114 Vgl. Kretzschmar 2002, S. 284.

115 Vgl. Kienast an Sender, Ministerium der Finanzen, 1.6.1954; Reinhold, VVV, an das Ministerium der Finanzen, 28.12.1953, BArch, DR1/1120.

116 Kratz, Heinz: Erfordernisse der technischen Revolution bestimmen unser Literaturprogramm. In: Börsenblatt (Leipziger Ausgabe), H. 13, 29.3.1966, S. 220.

117 Memorandum über Papierreserve, 12.10.1955, BArch, DR1/1873.

118 Wiecke, Klaus: Exportanteil: bis zu 91 Prozent! In: Börsenblatt (Frankfurter Ausgabe), H. 48, 6.6.1980.

119 Vgl. Manuskript zur Festschrift des Verlages, o. D. [1960/61], SStAL, 21766 BV II, Nr. 1828.

nerdeutschen Handels sollte zwischen Import und Export möglichst ein Ausgleich geschaffen werden.[120]

Die DDR-Verlage zeigten ebenso wie die zuständigen Behörden ein weniger starkes Interesse daran, sich aktiv um ein Einfuhrverbot der Bücher ihres westlichen Parallelverlags zu bemühen als umgekehrt. Es handelte sich um einen für die Westverlage auf den ersten Blick ökonomisch weniger interessanten, auf jeden Fall kleineren Absatzmarkt; zudem hätten die Werke aufgrund des meist gegebenen Preisgefälles nicht mit den DDR-Büchern konkurrieren können. Dennoch gab es Beispiele für Einfuhrverbote auch auf östlicher Seite. Nachdem beim *Lehrbuch für physikalische Chemie*, das bei S. Hirzel erschien, keine Einigung über eine Leipziger Ausgabe erzielt worden war, teilte der Leipziger Verlag dem Außenhandelsunternehmen Buch-Export mit, dass für die vorliegende Stuttgarter Ausgabe »wegen verlagsrechtlicher Belange keine Einfuhr gestattet werden könne«.[121] Daneben spielten finanzielle Aspekte eine Rolle, wie in einem Schreiben des Leipziger Verlags an den Autor deutlich wird: »Eine Einfuhr, d. h. eine weite Verbreitung Ihres Werkes in der Deutschen Demokratischen Republik wird nicht möglich sein, da die Devisen für einen Kauf nicht freigemacht werden, wohl aber bestimmt zur Zahlung Ihrer Honoraranteile.«[122] Hier wurde mit der – tatsächlich gegebenen – Devisenknappheit des Landes argumentiert, um einen Autor, der sein Interesse an einer Verbreitung seines Werkes im *gesamten* deutschsprachigen Raum bekundet hatte,[123] zu einer Zusammenarbeit mit dem Leipziger Verlag zu bewegen.

5.4.3 Imagefragen

Neben den geschilderten direkten ökonomischen Auswirkungen gab es für die westlichen Verlage weitere Gründe, den Vertrieb der Bücher des jeweiligen ostdeutschen Parallelverlags in der westlichen Welt zu verhindern. Zunächst ging es auch hier wieder um den Grundsatzkonflikt. Da der Parallelverlag in der DDR nicht als rechtmäßig anerkannt und die Nutzung der Verlagsrechte als illegitim betrachtet wurde, sollten die Produkte des Unternehmens unter diesem Namen auch nicht verbreitet werden, vor allem nicht dort, wo den Verlagen die Geschäftsbeziehungen zum Buchhandel und zu den Wissenschaftlern wichtig waren, also in der Bundesrepublik und der weiteren westlichen Welt.

Es spielten allerdings auch weitere Faktoren eine Rolle. Günther Hauff, seit 1953 Mitinhaber und seit dem Tod seines Vaters Bruno Hauff 1963 Verleger des Georg Thieme Verlags Stuttgart, erläuterte die Problematik des Vertriebs der Werke des

---

120 Vgl. Schreiben an Böhm und Seifert, 24.12.1957, BArch, DR1/1079.
121 Hirzel Leipzig an das MfK, HA Literatur und Buchwesen, 27.10. 1960, SHV 142.
122 Hirzel Leipzig an Eggert, 31.1.1962, SHV 142.
123 Vgl. Eggert an Bauersfeld, Hirzel Leipzig, 26.6.1961, SHV 142.

Leipziger VEB Georg Thieme auf einer anderen Ebene. Er erachtete die Unterschiede in der *Qualität* der Bücher als entscheidendes Kriterium.

> Mein Verlag hat nichts gegen die Bücher als solche einzuwenden, es gibt auch keinen Streit über Verlagsrechte. Hingegen werde ich durch den sichtlichen Niveau-Unterschied in der Leipziger Produktion im Ausland geschädigt. Dazu nur zwei Beispiele: Ausländische Fachzeitschriften erhalten Leipziger Bücher zu Rezension. Der Rezensent ist gemeinhin nicht in der Lage, einen Unterschied zwischen VEB Leipzig und Georg Thieme Verlag Stuttgart zu sehen, weil die Einbandfarbe gleich ist und sich das Signet nur geringfügig unterscheidet. Häufig schließen ausländische Besprechungen über Leipziger Bücher mit dem Satz: ›This book is not up to the usual standard of Thieme Verlag.‹ Damit wird in der ausländischen Fachwelt der Eindruck erweckt, daß mein Verlag eine Produktion sehr unterschiedlicher Qualität veröffentlicht. Dies wiederum führt zu einer bedeutenden Erschwerung in der Gewinnung ausländischer Autoren, ohne die auch ein deutscher Verlag heute nicht mehr aktuell und lebensfähig sein kann.[124]

5.5 Resümee

Die Analyse der Konfliktfelder macht deutlich, dass der Kern der Auseinandersetzung die Frage der grundsätzlichen Legitimität des Parallelverlags auf der anderen Seite des Eisernen Vorhangs war, die jeweils bestritten wurde. Die angeführten unterschiedlichen Interpretationen der firmenrechtlichen Gegebenheiten fußten auf den verschiedenen Voraussetzungen der Organisation der Wirtschaft – in der Bundesrepublik die marktwirtschaftliche Ordnung mit ihrem Fokus auf dem Privateigentum, zu dem auch das Recht an Firmennamen und Rechten gezählt wurde; in der DDR demgegenüber die Entwicklung hin zur Konzentration auf das ›sozialistische‹ bzw. ›Volkseigentum‹, bei dem der Unternehmer mit seinem Besitz und seinen Rechten nicht mehr im Mittelpunkt stand. Die ursprünglichen Eigentümer hatten sich durch das Verlassen des sozialistischen Landes in den Augen der dortigen Behörden und auch teilweise der Mitarbeiter in den Firmen ohnehin selbst diskreditiert.

In der Konsequenz wurde auch der Gebrauch der traditionsreichen Namen und Signets auf beiden Seiten als unrechtmäßig angesehen. Die Verlagsnamen wirkten (ebenso wie einzelne Standardtitel) als Marken für die Verlage, ihre Geschäftspartner und Kunden und stellten daher ein Kapital dar, auf das keiner der Akteure bereit war zu verzichten. Von den Verhältnissen in anderen Branchen unterschieden sich diejenigen im Verlagswesen vorrangig dadurch, dass die Firmennamen nicht als Warenzeichen eingetragen waren und es sich bei den Verlagen gemeinhin um kleinere bis mittelständische Firmen handelte, die im Vergleich zu großen Industrieunternehmen entsprechend weniger finanzielle Mittel für die Wahrung ihrer Rechte einsetzen konnten. Die grundsätzlichen Fragen waren hier wie dort jedoch die gleichen.

---

124 Reitschert 1967, S. 74.

Von noch höherem Wert für die Verlage waren die bestehenden Verlagsrechte und die daran geknüpften Beziehungen zu den Wissenschaftlern, die ihre Werke bei ihnen publizierten. Bei eingeführten Standardwerken, welche die meisten Verlage im Programm führten, war das Interesse, diese im eigenen Verlag weiterführen zu können, besonders groß. Die Gesetzeslage, die die juristische Basis für das Verhältnis von Autor und Verleger darstellte, gestaltete sich vor allem in den ersten Jahren nach 1945 aufgrund der Zonengrenzen, sich unterscheidender, häufig wechselnder Bestimmungen zur Kommunikationskontrolle, den erst allmählich anlaufenden Lizenzierungen der Verlage und der allgemein unsicheren Situation hinsichtlich der weiteren politischen Entwicklung kompliziert. Wenn auch keine generelle Aussage darüber getroffen werden kann, wie die Entscheidung eines Autors für den einen oder anderen Verlagsteil streng juristisch gesehen bewertet worden wäre, so lässt sich doch zusammenfassend festhalten, dass für alle Verlage die Gefahr bestand, in der damaligen Situation wichtige Autoren zu verlieren.

Vor allem die Verlage in der Bundesrepublik erachteten den Vertrieb der aus der Rechteverwertung entstandenen Titel ihres jeweiligen Pendants in der DDR als problematisch. Dies bezog sich auf das eigene Wirtschaftsgebiet, darüber hinaus aber auch auf die deutschsprachigen Nachbarländer und das weitere Ausland – das Deutsche begann ab der Mitte des 20. Jahrhunderts als Wissenschaftssprache zwar immer mehr an Bedeutung zu verlieren, aber vorerst war der Export in das nichtdeutschsprachige Ausland noch von ökonomischer Relevanz. Zudem wollten die westlichen Verlage oft auch generell nicht, dass die Produkte der DDR-Verlage neben den ihren auf dem Weltmarkt präsent waren, auch aus Imagegründen.

Es lässt sich erkennen, dass es sich um verschiedene Konfliktebenen handelt, auf denen eine Abstufung von grundsätzlichen Aspekten (Rechtmäßigkeit) über solche von großer Tragweite für den unternehmerischen Handlungsspielraum (Verlagsnamen und Verlagsrechte) zu solchen der verlegerischen Praxis (Vertriebsgebiete) vorgenommen werden kann. Die Lösungsstrategien, mit denen die Verlage auf die Konflikte reagierten, werden zeigen, dass den Konfliktfeldern daher trotz des engen Zusammenhangs auch einzeln begegnet werden konnte (siehe Kapitel 6).

Interessant ist die Legitimationsproblematik der geteilten Unternehmen, wenn man sie in einen größeren Kontext stellt. Auch die beiden 1949 gegründeten deutschen Staaten beanspruchten jeweils, der einzig legitime Staat zu sein. Für die deutschlandpolitische Bedeutung der großen Warenzeichenprozesse resümierte Fäßler, dass »die Markenprozesse als Indikator für die internationale Anerkennung zweier unterschiedlicher, sich gegenseitig die Existenzberechtigung absprechender Regime auf deutschem Boden zu interpretieren«[125] waren. Wenngleich die internationale Reichweite bei den Auseinandersetzungen der Verlage nicht gegeben war, so stand das Thema der gegenseitigen Anerkennung mindestens in den beiden deutschen

---

125 Fäßler 2006b, S. 285.

Staaten selbst auch bei ihren Streitigkeiten im Raum. Eine Rolle spielte dies vor allem auf DDR-Seite, wo es vom Amt für Literatur und Verlagswesen 1956 hieß:

> Bei der Behandlung dieses Komplexes ging es vor allem darum, daß [...] wir nachwiesen, daß wir auf einer klaren und richtigen Rechtsgrundlage stehen, und uns Anfeindungen ganz gleich welcher Art, nicht gefallen lassen. Das gilt besonders, seitdem wir ein souveräner Staat sind. Das Kämpfen um unser Recht wird hier zu einer politischen Frage.[126]

Aber auch für einen Teil der Verleger, die in den Westen gegangen waren und dort mit ihren alten Verlagen als Konkurrenten konfrontiert wurden, war die politische Dimension der Entwicklungen aufgrund des Unrechts, das ihnen von staatlicher Seite durch den Entzug ihrer Unternehmen widerfahren war, relevant.

---

126 Kern, Amt für Literatur und Verlagswesen, Abt. Verlagswesen, an Koll. Wloch, Kienast, Seifert, Makower, 3.1.1956, BArch, DR1/1947.

6 Strategiefelder der Konfliktbewältigung

Die Konflikte um Eigentum, Verlagsnamen, Verlagsrechte und die Absatzgebiete berührten im Grundsatz alle Parallelverlage. Eine Ausnahme stellten Johann Ambrosius Barth und Theodor Steinkopff dar, da die Inhaber die DDR nicht verlassen hatten und bei den östlichen Verlagsteilen keine staatlichen Eingriffe in die Eigentumsverhältnisse erfolgten; zudem waren in den westlichen Parallelverlagen Familienmitglieder tätig. Gleichwohl ergab sich auch bei diesen beiden Verlagen die Notwendigkeit, das Verhältnis der Häuser zueinander zu klären.

Die Verlage wählten unterschiedliche Strategien, um den mit ihrer Parallelexistenz verbundenen Konfliktfeldern zu begegnen. Für die Analyse wird in der vorliegenden Arbeit eine Systematisierung in ›Strategiefelder‹ vorgenommen. Dies geschieht in Analogie zu den im vorigen Kapitel dargestellten ›Konfliktfeldern‹ – mit diesem Begriff soll aber zugleich zum Ausdruck kommen, dass es sich nicht um einzelne, klar voneinander abzugrenzende Strategien im Sinne geplanter Handlungen zur Erreichung bestimmter Unternehmensziele handelte, sondern eher um Handlungsrichtungen, die unterschiedliche Dimensionen einer bestimmten Verhaltens*tendenz* umfassten. Auf diese Weise kann das Spektrum der Optionen ausgelotet werden, das den Verlagen unter den wirtschaftlichen und politischen Rahmenbedingungen der Zeit zur Verfügung stand.

Für alle identifizierten Felder werden Kommunikations- und Handlungsstrategien exemplarisch aufgezeigt und in Anlehnung an konflikttheoretische Fragestellungen verschiedene Aspekte hinterfragt. Es soll untersucht werden, welche Interessen welche der beteiligten Akteure hatten und welche konkreten Zielstellungen ihrem Konflikthandeln jeweils zugrunde lagen. Wenn die Konflikttheorie (siehe Kapitel 1.2.4) nach verfügbarer Macht und Ressourcen der Konfliktparteien fragt, so sind im Kontext dieser Untersuchung auch Reichweite und Durchsetzungsmöglichkeit gegebener Machtmittel zu prüfen – immerhin befand sich ein ›Eiserner Vorhang‹ zwischen den Konfliktparteien. Auch ist die Differenzierung der verschiedenen Handlungsrichtungen von Interesse: Je nach Ressourcen und Reaktionen des Konfliktgegenübers boten sich bloße Drohungen oder tatsächliche Sanktionen an; unter bestimmten Umständen konnte der Weg der Verhandlung oder gar der Zusammenarbeit ratsamer sein.[1] Nicht zuletzt werden Auswirkungen und Ergebnisse der Strategien dargestellt.

Anhand des Quellenmaterials wird analysiert, inwieweit die verschiedenen Akteure, die in das Geschehen involviert waren, bezüglich ihrer Interessenlage und der Wahl der Strategien unterschieden werden können – zu denken ist hier in erster Li-

---

[1] Vgl. Giesen 1993, S. 92–97. Wenn die Konflikttheorie als soziologische Theorie auch in erster Linie auf die Erklärung großer gesellschaftlicher Konflikte abzielt (wie Marx' Theorie des Klassenkampfes), so zeigen sich Begrifflichkeiten und Fragestellungen doch als geeignet für das Thema der vorliegenden Arbeit.

https://doi.org/10.1515/9783110543421-006

nie an die Trennung der Personen in den Verlagen von denen im Verwaltungs- und Parteiapparat in der DDR. Bezogen auf die in Kapitel 5 vorgestellten Konfliktfelder wird danach gefragt, in welchem Zusammenhang diese standen und ob die Parteien versuchten, den Gesamtkomplex der Problemfelder einer Lösung zuzuführen, oder ob es möglich war, die Konfliktpunkte losgelöst voneinander anzugehen.

6.1 Strategiefeld I: Von Abgrenzung bis Konfrontation

6.1.1 Information von Geschäftspartnern

Sobald die gleichnamigen Verlage firmenrechtlich und wirtschaftlich jeweils eigene Wege gingen und sich damit einhergehende Konflikte abzeichneten, wandten sich beide Seiten meist zuerst ihren wichtigsten Lieferanten zu: den Autoren. Weitere Geschäftspartner, die über die Entwicklungen in Kenntnis gesetzt wurden, waren die Zwischen- und Sortimentsbuchhändler.

Die folgenden Auszüge aus der Korrespondenz der Verlage illustrieren Strategien und Zielsetzungen der Kommunikation mit den Autoren und Buchhändlern. Daneben erfolgt stichprobenartig eine Überprüfung der Konsequenzen, welche die Parallelverlagsproblematik für die Verlage und die Gestaltung ihrer Programme hatte. Ausgewählte Reaktionen der Autoren auf die Unterrichtung durch die Verlage werden dargestellt und es wird anschließend an einigen Fallbeispielen untersucht, wie Autoren bei ihrer Entscheidung, bei welchem Verlag sie ihre Werke oder Neuauflagen ihrer Bücher in dieser speziellen Lage veröffentlichten, tatsächlich agierten.

Alfred Dornig, Prokurist im Verlag Georg Thieme, war zunächst im Auftrag von Bruno Hauff im Stammhaus geblieben, als der Verleger Leipzig im Juni 1945 verlassen hatte. Nachdem Dornig 1950 in die Bundesrepublik übergesiedelt war, wurde der Verlag im Januar 1951 unter Treuhandverwaltung gestellt. Bereits im Februar desselben Jahres unternahm der eingesetzte Treuhänder und neue Leipziger Verlagsleiter Walter May eine Reise nach Westdeutschland, auf der er neben Hauff in Stuttgart verschiedene Autoren traf, um mit ihnen über die Situation und vor allem die Verlagsrechte zu sprechen. May erklärte Hauff, dass die Autoren in Westdeutschland und im Ausland, die Verträge mit Leipzig abgeschlossen hatten, nach wie vor an diese Verträge gebunden seien. Hauff versicherte May daraufhin, dass er »nichts unternehmen wird, was diesen vertraglichen Abmachungen zuwiderläuft.«[2] Allerdings hatte er mit einigen Autoren Sonderabkommen bezüglich der Herausgabe von Parallelausgaben in Stuttgart getroffen, die zu einem großen Teil bereits realisiert worden waren. Als Gegenleistung wolle Hauff von neueren geeigneten Werken aus seinem Haus dem Leipziger Verlag Parallel-

---

2 Thieme Leipzig, Bericht über die Interzonenreise, 25.2.–11.3.1951, 28.3.1951, BArch, DR1/1951.

ausgaben vorschlagen. Der Leipziger Verlagsleiter bestand darauf, mit den Autoren in diesem Fall eigene Verträge abzuschließen.

Die sieben Thieme-Autoren in der Bundesrepublik, die May traf, erklärten dem Leipziger gegenüber ihre grundsätzliche Bereitschaft, mit dem Verlag in der DDR weiterhin zusammenzuarbeiten. Die meisten von ihnen klagten allerdings über die langen Lieferzeiten beim Vertrieb ihrer Werke nach Westdeutschland und wünschten, wegen der Neuauflagen zunächst mit Hauff in Stuttgart Rücksprache halten zu können. Einige Autoren antworteten eher ausweichend, dass sie zunächst ihre Werke überarbeiten würden, oder stellten Bedingungen, wie eine Änderung des Ladenpreises oder höhere Honorare für die Neubearbeitung.[3] Vorstellbar ist, dass die Autoren in der Besuchssituation einem Konflikt mit May aus dem Weg gehen wollten oder dass der Verlagsleiter seinen Bericht im Sinne der Erwartungen des Amts für Literatur und Verlagswesen positiver formuliert hat, als es dem tatsächlichen Gesprächsverlauf entsprochen hätte.

Fest steht, dass ein Teil der betreffenden Autoren ihre Zusammenarbeit mit Thieme Leipzig nicht fortsetzte; nach einer Einschätzung von Buch-Export aus dem Jahre 1954 gelang es Stuttgart sogar, den größten Teil der ohnehin in Westdeutschland ansässigen Autoren an den dortigen Verlag zu binden, was zu Wachstum und Erfolg des Stuttgarter Hauses Verlag wesentlich beitrug.[4] Zunächst waren einige Titel, wie Hauff berichtet hatte, zwischen 1946 und 1950 parallel in Leipzig und Stuttgart erschienen, so z. B. *Die geburtshilflichen Operationen, ihre Ausführung und Anwendung: Ein Lehrbuch für Studierende und Gebrauchsbuch für Ärzte* von Heinrich Martius. Das erstmals 1934 bei Thieme publizierte Buch war 1946 bei Thieme in Wiesbaden in 5. Auflage und anschließend 1948 in 6. Auflage beim nun in Stuttgart ansässigen Verlag erschienen; als »unveränderter Neudruck der verbesserten 5. und 6. Auflage« wurde es 1949 bei Thieme Leipzig innerhalb der Arbeitsgemeinschaft medizinischer Verleger herausgebracht. Das *Lehrbuch der Haut- und Geschlechtskrankheiten* von Walther Schönfeld, das zunächst 1938 bei Quelle & Meyer in Leipzig und ab der 4. Auflage 1947 bei Thieme in Stuttgart erschienen war, kam 1949 in 5. Auflage in Stuttgart und ebenfalls 1949 in 5. Auflage bei Thieme in Leipzig heraus, wiederum innerhalb der Arbeitsgemeinschaft medizinischer Verleger. Die Bücher von Heinrich Martius (Göttingen) und Walther Schönfeld (Heidelberg) erschienen nach 1951 ausschließlich bei Thieme in Stuttgart; gleiches gilt für die Werke von Hans Julius Wolf (Bielefeld), Ferdinand Hoff und Rudolf Thiel (Frankfurt am Main). Die *Morphologische Pathologie* von Werner Hueck (München), 1937 bei Thieme erschienen, erlebte 1953 ihre dritte Auflage in Leipzig und wurde später nicht mehr publiziert. Das seit 1939 bei Thieme erschienene Buch *Die Pflege des gesunden und kranken Kindes. Zugleich ein Lehrbuch*

---

3 Vgl. ebd.
4 Aufstellung republikflüchtiger Buchverlage, die direkt mit uns zusammenarbeiten, BArch, DR1/2064.

der Ausbildung zur Säuglingspflegerin und Kinderkrankenschwester, herausgegeben von Werner Catel (Kiel) erfuhr 1956 eine 5. Auflage in Stuttgart und erschien parallel als Lizenzausgabe des Thieme Verlags Stuttgart bei Thieme in Leipzig. Von Joseph Bücker wurde der Titel *Anatomie und Physiologie. Lehrbuch für ärztliches Hilfspersonal* bis 1958 in mehreren Auflagen parallel in Leipzig und Stuttgart verlegt; auch hier handelte es sich bei den Leipziger Ausgaben um Lizenzausgaben des Stuttgarter Verlags. Danach war der Titel bis 1992 nur noch in Stuttgart erhältlich (siehe auch Kapitel 6.2.2).

Bei der Akademischen Verlagsgesellschaft war die Frage der Rechtmäßigkeit der Nutzung des Verlagsnamens und der Rechte wegen der Vorgeschichte der ›Arisierung‹ des Verlags und der folgenden Emigration der Eigentümer besonders heikel. Als die Leipziger Herstellungsleiterin Marianne Lotze im Sommer 1953 die DDR verließ, war die Neugründung des Verlags in Frankfurt am Main mit den im Nationalsozialismus enteigneten Verlegern Walter Johnson (vormals Jolowicz) und Kurt Jacoby bereits geplant. Lotze wandte sich teils schriftlich, teils bei persönlichen Besuchen an die Autoren, um sie von der bevorstehenden Neugründung zu unterrichten. Aus Leipzig schrieb Mitinhaberin Gertrud Portig daraufhin all jene westdeutschen Autoren an, bei denen sie davon ausging, dass diese Leipzig die Treue halten würden.[5] Diese Autoren und Zeitschriftenherausgeber, insgesamt 23, besuchte der Leipziger Verlagsleiter Ernst Nitsche in Begleitung von Felix und Gertrud Portigs Tochter Erika Kipping und der Redakteurin Edith Kukulies im Oktober 1953, um ihnen die Haltung des Leipziger Verlagshauses zu den Frankfurter Plänen darzulegen.

Marianne Lotze hatte bei ihren Besuchen »ein Rechtsgutachten vor[gelegt], in dem Herrn Jacoby als ehemaligem Inhaber des Verlages zugestanden wird, einen neuen Verlag in Westdeutschland zu gründen«. Es ist anzunehmen, dass dieses Rechtsgutachten auf die Umstände der ›Arisierung‹ rekurrierte. Lotze argumentierte den Autoren gegenüber außerdem damit, dass die Akademische Verlagsgesellschaft in Leipzig nicht arbeitsfähig sei. Dies könnte sich auf die Treuhandverwaltung bezogen haben. Der Leipziger Verlagsleiter begegnete dieser Darstellung mit den Worten, dass Lotze selbst »das Chaos der letzten Monate [...] durch ihre schlechte Arbeitsweise hervorgerufen hatte«.

Die Autoren waren laut Nitsche Leipzig gegenüber größtenteils positiv eingestellt, so dass er berichten konnte, »dass bis auf zwei Ausnahmen alle Autoren weiterhin mit der Akademischen Verlagsgesellschaft, Leipzig, zusammenarbeiten wollen, wenn die von uns gegebenen Versprechungen in finanzieller und herstellerischer Hinsicht erfüllt werden.« Darüber hinaus stellten einige Autoren einen Bezug zur Situation der Teilung Deutschlands her: »Auch hier fanden wir oftmals den Wunsch einer baldigen

---

5 Vgl. Nitsche, Getroffene Maßnahmen, um die westdeutschen Autoren und Herausgeber für unseren Verlag zu erhalten, 12.11.1953, BArch, DR1/1120.

Wiedervereinigung. Die weitere Mitarbeit in der Akademischen Verlagsgesellschaft, Leipzig, wurde als ein Beitrag zur schnellen Realisierung dieser Bestrebungen angesehen.«[6]

Von den anderen 21 Wissenschaftlern (bzw. deren Erben), die dem Verlag als Autoren oder Herausgeber bereits verbunden waren oder eine Zusammenarbeit in Aussicht stellten, arbeiteten zwölf tatsächlich weiterhin mit der Akademischen Verlagsgesellschaft Leipzig zusammen, wenn auch nicht alle ausschließlich. Zwei der angesprochenen Autoren veröffentlichten ihre Bücher nach 1953 nur noch in anderen Verlagen, zwei Wissenschaftler hatten 1954 noch einen Titel bei der Akademischen Verlagsgesellschaft und wechselten dann den Verlag. Von drei Autoren erschienen keine Neuauflagen oder neuen Titel mehr, wobei einer von ihnen 1954 bereits verstarb. Die in Leipzig damals lizenzierte *Zeitschrift für Kristallographie*, für deren Mitarbeit sich zwei der Autoren verpflichtet hatten, erschien in Frankfurt am Main.

Beide Seiten setzten ihre Kommunikation mit den Autoren fort. Kurt Jacoby, der in den USA lebte, informierte im Januar 1954 die westdeutschen Wissenschaftler über die Reorganisation der Akademischen Verlagsgesellschaft in Frankfurt am Main und deren Hintergründe und kündigte als erstes Verlagsobjekt die Herausgabe der *Zeitschrift für physikalische Chemie* an.[7] Der ebenfalls in die USA übergesiedelte Walter Johnson hielt sich gelegentlich in Deutschland auf und sprach mit einigen Autoren persönlich, wobei er sie von einer Zusammenarbeit mit dem Frankfurter Haus zu überzeugen suchte. Verstärkt wurden diese Bemühungen, in erster Linie durch Walter Johnson und Marianne Lotze, nachdem im Sommer 1954 das erste Gerichtsurteil für die Frankfurter Seite vorlag (siehe Kapitel 6.1.2).[8] Wenn sie davon Kenntnis erhielt, reagierte die Leipziger Verlagsleitung auf diese Gespräche mit Briefen an die Autoren, in denen sie ihren eigenen Standpunkt darlegte.

Verlagsleiter Nitsche setzte seine Besuche bei den westdeutschen Autoren fort; im Mai 1954 berichtete er erneut von der andauernden Bereitschaft der Autoren, mit Leipzig weiter zusammenzuarbeiten. Er erwähnte allerdings auch Ausnahmen. Autoren, die früher von Johnson oder Jacoby persönlich für den Verlag gewonnen worden

---

6 Dieses und die vorangegangenen Zitate: Nitsche, Reisebericht über die Dienstreise nach Westdeutschland, 11.10.–29.10.1953, BArch, DR1/1120. Die zwei Ausnahmen bezogen sich auf die Herausgeber der Zeitschriften *Hochfrequenztechnik und Elektroakustik*, Jonathan Zenneck (München) und *Zeitschrift für physikalische Chemie*, Karl Friedrich Bonhoeffer (Göttingen). Über diese berichtete Nitsche, dass sie »bereits fest mit Frankfurt/Main abgeschlossen [hatten]«. Die erstgenannte Zeitschrift blieb allerdings beim Leipziger Verlag. Über die *Zeitschrift für physikalische Chemie* kamen Verhandlungen über eine gemeinsame Herausgabe beider Verlage in Gang, die jedoch scheiterten und zu einer Teilung der Zeitschrift führten (siehe Kapitel 6.2.3). Bonhoeffer wechselte in diesem Zusammenhang zum Frankfurter Verlag.
7 Vgl. Jacoby, Akademische Verlagsgesellschaft Frankfurt, Sehr verehrter Herr Professor! (Abschrift), 7.1.1954, BArch, DY 30/IV2/9.04/681.
8 Vgl. Hochverehrter Herr Professor! [Entwurf eines Schreibens der Akademischen Verlagsgesellschaft Leipzig an die Autoren, o. D.], BArch, DR1/1941; Nitsche an Kienast, 16.2.1955, BArch, DR1/1941.

waren, sprachen »den beiden amerikanischen Herren das moralische Recht zu, den enteigneten Verlag zurückzufordern bzw. neu aufzubauen«.[9]

Als nach dem Rechtsstreit zwischen den Verlagen im Jahre 1954 zwei sich widersprechende Urteile in der DDR und in der Bundesrepublik vorlagen, befanden sich weitere Autoren in einem Konflikt, in dem sie sich nur ungern positionieren wollten. Dies brachte sie dazu, beiden Seiten ebenfalls eine Annäherung nahezulegen.[10]

Zu einer Verständigung kam es im September 1955: Beide Parteien nahmen Gespräche mit dem Ziel auf, ihre Beziehungen zu normalisieren.[11] Walter Johnson versicherte, keinen Druck mehr auf die Autoren ausüben zu wollen, und tatsächlich endeten die Einflussnahmen auf die Autoren. Es kam in der Folge zu einer Koexistenz beider Verlage, die sich gegenseitig in ihrer Arbeit nicht störten, im Gespräch blieben und in einigen Fällen auch kooperierten (siehe Kapitel 6.2.2).

Auch die beiden Verlage Gustav Fischer in Jena und Stuttgart wandten sich nach der Übersiedlung der Verlegerin Annelise von Lucius nach Stuttgart Anfang 1953 an die Autoren und unterrichteten sie über die neue Situation. In ersten Informationen des Stuttgarter Verlags an die Autoren wurde die Auffassung bezüglich der Verlagsrechte klar formuliert; die Praxis der bisher von Fischer Jena und Piscator Stuttgart durchgeführten Parallelausgaben (siehe Kapitel 6.2.2) sollte eingestellt werden. Der Verlag teilte mit, dass

> [...] sämtliche Verlagsrechte, die Frau von Lucius in Händen hatte, mit ihrer Übersiedlung nach Stuttgart gegangen sind. Auf Grund dieser Tatsache müssen wir dem Jenaer Haus das Recht absprechen, Auflagen von irgendwelcher Literatur vorzunehmen, für die wir die Verlagsrechte hier besitzen. Es wird also in Zukunft nicht möglich sein, dass derartige Doppelauflagen durchgeführt werden.[12]

Argumentiert wurde nicht nur mit der Rechtslage. So wies der Stuttgarter Verlag darüber hinaus darauf hin, dass für Honorarzahlungen eventueller ›Ostauflagen‹ keine Garantie übernommen werden könne; zudem machte er auf das Problem der unterschiedlichen Ladenpreise in Ost und West aufmerksam.[13] Der Tonfall in der Autorenkorrespondenz besaß im Vergleich weit weniger Schärfe als dies bei anderen Verlagen der Fall war. Im Gegenteil waren sogar entschuldigende Passagen zu lesen: »Ich darf

---

9 Nitsche, Bericht über die Dienstreise nach Westdeutschland, 2.5.–14.5.1954, 18.5.1954, BArch, DY 30/IV2/9.04/681. Diese Wissenschaftler – Georg Masing (Göttingen) und Josef Goubeau (Stuttgart) – boten jedoch an, in der Auseinandersetzung eine Vermittlerrolle zu übernehmen, um damit eine Zusammenarbeit zu ermöglichen.

10 Vgl. Nitsche, Reisebericht über die Dienstreise nach Westdeutschland, 11.–24.4.1955, BArch, DR1/1120.

11 Vgl. Niederschrift über die Besprechung mit Herrn Walter Johnson, New York, am 16.9.1955, 20.9.1955, BArch, DY 30/IV2/9.04/681.

12 Fischer Stuttgart an Leube, 20.4.1953, HA/BV, Nr. 9.

13 Vgl. Fischer Stuttgart an Leube, 10.3.1953, HA/BV, Nr. 9.

Ihnen versichern, dass es mir ausserordentlich schwer fällt, mich heute gegen das Jenaer Haus und damit gegen die alten Mitarbeiter dort zu wenden, aber die Situation zwingt mich einfach zu dieser Maßnahme.«[14] Die Teilung des Landes, in der die verlagsrechtlichen Meinungsverschiedenheiten ihre Wurzel hatten, wurde eher nüchtern kommentiert: »Die verlagsrechtlichen Auffassungen zwischen Ost und West stehen hier gegeneinander. Wir können aber doch nur die westliche gelten lassen [...].«[15] Um die eigene Auffassung zu unterstützen, legte Gustav Fischer Stuttgart den Schreiben in wenigen Fällen das Gutachten eines Rechtsanwalts bei.[16]

Bereits kurz nach der Trennung der Verlage sicherte der Stuttgarter Verlag seinen Autoren zu, dass ihre Werke auch künftig in der DDR erhältlich sein würden. Eine direkte Zusammenarbeit sollte zwar nicht mehr stattfinden,[17] aber die Geschäftsbeziehungen bestehen bleiben und ausgebaut werden.[18] Gemeint waren damit Lieferungen, die im Rahmen des Interzonenhandels erfolgten.[19]

In Jena erhielt der Verlag Kenntnis von den Aktivitäten des Stuttgarter Hauses. Annelise von Lucius schrieb nicht nur an die Autoren, sondern besuchte auch viele von ihnen persönlich. Der Verlag in Jena fürchtete daher die Abwanderung seiner westdeutschen Autoren zum Stuttgarter Verlag und reagierte seinerseits mit einer verstärkten Kontaktaufnahme. Darüber informierte er das Amt für Literatur und Verlagswesen in Ost-Berlin:

> Um die Leistungsfähigkeit des Verlages zu gewährleisten, haben wir uns bereits vor Wochen mit den Autoren, auf die wir zurzeit angewiesen sind, in Verbindung gesetzt. Der größte Teil von ihnen hat sich jedenfalls zuerst positiv entschieden, so daß wir gerade aus diesem Grunde einen baldigen Besuch der Westautoren für erforderlich gehalten haben. Nachdem Frau v. Lucius anscheinend verstärkte Autorenbesuche durchführt und dabei den Standpunkt vertritt, daß ihr als Erbin des Fischer Verlages die Verlagsrechte zustehen, haben allerdings einige Autoren, von denen bereits feste Zusagen vorgelegen haben, vorerst einmal eine eingehende Prüfung der Rechtslage und gegebenenfalls Verhandlungen des VEB Gustav Fischer Verlag Jena mit Frau v. Lucius gefordert.[20]

Ziel der Verhandlungen sollte die Produktion weiterer Parallel- oder Doppelauflagen sein, also die Herstellung des gleichen Titels sowohl in Jena als auch in Stuttgart. Viele Autoren waren dieser Praxis gegenüber nicht abgeneigt, beharrten aber darauf, dass die Honorarzahlungen in Westmark erfolgen müssten – und dass eine Verständigung

---

14 Fischer Stuttgart an Leube, 20.4.1953, HA/BV, Nr. 9.
15 Fischer Stuttgart an Leube, 13.5.1953, HA/BV, Nr. 9.
16 Vgl. Bappert, Witz und Freyer an von Breitenbuch, Fischer Stuttgart, 20.6.1953, HA/BV, Nr. 7.
17 Vgl. Fischer Stuttgart an Leube, 19.2.1953, HA/BV, Nr. 9.
18 Vgl. Fischer Stuttgart an Lütge, 10.2.1953, HA/BV, Nr. 9.
19 Vgl. Fischer Stuttgart an Leube, 17.6.1953, HA/BV, Nr. 9.
20 Böhme, Fischer Jena, an das Amt für Literatur und Verlagswesen, 1.7.1953, BArch, DR1/765.

der beiden Häuser die Voraussetzung für eine weitere Zusammenarbeit mit dem Jenaer Haus sei.[21]

Das Ziel der Weiterführung der Doppelauflagen deutet darauf hin, dass auch das Jenaer Haus seine Position zur Frage der Verlagsrechte wenig vehement vertrat. Ein knappes Jahr nach dem Weggang von Annelise von Lucius wurde konstatiert, »daß der Verlag ständig die Auffassung vertreten hat, daß die Verlagsrechte für die jeweiligen Verlagswerke nach wie vor in Jena liegen. Allerdings ist die Verfechtung dieser Tatsache in der Regel sehr vorsichtig und zurückhaltend durchgeführt worden.«[22]

Unter den 28 Titeln, die der Leipziger Verlag Ende 1953 in einer Liste über die Werke, für die Gustav Fischer in Stuttgart die Rechte beanspruchte, zusammenstellte, befanden sich zwei geplante Neuerscheinungen. Bei den anderen handelte es sich um in Vorbereitung befindliche Neuauflagen. Davon erschienen vier Titel entgegen der Planung nicht (mehr). 13 Titel wurden tatsächlich nur in Stuttgart (einer davon noch bei Piscator) publiziert, teils kamen lediglich eine weitere Auflage, teils noch mehrere heraus. In elf Fällen hingegen erschienen die Titel sowohl in Stuttgart als auch in Jena.[23]

In der Korrespondenz, die der Leipziger Verlag mit den Autoren führte, betonten die meisten von ihnen, dass sie weiterhin mit Stuttgart zusammenarbeiten würden, aufgrund ihrer Verbundenheit mit der Verlegerfamilie oder weil sie sich dem Recht der Bundesrepublik verpflichtet fühlten. Viele hatten allerdings zugleich in Aussicht gestellt, zu einer Zusammenarbeit mit Jena weiterhin bereit zu sein, falls eine Zustimmung von Seiten des Stuttgarter Verlags erfolgen würde.[24] Da in der Tat bald eine Verständigung der beiden Verlage erfolgte, in deren Folge eine enge Kooperation zustande kam, standen die Parallelauflagen ebenso wie andere Spielarten der Zusammenarbeit bald wieder auf der Tagesordnung (siehe Kapitel 6.2.2).

Der Stuttgarter Verlag blieb in den kommenden Jahren bei seiner Grundauffassung, dass Verlagsname und Verlagsrechte ausschließlich dem Stuttgarter Haus zustehen würden, und brachte diese gelegentlich gegenüber Dritten zum Ausdruck.[25] Gleichzeitig vertraten die DDR-Behörden weiterhin die Meinung, dass die Verlagsrechte dem Jenaer Verlag zustünden.[26] Die Frage nach den Verlagsrechten verlor im Zuge der guten Kooperation zwischen den Verlagen, aber auch gegenüber den Autoren allerdings schnell an Bedeutung. So konstatierte der Jenaer Verlag 1957:

---

21 Vgl. Bericht über die verlegerische Arbeit für den Monat Juli 1953, BArch, DR1/765.
22 Bericht Dienstreise Kollege Müller VEB Gustav Fischer, Jena, 20.11.1953, BArch, DR1/765.
23 Liste über diejenigen Werke und Zeitschriften, für die die Firma Gustav Fischer in Stuttgart den Verlag in Anspruch nimmt, 9.11.1953, BArch, DR1/765.
24 Vgl. Bericht Dienstreise Kollege Müller VEB Gustav Fischer, Jena, 20.11.1953, BArch, DR1/765.
25 Vgl. Fischer Stuttgart an Bushe, Göttingen, 6.12.1961, HA/BV, Nr. 108.
26 Vgl. Zentralstelle für wissenschaftliche Literatur an Buch-Export, 20.5.1955, BArch, DR1/2057.

> Wir nehmen für uns die Verlagsrechte all der Titel in Anspruch, die vor 1953 in Jena erschienen sind, jedoch nach Bildung des Parallelverlages in Stuttgart dort in neuen Auflagen herauskommen. Dieser Standpunkt ist Fischer, Stuttgart, bekannt. Er hat jedoch nur theoretischen Wert. Es hat auch darüber keinerlei Streitigkeiten gegeben [...] Fischer, Stuttgart, macht uns gegenüber keine Verlagsrechte geltend. Es sind uns eine Reihe von Fällen bekannt, wo westdeutsche Autoren, bevor sie mit dem volkseigenen Verlag neue Auflagen vereinbaren, in Stuttgart anfragten und von dort aus keine Einwände gegen das Erscheinen der neuen Auflagen in Jena gemacht wurden.[27]

Bei Carl Marhold wurde das Verhältnis zwischen dem Hallenser und dem West-Berliner Haus, das nach dem Weggang des Verlagsinhabers Wolfgang Jäh von Halle im September 1951 ein knappes Jahr lang von Kooperation und Verständigungsbereitschaft gekennzeichnet gewesen war, durch die behördlichen Eingriffe ab August 1952 nachhaltig gestört. Jäh setzte im September 1952 seine Autoren davon in Kenntnis, dass der Verlag sich nun in Berlin und die Verträge in seinen Händen befänden und Marhold Halle – und auch jeder andere DDR-Verlag – daher nicht berechtigt sei, mit den Autoren über Neuauflagen zu verhandeln. Er legte den Autoren nahe, »die Verbindung mit ihm [Marhold Halle] abzubrechen, soweit Sie nicht noch Honorarforderungen zu stellen haben«. Nichtsdestotrotz stellte Jäh im Falle von Neuauflagen vergriffener Werke Lizenzvergaben an Marhold Halle in Aussicht, falls »die Absatzmöglichkeiten des einen oder anderen Buches in der Ostzone günstiger sind als in der Bundesrepublik«.[28] Auch dem Verlag in Halle gegenüber machte Jäh seinen Standpunkt deutlich, nachdem er von geplanten Neuauflagen alter Verlagswerke erfahren hatte:

> Ich schließe daraus, daß Ihnen offensichtlich die Rechtsverhältnisse nicht bekannt sind und untersage deshalb hiermit ausdrücklich die Herausgabe neuer Auflagen vorerst derjenigen meiner Verlagswerke, deren Autoren in West-Berlin, in Westdeutschland oder im westlichen Auslande ansässig sind.[29]

Jäh beanspruchte die Verlagsrechte von Marhold – zumindest für die Werke der westlichen Autoren – für sich, hielt aber zugleich am Kooperationswillen fest, indem er dem Verlag die gelegentliche Herausgabe von Lizenzausgaben gestatten wollte.

Der Verlag Marhold in Halle versandte daraufhin im Oktober 1952 an die in Westdeutschland und West-Berlin ansässigen Autoren Schreiben mit der Information, dass der Verleger die DDR illegal verlassen und damit seinen Verlag im Stich gelassen hatte. Die Autoren wurden von angeblichen kaufmännischen Verfehlungen Jähs und der Verbringung großer Mengen Bücher nach West-Berlin in Kenntnis gesetzt – Jäh hatte Marhold-Bücher als Startkapital für den Neuaufbau seines Verlags von Halle nach West-Berlin transferiert. Der Verlag stellte die Zahlung noch fälliger Honorare in Aus-

---

27 Fischer Jena an den BV Leipzig, 9.9.1957, SStAL, 21766 BV II, Nr. 1248.
28 Dieses und das vorangegangene Zitat: Jäh, Marhold, an Klostermann, 25.9.1952, BArch, DR1/841.
29 Jäh, Marhold West-Berlin, an Marhold Halle, 9.10.1952, BArch, DR1/841.

sicht und bat um Abwägung, ob es zweckmäßig sei, die Verbindungen zu Halle wie von Jäh empfohlen abzubrechen.[30] Im November 1952 forderte Jäh den Verlag in Halle auf, die Schreiben an die Autoren zu unterlassen und die Rechtssituation zu akzeptieren. Er bekräftigte seine Bereitschaft, an Halle Lizenzen der Werke seines Verlags zu geben – wenn dies aber nicht gewünscht sei, fühle er sich an die Vereinbarung vom Oktober 1951 (siehe Kapitel 6.2.1) nicht mehr gebunden.[31] Im Amt für Literatur und Verlagswesen gelangte Herbert Kienast hingegen zum Urteil, dass »mit der Vereinbarung vom 13.10.1951 von vorn herein eine grobe Täuschung beabsichtigt war. Der Anschein der Loyalität wurde [...] von Jäh und dem Treuhänder erweckt, um die Warenverschiebungen besser durchführen zu können.«[32]

Eine Einigung zwischen den beiden Marhold-Verlagen konnte nicht erzielt werden. Wolfgang Jäh suchte daher im nächsten Schritt die Branchenöffentlichkeit und erklärte die Einfuhr einer ganzen Reihe von Hallenser Marhold-Werken in die Bundesrepublik für unzulässig. Der Buchhandel wurde davon in den Frankfurter Ausgaben des *Börsenblatts* in Kenntnis gesetzt.[33] Dort erschienen seit Juli 1952 *Liste[n] der Bücher, deren Einfuhr aus der Ostzone und Vertrieb in Westdeutschland von den angegebenen westdeutschen Verlagen für unzulässig erklärt wird.*[34] In der vierten Liste vom 9. Dezember 1952 tauchte erstmals ein Werk aus dem Carl Marhold Verlag auf, der so genannte *Klinger-Ritter (Kalender für Heizungs-, Lüftungs- und Badetechniker),*[35] der kurze Zeit zuvor noch Gegenstand einer Gemeinschaftsproduktion der Verlage in Halle und West-Berlin gewesen war. In der sechsten Liste vom April 1953 waren insgesamt 93 Titel aus dem Verlag Carl Marhold angeführt.[36] Dem Hallenser Verlag gelang es später dennoch, seine Bücher auch in der Bundesrepublik zu vertreiben.[37]

Der Verlag in Halle beanspruchte seinerseits alle jemals vom Verlag Carl Marhold erworbenen Verlagsrechte für sich[38] und vertrat diesen Standpunkt auch den Autoren gegenüber. Der Hallenser Verlagsleiter Müller besuchte im Jahr 1954 mehrere Autoren in Westdeutschland, um sie von einer weiteren Zusammenarbeit mit dem Verlag in der

---

30 Vgl. Marhold Halle an Holler, 22.10.1952, BArch, DR1/841. Das Schreiben ging an alle »noch benötigten Westautoren«. Monatsbericht des Verlags Marhold für Oktober 1952, BArch, DR1/841.
31 Vgl. Jäh, Marhold West-Berlin, an Marhold Halle, 18.11.1952, BArch, DR1/841.
32 Kienast, Amt für Literatur und Verlagswesen, an die Verwaltung Volkseigener Verlage, 4.11.1952, BArch, DR1/841.
33 Vgl. Interzonenhandel. In: Börsenblatt (Frankfurter Ausgabe), H. 28/29, 10.4.1953, S. 157–159.
34 Interzonenhandel. Börsenblatt (Frankfurter Ausgabe), H. 61, 29.7.1952, S. 310. Hier wurde die erste der Listen publiziert mit Titeln der Verlage Bonneß & Hachfeld München, Breitkopf & Härtel Wiesbaden, Ernst Kamprath Coburg, K. F. Koehler Verlag Stuttgart, Philipp Reclam jun. Stuttgart und Vogel-Verlag Coburg.
35 Vgl. Interzonenhandel. Börsenblatt (Frankfurter Ausgabe), H. 99, 9.12.1952, S. 514.
36 Vgl. Interzonenhandel. Börsenblatt (Frankfurter Ausgabe), H. 28/29, 10.4.1953, S. 157.
37 Vgl. Beck, Situation zwischen den Parallelverlagen Carl Marhold, 18.6.1957, BArch, DR1/1124.
38 Vgl. Feststellungsklage gegen den Carl Marhold Verlag, Berlin-Charlottenburg, 9.7.1955, SStAL, 21094 Bibliographisches Institut, Nr. 121.

DDR zu überzeugen. Zusammenfassend stellte er fest, dass viele Autoren nicht mehr mit Jäh zusammenarbeiten und stattdessen weiter in Halle publizieren wollten.[39]

Von den besuchten 15 Autoren hatten elf seit den 1920er Jahren bis 1954 im Verlag Carl Marhold Halle publiziert. Von zehn dieser Autoren erschienen – trotz überwiegend gegenläufiger Aussagen gegenüber dem Hallenser Verlagsleiter – keine Bücher mehr bei Marhold, und zwar weder in Halle noch in West-Berlin. Wenn sie noch veröffentlichten, gingen sie mit Neuauflagen oder neuen Titeln zu anderen in der Bundesrepublik ansässigen Verlagen. So wurde zum Beispiel *Der Weg zum wirtschaftlichen Schweißen* von Richard Malisius, das 1949 bei Marhold publiziert worden war, ab 1956 unter dem Titel *Wirtschaftlichkeitsfragen der praktischen Schweißtechnik* im Deutschen Verlag für Schweißtechnik (Düsseldorf) und Vieweg (Braunschweig) publiziert. Lediglich der Titel *Die Strahlungsheizung* von Albrecht Kollmar kam 1953 in Jähs neuem Verlag Haenchen und Jäh heraus und erlebte dort im folgenden Jahr die 2. Auflage. Ab der 4. Auflage 1957 erschien der Titel bei Oldenbourg.[40]

Beim Verlag B. G. Teubner ist die umfassende Information der Geschäftspartner am besten dokumentiert, vor allem die von Stuttgart ausgehende. Dies ist nicht nur der hervorragenden Quellenlage zuzuschreiben, sondern auch dem Vorgehen bei B. G. Teubner. Die Autoren sowie die Sortiments- und Zwischenbuchhändler, mit denen der Verlag zusammenarbeitete, wurden vergleichsweise umfassend in Kenntnis gesetzt; Martin Giesecke lag die Klarstellung der rechtlichen Situation deutlich mehr am Herzen als anderen umgesiedelten Verlegern. Dies wird auch in den später beginnenden Gesprächen mit der DDR-Seite erkennbar.[41]

Sowohl B. G. Teubner in Stuttgart als auch B. G. Teubner in Leipzig wandten sich in mehreren Schreiben an ihre Autoren. Der erste Brief aus Stuttgart erreichte die Autoren bereits im Oktober 1952 aus West-Berlin, unmittelbar, nachdem Martin Giesecke und Herbert Heisig Leipzig verlassen hatten.

> Die Entwicklung der Verhältnisse in Ostdeutschland in den vergangenen Monaten hat sich in einem derartigen Ausmaß auf unsere Firma als Privatverlag und damit auf unsere verlegerische Arbeit ausgewirkt, daß wir es im besonderen mit Rücksicht auf unsere zahlreichen in Westdeutschland ansässigen Autoren nicht mehr verantworten konnten, den Verlag in Leipzig weiterzuführen.[42]

---

39 Vgl. Bericht über die in der Zeit vom 10.–20.11.54 durchgeführte Reise nach Westdeutschland, BArch, DR1/761.

40 *Die Strahlungsheizung* war bis 1948 in drei Auflagen bei Marhold erschienen.

41 Vgl. hierzu Giesecke, Aufgrund der einstweiligen Verfügung des Kreisgerichts Leipzig sind folgende Maßnahmen vorgesehen, 12.9.1955, SStAL, 22199 Teubner Stuttgart, Nr. 78. Giesecke listet insgesamt 15 Maßnahmen auf, die sich auf die Information verschiedener Geschäftspartner durch Schreiben und Inserate beziehen.

42 Teubner Stuttgart, [Rundschreiben an die Autoren], o. D. [handschriftlich ergänzt: 22.10.52 versandt], SStAL, 22199 Teubner Stuttgart, Nr. 101.

Sie begründeten ihre Entscheidung ausführlich, kündigten die baldige Wiederaufnahme des Geschäftsbetriebes an und teilten mit, dass die Verlagsrechte auf die Teubner-Dependance Verlag für Wissenschaft und Fachbuch in Bielefeld übertragen worden seien, die wiederum bald auf B. G. Teubner übergehen würde. Des Weiteren hofften sie auf die Fortsetzung der Zusammenarbeit und eine weitere gute Arbeit des Verlags.[43] Dem nächsten Stuttgarter Rundschreiben vom Dezember 1952 ist zu entnehmen, dass die Autoren zwischenzeitlich auch vom Leipziger Verlag über die Lage informiert worden waren. Der Stuttgarter Brief nahm darauf Bezug: »Die von Leipzig dargelegte Rechtslage ist unzutreffend. Die Teubner-Verlagsrechte sind, wie wir in unserm ersten Rundschreiben mitteilten, rechtswirksam nach Westdeutschland übertragen worden.«[44] Einem im Januar 1953 folgenden Schreiben waren ein Rechtsgutachten über die Konstruktion der Teubner-Firmen und die Frage der Verlagsrechte sowie eine notarielle Bescheinigung über die Sitzverlegungen der Firmen beigefügt.[45] Hier erklärten Giesecke und Heisig, dass sie sich zur Übersiedlung in den Westen verpflichtet gefühlt hatten, um »das Lebenswerk der Vorfahren in der freien wissenschaftlichen Welt fortzuführen und den Verlag nicht einer Entwicklung preiszugeben, die seinen geistigen Untergang herbeigeführt hätte«.[46] Als Argument für die Unmöglichkeit der Fortsetzung der Verlagsarbeit in Leipzig führten sie an, dass sie Übersetzungen aus dem Russischen auf dem Gebiet der Atomphysik gezwungen waren herauszugeben, die sie weder politisch noch wissenschaftlich hätten verantworten können. Das Schreiben nahm überdies Bezug auf einen Brief, den die Autoren aus Leipzig erhalten hatten, korrigierte die darin aufgestellten Behauptungen zu den Ereignissen und machte einen Vorschlag, wie auf die Post aus Leipzig reagiert werden solle: mit der Mitteilung, dass die Rechte Stuttgart zuständen und die Autoren vertraglich an den westdeutschen Verlag Teubner gebunden seien.

Der Versand von Autorenschreiben wurde von beiden Seiten fortgesetzt.[47] Im Mittelpunkt standen die komplexe Konstruktion der Teubner-Firmen und die sich daraus ableitende unterschiedliche Interpretation der Ereignisse um den Weggang der Gesellschafter, die Verwaltung, die Sitzverlegungen und die Rechteübertragungen. Der Leipziger Verlag legte den Briefen als Beweis später Auszüge aus dem Handelsregister bei.[48] Auch den Versand von anwaltlichen Gutachten zur Rechtslage betrieben beide

---

43 Vgl. ebd.

44 Teubner Stuttgart, An unsere Autoren! 16.12.1952, SStAL, 22199 Teubner Stuttgart, Nr. 169.

45 Vgl. An unsere Autoren! Schreiben von Teubner, Stuttgart, 12.1.1953, SStAL, 22199 Teubner Stuttgart, Nr. 169; Greuner, Rechtsgutachten 3.1.1953, SStAL, 22199 Teubner Stuttgart, Nr. 81.

46 Ebd.

47 Vgl. z. B. Giesecke, Aus Rücksprache mit Dr. Greuner, 11./12.3.1953 in Karlsruhe, 13.3.1953, SStAL, 22199 Teubner Stuttgart, Nr. 88; o. D. [nach Mai 1953], Entwurf eines Schreibens von Teubner Leipzig an die westdeutschen Autoren zur Frage, wem die Verlagsrechte der B. G. Teubner zustehen, BArch, DR1/1946; Teubner Stuttgart an Teubner Leipzig, 4.3.1953, SStAL, 22199 Teubner Stuttgart, Nr. 78.

48 Vgl. Greuner an Giesecke, Teubner Stuttgart, 10.9.1953, SStAL, 22199 Teubner Stuttgart, Nr. 88.

Verlage weiter. So ließ der Leipziger Verlag im August 1953 ein Gutachten über die Frage der Verlagsrechte erstellen,[49] das an die Autoren verschickt wurde.[50] Anwalt Georg Greuner, der B. G. Teubner Stuttgart jahrelang in allen rechtlichen Belangen beriet, formulierte eine Gegendarstellung. Diese schickte der Stuttgarter Verlag im Dezember an Teubner in Leipzig, verbunden mit der Aufforderung, auf den Versand des Gutachtens an die Autoren zu verzichten.[51] Neben den Schreiben suchten beide Verlage persönliche Gespräche mit den Autoren, die sich vor allem auf wissenschaftlichen Tagungen gebündelt durchführen ließen.[52]

Um den Buchhandel zu informieren, verschickte der Stuttgarter Verlag Anfang 1953 ein Rundschreiben an das Sortiment[53] und veröffentlichte in der Frankfurter Ausgabe des *Börsenblatts* mehrere Anzeigen. Im März 1953 berichtete ein ganzseitiges Inserat über Tatsache und Gründe der Sitzverlegung und wies darauf hin, dass »Bezug und Vertrieb in Leipzig erschienener Teubner-Bücher [...] nicht mehr zulässig sind, da die Verlagsrechte des Teubner-Verlages nach Stuttgart übertragen wurden. Zuwiderhandlungen würden wir weiterverfolgen müssen.«[54] Eine zweiseitige Anzeige, die zwei Wochen später Stuttgarter Neuauflagen ankündigte, war überschrieben mit »Teubner-Verlag jetzt in Stuttgart«.[55] Auch der Leipziger Kommissionär Koehler & Volckmar wurde informiert, dass er nicht mehr berechtigt sei, Lieferungen von Teubner-Werken aus Leipzig in die Bundesrepublik durchzuführen.[56] Da der westliche Vertragspartner von Koehler & Volckmar, die West-Berliner Firma KAWE, die Anweisung aus Stuttgart akzeptierte, musste sich der Leipziger Kommissionär fügen.[57]

Ab Ende 1953 verstärkte der Stuttgarter Verlag seine Bemühungen, dem Sortimentsbuchhandel die neue Lage eindrücklich klarzumachen, indem er Briefe an die Landesverbände des Börsenvereins der Buchhändler[58] mit der Bitte verschickte, deren

---

49 Vgl. Franz, Gutachten, 31.8.1953, BArch, DR1/765.

50 Vgl. Giesecke, Teubner Stuttgart, an Greuner, 17.11.1953, SStAL, 22199 Teubner Stuttgart, Nr. 88.

51 Vgl. Teubner Stuttgart an Teubner Leipzig, 15.12.1953, SStAL, 22199 Teubner Stuttgart, Nr. 78.

52 Vgl. zum Beispiel Schuberth, Besprechung mit Herrn Prof. Kähler im Mathematischen Institut, Leipzig, 28.9.1954, BArch, DR1/1946.

53 Vgl. Teubner Stuttgart, An das Sortiment! O. D. [Anfang 1953], SStAL, 22199 Teubner Stuttgart, Nr. 169.

54 Börsenblatt (Frankfurter Ausgabe), H. 21, 13.3.1953, S. 653. Der Inhalt des Rundschreibens an das Sortiment war dem dieser Anzeige sehr ähnlich.

55 Börsenblatt (Frankfurter Ausgabe), H. 25, 27.3.1953, S. 850f. Auf die Sitzverlegung wurde in einer halbseitigen Anzeige im Juli 1953 erneut hingewiesen. Vgl. Börsenblatt (Frankfurter Ausgabe), H. 55, 10.7.1953, S. 1787.

56 Vgl. Teubner Stuttgart an Koehler & Volckmar Leipzig, 9.2.1953, SStAL, 22199 Teubner Stuttgart, Nr. 81.

57 Vgl. Koehler & Volckmar, Leipzig, an das Amt für Literatur und Verlagswesen, 25.3.1953, BArch, DR1/765.

58 Zur damaligen Struktur des westdeutschen Börsenvereins siehe Estermann 2000, S. 161–165, 170–173.

Mitglieder in ihren Rundschreiben von der Situation in Kenntnis zu setzen, »um diese Firmen vor unnötigem Schaden zu bewahren.«[59] Die Notiz zu Teubner wurde daraufhin in einigen Bekanntmachungen der Verbände veröffentlicht;[60] blieb eine Reaktion aus, erinnerte Teubner zwei Monate später an sein Anliegen.[61]

Der Verlag in Stuttgart beschränkte sich in seiner Informationspolitik nicht auf den bundesdeutschen Raum. Im Sommer 1954 wurden diverse Buchhändlervereinigungen im westlichen Ausland mit der Bitte um Bekanntmachung der Sitzverlegung angeschrieben. Auch hier erfolgte der Hinweis, dass der Verlag vermeiden wolle, »daß sich Ihre Mitglieder in etwaiger Unkenntnis der [...] bestehenden Rechtsverhältnisse durch den Bezug und Vertrieb oder aber irgendein Ausstellen in Leipzig erschienener Teubner-Werke wirtschaftlicher Schädigungen bzw. der Gefahr einer gerichtlichen Verfolgung durch uns wegen Verletzung unserer Verlagsrechte aussetzen.«[62] Bei einer ausbleibenden Reaktion seitens der Verbände blieb Teubner hartnäckig.[63]

Neben den Buchhändlern wurden weitere Geschäftspartner und Kunden im In- und Ausland von Teubner Stuttgart kontaktiert. Ausländische Verlage setzten die Stuttgarter davon in Kenntnis, dass Ansprüche des Leipziger Verlags aus Übersetzungsverträgen abzulehnen seien.[64] Der Verlag informierte auch die Deutsche Forschungsgemeinschaft über die inzwischen erwirkte einstweilige Verfügung (siehe Kapitel 6.1.2) sowie die eingereichte Klage;[65] außerdem gingen Schreiben an Allgemeinen Studentenausschüsse an den Universitäten. Unter Hinweis auf die einstweilige Verfügung erklärte der Verlag, dass sich die Studierenden »durch Bezug und Verkauf von illegal in Leipzig erscheinenden Teubner-Werken der Hehlerei schuldig machen und der Gefahr einer gerichtlichen Verfolgung aussetzen«[66] würden.

Darüber hinaus suchte der Stuttgarter Verlag Besprechungen von Büchern aus Leipzig in wissenschaftlichen Zeitschriften zu verhindern. Zunächst setzte sich Teub-

---

59 Teubner Stuttgart an den Geschäftsführer des BV der Buchhändler in Süd- und West-Deutschland, Freiburg, 6.11.1953, SStAL, 22199 Teubner Stuttgart, Nr. 82.

60 Vgl. beispielsweise Mitteilungen des BV der Buchhändler in Süd- und West-Deutschland, 20.12.1953, SStAL, 22199 Teubner Stuttgart, Nr. 82.

61 Vgl. Teubner Stuttgart an den Rheinisch-westfälischen Verleger- und Buchhändler-Verband, Düsseldorf, 8.1.1954, SStAL, 22199 Teubner Stuttgart, Nr. 82. Die Akte enthält zahlreiche weitere Schreiben an Buchhändler-Vereinigungen in der Bundesrepublik.

62 Teubner Stuttgart an die Vereeniging ter bevordering van de belangen des Boekhandels, Amsterdam, 16.6.1954, SStAL, 22199 Teubner Stuttgart, Nr. 82. Die Akte enthält zahlreiche weitere Schreiben an Buchhändler-Vereinigungen im Ausland.

63 Vgl. z. B. Teubner, Stuttgart, an Cercle Belge de la Librairie, Brüssel, 7.7.1954, SStAL, 22199 Teubner Stuttgart, Nr. 82.

64 Vgl. z. B. Teubner Stuttgart an Sansoni Edizioni, Florenz, 20.9.1955, SStAL, 22199 Teubner Stuttgart, Nr. 78.

65 Vgl. Teubner Stuttgart an die Deutsche Forschungsgemeinschaft, 21.9.1955, SStAL, 22199 Teubner Stuttgart, Nr. 78.

66 Teubner Stuttgart an die Vorsitzenden der Allgemeinen Studentenausschüsse an den Universitäten und Technischen Universitäten, Oktober 1955, SStAL, 22199 Teubner Stuttgart, Nr. 78.

ner mit den Verlagen in Verbindung, wenn er von einer geplanten Besprechung Kenntnis erlangt hatte.[67] Nach dem Erlass der einstweiligen Verfügung im September 1955 schrieb Teubner Stuttgart eine ganze Reihe von Verlagen und Schriftleitungen mit der Bitte an, dass man von Rezensionen Leipziger Werke absehen möge, da es sich dabei nicht um Werke des Teubner-Verlags handle.[68] Dem Ansinnen wurde nach Aussage Gieseckes oftmals entsprochen; allerdings war nicht jeder Verlag oder jede Redaktion mit dem Vorgehen einverstanden.[69] Juristisch war die Angelegenheit keinesfalls so klar, wie Giesecke sich dies gewünscht hätte. Anwalt Greuner hegte ernsthafte Zweifel daran, dass ein juristisches Vorgehen gegen Besprechungen Leipziger Teubner-Titel Erfolg haben könne.[70] Gieseckes Argumentation, dass es sich bei einer Besprechung nicht nur um Information, sondern zugleich um Werbung handeln würde, änderte an diesem Sachverhalt nach Meinung des Anwalts nichts.[71]

Auch die Aufnahme von Leipziger Werken in Buchhändler-Kataloge wollte Giesecke unterbinden. Hier war die Sachlage ähnlich unklar. So verzichtete die Universitätsbuchhandlung Blazek & Bergmann, Frankfurt am Main, nur »um des lieben Friedens willen« auf die Anzeige von Leipziger Büchern in einen Chemie-Literaturkatalog. Der Inhaber meinte dazu: »Wenn wir die Leipziger Titel aufnähmen und Sie dagegen Einspruch erheben würden, würde es nach der augenblicklichen Rechtslage kaum einen Richter geben, der dem Teubner Verlag Stuttgart Recht gibt, wie wir uns genau erkundigt haben.«[72]

Giesecke wollte an seiner harten Linie festhalten und suchte auch den Börsenverein in Frankfurt am Main von seiner Haltung zu überzeugen.[73] Der Branchenverband war 1955 von der Dokumentationsstelle für Bautechnik eingeschaltet worden, die drei Leipziger Werke besprechen wollte. Dagegen hatte B. G. Teubner Stuttgart Einspruch erhoben. Man erkundigte sich daraufhin beim Börsenverein nach der Rechtmäßigkeit des Stuttgarter Widerspruchs und erhielt vom Justiziar die Antwort, dieser hege Zweifel, dass der Widerspruch aus juristischen Gründen gerechtfertigt sei.[74] Vier Jahre später allerdings vertrat derselbe Justiziar gegenüber der *Tonindustrie-Zeitung* eine andere Auffassung. Ausschlaggebend dafür mag gewesen sein, dass inzwischen verschiedene westdeutsche Gerichtsurteile zu den Parallelunternehmen vorlagen, so

---

67 Vgl. Giesecke, Teubner Stuttgart, an Ackermann, 10.2.1955, SStAL, 22199 Teubner Stuttgart, Nr. 20.

68 Vgl. Teubner Stuttgart an Verlage und Schriftleitungen von wissenschaftlichen und fachwissenschaftlichen Zeitschriften, 20.9.1955, SStAL, 22199 Teubner Stuttgart, Nr. 78.

69 Vgl. Giesecke an Ackermann, 26.3.1955, SStAL, 22199 Teubner Stuttgart, Nr. 88.

70 Vgl. Giesecke, Teubner Stuttgart, an Greuner, 6.2.1959, SStAL, 22199 Teubner Stuttgart, Nr. 88; Greuner an Giesecke, Teubner Stuttgart, 9.2.1959, SStAL, 22199 Teubner Stuttgart, Nr. 88.

71 Vgl. Zur Rücksprache mit Dr. Greuner betr. Anzeigen und Besprechungen Leipziger Werke in westdeutschen Zeitschriften, 23.1.1959, SStAL, 22199 Teubner Stuttgart, Nr. 88.

72 Dieses und das vorangegangene Zitat: Blazek & Bergmann an Teubner Stuttgart, 1.4.1955, SStAL, 22199 Teubner Stuttgart, Nr. 87.

73 Giesecke, Teubner Stuttgart, an Greuner, 26.3.1955, SStAL, 22199 Teubner Stuttgart, Nr. 88.

74 Vgl. ebd.

auch der Beschluss des Stuttgarter Gerichts zum Fall Teubner (siehe Kapitel 6.1.2). Der Börsenverein urteilte, dass mit der Veröffentlichung von Besprechungen Leipziger Teubner-Werke eine »unzulässige Mitwirkung bei der Verletzung von Verlags- oder Firmenrechten des Teubner Verlages in Stuttgart vorliegen«[75] könne.

Der Verlag in Leipzig versuchte sich gegen die Stuttgarter Interventionen zur Wehr zu setzen, indem er die Leipziger Gerichtsbeschlüsse vorlegte und die Zeitschriftenredaktion im Übrigen auf ihre »wissenschaftliche[n] Aufgaben«[76] hinwies.

Mit besonderem Nachdruck setzten die Verlage die Information sowohl der Autoren als auch des Buchhandels fort, nachdem Mitte 1955 die juristische Auseinandersetzung begonnen hatte. Die Autoren wurden unmittelbar nach Erlass der einstweiligen Verfügungen – im August 1955 in Leipzig und im September 1955 in Stuttgart – über diese informiert;[77] das wiederholte sich, nachdem die Gerichtsurteile ergangen waren. Das am 1. Dezember 1955 verkündete Urteil in Sachen Teubner Leipzig gegen Teubner Stuttgart wurde bereits am 2./3. Dezember in gedruckter Fassung mit Begleitbriefen an die Autoren versandt.[78] Weitere Geschäftspartner Leipzigs erhielten es in der folgenden Zeit zur Kenntnis.[79] Da das Stuttgarter Urteil zu diesem Zeitpunkt noch nicht vorlag, informierte der Stuttgarter Verlag die Autoren zunächst darüber, dass »das Leipziger Urteil ohne Bedeutung sei, seine Wirkung sich auf die SBZ beschränke, unsere Feststellungsklage beim Landgericht Stuttgart gegenwärtig verhandelt würde und mit einem Urteil im Januar zu rechnen wäre«.[80]

Die vom Stuttgarter Landgericht verhängte einstweilige Verfügung gegen den Leipziger Verlag wurde im September 1955 in der Frankfurter Ausgabe des *Börsenblatts* in einer ganzseitigen Anzeige veröffentlicht. Auch im *Anzeiger des Österreichischen Buch-, Kunst- und Musikalienhandels* sowie im *Schweizer Buchhandel* platzierte Teubner im Laufe des Jahres 1955 mehrere Anzeigen, in denen Sitzverlegung, Vertriebsverbot und Prozesse bekanntgegeben wurden.[81]

---

75 Kleine, BV Frankfurt, an die Tonindustrie-Zeitung, 18.2.1959, SStAL, 22199 Teubner Stuttgart, Nr. 80.

76 Teubner Leipzig an den Bauverlag, Wiesbaden, 23.11.1955, SStAL, 22198 Teubner Leipzig, Nr. 245.

77 Vgl. An die Autoren des Teubner Verlages, Stuttgart, 20.9.1955, SStAL, 22199 Teubner Stuttgart, Nr. 78; Teubner Leipzig an Rohrberg, 7.9.1955, SStAL, 22198 Teubner Leipzig, Nr. 245. Die letztgenannte Akte sowie Akte Nr. 243 desselben Bestands enthält zahlreiche weitere derartige Schreiben an die Verlagsautoren von Teubner.

78 Vgl. Giesecke, Teubner Stuttgart, an Greuner, 6.12.1955, SStAL, 22199 Teubner Stuttgart, Nr. 75.

79 Vgl. Kern, Amt für Literatur und Verlagswesen, Abt. Verlagswesen, Hausmitteilung, 3.1.1956, BArch, DR1/1947.

80 Giesecke, Teubner Stuttgart, an Greuner, 6.12.1955, SStAL, 22199 Teubner Stuttgart, Nr. 75.

81 Vgl. Gemeinsam mit Herrn Ernst Rücksprache mit Herrn Dr. Maiwald, Wien, vom Oesterreichischen Buchhändler-Verband und Herrn Dr. Mariacher, Zürich, vom Schweizerischen Buchhändler-Verband, 2.7.1954, in Stuttgart, 6.7.1954, SStAL, 22199 Teubner Stuttgart, Nr. 82; Giesecke, Teubner Stuttgart, an Greuner, 22.9.1955, SStAL, 22199 Teubner Stuttgart, Nr. 75.

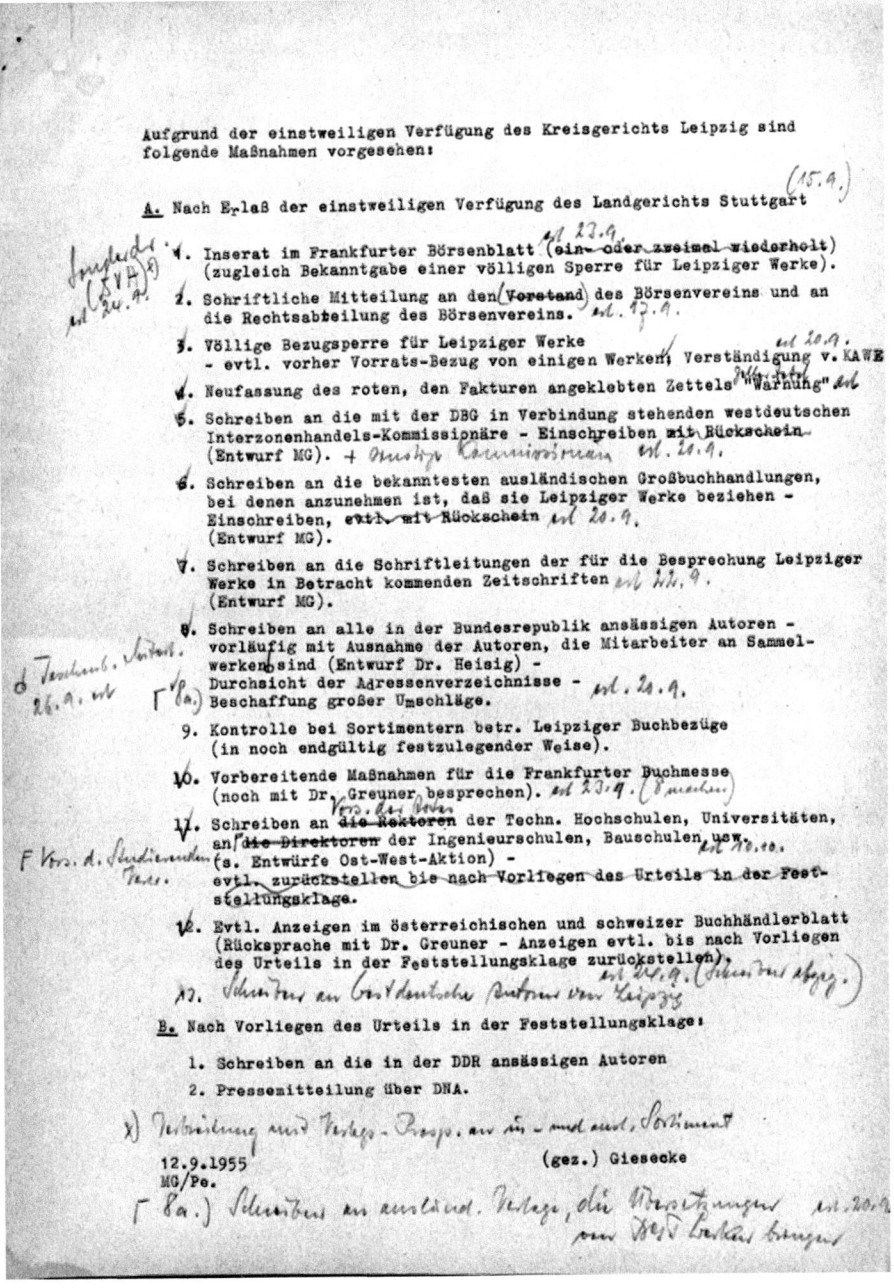

Aufgrund der einstweiligen Verfügung des Kreisgerichts Leipzig sind folgende Maßnahmen vorgesehen:

A. Nach Erlaß der einstweiligen Verfügung des Landgerichts Stuttgart

1. Inserat im Frankfurter Börsenblatt (ein- oder zweimal wiederholt) (zugleich Bekanntgabe einer völligen Sperre für Leipziger Werke).

2. Schriftliche Mitteilung an den Vorstand des Börsenvereins und an die Rechtsabteilung des Börsenvereins.

3. Völlige Bezugsperre für Leipziger Werke - evtl. vorher Vorrats-Bezug von einigen Werken, Verständigung v. KAWE

4. Neufassung des roten, den Fakturen angeklebten Zettels "Warnung"

5. Schreiben an die mit der DBG in Verbindung stehenden westdeutschen Interzonenhandels-Kommissionäre - Einschreiben mit Rückschein (Entwurf MG).

6. Schreiben an die bekanntesten ausländischen Großbuchhandlungen, bei denen anzunehmen ist, daß sie Leipziger Werke beziehen - Einschreiben, evtl. mit Rückschein (Entwurf MG).

7. Schreiben an die Schriftleitungen der für die Besprechung Leipziger Werke in Betracht kommenden Zeitschriften (Entwurf MG).

8. Schreiben an alle in der Bundesrepublik ansässigen Autoren - vorläufig mit Ausnahme der Autoren, die Mitarbeiter an Sammelwerken sind (Entwurf Dr. Heisig) - Durchsicht der Adressenverzeichnisse -
8a.) Beschaffung großer Umschläge.

9. Kontrolle bei Sortimentern betr. Leipziger Buchbezüge (in noch endgültig festzulegender Weise).

10. Vorbereitende Maßnahmen für die Frankfurter Buchmesse (noch mit Dr. Greuner besprechen).

11. Schreiben an die Rektoren der Techn. Hochschulen, Universitäten, an die Direktoren der Ingenieurschulen, Bauschulen usw. (s. Entwürfe Ost-West-Aktion) - evtl. zurückstellen bis nach Vorliegen des Urteils in der Feststellungsklage.

12. Evtl. Anzeigen im österreichischen und schweizer Buchhändlerblatt (Rücksprache mit Dr. Greuner - Anzeigen evtl. bis nach Vorliegen des Urteils in der Feststellungsklage zurückstellen).

13. Schreiben an Ostdeutsche Autoren von Leipzig

B. Nach Vorliegen des Urteils in der Feststellungsklage:

1. Schreiben an die in der DDR ansässigen Autoren

2. Pressemitteilung über DNA.

x) Verbreitung von Verlags-Prosp. an in- und ausl. Sortiment

12.9.1955
MG/Pe.   (gez.) Giesecke

8a.) Schreiben an ausländ. Verlage, die Besetzungen von West bekannt bringen

Abb. 4: Katalog von Maßnahmen, die Martin Giesecke, B. G. Teubner Stuttgart, als Reaktion auf die einstweilige Verfügung des Kreisgerichts Leipzig vorsah, 12.9.1955. Quelle: SStAL, 22199 Teubner Stuttgart, Nr. 78.

Der Leipziger Verlag suchte sich auch dieser Veröffentlichungen zu erwehren und übersandte seinerseits die vom Leipziger Kreisgericht erlassene einstweilige Verfügung mit der Bitte um Veröffentlichung.[82] Das Agieren des Stuttgarter Verlags griff Leipzig scharf an: »Selbst mit den verwerflichsten Mitteln versucht der Stuttgarter Verlag, der zu Unrecht den Namen Teubner führt, uns Schwierigkeiten zu bereiten und unsere guten Geschäftsbeziehungen zu stören.« Im Falle des Schweizer Branchenblatts äußerte die Leipziger Verlagsleitung Kritik an einem Handeln, das seines Erachtens nicht mit einem Schweizer Charakteristikum in Einklang stand: »Insbesondere möchten wir dagegen protestieren, daß die Anzeige aufgenommen wurde, ohne uns Gelegenheit zur Stellungnahme zu geben. Das entspricht nicht der Neutralitätshaltung, die die Schweiz in üblicher Weise einzunehmen pflegt.«[83]

Das Bestreben Leipzigs zeitigte keinen Erfolg. So konnte die einstweilige Verfügung des Leipziger Kreisgerichts lediglich in der Leipziger Ausgabe des *Börsenblatts* abgedruckt werden. Ein danebenstehender redaktioneller Beitrag nahm auf die Gerichtsentscheidung Bezug. Er begann mit einer Schilderung der guten Zusammenarbeit einiger Parallelverlage wie Insel, Gustav Fischer und Hermann Haack und ging anschließend – auf Teubner Stuttgart zielend – über zu den »Fälle[n], in denen bei den westdeutschen Firmen nicht verlegerisches Verantwortungsbewusstsein, sondern Profitgier und politische Zweckmanöver die Handlungsweise bestimmen«[84] würden.

Stuttgart informierte im September 1955 verschiedene bundesdeutsche Kommissionsbuchhandlungen von der einstweiligen Verfügung. Sie wurden zum einen vom Bezugs- und Vertriebsverbot Leipziger Werke in Kenntnis gesetzt, da diese die Stuttgarter Firmenrechte verletzen würden. Zum anderen zielten die Schreiben auf die Frankfurter Buchmesse. Zu dieser Zeit gab es dort für die DDR-Verlage keine Möglichkeit, ihre Bücher an eigenen Ständen auszustellen (siehe Kapitel 8.2). Daher wurde die Produktion der DDR-Verlage auf einer eigenen Interzonenhandelsausstellung präsentiert, welche von Kommissionsbuchhandlungen bestückt wurde. Die Ausstellung von und Werbung für Leipziger Teubner-Titel wollte der Stuttgarter Verlag unterbinden.[85]

---

82 Vgl. Klein, BV Frankfurt, an Giesecke, Teubner Stuttgart, 19.10.1955, SStAL, 22199 Teubner Stuttgart, Nr. 75; Teubner an *Der Schweizer Buchhandel*, 30.9.1955, SStAL, 22198 Teubner Leipzig, Nr. 243.
83 Dieses und das vorangegangene Zitat: Teubner an *Der Schweizer Buchhandel*, 30.9.1955, SStAL, 22198 Teubner Leipzig, Nr. 243.
84 Die Rechte der DDR-Verlage sind unantastbar. In: Börsenblatt (Leipziger Ausgabe), H. 46, 12.11.1955, S. 797.
85 Vgl. z. B. Teubner Stuttgart an die Arcini Kommissionsbuchhandlung, 20.9.1955, SStAL, 22199 Teubner Stuttgart, Nr. 78.

Ziele und Auswirkungen der Kommunikationspolitik

Nachdem es durch die Übersiedlung der Verleger in den Westen zu einer Trennung der Verlage gekommen war, versuchten die Häuser parallel, ihre Autoren von der neuen Lage zu unterrichten und diese von der Rechtmäßigkeit des jeweils eigenen Hauses zu überzeugen: mit Briefen, durch die Anlage von Rechtsgutachten, einstweiligen Verfügungen oder Gerichtsurteilen, welche die jeweilige Auffassung untermauern sollten, sowie durch Gespräche bei Autoren- oder Kongressbesuchen.

Die Verlage verfolgten mit der Information der Autoren in erster Linie das *Ziel*, diese von einer weiteren Zusammenarbeit mit ihrem Verlagsteil zu überzeugen und sich damit die Rechte an vorliegenden und künftigen Werken zu sichern. Dem jeweils anderen Verlag wurde zugleich das Recht abgesprochen, die betreffenden Werke publizieren und vertreiben zu dürfen. Die Verlage argumentierten dabei vorwiegend mit der firmenrechtlichen Situation, die auf beiden Seiten unterschiedlich interpretiert wurde. Die östliche Seite führte darüber hinaus das vermeintliche Fehlverhalten der Verleger ins Feld, welche der DDR den Rücken gekehrt und ihre Firmen zurückgelassen – und damit das Recht auf ihr Eigentum verwirkt hätten. Die betreffenden Verleger wiederum schilderten den Autoren gegenüber, warum sie diesen Schritt unternommen hatten und ihnen eine verlegerische Arbeit in der alten Heimat nicht mehr möglich war. Gelegentlich erfolgte von westlicher Seite zudem ein Hinweis auf die Schwierigkeiten bezüglich der Honorarzahlungen, welche die DDR-Verlage hatten.

Sofern sie auch den Buchhandel über die Lage der Parallelverlage informierten, setzten die Verlage hier zum einen ebenfalls direkte Anschreiben ein, zum anderen wurden Bekanntmachungen in der Frankfurter und der Leipziger Ausgabe des *Börsenblatts* und anderen Branchenblättern veröffentlicht. Teilweise wandten sich die Verlage darüber hinaus an die im Ausland ansässigen Buchhändler. Die westlichen Verlage verbanden mit der Informationspolitik den Buchhändlern gegenüber das Ziel, den Vertrieb der Werke ihrer ostdeutschen Parallelverlage in der Bundesrepublik und im westlichen Ausland zu verhindern.

Die tatsächlichen *Auswirkungen* dieser Kommunikationspolitik in Form von Entscheidungen der Autoren für den einen oder anderen Verlag konnten anhand einiger Beispiele angedeutet werden. Interessant sind die Reaktionen der Autoren und die sich darin offenbarenden Motive ihres Handelns: Oft begegnet der Wunsch der Autoren, die Parallelverlage mögen zu einer Verständigung gelangen – weil dies als Beitrag zum Erhalt der deutschen Einheit oder wenigstens der deutschen Wissenschaft betrachtet wurde oder weil es im eigenen Interesse der Autoren lag, da auf diese Art eine Verbreitung der Werke über die innerdeutsche Grenze hinaus möglich war. Auch die langjährige Beziehung zur Person eines Verlegers oder der aktuelle Wohnort eines Autors (und die damit einhergehende Bindung an das Rechtssystem des Landes) konnten den Ausschlag für die Entscheidung für den einen oder den anderen Verlag geben. Einige Autoren wollten einem Konflikt aus dem Weg gehen und reagierten in Gesprächen mit den Verlagen ausweichend; manche wandten sich in der komplizierten Situation anderen Verlagen zu. Die Autoren der Bundesrepublik forderten von den DDR-Verlagsleitern oft, dass diese zunächst zuverlässige Honorarzahlungen und eine gute Qualität der Verlagserzeugnisse zusichern sollten, bevor sie sich zu einer weiteren Zusammenarbeit bereiterklären konnten.[86]

Die Buchhändler empfanden die Situation oft als problematisch. Grundsätzlich bestrebt und in der Lage, lieferbare Titel aus aller Welt zu beschaffen, waren sie nicht immer bereit, den Aufforderungen der westdeutschen Parallelverlage zu einem Verzicht auf die Bücher aus der DDR Folge zu leisten (siehe Kapitel 7.2.4).

6.1.2 Juristische Auseinandersetzungen

In einigen Fällen fanden zwischen den Parallelverlagen juristische Auseinandersetzungen in Form von Anträgen auf einstweilige Verfügungen[87] und/oder Feststellungsklagen[88] statt. Solche Verfahren wurden sowohl von westdeutscher Seite gegen den östlichen Parallelverlag als auch vice versa initiiert. Bei zwei Beispielen wurde die Klageerhebung der einen Seite durch einen äquivalenten Schritt der anderen Seite beantwortet.

Eine Vorstufe der gerichtlichen Auseinandersetzung stellte die Erstellung juristischer Gutachten dar, womit die Verlage Rechtsanwälte betrauten. B. G. Teubner Stuttgart erbat von Anwalt Georg Greuner eine juristische Einschätzung der Situation der geteilten Firma. Im Kern bestätigte Greuner in seinem sechsseitigen Gutachten die Rechtmäßigkeit der erfolgten Veränderungen in der Firmenstruktur und kam zu dem Schluss, dass die Verlagsrechte des B. G. Teubner Verlags der B. G. Teubner Verlagsgesellschaft Stuttgart zustünden. Einen wesentlichen Faktor stellte die Bewertung dar, dass bei der Sitzverlegung auf die Mitwirkung des Leipziger Amtsgerichts als Registergericht verzichtet werden könne, was in der (bundesdeutschen) Rechtsprechung einheitlich anerkannt sei.[89] Die Gegenseite stützte ihre Argumentation genau auf den Punkt dieser fehlenden Mitwirkung der Leipziger Seite (siehe Kapitel 5.1).

Teubner Leipzig betraute ein halbes Jahr später den Leipziger Rechtsanwalt Rudolf Franz mit der Erstellung eines Gutachtens. Franz begründete mit der fehlenden Löschung der Firma im Handelsregister Leipzig, dass die im Stuttgarter Handelsregister eingetragene Firma eine Neugründung und keine sitzverlegte Firma sei. Er wies

---

86 Zu den Reaktionen der Autoren siehe auch Seemann 2013.

87 Eine einstweilige Verfügung ist zivilrechtlich eine »[v]orläufige gerichtliche Anordnung (1) zur Sicherung von Ansprüchen [...] sowie (2) zur Regelung eines streitigen Rechtsverhältnisses.« Gabler Wirtschaftslexikon, S. 847.

88 Als Feststellungsklage wird zivilrechtlich eine »Klage auf Feststellung des Bestehens oder Nichtbestehens eines Rechtsverhältnisses« verstanden. »Die Feststellungsklage ist nur bei rechtlichem Interesse an alsbaldiger richterlicher Feststellung zulässig [...].« Gabler Wirtschaftslexikon, S. 1063.

89 Vgl. Greuner, Rechtsgutachten 3.1.1953, SStAL, 22199 Teubner Stuttgart, Nr. 81.

allerdings darauf hin, dass die notwendige Löschung »unter den heutigen politischen Verhältnissen auch in absehbarer Zeit nicht nachgeholt werden« könne, die von den Verlegern beabsichtigte Sitzverlegung also praktisch unmöglich durchzuführen sei. Die Konstellation habe seines Erachtens zur Folge, dass »jede der beiden Firmen ihre Tätigkeit nebeneinander ausüben kann ohne von der anderen Seite gestört zu werden«.[90] Die Verlagsrechte sah Franz bei Teubner Leipzig verankert, weshalb die Autoren ihrer Verpflichtungen gegenüber der Leipziger Firma nicht entbunden seien.

Mit der Möglichkeit einer gerichtlichen Klärung der Situation beschäftigte sich der Verlag B. G. Teubner in Leipzig Anfang 1955. Er vergab erneut den Auftrag für eine juristische Stellungnahme zur Frage der Verlagsrechte. Die Berliner Rechtsanwältin Ingeburg Gentz bestätigte die Ausführungen von Franz, indem sie den Stuttgarter Verlag als Neugründung interpretierte und daraus schloss, dass Teubner Stuttgart keine Verlagsrechte der alten B. G. Teubner KG zustünden. Auch schloss sie sich der Auffassung an, dass die von den Gesellschaftern beschlossene Übertragung der Verlagsrechte auf den Verlag für Wissenschaft und Fachbuch nicht wirksam sein könne. Am 16. Oktober 1952 waren die Teubner-Firmen in Verwaltung überführt worden; seitdem seien die nach Westdeutschland übergesiedelten Gesellschafter nicht mehr berechtigt gewesen, Beschlüsse zu fassen.

Gentz wies in ihren Ausführungen auf die Schwierigkeit hin, dass westdeutsche Gerichte einige Aspekte der Rechtslage anders interpretieren könnten, weshalb sie eine Klage vor dem Landgericht Stuttgart für zu riskant hielt. Bei der Alternative, die Klage vor einem DDR-Gericht anhängig zu machen, ergab sich nach Meinung von Gentz hingegen das Problem des Gerichtsstandes. Eine Klage müsse an dem Ort erfolgen, an dem die unerlaubte Handlung begangen wurde – also in Stuttgart, da es in erster Linie um die Nutzung der Verlagsrechte ging. Davon abgesehen zweifelte die Anwältin daran, dass sich die westdeutschen Autoren vom Urteil eines DDR-Gerichts beeindrucken lassen würden.[91]

Ernst Kaemmel, Professor für Finanzwesen an der Humboldt-Universität zu Berlin, bestätigte Gentz' Einschätzung der rechtlichen Lage im März 1955 – anders als Gentz empfahl Kaemmel jedoch ausdrücklich, bei einem Leipziger Gericht den Erlass einer einstweiligen Verfügung zu beantragen, durch die dem Stuttgarter Verlag die Verwendung des Namens B. G. Teubner untersagt werden sollte. Er begründete dies damit, dass die Anzeige im *Börsenblatt*, in der Teubner Stuttgart die Sitzverlegung verkündet hatte, auch in der DDR und besonders in Leipzig verbreitet worden sei – womit das Problem des Gerichtsstandes in seinen Augen gelöst war. Mithin läge damit eine »unerlaubte Handlung« im Sinne des §812 BGB vor und Teubner Leipzig hätte Anspruch auf Unterlassung. Den Vorteil eines Urteils erblickte Kaemmel unter ande-

---

90 Dieses und die vorangegangenen Zitate: Franz, Gutachten, 31.8.1953, BArch, DR1/765.
91 Vgl. Gutachtliche Äusserung zur Frage, wem die Verlagsrechte der Firma B. G. Teubner zustehen, 3.1.1955, SStAL, 22198 Teubner Leipzig, Nr. 186.

rem darin, dass dieses den Autoren kommuniziert und im *Börsenblatt* veröffentlicht werden könne.[92]

Anwältin Gentz beharrte hingegen auf ihrer Einschätzung der schlechten Aussichten für die angedachten Gerichtsverfahren. Sie war der Meinung, dass man unbedingt versuchen solle, zu einer Verständigung zu kommen, und wies darauf hin, dass es ein wissenschaftliches Renommee zu verteidigen gelte. Sie warnte davor, dass sich die Autoren bei einem Rechtsstreit zwischen Leipzig und Stuttgart von Teubner Leipzig abwenden und mit ihren Werken zu anderen Verlagen gehen könnten.[93] Der Leipziger Verlagsleiter Köhler schloss sich der Auffassung an, dass zunächst versucht werden müsse, mit Stuttgart zu verhandeln – nicht zuletzt deshalb, weil dies der Wunsch vieler Autoren und Herausgeber war. Zudem bezweifelte er das Zustandekommen einer eindeutigen juristischen Entscheidung.[94] Darin folgte Köhler der nüchternen Einschätzung von Anwältin Gentz:

> Nur müsse man dabei bedenken, daß eben Deutschland in zwei Teile gespalten sei und somit die Rechtssprechung drüben in Westdeutschland [entsprechend] den westdeutschen Verhältnissen gehandhabt würde, wir also von einem Prozess nicht viel zu erwarten hätten.[95]

Schlussendlich folgte das Amt für Literatur und Verlagswesen dem Rat Kaemmels. In Vertretung der Firma B. G. Teubner Leipzig stellte Verwalter Erich Köhler auf Geheiß des Amts am 11. August 1955 einen Antrag auf einstweilige Verfügung beim Kreisgericht Leipzig.[96] Das Gericht gab dem statt und untersagte der Teubner Verlagsgesellschaft in Stuttgart, »den Firmennamen B. G. Teubner Verlagsgesellschaft zu führen und die Verlagsrechte der Firma B. G. Teubner Verlagsgesellschaft, Leipzig, soweit diese Verlagsrechte bis zum 13. Oktober 1952 der Firma B. G. Teubner Verlagsgesellschaft, Leipzig, zur Nutzung zur Verfügung gestanden haben, in Anspruch zu nehmen.«[97] Die Publikation des Beschlusses (siehe S. 303 ff.) wurde ausdrücklich genehmigt.

In Stuttgart hatte die Verlagsleitung bis zu diesem Zeitpunkt von einem Prozess abgesehen, da die rechtliche Lage in der Bundesrepublik und im westlichen Ausland anerkannt wurde.[98] Nach dem Leipziger Gerichtsbeschluss wurde in Stuttgart

---

92 Vgl. Kaemmel an das Amt für Literatur und Verlagswesen, 21.3.1955, BArch, DR1/1946.

93 Dieses und die vorangegangenen Zitate: Aktennotiz über die am Donnerstag, dem 10.6.1954 durchgeführte Besprechung mit Frau Rechtsanwältin Ingeburg Gens [Gentz], 14.6.1954, BArch, DR1/1947.

94 Vgl. Köhler, Teubner Leipzig, an Kienast, Amt für Literatur und Verlagswesen, 28.6.1954, BArch, DR1/1947.

95 Aktennotiz über die am Donnerstag, dem 10.6.1954 durchgeführte Besprechung mit Frau Rechtsanwältin Ingeburg Gens [Gentz], 14.6.1954, BArch, DR1/1947.

96 Vgl. Köhler, Teubner Leipzig, an das Kreisgericht Leipzig, 11.8.1955 (Abschrift), BArch, DR1/1947.

97 Beschluss des Kreisgerichts Leipzig, 11.8.1955, SStAL, 21103 VVB Druck, Nr. 174.

98 Vgl. Giesecke, Teubner Stuttgart, an Ackermann, 22.9.1955, SStAL, 22199 Teubner Stuttgart, Nr. 21.

K6
44

KREISGERICHT LEIPZIG
(Stadtbezirk 5)
Aktenzeichen: 5 GV 448/55

BESCHLUSS

vom 11. August 1955

In Sachen

1. B. G. Teubner Verlagsgesellschaft i. V., Leipzig C 1, Goldschmidtstraße 28, vertreten durch ihren Verwalter
Erich Köhler
Antragstellerin,

gegen

B. G. Teubner-Verlagsgesellschaft m. b. H., Stuttgart S, Blumenstraße 27/29, vertreten durch ihren Geschäftsführer Konrad Martin Giesecke, Verlagsbuchhändler,
Antragsgegnerin

wird auf Grund des als dringlich und glaubhaft gemacht anzusehenden Antrags der Antragstellerin
gemäß §§ 916 ff., 935 ff., 940 ZPO

kraft einstweiliger Verfügung

der Antragsgegnerin bei Vermeidung einer vom Gericht festzusetzenden Geld- oder Haftstrafe für jeden
Fall der Zuwiderhandlung untersagt,

den Firmennamen B. G. Teubner Verlagsgesellschaft zu führen und die Verlagsrechte
der Firma B. G. Teubner Verlagsgesellschaft, Leipzig, soweit diese Verlagsrechte bis zum
13. Oktober 1952 der Firma B. G. Teubner Verlagsgesellschaft, Leipzig, zur Nutzung
zur Verfügung gestanden haben, in Anspruch zu nehmen.

2. Der Antragstellerin wird gestattet, diese einstweilige Verfügung in geeigneter Form zur Kenntnisnahme der
Autoren und Geschäftspartner der Antragstellerin zu publizieren.

3. Die Antragsgegnerin hat die Kosten des Verfahrens zu tragen.

Rechtsmittelbelehrung: Gegen diesen Beschluß ist Widerspruch zulässig, der an keine Frist gebunden
ist. Der Widerspruch ist entweder schriftlich oder zu Protokoll der Geschäftsstelle bei dem Kreisgericht
Leipzig – Stadtbezirk 5 – zu erheben.

Geschäftswert: 10000,– DM

Kreisgericht Leipzig (Stadtbezirk 5)
gez. Schubert, Direktor

Ausgefertigt am 11. August 1955

An
B. G. Teubner Verlagsgesellschaft i. V.,
Leipzig C 1,
Goldschmidtstraße 28

Die Geschäftsstelle
des Kreisgerichts Leipzig (Stadtbezirk 5)
gez. Peter, Sekretär

1

Abb. 5: Beschluss des Kreisgerichts Leipzig mit Begründung in Sachen B. G. Teubner Leipzig gegen
B. G. Teubner Stuttgart, 11.8.1955. Quelle: SStAL, 21103 VB Druck, Nr. 174.

Zur Erwirkung der einstweiligen Verfügung wurde dem Kreisgericht Leipzig (Stadtbezirk 5) folgender Antrag vorgelegt:

An das Kreisgericht Leipzig   11. August 1955

Die Firma B. G. Teubner Verlagsgesellschaft in Verwaltung, Leipzig C 1, Goldschmidtstraße 28,

vertreten durch ihren Verwalter

    Erich Köhler (Bestallungsurkunde anbei),

beantragt hiermit den Erlaß einer einstweiligen Verfügung gegen die Firma

    B. G. Teubner Verlagsgesellschaft m. b. H.,
    Stuttgart S, Blumenstraße 27/29,

vertreten durch ihren Geschäftsführer

    Konrad Martin Giesecke, Verlagsbuchhändler.

Es wird beantragt, dem Antragsgegner zu untersagen, bei Vermeidung einer vom Gericht für einen jeden Fall der Zuwiderhandlung festzusetzenden Geld- oder Haftstrafe den Firmennamen B. G. Teubner Verlagsgesellschaft zu führen und die Verlagsrechte der Firma B. G. Teubner Verlagsgesellschaft, Leipzig, soweit diese bis zum 13. Oktober 1952 dieser zur Nutzung zur Verfügung gestanden haben, in Anspruch zu nehmen.

Begründung

Die Firma B. G. Teubner Verlagsgesellschaft, Leipzig, wird als Kommanditgesellschaft betrieben. Sie wurde durch Vertrag vom 30. Januar 1947 gegründet und in das Handelsregister beim Amtsgericht Leipzig unter der Nummer 9003, Abt. A, eingetragen. Die allein persönlich haftenden Gesellschafter waren ausweislich des Handelsregisters am 13. Oktober 1952 die Herren Dr. Heisig und Taupitz, während beschränkt haftende Gesellschafter Frau Giesecke und Herr Dr. Müller-Schönau waren. Alle Gesellschafter hatten ihren Wohnsitz in Leipzig. Der persönlich haftende Gesellschafter Dr. Heisig verließ am 13. Oktober 1952 unter Umgehung der polizeilichen Meldevorschriften das Gebiet der Deutschen Demokratischen Republik und verlegte seinen Wohnsitz in die Bundesrepublik. In seinem Schreiben vom 13. Oktober 1952 an die Betriebsleitung und Betriebsgewerkschaftsleitung der Firmen B. G. Teubner und B. G. Teubner Verlagsgesellschaft, Leipzig, z. Hd. Herrn Karl Taupitz, erklärte Dr. Heisig, der gleichzeitig neben Karl Taupitz Lizenzträger der B. G. Teubner Verlagsgesellschaft, Leipzig, war, daß er seine Mitarbeit in der B. G. Teubner Verlagsgesellschaft, Leipzig, einstelle und daß er dem Amt für Literatur und Verlagswesen in der Deutschen Demokratischen Republik die ihm erteilte Lizenzurkunde zurücksende. Dies ist nachweislich geschehen.
Die Erklärung Dr. Heisigs konnte von dem verbliebenen persönlich haftenden Gesellschafter Taupitz und den beiden Kommanditisten der Firma B. G. Teubner Verlags-

gesellschaft, Leipzig, nicht als ein Ausscheiden des persönlich haftenden Gesellschafters aus der B. G. Teubner Verlagsgesellschaft gewertet werden, denn sonst wäre die Bestimmung des § 8 des am 30. Januar 1947 abgeschlossenen Gesellschaftervertrages über die genannte Firma in Kraft getreten, wonach bei einem Ausscheiden eines persönlich haftenden Gesellschafters die genannte Firma unter den übrigen Gesellschaftern fortgeführt wird. Dieser Auffassung der Gesellschafter entsprach auch die Auffassung des Rates der Stadt Leipzig, Dezernat Wirtschaft und Arbeit, Betriebsverwaltung, als der zuständigen Wirtschaftsbehörde.
Es wurde daher auf Grund der Verordnung zur Sicherung von Vermögenswerten — erlassen vom Ministerium des Innern der Deutschen Demokratischen Republik — die vorläufige Verwaltung der Firma in Form der Treuhandschaft am 16. Oktober 1952 angeordnet.
Diese Maßnahme stellt nur ein Ruhen der Vertretungsbefugnisse hinsichtlich Heisig mit Wirkung auf die übrigen Gesellschafter dar. Sie bedeutet keine Überführung der Firma in volkseigenes Vermögen noch eine Konfiskation der genannten Firma, wie dies von Dr. Heisig in Erklärungen gegenüber Autoren und Mitarbeitern und der Öffentlichkeit in beiden Teilen Deutschlands sowie im Ausland erklärt wird. Die Kommanditisten der Firma B. G. Teubner Verlagsgesellschaft, Leipzig, Frida verw. Giesecke und Dr. Hermann Müller-Schönau, beide Leipzig, und der persönlich haftende Gesellschafter Karl Taupitz erklärten am 20. 11. 1952 gegenüber dem Amt für Literatur und Verlagswesen auf Grund der Maßnahmen, die Dr. Heisig von der Bundesrepublik aus gegen die B. G. Teubner Verlagsgesellschaft, Leipzig, einleitete, daß die Firma trotz der Einstellung der Mitarbeit Heisigs fortgeführt werden soll. Die Treuhandschaft besteht bei Antragstellung noch und die Firma B. G. Teubner Verlagsgesellschaft, Leipzig, wird weiterhin als Privatbetrieb, d. h. als Kommanditgesellschaft, fortgeführt und behördlicherseits in allen Dingen wie jede Privatfirma behandelt, d. h. sie hat nicht die Stellung eines volkseigenen Betriebes. Sie bilanziert nach den privatwirtschaftlichen Prinzipien.
Die Anordnung der Treuhandschaft ist ein Verwaltungsakt mit der Zielsetzung, den Betrieb im Interesse der Volkswirtschaft zu erhalten. Die Anordnung äußert hinsichtlich des Inhabers bzw. der Inhaber eine der Konkurseröffnung vergleichbare Wirkung. Dem Inhaber bzw. den Inhabern wird durch die Anordnung der Verwaltung die rechtliche Möglichkeit genommen, ohne den Treuhänder hinsichtlich des der Verwaltung unterliegenden Vermögens Maßnahmen mit rechtlicher Wirkung zu treffen.
Es ist aber festzustellen, daß im Handelsregister beim Amtsgericht Stuttgart, unter der Abt. A, zur Nummer 5553 am 18. März 1955 die Eintragung einer Firma unter dem Namen B. G. Teubner Verlagsgesellschaft mit dem persönlich haftenden Gesellschafter Dr. Heisig erfolgte. Gleichzeitig wurde eingetragen, daß diese Gesellschaft von Leipzig nach Stuttgart verlegt worden ist und mit dem gleichen Tage erlosch.
Diese Sitzverlegung, d. h. der Gesellschafterbeschluß, auf Grund dessen sie hätte erfolgen können, bedurfte zu ihrer Wirksamkeit zumindestens der Zustimmung des Treuhänders, sofern nicht dieser allein für die Sitzver-

2

Abb. 5 (fortgesetzt)

45

legung zuständig gewesen wäre. Diese Frage mag aber ungeprüft bleiben, da es bei dieser sog. Sitzverlegung jeglicher Mitwirkung des Treuhänders fehlte.

Nicht rechtserheblich für die Eintragung in das Handelsregister beim Amtsgericht Stuttgart ist hierbei die Frage, ob die Rechtsprechung in der Bundesrepublik nach der Spaltung Deutschlands andere Auffassung vertritt. Maßgebend für die Prüfung dieser Frage ist allein das Recht am Sitz der Firma. Dieser Sitz ist nach dem oben angeführten nach wie vor Leipzig.

Es mag dennoch diese Frage geprüft werden, da die B. G. Teubner Verlagsgesellschaft in Leipzig eine international anerkannte Firma ist, die zu ihrem Autorenkreis namhafte Gelehrte der Bundesrepublik zählt, deren verlegte Werke nicht nur in der Deutschen Demokratischen Republik, sondern auch in der Bundesrepublik und darüber hinaus im Ausland gekauft werden.

Das Handelsregister beim Amtsgericht in Stuttgart konnte nur davon ausgehen, daß die Entziehung der Vertretungs- und Geschäftsbefugnis bei der Betriebsleitung eine unzulässige Übereignung von Vermögensrechten darstelle, so daß ein Verstoß gegen das im Artikel 12, Grundgesetz der Bundesrepublik, enthaltene Grundrecht der Berufsfreiheit anzunehmen sei. Aus diesem Grunde müsse der Anordnung der Treuhandschaft in ihrer möglichen Auswirkung auf Personen, die in der Bundesrepublik ansässig seien, die Wirksamkeit versagt bleiben. Die Einrichtung des Treuhänders ist ein auch dem westdeutschen Recht bekanntes Rechtsinstitut und wird zur Sicherung fremder Interessen verwandt.

Die Einsetzung eines Treuhänders verstößt auch nicht in einer nach Artikel 130 EGBGB beachtlichen Weise gegen das Grundrecht der Berufsfreiheit im Sinne des Artikel 12 des Grundgesetzes der Bundesrepublik. Dieses Grundrecht hat seine Schranken am öffentlichen Interesse, wie es z. B. bei Wirtschaftsbetrieben gegeben sein kann, die dieses Interesses wegen gedeihlich fortgeführt werden müssen. Diese Bedingung liegt – wie oben angeführt – vor (so auch das Landgericht Oldenburg in einem Urteil vom 20. November 1951).

Aus dem Dargelegten geht hervor, daß auch in der Bundesrepublik die Anerkennung der angeordneten Verwaltung nicht zu versagen ist. Demnach war die Eintragung der Firma B. G. Teubner Verlagsgesellschaft im Handelsregister des Amtsgerichtes Stuttgart nach westdeutschem Recht unzulässig.

Abgesehen davon ist die Eintragung der Sitzverlegung im Handelsregister Stuttgart jedoch auch noch aus einem weiteren Grunde zu Unrecht erfolgt, und zwar, weil dabei die gesetzlichen Vorschriften des HGB nicht beachtet worden sind. Bevor das Registergericht des beabsichtigten neuen Sitzes einer Gesellschaft die Eintragung der beantragten Sitzverlegung vornimmt, muß es nach § 13 c, Abs. 2, HGB prüfen, ob der Sitz ordnungsgemäß verlegt ist. Eine ordnungsgemäße Sitzverlegung liegt aber nach § 13 c, Abs. 1, HGB nur dann vor, wenn der erforderliche Antrag beim Gericht des bisherigen Sitzes formgerecht gestellt worden ist. Nur wenn in dieser Beziehung sich keine Anstände ergeben, ist die Registerabteilung des bisherigen Sitzes verpflichtet, die beantragte Verlegung dem neuen Registergericht mitzuteilen; erst dann darf letzteres die weitere Bearbeitung des Antrages auf Sitzverlegung übernehmen.

Im vorliegenden Fall bezüglich der B. G. Teubner Verlagsgesellschaft kann schon deshalb von einer wirksamen Sitzverlegung nach Stuttgart nicht die Rede sein, weil der im § 13 c HGB vorgeschriebene, vorstehend geschilderte Weg für eine ordnungsgemäße Sitzverlegung nicht eingehalten worden ist. Unter Umgehung der Anmeldung der Sitzverlegung bei der Registerabteilung in Leipzig wurde der Antrag sofort beim Registergericht Stuttgart eingereicht, von dem auch die Eintragung der Sitzverlegung unverständlicherweise vorgenommen wurde. Dabei hat es dieses Gericht auch unterlassen, seine Eintragung hinsichtlich der Sitzverlegung der Registerabteilung in Leipzig mitzuteilen, wie dies im § 13 c, Abs. 2, HGB ebenfalls vorgeschrieben ist.

Daß das westdeutsche Registergericht damit seine Ermittlungspflicht nach § 12 des Gesetzes über die Angelegenheiten der freiwilligen Gerichtsbarkeit verletzt hat, wird in ähnlichen Fällen auch von der westdeutschen Rechtsprechung ausgesprochen, wobei diese unmißverständlich zum Ausdruck bringt, daß jede Übergehung der bisherigen Registerabteilung in der Deutschen Demokratischen Republik bei der Eintragung der Sitzverlegung eines Unternehmens nach der Bundesrepublik ungesetzlich ist.

Daher wird es auch von dem Einsender eines Urteils des Landgerichts München vom 26. November 1951 (Juristische Wochenschrift 1953, S. 465) in seiner Anmerkung zu diesem Urteil als unbestritten bezeichnet, daß das westdeutsche Amtsgericht des neuen Sitzes um die Mitwirkung der bisherigen Registerabteilung der Deutschen Demokratischen Republik in jedem Falle zu ersuchen hat.

Die trotzdem im Handelsregister – Abteilung A – des Amtsgerichts Stuttgart vorgenommene Eintragung der Sitzverlegung und des Erlöschens der Firma B. G. Teubner Verlagsgesellschaft ist daher auch nach der westdeutschen Rechtsprechung ungesetzlich.

Die Firma B. G. Teubner Verlagsgesellschaft besteht nach wie vor mit ihrem Firmensitz in Leipzig.

Dieser Firma stehen auch die Verlagsrechte zu.

Es ist unbestreitbar und wird vom Antragsgegner auch nicht behauptet, daß die Verlagsrechte der bei B. G. Teubner erschienenen Werke ursprünglich der Kommanditgesellschaft in Firma B. G. Teubner, Leipzig, gehört haben. Am 30. Januar 1947 ist die B. G. Teubner Verlagsgesellschaft, Leipzig, als Kommanditgesellschaft gegründet worden. Am 1. Oktober 1947 ist zwischen der Kommanditgesellschaft in Firma B. G. Teubner und der B. G. Teubner Verlagsgesellschaft, Leipzig, eine Vereinbarung abgeschlossen worden, nach der die B. G. Teubner Verlagsgesellschaft den Verlag der Firma Kommanditgesellschaft in Firma B. G. Teubner fortführt. Es heißt in der Vereinbarung dann wörtlich: „S i e ü b e r n i m m t j e d o c h n i c h t d e s s e n V e r l a g s r e c h t e." Zwischen beiden Firmen wird daher folgendes vereinbart: Die B. G. Teubner Verlagsgesellschaft ist berechtigt, sämtliche Verlagsrechte der Firma B. G. Teubner zu nutzen und sich bei der Herstellung ihrer Werke derjenigen Unterlagen nach freiem Ermessen zu bedienen, die im Besitz der Firma B. G. Teubner sind."

Diese Vereinbarung ist dann durch einen Vertrag zwischen der Firma Kommanditgesellschaft in B. G. Teubner und der B. G. Teubner Verlagsgesellschaft vom 24. März

Abb. 5 (fortgesetzt)

1950 umgeändert worden. In diesem Vertrag vom 24. März 1950 heißt es wörtlich, daß die am 1. Oktober 1947 bezüglich der Verlagsrechtsnutzung getroffene Vereinbarung wie nachstehend ersetzt wird: „Die B. G. Teubner Verlagsgesellschaft ist berechtigt, die im Besitz der Firma B. G. Teubner befindlichen Verlagsrechte des Teubner-Verlages bis zum 31. Dezember 1952 unbeschränkt z u n u t z e n , ohne dafür laufend weitere Zahlungen leisten zu müssen mit Ausnahme der in § 5 b festgesetzten Pauschalzahlung."
Weiter heißt es dann:
„Die Firma B. G. Teubner verpflichtet sich, die in ihrem Besitz befindlichen Verlagsrechte des Teubner-Verlages entschädigungslos an die B. G. Teubner Verlagsgesellschaft zu übertragen, sobald die hierzu erforderliche Zustimmung aller Gesellschafter vorliegt."
Die Firma Kommanditgesellschaft in B. G. Teubner wurde ebenfalls am 16. Oktober 1952 auf Grund der Verordnung zur Sicherung von Vermögenswerten unter vorläufige Verwaltung gestellt, da der Gesellschafter Konrad Martin Giesecke unter Umgehung der polizeilichen Meldeordnung am 13. Oktober 1952 das Gebiet der Deutschen Demokratischen Republik verlassen und seinen Wohnsitz in die Bundesrepublik verlegt hat.
Für die rechtliche Auswirkung der Verträge zwischen den beiden B. G. Teubner-Firmen gilt daher ebenfalls das oben Ausgeführte. Die zunächst befristet bis zum 31. Dezember 1952 abgeschlossene Vereinbarung über die Nutzung der Verlagsrechte wurde durch eine Zusatzvereinbarung vom 20. Mai 1953 zwischen der Kommanditgesellschaft in Firma B. G. Teubner in Verwaltung und B. G. Teubner Verlagsgesellschaft, beide in Leipzig, bis zum 31. Dezember 1954 verlängert. Zwischen beiden Vertragspartnern wurde festgelegt, daß mit Wirkung vom 31. Dezember 1954 die Verlagsrechte endgültig der B. G. Teubner Verlagsgesellschaft in Verwaltung übergeben werden.
Aus dem bisher Gesagten und den dargelegten Rechtsprinzipien ergibt sich eindeutig, daß nur die Firma B. G. Teubner Verlagsgesellschaft in Leipzig berechtigt ist, die Verlagsrechte der B. G. Teubner-Firmen in Anspruch zu nehmen.

Rechtsunerheblich ist hierbei, daß durch den Gesellschafter Martin Giesecke am 8. Dezember 1952 die Kommanditgesellschaft in Firma B. G. Teubner ihren Sitz von Leipzig nach Stuttgart verlegte und in das Handelsregister des Amtsgerichts Stuttgart am 13. Februar 1953 unter dem Aktenzeichen HAR 5005 eingetragen wurde. Auch rechtsunerheblich ist, daß die Firma Kommanditgesellschaft in B. G. Teubner am 16. Oktober 1952 (hier allein durch den Gesellschafter Martin Giesecke) alle ihr zustehenden Verlagsrechte auf die Firma Verlag für Wissenschaft und Fachbuch GmbH, Bielefeld, übertragen hat, dieser Verlag später durch Vertrag vom 14. Februar 1953 die Verlagsrechte auf die Firma Kommanditgesellschaft in B. G. Teubner, Stuttgart, zurückübertrug und die letztgenannte Firma sie mit Vertrag vom 2. April 1953 dem Antragsgegner zur Nutzung überließ.
Der Antragsgegner hat durch Briefe, Rundschreiben, Börsenblattanzeigen und weitere Maßnahmen gegenüber Autoren und Buchbeziehern des Antragstellers, so auch im Orte Leipzig, die Behauptung aufgestellt, daß er alleinberechtigter Träger der Verlagsrechte der Firma B. G. Teubner Verlagsgesellschaft sei. Diese Behauptung führt zu einer Schädigung des Antragstellers und rechtfertigt daher den Erlaß einer einstweiligen Verfügung gegen den Antragsgegner (§ 903, 1004 BGB i. Verb. mit §§ 935, 940 ZPO).
Im Handelsregister Abteilung B des Amtsgerichts Stuttgart 31507 wurde ferner die Eintragung einer Firma B. G. Teubner-Verlagsgesellschaft mbH verfügt (23. Januar 1953).
Die Untersagung der Führung des Firmennamens B. G. Teubner-Verlagsgesellschaft in der einstweiligen Verfügung stützt sich auf § 16 des Gesetzes gegen den unlauteren Wettbewerb.
Die Zuständigkeit des Gerichtsstandes Leipzig ergibt sich aus § 32 der ZPO, die Zuständigkeit des Kreisgerichts aus § 42 GVG.
Es wird gebeten, die Kosten der einstweiligen Verfügung dem Antragsgegner aufzuerlegen und dem Antragsteller zu gestatten, die einstweilige Verfügung in geeigneter Form zur Kenntnisnahme der Autoren und Geschäftspartner des Antragstellers zu publizieren.

gez. E r i c h K ö h l e r

Lp 191/88/55 · 700 · (III/18/154)

Abb. 5 (fortgesetzt)

allerdings befürchtet, dass dieser groß angelegt verbreitet werden könne.[99] Daher beauftragte die Stuttgarter Firma Rechtsanwalt Erich Lichtenstein, beim Landgericht Stuttgart gegen Verwalter Erich Köhler einen Antrag auf einstweilige Verfügung zu stellen sowie Klage zu erheben.[100] Das Gericht gab dem Antrag auf einstweilige Verfügung am 15. September 1955 statt. Teubner Leipzig wurde darin untersagt zu behaupten, der Stuttgarter Verlag dürfe den Namen nicht führen und die Sitzverlegung sei nicht rechtswirksam erfolgt; weiterhin sollten keinerlei Erklärungen über die Nutzung der Firmen- und Verlagsrechte mehr abgegeben werden.[101] Teubner Stuttgart ließ die einstweilige Verfügung in der Frankfurter Ausgabe des *Börsenblatts* veröffentlichen und unterrichtete außerdem Verlagsautoren sowie Kommissionsbuchhandlungen im In- und Ausland über die Lage.[102] Auch Teubner Leipzig verwendete die von ihm erwirkte einstweilige Verfügung, um vor allem den Autoren die eigene Rechtsauffassung darzulegen.[103]

Es folgte im November 1955 eine Klage von Teubner Leipzig gegen Teubner Stuttgart[104] und daraufhin Anfang Dezember ein Urteil des Kreisgerichts Leipzig. Darin wurde festgestellt, dass die Stuttgarter Teubner-Firmen nicht berechtigt seien, die Verlagsrechte, die der Firma B. G. Teubner-Verlagsgesellschaft, Leipzig, bis zum 13. Oktober 1952 zur Nutzung zur Verfügung gestanden hatten, in Anspruch zu nehmen und dass der Firmenname B. G. Teubner-Verlagsgesellschaft in Stuttgart nicht geführt werden dürfe. Da dies aber bereits geschah, verurteilte das Gericht die Firmen zugleich zur Zahlung eines Schadenersatzes in Höhe von insgesamt 15.000 Deutsche Mark der Deutschen Notenbank.[105] Eine neue Klage vom 9. Dezember 1955 erweiterte die festzustellenden Fakten um die Unwirksamkeit der Sitzverlegung des Verlags nach Stuttgart.[106] In einem weiteren Urteil des Landgerichts Leipzig wurde die Sitzverlegung der Teubner-Firmen nach Stuttgart als nicht rechtswirksam anerkannt.[107]

---

99 Vgl. Giesecke, Teubner Stuttgart, an Lichtenstein, 3.9.1955, SStAL, 22199 Teubner Stuttgart, Nr. 75.
100 Vgl. Lichtenstein an das Landgericht Stuttgart, Antrag auf Einstweilige Verfügung, 12.9.1955 sowie Lichtenstein an das Landgericht Stuttgart, Klage wegen Feststellung, 12.9.1955, SStAL, 22199 Teubner Stuttgart, Nr. 75. Gegen den Verwalter Köhler wurde Klage erhoben, da – so Greuner – »sich die Firma B. G. Teubner Verlagsgesellschaft nicht selbst verklagen kann«. Greuner an Lichtenstein, 2.9.1955, SStAL, 22199 Teubner Stuttgart, Nr. 75.
101 Vgl. Beschluss des Landgerichts Stuttgart (Abschrift), 15.9.1955, SStAL, 22199 Teubner Stuttgart, Nr. 75.
102 Vgl. An den Buchhandel. In: Börsenblatt (Frankfurter Ausgabe), H. 76, 23.9.1955, S. 3204; An die Autoren von Teubner Stuttgart, 20.9.1955, SStAL, 22199 Teubner Stuttgart, Nr. 78; Giesecke, Teubner Stuttgart, an Greuner, 19.9.1955, SStAL, 22199 Teubner Stuttgart, Nr. 75.
103 Vgl. z. B. Teubner Leipzig an Rohrberg, 7.9.1955, SStAL, 22198 Teubner Leipzig, Nr. 245.
104 Klage der B. G. Teubner Verlagsgesellschaft, Leipzig gegen B. G. Teubner Verlagsgesellschaft, Stuttgart und Kommanditgesellschaft in Firma B. G. Teubner, Stuttgart (Abschrift), 3.11.1955, SStAL, 22199 Teubner Stuttgart, Nr. 77.
105 Vgl. Urteil des Kreisgerichts Leipzig, verkündet am 1.12.1955, SStAL, 22198 Teubner Leipzig, Nr. 187.
106 Vgl. Teubner Leipzig an das Kreisgericht Leipzig, 9.12.1955, SStAL, 22199 Teubner Stuttgart, Nr. 77.
107 Vgl. Urteil, Verkündet am 30.12.1955, BArch, DR1/7507.

Die von B. G. Teubner Stuttgart zusammen mit der einstweiligen Verfügung erhobene Feststellungsklage gegen Verlagsleiter Erich Köhler und Betriebsleiter Max Kettner hatte ebenfalls Erfolg; ein Versuch des von Leipzig eingeschalteten Rechtsanwalts Walter Praxmarer, die Klage abzuweisen, scheiterte.[108] Das Urteil des Landgerichts Stuttgart vom 21. Januar 1956 erkannte die Änderungen in der Firmenstruktur und damit verbundenen Sitzverlegungen von Leipzig nach Stuttgart als rechtmäßig an. Weiterhin stellte das Gericht fest, dass es den Beklagten nicht gestattet sei, dem Stuttgarter Teubner-Verlag die Führung des Firmennamens zu untersagen. Abschließend wurde bestimmt, dass die Beklagten keine Berechtigung hätten, die Firmen- und Verlagsrechte zu nutzen.[109]

Der Leipziger Verlag legte gegen die Entscheidung am 8. März 1956 Berufung ein, ohne allerdings eine Begründung nachzureichen.[110] Rechtsberater Ernst Kaemmel hielt die Berufung für aussichtslos und begründete dies damit, dass »die westdeutsche Justiz eine Klassenjustiz und der westdeutsche Justizapparat ein Apparat zur Förderung der Interessen der Kapitalisten ist«. Das Berufungsgericht würde daher »alle die unlogischen, widersprüchlichen und wunderlichen Rechtsbeurteilungen des Stuttgarter Landgerichts in vollem Umfang«[111] teilen. Das Amt für Literatur und Verlagswesen stimmte dieser Ansicht zu,[112] und so wurde das Urteil, nachdem die Frist zur Einreichung der Berufungsbegründung verstrichen war, im Juni 1956 rechtskräftig.

Kaemmel revidierte nach diesem Prozessverlauf seine Auffassung und schloss sich der seiner Kollegin Gentz an, die dem Beschreiten des Gerichtswegs von Anfang an skeptisch gegenübergestanden hatte. Auch Kaemmel riet nun zu Gesprächen. Tatsächlich waren schon im Dezember 1955 vom Amt für Literatur und Verlagswesen Vergleichsverhandlungen mit dem Verlag in Stuttgart angestrebt worden, die im Januar 1956 aufgenommen wurden (siehe Kapitel 6.3).[113]

Im Juli 1954 wurde durch die Akademische Verlagsgesellschaft in Frankfurt am Main gegen den Leipziger Parallelverlag eine einstweilige Verfügung am dortigen Landgericht erwirkt.[114] Auslöser war ein Artikel im Leipziger *Börsenblatt*. Nachdem die Verhandlungen über eine gemeinsame Herausgabe der *Zeitschrift für physikalische*

---

108 Vgl. Praxmarer an das Landgericht Stuttgart, 5.12.1955, SStAL, 22198 Teubner Leipzig, Nr. 75.
109 Vgl. Urteil des Landgericht Stuttgarts, verkündet am 21. Januar 1956, BArch, DR1/7507.
110 Vgl. Oberlandesgericht Stuttgart, Beschluß, 19.6.1956, SStAL, 22198 Teubner Leipzig, Nr. 76.
111 Dieses und das vorangegangene Zitat: Kaemmel an das Amt für Literatur und Verlagswesen, 16.3.1956, BArch, DR1/1947.
112 Morgenstern, Aktennotiz Betr.: Rechtsstreit B. G. Teubner, Stuttgart gegen B. G. Teubner, Leipzig, 31.5.1956, BArch, DR1/1947.
113 Vgl. Besprechung zwischen den Herren Langhans (Deutsche Akademie Ost-Berlin), Dr. Breuer, Dr. Heisig und Giesecke, 12.1.1956, SStAL, 22199 Teubner Stuttgart, Nr. 79.
114 Vgl. Antrag auf Erlass einer Einstweiligen Verfügung, Landgericht Frankfurt am Main, 7.7.1954, BArch, DR1/742; Versäumnisurteil, Landgericht Frankfurt am Main, 31.7.1954, BArch, DR1/1941.

Chemie zwischen dem Leipziger und dem Frankfurter Verlag gescheitert waren (siehe Kapitel 6.2.3), hatte Letzterer im Frankfurter *Börsenblatt* angekündigt, die Zeitschrift künftig als *Neue Folge* selbst herausbringen zu wollen. Der Verlag gab der Branchenöffentlichkeit zugleich die Neugründung mit den folgenden Worten zur Kenntnis (siehe Anzeige im Frankfurter *Börsenblatt* auf S. 375):

> Die rechtmäßigen Inhaber der Akademischen Verlagsgesellschaft in Leipzig, bzw. deren Erben, haben sich entschlossen, die Akademische Verlagsgesellschaft m.b.H. in Frankfurt am Main neu zu gründen. Diese Gesellschaft ist also der rechtmäßige Nachfolger der 1906 in Leipzig gegründeten Akademischen Verlagsgesellschaft m.b.H. und wird von den früheren und jetzigen Mitarbeitern geleitet.[115]

Im Leipziger *Börsenblatt* erschien sechs Wochen später ein Artikel mit der Überschrift *Raub von Verlagsrechten*, in dem nach einer längeren Würdigung der Arbeit des verstorbenen Verlegers Felix Portig und der gesamtdeutschen Bedeutung der Akademischen Verlagsgesellschaft Leipzig die angekündigte Frankfurter Neugründung und die daran beteiligten Walter J. Johnson, Kurt Jacoby und Marianne Lotze mit scharfen Worten angegriffen wurde. Es handle sich um »einen ungeheuerlichen Bruch international gültiger Rechtsgrundsätze«, unterstellt wurde dem Unternehmen gar der »politische Zweck, die kulturellen und wirtschaftlichen Verbindungen zwischen Ost- und Westdeutschland zu erschüttern«. Die Tatsache, dass Johnson und Jacoby bis zur ›Arisierung‹ im Nationalsozialismus die Eigentümer des Leipziger Verlags gewesen waren, erwähnte der Artikel nicht. Es wurde im Gegenteil behauptet, dass die Frankfurter Firma ein völlig neues Unternehmen sei, das mit der Akademischen Verlagsgesellschaft Geest & Portig in Leipzig nichts zu tun habe. Johnson und Jacoby seien Geschäftsleute, die das Ziel verfolgten, »die gesamtdeutsche Arbeit eines privaten wissenschaftlichen Verlages der Deutschen Demokratischen Republik zu verhindern, das Unternehmen in Westdeutschland zu etablieren und dabei gleichzeitig völlig in die Hände des amerikanischen Kapitals zu überführen«.[116] Diese antiamerikanische Propaganda war in der Zeit des Kalten Krieges nichts Ungewöhnliches – in diesem Zusammenhang, da von jüdischen Emigranten die Rede ist, die Deutschland während der Zeit des Nationalsozialismus gezwungenermaßen verlassen mussten, erscheint sie als besonders unpassend.

Ergänzt wurde der Artikel durch einen offenen Brief von Gertrud Portig, der Witwe des verstorbenen Felix Portig, die die Gesellschaftsanteile ihres Mannes übernommen hatte und die sich an die Mitarbeiter und Freunde des Verlags wandte, sowie einen kurzen Text unter der Überschrift *Das ist die Meinung der Belegschaft*. Der Tenor dieser beiden Texte ist dem des Hauptartikels ähnlich, allerdings beziehen sich

---

115 Börsenblatt (Frankfurter Ausgabe), H. 40, 21.5.1954, S. 1543.
116 Dieses und die vorangegangenen Zitate: Siegfried Pfeil: Raub von Verlagsrechten. In: Börsenblatt (Leipziger Ausgabe), H. 27, 3.7.1954, S. 587f., hier S. 588.

beide stark auf die Person Marianne Lotzes, wenn Gertrud Portig dieser gegenüber ihre Verachtung zum Ausdruck bringt[117] und die Mitarbeiter des Verlags Lotze versichern, »daß Sie sich [...] das bei uns Ihnen gegenüber bis jetzt noch vorhanden gewesene Fünkchen Achtung selbst ausgelöscht haben. Der von Ihnen geplante Raub unserer Verlagsrechte wird von uns als rein kriminelles Delikt angesehen.«[118] Der Hauptartikel wurde entgegen der Verfasserangabe Siegfried Pfeil vom Chefredakteur des Leipziger *Börsenblatts*, Wolfgang Böhme, in Absprache mit dem Amt für Literatur und Verlagswesen verfasst.[119] Auch die beiden anderen Texte dürften von Böhme formuliert oder mindestens in ihrer Richtung vorgegeben worden sein.[120]

Die Publikation dieser Artikel im Leipziger *Börsenblatt* war der Grund für den Antrag auf einstweilige Verfügung vom 7. Juli 1954, mit der der Beklagten, der Akademischen Verlagsgesellschaft in Leipzig, verboten werden sollte, diese genannten Behauptungen in Veröffentlichungen und Rundschreiben aufzustellen.[121] Im Wesentlichen ging es dabei um zwei Aspekte: zum einen um die Behauptung, die Gründung des Frankfurter Verlags stelle einen »Rechtsbruch« und eine »widerrechtliche Aneignung von Verlagsrechten«[122] dar; zum anderen um die persönlichen Diffamierungen von Marianne Lotze, die dem Frankfurter Unternehmen jetzt als Geschäftsführerin vorstand. Die Argumentation in der Antragsbegründung zielte unter Berufung auf den unrechtmäßigen Entzug des Firmeneigentums im Nationalsozialismus und die fehlende Rückerstattungspraxis in der DDR auf die Feststellung der Legitimität der Frankfurter Neugründung und damit das Handeln von Lotze.[123] Das Landgericht Frankfurt Main gab dem Antrag im Juli 1954 zunächst in einem Versäumnisurteil statt. Leipzig legte gegen dieses Urteil im August Einspruch ein; nach mündlicher Verhandlung bestätigte ein neues Urteil vom 14. Oktober 1954 das Versäumnisurteil.[124] Die dargelegten Behauptungen aufzustellen wurde der Akademischen Verlagsgesellschaft Geest &

---

117 Marianne Lotze: An die Mitarbeiter und Freunde unseres Verlages. In: Börsenblatt (Leipziger Ausgabe), H. 27, 3.7.1954, S. 589. Dieser Text von Gertrud Portig war bereits am 14.6.1954 in gedruckter Form an die Autoren des Verlages geschickt worden. An die Herren Autoren und Freundes unseres Verlages! 14.6.1954, BArch, DR1/1941.

118 Das ist die Meinung der Belegschaft. In: Börsenblatt (Leipziger Ausgabe), H. 27, 3.7.1954, S. 589.

119 Vgl. Böhme an Kienast, Amt für Literatur und Verlagswesen, 16.6.1954, BArch, DR1/1941. In den Akten findet sich ein korrigiertes Manuskript, das noch weit schärfere Formulierungen aufweist als der letztlich erschienene Artikel. Vgl. BArch, DY 30/IV2/9.04/681.

120 Vgl. Nitsche, Besprechung beim Amt für Literatur und Verlagswesen über Anzeige der Akademischen Verlagsgesellschaft Frankfurt, 8.6.1954, BArch, DR1/1941.

121 Vgl. Antrag auf Erlass einer Einstweiligen Verfügung, Landgericht Frankfurt am Main, Kammer für Handelssachen, 7.7.1954, BArch, DR1/742.

122 Dieses und das vorangegangene Zitat: Antrag auf Erlass einer Einstweiligen Verfügung, Landgericht Frankfurt am Main, Kammer für Handelssachen, 7.7.1954, BArch, DR1/742; Pfeil: Raub. In: Börsenblatt (Leipziger Ausgabe), H. 27, 3.7.1954.

123 Vgl. Antrag auf Erlass einer Einstweiligen Verfügung, Landgericht Frankfurt am Main, Kammer für Handelssachen, 7.7.1954, BArch, DR1/742.

124 Vgl. Landgericht Frankfurt am Main, Urteil, 14.10.1954, BArch, DR1/1941.

Portig in Leipzig damit unter Androhung einer Geld- oder Haftstrafe verboten.[125] Gegen dieses Urteil legte der Leipziger Verlag im Dezember 1954 wiederum Berufung ein, begründet vor allem durch das inzwischen ergangene gegenteilige Urteil des Kreisgerichts Leipzig (siehe unten). Nach der Vorlage weiterer Dokumente und einer erneuten mündlichen Verhandlung wurde die Berufung im März 1955 vom Oberlandesgericht Frankfurt am Main abgewiesen.[126] Da daraufhin keine weitere Revision eingelegt wurde, weil man einer solchen auf DDR-Seite keine Chance mehr einräumte, wurde das Urteil schließlich rechtskräftig.[127]

Parallel zu diesem Prozess bereitete das Amt für Literatur und Verlagswesen ebenfalls eine Klage vor: Am 6. August 1954 wurde ein Antrag auf Erlass einer einstweiligen Verfügung beim Bezirksgericht Leipzig gestellt.[128] Dieser Schritt war bereits unmittelbar nach Erscheinen der Anzeige in der Frankfurter Ausgabe des *Börsenblatts für den Deutschen Buchhandel* in Erwägung gezogen worden.[129] Der Akademischen Verlagsgesellschaft Frankfurt am Main sollte verboten werden, den Firmennamen und das Signet zu verwenden, die *Zeitschrift für physikalische Chemie* herauszugeben und sich als Rechtsnachfolgerin des seit 1906 in Leipzig bestehenden Verlags darzustellen.[130] Das Kreisgericht Leipzig erkannte alle genannten Forderungen als rechtmäßig an und verbot zudem die Herausgabe der *Zeitschrift für Kristallographie*.[131] Das Urteil erging am 13. Oktober 1954, einen Tag vor Bestätigung des Versäumnisurteils in Frankfurt am Main. In der Begründung wurde die Akademische Verlagsgesellschaft Leipzig als allein rechtmäßige Nachfolgerin des 1906 gegründeten Verlags angesehen. Die Ansprüche der ehemaligen Eigentümer aufgrund der Geschehnisse in der Zeit des Nationalsozialismus bestritt das Gericht nicht grundsätzlich, es wies allerdings darauf hin, dass

in einer Vielzahl von Fällen Rassengeschädigte vor den Gerichten der Deutschen Demokratischen Republik Rückgewährs- und Wiedergutmachungsansprüche mit Erfolg durchgesetzt haben. [...] Die als Juden enteigneten Gesellschafter der Akademischen Verlagsgesellschaft m.b.H. bzw. ihre

---

125 Vgl. Versäumnisurteil, Landgericht Frankfurt am Main, 23./31.7.1954, BArch, DR1/1941.

126 Vgl. Oberlandesgericht, Frankfurt am Main, Urteil, 17.3.1955, BArch, DR1/1941.

127 Vgl. Kaemmel, Stellungnahme zu dem Urteil des Oberlandesgerichts Frankfurt/Main, 21.6.1955, BArch, DR1/1941.

128 Vgl. Amt für Literatur und Verlagswesen, 17.6.1954, BArch, DY 30/IV 2/9.04/681; Antrag auf Erlaß einer einstweiligen Verfügung, 6.8.1954, BArch, DR1/1941.

129 Vgl. Nitsche, Besprechung beim Amt für Literatur und Verlagswesen über Anzeige der Akademischen Verlagsgesellschaft m.b.H., Frankfurt/Main, 8.6.1954, BArch, DR1/1941.

130 Vgl. Antrag auf Erlaß einer einstweiligen Verfügung, 6.8.1954, BArch, DR1/1941.

131 Dieser Aspekt war im Laufe der Verhandlung noch aufgenommen worden, nachdem die Akademische Verlagsgesellschaft Frankfurt in der Frankfurter Ausgabe des *Börsenblatts* vom 27.8.1954 das Wiedererscheinen der Zeitschrift angekündigt hatte. Vgl. Urteil, Kreisgericht Leipzig, verkündet am 13.10.1954, BArch, DR1/838.

Erben haben indessen von dieser Möglichkeit der Durchsetzung eines Wiedergutmachungsanspruches keinerlei Gebrauch gemacht.[132]

Die gegnerische Seite führte dem entgegen im Frankfurter Prozess an, dass sie durchaus Versuche sowohl in Ost als auch in West gemacht hatte, allerdings erfolglos, ihre Ansprüche geltend zu machen (siehe Kapitel 4.2.8).[133]

Im Falle des im November 1952 verstaatlichten Hallenser Verlags Carl Marhold ging die juristische Auseinandersetzung von östlicher Seite aus. Der Verlag strengte in Abstimmung mit dem Amt für Literatur und Verlagswesen im Juli 1955 eine Feststellungsklage gegen den Carl Marhold Verlag in West-Berlin an. Vom Kreisgericht Halle sollte festgelegt werden, dass

> a) die von dem Privatverlag Carl Marhold, Halle (Saale) erworbenen und ausgenutzten Urheber- und Verlagsrechte an allen Verlagserzeugnissen originär auf den VEB Carl Marhold Verlag Halle (Saale) übergegangen sind;
> b) sämtliche Urheber- und Verlagsrechte, die der VEB Carl Marhold Verlag Halle (Saale) seit seinem Bestehen erworben hat und noch erwerben wird, ausschließlich diesem und nicht etwa dem Carl Marhold Verlag, Berlin (Jäh) zustehen;
> c) der VEB Carl Marhold Verlag Halle (Saale) berechtigt war und ist, Verlagslizenzen gegen die üblichen Gebühren zu vergeben.[134]

Die Klage stellte eine Reaktion auf die Auseinandersetzungen um die Verlagsrechte dar. Verleger Wolfgang Jäh, der Halle im September 1951 verlassen, den Verlag in West-Berlin neu etabliert und zunächst mit seinem Stammhaus kooperiert hatte, beendete die Zusammenarbeit, nachdem der Verlag in Volkseigentum überführt worden war. Er suchte nun – ebenso wie der Hallenser Verlag – die Verlagsautoren zu einer Zusammenarbeit mit ihm zu bewegen. Um dagegen vorgehen zu können, erhob der Verlag in Halle Klage gegen den Verlag Carl Marhold in West-Berlin; als Beweis wurden Schreiben von Jäh an zwei in der Bundesrepublik ansässige Autoren vorgelegt.[135] Zwischenzeitlich traten im Juli 1954 mit Hinweis auf geänderte politische Rahmenbedingungen zwar Bedenken beim Verlag und der Verwaltung Volkseigener Verlage Leipzig auf, ob der Prozess fortgeführt werden solle – die Siegermächte verhandelten in Genf über die Wiedervereinigung –, die Klage wurde dennoch aufrechterhalten.[136] Wolfgang Jäh

---

132 Ebd.
133 Vgl. Oberlandesgericht, Frankfurt am Main, Urteil, 17.3.1955, BArch, DR1/1941.
134 Feststellungklage gegen den Carl Marhold Verlag, Berlin-Charlottenburg, 9.7.1955, SStAL, 21094 Bibliographisches Institut, Nr. 121.
135 Vgl. Bericht über die in der Zeit vom 10.–20.11.54 durchgeführte Reise nach Westdeutschland, 24.11.1954, BArch, DR1/761.
136 Vgl. Marhold Halle an das Amt für Literatur und Verlagswesen, 30.7.1955 sowie VVV Leipzig an Marhold Halle, 1.8.1955, SStAL, 21094 Bibliographisches Institut, Nr. 121.

wies die Klage zurück und kündigte an, dass er einen Gerichtsentscheid des Hallenser Gerichts nicht erkennen werde.[137]

Am 20. Oktober 1955 verkündete das Bezirksgericht Halle sein Urteil und gab dem Kläger, dem VEB Carl Marhold Halle, in allen Punkten Recht. Begründet wurde das Urteil damit, dass dem Beklagten Jäh, nachdem er das Gebiet der DDR ohne polizeiliche Genehmigung verlassen hatte, nach Anordnung der Treuhandschaft die Verfügungsgewalt über den Verlag und damit die Verlagsrechte entzogen worden und die Rechte nach Überführung des Verlags in Volkseigentum auf den VEB Carl Marhold übergegangen waren.[138] Das Gericht übersah bei dieser Argumentation, dass Wolfgang Jäh nicht wie behauptet Alleininhaber der Firma war. Vielmehr war seine in der DDR lebende Mutter Johanna Jäh an der Firma beteiligt. Dass die Enteignung gesetzeswidrig erfolgt war, räumten die DDR-Behörden später ein (siehe Kapitel 2.5).

Wolfgang Jäh erwog daraufhin, seinerseits Klage zu erheben oder wenigstens eine einstweilige Verfügung zu erwirken, wie er in einem Gespräch beim Frankfurter Börsenverein im Oktober 1955, an dem auch Verleger anderer Parallelfirmen teilnahmen, zum Ausdruck brachte.[139] Er hat dieses Vorhaben allerdings nicht verfolgt.[140]

Vergleichsweise spät, im März 1961, untersagte das Stuttgarter Landgericht dem Leipziger VEB Georg Thieme auf Antrag des Stuttgarter Parallelverlags,

> 1. Den Namen »Georg Thieme« als Teil seines Firmennamens zu führen.
> 2. Den Namen »Georg Thieme« in Verlagserzeugnisse einzudrucken oder eindrucken zu lassen und derartige Verlagserzeugnisse, insbesondere Bücher, in denen der Name »Georg Thieme« eingedruckt ist, feilzuhalten oder in Verkehr zu bringen.
> 3. In Veröffentlichungen oder in sonstiger Weise sich dessen zu rühmen, daß der Beklagte Rechtsnachfolger der Klägerin geworden sei und daß demnach der Beklagte bereits seit 75 Jahren besteht.[141]

Das Gericht stellte weiter fest, dass Thieme Leipzig nicht berechtigt sei, die Verlagsrechte der Klägerin zu nutzen. Thieme Stuttgart ließ das Urteil in der Frankfurter Ausgabe des *Börsenblatts für den Deutschen Buchhandel* veröffentlichen, wo dem Urteilstext folgender Passus hinzugefügt wurde:

> Es ist somit untersagt, Erzeugnisse der widerrechtlich meinen Namen führenden Firma VEB Georg Thieme Leipzig einzuführen, feilzuhalten, zu verkaufen oder sonst in Verkehr zu bringen und Anzeigen der genannten Firma aufzunehmen. Die in Betracht kommenden Import-Firmen

---

137 Vgl. Jäh, Marhold West-Berlin, 30.8.2955, SStAL, 21094 Bibliographisches Institut, Nr. 121.

138 Vgl. Urteil des Bezirksgerichtes Halle, verkündet am 20.10.1955, SStAL, 21094 Bibliographisches Institut, Nr. 121.

139 Vgl. Giesecke, Teubner Stuttgart, am 11.10.1955 gemeinsame Besprechung mit Kleine, Jäh, Niemeyer, Hiersemann in Frankfurt, 14.10.1955, SStAL, 22199 Teubner Stuttgart, Nr. 85.

140 Vgl. Fragebogen, ausgefüllt von Marhold West-Berlin, 20.2.1964, ISG Frankfurt, BV, W2/7:2779.

141 Börsenblatt (Frankfurter Ausgabe), H. 45, 6.6.1961, S. 2314.

in der Bundesrepublik sind verständigt. Gegen Zuwiderhandlungen müßte ich gerichtlich vorgehen.[142]

Nachdem in den 1950er Jahren in einem gewissen Rahmen eine Zusammenarbeit der Verlage in Leipzig und Stuttgart erfolgt war, erscheint dieser juristische Schritt auf den ersten Blick überraschend. Eine Erklärung bietet ein Interview, das Günther Hauff 1967 dem Branchenblatt *Buchmarkt* gab. Darin begründete er den Prozess damit, dass der Stuttgarter Verlag zuvor versucht habe, die Leipziger Firma zu einer Namensänderung zu bewegen – argumentiert wurde allerdings nicht mit der unrechtmäßigen Nutzung der Verlagsrechte, sondern mit dem Image-Schaden, den der Stuttgarter Verlag im Ausland aufgrund der mangelnden Qualität der Leipziger Produkte zu erleiden habe. Hier war zunächst die Drohung als Konfliktstrategie gewählt worden, und erst als diese wirkungslos geblieben und die DDR-Seite nicht auf die Forderungen eingegangen war, griff Thieme Stuttgart zur Sanktion, indem er Klage einreichte.

Im Leipziger Verlag fand man eine andere Erklärung. Die Verlagsleitung ging davon aus, dass eine Feierlichkeit zum 75-jährigen Verlagsjubiläum der Anlass für den Prozess gewesen war.[143] Der Fakt, dass dem Verlag im Urteil explizit untersagt wurde, sich als Nachfolger des 1886 gegründeten Verlags Georg Thieme auszugeben, könnte darauf hindeuten, dass die Feier tatsächlich eine Rolle gespielt hatte – allerdings war dieser Punkt in anderen Prozessen meist ebenfalls Bestandteil der Klagen.

Dem Urteil und der damit verbundenen Aufforderung an den Buchhandel folgte allerdings nicht, dass das Verbot der Einfuhr der Leipziger Produktion tatsächlich durchgesetzt wurde. Leipzig und Stuttgart vereinbarten im Gegenteil bereits für die zweite Jahreshälfte 1961 die Fortsetzung der gegenseitigen Lieferungen (siehe dazu die Aktennotiz auf S. 357).

Zielstellungen, Kennzeichen und Wirkungen der Gerichtsurteile

In zwei Fällen ging die Prozessführung von DDR-Seite aus, in zweien vom westlichen Verlag. Bei den Gerichtsverfahren, die von den DDR-Behörden angestoßen wurden, ist nicht zweifelsfrei zu klären, welche konkreten *Auslöser* es für diese Schritte gegeben hat. Das klare Auftreten der westlichen Verleger gegenüber Autoren und Buchhandel dürfte ein Grund gewesen sein – auf DDR-Seite erhoffte man sich durch die Gerichtsurteile eine fundierte Unterstützung der eigenen Argumentation gegenüber den Geschäftspartnern. Auch scheinen die Gerichtsurteile eine Voraussetzung dafür gewesen zu sein, sich in einem zweiten Schritt an eine pragmatische Lösung auf dem Verhandlungswege zu wagen.

---

142 Ebd.

143 Offermanns an Kunze, Deutsche Staatsbibliothek Berlin, 3.7.1961, HA/BV 97,2: Georg Thieme Leipzig.

Der Auslöser für das Verfahren der Akademischen Verlagsgesellschaft Frankfurt am Main gegen den Leipziger Parallelverlag war der polemische Artikel im Leipziger *Börsenblatt*; der Prozess von Georg Thieme Stuttgart wurde begonnen, um mit einem Urteil ein Druckmittel für die Verhandlungen mit dem Osten über die Ausgestaltung der Parallelexistenz zu haben.

Bei allen juristischen Auseinandersetzungen ging es in erster Linie um die grundsätzliche Legitimität des jeweils Beklagten sowie das Recht zur Nutzung des Verlagsnamens und der Verlagsrechte – und damit um das wichtigste Kapital der Verlage. Nur in Einzelfällen wurden nachrangige Aspekte wie das Recht, Lizenzen für Verlagstitel zu vergeben, oder das Recht zur Herausgabe eines bestimmten Titels bzw. einer Zeitschrift verhandelt. Der *Inhalt* der erwirkten einstweiligen Verfügungen bestand daneben teilweise in Verboten, bestimmte Behauptungen im Zusammenhang mit Fragen der Rechtmäßigkeit der Firma sowie der Verlagsnamen- und Rechteausnutzung aufzustellen und zu verbreiten. In einem Fall ging es zudem um das Ansehen einer Verlagsmitarbeiterin, das durch einen Artikel in der Branchenpresse aus Anlass der Etablierung des westlichen Parallelverlags beschädigt worden war.

Diese Inhalte der Gerichtsverfahren sind allerdings nicht deckungsgleich mit den *Zielstellungen*, welche die Verlage mit den Prozessen verbanden. Es ging zwar formal um eine grundsätzliche Klärung der Rechtslage – allerdings konnte mehr als eine Klärung, deren Wirkung sich auf Dritte und auf die eigene politische Hemisphäre beschränkte, nicht erreicht werden. Eine tatsächliche Lösung des Konflikts war auf diesem Wege nicht zu erlangen; die Beklagten führten trotz der ergangenen Urteile weiterhin die Firmennamen und nutzten die Rechte aus, da die Urteile aus dem anderen Deutschland im eigenen Land nicht anerkannt wurden. Die Rechtsprechung wirkte nicht auf der Ebene des eigentlich Verhandelten, sondern erst auf einer nächsten Stufe: wenn sie an Autoren, Buchhändler und weitere Geschäftspartner kommuniziert wurde. Die Verlage nutzten die Urteile, um die eigenen Argumente juristisch untermauern zu können.

Angerufen wurde stets das Gericht am Ort des Klägers, und stets fielen die Entscheidungen in dessen Sinne aus. Selbstverständlich war diese Wahl des *Gerichtsstandes* keineswegs; es hätte eigentlich anders verfahren werden müssen. Der Gerichtsstand einer Firma wurde (und wird) durch deren Sitz bestimmt, daher hätte die Klageerhebung am Ort des Firmensitzes des Beklagten erfolgen müssen. Dies war den damals Prozessführenden durchaus bekannt. Anwältin Gentz wies im Falle von B. G. Teubner auf die Problematik hin.[144] Daher erklärte das Bezirksgericht Leipzig Mitte 1954 im Fall der Akademischen Verlagsgesellschaft (diese führte den ersten der hier vorgestellten Parallelverlagsprozesse), dass es nicht zuständig und damit ein Ge-

---

[144] Vgl. Gentz, Gutachtliche Äußerung zur Frage, wem die Verlagsrechte der Firma B. G. Teubner zustehen, 3.1.1955, SStAL, 22198 Teubner Leipzig, Nr. 186.

richtsbeschluss nicht möglich sei, weil der Prozess an dem Ort geführt werden müsse, an dem die unerlaubte Handlung begangen wurde.[145]

Da sich die Verlage und das Amt für Literatur und Verlagswesen aber der unterschiedlichen Rechtsauffassungen in Ost und West bewusst waren, sollten die Gerichte überzeugt werden, für einen solchen Prozess doch zuständig zu sein. Diesen Weg wollte auch Rechtsberater Kaemmel gehen. Er war der Auffassung, dass eines der »Delikte«, dessen Teubner Stuttgart sich schuldig gemacht hatte, nämlich eine Anzeige im Frankfurter *Börsenblatt*, überall dort begangen wurde, wo die Zeitschrift erhältlich war – so auch in Leipzig.[146] Das Leipziger Kreisgericht griff diese Argumentation in seinem Beschluss vom 11. August 1955 auf. Mit Bezug auf §32 der ZPO wurde der Gerichtsstand damit begründet, dass die von Stuttgart aus verschickten Briefe und die veröffentlichten Anzeigen im *Börsenblatt* unter anderem Autoren und Buchhändler in Leipzig erreicht hätten.[147] Auch bei Carl Marhold wurde für Halle als Gerichtsstand damit argumentiert, dass der West-Berliner Verlag durch Werbeaktionen in der DDR seine nach ostdeutscher Auffassung widerrechtlich verlegten Verlagswerke anbot.[148]

In die Zeit der ersten Überlegungen auf DDR-Seite, einen Prozess gegen Teubner Stuttgart zu führen, fiel ein weiterer Versuch, die Parallelverlagsproblematik auf juristischem Wege zu lösen. Der Rat der Stadt Leipzig verklagte als Aktionär der Bibliographisches Institut AG das seit November 1953 in Mannheim bestehende Bibliographische Institut. Die Klage wurde im Juni 1954 vom Landgericht Mannheim abgewiesen.[149] Diese Erfahrung mag dazu beigetragen haben, dass die DDR-Behörden später von einer Klage vor einem westdeutschen Gericht absahen.[150]

Die Gerichtsurteile verfehlten ihre *Wirkung* auf die Autoren nicht. Der in den USA lebende Ingenieur Fritz Vilbig, Autor der Akademischen Verlagsgesellschaft, sah sich mit den beiden einander entgegenstehenden Gerichtsurteilen zu den Verlagen in Leipzig und Frankfurt am Main konfrontiert und merkte dazu an: »Dem Leipziger Gerichts-

---

145 Vgl. Nitsche, Akademische Verlagsgesellschaft Leipzig, an Kienast, Amt für Literatur und Verlagswesen, 1.6.1954, BArch, DR1/1941.

146 Vgl. Kaemmel, Notiz, 17.6.1954, BArch, DR1/1941.

147 Vgl. Beschluss des Kreisgerichts Leipzig, 11.8.1955, SStAL, 21103 VVB Druck, Nr. 174.

148 Feststellungklage gegen den Carl Marhold Verlag, Berlin-Charlottenburg, 9.7.1955, 21094 SStAL, Bibliographisches Institut, Nr. 121.

149 Vgl. An den Ministerrat der DDR, Volkswirtschaftsrat, 12.10.1964, SStAL, 20998 Buch-Export, Nr. 169. Eine zweite Klage vor dem Oberlandesgericht Karlsruhe wurde am 21.12.1955 ebenfalls abgewiesen. Erfolg hatte eine Klage vor dem Bezirksgericht Leipzig im Jahr 1961.

150 1955 wurde ein weiterer Prozess geführt. Die Firma Justus Perthes, deren Inhaber Ende 1952 von Gotha nach Darmstadt gegangen waren, klagte gegen den in der DDR unter dem Namen VEB Geographisch-Kartographische Anstalt Gotha weitergeführten Betrieb. Das Landgericht Stuttgart wies den Antrag auf einstweilige Verfügung, mit der dem Gothaer Betrieb verboten werden sollte, Schulwandkarten zu vertreiben, zurück. Das Oberlandesgericht hob dieses Urteil auf und sprach das beantragte Verbot aus. In diesem Zusammenhang wurde u. a. die Sitzverlegung für rechtmäßig anerkannt. Vgl. Börsenblatt (Frankfurter Ausgabe), H. 2, 6.1.1956, S. 14–17.

entscheid steht nun ein Gerichtsentscheid der Westzone entgegen, der für die in der Westzone befindlichen Autoren natürlich bindend ist.«[151] Diese Haltung ist für weitere Verlagsautoren belegt[152] und wird keine Ausnahme dargestellt haben. Es dürfte für viele in der Bundesrepublik lebende Autoren ohnehin – unter anderem wegen der im Verkehr mit den DDR-Verlagen auftretenden Honorarzahlungsschwierigkeiten – leichter und vorteilhafter gewesen sein, mit den Verlagen im eigenen Land zusammenzuarbeiten. Viele Autoren, so auch Fritz Vilbig, plädierten trotz der eindeutigen Haltung zur juristischen Situation für eine Verständigung oder gar Zusammenarbeit der Verlage, ob sie dies nun aus eigenem Interesse taten oder mit dem Ziel, zur Einheit der deutschen Wissenschaft oder des Landes beizutragen.[153] Es gab dennoch auch westdeutsche Wissenschaftler, die ihre Zusammenarbeit mit den DDR-Verlagen trotz der auftretenden Schwierigkeiten fortsetzten.

Die Buchhändler in der Bundesrepublik, so ein Mitarbeiter der Wiesbadener Firma Feller & Gecks, müssten das westliche Urteil selbstverständlich ebenso anerkennen, und zwar »ohne Rücksicht auf die wirklichen Rechtsverhältnisse«.[154] Dieser Buchhändler wies zugleich darauf hin, dass unter seinen Kollegen Verwirrung durch die Übersendung der verschiedenen Urteile entstanden sei. Doch die Gerichtsverfahren und die damit einhergehende Kommunikation lösten nicht allein Irritationen aus. Die westlichen Urteile sorgten auch für ernsthafte Verärgerung unter den Sortimentsbuchhändlern, da mit ihrer Bekanntgabe für gewöhnlich ein Einfuhrverbot für die Literatur des DDR-Parallelverlags verbunden war. Die Buchhändler waren damit in ihren Bezugsmöglichkeiten beschnitten und beschwerten sich über die unhaltbare Situation beim Börsenverein (siehe Kapitel 7.2.4).

Auch im Ausland, wo den Buchhändlern die Situation der deutschen Teilung und ihre wirtschaftlichen Folgen weniger deutlich vor Augen gestanden haben dürften, lösten die verschiedenen Urteile Verwirrung oder Unverständnis aus. Daran wird deutlich, wie problematisch die Durchsetzung ihres Rechtsstandpunktes für die Verlage und ihre Partner war. Nicht allein die Störung des Geschäftsverhältnisses, sondern auch die Möglichkeit der Umgehung des Bezugsverbotes durch den Bücherkauf im Ausland ließen es ratsam erscheinen, nach pragmatischen Lösungen zu suchen und nicht kompromisslos am juristisch Erreichten festzuhalten.

---

151 Vilbig an die Akademische Verlagsgesellschaft Leipzig, 4.1.1955, BArch, DR1/1120.
152 Vgl. Seemann 2013, S. 269f.
153 Vgl. ebd, S. 271–273.
154 Nitsche, Bericht über die Teilnahme an der Physiker-Tagung in Wiesbaden, 21.–28.9.1955, BArch, DR1/1941.

6.2 Strategiefeld II: Von Verständigung bis Kooperation

Strategien der Abgrenzung und Konfrontation wurden von den Verlagen meist erst zu einem Zeitpunkt verfolgt, als die Inhaber die DDR verlassen und bei den zurückgebliebenen Verlagen Eingriffe in die Eigentumsverhältnisse stattgefunden hatten. In der frühen Zeit ihrer Parallelexistenz, als die Verlage sich noch als *eine* Firma mit Stammhaus und Zweigstelle betrachteten, stimmten sie ihre Arbeit gemeinhin eng ab und kooperierten im Rahmen der Möglichkeiten. Aber auch nach einer Trennung der Firmen, wenn Konflikte um die Verlagsnamen und die Rechte zu Tage traten, suchten einige Verlage auf beiden Seiten nach Wegen der Verständigung und Kooperation. Ihnen standen dabei verschiedene Möglichkeiten zur Verfügung, ihr Verhältnis im gegenseitigen Einvernehmen zu gestalten.

6.2.1 Klare Rahmenbedingungen: Vereinbarungen und Verträge

Eine Form der kooperativen Ausgestaltung des Verhältnisses der Parallelverlage zueinander bestand im Abschluss von Vereinbarungen oder Verträgen, in denen die Beziehung und eine mögliche Zusammenarbeit geregelt wurden. Hierbei ist zu unterscheiden, in welcher Phase solche Verträge abgeschlossen wurden, ob es sich also um Verabredungen zwischen Stammhaus und Zweigniederlassung handelte oder um solche zwischen zwei bereits getrennten, selbstständigen Firmen (siehe Kapitel 4.3.3).

Im März 1947 wurde eine schriftliche Vereinbarung zwischen Johann Ambrosius Barth Leipzig und der in München lebenden Mitinhaberin Annemarie Meiner getroffen. Annemarie Meiner war bereits seit 1945 als informelle Vertreterin von Barth in den westlichen Zonen tätig: Sie verhandelte mit Autoren und Geschäftspartnern und kümmerte sich um Zahlungen von Buchhändlern und an Autoren. Dies wurde 1947 in einem Schreiben von Leipzig an Annemarie Meiner schriftlich fixiert; zu den bisherigen Aufgaben trat der Auftrag hinzu, das akademische Leben und die verlegerische Konkurrenz zu beobachten.[155] Im November 1948 wurde diese Vertretungsfunktion von Annemarie Meiner durch die Gründung des M-N-G-Verlags Dr. Annemarie Meiner München auf eine rechtlich klare Grundlage gestellt.[156] In einem im März 1949 abgeschlossenen Vertrag zwischen Barth Leipzig und M-N-G München verpflichtete sich Ersterer zur Unterstützung des Münchner Verlags und zur Überlassung von »Lizenzausgaben aufgrund ihm gehörender Verlagsrechte, die im eigenen Verlag nicht durchgeführt werden oder in den Westzonen von Leipzig aus nicht verbreitet werden können«. Meiner sollte ebenso eigene Publikationsideen umsetzen. Dass der Verlag

---

155 Vgl. Barth Leipzig an Annemarie Meiner, 5.3.1947, SStAL, 21101 Barth Leipzig, Nr. 285.
156 Gesellschafts-Vertrag des M-N-G-Verlags Dr. Annemarie Meiner, 25.11.1948, SStAL, 21101 Barth Leipzig, Nr. 486.

faktisch eine Zweigstelle von Barth Leipzig darstellte, wird deutlich: »Soweit von behördlicher Seite keine Einwendungen erhoben werden, ist der Name M-N-G-Verlag durch Johann Ambrosius Barth, München zu ersetzen.« Sollte es zu einer Aufhebung der Zonengrenzen kommen oder wäre ein ungehinderter Interzonenhandel möglich, sollte der Verlag in die Firma Barth überführt werden. Auch für den Fall staatlicher Eingriffe in Leipzig war eine Regelung vorgesehen (siehe Vertrag auf S. 320 ff.).

> [Sollte] Herrn Hofrat Dr. A. Meiner bzw. den Mitgliedern seiner Familie die Verfügungsgewalt über die Kommanditgesellschaft Barth entzogen werden, so gehen in diesem Augenblick alle vom M-N-G-Verlag übernommenen und übernehmbaren Verlagsrechte, Planungen und Verlagsideen entschädigungslos an den M-N-G-Verlag über [...].[157]

Die Inhalte der getroffenen Vereinbarungen und die Entwicklung des Parallelunternehmens in Westdeutschland lassen verschiedene Motive der Eigentümerfamilie erkennen: Zum einen sollten die durch die Zonentrennung aufgetretenen Schwierigkeiten bei der Kommunikation und Informationsbeschaffung sowie im Geschäftsverkehr durch den Verlag in München so weit wie möglich aufgehoben werden. Die pauschale Möglichkeit zur Lizenznahme ermöglichte es in der Zeit des schwierigen Interzonenhandels, die Erhältlichkeit der Leipziger Bücher auch in den westlichen Zonen zu sichern.[158] Zum anderen stellten die westliche Verlagsgründung und die Verträge eine Absicherung des Leipziger Hauses für den Fall befürchteter Eingriffe in die Eigentumsverhältnisse dar. Der Münchner Verlag hätte in diesem Moment die bestehenden Verlagsrechte übernehmen und damit die Tradition des Unternehmens fortführen können.

Nicht immer wurden Vereinbarungen schriftlich und im gegenseitigen Einverständnis fixiert. Heinrich Hirzel, persönlich haftender Gesellschafter des Verlags in Leipzig, und Arnold Plohmann, alleinvertretungsberechtigter Einzelprokurist der KG in Stuttgart, erklärten im April 1950 vor einem Stuttgarter Notar:

> Die Fa. S. Hirzel Verlagsbuchhandlung in Leipzig tritt an die Fa. S. Hirzel Verlag Kommanditgesellschaft in Stuttgart alle ihr zustehenden Verlagsrechte und sonstigen Rechte aus Autoren- und Verlagsverträgen mit sofortiger Wirkung ab. Diese Abtretung beruht auf einer Anfang 1947 bei Errichtung der Stuttgarter Firma erfolgten mündlichen Vereinbarung. [...] S. Hirzel Verlag Kommanditgesellschaft räumt dagegen der Fa. S. Hirzel Verlagsbuchhandlung eine nicht ausschliessliche Lizenz für diese Titel für die sowjetisch besetzte Zone Deutschlands ein, solange die Zonenteilung besteht.[159]

---

157 Dieses und die vorangegangenen Zitate: Vertrag zwischen Johann Ambrosius Barth, Leipzig und M-N-G-Verlag Dr. Annemarie Meiner, München, 14.3.1949, SStAL, 21101 Barth Leipzig, Nr. 486.

158 Lizenzverträge zwischen den Parallelunternehmen wurden auch bei Reclam und Brockhaus geschlossen. Vgl. Keiderling 2005, S. 227; Schüler 2012.

159 Protokoll, Urk.-Rolle Nr. 114/1950, ausgefertigt von Noske, Notar, 27.4.1950, SHV 122.

Zwischen

    Johann Ambrosius B a r t h , Leipzig

einerseits und

    M- N - G- Verlag Dr, Annemarie M e i n e r , München

andererseits wird nachstehender Vertrag abgeschlossen.

1. Der Verlag Johann Ambrosius Barth (weiterhin Barth genannt) verpflichtet sich, den Auf- und Ausbau des M-N-G-Verlags zu unterstützen.

2. Barth verpflichtet sich, zu diesem Zweck dem M-N-G-Verlag ein Darlehn von DM 50 000.- (Fünfzigtausend), im Bedarfsfalle nach Möglichkeit auch weitere Beträge,zu den gleichen Bedingungen zu gewähren oder zu beschaffen.

3. Barth überlässt dem M-N-G-Verlag Lizenzausgaben aufgrund ihm gehörender Verlagsrechte, die im eigenen Verlag nicht durchgeführt oder in den Westzonen von Leipzig aus nicht verbreitet werden können, darüber hinaus nach eigener Entscheidung Verlagsplanungen und Verlagsideen. Wünsche des M-N-G-Verlags sind zu berücksichtigen, wenn nicht besondere Gründe entgegenstehen. Barth darf jedoch Lizenzausgaben auch an andere Verlage vergeben, wenn dies aus besonderen Gründen erforderlich ist. Der M-N-G-Verlag ist in diesen Fällen vorher zu benachrichtigen.

4. Die Lizenzgebühr beträgt 50% (fünfzig) des Reingewinnes aus jeder Auflage. Abrechnung erfolgt nach Verkauf der Auflage, spätestens nach 5 Jahren ab Erscheinen. Barth kann die Abrechnung bereits vor Verkauf der Auflage verlangen, dem stattzugeben ist, wenn die Herstellungskosten, einschliesslich der für das Buch aufgewendeten Unkosten, errechnet, wie im ///// Absatz von Punkt 4 vorgesehen, gedeckt sind.

    Der Reingewinn wird in der Weise ermittelt, daß vom Verkaufserlös die Herstellungs- und anteiligen Unkosten abgesetzt werden. Die anteiligen Unkosten werden nach dem Verhältnis des Umsatzes aus der Auflage zum Gesamtumsatz des M-N-G-Verlages als entsprechender Anteil an den Gesamtunkosten dieses Verlages festgelegt. Sollte sich bei der Endabrechnung ein Verlust ergeben, so ist dieser von beiden Vertragspartnern hälftig zu tragen.

    Barth kann nach eigener Wahl verlangen, daß die gutgeschriebene Lizenzgebühr entweder ausgezahlt oder dem gewährten Darlehn hinzugeschrieben wird.

5. Zur Aufnahme von Gesellschaftern in den M-N-G-Verlag, die bei Johann Ambrosius Barth nicht beteiligt oder nicht beteiligt gewesen sind, ist die schriftliche Zustimmung von Barth erforderlich.

6. Sollten die Zonengrenzen innerhalb Deutschlands aufgehoben bezw. die bestehenden Beschränkungen soweit gemildert werden, daß ein ungehinderter Verkehr zwischen den Zonen möglich wird, ist im gegenseitigen Einverständnis der M-N-G-Verlag in Barth überzuführen. Frau Dr. Annemarie Meiner ist berechtigt, ihr Einverständnis zur Überführung des M-N-G-Verlages in Barth davon abhängig zu machen, daß sie bei Barth persönlich haftende Gesellschafterin wird. Nach Möglichkeit soll eine Niederlassung der Firma Barth in München bestehen bleiben.

    Die vorhandenen Vorräte übernimmt Barth zum Herstellungspreis zuzüglich 30% (dreissig). Ausserdem vergütet Barth die Aufwendungen

(Marginalie: zweiten)

Abb. 6: Vertrag zwischen Arthur Meiner, Johann Ambrosius Barth Leipzig, und Annemarie Meiner, M-N-G-Verlag Dr. Annemarie Meiner, München, 14.3.1949. Quelle: SStAL, 21101 Barth Leipzig, Nr. 486.

– 2 –

für die in Arbeit befindlichen Veröffentlichungen und für Honorar-
vorauszahlungen und erwirbt die Geschäftseinrichtung, sowie sonstige Aktiven des M-N-G-Verlags zum Buchwert.

Ein zum Zeitpunkt der Übernahme gegenüber der Eröffnungsbilanz
des M-N-G-Verlags bestehender Verlust wird von Barth übernommen.

Frau Dr. Annemarie Meiner kann nach ihrer Wahl entweder Barauszahlung ihres Guthabens oder dessen Zuschreibung zum Nominalbetrag
zu ihrer Einlage bei der Firma Barth verlangen. Dabei kann sie auch
teilweise Barauszahlung bezw. Zuschreibung zur Einlage bei Barth
bestimmen.

7. Sollte Herrn Hofrat Dr. A. Meiner bezw. den Mitgliedern seiner Familie die Verfügungsgewalt über die Kommanditgesellschaft Barth entzogen werden, so gehen in diesem Augenblick alle vom M-N-G-Verlag
übernommenen und übernehmbaren Verlagsrechte, Planungen und Verlagsideen entschädigungslos an den M-N-G-Verlag über, der sie für
Rechnung der an der Firma Barth (zurzeit Kommanditgesellschaft) Beteiligten übernimmt.
Diese Beteiligten sind berechtigt, zu verlangen, daß in diesem Fall
das Darlehn unverzüglich in eine Kommanditbeteiligung umgewandelt
wird unter Berücksichtigung von Punkt 9 dieses Vertrages und unter
Zugrundelegung des Kommanditvertrages der Kommanditgesellschaft Barth
Leipzig.
Die Ausnützung aller vom M-N-G-Verlag übernommenen Verlagsrechte
darf nur in diesem Verlag erfolgen. Die Berechtigten erhalten von
den vom Zeitpunkt der Übernahme der Verlagsrechte durch den M-N-G-
Verlag abgesetzten Exemplaren für den Rest der vorhandenen Vorräte
und für die nächsten drei Auflagen 60% (sechzig) des Gewinnes,
der aufgrund von Punkt 4 dieses Vertrages festgesetzt wird.

Der M-N-G-Verlag soll, wenn die Voraussetzung von Abs. 1 erfüllt
ist, den Namen Johann Ambrosius Barth annehmen, falls es nicht bereits früher geschehen ist.

8. Soweit von behördlicher Seite aus keine Einwendungen erhoben werden, ist der Name M-N-G-Verlag durch Johann Ambrosius Barth, München zu ersetzen. Die Bezeichnung Barth in diesem Vertrage bezieht sich nur auf Johann Ambrosius Barth, Leipzig. Tritt der unter
Punkt 7 vorgesehene Fall ein, so ist unter Barth die Gesamtheit
der an der Firma Johann Ambrosius Barth, Leipzig (zurzeit Kommanditgesellschaft) Beteiligten zu verstehen.

9. Wird die Firma Barth K.-G. nach dem Ableben von Herrn Hofrat Dr.
A. Meiner oder später liquidiert oder tritt der in Punkt 6 vorge-
sehene Fall ein, so können die alsdann durch Testament des Herrn
Hofrat Dr. A. Meiner oder nach Maßgabe der Beteiligung an Barth K.-
G. Leipzig, Berechtigten ihre Rechte aus diesem Vertrag nur ein-
heitlich durch einen von allen Beteiligten mit schriftlicher Voll-
macht Bevollmächtigten ausüben. Dieser Bevollmächtigte muß Frau
Dr. A. Meiner genehm sein.

10. Sollte Frau Dr. Annemarie Meiner nicht mehr bereit sein, die Leitung des M-N-G-Verlags weiter zu führen oder versterben, so fällt
der M-N-G-Verlag den Beteiligten der Kommanditgesellschaft Johann

Abb. 6 (fortgesetzt)

– 3 –

Ambrosius Barth, Leipzig, zu. Für die Abrechnung gelten die Bestimmungen von Ziffer 6, Abs. 2- 4. dieses Vertrages.

München, 14. März 49
Leipzig, 14. März 49

Arthur Meiner

i. F. *Johann Ambrosius Barth*

i. Fa. *Annemarie Meiner*
i. Fa. M N G - Verlag

Abb. 6 (fortgesetzt)

Es wurde eine Lizenzgebühr von 5 Prozent des Ladenpreises vereinbart. Im Unterschied zu jener bei Johann Ambrosius Barth ist diese Erklärung in einer anderen eigentumsrechtlichen Situation erfolgt. Die daran Beteiligten, Arnold Plohmann, der seit 1948 in Stuttgart lebte, und Heinrich Hirzel, der in Zürich ansässig war, befanden sich beide nicht (mehr) in Leipzig und besaßen praktisch keine Verfügungsgewalt über den Leipziger Verlag, wenn auch die Handlungs- und Vertretungsbefugnis Heinrich Hirzel formal erst im folgenden Jahr entzogen wurde.[160] Heinrich Köhler, der den Leipziger Verlag zu dieser Zeit leitete, war an der Vereinbarung nicht beteiligt. Die Abtretung der Verlagsrechte und die Regelung zur Lizenzvergabe hatten das Ziel, den neuen Stuttgarter Verlag zum nunmehrigen Besitzer der Verlagsrechte und damit zum eigentlichen Hirzel-Verlag, also zum sitzverlegten Stammhaus zu erklären.

Zwischen den Häusern Georg Thieme in Stuttgart und Leipzig hat es über den Umgang mit den bestehenden Verlagsrechten ebenfalls eine mündliche Vereinbarung gegeben. Bruno Hauff berichtete von einem Abkommen, das er bald nach seiner Übersiedlung im Juni 1945 nach Wiesbaden mit dem Leipziger Verlag getroffen habe, nach dem die Autoren im Osten vom Leipziger, die Autoren im Westen vom Stuttgart Verlag betreut werden sollten. Außerdem wurden dem Leipziger Verlag »in wenigen Ausnahmefällen [...] im Laufe der Jahre die Veranstaltung einer Parallelausgabe von Büchern, die in der Westzone erschienen sind oder deren Autoren noch durch Lagervorräte beim Leipziger Haus verblieben waren, gestattet.«[161] Eine Schilderung von östlicher Seite bestätigt dies. Nachdem Dornig 1950 Leipzig verlassen hatte und der Verlag 1953 in Volkseigentum überführt worden war, hatte es zunächst

> Unklarheiten wegen der Herausgabe eingeführter Werke gegeben. In einigen Fällen, in denen die Westautoren weiterhin auch mit dem Leipziger Verlag arbeiten wollten, kam es zu Parallelauflagen in Leipzig. Eine endgültige Bereinigung dieser Situation wurde in Zusammenarbeit mit dem Juristen Dr. Glücksmann und dem Kollegen Morgenstern von der Hauptverwaltung erzielt, und zwar dergestalt, daß die zwischen den beiden Verlagen vor 1950 getroffene Vereinbarung akzeptiert wurde. Bei der Herausgabe neuer Werke bleibt es aber jedem Verlag überlassen, Verträge mit Autoren in aller Welt abzuschließen.[162]

Eine schriftliche Fixierung des Abkommens war von der HV Verlagswesen zwar vorgeschlagen, vom Stuttgarter Verlag aber nicht unterzeichnet worden. Dennoch hat die Zusammenarbeit, die sich in der Herausgabe von Parallelausgaben und gegenseitigen Buchlieferungen niederschlug, bis Anfang der 1960er Jahre funktioniert.[163]

---

160 Vgl. Kapitel 2.4.

161 Bruno Hauff, Thieme Stuttgart, an Hiersemann, 30.3.1955, SStAL, 22199 Teubner Stuttgart, Nr. 84.

162 Dieses und das vorangegangene Zitat: May, Thieme Leipzig, an den BV Leipzig, 18.9.1957, SStAL, 21766 BV II, Nr. 1248.

163 Vgl. ebd.

Ziel der Vereinbarungen bei Thieme war eine unkomplizierte, pragmatische Lösung des Problems der Rechteteilung. Hinsichtlich der Kommunikation mit den Autoren und der Honorarzahlungen war die Lösung sinnvoll. Bruno Hauff in Stuttgart mag dieses Arrangement auch deshalb leicht gefallen sein, weil die meisten Autoren in Westdeutschland oder West-Berlin lebten und er mehrere der wichtigsten und erfolgreichsten Verlagsobjekte, darunter beispielsweise die Zeitschrift *Deutsche Medizinische Wochenschrift*, die Ende 1946 bereits wieder in einer Auflage von 25.000 Exemplaren erschien, und das Standardwerk *Methoden der organischen Chemie* (bekannt als ›Houben-Weyl‹) mit nach Stuttgart genommen hatte.[164]

Die Vereinbarung, die die Verlage Carl Marhold in Halle und West-Berlin im Oktober 1951 trafen, entstand in einer anderen firmenrechtlichen Situation. Verleger Wolfgang Jäh hatte kurz zuvor Halle verlassen, um seinen Verlag in West-Berlin neu aufzubauen. Es war allen Beteiligten klar, dass es sich hier nicht um eine Zweigstellengründung handelte, sondern dass mit dem Berliner Verlag ein selbstständiges Unternehmen entstand, das die Tradition des Hallenser Verlags fortsetzen wollte. Dennoch unternahmen die Verlage in Person von Wolfgang Jäh in West-Berlin und Treuhänder Georg Langguth in Halle mit dem Abschluss der Vereinbarung einen ernsthaften Versuch zu kooperieren. Es galt damit nicht, für Eventualitäten vorzusorgen oder die Rollen verschiedener Niederlassungen zu klären, sondern eine durch die Fakten geschaffene Situation zum Vorteil aller zu gestalten.

In dem Dokument (siehe S. 326) verpflichteten sich Halle und Berlin, »selbst alle Maßnahmen zu unterlassen und Maßnahmen von dritter Seite nach Möglichkeit zu verhindern, die lediglich der Störung der Arbeit der anderen Seite dienen« sowie »in loyaler Zusammenarbeit Kompetenzstreitigkeiten und Grenzfälle auf dem Verhandlungswege durch gegenseitiges Entgegenkommen aus der Welt zu schaffen, in gleicher Weise auch alle anderen, noch möglichen Reibungsflächen zu beseitigen«. Alle eventuell auftretenden Konflikte sollten im Sinne gegenseitiger Verständigung und unter Wahrung der beiderseitigen Interessen gelöst werden. Die Verlage einigten sich, Verlagsplanungen vor der Realisierung auszutauschen, um doppelte Arbeit und Konkurrenz zu vermeiden. Der Berliner Verlag wollte Halle Lizenzverträge anbieten, die für den DDR-Verlag von Interesse sein könnten, und Manuskripte, deren Veröffentlichung in Berlin nicht möglich wäre. Dies sollte auch umgekehrt für Halle gelten. Außerdem wollte Jäh in Berlin »als Gegenleistung für das von ihm in Anspruch genommene Westmarkkonto [...] sämtliche Honorarverpflichtungen gegenüber Halles west-

---

164 Vgl. Staehr 2011, S. 84. Ein Börsenblatt-Artikel über Thieme vom 10.12.1954 verweist zudem auf den *Leitfaden für den geburtshilflichen Operationskurs* von Döderlein, das als das erfolgreichste Buch beschrieben wird, und das mehrbändige *Lehrbuch und Atlas der Anatomie des Menschen* von Friedrich Kopsch und August Rauber, das als das zweiterfolgreichste Werk des Verlags genannt wird.

deutschen Autoren und Halles Verpflichtungen gegenüber anderen westdeutschen Gläubigern«[165] übernehmen, die bis zu seinem Weggang angefallen waren.

Wolfgang Jäh hatte seinen Willen zur Zusammenarbeit mit Halle bereits in seinem Abschiedsschreiben bekundet und bekräftigte ihn mit der Vereinbarung.[166] Treuhänder Georg Langguth in Halle war ebenfalls sehr an einer Kooperation interessiert, von der er sich Vorteile für den Hallenser Verlag sowie die Beseitigung vieler Probleme bei innerdeutschen Kooperationen erhoffte.[167] Dies war auf die Begleichung der Honorarschulden durch Jäh bezogen. Langguth urteilte weiter:

> Wir glauben, daß dieser Vertrag das Optimum dessen darstellt, was erreicht werden konnte, und daß er nicht nur alle nachteiligen Folgen aus der Gründung des Marhold Verlages in Berlin für den Verlag in Halle beseitigt, sondern uns auch ungestörte und erfolgreiche Arbeitsmöglichkeiten im Westen, mit entsprechenden Einflüssen auf das westliche Fachbuchwesen, sichert.[168]

Der Treuhänder hegte die Hoffnung, mit dem West-Berliner Verlag gemeinsam die Probleme bei den Honorarzahlungen und im innerdeutschen Handel lösen zu können, da sowohl die Autoren im Westen als auch der westliche Markt erhalten bleiben sollten – was auch im Interesse der DDR-Behörden lag.[169]

Dies alles geschah in Absprache mit dem Amt für Literatur und Verlagswesen. Dort hatte man Verlagsleiter Krug versichert, dass das Ministerium »größten Wert auf die Erhaltung des altbekannten Verlages legt und zu weitgehenden Konzessionen bereit sei, wenn der westflüchtige Inhaber nach Errichtung seines Verlages im Westen, sich dementsprechend zur DDR einstellt.«[170] Auch der Rat der Stadt Halle, der die Treuhandschaft ausübte, war an einer Verständigung interessiert und stimmte der Vereinbarung zu.[171] Im Amt für Literatur und Verlagswesen wurde diese geradezu begeistert aufgenommen. Der zuständige Abteilungsleiter Ludolf Koven soll nach Lesen des Vertrages spontan aufgesprungen sein und dem Treuhänder sehr herzlich zu diesem Erfolg gratuliert haben.[172] »Das Amt bezeichnete diesen Vertrag als einen einmali-

---

165 Dieses und die vorangegangenen Zitate: Vereinbarung zwischen Marhold Halle und Marhold Berlin vom 13./18.10.1951, SStAL, 21094 Bibliographisches Institut, Nr. 115.

166 Vgl. Jäh, Marhold, an seine Mitarbeiter, 6.9.1951, SStAL, 21094 Bibliographisches Institut, Nr. 114.

167 Vgl. Aktenvermerk über die Berliner Reise, 11.10.195, SStAL, 21094 Bibliographisches Institut, Nr. 115.

168 Langguth an den Rat der Landeshauptstadt Halle, Amt Schutz des Volkseigentums, 16.10.1951, BArch, DR1/704.

169 Vgl. Treuhandbericht Nr. 3, 6.3.1952, SStAL, 21094 Bibliographisches Institut, Nr. 116.

170 Treuhandbericht Nr. 1, 12.9.1951, SStAL, 21094 Bibliographisches Institut, Nr. 116.

171 Vgl. Langguth, Aktenvermerk über meine Reise nach Berlin am 18.10.1951, SStAL, 21094 Bibliographisches Institut, Nr. 115. Die Korrespondenz offenbart unklare Kompetenzen: Sowohl das Amt zum Schutz des Volkseigentums in Halle als auch das Amt für Literatur und Verlagswesen beanspruchten, für »grundsätzliche Entscheidungen«, zu denen die Vereinbarung zwischen West-Berlin und Halle zählte, zuständig zu sein.

172 Vgl. ebd.

<u>V e r e i n b a r u n g</u>

Ausgehend von dem Verständigungswillen,den der Unterzeichnete in
seinem Schreiben vom 6.9.51 an seine Mitarbeiter und Mitarbeiterinnen
festgelegt hat,und der auch - wie zu hoffen ist - bei der Treuhandverwaltung in Halle-Saale besteht,wird folgende Vereinbarung zwischen
der CARL MARHOLD VERLAGSBUCHHANDLUNG,Berlin,vertreten durch Herrn
W o l f g a n g J ä h ,nachstehend kurz "Berlin" genannt,und der
CARL MARHOLD VERLAGSBUCHHANDLUNG,Halle-Saale,vertreten durch die Herren
G e o r g L a n g g u t h ▆▆▆▆▆▆▆▆▆▆▆,nachstehend kurz
"Halle" genannt,getroffen:

1. Berlin und Halle verpflichten sich

   a)selbst alle Massnahmen zu unterlassen und Massnahmen von dritter
     Seite nach Möglichkeit zu verhindern,die lediglich der Störung
     der Arbeit der anderen Seite dienen,

   b)in loyaler Zusammenarbeit Kompetenzstreitigkeiten und Grenzfälle
     auf dem Verhandlungswege durch gegenseitiges Entgegenkommen aus
     der Welt zu schaffen,in gleicher Weise auch alle anderen,noch
     möglichen Reibungsflächen zu beseitigen.

2. Berlin verpflichtet sich,als Gegenleistung für das von ihm in Anspruch genommene Westmarkkonto beim Bankhaus C.L.Seeliger in Wolfenbüttel sämtliche Honorarverpflichtungen gegenüber Halles westdeutschen Autoren und Halles Verpflichtungen gegenüber anderen westdeutschen Gläubigern nach dem Stande vom 11.9.1951 zu übernehmen.Berlin
   verpflichtet sich ausserdem,den Zahlungsverkehr zwischen Halle und
   Bundesrepublik und umgekehrt in keiner Weise zu behindern.

3. Berlin und Halle tauschen ihre Verlagsplanungen vor der Realisierung
   aus,um jede Doppelarbeit,Überschneidung,gegenseitige Konkurrenz und
   dergleichen zu vermeiden.

4. Berlin wird Halle Lizenzverträge seiner Werke anbieten,soweit diese
   aus der Kenntnis des Herrn J ä h heraus für die DDR von Interesse
   sind.Berlin wird ausserdem Manuskriptangebote,deren Realisierung ihm
   aus irgend welchen Gründen nicht möglich ist,an Halle weitergeben.
   Das Gleiche gilt umgekehrt sinngemäss für Halle.

5. In Berlin etwa eingehende Remittenden werden,soweit sie aus Halle
   stammen,auf eine Berliner Mitteilung hin in Halle verbucht,verbleiben
   zunächst jedoch in Berlin und werden von Halle aus in Berlin abgeru-
   fen.Die dabei entstehenden Verwaltungskosten werden zwischen Halle
   und Berlin verrechnet.

6. Etwa noch auftretende Schwierigkeiten,die von dieser Vereinbarung
   nicht erfasst werden,werden im Geiste gegenseitiger Verständigungsbereitschaft verhandelt und unter Wahrung der beiderseitigen Interessen aus der Welt geschafft.

Berlin-Charlottenburg,den 13.lo.1951   CARL MARHOLD VERLAGSBUCHHANDLUNG
                                              Berlin (West) - Charlottenburg

Halle-Saale,den 18. 10. 1951

                                          CARL MARHOLD VERLAGSBUCHHANDLUNG
                                          in Treuhandschaft

                                          Georg Langguth

Abb. 7: Vereinbarung zwischen der Carl Marhold Verlagsbuchhandlung in Halle/Saale und der Carl
Marhold Verlagsbuchhandlung in West-Berlin, 13./18.10.1951. Quelle: SStAL, 21094 Bibliographisches Institut, Nr. 115.

gen Erfolg, wie er leider in anderen ähnlichen Fällen nicht zustande gebracht worden ist, und beglückwünschte uns sehr herzlich zu dieser gefundenen Lösung.«[173]

Die Zusammenarbeit auf der Basis dieses Vertrags funktionierte in den ersten Monaten gut; im März 1952 bewertete Treuhänder Langguth die Vereinbarung positiv: »Die ›Ehe‹ mit Marhold-Berlin ist bisher […] als ›glücklich‹ für die Interessen und Wünsche der Amtsstellen der DDR zu bewerten.«[174] Auch für seinen Verlag teilte Langguth diese Einschätzung. Der Verlag war finanziell gesund, Befürchtungen für die Zukunft bestanden aus Sicht des Treuhänders nicht.

Das gute Verhältnis ermöglichte es, dass 1952 eine gemeinsame Ausgabe des *Kalenders für Heizungs-, Lüftungs- und Badetechniker*, nach dem Begründer kurz *Klinger-Kalender* genannt, publiziert wurde. Die Ausgaben wurden als ›Ausgabe für die Deutsche Demokratische Republik‹ bzw. ›Ausgabe für die Bundesrepublik‹ gekennzeichnet, es erfolgte eine genaue Abgrenzung der Vertriebsgebiete.[175] Eine weitere Form der Zusammenarbeit praktizierten die Verlage, indem Buchbestände von beiden verkauft wurden. Konnte der Verlag Halle einen Titel nicht mehr liefern, gab er die Bestellung an Berlin weiter, sofern der Titel dort noch auf Lager war, und umgekehrt.[176]

Allmählich begann Wolfgang Jäh in West-Berlin nach Einschätzung des Hallenser Treuhänders aber das Interesse am Stammhaus in Halle zu verlieren; er konnte zunächst von Langguth überzeugt werden, die Zusammenarbeit fortzusetzen und die künftige Arbeit dahingehend zu gestalten, dass der Verlag in Berlin sich auf die westliche und der Verlag in Halle auf die östliche Seite konzentrieren solle.[177] Der Treuhänder seinerseits berichtete von zunehmenden Schwierigkeiten, mit denen er sich vor allem im innerdeutschen Zahlungsverkehr konfrontiert sah – in jenem Bereich, in dem er sich ursprünglich Erleichterungen durch die Zusammenarbeit mit West-Berlin erhofft hatte.[178] Zudem begann im April 1952 die Unterstützung durch das Amt für Literatur und Verlagswesen zu schwinden. Dieser hätte der Treuhänder aber dringend bedurft, da die Form der Zusammenarbeit den gesetzlichen Vorschriften nicht mehr entsprach.[179]

Das letztliche Scheitern des zunächst vielversprechenden Experiments stand in Zusammenhang mit den politischen Entwicklungen. Nachdem im Rahmen der

---

173 Marhold Halle an den Rat der Landeshauptstadt Halle, 23.10.1951, SStAL, 21094 Bibliographisches Institut, Nr. 115.

174 Langguth an den Rat der Landeshauptstadt Halle, 6.3.1952, BArch, DR1/704.

175 Vgl. Jäh, Marhold West-Berlin, an Marhold Halle, 20.10.1951, SStAL, 21094 Bibliographisches Institut, Nr. 115.

176 Vgl. Treuhandbericht Nr. 6, 21.5.1952, SStAL, 21094 Bibliographisches Institut, Nr. 116.

177 Reisebericht über die Reise nach Berlin, 17.–19.3.1952, SStAL, 21094 Bibliographisches Institut, Nr. 115.

178 Vgl. Aktenvermerk betreffend Vereinbarung mit dem Finanz-Ministerium, Berlin, 20.3.1952; Treuhandbericht Nr. 5, 5.5.1952, SStAL, 21094 Bibliographisches Institut, Nr. 116.

179 Vgl. Aktenvermerk über die Reise nach Berlin, 22./23.4.1952, SStAL, 21094 Bibliographisches Institut, Nr. 115.

2. Parteikonferenz der SED im Juli 1952 der ›Aufbau des Sozialismus‹ deklariert worden war, übten die staatlichen Stellen verstärkt Druck auf Privatunternehmen aus; außerdem wurden neue Verordnungen zum Umgang mit aus der DDR geflohenen Personen erlassen. In diesem Kontext sind die ab August 1952 erfolgten behördlichen Eingriffe bei Marhold Halle zu bewerten, die dem kooperativen Verhältnis zum West-Berliner Parallelverlag ein Ende bereiteten. Geschäftsführer Hans Krug und Treuhänder Georg Langguth, die sich mit großem Engagement für eine Zusammenarbeit mit Wolfgang Jäh in West-Berlin eingesetzt hatten, wurden abgesetzt. Die Verwaltung Volkseigener Verlage, die die Treuhandschaft übernommen hatte, wurde im August 1952 vom Amt für Literatur und Verlagswesen mit einer Überprüfung des Verlags beauftragt. Dabei stellte sie Fehler im Rechnungswesen fest: Bücher waren nach West-Berlin gebracht worden, ohne dass dies entsprechend verbucht worden wäre.[180] Nach solchen Fehlern war gezielt gesucht worden, das Vorgehen war charakteristisch für die repressive Politik gegenüber den Privatunternehmern in jener Zeit. Schließlich wurde die Firma Carl Marhold im November 1952 in Volkseigentum überführt und Verleger Jäh damit enteignet, was zum Abbruch der Beziehungen führte. Die Vereinbarung verlor für beide Seiten ihre Gültigkeit.

Motive und Zielstellungen der Vereinbarungen

Dem Abschluss von Verträgen und Vereinbarungen lag vor allem das Motiv zugrunde, die weitere Verwendung der vorhandenen Verlagsrechte zu klären. Das Spektrum reichte von einer grundsätzlichen Übertragung aller Verlagsrechte auf einen Firmenteil über die Teilung der Verlagsrechte nach Wohnsitz der Autoren bis zu einer lediglich grundsätzlichen Akklamation, dass eine Verständigung von Fall zu Fall erfolgen sollte. Mit der Nutzung der Verlagsrechte verbunden wurde in einigen Fällen die Option einer gegenseitigen Lizenzvergabe und Lizenznahme. Auch der Versuch einer Definition des Verhältnisses der Verlage ging mit den Vereinbarungen einher. Während es sich bei der Münchner Dependance von Johann Ambrosius Barth in der ersten Zeit klar um eine Zweigstelle des Leipziger Hauses mit Vertretungsfunktion für die Westzonen handelte, aus der später ein selbstständiges Unternehmen wurde, wurde der Stuttgarter Verlag S. Hirzel durch die Übertragung der Verlagsrechte als neuer Hauptsitz der Firma definiert. Mit dem Vertragsabschluss zwischen den beiden Verlagen Carl Marhold hingegen war eine gegenseitige Anerkennung der Firmen verbunden. Auch die Verabredung über die Teilung der Rechte zwischen Thieme Leipzig und Thieme Stuttgart deutet zunächst auf ein solches Verständnis hin, allerdings hat die Überführung des Leipziger Hauses in Volkseigentum auf Stuttgarter Seite zu einer Abkehr von dieser Haltung geführt.

---

180 Vgl. Übergabeprotokoll, 19.8.1952, BArch, DR1/704.

6.2.2 Gemeinsames Agieren: Buchvertrieb und -produktion

Für die Verlage eröffneten sich verschiedene Wege, mit ihren Parallelunternehmen auch unter den schwierigen Bedingungen in der Zeit der Teilung Deutschlands geschäftliche Beziehungen zu unterhalten. War eine offensive Zusammenarbeit nicht möglich oder gewünscht, so gab es dennoch Möglichkeiten, die Existenz des Parallelverlags im verlegerischen Handeln in einem positiven Sinne zu berücksichtigen.

Nach Etablierung der Stuttgarter Zweigstelle von S. Hirzel 1947 fand zunächst eine enge Zusammenarbeit der beiden Verlage statt. Dies änderte sich grundsätzlich nicht, nachdem der von Verleger Heinrich Hirzel eingesetzte Verlagsleiter Arnold Plohmann im Mai 1948 Leipzig verlassen hatte und fortan im Stuttgarter Verlagshaus wirkte. Der nun in Leipzig tätige Verlagsleiter Heinrich Köhler pflegte die Beziehung zum Stuttgarter Verlag weiter. Es wurden enge Absprachen darüber getroffen, welcher Verlag welche Titel produzieren würde und in welcher Form Kooperationen möglich wären.[181]

Es gab zum einen die Möglichkeit, dass ein Verlag vom anderen eine bestimmte Menge an bereits vorliegenden Büchern abnahm. Von drei Titeln, die 1948 in Stuttgart hergestellt worden und dort vorrätig waren, meinte der Leipziger Verlag, dass diese nicht eigens gedruckt werden müssten, da Stuttgart »uns reichlich abgeben wird.«[182] 1949 wurden in einer Besprechungsnotiz mit der Überschrift *Stuttgart wünscht* zwölf Titel aufgeführt, die in Leipzig zuvor produziert worden waren und von denen Stuttgart jeweils zwischen 300 und 1000 Exemplare übernehmen wollte.[183]

Ein anderes Modell war der Mitdruck einer bestimmten Auflage für das jeweils andere Haus. In gemeinsamen Besprechungen legten die Verlage fest, dass von mehreren Werken in Stuttgart eine Teilauflage für das Leipziger bzw. in Leipzig für das Stuttgarter Haus hergestellt werden sollte. So erschien z. B. *Die Systemtheorie der elektrischen Nachrichtenübertragung* von Karl Küpfmüller seit 1949 in Stuttgart in mehreren Auflagen. Von der ersten Auflage wurden für Leipzig zwischen 1200 und 1500 Exemplare geplant. Das *Lehrbuch der Pharmakologie für Ärzte und Studierende* von Edvard Poulsson erschien in 16. Auflage 1949 in Leipzig, für Stuttgart und Zürich war eine Teilauflage vorgesehen, bei der auf gutes Papier geachtet werden sollte.[184] Aufgrund der komplizierten Bestimmungen im Interzonenhandel traten bei diesen Lieferungen allerdings häufiger Schwierigkeiten auf.[185]

---

181 Vgl. u. a. Bericht über die Stuttgarter Besprechungen, 25.4.–17.5.1949, SHV 164.

182 Bericht über die Stuttgarter Besprechungen, 25.4.–17.5.1949, SHV 164.

183 Vgl. Besprechung mit Herrn Vaeth, 2.9.1949, SHV 164.

184 Vgl. Bericht über die Stuttgarter Besprechungen, 25.4.–17.5.1949, SHV 164; Besprechung mit Herrn Vaeth, 2.9.1949, SHV 164.

185 Vgl. Plohmann, Hirzel Stuttgart, an Köhler, Hirzel Leipzig, 26.11.1948, SHV, Nr. 61; Anruf von Hirzel Stuttgart, 1.12.1948, SHV, Nr. 164.

In diesem frühen Stadium kam es außerdem zum Austausch von Druckformen (Matern und Klischees) zwischen den Häusern.[186] Dies war vor allem für den Fall vorgesehen, dass die Lieferung einer Teilauflage wegen der behördlichen Bestimmungen nicht realisiert werden konnte. So sollte das *Lehrbuch der allgemeinen Pflanzenzüchtung* von Hermann Kuckuck und Alois Mudra im Stuttgarter Verlag produziert werden, der dafür sorgen wollte, dass eine Teilauflage im Osten verbreitet wird. Zugleich wurde eine Alternative in Erwägung gezogen: »Im Notfalle könnte man auch daran denken, daß wir Leipzig Matern des ganzen Satzes zur Verfügung stellen, damit für die Ostzone eine Sonderauflage gedruckt werden kann.«[187] Schon früh sind auf diese Art die so genannten Doppelausgaben bei den Parallelverlagen entstanden. Die Verlage in Leipzig und Stuttgart produzierten unabhängig voneinander Nachauflagen derselben wissenschaftlichen Standardwerke. Im Frühjahr 1949 einigten sich die Verlage aber zunächst darauf, dass »in Zukunft das gleiche Werk nicht an zwei Stellen gedruckt und herausgebracht werden«[188] sollte, da dies unrentabel sei.

Mit der Kompensationsvereinbarung, die die beiden Börsenvereine in Ost und West im Juli 1950 erzielt hatten, ergab sich eine weitere Möglichkeit der Zusammenarbeit (siehe Kapitel 3.3.3). Im Oktober 1950 zeigte S. Hirzel Stuttgart im Frankfurter *Börsenblatt* eine Reihe von Neuerscheinungen und Neuauflagen von S. Hirzel Leipzig an, die durch das Stuttgarter Haus ausgeliefert wurden.[189]

Anfang der 1950er Jahre kehrten die Verlage zur Praxis der Doppelausgabenproduktion zurück. Der Auslöser dafür war, dass 1950 mit der Übertragung der Verlagsrechte auf das Stuttgarter Haus die Einstellung beider Seiten, als *ein* Verlag mit mehreren Sitzen zu agieren, aufgegeben wurde. Mit dem Entzug der Verfügungsgewalt Heinrich Hirzels über seinen Leipziger Verlag im Sommer 1951 und der Anordnung der Treuhandschaft ein Jahr später wurde die Trennung der Verlage von DDR-Seite aus besiegelt. Wenigstens die bis dahin übliche sehr enge Abstimmung zwischen den Verlagen hatte damit vorerst ein Ende gefunden.

Die Herstellung von Doppelausgaben pflegten die Verlage nach Aussage des Stuttgarter Verlags bei fünf Titeln.[190] So wurde das *Mittelhochdeutsche Taschenwörterbuch* während der 1950er und 1960er Jahre parallel in Leipzig und Stuttgart hergestellt. Meist erschienen neue Auflagen oder Nachdrucke im selben Jahr oder

---

186 Vgl. Besprechung mit Herrn Vaeth, 2.9.1949, SHV 164.

187 Hirzel Stuttgart an Kuckuck, 16.12.1948, SHV, Nr. 139.

188 Bericht über die Stuttgarter Besprechungen, 25.4.–17.5.1949, SHV 164.

189 Vgl. Börsenblatt (Frankfurter Ausgabe), H. 83/1950, 17.10.1950, S. 2453.

190 *Matthias Lexers Mittelhochdeutsches Taschenwörterbuch;* Carl von Kraus: *Des Minnesangs Frühling;* Konrad Knopp: *H. v. Mangoldt's Einführung in die höhere Mathematik für Studierende und zum Selbststudium;* Gerhart Jander/Hildegard Wendt, ab 1964 Gerhart Jander/Ewald Blasius: *Einführung in das anorganisch-chemische Praktikum;* Gerhart Jander/Hildegard Wendt, ab 1962 Gerhart Jander/Ewald Blasius: *Lehrbuch der analytischen und präparativen anorganischen Chemie.* Vgl. Plohmann, Hirzel Stuttgart, an Hirzel Leipzig, 15.10.1964, SHV 164.

mit einem Abstand von höchstens einem Jahr. Die Ausgaben enthielten dieselben Vorworte; eine gemeinsame Herstellung erfolgte nicht. Interessant ist der Umgang mit den Copyright-Vermerken. Während Leipzig darauf gänzlich verzichtete, wurde im Stuttgarter Impressum »Copyright by S. Hirzel Verlag«[191] angegeben – die Angabe des Verlagsortes fehlte. Dem Verlagsvertrag, der von S. Hirzel mit den Herausgebern Erich Henschel (West-Berlin) und Richard Kienast (Heidelberg) 1928 abgeschlossen worden war, wurde 1954 vom Leipziger Verlag in Absprache mit diesen sowie dem neu hinzugekommenen Ulrich Pretzel (Hamburg) eine Ergänzung hinzufügt. Darin waren übliche Dinge wie Honorare, Korrekturpflichten und ähnliches geregelt; eine Bestimmung zum Verhältnis zum Stuttgarter Verlag bzw. den dort erscheinenden Ausgaben enthielt er nicht.[192] Die Korrespondenz führten die Herausgeber in den folgenden Jahren mit dem Leipziger Verlagshaus, wobei Pretzel davon ausging, »daß zwischen Hirzel-Ost und Hirzel-West die Verbindung weiter erhalten geblieben« sei. Pretzel war bekannt, dass es eine Leipziger und eine Stuttgarter Ausgabe des *Taschen-wörterbuchs* gab, allerdings war ihm bis Anfang der 1970er Jahre nicht bewusst, dass der Stuttgarter Verlag seine Ausgaben völlig unabhängig von Leipzig produzierte. Er war im Gegenteil von einer direkten Zusammenarbeit ausgegangen und »pflegte sogar gerade dies Werk noch als Brücke zwischen Ost und West zu bezeichnen«.[193]

Nach Aussage des Stuttgarter Verlags bestand für dieses Buch wie auch für die anderen Parallelausgaben eine Vertriebsvereinbarung. Der Titel *Des Minnesangs Frühling* von Carl von Kraus, der nach dem Krieg zunächst nur im Leipziger Verlag hergestellt und von dort nach Stuttgart geliefert worden war, erschien 1959 in seiner 32. Auflage zum ersten Mal als parallele Ausgabe in Stuttgart.[194] 1961 traten erstmals Schwierigkeiten bei der Auslieferung der Leipziger Ausgabe in der Bundesrepublik auf. Der Stuttgarter Verlag erhob gegen den Vertrieb Einspruch und begründete dies mit der bestehenden Absprache, dass »Stuttgart sich auf die Verbreitung des Buches im Westen und Leipzig sich auf dessen Verbreitung im Osten beschränkten [solle]«.[195] Da keine Einigung erzielt werden konnte und Stuttgart weiterhin die Lieferung von Büchern aus Leipzig in die Bundesrepublik feststellte, bekräftigte der Verlag in einem Schreiben vom Oktober 1964 seine Ansicht, dass die Autoren bzw. Bearbeiter und die Verleger der genannten Titel sich darüber verständigt hätten, eine klare Tren-nung der Vertriebsgebiete vorzunehmen. Die Leipziger Ausgaben sollten »allein und ausschließlich in der DDR und in den sozialistischen Ostländern verkauft werden und analog die Stuttgarter Ausgaben allein und ausschließlich in der Deutschen Bundesrepublik sowie im übrigen Ausland«.[196]An der Praxis der Doppelausgaben

191 Lexers Mittelhochdeutsches Taschenwörterbuch 1956, S. 3.

192 Vgl. Hirzel Leipzig an Henschel, Kienast und Pretzel, 26.3.1954, SHV, Nr. 123.

193 Dieses und das vorangegangene Zitat: Pretzel an Hirzel Stuttgart, 7.3.1972, SHV, Nr. 123.

194 Vgl. Bauersfeld, Hirzel Leipzig, an Haenlein, 19.9.1961, SHV, Nr. 145.

195 Miersch, Buch-Export Leipzig, an Hirzel Leipzig, 26.7.1961, SHV 145.

196 Plohmann, Hirzel Stuttgart, an Hirzel Leipzig, 15.10.1964, SHV 164.

müsse aber nichts geändert werden. Stuttgart führte als Argument dafür die Meinung eines Autors an, der geäußert hatte, dass ihm die Zusammenarbeit der Firmen als vorbildlich für die deutsch-deutsche Zusammenarbeit erschienen war.

Der Leipziger Verlagsleiter Rudolf Bauersfeld erwiderte, dass keine Abmachungen über die Doppelausgaben bestünden und Vertriebsbeschränkungen für die jeweiligen Titel nicht für erforderlich gehalten würden. Ob ihm die Vereinbarung tatsächlich nicht bekannt war oder er aus taktischen Erwägungen eine solche bestritt, bleibt offen. Er schlug vor, dass Doppelausgaben künftig vermieden werden sollten und »die Autoren so unterrichtet werden, dass ihre Veröffentlichungen garantiert sind, wenn die damaligen Verlagsverträge eingehalten werden«.[197] Bauersfeld spielte damit auf die Frage an, wem die Verlagsrechte zustanden – und beanspruchte diese Rechte für den Leipziger Verlag. Er schlug vor, dass Stuttgart künftig über Buch-Export Bücher aus Leipzig beziehen sollte, woran auch die Behörden in der DDR interessiert waren. Leipzig wollte für Stuttgart die gewünschte Anzahl Exemplare mitdrucken.

Die Betrachtung der *Einführung in die höhere Mathematik für Studierende und zum Selbststudium* von Hans von Mangoldt, die seit 1911 bei Hirzel erschien, erhellt weitere Einzelheiten der Zusammenarbeit zwischen den Verlagen in Leipzig und Stuttgart. Der Verfasser Hans von Mangoldt war 1925 verstorben, woraufhin Konrad Knopp 1929 die Neubearbeitung übernahm.[198] Nachdem alle drei Bände des Werkes in 9. Auflage 1948 bei Hirzel in Stuttgart, gedruckt im Baden-Württembergischen Göppingen, herausgebracht worden waren, erschienen die Bände ebenfalls in 9. Auflage 1950 in Leipzig mit dem Eindruck »Ausgabe für die Deutsche Demokratische Republik«[199] (siehe Abbildung auf S. 333) bzw. »Ostzonen-Ausgabe«[200] auf der Titelseite, gedruckt bei Röder bzw. dem VEB Kartographie in Leipzig. Dieser Vermerk deutet auf eine Absprache zwischen den beiden Verlagen hin, allerdings handelte es sich nicht um eine gemeinsame Produktion.

1953 schlossen Konrad Knopp und der Hirzel Verlag Stuttgart einen Verlagsvertrag über eine Neubearbeitung des Werkes ab, die mit der 10. Auflage erfolgen sollte. § 12 des Vertrags nahm auf die Übernahme der Leipziger Verlagsrechte durch den Stuttgarter Verlag vom April 1950 Bezug (siehe Kapitel 6.2.1). § 13 legte fest:

> Der S. Hirzel Verlag Stuttgart wird sich bemühen, immer eine ausreichende Anzahl von Exemplaren zur Befriedigung des Bedarfs in der deutschen Ostzone zur Verfügung zu stellen. Zur Veranstaltung einer Parallelauflage des Werkes in Leipzig für den Fall, dass eine Lieferung von Exemplaren des Werkes aus Stuttgart in die Ostzone nicht möglich sein sollte, ist jedoch das Einverständnis der beiden Vertragsschliessenden erforderlich, das nur aus zwingenden Gründen verweigert werden darf.[201]

---

197 Bauersfeld, Hirzel Leipzig, an Hirzel Stuttgart, 24.11.1964, SHV 164.
198 Vgl. Vertrag zwischen Konrad Knopp und Hirzel Leipzig, 14.8.1929, SHV, Nr. 123.
199 Mangoldt's Einführung in die Höhere Mathematik 1950b, S. 2.
200 Mangoldt's Einführung in die Höhere Mathematik 1950a, S. 2.
201 Vertrag zwischen Prof. Dr. Knopp, Tübingen, und Hirzel Stuttgart, 11.6.1953, SHV 123.

H. v. MANGOLDT'S

EINFÜHRUNG IN DIE HÖHERE MATHEMATIK

FÜR STUDIERENDE UND ZUM
SELBSTSTUDIUM

VOLLSTÄNDIG NEU BEARBEITET UND ERWEITERT VON

KONRAD KNOPP

ORD. PROFESSOR DER MATHEMATIK AN DER UNIVERSITÄT
TÜBINGEN

DRITTER BAND

INTEGRALRECHNUNG UND IHRE ANWENDUNGEN

FUNKTIONENTHEORIE

DIFFERENTIALGLEICHUNGEN

9. AUFLAGE
AUSGABE FÜR DIE
DEUTSCHE DEMOKRATISCHE REPUBLIK

MIT 103 FIGUREN IM TEXT

S. HIRZEL VERLAG LEIPZIG

1 9 5 0

Abb. 8: Titelblatt des Buches *H. v. Mangoldt's Einführung in die Höhere Mathematik*, Bd. 3, 9. Auflage, erschienen 1950 bei S. Hirzel in Leipzig, mit Vermerk »Ausgabe für die Deutsche Demokratische Republik«.

Somit war festgeschrieben, dass der Titel in der DDR stets lieferbar sein sollte, entweder als eigene Leipziger Parallelausgabe oder als von Stuttgart gelieferte Teilauflage.[202] Es kam aber schließlich auf Vorschlag Stuttgarts zu einer anderen Lösung:[203] In einer Ergänzung zum 1929 abgeschlossenen Verlagsvertrag zwischen S. Hirzel und Konrad Knopp, die der Leipziger Verlag und der Herausgeber im Oktober 1954 unterschrieben, wurde eine eigene Vereinbarung zur neubearbeiteten 10. Auflage des Werkes getroffen. Die Herstellung des Werkes sollte in Leipzig erfolgen, Stuttgart die Honorierung der Autors und der Erben des ursprünglichen Verfassers übernehmen, und Hirzel Leipzig würde Hirzel Stuttgart eine entsprechende Anzahl von Exemplaren zur Abdeckung der Honorare liefern.[204] So wurde die Stuttgarter Ausgabe der 10. Auflage von Band 2, die 1956 erschien, ebenso wie die Leipziger Ausgabe im VEB Leipziger Druckhaus hergestellt.

Bei der 11. Auflage, die in Stuttgart 1958 herauskam, griffen die Verlage die Praxis der gemeinsamen Herstellung in Leipzig nicht wieder auf. Hirzel Stuttgart gab Band 2 selbst heraus, diesmal bei Beltz in Weinheim gedruckt. Leipzig hatte dies zu verhindern versucht und die Übernahme von 2000 bis 3000 Exemplaren aus Leipzig vorgeschlagen, was Stuttgart aber als unrentabel ablehnt hatte.[205] Als die Zusammenarbeit in den 1970er Jahren wieder intensiviert wurde, kehrten die Verlage zur gemeinsamen Produktion in der DDR zurück.[206]

Autorenverträge, die zugleich das Verhältnis der beiden Verlage regelten, begegnen auch bei zwei Lehrbüchern, an denen Gerhart Jander (bis 1951 Greifswald, danach TU Berlin) mit wechselnden Herausgeberpartnern beteiligt war: *Einführung in das anorganisch-chemische Praktikum* und *Lehrbuch der analytischen und präparativen anorganischen Chemie*. Der Vorgänger des Ersteren war 1939 unter dem Titel *Lehrbuch für das anorganisch-chemische Praktikum*, verfasst von Wilhelm Jander, bei S. Hirzel erschienen. Nach dem Tod des Autors übernahmen von der 5. Auflage an (1944) Gerhart Jander sowie Karl Ernst Stumpf die Herausgabe. Ab der 6. Auflage 1948 trat Hildegard Wendt an die Stelle von Stumpf. Im Mai 1949 wurde zwischen Gerhart Jander und Hildegard Wendt sowie »dem Verlag S. Hirzel, Leipzig C1, Goethestrasse 2 und Stuttgart N, Birkenwaldstrasse 185« ein neuer Vertrag über die Herausgabe einer neu zu konzipierenden *Einführung in das anorganisch-chemische Praktikum* geschlossen. Den Vertrag unterzeichnete von Verlagsseite aus Arnold Plohmann, der zu diesem

---

202 1954 wurden zunächst 500 Exemplare des 2. Nachdrucks der 9. Auflage von Band 1 von Hirzel Leipzig über Buch-Export nach Stuttgart geliefert. Die 9. Stuttgarter Auflage war bereits 1948 erschienen, vermutlich waren keine Exemplare mehr vorhanden und die Neubearbeitung nahm Zeit in Anspruch.
203 Vgl. Blatt zu v. Mangoldt/ Knopp Einführung in die höhere Mathematik, o. D., SHV 55.
204 Vgl. Ergänzung zum Verlagsvertrag vom 14.8.1929, 15.10.1954, SHV 123.
205 Vgl. Blatt zu v. Mangoldt/Knopp Einführung in die höhere Mathematik, o. D., SHV 55.
206 Vgl. Kratz, Hirzel Leipzig, an Vaeth, Hirzel Stuttgart, 31.1.1974, SHV, Nr. 55; Thiele, Stellungnahme zu Mangoldt/Knopp, 4.9.1985, SHV, Nr. 55.

Zeitpunkt bereits in Stuttgart tätig war. Als Erfüllungsort waren sowohl Stuttgart als auch Leipzig genannt; §11 des Vertrags wies darauf hin, dass der Verlag »von sich aus bemüht sein [würde], für eine paritätische Verteilung in Gesamtdeutschland Sorge zu tragen«.[207]

Das *Lehrbuch der analytischen und präparativen anorganischen Chemie* von Gerhart Jander und Hildegard Wendt erschien in erster Auflage 1952 sowohl in Leipzig als auch in Stuttgart. Im selben Jahr schloss S. Hirzel Stuttgart einen neuen Verlagsvertrag mit den Autoren ab. Hier wurde das Verhältnis zum Leipziger Haus in einem eigenen Paragraphen geregelt.

> Die erste Auflage dieses Buches ist sowohl in Stuttgart als auch in Leipzig bei S. Hirzel erschienen. Der S. Hirzel Verlag, Kommandit-Gesellschaft, in Stuttgart ist als Eigentümer des alleinigen und ausschliesslichen Verlags- und Reproduktionsrechtes verpflichtet, sich von Auflage zu Auflage mit S. Hirzel – Leipzig über die Versorgung der Ostzone mit genügend Exemplaren des Buches zu verständigen. Das kann, wie es die jeweilige Lage erlaubt, durch Abzweigung einer Stuttgarter Teilauflage nach Leipzig geschehen oder dadurch, daß Stuttgart der Leipziger Firma eine entschädigungslose Lizenz zum Nachdruck in Leipzig erteilt. Über die Auflagenhöhe, den Ladenpreis und die Honorierung eines Leipziger Nachdruckes werden sich die Vertragschließenden mit dem S. Hirzel Verlag Leipzig vorher einigen.[208]

Neuauflagen beider Werke erschienen in den kommenden Jahren parallel in Leipzig und Stuttgart.[209] Die Herstellung erfolgte getrennt. Die Copyright-Vermerke verwiesen auf den Verlag, bei dem die Ausgabe erschien; Hinweise auf eine Lizenzvereinbarung oder eine Trennung der Vertriebsgebiete finden sich in den Büchern nicht. Explizit erwähnt ist das Thema des Vertriebs aber in einem neuen Vertrag von 1968, den S. Hirzel Stuttgart mit Ewald Blasius abschloss, der die Herausgabe beider Titel inzwischen übernommen hatte. Hier heißt es über das Verhältnis zu Leipzig:

> Der S. Hirzel Verlag, Leipzig [...], besitzt die Lizenz zur Herausgabe der in §1 genannten Werke, jedoch ausschließlich zur Verbreitung in der Deutschen Demokratischen Republik und in den kommunistischen Staaten. Der Herausgeber wird seine Rechtsbeziehungen zum S. Hirzel Verlag, Leipzig, in einem besonderen Vertrag unter gleichzeitiger Beachtung und Berücksichtigung der Bestimmungen dieses Vertrags regeln.[210]

---

207 Dieses und das vorangegangene Zitat: Vertrag zwischen Gerhart Jander und Hildegard Wendt sowie Hirzel Leipzig und Stuttgart, 30.5.1949, SHV, Nr. 123.

208 Vertrag zwischen Gerhart Jander und Hildegard Wendt sowie Hirzel Stuttgart, 30.7.1952, SHV, Nr. 123.

209 Das teilweise versetzte Erscheinen neuer Auflagen, wie es beispielsweise bei der *Einführung in das anorganisch-chemische Praktikum* geschah, führte zu Irritationen bei den Kunden, weshalb die Verlage versuchten, eine Abstimmung zu erreichen. Vgl. Hirzel Leipzig an Jander und Wendt, 5.3.1957, SHV, Nr. 141.

210 Vertrag zwischen Ewald Blasius und Hirzel Stuttgart, 11.1.1968, SHV, Nr. 123.

Der Leipziger Verlag schloss noch im gleichen Jahr mit Blasius einen entsprechenden Vertrag »bezüglich der zur Verbreitung in der Deutschen Demokratischen Republik und den sozialistischen Staaten vorgesehenen Ausgaben«[211] ab.

Am Beispiel des *Lehrbuchs der physikalischen Chemie* von John Eggert, Lothar Hock und Georg-Maria Schwab wird erkennbar, dass auch die Autoren Einfluss auf Erfolg oder Misserfolg einer Verständigung zwischen den Parallelverlagen haben konnten. Der Titel, dessen Hauptverfasser der in der Schweiz lebende Physikochemiker John Eggert war, war zuerst 1926 bei S. Hirzel in Leipzig erschienen und 1948 in 7. Auflage sowohl in Leipzig als auch in Zürich herausgebracht worden. Die 8. Auflage erschien 1960 in Stuttgart; der Leipziger Verlag hatte vorher vergeblich versucht, in Verhandlungen mit dem Autor eine Herausgabe in Leipzig zu ermöglichen.[212] 1961 trat der Leipziger Verlag erneut an Eggert heran.[213] Auf Eggerts Gegenvorschlag, den Stuttgart unterstützte – Leipzig könne auf dem Kompensationswege Exemplare aus Stuttgart beziehen –, wollte Leipzig nicht eingehen.[214] Der Verlag in der DDR beharrte auf einer eigenen Publikation.[215] Doch auch Eggert beharrte auf seinem Standpunkt. Ein wichtiger Aspekt bestand für den Autor darin, dass das Ministerium für Kultur und der Leipziger Verlag ihm wegen seiner Zusammenarbeit mit dem Stuttgarter Verlag Vertragsbruch vorgeworfen hatten.[216] Der Leipziger Verlagsleiter beanspruchte das Verlagsrecht an diesem Werk für sein Haus, da

> der erste Verlagsvertrag mit dem Verlagshaus S. Hirzel mit seinem damaligen und auch heutigen Sitz in Leipzig zustandekam und dieser Vertrag nicht unwirksam wird, weil personelle Veränderungen eingetreten sind die notwendig waren, weil damals der Verlag in Leipzig ohne handelsrechtlichen Nachfolger war.[217]

Bauersfeld spielte damit auf den Hinweis Eggerts an, dass dieser den Vertrag seinerzeit mit Heinrich Hirzel abgeschlossen habe und Leipzig gegenüber daher »keine rechtliche Bindung, am wenigsten eine solche der Priorität«[218] empfinde.

In weiteren zähen Verhandlungen gelang eine schrittweise Annäherung, in deren Folge 1963 Vertragsentwürfe zur geplanten 9. Auflage sowohl von Leipziger als auch von Stuttgarter Seite aus vorgelegt wurden.[219] Erneut war die Formulierung der

---

211 Vertrag zwischen Ewald Blasius und Hirzel Leipzig, 15.3.1968, SHV, Nr. 123.

212 Vgl. Bauersfeld, Hirzel Leipzig, an Selle, MfK, HA Literatur und Verlagswesen, 27.10.1960, SHV, Nr. 142.

213 Vgl. Bauersfeld, Hirzel Leipzig, an Eggert, 17.5.1961, SHV, Nr. 142.

214 Vgl. Eggert an Bauersfeld, Hirzel Leipzig, 26.6.1961, SHV, Nr. 142.

215 Vgl. z. B. Bauersfeld, Hirzel Leipzig, an Eggert, 7.11.1961, SHV, Nr. 142.

216 Vgl. Eggert an Bauersfeld, Hirzel Leipzig, 19.12.1961, SHV, Nr. 142.

217 Bauersfeld, Hirzel Leipzig, an Eggert, 31.1.1962, SHV, Nr. 142.

218 Eggert an Bauersfeld, Hirzel Leipzig, 19.12.1961, SHV, Nr. 142.

219 Vgl. Stuttgarter Fassung des Leipziger Vertrags-Entwurfes vom 16.1.1963, SHV, Nr. 142; 2. Fassung des Leipziger Vertrags-Entwurfes nach Kenntnisnahme des Stuttgarter Entwurfes vom 11.2.1963, SHV, Nr. 142.

Rechtelage ein Problem; hinzu kam die Frage der unterschiedlichen Ladenpreise. Die Notwendigkeit einer Einigung wurde allerdings obsolet, als der Leipziger Verlag von der Abteilung Wissenschaftliche und Fachliteratur in der Hauptverwaltung Verlagswesen die Anweisung erhielt, auf die Publikation des Lehrbuchs von Eggert zu verzichten. Inzwischen lag im Deutschen Verlag der Wissenschaften das Buch *Grundlagen der physikalischen Chemie* von Rudolf Brdička vor, ein weiteres Werk zur selben Thematik befand sich im Akademie-Verlag in Vorbereitung.[220] So endeten die Verhandlungen; Eggerts *Lehrbuchs der physikalischen Chemie* erschien zuletzt in 9. Auflage 1968 bei S. Hirzel Stuttgart.

Im Juli 1963 schilderte der Leipziger Verlagsleiter Bauersfeld, dass gute Beziehungen zum S. Hirzel Verlag in Stuttgart bestünden, der die Leipziger Literatur mit vertreiben würde.[221] Das Verhältnis beider Verlage seit der Gründung der Stuttgarter Zweigstelle wurde 1971 erneut von Heinz Kratz, seit 1968 Treuhänder und Verlagsleiter, in einer Stellungnahme zusammengefasst. Seine Aussagen bestätigen die Entwicklungen, die anhand der angeführten Fallbeispiele erkennbar geworden sind. Über die zwei Jahrzehnte vor seiner Amtszeit resümierte Kratz:

> Von 1946 bis 1969 wurden auf der Grundlage sogenannter »Stillschweigender Abkommen« bestimmte Titel des Leipziger Verlages nicht nach Westdeutschland ausgeliefert, da diese vom Stuttgarter Verlag nachgedruckt wurden. Unabhängig von den mit dem Leipziger Verlag bestehenden Verlagsverträgen hatte der Stuttgarter Verlag eigene Vereinbarungen mit den westdeutschen Autoren abgeschlossen.[222]

Wie der Fall des Titels *Des Minnesangs Frühling* gezeigt hat, bestand über die beschriebenen ›Stillschweigenden Abkommen‹ allerdings kein durchgängiger Konsens. Hier mag der Wechsel der Verlagsleiter eine Rolle gespielt haben; die DDR und mit ihr der Leipziger Verlag S. Hirzel hatten zudem am Export der wissenschaftlichen Literatur ein so großes Interesse, dass auch dieses ausschlaggebend für die zeitweise Umgehung der bestehenden Vereinbarung gewesen sein mag. Mitte der 1960er Jahre wurde das Vertriebsabkommen wieder aktiviert, so dass Kratz 1971 feststellen musste, dass die Titel, die von den Verlagen parallel herausgebracht wurden,

> vom Leipziger Verlag nicht an Grossisten, Buchhändler und Endbezieher in Westdeutschland ausgeliefert wurden, da der Stuttgarter Verlag die gleichen Titel selbst herstellt und in Westdeutschland vertreibt. Angeblich gäbe es eine mündliche Vereinbarung beider Verlage über eine solche Praxis. In welcher Höhe dem Leipziger Verlag Exporterlöse entgangen sind, kann nicht eingeschätzt werden. Bis zum Jahr 1969 veröffentlichte der Stuttgarter Verlag in seinem Verlagskatalog unter der Rubrik »Stuttgarter Auslieferung von Büchern des Leipziger S. Hirzel Verlags«

---

220 Vgl. Besprechung am 30.10.1963 bei Kolln. Beck, Berlin, SHV, Nr. 142.
221 Vgl. Bauersfeld, Hirzel Leipzig, an Klapp, 18.7.1963, SHV, Nr. 137.
222 Kratz, 5.1.1971, SHV 21.

auch alle Titel des Leipziger Verlages, die er allerdings offiziell im Sortimentsexport von uns bezieht.[223]

Verhandlungen zwischen dem Leipziger und dem Stuttgarter Verlag, die auf DDR-Seite von Kratz in Absprache mit der Hauptverwaltung Verlage und Buchhandel und der Abteilung Wissenschaften im ZK der SED im Jahr 1969 geführt wurden, führten zu einer weiteren Intensivierung der Beziehungen. In deren Mittelpunkt stand die von der DDR gewünschte Teilauflagenlieferung in die Bundesrepublik, womit das erklärte Ziel der Steigerung des Exportumsatzes erreicht werden konnte.

Die Frage der Vertriebsgebiete regelten die Verlage im Zuge der gemeinsamen Produktion neu. Die von Stuttgart geforderten »Alleinvertretungsrechte für das westliche Ausland« akzeptierte die Leipziger Seite nicht. Das alleinige Recht zum Vertrieb sollte Stuttgart nur für das Gebiet der Bundesrepublik und West-Berlins zustehen, das übrige westliche Ausland müsse beiden Verlagen als Absatzmarkt offenstehen. Diese Vereinbarung wurde in die Kaufverträge nicht aufgenommen, von beiden Seiten aber laut Aussage des Leipziger Verlags als Gewohnheitsrecht akzeptiert.[224]

Bei den Gesprächen Ende der 1960er Jahre ging es auch um die Frage der Verlagsrechte. Der Leipziger Verlagsleiter fasste die Haltung des Stuttgarter Parallelverlags mit den Worten zusammen: »Unser verlagsrechtlicher Standpunkt wurde anerkannt, wobei beiderseits von der entstandenen realen Situation der Existenz des S. Hirzel Verlages in Leipzig und des S. Hirzel Verlages in Stuttgart ausgegangen wurde.«[225] Dieser pragmatische Umgang mit der Frage, wer der rechtmäßige Inhaber der alten Verlagsrechte war, führte dazu, dass diese im Laufe der Zeit immer mehr an Bedeutung verlor. Im Juni 1989 sprach man in Leipzig von einer »friedlichen Koexistenz«;[226] nach der deutschen Wiedervereinigung, als der Leipziger Verlag vom Stuttgarter Haus übernommen wurde, wurde die Rechtesituation hinsichtlich einer Reihe von Titeln – darunter die *Einführung in die höhere Mathematik*, die beiden Lehrbücher von Jander/Blasius und das *Mittelhochdeutsche Taschenwörterbuch* – mit folgenden Worten zusammengefasst: »Titel, die in Kooperation mit dem Stuttgarter Verlag hergestellt wurden. Verlagsrechte geteilt.«[227]

Der praktizierte Umgang mit den Verlagsrechten ließ die Maßnahme der Übertragung aller Verlagsrechte auf das Stuttgarter Haus, die der Verleger 1950 vorgenommen hatte, bedeutungslos werden. In den dokumentierten Gesprächen und Korrespondenzen war von diesem notariellen Akt nie die Rede, stattdessen wurden von Fall zu Fall gemeinsame Lösungen gesucht oder die Existenz des je anderen Verlags und dessen Publikationen zumindest stillschweigend geduldet.

---

223 Ebd.
224 Vgl. Brauer, Hirzel Leipzig, an Buch-Export, 20.6.1989, SStAL, 21102 Hirzel Leipzig, Nr. 4.
225 Kratz, 5.1.1971, SHV 21.
226 Brauer, Hirzel Leipzig, an Buch-Export, 20.6.1989, SStAL, 21102 Hirzel Leipzig, Nr. 4.
227 Liste über Verlagsrechte von Hirzel Leipzig, 3.6.1992, SHV 1.

Die Ende 1947 errichtete Stuttgarter Zweigstelle von Gustav Fischer diente zunächst dem Zweck, die Jenaer Produktion in den westlichen Zonen zu vertreiben. Mit der Lizenzerteilung im Dezember 1948 konnte auch die verlegerische Tätigkeit aufgenommen werden, wobei anfangs vor allem Titel aus Jena nachgedruckt wurden. Dies stellte eine Reaktion auf die Bestimmungen im Interzonenhandel dar. Da der Vertrieb in die westlichen Zonen von Jena aus zeitweise unmöglich war, wurden einige der in Jena publizierten Titel in Stuttgart ebenfalls hergestellt. Im Februar 1949 erhielt Annelise von Lucius in Jena die Mitteilung aus der Stuttgarter Zweigstelle, die unter dem Namen Piscator-Verlag arbeitete, dass der Interzonenhandel ausgesetzt würde. Das Stuttgarter Haus zog daraus die Konsequenz, sich unabhängiger zu machen und selbst Titel zu publizieren.[228] Das Buch *Grundbegriffe der Inneren Medizin für Studierende der Medizin und Zahnheilkunde* von Alexander Sturm war in 7. Auflage 1949 bei Fischer in Jena erschienen und wurde nun 1950 ebenfalls in 7. Auflage in Stuttgart bei Piscator herausgebracht.[229] Gleiches praktizierten die Verlage bei der *Kurzwellentherapie* von Erich Schliephake. Die 4. Auflage erschien zuerst 1949 bei Gustav Fischer in Jena und ein Jahr später bei Piscator in Stuttgart. Das *Rezepttaschenbuch* kam 1950 bei Gustav Fischer in Jena heraus und erst 1953 in Stuttgart. Die ursprünglich schon im Jahr 1949 geplante Westausgabe wurde zunächst zurückgestellt, da sich die Praxis der Doppelauflagen wegen des Schwarzhandels als problematisch erwiesen hatte.[230]

> Es war bisher bei allen Unternehmungen so, dass die im Osten zum Verkauf gelangenden Exemplare in grossen Mengen drüben aufgekauft und dann hier im Westen zu Unterpreisen, zum Teil mit 50% und mehr, verkauft wurden, so dass hier für eine Westausgabe, die natürlich den gleichen Ladenpreis wie die Ostausgabe hatte, nur noch wenige Interessenten gefunden werden konnten und mit Büchern, die sonst sehr gut verkauft wurden, nur ein ganz mässiger Absatz erzielt wurde.[231]

Die Korrespondenz zwischen den Häusern, damals noch Hauptniederlassung und Zweigstelle, offenbart trotz allem grundsätzlichen Einvernehmen eine Diskrepanz der Interessen. Die Verantwortlichen in Stuttgart drängten zunehmend darauf, eine eigene Produktion zu beginnen, begründet unter anderem mit Beschwerden von Sortimentern. Die Jenaer Titel wurden in der Frankfurter Ausgabe des *Börsenblatts* angezeigt, waren aber teilweise in Stuttgart nicht vorrätig und konnten nicht rasch ge-

---

228 Piscator Stuttgart an Annelise von Lucius, Fischer Jena, 9.2.1949, HA/BV 52, Nr. 4.
229 Das ebenfalls erwähnte *Rezepttaschenbuch* hingegen erschien in 8. Auflage 1950 bei Fischer Jena und in 9. Auflage 1953 bei Fischer Stuttgart – Piscator war zu diesem Zeitpunkt bereits in die Firma Gustav Fischer überführt worden. Die 9. Auflage erschien 1954 ebenfalls in Jena.
230 Zum Problem des illegalen Buchhandels siehe auch Vom Schwarzhandel mit Büchern, Börsenblatt (Leipziger Ausgabe), H. 6, 9.2.1957, S. 83f.
231 Piscator Stuttgart an Merz, Freiburg, 28.3.1950, HA/BV 52, Nr. 7.

nug an den Buchhandel ausgeliefert werden.[232] Annelise von Lucius in Jena hingegen bevorzugte den Weg des Versands ihrer eigenen Titel nach Stuttgart.[233]

Die Zweigstelle wurde auch für die Publikation bestimmter Verlagstitel genutzt, wenn es in Jena zu Problemen mit der Erlangung von Druckgenehmigungen kam (siehe Kapitel 4.2.5, *Lehrbuch der Botanik für Hochschulen*). Als problematisch in Bezug auf die eigene Produktion erwies sich für den Stuttgarter Verlag allerdings, dass die Zulieferbetriebe noch nicht über ausreichende Kapazitäten verfügten. Noch im Oktober 1948 klagte man in Stuttgart: »Es ist eben hier das grosse Übel, dass viele Verlage hierher verlagert wurden und dass die Grundbedingung dafür, erst das graphische Gewerbe auf- und auszubauen, garnicht berücksichtigt wurde.«[234] Die größte Schwierigkeit bestand in der Herstellung des Satzes. Daher wurde aus Stuttgart an den Jenaer Verlag der Wunsch herangetragen, dass dort Matern hergestellt und der Druck anschließend im Westen erfolgen sollten. Das Autonomiebestreben des Piscator-Verlags kommt hier ebenfalls zum Ausdruck.[235]

Die Zusammenarbeit zwischen dem Gustav Fischer Verlag in Jena und seiner Stuttgarter Zweigstelle fand anfangs im direkten Kontakt statt. Nachdem seit Juli 1950 eine offizielle Möglichkeit dafür bestand, verhandelten der Piscator-Verlag und der Leipziger Zwischenbuchhändler LKG über ein Abkommen über einen Buchaustausch. Für die Abwicklung solcher Geschäfte war wegen des offiziell herrschenden »vertragslosen Zustandes zwischen der DDR und der Bundesrepublik« die Einschaltung eines Zwischenhändlers notwendig, da vom »westberliner Magistrat auf Grund seiner Ausnahmestellung im Rahmen des westdeutschen Wirtschaftsgebietes solche Verträge genehmigt werden können, unter der Voraussetzung, daß ein westberliner Kommissionär eingeschaltet ist«.[236] Piscator entschied sich für die Kommissionsbuchhandlung KAWE, mit der die LKG bereits mehrere derartige Verträge abgeschlossen hatte, und es kam Ende des Jahres wie geplant zum Vertragsabschluss.[237]

Im Zusammenhang mit den Verhandlungen zwischen LKG und Piscator wurde von dem Leipziger Kommissionär eine weitere Möglichkeit der Zusammenarbeit zur Sprache gebracht: die Vergabe von Druckaufträgen an Firmen der DDR als Ausgleich für die Lieferung von Büchern in die DDR. LKG bot dem Stuttgarter Verlag an, »Bücher aus Ihrer Verlagsproduktion zum Vertrieb in der DDR [zu] übernehmen, deren Gegenwert Ihnen auf dem bei uns eingerichteten Sonderkonto ›Innerdeutscher Han-

---

232 Vgl. Piscator Stuttgart an Annelise von Lucius, Fischer Jena, 30.6.1949, HA/BV 52, Nr. 4.
233 Vgl. Annelise von Lucius, Fischer Jena, an Maas sen., Piscator Stuttgart, 23.7.1949, HA/BV 52, Nr. 4.
234 Maas, Piscator Stuttgart, an Annelise von Lucius, Fischer Jena, 15.10.1948, HA/BV 52, Nr. 3.
235 Vgl. Piscator Stuttgart an Annelise von Lucius, Fischer Jena, 4.11.1948, HA/BV 52, Nr. 3.
236 Dieses und das vorangegangene Zitat: LGK Leipzig an Piscator Stuttgart, 24.10.1950, HA/BV 52, Nr. 7. Die Formulierung eines »vertragslosen Zustandes« bezieht sich darauf, dass zu dieser Zeit der innerdeutsche Handel offiziell ausgesetzt war.
237 Vgl. Piscator Stuttgart an LKG Leipzig, 20.11.1950; LGK Leipzig an Piscator Stuttgart, 14.10.1950; LGK Leipzig an Piscator Stuttgart, 22.12.1950, HA/BV 52, Nr. 7.

del‹ gutgeschrieben wird und zur Bezahlung von Herstellungsaufträgen in der DDR von Ihnen verbraucht werden kann«.[238] Dieses Angebot stieß im Piscator-Verlag auf Interesse[239] – und sollte in den folgenden Jahren vom nunmehrigen Verlag Gustav Fischer Stuttgart oft genutzt werden.

Mit der Übersiedlung von Annelise von Lucius und ihrer Familie im Januar 1953 nach Stuttgart begann eine neue Phase im Verhältnis der beiden Verlage. Den Eigentümern wurde die Verfügungsgewalt über ihren Jenaer Verlag entzogen, kurze Zeit später wurde dieser in Volkseigentum überführt und die Besitzer damit enteignet. Die Praxis der Parallelauflagen sollte unter diesen neuen Gegebenheiten zunächst nicht fortgeführt werden, verlautete im Februar 1953 aus Stuttgart gegenüber einer Autorin, die sich daran interessiert gezeigt hatte:

> [E]s wird nun keine Zusammenarbeit zwischen Stuttgart und Jena mehr geben und Frau von Lucius wird in Kürze ihre Tätigkeit hier bei uns aufnehmen. Damit sind alle Inhaber des Jenaer Verlages in Stuttgart und mit diesen auch die Verlagsrechte. Aus diesem Grunde kommt eine Ostauflage wohl kaum mehr in Frage. [...] Ich möchte Sie deshalb bitten, auf jeden Fall kein zweites Manuskript nach Jena zu senden, auch wenn von dort aus darum geben wird, Anfragen von dort bleiben am besten unbeantwortet.[240]

Die Möglichkeit des Bezugs der Jenaer Literatur in der Bundesrepublik sollte allerdings gewährleistet bleiben, das angekündigte Ende der Zusammenarbeit bezog sich auf die Parallelausgaben, nicht aber auf die Beziehungen überhaupt. Im Gegenteil sollten die Handelsbeziehungen ausgebaut werden und damit Jenaer Literatur in Stuttgart erhältlich sein, wenn auch in der akuten Lage eine vorübergehende Stockung zu verzeichnen war.[241] Schon Ende 1953 konnte aus Stuttgart berichtet werden, dass ein kleines Lager der Jenaer Literatur gehalten werde; weitere Titel konnten auf dem Wege des Interzonenhandels beschafft werden.[242]

Hinsichtlich der Verlagsrechte betrachtete es die Verlegerin als selbstverständlich, dass die vorhandenen Rechte vom Stuttgarter Verlag genutzt würden. Annelise von Lucius wollte allmählich die Jenaer Produktion inklusive der Zeitschriften nach Stuttgart überführen.[243] Zugleich war absehbar, dass der Aufbau des Verlags Zeit in Anspruch nehmen würde, wofür die Verlegerin um Verständnis bei den Autoren warb.[244] Den Stuttgarter Aufbauschwierigkeiten stand der Wettbewerbsvorteil des

---

238 LGK Leipzig an Piscator Stuttgart, 29.11.1950, HA/BV 52, Nr. 7.

239 Vgl. Piscator Stuttgart an LKG Leipzig, 1.12.1950, HA/BV 52, Nr. 7. Ob die Zusammenarbeit tatsächlich zustande kam, ist den Akten nicht zu entnehmen.

240 Von Breitenbuch, Piscator Stuttgart, an Leube, 19.2.1953, HA/BV 52, Nr. 9.

241 Vgl. von Breitenbuch, Piscator Stuttgart, an Lütge, 10.2.1953, HA/BV 52, Nr. 9.; Fischer Stuttgart an die Orient-Buchhandlung, Bad Pyrmont, 2.4.1953, HA/BV 52, Nr. 8.

242 Von Breitenbuch, Fischer Stuttgart, an die Librairie Centrale et Universitaire, Lausanne, 1.12.1953, HA/BV 52, Nr. 9.

243 Annelise von Lucius, Fischer Stuttgart, an Amonn, 11.3.1953, HA/BV 52, Nr. 7.

244 Vgl. Annelise von Lucius, Fischer Stuttgart, an Kräusel, 26.3.1953, HA/BV 52, Nr. 8.

Jenaer Verlags gegenüber, da sich dort »sämtliche Fortsetzungslisten, das gesamte Altlager, vielfältige sonstige Geschäftsunterlagen und Verbindungen sowie wesentliches Know-How in allen Abteilungen«[245] befanden. Trotz der klaren Rechtsauffassung und bedingt durch solche pragmatischen Erwägungen deutete sich schon früh eine Kooperationsbereitschaft an. So wollte Stuttgart Jena in Einzelfällen gestatten, Neuauflagen zu drucken, wobei die Verlagsrechte in Stuttgart bleiben sollten.[246]

Die sogenannten Doppelauflagen sollten zwar nicht mehr erscheinen, allerdings brachte der Stuttgarter Verlag schon im April 1953 eine andere Möglichkeit ins Spiel, um die Erhältlichkeit der Publikationen auch in der DDR zu gewährleisten. Beim Titel *Gymnastische Frauenbehandlung* von Wolfgang Kohlrausch und Hede Teirich-Leube sollte die Auflage in Stuttgart auf 3000 Exemplare erhöht und im Rahmen des Interzonenhandels in die DDR verkauft werden.[247] Gegen die Praxis der Doppelauflagen wurde dagegen wiederholt das Problem des Vertriebs der meist preisgünstigeren Ausgabe der DDR in der Bundesrepublik ins Feld geführt, solange keine Verständigung über die Preisgestaltung oder die Vertriebsgebiete möglich sei.[248] Das Preisthema war bei dem »in doppelter Ausgabe erschienenen« Titel *Hockergymnastik*, an dem die Krankengymnastin Hede Teirich-Leube ebenfalls beteiligt war, aufgetreten: »Der Jenaer Preis beträgt nur DM 1,50 gegenüber DM 3,– der Stuttgarter Auflage. Der Jenaer Verlag wirbt nun für dieses Buch auch in Westdeutschland und es ist wohl sicher anzunehmen, daß es dem Verkauf der Stuttgarter Auflage nicht unerheblichen Abbruch tut.«[249]

In Jena hingegen bestand weiterhin Interesse an den Doppelauflagen, vor allem in den Fällen, in denen die Autoren der Rechtsauffassung von Annelise von Lucius folgen und ihre Werke künftig in Stuttgart herausbringen wollten. Verlagsleiter Böhme versicherte gegenüber dem Amt für Literatur und Verlagswesen im Juli 1953, dass er die Autoren wichtiger Lehrbücher von einer Parallelausgabe in der DDR überzeugen wolle.[250] So suchte Herstellungsleiter Karl Bremser den Autor Kurt Boshamer von einer östlichen Parallelauflage seines *Lehrbuchs der Urologie* zu überzeugen. Er bat den Autor um Zusendung des Manuskriptes, sobald dieser es aus Stuttgart zurückerhalten habe, und nahm mehrmals Bezug auf die seit langer Zeit bestehenden guten Beziehungen.[251] Boshamer allerdings hatte kein Interesse an einer Jenaer Auflage und erkundigte sich in Stuttgart, ob er zu einer Weitergabe des Manuskriptes an den Verlag in der

---

245 Dieses und das vorangegangene Zitat: Von Lucius 1997, S. 204.

246 Annelise von Lucius, Fischer Stuttgart, an Küster, 22.10.1953, HA/BV 52, Nr. 9.

247 Vgl. von Breitenbuch, Fischer Stuttgart, an Leube, 20.4.1953, HA/BV 52, Nr. 9.

248 Von Breitenbuch, Fischer Stuttgart, an Leube, 13.5.1953, HA/BV 52, Nr. 9.

249 Dieses und das vorangegangene Zitat: von Breitenbuch, Fischer Stuttgart, an Leube, 10.3.1953, HA/BV 52, Nr. 9.

250 Vgl. Böhme, Fischer Jena, an das Amt für Literatur und Verlagswesen, 1.7. 1953, BArch, DR1/765.

251 Vgl. Bremser, Fischer Jena, an Boshamer, 28.4.1953, HA/BV 52, Nr. 7.

DDR verpflichtet sei.[252] Da Stuttgart dies verneinte, erschien das *Lehrbuch der Urologie* ab der 5., neu überarbeiteten Auflage von 1953 ausschließlich bei Gustav Fischer in Stuttgart.

In anderen Fällen wurden die Doppelauflagen weiterhin hergestellt. Stuttgart bestand wegen des eigenen Anspruchs auf die Verlagsrechte darauf, dass es sich bei den Jenaer Ausgaben um Lizenzausgaben handeln müsse. Den offiziellen Weg der Anfrage an Stuttgart beschritt der Jenaer Verlag allerdings nicht, womit auch die bei diesem Modell fälligen Lizenzgebühren nicht gezahlt wurden und der Lizenzvermerk im Impressum fehlte. Daher bat der Gustav Fischer Verlag in Stuttgart die Autoren und Herausgeber der betreffenden Bücher um Information, falls Jena eine Parallelausgabe plane, damit wenigstens eine Abstimmung über die neue Auflage erfolgen könne. Dies war für Stuttgart wichtig, da die Titel »selbstverständlich auflagenmässig nicht älter sein [durften] als die drüben«.[253] Diese Auffassung teilten die Autoren, vor allem im Hinblick auf die westdeutschen Studenten, die nicht denken sollten, in Jena lägen aktuellere Auflagen als in Stuttgart vor.[254] Umgekehrt nahm Fischer Stuttgart an, dass die Auflagenfrage für den Verlag in Jena von weniger großer Bedeutung sei.[255]

Zunächst erschienen also Doppelauflagen, die ohne das Prinzip der Lizenzvergabe und damit ohne direkte Absprache zwischen den Verlagen in Jena und Stuttgart produziert wurden. Ein Beispiel hierfür stellt das von Ludwig Heilmeyer herausgegebene *Rezepttaschenbuch* dar. Die 9. Auflage kam 1953 bei Fischer in Stuttgart und ein Jahr später bei Fischer in Jena heraus. Lizenzvermerke oder andere Hinweise auf Absprachen finden sich in den Büchern nicht.

Bereits 1954 hatten sich das Modell der Lizenzvergabe durch Stuttgart an das Jenaer Haus und eine gemeinsame Herstellung eingespielt. So kam das *Lehrbuch der Krankengymnastik bei inneren Erkrankungen* von Wolfgang Kohlrausch und Hede Teirich-Leube, das in 4. Auflage im Jahr 1954 sowohl bei Fischer in Jena als auch bei Fischer in Stuttgart erschien, in Jena als »Lizenzauflage nach der im Gustav Fischer Verlag, Stuttgart, erschienenen Originalausgabe«[256] heraus; die Herstellung erfolgte jeweils bei der Buchdruckerei Fr. Find in Stuttgart. 1958 erschien die 5. Auflage ebenfalls parallel in Stuttgart und Jena, Satz und Druck wurden bei Andersen Nexö, der Einband bei Enders in Leipzig besorgt. Gleichsam wurde der Titel *Einführung in die Blütenökologie* von Hans Kugler 1955 bei Gustav Fischer Stuttgart und zugleich bei Gustav Fischer Jena publiziert, hier mit eben jenem Lizenzvermerk.[257] Auf eine

---

252 Vgl. Boshamer an Annelise von Lucius, Fischer Stuttgart, 4.5.1953, HA/BV 52, Nr. 7.
253 Von Breitenbuch, Fischer Stuttgart, an Herrlinger, 6.4. 1955, HA/BV 52, Nr. 47.
254 Vgl. Herrlinger an Fischer Stuttgart, 3.4.1955, HA/BV 52, Nr. 47.
255 Vgl. von Breitenbuch, Fischer Stuttgart, an Herrlinger, 6.4.1955, HA/BV 52, Nr. 47.
256 Kohlrausch/Teirich-Leube 1954, S. 3.
257 Vgl. Kugler 1955, S. 3.

Lizenzgebühr wurde von Stuttgart verzichtet.[258] Gedruckt und gebunden wurden beide Ausgaben in Leipzig.

Bei Titeln, die erst nach der Trennung der Verlage 1953 entwickelt wurden, kam es ebenfalls zu Lizenzvereinbarungen. Von dem ab 1954 in zwei Bänden und mehreren Lieferungen in Jena erscheinenden *Lehrbuch der speziellen Zoologie* von Alfred Kaestner wünschte Stuttgart eine Lizenzausgabe zu drucken. Sowohl in Jena als auch in Ost-Berlin war man unter der Bedingung damit einverstanden, dass der Jenaer Verlag als Gegenleistung einen Lizenzvertrag für einen Titel erhalten sollte, der vom Staatssekretariat für Hochschulwesen als dringend benötigt gewertet wurde.[259] Die Verlage kamen zu einer Einigung in diesem Sinne. Das *Lehrbuch der speziellen Zoologie* erschien in Stuttgart als Jenaer Lizenzausgabe; der Titel *Erzlagerstätten: Kurzvorlesungen zur Einführung und zur Wiederholung* von Hans Schneiderhöhn kam in 3. Auflage 1955 in Stuttgart und im gleichen Jahr in Jena als Lizenzausgabe des Stuttgarter Hauses heraus.[260] Für den Druck der Gesamtauflage war der Stuttgarter Verlag zuständig, für die Herstellung des Umschlags der Jenaer Ausgabe zeichnete der Jenaer Verlag verantwortlich.[261]

Die Praxis der geduldeten Doppelausgaben und der Lizenzausgaben sollte schließlich – zunächst vor allem auf Wunsch der DDR-Seite – durch das Modell der Mitdrucke ersetzt werden, wie Erich Studzinski, der inzwischen Verlagsleiter in Jena geworden war, Annelise von Lucius und August von Breitenbuch in einer Besprechung am 20. November 1956 in Stuttgart mitteilte. Neben der Verständigung über die Zusammenarbeit bei bestimmten Büchern und Zeitschriften kam dabei das allgemeine weitere Vorgehen zur Sprache.

> Herr St. [Studzinski] schlägt vor, künftig einen Weg zu finden, dass vor Beginn des Auflagendrucks von Büchern, die auch Interesse beim anderen Verlag finden könnten, Gespräche oder Briefe über diese Planungen gewechselt werden, so dass jeder Teil die Möglichkeit hat, sich evtl. am Auflagedruck zu beteiligen. Grundsätzlich soll der Ausdruck ›Lizenzauflag‹ vermieden werden. Dafür soll der **Mitdruck** jeweils durch einen einzudruckenden Hinweis auf der Rückseite des Titelblattes gekennzeichnet werden: ›Ausgabe für die DDR‹ bzw. ›Ausgabe für die Bundesrepublik‹.[262]

Dieses Modell kam in den kommenden Jahren in vielen Fällen zum Tragen. Das *Lehrbuch der Kinderheilkunde*, herausgegeben von Hans Kleinschmidt, erschien in 19. Auf-

---

258 Fischer Stuttgart an Böhme, Fischer Jena, 12.5.1955, HA/BV 52, Nr. 45.
259 Ministerium für Leichtindustrie, HV Polygraphische Industrie, Bericht über das wesentlichste Verlagsgeschehen der unserer Verwaltung zugeordneten Verlage für das III. Quartal 1954, 22.10. 1954, BArch, DR1/702.
260 Vgl. Schneiderhöhn 1955, S. 3.
261 Vgl. Böhme, Fischer Jena, an Fischer Stuttgart, 8.2.1955, HA/BV 52, Nr. 45.
262 Niederschrift über die Besprechung zwischen Herrn Studzinski vom VEB Gustav Fischer Verlage, Jena, Frau von Lucius und Herrn von Breitenbuch, 20.11.1956, HA/BV 52, Nr. 62.

lage 1958 als »Ausgabe in der DDR«[263] in Jena und ein Jahr später in Stuttgart – hier ohne einen entsprechenden Vermerk. Im Vorwort schrieb Herausgeber Kleinschmidt, das Buch solle »mit dazu beitragen, die Bande zwischen Ost und West enger und fester zu knüpfen«.[264] Dabei wurde erneut ein Lizenzaustausch vereinbart, und zwar gegen das seit 1931 bei Fischer erscheinende *Lehrbuch der speziellen pathologischen Anatomie der Haustiere* von Karl Nieberle und Paul Cohrs (Hannover). Für diesen Titel besaß Jena die Verlagsrechte. Die 4. Auflage des *Lehrbuchs* erschien 1961 in Jena und ein Jahr später mit dem Copyrightvermerk »1961 by VEB Gustav Fischer Verlag, Jena«[265] in Stuttgart. Die Herstellung der Lizenzausgabe erfolgte in Leipzig.

Die Praxis der Mitdrucke stellte nicht nur eine Lösung der strittigen Frage um die Verlagsrechte dar, sondern war mit ökonomischen Vorteilen für beide Seiten verbunden. In der Korrespondenz zum *Leitfaden für das zoologische Praktikum* von Willy Kükenthal und Ernst Matthes hieß es 1956 in einem Schreiben vom Stuttgarter Verlag an den Jenaer VEB:

> Im übrigen ging ich bei der ganzen Planung davon aus, dass wir die nächste Auflage gemeinsam drucken, also auch gemeinsam den Verkauf der alten Auflagen beenden müssten. Bitte, teilen Sie mir mit, ob Sie grundsätzlich mit dieser Gemeinschaftsauflage einverstanden sind. Die Frage der Verlagsrechte wird dabei ja nicht berührt, da das Buch sowieso von jeder Seite für sich herausgegeben wird. Nur erspart uns der gemeinschaftliche Druck die Schwierigkeit der verschiedenen Auflagen zu verschiedenen Zeiten, und ausserdem sollten wir ja gemeinsam billiger herstellen.[266]

Die Mitdrucke waren Anfange der 1960er Jahre eine Selbstverständlichkeit geworden. Bei regelmäßigen Besuchen und Gesprächen auf der Messe handelten die Verlage die Vorgehensweise aus (siehe Aktennotiz auf S. 346 ff.). Häufig entschied man sich zur Herstellung in der DDR, da diese dort günstiger durchgeführt werden konnte. Es erfolgten allerdings ebenso Mitdrucke des Jenaer Verlags in Stuttgart. Das brachte den Vorteil mit sich, dass der Verlag in der DDR dafür kein Papier aufwenden musste. So erschien ein Nachdruck der 27. Auflage des *Lehrbuchs der Botanik* 1960 bei beiden Verlagen, die Leipziger Ausgabe als Mitdruck bei Fischer Stuttgart.[267] 1961 ist bei vier Verlagstiteln die Drucklegung über Gustav Fischer Stuttgart dokumentiert.[268]

Die Einbandherstellung wurde bei den Mitdruck-Titeln für gewöhnlich getrennt durchgeführt. Schneiderhöhns Buch *Erzlagerstätten* erschien in 4. Auflage in Jena und Stuttgart. Der Druck erfolgte jeweils in Mainz, die Einbandherstellung fand getrennt in Künzelsau (Württemberg) bzw. Jena statt.[269] Auch bei Sturms *Grundbegriffen der*

---

263 Feer 1958, S. 3.

264 Ebd., S. 5.

265 Nieberle/Cohrs 1962, S. 3.

266 Fischer Stuttgart an Fischer Jena, 8.11.1956, HA/BV 52, Nr. 64.

267 Bericht über die Planerfüllung des VEB Gustav Fischer Verlag Jena im Jahre 1960, BArch, DR1/928.

268 Bericht über die Planerfüllung des VEB Gustav Fischer Verlag Jena im Jahre 1961, BArch, DR1/929.

269 Vgl. Schneiderhöhn 1962a und 1962b, S. 3.

Aktennotiz über die Besprechung mit dem VEB Gustav Fischer Verlag
am 2.9.63 in Leipzig

Herr Studzinski ist nach wie vor an einer engen Zusammenarbeit interessiert.
Er hofft, über die in folgendem einzeln aufgeführten Mitdrucke bis zur Frankfurter Buchemesse Endgültiges sagen zu können, da er sich noch mit dem
Buchexport abstimmen muss. Er wies darauf hin, dass auch der Buchexport
jetzt bei uns stärker einkaufen will und kündigte grössere Bestellungen an.

Im Einzelnen wurde folgendes besprochen:

Feer-Kleinschmidt: Wegen des künftigen Mitdruckes muss St. warten, bis der
Dickhoff erschienen ist. Dieses Lehrbuch erscheint bei Thieme Leipzig und man
weiss noch nicht, wie es aufgenommen wird.

Sturm: St. meint, auch künftig Mitdrucke abnehmen zu können.

Strassburger: St. druckt auch künftig mit.

Heilmeyer, Lehrbuch: Mitdruck künftig nicht mehr möglich, da das Werk
            Götze in der Ostzone erschienen ist.

Voss-Herrlinger, Taschenbuch: St. kann den Ladenpreis nicht erhöhen. Wir
erklärten, den Ladenpreis auf DM 14.-- zu erhöhen, dass Honorar in Höhe
von DM 1.8o soll unverändert beibehalten werden. Wir werden mit Professor
Herrlinger die Angelegenheit besprechen. Jena wird das Honorar auf 12,5%
vom Ladenpreis senken, die Verhandlungen wird St. mit Professor Voss etwa
am 21.9. führen. Die Herstellungskosten bei diesem Taschenbuch lassen sich
nicht weiter senken.

Voss-Herrlinger, III.12.Auflage   Erscheint 1964, ebenso die Gesamtausgabe.

GZP: St weiss noch nicht, ob er sich an einem Mitdruck beteiligen kann. Das
Zoologische Studium in der Ostzone wurde wesentlich geändert. Es wird grosser
Wert auf experimentelle, physiologische Biochemie gelegt, weniger auf
Morphologie. Dr. Czihak soll die Gesamtkonzeption dieses Werkes Herrn St.
schicken. Wenn es zu einem Mitdruck kommt, würde Jena 8oo-1ooo Expl.
abnehmen. Wir werden uns mit den westdeutschen Ordinarien besprechen
und auch Dr. Czihak soll zu einer Besprechung nach Stgt. kommen.

Es wurde dann über die künftigen Mitdrucke im Einzelnen gesprochen. St.
bat darum, seine Teilauflagen evtl. bis Janura 1965 liegen zu lassen, was ihm
zugesagt wurde. Um die Zusammenarbeit besser zu gestalten wurde beschlossen, von den jeweils zum Mitdruck in Frage kommenden Werken eine
Disposition dem anderen Verlag zur Verfügung zu stellen, die Folgendes enthalten soll:

Herausgeber, Autoren, Titel, Untertitel, Auflagebezeichnung, Umfang, Abbildungen
Format, Einbandart, ca-Preis, Druckerei, Binderei, vorauss. Fertigstellungster-
min, evtl. Kopie vom Inhaltsverzeichnis und Vorwort.

Moser: Preis ist in Ordnung
Beug, Lieferung 1: Lieferung im Oktober
Brüll: Interesse vorhanden, Fahnen und bibliographische Daten senden.
Brauns, Wandinsekten: Interesse vorhanden, Bibliographische Daten und Fahnen
            senden.

/2

Abb. 9: Aktennotiz des Verlags Gustav Fischer Stuttgart über eine Besprechung mit dem VEB Gustav
Fischer Verlag am 2.9.1963 in Leipzig. Quelle: HA/BV 52, Nr. 125.

2/

Saller, Grundriss: Am Mitdruck sehr interssiert. Bibliograph. Daten und
          Fahnen senden.

Knapp, Vegetation: Sehr interessiert, Bibliograph. Daten und Fahnen senden.

Illies, Limnofauna: Interessiert, evtl. Mitdruck.
          Zu gegebenen Zeit näheres mitteilen.

Bärschneider: Sehr interessiert, Exemplar der vorigen Auflage nach Jena
          senden.

K
Jakobs: Interesse vorhanden, evtl. Teilmanuskript nach Jena zur
                Einsichtnahme geben.

Stüttgen: Hautphysiologie: Mitdruck interessiert, Fahnen.

Kükenthal-Mathes-Renner: Jena druckt mit, Herstellung in Leipzig von Stgt. aus.

Autrum-Remane: Lehrbuch der Zoologie : Mitdruck wahrscheinlich. Zur ge-
                gebenen Zeit nachricht geben.
Meyer-Steinegg: Interesse vorhanden, zur gegebenen Zeit Näheres mitteilen.

Gitter: Wir erhalten die Herstellungskosten in Kürze.

Grober, Lehrbuch: 5o Zuschuss-Exemplare erhalten wir über die bestellte
                Auflage kostenlos.
                Es wurde wux wiederum darauf hingewiesen, dass bei Be-
                sprechungen auf die andere Teilauflage hingewiesen werden
                muss.

Brauner-Bukatsch: Unser Mitdruck in Höhe von 1.65o Expl. wurde festgelegt.
                1 Expl. der vorigen Auflage sollen wir erhalten.

Kaestner, Decken: sind fertiggestellt. Erhalten wir in Kürze .

Kaestner , Lief. 1-3 Kommt 1964 neu. Die Lieferung 6 erscheint vielleicht
                1965. Wegen der Hefte 8 4-5 liegt bereits Schriftwechsel vor,
                den Bedarf auch mit Herrn Raunecker besprechen.

~~Voss-Herrlinger~~

Axenfeldt Lehrbuch der Augenheilkunde: Jena Auflage vergriffen. Es sollte
                für dieses Werk ein kleineres neues Buch geschaffen werden,
                mit etwa 3oo-4oo Seiten. Evtl. auch eine Übersetzung aus
                dem Amerikanischen. Markt prüfen.

Stöckel, Geburtshilfe : Manuskript wird Ende 1963 erwartet. Es wurde von
                Professor Gratz bearbeitet. Wir sind am Mitdruck interessiert.

Weber, Lehrbuch der Enthomologie: Jena unternimmt nichts.

Dencker-Albrecht, Ohren und Luftwege: Es hat sich in der Zwischenzeit nichts
                getan, eine neue Auflage wird von Moser, Leipzig bearbeitet.

Krahnert-Löliger, Pelztierkrankheiten: Das Manuskript soll im Frühjahr 1965
                abgeliefert werden. Wir hören Näheres von Jena

Hermann: Zum Mitdruck besteht kein grosses Interesse. Die Unterlagen sollen
                wir trotzdem zur gegebenen Zeit Jena übermitteln.

Abb. 9 (fortgesetzt)

3/

Strasburger-Körnike: Am Mitdruck besteht evtl. Interesse. Unterlagen nach Jena.

Korschelt-Heider: Schriftwechsel nachlesen, und nachstossen.
Pflugfelder ist inzwischen erschienen.

Molisch-Höfler, Wien, Anatomie der Pflanzen, 8. Auflage: Soll 1964 erscheinen,
am Mitdruck haben wir Interesse, Näheres hören wird.

Pflugfelder . Lehrbuch: Wir wollen bei einer neuen Auflage mitdrucken.

Bart-Meyer, Narkose : Am Mitdruck sind wir Interessiert.

Dietze-Köcher, Physik und Praxis der Röntgenaufnahmetechnik : Markt über-
prüfen, evtl. Mitdruck.
Das Buch wendet sich an das mittlere Personal, umfasst ca 3o
Bogen mit viel Abbildungen, Ladenpreis ca DM 45. --

Kayser, Berlin, Leitfaden für die Orthopädie : Neue Auflage im III. Quartal 1964.
Wir wollen Markt überprüfen und dann evtl. 1. 1oo Expl. mitdrucken.
Techn. Daten erhalten wir .

Findler, -Reiser: Lehrbuch der Bodenkunde : ca 3o Bogen, ca DM 35. --
Techm. Daten erhalten wird.

Menzel-Giesen, Ernährung und Stoffwechsel der Pflanzen : Erscheint im
III. od. IV. Quartal 1964. Techn. Daten ethalten wird

Walther, Vegetation , Band I: 2. Auflage in Arbeit, wir sind am Mitdruck interessiert
Jena braucht schnellen Bescheid.

Troll, Influoreszensen: Manuskript bereits in Herstellung. Wir erhalten Techn. Daten. Vielleicht kännte man 4oo Expl. mitdrucken.

Tembrock, Berlin, Verhaltensforschung: Eine Einführung in die Tierethologie.

Prokop, Okkultismus: Soll im III. Quartal 1963 erscheinen. Ladenpreis DM 88. --
Mitdruck?

Hartmann, Waldgesellschaften: Wir sollen zur gegebenen Zeit techn. Daten
nach Jena geben.

Stuttgart, den 9. 9. 63 Ga-schm

Abb. 9 (fortgesetzt)

inneren Medizin und Zahnheilkunde wurde bei der 10. Auflage 1963 so verfahren. Bei diesem Titel war zwei Jahre zuvor ein Problem aufgetreten, zu dem das Verfahren gelegentlich führte: In einem der Verlage war die Auflage bereits vergriffen, im anderen aber noch in so großer Menge vorrätig, dass ein gemeinsamer Nachdruck oder gar eine Neuauflage nicht sinnvoll gewesen wäre. Man einigte sich auf die Übernahme von Exemplaren aus dem anderen Haus, für die neue Titelblätter hergestellt wurden.[270]

In anderen Fällen verständigten sich die Verlage darüber, bei wem eine Neuauflage erscheinen sollte. Es gab verschiedene Gründe, die für die Entscheidung ausschlaggebend sein konnten. Zum einen liefen die wissenschaftlichen Entwicklungen in beiden deutschen Staaten allmählich auseinander, wobei in dieser frühen Zeit weniger politische Einflussnahmen auf Seiten der DDR eine Rolle spielten als vielmehr beispielsweise verschiedene Bezeichnungen von Medikamenten und Therapiemethoden im Medizinbereich.[271] Die von Jena geplante 6. Auflage des Titels *Psychologisches Praktikum* konnte dort nicht mehr herausgegeben werden, weil das Buch »im wesentlichen für die westlichen Bedürfnisse geschrieben«[272] war. Jena schlug Stuttgart daher vor, den Titel ins dortige Programm zu übernehmen, was auf Zustimmung stieß. Umgekehrt erklärte sich Gustav Fischer in Stuttgart in einigen Fällen bereit, dass Neuauflagen ausschließlich in Jena erscheinen sollten. So äußerte der westliche Verlag beim *Lehrbuch der Anatomie für Zahnärzte und Studierende der Zahnheilkunde* von Georg Wetzel sein Einverständnis, dass die 7. Auflage in Jena erscheinen würde.[273]

Unterschiedliche Sprachregelungen in beiden deutschen Staaten konnten zu kleineren Problemen bei den Kooperationen führen. Beim Titel *Erzlagerstätten* von Schneiderhöhn wünschte der Jenaer Verlag an insgesamt 14 Stellen kleinere Textänderungen, bei denen es sich vorwiegend um geografische Begriffe handelte. So sollte »Sowjetrußland« mit »Sowjetunion«, »Russisch-Asien« durch »Sowjetunion (Asien)« oder »in der Gröditzer Mulde« durch »in der Mulde von Grodziec«[274] ersetzt werden. Die Änderungswünsche kamen allerdings zu spät, so dass sich der Jenaer Verlag mit den Begriffen abfinden musste.[275] In anderen Fällen, wie beispielsweise beim *Rezepttaschenbuch*, wurden ohnehin verschiedene Ausgaben hergestellt, die den jeweiligen Landesgegebenheiten angepasst waren.

---

270 Niederschrift über die Besprechung mit Herrn Studzinski am 21.2.1961 in Stuttgart, HA/BV 52, Nr. 108.

271 Vgl. von Lucius 1997, S. 215.

272 Fischer Jena an Fischer Stuttgart, 19.10.1955, HA/BV 52, Nr. 47.

273 Vgl. Fischer Stuttgart an Fischer Jena, 10.11.1955, HA/BV 52, Nr. 47. Trotz der Einigung kam keine weitere Auflage des Lehrbuches heraus, Wetzel war 1951 gestorben. Bei Fischer Stuttgart erschien 1969 ein *Lehrbuch und Atlas der makroskopischen Anatomie für Zahnärzte* von Klaus D. Mörike und Janos Szentagothai, das einen Nachfolger des Werks von Wetzel darstellte.

274 Dieses und die vorangegangenen Zitate: Böhme, Fischer Jena, an Fischer Stuttgart, 8.2.1955, HA/BV 52, Nr. 45. Vgl. zu dieser Sprachproblematik auch von Lucius 1997, S. 216.

275 Vgl. Fischer Jena an Fischer Stuttgart, 23.3.1955, HA/BV 52, Nr. 47.

Es traten auch Fälle auf, in denen beiderseits die Auffassung vertreten wurde, »dass die Rechte an diesem Werk für beide Verlage geteilt sind«.[276] Ein Beispiel ist das dreibändige *Taschenbuch der Anatomie* von Hermann Voss und Robert Herrlinger. Wulf D. von Lucius nennt als Grund für diese Haltung, dass einer der beiden Autoren im Westen (Herrlinger lehrte in Würzburg) und einer im Osten (Voss lehrte an der Universität Jena) lebte. Da beide Verlage ein großes Interesse an der Publikation besaßen, erschien eine solche Einigung von Vorteil.[277] Der Stuttgarter Verlag begründete 1956 sein Vorgehen damit, dass »ja das Werk in beiden Verlagen als Ost- und West-Auflage schon seit dem Jahre 1949 parallel erscheint,«[278] also mit einem Gewohnheitsrecht, das noch aus der Zeit herrührte, als sich die Verlage an beiden Standorten in den Händen der Verlegerfamilie von Lucius befanden. Die Herstellung wurde bei der 8. Auflage von Band 1, die 1955 in Stuttgart und 1956 in Jena erschien, getrennt durchgeführt; bei den folgenden Bänden und Auflagen erfolgte der Druck gemeinsam bei Magnus Poser in Jena. Die Copyright-Angaben verwiesen auf den jeweiligen Verlag. Mit der Neubearbeitung der *Süßwasserflora von Mitteleuropa* von Adolf Pascher wurde ab den 1960er Jahren ein vielbändiges Werk mit internationaler Autorenschaft von vornherein »mit gemischten gemeinsamen Verlagsrechten entwickelt«.[279]

Wer die Rechte besaß und demzufolge dem anderen Verlag eine Lizenz erteilen konnte, hing auch in anderen Fällen von einem Gewohnheitsrecht ab, das durch die praktischen Gegebenheiten entstand. Fischer Stuttgart erkundigte sich 1958 bei Kurt Goerttler (Freiburg im Breisgau) nach einer neuen Auflage des von ihm bearbeiteten *Lehrbuchs der Histologie und der mikroskopischen Anatomie des Menschen mit Einschluss der mikroskopischen Technik.* Die 27., von Goerttler neu bearbeitete Auflage war 1955 in Jena erschienen. Damals waren der Wissenschaftler und der Stuttgarter Verlag übereingekommen, dass die nächste Auflage auch wieder bei Gustav Fischer in Jena erscheinen sollte. Stuttgart wollte aber gern für sich selbst einen Mitdruck, der dann »als West-Auflage mit unserem Titelblatt hier in Stuttgart erscheint«. Dem Autor gegenüber wurde dieses Vorgehen damit begründet, dass die Druckvorlagen in Jena lägen, der Verlag in Stuttgart auf diesem Weg aber seine Rechte an dem Titel Jena gegenüber aufrechtzuerhalten suchte.[280]

Nach außen hin vertraten beide Verlage trotz der engen Zusammenarbeit die Auffassung, dass die Verlagsrechte jeweils ihnen selbst zustehen würden. Die Frage der rechtmäßigen Nutzung der Rechte spielte allerdings auf DDR-Seite im Verlag selbst eine geringere Rolle als in der zuständigen Verlagsbehörde. Eine Einigung zwischen

---

[276] Aktennotiz über die Besprechung mit Herrn Studzinski und Stammer am 20.9.1968 in Stuttgart, 24.9.1968, HA/BV 52, Nr. 115.

[277] Von Lucius 1997, S. 200.

[278] Fischer Stuttgart an Fischer Jena, 20.1.1956, HA/BV 52, Nr. 64.

[279] Von Lucius 1997, S. 217.

[280] Vgl. von Breitenbuch, Fischer Stuttgart, an Goerttler, Freiburg/Breisgau, 13.6.1958, HA/BV 52, Nr. 99.

den beiden Verlagen hinsichtlich der Rechte, die gegenüber Dritten kommuniziert werden sollte, konnte daher unter Umständen unter Umgehung der Verlagsbehörde erreicht werden. Das zeigt das Beispiel einer Anfrage eines niederländischen Antiquars bei beiden Verlagen wegen eines Nachdrucks eines älteren Jenaer Werkes. Dass die Genehmigung von Stuttgart aus erteilt werden könne, darüber waren sich die beiden Verlage einig.[281] Allerdings konnte Jena diese Auffassung den DDR-Behörden gegenüber nicht vertreten, wie dem Antiquar aus Stuttgart berichtet wurde.[282] Dieser wurde daher mit Zustimmung des Jenaer Verlags gebeten, an Jena ein weiteres Schreiben mit der Mitteilung zu verfassen, dass sich die Anfrage erledigt habe und er sich künftig nur an Stuttgart wenden solle.[283]

Bei den Verlagen spielte sich im Falle der im Mitdruck erscheinenden Werke bald die Praxis ein, die Bücher jeweils mit den Vermerken ›Ausgabe für die DDR‹ bzw. ›Ausgabe für die Deutsche Bundesrepublik‹ zu versehen. Bei Lizenzauflagen wurde die Teilung des Vertriebsgebiets ebenfalls gelegentlich im Buch angegeben. Im 1958 als »Lizenzausgabe des Gustav Fischer Verlages, Stuttgart« erschienenen *Lehrbuch der Krankengymnastik bei inneren Erkrankungen* wurde im Impressum zusätzlich der Hinweis »Ausgabe in der Deutschen Demokratischen Republik«[284] angebracht.

Damit waren – zumindest für den deutschen Raum – die jeweiligen Vertriebsgebiete geregelt. Dem Verlag Quelle & Meyer gegenüber schilderte Verlegerin Annelise von Lucius die Vereinbarung Anfang 1961 wie folgt:

> Wir haben mit dem VEB Fischer Verlag grundsätzlich vereinbart, dass bei der gegenseitigen Abnahme von Auflagenteilen eines Buches, also eines sogenannten Mitdruckes die östliche respektive die westliche Welt die Grenze für das Verkaufsgebiet darstellt. Zur östlichen Welt gehört die DDR und eben alles, was dahinter liegt! Zur westlichen Welt rechnet man die Bundesrepublik mit dem gesamten übrigen Europa, der gesamten westlichen Welt einschließlich Japans.[285]

Wenigstens die Frage des Verkaufs im europäischen Ausland war dennoch nicht vollständig geklärt, wie einem Schreiben von Ende 1961 von Fischer Stuttgart an den Jenaer Verlag zu entnehmen ist. Jena hatte einen Titel in die Schweiz und nach Österreich geliefert, womit sich Stuttgart nicht einverstanden erklärte.[286] Für einzelne Titel konnten eigene, differenziertere Vereinbarungen getroffen werden. So einigten sich die Verlage 1963 auf ein Modell zum Verkauf des *Taschenbuchs der Anatomie*:

---

281 Es war die Vereinbarung getroffen worden, dass in diesen Fällen der Verlag, der angefragt wurde, die Rechte vergeben kann. Vgl. Lucius 1997, S. 203.

282 Von Breitenbuch, Fischer Stuttgart, an Schierenberg, 22.2.1961, HA/BV 52, Nr. 108.

283 Niederschrift über die Besprechung mit Herrn Studzinski am 21.2.1961 in Stuttgart, 24.2.1961, HA/BV 52, Nr. 108.

284 Dieses und das vorangegangene Zitat: Kohlrausch/Teirich-Leube 1958, S. 3.

285 Fischer Stuttgart an Quelle & Meyer Heidelberg, 27.2.1961, HA/BV 52, Nr. 108.

286 Von Breitenbuch, Fischer Stuttgart, an Studzinski, Fischer Jena, 28.12.1961, HA BV 52, Nr. 108.

> Wir trafen daher die Verabredung, daß das Stuttgarter Haus den Verkauf außer in Westdeutschland für die Länder Österreich, Schweiz, Benelux- und Nordstaaten einschließlich Finnland übernimmt, während die Auflage des Jenaer Hauses außer den restlichen europäischen Ländern allen Ostblock-Staaten zur Verfügung steht.[287]

Eine strittige Frage, die bei anderen Parallelverlagen immer wieder zu Problemen führte und dort kaum lösbar schien, war also zwischen den Gustav Fischer Verlagen grundsätzlich geklärt. Die Vereinbarung, die mitgedruckten Titel nicht auf der jeweils anderen Seite zu vertreiben, schloss die Einigung ein, keine entsprechende Werbung zu veranstalten. Daran hielten sich beide Verlage in der Regel, gelegentlich auftretende Verstimmungen wegen missverständlicher Ankündigungen konnten ausgeräumt werden.[288]

Von der engen Zusammenarbeit zeugen auch zahlreiche, zwischen Buch-Export und Gustav Fischer Stuttgart abgeschlossene Handelsverträge. Dabei wurden die Modelle des Buch- und Zeitschriftentausches und des Tausches von Zeitschriften zum Vertrieb in der DDR gegen Druckaufträge in der DDR für das entstandene Guthaben praktiziert.[289] Beim Clearing-Bezug zeigte sich der Stuttgarter Verlag hingegen eher zurückhaltend. Fallweise wurde dieses Modell auch genutzt, allerdings waren die Kompensationsmodelle wirtschaftlich interessanter.[290]

1956 wurde vom Jenaer Verlagsleiter Erich Studzinski der Gedanke aufgeworfen, ein Lager der Jenaer Titel in der Bundesrepublik einzurichten. Die Hauptursache für diese Überlegungen waren die langen Lieferzeiten, die der übliche Bezugsweg mit sich brachte.[291] August von Breitenbuch in Stuttgart stand diesem Ansinnen ablehnend gegenüber, da er eine mangelnde Rentabilität fürchtete. Er sicherte allerdings zu, von stark nachgefragten Jenaer Titeln regelmäßig und großzügig bestellen zu wollen, so dass wenigstens diese immer vorrätig wären.[292] Später wurde schließlich die Vereinbarung geschlossen, dass Stuttgart als Generalvertreter für den Jenaer Parallelverlag tätig werden sollte. Der Vertrieb von Büchern und Zeitschriften aus Stuttgart in der DDR wurde nicht vom Jenaer Verlag übernommen, sondern musste über das zentrale Außenhandelsunternehmen Buch-Export abgewickelt werden.[293]

---

287 Fischer Stuttgart an Fischer Jena, 23.10.1963, HA BV 52, Nr. 125.

288 Vgl. Fischer Stuttgart an Fischer Jena, 19.3.1957, 27.3.1957, 3.4.1957, Fischer Jena an Fischer Stuttgart, 22.3.1957, 1.4.1957, 10.4.1957, HA/BV 52, Nr. 80.

289 Vgl. zum Beispiel Vertrag zwischen Fischer Stuttgart und Buch-Export, 6.3.1958; Vertrag zwischen Fischer Stuttgart und Buch-Export, 9./10.9.1958, HA/BV 52, Nr. 111. Diese Akte und Nr. 110 enthalten mehrere derartige Verträge. Das Modell ›Zeitschriften gegen Druck‹ wurde wegen der »stetig zunehmenden Kapazitätsprobleme der DDR-Polygraphie« nur bis Mitte der 1970er Jahre praktiziert. Von Lucius 1997, S. 205.

290 Vgl. ebd., S. 208.

291 Studzinski, Fischer Jena, an Fischer Stuttgart, 22.6.1956, HA/BV 52, Nr. 62

292 Vgl. von Breitenbuch, Fischer Stuttgart, an Studzinski, Fischer Jena, 28.6.1956, HA/BV 52, Nr. 62.

293 Vgl. von Lucius 1997, S. 205.

Von den Geschäften über Buch-Export abgesehen wurden zwischen den Parallelverlagen keine eigenen Verträge oder Vereinbarungen geschlossen. Grundsatzfragen, deren Klärung bei anderen Verlagen die Voraussetzung für eine Kooperation gewesen wäre, schnitten die Verlage schlicht nicht an, wie Studzinski dem B. G. Teubner Verlag Stuttgart berichtete: »Die Zusammenarbeit der Fischer-Verlage vollzieht sich auf Treu und Glauben, d. h., es werden keine Verträge abgeschlossen. Es erfolgt höchstens ab und zu eine briefliche Bestätigung. Über die Namensfrage sowie sonstige Reibungspunkte wird nicht gesprochen.«[294]

Gänzlich ohne Probleme ging die Zusammenarbeit nicht vonstatten. Ein Grund dafür lag darin, dass die Geschäfte innerhalb des staatlich gesteuerten innerdeutschen Handels abgewickelt werden mussten. Dieser blieb anfällig für politische Störungen. Außerdem kam immer wieder die Frage der Rabatte auf, die neu verhandelt werden mussten.[295] Es kam regelmäßig zu Schwierigkeiten, weil Buch-Export seine Bezüge einschränkte.[296] Außerdem stellte sich das Problem der mangelnden Herstellung- und Papierkapazitäten sowie der Qualität, sofern Buch- oder Zeitschriftenlieferungen gegen Druckaufträge verrechnet wurden.[297]

Insgesamt versicherten sich die Verlage immer wieder gegenseitig ihrer Bereitschaft zur engen Kooperation, die zum Wohle beider Firmen erfolgte, aber auch als Beitrag für eine Aufrechterhaltung der deutsch-deutschen Beziehungen gesehen wurde.[298] Schon Ende der 1950er Jahre war Gustav Fischer in Stuttgart der wichtigste westdeutsche Kunde des Verlags in Jena. Als Studzinski 1973 in den Ruhestand ging, bedankte sich von Breitenbuch bei ihm für die

> [...] fast zwanzigjährige verständnisvolle Zusammenarbeit [...] die im gemeinsamen Wollen zu einem Erfolge führt, der vielleicht beispielhaft für die Möglichkeit von Handelspartnern zwischen beiden deutschen Landen genannt werden kann. Grundlage dafür war ein gegenseitiges Vertrauen und ein Verständnis auch für die Belange der anderen Seiten, ohne das es wohl kaum zu einer anhaltenden Verbindung beider Verlage gekommen wäre.[299]

Wulf D. von Lucius weist darauf hin, dass eine wichtige Ursache für die funktionierende Zusammenarbeit beider Verlage in der Persönlichkeit der Verlagsleiter lag, August von Breitenbuch und Erich Studzinski. Gemeinsam war ihnen unter anderem ein pragmatisches Herangehen und ein realistischer Sinn für das Mögliche – ebenso wichtig aber war, dass beide für einen verlässlichen und anständigen Umgang

---

294 Besprechung betreffend eventuelle Zusammenarbeit Teubner, Stuttgart/Teubner, Leipzig am 26.11.1964, SStAL, 22199 Teubner Stuttgart, Nr. 140.
295 Vgl. Fischer Stuttgart an Buch-Export, 9.3.1961, HA/BV 52, Nr. 108.
296 Vgl. Fischer Stuttgart an Buch-Export, 23.6.1959, HA/BV 52, Nr. 116.
297 Vgl. von Lucius 1997, S. 210.
298 Vgl. Studzinski, Fischer Jena, an von Breitenbuch, Fischer Stuttgart, 13.7.1956, HA/BV 52, Nr. 62; Fischer Stuttgart an Studzinski, Fischer Jena, 22.12.1958, HA/BV 52, Nr. 100.
299 Von Breitenbuch, Fischer Stuttgart, an Studzinski, Fischer Jena, 20.3.1973, HA/BV 52, Nr. 115.

miteinander einstanden. Als weiteren Grund für das positive Verhältnis nennt von Lucius die gegenseitige Ergänzung der Verlagsprogramme, die gerade wegen der unterschiedlichen politischen und wirtschaftlichen Systeme möglich war – was mit einem bewussten Verzicht auf die Entwicklung eigener Titel bei Themen, zu denen beim anderen Verlag Standardwerke vorlagen, einherging.[300]

> In Jena konnte (ähnlich einem Akademieverlag) mit hohen Subventionen – zumal in der Hoffnung auf Devisen – auch schwierige Spezialliteratur wie Handbücher und Monographien intensiver gepflegt werden, während Stuttgart auf die Marktgegebenheiten angewiesen war und sich z. B. insbesondere stärker im Lehrbuchbereich engagierte. In einem höheren (fast dialektischen) Sinn war also der gesamte Verlag Gustav Fischer der ›ideale‹ wissenschaftliche Verlag – und so mögen es viele Leser empfunden haben, die ›Zweihäusigkeit‹ gar nicht wahrnahmen oder zumindest nicht für wichtig hielten.[301]

Entscheidend war eine Einstellung, die die westlichen Eigentümer von Fischer beispielsweise von den Inhabern von Teubner unterschied: Bei Fischer wurde »das pragmatisch Machbare vor die tiefgreifenden politischen und unternehmerischen Divergenzen«[302] gestellt. Die Verlage hatten, so war in der Jenaer Verlagsgeschichte 1978 zu lesen, »in realer Einschätzung der Situation von Anbeginn, im Gegensatz zu anderen BRD-Verlagen mit vergleichbarer Entwicklung, auf einen Alleinvertretungsanspruch verzichtet«.[303] Ökonomisches Kalkül ging einher mit dem Wunsch, bestmögliche Arbeit für die Wissenschaft und ihre Protagonisten zu leisten.

Deutlich weniger intensiv, aber verhältnismäßig kontinuierlich verlief die Zusammenarbeit zwischen den beiden Verlagen Georg Thieme in Leipzig und in Stuttgart in den 1950er Jahren. Solange sich mit Alfred Dornig noch ein Vertrauensmann des Inhabers Bruno Hauff in Leipzig befand, bestand ein enges Verhältnis zwischen den Verlagen, was sich unter anderem in »Klischee-Austausch und Regulierung von in den westdeutschen Besatzungszonen zahlbaren Autoren-Honoraren«[304] niederschlug.

Auch nach Dornigs Weggang von Leipzig 1950 und der Überführung des Verlags in Volkseigentum drei Jahre später wurde die Zusammenarbeit fortgesetzt. Thieme war in allen Bereichen des innerdeutschen Handels aktiv: Bei der Lieferung und bei Bezügen von Büchern und Zeitschriften ebenso wie bei der Vergabe von Druckaufträgen.[305] Das Verhältnis wurde vom Leipziger Verlagsleiter im Jahr 1957 als »verhältnismäßig gut« charakterisiert.

---

300 Vgl. von Lucius 1997, S. 202f., 214.
301 Ebd., S. 213.
302 Börsenblatt, H. 54, 8.7.1994, S. 7.
303 Breyer 1978, S. 67.
304 Ermittlungs- und Vollzugsamt, Leipzig, an die Landesregierung Sachsen, Abteilung Interzonen- und Außenhandel, 7.5.1949, StadtAL, StVuR, Nr. 9266.
305 Thieme Stuttgart an den BV Frankfurt, 21.11.1958, ISG Frankfurt, BV, W2/7:2783.

Die beiden Verlage tauschen gegenseitig ihre Verlagsproduktion aus und der Leipziger Verlag hat wiederholt Teilauflagen von Stuttgarter Standardwerken übernommen, die unter der Firmenbezeichnung ›VEB Georg Thieme, Leipzig‹ vertrieben werden. Es war festzustellen, daß der Stuttgarter Verlag hinsichtlich des Vertriebes von Leipziger Büchern nach Westdeutschland und dem kapitalistischen Ausland niemals Schwierigkeiten gemacht hat, dasselbe bezieht sich auch auf die in Leipzig erscheinenden Zeitschriften. [...] Erwähnenswert ist unter diesem Punkte noch, daß der Stuttgarter Verlag größere Druckaufträge bei uns in der DDR über den Deutschen Buchexport abwickeln läßt.[306]

Zuvor hatten Gespräche über die Frage der Verlagsrechte und die Gestaltung der Zusammenarbeit zwischen den Verlagen stattgefunden, an denen die Hauptverwaltung Verlagswesen beteiligt war. Offenbar verständigten sich die Verlage in diesem Zusammenhang unter anderem über den Umgang mit der Copyright-Frage sowie eine Angleichung der Auflagen. Von Joseph Bückers *Anatomie und Physiologie* war ein Nachdruck der 5./6. Auflage 1953 in Leipzig noch mit dem Vermerk »Copyright 1953 by VEB Georg Thieme, Leipzig«[307] erschienen; dagegen enthielt die 10. Auflage von 1958 in der Leipziger Ausgabe die Angabe »Alle Rechte liegen beim Georg Thieme Verlag, Stuttgart«.[308] Gleiches ist beim Titel *Klinische Chemie und Mikroskopie. Ausgewählte Untersuchungsmethoden für das medizinisch-chemische Laboratorium* von Lothar Hallmann zu beobachten. 1955 erschien in Stuttgart die 7. Auflage. Im gleichen Jahr wurde in Leipzig ein Nachdruck der 6. Auflage mit dem »Copyright 1955 by VEB Georg Thieme, Leipzig«[309] herausgegeben. 1958 folgte die 8. Auflage, die bei beiden Verlagen parallel erschien. Hier war in der Leipziger Ausgabe »Alle Rechte liegen beim Georg Thieme Verlag, Stuttgart«[310] vermerkt. Auch Werner Catels Buch *Die Pflege des gesunden und kranken Kindes* erschien 1956 in 5. Auflage parallel in Leipzig und Stuttgart, wobei die Leipziger Ausgabe ebenfalls als Lizenzausgabe der Stuttgarter gekennzeichnet war. Hier wurden also anfängliche Parallel- in Lizenzausgaben umgewandelt.

Daneben gab es bis 1960 vom Leipziger Verlag als »Gemeinschaftsausgaben« bezeichnete Koproduktionen, zu denen die Vereinbarungen über Buch-Export abgeschlossen wurden.[311] Es handelte sich um gegenseitige Lieferungen von Teilauflagen. 1958 wusste der Leipziger Verlagsleiter von einem Austauschabkommen mit Thieme zu berichten, in dessen Rahmen Stuttgart für 200.00 DM Bücher nach Leipzig lieferte. Aus Leipzig kamen Bücher für 50.000 DM nach Stuttgart, der Rest des Betrages von 150.000 DM wurde über Druckaufträge des Stuttgarter Verlags in der DDR ausgegli-

---

306 Dieses und das vorangegangene Zitat: May, Thieme Leipzig, an den BV Leipzig, 18.9.1957, SStAL, 21766 BV II, Nr. 1248.
307 Bücker 1953, S. 3.
308 Bücker 1958, S. 3.
309 Hallmann, 1955. S. 3.
310 Hallmann 1958, S. 3.
311 Vgl. Thieme Leipzig, 8.9.1966, BArch, DR1/7504.

chen.[312] Darüber hinaus bezogen die beiden Verlage medizinische Fachzeitschriften im Austausch.[313]

Nachdem der Stuttgarter Verlag 1961 eine Klage gegen den VEB Georg Thieme Leipzig angestrengt hatte und diesem gerichtlich verboten worden war, den Namen Georg Thieme und die damit verbundenen Verlagsrechte zu verwenden, nahm der Leipziger Verlagsleiter zunächst an, die Kooperation und die bestehenden Abmachungen über Parallelauflagen nicht fortsetzen zu können.[314] Beide Seiten – in der DDR neben dem Verlag auch die Hauptverwaltung Verlagswesen – erklärten sich schließlich doch rasch bereit, die gegenseitigen Lieferungen fortzusetzen. Thieme Stuttgart war damit einverstanden, dass die Produktion von Thieme Leipzig trotz des Urteils in Westdeutschland vertrieben werden dürfe, umgekehrt sollten die Gegenlieferungen in die DDR beibehalten werden (siehe Aktennotiz auf S. 357).[315] Das angespannte Verhältnis nach dem Urteil hatte im Jahr 1961 einen leichten Umsatzrückgang zur Folge, prinzipiell wurde die bisherige Praxis aber aufrechterhalten.[316]

Die Verlage Johann Ambrosius Barth in Leipzig und München sowie Theodor Steinkopff Dresden und Dr. Dietrich Steinkopff Darmstadt stellen weitere Beispiele für kooperative Verhältnisse von Parallelverlagen dar. Dazu trugen in diesen Fällen wesentlich die Eigentumsverhältnisse bei: Bei Barth waren beide Häuser im Besitz der Verlegerfamilie Meiner; mit Annemarie Meiner, die Kommanditistin beim Leipziger Verlag und zugleich Verlegerin des Münchner Verlags war, war ein Familienmitglied an beiden Verlagen beteiligt. Die Verträge von 1948 und 1949 regelten das Verhältnis beider Häuser, die sich spätestens seit 1949 als wirtschaftlich unabhängige und selbstständige Unternehmen mit gemeinsamer Geschichte verstanden. Bei Steinkopff sahen die Eigentumsverhältnisse ähnlich aus. Dietrich Steinkopff führte ein eigenes Unternehmen in der Bundesrepublik, war aber am väterlichen Verlag in Dresden bis 1952 als persönlich haftender Gesellschafter und später als Kommanditist beteiligt. Dass wirtschaftspolitische Eingriffe sowohl bei Barth als auch bei Steinkopff lange unterblieben, dürfte eine weitere Grundlage für die Zusammenarbeit gewesen sein.

Annemarie Meiner in München und der väterliche Verlag in Leipzig standen in regelmäßigem Briefkontakt und trafen sich zudem zu persönlichen Besprechungen.[317]

---

312 Vgl. Referat des Verlagsleiters zur Ökonomischen Konferenz, 30.7.1958, BArch, DR1/984.
313 Vgl. Thieme Leipzig, Verlag für Medizin und Naturwissenschaften, 8.9.1966, BArch, DR1/7504.
314 Vgl. Jahresbericht des Verlagsleiters zum Planablauf 1960, BArch, DR1/928.
315 Vgl. Lange, Abt. Literatur und Buchwesen, Sekt. Naturwissenschaften und Technik, 27.7.1961, BArch, DR1/8564.
316 Vgl. Fabian, Deutscher Buch-Export und -Import, an das MfK, Abteilung Literatur und Buchwesen, 4.5.1962, BArch, DR1/7753.
317 Vgl. Barth Leipzig an den Rat der Stadt Leipzig, Ermittlungsamt, 24.10.1950, SStAL, 21766 BV II, Nr. 1239.

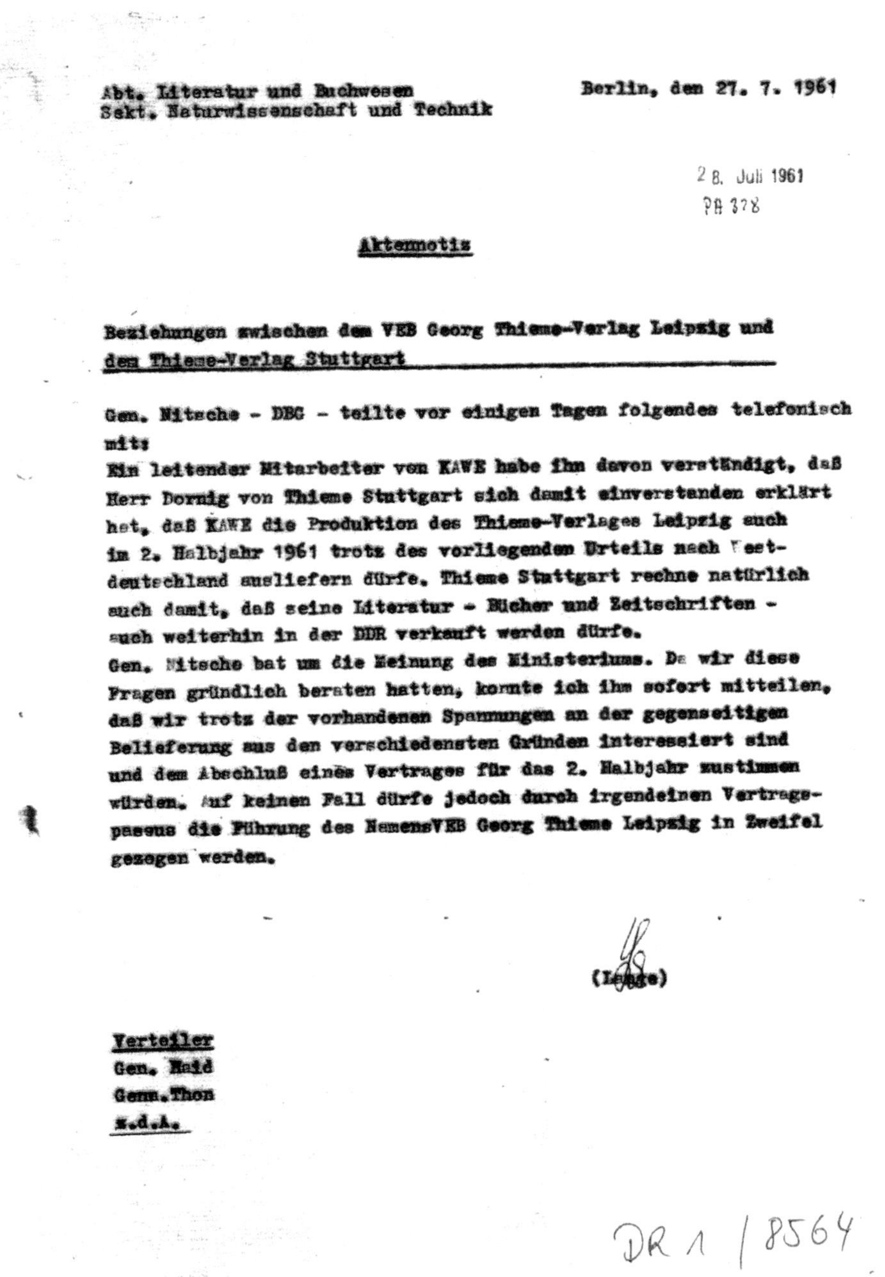

Abt. Literatur und Buchwesen   Berlin, den 27. 7. 1961
Sekt. Naturwissenschaft und Technik

2 8. Juli 1961
PA 328

Aktennotiz

**Beziehungen zwischen dem VEB Georg Thieme-Verlag Leipzig und
dem Thieme-Verlag Stuttgart**

Gen. Nitsche - DBG - teilte vor einigen Tagen folgendes telefonisch
mit:
Ein leitender Mitarbeiter von KAWE habe ihn davon verständigt, daß
Herr Dornig von Thieme Stuttgart sich damit einverstanden erklärt
hat, daß KAWE die Produktion des Thieme-Verlages Leipzig auch
im 2. Halbjahr 1961 trotz des vorliegenden Urteils nach Westdeutschland ausliefern dürfe. Thieme Stuttgart rechne natürlich
auch damit, daß seine Literatur - Bücher und Zeitschriften -
auch weiterhin in der DDR verkauft werden dürfe.
Gen. Nitsche bat um die Meinung des Ministeriums. Da wir diese
Fragen gründlich beraten hatten, konnte ich ihm sofort mitteilen,
daß wir trotz der vorhandenen Spannungen an der gegenseitigen
Belieferung aus den verschiedensten Gründen interessiert sind
und dem Abschluß eines Vertrages für das 2. Halbjahr zustimmen
würden. Auf keinen Fall dürfe jedoch durch irgendeinen Vertrags-
passus die Führung des NamensVEB Georg Thieme Leipzig in Zweifel
gezogen werden.

(Lehse)

Verteiler
Gen. Raid
Genn.Thon
z.d.A.

DR 1 / 8564

Abb. 10: Aktennotiz zu den Beziehungen zwischen dem VEB Georg-Thieme-Verlag Leipzig und dem
Thieme-Verlag Stuttgart, 27.7.1961. Quelle: BArch, DR1/8564.

Die konkrete Ausgestaltung der Kooperation bei Johann Ambrosius Barth umfasste Kompensationsverträge, die zwischen dem Münchner Verlag und der LKG Leipzig abgeschlossen wurden. So bezog Barth München im Rahmen des ersten offiziellen Kompensationsabkommens im Buchbereich laut Vertrag vom Oktober 1950 Bücher von Barth Leipzig im Werte von 2000 DM zum Vertrieb in der Bundesrepublik. Im Gegenzug bestellte der Leipziger Verlag Werke aus dem Münchner Haus im gleichen Wert zum Verkauf in der DDR.[318] Besonders umfangreich war die Münchner Produktion in den 1950er Jahren noch nicht, kleinere Austauschverträge für Lieferungen und Bezüge von Büchern sowie Herstellungsarbeiten wurden aber immer wieder abgeschlossen.[319] Tauschabkommen sind auch für die 1960er Jahre belegt: 1967 wurden 2000 Exemplare des *Zahnärztlichen Lexikons* von Walter Hoffmann-Axthelm von Leipzig nach München geliefert; im Jahr darauf sollten 1500 Exemplare *Röntgenaufnahmetechnik, Teil II* von Robert Janker von München nach Leipzig gehen. Weitere Tauschabkommen wurden ins Auge gefasst.[320] Seit den 1960er Jahren unterhielt der Münchner Verlag Barth für den Leipziger Verlag außerdem ein Auslieferungslager.[321] Störungen erfuhr die Arbeit des Leipziger Verlags durch die Existenz des Münchner Unternehmens nie, so wie es vor der Gründung zwischen Vater und Tochter ausgemacht worden war.[322]

Theodor Steinkopff in Dresden und sein Sohn Dietrich Steinkopff, der im Sommer 1945 in den Westen übersiedelte und dort eine Filiale des Dresdner Verlags und später den unabhängigen Dr. Dietrich Steinkopff Verlag leitete, schrieben sich regelmäßig und versorgten einander mit Kopien der wichtigsten Geschäftskorrespondenz.[323] Sie tauschten sich über Autoren- und Publikationsangelegenheiten, Branchenneuigkeiten und die Regelung des Verhältnisses der Steinkopff-Firmen aus.

Eine konkrete Vereinbarung über den Umgang mit den bestehenden Verlagsrechten und Autorenbeziehungen existierte zunächst nicht; die beiden Verlage einigten sich von Fall zu Fall, wer eine Neuauflage oder Neuerscheinung herausbringen sollte.[324] Die Verständigung erfolgte unter »Berücksichtigung der Autorenwünsche

---

318 Vgl. Vertrag zwischen LKG und Barth München, 21.10.1950, SStAL, 21101 Barth Leipzig, Nr. 285.

319 Vgl. Aufstellung republikflüchtiger Buchverlage, die direkt mit uns zusammenarbeiten, BArch, DR1/2064.

320 Vgl. Dienstreise von Wiecke nach München, 12. bis 16.11.1967, SStAL, 21101 Barth Leipzig, Nr. 279.

321 Vgl. Reisebericht über die Frankfurter Buchmesse 1965, SStAL, 21101 Barth Leipzig, Nr. 309. Es ist davon auszugehen, dass im Rahmen des Interzonenhandels in einem gewissen Umfang eine Zusammenarbeit erfolgte, Konstrukte wie Lizenzvereinbarungen oder Auseinandersetzungen um Vertriebsgebiete aber aufgrund des verwandtschaftlichen Verhältnisses nicht stattfanden.

322 Vgl. Barth Leipzig an Rienäcker, 10.6.1964, SStAL, 21101 Barth Leipzig, Nr. 718.

323 Vgl. Theodor Steinkopff an Dietrich Steinkopff, 22.10.1945, ZLB, Aktenarchiv Steinkopff, Dresden 1–249, 1945 bis 31.12.48.

324 Vgl. z. B. Theodor Steinkopff an Dietrich Steinkopff, 10.7.1948, ZLB, Aktenarchiv Steinkopff, Ordner Dresden 1–249, 1945 bis 31.12.48.

und der sonstigen Gegebenheiten.«[325] Dies wurde anfangs durch die bei Dietrich Steinkopff fehlende Lizenz erschwert, wie der Fall des in Marburg tätigen Hans Schmidt zeigt. Theodor Steinkopff schrieb über den Autor an seinen Sohn: »Wenn er kein Vertrauen hat, sein Buch in der Ostzone herauszubringen, so muss er eben solange warten, bis es in der Westzone möglich ist. Aus dem Vertragsverhältnis entlassen wir ihn natürlich deshalb nicht.«[326] Zum anderen spielten die Kapazitäten eine Rolle, die im neu aufzubauenden Verlag von Dietrich Steinkopff sowohl in personeller als auch in herstellerischer Hinsicht zunächst begrenzt waren. Daher bot Theodor Steinkopff seinem Sohn Hilfe an, indem er die Übernahme von Satz- und Klischeeherstellungsarbeiten vorschlug.[327] Der inzwischen 76-jährige Theodor Steinkopff hatte auch aus Altersgründen ein Interesse am erfolgreichen Aufbau des westdeutschen Parallelunternehmens, da er gern Arbeit abgeben wollte.[328] Ein weiteres Kriterium bei der Entscheidung für den einen oder den anderen Verlag war die Eignung für das Programm.[329] Beide Verlage führten das Erbe des ›alten‹ Theodor Steinkopff Verlags fort, hatten sich aber im Laufe der Jahre auf eine Aufteilung der naturwissenschaftlichen und medizinischen Spezialgebiete geeinigt.[330] Jürgen Steinkopff stellte 1970 fest, dass der Darmstädter Steinkopff Verlag es

> [...] vermieden hatte, dem Dresdner Verlag in irgendeiner Weise Konkurrenz auf dem Markt zu machen, sondern dessen Arbeitsgebiete ebenso peinlich beachtet wie es der Dresdner Verlag durch zwei Nachkriegsjahrzehnte uns gegenüber tat. Es entsprach der gemeinsamen Politik unserer beiden Häuser, nach Möglichkeit die jeweilige Produktion so zu planen, daß sie sich gegenseitig ergänzen konnte.[331]

Nachdem er die Genehmigung in Frankfurt am Main erhalten hatte, begann Dietrich Steinkopff mit dem Verkauf der Dresdner Bücher in den westlichen Zonen.[332] Den Vertrieb der Titel von Theodor Steinkopff setzte der Verlegersohn in den kommenden Jahren fort. Seine Firma hatte in ihrer Funktion als Auslieferung nie die General-

---

325 Dietrich Steinkopff an Oehler, 8.6.1955, ZLB, Aktenarchiv Steinkopff, Versch. Korresp. Steinkopff Dresden vom 1. Januar 1953 bis ... [sic] meist Briefe von Mitarbeitern.

326 Theodor Steinkopff an Dietrich Steinkopff, 26.–30.11.1946, ZLB, Aktenarchiv Steinkopff, Dresden 1–249, 1945 bis 31.12.48.

327 Theodor Steinkopff an Dietrich Steinkopff, 4.9.1948, ZLB, Aktenarchiv Steinkopff, Dresden 1–249, 1945 bis 31.12.48.

328 Theodor Steinkopff an Dietrich Steinkopff, 26.–30.11.1946, ZLB, Aktenarchiv Steinkopff, Dresden 1–249, 1945 bis 31.12.48.

329 Vgl. Theodor Steinkopff an Dietrich Steinkopff, 20.–26.7.1947, ZLB, Aktenarchiv Steinkopff, Dresden 1–249, 1945 bis 31.12.48.

330 Vgl. Jürgen Steinkopff, Die Steinkopff-Verlage (1908–1960), 22.2.1960, ZLB, Aktenarchiv Steinkopff, Konvolut zur Verlagsgeschichte und zur Geschichte von Zeitschriften.

331 Jürgen Steinkopff an Baunack, 11.6.1970, ZLB, Aktenarchiv Steinkopff, Dresden 15/64 vom 2.7.1964.

332 Vgl. Theodor Steinkopff an Dietrich Steinkopff, 13./14.9.1946 sowie Theodor Steinkopff an Dietrich Steinkopff, 26.–30.11.1946, ZLB, Aktenarchiv Steinkopff, Ordner Dresden 1–249, 1945 bis 31.12.48.

vertretung des Dresdner Verlags in den Westzonen inne,[333] wurde aber wenigstens bis zum Anfang der 1950er Jahre vom Sortiment als Auslieferungsstelle für die Dresdner Titel wahrgenommen.[334] Dies galt vor allem für die Buchhandels- und Privatkunden im Ausland, für die »Steinkopff Darmstadt und Dresden noch bis zu einem gewissen Grade etwas Einheitliches«[335] darstellte.

Bezüglich dieser Lieferungen gab es immer wieder Probleme; vor allem das im Dezember 1950 verabschiedete *Gesetz zur Regelung des Innerdeutschen Zahlungsverkehrs* störte die gegenseitigen Lieferungen erheblich, da die fälligen Zahlungen nun alle genehmigungspflichtig waren und die bürokratischen Modalitäten streng befolgt werden mussten.[336] In diesem Zusammenhang gingen die Firmen dazu über, Bestellungen von Titeln des je anderen Hauses an dieses zur Ausführung weiterzuleiten, statt wie bisher die Bücher zunächst selbst zu beziehen und anschließend an die Kunden auszuliefern.[337] Die neuen gesetzlichen Regelungen brachten vor allem das Problem mit sich, dass die Dresdner Lieferungen an Darmstadt von Dietrich Steinkopff sofort hätten bezahlt werden müssen. Daran war der Verleger aber nicht interessiert, da ihm das Verhältnis von Aufwand und finanziellem Gewinn als nicht angemessen erschienen. Zuvor hatten die vereinbarten internen Verrechnungsmodalitäten dazu beigetragen, dass Erlöse vom Verkauf Dresdner Werke für den Aufbauprozess in Darmstadt verwendet werden konnten.[338]

Ab Juli 1950 eröffneten sich neue Wege für die Ausgestaltung der innerdeutschen Handelsbeziehungen im Buchhandel; für künftige Lieferungen zwischen den beiden Steinkopff-Verlagen wurden nun vorrangig die Wege der Kompensation und des Clearing beschritten.[339] An dem 1950 zwischen den Börsenvereinen ausgehandelten Kompensationsabkommen beteiligten sich die Verlage Steinkopff, wenngleich das Geschäft vom Darmstädter Verlag als nicht sehr attraktiv empfunden wurde. Vor allem erwies sich als schwierig, dass Dietrich Steinkopff auf seine Lieferung monatelang warten musste. Als er die bestellten Bücher endlich erhielt, hatten sich einige seiner Kunden die Titel inzwischen entweder bei anderen Buchhändlern besorgt oder gleich

---

333 Vgl. Theodor Steinkopff an Dietrich Steinkopff, 15.12.1951, ZLB, Aktenarchiv Steinkopff, Dresden 250–522. vom 1.1.1949 bis 31.12.1953.

334 Vgl. Dietrich Steinkopff an Oehler, Steinkopff Dresden, 18.6.1951, ZLB, Aktenarchiv Steinkopff, Dr. Th. Steinkopff 1950–1952.

335 Dietrich Steinkopff an Oehler, Steinkopff Dresden, 18.6.1951, ZLB, Aktenarchiv Steinkopff, Dr. Th. Steinkopff 1950–1952.

336 Vgl. Oehler, Steinkopff Dresden, an Dietrich Steinkopff, 7.4.1951, ZLB, Aktenarchiv Steinkopff, Dr. Th. Steinkopff 1950–1952.

337 Vgl. Dietrich Steinkopff an Oehler, Steinkopff Dresden, 12.4.1951, ZLB, Aktenarchiv Steinkopff, Dr. Th. Steinkopff 1950–1952.

338 Vgl. Dietrich Steinkopff an Oehler, Steinkopff Dresden, 23.5.1951, ZLB, Aktenarchiv Steinkopff, Dr. Th. Steinkopff 1950–1952.

339 Vgl. Dietrich Steinkopff an Theodor Steinkopff, 9.10.1952, ZLB, Aktenarchiv Steinkopff, Dr. Th. Steinkopff 1950–1952.

eine Doppelbestellung an den Dresdner und den Darmstädter Verlag aufgegeben –
und von Dresden waren sie längst beliefert worden.[340] Nichtsdestotrotz beteiligten
sich die Verlage in der folgenden Zeit an weiteren Kompensationen in bescheidenem
Umfang: Die Korrespondenz belegt vier solcher Geschäfte bis 1953.[341]

Schwierigkeiten im Interzonenhandel veranlassten die Verlage im September 1951
dazu, über die Herstellung von Doppelauflagen nachzudenken:

> Es wird wohl dahin kommen, daß wir uns – wie die anderen Verleger z. B. Thieme, Hirzel, Fischer
> etc. – daran gewöhnen müssen, jeweils 2 selbständige Ausgaben nebeneinander zu drucken,
> eine Ostausgabe und eine Westausgabe, wenn der Austausch – wie in letzter Zeit – so völlig
> unterbunden bleibt.[342]

Konkret wurde diese Überlegung für das *Kurze Lehrbuch der physikalischen Chemie*
von Hermann Ulich in der Neubearbeitung von Wilhelm Jost angestellt. Seit Ende 1950
sprachen die Verlage über die Frage, wer die Neuauflage bringen sollte. Beide favori-
sierten eine Publikation in Darmstadt, und zwar aufgrund der Annahme, dass Jost
dies vorziehen würde – er würde sein Honorar in Westmark erhalten. Theodor Steinkopff wollte seinem Sohn zudem die Möglichkeit geben, selbst einmal ein Lehrbuch
zu publizieren. Zu diesem Zeitpunkt gingen die Beteiligten noch von der Möglichkeit einer Lieferung von Darmstadt nach Dresden aus.[343] Als die Liefermöglichkeiten
sich nun aber verschlechtert hatten, wurde die Frage einer Doppelausgabe des Lehrbuches Ende 1952 akut. Jetzt sperrten sich sowohl der Autor als auch Verleger Dietrich
Steinkopff gegen diese Variante, da beide für die Westausgabe eine Gefahr durch den
Schwarzhandel fürchteten; Theodor Steinkopff hielt diese wegen des Revers-Systems
für eher gering.[344] Letztlich produzierten die beiden Verlage Steinkopff keine Doppelauflage, was bereits im Herbst 1953 aufgrund des nun besser funktionierenden innerdeutschen Handels auch nicht mehr als notwendig erachtet wurde.[345]

1952 hatte sich eine neue Möglichkeit für Lieferungen ergeben, die Dietrich
Steinkopff in Darmstadt begrüßte: das Clearing-Verfahren über Koehler & Volck-

---

340 Vgl. Dietrich Steinkopff an Oehler, Steinkopff Dresden, 19.7.1951, ZLB, Aktenarchiv Steinkopff,
Dr. Th. Steinkopff 1950–1952.

341 Vgl. Oehler, Steinkopff Dresden, an Dietrich Steinkopff, 9.5.1953, ZLB, Aktenarchiv Steinkopff,
Dresden 250 – 522. vom 1.1.1949 bis 31.12.1953.

342 Theodor Steinkopff an Dietrich Steinkopff, 8.9.1951, ZLB, Aktenarchiv Steinkopff, Dresden 250–
522. vom 1.1.1949 bis 31.12.1953.

343 Vgl. Oehler, Steinkopff Dresden, an Dietrich Steinkopff, 23.12.1950, ZLB, Aktenarchiv Steinkopff,
Dresden 250–522. vom 1.1.1949 bis 31.12.1953.

344 Vgl. Theodor Steinkopff an Dietrich Steinkopff, 24.12.1952 sowie Theodor Steinkopff an Dietrich
Steinkopff, 10.1.1953, ZLB, Aktenarchiv Steinkopff, Dresden 250–522. vom 1.1.1949 bis 31.12.1953.

345 Vgl. Jürgen Steinkopff an Theodor Steinkopff, 3.9.1953, ZLB, Aktenarchiv Steinkopff, Versch. Korresp. Steinkopff Dresden vom 1. Januar 1953 bis … meist Briefe von Mitarbeitern.

mar.[346] Hierbei ergaben sich bald neue Unannehmlichkeiten. Diesmal musste Dietrich Steinkopff nach erfolgter Lieferung der Bücher seinerseits monatelang auf sein Geld warten.[347] Sowohl im Kompensations- als auch im Clearing-Verfahren besserte sich die Abwicklung allerdings mit der Zeit, so dass beide vom Darmstädter Verlag genutzt wurden und Jürgen Steinkopff im September 1953 berichten konnte, dass »dies eine laufende Lieferung unserer Produktion in die Zone gewährleistet und damit die zweifellos bestehenden Anforderungen befriedigt werden können.«[348]

Auch in die andere Richtung liefen die Geschäfte weiter; einen Abbruch der direkten Handelsbeziehung wollten die Verlage trotz aller Probleme vermeiden. Dies wird an den Überlegungen deutlich, die Mitte 1951 zu den neuen Möglichkeiten im Rahmen des Interzonenhandels angestellt wurden. Eine mögliche, eventuell sogar ausschließliche Auslieferung der Dresdner Produktion über den West-Berliner Kommissionär KAWE hätte, so Dietrich Steinkopff, »natürlich unsere Tätigkeit für dort hinfällig«[349] gemacht. Dieser Weg wurde deshalb nicht als der beste erachtet. Neben dem Wunsch, die gegenseitigen Beziehungen aufrechtzuerhalten, spielte dabei die Einschätzung eine Rolle, dass KAWE nicht in der Lage wäre, die Kontakte zu den Kunden auf die bei Steinkopff übliche Art individuell zu pflegen und zu fördern.

Im Sommer 1955 – wenige Monate nach dem Tod Theodor Steinkopffs – wies Walther Oehler, Steinkopff Dresden, auf eine Methode der Zusammenarbeit hin, die vom Amt für Literatur und Verlagswesen gern gesehen wurde:

> Wir Ostverleger werden vom Amt seit einiger Zeit besonders darauf hingewiesen, doch zu versuchen, Lizenzen von bei uns erschienenen Büchern an westdeutsche Verlage zu geben. Der Grund dafür ist natürlich der, daß die DDR sich dadurch gern Westmarkbeträge verschaffen möchte, weil sie ja wiederum solche Beträge zur Bezahlung von Honoraren an Westautoren in Westmark braucht. Das ist durchaus verständlich. Leider glaubt das Amt, daß diese Möglichkeiten besonders bei solchen ostzonalen Verlagen gegeben sind, die im Westen Schwesternfirmen bestehen haben, und so werde ich auch hin und wieder bei meinen Besuchen beim Amt gefragt, ob bei mir diese Möglichkeiten gegenüber dem Verlag Dr. Dietrich Steinkopff in Darmstadt bestünden. Man weist dabei auch darauf hin, daß es natürlich nicht angängig wäre, wenn dieser Verlag Bücher, die früher beim Verlag Steinkopff in Dresden erscheinen sind, jetzt bei sich herausgibt, ohne daß Lizenzgebühren gezahlt werden. – Ich selbst habe schon darauf hingewiesen, daß, wenn dies in einzelnen Fällen bisher geschehen ist, die Dinge so lagen, daß entweder wir selbst kein Interesse

---

346 Vgl. Dietrich Steinkopff an Theodor Steinkopff, 14.8.1952, ZLB, Aktenarchiv Steinkopff, Dr. Th. Steinkopff 1950–1952.
347 Vgl. Dietrich Steinkopff an Theodor Steinkopff, 27.11.1952, ZLB, Aktenarchiv Steinkopff, Dr. Th. Steinkopff 1950–1952.
348 Jürgen Steinkopff an Theodor Steinkopff, 3.9.1953, ZLB, Aktenarchiv Steinkopff, Versch. Korresp. Steinkopff Dresden vom 1. Januar 1953 bis ... meist Briefe von Mitarbeitern.
349 Dietrich Steinkopff an Oehler, Steinkopff Dresden, 18.6.1951, ZLB, Aktenarchiv Steinkopff, Dr. Th. Steinkopff 1950–1952.

daran hatten, eine Neuauflage zu bringen, oder daß der Autor, wenn er im Westen wohnt, nicht gewillt war, die Neuauflage in einem Ostverlag wieder erscheinen zu lassen.[350]

Oehler bat aufgrund dieses Ansinnens des Amts darum, dass die Verlage in Dresden und Darmstadt sich künftig vor einer neuen Auflage eines Titels verständigen mögen, wobei er nicht daran zweifelte, mit dem Darmstädter Haus in jedem Fall zu einer Einigung zu gelangen.[351] Dietrich Steinkopff bestand in seiner Antwort deutlich darauf, an der bisherigen klaren Arbeitsteilung festzuhalten. Obwohl das geschilderte Modell bei anderen Verlagen praktiziert wurde, zeigte er sich keinesfalls bereit, »auf die von Ihnen erwähnten Lizenzvorschläge einzugehen. Dies ist besonders in den Fällen unzumutbar, in denen solche Lizenzverträge zwischen Firmen gleichen Namens abgeschlossen werden sollen.«[352]

Mitdrucke wurden in den 1950er Jahren von beiden Steinkopff-Verlagen nicht veranstaltet. 1962 unterbreitete der Dresdner Verlag – nach Aufforderung durch Buch-Export – dem westdeutschen Steinkopff-Verlag erstmals den Vorschlag, einen Mitdruck bei einem Titel zu veranstalten.[353] Vier Jahre später kam Jürgen Steinkopff auf den nun in Dresden tätigen Verlagsleiter Heinz Baunack zu und regte die Herstellung von Gemeinschaftsausgaben an.[354] Diese Vorstöße führten schließlich ab Anfang der 1970er Jahre zu einer Kooperation beider Verlage, die aber mit der Schließung des Verlags Theodor Steinkopff im Jahr 1978 bereits wieder endete.[355]

Zwischen der Akademischen Verlagsgesellschaft in Leipzig und dem Parallelverlag in Frankfurt am Main kam es nach den ersten deutlichen Bemühungen beider Seiten um die Autoren und dem Rechtsstreit in den Jahren 1954/55 zu einer Annäherung. In Gesprächen erklärten beide Seiten ihre grundsätzliche Bereitschaft, in einzelnen Fällen zu kooperieren, beispielsweise durch Gemeinschaftsausgaben, bei denen die Herstellung in der DDR erfolgten könnte, oder einen Lizenztausch. Der Verlag in der Bundesrepublik versicherte dem Leipziger Haus, westdeutsche Autoren nicht (mehr) unter

---

350 Oehler, Steinkopff Dresden, an Dietrich Steinkopff, 11.6.1955, ZLB, Aktenarchiv Steinkopff, Dresden 523-14/64 vom 1.1.1954 bis 30.6.1964.

351 Vgl. ebd.

352 Dietrich Steinkopff an Oehler, Steinkopff Dresden, 16.6.1955, ZLB, Aktenarchiv Steinkopff, Versch. Koresp. Steinkopff Dresden vom 1. Januar 1953 bis … meist Briefe von Mitarbeitern.

353 Vgl. Oehler, Steinkopff Dresden, an Dietrich Steinkopff, 13.9.1962, ZLB, Aktenarchiv Steinkopff, Dresden 523-14/64 vom 1.1.1954 bis 30.6.1964.

354 Vgl. Baunack, Steinkopff Dresden, an Jürgen Steinkopff, 29.10.1966, ZLB, Aktenarchiv Steinkopff, Dresden 15/64 vom 2.7.1964.

355 1970 stand Jürgen Steinkopff mit dem Dresdner Verlag in Kontakt und begann über künftige Koproduktionen zu verhandeln. Vgl. Jürgen Steinkopff an Baunack, 11.6.1970, ZLB, Aktenarchiv Steinkopff, Dresden 15/64 vom 2.7.1964. Ein Artikel im *Börsenblatt* spricht von einer Kooperation der Verlage ab 1968. Vgl. Förderung des interdisziplinären Gesprächs, In memoriam Jürgen Steinkopff. In: Börsenblatt (Frankfurter Ausgabe), H. 33, 24.4.1979, S. 763.

Druck setzen und für den eigenen Verlag gewinnen zu wollen, sondern nur diejenigen in sein Programm aufnehmen, die »ordnungsgemäß in Leipzig gekündigt haben«.[356] Weitere Besprechungen resultierten in einer Zusammenarbeit bei zwei Buchprojekten. Zum einen einigten sich die Verlage auf eine Kooperation bei Neuauflagen der zwei Bände von Fritz Vilbigs *Lehrbuch der Hochfrequenztechnik*. Der in den USA lebende Wissenschaftler hatte selbst eine Zusammenarbeit beider Verlage angeregt, da er die Arbeit allein mit einem Verlag in der DDR nicht fortsetzen könne. Er begründete dies unter anderem mit der Tätigkeit des McCarthy-Ausschusses in den USA, vor dem er sich bereits hatte verantworten müssen.[357] Zudem fühlte er sich durch den Rechtsstreit zwischen den Verlagen in eine unangenehme Lage gebracht:

> Es ist äußerst bedauerlich, daß nicht ohne Herbeiführung zweier erwartungsgemäß absolut einander entgegenstehender Gerichtsentscheide eine Einigung innerhalb des Verlages zustandekam. Die jetzige Versteifung zieht die Autoren mit in den Streit hinein und stellt für sie eine ungeheure Belastung dar. Ich glaube und hoffe aber mit anderen Autoren [...], daß nunmehr die Zeit gekommen ist, um nun doch einen Ausweg aus dieser Sackgasse zu suchen und zu einem vernünftigen Ausgleich zu kommen. Ich bitte Sie daher, daß Sie sich wegen der Herausgabe mit Frankfurt ins Benehmen setzen. Ich habe berechtigte Gründe anzunehmen, daß sich nunmehr für alle Teile eine vernünftige Lösung erreichen läßt, die aus der Versteifung herausführt, die sich letzten Endes sonst sowohl für Frankfurt als auch für Leipzig gleicherweise als schädlich erweisen würde.[358]

Sollte keine Einigung zwischen den Verlagen möglich sein, würde die Neuauflage des zweiten Bandes von Vilbigs *Lehrbuch* in Leipzig nicht erscheinen können.[359] Es kam zu einer Verständigung: Leipzig erklärte sich bereit, etwa 3000 Exemplare im Fortdruck von Frankfurt zu übernehmen.[360] 1958 erschien die 5. Auflage des zweiten Bandes des *Lehrbuchs der Hochfrequenztechnik* parallel in Leipzig und in Frankfurt am Main. Dabei stellte die Leipziger Ausgabe eine Lizenzausgabe der Frankfurter dar, im Impressum war vermerkt: »With permission of Akademische Verlagsgesellschaft m. b. H., Frankfurt am Main«.[361] Die Herstellung erfolgte in Köthen (Sachsen-Anhalt). Ein Nachdruck der 5. Auflage von Band I des *Lehrbuchs* erschien unter den gleichen Bedingun-

---

356 Niederschrift über die Besprechung mit Herrn Walter Johnson, New York, am 16.9.53, 10.30 Uhr, im Hause Springer-Verlag, 20.9.1955, BArch, DY 30/IV2/9.04/681.
357 Vgl. Nitsche, Bericht über die Dienstreise nach Hamburg vom 11. bis 14.7.1955, 18.7.1955, BArch, DR1/1941. Der Republikaner Joseph McCarthy stand für den seit Ende der 1940er Jahre in den USA geführten Feldzug zur Aufdeckung vermeintlicher kommunistischer Umtriebe. Von der »Hexenjagd« waren u. a. Wissenschaftler und Lehrer betroffen. Vgl. Stöver 2012, S. 477–479.
358 Vilbig an die Akademische Verlagsgesellschaft Leipzig, 4.1. 1955, BArch, DR1/1120.
359 Vgl. Nitsche, Bericht über die Besprechung mit dem Vertreter der westdeutschen Akademischen Verlagsgesellschaft, Herrn von Kuszowski, 5.10.1955, BArch, DR1/1941.
360 Vgl. Nitsche, Bericht über den Besuch der Frankfurter Buchmesse und der DeBeGe-Ausstellung, 17.10.1955, BArch, DR1/1941.
361 Vilbig 1958, S. 3.

gen 1960. Für den geplanten dritten Band wurde 1961 erneut eine Zusammenarbeit vereinbart, allerdings wurde dieser Band nicht mehr publiziert.[362]

In Falle des *Lehrbuchs der theoretischen Physik* von Georg Joos lehnte der Autor eine weitere Zusammenarbeit mit dem Leipziger Verlag bezüglich einer Neuauflage ab, da er sich dem Frankfurter Haus wegen der früheren Beziehungen zu Kurt Jacoby stärker verbunden fühlte.[363] Unter Hinweis auf die ökonomischen Vorteile verhandelten die Verlage über eine Gemeinschaftsauflage.[364] 1959 erschien die 10. Auflage sowohl in Leipzig als auch in Frankfurt, diesmal allerdings nicht in Form einer Lizenzausgabe des einen Verlags – die Copyright-Vermerke verwiesen auf Leipzig bzw. Frankfurt. Stattdessen gab es im Impressum der Leipziger Ausgabe einen Vermerk zur Gebietsbeschränkung: »Der Vertrieb dieser Ausgabe in der Deutschen Bundesrepublik ist nicht gestattet«.[365]

Bis zum Anfang der 1960er Jahre blieb es bei diesen beiden Kooperation, doch es herrschten auch keine ernsthaften Spannungen mehr. Von einem erneuten gerichtlichen Vorgehen, so versicherte man sich wiederholt, sollte abgesehen werden, ebenso wenig würde eine Abwerbung von Autoren erfolgen. Auch die Übersiedlung des Leipziger Verlagsleiters Franz Dietrich nach Frankfurt und seine Mitarbeit bei der dortigen Akademischen Verlagsgesellschaft änderten an diesem Zustand nichts.[366] Gespräche zwischen den Verlagen in Leipzig und Frankfurt fanden vor allem auf der Frankfurter Buchmesse weiterhin statt; der Leipziger Verlag produzierte Gemeinschaftsauflagen Anfang der 1960er Jahre aber vorrangig mit anderen westdeutschen Firmen, zum Beispiel mit Vieweg & Sohn in Braunschweig. Mit Johnsons amerikanischer Firma, der Academic Press, wurden Lizenzvereinbarungen getroffen; außerdem kaufte Johnson für sein Zeitschriften-Antiquariat größere Bestände aus Leipzig auf.[367] Ab Mitte der 1960er Jahre wurde die Zusammenarbeit zwischen Frankfurt und Leipzig intensiviert, was sich in erster Linie in der Übernahme von Teilauflagen durch den jeweils anderen Verlag niederschlug.[368]

---

362 Vgl. Niederschrift über die Dienstreise der Kollegin Kukulies, des Kollegen Gärtner und des Koll. Studzinski nach Westdeutschland für die Akademische Verlagsgesellschaft in Leipzig, 27.2.1961, BArch, DR1/983.

363 Vgl. Kurzbericht über Dienstreise Westdeutschland des Kollegen Dietrich, 1.7.1958, BArch, DR1/983.

364 Vgl. ebd.

365 Joos 1959, S. 3.

366 Vgl. Niederschrift über die Dienstreise der Kollegin Kukulies, des Kollegen Gärtner und des Koll. Studzinski nach Westdeutschland für die Akademische Verlagsgesellschaft in Leipzig, 27.2.1961, BArch, DR1/983.

367 Vgl. Dietrich, Akademische Verlagsgesellschaft Leipzig, an Selle, MfK, Abt. Literatur und Buchwesen, 5.10.1960, BArch, DR1/1316.

368 Vgl. beispielsweise Kratz, Akademische Verlagsgesellschaft Leipzig, an Dietrich, Akademische Verlagsgesellschaft Frankfurt am Main, 11.10.1968; 5.12.1968, SStAL, 21091 Akademische Verlagsanstalt Leipzig, Nr. 223.

Eine Zusammenarbeit der beiden Verlage B. G. Teubner in Leipzig und Stuttgart kam während der 1950er Jahre nicht zustande. Wie in den rechtlichen Auseinandersetzungen und bei den Vergleichsverhandlungen (siehe Kapitel 6.3) deutlich wird, standen einer solchen Kooperation von Stuttgarter Seite aus vor allem die Grundsatzfragen der Rechtmäßigkeit der Firmen und der Verwertung der Verlagsrechte entgegen. Inhaber Martin Giesecke war sich mit seinem Rechtsberater Greuner darüber einig, dass für eine Zusammenarbeit die Grundlage fehle und sich überdies weitere praktische Probleme ergeben würden.

> Eine Zusammenarbeit mit Leipzig in der Weise, dass ein und dieselben Bücher für Ostdeutschland in Leipzig, für Westdeutschland in Stuttgart erscheinen, ist unmöglich. Sie würde einmal die Gefahr bringen, dass Teubner Leipzig darin eine Anerkennung von Rechten von Teubner Stuttgart erblickt, zum anderen ist die Gefahr des illegalen Schmuggels, der in Leipzig billig hergestellten, zumindest billig zu beziehenden Werke der den Absatz der westdeutschen Auflage erheblich beeinträchtigt und schliesslich würde eine Verwirrung unter den Autoren, namentlich auch unter den in Westdeutschland wohnenden, angerichtet.[369]

Trotz der fehlenden Einigung zwischen den Verlagen begegnen Praktiken, die sonst eher bei kooperierenden oder sich wenigstens duldenden Verlagen vorzufinden waren. So gab es keine vereinbarte Teilung der Verlagsrechte, eine solche fand aber statt, indem Leipzig bestimmte Werke weiterentwickelte und Stuttgart andere. Ähnlich wie bei Hirzel kam es zudem zu Parallelausgaben: »Mitunter wird das gleiche existente alte Verlagsrecht von beiden Seiten genutzt. So wird z. B. die Höhere Mathematik [...] von Rothe sowohl in Leipzig als auch in Stuttgart verlegt.«[370] Dies war auch bei anderen Titeln der Fall, so beim *Technischen Zeichnen* von Albert Bachmann und Richard Forberg. Der Titel war erstmals 1940 bei Teubner Leipzig erschienen, 1950 kam eine Lizenzausgabe des Teubner-Verlags beim Verlag für Wissenschaft und Fachbuch Bielefeld heraus. Seit der 9. Auflage (1954/55) erschien das Buch parallel in Stuttgart und Leipzig. In der 12. Auflage, die 1959 in Leipzig publiziert wurde, gab es auf der Impressums-Seite folgenden Vermerk: »Dieses Buch darf nicht in Westberlin und der Deutschen Bundesrepublik vertrieben werden.«[371] Dieser Eindruck ist nicht aufgrund einer Einigung beider Verlage zustande gekommen, sondern war vermutlich Resultat des Vertriebsverbots, das Teubner Stuttgart verhängt hatte.

Der Leipziger Verlag hätte hingegen durchaus Interesse an einer Zusammenarbeit mit dem Stuttgarter Haus gehabt, was diesem schon früh vermittelt und in den vor allem auf DDR-Seite vorangetriebenen Vergleichsverhandlungen deutlich wurde.[372] Zu

---

369 Greuner, Aktennotiz vom 27.7.1953, Betr.: B. G. Teubner-Verlag, SStAL, 22199 Teubner, Stuttgart, Nr. 88.

370 Teubner Leipzig an den BV Leipzig, 25.9.1957, SStAL, 21766 BV II, Nr. 1248.

371 Bachmann/Forberg 1959, S. 3.

372 Vgl. auch Rücksprache mit Herrn Taupitz, gemeinsam mit Herrn Dr. Heisig und Herrn Ernst am 27.9.1953 in Frankfurt/M., SStAL, 22199 Teubner Stuttgart, Nr. 81.

Kooperationen bei einzelnen Buchprojekten kam es bei den beiden Teubner-Verlagen erst ab Ende der 1960er Jahre.

Modelle, Vorteile und Schwierigkeiten der Kooperationen

Die Möglichkeiten, die den Verlagen im Rahmen des Interzonen- und des inner-deutschen Handels und in einem geringen Rahmen auch im direkten Geschäft für eine Zusammenarbeit zur Verfügung standen, wurden von den meisten Verlagen mehr oder weniger umfangreich genutzt. Möglichkeiten und Ausgestaltung der Ko-operationen wandelten sich im Laufe der Jahre, bedingt durch die Änderungen der Rahmenbedingungen sowie des gegenseitigen Verhältnisses. Die Bandbreite der Art und Intensität der Kooperationen reichte von der stillschweigenden Duldung der Produktion des Parallelverlags über eine Zusammenarbeit bei wenigen einzelnen Werken bis zu einer engen Kooperation. Folgende Modelle der Zusammenarbeit wurden genutzt:

– *Vertrieb der Bücher des Parallelverlags*: Entweder hatte der vertreibende Verlag ein kleines Lager mit den Titeln des anderen, er bezog die Bücher bei eingehenden Bestellungen, er bestellte von einzelnen Titeln größere Posten oder er fungierte tatsächlich als (alleinige) Auslieferung. Diese Möglichkeit wurde zunächst von fast allen Verlagen in beiden Richtungen genutzt. Später funktionierte dieser di-rekte Kontakt nur noch in Richtung Bundesrepublik, da in der DDR die Deutsche Buch-Export und -Import GmbH für alle Außenhandelsgeschäfte zuständig war und die Einfuhr westlicher Literatur über diese Firma lief.

– *Austausch von Druckformen*: In den frühen Jahren nach Kriegsende wurden gele-gentlich Druckformen ausgetauscht, was eine sukzessive Herstellung paralleler Ausgaben erlaubte.

– *Buchlieferungen gegen Honorarbegleichungen*: Literatur wurde von der DDR in die Bundesrepublik geliefert, der westdeutsche Partner beglich dafür Honorarforde-rungen von in der Bundesrepublik lebenden Autoren.

– *Herstellung von Doppelausgaben / Parallelausgaben*: Beide Verlage druckten den gleichen Titel, wobei Satz, Druck und Bindung getrennt erfolgten. Der Grad der Kooperation konnte von einer bloßen Duldung bis hin zur gemeinsamen Entschei-dung für dieses Verfahren – so wurde es vor allem zwischen Hauptsitz und Zweig-stelle in Zeiten des schwierigen Interzonenhandels praktiziert – reichen.

– *Lizenzvergaben und Lizenznahmen*: Das Verfahren unterschied sich von der Her-stellung von Parallelausgaben dadurch, dass die Frage des Besitzes der Verlags-rechte in diesen Fällen eindeutig geklärt war, diese lagen beim lizenzgebenden Verlag. Unter Umständen erfolgte die Lizenzvergabe entschädigungslos. Für den lizenzgebenden Verlag stellte sie eine Möglichkeit dar, die strittige Frage der Ver-lagsrechte im eigenen Sinne klarzustellen. Aus eben diesem Grund sah es die Verlagsbehörde in der DDR nicht gern, wenn die Parallelverlage in der DDR Bü-cher mit einer Lizenz ihres Parallelverlags druckten – dies stellte letztlich eine

Anerkennung des westlichen Anspruchs auf die Verlagsrechte dar.[373] Auf östlicher Seite favorisierte man daher entweder die Lizenzvergabe an den westlichen Partner oder das Modell der Mitdrucke. Ebenfalls aufgrund der damit verbundenen Anerkennung der Verlagsrechte wollten sich die westlichen Verlage teilweise nicht darauf einlassen, von ihrem Parallelverlag Lizenzen nehmen zu müssen.

– *Mitdruck- / Teilauflagengeschäft*: Ein Verlag druckte für den anderen eine bestimmte Anzahl von Exemplaren mit. Titelblatt und Impressum enthielten ebenso wie Cover und eventueller Schutzumschlag die jeweiligen Verlagsangaben. Die Einbandherstellung und Bindung erfolgte hingegen nicht unbedingt gemeinsam, es gab auch das Modell, dass die Rohbogen an einen anderen grafischen Betrieb zur Weiterverarbeitung geliefert wurden. Die Mitdruckgeschäfte fanden im Rahmen der Kompensationsgeschäfte statt. Neben dem Tausch ›Buch gegen Buch‹ bestand die Möglichkeit, die Lieferung von Büchern und Zeitschrift mit der Vergabe von Druckaufträgen auszugleichen.

Es gab für die Verlage verschiedene Gründe, sich zu einer Zusammenarbeit – auch ohne eine vorherige Klärung der strittigen Namens- und Rechtefragen – zu entschließen. In den Anfangsjahren konnten die westdeutschen Dependancen der Verlage oft nicht auf die Produktion des östlichen Stammhauses verzichten, weil im Bereich der Herstellung die *Kapazitäten* fehlten und in der schwierigen Aufbauzeit noch keine ausreichenden personellen und finanziellen Ressourcen zur Verfügung standen.[374] Von Buchhandel und Endkunden benötigte Literatur, vor allem Lehrbücher und eingeführte Standardwerke, war auf diese Weise in allen Zonen bzw. in beiden Ländern erhältlich; außerdem konnten die Autoren durch die Herstellung von Neuauflagen ihrer Werke befriedigt werden. Daher zeigten die westlichen Verlage hier anfangs eine größere Kompromissbereitschaft. Selbst Teubner Stuttgart, der dem Leipziger Verlag ausnehmend ablehnend gegenüberstand, duldete nach eigener Aussage in der ersten Zeit nach der Verlagstrennung die Leipziger Produktion vorübergehend. Begründet wurde dies damit, dass der Verlag auf diese Weise »der ungehinderten Fortführung der wissenschaftlichen Forschung glaubte [...] nützen zu können.«[375]

Das Motiv der *Programmerweiterung* durch die Titel des anderen Hauses blieb auch nach der Überwindung der Anfangsschwierigkeiten bestehen. Daneben waren einige Kooperationsarten in finanzieller Hinsicht interessant, indem beispielsweise bei gemeinsamer Herstellung die Auflage erhöht und damit die Stückkosten der oft

---

373 Vgl. dazu Seifert, Entwurf für die Richtlinien für den gesamtdeutschen Literaturaustausch, 31.5.1957, BArch, DR1/1077. Ein Lizenztausch mit westlichen Verlagen wurde nur befürwortet, wenn die Verlagsrechte des DDR-Verlags sichtbar und Herstellung in der DDR erfolgen würden.

374 Dies stellt auch Hinterthür für die parallelen Musikverlage fest. Vgl. Hinterthür 2006, S. 314.

375 Schuberth, Bericht über die Besprechung mit dem Vertreter des Teubnerverlages-Stuttgart, Herrn Dr. Heisig, anläßlich der Physikertagung in Hamburg, 19.9.1954, BArch, DR1/1946.

auflagenschwachen Monographien gesenkt werden konnten.[376] Im besten Falle konnten die Verlage auf einem Weg, der gegenüber der Eigenproduktion weniger Risiko barg und ökonomische Vorteile brachte, das eigene Angebot durch die Bücher des Parallelverlags sinnvoll ergänzen.

Bei den Kooperationen konnten verschiedene Schwierigkeiten auftauchen. Der – aufgrund des Währungsgefälles und teils wegen unterschiedlicher Ladenpreise attraktive – illegale Handel mit Büchern aus der DDR stellte für die westlichen Verlage ein Problem dar. Manche ließ der *Bücherschmuggel* bei der Frage, ob eine Produktion von Parallelausgaben sinnvoll sein könnte, zögern; andere hielt dies keineswegs von umfangreichen Kooperationsgeschäften ab.

Bei den Parallelausgaben war die Frage nach dem *Copyright-Vermerk* zu klären. Oft beanspruchten beide Verlage die Verlagsrechte für sich und mussten daher eine Einigung finden – oder den Punkt umgehen, was beispielsweise durch den Verzicht auf die Nennung des Verlagsortes geschehen konnte. In diesem Fall begingen die Verlage immerhin einen Verstoß gegen die Impressumspflicht – auch wenn die Gefahr, dafür zur Rechenschaft gezogen zu werden, sicher vergleichsweise gering war.[377] Außerdem stand bei den Parallelausgaben sowie bei den Lizenzausgaben die Frage der Vertriebsgebiete zur Debatte. Vor allem die Verlage in der Bundesrepublik hatten kein Interesse daran, dass die Ausgaben des DDR-Verlags auf den westlichen Markt gelangten. Eine Lösung stellte der Eindruck der Vertriebsgebiete im Impressum oder die Aufnahme dieses Aspektes in die Verlagsverträge dar. Dadurch waren die Vertriebsgebiete entweder vollständig in die ›östliche‹ und die ›westliche‹ Welt aufgeteilt oder es war mindestens geklärt, dass beide Verlage das betreffende Werk nicht im je anderen Land vertreiben durften.

Auf DDR-Seite wurde die Praxis der Nennung der Vertriebsgebiete zwar geduldet, im Zuge neuer politischer Entwicklungen aber auch immer wieder in Frage gestellt. So wurden im Amt für Literatur und Verlagswesen im Sommer 1955, als UdSSR und DDR die Zweiten-Staaten-Theorie verkündet hatten und sich die Bemühungen auch im Verlagswesen verstärkt auf die Anerkennung der DDR als eigenständiger Staat richten sollten, für künftige Verträge mit westdeutschen Verlagen gefordert: »Keine Aufteilung des Weltmarkes beim Abschluß von Verträgen sondern volle Handlungsfreiheit für beide Partner.«[378]

---

376 Vgl. Schlüter 2007, S. 755.

377 Für Bayern beispielsweise war festgeschrieben: »Auf jedem in Bayern erscheinenden Druckwerk muß der Drucker und Verleger […] genannt sein. Anzugeben sind Name oder Firma und Anschrift.« Gesetz über die Presse vom 3.10.1949, § 7: Impressum auf Druckwerken. Anselm Glücksmann formulierte 1958 für die DDR-Verlage, dass hier vor allem Jahr und Ort des ersten Erscheinens korrekt angegeben sein mussten. Börsenblatt (Leipziger Ausgabe), H. 47, 22.11.1958, S. 770.

378 Kern, Auswertung der Regierungserklärung zur Genfer Konferenz für die Arbeit der Abteilung Verlagswesen, 20.8.1955, BArch, DR1/1891.

Vereinzelt konnten bei den Kooperationen Probleme aufgrund unterschiedlicher Entwicklungen in Wissenschaft und *Sprachgebrauch* in den beiden deutschen Staaten auftreten. Zumindest im Untersuchungszeitraum dieser Arbeit war dies allerdings kein häufiges Thema; für einige solcher Fälle wurden Lösungen gefunden, indem an die jeweiligen Gegebenheiten angepasste Textversionen produziert wurden.

Welche Optionen der Kooperation genutzt wurden, konnte sich im Laufe der Jahre ändern – vor allem dadurch bedingt, dass bestimmte Modelle mehr oder weniger mit einer Anerkennung der Existenz des Parallelverlags einhergingen. Mit der Praxis der Zusammenarbeit konnten solche Grundsatzfragen im Laufe der Zeit aber an Bedeutung verlieren. Die Verlage in Ost und West beanspruchten zwar jeweils beide die Verlagsrechte, wenigstens jene aus der Zeit vor der Trennung der Verlage, und kommunizierten dies zunächst gegenüber Geschäftspartnern auch offensiv. Sie standen in einigen Fällen dem anderen dennoch die Rechte zu – beispielsweise weil der Autor seinen Wohnsitz im Lande des anderen hatte – oder sprachen von »geteilten Rechten«, was aus der Gewohnheit der Veranstaltung von jeweils geduldeten Parallelausgaben herrühren konnte. Eine Einigung im beiderseitigen Einvernehmen und zum beiderseitigen Vorteil wurde im Laufe der Zeit wichtiger als die ohnehin nicht zu ändernden Fakten der Eigentumssituation und der Teilung des Landes.

Die politische Bewertung von deutsch-deutschen Gemeinschaftsproduktionen fiel in beiden Ländern unterschiedlich aus. In der Bundesrepublik waren Koproduktionen zwischen bundesdeutschen und ostdeutschen Verlagen beim Bundesamt für gewerbliche Wirtschaft Ende 1961 nicht gern gesehen und sollten auch nicht genehmigt werden – hier darf ein Zusammenhang mit dem Bau der Berliner Mauer im Sommer desselben Jahres angenommen werden. Über die Möglichkeiten, die der innerdeutsche Handel bot, waren die Gemeinschaftsproduktionen trotzdem an der Tagesordnung. Der Frankfurter Börsenverein schloss sich der Meinung grundsätzlich an, vor allem weil er die Einfuhr von politisch unliebsamen Schriften und günstigeren DDR-Titeln, zum Beispiel Lehrbüchern, die die westlichen Preise deutlich unterboten, verhindern wollte. Der Verband reklamierte zugleich eine Ausnahmeregelung für theologische und »streng wissenschaftliche Veröffentlichungen, weil solche Veröffentlichungen manchmal tatsächlich nur auf dem Wege der Co-Produktion wirtschaftlich realisierbar sind«.[379]

Die DDR hingegen förderte Gemeinschaftsauflagen aus politischen Überlegungen heraus: »Die Herausgabe von Gemeinschaftsauflagen ist der beste Ausdruck für die gesamtdeutsche Arbeit.«[380] Dies galt vor allem für die Zeit bis 1958, bevor dem politischen Kurswechsel und der gewachsenen Devisenproblematik auch gesamtdeutsche Publikationsprojekte zum Opfer fielen (siehe Kapitel 3.4.3).

---

[379] Entwurf, Dodeshöner, An das Bundesamt für gewerbliche Wirtschaft, o. D. [Dezember 1961], ISG Frankfurt am Main, BV, W2/7: 2826.
[380] Ministerium für Leichtindustrie, HV Polygraphische Industrie, Abt. Technologie, Gruppe Betriebstechnologie, Aktenvermerk, 7.2.1956, BArch, DR1/698.

6.2.3 Gescheiterte Versuche: Gemeinsame Zeitschriftenherausgabe

Zeitschriften besaßen für die Wissenschaftsverlage besondere Bedeutung. Die Verlage waren an einer Fortsetzung der Publikation der oft renommierten Periodika gemeinhin sehr interessiert. In der DDR war die Zahl der Fachzeitschriften zwar durch den Lizenzierungszwang, der die Besatzungszeit überdauerte, deutlich limitiert – die noch vorhandenen Zeitschriften sollten aber unbedingt im Lande, also beim jeweiligen DDR-Verlag bleiben. Kompliziert war die Situation, weil als Herausgeber, Autoren und weitere Mitarbeiter oft Wissenschaftler aus ganz Deutschland, teilweise auch dem Ausland, beteiligt waren. Zudem waren in vielen Fällen Fachgesellschaften in die Publikation der Periodika involviert, die gesamtdeutsch agierten oder ebenfalls eine Spaltung erfuhren. Diese Situation barg neben dem Konfliktpotenzial auch Chancen für Kooperationen.

Als die offizielle Gründung der Akademischen Verlagsgesellschaft in Frankfurt am Main in der zweiten Jahreshälfte 1953 von Marianne Lotze und den ehemaligen Eigentümern Kurt Jacoby und Walter Johnson vorbereitet wurde, versuchte Lotze ebenso wie der Leipziger Verlag, im eigenen Sinne Einfluss auf die Verlagsautoren zu nehmen. Zeitgleich fanden Verhandlungen über die gemeinsame Herausgabe der seit 1887 (damals im Verlag von Wilhelm Engelmann) erscheinenden *Zeitschrift für physikalische Chemie* statt. Herausgeber der Zeitschrift waren zu diesem Zeitpunkt Karl Friedrich Bonhoeffer (Göttingen), Paul Harteck (New York), Robert Rompe (Ost-Berlin) und Herbert Staude (Leipzig). Bonhoeffer war nach eigenem Bekunden an »einer schnellen und einwandfreien Klärung der Situation zwischen der Akademischen Verlagsgesellschaft Leipzig und Frankfurt gelegen«. Sollte es aber zu keiner Einigung kommen, würde Bonhoeffer »seinen Platz in Frankfurt«[381] sehen.

Dass die rechtliche Situation der Verlage und damit auch der Verlagsrechte aufgrund der Vorgeschichte der ›Arisierung‹ im Falle der Akademischen Verlagsgesellschaft im Nationalsozialismus besonders kompliziert war, war dem Leipziger Verlag bewusst.[382] Dieser ließ im Dezember 1953 ein juristisches Gutachten über die Frage der Herausgabe der *Zeitschrift für physikalische Chemie* erstellen. Der damit beauftragte Rechtsanwalt Ernst Schmidt erkannte zwar an, dass der Verlag »der alleinige ›Herr des gesamten Unternehmens‹« und der Herausgeber daher nicht berechtigt sei, »die Verlagsrechte an der Zeitschrift einem anderen Verleger« zu übertragen; zugleich wies er aber auf die Umstände der ›Arisierung‹ und die Kurt Jacoby und den Erben von Leo Jolowicz nach bundesdeutschem Recht zustehende Wiedergutmachung hin. Der Anwalt war der Ansicht, dass es unter den gegebenen Umständen »nicht nur im In-

---

381 Dieses und das vorangegangene Zitat: Kurze Zusammenfassung der geführten Verhandlungen. Anlage zum Reisebericht über die Dienstreise nach Westdeutschland vom 11.10. bis 29.10.1953, BArch, DR1/1120.

382 Dieser Aspekt taucht in den Autorengesprächen und der Korrespondenz später durchaus auf.

teresse der beiden beteiligten Verlagsfirmen, sondern auch der Autoren und Leser der
›Zeitschrift für physikalische Chemie‹ geboten wäre, den Versuch zu einer Einigung
zu unternehmen.«[383] Er hielt es für denkbar,

> dass mit Unterstützung der hierfür massgeblichen Regierungsstellen eine gemeinsame Heraus-
> gabe der Zeitschrift unter der Redaktion berufener Wissenschaftler dies- und jenseits der Zonen-
> grenze vereinbart werden könnte, die sicherlich vor allem auch von der gesamten wissenschaft-
> lichen Welt begrüsst würde.[384]

Der Vorschlag fiel in eine Zeit, in der die DDR-Regierung ihre Einheitsbestrebungen
forcierte, was sich auch im Buchhandel niederschlug (siehe Kapitel 3.4.3). Daher war
das Amt für Literatur und Verlagswesen mit der gemeinsamen Herausgabe der Zeitschrift »im Interesse der Einheit der deutschen Wissenschaft«[385] einverstanden, allerdings unter bestimmten Bedingungen: Die Verlagsrechte müssten beim Leipziger
Verlag verbleiben, der Frankfurter Verlag solle sich der redaktionellen Betreuung der
Autoren in der Bundesrepublik annehmen, der Druck in Leipzig erfolgen. Entsprechend der Verteilung der Abonnenten war angedacht, die Hälfte der Auflage nach
Frankfurt am Main zu liefern.[386]

Im Leipziger Verlag wurde das Verhandlungsziel zunächst so formuliert, »dass
die Zeitschrift im vollen Umfange redaktionell und herstellerisch in Leipzig erscheint
unter Mitarbeit Prof. B[onhoeffers], dass jedoch ggf. dem westdeutschen Verlag die
Auslieferung für Westdeutschland zugestanden wird.«[387] Bei einer Besprechung
im Dezember 1953, an der Bonhoeffer als westdeutscher und Staude als ostdeutscher Herausgeber sowie die Frankfurter Geschäftsführerin Marianne Lotze und der
Leipziger Verlagsleiter Ernst Nitsche teilnahmen, unterbreitete Nitsche allerdings
einen Vorschlag mit größerer Kompromissbereitschaft: Nach diesem sollten beide
Verlagsnamen auf dem Titelblatt erscheinen, die Redaktion in Frankfurt und Leipzig,
Herstellung und Druck aber nur in Leipzig erfolgen und die Trennung der Auslieferung im Rahmen des Interzonenhandels stattfinden.[388] Die beiden Herausgeber
stimmten diesem Modell zu; Marianne Lotze konnte zunächst keine verbindliche

---

383 Dieses und die vorangegangenen Zitate: Schmidt, Leipzig, an die Akademische Verlagsgesellschaft Leipzig, 4.12.1953, BArch, DR1/1941.
384 Ebd.
385 Kienast, Amt für Literatur und Verlagswesen, an Akademische Verlagsgesellschaft Leipzig,
23.2.1954, BArch, DR1/1941.
386 Vgl. ebd.
387 Nitsche, Reiseplan vom 6.–19.12.[1953], BArch, DR1/1120.
388 Vgl. Nitsche, Bericht über die Dienstreise nach Westdeutschland in der Zeit vom 6.–20.12.1953,
23.12.1953, BArch, DR1/762.

Zusage machen, erklärte aber später das grundsätzliche Einverständnis von Jacoby und Johnson.[389]

Da der Verlag in Frankfurt am Main gemeinsam mit Bonhoeffer während der Verhandlungen Anfang 1954 bereits die neueste Ausgabe der *Zeitschrift für physikalische Chemie* vorbereitete, sollte diese zunächst in Frankfurt hergestellt und die in der DDR benötigten Exemplare nach Leipzig eingeführt werden.[390] Marianne Lotze teilte dem Leipziger Haus im Februar und erneut im März 1953 kurzfristig zwei weitere Änderungen mit: Zum einen würde es keine gemeinsame Ausgabe mit Nennung beider Verlage auf dem Titelblatt geben, sondern zwei getrennte Ausgaben für die Bundesrepublik und für die DDR. Auch die Herausgebernennung sollte sich bei beiden Ausgaben unterscheiden.[391] Der Physiker Robert Rompe, Professor an der Humboldt-Universität zu Berlin, Vorsitzender der Physikalischen Gesellschaft der DDR und SED-Funktionär,[392] war nach Meinung Walter Johnsons für den westlichen Verlag nicht tragbar und sollte deshalb nur auf der ostdeutschen Ausgabe als Herausgeber erscheinen. Johnson hatte gegenüber Bonhoeffer zum Ausdruck gebracht, »man müsse mit Rücksicht auf Mac Carthy Prof. Rompe aus ›wissenschaftspolitischen Gründen‹ fallen lassen«.[393]

Der gemeinsamen Nennung der Verlage wollte Walter Johnson nach Aussage von Bonhoeffer, der vermittelnd eingriff, schließlich doch zustimmen; Rompe allerdings sollte von der Herausgabe ausgeschlossen bleiben.[394] Bonhoeffer schlug einen Verzicht auf die Herausgeberschaft von dessen Seite als beste Lösung vor – auch weil er persönlich bei Rompe ein mangelndes Engagement für die Zeitschrift konstatierte –, mindestens aber sollte sein Name nicht auf der westdeutschen Ausgabe der Zeitschrift erscheinen, sondern lediglich in der ostdeutschen Ausgabe in der Form »Unter Mitwirkung von R. Rompe«[395] genannt werden.

An diesen Fragen der Verlags- und Herausgebernennungen scheiterte der Versuch einer Zusammenarbeit schließlich. Auf die neuen Bedingungen Frankfurts wollte sich

---

389 Vgl. Nitsche, Entwicklung der Zusammenarbeit mit der westdeutschen Akademischen Verlagsgesellschaft zwecks gemeinsamer Herausgabe der Zeitschrift für physikalische Chemie, 6.3.1954, BArch, DR1/1941.

390 Vgl. ebd.

391 Vgl. Nitsche, Entwicklung der Zusammenarbeit mit der westdeutschen Akademischen Verlagsgesellschaft zwecks gemeinsamer Herausgabe der Zeitschrift für physikalische Chemie, 6.3.1954, BArch, DR1/1941.

392 Vgl. Müller-Enbergs/Wielgohs/Hoffmann et. Al. 2010, S. 1087.

393 Seifert, Amt für Literatur und Verlagswesen, an das Staatssekretariat für Hochschulwesen, 3.3.1954, BArch, DR1/1120.

394 Vgl. Bonhoeffer an Nitsche, Akademische Verlagsgesellschaft Leipzig, 16.3.1954, BArch, DY 30/IV2/9.04/681.

395 Bericht über die Unterredung mit Genossen Prof. Staude über die Spaltung der Zeitschrift für physikalische Chemie, 17.5.1954; Bonhoeffer an Nitsche, Akademische Verlagsgesellschaft Leipzig, 16.3.1954 sowie Marianne Lotze an Akademische Verlagsgesellschaft Leipzig, 18.3.1954, BArch, DY 30/IV2/9.04/681.

die DDR-Seite nicht einlassen, da die Zeitschrift »nach wie vor als gesamtdeutsches Organ erscheinen«[396] sollte. Bei einer Besprechung Ende März 1954 zwischen Verlagsleiter Ernst Nitsche, Clemens Seifert vom Amt für Literatur und Verlagswesen, Robert Rompe sowie weiteren Professoren der Physikalischen Gesellschaft einigten sich die Teilnehmer darauf, die Zeitschrift allein in der DDR herauszugeben, würden die Bedingungen eines gesamtdeutschen Erscheinungsbildes nicht erfüllt.[397]

Mitglieder der bis 1953 an der Zeitschrift beteiligten Deutschen Bunsengesellschaft für physikalische Chemie, unter denen sich die nun für die westdeutsche Ausgabe tätigen Herausgeber Karl Friedrich Bonhoeffer und Theodor Förster (Stuttgart) sowie die 1954 eingetretenen ostdeutschen Herausgeber Erich Thilo (Berlin) und Kurt Schwabe (Dresden) befanden, bemühten sich Ende Mai 1954 weiterhin um das Erscheinen einer gesamtdeutschen Zeitschrift. Realisieren wollte man dies durch die Aufnahme von Wissenschaftlern aus der DDR sowie die Nennung beider Verlage auf dem Titelblatt.[398] Aufgrund der zwischenzeitlichen Eskalation zwischen den Verlagen in Frankfurt und Leipzig (siehe Kapitel 6.1.2) wurde dieses Bemühen allerdings hinfällig. Die *Zeitschrift für physikalische Chemie* erschien ab Mai 1954 als *Neue Folge* bei der Akademischen Verlagsgesellschaft in Frankfurt am Main (siehe Anzeige im Frankfurter Börsenblatt, S. 375). Nachdem sich Mitglieder der an der Herausgabe auf DDR-Seite beteiligten Chemischen Gesellschaft und der Physikalischen Gesellschaft bereiterklärt hatten, an der Zeitschrift in der DDR auch künftig mitzuwirken, war die Spaltung der Publikation endgültig besiegelt.[399] Die *Zeitschrift für physikalische Chemie* kam in der DDR weiterhin unter der bisherigen Bandzählung heraus. Die Teilung der Zeitschrift, die bis 1991 andauerte, die Anzeige im Frankfurter *Börsenblatt* und die darauf folgende Reaktion auf DDR-Seite waren Auslöser für den bald danach beginnenden Rechtsstreit zwischen den beiden Verlagen in Leipzig und Frankfurt.

Nach dem gescheiterten Versuch einer Zusammenarbeit bei der *Zeitschrift für physikalische Chemie* standen die traditionsreichen Zeitschriften der Akademischen Verlagsgesellschaft im Fokus der Aufmerksamkeit der Frankfurter Verlagseigentümer. Jacoby, Johnson und Lotze kündigten verschiedenen Herausgebern gegenüber an, die wissenschaftlichen Zeitschriften künftig in Frankfurt herausbringen zu wollen, wobei gelegentlich von einzelnen, andernorts von allen die Rede war.[400] Zudem sollte

---

396 Protokoll über die Sitzung in den Räumen der Physikalischen Gesellschaft am 31.3.1954, 12 Uhr, betreffs Zeitschrift für physikalische Chemie, BArch, DY 30/IV2/9.04/681.
397 Vgl. ebd.
398 Vgl. Vorländer, Besprechung über die Zeitschrift für physikalische Chemie in Bayreuth, 31.5.1954, BArch, DY 30/IV2/9.04/681.
399 Vgl. Nitsche, Bericht über die am 18.6.1954, 9.30 Uhr, in den Räumen der Chemischen Gesellschaft stattgefundene Besprechung über die Zeitschrift für physikalische Chemie, BArch, DR1/1941.
400 Vgl. Becher, Münster, an Nitsche, Akademische Verlagsgesellschaft Leipzig, 6.3.1955; Herre an Akademische Verlagsgesellschaft Leipzig, 24.3.1955 sowie Nitsche, Bericht über die Dienstreise nach Hamburg vom 11. bis 14.7.1955, 18.7.1955, BArch, DR1/1941.

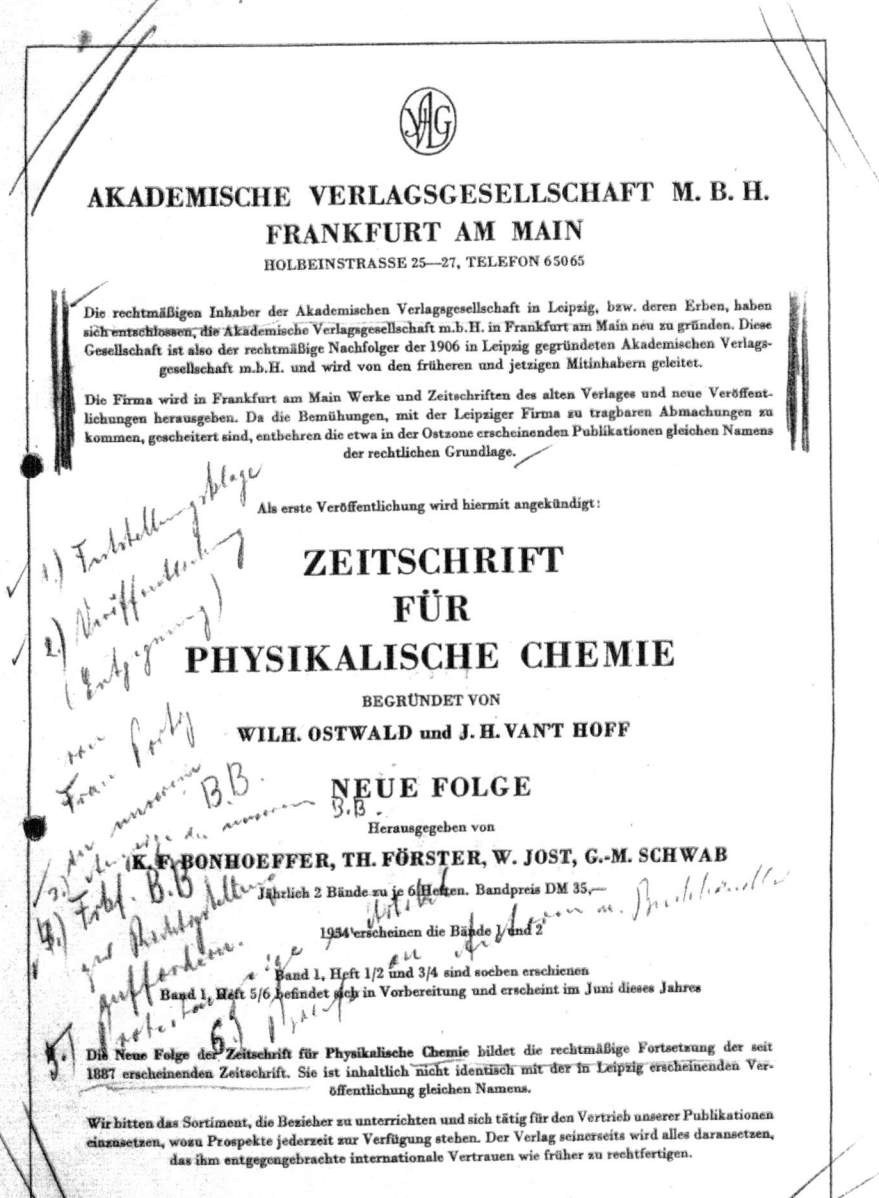

Abb. 11: Anzeige der Akademischen Verlagsgesellschaft im *Börsenblatt für den Deutschen Buchhandel (Frankfurter Ausgabe)*, Nr. 40, 21.5.1954, S. 1543, mit handschriftlichen Notizen eines Mitarbeiters des Amts für Literatur und Verlagswesen. Quelle: BArch, DR1/1941.

eine Einfuhrsperre für die Leipziger Produktion in der Bundesrepublik erwirkt werden. Zugleich machte die Frankfurter Seite weitere Kooperationsangebote. Im Februar 1955 wurde dem Leipziger Verlag der Vorschlag unterbreitet, bezüglich der *Zeitschrift für physikalische Chemie* den Status quo der Teilung aufrechtzuerhalten und die *Zeitschrift für Kristallographie* weiterhin nur in Frankfurt, alle anderen Zeitschriften aber gemeinsam herauszugeben. Dabei sollte »für Ost- und Westdeutschland ein verschiedenfarbiger Umschlag gewählt werden oder eine sonstige Unterscheidung gemacht werden«.[401] In diesem Falle wollte man der Einfuhr der Leipziger Werke in den Westen nicht widersprechen.

Dieser Vorschlag erfuhr zwar keine Umsetzung, aber das Verhältnis der Verlage begann sich nach Beendigung des Rechtsstreits ab dem Sommer 1955 zum Positiven zu wandeln. Es kam zu neuen Gesprächen zwischen der Akademischen Verlagsgesellschaft Geest & Portig Leipzig, vertreten durch Verlagsleiter Ernst Nitsche, und der Akademischen Verlagsgesellschaft Frankfurt am Main in Person von Walter Johnson.[402] Viele der westdeutschen Verlagsautoren und Zeitschriftenherausgeber hatten sich für eine Zusammenarbeit zwischen den Verlagen ausgesprochen. Sie begründeten dies unter anderem mit dem Konflikt, in dem sie sich befänden, da sie einerseits die Arbeit des Leipziger Verlags anerkennten und zu diesem in den letzten Jahren gute Beziehungen aufrechterhalten hätten, sich zum anderen aber dem westdeutschen Gerichtsurteil beugen müssten.[403] Tatsächlich wurden neue Möglichkeiten der Zusammenarbeit ins Auge gefasst. Bei einem Treffen von Nitsche und Johnson im September 1955 in West-Berlin brachte Letzterer zum Ausdruck, dass er die Arbeit des Leipziger Verlags nicht stören und auch keine Einfuhrsperre der Leipziger Produktion in der Bundesrepublik einleiten wolle. Neben Kooperationsmöglichkeiten im Buchbereich schlug Johnson eine Zusammenarbeit bei der Zeitschrift *Folia Haematologica* vor.[404]

An der Herausgabe waren zum damaligen Zeitpunkt zwei Wissenschaftler im Osten – Viktor Schilling (Rostock) und Heinz Harald Hennemann (damals Ost-Berlin) – und zwei im Westen – Hans Schulten (Köln) und Ludwig Heilmeyer (Freiburg im Breisgau) – beteiligt. Eine gemeinsame Herausgabe durch beide Verlage wurde von Schilling als notwendig erachtet, da die Mehrzahl der Beiträge aus der Bundesrepublik kam und bei einer Spaltung die Zeitschrift in der DDR nicht allein hätte fortgeführt werden können. Nitsche bat daher im Dezember 1955 das Amt für Literatur und Verlagswesen um Genehmigung, 600 Exemplare für Frankfurt mit herzustellen zu dürfen; der von Frankfurt verlangten Aufteilung der Vertriebsgebiete könne seines Erachtens entspro-

---

401 Auszug aus dem Schreiben von Herrn Rechtsanwalt Hofmann vom 25.2.[?]1955, BArch, DR1/1941.
402 Vgl. Niederschrift über die Besprechung mit Herrn Walter Johnson, New York, am 16.9.55, 10.30 Uhr, im Hause Springer-Verlag, Bln.-W., 20.9.1955, BArch, DY 30/IV2/9.04/681.
403 Vgl. Nitsche, Reisebericht über die Dienstreise nach Westdeutschland in der Zeit vom 11.–24.4.1955, BArch, DR1/1120.
404 Vgl. Niederschrift über die Besprechung mit Herrn Walter Johnson, New York, am 16.9.55, 10.30 Uhr, im Hause Springer-Verlag, Bln.-W., 20.9.1955, BArch, DY 30/IV2/9.04/681.

chen werden.[405] Allerdings trat erneut das Problem der Verlagsangaben auf: Während der Leipziger Verlag die Zeitschrift durch Anführung beider Verlage im Impressum als Gemeinschaftsausgabe kennzeichnen wollte,[406] sollten nach dem Willen der Frankfurter die beiden Ausgaben »mit dem gleichen Inhalt und mit den bisherigen ost- und westdeutschen Herausgebern bei getrennter Verlagsbezeichnung erscheinen.«[407] An den weiteren Überlegungen, wie mit dieser Forderung Frankfurts umzugehen sei, waren neben Nitsche und Schilling Mitarbeiter des Amts für Literatur und Verlagswesen sowie des ZK der SED beteiligt. Diese kamen zu unterschiedlichen Bewertungen. Das Amt für Literatur und Verlagswesen war gemeinsam mit dem Leipziger Verlagsleiter bereit, auf die Bedingungen einzugehen, um das Erscheinen der Zeitschrift nicht zu gefährden, und begründete dies wie folgt:

> Die Kollegen waren der Auffassung, dass man der getrennten Herausgabe zustimmen könne, weil die Ausgabe an sich als Gemeinschaftsausgabe von Wissenschaftlern der DDR und Westdeutschlands bezeichnet ist, zumal der Titel vermerkt, ›Herausgegeben von Prof. Victor Schilling‹ usw. Auch ist im Heft angeführt, dass alle Manuskripte an Prof. Schilling, Direktor der medizinischen Universitätsklinik, Rostock, Schröderplatz, zu senden seien. [...] Hier schien uns die Gewähr gegeben, dass die ›Folia Haematologica‹ weiterhin wie schon angeführt, als gesamtdeutsche Ausgabe bezeichnet ist und uns auch bei getrennter Verlagsbezeichnung als solche erhalten bliebe.[408]

Im ZK der SED wurde die Sachlage anders ausgelegt, und zwar dahingehend, dass durch eine getrennte Verlagsbezeichnung der Eindruck entstehen würde,

> dass selbst die Wissenschaftler der DDR mit Frankfurt zusammenarbeiten müßten und die DDR nicht in der Lage sei, eine gleiche Zeitschrift herauszubringen. Außerdem käme hinzu, dass Frankfurt sich in kurzer Zeit mit Hilfe Leipzigs selbständig machen, d. h. letzten Endes die Mitarbeit Leipzigs in Zukunft ganz ablehnen würde, so dass wir schließlich mit der Zustimmung zur getrennten Herausgabe eine Spaltung eingeleitet und sie legalisiert hätten.[409]

Diese Einschätzung gab den Ausschlag zu dem Beschluss, auf der gemeinsamen Nennung der Verlage zu bestehen, und im Falle einer selbstständigen Herausgabe der Zeitschrift durch den Frankfurter Verlag die Zeitschrift in der DDR ebenfalls selbstständig fortzuführen. Damit war die Spaltung einer weiteren Zeitschrift eingeleitet. Ab 1956/57 erschien die *Folia Haematologica* wiederum als *Neue Folge* parallel zur DDR-Ausgabe in der Bundesrepublik.

---

405 Vgl. Nitsche, Akademische Verlagsgesellschaft Leipzig, an das Amt für Literatur und Verlagswesen, 13.12.1955, BArch, DR1/1941.

406 Vgl. Meißner an Kienast, 8.2.1956, BArch, DR1/1941.

407 Nitsche, Aktennotiz über ein Ferngespräch mit Fräulein Lotze wegen der Folia Haematologica, 10.12.1955, BArch, DR1/1941.

408 Kienast, Aktennotiz Betr.: Gemeinschaftsausgabe der »Folia Haematologica«, 16.2.1956, BArch, DR1/1120.

409 Ebd.

Im November 1956 äußerten beide Verlage ihren Willen, auf eine »Wiedervereinigung«[410] der *Folia Haematologica* hinzuwirken; die ost- und westdeutschen Herausgeber waren übereinstimmend der Meinung, dass die Spaltung der Zeitschrift nicht
tragbar sei.[411] Auf DDR-Seite wurde es als äußerst problematisch angesehen, dass der
westliche Markt durch die Spaltung wegfiel und der Absatz beeinträchtigt wurde.[412]
Es blieb dennoch bei der getrennten Herausgabe bis zum Jahr 1964, als die westdeutsche Ausgabe wieder eingestellt wurde. Die DDR-Ausgabe nannte während der Zeit der
Trennung die westdeutschen Wissenschaftler Schulten und Heilmeyer weiter als Herausgeber[413] – wohl mit dem Ziel, den gesamtdeutschen Charakter aufrechtzuerhalten.

Die beiden Verlage Gustav Fischer verhandelten ebenfalls über die gemeinsame Herausgabe eines wissenschaftlichen Periodikums: die seit 1904 bei Gustav Fischer erscheinende *Zeitschrift für ärztliche Fortbildung.* Sie wurde nach Kriegsende ab 1949
wieder in Jena herausgeben, Herausgeber war neben anderen Kurt Winter (HU Berlin).[414] Nun sollte sie in Zusammenarbeit mit einem westdeutschen Herausgeber, Robert Herrlinger (Würzburg), und dem Gustav Fischer Verlag in Stuttgart publiziert werden.[415] Das Vorhaben scheiterte, wie dem Stuttgarter Verlag aus Jena 1957 bedauernd
mitgeteilt wurde.[416] Gegen den Plan waren Bedenken vom ZK der SED angemeldet worden.[417] August von Breitenbuch beurteilte das Scheitern aus Stuttgarter Perspektive
mit den Worten, dass die Idee der Zusammenarbeit »noch nicht der heutigen politischen Situation [entsprach]«.[418] Er äußerte ebenfalls sein Bedauern und kündigte
an, dass in Stuttgart eine eigene Ausgabe der Zeitschrift ins Auge gefasst werde. So
erschien ab 1958 im Stuttgarter Verlag die *Neue Zeitschrift für ärztliche Fortbildung*
mit der Jahrgangsbezeichnung »47. Jahrgang. Neue Folge 1. Jahrgang«.[419] In einem
Geleitwort zur ersten Nummer hieß es:

---

410 Nitsche, Dienstreise vom 25. bis 27.11.56 nach Frankfurt/Main, 1.12.1956, BArch, DR1/1120.
411 Vgl. Nitsche, Bericht über die Dienstreise nach Westdeutschland vom 28.4.–4.5.57, 7.5.1957, BArch,
DR1/1120.
412 Vgl. Beck, Abt. Naturwissenschaften und Technik, 3.4.1957, BArch, DR1/8567.
413 Vgl. Niederschrift über die Dienstreise der Kollegin Kukulies, des Kollegen Gärtner und des
Koll. Studzinski nach Westdeutschland für die Akademische Verlagsgesellschaft in Leipzig, 27.2.1961,
BArch, DR1/983.
414 Vgl. Börsenblatt (Frankfurter Ausgabe), H. 14, 4.3.1949, S. 690.
415 Vgl. Niederschrift über die Besprechung zwischen Herrn Studzinski vom VEB Gustav Fischer Verlage, Jena, Frau von Lucius und Herrn von Breitenbuch, 20.11.1956, HA/BV 52, Nr. 62.
416 Vgl. Fischer Jena an Fischer Stuttgart, 6.5.1957, HA/BV 52, Nr. 82.
417 Vgl. Beck, HV Verlagswesen, Abteilung Naturwissenschaften und Technik, Betr.: Situation des
Parallelverlages Gustav Fischer, Stuttgart, BArch, DR1/1124.
418 Von Breitenbuch, Fischer Stuttgart, an Studzinski, Fischer Jena, 10.5.1957, HA/BV 52, Nr. 80.
419 Neue Zeitschrift für ärztliche Fortbildung, 47 (1958), H. 1, Titelblatt. Die Zeitschrift wurde nur bis
Ausgabe 9/1959 bei Gustav Fischer Stuttgart verlegt und kam ab Ausgabe 10/1959 in der Haasenstein-
schen Verlagsbuchhandlung in Berlin heraus.

Als die Zeitschrift endlich 1949 wieder erscheinen konnte, war Deutschland nicht nur räumlich, sondern auch politisch und weltanschaulich in zwei Teile zerrissen und damit die Herausgabe einer einheitlichen Zeitschrift nicht mehr möglich. Bald mußten auch die Inhaber des Verlages Jena verlassen. Sie können heute nach einem erfolgreichen Aufbau in Stuttgart die alte Zeitschrift in modernem Gewand als ›Neue Zeitschrift für ärztliche Fortbildung‹ präsentieren.[420]

Probleme schien dieses Vorgehen nicht zu bereiten. Der Stuttgarter Verlag schrieb nach Jena: »Zu verlagsrechtlichen Auseinandersetzungen mit Ihnen besteht unseres Erachtens kein Anlass, da es nur die Fortführung eines Gebrauchs ist, den wir bei anderen Verlagswerken, wie z. B. beim ›Rezepttaschenbuch‹ mit Erfolg pflegen.«[421] Der DDR-Verlag hat dieser Feststellung sicher beigepflichtet, Auseinandersetzungen wegen der geteilten Zeitschrift sind den Akten nicht zu entnehmen.

Keine Kompromisse bei den Periodika

Pläne zur gemeinsamen Herausgabe von wissenschaftlichen Zeitschriften durch die Parallelverlage scheiterten. In erster Linie waren die Angaben zum Verlag bzw. den Verlagen und zu den Herausgebern strittige Punkte, über die keine Einigung erzielt werden konnte. Die DDR-Seite hatte vor allem ein Interesse daran, nach außen hin die gemeinschaftliche Produktion mit dem westlichen Verlag deutlich zu machen – im Jahr 1954, als die Verhandlungen über die *Zeitschrift für physikalische Chemie* liefen, sollten damit die Einheitsbekundungen der SED gestützt werden; 1956, als über die *Zeitschrift für ärztliche Fortbildung* gesprochen wurde, sollte über die Gemeinschaftsproduktion eine Anerkennung des DDR-Verlags erreicht und damit ein winziger Schritt auf dem Weg zur Anerkennung der DDR geschafft werden. Vor allem die westliche Akademische Verlagsgesellschaft wollte gerade diesen Eindruck einer engen Zusammenarbeit mit dem Parallelverlag im Osten vermeiden. Ihr dürfte es in erster Linie um die verlegerischen Vorteile einer Gemeinschaftsproduktion gegangen sein, die nicht nur den Einbezug der Wissenschaftler aus ganz Deutschland bedeutet hätte, sondern auch den Absatz in beiden Teilen des Landes gesichert hätte. Diskrepanzen offenbarten sich in der unterschiedlichen Einschätzung des Amts für Literatur und Verlagswesen und des ZK der SED. Während das Amt eher zu Zugeständnissen im Sinne einer verlegerisch sinnvollen Kooperation bereit gewesen wäre, beharrte das ZK auf dem ideologisch geprägten Eindruck, der mit einer gemeinsamen Zeitschrift vermittelt werden sollte.

Die schwierigen ungeklärten Fragen, vor allem jene nach der Legitimität des Parallelverlags und nach der Nutzung der Rechte, wurden hier mehr noch als bei einzelnen Monografien zu unüberbrückbaren Hindernissen. Während im Buchbereich in Einzelfällen eine gegenseitige Lizenzvergabe und -nahme akzeptiert wurde, worin

420 Neue Zeitschrift für ärztliche Fortbildung, 47 (1958), H. 1, S. 6.
421 Von Breitenbuch, Fischer Stuttgart, an Studzinski, Fischer Jena, 10.5.1957, HA/BV 52, Nr. 80.

eine Anerkennung des Lizenzgebers hätte gesehen werden können, zeigten sich beide Seiten bei den Periodika unnachgiebiger. Die Zeitschriften mit ihrer durch die Abonnenten gesicherten, auch internationalen Reichweite dürften noch stärker als einzelne Bücher als Prestigeobjekte angesehen worden sein, bei denen beide Seiten auf den Rechten bestehen mussten, die ihnen ihrer Meinung nach zustanden. Daneben gab es Probleme unter den Herausgebern und zwischen Verlagen und Herausgebern, die aufgrund von unterschiedlichen politischen Standpunkten bzw. Handelns zu einer Zusammenarbeit nicht mehr bereit waren.

6.3 Zwischen den Feldern: Vergleichsverhandlungen bei Teubner

Keiner der Parallelverlage hat sich intensiver mit dem Komplex der Parallelexistenz beschäftigt als B. G. Teubner; namentlich Inhaber Martin Giesecke führte dazu über Jahre hinweg zahllose Gespräche und Korrespondenzen, vor allem mit seinem Anwalt Georg Greuner und seinem Teilhaber Erich Ackermann, später auch mit weiteren Anwälten sowie Vertretern des Leipziger Verlags und der Ost-Berliner Behörden. Durch die seit Ende 1955 angestoßenen Vergleichsverhandlungen mit der DDR-Seite erhielten die Überlegungen zu vielen Fragen eine Konkretisierung. Die zahlreichen in diesem Zusammenhang geführten internen Besprechungen auf beiden Seiten sowie die schriftlichen und mündlichen Verhandlungen zwischen Stuttgart und Leipzig bzw. Ost-Berlin illustrieren auf beeindruckende Art und Weise die Komplexität der Konfliktfelder und die Schwierigkeiten, die einer Lösung im Weg stehen konnten. Die Ausführlichkeit der verschriftlichten Überlegungen, die erkennbaren Schwankungen der jeweiligen Ansichten im Zeitverlauf und die auftretenden Divergenzen, die im Quellenmaterial sichtbar werden, bieten die Möglichkeit, die leitenden Motive und sich ändernden Strategien auf dem langen Weg zu einer Verständigung zwischen den beiden Verlagen in Stuttgart und in Leipzig detailliert nachzuvollziehen. Der Wechsel der Akteure im Zeitverlauf lässt überdies Rückschlüsse auf die Bedeutung der einzelnen handelnden Personen zu.

Die Gespräche stellten eine Abkehr von der bis dato praktizierten konfrontativen Strategie von Teubner Stuttgart dar, allerdings fußte die Bereitschaft zu diesen Verhandlungen nicht auf einer Akzeptanz der durch die Teilung Deutschlands bedingten Gegebenheiten. Weit mehr als bei anderen Verlagen wurde die Verständigungsbereitschaft durch Probleme im verlegerischen Alltag erzwungen, die keine Seite allein lösen konnte. Die Verhandlungen lassen sich daher nicht plausibel in die bisher dargestellten Strategiefelder einordnen; das Agieren kann am ehesten als ein Changieren zwischen diesen Feldern gewertet werden.

Der Anstoß zu den Vergleichsgesprächen kam vom Amt für Literatur und Verlagswesen in Ost-Berlin. Die Verantwortlichen hatten bei dem vor dem Stuttgarter Landgericht laufenden Prozess das Ziel verfolgt, Verhandlungsbereitschaft zu erwirken – sie rechneten nicht damit, den Prozess in der Bundesrepublik gewinnen zu können.[422] Stattdessen knüpfte die DDR-Seite hohe Erwartungen an Gespräche mit der Gegenseite: Man strebte an, »auf Basis des Vergleichs die Aufhebung der einstweiligen Verfügung in Westdeutschland, die offizielle Anerkennung des Leipziger Verlages und eine Klarstellung der verlagsrechtlichen Situation erzwingen zu können«.[423] Nachdem die wichtigsten Ziele intern formuliert worden waren, nahm die Verwaltung Volkseigener Verlage Leipzig Anfang Januar 1956 Kontakt zum Stuttgarter Rechtsanwalt Walter Praxmarer auf. Dieser war von Leipzig mit der Prozessführung beauftragt worden und sollte sich bei Teubner Stuttgart um einen Termin für Vergleichsbehandlungen bemühen.[424] Dem kam kurz darauf Siegfried Langhans von der Deutschen Akademie der Wissenschaften in Ost-Berlin zuvor. Er wurde bei B. G. Teubner Stuttgart vorstellig, um Martin Giesecke und Herbert Heisig persönlich die ersten Vergleichsvorschläge vorzulegen. Oberstes Ziel war, dass der in Stuttgart laufende Prozess gegen Teubner Leipzig ausgesetzt würde, damit die strittigen Fragen auf dem Verhandlungswege geklärt werden könnten.[425] Darüber hinaus wurden Vorschläge zum Umgang mit einzelnen Verlagsrechten gemacht, die im Wesentlichen auf eine Teilung der Rechte oder Gemeinschaftsproduktionen hinausliefen.[426]

Auf eine Aussetzung des Prozesses ließ sich Teubner Stuttgart nicht ein, die weiteren Punkte blieben vorerst unkommentiert. Giesecke und Heisig signalisierten ihre Bereitschaft, Gespräche zu führen, wenn auch die unterbreiteten Vorschläge keine Grundlage für eine Verständigung für sie darstellten und Giesecke keine große Hoffnung auf ein für ihn akzeptables Ergebnis hegte.[427]

In der folgenden Zeit fanden auf beiden Seiten interne Überlegungen zu den Voraussetzungen und Zielen eventueller Gespräche statt. In Stuttgart waren an den Überlegungen neben Martin Giesecke auch Erich Ackermann sowie die Anwälte Georg Greuner und Erich Lichtenstein beteiligt. Echte Vergleichsverhandlungen, die eine Alternative zur gerichtlichen Auseinandersetzung dargestellt hätten, war man nicht

---

422 Vgl. Hausmitteilung, Kern, Amt für Literatur und Verlagswesen, Abt. Verlagswesen, 3.1.1956, BArch, DR1/1947.

423 Ebd.

424 Vgl. VVV an Praxmarer, 6.1.1956, SStAL, 22199 Teubner Stuttgart, Nr. 79.

425 Vgl. Besprechung zwischen den Herren Langhans (Deutsche Akademie Ost-Berlin), Dr. Breuer, Dr. Heisig und Giesecke, 12.1.1956, SStAL, 22199 Teubner Stuttgart, Nr. 79.

426 Vgl. Zusammenstellung der Titel, auf deren Verlagsrechte Leipzig keinen Wert legt, 12.1.1956, SStAL, 22199 Teubner Stuttgart, Nr. 79.

427 Vgl. Besprechung zwischen den Herren Langhans (Deutsche Akademie Ost-Berlin), Dr. Breuer, Dr. Heisig und Giesecke, 12.1.1956, SStAL, 22199 Teubner Stuttgart, Nr. 79; Giesecke, Teubner Stuttgart, an Greuner, 13.1.1956, SStAL, 22199 Teubner Stuttgart, Nr. 88; Giesecke, Teubner Stuttgart, an Dorn, Harrassowitz Wiesbaden, 17.1.1956, SStAL, 22199 Teubner Stuttgart, Nr. 96.

zu führen bereit.[428] Grundlage für weitere Besprechungen sollte ein rechtskräftiges Urteil im Stuttgarter Sinne sein. Eine Verständigung mit Leipzig erschien den Beteiligten aber grundsätzlich sinnvoll; Greuner argumentierte unter anderem damit, dass das Urteil dem Verlag nur in der Bundesrepublik nützen würde, nicht aber im Ausland: »Dort würden sich ein östliches und ein westliches Urteil gegenüberstehen und man würde im allgemeinen mit demjenigen Geschäfte machen, der der günstigere Partner ist.«[429] Auch Schwierigkeiten mit der Herausgabe der *Bibliotheca Teubneriana (BT)* und des *Thesaurus Linguae Latinae* und mit einigen Autoren, die durch die Parallelexistenz der beiden Teubner-Verlage entstanden waren, stellten Motive für den Verständigungswillen dar (siehe Kapitel 6.3.1).[430] Eine wichtige Voraussetzung für die Gespräche war, dass dadurch »die beiderseits geltend gemachten Rechte nicht berührt werden sollten«.[431] Ebenso spielte die Frage des Firmennamens eine Rolle – Stuttgart wünschte eine Änderung des Leipziger Verlagsnamens oder mindestens einen Zusatz, der eine Verwechslungsgefahr ausschließen würde (siehe Kapitel 6.4.3). In den Fokus rückte aber zunächst die Frage einer Wettbewerbsabrede, nach welcher der Vertrieb von Teubner-Werken in der Bundesrepublik, in West-Berlin und in den westlichen Ländern grundsätzlich von Stuttgart und der Vertrieb in der DDR und in den östlichen Ländern von Leipzig durchgeführt werden sollte.[432] Werke, die in Stuttgart erschienen, sollten von Leipzig bezogen werden können und vice versa. Unsicherheit bezüglich eines solchen Konstruktes auf Stuttgarter Seite kam wegen des möglicherweise entstehenden Eindrucks auf, dass die Leipziger Firma dadurch von Stuttgart anerkannt würde. Zudem gab es Bedenken ob der Durchsetzbarkeit einer solchen Vereinbarung im Falle eines Verstoßes von Leipziger Seite.[433]

Einen interessanten Aspekt brachte Erich Ackermann zur Sprache, als er seine Bedenken gegenüber einer Wettbewerbsabrede äußerte. Stuttgart würde so auf das gesamte ›Ostgeschäft‹ verzichten. Ackermann hielt dies für problematisch, da der Osten ein größeres Bedürfnis nach deutschsprachiger Literatur habe als der Westen, wo sich in der Wissenschaft bereits das Englische durchgesetzt habe.[434] Er brachte

---

[428] Vgl. Giesecke, Gemeinsam mit Herrn Dr. Lichtenstein Besprechung mit Herrn Dr. Greuner am 27.2.1956 in Karlsruhe betr. Prozeß/Vergleichsverhandlungen, 28.2.1956, SStAL, 22199 Teubner Stuttgart, Nr. 79.

[429] Giesecke, Gemeinsam mit Herrn Dr. Lichtenstein Besprechung mit Herrn Dr. Greuner am 27.2.1956 in Karlsruhe betr. Prozeß/Vergleichsverhandlungen, 28.2.1956, SStAL, 22199 Teubner Stuttgart, Nr. 79.

[430] Vgl. Ackermann, Aktenvermerk, 27.2.1956, SStAL, 22199 Teubner Stuttgart, Nr. 8.

[431] Giesecke, Betr.: Frage eines evtl. Vergleichs mit Leipzig, 17.2.1956, SStAL, 22199 Teubner Stuttgart, Nr. 79.

[432] Vgl. Giesecke, Betr.: Frage eines evtl. Vergleichs mit Leipzig, 17.2.1956; Giesecke, Gemeinsam mit Herrn Dr. Lichtenstein Besprechung mit Herrn Dr. Greuner am 27.2.1956 in Karlsruhe betr. Prozeß/Vergleichsverhandlungen, 28.2.1956; SStAL, 22199 Teubner Stuttgart, Nr. 79.

[433] Vgl. Ackermann, Aktenvermerk, 10.3.1956; Lichtenstein an Praxmarer, 24.3.1956, SStAL, 22199 Teubner Stuttgart, Nr. 79.

[434] Ackermann an Giesecke, 18.4.1956, SStAL, 22199 Teubner Stuttgart, Nr. 69.

eine alternative Strategie ins Spiel: Statt einer Wettbewerbsabrede plädierte er für eine Lizenzvergabe an Leipzig, damit auf diesem Wege die Anerkennung der Tatsache erlangt werden könne, dass Stuttgart der alleinige Inhaber der Rechte sei.[435] Eine solche generelle Lizenzvergabe für Werke, deren Verlagsrechte bei Stuttgart lagen – nach dortiger Auffassung jene, für die das Verlagsrecht vor Oktober 1952 an Teubner gegeben worden war –, kam für Giesecke allerdings nicht in Frage, da er trotz der angestrebten Vertriebsbeschränkung eine Lieferung in das Ausland fürchtete.[436]

Ein direkter Kontakt zwischen den Teubner-Verlagen in Stuttgart und Leipzig entstand vorerst nicht, die Vorverhandlungen wurden von den Anwälten beider Firmen geführt. Im März 1956 übermittelte der Stuttgarter Anwalt der Gegenseite die Bedingungen seines Klienten für Vergleichsverhandlungen. Im Wesentlichen handelte es sich dabei um die Beibehaltung der Rechtsansprüche, ein rechtskräftiges Urteil für Stuttgart, die Idee einer Wettbewerbsabrede sowie eine Firmenbezeichnung, bei der keine Verwechslungsgefahr bestünde.[437]

Der für Leipzig arbeitende Rechtsanwalt gab im April 1956 die Antwort des DDR-Verlags bekannt. Mit der Wettbewerbsabrede erklärte man sich einverstanden, bezüglich der Verlagsrechte aber wurde die Forderung nach einer Aufteilung derselben erhoben bzw. Gemeinschaftsproduktionen vorgeschlagen. Würde über diesen Punkt Einigung erzielt, könnte in den Leipziger Firmennamen eine Kennzeichnung aufgenommen werden, die die Verwechslungsgefahr beseitigt.[438] Dem Amt für Literatur und Verlagswesen lag vor allem die Herstellung von Gemeinschaftsauflagen mit Stuttgart am Herzen: »Eine Lösung in dieser Form ist unbedingt auf die Herstellung der Einheit gerichtet, ermöglicht uns die Wahrung unserer Verlagsrechte und die gute Zusammenarbeit mit den einschlägigen Wissenschaftlern in West- und Ostdeutschland.«[439] Die rechtliche Klarstellung der Situation hingegen sollte auf die Zeit nach der Lösung der gesamtdeutschen Frage verschoben werden.

Im September 1956 schlug die Leipziger Seite Stuttgart ein Treffen im Oktober vor: Die Bedingung, dass das Stuttgarter Urteil zunächst rechtkräftig werden müsse, war erfüllt, eine Anerkennung von Rechtsstandpunkten der Gegenseite sollte mit den Verhandlungen nicht verbunden sein.[440]

---

435 Vgl. Ackermann an Giesecke, 22.3.1956, SStAL, 22199 Teubner Stuttgart, Nr. 9. Dies hätte dem Vorgehen entsprochen, wie es die beiden Verlage Gustav Fischer in Einzelfällen anfangs praktiziert hatten.

436 Vgl. Giesecke, Betr.: Frage eines evtl. Vergleichs mit Leipzig, 17.2.1956, SStAL, 22199 Teubner Stuttgart, Nr. 79.

437 Vgl. Lichtenstein an Praxmarer, 24.3.1956, SStAL, 22199 Teubner Stuttgart, Nr. 79. Außerdem bestand Stuttgart darauf, einen kompetenten und autorisierten Gesprächspartner zu haben.

438 Vgl. Praxmarer an Lichtenstein, 9.4.1956, SStAL, 22199 Teubner Stuttgart, Nr. 79.

439 Morgenstern, Betr.: Situation in den Vergleichsverhandlungen mit dem B. G. Teubner Verlag, 29.9.1956, BArch, DR1/1122.

440 Vgl. Neumann an Lichtenstein, 17.9.1956, SStAL, 22199 Teubner Stuttgart, Nr. 79.

Zweifel bezüglich der Wettbewerbsabrede hegte Giesecke, weil er kaum würde verhindern können, dass der Leipziger Verlag für seine Titel in den westlichen Ländern Werbung macht. Daher rückte die Forderung nach einer Namensänderung des Leipziger Hauses für Giesecke in den Mittelpunkt der Überlegungen; auch das Signet sollte Leipzig nicht mehr verwenden dürfen.[441] Der Stuttgarter Anwalt Lichtenstein setzte den Leipziger Anwalt Neumann im November davon in Kenntnis, dass eine Namensänderung unter völligem Verzicht auf den Namen Teubner Voraussetzung für weitere Verhandlungen sei.[442] Neumann erwiderte, dass »für den Falle einer Gesamtbereinigung des Verhältnisses zwischen Teubner Leipzig und Teubner Stuttgart durchaus die Möglichkeit gegeben ist, für Teubner Leipzig auf die Führung des Zeichens und die Verwendung des Namens zu verzichten.«[443] Giesecke nahm an, dass mit »Gesamtbereinigung« eine »völlige Klärung und Trennung der Rechts- und Besitzverhältnisse«[444] gemeint sei, was keinesfalls akzeptiert würde. Eine Teilung der Verlagsrechte kam auch wegen einer eventuellen Wiedervereinigung nicht in Frage, da sich Schwierigkeiten bei den Wiedergutmachungsansprüchen ergeben würden.[445]

Eine grundsätzliche Namensänderung kam für die Verlagsbehörde in Ost-Berlin aber nie ernsthaft in Frage: Der Name B. G. Teubner sollte nicht aufgegeben werden, höchstens war man zu einer Änderung bereit, welche die Verwechslungsgefahr mindern würde. Im Februar 1957 brachte Ost-Berlin einen neuen Aspekt in die Verhandlungen ein: Man wollte die Stuttgarter wieder als Miteigentümer in den Verlag holen. Neben einer 50-prozentigen staatlichen Beteiligung am Verlag sollten die Stuttgarter ebenfalls zu 50 Prozent ohne Einlagepflicht beteiligt werden. Die Treuhandschaft würde unter diesen Bedingungen wegfallen.[446] Mit diesem Vorstoß sollte der Forderung nach einer Namensänderung begegnet werden, da man davon ausging, dass Giesecke bei einer Beteiligung an der Firma selbst ein Interesse am Fortbestehen des Verlags unter der Bezeichnung Teubner haben müsste. Auf die Offerte ging Martin Giesecke aber nie ein.[447]

Beim ersten persönlichen Gespräch, das am 23. Februar 1957 in Frankfurt am Main stattfand, waren die Anwälte, Martin Giesecke und Herbert Heisig von Teubner Stuttgart sowie Anselm Glücksmann vom Büro für Urheberrechte in Ost-Berlin anwesend. Die Frage einer firmenrechtlichen Klärung wurde zunächst zugunsten der Konzen-

---

441 Vgl. Giesecke an Greuner, 19.9.1956 sowie Giesecke, Punkte betreffend sachliche Möglichkeiten für eine Verständigung mit Leipzig, 24.10.1956, SStAL, 22199 Teubner Stuttgart, Nr. 79.
442 Vgl. Lichtenstein an Neumann, 22.11.1956, SStAL, 22199 Teubner Stuttgart, Nr. 79.
443 Neumann an Lichtenstein, 4.1.1957, SStAL, 22199 Teubner Stuttgart, Nr. 79.
444 Giesecke, Betr.: Telefonische Rücksprache mit Herrn Dr. Greuner am 25.1.1957 betreffend Teubner West-Ost/Vergleich, 25.1.1957, SStAL, 22199 Teubner Stuttgart, Nr. 79.
445 Vgl. Giesecke, Betr.: Telefonische Rücksprache mit Herrn Dr. Greuner am 25.1.1957 betreffend Teubner West-Ost/Vergleich, 25.1.1957, SStAL, 22199 Teubner Stuttgart, Nr. 79.
446 Vgl. Richtlinien für die Verhandlung am 23.2.1957, o. D. [Januar/Februar 1957], BArch, DR1/1122.
447 Vgl. Neumann, Vermerk über den Inhalt der Besprechung, die am 23.2.1957 zwischen 11 und 17 Uhr in Frankfurt am Main, Hotel Frankfurter Hof, stattgefunden hat, 25.2.1957, BArch, DR1/1122.

tration auf die Wettbewerbsabrede und Lösungen für einzelne Verlagsprodukte zurückgestellt. Stuttgart forderte die Zusage zu einer Änderung des Leipziger Verlagsnamens als Grundlage für weitere Gespräche; unter dieser Voraussetzung hätten für verschiedene »Werkgruppen« spezielle Vereinbarungen über die Verlagsrechte und den Vertrieb getroffen werden können. Leipzig hingegen bestand auf der Beibehaltung des Namens Teubner, so dass die Verhandlungen über die Modelle letztlich an der Namensfrage scheiterten. Daraufhin brachte Martin Giesecke – unter Vorbehalt – eine »Linie B« ins Spiel. Er schlug unter der Bedingung, dass Leipzig bei Firmennamen und -signet eine »gewisse Änderung«[448] vornimmt, folgenden Umgang mit den in drei Gruppen aufgeteilten Verlagswerken vor:

1) Für die »identischen Werke« (damit waren die so genannten alten Rechte gemeint, die vor Oktober 1952 entstanden waren) wünschte Giesecke eine Teilung der Rechte: Werke von Autoren im Osten sollten von Leipzig und Werke von Autoren im Westen von Stuttgart fortgeführt werden. Dem jeweils anderen Verlag könnte bei Bedarf eine Kauflizenz gegeben werden; die Vertriebsgebiete wären zu trennen.

2) Besondere Publikationen, an denen ein gemeinsames Interesse bestand (wie *Thesaurus* und *Bibliotheca Teubneriana*), sollten von beiden Verlagen herausgegeben und die Programme untereinander abgestimmt werden. Der herstellende Verlag würde für den jeweils anderen Titelblätter mitdrucken lassen. Dieser könnte die von ihm benötigte Stückzahl in einer Kauflizenz beziehen und die Titelblätter austauschen; die Ausgaben sollten nicht als Lizenzausgabe, sondern mit »West-« bzw. »Ost-Ausgabe«[449] gekennzeichnet werden.

3) Alle neu entwickelten Werke sollten ebenfalls in Kauflizenz übernommen werden, »ausgenommen Konkurrenzwerke, politisch nicht tragbare Werke sowie auf östliche bzw. westliche Verhältnisse abgestellte Werke«.[450] Konkurrenzwerke könnten durch eine Abstimmung der Programme von vornherein vermieden werden.

Für Stuttgart bestand der Vorteil dieses Arrangements darin, dass der Vertrieb konsequent aufgeteilt wäre: Leipzig wäre für den Osten, Stuttgart für den Westen zuständig. Darüber hinaus brächte es das Modell mit sich, dass die gesamte Produktion beider Teubner-Verlage in der Bundesrepublik und im westlichen Ausland unter der Stuttgarter Firmierung erscheinen würde.[451] Eben dieser Punkt stieß auf der östlichen Seite auf Ablehnung.[452]

---

448 Dieses und die vorangegangenen Zitate: ebd.

449 Dieses und die vorangegangenen Zitate: ebd.

450 Niederschrift. Am 23.2.1957 Besprechung im Hotel Frankfurter Hof in Frankfurt, 11.3.1957, SStAL, 22199 Teubner Stuttgart, Nr. 79.

451 Glücksmann, Aktennotiz, Betr. Verlagsangelegenheit B. G. Teubner, Stuttgart, 25.2.1957, BArch, DR1/1122.

452 Vgl. Niederschrift. Am 23.2.1957 Besprechung im Hotel Frankfurter Hof in Frankfurt, 11.3.1957, SStAL, 22199 Teubner Stuttgart, Nr. 79; Neumann, Vermerk über den Inhalt der Besprechung, die

Die DDR-Behörden hatten mit den Verhandlungen vor allem die Vollstreckung des Stuttgarter Urteils verhindern wollen, da Probleme beim Export der Leipziger Werke in den Westen befürchtet wurden. Die Verhandlungen sollten daher unbedingt fortgeführt werden. Immerhin konnte das Amt für Literatur und Verlagswesen im Sommer 1957 feststellen, dass der Export der Leipziger Teubner-Literatur ungehindert vor sich ging, also zunächst keine Konsequenzen des Urteils eingetreten waren.[453] Ein weiterer Aspekt gab Anlass zur Weiterführung der mühsamen Gespräche: Man tat dies, »um westdeutschen Arbeitsgremien der Deutschen Akademie der Wissenschaften nachzuweisen, daß wir um eine Verständigung bemüht sind und für sie deshalb keine Ursache besteht, ihre verlegerischen Beziehungen zum Leipziger Haus abzubrechen«.[454]

Im September 1957 schickte das Büro für Urheberrechte nach Abstimmung mit der Hauptverwaltung Verlagswesen einen Vertragsentwurf für eine Vereinbarung zwischen den Teubner-Verlagen nach Stuttgart, der folgende Punkte enthielt:[455]

– Die Frage der Rechtmäßigkeit wird nicht berührt.
– Das Leipziger Haus ändert seinen Namen zu ›Teubner Verlag zu Leipzig‹.
– Es erfolgt eine Trennung der Vertriebsgebiete für Deutschland. Jeder der Verlage besorgt für seinen Teil den Vertrieb aller Teubner-Publikationen; hierfür werden Teilauflagen übernommen, bei denen der Originalverlag und das Lizenzverhältnis zum Ausdruck kommen. Im Ausland dürfen beide Verlage die eigenen Werke frei vertreiben.
– In Bezug auf die so genannten ›alten Rechte‹ gelten diese als mit dem Verlag als abgeschlossen, bei dem seither Neuauflagen erschienen oder bei dem eine Einigung mit dem Autor erzielt wurde. Sollte beides nicht zutreffen, erfolgt eine Abstimmung zwischen den Verlagen.
– Die *Bibliotheca Teubneriana* und der *Thesaurus* erscheinen weiterhin in Leipzig; der Stuttgarter Verlag kann Teilauflagen für sein Vertriebsgebiet übernehmen.
– Die seit der Spaltung geschlossenen Verträge behalten ihre Gültigkeit.[456]

Martin Giesecke empfand den Vertragsvorschlag als »völlig unbefriedigend und unannehmbar«.[457] Er kam auf seine Forderung nach einem Wegfall des Namens Teubner in Leipzig zurück. Eine entsprechende Antwort an das Büro für Urheberrechte erging erst

---

am 23.2.1957 zwischen 11 und 17 Uhr in Frankfurt am Main, Hotel Frankfurter Hof, stattgefunden hat, 25.2.1957, BArch, DR1/1122.

453 Vgl. Böhm an Hagemann, stellv. Minister für Kultur, 19.6.1957, BArch, DR1/6233.

454 Morgenstern an Schmidt, 26.6.1957, BArch DR1/1124.

455 Der Vertrag wurde vom Büro für Urheberrechte vorbereitet, zum ersten Entwurf siehe Glücksmann, Entwurf. Vertrag, 22.5.1957, SStAL, 22198 Teubner Leipzig, Nr. 193.

456 Vgl. Sauerstein, Büro für Urheber-Rechte, an Giesecke, Teubner Stuttgart, 30.9.1957, mit Anhang Vertrag, SStAL, 22199 Teubner Stuttgart, Nr. 79.

457 Giesecke, Betrifft: Verhandlungen Teubner Stuttgart/Teubner Leipzig, 11.10.1957, SStAL, 22199 Teubner Stuttgart, Nr. 79.

ein halbes Jahr später, im Mai 1958, da in der Zwischenzeit Verhandlungen mit dem Börsenverein zur Frage der Parallelverlage liefen, deren Ergebnis Giesecke abwarten wollte (siehe Kapitel 7.2.3).[458] Beim Büro für Urheberrechte löste die erneute Forderung nach der Namensaufgabe Befremden aus; im Antwortschreiben vom Juli wurde außerdem kritisiert, dass B. G. Teubner Stuttgart den Vertrieb Leipziger Werke in Österreich zu verhindern versucht hatte. Das Büro versuchte nun, den westdeutschen Verlag unter Druck zu setzen und kündigte an, dass der mit dem Akademie-Verlag abgeschlossene Vertrag über das *Mathematische Wörterbuch* in Gefahr sei, sollte Giesecke nicht einlenken (siehe Kapitel 6.4.2).[459]

Ende Dezember 1958 mahnte das Büro für Urheber-Rechte die noch ausstehende Antwort auf sein letztes Schreiben an.[460] Giesecke sah keine große Chance auf eine Verständigung, wollte jedoch die Verhandlungen aus taktischen Gründen nicht selbst abbrechen.[461] In einem Schreiben an das Büro für Urheber-Rechte wiederholte B. G. Teubner Stuttgart die Forderung, die Gegenseite solle zur Frage der Namensänderung Stellung zu nehmen,[462] erhielt aber keine eindeutige Antwort.[463]

Im Juni 1959 schien neue Bewegung in die Verhandlungen zu kommen, nachdem zwei Mitarbeiter des Büros für Urheber-Rechte unangemeldet im Stuttgarter Teubner-Verlag erschienen waren und ihr Interesse an weiteren Verhandlungen bekundet hatten.[464] Da aber weder über die Namensfrage noch über Gemeinschaftsausgaben eine Einigung erzielt werden konnte, verständigte man sich darauf, diese Fragen zunächst zurückzustellen und einen praktischen Aspekt anzugehen, den Umgang mit den ›alten Rechten‹. Ein Fortschritt in diesen Verhandlungen war in der nächsten Zeit nicht zu verzeichnen.[465] Eine Ursache dafür lag in einer neuen Entwicklung

---

458 Vgl. Giesecke, Teubner Stuttgart, an Greuner, 21.10.1957; Giesecke, Teubner Stuttgart, an Harth, Büro für Urheberrechte, 9.5.1958, SStAL, 22199 Teubner Stuttgart, Nr. 79.

459 Vgl. Harth, Büro für Urheber-Rechte, an Teubner Stuttgart, 23.7.1958, SStAL, 22199 Teubner Stuttgart, Nr. 79.

460 Vgl. Sauerstein, Büro für Urheber-Rechte, an Teubner Stuttgart, 29.12.1958, SStAL, 22199 Teubner Stuttgart, Nr. 80.

461 Vgl. Giesecke, Gemeinsam mit Herrn Dr. Heisig Rücksprache mit Herrn Dr. Lichtenstein am 13.1.1959 betreffend Teubner Stuttgart/Teubner Leipzig, 14.1.1959, SStAL, 22199 Teubner Stuttgart, Nr. 80.

462 Vgl. Giesecke, Teubner Stuttgart, an das Büro für Urheber-Rechte, 22.1. 1959, BArch, DR1/1230.

463 Vgl. Harth, Büro für Urheber-Rechte, an Teubner Stuttgart, 13.2.1959, SStAL, 22199 Teubner Stuttgart, Nr. 80.

464 Vgl. Giesecke, Gemeinsam mit Herrn Dr. Heisig kurze Rücksprache mit den Herren Dr. Harth und Sauerstein vom Büro für Urheberrechte, Berlin, am 5.6.1959 in Stuttgart, SStAL, 22199 Teubner Stuttgart, Nr. 80.

465 Vgl. Heisig, Stichwortnotizen aus der Besprechung zwischen Dr. Harth und Sauerstein vom Büro für Urheberrechte, Berlin, und Dr. Lichtenstein, Dr. Heisig und Martin Giesecke, am 2.7.1959 in Frankfurt/Main; Übertragung der stenografischen Notizen während der Besprechung vom 2.7.59 in Frankfurt, Frankfurter Hof, o. D.; Harth und Sauerstein, Büro für Urheber-Rechte, an Lichtenstein, 24.9.1959, SStAL, 22199 Teubner Stuttgart, Nr. 80.

in der Verlagspolitik in der DDR: Stuttgart nahm an, dass Teubner Leipzig durch die angekündigte Neuprofilierung der DDR-Verlage den technischen Verlagsbereich verlieren würde. Zum 1. Januar 1960 war ein eigener VEB Verlag für Bauwesen gegründet worden; der schon seit 1946 bestehende VEB Verlag Technik sollte sich auf die Bereiche Maschinenbau und Elektrotechnik konzentrieren.[466]

Eine Teilung der Verlagsrechte würde für diese Titel nicht mehr in Frage kommen, sollten sie auf andere DDR-Verlage übergehen – die Rechte stünden in diesem Fall allein Stuttgart zu. Zur Teilung der anderen ›alten‹ Rechte hatte der Stuttgarter Verlag festgestellt, dass die Teilung nach Wohnort für ihn von Vorteil wäre. Allerdings war man nicht bereit, diese Regelung auch für die damals nicht aktiv genutzten Verlagsrechte zur Geltung kommen zu lassen. In dieser Situation erwog Giesecke im Januar 1960 einen Abbruch der Verhandlungen.[467]

Auf die Nachfrage des Büros für Urheber-Rechte nach dem Stand der Dinge im Februar[468] erwiderte der Stuttgarter Anwalt Lichtenstein, dass zunächst geklärt werden müsse, wie sich die angekündigte Neuformierung der technischen Verlage auf Teubner Leipzig auswirken würde.[469] Das Büro für Urheber-Rechte versicherte mehrfach, dass die Neuformierung ohne wesentlichen Einfluss auf die Verhandlungen sei.[470] Das gegenseitige Misstrauen aber wuchs, auch weil das Büro für Urheber-Rechte dem Stuttgarter Verlag erneute »Störmanöver«[471] vorwarf. Dazu gehörten die schon seit mehreren Jahren von Stuttgart in die Leipziger Bücher eingeklebten Siegelmarken (siehe Kapitel 6.4.2), die den Mitarbeitern des Büros für Urheber-Rechte bis dato unbekannt gewesen waren, sowie der Widerspruch gegen die Besprechung von Leipziger Werken in westlichen Zeitschriften.[472]

Hinsichtlich der Profilierung der technischen Verlage in der DDR mussten die Mitarbeiter des Büros für Urheber-Rechte im November 1960 einräumen, dass diese doch Konsequenzen für Teubner Leipzig haben würde. Der Verlag sollte einem neuen Fachverlag »für einzelne Werke ein Lizenznachdruckrecht«[473] übertragen, formal allerdings im Besitz der Verlagsrechte bleiben. Wenn das Büro auch zusicherte, dass diese Regelung sich einer eventuellen Wettbewerbsabrede zwischen den beiden Teubner-Verlagen unterordnen müsse, hegte Giesecke starke Zweifel daran, dass

---

466 Vgl. Wie sieht das neue Fachverlagswesen für Technik, Industrie und Landwirtschaft aus? In: Börsenblatt (Leipziger Ausgabe), H. 4, 23.1.1960, S. 52f.

467 Vgl. Giesecke, Rücksprache mit Dr. Lichtenstein am 19.1.1960 betreffend Teubner Stuttgart – Teubner Leipzig, 21.1.1960, SStAL, 22199 Teubner Stuttgart, Nr. 80.

468 Vgl. Lichtenstein, Aktennotiz, 8.2.1960, SStAL, 22199 Teubner Stuttgart, Nr. 80.

469 Vgl. Lichtenstein an Harth und Sauerstein, Büro für Urheber-Rechte, 23.2.1960, SStAL, 22199 Teubner Stuttgart, Nr. 80.

470 Vgl. Harth, Büro für Urheber-Rechte, an Lichtenstein, 25.4.1960, SStAL, 22199 Teubner Stuttgart, Nr. 80.

471 Büro für Urheber-Rechte an Lichtenstein, 15.7.1960, SStAL, 22199 Teubner Stuttgart, Nr. 80.

472 Vgl. Lichtenstein, Aktennotiz, 12.11.1960, SStAL, 22199 Teubner Stuttgart, Nr. 80.

473 Ebd.

die vorgesehene Vertriebsbeschränkung für die betreffenden Titel zu realisieren wäre. Hinzu kam, dass in dieser Zeit die ersten Teubner-Titel bei der Edition Leipzig erschienen – Giesecke vermutete hier richtig, dass die Edition in die Veröffentlichung einbezogen wurde, um ihrerseits Lizenzen an westdeutsche Verlage geben zu können (siehe Kapitel 6.5.1). Diese Entwicklungen hielten Stuttgart davon ab, Vereinbarungen mit der Gegenseite zu treffen.[474]

1961 erschien in Leipzig eine Festschrift zum 150jährigen Jubiläum von B. G. Teubner,[475] die nach Stuttgarter Meinung »eine ganze Reihe von Unrichtigkeiten«[476] enthielt. Giesecke überlegte, gegen die Festschrift Maßnahmen zu ergreifen. Die Gespräche mit dem Büro wurden vorerst zurückgestellt, in den Verhandlungen sollte, wenn diese überhaupt wieder aufgenommen würden, die Namensfrage wieder in den Mittelpunkt gerückt werden.[477]

An dieser Stelle kam es zum Abbruch der Beziehungen. Wiederaufgenommen wurden die Gespräche im September 1964. Martin Giesecke wies beim ersten Treffen mit dem neuen Verlagsleiter Heinz Kratz darauf hin, dass die bisherigen Verhandlungen an der Namensfrage gescheitert waren, er sich aber – als Urenkel des Firmengründers – verpflichtet fühle, diese Frage zu regeln. Kratz äußerte Verständnis, betonte aber, dass die Namensfrage »eine recht schwierige«[478] sei. In der Tat war die Ost-Berliner Verlagsbehörde weiterhin mit einer Namensänderung nicht einverstanden.

Unter Ausklammerung dieser Grundsatzfrage verhandelten die Verlage über mögliche Kooperationen, beispielsweise die gegenseitige Übernahme größerer Teilauflagen und beiderseitige kleinere Bezüge, wobei konkrete Vorschläge zur Herstellung, zur Trennung der Vertriebsgebiete und zur Kennzeichnung der Ausgaben zur Sprache kamen. Stuttgart stellte für den Fall eines Zustandekommens einer Zusammenarbeit die Bedingung, dass die Lizenzvergabe an andere Verlage wie die Edition Leipzig aufgegeben werden müsse. Leipzig wollte versuchen, die an Edition Leipzig vergebenen Lizenzen dort wieder freizubekommen, um stattdessen in eine Kooperation mit Teubner Stuttgart treten zu können.[479]

---

474 Vgl. ebd.; Giesecke, Bemerkungen zur Aktennotiz RA Dr. Lichtenstein vom 12.11.1960, 30.11.1960, SStAL, 22199 Teubner Stuttgart, Nr. 80.

475 In Stuttgart wurde aus diesem Anlass eine wenige Seiten umfassende Broschüre herausgegeben.

476 Giesecke, Anruf von Dr. Lichtenstein am 27.3.1961 betr. Teubner Stuttgart – Teubner Leipzig und Telefonische Rücksprache mit Dr. Lichtenstein am 28.3.1961, 28.3.1961, SStAL, 22199 Teubner Stuttgart, Nr. 80

477 Vgl. Giesecke, Anruf von Dr. Lichtenstein am 27.3.1961 betr. Teubner Stuttgart – Teubner Leipzig und Telefonische Rücksprache mit Dr. Lichtenstein am 28.3.1961, 28.3.1961, SStAL, 22199 Teubner Stuttgart, Nr. 80.

478 Giesecke, Rücksprache mit Herrn Kratz, am 20.9.1964 zur Buchmesse in Frankfurt (gemeinsam mit Herrn Giesecke jr.), 1.10.1964, SStAL, 22199 Teubner Stuttgart, Nr. 140.

479 Michael Giesecke, Besprechung betreffend eventuelle Zusammenarbeit Teubner, Stuttgart/Teubner, Leipzig am 26.11.1964, SStAL, 22199 Teubner Stuttgart, Nr. 140.

Bei der nächsten Besprechung im April 1965 stand weiterhin die Namensfrage im Raum, allerdings wurden daneben auch wieder Möglichkeiten einer Zusammenarbeit erörtert. Ins Auge gefasst wurde eine Rahmenvereinbarung, in der Teubner Stuttgart die Priorität für die Übernahme Leipziger Werke für den Vertrieb in der Bundesrepublik eingeräumt würde.[480] Der Realisierung stand entgegen, dass Teubner Leipzig, teilweise auf dem Umweg über Edition Leipzig, Lizenzen der für Stuttgart interessanten Titel an andere westdeutsche, österreichische und Schweizer Verlage vergeben hatte, so an den Verlag Harri Deutsch in Frankfurt am Main, an J. A. Mayer in Aachen sowie an den Pfalz Verlag in Basel.[481] Weitere Irritationen in den Beziehungen wegen der Stuttgarter Siegelmarken und Vertriebsbehinderungen für die Leipziger Bücher in der Schweiz ließen die Bemühungen im Sande verlaufen.[482]

Nach dem Tod Martin Gieseckes im Jahr 1965 setzte der nunmehrige Inhaber Erich Ackermann gemeinsam mit seinem Prokuristen Hans-Joachim Ernst die Gespräche fort. Ackermann war an einer raschen Einigung interessiert. Die Gespräche zwischen den Parteien wurden jetzt auf der Verlagsebene geführt. Sowohl zum Leipziger Verlagsleiter Heinz Kratz als auch zu Erich Studzinski von Gustav Fischer Jena, der an den Verhandlungen beteiligt war, entwickelten sich gute Beziehungen. So kam es, nach fast zwei Jahrzehnten ergebnisloser Gespräche, Ende der 1960er Jahre zu einer Zusammenarbeit in Form von Mitdruckgeschäften. Grundlage dafür stellte eine Vereinbarung von Ende 1968 in Form eines schlichten einseitigen Aktenvermerks dar. Darin wurde eine neue Gestaltung des Leipziger Signets vereinbart, welches das Wort ›Leipzig‹ enthalten sollte. Dem Firmennamen wurde die Bezeichnung ›BSB‹ (für Betrieb mit staatlicher Beteiligung) vorangestellt. Das neue Signet und der ergänzte Name sollten künftighin für alle Veröffentlichungen verwendet werden. Unter dieser Voraussetzung wurde festgelegt, dass keine gegenseitige Vertriebsbehinderung mehr stattfinden und gegen die Teilnahme des je anderen Verlags an Buchmessen und ähnlichen Veranstaltungen kein Einspruch erhoben werden sollte. Bemerkt wurde abschließend, dass sich beide Verlage darüber einig seien,

> dass weder diese Niederschrift noch die damit im Zusammenhang stehenden Besprechungen die Aufgabe eines Rechtes oder einer Anwartschaft bedeuten, die sich für einen der beiden Verlage aus der für ihn massgebenden Rechts- und Wirtschaftsordnung ergeben.[483]

---

480 Vgl. Michael Giesecke, Besprechung betreffend eventuelle Zusammenarbeit Teubner Stuttgart/Teubner Leipzig am 13.4.1965 im Verlag, 15.4.1965, SStAL, 22198 Teubner Leipzig, Nr. 140; Kratz, Teubner Leipzig, an Giesecke, Stuttgart, 15.5.1965, SStAL, 22198 Teubner Leipzig, Nr. 189.
481 Die Firma KAWE beschwerte sich 1964 beim Börsenverein Frankfurt über die Praxis, solche »Lizenzausgaben [...] in das Ausland, größtenteils deutschsprachige Ausland zu geben und den Vertrieb für diese Lizenzausgaben für die Bundesrepublik den ausländischen Verlagen zu übertragen«. Dies stellte nach Auffassung von Bluhm von KAWE eine »Umgehung der Interzonenhandelsverträge« dar. Vgl. Bluhm, KAWE, an Witten, BV Frankfurt, 15.12.1964, ISG Frankfurt am Main, BV, W2/7:2826.
482 Vgl. Aktennotiz über ein Gespräch im Sektor Verlage am 18.4.1966, 21.4.1966, BArch, DR1/7507.
483 Aktenvermerk, 4.12.1968, BArch, DR1/7188.

In der Folge dieser Vereinbarung entwickelte sich in den 1970er und 1980er Jahren eine Kooperation zwischen Leipzig und Stuttgart.[484] Eine Reihe von Teilauflagenübernahmen zwischen Leipzig und Stuttgart zeugen davon.[485]

Anerkennung versus ökonomische Fragen

Zu einer Zusammenarbeit mit dem ehemaligen Stammhaus im Osten, wie sie beispielsweise der Verlag Gustav Fischer Stuttgart praktizierte, war B. G. Teubner in Stuttgart nicht bereit, weil er darin eine Anerkennung des östlichen Verlags gesehen hätte. Dennoch ließ er sich auf Vergleichsverhandlungen mit dem Leipziger Verlag bzw. den zuständigen DDR-Behörden ein, weil durch die Existenz des Parallelverlags im anderen Deutschland Probleme entstanden waren, die durch konfrontative Strategien allein nicht gelöst werden konnten. Das in Stuttgart ergangene Gerichtsurteil war zunächst nur in der Bundesrepublik, und selbst hier nur von begrenztem Nutzen. Daneben zwangen die Entscheidungen der gesamtdeutschen Institutionen, die die Herausgabe der *Bibliotheca Teubneriana* und des *Thesaurus Linguae Latinae* verantworteten, zum Handeln, da sich diese für eine Fortsetzung der Zusammenarbeit mit dem Leipziger Verlag ausgesprochen hatten.

Die DDR-Seite hatte die Verhandlungen mit dem Ziel angestoßen, den vor dem Stuttgarter Gericht laufenden Prozess zu stoppen bzw. das grundsätzliche Einfuhrverbot für die Leipziger Titel in der Bundesrepublik aufzuheben.[486] Die Möglichkeit zum Export der Teubner-Titel hatte eine große Bedeutung für die staatlichen Stellen in der DDR. Von der *Bibliotheca Teubneriana* beispielsweise wurden nach Aussage des Leipziger Verlags 90 bis 95 Prozent der Titel exportiert, vor allem in die Bundesrepublik und das westliche Ausland.[487] Außerdem wollte man wichtigen Autoren und Institutionen im Westen die eigene Verhandlungsbereitschaft demonstrieren.

Im Laufe der Gespräche erfuhren die Motive und Zielsetzungen auf beiden Seiten Konkretisierungen, Erweiterungen und Modifikationen. Entsprechend dem Ziel der Fortsetzung der Exporte und damit der Erwirtschaftung von Devisen schlugen die DDR-Vertreter wiederholt eine Zusammenarbeit in Form von Mitdruckgeschäften vor. Daneben waren politische Aspekte von Bedeutung. Über den Export der wissenschaftlichen Literatur, vorrangig der altbekannten Verlagswerke wie *BT* und *Thesaurus*, ver-

---

484 Krämer/Weiß 2011, S. 197. Zur Kooperation zwischen den Teubner-Verlagen siehe zum Beispiel Teubner Stuttgart an Kratz, Teubner Leipzig, 7.4.1970, SStAL, 22198 Teubner Leipzig, Nr. 908 sowie weitere Korrespondenz aus dieser Akte.

485 Vgl. zum Beispiel Vertrag zwischen Teubner Stuttgart, Teubner Leipzig und Buch-Export, 21.4.1971, SStAL, 22198 Teubner Leipzig, Nr. 757.

486 Vgl. beispielsweise Verwaltung Volkseigener Verlage an Praxmarer, 6.1.1956, mit Anhang Vorschlag für Vergleichsverhandlungen Teubner, SStAL, 22199 Teubner Stuttgart, Nr. 79.

487 B. G. Teubner Leipzig, Vergangenheit, Gegenwart und Zukunft der Bibliotheca Teubneriana, 1.12.1967, SStAL, 22198 Teubner Leipzig, Nr. 249.

suchten die staatlichen Stellen der DDR indirekt eine internationale Anerkennung des Staates zu erlangen. Darum ging es auch bei dem vorgeschlagenen Modell einer Teilung der Verlagsrechte. Dem Leipziger Verlag wäre auf diesem Wege zunächst die Anerkennung des westlichen Parallelverlags zuteilgeworden und auf dem Weg des Exports die der Wissenschaftler in aller Welt.

Für den Stuttgarter Verlag hatte in seinen Überlegungen lange Zeit der Anspruch auf die eigene Rechtmäßigkeit und die daraus folgende Illegitimität des Leipziger Hauses Priorität. Eine Änderung des Leipziger Firmennamens war daher die immer wieder ins Spiel gebrachte Lösungsvariante, deren Vorrang zeitweise andere Überlegungen obsolet werden ließ. Der Teubner-Verlag in Leipzig sollte in der westlichen Welt nicht in Erscheinung treten, neben dem Aspekt der Unrechtmäßigkeit unter anderem damit begründet, dass Stuttgart sich mit manchen Werken in wissenschaftlicher oder politischer Hinsicht nicht identifizieren konnte. Daneben wurden sehr detaillierte Vorschläge zum Umgang mit Verlagsrechten und Vertriebsgebieten unterbreitet; für bestimmte renommierte Verlagswerke versuchte der Stuttgarter Verlag, Sonderregelungen zu treffen.

Verlagspolitische Maßnahmen in der DDR – so die Neuprofilierung der technischen Verlage Anfang der 1960er Jahre und die Praxis der Lizenzvergabe an staatliche Verlage für den Vertrieb der Werke im westlichen Ausland – ließen den Stuttgarter Verlag an der Möglichkeit einer Einigung zweifeln. Auf östlicher Seite wiederum stießen die während der Verhandlungen fortgesetzten Versuche des Stuttgarter Verlags, den Export Leipziger Bücher zu verhindern bzw. diese beim Import in die Bundesrepublik als Stuttgarter Produkte zu kennzeichnen (so interpretierten die DDR-Behörden die eingeklebten Siegelmarken), auf Befremden und wurden als Hindernisse auf dem Weg zu einer einvernehmlichen Lösung betrachtet.

Dass eine Zusammenarbeit zwischen Teubner Stuttgart und Teubner Leipzig ab Ende der 1960er Jahre in Gang kam, lag nicht zuletzt an einer personellen Änderung. Martin Giesecke, der die Gespräche mehr als ein Jahrzehnt lang von Stuttgarter Seite geführt hatte und der sich nie von der Überzeugung lösen konnte, dass zuerst das grundsätzliche Problem der unrechtmäßigen Existenz des Leipziger Verlags ausgeräumt werden müsse, war zu einer mehr pragmatisch bestimmten Herangehensweise letztlich nicht in der Lage. So kam eine Einigung erst nach seinem Tod zustande. Nachfolger Erich Ackermann war zu einem Kompromiss hinsichtlich des Firmennamens bereit, der für beide Seiten akzeptabel war. Name und Signet wurden auf eine deutliche Unterscheidung zu Stuttgart hin variiert, dennoch blieb der alte Traditionsname Teubner auch in der DDR erhalten – für die dortigen Behörden war dies stets ein Kernanliegen gewesen.

6.4 Strategiefeld III: Kontrolle und Steuerung

6.4.1 Gesamtdeutsche Projekte: Die Altertumswissenschaften bei Teubner

In manchen Fällen waren die westlichen Parallelverlage zu einer Verständigung nicht bereit, konnten mit konfrontativen Strategien aber keine Lösung des Konflikts herbeiführen. Eine juristische Regelung, die in beiden deutschen Staaten oder gar international bei Autoren und Geschäftspartnern Anerkennung gefunden hätte, war nicht zu erreichen; ein Einfuhrverbot für die Titel des parallelen DDR-Verlags in die Bundesrepublik, wie es beispielsweise B. G. Teubner in Stuttgart zu erwirken suchte, war trotz der juristischen Stütze durch die ergangenen Urteile letztlich schwer durchzusetzen und stieß zudem bei einem Teil der Wissenschaftler und auch bei vielen Buchhändlern auf Unverständnis. Da den Verlagen in der Phase des Neuaufbaus in der Bundesrepublik oft die Ressourcen fehlten, um eine eigene Verlagsproduktion rasch und in einem vergleichbaren Umfang wie vor der Umsiedlung vorlegen zu können, waren die Kunden kaum gewillt, auf die Literatur aus den Verlagen in der DDR zu verzichten. Da dies das Ansehen der westlichen Verlage zu schädigen drohte, mussten diese versuchen, für einzelne Fragen pragmatische Lösungen zu finden.

Verhandlungen mit dem Parallelverlag, wie sie bei B. G. Teubner geführt wurden, stellten eine Möglichkeit dar, zu solchen Lösungen zu kommen. Die Gespräche konnten sich aber über Jahre hinziehen, ohne konkrete Ergebnisse zu zeitigen.[488] Die Gegebenheiten auf dem Beschaffungs- und Absatzmarkt brachten jedoch Probleme mit sich, die rasche Lösungen erforderten. Die Auseinandersetzungen um die bei Teubner angesiedelten renommierten altertumswissenschaftlichen Verlagsprojekte *Bibliotheca Teubneriana* und *Thesaurus Linguae Latinae (Thesaurus)* stellen anschauliche Beispiele für das Dilemma dar. Das besondere und für alle Beteiligten diffizile an diesen Reihen war, dass es sich wegen der beteiligten Institutionen um gesamtdeutsche bzw. sogar internationale Unternehmungen handelte.[489] So wurde die *Bibliotheca Teubneriana* von der Editions-Kommission der Mommsen-Gesellschaft herausgegeben. Diese Gesellschaft war bis 1966 als gesamtdeutsche Institution organisiert, was sich in der Besetzung des Vorstandes sowie der Ortswahl für die alle zwei Jahre stattfindenden Tagungen – in den 1950er Jahren abwechselnd in der DDR und in der Bundesrepublik – manifestierte.[490] Auf DDR-Seite war an der

---

488 Auch bei Reclam, Brockhaus und Peters wurden noch bis in die 1980er Jahre Gespräche geführt. Für diesen Hinweis danke ich Klaus G. Saur.

489 Dies galt auch für das im Teubner-Verlag erscheinende *Mathematische Wörterbuch*, dessen Publikationsgeschichte in Kapitel 6.4.2 kurz angerissen wird.

490 Vgl. Mensching 2004, S. 9–19. Auf der Tagung der Gesellschaft im Juni 1954 in Jena betonte der Vorsitzende, Prof. Snell, den »gesamtdeutschen Charakter der Mommsen-Gesellschaft«, »deren Mitglieder in beiden Teilen Deutschlands ansässig sind und unter denen ein enger Zusammenhalt privater

redaktionellen Bearbeitung das an der Deutschen Akademie der Wissenschaften zu Berlin angesiedelte Institut für griechisch-römische Altertumskunde beteiligt.

Auch in die Publikation des lateinischen Wörterbuchs *Thesaurus Linguae Latinae* war die Ost-Berliner Akademie als Mitglied der Internationalen Thesaurus-Kommission involviert, die das Werk seit 1949 herausgab. Diese Kommission war nicht nur gesamtdeutsch, sondern international besetzt.[491] Neben der Deutschen Akademie der Wissenschaften und der Sächsischen Akademie der Wissenschaften zu Leipzig auf ostdeutscher und der Akademie der Wissenschaften zu Göttingen und der Bayerischen Akademie der Wissenschaften auf westdeutscher Seite waren weitere 17 wissenschaftliche Akademien aus 13 Ländern und von drei Kontinenten beteiligt.[492] Der Geschäftsverkehr wurde zwischen dem Verlag und dem Wissenschaftlichen Thesaurus-Büro in München abgewickelt.[493]

Durch diese Konstellationen war eine Entscheidung für den einen oder den anderen Verlag bei beiden Verlagsobjekten ungleich schwerer zu erlangen als bei Monografien. Zudem waren die Institutionen mit den sich widersprechenden Gerichtsentscheiden konfrontiert. Nichtsdestotrotz entschied die Internationale Thesaurus-Kommission, dass der *Thesaurus* nach der Verlagsteilung weiterhin in Leipzig herausgebracht werden sollte.[494] Versuche von Verleger Martin Giesecke, auf die Kommissionsmitglieder in seinem Sinne einzuwirken, hatten keinen Erfolg – wenn diese auch persönlich Verständnis für die Situation des Stuttgarter Verlags zeigten.[495]

Als Begründung führte die Kommission den »Zusammenhalt mit den ostdeutschen Akademien in Berlin und Leipzig als Mitgliedern der Kommission«[496] an. Womöglich war dieser Erfolg für die DDR-Seite zum Teil auf gezielte Bemühungen der Akademie zurückzuführen. Deren Präsidium hatte Siegfried Langhans, der als Rechtsberater für die Akademie tätig war und als Verbindungsmann zum Amt für Literatur und Verlagswesen fungierte,[497] damit beauftragt, »mit den verantwortlichen Herausgebern zu verhandeln und sicherzustellen, daß die Internationale Thesaurus-

---

und arbeitsmäßiger Art besteht«. Aus dem Bericht der Tagung der Mommsengesellschaft vom 8. bis 12. Juni 1954 in Jena, BArch, DR1/1947.

491 Der Kommission gehörten auf westdeutscher Seite die Professoren Erich Burck (Kiel), Hans Diller (Kiel) und Kurt Latte (Göttingen) sowie auf ostdeutscher Johannes Irmscher (Berlin) an. Vgl. Giesecke, Teubner Stuttgart, an Greuner, 12.1.1955, SStAL, 22199 Teubner Stuttgart, Nr. 87.

492 Vgl. Krömer/Flieger 1996, S. 4, Fußnote 1 sowie S. 183–185.

493 Vgl. beispielsweise die Korrespondenz zwischen Teubner und dem Thesaurus-Büro in der Akte Nr. 474, SStAL, 22198 Teubner Leipzig.

494 Vgl. Giesecke, Teubner Stuttgart, an Greuner, 7.10.1955, SStAL, 22199 Teubner Stuttgart, Nr. 75; Krämer 2011, S. 60.

495 Giesecke, Teubner Stuttgart, an Greuner, 12.6.1954, SStAL, 22199 Teubner Stuttgart, Nr. 87.

496 Krämer 2011, S. 60.

497 Vgl. Schuberth, Bericht über die Mathematiker-Tagung vom 11. bis 16.10.54, SStAL, 22198 Teubner Leipzig, Nr. 1165.

Kommission nicht mit den Stuttgarter illegalen Firmen zusammenarbeitet.«[498] Für die Akademie und B. G. Teubner stand wegen des internationalen Renommees des Projekts viel auf dem Spiel – und damit auch für DDR-Regierung, die über das Amt für Literatur und Verlagswesen an den Vorgängen beteiligt war.

> Die Akademie wäre, wenn dies [den Thesaurus in Leipzig zu halten, A.-M.S.] nicht gelungen wäre, in eine zweischneidige Situation gekommen. Sie hätte entweder ihren Austritt aus dieser Kommission erklären müssen, was wissenschaftlich nicht möglich, oder nur mit sehr grossem wissenschaftlichen Verlust für die Deutsche Demokratische Republik möglich gewesen wäre, oder sie hätte mitmachen müssen und dadurch wäre erreicht worden, daß wir indirekt die Stuttgarter Firmen anerkannt hätten.[499]

Der spätere Vorsitzende der Internationalen Thesaurus-Kommission, Albin Lesky (Wien), äußerte sich zu der Entscheidung mit den Worten: »Der Thesaurus ist keineswegs gesonnen, zweifellos unerfreuliche Verhältnisse im Verlagswesen, die durch vis maior hervorgerufen sind, auf seinem Rücken austragen zu lassen.«[500] Als weitere Begründung führte die Kommission den Zuschuss an, den der Verlag für die Publikation von der Deutschen Akademie der Wissenschaften in Ost-Berlin erhielt und der bei einem Wechsel nach Stuttgart wohl nicht weiter gewährt worden wäre.[501]

Teubner Stuttgart standen nur begrenzte Möglichkeiten zur Verfügung, sich gegen diese Entscheidung der Kommission zur Wehr zu setzen. Laut Vertrag war der Verlag verpflichtet, das Werk auf Wunsch der Kommission herauszubringen. Im Falle einer Kündigung des Vertrags durch die Kommission und einem Verlagswechsel zu Leipzig – so wurde die Entscheidung interpretiert – sah der Stuttgarter Verlag nur die Möglichkeit, gegen den unrechtmäßigen Gebrauch des Namens Teubner durch den Leipziger Verlag vorzugehen, nicht aber gegen die Kommission selbst.[502] Bei einer Publikation der Reihe durch Leipzig befürchtete man in Stuttgart, dass der dortige Verlag dies für Propagandazwecke nutzen würde.[503]

Die *Bibliotheca Teubneriana* wurde seit 1850 bei Teubner publiziert.[504] Nach dem Ende des Zweiten Weltkriegs kam die renommierte Reihe ab 1948 wieder heraus. Das wissenschaftliche Verlagsobjekt konnte sich wegen der geringen Auflagenhöhen nicht allein tragen, weshalb der Verlag für die Finanzierung einen Partner suchte und ihn in der Deutschen Akademie der Wissenschaften in Berlin Ost fand. Da an den Privatverlag Teubner keine staatlichen Subventionen fließen durften, wurde eine Arbeits-

---

498 Langhans, Betr.: B. G. Teubner, 9.2.1956, BArch, DR1/1947.
499 Ebd.
500 Zit. nach Krämer 2011, S. 60.
501 Vgl. Giesecke, Teubner Stuttgart, an Greuner, 12.6.1954, SStAL, 22199 Teubner Stuttgart, Nr. 87.
502 Vgl. Aktennotiz in Sachen B. G. Teubner, 7.7.1954, SStAL, 22199 Teubner Stuttgart, Nr. 87.
503 Giesecke, Teubner Stuttgart, an Greuner, 12.6.1954, SStAL, 22199 Teubner Stuttgart, Nr. 87.
504 Vgl. Schulze 1911, S. 150–154.

gemeinschaft zwischen Teubner und dem Akademie-Verlag gebildet.[505] In einem im Februar 1952 geschlossenen Vertrag – die Eigentümer befanden sich zu dieser Zeit noch in Leipzig – war festgelegt, dass Teubner die »gesamte verlegerische Tätigkeit« sowie die »Werbung und die Auslieferung in der DDR und im Ausland«[506] übernehmen würde, der Akademie-Verlag hingegen sollte die Auslieferung in der Bundesrepublik und West-Berlin besorgen. Aus den Absatzerlösen der Lieferungen in den Westen würde der Akademie-Verlag die Honorarforderungen westlicher Autoren begleichen. Neben der finanziellen Unterstützung wurde der Akademie ein Einfluss auf Planung und Gestaltung der Reihe zuerkannt, die redaktionelle und wissenschaftliche Betreuung blieb allerdings zunächst beim Verlag.[507]

Über den Akademie-Verlag dürfte ab dieser Zeit die Firma Kunst und Wissen Erich Bieber in Stuttgart am Vertrieb der Reihe beteiligt gewesen sein. Dieses 1948 vom Akademie-Verlag gegründete Unternehmen stellte zunächst eine Art westliche Vertretung für den Ost-Berliner Verlag dar und sollte die Abwicklung von interzonalen Geschäften unterstützen, war später aber auch in die Westgeschäfte anderer Verlage einbezogen (siehe Kapitel 3.3.4).

Nachdem Martin Giesecke im Oktober 1952 Leipzig verlassen und seinen Verlag in Stuttgart neu etabliert hatte, waren beide Teubner-Verlage entschlossen, die *Bibliotheca Teubneriana* selbst weiterzuführen. Wie beim *Thesaurus* versuchte die in die Publikation involvierte Ost-Berliner Akademie der Wissenschaften, Einfluss auf die Editions-Kommission und die Autoren zu nehmen,[508] konnte aber nur einen Teilerfolg erzielen. Die Editions-Kommission wollte sich aus dem Streit zwischen den Verlagen heraushalten, zog allerdings andere Schlüsse als die Thesaurus-Kommission.[509] Sie »nahm davon Kenntnis, daß nunmehr sowohl in Stuttgart wie in Leipzig ein Teubner-Verlag besteht«, und erklärte weiter: »Es kann nicht Aufgabe der Kommission sein, die sich hieraus ergebenden Rechtsfragen zu klären.« Daher sollte es den jeweiligen Band-Herausgebern überlassen bleiben, welchen Verlagsort sie wählen – nur dadurch könne der »Grundsatz Freiheit der Wissenschaft« gewahrt bleiben. Ohnehin war die Kommission der Meinung, dass »die BT von Stuttgart wie von Leipzig aus in gleicher Weise gefördert werden kann«. Die Reihe sollte von den beiden Verlagen gleichberechtigt verlegt werden, wobei die Kommission Wert darauf legte, dass es keine ge-

---

505 Vgl. Langhans, Akademie der Wissenschaften, an Morgenstern, HV Verlagswesen, 24.8.1956, BArch, DR1/1947; Teubner Stuttgart an den Vizepräsidenten der Deutschen Akademie der Wissenschaften, Steinitz, 16.5.1958, SStAL, 22198 Teubner Leipzig, Nr. 192.

506 Dieses und das vorangegangene Zitat: Vertrag zwischen Teubner und dem Akademie-Verlag, 25.2./29.5.1952, SStAL, 22198 Teubner Leipzig, Nr. 1633.

507 Teubner Stuttgart an den Vizepräsidenten der Deutschen Akademie der Wissenschaften, Steinitz, 16.5.1958, SStAL, 22198 Teubner Leipzig, Nr. 192.

508 Vgl. Langhans, Betr.: B. G. Teubner, 9.2.1956, BArch, DR1/1947.

509 Das ist bemerkenswert, weil es eine personelle Überschneidung gab: Latte war 1954 erster Vorsitzender der Mommsen-Gesellschaft und Mitglied der Editionskommission sowie zugleich zweiter Vorsitzender des Thesaurus-Kommission.

genseitigen Einfuhrsperren geben dürfe. Derartige Versuche würde die Kommission als »einen bedauerlichen Eingriff in die Freiheit der wissenschaftlichen Arbeit und des wissenschaftlichen Austausches ansehen und verurteilen«.[510]

B. G. Teubner Stuttgart wollte diese Entscheidung nicht hinnehmen, da sich der Verlag im Besitz der Rechte sah. Giesecke hielt es für unmöglich, darauf einzugehen, dass beide Verlage an der Publikation beteiligt sein würden, da damit eine Anerkennung des Leipziger Hauses verbunden wäre.[511] Er brachte diese Auffassung der Editions-Kommission gegenüber zum Ausdruck, diese blieb jedoch bei ihrer Entscheidung; im Übrigen bemühte sich die Kommission um eine Verständigung zwischen beiden Verlagen. Dazu, dass sie sich von Leipzig nicht abwendete, wird auch die Unterstützung der Akademie beigetragen haben, die dem Verlag die Publikation einer Reihe neuer Ausgaben und rasche Nachdrucke vergriffener Ausgaben ermöglichte.[512] Die Reihe ohne Beteiligung der Mommsen-Gesellschaft herauszubringen, war für den Stuttgarter Verlag nicht möglich, weil die Deutsche Forschungsgemeinschaft zugesagte Mittel nur im Falle einer Befürwortung der Herausgabe durch die Mommsen-Gesellschaft bzw. die Editionskommission zur Verfügung stellte.

Als es bei beiden Reihen zu keiner einvernehmlichen Lösung kam, entwickelte Giesecke gemeinsam mit seinem Anwalt drei Modelle für einen Ausweg aus dem Dilemma.[513] Eines davon war die bereits praktizierte Duldung des Imports durch zuverlässige Buchhändler (siehe Kapitel 6.4.2). Das zweite sah vor, die vorliegenden und künftig in Leipzig erscheinenden Werke nachzudrucken und damit die Bundesrepublik und die westliche Welt selbst zu beliefern.[514] Ökonomisch sinnvoll war dieser Weg nach Einschätzung Gieseckes aber nicht.[515] Der dritte, allerdings als wenig realistisch eingeschätzte Vorschlag bestand darin, dass ein Anteil des Verkaufserlöses, den Leipzig im westlichen Ausland erzielten würde, bis zu einer Klärung der Verhältnisse auf einem westdeutschen Bankkonto hinterlegt werden sollte.[516]

Die Überlegungen Gieseckes führten zu keinem tragfähigen Ergebnis. So wurde das von der Editions-Kommission vorgeschlagene Modell einer Teilung der Reihe zwischen den Verlagen ab 1958 Realität, als B. G. Teubner Stuttgart den Altertums-

---

510 Dieses und die vorangegangenen Zitate: Editionskommission der Mommsen-Gesellschaft an Teubner, Stuttgart, 10.12.1953, BArch, DR1/1947.

511 Aktennotiz in Sachen B. G. Teubner, 7.7.1954, SStAL, 22199 Teubner Stuttgart, Nr. 87.

512 Vgl. Aus dem Bericht der Tagung der Mommsengesellschaft vom 8. bis 12.6.1954 in Jena, BArch, DR1/1947.

513 Vgl. Greuner, Aktennotiz in Sachen B. G. Teubner – Allgemeines, 27.10.1955, SStAL, 22199 Teubner Stuttgart, Nr. 88.

514 Greuner wies später aber darauf hin, dass der Nachdruck von Werken, die nach dem Weggang Gieseckes in Leipzig entwickelt worden waren, aus rechtlichen Erwägungen fragwürdig sei.

515 Vgl. Giesecke, Rücksprache mit Greuner am 16.10.1955 in Karlsruhe, 28.10.1955, SStAL, 22199 Teubner Stuttgart, Nr. 88.

516 Greuner, Aktennotiz in Sachen B. G. Teubner – Allgemeines, 27.10.1955, SStAL, 22199 Teubner Stuttgart, Nr. 88.

wissenschaftlern ankündigte, dass der Verlag mit der Fortführung der *Bibliotheca Teubneriana* beginnen und sowohl Neuausgaben als auch Nachdrucke früher erschienener Titel herausbringen würde. Im gleichen Schreiben wurde darauf hingewiesen, dass die Leipziger Ausgaben durch Teubner Stuttgart bezogen werden könnten.[517] B. G. Teubner in Leipzig setzte die Wissenschaft daraufhin davon in Kenntnis, dass Verlag und Reihe in Leipzig weitergeführt würden.

Diesem Schritt Stuttgarts vorausgegangen war ein Anfang 1957 abgeschlossener neuer Vertrag zwischen Teubner Leipzig und der Akademie der Wissenschaften bzw. dem ihr angegliederten Institut für griechisch-römische Altertumskunde.[518] Darin war festgelegt, dass das Institut nun auch die redaktionelle Verantwortung für die Reihe übernehmen sollte, worauf ein Sondertitelblatt hinweisen sollte.[519] Als Stuttgart davon Kenntnis erhielt, erhob der Verlag bei der Akademie Einspruch, da er in dem Verfahren eine Verletzung der ihm zustehenden Rechte sah.[520] Es standen sich erneut die Rechtsauffassungen gegenüber: Der Leipziger Verlag sah sich selbst als rechtmäßigen Inhaber der Verlagsrechte an, und die Akademie der Wissenschaften folgte ihm in dieser Auffassung, die durch den neuen Vertrag gefestigt worden war.

6.4.2 Kontrollierte Einfuhr

Der in den ersten Stuttgarter Jahren drohende Verlust der *Bibliotheca Teubneriana* und der Verbleib des *Thesaurus* in Leipzig berührten für Verlagsinhaber Martin Giesecke die Grundfragen seiner Rechtsauffassung; auf der anderen Seite erforderte die Situation pragmatische Entscheidungen. Ein allgemeines Vertriebsverbot für jegliche Leipziger Produktion, welches Giesecke gern durchgesetzt hätte und das er mit dem Stuttgarter Urteil vom Januar 1956 auch juristisch erstritten hatte, war unter unternehmerischen Gesichtspunkten keine sinnvolle Lösung. Viele Buchhändler zeigten kein Verständnis dafür, dass die wichtige Literatur in der Bundesrepublik nicht erhältlich sein sollte. Ebenso wenig war von den betroffenen Wissenschaftlern, welche die Teubner-Titel für ihre Arbeit benötigten, zu erwarten, dass sie der Entscheidung für eine Vertriebssperre für die Bücher aus Leipzig mit Wohlwollen begegnen würden. Dies hatte schon die Reaktion der an der *BT* und am *Thesaurus* beteiligten Institutionen auf die Verlagsteilung gezeigt; Giesecke befand sich in einem Zwiespalt:

---

517 Vgl. Teubner Stuttgart An die Herren Professoren und Dozenten für die klassischen Altertumswissenschaften an den Universitäten, 28.10.1958, SStAL, 22198 Teubner Leipzig, Nr. 188.

518 Vgl. Teubner Leipzig an den Akademie-Verlag, 17.1.1957, SStAL, 22198 Teubner Leipzig, Nr. 1633. Der alte Vertrag zwischen Teubner, Akademie-Verlag und Akademie war von der Akademie aufgehoben worden. Vgl. Hoffmann, HV Verlagswesen, Aktennotiz, 22.2.1957, BArch, DR1/1078.

519 Vgl. Irmscher an Steinitz, 21.2.1958, SStAL, 22198 Teubner Leipzig, Nr. 192.

520 Vgl. Giesecke, Teubner Stuttgart, an den Präsidenten der Deutschen Akademie der Wissenschaften, Ertel, 14.1.1958, SStAL, 22198 Teubner Leipzig, Nr. 192.

Eine derartige Sperre würde zweifellos in den Kreisen der Altphilologen viel Staub aufwirbeln und uns nicht gerade in eine günstige Position bringen. Aber ich sehe bei der ganzen Lage keinen anderen Weg, als doch einmal auf den Tisch zu schlagen, selbst wenn hierdurch in gewissem Umfang Mißstimmungen hervorgerufen werden.[521]

Was die *Bibliotheca Teubneriana* betraf, hätte an dieser Reihe aus wirtschaftlichen Gründen nicht unbedingt festgehalten werden müssen, allerdings wollte Giesecke dieses älteste und international bekannte Verlagsobjekt nicht dem Leipziger Verlag überlassen, da dieser daraus eine Anerkennung seiner Rechtmäßigkeit hätte ableiten können.

Neben dem Imageproblem ergab sich bei den Bestellungen aus dem Ausland eine zusätzliche Schwierigkeit. Bei einer völligen Einfuhrsperre für die Leipziger Produktion blieb den ausländischen Buchhändlern und Bibliotheken die Möglichkeit, die Bücher direkt in Leipzig zu bestellen, die sie andernfalls bei Buchhändlern in der Bundesrepublik geordert hätten. Im November 1955 trat Richard W. Dorn, Buchhandlung und Antiquariat Otto Harrassowitz Wiesbaden – eine Firma, die selbst von der Parallelverlagsproblematik betroffen war und in der man daher sehr weitreichendes Verständnis für die Lage Gieseckes hatte –, an Teubner Stuttgart heran und bat, der Verlag möge die Einfuhr vor allem der Faszikel des *Thesaurus* über den West-Berliner Kommissionsbuchhändler KAWE genehmigen, damit Harrassowitz seine vorrangig in den USA ansässigen Kunden bedienen könne.[522] Noch drei Jahre später war das Problem virulent. Nun wandte sich der Frankfurter Börsenverein an Teubner Stuttgart, nachdem eine Versandbuchhandlung an ihn herangetreten war. Diese hatte von KAWE die Mitteilung erhalten, dass eine Lieferung der Leipziger Teubner-Bücher nicht möglich sei, und befürchtete nun, dass die ausländischen Kunden sich direkt an Leipzig wenden könnten. Der Börsenverein erachtete es als problematisch, dass sich die ausländischen Kunden an die Lieferungen aus Leipzig »gewöhnen« würden, weil Leipzig »heute noch in der Welt in dem Ruf [stehe], die deutsche Bücherzentrale zu sein«.[523] Daher bat der Verband um eine Lösung.

Ein Problem bezüglich des Einfuhrverbots der *Bibliotheca Teubneriana* entstand aufgrund der Existenz einer englischen Konkurrenzausgabe. Die Oxford University Press gab Textausgaben griechischer und lateinischer Klassiker heraus. Auf östlicher Seite wurde befürchtet, dass dieser Verlag das Geschäft in der Bundesrepublik und im westlichen Ausland machen würde, zumal man erfahren hatte, dass bereits ein Vertreter der Oxford University Press in der Bundesrepublik unterwegs sei, der die Produktion als Ersatz für die (zeitweise durch Teubner Stuttgart gesperrte) *BT* anbot.[524]

---

521 Giesecke, Teubner Stuttgart, an Greuner, 12.6.1954, SStAL, 22199 Teubner Stuttgart, Nr. 87.

522 Vgl. Dorn, Harrassowitz Wiesbaden, an Giesecke, Teubner Stuttgart, 1.11.1955, SStAL, 22199 Teubner Stuttgart, Nr. 96.

523 BV Frankfurt an Giesecke, Teubner Stuttgart, 21.7.1958, SStAL, 22199 Teubner Stuttgart, Nr. 86.

524 Vgl. Buch-Export an Koven, Amt für Literatur und Verlagswesen, 8.12.1955, BArch, DR1/1947.

Für den Stuttgarter Verlag war diese Konkurrenz ebenfalls problematisch, spätestens seit er 1958 selbst wieder Ausgaben der Reihe herausbrachte.

Giesecke fiel ein klares Vorgehen unter diesen komplexen Umständen schwer – was aufgrund seiner Zerrissenheit zwischen dem Beharren auf dem eigenen Rechtsanspruch und verlegerisch-pragmatischen Erfordernissen nicht wundernimmt. Letzteren trug der Stuttgarter Verlag bis Mitte 1955, bevor der Rechtsstreit zwischen den beiden Teubner-Verlagen begann, dadurch Rechnung, dass er die Einfuhr der Leipziger Titel nicht gänzlich verbot, sondern stattdessen zu kontrollieren suchte:

> Wir haben lediglich in Ausnahmefällen in Leipzig erschienene Werke zum Vertrieb in der Bundesrepublik zugelassen. Diese Einzelfälle bedurften unserer ausdrücklichen Genehmigung, die nur gegeben wurde, wenn ein besonderes fachwissenschaftliches Interesse am Bezug dieser Bücher vorlag. Dabei hat es sich vor allem um Titel gehandelt, die noch während unserer Anwesenheit in Leipzig erschienen waren.[525]

Zu den Bedingungen gehörte neben dem »wissenschaftlichen Bedürfnis«[526] auf Seiten der Kunden, dass die Titel weder in Stuttgart erschienen noch im Verlagsprogramm für eine spätere Publikation vorgesehen waren und dass keine politischen Einwände gegen das Werk erhoben wurden. In erster Linie galt die Regelung für die beiden Reihen *Bibliotheca Teubneriana* und *Thesaurus Linguae Latinae*. Im Falle einer Genehmigung durch Teubner Stuttgart wurden die Bücher über eine westdeutsche oder West-Berliner Kommissionsbuchhandlung bezogen und von dieser mit einer Rechnung von Teubner Stuttgart versehen zur Auslieferung gebracht.[527] Außerdem wurden kleine »Siegelmarken« eingeklebt, auf denen »Teubner Verlag jetzt Stuttgart«[528] stand – nach Ansicht Stuttgarts wurden die Bücher dadurch »legalisiert«.[529] Die Siegelmarke erlaubte es Teubner auch festzustellen, ob Leipziger Bücher mit der Stuttgarter Genehmigung eingeführt worden waren oder nicht. Darüber hinaus wurden Bestellungen aus dem Ausland von westdeutschen oder West-Berliner Kommissionären bedient, die die Titel aus Leipzig bezogen und anschließend weiterlieferten.[530]

---

525 Giesecke, Teubner Stuttgart, an Ackermann, 3.10.1955, SStAL, 22199 Teubner Stuttgart, Nr. 21.

526 Giesecke, Betr.: Bezug und Vertrieb Leipziger Teubner-Werke, 30.8.1956, SStAL, 22199 Teubner Stuttgart, Nr. 85.

527 Zwischen KAWE in West-Berlin und B. G. Teubner hatten schon Beziehungen bestanden, als Martin Giesecke und Herbert Heisig noch in Leipzig waren. Vgl. Vertrag zwischen der LKG, Leipzig, und KAWE, Berlin-Charlottenburg, 8.11.1950, SStAL, 22198 Teubner Leipzig, Nr. 710.

528 Dieses und das vorrangegangene Zitat: Giesecke, Teubner Stuttgart, an E. A. Seemann, Verlag E. A. Seemann Köln, 20.11.1956, SStAL, 22199 Teubner Stuttgart, Nr. 85.

529 Giesecke, Teubner Stuttgart, an Greuner, 27.7.1955, SStAL, 22199 Teubner Stuttgart, Nr. 87. Solche Marken waren auch bei anderen Parallelverlagen üblich. Breitkopf & Härtel in Wiesbaden beispielsweise verwendete ›Lizenzmarken‹, um die Produktion des Leipziger Parallelverlags zu legitimieren. Vgl. Börsenblatt (Frankfurter Ausgabe), H. 61, 29.6.1952.

530 Vgl. Giesecke, Teubner Stuttgart, an Greuner, 13.1.1956, SStAL, 22199 Teubner Stuttgart, Nr. 88.

Die Ausnahmeregelung brachte für Stuttgart das Problem mit sich, dass die Sortimenter das grundsätzlich immer noch geltende Bezugsverbot nicht beachteten oder kein Verständnis aufbrachten, warum bestimmte Titel bezogen werden konnten und andere nicht.[531] Bei dem Verfahren betonte der Stuttgarter Verlag stets, dass die grundsätzliche Rechtsauffassung davon unberührt bleibe, also die Genehmigung des Vertriebs der Leipziger Werke keine Anerkennung des Verlags bedeute.[532]

Als 1955 der Rechtsstreit zwischen Teubner Leipzig und Teubner Stuttgart begann, beendete der Stuttgarter Verlag die Ausnahmepraxis zunächst.[533] Drängende Anfragen von Sortimentern bewogen den Verlag aber kurz darauf, das Vorgehen zu überdenken.[534] Hinzu kam der an Giesecke herangetragene Wunsch von Seiten der Editions-Kommission der Mommsen-Gesellschaft nach einer größeren Besprechung über die *Bibliotheca Teubneriana* und das erhängte Vertriebsverbot.[535] Daher überlegte Giesecke schon Anfang 1956, den Bezug und Vertrieb beider Reihen bis auf Weiteres doch zu gestatten.[536] Voraussetzung blieb allerdings, dass die Auslieferung durch Stuttgart bzw. in Stuttgarts Namen erfolgen würde. Auch legte Giesecke Wert darauf, dass die Ausnahmeregelung »stillschweigend« durchgeführt würde, »schon allein um im Buchhandel der Bundesrepublik und der westlichen Länder keine Verwirrung anzurichten«.[537] Teubner Stuttgart kehrte damit zu der Praxis zurück, den Bezug in Einzelfällen unter Bedingungen zu genehmigen,[538] präzisierte das Vorgehen allerdings dahingehend, dass diese vor allem bei Bestellungen für den Export sowie den wissenschaftlichen Bedarf in der Bundesrepublik anzuwenden sei.[539]

In den von Stuttgart genehmigten Import Leipziger Teubner-Bücher in die Bundesrepublik waren drei Firmen involviert: Erich Bieber in Stuttgart sowie Ernst Globig und KAWE in West-Berlin. Üblich war, dass die Bücher von diesen Händlern nach Genehmigung von Teubner Stuttgart mit dessen Fakturen und den eingeklebten Sie-

---

531 Vgl. Giesecke, Betr.: Bezug und Vertrieb Leipziger Teubner-Werke, 30.8.1956, SStAL, 22199 Teubner Stuttgart, Nr. 85.

532 Vgl. hierzu beispielsweise Lichtenstein am 27.8.1956 betreffend Bezug und Vertrieb in Leipzig erschienener Teubner-Werke, 28.8.1956, SStAL, 22199 Teubner Stuttgart, Nr. 89.

533 Vgl. Giesecke, Teubner Stuttgart, an Ackermann, 3.10.1955, SStAL, 22199 Teubner Stuttgart, Nr. 21. So wurde Erich Bieber in Stuttgart die Auslieferung der *Bibliotheca Teubneriana* durch Teubner Stuttgart vorerst untersagt. Vgl. Kern an den Deutschen Buch-Export, BArch, DR1/1947.

534 Giesecke, Teubner Stuttgart, an Greuner, 7.10.1955, SStAL, 22199 Teubner Stuttgart, Nr. 75.

535 Auch die Leitung des Thesaurus-Projekts wäre bereit gewesen, sich einzuschalten, wäre Teubner Stuttgart bei dem Verbot geblieben. Vgl. Ehlers, Thesaurus-Büro München, 2.1.1956, SStAL, 22198 Teubner Leipzig, Nr. 1084.

536 Giesecke, Teubner Stuttgart, an Greuner, 13.1.1956, SStAL, 22199 Teubner Stuttgart, Nr. 88.

537 Dieses und das vorangegangene Zitat: Giesecke, Teubner Stuttgart, an Dorn, Harrassowitz, 17.1.1956, SStAL, 22199 Teubner Stuttgart, Nr. 96.

538 Vgl. Giesecke, Betr.: Bezug und Vertrieb Leipziger Teubner-Werke, 30.8.1956, SStAL, 22199 Teubner Stuttgart, Nr. 85.

539 Giesecke, Teubner Stuttgart, an E. A. Seemann, Verlag E. A. Seemann Köln, 20.11.1956, SStAL, 22199 Teubner Stuttgart, Nr. 85.

gelmarken ausgeliefert wurden oder von Teubner Stuttgart selbst.[540] Aber auch Buchhändler, die nicht den Weg über KAWE gingen, vertrieben Leipziger Teubner-Bücher ohne die Stuttgarter Siegelmarken.[541] Eine vollständige Kontrolle der Einfuhr der Leipziger Bücher erlangte Teubner Stuttgart nicht.

Die Einfuhrkontrollen durch den Stuttgarter Teubner-Verlag und die Praxis der eingeklebten Siegelmarken waren auf DDR-Seite bekannt.[542] Damit war die Erkenntnis verbunden, dass die verhängte Vertriebssperre nicht konsequent durchgesetzt wurde – ein Umstand, der die DDR-Seite bei den Ende 1955 angestoßenen Vergleichsverhandlungen mit Stuttgart stärkte.[543] Im Falle der *BT* hielt der Leiter der Hauptverwaltung Verlagswesen, Oskar Hoffmann, die Maßnahme ohnehin für weitgehend wirkungslos, da die neuen Titel der Reihe seit 1957 bereits im Einband die Ortsangabe »Lipsiae«[544] enthielten.

Auch sonst wurde das die übrigen Titel betreffende Exportverbot von östlicher Seite nicht eingehalten. Die HV Verlagswesen stellte Mitte 1957 fest, dass der Export der Leipziger Teubner-Werke in die Bundesrepublik ungehindert erfolgte, was als Folge der Vergleichsverhandlungen interpretiert wurde.[545] Ende 1958 bemerkte Teubner Leipzig aber wieder Steuerungen bzw. Behinderungen des Exports nach Österreich und Westdeutschland.[546] Der Leipziger Verlag versuchte, Erich Bieber in Stuttgart unter Druck zu setzen, um die Auslieferung der *Bibliotheca Teubneriana* mit den Fakturen des Stuttgarter Verlags zu unterbinden.[547] In dieser Situation erwog Giesecke, die bisher in Leipzig erschienenen *BT*-Ausgaben selbst nachzudrucken.[548]

Auch auf DDR-Seite wurde ein Verbot der Einfuhr von Stuttgarter Teubner-Büchern gefordert. Nach Erlass der einstweiligen Verfügung gegen B. G. Teubner Stuttgart im August 1955 wandte sich Lucie Pflug vom Zentralkomitee der SED, Abteilung Wissenschaft und Propaganda, mit einer entsprechenden Forderung an Karl Wloch, den Leiter des Amts für Literatur und Verlagswesen. Zur Unterstützung

---

540 Vgl. Giesecke, Betrifft Bibliotheca Teubneriana/Auslieferung Leipziger Ausgaben im westlichen Bereich, 7.1.1959, SStAL, 22199 Teubner Stuttgart, Nr. 80; Böhm an Hagemann, stellv. Minister für Kultur, 19.6.1957, BArch, DR1/6233; Giesecke, Teubner Stuttgart, an Greuner, 1.12.1958, SStAL, 22199 Teubner Stuttgart, Nr. 88; Rücksprache mit Herrn Dr. Lichtenstein am 27.8.1956 betreffend Bezug und Vertrieb in Leipzig erschienener Teubner-Werke, 28.8.1956, SStAL, 22199 Teubner Stuttgart, Nr. 89.

541 Vgl. Giesecke, Teubner Stuttgart, an Greuner, 27.7.1955, SStAL, 22199 Teubner Stuttgart, Nr. 87.

542 Vgl. Böhm an Hagemann, stellv. Minister für Kultur, 19.6.1957, BArch, DR1/6233.

543 Teubner Leipzig an Seifert, Amt für Literatur und Verlagswesen, 24.9.1954, BArch, DR1/1947.

544 Hoffmann, Aktennotiz zum Gespräch mit Doer vom Altertumskunde-Institut, 22.2.1957, BArch, DR1/1122.

545 Böhm an Hagemann, stellv. Minister für Kultur, 19.6.1957, BArch, DR1/6233. Der Exportumsatz betrug insgesamt 220.000 DM, wovon 60 Prozent nach Westdeutschland gingen.

546 Teubner Leipzig an Teubner Stuttgart, 26.11.1958, BArch, DR1/1230.

547 Vgl. Planitzer, Beschlußprotokoll, 22.11.1958, SStAL, 22198 Teubner Leipzig, Nr. 192; Teubner Leipzig an Bieber, 26.11.1958, BArch, DR1/1230.

548 Vgl. Giesecke, Teubner Stuttgart, an Greuner, 1.12.1958, SStAL, 22199 Teubner Stuttgart, Nr. 88.

der einstweiligen Verfügung sei es notwendig, dass Buch-Export keine Stuttgarter Teubner-Bücher mehr importiere und dass alle wissenschaftlichen Zeitschriften darüber informiert würden, dass sie keine Bücher des Stuttgarter Verlags mehr rezensieren dürften.[549]

Die Situation änderte sich in den 1960er Jahren nicht wesentlich. Der Export von Leipziger Teubner-Büchern konzentrierte sich vornehmlich auf die *BT* und den *Thesaurus*; andere Verlagstitel erreichten die westlichen Käufer später über den Umweg der Lizenzausgaben der Edition Leipzig (siehe Kapitel 6.5.1).[550] Im Zuge der Ende der 1960er Jahre aufgenommenen Kooperationsbeziehungen zwischen Teubner Leipzig und Teubner Stuttgart begann sich auch die Situation bezüglich der *Bibliotheca Teubneriana* zu entspannen; man vereinbarte nun auch hier eine gegenseitige Information und Zusammenarbeit in einem überschaubaren Rahmen.[551]

Vor- und Nachteile der Einfuhrkontrolle für die Akteure

Die Steuerung der Einfuhr der Leipziger Titel über Zwischenbuchhändler, denen B. G. Teubner in Stuttgart Vertrauen entgegenbrachte, und die Kennzeichnung der Bücher mit der Stuttgarter Verlagsangabe stellten für Martin Giesecke eine pragmatische Lösung des Dilemmas dar, in dem er sich aufgrund der Verlagsteilung befand. In der Sicht der Kunden wirkten die renommierten Verlagsobjekte *Bibliotheca Teubneriana* und *Thesaurus* und weitere Wissenschaftstitel wie Stuttgarter Produkte, selbst wenn sie in Leipzig publiziert worden waren. Dem erwarteten Widerstand der Wissenschaftler und Buchhändler gegen die favorisierte vollständige Einfuhrsperre konnte der Stuttgarter Verlag mit der gesteuerten Einfuhr entgehen. Zudem hatte Giesecke auf diesem Wege die Möglichkeit, einen (teilweisen) Überblick über Bestellungen und Lieferungen zu erhalten.

Für den Leipziger Verlag und ebenso für das Amt für Literatur und Verlagswesen bzw. seinen Nachfolger, die Hauptverwaltung Verlagswesen in Ost-Berlin, war die Lösung grundsätzlich tragbar – immerhin wurden auf diesem Wege dringend benötigte Deviseneinnahmen erzielt. Dass der Export insgesamt zeitweise ungehindert durchgeführt werden konnte, kann zum einen dahingehend gedeutet werden, dass die Auswahl der erlaubten Titel weniger streng vorgenommen wurde als die Aussagen Gieseckes Dritten gegenüber vermuten lassen. Zum anderen gelang die Kontrolle nie vollständig. Problematisch war für Leipzig bzw. Ost-Berlin, dass das Vorgehen des Stuttgarter Verlags nicht berechenbar war und immer wieder Behinderungen des Exports

---

549 Pflug, ZK der SED, Abteilung Wissenschaft und Propaganda an Wloch, Amt für Literatur und Verlagswesen, 31.10.1955, BArch, DY 30/IV2/9.04/682, Blatt 169.

550 Vgl. Müller, Verlagsjahresbericht 1963 der B. G. Teubner Verlagsgesellschaft Leipzig, 8.2.1964, SStAL, 22198 Teubner Leipzig, Nr. 172; Giesecke, Teubner Stuttgart, an Gracklauer, 21.4.1964, SStAL, 22199 Teubner Stuttgart, Nr. 97.

551 Verlag B. G. Teubner Stuttgart, o. D. [1971], SStAL, 22198 Teubner Leipzig, Nr. 908.

festgestellt wurden. Auf Widerstand stießen die Kennzeichnung durch die Siegelmarken und die Stuttgarter Rechnungen aufgrund der Tatsache, dass B. G. Teubner Leipzig dadurch nicht mehr deutlich als der produzierende Verlag erkennbar war. Das ökonomische Ziel der Deviseneinnahme konnte zwar erreicht werden, aber die politische Wirksamkeit, über solch renommierte Verlagstitel das Ansehen der Verlage und Wissenschaftler und damit letztlich der gesamten DDR zu stärken, erfuhr eine deutliche Schwächung.

6.5 Strategiefeld IV: Konfliktvermeidung und -beendigung

Die konfrontativen Strategien hatten keine Konfliktbereinigungen zur Folge. Die Steuerungs- und Kontrollmaßnahmen vom Stuttgarter Teubner-Verlag stellten eine Möglichkeit dar, auf pragmatischer Ebene den konkreten Schwierigkeiten zu begegnen. Es gab daneben auch Versuche, die Konflikte zu umgehen oder (teils auch außerhalb der unmittelbar betroffenen Verlage) nach Wegen zu suchen, die Auseinandersetzungen zu beenden. Diese können differenziert werden in Strategien, die den staatlichen Behörden in der DDR aufgrund des zentralistisch organisierten Verlagssystems zur Verfügung standen, und solche, die sich für die Verlage öffneten, indem sie beispielsweise nach alternativen Geschäftspartnern suchten. Auf beiden Seiten wiederum gab es Ansätze, die Parallelverlagsprobleme über eine Klärung der Firmennamenverwendung zu lösen.

6.5.1 Staatliche Maßnahmen: Übertragung von Verlagsrechten

Die Situation der Parallelverlage und die damit verbundenen Schwierigkeiten bei der Verwendung der Verlagsnamen und der Verwertung der Verlagsrechte, vor allem beim Vertrieb in der Bundesrepublik und den anderen westlichen Ländern, beeinflussten die Überlegungen im Ministerium für Kultur der DDR zur Schaffung neuer Verlage und zu den damit verbundenen Profilierungen im Verlagswesen.

Ab 1956 wurden in der Hauptverwaltung Verlagswesen Pläne diskutiert, die technischen Verlage einer Neuprofilierung zu unterziehen. Damit wurde das Ziel verfolgt, auf jedem Fachgebiet künftig nur noch einen Verlag arbeiten zu lassen, wodurch zugleich die Privatverlage weiter geschwächt würden (siehe Kapitel 3.4.3). Fünf neue Unternehmen sollten gebildet werden: ein Verlag für Grundstoffindustrie, ein Verlag für Maschinenbau, ein Verlag für Bauwesen, ein Verlag für Land- und Forstwirtschaft sowie ein Verlag für Leicht-, Nahrungs- und Genussmittelindustrie. Diese würden die Rechte der bisher auf diesen Gebieten tätigen Privatverlage übernehmen, was unter anderem Auswirkungen auf die Parallelverlage Carl Marhold, B. G. Teubner und Theodor Steinkopff hätte. In einer Stellungnahme der Hauptverwaltung zu diesen Planungen heißt es:

Bei der Neubildung [...] spielt die Festlegung der Verlagsnamen eine Rolle. Wir empfehlen, den Verlagen völlig neue Namen zu geben, um eventuelle Absatzschwierigkeiten durch den Erlaß einstweiliger Verfügungen durch westdeutsche Verlage und ähnliche Machenschaften auszuschalten. Das kann besonders bei den sogenannten Parallelverlagen eintreten.[552]

Die Pläne zur Reorganisation der Fachverlage erfuhren bis zu ihrer Umsetzung diverse Modifikationen; in das Vorhaben einbezogen wurden neben den Privatverlagen auch einige der schon bestehenden staatlichen Verlage wie der VEB Verlag Technik, der Fachbuchverlag und der Deutsche Bauernverlag.[553] Zum 1. Januar 1960 wurden nach Beschlüssen des Politbüros der SED sowie des ZK der SED schließlich der Deutsche Verlag für Grundstoffindustrie, der Verlag für Bauwesen, der Deutsche Landwirtschaftsverlag sowie der Transpress Verlag für Verkehrswesen gegründet.[554] Das Gebiet des Maschinenbaus pflegte der Verlag Technik weiter.[555]

Die von der Umstrukturierung betroffenen Privatverlage wurden hinsichtlich ihrer Bedeutung unterschiedlich bewertet. Bei Carl Marhold meinte die Hauptverwaltung Verlagswesen 1956, auf den Verlagsnamen verzichten zu können, sie stufte die Firma als eher unbedeutend ein. Eine mögliche Liquidierung des Hallenser Unternehmens wurde in Betracht gezogen.[556] Vor allem im Vergleich schnitt Marhold in der Sicht der Behörden schlecht ab, die drei Jahre später urteilten: »Der Marhold Verlag besitzt keineswegs die Weltgeltung wie wir sie von Verlagen wie Fischer–Jena, Thieme–Leipzig, Brockhaus Verlag und anderen kennen.«[557] Einzig seine medizinischen Publikationen hatten dem Verlag zu einer gewissen Bedeutung verholfen – diese waren aber zu jenem Zeitpunkt zu einem großen Teil bereits auf die volkseigenen Verlage Volk und Gesundheit, Gustav Fischer und Georg Thieme übertragen worden. Mithin sah namentlich die VVB Verlage keine Ursache, den Namen Carl Marhold zu erhalten.

Neben der nach diesem Urteil relativen Bedeutungslosigkeit spielte der Parallelverlag in West-Berlin bei der Argumentation eine Rolle: Wolfgang Jäh bereitete zum Zeitpunkt der Überlegungen »keine Schwierigkeiten beim Vertrieb der Marhold-Produktion, soweit es sich um Neuentwicklungen handelt«.[558] Bei einer Ausweitung

---

552 Zum Vorschlag der Neuprofilierung der technischen Verlage unserer Republik vom 14.2.1956, BArch, DR1/1118.

553 Vgl. Plan zur Änderung der Aufgaben und der Struktur der Fachverlage für Technik, Industrie und Landwirtschaft vom 10.12.1958/59 [nicht leserlich], BArch, DR1/1118.

554 Vgl. Begründung zum Beschluss über die Bereitstellung von Mitteln zur vollständigen bzw. teilweisen Übernahme von organisationseigenen Verlagen in Volkseigentum, 2.12.1959, BArch, DR1/911, Blatt 232; Links 2010, S. 53, 58, 83, 91.

555 Vgl. Links 2010, S. 93.

556 Vgl. Plan zur Änderung der Aufgaben und der Struktur der Fachverlage für Technik, Industrie und Landwirtschaft vom 10. Dezember 1958/59 [nicht leserlich]; Zum Vorschlag der Neuprofilierung der technischen Verlage unserer Republik vom 14.2.1956, BArch, DR1/1118.

557 Schmidt, Hauptdirektor der Vereinigung Volkseigener Betriebe, an Pflug, ZK der SED, Abt. Wissenschaften, 8.6.1959, BArch, DR1/991.

558 Ebd.

des Programms, die wegen der geringen Titelanzahl und der dadurch begründeten Unrentabilität des Verlags nach Ansicht der Hauptverwaltung notwendig gewesen wäre, befürchtete man allerdings »eine steigende, gegen den Hallenser Verlag gerichtete Aktivität des in Westberlin gegründeten Carl Marhold-Verlages [...].«[559]

Die Liquidation des Carl Marhold Verlags in Halle wurde zum 31. Dezember 1959 im Zusammenhang mit der Reorganisation der Fachverlage beschlossen. Marhold sollte für den neu gegründeten Verlag für Grundstoffindustrie als »Grundstock«[560] dienen, wobei »nach außen nicht sichtbar werden [sollte], daß der Grundstoffverlag der Rechtsnachfolger des Marhold-Verlages ist«.[561] Diese Vorsichtsmaßnahme lag in der Existenz des West-Berliner Parallelunternehmens begründet. Die Verlagsrechte und die Bestände an Fertigerzeugnissen gingen schließlich je nach Themengebiet auf verschiedene Verlage über: Die restlichen medizinischen Titel kamen zum VEB Gustav Fischer, zum VEB Georg Thieme und zum VEB Verlag Volk und Gesundheit; Titel aus anderen Gebieten sollten vom VEB Verlag Technik, vom Fachbuchverlag, von Henschel und eben vom Verlag für Grundstoffindustrie übernommen werden.[562]

Anders verhielt es sich bei B. G. Teubner Leipzig. Der Verlag war in die ersten Überlegungen zur Neuprofilierung Anfang 1956 einbezogen worden. Demnach hätten die Umstrukturierungen erhebliche Konsequenzen für Teubner bedeutet. Durch den ins Auge gefassten Wegfall der maschinenbautechnischen und bautechnischen Literatur wäre die Produktion um etwa 40 Prozent eingeschränkt worden.[563] Später wandelte sich die Einstellung in der Hauptverwaltung Verlagswesen dahingehend, dass der Verlag wegen der Schwierigkeiten mit Teubner Stuttgart von der Reorganisation besser nicht berührt werden solle.[564] Es hätte die laufenden Vergleichsverhandlungen mit

---

559 Vorlage an das Sekretariat des Zentralkomitees der SED, betrifft Neuprofilierung der Fachverlage für Technik, Industrie und Landwirtschaft, 23.6.1959, BArch, DY 30/IV2/904/22, Blatt 89.

560 Plan zur Änderung der Aufgaben und der Struktur der Fachverlage für Technik, Industrie und Landwirtschaft vom 10.12.1958/59 [nicht leserlich], BArch, DR1/ 1118.

561 Hartzsch, Aktennotiz 17.12.1959, BArch, DR1/911.

562 Vgl. Protokoll über die Besprechung zwischen der Leitung des VEB Carl Marhold Verlages, Halle, und den Vertretern der VVB Verlage, Berlin, 19.10.1959, BArch, DR1/961; Revisions-Protokoll über die Prüfung der Liquidation des VEB Carl Marhold Verlag, Halle, 30.6.1959, BArch, DR1/991. Ähnlich wurde bei der Liquidation des Felix Meiner Verlags in Leipzig verfahren, nachdem Verleger Felix Meiner 1951 nach Hamburg geflohen war, um gegen ihn laufenden Ermittlungen zu entgehen: Die Verlagsrechte und der Name wurden auf den Akademie-Verlag übertragen. Meiner protestierte gegen dieses Vorgehen; es kam in der Folge zu einer Einigung und Zusammenarbeit zwischen den Verlagen. Vgl. Seidel 2012, S. 28–30.

563 Vgl. Stellungnahme zum Vorschlag der Neuprofilierung der technischen Verlage unserer Republik vom 14.2.1956, BArch, DR1/1118.

564 Vgl. Plan zur Änderung der Aufgaben und der Struktur der Fachverlage für Technik, Industrie und Landwirtschaft vom 10.12.1958/59 [nicht leserlich], BArch, DR1/1118.

dem Stuttgarter Verlag gefährdet, wären Teile der Verlagsrechte, vor allem der wichtige Bausektor, an einen der neu zu gründenden Verlage abgegeben worden.

Im Falle von B. G. Teubner wurde wegen der Existenz des Parallelverlags darauf verzichtet, stärkere Umstrukturierungen bezüglich der Verlagsrechte oder gar des ganzen Verlags vorzunehmen. Nachdem 1960 der Verlag für Bauwesen und die weiteren neuen Verlage gegründet worden waren, mussten lediglich für einzelne Titel Lizenzen an diese vergeben werden, Teubner blieb aber im Besitz der Rechte.

S. Hirzel und die Akademische Verlagsgesellschaft verloren im Rahmen der Umstrukturierungen zwar ihre völlige Selbstständigkeit, als sie mit Teubner 1964/1968 zu einer ›Betriebseinheit‹ zusammengeschlossen wurden. Die Verlagsnamen aufzugeben war bei diesem Zusammenschluss nicht vorgesehen:

> Die Notwendigkeit der Erhaltung der Verlagsnamen der drei genannten Verlage sowie ihrer Verlagsrechte und juristischen Selbständigkeit ist unter Beachtung politischer Gesichtspunkte erforderlich, da erstens die drei Verlage mit einer Entwicklung Leipzigs zur international bekannten Buchstadt eng verbunden sind [...] und zweitens in Westdeutschland nach 1945 unrechtmäßig gegründete Verlagsunternehmen mit gleichen Namen existieren.[565]

Die medizinischen Verlage waren von den Überlegungen zur Neustrukturierung des DDR-Verlagswesens ebenfalls betroffen. Neben den beiden volkseigenen Parallelverlagen Gustav Fischer und Georg Thieme war vor allem der 1952 gegründete DDR-Verlag VEB Volk und Gesundheit für dieses Programmgebiet zuständig. 1958 beschloss die Vereinigung Volkseigener Betriebe Verlage, dass die drei Verlage künftig eine Arbeitsgemeinschaft bilden sollten – aus der längerfristig ein medizinischer Staatsverlag entstehen könne.[566] Das »schrittweise Absterben«[567] der beiden alten Verlage wurde in diesem Kontext ebenso diskutiert wie darauf hingewiesen wurde, dass derzeit noch wichtige Gründe für die Beibehaltung der Selbstständigkeit der drei Verlage bestünden.[568]

Bei diesen Verlagen wählten die Behörden in Ost-Berlin schließlich ebenfalls das Konstrukt eines organisatorischen Zusammenschlusses, der 1965 erfolgte, als die Gruppe Volkseigene Verlage für Medizin und Biologie mit einer Zentrale in Berlin gebildet wurde. Die beiden ehemaligen Privatverlage produzierten weiterhin unter ihren um das ›VEB‹ ergänzten Namen. Als vom Stuttgarter Verlag Gustav Fischer gegen

---

565 Rat der Stadt Leipzig an Kratz, Teubner Leipzig, 8.1.1968, SHV 20.

566 Vgl. Beschluß der Ökonomischen Konferenz des VEB Georg Thieme, 30.7.1958, BArch, DR1/984; Stellungnahme zu dem vom Gen. Studzinski vorgelegten Vorschlage zur engeren Zusammenarbeit der Lektorate und Redaktionen der Verlage Volk und Gesundheit, Georg Thieme und Gustav Fischer, 26.7.1958, BArch, DR1/1003.

567 Erfahrungsaustausch der medizinischen Verleger am 27.11.1958 beim VEB Georg Thieme Verlag, 28.11.1958, BArch, DR1/1003.

568 Vgl. Stellungnahme zu dem vom Gen. Studzinski vorgelegten Vorschlage zur engeren Zusammenarbeit der Lektorate und Redaktionen der Verlage Volk und Gesundheit, Georg Thieme und Gustav Fischer, 26.7.1958, BArch, DR1/1003.

die Pläne Bedenken angemeldet wurden, da es »keinesfalls [ginge], dass Autoren des Thieme Verlags nun im Gustav Fischer Verlag publizierten usw.«,[569] konnten diese ausgeräumt werden, da eine Übertragung von Verlagsrechten nicht vorgesehen war.

Nicht nur der Verzicht auf einen alten Verlagsnamen und die Übertragung der vorhandenen Verlagsrechte auf einen anderen Verlag wurden staatlicherseits als Möglichkeiten in Betracht gezogen, um die Schwierigkeiten mit den westdeutschen Parallelunternehmen der Verlage zu umgehen; auch der Übergang von Verlagsrechten auf neue Verlage in der DDR bei gleichzeitiger Weiterexistenz des Ursprungsverlags stellte eine Lösungsvariante dar. Eigens für den Export wurde im Zuge der Profilierungen im Verlagswesen der DDR mit Wirkung vom 1. Januar 1960 der Verlag VEB Edition Leipzig, Verlag für Kunst und Wissenschaft gegründet. Pläne zur Gründung eines solchen Exportverlags hatte es bereits seit Mitte der 1950er Jahre gegeben.[570] Mit dem Export der DDR-Bücher sollten zum einen Devisen erwirtschaftet werden, zum anderen sollte der Verlag zur »Stärkung des internationalen Ansehens der Deutschen Demokratischen Republik« und zur »grösstmögliche[n] Verbreitung des Buches aus der Deutschen Demokratischen Republik im kapitalistischen Ausland und in Westdeutschland«[571] beitragen. Dem Verlag wurde in der Planungsphase von der zuständigen VVB Verlage außerdem die Aufgabe zugewiesen, neben der Publikation von Übersetzungen in andere Sprachen »Exportauflagen der Produktion solcher Verlage, deren frühere Inhaber nach 1945 widerrechtlich in Westdeutschland wieder den Verlag unter demselben Namen aufbauten«,[572] zu übernehmen. Vor allem ging es um Exportauflagen derjenigen Parallelverlage, »für die die nach 1945 in Westdeutschland gegründeten gleichnamigen Verlage Einfuhrsperre erwirkten (z. B. Brockhaus, Reclam)«[573] bzw. von »neuentwickelte[n] Werke[n] zweigleisiger Verlage [...], die zur Zeit durch westliche Maßnahmen absatzbehindert sind«.[574] Im Verlagsprogramm war explizit wissenschaftliche und Fachliteratur vorgesehen.[575] Die Parallelverlage in der DDR sollten demnach Titel mit dem Vermerk »Ausgabe nur für die DDR«, die Edition Leipzig hingegen solche mit dem Vermerk »Ausgabe für die Deutsche Bundesrepublik, Österreich und die Schweiz«[576] produzieren. Bei einem solchen Vorgehen wurden Schwierigkeiten erwartet, weshalb bei den Vereinbarungen zwischen Edition und den

---

569 Besprechung mit dem VEB Gustav Fischer Verlag, Jena, am 1.3.1965, HA/BV 52, Nr. 125.

570 Vgl. Kretzschmar 2002, S. 277f.

571 Dieses und das vorangegangene Zitat: Vorlage der Abt. Literatur und Buchwesen und VVB Verlage an die Leitung des Ministeriums für Kultur, 15.6.1959, BArch, DR1/7861.

572 Gründung eines »Export- und Fremdsprachenverlages« mit Wirkung vom 1.1.1959, 12.6.1956, BArch, DR1/963.

573 Stellvertreter des Ministers an die VVB Verlage, Micklich, Gründung eines Export- und Fremdsprachenverlages. 9.10.1959, BArch, DR1/963.

574 Becker an Singer, 8.3.1959, BArch, DR1/963.

575 Vorlage der Abt. Literatur und Buchwesen und VVB Verlage an die Leitung des Ministeriums für Kultur, 15.6.1959, BArch, DR1/7861.

576 Aktennotiz Betr. Besuch im Bibliographischen Institut Leipzig, 11.8.1958, BArch, DR1/963.

Originalverlagen unbedingt ein kompetenter westdeutscher Jurist mitwirken sollte, um einstweilige Verfügungen gegen Edition Leipzig zu verhindern.[577]

Im Gründungsjahr 1960 handelte es sich diesen Plänen entsprechend bei allen bei der Edition Leipzig erschienenen Titeln um Übernahmen aus anderen Verlagen.[578] 1962 gab es einen Wandel in der verlagspolitischen Ausrichtung: Edition Leipzig sollte künftig »neben Titeln zweigleisiger Verlage eine gesunde Mischung aus Übernahmen und Eigenentwicklungen produzieren«.[579]

Unter den ersten Titeln, die 1960 bei Edition Leipzig erschienen, fand sich neben Übernahmen aus dem VEB F. A. Brockhaus Verlag auch ein Titel, der zuerst 1958 bei B. G. Teubner Leipzig erschienen war: der erste Band des *Lehrbuchs der Kernphysik*, herausgeben von G. Hertz. Der Verlagsvermerk auf dem Titelblatt wies neben der Edition Leipzig den westdeutschen Verlag Werner Dausien, Hanau/Main aus; auf der Impressumsseite war kein Hinweis auf den Ursprungsverlag zu finden. Damit wurde der Eindruck vermittelt, das Copyright läge bei Edition Leipzig. Das Buch wurde ohne Angabe eines Verlags als »Unveränderter Nachdruck der 1958 in Leipzig erschienenen ersten Auflage«[580] gekennzeichnet. Eine Kennzeichnung des Vertriebsgebietes war in dem Buch nicht zu finden; eine solche fehlte auch in der 2. Auflage, die 1966 parallel bei Teubner Leipzig und Werner Dausien (als Lizenzausgabe der Edition Leipzig) herauskam.

1961 verlegte Edition Leipzig das *Taschenbuch der Mathematik* von Ilja Bronstein und Konstantin Semendjajew in deutscher Übersetzung. Das Buch war in erster Auflage 1958 bei B. G. Teubner in Leipzig herausgekommen. Es erschien 1961 gleichzeitig bei Harri Deutsch in Frankfurt am Main als Lizenzausgabe der Edition Leipzig. Davon erhielt der B. G. Teubner Verlag in Stuttgart im November 1960 Kenntnis. Darauf angesprochen, »tat [Deutsch] so, als ob er darüber, daß das Taschenbuch der Mathematik in der 1. und 2. Auflage in unserem Leipziger Verlag erschienen ist, nicht näher unterrichtet sei.«[581] Das sich bald zum Standardwerk entwickelnde Buch wurde in den folgenden Jahrzehnten weiterhin von Teubner in Leipzig und Deutsch in Frankfurt am Main herausgebracht, wobei die Ausgaben verschiedene Bearbeiter hatten und sich inzwischen deutlich unterschieden. Edition Leipzig publizierte bis 1969 ebenfalls weitere Auflagen, die allerdings nur für den Vertrieb in Österreich bestimmt waren. Spätere Verträge zwischen Teubner Leipzig und Harri Deutsch weisen eine Teilung

---

577 Becker an Singer, 8.3.1959, BArch, DR1/963.

578 Vgl. Kretzschmar 2002, S. 278.

579 Ebd.

580 Hertz 1960, S. 3.

581 Giesecke, Notiz, 8.11.1960, SStAL, 22199 Teubner Stuttgart, Nr. 80.

der Vertriebsgebiete auf. Harri Deutsch durfte Mitdrucktitel in Westdeutschland, West-Berlin und der Schweiz vertreiben, alle übrigen Länder waren Teubner vorbehalten.[582]

Ein weiterer Fall dieser Art kam Martin Giesecke 1964 zur Kenntnis, als er eine Ausgabe der *Technischen Meteorologie* von Wolfgang Böer erhielt. Das Buch war in Leipzig erschienen und durfte nicht nach Westdeutschland ausgeliefert werden; nun war eine Lizenzausgabe bei Edition Leipzig herausgekommen, die über Erich Bieber in Stuttgart vertrieben wurde.[583] Im Buch findet sich kein Hinweis auf den Originalverlag, der Copyright-Vermerk verweist lediglich auf die Edition Leipzig selbst.

Derartige Kooperationen praktizierte der Leipziger Verlag bei weiteren Büchern. 1962 konnte der Teubner-Cheflektor berichten, dass von einer Reihe Titeln Lizenzen an den DDR-Exportverlag vergeben worden waren, damit »das gute Fachbuch, besonders in Westdeutschland Zeugnis von dem erreichten hohen Stand der Literatur der DDR ablegt«.[584] 1964 waren bereits für 25 Bücher des Verlags Vereinbarungen mit Edition Leipzig abgeschlossen worden.[585] Das Verfahren wurde mit der fehlenden Kooperation des Stuttgarter Parallelverlags begründet. Eine Zusammenarbeit auf der Basis gegenseitiger Lizenzvergabe, die der Leipziger Verlag wünschte, war noch nicht zustande gekommen.[586]

Die Edition Leipzig vertrieb entgegen dem ursprünglich geplanten Vorgehen die Bücher der Parallelverlage teilweise nicht selbst in der Bundesrepublik, sondern vergab Lizenzen an westliche Verlage, welche die Bücher in der Bundesrepublik und in West-Berlin verkauften, während die Edition Leipzig den Vertrieb in anderen westlichen Ländern übernahm.[587] Auf diesem Wege konnten die befürchteten Schwierigkeiten mit den westdeutschen Parallelverlagen umgangen werden. Wie der Fall von Harri Deutsch zeigt, war es diesem leichter möglich, sich ahnungslos zu geben, als dies der DDR-Verlag vermocht hätte, der die Lizenz direkt von einem der Parallelverlage erhalten hatte.

---

582 Vgl. z. B. Vereinbarung zwischen Teubner Leipzig, Harri Deutsch Frankfurt am Main und Buch-Export zum Titel von Hameister, Geometrische Konstruktionen und Beweise in der Ebene, 8.10.1970, SStAL, 22198 Teubner Leipzig, Nr. 764.

583 Vgl. Giesecke, Notiz, 3.9.1964, SStAL, 22199 Teubner Stuttgart, Nr. 90.

584 Bericht des Cheflektors auf der Gesellschafterversammlung, 22.5.1962, SStAL, 22198 Teubner Leipzig, Nr. 172.

585 Vgl. Verlagsverträge mit Edition Leipzig wegen Übernahme von Teilauflagen zum Vertrieb in West-deutschland und dem kapitalistischen Ausland, 28.2.1964, SStAL, 22198 Teubner Leipzig, Nr. 172.

586 Müller, Verlagsjahresbericht 1963 der B. G. Teubner Verlagsgesellschaft Leipzig, 8.2.1964, SStAL, 22198 Teubner Leipzig, Nr. 172.

587 Edition Leipzig entwickelte sich trotz seiner Bestimmung nicht zum bedeutendsten Exportverlag der DDR. Gemessen am Gesamtumsatz im westlichen Ausland stand der Verlag 1973 auf Platz vier, nach dem Akademie-Verlag, Gustav Fischer und Dietz. Vgl. Kretzschmar 2002, S. 284.

Verdeckte Lizenzvergaben versus Verlagsschließungen

Die Übertragung von Verlagsrechten auf bzw. die Vergabe von Lizenzen der ostdeutschen Parallelverlage an andere DDR-Verlage stellte im zentralistisch organisierten Verlagssystem des Landes eine Möglichkeit dar, den Auseinandersetzungen mit den westlichen Parallelverlagen aus dem Weg zu gehen. Dieser Weg stand zudem im Einklang mit den Zielen der sozialistischen Wirtschaftspolitik, da gleichzeitig die staatlichen Verlage gestärkt wurden. Auch die Profilierungen und die damit einhergehenden Umstrukturierungen sind zum einen im Kontext der Planwirtschaft zu betrachten; zugleich konnten die den westdeutschen Buchhändlern kommunizierten und teilweise durch die Gerichtsurteile untermauerten Vertriebsverbote, die die westlichen Verlage für die Titel ihrer ostdeutschen Parallelverlage versuchten durchzusetzen, auf diesem Wege umgangen werden. Wenngleich Verlage wie B. G. Teubner Stuttgart sich mit diesem Verfahren nicht einverstanden erklärten, hatten sie doch kaum erfolgversprechende Möglichkeiten, dagegen vorzugehen.

Die nächste Stufe dieser von staatlicher Seite eingeschlagenen Strategierichtung – die Schließung von Verlagen und die damit einhergehende Übertragung sämtlicher Verlagsrechte auf andere Firmen – wurde von den DDR-Behörden nur in Ausnahmefällen gewählt. Das mit den Verlagsnamen verbundene Renommee stellte gemeinsam mit den Verlagsautoren und -rechten ein wertvolles ökonomisches Gut dar, auf das weder Verlage noch Behörden verzichten wollten. Insofern ist es plausibel, dass die Wissenschaftsverlage während der Phasen der Neustrukturierung und Profilierung im DDR-Verlagswesen (siehe Kapitel 3.4.3) zum größten Teil dergestalt verschont wurden, dass die Namen erhalten blieben und in Einzelfällen auch die verlegerische Selbstständigkeit; es erfolgten lediglich organisatorische Zusammenschlüsse.

6.5.2 Verlegerische Strategien: Zusammenarbeit mit anderen Verlagen

In den im vorigen Kapitel dargelegten Fällen wurden staatliche Verlage der DDR in die Überlegungen zur Konfliktvermeidung von den östlichen Verlagsbehörden einbezogen. Ein derartiges Vorgehen konnte auch für die westlichen Parallelverlage eine Lösung darstellen, wie das Beispiel des *Mathematischen Wörterbuchs* zeigt.

Im April 1951 schlossen B. G. Teubner Leipzig und der Ost-Berliner Akademie-Verlag einen Vertrag über die gemeinsame Herausgabe des *Mathematischen Wörterbuchs* ab. Der Publikationsplan hierzu war bereits vor 1930 bei Teubner entwickelt worden, nach Kriegsende wurde die Deutsche Akademie der Wissenschaften für eine Zusammenarbeit gewonnen.[588] An dem Objekt waren circa 40 Mitarbeiter beteiligt, die redaktionelle Betreuung sollte der von Hermann Ludwig Schmid (bis 1953 Ost-

---

588 Vgl. Giesecke, Teubner Stuttgart, an Ackermann, 27.10.1961, SStAL, 22199 Teubner Stuttgart, Nr. 18. Früher hatte bereits deren Vorgänger, die Preußische Akademie der Wissenschaften, an dem

Berlin, danach Würzburg) geleiteten Wörterbuchkommission der Deutschen Akademie der Wissenschaften in Berlin obliegen, die Herausgeberschaft übernahmen Erhard Schmidt (Ost-Berlin), Georg Hamel (Landshut) und Helmut Hasse (Hamburg).[589] Der Vertrieb in die Bundesrepublik würde laut Vertrag vom Akademie-Verlag besorgt werden, der Vertrieb in die DDR und das Ausland von Teubner.[590]

Nachdem Martin Giesecke und Herbert Heisig Leipzig im Oktober 1952 verlassen hatten, wollten sie das Verlagsobjekt in Stuttgart weiterführen. Das Präsidium der Akademie beschloss im April 1955 allerdings, das Manuskript an Teubner Leipzig zu geben.[591] Dies gelang nicht ohne Weiteres – wegen der Vielzahl der beteiligten Wissenschaftler aus Ost und West lag der Fall kompliziert. Ein Teil der in der Bundesrepublik ansässigen Mathematiker weigerte sich aufgrund der Verlagstrennung und der Inanspruchnahme der Verlagsrechte durch B. G. Teubner Stuttgart, ihre Manuskripte wie vereinbart an die Akademie abzuliefern.[592] Wenn auch der neue Leiter der Wörterbuchkommission, Josef Naas (Ost-Berlin), im Januar 1954 konstatiert hatte, dass es nur wichtig sei, »daß das Wörterbuch herauskomme und in beiden Teilen Deutschlands vertrieben werde«,[593] erforderte die Situation eine Entscheidung der Wissenschaftler. Das Amt für Literatur und Verlagswesen hatte schon vorher dafür plädiert, »nicht von der Verlagsebene her über das Mathematische Wörterbuch zu verhandeln, sondern die Angelegenheit sich auf rein wissenschaftlicher Ebene weiterentwickeln zu lassen«.[594] So führte in erster Linie die Akademie die kommenden Verhandlungen, der Leipziger Verlag wurde selten direkt in die Gespräche einbezogen.

Die Akademie beauftragte den West-Berliner Anwalt Wilhelm Neumann mit der Abfassung eines Gutachtens über die Frage, ob die Akademie dem Verlag B. G. Teubner in Leipzig das Manuskript als demjenigen Verlag, dem die Rechte zustehen würden, übergeben dürfe. Der Anwalt bejahte die Frage erwartungsgemäß.[595] Das Gutach-

---

Projekt mitgewirkt. Für einen Überblick über die Geschichte des Publikationsobjektes zwischen 1925 und 1953 siehe Kurze Übersicht über die Entwicklung des Mathematischen Wörterbuches, 15.8.1953, SStAL, 22198 Teubner Leipzig, Nr. 486.

589 Später übernahm Josef Naas (Deutsche Akademie der Wissenschaften Ost-Berlin) die Leitung der Wörterbuchkommission; herausgegeben wurde das Wörterbuch letztlich von Hermann Ludwig Schmid und Josef Naas; Hamel starb 1954, Schmidt starb 1959.

590 Vgl. Vertrag zwischen Teubner Leipzig und dem Akademie-Verlag Berlin, 5./10.4.1951 (Abschrift), SStAL, 22198 Teubner Leipzig, Nr. 193.

591 Vgl. Notiz, Betrifft: Verlagsangelegenheiten des Mathematischen Wörterbuches, o. D. [September/November 1956], BArch, DR1/1122.

592 Vgl. Schuberth, Besprechung in der Akademie der Wissenschaften Berlin am 17.7.53, SStAL, 22198 Teubner Leipzig, Nr. 1165; Langhans, Deutsche Akademie der Wissenschaften Berlin, an Kienast, Amt für Literatur und Verlagswesen, 31.5.1954, BArch, DR1/1947.

593 Besprechung mit Naas, Deutsche Akademie der Wissenschaften, Berlin, am 11.I.54, SStAL, 22198 Teubner Leipzig, Nr. 1165.

594 Seifert an Köhler, Teubner Leipzig, 2.11.1954, BArch, DR1/1947.

595 Vgl. Neumann, Gutachten, 2.5.1955. SStAL, 21103 VB Druck, Nr. 174.

ten verschickte der Leipziger Verlag an die Autoren – verbunden mit der Aufforderung, ihren Beitrag nach Leipzig beziehungsweise zur Akademie zu schicken.[596] Der Stuttgarter Verlag erhob gegen dieses Vorgehen Einspruch und ließ seinen Anwalt Greuner eine Gegendarstellung verfassen, die neben einer Darstellung der firmenrechtlichen Situation den Appell an die Akademie enthielt, das Manuskript nach Stuttgart zu schicken.[597] Einige in der Bundesrepublik ansässige Mathematiker versuchten, den Stuttgarter Verlag zu unterstützen und entsprechenden Einfluss auf ihre Fachkollegen zu nehmen – eine Einigung der Wissenschaftler konnte auf diesem Wege aber nicht erreicht werden.[598]

In diese Zeit – 1955 – fiel der Beginn der rechtlichen Auseinandersetzungen zwischen den beiden Teubner-Verlagen, wenig später begannen die Vergleichsverhandlungen. Die Verhandlungen zwischen Teubner Stuttgart und dem Akademie-Verlag wurden parallel weitergeführt. Die Akademie konnte sich zunächst verschiedene Modelle einer Einigung vorstellen, die stets mit dem Ziel verbunden waren, eine einvernehmliche Lösung mit beiden Teubner-Verlagen zu finden. Sie reichten von einer zu bildenden Arbeitsgemeinschaft der beiden Teubner-Verlage, die das *Wörterbuch* gemeinsam herausgeben würden, bis hin zu einer Übertragung der Verlagsrechte an den Akademie-Verlag.[599] Ende 1956 unterbreitete der Stuttgarter Verlag dem Akademie-Verlag einen eigenen Vorschlag. Der Akademie-Verlag sollte das Recht zur Herausgabe von Lizenzauflagen des *Wörterbuches* erhalten und die verlegerische und herstellerische Betreuung des Werkes übernehmen. Teubner Stuttgart würde für Auslieferung und Werbung in der Bundesrepublik und im westlichen Ausland, der Akademie-Verlag für die DDR und das östliche Ausland zuständig sein. Dabei sollte es ihm überlassen bleiben, den Leipziger Teubner-Verlag einzubeziehen oder nicht. Als Verlage für die westliche Ausgabe sollten sowohl Teubner Stuttgart als auch der Akademie-Verlag genannt werden; bei der östlichen Ausgabe sollte wiederum der Akademie-Verlag entscheiden, ob er auf dem Titelblatt alleine firmieren wolle oder gemeinsam mit Teubner Leipzig.[600]

---

596 Vgl. Teubner Leipzig an Ullrich, Gießen, 16.8.1955, SStAL, 22198 Teubner Leipzig, Nr. 243.

597 Vgl. Entwurf eines Briefes von Teubner Stuttgart an das Präsidium der Deutschen Akademie der Wissenschaften, 27.10.1955, SStAL, 22199 Teubner Stuttgart, Nr. 87. Dieser Entwurf wurde in leicht abgeänderter Form am 3.11.1955 verschickt. Vgl. auch Langhans, Betr.: B. G. Teubner, 9.2.1956, BArch, DR1/1947.

598 Ob die Mathematiker aufgrund des Gutachtens von Anwalt Neumann tatsächlich »entweder auf die Seite von Leipzig gezogen oder aber neutralisiert« werden konnten, wie der in die Verhandlungen involvierte Siegfried Langhans urteilte, bleibt fraglich. Langhans, Betr.: B. G. Teubner, 9.2.1956, BArch, DR1/1947.

599 Vgl. Notiz, Betrifft: Verlagsangelegenheiten des Mathematischen Wörterbuches, o. D. [September/November 1956], BArch, DR1/1122.

600 Vgl. Teubner Stuttgart, Adressat ungenannt [Akademie der Wissenschaften oder Akademie-Verlag], 7.12.1956, SStAL, 22198 Teubner Leipzig, Nr. 193.

Siegfried Langhans von der Akademie kritisierte an diesem Vorschlag vor allem, dass nur Teubner Stuttgart als Rechteinhaber auftrat, und schlug vor, mit beiden Teubner-Verlagen Verträge abzuschließen, bei dem Punkt der Übertragung der Lizenzrechte aber von einer Nennung des Ortsnamens abzusehen.[601]

Die Hauptverwaltung Verlagswesen stimmte Langhans in seiner Einschätzung zu, dass in vertragliche Vereinbarungen beide Teubner-Firmen einzubeziehen seien.[602] Im April 1957 wurde ein entsprechender Entwurf nach Stuttgart geschickt.[603] Martin Giesecke war trotz einzelner Kritikpunkte entschlossen, »im Interesse der Sache auf der Basis des uns nunmehr vorgelegten Vertrages zu einer Verständigung mit der Akademie bzw. dem Akademieverlag« zu kommen. Auf zwei Punkte legte er aber wert: Hinsichtlich der Teilung der Vertriebsgebiete sah er Abstimmungsbedarf, und im Vorwort sollten »keinerlei politische Hinweise oder auch nur Andeutungen über das Bestehen von Streitigkeiten zwischen Teubner-Stuttgart und Teubner-Leipzig gemacht werden«,[604] wie von DDR-Seite aus offenbar vorgeschlagen worden war. Im nächsten Vertragsentwurf, den die DDR-Seite im Mai vorlegte, war bei dem Punkt der Lizenzübertragung an den Akademie-Verlag nur vom ›Teubnerverlag‹ – ohne Ortsangabe – die Rede. Dem Akademie-Verlag wurde das Recht eingeräumt, mit Teubner Leipzig ein analoges Abkommen zu treffen. Bei den Vertriebsgebieten erfolgte eine Teilung in drei Ländergruppen.[605]

Im Oktober 1957 unterzeichneten Teubner Stuttgart, der Akademie-Verlag und die Deutsche Akademie der Wissenschaften zu Berlin den Vertrag. Er folgte im Wesentlichen dem Entwurf, den die DDR-Seite im Mai vorgelegt hatte.

> Die beteiligten Verlage sind sich darüber einig, daß durch diese Lizenzerteilung keiner der beiden Teubner-Verlage – weder Teubner Stuttgart noch Teubner Leipzig – seinen Rechtsstandpunkt aufgibt, alleiniger Inhaber der Verlagsrechte zu sein. Lediglich im Interesse der Wissenschaft, der an einer alsbaldigen Herausgabe des Mathematischen Wörterbuches gelegen ist, werden die gegensätzlichen Rechtsstandpunkte der beiden Verlage bezüglich des Mathematischen Wörterbuches bis zur Wiedervereinigung Deutschlands unerörtert gelassen.[606]

---

601 Vgl. Langhans, Aktenvermerk Betr.: Mathematisches Wörterbuch, 14.1.1957, SStAL, 22198 Teubner Leipzig, Nr. 193.

602 Vgl. Hoffmann, Aktennotiz Betr.: B. G. Teubner, (Mathematisches Wörterbuch), 2.2.1957, BArch, DR1/1078.

603 Dieser Entwurf ist in den Akten nicht überliefert, Zeitpunkt und Inhalt sind aber der nachfolgenden Korrespondenz zu entnehmen.

604 Dieses und das vorangegangene Zitat: Greuner an Giesecke, Teubner Stuttgart, 17.4.1957, SStAL, 22199 Teubner Stuttgart, Nr. 87.

605 Maikowski an Teubner Stuttgart, inklusive Vertragsentwurf, 20.5.1957, SStAL, 22198 Teubner Leipzig, Nr. 193.

606 Vertrag, 23./31.10.1957 (Abschrift von Abschrift), BArch, DR1/1230.

Die redaktionelle und herstellerische Betreuung obläge dem Akademie-Verlag, Teubner Stuttgart würde die für sein Vertriebsgebiet benötigten Exemplare vom Akademie-Verlag beziehen.

Obwohl die Möglichkeit im Vertrag mit Stuttgart explizit vorgesehen war, erfolgte zunächst kein analoger Abschluss mit Teubner Leipzig. Der Verlag erfuhr im Februar 1958 erst zufällig von dem Zustandekommen des Vertrags und erhob dagegen Einspruch.[607] Der Vertragsabschluss wurde offenbar nachgeholt, da Teubner Leipzig letztlich nicht nur am Vertrieb beteiligt,[608] sondern auch auf dem Titelblatt der ostdeutschen Ausgabe genannt wurde. Dort firmierten der Akademie-Verlag Berlin und die B. G. Teubner Verlagsgesellschaft Leipzig gemeinsam. Auf der Impressumsseite waren die Vertriebsgebiete genau benannt:

> Diese Ausgabe darf nur in der DDR, im demokratischen Berlin, in der Sowjetunion, den Volksdemokratien (Albanien, Bulgarien, CSSR, Polen, Rumänien, Ungarn) und in der Chinesischen, der Koreanischen und der Mongolischen Volksrepublik, sowie in Jugoslawien vertrieben werden.[609]

Das Copyright nannte die B. G. Teubner Verlagsgesellschaft in Leipzig. Die westdeutsche Ausgabe führte den Akademie-Verlag Berlin und die B. G. Teubner Verlagsgesellschaft Stuttgart auf dem Titelblatt an. Die Vertriebsbeschränkung war hier negativ formuliert, die Auslieferung übernahm Teubner Stuttgart.

> Diese Ausgabe darf in allen Ländern mit Ausnahme der DDR und des demokratischen Berlin, sowie nicht in Albanien, Bulgarien, China, Dänemark, Finnland, Großbritannien, einschließlich Commonwealth, Jugoslawien, der Koreanischen und Mongolischen V. R., in Norwegen, Polen, Rumänien, Schweden, Sowjetunion, Tschechoslowakei, Ungarn vertrieben werden.[610]

Die Länderangaben zeigen, dass noch eine dritte Ausgabe existierte, was der Aufteilung des Vertriebs in drei Ländergruppen im Vertrag entsprach. Der Akademie-Verlag übernahm die Lieferung in die skandinavischen Länder sowie Großbritannien einschließlich der Commonwealth-Staaten.[611]

Als das Werk schließlich erschien, widmete sich eine knappe Seite des insgesamt zweieinhalbseitigen Vorworts der Entstehungsgeschichte des *Mathematischen Wörterbuchs*. Am Ende hieß es:

---

607 Vgl. Teubner Leipzig an Morgenstern, HV Verlagswesen, 24.2.1958, BArch, DR1/1122.

608 Vgl. Giesecke, Teubner Stuttgart, an Ackermann, 27.10.1961, SStAL, 22199 Teubner Stuttgart, Nr. 18.

609 Naas/Schmid 1961a, S. 3

610 Naas/Schmid 1961b, S. 3.

611 Vgl. Vertragsentwurf, 20.5.1957, SStAL, 22198 Teubner Leipzig, Nr. 193.

> Begrüßenswert ist es, daß der Akademie-Verlag und die B. G. Teubner-Verlagsgesellschaft, auf deren Plan aus der Zeit um 1930 dieses Wörterbuch zurückgeht, einen gemeinsamen Weg gefunden haben, um die aufgetretenen Schwierigkeiten zu überwinden und das Werk herauszubringen.[612]

Eine Arbeitsgemeinschaft mit dem Akademie-Verlag war für Teubner Stuttgart ebenso für die Reihe *Bibliotheca Teubneriana* vorstellbar, da auch hier das Problem der gesamtdeutschen Beteiligung von Wissenschaftlern auftrat. Der Akademie-Verlag hätte nach den Vorstellungen Gieseckes den Vertrieb in der DDR und in den östlichen Ländern übernehmen können, die Verlagsrechte wären bei diesem Modell bei Stuttgart geblieben.[613] Giesecke unterbreitete diesen Vorschlag Anfang 1955 zwei Mitgliedern der Editions-Kommission der Mommsen-Gesellschaft, Erich Burck und Hans Diller (beide Kiel), die sich mit dieser Lösung einverstanden erklärten, es allerdings für fraglich hielten, dass der Akademie-Verlag bzw. die zuständigen Stellen der DDR darauf eingehen würden. Eine vergleichbare Vereinbarung mit dem Leipziger Teubner-Verlag hielt Giesecke unter der Voraussetzung für vorstellbar, dass dieser seinen Namen ändert und die Rechte bei Stuttgart bleiben.[614] Zu näheren Verhandlungen scheint es aber nicht gekommen zu sein, die Reihe erschien ab 1958 parallel bei Teubner in Leipzig und Stuttgart.

Staatliche Verlage als Kooperationspartner

Die Zusammenarbeit mit dem Akademie-Verlag eröffnete B. G. Teubner in Stuttgart die Möglichkeit, trotz der bestehenden Streitigkeiten mit dem Leipziger Parallelverlag ein prestigeträchtiges gesamtdeutsches Publikationsprojekt zu realisieren. Wichtig war der Partner in der DDR aufgrund der Beteiligung der ostdeutschen Akademie der Wissenschaften; außerdem war eine Reihe dortiger Wissenschaftler an dem Projekt beteiligt. Bei der schlussendlich gefundenen Vertragskonstruktion konnte Teubner in Leipzig in die Publikation einbezogen werden, ohne dass der Rechtsstandpunkt Stuttgarts aufgegeben werden musste. Vor allem aber gelang es auf diesem Weg, in der Ausgabe für die westliche Welt die Nennung des Leipziger Verlags zu umgehen, womit Teubner Stuttgart auf dem entscheidenden Markt als Inhaber der Verlagsrechte auftreten konnte.

Kritik an der Lösung wurde bei B. G. Teubner verlagsintern dennoch laut: Die Zusammenarbeit mit dem staatlichen Verlag in der DDR würde in der Bundesrepublik nicht überall gern gesehen, und trotz der Teilung der Vertriebsgebiete bestünde eine

---

612 Naas/Schmid 1961a und b, S. XI.
613 Vgl. Greuner, Aktennotiz in Sachen B. G. Teubner – Allgemeines, 17.9.1954, SStAL, 22199 Teubner Stuttgart, Nr. 88.
614 Vgl. Giesecke, Teubner Stuttgart, an Greuner, 12.1.1955, SStAL, 22199 Teubner Stuttgart, Nr. 87.

Verbindung zum Leipziger Verlag, die als Anerkennung dessen hätte gewertet werden können.[615]

6.5.3 Änderungen von Firmennamen und Signets

Die Frage der Nutzung der Verlagsnamen und Firmensignets, die zwischen den Parallelverlagen für Konflikte sorgte, wurde in einigen Fällen Gegenstand gerichtlicher Auseinandersetzungen. Ergebnis dieser Prozesse war, dass je nach Verhandlungsort das Gericht in der Bundesrepublik dem in der DDR ansässigen Verlag die Führung des Namens und die Verwendung des Signets untersagte und das Gericht in der DDR dies umgekehrt dem Verlag in der Bundesrepublik. Da dies für keinen der Verlage ein zufriedenstellendes Ergebnis war, gelangten die Beteiligten auf der Suche nach alternativen Wegen in einigen Fällen zu der Überlegung, dass Änderungen von Firmennamen und Signets eine Lösung darstellen könnten. Neben den Verhandlungen zwischen einzelnen Verlagen gab es Versuche, diesen Komplex in seiner Gesamtheit zu einer Lösung zu führen, angestoßen vom Börsenverein in Frankfurt am Main (siehe Kapitel 7.2.).

Überlegungen dieser Art wurden von B. G. Teubner Stuttgart angestellt. Nachdem im August 1955 gerichtliche Auseinandersetzungen begonnen hatten, wurden parallel dazu Möglichkeiten einer Verständigung in Form von außergerichtlichen Vergleichsverhandlungen sondiert. Zu diesem Zeitpunkt enthielten die Buchumschläge und Titelblätter die Bezeichnung ›B. G. Teubner Verlagsgesellschaft • Stuttgart‹ bzw. ›B. G. Teubner Verlagsgesellschaft • Leipzig‹. Der Zusatz »in Verwaltung«, mit dem der Leipziger Verlag firmierte, wurde auf dem Briefpapier und in Werbematerialien verwendet, tauchte aber nicht auf oder in den Büchern auf. Das alte Verlagssignet verwendeten beide Verlage.

In den Verhandlungen ging es um verschiedene Fragen: um die Nutzung der Verlagsrechte und des Firmennamens, den Vertrieb in den beiden deutschen Staaten und im Ausland, um Werbung und Rezensionen sowie Sondervereinbarungen hinsichtlich bestimmter Werke. Die Namensfrage stand bei den Überlegungen, die in Stuttgart angestellt wurden, immer wieder im Fokus (siehe Kapitel 6.3).

Hinsichtlich der konkreten Form der Namensänderung gab es verschiedene Ideen. Die favorisierte Version und damit das Maximalziel nach den Vorstellungen des Stuttgarter Verlags war die Bezeichnung »Leipziger Wissenschaftliche Verlagsgesellschaft«. Giesecke argumentierte damit, »daß stets eine Verwechslungsgefahr besteht, wenn überhaupt der Name Teubner in der Firmierung erscheint«. Die zwischenzeitliche Überlegung, dem Leipziger Verlag die Firmierung »Leipziger Wissenschaftliche

---

[615] Vgl. Ackermann an Giesecke, 7.11.1961, SStAL, 22199 Teubner Stuttgart, Nr. 18.

Verlagsgesellschaft – vormals B. G. Teubner«[616] vorzuschlagen, wurde wieder verworfen. Giesecke befürchtete, dass der Eindruck entstehen könne, es handle sich um den ›alten‹ Teubner-Verlag, der jetzt einen anderen Namen führe.

Giesecke und Ackermann hegten allerdings starke Zweifel, dass sich der Leipziger Verlag bzw. die DDR-Behörden auf eine derartig weitgehende Änderung einlassen würden.[617] Es kam daher zwischenzeitlich die Idee eines Namenszusatzes auf, der auf die neuen Eigentumsverhältnisse hinweisen und deutlich machen sollte, dass keine Verbindung zu Stuttgart besteht.[618] Der Zusatz ›in Verwaltung‹, den die Leipziger Firma offiziell führte, der aber nicht auf den Buchcovern erschien, hätte in den Augen der Stuttgarter eine zu wenig deutliche Unterscheidung gebracht, und das Firmensignet sollte von Leipzig keinesfalls weiter verwendet werden dürfen, da es so bekannt war.[619] Unbedingt müsse eine Verwechslungsgefahr ausgeschlossen werden. Bei den Überlegungen spielte auf Stuttgarts Seite auch stets die Frage einer eventuellen Wiedervereinigung eine Rolle. Bei bestimmten Zugeständnissen an Leipzig wurden Schwierigkeiten bezüglich dann bestehender Wiedergutmachungsansprüche befürchtet.[620] All diese Überlegungen führten zu dem Schluss, der in Schreiben nach Leipzig deutlich formuliert wurde: Letztlich müsse Leipzig darauf verzichten, den Namen Teubner und das traditionelle Signet überhaupt zu verwenden.[621]

Neben der Frage der Rechtmäßigkeit des Leipziger Verlags stellte es für das Stuttgarter Haus ein Problem dar, dass man sich mit einigen Leipziger Titeln nicht identifizieren konnte: Darunter leide der Name Teubner im Westen.[622] Auch wies Giesecke wiederholt darauf hin, dass vor allem die Kommissionäre und die Buchhändler im Ausland sich um Details in der Firmenbezeichnung nicht kümmern würden und für diese »Teubner = Teubner«[623] sei.

---

616 Dieses und die vorangegangenen Zitate: Giesecke, Punkte betreffend sachliche Möglichkeiten für eine Verständigung mit Leipzig, 24.10.1956, SStAL, 22199 Teubner Stuttgart, Nr. 79.

617 Vgl. Giesecke, Betr.: Rücksprache mit Herrn Dr. Lichtenstein am 27.8.1956, 28.8.1956, SStAL, 22199 Teubner Stuttgart, Nr. 89.

618 Ackermann, Aktenvermerk, 10.3.1956, SStAL, 22199 Teubner Stuttgart, Nr. 79. Vgl. beispielsweise auch Betr.: Giesecke, Frage eines evtl. Vergleichs mit Leipzig, 17.2.1956, SStAL, 22199 Teubner Stuttgart, Nr. 79

619 Vgl. Giesecke, Punkte betreffend sachliche Möglichkeiten für eine Verständigung mit Leipzig, 24.10.1956, SStAL, 22199 Teubner Stuttgart, Nr. 79.

620 Vgl. Betr.: Telefonische Rücksprache mit Herrn Dr. Greuner am 25.1.1957 betreffend Teubner West-Ost/Vergleich, SStAL, 22199 Teubner Stuttgart, Nr. 79.

621 Vgl. Lichtenstein an Neumann, 22.11.1956, SStAL, 22199 Teubner Stuttgart, Nr. 79.

622 Vgl. Besprechung betreffend eventuelle Zusammenarbeit Teubner, Stuttgart/Teubner, Leipzig am 26.11.1964 im Hotel Monopol-Metropole, Frankfurt, 4.12.1964, SStAL, 22199 Teubner Stuttgart, Nr. 140; Ackermann an Giesecke, 27.12.1955, SStAL, 22199 Teubner Stuttgart, Nr. 21.

623 Niederschrift, 23.2.1957, Besprechung im Hotel Frankfurter Hof in Frankfurt, 11.3.1957, SStAL, 22199 Teubner Stuttgart, Nr. 79.

Auf Seiten des Verlags in Leipzig bzw. der Hauptverwaltung Verlage in Berlin war man zu Zugeständnissen unter bestimmten Voraussetzungen bereit. Im Kontext einer Einigung über andere strittige Punkte könne die Aufnahme einer Kennzeichnung, die die Verwechslungsgefahr ausschließe, erwogen werden.[624] Die Überlegungen liefen im Kern darauf hinaus, dass man zu Kompromissen bereit war, auf den Namen ›Teubner‹ aber keinesfalls verzichtet werden sollte.[625] So wurden im Laufe der Zeit verschiedene Varianten offeriert:

- Verlag B. G. Teubner, Leipzig[626]
- Teubner Leipzig[627]
- Teubner Verlag zu Leipzig[628]
- Teubner-Verlag Leipzig[629]
- Leipziger Teubner-Verlag.[630]

All diese Namensvarianten kamen für Stuttgart nicht in Frage.[631] Nur bei einer »Gesamtbereinigung des Verhältnisses zwischen Teubner Leipzig und Teubner Stuttgart« wurde in Aussicht gestellt, »für Teubner Leipzig auf die Führung des Zeichens und die Verwendung des Namens zu verzichten«.[632] Es wurde allerdings auch darauf hingewiesen, dass im Falle einer Wiedervereinigung »eine erneute Namensänderung hier oder dort erforderlich werden würde, was dem Teubner-Verlag als Gesamtes nur zum Nachteil gereichen würde«.[633]

Beim Signet war die DDR-Seite zu größeren Zugeständnissen bereit, dieses hätte gegebenenfalls aufgegeben und durch ein neues ersetzt werden können. Die Variante der Bezeichnung ›Teubner Verlag Leipzig‹ mit einem gänzlich anderen Signet wurde von Martin Giesecke mit Verweis auf die Situation im Ausland abgelehnt, wo bei die-

---

624 Vgl. Praxmarer an Lichtenstein, 9.4.1956, SStAL, 22199 Teubner Stuttgart, Nr. 79.

625 Vgl. Köhler und Planitzer, Besuch von Herrn Prof. Kliefoth im Verlagshaus am 11.12.1956, 12.12.1956, BArch, DR1/1947.

626 Vgl. Richtlinien für die Verhandlung am 23.2.1957, 23.2.1957, BArch, DR1/1122.

627 Vgl. Heisig, Besprechung mit Prof. Kliefoth in Stuttgart am 27.10.56, 29.10.1956, SStAL, 22199 Teubner Stuttgart, Nr. 79.

628 Vgl. Glücksmann, Büro für Urheberrechte, Entwurf eines Vertrags zwischen Teubner Stuttgart und Teubner Leipzig, 22.5.1957, SStAL, 22198 Teubner Leipzig, Nr. 193.

629 Vgl. Niederschrift, 23.2.1957, Besprechung im Hotel Frankfurter Hof in Frankfurt, 11.3.1957, SStAL, 22199 Teubner Stuttgart, Nr. 79.

630 Vgl. Neumann an Glücksmann, Büro für Urheber-Rechte, 1.3.1957, BArch, DR1/1122.

631 Giesecke, Betrifft: Verhandlungen Teubner Stuttgart/Teubner Leipzig, 11.10.1957, SStAL, 22199 Teubner Stuttgart, Nr. 79.

632 Dieses und das vorangegangene Zitat: Neumann an Lichtenstein, 4.1.1957, SStAL, 22199 Teubner Stuttgart, Nr. 79.

633 Gesichtspunkte für die Vorschläge zu den Verhandlungen mit Stuttgart, o. D., BArch, DR1/1122.

ser Firmierung der Eindruck entstehen könne, »Stuttgart ist eine Niederlassung von Leipzig, oder Leipzig ist eine Niederlassung von Stuttgart«.[634]

Die Gespräche drehten sich im Kreis. In den folgenden Jahren betonte Stuttgart immer wieder seine klare Haltung zur Namensfrage: »Nach wie vor sind wir der Meinung, daß ein Ausschluß der Verwechslungsgefahr nur dann gewährleistet ist, wenn der Leipziger Verlag davon absieht, den Namen ›Teubner‹ in der Firmenbezeichnung zu führen.«[635] Im gleichen Maße hielt die DDR-Seite am Namen Teubner fest. Es war eine »ausgesprochene Prestigefrage«, und »im Falle einer Namensänderung müßte Leipzig bei seinen internationalen Verbindungen völlig von neuem beginnen und sich neu durchsetzen«.[636]

Nach dem Tod von Martin Giesecke setzte Erich Ackermann die Verhandlungen fort. Ackermann machte im Juli 1966 einen neuen, konkreten Vorschlag zum Problem von Signet und Verlagsname: Das Teubner-Signet solle abgewandelt werden, indem es beispielsweise mit einem halben Lorbeerkranz versehen und das Wort ›Leipzig‹ oder ›Lipsia‹ eingebaut wird. Wenn der Name außerdem den Zusatz ›mit staatlicher Beteiligung‹ erhielte, sollte einer weiteren sachlichen Verständigung und Zusammenarbeit nichts mehr im Wege stehen.[637] Ackermann beauftragte sogar selbst einen Grafiker mit der Neugestaltung des Leipziger Signets.[638]

Während sowohl der Leipziger Verlag als auch die Verlagsbehörde einer Änderung des Signets – wie schon in früheren Verhandlungen – aufgeschlossen gegenüberstanden, hielten sie eine Änderung oder auch Zusätze zum Leipziger Verlagsnamen weiterhin für nicht akzeptabel.[639] Nichtsdestotrotz fanden weiterhin Gespräche zwischen beiden Parteien statt, die von den Beteiligten als angenehm und vertrauensvoll eingeschätzt wurden.[640] So kam es Ende 1968 schließlich zu einer Einigung. Ab 1969 firmierte der Verlag unter ›BSB B. G. Teubner Verlagsgesellschaft‹, und verwendete darüber hinaus ein Signet, das dem alten grundsätzlich glich, dem aber die Ortsangabe ›Leipzig‹ hinzugefügt war (siehe Signets auf S. 421).[641] Zugleich erhob der Stuttgarter

---

634 Giesecke, Betrifft: Verhandlungen Teubner Stuttgart/Teubner Leipzig, 11.10.1957, SStAL, 22199 Teubner Stuttgart, Nr. 79.

635 Giesecke, Teubner Stuttgart, an Harth, Büro für Urheberrechte, 9.5.1958, SStAL, 22199 Teubner Stuttgart, Nr. 79.

636 Dieses und das vorangegangene Zitat: Besprechung betreffend eventuelle Zusammenarbeit Teubner, Stuttgart/Teubner, Leipzig am 26.11.1964 im Hotel Monopol-Metropole, Frankfurt, 4.12.1964, SStAL, 22199 Teubner Stuttgart, Nr. 140.

637 Vgl. Ackermann, Teubner Stuttgart, an Teubner Leipzig, 21.7.1966, SStAL, 22198 Teubner Leipzig, Nr. 189.

638 Vgl. Ernst, Teubner Stuttgart, an Studzinski, 6.10.1966, SStAL, 22198 Teubner Leipzig, Nr. 189.

639 Vgl. beispielsweise Studzinski an Ernst, Teubner Stuttgart, 20.10.1966, SStAL, 22198 Teubner Leipzig, Nr. 189.

640 Vgl. [Ernst], Betr.: Teubner/Leipzig, o. D. [September 1966], SStAL, 22198 Teubner Leipzig, Nr. 189; Studzinski an das MfK, 21.10.1966, SStAL, 22198 Teubner Leipzig, Nr. 188.

641 Vgl. Aktenvermerk, 4.12.1968, BArch, DR1/7188.

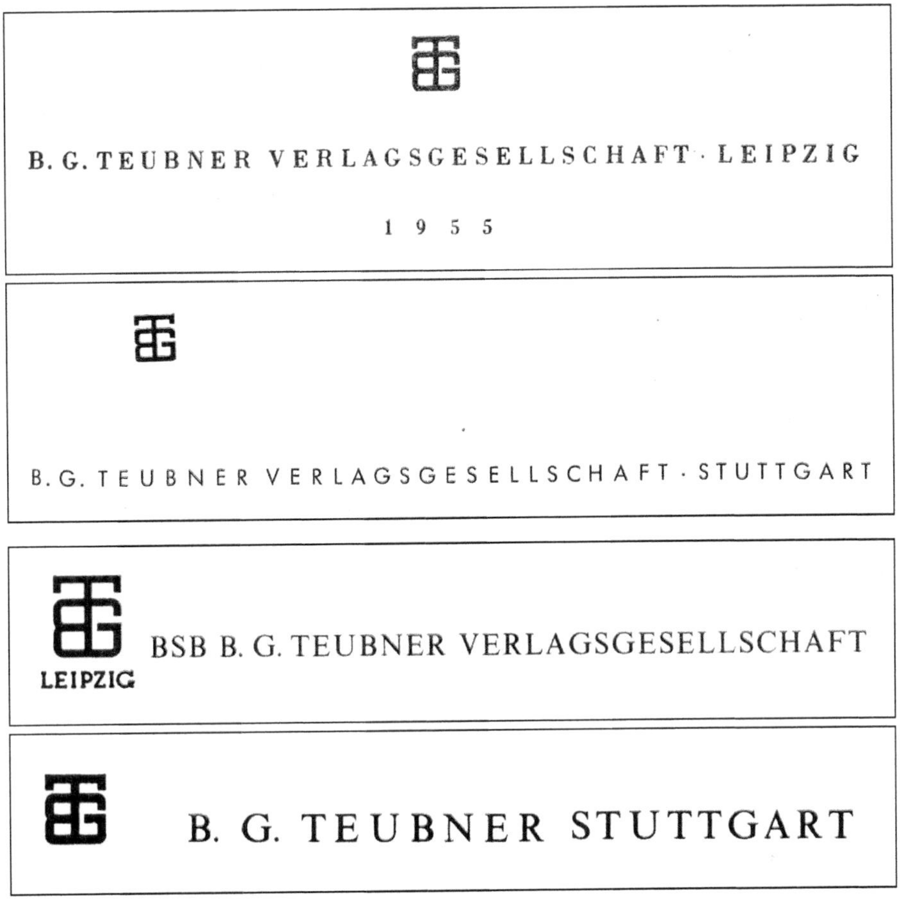

B.G. TEUBNER VERLAGSGESELLSCHAFT · LEIPZIG

1 9 5 5

B.G. TEUBNER VERLAGSGESELLSCHAFT · STUTTGART

 BSB B. G. TEUBNER VERLAGSGESELLSCHAFT
LEIPZIG

 B. G. TEUBNER STUTTGART

Abb. 12: Verlagsangaben und Signets in den Büchern von Teubner Leipzig und Teubner Stuttgart: 1955 bzw. 1956 (oben) und 1970 (unten).

Teubner-Verlag gegen den Export derartig gekennzeichneter Titel in die Bundesrepublik keinen Einspruch mehr, wie im Frankfurter *Börsenblatt* zu lesen war.[642]

Auch bei Georg Thieme wurde von westlicher Seite aus eine Namensänderung des DDR-Verlags gewünscht. Die Zusammenarbeit zwischen den Verlagen lief in den 1950er Jahren zwar verhältnismäßig gut, die Frage der Verlagsrechte war auch nicht strittig. Doch nach Ansicht von Günther Hauff, seit 1953 Mitinhaber und seit 1963 Verlagsleiter in Stuttgart, gab es ein Kernproblem: den »sichtlichen Niveau-Unterschied in der Leipziger Produktion«. Da von Rezensenten der Unterschied zwischen dem bundesdeutschen und dem DDR-Verlag meist nicht wahrgenommen wurde, weil

---

642 Börsenblatt (Frankfurter Ausgabe), H. 12, 25.3.1969.

Einbandfarbe und Signet identisch waren, endeten Besprechungen Leipziger Titel in ausländischen Fachzeitschriften nach Aussage Hauffs oft mit dem Satz: »This book is not up to the usual standard of Thieme Verlag.« Die Kritik bezog sich auf die buchbinderische Verarbeitung. In der ausländischen Fachwelt wurde damit, so Hauff, »der Eindruck erweckt, daß mein Verlag eine Produktion sehr unterschiedlicher Qualität veröffentlicht«,[643] was in der Folge die Akquise ausländischer Autoren erschweren würde.

Thieme Leipzig konstatierte zwar im September 1957, dass »hinsichtlich der Weiterführung des Namens Thieme durch den Leipziger Verlag [...] keine Einwendungen durch den Stuttgarter Verlag erhoben worden«[644] waren, ein halbes Jahr später allerdings sprach Alfred Dornig von Thieme Stuttgart mit einer Mitarbeiterin von Buch-Export über die Möglichkeiten einer Änderung des Leipziger Firmennamens.[645]

In der Folge fanden weitere Versuche statt, zu einer Einigung bezüglich des Firmennamens zu gelangen, Ergebnisse zeitigten diese jedoch nicht. 1960 konnte in Leipzig noch festgestellt werden: »Es bleibt abzuwarten, wie sich der Stuttgarter Verlag überhaupt zur Frage der Führung des Namens ›Thieme‹ verhält. Bisher hat er seine Drohung, gerichtlich dagegen vorzugehen, nicht wahrgemacht.«[646] Stuttgart hatte zur Lösung der Namensfrage den Vorschlag unterbreitet, »zur Vermeidung von geschäftlichen Ausfällen den Vertrieb ihrer [der Leipziger] Produktion im westlichen Ausland unter einem anderen Namen durchzuführen«,[647] andernfalls die Prozessführung angekündigt. Da Leipzig darauf nicht reagierte, ging Thieme Stuttgart 1961 doch noch vor Gericht. Als Ergebnis wurden dem Leipziger VEB die Verwendung des Verlagsnamens und der Vertrieb seiner Produkte untersagt.

Zwei Jahre nach Urteilsverkündung kam die DDR-Seite auf das Angebot Hauffs zurück. Ab 1963 erschienen Titel des VEB Georg Thieme Leipzig als Lizenzausgaben bei Edition Leipzig für den Vertrieb in der Bundesrepublik. Beispiele hierfür sind das *Lehrbuch der inneren Medizin für Zahnmediziner* von Werner Ries, das 1962 bei Thieme Leipzig erschien und ein Jahr später bei Edition Leipzig. Gleiches wurde beim *Biophysikalischen Praktikum* von Karl Glass praktiziert. Das bei Thieme Leipzig 1964 in 2. Auflage erschienene Werk kam ebenfalls 1964 bei der Edition Leipzig in 2. Auflage heraus.[648] Da nun nicht nur der Verlagsname ein anderer war, sondern auch eine grüne statt der typischen blauen Thieme-Einbandfarbe verwendet wurde, stellte diese Lösung eine für Thieme Stuttgart tragbare dar.

---

643 Dieses und die vorangegangenen Zitate: Reitschert 1967, S. 74. Vgl. auch Staehr 2011, S. 107.

644 May, Thieme Leipzig, an den BV Leipzig, 18.9.1957, SStAL, 21766 BV II, Nr. 1248.

645 Vgl. Giesecke, Anruf von Herrn Hauff jun., Thieme-Verlag, am 25.4.1958 betreffend West-Ost-Fragen, SStAL, 22199 Teubner Stuttgart, Nr. 85.

646 Jahresbericht des Verlagsleiters zum Planablauf 1960, BArch, DR1/928.

647 Reitschert 1967, S. 74.

648 Beide Edition-Leipzig-Titel finden sich weder im DNB-Katalog noch in der Bibliographie, die in der Festschrift *Zehn Jahre Edition Leipzig* enthalten ist, aber in Antiquariatskatalogen.

Der Vertrieb im westlichen Ausland (außer der Bundesrepublik) wurde allerdings weiterhin unter dem Namen ›Georg Thieme‹ durchgeführt. Hier strebte Hauff in Verhandlungen mit der Hauptverwaltung Verlage und Buchhandel in Ost-Berlin an, wenigstens eine Änderung der Einbandfarbe und eine deutliche Unterscheidung des Signets zu erreichen. 1969 konnte bezüglich des Signets eine Einigung erzielt werden. Der VEB Thieme Leipzig verwendete von diesem Jahr an auf seinen Publikationen ein neues Logo. Statt der zwei sich umschlingenden Bäume, welche die beiden Programmbereiche Medizin und Naturwissenschaften symbolisieren sollten, ergänzt um die Buchstaben GTV, wurde nun ein reines Buchstabensignet verwendet, in das die Ortsangabe integriert wurde: GTL (siehe Signets auf S. 424).[649]

Bei den anderen Parallelverlagen spielte die Namensproblematik eine weniger wichtige oder keine Rolle. Die Akademische Verlagsgesellschaft in Frankfurt am Main verlangte keine Namensänderung. Das gleiche galt für den mit seinem Stammhaus in Jena kooperierenden Verlag Gustav Fischer in Stuttgart. Dort äußerte sich die Verlagsleitung einem Autor gegenüber zur Namensfrage folgendermaßen:

> Ihr Hinweis darauf, dass der volkseigene Betrieb in Jena den Namen Gustav Fischer zu Unrecht trägt, ist sehr berechtigt. Sie können sich wohl denken, wie unangenehm uns selbst diese Tatsache ist. Leider haben wir von hier aus keinerlei Handhabe, um es den Leuten dort zu verbieten, und es gibt ja viele Firmen, bei denen der gleiche Zustand herrscht. Durch den Zusatz ›VEB‹ ist allerdings für jeden, der Bescheid weiss, die Sache genügend gekennzeichnet.[650]

Auch bei den familiär verbundenen Verlagen Johann Ambrosius Barth München und Leipzig sowie Theodor Steinkopff in Dresden und Dr. Dietrich Steinkopff in Darmstadt war die Namensfrage kein Thema, ebenso wenig sind solche Überlegungen von den beiden Hirzel-Verlagen in Leipzig und Stuttgart bekannt.

Für Carl Marhold waren im Jahr 1955 zwischen Wolfgang Jäh und Buch-Export »ergebnislose Besprechungen«[651] geführt worden. Hier wurde auf DDR-Seite schließlich eine andere Lösung gefunden, die im Zusammenhang mit den Verlagsprofilierungen stand: Der Name Carl Marhold verschwand auf östlicher Seite gänzlich.

---

649 1966 waren die Verhandlungen zwischen dem MfK und Thieme Stuttgart bereits ein Jahr lang im Gange. Für den Fall des Scheiterns der Gespräche schlug Studzinski, der die Verhandlungen führte, vor, einen Prozess gegen Thieme Stuttgart zu führen. Vgl. Selchow und Studzinski an das MfK, HV Verlage und Buchhandel, 21.10.1966, SStAL, 22198 Teubner Leipzig, Nr. 188.

650 Fischer Stuttgart an Fitting, Bonn, 12.1.1954, HA/BV 52, Nr. 26.

651 Liste der »gleichnamigen« Verlage nach den Angaben des Herrn Hofé, 7.2.1958, SStAL, 22199 Teubner Stuttgart, Nr. 85.

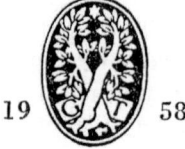

VEB GEORG THIEME · LEIPZIG

GEORG THIEME VERLAG · STUTTGART

VEB GEORG THIEME · LEIPZIG · 1968

GEORG THIEME VERLAG · STUTTGART

Abb. 13: Verlagsangaben und Signets in den Büchern von Thieme Leipzig und Thieme Stuttgart: 1958 (oben) und 1968 (unten).

Firmennamen- und Signetänderungen als Kompromisslösung

Die Argumentationslinien in den Verhandlungen zur Änderung von Firmennamen und Signets offenbaren zwei Ebenen des Konflikts: Grundsätzlich stand die aus Sicht der je anderen Firma unrechtmäßige Nutzung des Namens und des Signets zur Debatte; auf einer pragmatischen Ebene ging es um die Verwechselbarkeit der Verlage und ihrer Produkte, die aus verschiedenen Gründen ausgeschlossen werden sollte.

Für einige der westlichen Parallelverlage hätte es eine zufriedenstellende Lösung des Konflikts dargestellt, hätten sich die ostdeutschen Verlage bzw. die DDR-Behörden bereiterklärt, die Verwendung der traditionsreichen Verlagsnamen und der Signets aufzugeben. Auf das Renommee der Firmennamen und die damit verbundenen Exporterfolge wollte die DDR-Seite allerdings nicht verzichten. Daran änderten auch in der Bundesrepublik erwirkte Gerichtsbeschlüsse nichts, die den Export von Titeln der Parallelverlage in das westliche Ausland zumindest teilweise erschwerten.

Bei den Signets waren die staatlichen Stellen der DDR zu Zugeständnissen bereit. Selbiges galt für Zusätze zu den Verlagsnamen, die bei den in Volkseigentum überführten Firmen mit dem vorangestellten ›VEB‹ ohnehin verwendet wurden. So konnte über eine Änderung der Signets (Teubner Leipzig und Thieme Leipzig) sowie einen Namenszusatz (Teubner Leipzig) der Konflikt bei diesen Verlagen bereinigt werden.

6.6 Resümee

Unter den Lösungsstrategien, die von den Parallelverlagen – in der DDR auch von Seiten der zuständigen Behörden – entwickelt und umgesetzt wurden, lassen sich verschiedene Ausrichtungen differenzieren:[652]

- In einigen Fällen suchten die Beteiligten die *Verständigung*. Der Wille dazu konnte sich in einem regelmäßigen Austausch über Autoren, Publikationspläne und Vertriebsstrategien sowie einer fallweisen Einigung bei Konfliktpunkten oder im Abschluss von Verträgen oder Vereinbarungen zwischen den Parallelverlagen manifestieren. Mit diesen versuchten die Beteiligten, das gegenseitige Verhältnis und potenzielle Streitfragen nach der Nutzung des Verlagsnamens und der Verlagsrechte und/oder der Vertriebsgebiete grundsätzlich zu klären. Darüber hinaus gelangten einige Parallelverlage zu einer mehr oder weniger engen Zusammenarbeit in Form von gegenseitiger Lizenzvergabe oder der Herstellung von Gemeinschaftsauflagen. Dies gelang nur, wenn Pragmatismus und ökonomisches Kalkül über die Grundsatzfragen der Existenzberechtigung des anderen Verlags und der Nutzung des Firmennamens gestellt wurden.
- Teilweise zielten die Handlungen auf eine klare *Abgrenzung*. Die Verlage wählten meist zuerst den Weg der indirekten Konfrontation über Appelle an die Autoren; der nächste Schritt führte in die Branchenöffentlichkeit. Anschreiben an Geschäftspartner und Anzeigen in der Branchenpresse sollten die Durchsetzung der jeweiligen Standpunkte bewirken. Die dritte Möglichkeit bestand in der Ein-

---

652 Fäßler unterteilt die Handlungsspielräume bezüglich der Ansprüche auf Warenzeichen in drei ähnliche Kategorien: die »Klärung auf dem Gerichtsweg«, eine »wie auch immer geartete einvernehmliche Nutzung des Warenzeichens« und die »Konfliktvermeidung durch die Preisgabe eigener Rechtsansprüche«. Fäßler 2006b, S. 297f.

leitung juristischer Schritte: Bei vier der acht hier untersuchten Verlage kam es zu Prozessen vor ost- und westdeutschen Gerichten. Eine Lösung im Sinne einer vollständigen Konfliktbereinigung konnte mit den ergangenen Urteilen nicht erreicht werden, da deren Geltung auf das jeweilige Staatsgebiet beschränkt blieb.

– Eine alternative Strategie, die von B. G. Teubner Stuttgart über Jahre verfolgt wurde, war der Versuch der *Kontrolle und Steuerung* des Vertriebs der Produktion aus dem DDR-Verlag. Da einerseits die Verwendung des Firmennamens und die Ausnutzung der Verlagsrechte durch den DDR-Verlag nicht unterbunden werden konnten und andererseits ein Bedarf an der östlichen Literatur in der Bundesrepublik bestand, wollte der westliche Verlag wenigstens kontrollieren, welche Bücher importiert wurden, und diese als »genehmigt« kennzeichnen.

– Ein anderer Weg war der *Verzicht auf die strittigen Rechte* am Verlagsnamen bzw. die verschleierte Ausnutzung der Verlagsrechte unter anderem Firmennamen. Die Aufgabe des Verlagsnamens schlugen einige westliche Verlage als Lösungsstrategie vor. Allerdings lehnte die DDR-Verlagsbehörde dies ab, da die alten Namen mit – auch internationalem – Renommee verbunden waren. Aufgegeben wurden nur Verlagsnamen, denen eine weniger große Bedeutung zugemessen wurde.

Die verschiedenen Strategien stellten Versuche dar, Lösungen für die zwischen den Verlagen auftretenden Konfliktfelder auf den verschiedenen Ebenen zu finden (siehe Kapitel 5). Diese Versuche waren unterschiedlich erfolgreich.

– Das Problem der *Rechtmäßigkeit* bzw. der gegenseitig unterstellten Illegitimität hätte nur durch die Auflösung eines der Verlage gelöst werden können. Von den analysierten Verlagen wurde im Untersuchungszeitraum in der DDR lediglich der Verlag Carl Marhold Ende liquidiert. Die Existenz des West-Berliner Parallelverlags trug dazu bei, stellte aber nicht die einzige Ursache dar. Eine wichtige Rolle bei dieser Entscheidung spielte der Status des Marhold-Verlags im Gesamtgefüge des DDR-Verlagswesens. Der Verlagsname wurde als zu unbedeutend bewertet, im Zuge einer Neuordnung gingen die Marhold-Titel auf staatliche Verlage über. Die Schließung eines Verlags stellte nur im zentralistisch organisierten Verlagssystem der DDR eine Möglichkeit der Konfliktlösung dar. Für die inhabergeführten westdeutschen Verlage wäre dies keine Option gewesen.

– Mit der Frage der Existenzberechtigung eng verbunden war das Problem der Verwendung der alten *Verlagsnamen und Signets*. Zu einer grundlegenden Änderung des Namens einer Firma kam es bei den untersuchten Fällen nicht, obschon dies eine Möglichkeit darstellte, die in anderen Fällen ostdeutscher Parallelverlage praktiziert wurde (siehe Kapitel 7.2.3). Änderungen von Signets und Zusätze zu den Firmennamen hingegen wurden von den östlichen Verlagsbehörden als Lösungsmöglichkeit akzeptiert und durchgeführt.

– Wegen der Verwendung der *Verlagsrechte* aus der Zeit vor der Verlagsteilung kam es bei den meisten Verlagen zu Auseinandersetzungen, hier wurden im Laufe der

Zeit aber für gewöhnlich Lösungen gefunden. Teilweise einigten sich die Verlage darauf, wer welche Titel weiter verlegen durfte; teilweise wurden die Rechte parallel ausgenutzt; in manchen Fällen wurden gegenseitig Lizenzen vergeben; in anderen erfolgte eine gemeinsame Herstellung, wodurch die Frage nach dem rechtmäßigen Inhaber der Rechte in den Hintergrund trat. Unter Umständen fällten die Autoren die Entscheidung, mit welchem Verlag sie zusammenarbeiten wollten.

– Im Zuge von Kooperationen wurde meist zugleich die Frage der *Vertriebsgebiete* geklärt. In anderen Fällen blieb das Problem bestehen oder getroffene Vereinbarungen wurden nicht eingehalten: Zu groß war das Interesse in der DDR, Exporte in das westliche Ausland durchzuführen, und zu groß das Interesse der westlichen Verlage, ebendies zu verhindern.

Wenn auch die Parallelverlage mit denselben Konfliktfeldern konfrontiert waren, bewerteten sie diese unterschiedlich und konnten zu anderen Lösungen kommen. Während B. G. Teubner Stuttgart die Übertragung von Lizenzen an Edition Leipzig durch den Leipziger Parallelverlag und den Vertrieb dieser Ausgaben im Ausland als Hindernis für eine Zusammenarbeit betrachtete, wurde dieser Weg von Georg Thieme Stuttgart als Möglichkeit betrachtet, dem Problem der unterschiedlichen Qualität der Thieme-Bücher, welche im Ausland wahrgenommen wurde, zu begegnen.

Die meisten Verlage wandten nicht nur Strategien *eines* Feldes an. Einige wechselten im Laufe der Zeit von einem Feld zu einem anderen, zum Beispiel von einem abgrenzenden Agieren zu einem kooperativen oder umgekehrt; teilweise wurden verschiedene Strategierichtungen gleichzeitig verfolgt. Ein Grund dafür lag darin, dass bestimmte Handlungen keinen Erfolg zeitigten – so klärten Gerichtsprozesse die strittigen Fragen nicht endgültig oder die DDR-Behörden stimmten einer Namensänderung nicht zu. Eine weitere Ursache für das Verfolgen mehrerer Strategierichtungen der Verlage, vor allem jener in der Bundesrepublik, war ein gewisses Maß an Unberechenbarkeit ihres Gegenübers in der DDR. In den östlichen Parallelverlagen kam es gelegentlich zu Verlagsleiterwechseln, wobei die Haltung des neuen Leiters zur Problematik unter Umständen von der des Vorgängers abwich; zudem waren bestimmte, unter Umständen stillschweigend geduldete Praktiken nicht bekannt. Schwieriger noch war die Beteiligung verschiedener staatlicher Stellen. Neben dem Amt für Literatur und Verlagswesen bzw. später der Hauptverwaltung Verlagswesen, die sich in erster Linie der Fragen der Parallelverlage annahmen, waren weitere Stellen an den Überlegungen und Verhandlungen beteiligt, zum Beispiel das Büro für Urheber-Rechte. Auch die SED nahm über die Abteilung Wissenschaften im Zentralkomitee Einfluss auf die Vorgänge. Die dort Tätigen hatten teilweise unterschiedliche Vorstellungen und ihr Handeln war dem Wandel der aktuellen politischen Situation unterworfen. Vor allem im Hinblick auf das Verhältnis der beiden deutschen Staaten schwankten die Zielsetzungen und damit der Grad der Kompromissbereitschaft im Laufe der 1950er Jahre.

Bei der Wahl der unterschiedlichen Lösungsstrategien lassen sich verschiedene Faktoren erkennen, die zu den Entscheidungen und Handlungsrichtungen beitrugen:

– *Firmenrechtliche Situation*: Wenn in der DDR eigentumsrechtliche Eingriffe bei den Verlagen erfolgten, bedeutete dies einen entscheidenden Einschnitt für das Verhältnis, der für gewöhnlich zunächst eine abgrenzende Strategie nach sich zog. Bei Barth und den Steinkopff-Verlagen unterblieben abgrenzende Aktionen, da der private Status der DDR-Firmen aufrechterhalten wurde und in beiden Staaten Angehörige der Verlegerfamilien an den Verlagen beteiligt waren.

– *Akteure in der Bundesrepublik*: Art und Ausmaß der Abgrenzung der westlichen Verleger hingen nicht ausschließlich mit der firmenrechtlichen Situation, also dem Verlust der Firma am ursprünglichen Verlagssitz zusammen; auch folgte der abgrenzenden Strategie im Hinblick auf die Geschäftspartner nicht zwangsläufig die juristische Konfrontation. Dies wird bei einem Vergleich von Gustav Fischer und B. G. Teubner deutlich: Die Eigentümer hatten ähnliche Erfahrungen gemacht – eine zunehmende Erschwernis der verlegerischen Arbeit und Repressionen von Seiten der Behörden, was zu einem Weggang aus der DDR geführt hatte, und eine daraus resultierende Konfiskation ihrer zurückgelassenen Verlage –, ihre Reaktion darauf glich sich allerdings kaum. Einer kurzen Zeit der zurückhaltenden Auseinandersetzung um die Rechtslage folgte bei Gustav Fischer sehr rasch die konstruktive, enge Zusammenarbeit; bei Teubner hingegen führte die fehlende Einigung um Namen und Verlagsrechte zu weitreichender abgrenzender Kommunikation und Gerichtsverfahren. Erste Schritte zu einer Kooperation erfolgten erst nach fast zwei Jahrzehnten. Es müssen also neben dem erlittenen Unrecht andere Faktoren eine Rolle gespielt haben. Dazu gehörten unterschiedliche (politische) Einstellungen zum Gesamtkomplex der deutschen Teilung bzw. gegenüber der DDR. Bezüglich dieser Haltung standen sich unter den westlichen Parallelverlegern zwei Gruppen gegenüber: Diejenigen, die eine Zusammenarbeit pflegten, und diejenigen, die einer solchen grundsätzlich ablehnend gegenüberstanden (siehe Kapitel 7.2.2). Die pragmatische Einschätzung eines Mitarbeiters des Büros für Urheber-Rechte, dass »wir alle doch nur besser leben und mehr verdienen wollten«,[653] traf für die letztgenannte Gruppe gerade nicht zu.

– *Akteure in der DDR*: Wenn auch die handelnden Personen im staatlich organisierten Verlagswesen der DDR weniger frei in ihren Entscheidungen und ihrem Handeln waren, so spielten persönliche Einstellung und politische Haltung hier ebenfalls eine Rolle. Sichtbar wird dies in den Vergleichsverhandlungen bei B. G. Teubner: Hatte Verlagsleiter Köhler bis 1964 in den Verhandlungen nur eine untergeordnete Rolle gespielt, änderte sich dies mit dem neuen Verlagsleiter Heinz Kratz. Auch trug eventuell das Eintreten von Erich Studzinski, der schon

---

653 Aktennotiz, 12.11.1960, SStAL, 22199 Teubner Stuttgart, Nr. 80.

für Gustav Fischer Jena die Kooperation mit dem westdeutschen Parallelverlag intensiv ausgebaut hatte, zum Erfolg der Gespräche Ende der 1960er Jahre bei. Ähnliches begegnete bei Carl Marhold: Das gute Verhältnis des Hallenser zum West-Berliner Parallelverlag wurde zwar vorrangig durch die eigentumsrechtlichen Eingriffe in der DDR gestört, allerdings fehlte danach in Halle auch ein wohlgesonnener Ansprechpartner für Wolfgang Jäh. So ist Wulf D. von Lucius in seiner Einschätzung zu folgen, »daß es eben nicht nur die Systeme als solche sind, die den Gang der Dinge bestimmen, sondern vielleicht ebenso entscheidend die handelnden Einzelnen«.[654]

- Daneben war für die Entwicklung der Beziehungen zu den westlichen Parallelverlagen entscheidend, welche *staatlichen Stellen oder SED-Gremien* und inwieweit diese in das Geschehen eingebunden waren. Wo es auf der Ebene der Verlage gelang, zu einer Einigung zu gelangen, zeigten sich die Behörden tendenziell zurückhaltend und drängten nicht auf eine Klärung der Grundsatzfragen und juristische Konfrontationen – weil die Kooperationen zum Export wissenschaftlicher Bücher führten. Für die DDR gab es positive Effekte auf zwei Ebenen: zum einen durch die Erwirtschaftung von Devisen bzw. die devisenfreie Einfuhr westlicher Verlagserzeugnisse; zum anderen durch den Prestigegewinn, der für die gesamte DDR, ihre Wissenschaft und Wissenschaftler sowie die Verlage – und damit letztlich für das sozialistische System – angestrebt wurde. Sofern ökonomische Vorteile und eine Steigerung des Ansehens für die DDR und ihre Verlage erlangt werden konnten, rückten ideologische Fragen oft in den Hintergrund. Dies galt vor allem für das Amt für Literatur und Verlagswesen und seine Nachfolgebehörden; im ZK der SED hingegen konnten Kooperationsprojekte eher an sturem Beharren auf Grundsatzstandpunkten scheitern.

- *Politische Rahmenbedingungen*: Der Einfluss der jeweils aktuellen politischen bzw. deutschlandpolitischen Situation ist ambivalent zu bewerten. Einerseits gab es Verlage wie Gustav Fischer Jena und Stuttgart, deren Strategien und Verhältnis sich im Laufe des Untersuchungszeitraums kaum änderten. Lediglich in Kleinigkeiten äußerten sich Prioritätsverschiebungen der vorgesetzten Behörden in der DDR, als diese zum Beispiel darauf drängten, das Modell der Lizenznahmen durch Mitdrucke abzulösen. Ähnlich verhielt es sich bei Hirzel und Thieme, die zurückhaltend zusammenarbeiteten oder sich weitgehend stillschweigend duldeten, und zwar die gesamten 1950er Jahre hindurch ohne wesentliche Veränderungen. Auf der anderen Seite wirkten sich Kurswechsel der SED wie jener im Sommer 1952, als der gesellschaftliche und wirtschaftspolitische Wandel hin zum Sozialismus forciert wurde, durch Eingriffe in die Eigentumsverhältnisse unmittelbar negativ aus – so bei Carl Marhold. Im Falle der Teubner-Verlage hingegen ist beides zu beobachten: das anhaltend schwierige und von den

---

654 Von Lucius 1997, S. 219.

politischen Entwicklungen weitgehend losgelöste Verhältnis über fast anderthalb Jahrzehnte lang, bei dem erst ein personeller Wechsel auch einen Wandel in den Beziehungen ermöglichte; auf der anderen Seite der direkte negative Einfluss einer verlagspolitischen Entscheidung wie die der Profilierung Anfang der 1960er Jahre in der DDR, durch die der mühsame Weg der langsamen Annäherung mit neuen Hindernissen verbaut wurde und eine ohnehin nicht wahrscheinliche Lösung in unerreichbare Ferne rückte.

7 Börsenvereine und staatliche Regelungsinstanzen: Strategien und Interessen

Die Parallelverlage hatten in unterschiedlichem Maße Interesse an einer Klärung der zwischen den Unternehmen strittigen Fragen und agierten hinsichtlich der anzuwendenden Strategien auf einer breiten Skala, die von enger Kooperation über stillschweigende Duldung bis hin zu scharfer Konfrontation reichte. In der DDR konnten die Verlage beim Umgang mit dem Problem nicht eigenständig entscheiden, sondern handelten oft nach Weisung des Amts für Literatur und Verlagswesen und seinen Nachfolgeinstitutionen sowie weiterer Verwaltungs- und Parteiinstanzen oder wenigstens in Abstimmung mit diesen (siehe Kapitel 6). Daneben war der Börsenverein in Leipzig in die Parallelverlagsproblematik involviert; Gleiches galt für sein Pendant in Frankfurt am Main. Der Branchenverband hatte nach 1945 ebenso wie viele Verlagsunternehmen eine Spaltung erfahren, so dass während der gesamten Zeit der deutschen Teilung zwei Börsenvereine existierten.

Die Börsenvereine in Leipzig und Frankfurt waren aus zwei Perspektiven mit den Parallelverlagen konfrontiert. Zum einen kümmerten sie sich jeweils um Verlage, die von sich aus an ihre Branchenvertretung herantraten. Der 1825 in Leipzig als Börsenverein der Deutschen Buchhändler gegründete Verband hatte sich im Laufe des 19. Jahrhunderts von einer für den Messeverkehr wichtigen Abrechnungsstelle zu einem Branchenverband entwickelt, der seine Mitglieder gegenüber staatlichen Stellen vertrat und sich der Regelung buchhändlerischer Usancen annahm.[1] Es ist naheliegend, dass die beiden Börsenvereine in Ost und West mit den Parallelverlagen befasst waren und diese bei der Suche nach Lösungen unterstützten. Zum anderen war die Thematik der parallelen Verlagsunternehmen in das Gesamtgefüge der innerdeutschen Buchhandelsbeziehungen eingebunden, indem sie sich beispielsweise auf Fragen der Handelsbeziehungen oder der Konditionen für die Buchmessebeteiligung auswirkte. Daher hatten die Börsenvereine von sich aus ein Interesse daran, die Frage der parallelen Firmen zu lösen, und unternahmen Versuche, die Angelegenheit für die gesamte Gruppe der betroffenen Unternehmen zu klären.

Ähnliches galt für die staatlichen Behörden in der DDR. Der Leipziger Börsenverein konnte im zentralistisch aufgebauten Buchhandelssystem der DDR nicht als freier Unternehmerverband agieren, sondern war in seinem Aktionsradius ebenso wie die Verlage von der Ost-Berliner Verlagsbehörde abhängig. Daher wurde vor allem dort die Frage der Parallelverlage immer wieder erörtert und Versuche, eine Lösung zu finden, unternommen. Dies bezog sich einerseits auf konkrete Verlage. Die Behörde gab den Anstoß zu Gerichtsprozessen gegen die westlichen Verlage ebenso wie zu Verhandlungen mit ihnen, steuerte Fragen der Zusammenarbeit, die der Befürwortung der

---

1 Zu Gründung und Frühzeit des Börsenvereins siehe Titel 1999.

https://doi.org/10.1515/9783110543421-007

Behörde bedurfte, und war an der Planung und Vorbereitung von Gesprächen beteiligt. Andererseits nahm die Behörde verschiedene Anläufe, sich einen Überblick über die gesamte Thematik zu verschaffen und Konzepte zu einer grundsätzlichen Klärung zu entwickeln. Mittelbar hatten auch westdeutsche politische Instanzen Bedeutung für die Parallelverlagsthematik, indem sie beispielsweise Einfluss auf die Ausgestaltung der innerdeutschen Buchhandelsabkommen nahmen. Vor allem aber gaben die großen Linien der Politik dem Frankfurter Börsenverein den Rahmen vor, innerhalb dessen er sich, vor allem in den ersten beiden Jahrzehnten nach der doppelten Staatsgründung, bewegen konnte bzw. glaubte sich bewegen zu müssen.

Die Börsenvereine sind aber nicht nur als Akteure von Interesse, die aktiv am Geschehen um die Parallelverlage beteiligt waren. Sie sind in diesem Kontext auch deshalb von Belang, weil der nach 1945 geteilte Branchenverband selbst eine Entwicklung nahm, welche Parallelen zu jener der geteilten Verlagsfirmen aufwies.

7.1 Der Börsenverein als Parallelverein

Die amerikanische Besatzungsmacht strebte während ihrer kurzen Zeit in Leipzig im Frühjahr 1945 die Verlagerung einiger grundlegender Buchhandelsstrukturen in ihre künftige eigene Besatzungszone an. Einige ausgewählte Verleger und ein Kommissionär wurden zu Filialgründungen im Westen aufgefordert (siehe Kapitel 4.3.1). Daneben sollte eine Zweigstelle des Börsenvereins in Frankfurt am Main bzw. Wiesbaden errichtet werden. Der zum Geschäftsführer ernannte Verlagsbuchhändler Georg Kurt Schauer und der Verleger und Kommissionär Wilhelm Klemm in der Funktion als Leiter setzten diesen Plan mit der Etablierung der Filiale in Wiesbaden um. Deren Gründung wurde am 22. Juni 1945 offiziell verkündet. Sie begannen ihre Arbeit mit Geschäftsunterlagen, Papier und einer Anschubfinanzierung aus Leipzig ausgestattet. Die Wiesbadener Gründung erfolgte zunächst im Einverständnis mit der Leipziger Geschäftsstelle und deren Leiter Albert Heß.[2] Zum Verhältnis beider Standorte war auf der Sitzung am 5. Juni 1945, auf der die Eröffnung der Dependance beschlossen worden war, festgehalten worden: »Die Tätigkeit des Börsenvereins in Leipzig wird also durch die Errichtung der Zweigstelle Wiesbaden zunächst nicht unterbrochen, sondern lediglich ergänzt.«[3] Nichtsdestotrotz stellte dieser Schritt den Anfang der Teilung des Verbands in einen ost- und einen westdeutschen Börsenverein dar. Analog zur divergierenden politischen Entwicklung in den Besatzungszonen schlugen beide Branchenverbände hinsichtlich Funktion, Organisation und Bedeutung unterschiedliche Richtungen ein.[4]

---

2 Vgl. Umlauff 1978, Sp. 135–139; Estermann 2000, S. 161; Riese 2000b, S. 118–120.
3 Umlauff 1978, Sp. 137.
4 Zur Geschichte der beiden Nachkriegsverbände siehe Riese 2000a und b; Estermann 2000.

7.1.1 Öffentlichkeitsarbeit für das Buch: SBZ und DDR

In Leipzig bestand seit April 1945 ein Aktionsausschuss des Börsenvereins der Deutschen Buchhändler zu Leipzig, der die Geschäfte des Verbands weiterführte.[5] Bis zur offiziellen Zulassung sollte allerdings noch einige Zeit vergehen. Die sowjetische Besatzungsmacht schätzte die Art Branchenvertretung, die der Börsenverein darstellte, als »eher verdächtig als fördernswert«[6] ein. Auch bei den deutschen staatlichen und städtischen Stellen und in den Parteien gab es geteilte Meinungen zur Zukunft des Verbands. Nach einem eindringlichen Appell des Leipziger Oberbürgermeisters Erich Zeigner, der die Bedeutung der Stadt für den Buchhandel erhalten wollte, und einer Satzungsänderung erteilte die Sowjetische Militäradministration dem Börsenverein im Juni 1946 die Erlaubnis zur Wiederaufnahme seiner Tätigkeit. Gleichzeitig wurde die Lizenz für die Publikation des traditionellen Branchenblattes, des *Börsenblatts für den Deutschen Buchhandel*, ausgestellt.[7]

Die neue Satzung und Veränderungen in der Struktur zeigen, dass der Verein in Leipzig seine einst angestrebte politische Unabhängigkeit, die er in der Zeit des Nationalsozialismus aufgegeben hatte, nicht wiedererlangen konnte.[8] Die Beteiligung von Vertretern aus Gewerkschaft und staatlicher Verwaltung im Führungsgremium machten aus ihm ein »kulturpolitisches Instrument in den Händen von Staat und Staatspartei«.[9] Der Leipziger Börsenverein wurde, ebenso wie die DDR-Verlage, von der Ost-Berliner Verlagsbehörde kontrolliert und angeleitet.[10] Diese wiederum war in ihrem Agieren von den Maßgaben der Abteilung Kultur und der Abteilung Wissenschaft im ZK der SED abhängig.

Dem Strukturwandel im DDR-Buchhandel entsprechend verlor der Börsenverein seine Bedeutung als Verband privater Unternehmer rasch. Die Buchhandelsvertreter im Leipziger Vorstand stammten schon Anfang der 1950er Jahre ausschließlich aus den staatlichen bzw. organisationseigenen Verlagen. Die Enteignungen privater Verleger und die Verlagsneugründungen dieser Zeit, deren Ziel zum Teil die Umgehung rechtlicher Probleme mit den westlichen Eigentümern von Parallelverlagen war, nahm der Börsenverein in Leipzig kommentarlos zur Kenntnis.[11] Generell fühlten sich die Eigentümer privater Firmen, auch die Sortimenter und Zwischenbuchhändler, von ihrem Verband zunehmend nicht mehr angemessen vertreten – entweder unterstützte

---

5 Vgl. Riese 2000b, S. 118.
6 Becker 1974, S. 367.
7 Vgl. Riese 2000b, S. 124–126.
8 Zum Börsenverein im Nationalsozialismus siehe Barbian 2000.
9 Riese 2000b, S. 129.
10 Vgl. Riese 2000a, S. 207f.
11 Vgl. Riese 2000b, S. 129, 135.

er Entwicklungen, die den Interessen der Privaten zuwiderliefen, oder er wurde nicht gehört, wenn er versuchte, sich ihrer Probleme anzunehmen.[12]

Innerhalb der ostdeutschen Buchhandelsstrukturen blieb die Bedeutung der Leipziger Branchenvertretung beschränkt; auch offiziell wurde ihr lediglich »eine mehr repräsentative als operative Funktion«[13] zugebilligt. Dies galt für die Wirkung des Börsenvereins innerhalb der DDR ebenso wie für seine gesamtdeutsche Ausstrahlung. Immerhin führt der ›Neue Kurs‹ ab Juni 1953 dazu, dass die Verbandsarbeit wieder intensiviert wurde und in diesem Zusammenhang die Belange privater Buchhändler mehr Berücksichtigung fanden.[14] Ausschüsse wurden wiederbelebt oder neu gebildet, Diskussionen über Arbeit und Zukunft des Verbands offen geführt.[15] Dennoch beklagte der Verband im April 1956 gegenüber dem Amt für Literatur und Verlagswesen das Schwinden seines Ansehens.[16] Und spätestens mit der 1958 einsetzenden politischen Verschärfung wurden dem Börsenverein wieder klar die staatlicherseits bestimmten Grenzen und Erwartungen aufgezeigt. Erich Wendt, Stellvertretender Minister für Kultur, machte den Börsenvereinsvertretern gegenüber deutlich, dass der Verband »nur beratende, keine exekutive Kompetenz« habe und zudem »keine rein fachlichen Funktionen [...], sondern gleichzeitig politische, gesellschaftliche und erzieherische«.[17] Der Verbandsvorstand selbst formulierte im Oktober 1958 als Ziele der Verbandsarbeit, man wolle den Meinungsaustausch unter den Buchhändlern fördern, »Empfehlungen und andere Ausarbeitungen« vornehmen und den »staatlichen Organen als Arbeitsgrundlage« vorschlagen sowie sich zur »Durchführung von Maßnahmen auf dem Gebiete des Buchwesens«[18] vom Ministerium für Kultur heranziehen oder beauftragen lassen.

Für die Parallelverlage hatte der Leipziger Börsenverein eine besondere Bedeutung, da er sich mit Fragen des innerdeutschen Buchhandels befasste. Vor allem im Kontext des ›Neuen Kurses‹ rückte der Kontakt nach Westdeutschland ab 1953 in den Fokus, so dass das Amt für Literatur und Verlagswesen definierte: »Eine der Hauptaufgaben des Börsenvereins ist es, die abgerissenen Verbindungen zu den westdeutschen Berufskollegen wiederherzustellen und die Einheit des deutschen Buchhandels anzustreben.«[19] 1953 wurde zu diesem Zweck die Bildung eines Ausschusses für innerdeutsche und Auslandsfragen (später zweitweise auch Ausschuss für gesamt-

---

12 Vgl. ebd., S. 132f. Vgl. auch Keiderling 2012, S. 157f.

13 Zit. nach Riese 2000b, S. 138. Vgl. auch Estermann 1997, S. 75.

14 Vgl. Kienast: Der neue Kurs und die Arbeit des Buchhandels. In: Börsenblatt (Leipziger Ausgabe), H. 40, 3.10.1953, S. 831–833; Estermann 1997, S. 76.

15 Vgl. Riese 2000a, S. 214–218.

16 Vgl. Riese 2000b, S. 139.

17 Zit. nach Riese 2000a, S. 220.

18 Dieses und die vorangegangenen Zitate: Beschlußprotokoll der Sitzung des Vorstandes des Börsenvereins am 2.10.1958 in Leipzig, SStAL, 21766 BV II, Nr. 1658.

19 Richtlinien für die Arbeit der Fachabteilungen des Amtes auf der Grundlage des neuen Kurses, o. D. [1953], BArch, DR1/1084.

deutsche und Auslandsfragen) vorgeschlagen, der speziell mit dem innerdeutschen Buchhandel befasst war und im folgenden Jahr aktiv wurde.[20] 1958 löste eine neue Kommission für gesamtdeutsche und Auslandsfragen, die im Mai konstituiert wurde, den Ausschuss ab. Im Juni 1961 wurde die Kommission aufgelöst, ihre Aufgaben übernahm der Börsenvereins-Vorstand.

Das Ziel einer neuen Verbindung zum Buchhandel der Bundesrepublik wurde in der zweiten Hälfte der 1950er Jahre stetig weiterverfolgt. Vor allem auf den Gebieten der »Öffentlichkeitsarbeit für das DDR-Buch nach innen und außen«[21] durch die Veranstaltung von Buchmessen, Buchausstellungen und Publikationen fand der Leipziger Börsenverein allmählich zu neuer Bedeutung.[22] Diese Aktivitäten waren nicht zuletzt auf den Westen ausgerichtet.

> Der Börsenverein hat große Aufgaben bei der Verbreitung der Literatur der Deutschen Demokratischen Republik innerhalb des kapitalistischen Auslandes zu erfüllen. Er muß Mittel und Wege suchen, die Erfolge des Buchschaffens der DDR im kapitalistischen Ausland zu propagieren und dadurch das Ansehen der DDR zu stärken. Indem der Leipziger Börsenverein seine Bemühungen verstärkt, eine internationale Anerkennung des Buchhandels der Deutschen Demokratischen Republik zu erwirken [...], dient er dem internationalen Ansehen der Deutschen Demokratischen Republik und schafft damit die Möglichkeit, dem Buch der DDR [...] noch größere Geltung in der Welt zu verschaffen.[23]

Hinsichtlich der privaten Verlage sollte der Verband die Situation der parallelen Firmen beobachten und »Vorarbeiten für die Wahrnehmung der Rechte privater Verlage der DDR gegenüber Parallelverlagen in Westdeutschland«[24] leisten. Darüber hinaus traten Vertreter des Leipziger Börsenvereins als Verhandlungspartner für westdeutsche Institutionen und Firmen auf und waren damit aktiv in die Lösung deutsch-deutscher Buchhandelsprobleme involviert, wenn dies auch stets in Rücksprache mit den staatlichen Stellen zu erfolgen hatte.

---

20 Vgl. Es geht um die Reaktivierung des Börsenvereins. In: Börsenblatt (Leipziger Ausgabe), H. 40, 3.10.1953, S. 836; Sitzung des Ausschusses für gesamtdeutsche und Auslandsfragen, BVII, 1742. Vgl. auch Frohn 2014, S. 390. Laut Riese kümmerte sich schon seit 1950 ein Ausschuss für innerdeutsche und Außenhandelsfragen um die Handelsbeziehungen; 1952 wurde darüber hinaus die Kommission für gesamtdeutsche und internationale Fragen gegründet, die unter anderem mit Buchmessen und -ausstellungen befasst war. Vgl. Riese 2000a, S. 222.
21 Zeckert 2012, S. 1.
22 Vgl. Riese 2000a, S. 221.
23 Über die Aufgaben des BV Leipzig, o. D. [1957], BArch, DY30/IV 2/9.04/692, Blatt 184.
24 Amt für Literatur und Verlagswesen, Aufgaben für den BV in Behandlung privater Verlage, 7.12.1955, BArch, DR1/1873.

7.1.2 Lobbyarbeit und Kulturpolitik: Westliche Zonen und BRD

Obwohl die Gründung der Wiesbadener Zweigstelle zunächst lediglich eine Ergänzung der Leipziger Tätigkeit darstellen sollte,[25] begannen die Entwicklungen an den beiden Standorten schon bald auseinanderzulaufen, bedingt durch die Zonentrennung und die Bestimmungen der Militärregierungen. Dem politisch motivierten Ziel einer weitgehenden Dezentralisierung und föderalistischen Organisation von Verwaltungsstrukturen, das vor allem die amerikanischen Besatzer verfolgten, entsprachen die Schritte, die die Branchenorganisation der Buchhändler im westlichen Deutschland nach 1945 durchlief. Die Wiesbadener Zweigstelle wurde schon Ende 1945 wieder aufgegeben; die zuvor durchgeführte Neugründung des Börsenvereins der Deutschen Buchhändler im Oktober in Stuttgart, der die gesamte amerikanische Zone umfassen sollte, wurde von der Militärmacht rückgängig gemacht. Die Wirkung einer solchen Institution über die Landesgrenzen hinaus war nicht gestattet.[26] Die Organisation der Branche begann daher zunächst auf regionaler Ebene, Orts- und Kreisvereine entstanden, später wurden in größeren Gebieten tätige Arbeitsausschüsse und Landesverbände gegründet. Aus den Landesverbänden gebildete Zonenverbände und verschiedene Formen der zonenübergreifenden Kooperation in Arbeitsgemeinschaften und -ausschüssen stellten Schritte auf dem Weg zu einer Buchhandelsorganisation des gesamten westlichen Deutschlands dar.[27]

Der traditionelle Verbandsname trat im Oktober 1948 im westlichen Teil Deutschlands abgewandelt wieder in Erscheinung, als die Arbeitsgemeinschaft Deutscher Verleger- und Buchhändler-Verbände, die für die amerikanische und die britische Zone im Mai 1948 gebildet worden war, in Börsenverein Deutscher Verleger- und Buchhändler-Verbände umbenannt wurde. Angestoßen worden war dieser Schritt von den amerikanischen und britischen Besatzungsbehörden, die – so vermuteten die deutschen Buchhändler – eine stärkere Außenwirkung der Buchhändler-Organisation wünschten.[28] Ein alle Gebiete des westlichen Deutschlands und West-Berlin umfassender Verband entstand schließlich im Laufe der Jahre 1949 und 1950.[29] Abgeschlossen wurde der Prozess mit der Umwandlung des Verbands, dem bis dato nur die Landesverbände als Mitglieder angehören durften, in den Börsenverein des

---

25 Vgl. Protokoll über die Sitzung des von der Handelskammer Leipzig genehmigten Aktionsausschusses des BV, 5.6.1945, abgedruckt bei Umlauff 1978, Sp. 137.

26 Vgl. Umlauff 1978, Sp. 141, 149–162; Halbmeier 2006, S. 31. Einzig in Berlin entstand mit der Gründung der Berliner Verleger- und Buchhändler-Vereinigung im November 1946, deren Geltungsbereich sich auf ganz Berlin erstreckte, eine Organisation über die Zonengrenzen hinweg. Vgl. Umlauff 1978, Sp. 188–212.

27 Vgl. dazu ausführlich Umlauff 1978, Sp. 211–284.

28 Vgl. Umlauff 1978, Sp. 289–303.

29 Vgl. ebd.; Halbmeier 2006, S. 45; Estermann 2000, 165.

Deutschen Buchhandels e. V., in dem wieder eine Einzelmitgliedschaft möglich war, im Jahr 1955.[30]

Die buchhändlerischen Organisationen widmeten sich nach Kriegsende zunächst den drängenden Zeitproblemen – die Branche beschäftigten die Lizenzierungs- und Zensurpolitik der Militärregierungen sowie die Papiernot, Verkehrs- und Transportprobleme mussten gelöst, eine neue Verkehrs- und Verkaufsordnung[31] sollte geschaffen werden. Außerdem standen die Bereitstellung eines umfassenden Katalogs und eines neuen buchhändlerischen Adressbuchs an.[32] Das *Börsenblatt* erschien seit dem 6. Oktober 1945 wieder. 1946 entstand in Frankfurt die Deutsche Bibliothek nach dem Vorbild der alten Leipziger Deutschen Bücherei, im folgenden Jahr wurde sie zu einer Einrichtung des Branchenverbands.[33] Die im Mai 1947 gegründete Buchhändler-Vereinigung ermöglichte die Durchführung wirtschaftlicher Unternehmungen wie die Buchhändlerschule und die Buchmesse. Diese wurde nach dem Zweiten Weltkrieg zunächst 1949 vom Hessischen Buchhändlerverband organisiert und fand ab 1950 unter der Regie des Börsenvereins statt.[34]

Laut seiner Satzung von 1955 hatte der Frankfurter Börsenverein »den Zweck, das Wohl des Gesamtbuchhandels und die Erfüllung seiner kulturellen Aufgaben zu sichern und zu fördern«.[35] Der Schwerpunkt der Verbandsarbeit lag zum einen auf der Beschäftigung mit branchenpolitischen Fragen wie der Regelung des festen Ladenpreises, Urheberrechts-, Steuer- und Honorarangelegenheiten und entsprechender Lobbyarbeit, zum anderen auf kulturpolitischen Betätigungen, wie beispielsweise der Verleihung des Friedenspreises des deutschen Buchhandels oder der Ausrichtung des Wettbewerbs *Die schönsten deutschen Bücher*.[36]

In die Angelegenheiten des innerdeutschen Buchhandels war der Frankfurter Börsenverein von Anfang an involviert. Dabei standen zunächst gemeinschaftliche Projekte und Versuche einer Zusammenarbeit mit dem Leipziger Börsenverein im Mittelpunkt (siehe Kapitel 7.1.3). Später verlagerte sich das Engagement auf die Suche nach Lösungen für Fragen des interzonalen Buchhandels und die Schwierigkeiten zwischen den Buchhändlern in Ost und West, die aufgrund der Teilung entstanden. Neben dem Vorstand des Börsenvereins beschäftigte sich mit diesen Problemen vor allem der Ausschuss für Fragen des Interzonenhandels, der 1953 auf Antrag der

---

30 Vgl. Umlauff 1978, Sp. 393–400; Estermann, S. 172f.

31 Die Verkehrsordnung regelt die Handelsbräuche in der Branche. Zur Entstehung der buchhändlerischen Verkehrsordnung vgl. Titel 1999, S. 181–183.

32 Vgl. Estermann 2000, S. 162; Werner 1971, S. 25; Halbmeier 2006, S. 32; ausführlich Umlauff 1978, Sp. 163–188. Zum *Adressbuch für den Deutschen Buchhandel und verwandte Geschäftszweige*, das erstmals 1839 publiziert wurde, siehe Staub 2000a.

33 Vgl. Estermann 2000, S. 162, 166.

34 Vgl. Estermann 1997, S. 79f.; Estermann 2000, S. 162.

35 Börsenverein des Deutschen Buchhandels 1955b, S. 1.

36 Vgl. Estermann 2000, S. 169.

Berliner Verleger- und Buchhändlervereinigung eingerichtet worden war. Schon zuvor hatten sich anlassgebunden vom Vorstand dazu bestimmte Personen mit Fragen des innerdeutschen Buchhandels befasst.[37] In die Satzung von 1955 wurde der Ausschuss aber aus »naheliegenden Gründen«[38] nicht aufgenommen. Vorsitzende waren stets Verleger: bis 1959 Carl Hanser, ihm folgten Friedrich Georgi (1960 bis 1962) und Werner Dodeshöner (1963 bis 1971).

Frei von politischer Beeinflussung war auch der Frankfurter Börsenverein nicht. Von Kontakten mit der DDR mussten verschiedene Ministerien in Bonn in Kenntnis gesetzt werden, zum Beispiel das Innenministerium, das Wirtschaftsministerium oder das Ministerium für Gesamtdeutsche Fragen. Der Verband konnte sich »nur in dem politischen Rahmen bewegen, der durch den Alleinvertretungsanspruch Bonns und die je spezifische Situation gegeben war [...]«.[39] Er handelte dennoch, vor allem im Vergleich zum DDR-Verband, »verhältnismäßig selbstbestimmt im Umgang mit ostdeutschen Verlagen und Organisationen«,[40] war in seinem Agieren aber zugleich von den persönlichen, auch politischen Haltungen der jeweiligen Vorsteher und weiterer Entscheidungsträger beeinflusst.

7.1.3 Im Schatten der Deutschlandpolitik: Vereinsbeziehungen

Das Verhältnis der beiden Börsenvereine war ebenso wenig wie das der meisten Parallelverlage frei von Auseinandersetzungen. Die gegenseitigen Beziehungen bedurften einer Klärung, beide Verbände waren den deutsch-deutschen Zeitläuften unterworfen, und im innerdeutschen Buchhandel war ausreichend Konfliktpotenzial vorhanden, mit dem die Börsenvereine kraft ihrer Funktion konfrontiert waren.

Hatte der Leipziger Vorsteher Ernst Reclam im September 1946 noch die Hoffnung gehegt, man könne sich über eine »Angleichung der Satzungen und Ordnungen, die gegenseitige Mitgliedschaft und, was sehr wichtig ist, die gemeinsamen Verkehrsverhältnisse«[41] verständigen, rückten so weitgehende Gedanken im Zuge der immer weiter auseinanderstrebenden politischen Entwicklungen, der Schwierigkeiten im Interzonenhandel und der Regularien der Militärregierungen bald in weite Ferne. Nichtsdestotrotz gab es weiterhin Kooperationsbemühungen.[42] Die Hoffnung, die

---

37 Vgl. Börsenblatt (Frankfurter Ausgabe), 7.7.953, S. M 155.

38 Vorstandsitzung am 7.10.1955, zit. nach Staub 2000b, S. 378. Der Ausschuss wurde 1966 in Interzonenhandels-Ausschuss umbenannt und 1971 in Ausschuss für innerdeutschen Handel. Vgl. dazu auch Frohn 2014, S. 390.

39 Estermann 1997, S. 79. Vgl. auch Börsenvereins des Deutschen Buchhandels 1968, S. 11.

40 Frohn 2014, S. 390.

41 Zit. nach Umlauff 1978, Sp. 1273.

42 Zu erwähnen sind vor allem die Interzonentagung in Bielefeld im Februar 1947, Besprechungen im Rahmen der Leipziger Messe im März 1947 sowie die interzonale Verleger- und Buchhändlertagung in Berlin im Juli 1947. Dazu ausführlich Umlauff 1978, Sp. 246–250, 1272–1283.

deutsche Einheit könne bald wiederhergestellt werden und das Buch vermöge dazu einen wichtigen Beitrag zu leisten, war noch lebendig. Begegnungen der Buchhändler aus den vier Zonen fanden zum Beispiel auf der Leipziger Messe oder bei Interzonentagungen statt.[43] Mit dem im Juli 1947 ins Leben gerufenen Arbeitsausschuss der Deutschen Buchhandels-Verbände, der bis 1951 bestand, wurde darüber hinaus der Versuch gemacht, die überzonale Zusammenarbeit von Ost und West zu institutionalisieren – die Einrichtung blieb allerdings ohne nennenswerten Einfluss.[44]

Bis zum Anfang der 1950er Jahre wurden daneben gemeinschaftliche Projekte geplant und teilweise realisiert. 1948 erschien das erste *Adreßbuch des deutschen Buchhandels* der Nachkriegszeit, herausgegeben vom Leipziger Verlag des Börsenvereins der deutschen Buchhändler. Es entstand mit Unterstützung der westlichen Landesverbände und bot ein gesamtdeutsches Verzeichnis.[45] Schwierigkeiten bei der Auslieferung lösten Überlegungen auf westlicher Seite aus, die nächste Ausgabe selbst und auf den eigenen Bereich beschränkt herauszubringen. Interventionen aus Leipzig und der Wunsch, an der Einheit des deutschen Buchhandels festzuhalten, führten schließlich zu einem Kompromissvorschlag der Buchhändler-Vereinigung, die im Westen für die Verbandspublikationen zuständig war. Angestrebt wurde die Herstellung eines gesamtdeutschen Verzeichnisses, das in Frankfurt am Main in Zusammenarbeit mit dem Leipziger Verein erarbeitet werden sollte. Die Kooperation würde durch die gemeinsame Nennung der Verlage zum Ausdruck kommen.[46] Obgleich der Leipziger Börsenverein dem Vorschlag zustimmte, scheiterte die Umsetzung. Die größte Schwierigkeit ging von dem Protest

> eines großen, in Leipzig enteigneten und nun in Westdeutschland fortgeführten Unternehmens des Zwischenbuchhandels aus, welches nicht dulden wollte, daß der Name der enteigneten Firma in irgendeiner Form in dem von Leipzig zu verantwortenden Teil des Adreßbuch benutzt wurde [...].[47]

Ein eng damit verbundenes Problem stellte die »Kennzeichnung in der Sowjetzone enteigneter und ›volkseigen‹ gewordener Betriebe«[48] dar. Die Verhandlungen wurden zunächst dennoch fortgesetzt, letztlich führte aber ein von der sowjetischen Militär-

---

43 Vgl. Annemarie Meiner: Eindrücke von der Leipziger Messe. In: Börsenblatt (Frankfurter Ausgabe), H. 5/6, 31.3.1947, S. 90f.

44 Zu dem Arbeitsausschuss der Deutschen Buchhandels-Verbände siehe Umlauff 1978, Sp. 264–266, 1279–1283.

45 Vgl. zur Entstehung Umlauff 1978, Sp. 1287–1290.

46 »Als Verlag zeichnen gemeinsam die Buchhändler-Vereinigung GmbH. und der Verlag des Börsenblatts in Leipzig.« Umlauff 1978, Sp. 1291f.

47 Umlauff 1978, Sp. 1293. Es dürfte sich um Koehler & Volckmar gehandelt haben. Nachdem einer der Inhaber 1946 verhaftet und interniert worden war und ein weiterer 1948 von Leipzig nach Stuttgart geflohen war, wurde die Firma in Leipzig im folgenden Jahr enteignet. Vgl. Bez/Keiderling 2010, S. 164f.

48 Umlauff 1978, Sp. 1293.

regierung ausgesprochenes Verbot von überzonalen Firmenadressverzeichnissen zum Ende des Gemeinschaftsprojektes.[49] Weitere Kooperationspläne auf verlegerischem Gebiet – so für eine Neuausgabe von *Sperlings Zeitschriften- und Zeitungs-Adreßbuch* sowie eine einheitliche Nationalbibliografie – scheiterten ebenfalls.[50]

Die erste Hälfte der 1950er Jahre war geprägt von einer deutlichen Verschlechterung der Beziehungen. Eine Ursache für diese Entwicklung war die Existenz der Parallelverlage. Das Problem hatte sich durch die wirtschaftspolitisch bedingten staatlichen Eingriffe in die Eigentumsverhältnisse in der DDR Anfang der 1950er Jahre, von denen auch die Verlage betroffen waren, verschärft. Der Leipziger Börsenverein erkannte dies, gab allerdings die Schuld vorwiegend jenen Unternehmern, die in den Westen übergesiedelt waren:

> Wir wissen, daß der Wille zur Überwindung der unseligen Zerreißung unseres Landes so wie in allen Buchhandelskreisen, so auch bei den Kollegen aus der Bundesrepublik weit verbreitet ist. Wir wissen aber auch, daß es eine, wenn auch nicht starke Gruppe von westdeutschen Buchhändlern gibt – fast durchweg handelt es sich dabei um solche, die aus dem Gebiet der DDR geflüchtet sind –, die ihren Einfluß dahingehend geltend macht, daß jede Berührung der westlichen und östlichen Buchhändler unterbleibt. [...] Wir verkennen nicht, daß es eine nicht kleine Zahl von Streitfragen gibt, die gründlich besprochen werden müssen, um den Weg zur Wiederaufnahme eines wirklich ungehemmten West- und Ostbuchhandels zu bahnen.[51]

Erst 1956 wurden die Gespräche zwischen Ost und West offiziell wiederaufgenommen. Möglich war dies unter anderem deshalb, weil sich die Deutschlandpolitik der SED inzwischen gewandelt hatte: Mit der Zwei-Staaten-Theorie (siehe Kapitel 3.1.2) wurde die Existenz der beiden deutschen Staaten vorläufig anerkannt, entsprechend rückte die Gestaltung der gegenseitigen Beziehungen in den Fokus der Aufmerksamkeit; zugleich verlor das Ziel einer unbedingten politischen Vereinnahmung allmählich an Bedeutung.[52] Auf der Frankfurter Buchmesse trafen sich Mitglieder des Interzonenausschusses des Frankfurter Börsenvereins, der Vorsitzende des Ausschusses für innerdeutsche und Auslandsfragen des Leipziger Vereins sowie Vertreter von Buch-Export Leipzig erstmalig nach mehrjähriger Pause.[53] Doch nicht nur die politischen Gegebenheiten waren nun günstiger als in den Jahren zuvor, auch eine personelle Komponente half: die Wahl des West-Berliner Verlegers Reinhard Jaspert zum neuen Frankfurter Vorsteher. Horst Kliemann, damals Vorsitzender der Histori-

---

49 Vgl. Arbeitsausschuss der deutschen Buchhändlerverbände an den Vorsteher des BV Leipzig, Heinrich Becker, 5.1.1951, SStAL, 21766 BV II, Nr. 104; Umlauff 1978, Sp. 1294.

50 Vgl. dazu ausführlich Umlauff 1978, Sp. 1307–1313.

51 BV Leipzig an den BV Deutscher Verleger- und Buchhändler-Verbände, Frankfurt am Main, 11.8.1954, SStAL, 21766 BV II, Nr. 1687.

52 Vgl. Riese 2000b, S. 145.

53 Vgl. Material zum Bericht des Vorstehers (gemeinsame Sitzung des Vorstandes und Hauptausschusses des Börsenvereins der Deutschen Buchhändler am 11./12.12.1956), BArch, DY30/IV 2/9.04/692.

schen Kommission, versicherte dem Leipziger Börsenvereins-Geschäftsführer Alfred Ernst im Oktober 1956, dass durch diese Neuwahl die Chancen gut stünden, wieder ins Gespräch zu kommen. Ein strittiger Punkt war weiterhin die Frage der Parallelverlage, Kliemann äußerte sich aber optimistisch, dass sich diese »heute bei beiderseitigem guten Willen klären ließe«.[54]

Der Leipziger Börsenverein und mit ihm die politisch Verantwortlichen in Ost-Berlin verfolgten mit den Gesprächen mehrere Ziele: Die DDR-Verlage sollten zur Frankfurter Buchmesse als Einzelaussteller zugelassen werden (siehe dazu ausführlicher Kapitel 8.2) und im Frankfurter *Börsenblatt* inserieren dürfen; daneben hoffte der Leipziger Verband über die Fürsprache Frankfurts Zugang zu internationalen Buchhandels-Gremien zu erhalten.[55] Dem bundesdeutschen Verband war vor allem an einer Klärung des Parallelverlagsproblems, der Aufnahme des Frankfurter *Börsenblatts* in die Postzeitungsliste der DDR und einer generellen Öffnung dieser Liste für westdeutsche Periodika (siehe Kapitel 3.3.3) sowie der Durchführung von Buchausstellungen in der DDR gelegen.[56] Beide Seiten wiederum hatten ein Interesse an der Bereinigung der gegenseitigen Beziehungen und an einem funktionierenden, auf dem Prinzip der Gegenseitigkeit beruhenden innerdeutschen Buchhandel.

Die Verhandlungen wurden zwischen 1956 und 1959 regelmäßig fortgesetzt. Mit der Bereinigung der offenen Vermögensfragen zwischen den Vereinen in Frankfurt und Leipzig (siehe Kapitel 7.1.4) entstanden gute Voraussetzungen für die weitere Verständigung. Problematische Aspekte, für die vorerst keine Lösung gefunden werden konnte, blieben allerdings bestehen. Vor allem die Konflikte zwischen den Parallelverlagen standen einer Annäherung der beiden Verbände nach der Auffassung des stellvertretenden Leipziger Vorsitzenden Günter Hofé im Weg.[57] Daneben war die Teilnahme der DDR-Verlage an der Frankfurter Buchmesse ein anhaltender Streitpunkt. Nachdem es während der Buchmesse 1959 deshalb zu einer gerichtlichen Auseinandersetzung zwischen dem DDR-Aussteller Buch-Export Leipzig und dem Börsenverein Frankfurt gekommen war, begann das beiderseitige Verhältnis erneut abzukühlen.[58]

---

54 Bericht München: Gespräch mit Direktor Horst Kliemann und anderen, 30.10.1956, SStAL, 21766 BV II, Nr. 1687.

55 [Umlauff], Aktenvermerk, 10.10.1957, W2/8:201. Dies betraf unter anderem die Internationale Verleger-Union und die Dreiländertreffen. Letztere fanden seit 1951 mit den »Spitzen der buchhändlerischen Organisationen Westdeutschlands, Österreichs und der Schweiz statt«. Dreiländertreffen des deutschsprachigen Buchhandels. In: Börsenblatt (Frankfurter Ausgabe), 10.4.1951, S. 109.

56 Vgl. Protokoll über Interzonenhandelsbesprechung am 24.9.1958 im Buchhändlerhaus Frankfurt/Main, SStAL, 22199 Teubner Stuttgart, Nr. 86.

57 Vgl. Glücksmann an die HV Verlagswesen, 22.8.1957, SStAL, 21766 BV II, Nr. 1248.

58 Aufgrund der Klage von Buch-Export entschied der Frankfurter BV, ein für den 8.10.1959 geplantes Gespräch mit Leipziger Vertretern nicht wahrzunehmen und stattdessen lediglich »eine schriftliche Erklärung« abzugeben. Besprechungspunkte für die Zusammenkunft mit den Leipziger Vertretern am 8. Oktober 1959, ISG Frankfurt, BV, W2/7: 2084.

Der Bau der Berliner Mauer im August 1961 und die damit weiter manifestierte Teilung trugen zur weiteren Entfremdung der Buchhandelsverbände bei.

In der ersten Hälfte der 1960er Jahre bestanden auf offizieller Ebene keine Kontakte zwischen Leipzig und Frankfurt. Jaspert, inzwischen nicht mehr Vorsteher des Frankfurter Börsenvereins, sondern nun in Ausschüssen tätig, hatte gemeinsam mit zwei Kollegen im Sommer 1960 noch einen Versuch unternommen, mit den Leipzigern wieder ins Gespräch zu kommen. Bei einem Treffen ohne »offiziellen Charakter«,[59] so Jasperts Idee, wollte er mit Adelgunde Singer, der Generaldirektorin von Buch-Export, die entstandenen Schwierigkeiten bereinigen. Eine derartige Begegnung kam allerdings wegen Uneinigkeiten bezüglich des Ortes – Singer bestand auf einem Treffen in Ost-Berlin, Jaspert lehnte dies ab – nicht zustande. Womöglich war eine Verständigung von Seiten der DDR-Behörden zu diesem Zeitpunkt auch nicht ehrlich erwünscht. Vereinzelte weitere Überlegungen auf westlicher Seite, den Kontakt zu aktivieren, wurden wieder fallengelassen. Im Gegenteil betrieb der Börsenverein in diesen Jahren eine Politik der Abgrenzung gegenüber der DDR und ihrem Buchhandel. In einem »streng vertraulichen«[60] Papier des Frankfurter Börsenvereins wurden verschiedene Maßnahmen propagiert:

> [...] keine Koproduktion mit ostdeutschen Verlagen außer bei theologischer, geisteswissenschaftlicher und streng wissenschaftlicher Literatur, keine Rezensionen, kein Vertrieb ostdeutscher Verlagserzeugnisse, keine Belegexemplare an die Deutsche Bücherei in Leipzig, keine Lizenzverträge und [...] keine Beteiligung an der Leipziger Messe.[61]

Zur Umsetzung gelangten diese rigiden Pläne nicht.[62] Und auch wenn offizielle Verhandlungen in dieser Zeit nicht stattfanden, kam es zu Begegnungen zwischen Vertretern aus Ost und West, die als »private Unterhaltungen«[63] bezeichnet wurden. Daran war auf DDR-Seite allerdings niemand vom Börsenverein, sondern in erster Linie Vertreter von Buch-Export Leipzig beteiligt. Auf bundesdeutscher Seite ging die Initiative dazu vom Ausschuss für Fragen des Interzonenhandels aus.[64] So trafen sich im Januar 1964 Paul Hövel vom Springer-Verlag, der zwischen 1966 und 1971 Vorsitzender des Außenhandels-Ausschusses des Börsenvereins war, und Werner Dodeshöner, damals Vorsitzender des Interzonenhandelsausschuss, mit dem Generaldirektor der Deutschen Buch-Export und -Import GmbH, Curt Fabian.[65]

---

59 Singer, Aktennotiz, 1.7.1960, BArch, DR1/1316.
60 Estermann 1997, S. 85.
61 Zeckert 2012, S. 4.
62 Vgl. Estermann 1997, S. 85.
63 Georgi an Köhler, 31.3.1966, SStAL, 21766 BV II, 1632.
64 Vgl. ebd.
65 Vgl. Niederschrift über die Besprechung mit Herrn Fabian am 27.1.1964 im Springer Verlag, Berlin, 29.1. 1964, ISG Frankfurt, BV, W2/7: 2819.

Ab 1966 bemühte sich der Leipziger Börsenverein, mit Frankfurt wieder offiziell in Kontakt zu kommen, woraufhin im selben Jahr zwei Treffen – im Mai in West-Berlin und im Juli in Ost-Berlin – stattfanden.[66] Eine vertrauensvolle Basis fehlte jedoch, so dass Unstimmigkeiten wegen Terminabsprachen und Vertraulichkeitsfragen zu einem vorläufigen Scheitern des erneuten Verständigungsversuches führten.[67] Zugleich erfuhren die Auseinandersetzungen um die Teilnahme der DDR-Verlage an der Frankfurter Buchmesse eine Verschärfung, was ein Übriges zum Misslingen des Gesprächsversuches beigetragen haben wird.

Erst mit der Entspannung auf politischer Ebene durch den Grundlagenvertrag zwischen den beiden deutschen Staaten 1972/73 und der Politik des »Wandels durch Annäherung«[68] begann sich auch das Verhältnis der beiden Börsenvereine in Ost und West zu normalisieren.[69]

7.1.4 Auseinandersetzungen aufgrund der Parallelexistenz

Die doppelte Existenz des Börsenvereins warf die Frage nach dem *Geltungsbereich* der beiden Vereine auf. In seiner neuen Satzung von 1946 erhob der Leipziger Börsenverein grundsätzlich Anspruch auf eine gesamtdeutsche Wirkung, war sich aber zugleich der begrenzten Möglichkeiten aufgrund der politischen Lage bewusst. Dies spiegelt sich in einem die Satzung erläuternden Schreiben von Vorsteher Ernst Reclam wider, in dem er darlegt:

> Die neue Satzung des Börsenvereins hat die Bestimmung beibehalten, daß der Börsenverein die Arbeitsgemeinschaft des gesamten deutschen Buchhandels ist und als solche dessen Interessen im weitesten Umfang zu vertreten hat. Wir wissen, daß unter den heutigen Verhältnissen dieser Aufgabe Schranken gesetzt sind und daß sie jenseits der Grenzen der russischen Zone bei den zuständigen Verbänden liegt.[70]

---

66 Vgl. Hoffmann, Beratung zwischen Vertretern des BV Leipzig und des BV Frankfurt (Main) am 27.5.1966, SStAL, 21766 BV II, Nr. 1632; Beratung zwischen Vertretern des BV Leipzig und des BV Frankfurt (Main) am 7.7.1966 im Hause des Aufbau-Verlags, SStAL, 21766 BV II, Nr. 1633.

67 Leipzig reagierte vor allem verärgert auf ein der Presse gegenüber abgegebenes Statement Friedrich Georgis, in dem dieser sich sehr zurückhaltend über die konkreten Erfolgsaussichten der Gespräche äußerte. Vgl. Die Welt, 16. Juni 1966. 1633. Die Frankfurter Seite warf den Leipzigern hingegen vor, Wünsche »mit dem Stempel politischer Zielsetzungen« zu äußern, statt mit den Verhandlungen »Fragen fachlicher, also buchhändlerischer Natur« klären zu wollen. Dodeshöner an Hoffmann, 25.1.1967, SStAL, 21766 BV II, Nr. 1634.

68 Das Schlagwort geht auf einen Vortrag Egon Bahrs zurück, den dieser unter der Überschrift »Wandel durch Annäherung« bereits 1963 hielt.

69 Vgl. Estermann 1997, S. 86; Riese 2000a, S. 239.

70 Zit. nach Umlauff 1978, Sp. 1166.

Gleichwohl betrachtete der Leipziger Verband die ›alten‹ Mitglieder in den westlichen Zonen weiterhin als Verbandszugehörige und bemühte sich, diese zu halten.[71]

Die westlichen Verbände lehnten den Leipziger Anspruch ab; gestützt wurde dies durch das Verbot der westlichen Militärregierungen, sich der Organisation in Leipzig anzuschließen.[72] Vielmehr war man in den westlichen Zonen selbst bestrebt, »wieder einen Börsenverein für ganz Deutschland zu bilden«,[73] wie einem Leipziger Vertreter im Mai 1947 erklärt wurde – wenn auch der alte Name im Westen erst knapp anderthalb Jahre später wieder in Erscheinung treten sollte.

Die im Juli 1949 verabschiedete Satzung des Frankfurter Börsenvereins trug den politischen Gegebenheiten Rechnung, indem es dort hieß:

> Der Börsenverein betrachtet sich als Vorstufe zu einer ganz Deutschland umfassenden Vereinigung der Buchhändler. Er soll deren Aufgaben […] schrittweise erfüllen, bis das Ziel der Gründung eines Börsenvereins des gesamten deutschen Buchhandels erreicht ist.[74]

Die Frage des Geltungsbereiches löste sich in diesen Monaten durch die doppelte Staatsgründung letztlich von selbst, die Wirksamkeit der Verbandsarbeit blieb jeweils auf die Verhältnisse im eigenen Land begrenzt.

Die Beziehungen der beiden Börsenvereine wurden nicht zuletzt durch die ungelöste Frage der *Rechtsnachfolge* bestimmt. Beide Vereine verstanden sich selbst als Nachfolger des traditionsreichen Branchenverbands. Der Leipziger Anspruch wurde in einem anwaltlichen Gutachten damit begründet,

> daß nicht die geringsten Anhaltspunkte dafür vorliegen, die die Annahme rechtfertigen können, daß der Börsenverein rechtlich oder tatsächlich zu irgendeinem Zeitpunkt nach der Kapitulation zu bestehen aufgehört hat und daß die Genehmigung der Wiederaufnahme seiner Tätigkeit als eine Neugründung anzusehen ist.[75]

Im Westen betrachtete man den Leipziger Börsenverein hingegen als »ein vollkommen neues Institut«.[76] Begründet wurde dies durch »die Art seiner Entstehung, durch seinen Mitgliedsaufbau und durch seine Vorstandsverhältnisse«[77] sowie den beschränkten Geltungsbereich.[78] Daher bewertete der Frankfurter Verband selbst die Entwicklung 1955 so, »daß der Börsenverein in Frankfurt am Main die Fortsetzung des alten

---

71 Vgl. Riese 2000a, S. 202; Umlauff 1978, Sp. 1263–1265.
72 Dem lag die generelle Untersagung einer Verbandsmitgliedschaft über die Zonengrenzen hinweg zugrunde. Vgl. Umlauff 1978, Sp. 1265f., 1274.
73 Riese 2000a, S. 203.
74 Zit. nach Umlauff 1978, Sp. 309.
75 Gutachten von Erich List, zit. nach Riese 2000a, S. 203.
76 Niederschrift über die Sitzung des Vorstandes des BV am 7.5.1947, SStAL, 21766 BV II, Nr. 1862.
77 Börsenblatt (Frankfurter Ausgabe), H. 1, 15.1.1947, S. 3, zit. nach Umlauff 1978, Sp. 1262.
78 Vgl. Umlauff 1978, Sp. 1262f.

Börsenvereins geworden ist«.[79] Leipzig hingegen wurde zu diesem Zeitpunkt lediglich noch als »staatliche Funktionsstelle«[80] innerhalb des ostdeutschen Buchhandels betrachtet.

Ernst Umlauff, zwischen 1948 und 1961 Geschäftsführer des Frankfurter Börsenvereins und seiner Vorläuferorganisationen, beurteilte die Leipziger Formulierung, dass der Verband die Fortführung des alten Börsenvereins darstelle, in seiner buchhandelshistorischen Darstellung von 1978 vorsichtig:

> Die nicht einfach zu beantwortende Frage, ob eine solche Kontinuität vorlag oder nicht, lassen wir hier beiseite; beide Ansichten sind im Laufe der folgenden Jahre mit mehr oder weniger überzeugenden rechtlichen und aus den Sachverhältnissen hergeleiteten Argumenten verteidigt worden, und es hat sich, da es ja eine ganze Reihe von ähnlich liegenden Fällen gab, eine diesbezügliche Jurisdiktion in Westdeutschland entwickelt.[81]

Die Frage nach Geltungsanspruch und Rechtsnachfolge blieb vor allem in den 1950er Jahren virulent und warf zudem das Problem der gegenseitigen Anerkennung auf. Wie auch die Vereinsbeziehungen generell wandelten sich die Haltungen hierzu im Laufe des Jahrzehnts. Herrschte zunächst eine konfrontative Einstellung vor, wenn beispielsweise in der Leipziger Ausgabe des *Börsenblatts* 1952 festgestellt wurde, dass die Existenz des Frankfurter Vereins die »Einheit des deutschen Buchhandels zerstörte«,[82] so kam es in der zweiten Hälfte der 1950er Jahre zu einer Annäherung. Der Frankfurter Verband stellte bei den Gesprächen in der zweiten Hälfte der 1950er Jahre eine Anerkennung des Leipziger Parallelvereins unter der Voraussetzung in Aussicht, dass eine Lösung für das Problem der Parallelverlage gefunden würde. Dazu kam es zwar nie endgültig – im Zuge der Annäherung der beiden deutschen Staaten in den 1970er Jahren verlor das Problem aber auch bei den Börsenvereinen an Bedeutung. Der gesamtdeutsche Anspruch wurde vom Leipziger Börsenverein bereits im neuen Statut von 1967 offiziell aufgegeben, als vom »Verband der Verleger und Buchhändler der DDR«[83] die Rede war.

Im Zusammenhang mit Rechtsanspruch und Geltungsbereich stand auch die Frage nach der *Nutzung des traditionellen Vereinsnamens*. Der Leipziger Börsenverein führte den Namen seit seiner Wiederzulassung im Juni 1946; in Frankfurt verwendete die Buchhändlerorganisation seit Oktober 1948 ebenfalls die alte Bezeichnung Börsenverein. Direkte Auseinandersetzungen um den Namen gab es kaum. Als sich die

---

79 Die erste Hauptversammlung des Börsenvereins [aus der Rede von Arthur Georgi]. In: Börsenblatt (Frankfurter Ausgabe), 8.11.1955, S. 726.
80 Ebd.
81 Umlauff 1978, Sp. 1263.
82 Die Bedeutung des Leipziger Platzes für die Einheit Deutschlands. In: Börsenblatt (Leipziger Ausgabe), H. 14, 5.4.1952, S. 227f., hier 226.
83 Riese 2000a, S. 229.

Arbeitsgemeinschaft Deutscher Verleger- und Buchhändler-Verbände der Bizone in Börsenverein Deutscher Verleger- und Buchhändler-Verbände umbenannt hatte, verlangte der Leipziger Verband während einer Sitzung des Arbeitsausschusses der deutschen Buchhandelsverbände eine Erklärung für diese Entscheidung und einen Namenszusatz für die Frankfurter Organisation, durch den die Beschränkung des Wirkungsbereichs auf die westlichen Besatzungszonen klar zum Ausdruck kommen sollte.[84] Frankfurt widersprach dieser Forderung vor allem mit zwei Argumenten: dem Hinweis, dass die regionale Begrenzung auch für den Leipziger Verband gelte, aber von westlicher Seite aus keineswegs ein entsprechender Zusatz erwartet würde, und dem Verweis auf die differierenden Bezeichnungen: Börsenverein Deutscher Verleger- und Buchhändler-Verbände in Frankfurt, Börsenverein der Deutschen Buchhändler in Leipzig.[85] Die Leipziger Vertreter brachten die Idee eines Namenszusatzes daraufhin nicht mehr an, stattdessen beschlossen beide Seiten mit dem Hinweis darauf, dass der Frankfurter Börsenverein nur eine Vorstufe für einen gesamtdeutschen Verein darstelle, zusammenzuarbeiten.[86] Auch nach der Umwandlung des Frankfurter Vereins in den Börsenverein des Deutschen Buchhandels e. V. blieb eine leichte Differenzierung in der Bezeichnung bestehen.

Proteste gegen die geplante Wiederverwendung des Begriffs Börsenverein für den westdeutschen Verband hatte es anfangs auch unter westdeutschen Buchhändlern gegeben. Es wurde heftig darüber debattiert, ob der Name Börsenverein eher die Spaltung des deutschen Buchhandels und seines Verbands oder aber die Einheit betone. Da weder die Buchhändler in der SBZ noch die Berliner beteiligt waren, betrachteten nicht wenige Branchenmitglieder die Namensänderung als einen Trennstrich zwischen Ost und West.[87]

In den Auseinandersetzungen ging es nicht zuletzt um das *Altvermögen*. Das für die Gründung der Wiesbadener Zweigstelle zur Verfügung gestellte Startkapital von 50.000 Reichsmark, so wurde dem Leipziger Börsenverein 1947 versichert, war auf ein Treuhandkonto überwiesen worden.[88] Das Vermögen umfasste daneben Grundstücke sowohl in der Bundesrepublik als auch in der DDR. Die Vereine stritten vor allem um zwei Anwesen im westlichen Teil des Landes: das Haus Reute in Oberstdorf (Allgäu)

---

84 Vgl. Protokoll der Sitzung des Arbeitsausschusses der deutschen Buchhandelsverbände vom 19.2.1949 in der Geschäftsstelle des Norddeutschen Verleger- und Buchhändler-Verbandes e. V. Hamburg, SStAL, 21766 BV II, Nr. 103. Vgl. auch Umlauff 1978, Sp. 314.
85 BV Deutscher Verleger- und Buchhändler-Verbände, Frankfurt am Main, an den BV Leipzig, 19.3.1949, SStAL, 21766 BV II, Nr. 1686.
86 Protokoll der Sitzung des Arbeitsausschusses der deutschen Buchhandelsverbände vom 19.2.1949 in der Geschäftsstelle des Norddeutschen Verleger- und Buchhändler-Verbandes e. V. Hamburg, SStAL, 21766 BV II, Nr. 103. Vgl. auch Umlauff 1978, Sp. 314.
87 Vgl. Umlauff 1978, Sp. 294f.
88 Vgl. Umlauff 1978, Sp. 1274.

und ein Gebäude in der Münchner Innenstadt. 1950 ließ der Leipziger Börsenverein verlauten, dass er beide als sein Eigentum betrachte. Da ihm aber eine Nutzung zum damaligen Zeitpunkt nicht möglich war, räumte er dem Frankfurter Verband das Recht zur »Verwaltung und Nutznießung«[89] des Oberstdorfer Hauses ein. Im Jahr darauf schlug Leipzig vor, diese Regelung auch auf das Gebäude in München anzuwenden. Frankfurt wollte sich darauf nicht einlassen, da die betreffenden Grundstücke seiner Meinung nach dem gesamten Buchhandel gehörten.[90]

In den folgenden Jahren, als das Verhältnis beider Vereine – nicht zuletzt wegen der Parallelverlage – schwieriger und die Gespräche seltener wurden,[91] rückte eine einvernehmliche Lösung der Vermögensfrage zunehmend in weite Ferne. Eine gemeinsame treuhänderische Verwaltung lehnte Arthur Georgi, Börsenvereins-Vorsteher in Frankfurt von 1953 bis 1956, ab. Stattdessen bemühte sich der Verband um eine Klärung des Nachfolgeproblems und erreichte – im eigenen Land – einen Teilerfolg: Das Bundesministerium des Inneren erkannte den Börsenverein in Frankfurt im Februar 1953 »für den Geltungsbereich des Grundgesetzes [...] als Funktionsnachfolger des Börsenvereins der deutschen Buchhändler zu Leipzig«[92] an. Rechtliche Schritte beschloss der Frankfurter Verein Anfang 1956, nachdem ihm bekannt geworden war, dass Leipzig das Münchner Grundstück verkauft hatte.[93] Per Einstweiliger Verfügung des Landgerichts München wurde dem Leipziger Verein verboten, über den Verkaufserlös zu verfügen.[94] In Leipzig und Ost-Berlin dürfte man sich im Klaren darüber gewesen sein, dass weitere bundesdeutsche Gerichtsentscheide nicht zugunsten des DDR-Vereins ausgefallen wären – man zeigte sich daher gesprächsbereit. Dem seit Oktober 1956 tätigen neuen Frankfurter Vorsteher Reinhard Jaspert war ebenfalls an einer Verständigung gelegen. Auf einen von Frankfurt unterbreiteten Vergleichsvorschlag ließ sich der Leipziger Börsenverein letztlich ein, auch weil die mögliche Klageerhebung immer noch im Raum stand. Das Ergebnis der Gespräche zwischen den ost- und den westdeutschen Vertretern, bei denen es außerdem um

---

89 Protokoll über die Sitzung des Arbeitsausschusses der deutschen Buchhandelsverbände am 12.1.1950 um 9 Uhr im Buchhändlerhaus, SStAL, 21766 BV II, Nr. 104.

90 Vgl. Niederschrift über die Zusammenkunft des Arbeitsausschusses der deutschen Buchhändlerverbände am 13.4.1951 in Berlin, SStAL, 21766 BV II, Nr. 105.

91 Vgl. Riese 2000b, S. 145.

92 Der Bundesminister des Innern an den BV Frankfurt, 26.2.1953, SStAL, 21766 BV II, Nr. 1426. Riese schreibt, das Ministerium habe den Frankfurter Verein 1955 als »Rechtsnachfolger« anerkannt. Die Dokumente, auch noch aus dem Jahr 1956, sprechen aber stets nur von der Funktionsnachfolge. Ob aus dieser Funktionsnachfolge auf Rechtsnachfolge geschlossen werden könne, war dem BV selbst 1956 noch unklar. Vgl. Protokoll der Außerordentlichen Vorstandssitzung des BV Frankfurt, 21.1.1956, ISG Frankfurt, BV, WA 8105; Riese 2000a, S. 223.

93 Vgl. Protokoll der Außerordentlichen Vorstandssitzung des Börsenvereins Frankfurt, 21.1.1956, ISG Frankfurt, WA 8105.

94 Einstweilige Verfügung des Landgerichts München, 27.1.1956, SStAL, 21766 BV II, Nr. 1426, Blatt 28–32.

Usancen des innerdeutschen Buchhandels ging, wurde im März 1958 vertraglich festgehalten. Der Verkaufserlös des Hauses in München wurde zwischen den Börsenvereinen aufgeteilt, wobei zwei Drittel Frankfurt erhielt und ein Drittel Leipzig; das Erholungsheim in Oberstdorf wurde an den Frankfurter Verein übertragen, das in Lauenstein (Erzgebirge) an den Leipziger.[95]

7.1.5 Die ›Börsenblätter für den Deutschen Buchhandel‹

Zusammen mit dem Börsenverein erfuhr das 1834 begründete traditionelle Branchenblatt eine Teilung.[96] Nach Errichtung der Wiesbadener Zweigstelle erschien das *Börsenblatt* dort ab Oktober 1945 wieder, Georg Kurt Schauer hatte die Lizenz erhalten.[97] In Leipzig wurde im Juni 1946 gemeinsam mit der Erteilung der Arbeitserlaubnis für den Börsenverein die Lizenz für das Publikationsorgan vergeben, und im August desselben Jahres erschien die erste Leipziger Ausgabe seit Kriegsende.[98]

Die doppelte Publikation unter demselben Namen wurde in Ost und West kritisch gesehen.[99] Leipziger Vertreter forderten, dass das Frankfurter *Börsenblatt* seinen Namen ändern solle. In Frankfurt war man bereit, zu einer Unterscheidung der beiden Blätter beizutragen, nicht zuletzt in der Hoffnung, damit einer Auseinandersetzung mit dem Leipziger Börsenverein vorbeugen zu können. Der Vorschlag der Buchhändler der Westzonen, das Blatt als *Börsenblatt für den Westdeutschen Buchhandel* zu bezeichnen – wobei sie davon ausgingen, dass das Leipziger Organ eine äquivalente Bezeichnung annehmen würde –, stieß auf Ablehnung bei den amerikanischen Behörden. Diese wünschten die alte Bezeichnung *Börsenblatt für den Deutschen Buchhandel*. Gelöst wurde die Frage schließlich durch den Zusatz ›Frankfurter Ausgabe‹, welcher ab 1947 auf dem Titelblatt erschien. Darüber hinaus wurde die Frankfurter Publikation von diesem Zeitpunkt an mit ›Neue Folge‹ bezeichnet; die Jahrgangszählung begann damit rückwirkend ab 1945 neu.[100] In Leipzig hingegen wurde die alte Jahrgangszählung beibehalten. Die unterscheidende Kennzeichnung erfolgte hier durch die Ortsangabe vor dem Datum und die Nennung des Verlags auf dem Kopf: ›Verlag des Börsenvereins der Deutschen Buchhändler in Leipzig‹.

Den politischen Entwicklungen und denen beider Börsenvereine entsprechend nahmen die Branchenblätter unterschiedliche Wege. Nachdem im Leipziger *Börsenblatt* zunächst vor allem über wichtige Verordnungen, Verlagslizenzierungen und

---

95 Vgl. Riese 2000a, S. 223.

96 Zur Etablierung des *Börsenblatts* siehe Titel 1999, S. 43f., für einem Überblick über die Entwicklung von den Anfängen bis in die 1990er Jahre siehe Altenhain 2000.

97 Vgl. Estermann 2000, S. 162; Estermann 1997, S. 78.

98 Vgl. Riese 2000b, S. 126f.

99 Vgl. Umlauff 1978, Sp. 1268.

100 Vgl. ebd., Sp. 236, 1267–1270.

-neugründungen und die Arbeit der für den Buchhandel wichtigen Institutionen berichtet und Fachwissen vermittelt worden war, konstatierte man in Frankfurt 1947 und seit 1948 immer stärker eine Politisierung des Leipziger Verbandsorgans. Dies war der politischen Entwicklung in der SBZ geschuldet, die mit einer personellen Änderung zusammenfiel: Die Redaktionsleitung ging 1948 auf Wolfgang Böhme über, der offensiv eine klare und linientreue Note in die Beiträge des Branchenblattes brachte. Dem Börsenverein hingegen ging der Einfluss auf sein Verbandsorgan verloren.[101] Oftmals waren nun Beiträge über das sowjetische Buchwesen und Kommentare zu politischen Entwicklungen zu lesen;[102] daneben häuften sich negativ-polemische Schilderungen über den westdeutschen Buchhandel und seine Organisationen.[103] Im April 1951 wurde von einem Treffen der ost- und westdeutschen Buchhändler berichtet, »[...] daß sich die westdeutschen Buchhändler bitter über Angriffe im Leipziger Börsenblatt beklagt haben, während umgekehrt der Leipziger Börsenverein Klage darüber führe, daß im Frankfurter Börsenblatt unerfreuliche Buchanzeigen erscheinen«.[104] Auch zwei Jahre später stellte ein Mitarbeiter von Buch-Export fest, dass der redaktionelle Teil des Leipziger *Börsenblatts* durch seine polemische Berichterstattung immer wieder zu Verstimmungen im westdeutschen Buchhandel und beim Frankfurter Börsenverein führte.[105] Im Leipziger Börsenverein und in der Ost-Berliner Verlagsbehörde war man sich einig, dass Böhme, der 1951 zum Chefredakteur des *Börsenblatts* aufgestiegen war, mit manchem ideologisch motivierten Artikel »wirklich über das Ziel hinaus[schoss]«.[106] Um Fortschritte im deutsch-deutschen Gespräch zwischen den Branchenverbänden nicht zu gefährden, konnte es vorkommen, dass besonders problematische Beiträge auf Weisung aus Ost-Berlin verhindert wurden.[107] Vorübergehend trat eine Besserung ein, als sich die Börsenvereine in Frankfurt und Leipzig ab 1956 wieder vorsichtig annäherten. Im Zuge der Gespräche wurde ein »Burgfrieden«[108] zwischen den Blättern vereinbart.

---

101 Vgl. Tiepmar 1999, S. 376–379.

102 Vgl. beispielsweise Für das gesamtdeutsche Gespräch! In: Börsenblatt (Leipziger Ausgabe), H. 6, 10.2.1951, S. 61. Die Wiederbewaffnung in der Bundesrepublik und das Thema der Einheit gehörten zu den immer wieder aufgegriffenen Themen. Vgl. außerdem Tiepmar 1999, S. 379.

103 Vgl. Umlauff 1978, Sp. 1317–1329.

104 Niederschrift über die Zusammenkunft des Arbeitsausschusses der deutschen Buchhändlerverbände am 13.4.1951 in Berlin, SStAL, 21766 BV II, Nr. 105. Siehe dazu auch den Offenen Brief von Böhme an Annemarie Meiner, Börsenblatt (Leipziger Ausgabe), H. 4, 27.1.1951, S. 39. Die »unerfreulichen Buchanzeigen« bezogen sich auf eine Anzeige für den Titel *Der große Rausch* des rechtsextremen Publizisten Erich Kern, dessen Bücher im Osten auf der *Liste der auszusondernden Literatur* geführt wurden. In Frankfurt verteidigte man dies mit der Meinungsfreiheit: Eine Zensur wolle niemand ausüben, wenn auch dem Börsenverein nicht alle Publikation gefallen würden.

105 Vgl. Tensieroswki, Westdeutsche Reise vom 24.9. bis 16.10.1953, BArch, DR1/1187.

106 Zit. nach Tiepmar 1999, S. 382.

107 Vgl. Tiepmar 1999, S. 381f.

108 [Umlauff], Aktenvermerk, 10.10,1957, ISG Frankfurt, BV, W2/8: 201.

Die Frankfurter Ausgabe des *Börsenblatts* berichtete über die Situation des Buchhandels im anderen Deutschland vergleichsweise zurückhaltend. In den 1950er Jahren kam der DDR-Buchhandel vor allem im Kontext der abgedruckten Ausschreibungen zum Interzonenhandel und weiterer Handelsbestimmungen zur Sprache; daneben wurden die Beschlüsse des Frankfurter Börsenvereins zur DDR-Beteiligung an der Buchmesse (siehe Kapitel 8.2) abgedruckt. Ab 1953 stellte der spätere Buchmessen-Direktor Sigfred Taubert in einer Serie *Buchproduktion und Verlagswesen der sowjetisch besetzten Zone Deutschlands* im *Börsenblatt* vor. Er strebte an, mit ausführlichen statistischen Auswertungen zu Titelzahlen, Sachgebieten, Übersetzungen und zur Verlagsstruktur »zu einer sachlichen Betrachtung der Verlags- und Buchproduktionsverhältnisse der SBZ«[109] beizutragen. Charakteristisch für Artikel zum DDR-Buchhandel in jener Zeit war, dass man offizielle Dokumente aus der DDR zitierte und diese ›für sich selbst sprechen ließ‹.[110] Die in anderen gesellschaftlichen Sphären ebenso wie vom westdeutschen Buchhandel erhobene Forderung nach einem »Abwehren kommunistischer Agitation und Infiltration«[111] begegnete gleichwohl auch gelegentlich im Frankfurter *Börsenblatt*.

Die beiden Branchenblätter waren Gegenstand eines weiteren Konfliktes im innerdeutschen Buchhandel: der Umgang mit der Aufnahme von Buchanzeigen im jeweils anderen *Börsenblatt*. In der Leipziger Ausgabe waren Anzeigen aus den Westzonen bis 1948 noch selbstverständlich erschienen, trotz mehrerer Versuche der Behörden, dies zu unterbinden – zu groß war der finanzielle Nutzen für den Verlag des Börsenvereins, und gesamtdeutsche Argumente konnten zu diesem Zeitpunkt noch greifen.[112] Laut Umlauff verschwanden sie ab 1949, denn »der Ostzonen-Buchhändler konnte nur beziehen, was dem Regime genehm war«.[113] Es existierte allerdings kein formell verkündetes Anzeigen-Verbot, weshalb vereinzelt weiterhin Annoncen von Westverlagen in Leipzig angenommen wurden.[114]

Im Frankfurter *Börsenblatt* erschienen Anzeigen aus DDR-Verlagen bis Anfang der 1950er Jahre. Mit dem Inkrafttreten des Interzonenabkommens 1951 wurden im westlichen Buchhandel Befürchtungen laut, die Inserate aus der DDR könnten zunehmen. Teile der westlichen Verlegerschaft führten verschiedene Argumente an, warum dies verhindert werden müsse: die im Vergleich niedrigeren Preise der DDR-Bücher, die

---

109 Taubert: Buchproduktion und Verlagswesen der sowjetisch besetzten Zone Deutschlands im Jahre 1953. In: Börsenblatt (Frankfurter Ausgabe), H. 45, 9.6.1954, S. 337–344, hier 344.

110 Vgl. ebd.; Randbemerkungen zu den ostzonalen Vorschlägen. In: Börsenblatt (Frankfurter Ausgabe), H. 12, 12.2.1954, S. 73–78.

111 Die kulturelle Aufgabe des Buchhandels im geteilten Deutschland. In: Börsenblatt (Frankfurter Ausgabe), H. 63, 7.8.1959, S. 925–930, hier 929.

112 Vgl. Tiepmar 1999, S. 378.

113 Umlauff 1978, Sp. 1285.

114 So erschien in der ersten Jahreshälfte 1952 ein Inserat von de Gruyter im Leipziger *Börsenblatt*, was dem Frankfurter Börsenvereins-Vorstand bekannt war. Abschrift aus Prot. 41. Vorstandssitzung BV vom 21.8.1952, ISG Frankfurt, BV, W2/8: 203. Vgl. auch Umlauff 1978, Sp. 1285f.

Stärkung der staats- und volkseigenen Verlage durch den Absatz im Westen und die von der SED geplante Politisierung der Fachliteratur, durch die die kommunistische Propaganda gefördert würde.[115] Der Frankfurter Börsenvereins-Vorstand entschied 1952, dass im Frankfurter *Börsenblatt* keine ostdeutschen Anzeigen mehr aufgenommen werden sollten.[116] Die Frage war eng verknüpft mit der Entscheidung, keine DDR-Verlage zur Frankfurter Buchmesse zuzulassen. In den folgenden Jahren stellten Messebeteiligung und DDR-Anzeigen stets einen wichtigen Teil der Verhandlungsmasse in den Gesprächen zwischen Ost und West dar – verbunden auch immer mit der Problematik der Parallelverlage.[117] 1958 argumentierte der Justiziar des Börsenvereins mit den Urteilen bundesdeutscher Gerichte, die bezüglich in den Westen übergesiedelter Firmen wie Carl Zeiss gefällt worden waren. Da die nunmehrigen VEB-Betriebe aus der DDR die Namens- und Firmenrechte der westdeutschen Parallelfirmen verletzten, dürften sie keine Anzeigen in westdeutschen Zeitschriften und Büchern schalten.[118]

Zu einer Lösung der Anzeigenfrage kam es erst 1972. Die Insertion von DDR-Verlagen wurde nun mit der Einschränkung zugelassen, »daß bei namensgleichen Verlagen die Zustimmung des entsprechenden Verlages aus der Bundesrepublik bzw. Berlin (West) vorliegen muß«.[119]

7.1.6 Parallelverlag und Parallelverein – ein Vergleich

Der Börsenverein war nach 1945 – überträgt man die gängige Terminologie aus der Verlagsgeschichtsschreibung – ein Parallelverein. Es erweist sich als ertragreich, Gemeinsamkeiten und Unterschiede zu den Parallelverlagen hinsichtlich Entstehung, Konfliktpunkten und Verhältnis zueinander näher zu beleuchten.

Die Entstehung der ersten westlichen Zweigstelle des Börsenvereins erfolgte auf Veranlassung der amerikanischen Besatzer gemeinsam mit der Verlagerung einiger Verlagsunternehmen in die amerikanische Zone. Obwohl diese Zweigstelle früh wieder aufgegeben wurde, entwickelten sich rasch neue, vorerst regionale Verbandsstrukturen in den westlichen Zonen. Das zeigt, dass eigene buchhändlerische Vereinigungen in allen Zonen nötig waren. Die Abgrenzung der Besatzungszonen, die den Verlagen den Handel erschwerte, sowie die Dezentralisierungsbestrebungen der Besatzungsmächte machten das überzonale Wirken eines Verbands zunächst unmöglich. Früher als die meisten Parallelverlage agierten die Verbände in Ost und

---

115 Vgl. Information für die Mitglieder des Vorstandes zum Punkte Interzonenhandel, 14.6.1951, ISG Frankfurt, BV, W2/8:203.

116 Vgl. Umlauff 1978, Sp. 1286.

117 Vgl. Aus der 52. Vorstandssitzung: Zur Frage der Frankfurter Buchmesse in Verbindung mit dem Interzonenhandel. In: Börsenblatt (Frankfurter Ausgabe), 29.1.1954, S. 41.

118 Vgl. Inserate von VEB-Betrieben. In: Börsenblatt (Frankfurter Ausgabe), H. 67, 22.8.1958, S. 1021.

119 Beschlußprotokoll der 179. Vorstandssitzung vom 19.1.1972, ISG Frankfurt, BV, W2/7: 2084.

West nicht als verschiedene Geschäftsstellen *eines* Verbands, sondern autonom, ungeachtet diverser Formen der Zusammenarbeit in den ersten Jahren nach Kriegsende. Diese Entwicklung hatte ihre Ursache in den unterschiedlichen Strukturen, Satzungen und Aufgabenbereichen, die wiederum von den politischen Systemen in den Besatzungszonen beeinflusst wurden.

Gemeinsam war Verbänden und Verlagen, dass eine Verständigung zwischen Ost und West grundsätzlich angestrebt wurde und vielfach unumgänglich war, durch die politischen Gegebenheiten und Rahmenbedingungen aber erschwert wurde. Zwischen den beiden Börsenvereinen waren Konflikte um die Rechtsnachfolge, den Namen, das Publikationsorgan und um Immobilienbesitz aufzulösen. Die Verlage beschäftigten die gleichen Themen – allerdings standen materielle Vermögenswerte weniger zur Debatte. Die Frage der Nutzung der Verlagsrechte an Büchern und Zeitschriften hingegen war ein ökonomisch höchst relevanter Kernkonflikt. Bei den Börsenvereinen ging es diesbezüglich lediglich um das *Börsenblatt für den deutschen Buchhandel*. Die zwei Ausgaben des Organs konnten vergleichsweise problemlos nebeneinander existieren, da sich die Buchhandelssysteme und die Verbandsfunktionen in den beiden Ländern grundlegend unterschieden und die Zeitschrift dadurch in erster Linie für die Buchhändler im jeweils eigenen Gebiet interessant war bzw. über das Buchhandelssystems des jeweiligen Staates informierte. Damit hob sich die Publikation deutlich von den naturwissenschaftlichen und medizinischen Zeitschriften ab, deren Leserschaft und (potentielle) Autoren in viel stärkerem Maße die Wissenschaftler aus ganz Deutschland darstellten und die darüber hinaus oft internationale Bedeutung besaßen. Das Vorhandensein zweier Ausgaben einer solchen Fachzeitschrift rief daher eine ungünstige Konkurrenzsituation hervor.

Da ein vergleichbarer, schwer aufzulösender Konflikt wie die Frage nach der Nutzung vorhandener Verlagsrechte nicht bestand, fiel es den Börsenvereinen im Vergleich zu den Verlagen in einigen Punkten leichter, mit der Spaltung umzugehen. Die Frage des Geltungsbereiches hatte sich durch das Faktum der Teilung Deutschlands letztlich gelöst, jeder Verband konnte sinnvoll nur im eigenen Land wirken und sich der Belange seiner dortigen Mitglieder annehmen. Der Aspekt der Rechtsnachfolge wurde in Ost und West unterschiedlich interpretiert, so wie dies auch bei den Verlagen der Fall war: Jeder sah sich selbst in der Nachfolge des traditionellen Verbands und den anderen als Neugründung an. Das Problem verlor aber spätestens an Bedeutung, nachdem die Auseinandersetzung um das Altvermögen beendet war. Die Schwierigkeit der Namensgleichheit fiel ebenfalls weniger ins Gewicht. Sie wurde durch die von Anfang an leicht unterschiedlichen Bezeichnungen gemildert – eine Lösung, die teilweise auch von den Verlagen akzeptiert wurde (siehe Kapitel 6.4.3).

7.2 Die Börsenvereine und die Parallelverlagsproblematik

Zu den Aufgaben des Börsenvereins hatte stets die Interessenvertretung seiner Mitglieder gehört. Zu diesen zählten nach 1945 auch die meisten Parallelverlage. Der Frankfurter Börsenverein als Unternehmerverband konnte diese Aufgabe deutlich stärker wahrnehmen als der östliche, wo die Verlage von den Ost-Berliner Behörden abhängig waren. Teilweise forderten die westlichen Verleger Unterstützung und Rücksichtnahme auf ihre Situation vom Frankfurter Verband aktiv ein. Aber auch in der DDR spielte der Leipziger Börsenverein eine Rolle bei der Suche nach Lösungen in der Parallelverlagsfrage. Das Thema war zudem eingebunden in den Gesamtkontext der deutsch-deutschen Buchhandelsbeziehungen.

7.2.1 Von Rezensionen bis Rechtsfragen: Auskünfte und Stellungnahmen

Die Börsenvereins-Mitglieder konnten eine Rechtsberatung hinsichtlich spezifischer Branchenfragen in Anspruch nehmen. Diese Möglichkeit wurde zum Beispiel von Teubner-Verleger Martin Giesecke, der sich nachdrücklich um die Belange seiner Firma hinsichtlich des verlorenen Leipziger Teils und die Problematik der Parallelverlage im Allgemeinen kümmerte, intensiv genutzt. Giesecke forderte sowohl ideelle als auch finanzielle Hilfe vom Börsenverein ein. So bat der Verleger in den Jahren 1953 und 1954 die Landesverbände um Unterstützung bei der Bekanntmachung der Übersiedlung nach Stuttgart und der damit verbundenen Rechtslage (siehe Kapitel 6.1.1). Außerdem erhoffte er sich Beistand bei der Klarstellung der rechtlichen Angelegenheiten, indem er um Kostenübernahme eines anwaltlichen Gutachtens durch den Börsenverein ersuchte. Da es sich bei dem Gutachten um Fragen handelte, die auch andere betroffene Firmen interessierten, sicherte der Börsenverein die Kostenübernahme zu. Er begründete diese Entscheidung mit Hinweis auf seine Funktion: »Es wird als Aufgabe des Börsenvereins und seiner Rechtsabteilung angesehen, über Rechtsfragen von grundsätzlicher Bedeutung auch einzelnen Landesverbandsmitgliedern Rechtsauskünfte zu erteilen.«[120] Giesecke bat den Börsenverein zudem um eine eigene offizielle Stellungnahme zur Frage, ob die Sitzverlegungen der Firmen rechtswirksam erfolgt seien und ob die Verlagsrechte dem Stuttgarter Verlag zustünden. Die Rechtsabteilung des Börsenvereins bestätigte dies.[121] Ebenfalls unterstützte der Börsenverein den Verlag in seiner Maßnahme, den Vertrieb der Werke des Leipziger Teubner-Verlags in der Bundesrepublik zu verbieten, indem er anfragenden Bucheinzelhändlern die Legitimität dieses Vorgehens bestätigte.[122]

---

120 BV Frankfurt, Deutscher Verleger- und Buchhändler-Verbände e. V., Rechtsabteilung an Teubner Stuttgart, Giesecke, 19.3.1954, SStAL, 22199 Teubner Stuttgart, Nr. 78.
121 Vgl. BV Frankfurt an Teubner Stuttgart, 21.4.1954, SStAL, 22199 Teubner Stuttgart, Nr. 78.
122 Vgl. Giesecke an Bergmann, 30.7.1956, SStAL, 22199 Teubner Stuttgart, Nr. 85.

Bezüglich weiterer Anliegen des Verlags B. G. Teubner zeigte sich der Frankfurter Verband zögerlicher. Giesecke bemühte sich im Sommer 1954 darum, Artikel zu den Rechtsverhältnissen der Parallelverlage in den Branchenblättern in Österreich und in der Schweiz unterzubringen. Die jeweiligen Buchhändlerverbände hatten dies grundsätzlich zugesagt, wünschten aber, dass der Frankfurter Börsenverein sie offiziell zur Veröffentlichung entsprechender Aufsätze auffordern möge.[123] Obgleich er es für zweckmäßig erachtete, die Artikel zu bringen, beschloss der Vorstand des Börsenvereins, nicht selbst aktiv zu werden, sondern dies den betroffenen Verlagen zu überlassen. Diese Haltung stieß bei Giesecke und seinem Anwalt Georg Greuner auf Unverständnis, da es ihrer Meinung nach zu den Hauptpflichten des Berufsverbandes gehörte, »im Interesse seiner Mitglieder für eine Klarstellung der Rechtsverhältnisse einzutreten«.[124]

In einem weiteren Fall enttäuschte der Verband die Erwartung Gieseckes zunächst. Als der Teubner-Verleger 1955 versuchte, die Besprechung nach der Verlagstrennung neu entwickelter Werke des Leipziger Verlags in westdeutschen Zeitschriften zu verbieten, bezweifelte der Justiziar des Börsenvereins die Legitimität dieses Vorgehens.[125] Bei einer Unterredung mit mehreren Börsenvereins-Vertretern, an der neben Giesecke von Seiten der Parallelverlage Richard W. Dorn von Otto Harrassowitz, Anton Hiersemann, Hermann Niemeyer, Heinrich Reclam und Dietrich Steinkopff teilnahmen, wollte keiner der anderen Verleger Gieseckes Forderung mittragen. Die Ablehnung erfolgte nicht zuletzt mit dem Hinweis darauf, dass die westdeutschen Verlage die Besprechung ihrer Bücher in den ostdeutschen Zeitschriften ebenfalls wünschten.[126] Giesecke wollte seinen Standpunkt, dass keine in Leipzig erschienenen Bücher in westdeutschen Zeitschriften besprochen werden dürften, dem Börsenverein gegenüber unbedingt durchsetzen.[127] Dies gelang ihm später. 1959 schloss sich die Rechtsabteilung des Börsenvereins der Meinung an, dass durch die Veröffentlichung von Rezensionen von Büchern des Verlags B. G. Teubner Leipzig das Verlags- oder Firmenrecht des Stuttgarter Hauses verletzt werden könne. Weitere Versuche, den Börsenverein in die Klärung der Parallelverlagsproblematik zu involvieren, unternahm Martin Giesecke gemeinsam mit anderen Verlegern (siehe Kapitel 7.2.2).

Den Leipziger Börsenverein erreichten in den ersten Jahren nach Kriegsende ebenfalls Anfragen von Parallelverlagen. Diese baten um Aufklärung der Rechtslage

---

123 Vgl. Gemeinsam mit Herrn Ernst Rücksprache mit Herrn Dr. Maiwald, Wien, vom Österreichischen Buchhändler-Verband und Herrn Dr. Mariacher, Zürich, vom Schweizerischen Buchhändler-Verband am 2.2.1954 in Stuttgart, SStAL, 22199 Teubner Stuttgart, Nr. 82.
124 Greuner an Kleine, BV Frankfurt, 5.10.1954, SStAL, 22199 Teubner Stuttgart, Nr. 87.
125 Vgl. Giesecke an Ackermann, 26.3.1955, SStAL, 22199 Teubner Stuttgart, Nr. 88.
126 Vgl. Giesecke, Besprechung im Buchhändlerhaus Frankfurt am 9.5.1955 betr. Ost-West-Fragen, 12.5.1955, SStAL, 22199 Teubner Stuttgart, Nr. 84.
127 Giesecke an Ackermann, 26.3.1955, SStAL, 22199 Teubner Stuttgart, Nr. 88.

hinsichtlich firmen- und verlagsrechtlicher Belange sowie um Rat zur Handhabung der entstandenen Schwierigkeiten.[128] Sie forderten Interventionen des Leipziger Verbands, auch in Zusammenarbeit mit den westlichen Buchhandelsorganisationen. Der Börsenverein nahm dazu für gewöhnlich einen klaren Standpunkt ein. Er bestätigte die Rechtmäßigkeit der östlichen Firmen und deren Recht zur Ausnutzung der vorhandenen Verlagsrechte, wies aber darauf hin, dass in der Bundesrepublik gemeinhin die entgegengesetzte Auffassung herrsche.[129] Ab Ende der 1940er Jahre trat der Leipziger Börsenverein immer weniger als Ansprechpartner für die Verlage in derlei Rechtsfragen in Erscheinung, da die Verlagsbehörde in Ost-Berlin in ihrer Lenkungsfunktion nun für diese Belange zuständig war, wenn auch vereinzelt noch Rechtsauskünfte zur Parallelverlagsthematik gegeben wurden.[130]

7.2.2 Widerstrebende Interessen: Interessengruppe um Giesecke

In der Bundesrepublik fand sich Mitte der 1950er Jahre eine Gruppe von Verlegern zusammen, die dorthin übergesiedelt waren und ihre Verlage auf dem Gebiet der DDR zurückgelassen hatten. Besonders intensiv beteiligten sich Martin Giesecke von B. G. Teubner, Anton Hiersemann, Hermann Niemeyer, Heinrich Reclam sowie Hans Brockhaus am gemeinsamen Austausch, wobei Giesecke als ›Wortführer‹ galt.[131] Der Gruppe weniger eng verbunden, aber gelegentlich in Gespräche und Korrespondenzen involviert waren Wolfgang Jäh vom Verlag Carl Marhold, Elert Seemann, Hans Wunderlich und Harrassowitz.[132] Dietrich Steinkopff nahm ebenfalls rege am Austausch mit den anderen Parallelverlegern und den Diskussionen um das Verhältnis zum DDR-Buchhandel teil, wenn er auch selbst nicht direkt vom Verlust seines Eigentums im Osten betroffen war. Annelise von Lucius, Gustav Fischer, war bei einer ersten Zusammenkunft im Oktober 1954 zugegen,[133] zeigte sich aber an weiteren Unterredungen nicht interessiert.[134] Bei Thieme, so vermutete Giesecke, lagen »die Dinge bestimmt völlig anders schon allein dadurch, dass dieser Verlag

---

128 Vgl. beispielsweise Julius Beltz, Langensalza, an den BV Leipzig, 20.4.1949, SStAL, 21766 BV II, Nr. 921.

129 Vgl. beispielsweise BV Leipzig an Julius Beltz, Langensalza, 19.3.1949, SStAL, 21766 BV II, Nr. 921

130 Vgl. beispielsweise BV Leipzig an Rütten & Loening, Berlin, 25.5.1954, SStAL, 21766 BV II, Nr. 929.

131 Dietrich Steinkopff bezeichnete Martin Giesecke diesem selbst gegenüber als »Wortführer« der »als besonders hart in der Verfechtung ihrer Rechtsmassnahmen auftretenden Verlage«. Dietrich Steinkopff an Martin Giesecke, 17.7.1956, SStAL, 22199 Teubner Stuttgart, Nr. 85.

132 Vgl. Giesecke, Am 11.10.1955 gemeinsame Besprechung der Herren Dr. Kleine, Jäh, Dr. Niemeyer, Hiersemann und Giesecke in Frankfurt (Buchmesse) betr. West-Ost-Situation sitzverlegter Verlage, 14.10.1955, SStAL, 22199 Teubner Stuttgart, Nr. 85.

133 Vgl. Giesecke, Besprechung zwischen den Herren Hiersemann, Dr. Reclam, Dr. Heisig sowie Frau v. Lucius (teilweise) am 21.10.1954, SStAL, 22199 Teubner Stuttgart, Nr. 84.

134 Vgl. Giesecke an Dietrich Steinkopff, 5.1.1955, SStAL, 22199 Teubner Stuttgart, Nr. 84.

bereits 1945 mit den wesentlichsten Kapazitäten übergesiedelt ist und von Anfang an auch der Schwerpunkt der Gesamtleitung im Westen liegen konnte«. Wieder anders gelagert schien nach Gieseckes – zutreffender – Einschätzung der Fall der Firma Johann Ambrosius Barth, da bei diesem Verlag zum damaligen Zeitpunkt »der geistige und leitende Zentralpunkt wahrscheinlich Leipzig [war]«. Die Akademische Verlagsgesellschaft Frankfurt wurde als potenziell interessiert an einer Verbindung zu den anderen Parallelverlagen eingestuft, »obgleich da wieder besondere Komplikationen vorliegen, weil hier ja auch noch Fragen der Wiedergutmachung eine Rolle spielen und nicht nur Ost-West-Probleme auftreten, sondern noch die seinerzeitige Arisierung [...]«.[135]

Die Themen, welche die Verleger beschäftigten, waren neben ihrer Situation als Parallel- bzw. enteignete Verleger Grundsätze des Auftretens des westdeutschen Buchhandels gegenüber der DDR und damit verbundene Aspekte des innerdeutschen Buchhandels. Vier der Firmeninhaber – Martin Giesecke, Anton Hiersemann, Hermann Niemeyer und Heinrich Reclam – verfassten im Dezember 1954 ein Schreiben an den Vorstand des Frankfurter Börsenvereins. Sie baten um eine gemeinsame Erörterung zur Problematik. Die Verleger sprachen sich gegen jegliche Form der Präsenz von DDR-Verlagen auf der Frankfurter Buchmesse sowie gegen die Insertionsmöglichkeit im Frankfurter *Börsenblatt* aus. In Planung befindliche Sperrlisten im Rahmen des vorgesehenen erweiterten Interzonenhandels, durch die die »Einfuhr illegalen Schrifttums« verhindert werden sollte, wurden begrüßt. Diese sollten den Sortimentern im *Börsenblatt* bekannt gemacht oder direkt zugeleitet werden. Die Verleger forderten darüber hinaus, dass die Universitäten und Hochschulen von der »Verbreitung illegaler SBZ-Bücher durch Studenten, die von diesen aus der SBZ in die Bundesrepublik geschmuggelt worden sind«, durch den Börsenverein in Kenntnis gesetzt werden. Aber auch die Literatur der neu gegründeten DDR-Verlage – erwähnt wurden der Fachbuchverlag und der Verlag Technik – sollte nach Meinung der vier nicht in größerem Umfang in der Bundesrepublik vertrieben werden dürfen, und zwar wegen der »Dumping-Buchpreise« und der »Infiltrierung dieser Bücher mit östlichen Methoden und Anschauungen«.[136] Vertreter der Parallelverleger, so eine weitere Forderung, sollten bei entsprechenden Ausschüssen im Börsenverein, zum Beispiel beim Ausschuss für Fragen des Interzonenhandels, vertreten sein.

In seiner Antwort legte Vorsteher Georgi im März 1955 die Grundhaltung des Börsenvereins dar:

> Sie wissen, daß der Börsenverein in jeder ihm möglich erscheinenden Weise den im Bundesgebiet tätigen Verlagen, die ihre Verlagsbetriebe in der SBZ verloren haben, beim Schutz ihrer Rechte be-

---

135 Dietrich Steinkopff an Giesecke, 4.1.1955, SStAL, 22199 Teubner Stuttgart, Nr. 84.
136 Dieses und die vorangegangenen Zitate: Giesecke, Hiersemann, Niemeyer und Reclam an den Vorstand des BV Deutscher Verleger- und Buchhändler-Verbände, 17.12.1954; SStAL, 22199 Teubner Stuttgart, Nr. 84.

hilflich zu sein versucht und daß er dabei sogar Maßnahmen, z. B. bezüglich der Messe, getroffen hat, die zu sehr erheblichen Angriffen gegen ihn geführt haben. Der Börsenverein wird auch weiterhin im Rahmen des ihm Möglichen alles tun, um die Rechte und Interessen seiner Mitglieder zu schützen. Diese Möglichkeit besitzt aber Grenzen. Hierfür bitte ich um Ihr Verständnis.[137]

So sah es der Vorsteher nicht als Aufgabe des Börsenvereins an, sich um einzelne konkrete Belange der Verleger zu kümmern, wozu die Unterrichtung der Universitäten gehörte. Auch wollte er seinen Mitgliedern nicht von einer Teilnahme an der Leipziger Buchmesse als Einzelaussteller abraten, wie es die Gruppe der Parallelverleger gefordert hatte. Die Hinzuziehung eines enteigneten Verlegers zum Interzonenhandels-Ausschuss lehnte Georgi ebenfalls ab, da Interessenkonflikte bei der Mitarbeit vermieden werden sollten.[138]

Zunächst zeigte sich Giesecke enttäuscht von der Reaktion Georgis und äußerte seinen Eindruck, dass man einer Klärung der Probleme aus dem Wege gehen wolle.[139] Dem Börsenvereins-Vorsteher war allerdings daran gelegen, eine einheitliche Lösung für die enteigneten Verlage zu finden.[140] In einem Brief vom März und bei einem Treffen im Mai 1955, an dem Giesecke, Hiersemann, Niemeyer, Reclam, Dorn (Harrassowitz) und Dietrich Steinkopff teilnahmen, unterbreitete er einen Vorschlag: Alle betroffenen Verlage sollten sich »zu einer grundsätzlichen Erklärung, dahingehend, daß jegliche Einfuhr von Büchern aus ihren konfiszierten Verlagen untersagt ist«,[141] zusammenfinden. Die Verleger begegneten dieser Überlegung mit Skepsis und wiesen darauf hin, dass einige Parallelverlage zusammenarbeiteten und ein solches Statement nicht in deren Interesse läge. Daraufhin plädierte Georgi dafür, dass wenigstens die Verlage, für die dies nicht zutraf, eine Erklärung im *Börsenblatt* veröffentlichen sollten.[142] Dem dürfte die Praxis entgegengestanden haben, dass viele der westlichen Parallelverlage – auch Teubner – die Einfuhr wenigstens in Teilen gestatteten, selbst wenn keine direkten Kooperationen gepflegt wurden. Bezüglich der individuellen Regelungen, die Teubner Stuttgart hinsichtlich der ›kontrollierten Einfuhr‹ der Bücher des Leipziger Verlags traf (siehe Kapitel 6.3.2), hätte eine solche offizielle Erklärung

---

137 Georgi, BV Frankfurt am Main, an Giesecke, Hiersemann, Niemeyer und Reclam, 4.3.1955, SStAL, 22199 Teubner Stuttgart, Nr. 84.

138 Vgl. ebd. Eine solche Beteiligung kam erst 1958 zustande, nachdem der neue Vorsteher Jaspert Thieme-Juniorverleger Günter Hauff und Teubner-Verleger Martin Giesecke um Mitwirkung im Interzonenhandels-Ausschuss gebeten hatte. Giesecke: Betrifft: Problematik der Interzonenbeziehungen (Punkt 2 der Tagesordnung der AwV aus der Sitzung vom 20.2.1958 in Frankfurt/Main), 26.2.1958, SStAL, 22199 Teubner Stuttgart, Nr. 85. Hauff sagte zu, Giesecke wurde fünf Jahre später in dem Gremium aktiv.

139 Vgl. Giesecke an Dietrich Steinkopff, 14.3.1955, SStAL, 22199 Teubner Stuttgart, Nr. 84.

140 Vgl. BV Frankfurt am Main an die Verlage Teubner, Hiersemann, Niemeyer und Reclam, 28.3.1955, SStAL, 22199 Teubner Stuttgart, Nr. 84.

141 Giesecke, Besprechung im Buchhändlerhaus Frankfurt am 9.5.1955 betr. Ost-West-Fragen, 12.5.1955, SStAL, 22199 Teubner Stuttgart, Nr. 84.

142 Vgl. ebd.

bei den beteiligten Kommissionären und Sortimentern für Verwirrung gesorgt. Die von Georgi angeregte Veröffentlichung kam nicht zustande.

Ein Teil der Verleger erwog, innerhalb des Börsenvereins eine Arbeitsgemeinschaft sitzverlegter Verleger zu bilden. Giesecke hatte über dieses Vorhaben zunächst mit Niemeyer, Reclam und Hiersemann nachgedacht, später war er auch an Elert Seemann herangetreten. Die Betroffenen hätten sich so in den Ost-West-Angelegenheiten in einem festen Rahmen beraten und in einer solchen formell gebildeten Gruppe ihre Interessen besser durchsetzen können. Allerdings trat hier ein problematischer Aspekt zutage, der schon der Abfassung einer gemeinsamen Erklärung entgegengestanden hatte. Bei den Gesprächen untereinander war deutlich geworden, dass sich Situation und Interessenlage bei den einzelnen Verlagen erheblich unterschieden.[143] Daher kamen die Verleger zu dem Schluss, dass die angedachte Form einer Arbeitsgemeinschaft nicht sinnvoll sei.[144] Es blieb bei einer informellen Interessengruppe unter der Federführung von Martin Giesecke.[145]

Da schon die Verleger selbst es für unwahrscheinlich hielten, dass sich die westdeutschen Parallelverlage auf ein einheitliches Vorgehen einigen könnten,[146] stellte es für den Börsenverein eine kaum lösbare Aufgabe dar, die erwartete Unterstützung zu geben. Dietrich Steinkopff bewertete die Situation im Juli 1955 realistisch:

> Die Schwierigkeit für den Vorstand, der sich [...] immer wieder erneut mit diesen Fragen befassen musste, hat vor allem darin gelegen, dass die früher in der Ostzone und jetzt in Westdeutschland arbeitenden Verlage selbst in keiner Weise eine einheitliche Linie verfolgen und dass eine ganze Reihe dieser Verlage durch Sonderabkommen ja die Einfuhr auch aus ihren früheren, jetzt enteigneten Betrieben, wenn auch nur mit ausdrücklicher Genehmigung, zulässt. Die Gründe dafür sind im Einzelfall verständlich. Ebenso verständlich ist es aber, dass eine derartige Uneinheitlichkeit für die Berufsorganisation die Schwierigkeit besitzt, eine klare und irgendwie eindeutige Linie auf die Dauer einzuhalten.[147]

Bereits im März 1955 hatte sich Dietrich Steinkopff, selbst nicht betroffen vom Verlust seines Verlags, aber in seiner Haltung der DDR und ihrem Buchhandelssystem strikt ablehnend gegenüberstehend, in einem Schreiben an Martin Giesecke skeptisch über ein mögliches Engagement des Börsenvereins in ihrem Sinne geäußert:

> Bezüglich des einheitlichen Handels, welches der BV vorschlug, sehen Sie offensichtlich ähnliche Bedenken wie ich. Es wird tatsächlich nicht ganz leicht sein, alle Firmen da richtig unter einen

---

143 Vgl. Giesecke an Niemeyer, 2.10.1956, Giesecke, Besprechung im Buchhändlerhaus Frankfurt am 9.5.1955 betr. Ost-West-Fragen, 12.5.1955, SStAL, 22199 Teubner Stuttgart, Nr. 85.

144 Vgl. Giesecke an E. A. Seemann, Köln, 20.11.1956, SStAL, 22199 Teubner Stuttgart, Nr. 85.

145 Vgl. Giesecke, Am 11.10.1955 gemeinsame Besprechung der Herren Dr. Kleine, Jäh, Dr. Niemeyer, Hiersemann und Giesecke in Frankfurt (Buchmesse) betr. West-Ost-Situation sitzverlegter Verlage, 14.10.1955, SStAL, 22199 Teubner Stuttgart, Nr. 85.

146 Vgl. Giesecke an E. A. Seemann, Köln, 29.11.1956, SStAL, 22199 Teubner Stuttgart, Nr. 85.

147 Dietrich Steinkopff an Giesecke, 12.7.1955, SStAL, 22199 Teubner Stuttgart, Nr. 84.

Hut zu bekommen. Allerdings fragt sich dann, inwieweit man die Berufsorganisation als solche dazu bringen kann, irgendwelche Normen oder Regelungen zu finden, wenn schon die beteiligten Einzelfirmen selbst eben jede für sich anders handeln.[148]

Die Auffassungen unter den westlichen Parallelverlagen, wie man sich in der Situation zu verhalten habe, gingen teilweise sehr weit auseinander. Der Kern der Gruppe, deren Aktivitäten hier geschildert wurden, brachte wenig Verständnis für die Kollegen auf, die mit ihren enteigneten oder unter Verwaltung gestellten Verlagen in der DDR gute Beziehungen pflegten. Weil sie dieses Verhalten für falsch hielten und es außerdem die Durchsetzung der eigenen Interessen störte, versuchten die genannten Verleger auf die mit den östlichen Verlagen kooperierenden Inhaber von Parallelverlagen Einfluss zu nehmen. Nachdem Anton Hiersemann von einer durch Buch-Export Leipzig gemeinsam mit Bieber Stuttgart veranstalteten Ausstellung von DDR-Büchern in Stuttgart erfahren hatte,[149] schrieb er verschiedene Verleger an, um sie auf die Verlagsschau und das generelle Problem aufmerksam zu machen. Georg Thieme Stuttgart hatte Buch-Export das Einverständnis zu dieser Ausstellung des Leipziger Parallelverlags unter der Voraussetzung erteilt, dass keine Bücher ausgestellt würden, von denen Stuttgarter Parallelausgaben vorlagen.[150] Hiersemann zeigte dafür kein Verständnis. Seinen Kollegen gegenüber beklagte er, es käme Thieme »ausschliesslich auf das Geld an«.[151] Thieme-Verleger Bruno Hauff gegenüber formulierte Hiersemann dies weniger direkt, aber immer noch deutlich:

> Ich schreibe zugleich im Namen meiner Kollegen und weise mit der grössten Höflichkeit und Bescheidenheit darauf hin, dass wir betrübt sind, dass auch die Firma Georg Thieme-Leipzig die Erlaubnis von Georg Thieme-Stuttgart bekommen hat, Bücher auszustellen. Wir meinen, dass es sich hier um einen ernsten Versuch handelt, unsere geraubten Ost-Firmen im Westen zu legitimieren. Wir meinen, dass in diesem Falle nicht nur die rein wirtschaftliche Erwägung ausschlaggebend sein sollte. Es ist zweifellos immer bedauerlich, wenn es eine kommunistische Firma Thieme in Leipzig gibt und eine bürgerliche in Stuttgart.[152]

Finanzielle Gründe führte auch Hirzel Stuttgart ins Feld, der die Zusammenarbeit mit dem Leipziger Verlag damit begründete, dass »sie nicht existieren [könnten], wenn sie die Beziehungen zu ihrer VEB-Firma abbrechen würden.«[153] Ein anderer Parallelverleger, Hans Wunderlich, argumentierte mit dem Wunsch, seinen ehemaligen Mitarbei-

---

148 Dietrich Steinkopff an Giesecke, 18.3.1955, SStAL, 22199 Teubner Stuttgart, Nr. 84.

149 Wolfgang Böhme »... daß es so etwas gibt!« Die Stuttgarter Ausstellung schlug eine Bresche. In: Börsenblatt (Leipziger Ausgabe), H. 17, 23.4.1955.

150 Vgl. Tensierowski, Aktennotiz über einen Anruf von Herrn Dornig vom Thieme-Verlag, Stuttgart, 19.3.1955, BArch, DR1/2005.

151 Anton Hiersemann, Aktennotiz über die Ausstellung der Deutschen Buch-Export und -Import GmbH Leipzig, bewirkt durch Bieber Stuttgart, 28.3.1955, SStAL, 22199 Teubner Stuttgart, Nr. 84.

152 Hiersemann an Hauff, Thieme Stuttgart, 28.3.1955, SStAL, 22199 Teubner Stuttgart, Nr. 84.

153 Dietrich Steinkopff an Giesecke, 21.3.1958, SStAL, 22199 Teubner Stuttgart, Nr. 85.

tern in Leipzig die Arbeitsplätze zu erhalten – ein Argument, das Hiersemann ebenso wenig gelten ließ wie ökonomische Erwägungen.[154]

Bei Barth in München schrieb Hiersemann nicht an Annemarie Meiner, die seiner Meinung nach »zu den ›Versöhnlern‹ mit dem kommunistischen Regime«[155] zählte. Stattdessen wandte er sich an ihren Bruder Wolfgang Meiner, der nach seiner Übersiedlung in die Bundesrepublik seit dem 1. Januar 1952 bei Barth München Mitarbeiter und persönlich haftender Gesellschafter war. Meiner war Mitglied der NSDAP gewesen und einer DDR-freundlichen Gesinnung offenbar unverdächtig.

> Ich könnte mir vorstellen, dass Sie in Ihrer Firma geteilter oder schwankender Meinung sind. Wir ›Stuttgarter‹ Leipziger sind aber – mit Ausnahme von Georg Thieme – einer Meinung. Könnten Sie es sich nicht bei zweifellos noch kommenden, zukünftigen Ausstellungen nicht überlegen, ob es wirklich richtig ist, wenn neben unseren bürgerlichen Firmen die uns geraubten Firmen in Westdeutschland ausstellen?[156]

Bei Gustav Fischer hatte Hiersemann mit seinem Anliegen ebenso wenig Erfolg: »Mit Gustav Fischer-Jena und Stuttgart ist wohl kaum etwas zu machen. Frau von Lucius hat kein Verständnis für den Ost-West Kampf.«[157] Nach Auffassung der Verleger hätten alle anderen Überlegungen hinter der grundsätzlichen Haltung zurücktreten müssen: »Wir bedauerten es, dass einzelne Verlage aus verschiedenen Gründen sichtlich glaubten, uns in unserem Kampfe gegen unsere geraubten Firmen nicht unterstützen zu können.«[158]

7.2.3 Versuch: Konfliktbereinigung durch Namensänderungen

Mit Reinhard Jaspert, der im Oktober 1956 zum Vorsteher des Frankfurter Börsenvereins gewählt worden war, begann eine neue Phase der innerdeutschen Buchhandelsbeziehungen. Jaspert, der auf östlicher Seite als »DDR-freundlich und die Zusammenarbeit mit uns stark bejahend« eingeschätzt wurde und Mitglied der SPD war, hatte sich bereits vor seinem Amtsantritt im April 1956 in einem Gespräch mit dem Vertreter

---

154 Vgl. Hiersemann an Wunderlich, Ernst Wunderlich Worms, 28.3.1955, SStAL, 22199 Teubner Stuttgart, Nr. 84.

155 Anton Hiersemann, Aktennotiz über die Ausstellung der Deutschen Buch-Export und -Import GmbH Leipzig, bewirkt durch Bieber Stuttgart, 28.3.1955, SStAL, 22199 Teubner Stuttgart, Nr. 84.

156 Hiersemann an Wolfgang Meiner, Barth München, 28.3.1955, SStAL, 22199 Teubner Stuttgart, Nr. 85.

157 Anton Hiersemann, Aktennotiz über die Ausstellung der Deutschen Buch-Export und -Import GmbH Leipzig, bewirkt durch Bieber Stuttgart, 28.3.1955, SStAL, 22199 Teubner Stuttgart, Nr. 84. Der Stuttgarter Verlag musste sich von seinen westlichen Kollegen den Vorwurf gefallen lassen, er würde »Ulbrichts Kassen füllen«. Von Lucius 1997, S. 203.

158 Anton Hiersemann, Aktennotiz über die Ausstellung der Deutschen Buch-Export und -Import GmbH Leipzig, bewirkt durch Bieber Stuttgart, 28.3.1955, SStAL, 22199 Teubner Stuttgart, Nr. 84.

eines DDR-Verlags zur Sache geäußert. Er hatte gefordert, dass die DDR ein Entgegenkommen in bestimmten Fragen zeigen und zur Entspannung der Lage beitragen müsse. Da es letztlich nur um wenige Fälle gehe, wo eine Verständigungsbereitschaft von westlicher Seite aus kaum gegeben sei – so beim Bibliographischen Institut, bei B. G. Teubner und Reclam –, solle sich die DDR bereit erklären, bei diesen Verlagen auf die älteren Rechte zu verzichten, deren Bedeutung ohnehin gering sei.[159] Im Amt für Literatur und Verlagswesen zeigte man sich grundsätzlich bereit, über eine solche Lösung zu verhandeln.

Darüber hinaus verfolgte Jaspert die Idee, die DDR-Parallelverlage zu Namensänderungen zu bewegen, was die Voraussetzung für eine künftige vernünftige Zusammenarbeit darstellen könne. Über dieses Vorgehen begann er im Juni 1957 mit Günter Hofé vom Leipziger Börsenverein zu beraten.[160] Wenn es gelänge, eine

> Veränderung der derzeitig noch existenten gleichnamigen Verlage [...] nach dem Muster des Bibliographischen Instituts – Umwandlung in Verlag Enzyklopädie – vorzunehmen, dann stünde der grundsätzlichen vernünftigen Zusammenarbeit von Seiten Frankfurts nichts mehr im Wege.[161]

Exkurs: Neuerungen im DDR-Verlagswesen als Reaktion auf die Existenz der Parallelverlage

Die von Jaspert angesprochene »Umwandlung« des Bibliographischen Instituts in den Verlag Enzyklopädie stand im Kontext einer ganzen Reihe staatlicher Verlagsneugründungen in der DDR. Die meisten dieser Neugründungen wurden zwischen 1945 – als zum Beispiel der Schulbuchverlag Volk und Wissen entstand – und 1960 – als im Zuge der ersten Phase der Neuprofilierungen im DDR-Verlagswesen eine Reihe neuer Sach- und Fachbuchverlage gebildet wurden – vorgenommen.[162] Vor allem in den 1950er Jahren standen einige der Gründungen im Zusammenhang mit der Parallelverlagsproblematik.

1954 kam es zur Etablierung des Deutschen Verlags für Musik, »nachdem zwei Jahre zuvor die traditionsreichen Verlage Breitkopf & Härtel sowie Friedrich Hofmeister verstaatlicht worden waren und seitdem von ihren Westverlegern boykottiert wurden«.[163] Der neue Musikalienverlag wurde auch deshalb gebraucht, weil der westdeutsche Bärenreiter-Verlag einen ostdeutschen Kooperationspartner für

---

159 Vgl. Seifert, HR Literaturaustausch, Aktennotiz Parallel-Verlage, 28.4.1956, BArch, DR1/1891.

160 Bei dem Gespräch zugegen war außerdem Lucie Groszer, Verlegerin des Altberliner Verlags, eines nach 1945 neu gegründeten Privatverlags, die damals Vorsitzende der Berliner Verleger-Vereinigung war.

161 Hofé, Aktennotiz über die Besprechung am 26.6.1957 im Safari-Verlag mit dem Vorsteher des Frankfurter BV Jaspert in Anwesenheit von Lucie Groszer, 29.6.1957, BArch, DR1/1079.

162 Vgl. Links 2010, S. 19, 23.

163 Links 2010, S. 61.

die Herstellung aufwendiger Gesamtauflagen benötigte und die östlichen Parallelverlage wegen des Widerstandes ihrer westlichen Häuser dafür nicht in Frage kamen.[164] Die parallelen Musikverlage C. F. Peters, Breitkopf & Härtel und Friedrich Hofmeister blieben trotz der Existenz des Deutschen Verlags für Musik bestehen.

1956 wurde der staatliche Verlag Enzyklopädie Leipzig gegründet, gedacht »als Exportunternehmen für die verstaatlichten traditionsreichen Lexikonverlage, die unter ihrem alten Namen international nicht mehr agieren konnten«.[165] Dies betraf neben dem Parallelverlag F. A. Brockhaus den ebenfalls in Ost und West existierenden Verlag Bibliographisches Institut. Die Eigentümer des Leipziger Verlags waren im Zuge des Volksentscheids über die Entnazifizierung in Sachsen 1946 enteignet worden, 1948 war der Verlag in Volkseigentum übergegangen. 1953 beschlossen die inzwischen dort ansässigen ursprünglichen Eigentümer offiziell die Sitzverlegung nach Mannheim. Nach der Gründung des Verlags Enzyklopädie gingen die Rechte der nach 1945 entwickelten Werke des Leipziger Bibliographischen Instituts auf den neuen Verlag über.[166]

Ursprünglich war vom Leipziger Verlagsleiter Heinrich Becker tatsächlich eine Änderung der Firmenbezeichnung angestrebt worden, dazu kam es aber nicht.[167] Das Bibliographische Institut in Leipzig bestand neben dem neuen Verlag weiter fort; wichtige Titel, darunter der renommierte *Duden*, erschienen weiterhin im alten Verlag und wurden von diesem auch exportiert. Selbiges galt für neue Auflagen aller vor 1945 erschienenen Werke. Eine Lösung der Parallelverlagsproblematik stellte die Gründung des Verlags Enzyklopädie für das westdeutsche Bibliographische Institut daher nicht dar. Es kam in der Folge zu einer Reihe von auf beiden Seiten geführten Prozessen zwischen dem Leipziger und dem Mannheimer Haus. Der Mannheimer Verlag erhob daher auch bis 1966 Einspruch gegen die Teilnahme des Verlags Enzyklopädie an der Frankfurter Buchmesse (siehe Kapitel 8.2).[168] Eine grundsätzliche Einigung über ihr Verhältnis und eine Zusammenarbeit erzielten die Verlage in Leipzig und Mannheim erst 1980.[169]

Trotz der Gründungen des Deutschen Verlags für Musik und des Verlags Enzyklopädie wurden die ostdeutschen Parallelverlage, die diese Schritte (mit)

---

164 Vgl. Seemann 2003, S. 36f.; Hinterthür, S. 272–293.

165 Links 2010, S. 89.

166 Vgl. Bibliographisches Institut, Leipzig, an den BV Leipzig, 16.10.1957, SStAL, 21766 BV II, Nr. 1248. Vgl. auch Links 2010, S. 106f.

167 Becker, Bibliographisches Institut Leipzig, an das Ministerium für Leichtindustrie, 18.6.1956, BArch, DY30/IV 2/9.04/682.

168 Vgl. Beratung zwischen Vertretern des BV Leipzig und des BV Frankfurt (Main) am 7.7.1966 im Hause des Aufbau-Verlags, SStAL, 21766 BV II, Nr. 1633; Frankfurter Buchmesse 1967 voraussichtlich ohne »DDR«-Verlage. In: Börsenblatt (Frankfurter Ausgabe), 7.7.1967, S. 1484–1486, hier S. 1485.

169 Vgl. Keiderling 2005, S. 328.

ausgelöst hatten, nicht geschlossen. Im Falle weiterer Verlage verfuhren die DDR-Behörden anders. 1957 beschloss die Hauptverwaltung Verlagswesen, den Fotokinoverlag in Halle als Nachfolger des Wilhelm Knapp Verlags zu gründen – der Knapp Verlag wurde zugleich aufgelöst. Motiviert war dies durch die Existenz des Wilhelm Knapp Verlags in Düsseldorf sowie durch einen von diesem angestrengten Prozess wegen der Rechte an einer Zeitschrift.[170] Die Wirksamkeit der Verlagsliteratur im Ausland sah man weiterhin gewährleistet.[171]

Im selben Jahr erfolgte eine weitere derartige ›Umwandlung‹ beim Jugendbuchverlag Ernst Wunderlich. Der nach Kriegsende aus Leipzig nach Worms am Rhein übergesiedelte Verleger Hans Wunderlich fand für seinen zurückgelassenen Verlag bezüglich der Namensfrage eine Regelung. Das alte Leipziger Unternehmen wurde offiziell gelöscht und unter dem Namen Prisma-Verlag weitergeführt. Für Wunderlich war damit »ein wesentlicher Punkt der unerfreulichen Auseinandersetzungen meines Hauses mit dem Leipziger Unternehmen erledigt«.[172]

Der geografische Verlag Justus Perthes war von einer ähnlichen Entwicklung betroffen. Die Eigentümer des Gothaer Unternehmens wurden Anfang der 1950er Jahre enteignet, der Verlag kurz darauf in Volkseigentum überführt.[173] Die Verlegerfamilie siedelte nach Darmstadt über und strengte einen Prozess vor dem Oberlandesgericht Stuttgart an, in dem es vor allem um die Rechte an den vom Kartografen und DDR-Nationalpreisträger Herman Haack für Perthes erstellten Karten ging. Im Oktober 1955 erging daraufhin ein Urteil des Oberlandesgerichts Stuttgart, das feststellte, dass die Benutzungsrechte an Haacks Karten dem Darmstädter Verlag zustanden und außer diesem niemandem der Vertrieb selbiger in der Bundesrepublik gestattet sei.[174] Noch im selben Monat wurde der Verlag in Gotha in VEB Hermann Haack umbenannt.[175] Damit war der traditionelle Name in der DDR verschwunden; auf die weitere Herstellung der Haack'schen Karten hingegen wurde im nun sogar nach dem Kartografen benannten Verlag nicht verzichtet.

Die offizielle Verlagsgeschichtsschreibung der DDR stellte einen Teil der Neugründungen selbst in einen Zusammenhang mit den Parallelverlagen. Unter anderem bezogen auf den VEB Deutscher Verlag für Musik, den VEB Volk und Gesundheit und den VEB Deutscher Verlag der Wissenschaften schrieb Karl-Heinz

---

170 Vgl. Fotokino-Verlag Halle an den BV Leipzig, 20.9. 1957, SStAL, 21766 BV II, Nr. 1248. Vgl. auch Links 2010, S. 74.

171 Lange, HV Verlagswesen, Abteilung Naturwissenschaften und Technik, 17.6.1957, BArch, DR1/1124.

172 Wunderlich an Dodeshöner, BV Frankfurt, 2.4.1962, ISG, BV W2/7: 2779. Vgl. auch Links 2010, S. 272.

173 Vgl. Links 2010, S. 144.

174 Vgl. Aus der Rechtsprechung. In: Börsenblatt (Frankfurter Ausgabe), 6.1.1956, S. 14–17.

175 VEB Hermann Haack an den BV Leipzig, 12.9.1957, SStAL, 21766 BV II, Nr. 1248.

Selle 1972 von »Störmaßnahmen der westdeutschen Pseudounternehmen«,[176] die die Gründungen notwendig gemacht hätten. Damit waren durch Parallelverlage erwirkte »unrechtmäßige Urteile und Verfügungen westdeutscher Gerichte«[177] gemeint. Neugründungen wie Enzyklopädie, Fotokino oder auch Edition Leipzig hingegen wurden von Selle nicht in diesen Kontext gestellt.

Die Verhandlungen über Namensänderungen zwischen den Börsenvereinen

In den Gesprächen zwischen den Börsenvereinen, die im Juni 1956 offiziell wiederaufgenommen worden waren, stand eine Lösung der Parallelverlagsproblematik durch die Änderung der Firmenbezeichnungen der DDR-Verlage im Mittelpunkt. Zwischen den Verlagen müssten in diesem Falle individuelle Regelungen über den Umgang mit den Verlagsrechten getroffen werden.[178] Sollte Jaspert als Vertreter der westlichen Seite die Zusicherung gegeben werden, dass solche Vereinbarungen aus DDR-Sicht möglich seien, wollte er die betroffenen Verleger in der Bundesrepublik zu Gesprächen versammeln. Er war zuversichtlich, ihre Zustimmung zu erlangen. Im Vorstand, im Verlegerausschuss und im Ausschuss für Interzonenfragen hatte Jaspert bereits die Hälfte der Stimmen für eine derartige Regelung gewinnen können.[179]

Im Oktober 1957 kam es zu einem erneuten Treffen zwischen mehreren Vertretern der beiden Börsenvereine sowie Buch-Export Leipzig.[180] Im Anschluss an das offizielle »fachliche Gespräch« fand eine »vertrauliche Besprechung«[181] zwischen Reinhard Jaspert und Günter Hofé statt, zu der später Ernst Umlauff hinzukam. Hier wurde dargelegt, dass es lediglich bei vier Verlagen keine direkte Zusammenarbeit gäbe, in 13 Fällen hingegen würden die Verlage in der Bundesrepublik die Produktion der DDR-Parallelverlage mit vertreiben.[182] Für den Fall, dass die betreffenden Verlage unterein-

---

176 Selle 1972, S. 42. Außerdem werden hier der VEB Verlag für Kunst, der VEB Lied der Zeit, Eulenspiegel und Urania genannt.

177 Selle 1972, S. 42.

178 Vgl. Hofé, Aktennotiz über die Besprechung am 26.6.1957 im Safari-Verlag mit dem Vorsteher des Frankfurter BV Jaspert in Anwesenheit von Lucie Groszer, 29.6.1957., BArch, DR 1/1079.

179 Hofé, Aktennotiz über die Besprechung am 26.6.1957 im Safari-Verlag mit dem Vorsteher des Frankfurter BV Jaspert in Anwesenheit von Lucie Groszer, 29.6.1957, BArch, DR 1/1079.

180 Auf Frankfurter Seite nahmen neben Jaspert das Berliner Vorstandsmitglied Tönjes Lange, Geschäftsführer Ernst Umlauff und mit Carl Hanser, Friedrich Georgi und Jose Schumpe drei Vertreter des Ausschusses für Fragen des Interzonenhandels teil. Auf DDR-Seite waren der Leipziger BV-Geschäftsführer Alfred Ernst, der stellvertretende Vorsteher Günter Hofé, Luzie Groszer und Ludolf Koven in seiner Funktion als Vorsitzender des Verlegerausschusses, von Buch-Export Adelgunde Singer anwesend.

181 Dieses und das vorangegangene Zitat: Hofé, Verhandlungen mit Vertretern des BV Frankfurt/Main am 8.10.1957, 17.10.1957, SStAL, 21766 BV II, Nr. 1632.

182 Die Rede war von Gustav Fischer, Akademische Verlagsgesellschaft (Geest & Portig), Hermann Haack/Perthes, F. A. Brockhaus, Georg Thieme, Philipp Reclam jun., B. G. Teubner, Max Niemeyer,

ander zu befriedigenden individuellen Lösungen kommen sollten, wollte der Leipziger Verein eine juristische Präambel entwickeln: Die Regelungen zwischen den beteiligten Verlagen sollten demnach Gültigkeit bis zu einer Wiedervereinigung der beiden deutschen Staaten haben. Auf der Gegenseite müsste die Gesetzgebung der DDR, auf der die aktuellen Besitzverhältnisse beruhten, von Frankfurt anerkannt werden. Der Frankfurter Börsenverein stellte in Aussicht, dass nach einer Klärung der Parallelverlagsproblematik und einer Lösung der offenen Vermögensfragen (siehe Kapitel 7.1.4) den Wünschen der DDR nach einer Beteiligung an der Frankfurter Buchmesse, nach Insertionsmöglichkeiten im Frankfurter *Börsenblatt* und einer Ausdehnung des Interzonenhandels entsprochen werden könnte.[183] Hofé erkannte die Notwendigkeit einer Einigung an und konnte sich persönlich ein Vorgehen nach den Vorschlägen Jasperts vorstellen.

Jasperts Vorstoß stieß im westlichen Börsenverein nicht auf ungeteilte Zustimmung. Reinhard Jaspert hatte eine deutlich andere Einstellung zu den Fragen des Interzonenhandels und den Beziehungen zur DDR sowie zum dortigen Börsenverein und Buchhandel als sein Vorgänger, was in einem Schreiben Arthur Georgis an Jaspert von Anfang November 1957 zum Ausdruck kommt. Georgi nimmt darin auf Jasperts Ideen über »die Befriedung des Verhältnisses zur SBZ«[184] Bezug.

> Lieber Herr Jaspert, hier haben Sie eines der schwierigsten und delikatesten Probleme angefaßt [...] Ich glaube, man darf es nicht wagen, in die ungeheuer schwierigen Rechtsverhältnisse der enteigneten Verlage einzugreifen, die von dritter Seite weder zu diskutieren noch zu lösen sind. Nicht nur liegt jeder Fall anders, sondern es ist auch niemals damit getan, daß etwa die Firmennamen geändert werden. Was wird aus dem persönlichen Eigentum an Gebäuden, Einrichtungen, Maschinen usw., was wird aus den Verlagsrechten, was wird aus anderen Vermögensteilen, aus Regreßansprüchen, aus entgangenen Gewinnen, aus zwangsvergebenen Lizenzen, aus Vertriebsübertragungen etc.? [...] Das wären, glaube ich, so ungeheure Probleme, daß man an ihnen als Vorsteher nicht rühren darf, schon gar nicht mit der zweifellos guten Absicht, sie generell zu lösen. Sie sind generell nicht lösbar.[185]

Jaspert ließ sich nicht beirren. Gegenüber den westlichen Parallelverlagen äußerte der Börsenvereins-Vorsteher, er wolle unbedingt versuchen, die Konflikte zu lösen, und in diesem Zusammenhang die Frage der Parallelverlage erörtern.[186]

Carl Marhold, Fotokino Verlag/Knapp Verlag, Edition Peters, Bibliographisches Institut, Otto Harrassowitz, E. A. Seemann, Verlag für die Frau, Breitkopf & Härtel, Friedrich Hofmeister.

183 Vgl. Hofé, Verhandlungen mit Vertretern des BV Frankfurt/Main am 8.10.1957, 17.10.1957, SStAL, 21766 BV II, Nr. 1632.

184 Arthur Georgi an Jaspert, 1.11.1957, ISG Frankfurt, BV, W2/8: 201.

185 Ebd.

186 Giesecke an Hans Brockhaus, 15.10.1957, SStAL, 22199 Teubner Stuttgart, Nr. 85.

Die Reaktion der Parallelverleger um Giesecke

Um seine Idee der Namensänderungen umsetzen zu können, traf sich Jaspert im November 1957 gemeinsam mit seinen Vorstandskollegen sowie Carl Hanser und Ernst Umlauff mit Martin Giesecke, Hans Brockhaus, Hermann Niemeyer, Heinrich Reclam, Dietrich Steinkopff und Hans Wunderlich zu einer Besprechung. Der Börsenvereins-Vorstand formulierte in diesem Gespräch einen Vorschlag, wie die Problematik der Parallelverlage gelöst und in diesem Zusammenhang der DDR-Seite Zugeständnisse gemacht werden könnten. Unter der Bedingung, dass »die in der SBZ konfiszierten Verlage ihre alten Firmennamen aufgeben und die nach dem Westen übergesiedelten Verlagen zustehenden Verlagsrechte nicht mehr mißbrauchen«, wollte der Börsenverein die DDR-Verlage zur Frankfurter Buchmesse zulassen und im Frankfurter *Börsenblatt* inserieren lassen. Motiviert war dieser Vorstoß – so Jaspert auf Nachfrage von Martin Giesecke – durch die Aufgabe des Börsenvereins, »westliche Bücher in so weitem Umfang wie nur möglich in den Osten zu bringen«.[187] Im Gegenzug müsse der anderen Seite zugestanden werden, auf Messen und mit Inseraten Werbung für die eigene Produktion zu betreiben.

Die sich über Jasperts Initiative entwickelnde Diskussion machte erneut deutlich, dass eine einheitliche Lösung, wie sie sich der Börsenvereins-Vorstand vorstellte, aufgrund der divergierenden Interessen der Verleger unmöglich war. Die Verleger empfanden eine allgemeine Regelung der Namensfrage, vor allem wenn diese mit Zugeständnissen an die DDR verbunden wäre, nicht als optimale Lösung. Martin Giesecke machte darauf aufmerksam, dass »mit der Namens- und Verlagsrechtsfrage an sich eine befriedigende Regelung nicht erreicht wird. (Wenn Leipzig dann auch auf der Buchmesse ausstellt, werden Konkurrenzbücher zu unseren Werken gezeigt. Diese Bücher sind aus unserer Substanz entstanden. Sie sind weiterhin [...] billiger [...].)« Das Argument der Verbandsvertreter, dass es doch erstrebenswert sei, »wenn zukünftig eben doch nur ein Brockhaus- oder Teubner-Verlag existiere, besonders gegenüber dem Ausland«, wurde von den Verlegern als weniger relevant bewertet, da »das Ausland in den vergangenen Jahren nach und nach doch begriffen habe, wer der zuständige Verlag sei.«[188] Sorge bereitete einigen Verlegern die Frage, was eine Regelung der Namensfrage für ihre Entschädigungsansprüche im Falle einer Wiedervereinigung des Landes bedeuten würde – die diesbezüglichen Zweifel konnten durch den Börsenver-

---

187 Dieses und das vorangegangene Zitat: Giesecke, Besprechung beim BV am 25.11.1957 betreffend West-Ost-Fragen (übergesiedelte Verlage), 27.11.1957, SStAL, 22199 Teubner Stuttgart, Nr. 85.

188 Dieses und die vorangegangenen Zitate: Giesecke, Besprechung beim BV am 25.11.1957 betreffend West-Ost-Fragen (übergesiedelte Verlage), 27.11.1957, SStAL, 22199 Teubner Stuttgart, Nr. 85. In den Verhandlungen mit der DDR-Seite, die Giesecke zu dieser Zeit führte, ging es allerdings doch immer wieder um die Forderung nach einer Firmennamenänderung des Leipziger Teubner-Verlag, die zeitweise sogar im Mittelpunkt aller Überlegungen stand. Mit der Wahrnehmung im Ausland argumentierte Giesecke hier selbst. Insofern stellt sein Statement in dieser Besprechung einen Widerspruch zu seinem Verhalten in den Vergleichsverhandlungen dar.

ein nicht ausgeräumt werden. Giesecke empfand das Vorgehen des Börsenvereins als Taktieren, das die eigentlichen Interessen des Verbands hinter einer vermeintlichen Unterstützung der Parallelverleger zu verschleiern suchte:

> Im ganzen hatte ich den Eindruck, daß der Vorstand des Börsenvereins die Besprechung ausschließlich unter dem Gesichtspunkt hatte führen wollen, den enteigneten Verlegern Hilfestellungen zu leisten und soweit wie möglich zu ihrem Recht zu verhelfen. Die Diskussion ergab dann aber nach meiner Auffassung, daß der Börsenverein daran interessiert ist, die Lieferungen nach dem Osten zu erhöhen, daß der Osten dafür das Zugeständnis der Teilnahme an Ausstellungen und Insertion im Frankfurter Börsenblatt haben will, daß dieses Zugeständnis aber nur gemacht werden kann, wenn Regelungen mit den enteigneten Verlagen erfolgen. Man hatte anscheinend die Absicht, in dieser Sitzung die Zustimmung der enteigneten Verleger zu der vorgesehenen Regelung zu erhalten. Man hat mehrfach darauf hingewiesen, daß man die Wünsche der Ostzone auf längere Sicht nicht mehr abbiegen könne, daß es also unbedingt zweckmäßig sei, die jetzige Gelegenheit zur Regelung der Rechtsfragen zu ergreifen.[189]

In einer dieser Besprechung nachfolgenden Unterredung zwischen Martin Giesecke, Anton Hiersemann, Hermann Niemeyer und Heinrich Reclam kamen die Verleger überein, »daß seitens unserer Verlage nicht dazu die Hand geboten werden kann, den Westen für den Ostbuchhandel zu öffnen«. Der vom Börsenverein geplante Vorstoß wurde von den Verlegern abgelehnt, was sie in einem Schreiben an diesen zum Ausdruck brachten. Durch eine Beteiligung der DDR-Verlage an der Frankfurter Buchmesse und die Insertion im *Börsenblatt*, so fürchteten sie, würde »der kommunistischen Propaganda in einem Maß Tür und Tor geöffnet werden [...], das sich heute noch in keiner Weise übersehen läßt«.[190] Das Vorgehen solle nach Meinung der Parallelverleger besser mit einem größeren Kreis westdeutscher Verlage sowie den zuständigen bundesdeutschen Behörden abgestimmt werden.

> Die unterzeichnenden Verleger sehen sich außerstande, den Vorstand des Börsenvereins zu Verhandlungen über Erleichterungen für die in der SBZ konfiszierten Verlage in irgend einer Form mit Stellen der SBZ zu ermächtigen. Durch derartige Verhandlungen würde eine Bereinigung der Probleme der konfiszierten Verlage nicht erreicht werden, vielmehr würde letzten Endes aus Unrecht Recht werden. Es ist für die unterzeichnenden Verleger kein Zweifel, daß ihre Rechte gegenüber der SBZ nur individuell wahrgenommen werden können.[191]

---

189 Ebd. Damit stimmte Giesecke mit Heinrich Reclam überein. Reclam vermutete, dass die Zugeständnisse an die DDR vor allem auf das Betreiben der »an einer Ausweitung des Interzonenhandels besonders interessierten westdeutschen Verlage« hin gemacht werden sollten. Heinrich Reclam an Hans Brockhaus, 5.11.1957, SStAL, 22199 Teubner Stuttgart, Nr. 85.

190 Giesecke, Besprechung zwischen den Herren Hiersemann, Dr. Niemeyer, Dr. Reclam und Giesecke betreffend Ost-West-Fragen am 3.12.1957, 4.12.1957, SStAL, 22199 Teubner Stuttgart, Nr. 85.

191 [Martin Giesecke, Anton Hiersemann, Hermann Niemeyer, Heinrich Reclam] an den Vorstand des BV Frankfurt, 16.12.1957, SStAL, 22199 Teubner Stuttgart, Nr. 85.

Anders als in der Besprechung mit dem Börsenverein brachten die Verleger in dem Schreiben fast ausschließlich politische Grundsatzargumente hervor; verlagspraktische Punkte, die im Gespräch noch im Vordergrund gestanden hatten, wurden hingegen nicht angeführt. Der Börsenverein akzeptierte die Haltung der Verleger mit Bedauern, wies aber darauf hin, dass nicht an eine einheitliche Lösung gedacht worden war, sondern der Verband lediglich Mittler zwischen den Verlagen in Ost und West hatte sein wollen.[192]

Jaspert bemühte sich, weiterhin mit der Ost-Seite im Gespräch zu bleiben. Bei einem Treffen im März 1958 wurde vereinbart, dass Gespräche von Vertretern derjenigen Verlage, deren Verhältnis sich besonders schwierig gestaltete, möglichst bald stattfinden sollten. Daneben blieben die Verbände wegen anderer Fragen, unter anderem der Messebeteiligung der DDR in Frankfurt, in Kontakt.

Widersprüchliche Interessen der Verlage im Ost-West-Verhältnis und -Handel

Die Einschätzung Martin Gieseckes, der Börsenverein habe ein Interesse an einer Erhöhung der Buch- und Zeitschriftenlieferungen in die DDR und sei daher zu Zugeständnissen an die DDR-Seite bereit, war im Kern richtig. Als Branchenvertretung *aller* westdeutschen Verlage, aber auch aufgrund des Bestrebens, die Verbindung zu den Menschen in Ostdeutschland nicht gänzlich abreißen zu lassen, wollte der Börsenverein Buchlieferungen in die DDR ermöglichen. Begründet wurde dieses unter anderem mit ideellen Argumenten, wie sie auch Umlauff in seiner Darstellung von 1978 vorbrachte: »Hier stand als Motiv an erster Stelle das Gefühl der Verpflichtung gegenüber den Deutschen jenseits der Zonengrenze, von denen man wußte, daß sie nach Büchern aller Art aus Westdeutschland und West-Berlin hungerten.«[193] Weiter noch ging Herbert Cram vom Verlag Walter de Gruyter in seiner Begründung der Notwendigkeit des Exports in die DDR. Er meinte, durch die westlichen Bücher die DDR-Bevölkerung politisch beeinflussen zu können. Cram argumentierte,

> daß durch erhöhte Lieferungen westlicher Bücher nach der SBZ und auch schon allein durch eine häufigere Ausstellung westdeutscher Bücher in der SBZ ein immer größerer Keil zwischen die Bevölkerung und die Regierung getrieben würde. Die Spannungen würden damit immer größer und es würde sich eines Tage ein solches Vorgehen des Westens positiv auswirken.[194]

Die Parallelverleger entgegneten dieser Argumentationslinie mit dem Hinweis, dass es nicht allen DDR-Bürgern möglich sei, an die gelieferte Literatur aus dem Westen zu kommen, und dass eine »volle Gegenseitigkeit«[195] Voraussetzung für alle Zuge-

---

192 Vgl. BV Frankfurt an Giesecke, 20.1.1958, SStAL, 22199 Teubner Stuttgart, Nr. 85.
193 Umlauff 1978, Sp. 1394.
194 Giesecke: Betrifft: Problematik der Interzonenbeziehungen (Punkt 2 der Tagesordnung der AwV aus der Sitzung vom 20.2.1958 in Frankfurt/Main), 26.2.1958, SStAL, 22199 Teubner Stuttgart, Nr. 85.
195 Heinrich Reclam an Hans Brockhaus, 13.2.1958, SStAL, 22199 Teubner Stuttgart, Nr. 85.

ständnisse an die DDR sein müsse. Tatsächlich wurde die Einfuhr von westlicher Literatur in die DDR kontrolliert, der Bezug war nicht allen Lesern möglich.[196] Wer zu einer Bestellung berechtigt war, beispielsweise Wissenschaftler, musste die Literatur aus der Bundesrepublik umständlich beantragen.[197] Institute und Bibliotheken verfügten dafür über begrenzte Kontingente zur Deckung ihres eigenen und auch des Bedarfs einzelner Mitarbeiter, die staatlicherseits zugeteilt wurden.[198] Vor allem in großen Bibliotheken stand daher die Literatur aus der Bundesrepublik zur Verfügung; öffentliche Allgemeinbibliotheken hingegen besaßen die für die Anschaffung nötigen Devisen nicht.[199] Im Bucheinzelhandel konnten westdeutsche Bücher zwar erstanden werden, waren allerdings oft schnell vergriffen, teuer und abgesehen von politischer linker Literatur nicht besonders zahlreich vertreten. In der Bundesrepublik hingegen war der Bezug von DDR-Literatur jedem Käufer prinzipiell möglich, allerdings griffen hier Einschränkungen aufgrund der Strafgesetzgebung, was zu politisch motivierten Verboten und daher schon vorab zu einem vorsichtigen Einkaufsverhalten der Händler führen konnte (siehe Kapitel 3.4.4).[200]

Gegen eine Ausweitung des Interzonenhandels wurden von Teilen der westdeutschen Verlegerschaft beim Frankfurter Börsenverein weitere Argumente vorgetragen. Während zwar einerseits kritisiert wurde, dass in der DDR eine »politisch gewünschte Abschirmung von westlicher Literatur«[201] erfolgen und nur eingeführt würde, was man unbedingt benötigte, gab es auch im Westen aus politischen Gründen Bedenken gegen die Einfuhr von Büchern aus der DDR. Dies ging so weit, dass die politisch motivierte Kontrolle und Zensur von Druckschriften in der DDR, die in der Bundesrepublik stets scharf kritisiert wurde, von einigen Vertretern des Buchhandels dort ebenfalls gefordert wurde. Ein Dokument des Frankfurter Börsenvereins vom Juni 1951 berichtete von der

> von mehreren Seiten aufgeworfenen Frage, ob nicht auch auf westdeutscher Seite irgendeine Prüfung oder Überwachung der Bestellungen bzw. der Lieferungen von ostzonaler Literatur erforderlich sei; auch der Westen müsse sich beim Bezug aus der Ostzone auf unbedingt Unentbehrliches beschränken und ausserdem auch eine Kontrolle unter politischen Gesichtspunkten [...] ausüben.[202]

---

196 Vgl. Frohn 2014, S. 67.

197 Vgl. BV Leipzig, Information Nr. 4, 15.12.1954, SStAL, 21766 BV II, Nr. 1240; Lokatis 1997a, S. 36.

198 Vgl. Literatur aus Westdeutschland und dem westlichen Ausland. In: Börsenblatt (Leipziger Ausgabe), H. 10, 6.3.1954, S. 198; Bezug wissenschaftlicher Literatur aus Westdeutschland und dem kapitalistischen Ausland. In: Börsenblatt (Leipziger Ausgabe), H. 11, 13.3.1954.

199 Vgl. Lehmstedt 2008, S. 30.

200 Vgl. Frohn 2014, S. 66f.

201 Interzonenhandel, Bericht des Vorsitzenden des Ausschusses für Fragen des Interzonenhandels, Herrn Friedrich Georgi, während der Versammlung der Fachgruppe Verlag am 25.9.1958 in Frankfurt, ISG Frankfurt, BV, W2/7:2783.

202 Information für die Mitglieder des Vorstandes zum Punkte Interzonenhandel, 14.6.1951, ISG Frankfurt, BV, W2/8:203.

Besonders kamen die Bedenken bei der Belletristik zum Tragen, weshalb diese Literatur aus dem Interzonenhandel bis 1955 ausgeschlossen blieb. Aber auch bei der wissenschaftlichen und der Fachliteratur stellten die Verleger eine zunehmende Politisierung fest. Dietrich Steinkopff warnte Ende 1954 davor, dass die Bücher »von der ganzen Grundhaltung des Systems beeinflusst« waren. »Die Gefahr, dass also auch diese Kanäle für die Infiltration benützt werden, ist nach meiner Auffassung zweifellos gross.«[203] Nach dem Bau der Berliner Mauer 1961 bekamen diese Argumente neues Gewicht. Der Börsenvereins-Vorsteher warnte 1962 vor den Büchern aus der DDR: »In allen diesen Büchern ist die bolschewistische Ideologie mehr oder weniger getarnt enthalten, um auf diesem Wege vor allem die heranwachsende Generation in ihrem staatsbürgerlichen Bewußtsein zu schwächen.«[204]

Dass eine politische Einflussnahme mittels des Literaturexports von der DDR in der Tat gewünscht war, zeigt ein Statement von Günter Hofé vom Februar 1957.

> Da die Staatswesen jeweils diametral gegeneinander gerichtet sind – sozialistischer Staat und kapitalistischer Staat – muss mit dem sozialistischen Buch durchaus der Versuch eines – wenn auch minimalen – Erziehungsprozesses auf die im kapitalistischen Bereich lebenden Menschen unternommen werden.[205]

Über die ›Gefahr‹ der DDR-Literatur herrschte in der Bundesrepublik keine einheitliche Auffassung. So wurde wiederholt darauf hingewiesen, dass der Bedarf an ostdeutscher Literatur gering sei, da die Bücher von den Lesern wegen ihrer Herkunft und Inhalte abgelehnt würden.[206] Hier tat sich ein Widerspruch auf: Bei einer grundsätzlichen Ablehnung der Literatur in der Bundesrepublik hätte die »kommunistische Infiltration« nicht gefürchtet werden müssen.

Die Befürworter eines umfangreichen innerdeutschen Buchhandels in der Bundesrepublik hatten neben den offensiv vorgetragenen politischen Argumenten vor allem ein ökonomisches Interesse an Lieferungen in die DDR und weiterer Kooperationen mit DDR-Firmen. Nachdem sich die Zahlungsmodalitäten und bestimmte Verfahren wie Mitdruck- oder Kompensationsgeschäfte eingespielt hatten, offenbarten sich für viele westdeutsche Verlage die wirtschaftlichen Vorteile dieser Geschäfte. Auch eine höhere Bereitstellung von Druckkapazitäten sowie Buchausstellungen

203 Dieses und das vorangegangene Zitat: Dietrich Steinkopff an Hermann Niemeyer, 28.12.1954, SStAL, 22199 Teubner Stuttgart, Nr. 84.
204 Vorsteher des BV Frankfurt an J. Speer, Präsident der Westdeutschen Rektorenkonferenz, o. D. [Mai/Juni 1962], ISG Frankfurt, BV, W2/7:2827.
205 Hofé, Verlagsarbeit in gespaltenen Ländern, Thesen zum Thema: Verlag und Vertrieb, Februar 1957, SStAL, 21766 BV II, Nr. 1208.
206 Vgl. Interzonenhandel, Bericht des Vorsitzenden des Ausschusses für Fragen des Interzonenhandels, Herrn Friedrich Georgi, während der Versammlung der Fachgruppe Verlag am 25.9.1958 in Frankfurt, ISG Frankfurt, BV, W2/7:2783.

in der DDR lagen im Interesse dieser Verleger.[207] Umlauff erwähnte in seiner Buchhandelsgeschichte auch die ökonomische Seite und begründete dieses Motiv mit den Auswirkungen der deutschen Teilung, durch die den Verlegern ein Teil ihres ursprünglichen Absatzmarktes verloren gegangen war.[208]

Mit gleichen Argumenten, aber negativem Unterton bewertete Dietrich Steinkopff die Beweggründe der westlichen Verleger. Ihre Stellungnahmen seien »sehr stark von dem rein wirtschaftlichen Gesichtspunkt beeinflusst«, weil »der westdeutsche Verlag, und zwar besonders natürlich der wissenschaftliche, auf die SBZ als Absatzgebiet angewiesen ist«.[209] Für Steinkopff dominierten politische Aspekte bei allen Entscheidungen bezüglich des DDR-Verlagswesens, so dass er für die im Grunde selbstverständliche ökonomische Argumentation wenig Verständnis aufbrachte.

Reaktionen aus der DDR auf die Vorschläge

In der DDR wurden die Vorschläge Jasperts im Leipziger Börsenverein, mit den betroffenen Verlagen und bei den verantwortlichen staatlichen Stellen diskutiert. Günter Hofé, zweiter Vorsitzender des Leipziger Börsenvereins, stand dem Vorschlag von Namensänderungen der Parallelverlage aufgeschlossen gegenüber; er hielt eine Verständigung für unbedingt notwendig. Den einzelnen Namensänderungen von DDR-Verlagen unter den vorgeschlagenen Voraussetzungen sollte seiner Meinung nach zugestimmt werden, »falls nicht höhere, mir nicht bekannte, Gesichtspunkte einer solchen Regelung entgegenstehen«.[210]

Hofé lud die nach seiner Recherche 17 betroffenen Verlage im September 1957 zu einer Besprechung ein.[211] Im Anschluss sandten die Firmen Darstellungen ihrer Situation an den Börsenverein, in denen sie den Status der Beziehungen zum westlichen Haus und eventuelle Streitigkeiten um Verlagsrechte und Vermögen schilderten. Daneben legten sie ihre Haltung zur Frage einer Namensänderung dar und beantworteten die Frage, ob eine solche vom westlichen Verlag gewünscht wurde.

- Die Akademische Verlagsgesellschaft Leipzig berichtete von der Normalisierung des Verhältnisses zum Frankfurter Verlag seit dem Ende der Gerichtsverfahren.

---

207 Hofé, Aktennotiz über die Besprechung am 26.6.1957 im Safari-Verlag mit dem Vorsteher des Frankfurter BV Jaspert in Anwesenheit von Lucie Groszer, 29.6.1957, BArch, DR 1/1079.

208 Vgl. Umlauff 1978, Sp. 1407.

209 Dieses und das vorangegangene Zitat: Dietrich Steinkopff an Hermann Niemeyer, 28.12.1954, SStAL, 22199 Teubner Stuttgart, Nr. 84.

210 Hofé, Aktennotiz über die Besprechung am 26.6.1957 im Safari-Verlag mit dem Vorsteher des Frankfurter BV Jaspert in Anwesenheit von Lucie Groszer, 29.6.1957, BArch, DR 1/1079.

211 Es handelte sich um die 17 Verlage Gustav Fischer, Akademische Verlagsgesellschaft, Hermann Haack (Justus Perthes), F. A. Brockhaus, Georg Thieme, Philipp Reclam jun., B. G. Teubner, Max Niemeyer, Carl Marhold, Fotokino Verlag (Wilhelm Knapp), Edition Peters, Bibliographisches Institut, Otto Harrassowitz, E. A. Seemann, Verlag für die Frau (Otto Beyer), Breitkopf & Härtel und Friedrich Hofmeister.

Bezüglich der Namensfrage wies sie darauf hin, dass durch den Zusatz ›Geest & Portig‹ bei der Leipziger Firma eine ausreichende Unterscheidung zum westdeutschen Haus gegeben sei. »Eine Änderung des Namens kommt durch die Mitarbeit einer Vielzahl westdeutscher und ausländischer Autoren nicht in Frage.«[212]

– Der Gustav Fischer Verlag Jena erwähnte die »sehr enge, regelmäßige briefliche Verbindung« und die persönlichen Verhandlungen mit dem Stuttgarter Verlag. Zur Namensfrage hieß es: »Namensänderung wird vom Parallelverlag in Stuttgart nicht verlangt. Auch von unserer Seite wird dieser Gedanke keinesfalls erwogen.«[213]

– Bei Carl Marhold Halle stand die Namensfrage nicht zur Debatte, da zu dieser Zeit keine Gespräche mit Wolfgang Jäh in West-Berlin stattfanden.[214]

– B. G. Teubner Leipzig berichtete vom aktuellen Stand der Verhandlungen mit dem Stuttgarter Haus (siehe Kapitel 6.3): »Wir erklärten uns [...] bereit, unseren Firmennamen geringfügig zu ändern, etwa in Teubner Verlag Leipzig.«[215]

– Der Georg Thieme Verlag Leipzig schilderte die Kooperationen mit dem Stuttgarter Haus und die geklärte Frage der Verlagsrechtenutzung. »Auch hinsichtlich der Weiterführung des Namens Thieme durch den Leipziger Verlag waren keine Einwendungen durch den Stuttgarter Verlag gemacht worden.«[216]

– Von den untersuchten Verlagen fehlten J. A. Barth, Theodor Steinkopff und S. Hirzel. Barth dürfte wegen des einvernehmlichen Verhältnisses der Verlage in Leipzig und München keine Rolle in der Umfrage gespielt haben, Steinkopff wurde wegen der verwandtschaftlichen Beziehungen und der unterschiedlichen Namen der Häuser in Dresden und Darmstadt vermutlich nicht zu den Parallelverlagen gezählt. Dass Hirzel fehlte, ist weniger naheliegend. Eventuell ließ das zwar nicht geklärte, aber zu jener Zeit unkomplizierte Verhältnis der Verlage in Leipzig und Stuttgart diese nicht im Zentrum der Aufmerksamkeit stehen.

Alfred Ernst, Geschäftsführer des Leipziger Börsenvereins, sprach sich Ende 1957 im Zusammenhang mit Überlegungen zur Teilnahme der ostdeutschen Verlage an der Frankfurter Buchmesse ebenfalls dafür aus, die Möglichkeit von Namensänderung in Betracht zu ziehen. Er riet,

[d]en Verlegern der DDR, deren Inhaber republikflüchtig sind und von denen ein gleiches Unternehmen in Westdeutschland besteht, zu empfehlen, mit ihren Partnern die Möglichkeit der Zusammenarbeit zu prüfen [...] Bei Anbahnung gegenseitiger Verständigung der Verlage hüben und drüben soll auch die Möglichkeit erörtert werden, ob auf die Verwendung alter Verlagsnamen in der DDR verzichtet werden kann, ohne daß damit die Rechtskontinuität in jedem einzelnen

---

212 Akademische Verlagsgesellschaft Leipzig an den BV Leipzig, 9.9.1957, SStAL, 21766 BV II, Nr. 1248.
213 Fischer Jena an den BV Leipzig, 9.9.1957, SStAL, 21766 BV II, Nr. 1248.
214 Marhold Halle an den BV Leipzig, 20.9.1957, SStAL, 21766 BV II, Nr. 1248.
215 Teubner Leipzig an den BV Leipzig, 20.9.1957, SStAL, 21766 BV II, Nr. 1248.
216 Thieme Leipzig an den BV Leipzig, 18.9.1957, SStAL, 21766 BV II, Nr. 1248.

Falle aufgegeben wird. Das würde sich so auswirken, daß z. B. Brockhaus-Verlag die neue Produktion unter einem anderen Verlagsnamen herausbringt und offiziell einen Teil der bisherigen Brockhaus-Produktion in den neuen Verlag überführt.[217]

Differenzierter äußerte sich Heinrich Becker, der Leipziger Börsenvereins-Vorsitzende, zur Frage der Namensänderungen.

> 1. Die gesetzlichen Grundlagen unseres Staates und die rechtlichen Ordnungen unserer volkseigenen Betriebe dürfen keinesfalls in Frage gestellt werden. Deshalb muß bei jeder etwaigen Verhandlung mit westdeutschen Stellen ausdrücklich der Vorbehalt gemacht werden, daß die zu treffenden Regelungen keinesfalls die Rechtsansprüche unserer Verlage aufheben oder einschränken.
> 2. Es gibt Fälle, in denen der Firmenname für uns keine besondere Bedeutung mehr hat, da neue Verlagsrechte unsererseits entwickelt wurden, die ohne weiteres auch unter einem anderen Firmennamen ausgewertet werden können.
> 3. Weit schwieriger liegen die Fälle, wo wertvolle alte Verlagsrechte vorhanden sind, deren Auswertung sowohl durch unseren wie den westdeutschen Verlag erfolgt. In diesem Falle müßte eine Verständigung zwischen beiden Verlagen eintreten, die jedem der beiden Verlage die Auswertung dieser Verlagsrechte im jeweiligen Geltungsbereich seiner Rechte zubilligt. Eine Änderung des Firmennamens in der DDR könnte erst erwogen werden, wenn eine solche Verständigung in rechtsverbindlicher Form erfolgt ist.[218]

Der Leipziger Börsenverein wollte sich in die Verhandlungen der Parallelverlage nicht direkt einschalten, diese sollten von den Verlagen selbst geführt werden.[219] Das dürfte dem Umstand zuzuschreiben sein, dass der Börsenverein innerhalb des DDR-Verlagssystems dafür keine Autorisierung der zuständigen Behörde erhielt.[220]

Im Amt für Literatur und Verlagswesen bzw. der HV Verlagswesen fanden die Vorschläge teilweise zurückhaltende Zustimmung. Im Grundsatz schloss sich Egon Morgenstern aus der Verlagsbehörde der Auffassung Beckers an: In Einzelfällen bestand Verhandlungsbereitschaft, ansonsten wurden negative Auswirkungen aufgrund des Prestigeverlustes bei Wegfall der traditionsreichen Namen befürchtet.[221] Im ZK der SED hingegen wurden Namensänderungen grundsätzlich abgelehnt, Hofés Vorstoß wurde zurückgewiesen (siehe Kapitel 7.3.4).[222]

---

217 Ernst, Arbeit mit Westdeutschland, Entwurf, 11.12.1957, SStAL, 21766 BV II, Nr. 1248.

218 Becker, Einige Thesen zur Frage der Firmenänderung zweigleisiger Verlage, SStAL, 21766 BV II, Nr. 1248.

219 Vgl. Hofé an Hagemann, stellv. Minister für Kultur, 18.11.1957, BArch, DR1/1077.

220 Das Büro für Urheberrechte hingegen war beispielsweise an den Verhandlungen mit Teubner Stuttgart federführend beteiligt; auch mit Brockhaus führte die Ost-Berliner Stelle Verhandlungen. Vgl. Giesecke, Besprechung beim Börsenverein am 25.11.1957 betreffend West-Ost-Fragen (übergesiedelte Verlage), 27.111957, SStAL, 22199 Teubner Stuttgart, Nr. 85.

221 Morgenstern, Betr.: Namensänderung von Parallelverlagen, 8.7.1957, BArch, DR1/1088.

222 Stellungnahme zum Bericht Hofé, 17.1.1958, BArch, DY30/IV2/9.04/692.

Letztlich konnte sich Hofé, der die Verhandlungen für die DDR-Seite geführt hatte und der Jasperts Idee aufgeschlossen gegenüberstand, ebenso wenig mit dieser Idee einer Gesamtlösung durchsetzen wie Jaspert. Beide scheiterten an Akteuren, denen politische Aspekte der Problematik wichtiger waren als pragmatische und ökonomische Überlegungen.[223]

Hinsichtlich der Taktik des Leipziger Börsenvereins ist erwähnenswert, dass bei einem Teil der geschilderten Verlagsnamensänderungen und -neugründungen durch den Leipziger Börsenverein in den Verhandlungen suggeriert wurde, dass es sich dabei um »im Interesse der Verständigung äußerste Konzessionen«[224] gegenüber den westlichen Verlagen bzw. dem Frankfurter Börsenverein gehandelt hatte.[225] Tatsächlich waren die meisten Initiativen dieser Art durch Prozesse oder Exportschwierigkeiten der DDR-Verlagsprodukte in die Bundesrepublik ausgelöst worden. Auch wurde womöglich an einigen Stellen ein falscher Eindruck erweckt. Wenn zum Beispiel beim Bibliographischen Institut von einer »Umwandlung« in den Verlag Enzyklopädie gesprochen wurde, so entsprach dies nicht den Tatsachen, da das alte traditionsreiche Unternehmen neben dem neuen Verlag weiterhin existierte.

Überlegungen bei Thieme Stuttgart zur Namensänderung

Unter den westdeutschen Parallelverlagen griff im März 1958 Günther Hauff, zu diesem Zeitpunkt gemeinsam mit seinem Vater Bruno Hauff Inhaber des Georg Thieme Verlags Stuttgart, den Gedanken der Namensänderungen auf. Die Notizen, die Martin Giesecke zu Hauffs Vorgehen anfertigte, lassen vermuten, dass man bei Thieme von der negativen Reaktion der anderen Parallelverleger auf den Vorstoß des Börsenvereins-Vorstehers, die erst drei Monate zuvor erfolgt war, nichts erfahren hatte. Thieme Stuttgart wollte sich mit Thieme Leipzig über die Frage einer Namensregelung bzw. darüber, wer für eine solche Regelung zuständig sei, auseinandersetzen. Hauff überlegte, »ob eine Gruppe von Verlagen, die an einer Namensregelung interessiert ist, den Vorstand des Frankfurter Börsenvereins bittet, in dieser Richtung einen Druck auf die zuständige Stelle in der SBZ auszuüben.«[226] Hermann Niemeyer äußerte diesem Ansinnen gegenüber Bedenken und meinte, der Börsenverein solle nicht eingeschaltet werden, die betreffenden Firmen müssten die Verhandlungen selbst führen – dies stand in Übereinstimmung mit der Argumentation von Niemeyer,

---

223 Bei den wissenschaftlichen Parallelverlagen verschwanden lediglich die Namen Carl Marhold und später auch Theodor Steinkopff. Das stand allerdings eher im Zusammenhang mit den Profilierungsbestrebungen im DDR-Verlagswesen als mit der Frage der Parallelverlage.

224 Hoffmann, Bericht über die Ausstellung unserer Buchproduktion auf der Frankfurter Buchmesse vom 25.–30. 9.58, BArch, DY30/IV 2/904/696.

225 Hofé, Aktennotiz, 18.3.1958, BArch, DY30/IV2/9.04/692.

226 Giesecke, Anruf von Herrn Hauff jun., Thieme Verlag, Stuttgart, am 28.3.1958 betreffend Ost-West-Frage, 29.3.1958, SStAL, 22199 Teubner Stuttgart, Nr. 85.

Reclam, Brockhaus und Giesecke gegenüber dem Börsenverein. Martin Giesecke stimmte Niemeyer grundsätzlich zu, hielt aber dennoch den Gedanken, dass der Börsenverein »einen gewissen Druck«[227] ausüben könne, für richtig. Bei Buch-Export-Generaldirektorin Adelgunde Singer stieß Hauff mit seinem Anliegen auf offene Ohren. Singer erklärte, keine grundsätzlichen Bedenken gegen eine Firmennamen-änderung zu haben und daher ein solches Vorgehen bei Thieme befürworte. Der Anstoß dazu müsse aber vom betreffenden DDR-Verlag ausgehen, der sich mit seinem Anliegen an das zuständige Ministerium wenden solle.[228] Bei Thieme Leipzig kam es in der Folge zu keiner erkennbaren Initiative in diese Richtung, weshalb der Stuttgarter Verlag 1961 einen Prozess gegen das Leipziger Haus anstrengte (siehe Kapitel 6.1.2).

7.2.4 Konflikt: Forderungen des Sortimentsbuchhandels

Der Börsenverein, Interessenvertreter aller Sparten der Branche, geriet seit seiner Gründung bei der Erfüllung dieser Aufgabe immer wieder in Konflikte. Vorstellungen und ökonomische Interessen können bei verschiedenen Verlagen eines Typs, erst recht bei Verlagen unterschiedlicher Ausrichtung und Größe auseinandergehen; ebenso treten zwischen Sortiment und Verlag immer wieder Konfliktpotenziale zu Tage. Martin Giesecke forderte vom Börsenverein eine klare Haltung hinsichtlich des Einfuhrverbots der Titel des unter Verwaltung stehenden Leipziger Hauses. Er wurde von seinem Rechtsanwalt Georg Greuner in der Forderung unterstützt, für den eigenen Rechtsstandpunkt die unbedingte Rückendeckung des Frankfurter Börsenvereins zu erlangen. Der Verband sollte die Auffassung stützen, dass durch den Vertrieb jeglicher Literatur aus einem DDR-Parallelverlag in der Bundesrepublik – also auch solcher Titel, deren Rechte erst nach der Verlagstrennung erworben wurden – die Firmenrechte der ursprünglichen Eigentümer verletzt würden. Entsprechend würde sich ein Bucheinzelhändler, der diese Werke verkauft, der »Beihilfe zur begangenen Firmenrechtsverletzung schuldig mach[en]«.[229] Andere Interessengruppen innerhalb des Verbands kritisierten die strikte Linie von Parallelverlegern wie Martin Giesecke. Die Arbeitsgemeinschaft wissenschaftlicher Sortimenter (AWS) verschickte im Juli 1956 ein Rundschreiben an die Verlage, in dem unter anderem das Problem der Einfuhrverbote angesprochen wurde.

> Laufend erhalten wir von Kollegen Beschwerde betreffend Schwierigkeiten mit Deutschen wissenschaftlichen Verlegern wegen der Einfuhr ostzonaler wissenschaftlicher Neuigkeiten. [...] [Dies] hat [...] nunmehr Formen angenommen, die keinesfalls der deutschen Forschung und der deutschen Wissenschaft nutzen dürften. [...]

---

227 Giesecke, Anruf von Dr. Niemeyer, Tübingen, 29.3.1958, SStAL, 22199 Teubner Stuttgart, Nr. 85.

228 Giesecke, Anruf von Herrn Hauff jun., Thieme-Verlag, am 25.4.1958, SStAL, 22199 Teubner Stuttgart, Nr. 85.

229 Greuner an Giesecke, Teubner Stuttgart, 20.6.1956, SStAL, 22199 Teubner Stuttgart, Nr. 88.

Nachdem es die wichtigste Aufgabe des wissenschaftlichen Sortimentsbuchhandels ist, jedes Buch aus der ganzen Welt besorgen zu können, hat die Industrie wirklich kein Verständnis dafür, daß auf Grund ungeklärter Eigentumsverhältnisse es verboten und sogar unter Strafe gestellt sein soll, einige bestimmte Titel aus der Ostzone zu beziehen. Vorwiegend handelt es sich hier um die Titel aus Leipzig, die völlig neu erstmalig in der Ostzone erschienen sind, also um keinerlei alte Titel oder unerlaubte Nachdrucke oder um Titel, die auch in Westdeutschland erhältlich wären. Es ist uns bekannt, daß die Eigentumsverhältnisse in Leipzig oft völlig ungeklärt sind und daß der eine Verlag den anderen als unrechtmäßig und in seiner ganzen Existenz als unzulässig bezeichnet. Es ist nicht unsere Aufgabe, diese schwierigen juristischen Besitzverhältnisse zu klären, aber so kann es unmöglich weitergehen. Große Kunden sagten uns, daß sie diese Literatur aus Leipzig über England oder über die USA zur Zeit anstandslos beziehen. [...] Nachdem es auf dem Internationalen Verlegerkongress in Florenz dauernd als Postulat gepredigt wurde, daß es die Aufgabe aller Verleger der ganzen Welt sei, dafür zu sorgen, daß jedes Buch aus jedem Land anstandslos besorgt werden kann, hoffen wir auch auf die Unterstützung bei den westdeutschen Verlegern, diesen unmöglichen Zustand zu beseitigen und nicht bei ostzonaler Literatur sogar von Strafandrohung zu sprechen.[230]

Aus der Perspektive der Buchhändler war dies eine verständliche Haltung, zumal sie ihren Kunden gegenüber in Erklärungsnot gerieten, wenn sie einen bestimmten Titel aus der DDR nicht beschaffen konnten. Bei Verlegern wie Giesecke, aber auch bei Dietrich Steinkopff stieß das Schreiben auf Kritik.[231] Immerhin konnte ein Kompromiss zwischen Sortimenter-Vertretung und den Parallelverlagen, unter anderem mit Teubner, erzielt werden.[232] Die Vereinbarung schlug sich in einem erneuten Schreiben der AWS nieder, die ihren Mitgliedern nun empfahl, sich mit ihren Wünschen direkt an die westdeutschen Parallelverlage zu wenden, die in einzelnen Fällen Genehmigungen zur Lieferung der benötigten Werke erteilen wollten. »Einige Verlage, die in ihrer Auffassung besonders hart waren«, so hieß es in dem Schreiben, wollten versuchen, »in Sonderfällen ein für sie selbst und das Sortiment tragbares Verfahren zum Bezug von Büchern zu finden«.[233]

Das Problem war damit allerdings nicht aus der Welt geschafft, den Börsenverein erreichten weitere Beschwerden. Einer Versandbuchhandlung am Chiemsee war es 1958 nicht möglich, Leipziger Teubner-Bücher bei einem westlichen Zwischenbuchhändler zu bestellen. Wegen der damals laufenden und sehr komplizierten Verhandlungen mit der DDR-Seite verfolgte Teubner Stuttgart keine konsequente Linie und

---

230 Arbeitsgemeinschaft wissenschaftlicher Sortimenter AWS, Rundschreiben, Auszugsweise Abschrift, 6.7.1956, SStAL, 22199 Teubner Stuttgart, Nr. 85. Giesecke von Teubner Stuttgart legte gegen diese Darstellung Einspruch ein, indem er Bezug auf das Stuttgarter Urteil nahm und darauf hinwies, dass von »ungeklärten Rechtsverhältnissen« keine Rede sein könne. Giesecke, Teubner Stuttgart, an Dietrich Steinkopff, 28.8.1956, SStAL, 22199 Teubner Stuttgart, Nr. 85.
231 Vgl. Dietrich Steinkopff an Bergmann, 9.7.1956, SStAL, 22199 Teubner Stuttgart, Nr. 85.
232 Vgl. Giesecke, Rücksprache mit den Herren Dr. Bergmann und Martin Maasch am 21.9. in Frankfurt, 2.10.1956, SStAL, 22199 Teubner Stuttgart, Nr. 85.
233 Dieses und das vorangegangene Zitat: Arbeitsgemeinschaft wissenschaftlicher Sortimenter, Rundschreiben, 3.12.1956, SStAL, 22199 Teubner Stuttgart, Nr. 85.

erklärte die Einfuhr der Leipziger Werke phasenweise für grundsätzlich unzulässig. Der Versandhändler wies auf die Gefahr hin, dass den ausländischen Buchhändlern und Bibliotheken die Möglichkeit blieb, die Bücher direkt in Leipzig zu bestellen, die sie andernfalls bei Buchhändlern in der Bundesrepublik geordert hätten. Der Börsenverein betrachtete es ebenfalls als problematisch, dass seine ausländischen Kunden sich an die Lieferungen aus Leipzig »gewöhnen« könnten, weil Leipzig »heute noch in der Welt in dem Ruf [stehe], die deutsche Bücherzentrale zu sein«.[234] Der Verband trat daher an den Stuttgarter Verlag mit der Bitte heran, eine tragfähige Lösung für den Bezug der Leipziger Bücher in der Bundesrepublik zu finden.

Je länger die Ereignisse von Verlagstrennung und Enteignung bzw. Konfiskation zurücklagen, umso weniger Verständnis waren die Buchhändler bereit aufzubringen. Die Versandbuchhandlung für Fachliteratur Kurt Winkelmann in Augsburg wandte sich 1967 an den Börsenverein und nahm Bezug auf die Vertriebsverbote der Bücher einiger DDR-Verlage in Westdeutschland.

> Es ist einfach ein Unding, daß einem Buchhändler verwehrt ist, ein wissenschaftliches Fachwerk der Ostzone, das in keiner westdeutschen Ausgabe vorliegt, einzuführen. Das verträgt sich einfach nicht mit einer freiheitlichen Einstellung zum Austausch kultureller Güter. [...] Wir haben als Nation auf beiden Seiten des Eisernen Vorhangs nach 1945 soviel Unrecht einstecken und im Laufe der langen Jahre als rechtes anerkennen müssen und es hat Schuldige und Unschuldige am vorangegangenen Geschehen getroffen, so daß es nicht als angängig erscheint Einzelnen nun einen Ausnahmestatus in infinitum zu gewähren.[235]

Auflösen konnte der Verband diesen Konflikt nicht. Die Interessen, die der Sortimentsbuchhandel hatte, dürften das Bestreben des Börsenvereins unter der Vorsteherschaft Jasperts, in Verhandlungen mit der DDR eine befriedigende Lösung zu finden, allerdings verstärkt haben.

7.2.5 Aufruf zur Konfrontation: Frankfurts Haltung nach 1961

Die in der zweiten Hälfte der 1950er Jahre geführten Verhandlungen zwischen den Börsenvereinen, in denen es unter anderem um die Parallelverlage gegangen war, wurden zunächst nicht weitergeführt. Schon im September 1958 hatte sich der Frankfurter Verband enttäuscht von den Entwicklungen gezeigt, da der Börsenverein in Leipzig die Forderung nicht erfüllt hatte, alle westdeutschen Partner zu individuellen Gesprächen

---

234 Dieses und das vorangegangene Zitat: BV Frankfurt an Giesecke, Teubner Stuttgart, 21.7.1958, SStAL, 22199 Teubner Stuttgart, Nr. 86.
235 Winkelmann, Augsburg, an den BV Frankfurt, 18.7.1967, ISG Frankfurt, BV, W2/7: 2826.

einzuladen. Dies sei höchst unterschiedlich gehandhabt worden, und teilweise gar nicht geschehen.[236]

Zum vorläufigen Abbruch der Beziehungen trugen interne Auseinandersetzungen, vor allem die Klage, die Buch-Export Leipzig gegen den Frankfurter Börsenverein wegen der Standbezeichnung auf der Messe 1959 anstrengte (siehe Kapitel 8.2), ebenso bei wie die politischen Entwicklungen. Mit dem Bau der Berliner Mauer im August 1961 wurde die Spaltung Deutschlands verfestigt, und auch das Verhältnis der Börsenvereine erfuhr eine weitere Eintrübung. Der Frankfurter Börsenverein unter Vorsteher Werner Dodeshöner (1959 bis 1962) suchte den westlichen Parallelverlagen jetzt zu einer Klärung ihrer Rechtsprobleme mit den ostdeutschen Häusern zu verhelfen, indem er sie auf die Möglichkeit einer juristischen Klärung hinwies. Der Vorstand wandte sich Anfang 1962 mit einem Schreiben an 22 westdeutsche Parallelverlage, die Mitglied im Börsenverein waren,[237] in dem er auf das im Jahr zuvor durch Georg Thieme Stuttgart erwirkte Urteil gegen den Leipziger VEB Georg Thieme Bezug nahm (siehe Kapitel 6.1.2). Dieses Vorgehen war im September 1961 in einer Beratung des Ausschusses für Fragen des Interzonenhandels mit dem Vorstand des Börsenvereins beschlossen worden, als über mögliche Reaktionen auf den Bau der Berliner Mauer im Monat zuvor gesprochen wurde.[238]

> Ich bitte Sie zu erwägen, ob Sie nicht Ihrerseits gegen das Ihren Verlagsnamen widerrechtlich führende Verlagsunternehmen der SBZ, das aus Ihrem enteigneten, früher dort ansässigen Verlagsunternehmen hervorgegangen ist, in gleicher Weise vorgehen können. Bei Vorliegen eines Urteils hat der Börsenverein die rechtliche Handhabe, solche Verlagsunternehmen im übrigen auch von der Beteiligung an der Internationalen Frankfurter Buchmesse auszuschließen.[239]

Die Auswahl der Verlage zeigt, dass keinerlei Differenzierungen vorgenommen, sondern alle Verlage angeschrieben wurden, die von der Parallelverlagsproblematik in

---

236 Vgl. Protokoll über Interzonenhandelsbesprechung am 24.9.1958 im Buchhändlerhaus Frankfurt/Main, SStAL, 22199 Teubner Stuttgart, Nr. 86.

237 Der Brief ging an Barth München, das Bibliographische Institut Mannheim, Böhlau Köln, Breitkopf & Härtel Wiesbaden, die Dieterich'sche Verlagsbuchhandlung Wiesbaden, Gustav Fischer Stuttgart, Harrassowitz Wiesbaden, Hirzel Stuttgart, Friedrich Hofmeister Frankfurt, Insel Frankfurt, Kiepenheuer & Witsch Köln, Knapp Düsseldorf, List München, Neumann-Neudamm, Melsungen, Niemeyer Tübingen, C. F. Peters Frankfurt, Quelle & Meyer Heidelberg, Reclam Stuttgart, Rütten & Loening Hamburg, Dr. Dietrich Steinkopff Darmstadt, Teubner Stuttgart sowie Ernst Wunderlich Worms. Keinen Brief erhielten Dietz Nachf. Hannover, Köhler & Amelang Stuttgart und E. A. Seemann Köln, da sie keine Mitglieder im Börsenverein waren. Vgl. Zur Kenntnis der Herren: W. Dodeshöner etc., 26.1.1962, ISG Frankfurt, BV, W2/7: 2779.

238 Vgl. Protokoll über die Sitzung des Ausschusses für Fragen des Interzonenhandels des Börsenvereins am Montag, den 4.9.1961, in Berlin, ISG Frankfurt, BV, W2/7: 2819.

239 Dodeshöner, Sehr geehrter Herr Kollege!, o. D. [Januar 1962], ISG Frankfurt, BV, W2/7: 2779. Die Frage der Beteiligung der DDR-Verlage an der Frankfurter Buchmesse, insbesondere der namensgleichen Verlage, war bereits seit Anfang der 1950er Jahre ein andauernder Streitpunkt zwischen Ost und West (siehe Kapitel 8.2).

irgendeiner Weise berührt waren. Sinnvoll war dies in einigen Fällen nicht – war doch beispielsweise Gustav Fischer darunter, der kein Hehl aus seiner Zusammenarbeit mit dem DDR-Parallelverlag machte, oder Dietrich Steinkopff, der dem Börsenverein gegenüber wiederholt deutlich gemacht hatte, dass in seinem Fall die Dinge anders lagen, oder Barth, der aufgrund der familiären Konstellation ebenfalls keine Schwierigkeiten mit dem östlichen Haus hatte – für keinen dieser Verlage wäre ein gerichtliches Vorgehen in Frage gekommen, und das galt gleichfalls für weitere.

Durch das Vorgehen wird ersichtlich, dass ein Gesamtüberblick über die genaueren Verhältnisse der Parallelverlage fehlte. Der Börsenverein erkannte dieses Manko und bereitete Anfang 1963 die Erstellung einer Liste aller in der Sowjetischen Besatzungszone oder der DDR enteigneten Verlage vor.[240] Dass dies eine sinnvolle Angelegenheit war, wurde ein Jahr später deutlich, als die mangelnden Kenntnisse über die Situation die Gespräche mit Curt Fabian, Generaldirektor von Buch-Export Leipzig, erschwerten. Fabian bekundete seinen Willen, bezüglich der Schwierigkeiten zwischen den Parallelverlagen aufgrund der Namen und Verlagsrechte Lösungen zu finden und erwähnte die Abkommen, die schon mit einer Reihe von Verlegern getroffen worden waren. Er erbat darüber hinaus konkrete Angaben, die der Frankfurter Börsenverein zu diesem Zeitpunkt nicht liefern konnte.[241]

Besprechungen hatte der Börsenverein bis zu dieser Zeit hauptsächlich mit Verlegern wie Martin Giesecke, dem Inhaber von B. G. Teubner Stuttgart, geführt – mit Verlegern also, die eine sehr konfrontative Linie gegenüber ihren östlichen Häusern verfolgten. Der Verband unternahm mit der Erfassung aller betroffenen Verlage einen Versuch, mit einem größeren Kreis Betroffener ins Gespräch zu kommen und der Gesamtsituation angemessene Schritte einleiten zu können. Er wollte mit den Verlagen klären, wie ihre Interessen in Fragen der Ausgestaltung des Interzonenhandels berücksichtigt werden könnten.[242]

Die Übersicht fertigte Martin Giesecke an, und im Februar 1964 verschickte der Börsenverein Fragebögen an die ermittelten Parallelverlage, in denen er um Informationen zur Übersiedlung, zur Situation des Unternehmens in der DDR, zu etwaigen Gerichtsurteilen, Rechtsverletzungen und geschäftlichen Beziehungen bat.[243]

Die Ergebnisse der Befragung sind im Hinblick auf das Ausmaß der Problematik und einzelne Fragen wie den Namensaspekt interessant. Insgesamt wurden 116 Fir-

---

240 Vgl. Protokoll. Konstituierende Sitzung des Ausschusses für Fragen des Interzonenhandels des BV Frankfurt am Montag, 28.1.1963, ISG Frankfurt, BV, W2/7: 2819.

241 Vgl. Niederschrift über die Besprechung mit Herrn Fabian am 27.1.1964 im Springer Verlag, Berlin, 29.1.1964, ISG Frankfurt, BV, W2/7: 2819.

242 Kurzprotokoll der Sitzung des Interzonenhandelsausschusses des Börsenvereins am 28.1.1963, 15 Uhr, ISG Frankfurt, BV, W2/7: 2819.

243 Vgl. Protokoll des Gesprächs im Ausschuß für Fragen des Interzonenhandels am 8.11.1963 in den Räumen des Parey-Verlags, Berlin, ISG Frankfurt, BV, W2/7:2819; Anlage zum Schreiben an die früher in der SBZ ansässigen Verlage vom 14.2.1964, ISG Frankfurt, BV, W2/7: 2779.

men angeschrieben. Davon fielen 18 für die Auswertung aus, da sie nicht oder nicht mehr zum Kreis der betroffenen Verlage gehörten; 17 schickten trotz mehrfacher Bitte die Fragebögen nicht zurück. Damit blieben mindestens 81 Verlage, die von der Thematik auf jeden Fall betroffen waren – dies sind fast fünfmal so viele wie jene 17, die in den Verhandlungen der beiden Börsenvereine in den Jahren 1956 bis 1959 genannt wurden. Die Diskrepanz erklärt sich unter anderem damit, dass 21 Verlage in der DDR nicht fortgeführt, aufgelöst oder in einen anderen Verlag eingegliedert worden waren; neun Verlage hatten einen neuen Namen erhalten. In diesen Fällen konnte die Namensfrage als gelöst betrachtet werden. Bei 13 Verlagen wurde der alte Firmenname in der DDR beibehalten, bei 16 Firmen mit einem Zusatz versehen (wie ›VEB‹ oder ›in Verwaltung‹). Von diesen 29 Verlagen, die unter dem alten bzw. unter einem leicht abgewandelten Namen in der DDR weiterhin bestanden, meldeten aber nur 17 der sitzverlegten Verlage einen »Mißbrauch des ihnen am Firmennamen zustehenden Rechts«. Deutlich mehr Verlage, 26, beklagten eine »Verletzung der Verlagsrechte«[244] durch Veröffentlichungen der Verlage in der DDR. In weiteren Fällen waren die Angaben zur Verletzung von Namens- oder Verlagsrechten ungewiss oder unklar. Geschäftsbeziehungen zum Betrieb in der DDR aufrechtzuerhalten, gaben 13 Firmen an. Als mögliche Gegenmaßnahmen gegen die Rechtsverletzungen wurde eine ganze Reihe an Ideen vorgebracht.

- Einfuhrsperren (wie von Teubner Stuttgart praktiziert)
- keine Zulassung der enteigneten Stammhäuser zur Frankfurter Buchmesse (ebenfalls Usus bei verschiedenen Parallelverlagen, so bei Teubner und zu jener Zeit auch Thieme)
- eine Entwertung der DDR-Produktion durch Neubearbeitungen
- gerichtliche Auseinandersetzungen
- ein schnelles Einschreiten gegen Verstöße
- Erstellung einer Einfuhrverbotsliste als Grundlage für künftige Interzonenhandelsabkommen
- Übermittlung einer Liste derjenigen Verlage, deren Firmenrechte durch die DDR-Verlage verletzt wurden, an die wichtigsten in- und ausländischen Buchhändler, verbunden mit der Untersagung des Bezugs und Vertriebs der Produktion dieser DDR-Verlage
- Übermittlung einer Liste derjenigen Titel, mit denen gegen die Verlagsrechte der westlichen Parallelverlage verstoßen wird, an die wichtigsten in- und ausländischen Buchhändler (solche Titellisten waren ab Juli 1952 im Frankfurter *Börsenblatt* publiziert worden)[245]

---

244 Dieses und das vorangegangene Zitat: Zusammenfassender Bericht über das Ergebnis der Fragebogenaktion »Früher in der SBZ ansässige Verlage«, ISG Frankfurt, BV, W2/7: 2779.

245 Anlagen zum Fragebogen, ausgefüllt vom Bibliographischen Institut Mannheim, von F. A. Brockhaus Wiesbaden, Philipp Reclam jun. Stuttgart und B. G. Teubner Stuttgart, Februar/März 1964, ISG Frankfurt, BV, W2/7:2779.

Die Darstellungen der einzelnen Verlage bestätigen (wie schon die Angaben der DDR-Verlage 1957) im Gesamten die in der vorliegenden Arbeit dargelegten Befunde zu den Beziehungen und geben darüber hinaus in den Details der Darstellung interessante Eindrücke von der Bewertung der jeweiligen Situation in den Verlagen.

- Die Akademische Verlagsgesellschaft Frankfurt gab an, dass der Leipziger Parallelverlag Veröffentlichungen herausgebe, deren Verlagsrechte Frankfurt zustünden – daraus folgten aber keine Auseinandersetzungen, da es den Autoren überlassen blieb, in welchem Haus sie veröffentlichen wollten, und die beiden Verlage zudem in geschäftlichem Kontakt standen.[246]
- Johann Ambrosius Barth München betonte, dass der Verlag nicht zu den sitzverlegten Verlagen gehöre, da es sich um eine Neugründung in der Bundesrepublik handelte.[247]
- Gustav Fischer Stuttgart verneinte, dass der Jenaer Verlag »das dem sitzverlegten Verlag [...] zustehende Recht am Firmennamen in der SBZ mißbraucht«,[248] auch eine Verletzung der Verlagsrechte wurde nicht festgestellt. Dies überrascht wegen der guten Zusammenarbeit der beiden Häuser in Jena und Stuttgart zwar nicht, steht aber den formalen Tatsachen entgegen. Unmittelbar nach ihrer Flucht nach Stuttgart hatte Verlegerin Annelise von Lucius die gesamten Verlagsrechte noch für das neue westliche Haus beansprucht.
- Bei S. Hirzel Stuttgart wurde vorsichtig formuliert, dass »der Leipziger Hirzel Verlag versucht, die alten Verlagsrechte zu beanspruchen«; konkret führte man lediglich eine Zeitschrift an, die an Gustav Fischer abgegeben worden war. Eine Gerichtsentscheidung war »aus internen Gründen« bisher nicht beantragt worden, Maßnahmen gegen den Leipziger Verlag wurden nicht ergriffen: »Wir behalten uns das vor für den Fall, daß Schwierigkeiten auftreten, die uns schädigen.« Zusammenfassend stellte Hirzel fest, dass das Verhältnis der Häuser in Leipzig und Stuttgart »zwar nicht gut, aber erträglich«[249] sei und geschäftliche Beziehungen in geringem Umfang bestünden.
- Für den Verlag Carl Marhold West-Berlin hatte sich die Frage durch die Liquidierung des Hallenser Hauses zum 1. Januar 1960 weitgehend erledigt.[250]
- Dietrich Steinkopff Darmstadt legte dar, dass die Verhältnisse in seiner Firma anders lägen als bei den übrigen Parallelverlagen.[251]

---

246 Vgl. Fragebogen, ausgefüllt von der Akademischen Verlagsgesellschaft Frankfurt am Main, ISG Frankfurt, BV, W2/7: 2779.

247 Vgl. Barth München an den BV Frankfurt, 24.2.1964, ISG Frankfurt, BV, W2/7: 2779.

248 Fragebogen, ausgefüllt von Fischer Stuttgart, ISG Frankfurt, BV, W2/7: 2779.

249 Dieses und die vorangegangenen Zitate: Fragebogen, ausgefüllt von Hirzel Stuttgart, ISG Frankfurt, BV, W2/7:2779.

250 Vgl. Fragebogen, ausgefüllt von Marhold West-Berlin, ISG Frankfurt, BV, W2/7: 2779.

251 Vgl. Dietrich Steinkopff an den BV Frankfurt, 3.3.1964, ISG Frankfurt, BV, W2/7: 2779.

– B. G. Teubner Stuttgart beschrieb die Maßnahmen gegen die Produktion des Leipziger Verlags ausführlich. Der Verlag erwähnte die gerichtliche Auseinandersetzung, das Bezugs- und Vertriebsverbot der Werke aus Leipzig sowie die Verfolgung von bekanntwerdenden Verstößen. Man wies außerdem auf die in begründeten Ausnahmefällen erteilten Bezugsgenehmigungen und die Auslieferung dieser Titel, die in diesen Fällen durch den Stuttgarter Verlag selbst erfolgte, hin.[252]
– Georg Thieme stellte den Missbrauch des Firmennamens durch das Leipziger Haus fest, aber keine Verletzung seiner Rechte im Interzonenhandel. Geschäftliche Beziehungen wurden, so die Angabe hier, nicht unterhalten.[253]

Konkrete Aktionen folgten dieser Erhebung durch den Börsenverein Frankfurt nicht. Das Spektrum der Möglichkeiten, das dem Börsenverein zur Verfügung stand – angefangen bei dem konstruktiven Lösungsversuch durch Namensänderungen bis hin zu der Empfehlung, die Lage gerichtlich klären zu lassen – war bereits ausgereizt worden. Großen Handlungsspielraum besaß der Börsenverein nicht mehr, sieht man vom Ausschluss der Parallelverlage von der Teilnahme an der Frankfurter Buchmesse ab (siehe Kapitel 8.2). Das Thema blieb dennoch auf der Tagesordnung der Gespräche zwischen Ost und West, wie der Bericht eines Vertreters des Frankfurter Börsenvereins über ein Treffen mit dem Generaldirektor von Buch-Export zeigt.

> Ich bat Herrn Fabian, dem Problem der Beseitigung der Namensgleichheit von Verlagen in der SBZ mit Verlagen der Bundesrepublik seine besondere Aufmerksamkeit zu schenken. Es sei für die ganze Atmosphäre des Interzonenhandels mit Gegenständen des Buchhandels außerordentlich nachteilig, daß die in der SBZ tätigen Verlage, die aus der Enteignung ihrer rechtmäßigen Eigentümer hervorgegangen seien, die ihnen nicht zustehenden Verlagsnamen weiter führten und die Verlagsrechte der rechtmäßigen Eigentümer dieser Verlage widerrechtlich nützten. Herr Fabian entgegnete, daß mit fast allen Westverlagen, deren Ostbetriebe enteignet worden seien, gute Beziehungen bestünden, lediglich Thieme und Teubner machten eine Ausnahme. Er könne sich nicht vorstellen, daß die entsprechenden Westverlage – mit Ausnahme der beiden genannten Firmen – noch derartige Wünsche hätten. Ich erwiderte ihm, daß es sich nicht nur um die beteiligten Verlage handle, die – mit Ausnahme von Thieme und Teubner – wirtschaftlich nicht stark genug seien, um ihre Wünsche durchzusetzen, sondern daß das ein ausgesprochenes Politikum sei, das die gesamte Verlegerschaft in der Bundesrepublik und West-Berlin außerordentlich bewege.[254]

Die Einschätzung der Frankfurter Seite macht deutlich, dass es dem Börsenverein bzw. einzelnen Vertretern bei seinen Interventionen nicht unbedingt um die konkrete Lö-

---

252 Vgl. Fragebogen, ausgefüllt von Teubner Stuttgart, ISG Frankfurt, BV, W2/7: 2779.
253 Vgl. Fragebogen, ausgefüllt von Thieme Stuttgart, ISG Frankfurt, BV, W2/7: 2779. Da die gegenseitigen Lieferungen und Bezüge auch nach Verkündung des Urteils 1961 fortgesetzt wurden, dürfte die Angabe im Fragenbogen, dass keine geschäftlichen Beziehungen unterhalten würden, unzutreffend gewesen sein.
254 Aktenvermerk Interzonenhandelsprobleme, 19.11.1965, ISG Frankfurt, BV, W2/7: 1202.

sung der Probleme einzelner Verlage ging, sondern um eine Grundsatzfrage. In welch komplexes Geflecht aus politischen und wirtschaftlichen Überlegungen sowie gegenseitigen Forderungen und Zugeständnissen das Thema eingebunden war, zeigen die Auseinandersetzungen um die DDR-Beteiligung an der Frankfurter Buchmesse. Letztlich verlor das Problem der Parallelverlage mit den Jahren insgesamt und damit auch für den Börsenverein an Bedeutung, konnte aber bis zur politischen Wende 1989 nie gänzlich gelöst werden.

7.2.6 Rollenkonflikte und politische Haltung: Die Akteure

Die Vertreter der Börsenvereine waren in ihrem Handeln im und für den Verband von ihren eigenen wirtschaftlichen Interessen als Verleger beeinflusst – sowohl die Vorsteher des Börsenvereins als auch die Mitglieder in den entscheidenden Gremien (wie dem Ausschuss für Fragen des Interzonenhandels) waren gemeinhin Verleger. Dies galt vor allem für die Frankfurter Akteure, die als (Mit-)Eigentümer direkt vom finanziellen Erfolg oder Misserfolg ihrer Unternehmen betroffen waren. Das zeigt sich an der Person des Verlegers Carl Hanser, der von 1953 bis 1959 Vorsitzender des Ausschusses für Fragen des Interzonenhandels war. Für Hansers Fachbuchverlag »spielten schon frühzeitig Kontakte zur DDR eine wichtige Rolle«.[255] Hanser arbeitete mit verschiedenen Verlagen in der DDR zusammen und veranstaltete mit diesen Gemeinschaftsausgaben und Mitdruckgeschäfte; die Herstellung von Satz, Druck und Bindung in der DDR und der Vertrieb seiner wissenschaftlichen Zeitschriften im Osten hatten ökonomische Relevanz. Insofern erscheint die Einschätzung Martin Gieseckes plausibel, der annahm, dass bei den Zugeständnissen, die der DDR seit 1955 etwa bezüglich der Messeteilnahme gemacht wurden, Hanser »sehr stark die treibende Kraft gewesen ist«.[256] Über Werner Dodeshöner, Börsenvereins-Vorsteher von 1959 bis 1962 und Mitinhaber und Geschäftsführer des Luther-Verlags sowie der Cannsteinschen Bibelanstalt in Witten, urteilte ein Gesprächspartner aus der DDR: »Als Verlagsleiter ist er sehr stark an der Zusammenarbeit mit Verlagen in der DDR interessiert. [...] Er bittet jedoch bei seiner Person als Verleger und Vorsteher des Börsenvereins einen Unterschied zu machen.«[257]

Zu dem Urteil, dass für Frankfurts Konzessionen gegenüber der DDR ökonomische Interessen entscheidend waren, kam auch der östliche Verhandlungspartner Klaus Gysi. Er war damals Vorsitzender des Ausschusses für Innerdeutschen Handel beim Leipziger Börsenverein und stellte bei den Gesprächen 1958 fest, dass die Verhandlungsführer in Frankfurt fast alle »ausgemachte Interessenten am Außenhandel« wa-

---

255 Wittmann 2005, S. 259.

256 Giesecke an Dietrich Steinkopff, 9.7.1955, SStAL, 22199 Teubner Stuttgart, Nr. 84.

257 Weichold, Vermerk über eine Besprechung am 20.11.1961 mit Herrn Dodeshöner, BArch, DY 30/IV 2/9.04/692.

ren und die »ausgemachten Exportinteressenten, also die wissenschaftlichen Verlage, weitgehend die Führung im Börsenverein«[258] hatten.

Die Notwendigkeit einer Trennung der verschiedenen Rollen dürfte den Handelnden bewusst gewesen und großenteils gelungen sein – aber ebenso wenig, wie die ›Hardliner‹ unter den Parallelverlegern in Fragen des innerdeutschen Buchhandels von ihrer persönlichen Betroffenheit abstrahieren konnten, dürfte dies den anderen Verlegerpersönlichkeiten immer vollständig geglückt sein.

Daneben spielte bei den Vertretern des Frankfurter Börsenvereins ihre grundsätzliche politische Haltung eine Rolle. Mit Reinhard Jaspert war seit Oktober 1956 ein Börsenvereins-Vorsteher an den Verhandlungen beteiligt, der Mitglied der SPD war und der die grundsätzlichen Vorbehalte seines Vorgängers gegen die DDR und ihren Buchhandels nicht teilte – und daher zu größeren Zugeständnissen bereit war. Später veränderte sich diese Situation wieder. Jasperts Nachfolger verfolgten eine Politik der Abgrenzung gegenüber dem DDR-Buchhandel, neben persönlichen Einstellungen war dies mit bedingt durch die mit dem Bau der Berliner Mauer vertiefte Spaltung des Landes. Gespräche fanden zu jener Zeit vor allem über Fragen des innerdeutschen Handels statt, initiiert von den daran interessierten Persönlichkeiten. In der westdeutschen Presse wurde der Börsenverein in Frankfurt im Jahr 1967 als konservativ eingeschätzt,[259] die durch den Generationenwechsel im Buchhandel hervorgerufene interne Kritik an dieser Grundhaltung begünstigte im Kontext der gesellschaftlichen Veränderungen dieser Zeit einen allmählichen Wandel.[260]

Auch in der DDR dürfte ein Teil des Erfolgs (oder Misserfolgs) der Verständigung mit den Akteuren in der Bundesrepublik auf die konkret handelnden Personen zurückzuführen sein. So war hier entscheidend, dass eine Person *nicht* an den Gesprächen teilnahm: der Leipziger Börsenvereins-Vorsitzende Heinrich Becker. Eine ursprünglich für den 24. Juni 1957 anberaumte Besprechung zwischen Vertretern des Frankfurter und des Leipziger Börsenvereins wurde von westlicher Seite aus wegen der geplanten Anwesenheit Beckers abgesagt; stattdessen traf sich Reinhard Jaspert zwei Tage später lediglich mit Günter Hofé und Lucie Groszer.[261] Jaspert erklärte bei diesem Treffen »mit einer etwas schmunzelhaften Vertraulichkeit«, dass Beckers vorgesehene Anwesenheit zur Absage dieses Treffen geführt habe, und er empfahl, »auch bei den nächsten weiteren Verhandlungen aus Gründen der Zweckmäßigkeit Dr. Becker nicht mit vorzusehen, da er in bestimmten Kreisen westdeutscher Ver leger als

---

258 Dieses und das vorangegangene Zitat: Gysi an Wendt, MfK, 18.10.1958, BArch, DY30/IV2/904/696.
259 Vgl. Zimmer 1967.
260 Vgl. Estermann 2000, S. 178.
261 An dem Treffen hatten Heinrich Becker, Lucie Groszer, Günter Hofé und Ludolf Koven auf Ost-Seite sowie Reinhard Jaspert, Carl Hanser und Lange auf West-Seite teilnehmen sollen. Aktennotiz, Betr. DDR-Beteiligung an der Frankfurter Buchmesse 1957, 7.6.1957, SStAL, 21766 BV II, Nr. 1426.

›der große Enteigner‹ gelte.«[262] Dies lag darin begründet, dass Becker seit der Enteignung des Leipziger Bibliographischen Instituts im Jahr 1946 Leiter des nunmehrigen VEB war. Schon im Herbst 1953 hatte Buch-Export-Mitarbeiter Tensierowski von seiner Reise in die Bundesrepublik berichtet, dass die westdeutschen Parallelverleger auf einem geselligen Beisammensein im Rahmen der Frankfurter Buchmesse »besonders heftig gegen die Anwesenheit von Heinrich Becker auf der Frankfurter Messe [opponiert hatten] und [...] mit handgreiflichen Maßnahmen [drohten], um ihn zu entfernen«.[263] Trotz seiner Funktion als Leipziger Börsenvereins-Vorsitzender, die er seit 1948 bekleidete, nahm er nun tatsächlich nicht selbst an den Gesprächen mit dem Frankfurter Verband über die Probleme des innerdeutschen Buchhandels teil.

An Beckers statt führte in erster Linie der stellvertretende Börsenvereins-Vorsitzende Günter Hofé die Verhandlungen. Hofé, Leiter des Verlags der Nation, hatte in einem Exposé zur *Verlagsarbeit in gespaltenen Ländern* formuliert, es bedürfe einer gewissen »Geschmeidigkeit, um – ohne die Grundprinzipien des sozialistischen Handels völlig umzukehren – tragfähige Handelsbeziehungen zu dem unter kapitalistischen Voraussetzungen arbeitenden Partner zu schaffen und aufrechtzuerhalten.«[264] Hofé erwies sich als Verlagspraktiker, der persönlich auf dogmatischen ideologischen Standpunkten nicht beharren wollte. Es scheint ihm gelungen zu sein, ausreichend Flexibilität und Pragmatismus an den Tag zu legen, ohne die es zu den positiven Ergebnissen in den Gesprächen zwischen den beiden Börsenvereinen wohl nicht gekommen wäre. Unter seiner Regie fand der erfolgreiche Abschluss der Auseinandersetzungen über das Altvermögen des Börsenvereins und eine erste Einigung über die Teilnahme der DDR-Verlage an der Frankfurter Buchmesse statt.

7.3 Staatliche Strategien zur Gesamtlösung der Parallelverlagsprobleme

Diverse staatliche Stellen, Gremien der SED und Buchhandelsfirmen waren in der DDR mit der Frage der Parallelverlage beschäftigt bzw. von dieser betroffen. Kompetenzunklarheiten traten dabei ebenso zu Tage wie divergierende Interessen. Die Suche nach einer Generallösung für die Problematik, an der sich die Börsenvereine (in der DDR in Zusammenarbeit mit der Verlagsbehörde) versucht hatten, gestaltete sich daher auch für die staatlichen Instanzen in der DDR als äußerst schwierig.

---

262 Dieses und das vorangegangene Zitat: Hofé, Aktennotiz über die Besprechung am 26.6.1957 im Safari-Verlag mit dem Vorsteher des Frankfurter BV Jaspert in Anwesenheit von Lucie Groszer, 29.6.1957, BArch, DR 1/1079.
263 Tensieroswki, Westdeutsche Reise vom 24.9. bis 16.10.1953, BArch, DR1/1187.
264 Hofé, Verlagsarbeit in gespaltenen Ländern, Thesen zum Thema: Verlag und Vertrieb, Februar 1957, SStAL, 21766 BV II, Nr. 1208.

7.3.1 Bestandsaufnahme und erste Lösungsversuche: 1945–1953

Den für den Aufbau des Verlagswesens nach 1945 verantwortlichen Stellen war das Problem der Verlagerung der Verlagsfirmen bereits seit dem Sommer 1945 bekannt; der in diesem Zusammenhang drohende Verlust von Verlagsrechten hatte Einfluss auf die Verlagspolitik (siehe Kapitel 3.4.1). Die systematische Erfassung der betroffenen Firmen erfolgte aber wahrscheinlich erst deutlich später. Eine Liste über »Verlage, die in Westdeutschland Schwesterfirmen haben«, wurde vom Kulturellen Beirat im September 1950 angefertigt. Darin genannt waren 16 Verlage – von den untersuchten Verlagen waren Barth, Fischer (mit seiner Schwesterfirma Piscator), Hirzel und Steinkopff angeführt. Bei Marhold bestand zu diesem Zeitpunkt noch kein westdeutscher Parallelverlag; der Verlag für Wissenschaft und Fachbuch in Bielefeld, der eine Zweigniederlassung Teubners im Westen darstellte, war eventuell als solche nicht bekannt; Thieme fehlte.[265] Eine weitere Liste, wenige Woche später angefertigt, führte bereits 23 Verlage an, nun war auch Georg Thieme genannt.[266]

 In den folgenden zwei Jahren führten die wirtschaftspolitischen Eingriffe, vor allem nach dem erklärten ›verstärkten Aufbau des Sozialismus‹ zu weiteren Verlagsabwanderungen. Im September 1951 verließ Marhold-Verleger Wolfgang Jäh Halle, im Oktober 1952 die Eigentümer von B. G. Teubner Leipzig, im Februar 1953 floh Annelise von Lucius vom Verlag Gustav Fischer mit ihrer Familie aus Jena in die Bundesrepublik. Da die Probleme zwischen den Verlagen in Ost und West sich durch die Entwicklungen verschärften, wurde die »Angelegenheit der zweigleisigen Verlage« Anfang November 1952 als »brennend«[267] bezeichnet. Eine Lösung erblickte die Verwaltung Volkseigener Verlage (VVV) in der Überführung der betroffenen Verlage in Volkseigentum. Die VVV räumte in einer Besprechung mit dem Amt für Literatur und Verlagswesen und dem Ministerium des Innern allerdings ein, dass dies aufgrund der komplizierten Gesellschafterverhältnisse mit Anteilseignern in Ost und West nicht immer direkt möglich sei.[268] Wo eine gesetzliche Regelung Anwendung finden konnte, wandelten die Behörden einige der wissenschaftlichen Parallelverlage in der folgenden Zeit zu volkseigenen Betrieben um. Carl Marhold Halle wurde noch im November 1952 in Volkseigentum überführt, Georg Thieme sowie Gustav Fischer im April 1953. Weitere Verlage stellte man vorerst lediglich unter Verwaltung (Teubner, Hirzel), andere blieben privat (Barth, Steinkopff).

 Die staatlichen Stellen verfolgten mit ihren Plänen einer Überführung der Verlage in Volkseigentum das Ziel, eine – nach den Gesetzen der DDR – rechtliche Klarstellung

---

265 Liste der Verlage, die in Westdeutschland Schwesterfirmen haben, 8.9.1950, BArch, DR1/1933.
266 Liste der Verlage, die in Westdeutschland Schwesterfirmen haben, Stand vom 26.9.1950, BArch, DR1/1933.
267 [VVV], Bericht, Betr.: Überführung von Vermögen in das Volkseigentum, Leipzig, 3.11.1952, BArch, DR1/824.
268 Ebd.

der Eigentumsverhältnisse zu erreichen sowie die Verfügungsgewalt über die Verlage zu erlangen. Eine Klärung der Beziehungen zu den westdeutschen Verlagen wurde mit diesen Maßnahmen aber keineswegs erreicht, im Gegenteil: Für Marhold-Verleger Wolfgang Jäh bedeutete der Übergang des Hallenser Verlags in Volkseigentum das Ende der bis dahin gepflegten Kooperation. Auch für Giesecke von B. G. Teubner war es eben diese Konfiskation seines Betriebes durch die staatlichen Stellen der DDR, die zu einer deutlichen Verhärtung seiner ablehnenden Haltung führte und die eine Verständigung zunächst unmöglich machte.

7.3.2 Gesamtdeutsche Ambitionen: Strategien seit 1953

Der ›Neue Kurs‹ der SED, den die Partei seit Juni 1953 auf Betreiben der Sowjetunion verfolgte, hatte eine leicht korrigierte Wirtschaftspolitik zur Folge und führte zu Änderungen im Umgang mit den Privatverlagen – und damit den privaten Parallelverlagen. Konkret schlug sich dies beispielsweise in der Entscheidung des Amts für Literatur und Verlagswesen nieder, die zuvor angedachte Überführung der Akademischen Verlagsgesellschaft Geest & Portig Leipzig in Volkseigentum nicht zu befürworten.[269] Generell sollte den Parallelverlagen im Kontext der gesamtdeutschen Bestrebungen eine verstärkte Förderung zukommen. So hieß es in den Richtlinien zur Verwirklichung des ›Neuen Kurses‹ in der Arbeit des Amts für Literatur und Verlagswesen:

> DDR-Verlage mit Verbindungen nach Westdeutschland und solche Verlage, von denen sich Niederlassungen oder Zweigunternehmen in Westdeutschland befinden, sind besonders im Hinblick auf die Förderung der Wiedervereinigung der beiden Teile unseres Vaterlandes zu unterstützen.[270]

Um dieses Ziel erreichen zu können, wurde 1953 innerhalb des Amts für Literatur und Verlagswesen das Hauptreferat ›Gesamtdeutsche Arbeit‹ geschaffen, das später die Bezeichnung ›Literaturaustausch‹ erhielt.[271] Diese Stelle sollte mit dazu beitragen, die in die Bundesrepublik gerichteten Zielsetzungen der nun immer wichtiger werdenden gesamtdeutschen Arbeit zu verwirklichen. Kooperationen mit dem westdeutschen Buchhandel wurden in diesem Zusammenhang unterstützt, den Parallelverlagen kam dabei eine besondere Bedeutung zu. Die bestehenden Probleme mit den westlichen Häusern sollten beseitigt werden, damit die positiven Potenziale der vorhandenen Be-

---

269 Apelt, Amt für Literatur und Verlagswesen, an Hums, Ministerium der Finanzen, Abgabenverwaltung, 5.6.1953, BArch, DR1/1120.

270 Richtlinien für die Arbeit der Fachabteilungen des Amtes auf der Grundlage des neuen Kurses, BArch, DR1/1084.

271 Vgl. Amt für Literatur und Verlagswesen, Vorlage für die Sitzung des Kollegiums am 3.8.1954, BArch, DR1/1079. Zu den Aufgaben des Hauptreferats siehe Frohn 2014, S. 416–418.

ziehungen ausgeschöpft werden könnten.[272] In der ersten Phase der gesamtdeutschen Euphorie ging das Amt für Literatur und Verlagswesen sogar so weit, dem Leipziger Verlag B. G. Teubner mitzuteilen, »daß der Westverlag u. U. anerkannt werden müßte, damit auch auf dieser Weise der Verordnung und den Bestrebungen unserer Regierung entsprochen würde, das gesamtdeutsche Gespräch in Gang zu bringen.«[273]

Ende 1953 forderte Karl Böhm, stellvertretender Leiter des Amts für Literatur und Verlagswesen, dass der Komplex »ehemalige Privatverlage mit westdeutschen Konkurrenzunternehmen«[274] endlich zusammenhängend geregelt werden müsse. Eine Zusammenstellung der Parallelverlage von Mitte 1954 führte 30 lizenzierte und weitere acht nicht lizenzierte Verlage an, darunter befanden sich alle hier untersuchten Wissenschaftsverlage. Amts-Mitarbeiter Clemens Seifert machte darauf aufmerksam, dass dieser Überblick nötig geworden war, um »beim Entwurf einer neuen Struktur des Verlagswesens auch die Auswirkungen auf das westdeutsche Verlagswesen berücksichtigen zu können«.[275] Damit dürften Fragen von Neugründungen oder Namensänderungen von Verlagen im Kontext der Parallelverlagsproblematik gemeint gewesen sein. Oberstes Ziel für den Umgang mit den Parallelverlagen aber sollte die Verbesserung der »gesamtdeutsche[n] Verlagsarbeit«[276] sein.

Die staatlichen Strategien bei der Behandlung der Parallelverlagsproblematik waren fürderhin zum einen von diesen gesamtdeutschen Ambitionen, zum anderen aber von der Erkenntnis geprägt, dass die ungelöste Frage der zweigeteilten Verlage den gesamten innerdeutschen Buchhandel belastete. Dies schlug sich unter anderem darin nieder, dass die DDR-Verlage weder im Frankfurter *Börsenblatt* Anzeigen aufgeben noch auf der westdeutschen Buchmesse ihre Produktion präsentieren durften. Die Schuld sah man auf DDR-Seite schon im Herbst 1953 vor allem bei den Parallelverlegern in der Bundesrepublik.[277] Auch im darauffolgenden Sommer hatte sich an dieser Situation noch nichts geändert.

> Das Haupthindernis, welches einer Verbesserung der gesamtdeutschen Beziehungen zwischen den Verlagen in Ost und West im Wege liegt, ist die Hetze der republikflüchtigen Verleger in Westdeutschland. Heute verfügen sie noch über einen Einfluß auf den Frankfurter Börsenverein und machen es uns unmöglich, auf der Frankfurter Messe auszustellen und im Frankfurter Börsenblatt zu inserieren. Gegen diese politischen Brunnenvergifter müssen wir konsequent unseren Rechtsstandpunkt vertreten und dürfen notwendigen Entscheidungen nicht ausweichen.[278]

---

272 Vgl. Amt für Literatur und Verlagswesen, Vorlage für die Sitzung des Kollegiums am 3.8.1954, BArch, DR1/1079.

273 Köhler, Teubner Leipzig, an das Amt für Literatur und Verlagswesen, 28.6.1954, BArch, DR1/1947.

274 Böhm an Kienast, 2.12.1953, BArch, DR1/1905.

275 Seifert, Amt für Literatur und Verlagswesen, Liste der Ost-West-Verlage, 7.7.1954, BArch, DR1/1890.

276 Ebd.

277 Vgl. Tensieroswki, Westdeutsche Reise vom 24.9. bis 16.10.1953, BArch, DR1/1187.

278 Die Aufgaben der gesamtdeutschen Arbeit auf dem Gebiet des Verlagswesens und des Buchhandels, o. D. [Juli 1954], BArch, DR1/1079.

Die formulierten Ziele waren wenigstens teilweise widersprüchlich – einerseits ging es um die Pflege und den Ausbau der Beziehungen in die Bundesrepublik im Sinne des Einheitsgedankens, andererseits um den erklärten Kampf gegen diejenigen im westdeutschen Buchhandel, bei denen eine feindliche Einstellung wahrgenommen wurde. Da dem Amt für Literatur und Verlagswesen zudem bekannt war, dass die DDR-Parallelverlage in sehr unterschiedlichen Verhältnissen zu ihren westdeutschen Pendants standen, resultierte aus dieser Gemengelage die Erkenntnis, dass eine einheitlich Strategie nicht gefunden werden könne. Ein klares Ziel wurde dennoch formuliert: Es sollte erreicht werden, dass »das Verhältnis zu den ›Konkurrenzverlagen‹ durch gütliche Einigung oder durch konzentrierte Kampfmassnahmen zu der für uns optimalen Lösung gebracht wird«.[279]

Sofern eine einvernehmliche Lösung nicht im Bereich des Möglichen erschien, schlug das Amt für Literatur und Verlagswesen in erster Linie konfrontative Strategien vor. Als positives Beispiel hierfür wurde der polemische Artikel im Leipziger *Börsenblatt* zum Fall der Akademischen Verlagsgesellschaft angeführt. Auf solchen Wegen sollte erreicht werden, »alle zweigleisigen Verlage in ein Verhältnis der DDR zu bringen, das sie zwingt ihre feindlichen Maßnahmen einzustellen«.[280] Die Gerichtsverfahren, die gegen Teubner Stuttgart, Marhold West-Berlin und die Akademische Verlagsgesellschaft Frankfurt am Main im darauffolgenden Jahr angestrengt wurden, stellen Beispiele für die Umsetzung dieser Strategie dar. Daneben waren sich Vertreter aus dem Amt für Literatur und Verlagswesen, dem ZK der SED und dem Börsenverein einig: »Bei Doppelverlagen, die Diebstahl von Verlagsrechten begehen, sollten wir uns nicht einfach mit blossem Protest begnügen, sondern mit gleicher Münze heimzahlen.« Auf der gleichen Sitzung wurde beschlossen, dass unbedingt eine »Prüfung der Rechtsgrundlage der Doppelverlage«[281] vonnöten sei – trotz aller politisch-moralischen Überlegenheit, die hier von Staats- und Parteiseite aus zum Ausdruck gebracht wurde, bestanden also über die juristische Sachlage auch im August 1954 noch Unsicherheiten.

7.3.3 Anerkennung und Kooperation: Lösungsversuche seit 1955

Im Sommer 1955 rückte das Ziel, mit den westlichen Parallelverlagen zu einer Zusammenarbeit zu kommen, wieder verstärkt in den Fokus. Anlass war laut Seiffert die

---

279 Amt für Literatur und Verlagswesen, Vorlage für die Sitzung des Kollegiums am 3.8.1954, BArch, DR1/1079.

280 Die Aufgaben der gesamtdeutschen Arbeit auf dem Gebiet des Verlagswesens und des Buchhandels, o. D. [Juli 1954], BArch, DR1/1079.

281 Beschlussprotokoll der Kollegiumssitzung vom 3.8.54, anwesend Becker, Hannemann, Kienast, Kraushaar, Manske-Krausz, Misslitz, Peterson, BArch, DR1/1079.

»optimistische politische Stimmung«,[282] die nach der Genfer Konferenz im Juli 1955 herrschte. Auch hatte sich mit der Verkündung der Zwei-Staaten-Theorie die gesamtdeutsche Politik der SED gewandelt.

> Auf der Grundlage der allgemeinen Entspannung und des Vorhandenseins der Bundesrepublik sind wir grundsätzlich für eine Zusammenarbeit mit westdeutschen Partnern. Jedoch kann diese Zusammenarbeit nur unter gegenseitiger Anerkennung, vollkommener Gleichberechtigung und Wahrung gegenseitiger Vorteile vor sich gehen. [...] Mit Parallelverlagen wird je nach Lage des konkreten Falls die Art und Weise der Zusammenarbeit festgelegt.[283]

Die Einschränkung, dass Kooperationen nur unter bestimmten Voraussetzungen angegangen werden sollten, stand im Zusammenhang mit dem Ziel der SED, zu einer Anerkennung des sozialistischen deutschen Staates zu gelangen. Der Schwerpunkt der Bemühungen wurde nun auch im Verlagswesen auf die Erlangungen gegenseitiger Akzeptanz gelegt. Gespräche mit den westlichen Parallelverlegern sollten gesucht werden, allerdings sollte dies nicht bedeuten,

> [...] daß wir eine Verständigung um jeden Preis anstreben. Das heißt nicht, daß wir unseren Rechtsstandpunkt verlassen und Verlagsrechte verschenken. [...] Nicht verhandeln um jeden Preis und nicht verhandeln, um unsere Positionen aufzugeben, sondern durch gegenseitige Abmachungen, die beiden Teilen zum Vorteil gereichen, die Probleme auf dem Gebiete des Verlagswesens zu lösen versuchen.[284]

Vor allem hinsichtlich der strittigen Verlagsrechte, die von den Verlagen in Ost und West gleichzeitig in Anspruch genommen wurden, ging es letztlich um die Verteidigung des eigenen Ansehens – der Verlage und damit auch wieder indirekt des Staates. So formulierte Seifert Ende 1955, dass die aus DDR-Sicht von den Verlegern im Westen unrechtmäßig in Anspruch genommenen Verlagsrechte gesichert bzw. verteidigt und die wahren Rechtsverhältnisse auch international bekannt gemacht werden müssten.[285]

Indes hatte sich die Situation der Parallelverlage auch in anderer Hinsicht geändert. Schon im April 1955 war im Amt für Literatur und Verlagswesen festgestellt worden, dass die »eindeutig feindselige Einstellung westdeutscher Parallelverlage zu den DDR-Verlagen [...] wesentlich abgeklungen [sei] und [...] der Einsicht und einer

---

282 Seifert, Entwurf: Analyse der gesamtdeutschen Arbeit der HV Verlagswesen, 5.12.1957, BArch, DR1/1079. Auf der Genfer Gipfelkonferenz im Juli 1955 sprachen sich die vier Siegermächte für eine Wiedervereinigung Deutschlands auf der Grundlage freier Wahlen als Voraussetzung für eine politische Entspannung in Europa aus. Auf praktische Schritte konnten sich die vier Regierungschefs jedoch nicht einigen.

283 Kern, Auswertung der Regierungserklärung zur Genfer Konferenz für die Arbeit der Abteilung Verlagswesen, 20.8.1955, BArch, DR1/1891.

284 Seifert, Entwurf: Analyse der gesamtdeutschen Arbeit der HV Verlagswesen, 5.12.1957, BArch, DR1/1079.

285 Vgl. Seifert an Böhm, 8.12.1955, BArch, DR1/1906.

immer mehr sich durchsetzenden Zusammenarbeit Platz gemacht [habe].«[286] Clemens Seifert von der HR Literaturaustausch zeigte sich in der Konsequenz »im Interesse der Entspannung im deutschen Verlagswesen« einige Monate später denn doch zu gewissen Kompromissen bereit, zum Beispiel zu einer Überprüfung des Verzichts auf die zwischen einigen Parallelverlagen strittigen Altrechte.[287] Dem ZK der SED gegenüber betonte Seifert die gute Zusammenarbeit in vielen Fällen und wertete das Problem insgesamt als nicht sehr schwerwiegend, indem er von lediglich einem halben Dutzend Parallelverlagen sprach, in denen eine Verständigung noch nicht möglich sei. Auf DDR-Seite, so Seifert, war die Bereitschaft zu Gesprächen vorhanden, »sofern es sich nicht um Wirtschaftsverbrecher handelt«.[288]

Im Gefüge des DDR-Verlagswesens profitierten die Parallelverlage ebenfalls von den neuen politischen Entwicklungen. So bekamen sie im Oktober 1955 mehr Papier als ursprünglich vorgesehen zugeteilt, damit einerseits der Export gefördert würde, und weil sich andererseits von der Stärkung dieser Verlage eine Stärkung der ganzen DDR erhofft wurde.[289]

7.3.4 Die Haltung von Staat und Partei zur Namensänderungsfrage

Als die Börsenvereine in Leipzig und Frankfurt 1956 begannen, über die Parallelverlagsfrage zu beraten, brachte der Frankfurter Vorsteher Jaspert den Vorschlag ins Spiel, die ostdeutschen Parallelverlage mögen ihre Namen ändern (siehe Kapitel 7.2.3). Der ostdeutsche Branchenverband konnte in dieser Frage nicht selbstständig entscheiden, sondern war von den Entscheidungen der staatlichen Verlagsbehörde abhängig. Dort, im Ost-Berliner Amt für Literatur und Verlagswesen, zeigte man sich zunächst bereit, einen anderen Vorschlag Jasperts zu überdenken, den dieser aufgebracht hatte: den Verzicht auf die älteren Verlagsrechte. Dabei solle beachtet werden:

> a) Aus der Prüfung der ›umstrittenen‹ Verlagsrechte sind von vornherein die Verlage auszunehmen, die in einem guten Verhältnis zum Parallel-Verlag in Westdeutschland stehen.
> b) Auszunehmen – oder unter besonderen Gesichtspunkten geprüft werden – sind diejenigen Parallel-Verlage, bei den Republikflucht vorliegt, oder deren ehemalige Inhaber wegen Wirtschaftsvergehen von unseren Gerichten verurteilt sind. (Entscheidung von Fall zu Fall).

---

286 Seifert, Richtlinien für die gesamtdeutsche wissenschaftliche Verlagsarbeit, 22.4.1955, BArch, DR1/1918.

287 Seifert, HR Literaturaustausch, Aktennotiz »Parallel-Verlage«, 28.4.1956, BArch, DR1/1891.

288 Seifert an das ZK der SED, Abteilung Wissenschaft und Propaganda, 28.6.1956, BArch, DY30/IV2/9.04/674.

289 Kienast, Memorandum über Papierreserve, 12.10.1955, BArch, DR1/698.

c) Bei den übrigen Verlagen feststellen, welchen Umfang der jeweiligen Verlagsproduktion die ›umstrittenen Titel‹ ausmachen und ob es zweckmäßig erscheint, Rechte auf Gegenseitigkeit ›auszutauschen‹, um nach Möglichkeit einen rein juristischen Verzicht zu vermeiden.[290]

In der Frage der Namensänderungen stimmte Egon Morgenstern aus der HV Verlagswesen im Grundsatz mit dem Leipziger Börsenvereins-Vorsteher Heinrich Becker überein, der sich nur in Einzelfällen derartige Änderungen vorstellen konnte und der vor allem die grundsätzlichen Rechtsansprüche der DDR-Verlage gewahrt wissen wollte. Zugleich äußerte Morgenstern konkrete Vorstellungen zu einzelnen Verlagen. Bei einigen befürchtete er negative Auswirkungen durch Namensänderungen, beispielsweise einen durch den Imageverlust bedingten Rückgang der Exporte sowie Schwierigkeiten mit den Verlagsautoren sowohl in der Bundesrepublik als auch in der DDR. Dazu gehörten neben Niemeyer, Breitkopf & Härtel, C. F. Peters und Friedrich Hofmeister auch B. G. Teubner, Gustav Fischer und Georg Thieme. Bei zwei Verlagen wurde nach Morgensterns Aussage über eine Namensänderung bereits verhandelt: bei F. A. Brockhaus und E. A. Seemann.[291] Der Verlag E. A. Seemann erhoffte sich durch eine Änderung des Firmennamens Erleichterungen beim Export und generell bei den Geschäften mit den westdeutschen Partnern. Im Falle dieses Verlags waren die Behörden zu einer Namensänderung bereit, weil »der Name Seemann in Westdeutschland und im kapitalistischen Ausland keinen guten Klang mehr [hatte]«.[292] Die Pläne wurden nicht umgesetzt, wahrscheinlich schwand die Dringlichkeit einer solchen Lösung mit dem Scheitern des Kölner Verlags E. A. Seemann. Diesen hatte Elert Seemann im Jahr 1948 etabliert, er blieb aber wirtschaftlich erfolglos und stellte seine Arbeit Anfang der 1960er Jahre wieder ein. Seemann versuchte dennoch bis in die 1970er Jahre hinein, den Vertrieb der Werke des Leipziger Hauses im Westen zu verhindern. Die Teilnahme des Leipziger E. A. Seemann an der Frankfurter Buchmesse gestattete Elert Seemann erst im Jahr 1973.[293]

Die Erklärung aus dem Amt für Literatur und Verlagswesen und die konkreten Überlegungen offenbaren eine gewisse Bereitschaft zu Zugeständnissen und eine Einschätzung der Problematik vor allem unter pragmatischen – also vorrangig ökonomischen – Gesichtspunkten. Im Zentralkomitee der SED war man von einem solchen Zugang, der ein Entgegenkommen von beiden Seiten und damit ein Abrücken von manch politisch bedingter dogmatischer Haltung bedeutet hätte, hingegen weit entfernt. Dies verdeutlicht eine Stellungnahme zu dem Bericht Hofés über die Frankfurter Begegnung, in dem Hofé seine Aufgeschlossenheit gegenüber dem Vorschlag der Namensänderungen zum Ausdruck brachte. Die Abteilung Wissenschaften des ZK der SED beharrte starr auf ihrem ideologischen Standpunkt und kritisierte Hofés Schilde-

---

290 Seifert, HR Literaturaustausch, Aktennotiz, »Parallel-Verlage«, 28.4.1956, BArch, DR1/1891.
291 Vgl. Morgenstern, Betr.: Namensänderung von Parallelverlagen, 8.7.1957, BArch, DR1/1088.
292 E. A. Seemann, Leipzig, an Ernst, BV Leipzig, 25.10.1957, SStAL, 21766 BV II, Nr. 1248.
293 Vgl. Opitz 2008, S. 104–111.

rung und Auffassungen scharf. An den Spannungen zwischen den Parallelverlagen seien nicht die DDR-Verlage schuld, vielmehr hätten die »aus der Republik getürmten [...] in Westdeutschland Verlage gleichen Namens gegründet und mit Prozessen und einstweiligen Verfügungen für sich beansprucht, die rechtmäßigen Verlage zu sein [...]«. Namensänderungen wurde grundsätzlich abgelehnt, weil das »ein politischer Prestigeverlust gegenüber Westdeutschland wäre«. Ökonomisch begründete Argumente fehlten an dieser Stelle allerdings ebenso wenig. Da »der alteingeführte Name von großer Bedeutung für den Absatz der Produktion des Verlags in der DDR ist«, erschien es zweifelhaft, »ob bei einer Änderung des Namens im Hinblick auf die Übersättigung des Buchmarkts in Westdeutschland nach dort ein wesentlicher Export möglich ist«.[294]

Die Bemühungen Jasperts beschäftigten neben dem Leipziger Börsenverein, dem Amt für Literatur und Verlagswesen und dem ZK der SED auch Curt-Heinz Merkel, den stellvertretenden Minister für Außenhandel und innerdeutschen Handel. Merkel bat Karl Hagemann und Hans Pischner, stellvertretende Minister für Kultur, um eine Aussprache in verschiedenen Angelegenheiten, darunter auch die »notwendige[n] Namensänderungen derjenigen Verlage, deren ehemalige Inhaber republikflüchtig geworden sind«.[295] Merkel selbst hatte zu dieser Frage eine klare Haltung. Er betrachtete den Exportausfall »durch die Neugründung der republikflüchtigen Verlage in Westdeutschland unter den alten Namen«, der von seinem Ministerium auf 30 Prozent geschätzt wurde, als ernstes Problem. Eine Lösung sei nur durch die Umfirmierung der betreffenden Verlage möglich.[296] Das Außenhandelsunternehmen Buch-Export Leipzig schloss sich dieser Auffassung an. Die Namensänderungen würden demnach die Exportmöglichkeiten der DDR-Verlage deutlich verbessern.

> Neue Absatzreserven könnten sofort erschlossen werden, wenn bei den in der DDR ansässigen Parallelverlagen wie Reclam, Brockhaus, Knapp u. a. die Verlagsbezeichnungen geändert würden. Auf diese Weise würden die Neuentwicklungen dieser Verlage ohne Einschränkung in der BR verkauft werden können. Solange die Namensgleichheit der Verlage besteht, wird von den westdeutschen Verlagen gegen den Verkauf der Bücher der DDR-Produktion Einspruch erhoben und gerichtliche Maßnahmen eingeleitet, die den ortsansässigen Buchhandel davon abhalten, derartige Titel auf Lager zu nehmen.[297]

Buch-Export wies darauf hin, dass nach Möglichkeit immer die Buchproduktion in die Bundesrepublik verkauft und zugleich weniger Lizenzen vergeben werden sollten. Mit der Lizenzvergabe würden der westdeutsche und mittelbar auch der weitere westliche

---

294 Dieses und die vorangegangenen Zitate: Stellungnahme zum Bericht Hofé, 17.1.1958, BArch, DY30/IV2/9.04/692.

295 Merkel an Hagemann und Pischner, 28.6.1957, BArch, DL2/2982.

296 Vgl. Merkel an Hagemann, 22.6.1957, BArch, DL2/2982.

297 Weber/Herold, Analyse zum Innerdeutschen Handel, Säule Buch, 29.6.1957, BArch, DR1/6233.

Markt versperrt werden, da aus der Bundesrepublik ein starker Export in das Ausland erfolgte.[298]

Morgenstern widersprach der Einschätzung, dass wegen der Parallelverlage eine spürbare Drosslung des Exports in den Westen stattfinden würde.

> Zurückzuweisen ist auf jeden Fall die Auffassung des MAI [Ministerium für Außenhandel und innerdeutschen Handel, A.-M. S.], daß dieses Problem als generell gesehen werden kann und sich dadurch grundsätzliche Auswirkungen für den Export ergeben würden. Eine Namensänderung ist so stets nur in unmittelbarem Zusammenhang mit der Problematik des jeweiligen Verlages zu sehen.[299]

Neben dem Umstand, dass Morgenstern bei einigen Verlagen negative Auswirkungen auf Export und Geschäftsbeziehungen fürchtete, wies er darauf hin, dass es nicht möglich sei, »von heute auf morgen den alten Namen fallen zu lassen und einen neuen zu wählen«[300] und schlug vor, zunächst die Entwicklungen bei den neuen Verlagen Fotokino (gegründet als Nachfolger von Wilhelm Knapp) und Enzyklopädie (gegründet zur Umgehung von Schwierigkeiten mit dem westdeutschen Bibliographischen Institut) zu beobachten und auszuwerten.

Letztlich scheiterten die Bemühungen, über Namensänderungen der DDR-Parallelverlage zu einer umfassenden Lösung der Problematik zu kommen, zum Jahreswechsel 1957/58 mit dem Einspruch des ZK der SED auf östlicher Seite und dem Widerspruch der Verleger auf westlicher Seite.

Parallel zu den Überlegungen zu den Firmennamen blieb das Thema der Parallelverlage in seiner Gesamtheit auf der Tagesordnung des Ministeriums für Kultur. Schon 1956 hatte sich Karl Hagemann, stellvertretender Minister für Kultur, eingeschaltet und wünschte über den Stand der Beziehungen zwischen den parallelen Verlagsunternehmen unterrichtet zu werden.[301] In der HV Verlagswesen sammelte der für den kaufmännischen Bereich zuständige Egon Morgenstern daraufhin die Informationen. Er fasste die Ergebnisse zusammen:

> Aus den nachfolgenden Einzeldarstellungen wird sehr deutlich ersichtlich, daß die Angelegenheit der Parallelverlage heute längst nicht mehr das Problem ist, wie es sich noch vor Jahren zeigte. Natürlich existieren noch immer etwa über 27 dieser Unternehmen. In vielen Fällen jedoch können wir uns mit dem jetzt erreichten Stand der Entwicklung zufrieden geben und haben wenig Ursache, von hier aus aktiv einzuwirken. Es wird vielmehr darauf ankommen, den betreffenden Verlagsleitern einige generelle Anhaltspunkte zu geben, wie sie diese Arbeit fortzusetzen haben. [...] Bei der Einschätzung dieses Komplexes zeichnet sich ferner klar ab, daß unser Verlagswesen

---

298 Vgl. ebd.

299 Morgenstern, Betr.: Namensänderung von Parallelverlagen, 8.7.1957, BArch, DR1/1088.

300 Ebd.

301 Vgl. Hagemann an die HV Verlagswesen, Böhm, 17.10.1956, BArch, DY30/IV2/9.04/682; Schmidt, HV Verlagswesen, Kaufmännischer Bereich, an Abteilung Naturwissenschaften über Koll. Hoffmann, 31.5.1957, BArch, DR1/1124.

bereits ein Niveau erreicht hat, bei dem es falsch oder besser direkt schädlich wäre, unter Aufgabe von Prinzipien die Verbindung zu Parallelunternehmen zu suchen.[302]

Bei den wissenschaftlichen Parallelverlagen sah Morgenstern insgesamt nur in einzelnen Punkten Handlungsbedarf.
- Die Situation bei der Akademischen Verlagsgesellschaft schätze er insgesamt als günstig ein, lediglich die beiden gespaltenen Zeitschriften sollten möglichst wieder zusammengeführt werden. Eine Verstärkung der Zusammenarbeit mit Frankfurt empfahl Morgenstern nicht, da eine solche nur zur Stärkung des »finanziell und verlegerisch noch schwach[en]« Parallelunternehmens führen würde.
- Bei Gustav Fischer wollte Morgenstern gern die nach Stuttgart abgewanderten Zeitschriften wieder zum Jenaer Haus zurückholen, er schätze die Erfolgsaussichten dafür aber als gering ein. Eine Verstärkung der bereits bestehenden Kooperationen hielt Morgenstern – entgegen der realen Entwicklung – nicht für erstrebenswert.
- Bei Hirzel konstatierte Morgenstern »annehmbare Beziehungen«, hier sollte versucht werden, »bei einzelnen Titeln zu Gemeinschaftsauflagen bzw. zu Mitdrucken zu kommen«.
- Carl Marhold spielte in den Überlegungen keine Rolle mehr, da die Liquidation bereits beschlossen war.
- Im Falle des Verlags Theodor Steinkopff sah Morgenstern »keinerlei Ursache, hier veränderte Bedingungen herbeiführen zu wollen« – wohl nicht zuletzt deswegen, weil man bei den Verlagen in Dresden und Darmstadt »nur bedingt von parallelen Verlagsunternehmen sprechen« konnte.
- Zu den über B. G. Teubner laufenden Verhandlungen äußerte sich Morgenstern vorsichtig optimistisch. Er begründete die Forcierung der Vergleichsverhandlungen vor allem damit, »um westdeutschen Arbeitsgremien der Deutschen Akademie der Wissenschaften nachzuweisen, daß wir um eine Verständigung bemüht sind und für sie deshalb keine Ursache besteht, ihre verlegerischen Beziehungen zum Leipziger Haus abzubrechen.«
- Die Zusammenarbeit bei den Thieme-Verlagen wertete Morgenstern kritisch, da er auf Stuttgarter Seite ein »bedenkliche[s] Verhalten« feststellte. Gemeint war damit Stuttgarts Weigerung, eine schriftliche Vereinbarung mit dem Leipziger Haus zu treffen. Den »Austausch von Verlagsobjekten« zwischen beiden Verlagen im Sinne einer »Einsparung an Devisen« befürwortete Morgenstern. Er wies zugleich darauf hin: »Bei diesem Verlag muß darauf geachtet werden, daß unsere Zusammenarbeit in einer Weise erfolgt, die unsere Prinzipien wahrt.«[303]

---

302 Morgenstern an Schmidt, Betr.: Parallelverlage, 26.6.1957, BArch, DR1/1124.
303 Dieses und die vorangegangenen Zitate: Morgenstern an Schmidt, Betr.: Parallelverlage, 26.6.1957, BArch, DR1/1124.

7.3.5 Bemühungen um eine Gesamtlösung seit 1957

Mit dem Scheitern der Verhandlungen über Namensänderungen schienen die problematischen Fälle unter den Parallelverlagen verstärkt die Aufmerksamkeit der HV Verlagswesen auf sich zu ziehen. Ende 1957 konstatierten die dortigen Verantwortlichen, dass bei wichtigen Parallelverlagen wie Teubner, Brockhaus und Reclam eine erfolgreiche Verständigung nach wie vor nicht in Sicht war; zudem behinderten Einfuhrsperren die Exporte der DDR-Titel in den Westen. Die Mitarbeiter bemängelten, dass eindeutige und generell anwendbare Richtlinien für das Vorgehen bei den Parallelverlagen nicht vorlägen, und befürchteten zudem eine Rückwirkung der Gerichtsurteile und Vertriebssperren, die in den genannten schwierigen Fällen erwirkt worden waren, auf ähnlich gelagerte Fälle. Weiterhin war der Behörde an einer Einigung gelegen, aber »ohne Preisgabe grundsätzlicher politischer oder juristisch-verlags rechtlicher Positionen«.[304]

Neue Dringlichkeit erhielt die Frage der Parallelverlage, als die HV Verlagswesen das Gerücht erreichte, der Bundesgerichtshof würde eine grundsätzliche Entscheidung treffen, »die sich mit der Frage der enteigneten Verlage, ihrer alten und neuen Produktion befaßt«.[305] Die Bemühungen um eine Entschärfung der Situation sollten daher forciert und über die Verhandlungen der beiden Börsenvereine eine Einflussnahme erreicht werden. Wie Alfred Ernst, der Geschäftsführer des Leipziger Börsenvereins, schon vermutet hatte, betraf der Prozess ein branchenfremdes Unternehmen von gleichwohl großer wirtschaftlicher Relevanz: die Firma Carl Zeiss, die nach dem Zweiten Weltkrieg eine Spaltung erfahren hatte. Der Betrieb am Ursprungsort Jena war enteignet und als VEB weitergeführt worden, im Baden-Württembergischen Oberkochen wurde ein neuer westlicher Standort aufgebaut.[306] 1957 entschied der Bundesgerichtshof, dass der VEB Carl Zeiss Jena den Firmennamen in der Bundesrepublik und in West-Berlin nicht verwenden dürfe. Im Februar 1959 folgte ein weiteres Urteil, das sich nun auf den Namen des bekannten früheren Teilhabers, Ernst Abbe bezog.[307]

> Der neue Inhaber eines in der SBZ entschädigungslos enteigneten Unternehmens, das von seinem bisherigen Inhaber in der Bundesrepublik fortgeführt wird, ist nicht berechtigt, sich die Firmentradition des Unternehmens bei der Werbung zunutze zu machen. Er handelt wettbewerbsfremd, wenn er den Namen eines Gründers des Unternehmens (hier Ernst Abbe) bei der

---

304 Seifert, Entwurf: Analyse der gesamtdeutschen Arbeit der HV Verlagswesen, 5.12.1957, BArch, DR1/1079.
305 Seifert, HV Verlagswesen, HR Literatur-Austausch, an die HV-Leitung, Betr.: Bundesgerichtshof und sogenannte Parallelverlage, 25.11.1957, BArch, DY30/IV2/9.04/682.
306 Vgl. Ernst, BV Leipzig, an Seifert, HV Verlagswesen, 6.1.1958, SStAL, 21766 BV II, Nr. 1248. Zur deutsch-deutschen Geschichte der Firma Carl Zeiss siehe Hermann 2002.
307 Vgl. Hermann 2002, S. 219f.

Werbung herausstellt und damit den Anschein erweckt, als stammten die so gekennzeichneten Waren aus dem Traditionsbetrieb.[308]

Das Urteil mag eine Stärkung der Verhandlungsposition der westlichen Verleger bedeutet haben, hatte aber keine grundsätzlichen Auswirkungen auf die Gespräche. Weiterhin diskutierten Vertreter aus Ost und West über die Frage der Parallelverlage; die Vertreter des Leipziger Börsenvereins und von Buch-Export mussten jegliche Abmachungen zwischen den Verlagen bzw. dem Börsenverein und den Verlagen aber dem Ministerium für Kultur vorlegen.[309] Eine »Generallinie« oder Gesamtlösung wurde nicht gefunden. Konkrete Gespräche, wie bei B. G. Teubner, liefen weiter; die Situation blieb bei schwierigen Fällen wie diesem noch lange ungeklärt. Der Verlag Carl Marhold in Halle wurde Ende der 1950er Jahre aufgelöst, da der Firmenname als verzichtbar bewertet wurde. Die Namen der anderen Wissenschaftsverlage blieben hingegen erhalten, teilweise auch im Zuge organisatorischer Zusammenschlüsse. In den 1960er Jahren standen die Parallelverlage in den Gesprächen zwischen Ost und West vor allem im Kontext der Frankfurter Buchmesse weiter auf der Tagesordnung.

In den 1970er Jahren diskutierte die Hauptverwaltung Verlage und Buchwesen den Umgang mit den Parallelverlagen erneut. Namensänderungen standen ebenso zur Debatte wie die Überführung in Volkseigentum bei den Verlagen, die, anders als z. B. Georg Thieme oder Gustav Fischer, noch nicht volkseigen waren:

- Für die Akademische Verlagsgesellschaft Geest & Portig wurde eine Umwandlung in einen VEB vorgeschlagen, da keine Privatanteile mehr vorhanden waren – eine entsprechende Firmierung sollte allerdings unterbleiben. Eine Änderung des Verhältnisses zum Frankfurter Parallelverlag wurde dadurch nicht erwartet.
- Bei S. Hirzel bestand wenig Aussicht auf eine Einigung mit den Eigentümern im Falle einer Weiterführung als VEB unter dem Namen Hirzel. Daher sollte dort im Wesentlichen das *Grimmsche Wörterbuch* weiterhin erscheinen, neue Werke nicht mehr entwickelt werden.
- Ähnlich sahen die Pläne für B. G. Teubner aus. Eine Überführung in Volkseigentum unter Beibehaltung des Namens wurde nicht favorisiert, da eine Einigung mit den Kommanditisten mit finanziellen Zugeständnissen verbunden gewesen wäre. Vorgeschlagen wurde, bei Teubner künftig nur noch Werke zu veröffentlichen, deren Rechte an den Namen geknüpft sind, wie die *Bibliotheca Teubneriana*, Neuentwicklungen aber nicht mehr dort erscheinen zu lassen.
- Theodor Steinkopff wurde als relativ unbedeutend eingestuft, der Verlag sollte geschlossen werden.[310]

---

308 Abschrift aus der Zeitschrift Recht in Ost und West, H. 6, 15.11.1959, S. 246, SStAL, 22199 Teubner Stuttgart, Nr. 89.

309 Vgl. Seifert, HV Verlagswesen, HR Literatur-Austausch, an die HV-Leitung, Betr.: Bundesgerichtshof und sogenannte Parallelverlage, 25.11.1957, BArch, DY30/IV2/9.04/682.

310 Vgl. Entwurf zu einer Vorlage, o. D. [1972–1974], BArch, DR1/7188.

7.3.6 Unterschiedliche Interessen: Die Akteure

Die Suche nach Lösungen für die Parallelverlagsfrage war davon geprägt, dass an ihr viele verschiedene Akteure mit teils divergierenden Interessen beteiligt waren. Egon Morgenstern, Mitarbeiter der HV Verlagswesen, führte Mitte 1958 nicht weniger als zehn verschiedene Stellen an, die mit der Thematik befasst waren: die jeweilige Fachabteilung in der HV (hier die Abteilung Verlage für naturwissenschaftliche und technische Literatur), der ökonomische Bereich in der HV, der Justiziar des Ministeriums, der stellvertretende Minister, das Büro für Urheberrechte, das Zentralkomitee der SED, die Außenhandelsfirma Buch-Export, der Leipziger Börsenverein, der jeweilige Verlag selbst sowie die für diesen zuständige Kontrollstelle des Ministeriums.[311]

In den Jahren zuvor hatte sich die Lage kaum übersichtlicher gestaltet. 1952 war im Amt für Literatur und Verlagswesen dem Hauptreferat ›Verlagsaufbau und -organisation‹ innerhalb der ›Hauptabteilung B: Verlagswesen und Buchhandel‹, ›Abteilung III: Verlagswesen‹ die Aufsicht über den innerdeutschen Handel und damit auch über die Parallelverlage zugefallen. Zugleich war die ›Hauptabteilung A: Begutachtung, Entwicklung und Koordinierung‹ für die gesamtdeutschen Belange des Buchhandels zuständig.[312] 1953 wurde im Zuge der neuen gesamtdeutschen Linie zusätzlich das Hauptreferat ›Gesamtdeutsche Arbeit‹ etabliert, das später den Namen ›Literaturaustausch‹ erhielt.[313] Anfang 1954 kam eine weitere Stelle hinzu: Gegründet wurde eine Kommission, die über die »Förderung deutsch-deutscher Verlegerkontakte, mögliche Gemeinschaftsausgaben und eine am konkreten Fall orientierte Linie im Umgang mit republikflüchtigen Autoren und Verlegern beriet«.[314]

Die Diskussionen um die Änderung der Firmennamen haben gezeigt, dass die Mitarbeiter in der Verlagsbehörde wenigstens teilweise zu einem pragmatischeren Umgang mit den Parallelverlagen bereit waren als die zuständigen Parteiorgane. Noch deutlicher werden die verschiedenen Prioritäten bei weiteren Akteuren des DDR-Buchhandels. So war das Außenhandelsunternehmen Buch-Export Leipzig in die Beziehungen der Parallelverlage einbezogen, da alle Im- und Exportgeschäfte mit dem Westen über diese Ende 1953 gegründete Firma laufen mussten. Dem Unternehmen war an guten Beziehungen zu den Verlagen in der Bundesrepublik gelegen, da eine Zusammenarbeit mit diesen für den DDR-Buchhandel insgesamt ökonomische Vorteile mit sich brachte. In einem Bericht von Buch-Export über die Parallelverlage lag der Fokus der Darstellung daher auf den Vorteilen der Kooperationen: Auf diesem Wege könne der Bedarf an westlicher Literatur ohne die Inanspruchnahme

---

311 Vgl. Morgenstern, Aktenvermerk, Betr.: Behandlung von rechtlichen Problemen der Parallelverlage, 25.6.1958, BArch, DR1/1016.

312 Vgl. Gansel 1996, S. 267.

313 Vgl. Fragen der Abgrenzung und Zusammenarbeit der Abt. Verlagsaufbau mit den anderen Abteilungen, 18.7.1955, BArch, DR1/1873.

314 Lokatis 1997a, S. 40.

großer Devisenmittel gedeckt werden, da über die Lieferungen der Ostfirmen ein Ausgleich geschaffen werde. Argumentiert wurde zudem mit dem Interesse an den wissenschaftlichen Zeitschriften aus dem Westen, zum Beispiel von Gustav Fischer und Georg Thieme in Stuttgart, die von den Wissenschaftlern und Institutionen der DDR dringend benötigt wurden.[315]

Buch-Export erhielt allerdings im November 1954 vom Ministerium für Außenhandel und Innerdeutschen Handel und vom Amt für Literatur und Verlagswesen die Anweisung, keine Verhandlungen mehr mit »republikflüchtigen Verlagen« zu führen und keine Verträge oder Vereinbarungen abzuschließen, ohne vorherige Rücksprache mit diesen beiden Stellen zu halten und das ausdrückliche Einverständnis erhalten zu haben.[316] Dies stand womöglich mit den ökonomisch ausgerichteten Zielen der Firma in Zusammenhang, die Lokatis pointiert beschreibt: »Unter dem Motto ›Wir exportieren Waren und keine Gesinnung‹ wurde das Primat der Ideologie außer Kraft gesetzt.«[317] In den Ministerien hingegen stand die politische Dimension der Parallelverlagsfrage stärker im Fokus der Überlegungen. Vor einer Kündigung der bestehenden Verträge – dies war offenbar in Erwägung gezogen worden – oder der Auslösung »verlagsrechtliche[r] Streitigkeiten« jedenfalls warnte Buch-Export.[318] Das Verbot, direkte Verhandlungen zu führen, wurde im Jahr 1955 bereits wieder aufgehoben. In der zweiten Hälfte der 1950er Jahre war Buch-Export-Generaldirektorin Adelgunde Singer regelmäßig an den Verhandlungen mit dem westlichen Börsenverein beteiligt, bei denen es unter anderem um die Parallelverlage ging.

Ab 1957 war in die Lösungssuche auch das neu geschaffene Ost-Berliner Büro für Urheberrechte involviert. Dessen Leiter Anselm Glücksmann befand es ebenso wie die HV Verlagswesen für notwendig, dass eine »Generallinie« gemeinsam mit dem Ministerium für Kultur und weiteren betroffenen Stellen festgelegt und dann »möglichst planmäßig organisiert an die Durchführung gegangen wird«.[319] Hinsichtlich der Erfolgschancen der Bemühungen zeigte sich Glücksmann, der an den Gesprächen über die Beziehung der beiden Teubner-Verlage beteiligt war (siehe Kapitel 6.3), optimistisch sowie zu Pragmatismus bereit:

> Dieses Büro ist nach Kräften bestrebt in einer Reihe von Fällen zur Verständigung zwischen den in Westdeutschland und in Leipzig bestehenden Verlagsunternehmen gleichen Namens beizutragen. Dabei gehen wir davon aus, daß beiderseitig heute bereits die nach den jeweils geltenden Gesetzen bestehende Rechtslage als eine Tatsache anerkannt wird, von der zumindest für den

---

315 Vgl. [Buch-Export], I. Aufstellung republikflüchtiger Buchverlage, die direkt mit uns zusammenarbeiten, o. D. [November 1954], BArch, DR1/2064.

316 Vgl. Buch-Export an das Ministerium für Außenhandel und Innerdeutschen Handel, 26.11.1954; Buch-Export an die Zentralstelle für wissenschaftliche Literatur, 30.12.1954, BArch, DR1/2064.

317 Lokatis 1997a, S. 40.

318 Vgl. [Buch-Export], I. Aufstellung republikflüchtiger Buchverlage, die direkt mit uns zusammenarbeiten, o. D. [November 1954], BArch, DR1/2064.

319 Glücksmann an die HV Verlagswesen, 22.8.1957, SStAL, 21766 BV II, Nr. 1248.

Moment beiderseitig ausgegangen werden muß. Wenn man aber die Rechtslage ausklammert und sich rein auf die Verständigung auf dem Boden der Tatsachen beschränkt, dann gibt es in jedem Einzelfall genügend Mittel und Wege, um zu Lösungen zu gelangen, die den beiderseitigen Interessen dienen und gleichzeitig das Ansehen der beteiligten Verlage erhöhen.[320]

Die Rolle von Buch-Export und vom Büro für Urheberrechte im Gesamtgefüge der Zuständigkeiten trug ebenso wie die des Leipziger Börsenvereins ambivalente Züge. Einerseits waren diesen Stellen offiziell nur Hilfsaufgaben zugedacht, was eine Definition der Aufgaben des Hauptreferats ›Literaturaustausch‹ innerhalb der Hauptverwaltung Verlagswesen im Ministerium für Kultur von 1957 deutlich macht. Zu den Aufgaben des Referats unter der Leitung von Clemens Seifert gehörte demnach die

> Klärung der Beziehungen zwischen den sogenannten Parallelverlagen nach verlagsrechtlichen Gesichtspunkten, vom Standpunkt der Wahrung des Ansehens der DDR unter Berücksichtigung der Möglichkeiten zur Beseitigung vermeidbarer Spannungen (unter anderem Koordinierung der Hilfestellung durch Börsenverein, DBG, Urheberrechtsbüro).[321]

Nichtsdestotrotz hatten alle diese Institutionen eine große Bedeutung für das innerdeutsche Gespräch: Das Amt für Literatur und Verlagswesen selbst wollte und sollte ebenso wie sein Nachfolger, die HV Verlagswesen, bei den Verhandlungen mit den westlichen Partnern nicht in Erscheinung treten. Die Frage, ob der Verzicht auf eine Präsenz der Literaturbehörde bei öffentlichen Anlässen ebenso wie bei Verhandlungen richtig sei oder nicht, wurde im Jahr 1956 zwar diskutiert, an der Linie änderte sich aber in der folgenden Zeit nichts.[322] Konkrete Erfahrungen aus den Parallelverlagen bestätigten, dass sich die Einmischung staatlicher Stellen negativ auf die Gespräche mit den Westverlagen auswirken konnte. So beklagte der Leipziger Musikverlag C. F. Peters 1957 dem Börsenverein gegenüber, dass durch »das Dazwischenschalten staatlicher Institutionen und das Verbot direkter Verhandlungen zwischen Parallelverlagen«[323] ein bereits seit drei Jahren bevorstehender Vertragsabschluss zwischen den Häusern bislang gescheitert sei.

In der Tat war eine positive Verständigung der Parallelverlage vor allem dann wahrscheinlich, wenn daran auf DDR-Seite der Verlag selbst beteiligt war, wie das Beispiel von Gustav Fischer und die kurze Zeit des kooperativen Nebeneinanders der Carl-Marhold-Verlage zeigen. War dies nicht möglich oder erwünscht, so waren im Westen als Verhandlungspartner Börsenverein oder Buch-Export lieber gesehen als

320 Glücksmann, Büro für Urheberrechte, an F. A. Brockhaus, 13.9.1957, SStAL, 22199, Teubner Stuttgart, Nr. 85.
321 Seifert an Böhm und Hoffmann, Schreiben zu den zentralen Koordinierungs- (Querschnitts-) Aufgaben des HR Literaturaustausch, 14.6.1957, BArch, DR1/1077.
322 Vgl. Seifert, Entwurf: Analyse der gesamtdeutschen Arbeit der HV Verlagswesen, 5.12.1957, BArch, DR1/1079.
323 Peters an den BV Leipzig, 22.10.1957, SStAL, 21766 BV II, Nr. 1248.

die offizielle Lenkungsbehörde aus Ost-Berlin, der das Stigma anhaftete, eine »Politik der Planung, Politisierung und Zensur«[324] zu betreiben.

7.4 Resümee

Die beiden Börsenvereine in Frankfurt am Main und Leipzig, die selbst mit der Teilung ihres Vereins und den sich daraus ergebenen Streitigkeiten konfrontiert waren, waren mit der Frage der Parallelverlage auf verschiedenen Ebenen befasst. Zum einen trugen einzelne Parallelverlage Forderungen und Erwartungen an ihren Verband heran, der sie in ihrer komplizierten Situation unterstützen sollte; zum anderen hatten die Branchenverbände die Aufgabe, die Interessen des gesamten Buchhandels wahrzunehmen – und dies bedeutete unter anderem, an einer Ausgestaltung des innerdeutschen Buchhandels so mitzuwirken, dass die Interessenslagen und Zielstellungen höchst unterschiedlicher Firmen verschiedener Sparten Berücksichtigung fanden.

Der Frankfurter Börsenverein sah sich im Kontext der Parallelverlagsproblematik vor allem aus drei Gründen vor Schwierigkeiten gestellt, aus denen Konflikte und die Notwendigkeit zu Kompromissen resultierten. Oft hatte dies zur Folge, dass »die Aufgaben der Gemeinschaft über die Interessen einzelner zu stellen«[325] waren.

– Bezogen auf den Gesamtbuchhandel in der Bundesrepublik handelte es sich bei den Verlagen, die bezüglich ihrer Parallelfirmen in der DDR nicht zu Kooperationen und generell zu keinerlei Konzessionen gegenüber dem gesamten DDR-Verlagswesen bereit waren und die vom Börsenverein eine entsprechende Unterstützung ihrer Position erwarteten, um eine überschaubare Zahl. Hätte die Frage der Enteignungen und der Streitigkeiten um Firmennamen und Verlagsrechte nicht eine solch große politische Brisanz besessen und wäre sie nicht von so fundamentaler Bedeutung für die Betroffenen gewesen, wäre der Gruppe der Parallelverleger um Martin Giesecke wohl kaum eine so verhältnismäßig große Aufmerksamkeit von Seiten des Branchenverbands zuteil geworden. Eine Reihe von Treffen und Korrespondenzen mit der Gruppe Mitte der 1950er Jahre zeugt vom Zuspruch von Seiten des Börsenvereins. Der Gruppe stand allerdings eine weit größere Anzahl an Verlagen gegenüber, die sich entweder arrangiert hatten oder die von der Problematik von vornherein nicht betroffen waren und die darüber hinaus oft eigene wirtschaftliche Interessen im Handel mit der DDR verfolgten. In Teilen konnten und wollten diese der streckenweise abgrenzenden Politik des Börsenvereins nicht folgen. Der Frankfurter Verband sah es insgesamt als eine seiner Aufgaben an, das Funktionieren des innerdeutschen Buchhandels

---

324 Randbemerkungen zu den ostzonalen Vorschlägen. In: Börsenblatt (Frankfurter Ausgabe), H. 12, 12.2.1954, S. 73–78, hier S. 73.
325 Rechenschaftsbericht des Vorstandes zur Hauptversammlung 1957. In: Börsenblatt (Frankfurter Ausgabe), 22.10.1957, S. 1309.

zu unterstützen, wofür ebenso ideelle wie ökonomische Argumente ins Feld geführt wurden. Mit den Lieferungen der westdeutschen Verlage in die DDR bzw. der gewünschten Ausweitung des innerdeutschen Handels wurden vom Börsenverein Zugeständnisse gegenüber der DDR begründet. Da im Handel zwischen den beiden deutschen Staaten ein Ausgleich zwischen Lieferungen und Bezügen zu schaffen war, mussten dem Osten ebenfalls höhere Lieferungen und die dazugehörigen Marketingmaßnahmen (Messeteilnahme in Frankfurt) ermöglicht werden.

– Die Sortimentsbuchhändler zeigten oft wenig Verständnis für die Forderungen der übergesiedelten Verleger, da sie die Grundlage ihres Geschäftsmodells, den Kunden jedes gewünschte Buch besorgen zu können, durch die Einfuhrverbote und juristischen Streitigkeiten bedroht sahen.

– Für den Börsenverein erwies es sich daneben als problematisch, dass die Parallelverlage selbst höchst unterschiedliche Strategien im Umgang mit ihrer Situation verfolgten. Ein einheitliches Vorgehen war den Verlegern nicht möglich – folglich musste auch der Verband mit entsprechenden Versuchen scheitern.

Der Vorschlag des Frankfurter Vorstehers Jaspert, nach dem die östlichen Parallelverlage ihre Namen ändern sollten, stellte den einzigen Versuch dar, die Problematik pragmatisch auf einem einheitlichen Wege zu lösen. Der Vorstoß scheiterte am Widerstand aus Ost und West. Später gab es nur noch vereinzelte Versuche, von Seiten des Verbands eine Lösung für alle Verlage anzuregen. Parallelverleger wie Giesecke und Hauff nahmen in den 1960er Jahren noch gelegentlich an Sitzungen des Börsenvereins oder seiner Ausschüsse teil. Ihr Anliegen fand weiterhin Beachtung, eigene Treffen fanden allerdings nicht mehr statt. Der Börsenverein zog sich immer mehr auf die Position zurück, die Parallelverlage zwar grundsätzlich zu unterstützen, aber keine großen Einflussmöglichkeiten zu besitzen.

Der Leipziger Börsenverein konnte aufgrund der ihm zugedachten Aufgabe im Verlagssystem der DDR, die mehr auf eine unterstützende und beratende Funktion ausgerichtet war und eigene Initiativen erschwerte, eine dem Frankfurter Verband ähnliche, aktive Rolle für die Parallelverlage nicht einnehmen. In der unmittelbaren Nachkriegszeit hatten die östlichen Verlage noch vereinzelt Rat und Unterstützung bezüglich der Parallelverlagsproblematik eingefordert, später wurde dies kaum mehr in Anspruch genommen. Stattdessen gaben vorrangig das Amt für Literatur und Verlagswesen bzw. seine Nachfolgebehörden sowie das ZK der SED die Strategien vor. Vor allem die Vertreter der Partei beharrten dabei oft auf ideologisch geprägten Grundsätzen, die Kompromisse unmöglich machten. Die Mitarbeiter des Amts, die aufgrund ihrer täglichen Arbeit und der Zusammenarbeit mit den Verlagen die praktischen Fragen besser einschätzen konnten, zeigten sich in einigen Punkten beweglicher. Dies galt ebenso für die Vertreter des Börsenvereins, wobei auch hier differierende Auffassungen vertreten wurden, bedingt durch verschiedene biografische Hintergründe und politische Einstellungen. Weil im Leipziger Börsenverein (trotz der politischen Lenkung) Verleger und Buchhändler agierten, kam dem Verband letztlich doch eine wichtige Rolle zu: Die Vertreter des Börsenvereins waren die Hauptgesprächspartner in den Verhandlungen mit dem Westen. Treffen mit staatlichen Funktionären der DDR hätte der Frankfurter Börsenverein wohl nicht zugestimmt – er hätte dies, da die Aussprachen ohnehin stets unter einem Legitimationsdruck gegenüber einem Teil der Mitglieder standen, nicht vermitteln können.

Gemeinsam war den Börsenvereinen in Leipzig und in Frankfurt das Ziel, das Problem der Parallelverlage im Gesamtinteresse des innerdeutschen Buchhandels zu lösen. Die generellen Interessen lagen dabei nicht so weit voneinander entfernt, wie es auf den ersten Blick scheinen mag. Ein funktionierender innerdeutscher Handel wurde aus ökonomischen Gründen sowohl auf ost- als auch auf westdeutscher Seite begrüßt. Durch den Druck, auf diesem Wege an die begehrten Devisen bzw. aus dem Westen benötigte Produkte zu kommen, ist das Bestreben nach einer Ausweitung des Handels in der DDR zwar größer gewesen als im Westen; wenigstens einem Teil der westdeutschen Verleger aber, vor allem im Bereich des Fach- und des wissenschaftlichen Buchs, war der Absatzmarkt DDR ebenfalls wichtig. Möglichst unkomplizierte Konditionen für die Teilnahme an den Buchmessen und die Veranstaltung von Buchausstellungen im jeweils anderen Land waren in diesem Zusammenhang ebenfalls von beiden Seiten gewünscht. Politische Motive spielten in beiden Ländern eine Rolle: Der Gedanke, mit der Literatur die Bevölkerung des je anderen Deutschland im eigenen Sinne politisch beeinflussen zu können, begegnete in der DDR ebenso wie in der Bundesrepublik.

Da die Konflikte der Parallelverlage den innerdeutschen Buchhandel an verschiedenen Stellen hemmten, hätten beide Börsenvereine eine grundsätzliche Lösung begrüßt, mussten aber ob der Verschiedenartigkeit der Verhältnisse weitgehend kapitulieren. Sofern es schließlich bei den schwierigen Fällen doch zu einer Einigung kam, war diese das Ergebnis langer und zäher individueller Verhandlungen und konnte gemeinhin nur gelingen, wenn die Verhandlungspartner auf beiden Seiten eine gewisse Flexibilität zeigten und auf politischen oder rechtlichen Grundsatzfragen nicht stur beharrten. Was für die Gespräche bei einzelnen Verlagen galt, trifft auch für die Verhandlungen der Börsenvereine zu. Wie erfolgreich die Gespräche verliefen, hing nicht nur von den politischen Gegebenheiten ab – auch die beteiligten Akteure spielten eine entscheidende Rolle.

Die verschiedenen staatlichen Institutionen in der DDR, die mit dem Verlagswesen befasst waren, allen voran die Literaturbehörde in Ost-Berlin, unternahmen im Laufe der 1950er Jahren wiederholt Versuche, sich neben den konkreten Verhandlungen, Prozessen und Kooperationen bei den einzelnen Verlagen einen Gesamtüberblick über die Situation der Parallelverlage zu verschaffen und darauf aufbauend zu einer einheitlichen Strategie zu gelangen. Ihr Umgang mit den Parallelverlagen war dabei abhängig von den aktuellen politischen Entwicklungen sowie von den eigenen, sich unterscheidenden Prioritäten, die sich eher auf politisch-ideologische Zielsetzungen oder eher auf ökonomische beziehen konnten. Letztlich führte die Suche nach einer generellen Lösung aber nicht zum Erfolg. Dies lag zum einen darin begründet, dass sich die Verhältnisse bei den Verlagen deutlich unterschieden und diese selbst verschiedene Interessen verfolgten – daran waren auch die Initiativen des Frankfurter Börsenvereins gescheitert. Zum anderen blieben die Zielsetzungen im Dilemma verfangen, das einerseits die eigenen Rechte unbedingt gewahrt und der ›Feind‹ in der Bundesrepublik bekämpft werden, andererseits aber die verlegerische Zusammenarbeit im Sinne der gesamtdeutschen Bestrebungen gesucht werden sollte.

8 Die Buchmessen im Kontext der Parallelverlagsfrage

Buchmessen besaßen in der Branche seit der Inkunabelzeit wichtige Funktionen. Anfangs waren sie vorrangig Handels- und Abrechnungsort und Teil der allgemeinen Handelsmessen. Im Laufe der Jahrhunderte wuchs ihre Bedeutung im Zuge der Ausdifferenzierung des Buchhandels und des Wandels der Handelsusancen. In Deutschland hatte sich zunächst Frankfurt am Main zum führenden Handelsplatz für gedruckte Bücher entwickelt. Im Laufe des 17. Jahrhunderts begann sich der Schwerpunkt nach Sachsen, namentlich nach Leipzig zu verlagern, 1764 musste Frankfurt seine Vorrangstellung endgültig an die Stadt an der Pleiße abgeben. Versuche einer Wiederbelebung Frankfurts als Buchmessestadt in der ersten Hälfte des 20. Jahrhunderts scheiterten.[1]

Nach dem Ende des Zweiten Weltkriegs sollte die Stadt als Austragungsort der Buchmesse neue Bedeutung erlangen. Frankfurt war als (ein) neuer ›Buchplatz‹ schon von den amerikanischen Besatzern gefördert worden; hier war zudem seit 1946 die Redaktion des *Börsenblatts* beheimatet und seit der Gründung im Mai 1948 der Sitz der Arbeitsgemeinschaft deutscher Verleger- und Buchhändlerverbände, einer Vorstufe des später das ganze westliche Deutschland umfassenden Börsenvereins. Die Stadt schien somit prädestiniert dafür, auch das dringend benötigte Begegnungs- und Repräsentationsforum in Form einer Buchmesse zu beherbergen. Die länderübergreifende Buchhandelsorganisation, die seit Oktober 1948 wieder den traditionellen Namen Börsenverein trug, verhielt sich bei der ersten Buchmesse, die im September 1949 in der Frankfurter Paulskirche stattfand, aber zunächst abwartend – organisiert wurde diese Veranstaltung vom Hessischen Buchhändlerverband. Erst nach dem offensichtlichen Erfolg der Messe entschloss sich der Börsenverein, deren Ausrichtung künftig zu übernehmen.[2] In der Folge entwickelte sich die Buchmesse in Frankfurt rasch zu einer großen, international bedeutenden Messe.

Bei den Gesprächen, die der Börsenverein Frankfurt mit dem Leipziger Börsenverein (und teilweise anderen Institutionen des DDR-Buchhandels) ab der zweiten Hälfte der 1950er Jahre führte, standen neben dem Verhältnis der Verbände verschiedene Fragen des innerdeutschen Buchhandels im Mittelpunkt. Neben der Problematik der Parallelverlage und damit in engem Zusammenhang stehend ging es dabei auch immer wieder um die Teilnahme der DDR-Verlage an der Frankfurter Buchmesse. Dem alljährlichen Branchentreffen, auf dem die Verlage nicht nur ihre Produkte präsentieren, sondern das daneben eine wichtige Interaktionsplattform darstellte und wo –

---

[1] Vgl. Rautenberg/Titel 2015; Estermann 2003, S. 116; Füssel 1999, S. 7, 12f.; Weidhaas 2003, S. 8–10. Zur Entwicklung beider Messestädte im 19. und 20. Jahrhundert siehe überblickartig Füssel/Saur 2000, S. 234–239.

[2] Vgl. Füssel 1999, S. 16–20.

https://doi.org/10.1515/9783110543421-008

theoretisch – der gesamtdeutsche Buchhandel zusammenkommen konnte, kam in Kontext all der strittigen Fragen eine besondere Bedeutung zu.

Die Leipziger Buchmesse, die seit 1946 wieder stattfand, erlangte ihre alte Bedeutung in der zweiten Hälfte des 20. Jahrhunderts nicht zurück. Ihre Ausstrahlung blieb auf den östlichen Teil Europas beschränkt, innerhalb dessen die DDR-Messe zur zweitbedeutendsten nach Warschau wurde. Dieser zusammenfassende Befund soll aber nicht darüber hinwegtäuschen, dass dennoch Verlage aus der Bundesrepublik und auch aus dem westlichen Ausland in Leipzig präsent waren.[3] Eine wichtige Rolle spielte die Leipziger Buchmesse für den gesamten Außenhandel des Landes und damit für die deutsch-deutschen Kontakte – wer mit den ostdeutschen Verlagen Geschäfte machen wollte, kam nach Leipzig.[4]

8.1 Teilnahme der Parallelverlage an der Leipziger Buchmesse

Die Teilnahme westlicher Parallelverlage an der Leipziger Messe war grundsätzlich möglich.[5] Auf der ersten Nachkriegsmesse im Herbst 1947 hatten neben 70 Verlagen aus der Sowjetischen Besatzungszone 20 Verlage aus den Westzonen in Leipzig ausgestellt, im Frühjahr 1948 waren es bereits 53.[6] Bei dieser Messe wurde erstmals »die Produktion von Verlagen der Ostzone, die auch im Westen eine Filiale haben, nebeneinander« präsentiert. Annemarie Meiners Bericht im Frankfurter *Börsenblatt* zufolge konnten sich die Besucher unter anderem am Beispiel von Georg Thieme davon überzeugen, »wie gut sie sich ergänzt und wie stattlich sie ist«.[7] Ein Jahr später hatten sich die politischen Gegensätze zwischen den westlichen und der östlichen Zone verschärft, und aufgrund der Bestimmungen der Militärregierungen blieb die Messebeteiligung der westlichen Verlage auf acht beschränkt, die sich durch Kommissionäre vertreten ließen.[8]

Im Laufe der 1950er Jahre stieg die Zahl der Verlage aus der Bundesrepublik, die ihre Produktion in Leipzig präsentierten, wieder stetig an. Dabei gab es sowohl das Modell von Einzel- als auch von Gemeinschaftsständen, veranstaltet durch Kommissionäre. Im Jahr 1952 waren 30 westdeutsche Verlage an einem Gemeinschaftsstand

---

3 Vgl. Zeckert 2012, S. 4 sowie Zeckert 2009, S. 2.

4 Vgl. Saur 2000, S. 252f.

5 Makower, Beiderseitige Beteiligung an den Messen in Leipzig und Frankfurt/M., 21.11.1955, BArch, DR1/1079.

6 Vgl. Lokatis 1997a, S. 42; Meiner, Annemarie: Eindrücke von der Leipziger Messe. In: Börsenblatt (Frankfurter Ausgabe), H. 5/6., 31.3.1947, S. 90f., hier S. 91.

7 Dieses und die vorangegangenen Zitate: Meiner, Annemarie: Leipziger Frühjahrs-Messe 2. bis 7. März 1948. In: Börsenblatt (Frankfurter Ausgabe), 27.3.1948, S. 138. Vgl. auch Lokatis 1997a, S. 42.

8 Vgl. Leipziger Frühjahrsmesse 6.–13. März 1949. In: Börsenblatt (Frankfurter Ausgabe), H. 21/22, 1.4.1949, S. 71.

vertreten, vier Jahre später schon fast zehnmal so viele. Jetzt stellten 286 westdeutsche Verlage, davon elf als Einzelaussteller und 275 innerhalb von Gemeinschaftsständen aus.[9] 1958 waren über 300 Verlage aus der Bundesrepublik in Leipzig präsent, davon 17 auf Individualständen.[10] In den 1950er Jahren regelmäßig mit eigenen Ständen vertreten waren unter anderem die Wissenschaftsverlage Springer, Hanser, de Gruyter, Paul Parey, Oldenbourg, Ernst & Sohn und der Verlag Chemie.[11]

Auch einige der westlichen Parallelverlage präsentierten sich in den 1950er Jahren in Leipzig. Ein Modell für die Beteiligung war die Mitausstellung durch den DDR-Parallelverlag. Beispielsweise zeigte der Münchner Verlag Johann Ambrosius Barth auf der Leipziger Messe seine Produktion am Stand des verwandtschaftlich verbundenen Leipziger Barth-Verlags. Dieses Verfahren war vom Amt für Literatur und Verlagswesen Anfang der 1950er Jahre genehmigt worden und ist noch für die 1960er Jahre belegt.[12] Der Stuttgarter Verlag Georg Thieme, der seinem Leipziger Parallelverlag weniger eng verbunden war, aber auch (noch) keine Strategie der Konfrontation gegen diesen verfolgte, beteiligte sich in den 1950er Jahren regelmäßig mit einem eigenen Stand an der Leipziger Messe.

Verlage wie Teubner Stuttgart hingegen, die der DDR ablehnend gegenüberstanden, kamen nicht zur ostdeutschen Buchmesse. Gleiches galt für den Dr. Dietrich Steinkopff Verlag. Obwohl Steinkopff mit dem väterlichen Verlag in Dresden gute Beziehungen pflegte, kam für den Darmstädter Verleger ein Auftritt in Leipzig aus grundsätzlichen Erwägungen nicht in Frage.[13] Verlage wie Marhold West-Berlin und Hirzel Stuttgart waren ebenfalls nicht vertreten. Zu Konflikten kam es im Zusammenhang mit der Leipziger Messe bei den wissenschaftlichen Parallelverlagen nicht.[14]

Politische Entwicklungen fanden ihren Niederschlag auch in Leipzig auf der Messe. So wurde die Atmosphäre in der zweiten Hälfte der 1950er Jahre, als die SED

---

9 Vgl. Die gegenwärtige Lage im innerdeutschen Buchhandel. In: Börsenblatt (Leipziger Ausgabe), H. 51/52, 20.12.1952, S. 957f.; Tensierowski, Otto: Das Angebot sprach für sich selbst. In: Börsenblatt (Leipziger Ausgabe), H. 38, 22.9.1956, S. 593f.

10 Vgl. Der innerdeutsche Handel und die Leipziger Buchmesse im Frühjahr 1958. In: Börsenblatt (Leipziger Ausgabe), H. 12, 22.3.1958, S. 177f. 1960 waren es ebenfalls rund 300 westdeutsche Verlage. Vgl. Warum hemmt Frankfurt (Main) den Literaturaustausch? In: Börsenblatt (Leipziger Ausgabe), H. 37, 10.9.1960, S. 582.

11 Vgl. Tensierowski, Otto: Das Angebot sprach für sich selbst. In: Börsenblatt (Leipziger Ausgabe), H. 38, 22.9.1956, S. 593f.; Sarkowski 1997, S. 105. Die genannten Verlage waren laut Sarkowski die »wichtigsten Handelspartner der DDR beim Einkauf wissenschaftlicher Bücher und Zeitschriften«.

12 Vgl. Barth Leipzig an die HV Verlagswesen, 15.8.1956, SStAL, 21101 Barth Leipzig, Nr. 278; Oehler an Jürgen Steinkopff, 16.3.1964, ZLB, Aktenarchiv Steinkopff, Dresden 523-14/64 vom 1.1.1954 bis 30.6.1964.

13 Vgl. Dietrich Steinkopff an Niemeyer, 28.12.1954, SStAL, 22199 Teubner Stuttgart, Nr. 84.

14 Vgl. zur Leipziger Buchmesse Zeckert 2012 sowie Saur 2000. Für Insel ist belegt, dass sich der Leipziger Insel-Verlag ab 1961 nicht mehr damit einverstanden erklärte, die Frankfurter Produktion auf der Leipziger Messe mit auszustellen, wie es bis dahin praktiziert worden war. Dem war die Erklärung des westlichen Verlags vorausgegangen, dass das dortige Haus Hauptsitz sei. Vgl. Bär, Insel Leipzig, an Selle, MfK, HV Verlage und Buchhandel, 24.3.1966, SStAL, 21766 BV II, Nr. 3068.

ihre ideologische Offensive betrieb, von vielen Besuchern aus der Bundesrepublik als unangenehm empfunden – permanent war die Politik das beherrschende Thema. In den Jahren um den Mauerbau wiederum kam politische Einflussnahme ebenso aus dem Westen. Die Bundesregierung unternahm, unterstützt vom Frankfurter Börsenverein, verschiedene Versuche, die Teilnahme westdeutscher Verleger an der Leipziger Messe zu verhindern. Dies drückte sich in der Nichterteilung von nötigen Genehmigungen, moralischem Druck und anderen inoffiziellen Boykottmaßnahmen aus. Ein empfindlicher Rückgang der westlichen Aussteller am Anfang der 1960er Jahre war die Folge.[15] Das Thema der Parallelverlage hingegen war keines, das in Leipzig, bei den Vorbereitungen oder den offiziellen Verlautbarungen im Umfeld besonders zur Sprache kam – anders in Frankfurt am Main.

8.2 Frankfurter Buchmesse: Plattform für deutsch-deutsche Buchhandelskonflikte

Bei der Frankfurter Buchmesse machte die Frage, ob bzw. unter welchen Bedingungen die Teilnahme der Verlage aus der DDR gestattet war, das jährliche Branchentreffen zu einem Brennpunkt innerdeutscher Auseinandersetzungen. Deren Inhalte gingen über buchhändlerische Fragen weit hinaus – sie spiegelten das deutsch-deutsche Verhältnis hinsichtlich politischer Grundsatzfragen. Im Mittelpunkt der Streitigkeiten standen zwei Aspekte: die Problematik der Parallelverlage und die Staatsbezeichnung ›Deutsche Demokratische Republik‹ respektive ›DDR‹.

8.2.1 Vom Ausschluss der DDR-Verlage zur indirekten Präsenz: 1952–1957

An der ersten Nachkriegsmesse in Frankfurt im Jahr 1949 nahmen aus der Sowjetischen Besatzungszone zwölf Verlage teil, darunter die Akademische Verlagsgesellschaft, Theodor Steinkopff und B. G. Teubner.[16] Sie waren einer expliziten Einladung des Frankfurter Messeamtes gefolgt.[17] 1950 und 1951 war jeweils nur ein einziger DDR-Verlag in Frankfurt vertreten: Theodor Steinkopff aus Dresden, ein privates Unternehmen mit einem Parallelverlag in der Bundesrepublik, mit dem aufgrund verwandtschaftlicher Beziehungen keine grundlegenden Differenzen bestanden.[18]

---

15 Vgl. Zeckert 2012, S. 1–3.
16 Vgl. Weidhaas 2003, S. 153. An der eigentlichen Ausstellung nahmen nur drei Ostverlage teil, die anderen stellten an einem eigenen Ausstellungsort in der Nähe des Messegeländes am Platz der Republik aus, da sie sich zu spät angemeldet hatten.
17 Vgl. Verwaltung der Parteibetriebe, Hauptreferat Buchverlagswesen, Aktennotiz über die Besprechung am 12.7.1949 in der Kulturabteilung, BArch, DY30/IV 2/9.04/696.
18 Vgl. Füssel 1999, S. 23; Weidhaas 2003, S. 171.

In den folgenden drei Jahren fehlten die ostdeutschen Verlage als offizielle Messeaussteller.[19] Dem lag ein Beschluss des Frankfurter Börsenvereins zugrunde. Auf seiner Sitzung im August 1952 hatte der Vorstand einstimmig entschieden, die Verlage aus der DDR nicht zur Frankfurter Buchmesse zuzulassen.[20] Dieser Ausschluss hatte seine Ursache vor allem im ungelösten Konflikt einiger Parallelverlage. Hatte Aufbau-Verlagsleiter Walter Janka im Vorfeld der Buchmesse 1953 noch die allgemein gehaltene Auskunft vom Börsenverein erhalten, die Ablehnung der DDR-Verlage sei aus »politischen Gründen«[21] erfolgt, konnte Buch-Export-Prokurist Otto Tensierowski nach seinem Messebesuch die Gründe konkreter benennen:

> Feststellen musste ich, daß die aus der DDR abgewanderten und republikflüchtigen Verlage in zunehmendem Maße Einfluß auf den westdeutschen Buchhandel ausüben und besonders beim Vorstand des Börsenverein starke Unterstützung finden, die sich uns gegenüber selbstverständlich negativ auswirkt und letzten Endes auch die Ursache für die ablehnende Haltung des Vorstandes in der Frage unserer Beteiligung an der Frankfurter Messe [...] ist.[22]

Tensierowski verhandelte auf der Messe mit Börsenvereins-Geschäftsführer Ernst Umlauff. Zum Punkt der Messebeteiligung konnte er ebenso wenig wie bei der Frage der Insertion von DDR-Verlagen im Frankfurter *Börsenblatt* Erfolge erzielen (vgl. Kapitel 7.1.5). Umlauff begründete die Entscheidung des Börsenvereins damit, dass auf die westlichen Parallelverleger Rücksicht genommen werden müsse. Außerdem wolle der Verband keine Zensurfunktion ausüben, was aber bei einer Teilnahme von DDR-Verlagen nötig wäre, um »irgendwelche möglichen Pannen zu verhindern«.[23]

Der Buch-Export-Mitarbeiter besuchte außerdem Arthur Georgi, den Frankfurter Börsenvereins-Vorsteher, dessen Haltung er als reaktionär beurteilte. Dieser äußerte ebenfalls, eine Messebeteiligung sei nicht möglich, weil der Börsenverein »die Vorgänge in der DDR als Raub von Verlagsrechten und rechtswidrige Enteignung von Privatverlagen auf das schärfste verurteilt«.[24] Im Leipziger *Börsenblatt* fand dieses Thema keine Erwähnung, als Chefredakteur Wolfgang Böhme den Frankfurter Verband hart kritisierte und ihm vorwarf, durch seine Entscheidung »den verwerflichen Bestrebungen einer geistigen Spaltung Vorschub zu leisten«.[25] Der Vorstand des

---

19 Vgl. Füssel 1999, S. 185; Weidhaas 2003, S. 181.

20 Vgl. Abschrift aus Prot. 41. Vorstandssitzung BV, 21.8.1952, ISG Frankfurt, BV, W2/8: 203.

21 Böhm, Aktennotiz, 15.8.1953, BArch, DR1/1905.

22 Tensierowski, Westdeutsche Reise vom 24.9. bis 16.10.1953, BArch, DR1/1187. Zu dem Kreis gehörten laut Tensierowski vor allem Hiersemann, Giesecke, Stichnote, Niemeyer, Seemann, Knapp, Reclam, Petschull (Peters), Schmeil (Quelle und Meyer), Meiner und Perthes.

23 Tensieroswki Börsenblatt (Leipziger Ausgabe), H. 51/52, 20.12.1952, S. 957f.; Tensierowski, Otto Westdeutsche Reise vom 24.9. bis 16.10.1953, BArch, DR1/1187.

24 Ebd.

25 Börsenblatt (Leipziger Ausgabe), H. 19, 8.5.1954, S. 399.

Frankfurter Börsenvereins hingegen brachte seine Haltung in einer Veröffentlichung in der Frankfurter Ausgabe des *Börsenblatts* vom Januar 1954 offen zum Ausdruck:

> Für den Vorstand des Börsenvereins erscheint es unzumutbar, den in der Bundesrepublik Deutschland und in Westberlin tätigen Verlegern, die früher in der Ostzone domizilierten, auf der Buchmesse ihre ihnen jenseits der Zonengrenze enteigneten Betriebe gegenüberzustellen und die Ausstellung zu einem Tummelplatz einstweiliger Verfügungen enteigneter oder sonst wie um ihre Rechte gebrachter Verlage und womöglich auch zu einer Arena politischer Auseinandersetzungen zu machen. In allen Gesprächen mit Beauftragten des Leipziger Börsenvereins über Fragen des Interzonenhandels ist daher zum Ausdruck gebracht worden, daß der Zulassung zur Buchmesse in Frankfurt/Main nichts im Wege stehe, wenn das Eigentum an den enteigneten Betrieben und Rechten wiederhergestellt ist und das buchhändlerische Leben sich in der Ostzone unter den gleichen Voraussetzungen freien und gleichen Wettbewerbs und unabhängiger, freier Meinungsäußerung abwickelt wie in der Bundesrepublik Deutschland und in Westberlin.[26]

In den Messebedingungen war das Vorgehen durch den Passus abgesichert, dass über die Zulassung von Verlagen in Zweifelsfällen der Vorstand des Börsenvereins entscheiden könne und eine Begründung nicht gegeben werden müsse.[27] So kam es zwischen 1952 und 1954 lediglich zu indirekten bzw. inoffiziellen kleineren Präsenzen in Frankfurt: Der Jenaer Verlag Gustav Fischer war beispielsweise 1953 mit seinen Publikationen am Stand des Stuttgarter Parallelverlags vertreten.[28] 1954 wurde von Buch-Export eine Ausstellung der ostdeutschen Verlage in einem Hotel parallel zur Buchmesse durchgeführt; der West-Berliner Kommissionär KAWE veranstaltete außerdem eine Verkaufsmesse, ebenfalls in einem Hotel.[29]

Zur Buchmesse 1955 wollte der Frankfurter Börsenverein die Ost-Verlage zunächst erneut nicht zulassen. Ursprünglich hatte der Vorstand daran gedacht, die privaten Verlage ausstellen zu lassen; weil er aber nach der Anmeldung von 15 bis 20 Verlagen keine Gewissheit hatte, welche Unternehmen tatsächlich noch in Privatbesitz seien, entschied er sich zur Absage an alle DDR-Verlage.[30] Auch die Auslage von DDR-Literatur an Ständen westdeutscher Verlage sollte unterbunden werden.[31] Lediglich bei Barth und Steinkopff, bei denen die Eigentumsverhältnisse bekannt und die als Privatfirmen anerkannt waren, erwog der Börsenverein, nach einem Weg zu suchen,

---

26 Aus der 52. Vorstandssitzung: Zur Frage der Frankfurter Buchmesse in Verbindung mit dem Interzonenhandel. In: Börsenblatt (Frankfurter Ausgabe), H. 8, 29.1.1954, S. 41.

27 Vgl. Börsenblatt (Leipziger Ausgabe), H. 19, 8.5.1954, S. 405.

28 Vgl. Tensieroswki, Westdeutsche Reise vom 24.9. bis 16.10.1953, BArch, DR1/1187.

29 Vgl. Entwurf zur Situation der DDR-Verlage auf der Frankfurter Buchmesse vom 23. bis 29.9.1954, BArch, DR1/1079.

30 Giesecke, Besprechung im Buchhändlerhaus Frankfurt am 9.5.1955 betr. Ost-West-Fragen, 12.5.1955, SStAL, 22199 Teubner Stuttgart, Nr. 84.

31 Dietrich Steinkopff an Giesecke, 3.5.1955, SStAL, 22199 Teubner Stuttgart, Nr. 84.

damit sie an den Ständen der jeweiligen westdeutschen Parallelverlage ausstellen konnten.[32]

Im Juli 1955 wurde dieser Beschluss nach der Intervention des Interzonenhandels-Ausschusses des Börsenvereins unter seinem Vorsitzenden Carl Hanser revidiert.[33] Die Präsentation der DDR-Verlagsproduktion sollte nun unter bestimmten Bedingungen zugelassen werden. Sie würde an einem Gemeinschaftsstand von westlichen Kommissionären unter der Standbezeichnung »Bücher aus dem Interzonenhandel«[34] erfolgen und sollte auf Wissenschafts- und Fachtitel beschränkt werden. Die DDR musste weitere Restriktionen für ihre ausstellenden Verlage akzeptieren:

> Es darf kein Schrifttum aus und von enteigneten oder unter Treuhänderschaft stehenden Verlagen ausgestellt werden. Ferner sind von der Ausstellung ausgeschlossen alle Titel, die nach der Rechtsauffassung im Bundesgebiet verlags- bzw. urheberrechtlich umstritten sind. Titel, [...] gegen deren Ausstellung wegen urheberrechtlicher, verlagsrechtlicher oder firmenrechtlicher Gründe Einspruch erhoben wird, müssen auf Verlangen entfernt werden.[35]

Im Amt für Literatur und Verlagswesen in Ost-Berlin wurden diese Konditionen als Diskriminierung empfunden; zunächst war man dort nicht bereit, sich darauf einzulassen.[36] Buch-Export erhob die Forderung, entweder die DDR-Verlage oder Buch-Export ausstellen zu lassen. Die Frage der Parallelverlage betrachtete die Außenhandelsfirma nicht als Schwierigkeit, da sich nach ihrer Information eine Reihe der Parallelverlage aus der Bundesrepublik bereiterklärt hatte, der Ausstellung ihrer ostdeutschen Häuser zuzustimmen, sofern nicht strittige verlags- oder urheberrechtliche Meinungsverschiedenheiten dem entgegenstanden.[37] Der Frankfurter Börsenverein zeigte sich indes unnachgiebig. Die Ost-Berliner Literaturbehörde musste sich letztlich auf die Bedingungen einlassen und plante als ›Gegenmaßnahme‹ eine erneute eigene Ausstellung durch Buch-Export während der Messezeit in Frankfurt.[38]

Martin Giesecke, Dietrich Steinkopff und anderen Verlegern, die aus dem Osten in die Bundesrepublik übergesiedelt waren, gingen die Beschränkungen nicht weit

---

32 Giesecke, Besprechung im Buchhändlerhaus Frankfurt am 9.5.1955 betr. Ost-West-Fragen, 12.5.1955, SStAL, 22199 Teubner Stuttgart, Nr. 84.

33 Vgl. Arthur Georgi an Giesecke, 13.9.1955, SStAL, 22199 Teubner Stuttgart, Nr. 85.

34 Beschluss des Vorstands des BV, zit. nach Giesecke an Dietrich Steinkopff, 9.7.1955, SStAL, 22199 Teubner Stuttgart, Nr. 84. Vgl. auch Börsenblatt (Frankfurter Ausgabe), H. 55, 12.7.1955, S. 441; Weidhaas 2003, S. 181; Füssel 1999, S. 187. Die Zulassung der Kommissionäre verstieß eigentlich gegen die Messebedingungen, nach denen »Kommissionäre, Sortimenter und Wiederverkäufer« nicht ausstellen durften. Börsenblatt (Leipziger Ausgabe), H. 19, 8.5.1954, S. 405.

35 Seifert an Kraushaar und Hoffmann, 22.9.1955, BArch, DR1/1906. Siehe außerdem Giesecke an Dietrich Steinkopff, 9.7.1955, Anlage, SStAL, 22199 Teubner Stuttgart, Nr. 84.

36 Kern, Aktennotiz, Beteiligung der DDR an der Frankfurter Buchmesse, 16.8.1955, BArch, DR1/1891.

37 Vgl. Buch-Export Leipzig an Umlauff, BV deutscher Verleger- und Buchhändler-Verbände, 12.8.1955, BArch, DR1/1917.

38 Vgl. Seifert an Kraushaar und Hoffmann, 22.9.1955, BArch, DR1/1906.

genug. Sie sahen zwar ihre eigenen Rechte im Grundsatz gewahrt, kritisierten aber, dass »nunmehr die Ostverlage einen Einbruch in das Bundesgebiet erreicht«[39] hätten.[40] Dem Börsenverein gegenüber beklagten sie in einem Schreiben vom Juli 1955 den Umstand, dass die Messezulassung von der DDR als Anerkennung des dortigen Verlagssystems gewertet und für Propagandazwecke benutzt werden könne.[41]

Börsenvereins-Vorsteher Arthur Georgi begründete den Verlegern gegenüber die Entscheidung damit, dass es in der DDR nicht nur enteignete und volkseigene Verlage gäbe, sondern ebenso private, staats- und organisationseigene Firmen. Wenn auch unterstellt wurde, dass alle auch »mit direkt oder indirekt enteigneten oder an sich gebrachten Rechten«[42] arbeiteten, wollte man sich auf die juristisch einwandfreien Bücher konzentrieren. Die übergesiedelten Verleger lehnten diese Argumentation ab. Bezüglich der Staatsverlage aus der DDR fürchteten sie eine negative Rückwirkung auf die Wahrnehmung der eigenen Produktion: Aufgrund der Branchenstruktur und hoher Subventionen in der DDR konnten die Verlage deutlich niedrigere Preise für ihre Bücher ansetzen – der Käufer in der Bundesrepublik könne in Unkenntnis der Verhältnisse den Eindruck gewinnen, die Preise der westlichen Bücher seien nur aufgrund eines unangemessenen Gewinnstrebens der Verleger so viel höher.[43]

In einem an den Vorstand des Börsenvereins in Frankfurt gerichteten Brief forderten Martin Giesecke, Anton Hiersemann, Hermann Niemeyer und Heinrich Reclam außerdem, dass

> nicht etwa Veröffentlichungen von in der SBZ enteigneten bzw. unter Verwaltung stehenden Verlagen mit auf dem Stand des nunmehr in der Bundesrepublik ansässigen Verlages zur Ausstellung kommen, auch wenn zwischen dem Verlag in der Bundesrepublik und seinem enteigneten bzw. unter Verwaltung stehenden Verlag in der SBZ Liefer- oder Kompensationsabkommen bestehen.[44]

Die Forderungen zeigen, dass es den vier Verlegern nicht nur um die Wahrung ihrer eigenen Interessen ging. Sie wollten ein Verbot jeglichen öffentlichen Auftretens der ostdeutschen Parallelverlage durchsetzen, unabhängig davon, in welchem Verhältnis die Verlage in Ost und West tatsächlich zueinanderstanden – und letztlich jegliche DDR-Präsenz verhindern.

---

39 Giesecke an Dietrich Steinkopff, 9.7.1955, SStAL, 22199 Teubner Stuttgart, Nr. 84.

40 Dies wurde im Osten durchaus genau so wahrgenommen, wo es 1958 hieß: »Diese Messe ist für uns ein Einfallstor nach dem Westen«. Ausschnitt aus der Niederschrift über die Sitzung des Vorstandes des BV Leipzig am 2.10.1958, SStAL, 21766 BV II, Nr. 1688.

41 Vgl. Giesecke (mitunterschrieben von Hiersemann, Niemeyer und Reclam) an den Vorstand des BV Frankfurt, 22.7.1955, SStAL, 22199 Teubner Stuttgart, Nr. 84.

42 Arthur Georgi an Giesecke, 13.9.1955, SStAL, 22199 Teubner Stuttgart, Nr. 85.

43 Vgl. Giesecke an Dietrich Steinkopff, 22.7.1955, SStAL, 22199 Teubner Stuttgart, Nr. 84

44 Giesecke (mitunterschrieben von Hiersemann, Niemeyer und Reclam) an den Vorstand des BV Frankfurt, 22.7.1955, SStAL, 22199 Teubner Stuttgart, Nr. 84.

Schließlich nahm die DDR 1955 mit 45 Verlagen an einem Sonderstand, betrieben von den Kommissionären Bieber aus Stuttgart und KAWE aus West-Berlin, an der Frankfurter Buchmesse teil. Die einzelnen Verlagsnamen wurden nicht genannt. Dies war nicht unüblich: Auf diese Weise waren auch Verlage aus anderen Ländern, beispielsweise aus Belgien, China oder Polen vertreten.[45] Die Ausstellung der DDR-Häuser erfolgte in den folgenden zwei Jahren ebenfalls in dieser Form; ab 1957 durften neben wissenschaftlicher und Fachliteratur religiöse und schöngeistige Titel gezeigt werden.[46] Einzelne Parallelverlage aus der Bundesrepublik, die ein kooperatives Verhältnis zu ihrem ostdeutschen Haus pflegten, stellten dessen Titel weiterhin an ihrem Stand mit aus, so zum Beispiel Gustav Fischer.[47]

8.2.2 Unter Buch-Export: 1958 und 1959

Nachdem in der ersten Hälfte der 1950er Jahre kaum Kontakte zwischen den Börsenvereinen bestanden hatten, kamen die Gespräche 1956 wieder in Gang. Der neue Frankfurter Vorsteher Reinhard Jaspert zeigte an einer Verständigung mit dem Osten größeres Interesse als sein Vorgänger; zugleich bekam der Börsenverein Leipzig im Gefüge des ostdeutschen Buchhandels wieder größeres Gewicht. Der DDR-Verband hatte in vorbereitenden Gesprächen mit der HV Verlagswesen und Buch-Export die Verhandlungsziele für die Buchmesseteilnahme 1957 formuliert. Die Form der Ausstellung über Kommissionäre stieß vor allem bei der HV Verlagswesen auf Ablehnung, da dies »mit dem Ansehen der Deutschen Demokratischen Republik als souveräner Staat nicht mehr zu vereinbaren«[48] sei. Als »Maximalziel« wurde formuliert, dass jedem Verlag, der dies wünsche, eine Präsenz in Frankfurt möglich sein solle. Das »Minimalziel«[49] bestand in der Vertretung der DDR-Verlage durch Buch-Export an einem Gemeinschaftsstand. Hinsichtlich der Parallelverlage waren sich sowohl Literaturbehörde als auch Börsenverein darüber im Klaren, dass bei den schwierigen Fällen wenig Verhandlungsspielraum bestand. Die Verlage sollten aufgefordert werden, die Verständigung mit ihrem westdeutschen Parallelverlag zu suchen.[50]

Dieser erzwungene Verzicht stellte jedoch weder für die betroffenen Verlage selbst noch für die Börsenvereine eine befriedigende Lösung dar. Dem Frankfurter Vorsteher Jaspert schwebte eine grundsätzliche Bereinigung der Probleme der Parallelverlage

---

45 Vgl. 20 Länder – 50000 Bücher – 14000 Neuerscheinungen. In: Börsenblatt (Frankfurter Ausgabe), 14.9.1956, S. 1289.

46 Vgl. 69. Vorstandssitzung des BV am 16./17. März 1956, Seite 60, ISG Frankfurt, BV, W2/8:201; BV Frankfurt, Abschlussbericht zur Frankfurter Buchmesse 1958, ISG Frankfurt, BV, W2/7: 2951.

47 Vgl. Fischer Jena an Fischer Stuttgart, 27.9.1955, HA/BV, Nr. 45.

48 Junge, Abteilung Buchhandel, Kollegen Böhm über Seifert, 24.12.1957, BArch, DR1/1079, Blatt 207.

49 Dieses und das vorangegangene Zitat: Aktennotiz, Betr. DDR-Beteiligung an der Frankfurter Buchmesse 1957, 7.6.1957, SStAL, 21766 BV II, Nr. 1426.

50 Vgl. ebd.

durch Firmennamenänderungen der DDR-Häuser vor (siehe Kapitel 7.2.3). Dann wäre die Zulassung aller Verlage aus der DDR zur Frankfurter Messe sofort möglich.[51] Jaspert wollte die Verlage auf dem Weg zu einer Verständigung unterstützen, wobei der Fokus auf der Frage des Namensgebrauchs liegen, Besitz- und Eigentumsfragen aber ausgeklammert werden sollten.[52]

Da die Verhandlungen um die Namensänderungen im Herbst 1957 noch nicht abgeschlossen waren, wurden die DDR-Verlage in jenem Jahr erneut in einer von westlichen Kommissionären veranstalteten Kollektivausstellung in Frankfurt präsentiert. Bei der Eröffnung erklärte Jaspert dieses Vorgehen und rechtfertigte sich gegen Vorwürfe, die DDR aus Gründen der Konkurrenz auszuschließen. Gleichzeitig verlieh er seiner Hoffnung Ausdruck, bald eine angemessene Lösung finden zu können.

> Die Meinung, daß wir in diesem Kreise etwa die Bücher aus der Ostzone oder den Staaten des Ostblocks wegen eines Dumpings fürchten, ist falsch. Wir haben alles getan, daß auch diese Literatur einen möglichst ungehinderten Eingang findet. Wenn wir bisher den Verlegern der Ostzone zurückhaltend gegenüberstanden, weil das Unrecht der Enteignungen eine Grenze setzte, so haben wir die Hoffnung, daß im kommenden Jahr nach einer gewissen Bereinigung jener Dinge auch diese Literatur stärker einbezogen wird.[53]

Beim Leipziger Börsenverein war die Idee einer Regelung der Verhältnisse zwischen den Parallelverlagen durch Namensänderungen in unterschiedlichem Maße auf Zustimmung gestoßen (siehe Kapitel 7.2.3). Der Vorsitzende Heinrich Becker erklärte sich unter Einschränkungen bereit, eine solche Lösung weiter zu verfolgen. Der zweite Vorsitzende und Hauptverhandlungspartner des Westens, Günter Hofé, stand dem Gedanken grundsätzlich positiv gegenüber. Geschäftsführer Alfred Ernst empfahl Ende 1957, die ostdeutschen Verlage mögen die Zusammenarbeit mit den jeweiligen Westverlagen mit dem Ziel suchen, dass diese keine Einsprüche gegen eine Ausstellung auf der Frankfurter Buchmesse erheben.[54] In diesem Kontext sollten auch Namensänderungen erwogen werden.

Der Frankfurter Vorsteher Jaspert stieß mit seinem Vorschlag einer grundsätzlichen Regelung der Parallelverlagsproblematik durch Namensänderungen der DDR-Verlage bei den westlichen Verlegern auf Ablehnung. Diese wollten unbedingt verhindern, dass der DDR irgendwelche Zugeständnisse bezüglich der Messebeteiligung oder der Insertion im Frankfurter *Börsenblatt* gemacht werden. Dennoch war der Vorstand des Börsenvereins weiterhin an einer Verbesserung der Beziehungen interes-

---

51 Vgl. Hofé, Aktennotiz über die Besprechung am 26.6.1957 im Safari-Verlag mit dem Vorsteher des Frankfurter BV Jaspert in Anwesenheit von Lucie Groszer, 29.6.1957, BArch, DR1/1079.

52 Vgl. Bericht über die Verhandlungen mit dem Frankfurter Börsenverein am 8.10.1957, SStAL, 21766 BV II, Nr. 1632.

53 Ansprache des Vorstehers des Börsenvereins, Herrn Reinhard Jaspert. In: Börsenblatt (Frankfuter Ausgabe), H. 82, 11.10.1957, S. 1278.

54 Vgl. Ernst, Arbeit mit Westdeutschland, Entwurf, 11.12.1957, SStAL, 21766 BV II, Nr. 1248.

siert, zumal inzwischen die Drohung ausgesprochen worden war, dass keine ostdeutschen Verlage mehr nach Frankfurt kommen würden, sollten diese nicht selbst ausstellen dürfen. Außerdem wurde der mögliche Austritt aus der Berner Konvention[55] angekündigt, was laut Jaspert zur Folge gehabt hätte, dass die DDR-Verlage unter anderem wissenschaftliche Werke hätten nachdrucken können.[56]

Die Messezulassung der DDR-Verlage diskutierte Vorsteher Jaspert in zwei Gremien des Börsenvereins. Zunächst traf er sich im Februar 1958 zu einer Besprechung mit der Arbeitsgemeinschaft wissenschaftlicher Verleger, an der von den Parallelverlegern Martin Giesecke von B. G. Teubner, Günther Hauff von Georg Thieme, Hans Brockhaus und Hermann Niemeyer teilnahmen. Vor allem Giesecke beharrte auf seiner Ablehnung jeglicher Zugeständnisse gegenüber der DDR. Er erklärte seine Bereitschaft, eigene Interessen zurückzustellen, wenn dadurch die »Legalisierung der DDR-Verlage« durch die Messeteilnahme verhindert werden könne. Er fand jedoch wenig Unterstützung. Dies überrascht einerseits, waren doch Brockhaus und Niemeyer anwesend, die die strikte Linie Gieseckes bisher mitvertreten hatten. Aufgrund der Zusammensetzung der Wissenschaftsverleger bei dem Gespräch ist es andererseits plausibel, dass sich Giesecke nicht durchsetzen konnte, da mit Verlegern und Mitarbeitern der Firmen Mohr Siebeck (Hans-Georg Siebeck), Paul Parey (Friedrich Georgi), Vandenhoeck & Ruprecht (Günter Ruprecht), de Gruyter (Herbert Cram) und Safari (Reinhard Jaspert) Verlage teilnahmen, die von der Problematik der Parallelverlage nicht betroffen waren und deren Interessen sich eher auf Exportgeschäfte mit der DDR gerichtet haben dürften. Der Stuttgarter Verlag Georg Thieme wollte zu dieser Zeit die Zusammenarbeit mit dem Leipziger Parallelverlag nicht gefährden, wenn diese sich auch in einem überschaubaren Rahmen hielt. Am Ende des Treffens hielten die Teilnehmer fest, »daß Bedenken gegen eine selbstständige Ausstellung der SBZ-Verlage im Rahmen einer Gemeinschaftsausstellung nicht bestehen«.[57] Unterstützung fand der allmählich resignierende Giesecke weiterhin bei Dietrich Steinkopff, mit dem er sich einig war: Beide hielten den Kurs des Börsenvereins gegenüber der DDR und ihren Verlagen für falsch.[58]

---

55 Die Berner Übereinkunft besteht seit 1886. Sie regelt den »Schutz der Rechte der Urheber an ihren Werken der Literatur, Wissenschaft und Kunst« und »gewährt den Urhebern ein ausschließliches alleiniges Nutzungsrecht«. Lutz 2015, S. 41. Ulbricht hatte geplant, aus der Berner Übereinkunft auszutreten, war aber vom Amt für Literatur und Verlagswesen vor den negativen ökonomischen Folgen gewarnt worden. Vgl. Lokatis 1997a, S. 37f.

56 Vgl. Giesecke: Betrifft: Problematik der Interzonenbeziehungen (Punkt 2 der Tagesordnung der AwV aus der Sitzung vom 20.2.1958 in Frankfurt/Main), 26.2.1958, SStAL, 22199 Teubner Stuttgart, Nr. 85.

57 Dieses und das vorangegangene Zitat: Giesecke: Betrifft: Problematik der Interzonenbeziehungen (Punkt 2 der Tagesordnung der AwV aus der Sitzung vom 20.2.1958 in Frankfurt/Main), 26.2.1958, SStAL, 22199 Teubner Stuttgart, Nr. 85.

58 Vgl. Giesecke an Dietrich Steinkopff, 13.2.1958; Dietrich Steinkopff an Brockhaus, 2.4.1958, SStAL, 22199 Teubner Stuttgart, Nr. 85.

In einer Sitzung des Ausschusses für Fragen des Interzonenhandels im März 1958 diskutierte Jaspert die Frage der DDR-Messebeteiligung erneut. Martin Giesecke und Günther Hauff nahmen an dem Treffen als Gäste teil.[59] Von Giesecke wurde die Frage in den Raum gestellt, »ob man mit dem Zugeständnis der Zulassung von Einzelverlagen zur Messe nicht die Regelung für die namensgleichen Verlage in der Bundesrepublik und in der SBZ verknüpfen bzw. die Zulassung von dieser Regelung abhängig machen sollte.«[60] Giesecke schlug also vor, was er und andere Parallelverleger vier Monate zuvor abgelehnt hatten (siehe Kapitel 7.2.3). Sein Vorstoß scheint aber nur auf den ersten Blick einen Widerspruch zum früheren Verhalten darzustellen. Die Ablehnung war damals aus der Hoffnung heraus erfolgt, die Verleger würden mit der Zurück-stellung eigener Interessen jegliche Konzessionen an die DDR unterbinden können. Da Giesecke inzwischen bewusst geworden war, dass das Votum der Parallelverleger die Teilnahme der DDR-Verlage nicht verhindern konnte, versuchte er die ursprüng-lich angedachte Verknüpfung einer Zulassung an die Klärung der Namensfrage bei den Parallelverlagen wieder ins Spiel zu bringen. Jaspert erklärte, dass eine solche Kopplung nicht mehr möglich sei. Dennoch sicherte er zu, dass er unbedingt weiter-hin an einer Klärung der Parallelverlagsfrage arbeiten wolle und die Zulassung der DDR-Verlage an die Forderung geknüpft werde, dass Verhandlungen zwischen den betroffenen Verlagen in Ost und West stattfinden würden. Eine von Giesecke vorge-schlagene allgemeine Vorschrift für die Parallelverlage dahingehend, dass nur Verlage ausstellen dürften, »die bereits ihren Namen geändert haben oder für die keine Na-mensgleichheit besteht«,[61] lehnte Jaspert ab. Nach seiner Vorstellung käme es ganz darauf an, wie sich der jeweilige DDR-Verlag mit seinem Parallelverlag in der Bundes-republik verständigt habe. Auf alle Fälle sollte der westdeutsche Verlag ein Vetorecht besitzen.

Das Protokoll zu dieser Sitzung zeigt, dass die Meinungen und Interessen hart aufeinanderprallten. Carl Hanser wies auf ein Imageproblem bei einer Ablehnung der DDR-Verlage hin. In der öffentlichen Wahrnehmung würde die DDR, welche die west-lichen Verlage in Leipzig ausstellen lasse, im Gegensatz zur Bundesrepublik als »libe-ral« wahrgenommen werden. Weitere Folgen könnten der Ausschluss der Westverlage von der Leipziger Messe sowie ein gänzliches Fernbleiben der DDR-Verlage und der Verlage der Ostblockstaaten von Frankfurt sein.[62]

Da der Vorstand des Frankfurter Börsenvereins die Zusicherung vom Leipziger Verband bereits erhalten hatte, dass man bei Parallelverlagen, zwischen denen keine

---

59 Es nahmen teil: Carl Hanser, Friedrich Georgi, Josef Schumpe und Walter Thiele als Vertreter des Ausschusses, Reinhard Jaspert, Werner Dodeshöner, Tönjes Lange und Lambert Schneider vom Vor-stand, Ernst Umlauff und Sigfred Taubert.
60 Protokoll der Sitzung des Ausschusses für Fragen des Interzonenhandels am 21.3.1958 in Frankfurt a.M., Haus des Deutschen Buchhandels, SStAL, 22199 Teubner Stuttgart, Nr. 85.
61 Ebd.
62 Vgl. ebd.

Einigung erzielt worden war, von einer Präsentation in Frankfurt absehen würde,[63] beschloss er am Ende der geschilderten Sitzung, die DDR-Verlage unter bestimmten Voraussetzungen zur Messe zuzulassen.[64] Für die Einhaltung der Sonderbedingungen sollte der Leipziger Börsenverein garantieren. Es hieß darin unter anderem:

> b) Ausschluss der Bücher enteigneter oder unter Treuhänderschaft stehender Verlage. c) Ausschluss aller nach der Rechtsauffassung im Bundesgebiet verlagsrechtlich oder urheberrechtlich umstrittener Titel. [...] Verlage, bei denen die Namensfrage noch nicht geklärt ist (Namensgleichheit), können auf der Messe nicht ausstellen; [...] den in der Bundesrepublik bzw. in Berlin (West) ansässigen enteigneten Verlegern wird durch Übermittlung der Liste der SBZ-Verlage, die sich an der Messe beteiligen wollen, und von Listen der Titel, die sie ausstellen wollen, das vorherige Einspruchsrecht gegen einzelne Verlage und gegen bestimmte Titel eingeräumt.[65]

Die betroffenen westlichen Parallelverlage wurden vom Börsenverein Frankfurt in einem Schreiben vom April 1958 von der Entwicklung in Kenntnis gesetzt.[66] Die Gruppe um Giesecke und Steinkopff missbilligte die neue Linie und die Tatsache, dass Buch-Export mit vollständiger Firmenbezeichnung vertreten sein und die Verlage ebenfalls genannt würden.[67]

Der Frankfurter Vorstand hatte mit Hofé im Vorfeld über mögliche Modelle einer Messebeteiligung der DDR-Verlage verhandelt. Für beide Seiten kamen eine Ausstellung von Buch-Export sowie Einzelausstellungen von DDR-Verlagen in Frage. Die HV Verlagswesen in Ost-Berlin wünschte eine Kombination aus beidem: Neben Buch-Export sollten zusätzlich 13 der größeren Verlage innerhalb der einzelnen Fachbereiche als eigene Aussteller auftreten. Unter den dafür vorgesehenen Verlagen befand sich unter anderem der VEB Georg Thieme. Mit der Nominierung des wissenschaftlichen Parallelverlags wollte Clemens Seifert von der HR Literaturaustausch einen Präzedenzfall schaffen, mit dem der Börsenverein Frankfurt zu einer grundsätzlichen Positionierung gezwungen werden sollte.[68]

Die Anmeldung eines Einzelstandes für Thieme Leipzig wurde letztlich nicht vollzogen. Die Genugtuung über das Erreichte hatte Seifert zwischenzeitlich wohl zu übertriebenen Hoffnungen verleitet. Neben der Kollektivausstellung unter der Führung von Buch-Export, bei der die vollständigen Firmennamen der DDR-Verlage auf mehre-

---

63 Vgl. Hofé, Aktennotiz, 18.3.1958, BArch, DY30/IV2/9.04/692.

64 Vgl. Umlauff, BV Frankfurt, an Teubner Stuttgart, 29.4.1958, SStAL, 22199 Teubner Stuttgart, Nr. 85.

65 BV Frankfurt, Ausstellungs- und Messebüro, Abschlussbericht zur Frankfurter Buchmesse 1958, ISG Frankfurt, BV, W2/7: 2951. Vgl. auch Weidhaas 2003, S. 186; Taubert 1992, S. 87.

66 Vgl. zum Beispiel Umlauff, BV Frankfurt, an Teubner Stuttgart, 29.4.1958, SStAL, 22199 Teubner Stuttgart, Nr. 85.

67 Vgl. Giesecke an Umlauff, BV Frankfurt, 2.5.1958, SStAL, 22199 Teubner Stuttgart, Nr. 85.

68 Vgl. Seifert, HR Literatur-Austausch, an Minister Hagemann, Arbeit nach dem Westen, Teilnahme von DDR-Verlagen an der Frankfurter Buchmesse 1958, 29.3.1958, BArch, DY30/IV2/9.04/696.

ren Tafeln am Rand des Standes angeführt wurden,[69] stellten vier DDR-Verlage individuell aus.[70] Es handelte sich mit dem VEB Verlag der Wissenschaften, dem Akademie-Verlag und dem Aufbau-Verlag um drei nach dem Krieg neu gegründete staatliche bzw. organisationseigene Verlage – lediglich der 1952 etablierte VEB Verlag der Kunst besaß mit der Kunstanstalt Maecenas einen Vorgänger.[71] Doch selbst diese Beschränkung ging einigen nicht weit genug. Jürgen Steinkopff, Sohn von Dietrich Steinkopff, der inzwischen im Darmstädter Verlag mitarbeitete, äußerte sich dem Börsenverein gegenüber zur Zulassung der vier Individualverlage 1958: »Bei all diesen Firmen handelt es sich um staatliche Unternehmungen, die dazu ins Leben gerufen worden sind, um auf kaltem Wege dazu beizutragen, dass die wenigen noch bestehenden Privatverlage der Zone liquidiert werden.«[72] Dadurch würde eine Schwächung der Privatverlage erreicht und zugleich die Verstaatlichungen im DDR-Verlagswesen akzeptiert.

Für den Leipziger Börsenverein und die HV Verlagswesen verband sich mit der Zulassung tatsächlich eine Anerkennung des ostdeutschen Buchschaffens, wie Heinrich Becker konstatierte: »Wenn wir nunmehr auf der Frankfurter Messe erscheinen, weiss der gesamte westdeutsche Buchhandel, daß er unsere Publikationen ohne die Angst der Diffamierung vertreiben kann.«[73] Man erhoffte sich weniger wirtschaftlichen Erfolge, sondern sah die Präsenz in Frankfurt eher als kulturpolitischen Erfolg.

Wie aus Leipzig zugesichert worden war, wurden Titel der Parallelverlage, zwischen denen die Situation noch ungeklärt war, zur Gemeinschaftsausstellung nicht angemeldet. Folgerichtig war kein Werk von Teubner Leipzig dabei.[74] Unter den ausgestellten Werken am Stand von Buch-Export befanden sich allerdings solche der wissenschaftlichen Parallelverlage Akademische Verlagsgesellschaft, Johann Ambrosius Barth, Gustav Fischer, S. Hirzel, Theodor Steinkopff und Georg Thieme.[75]

---

69 Vgl. Hoffmann, Bericht über die Ausstellung unserer Buchproduktion auf der Frankfurter Buchmesse vom 25.–30. 9.58, BArch, DY30/IV 2/904/696.

70 Vgl. Umlauff, BV Frankfurt, an Teubner Stuttgart, 29.4.1958, SStAL, 22199 Teubner Stuttgart, Nr. 85.

71 Vgl. BV Frankfurt, Ausstellungs- und Messebüro, Abschlussbericht zur Frankfurter Buchmesse 1958, ISG, BV, W2/7:2951. Dietrich Steinkopff hielt zwar die neuen VEB-Verlage für »stark beeinträchtigend für die wenigen Privatverlage der Ostzone«, da sie »die Autoren der Privatverlage an sich kette[ten]«, und wollte diese daher auch gern von der Frankfurter Messe ausgeschlossen wissen, konnte sich mit dieser Forderung aber nicht durchsetzen. Dietrich Steinkopff an Giesecke, 12.7.1955, SStAL, 22199 Teubner Stuttgart, Nr. 84. Vgl. auch Giesecke an Dietrich Steinkopff, 22.7.1955, ebd. Zum VEB Verlag der Kunst, dem Vorgänger Kunstanstalt Maecenas und der 1951 erfolgten Umbenennung siehe Wagner 1998, vor allem S. 189–216.

72 Jürgen Steinkopff an den BV, Ausstellungs- und Messebüro, 19.8.1958, SStAL, 22199 Teubner Stuttgart, Nr. 86.

73 Niederschrift über die Sitzung des Hauptausschusses des BV Leipzig am 26.3.1958, SStAL, 21766 BV II, Nr. 1618.

74 Vgl. BV Frankfurt an Giesecke, 3.9.1958, SStAL, 22199 Teubner Stuttgart, Nr. 86.

75 Vgl. Aufstellung der Verlage der Deutschen Demokratischen Republik für den Kollektivstand Deutscher Buch-Export und -Import GmbH, Leipzig, Frankfurter Buchmesse 1958, SStAL, 22199 Teubner Stuttgart, Nr. 86.

8.2.3 Verbot der Ausstellung einzelner Titel und Werbematerialien

Die Sonderbedingungen für die DDR-Verlage bezogen sich nicht nur auf die parallelen Firmen und die durch die staatlichen Eingriffe bedingten Eigentumsverhältnisse, sondern auch auf einzelne verlags- oder urheberrechtlich umstrittene Titel. Um Auseinandersetzungen vorzubeugen, forderte der Börsenverein von den angemeldeten DDR-Verlagen Verzeichnisse der Titel an, die zur Ausstellung vorgesehen waren. Er legte diese dann denjenigen Verlagen im Westen vor, von denen er wusste oder annahm, dass ihre Rechte durch die Präsentation berührt sein könnten.[76] Ein solches Vorgehen war im Jahr 1954 von den Ost-Berliner Behörden selbst vorgeschlagen, vom Frankfurter Börsenverein aber scharf abgelehnt worden, da dies für den Verband den »Beginn der Zensur«[77] bedeutet hätte. Die HV Verlagswesen war 1959 aber nicht mehr bereit, dieses Procedere hinzunehmen, und argumentierte nun ihrerseits damit, dass es sich um Zensur handeln würde. Die DDR-Seite wollte selbst die Verantwortung dafür übernehmen, dass umstrittene Titel nicht ausgestellt würden.[78] Zudem drohte man damit, dass bei einer Ablehnung von Titeln von Parallelverlagen die westlichen Häuser nicht auf der Leipziger Messe ausstellen dürften. Konkret ging es um den Verlag Thieme, der in Leipzig damals stets präsent war. Durchsetzen konnte sich Ost-Berlin nicht: Die Titellisten mussten nach Frankfurt geschickt werden.

Georg Thieme in Stuttgart war 1959 mit der Präsenz von Thieme Leipzig auf der Buchmesse einverstanden,[79] hatte aber den Börsenverein auf drei Titel aufmerksam gemacht, »von denen in der Bundesrepublik in seinem Verlag Lizenzausgaben erschienen sind mit der Verpflichtung, die Leipziger Ausgabe in der Bundesrepublik weder zu vertreiben noch zu propagieren«.[80] Die Titel sollten daher nicht wie ursprünglich vorgesehen ausgestellt werden, und auch keine Prospekte oder Kataloge erscheinen, die die Titel führen. Gegen die Verteilung von Prospektmaterial legte auch Brockhaus Wiesbaden Protest ein. Der Börsenverein sicherte zu, dass der Verhandlungspartner in der DDR entsprechende Anweisungen erhalten würde.[81]

Quelle & Meyer Heidelberg erhob im September 1958 Einspruch gegen die Ausstellung eines Titels von Georg Thieme Leipzig, zweier Titel von Gustav Fischer Jena sowie vier weiterer Titel, die in anderen DDR-Verlagen herausgekommen waren.[82] Für die Titel beanspruchte Quelle & Meyer Heidelberg die Rechte, neue Auflagen waren in den 1950er Jahren teilweise parallel in Heidelberg und in einem DDR-Verlag erschienen.

---

76 Vgl. Umlauff, BV Frankfurt, an Teubner Stuttgart, 29.4.1958, SStAL, 22199 Teubner Stuttgart, Nr. 85.
77 Aus der 52. Vorstandssitzung: Zur Frage der Frankfurter Buchmesse in Verbindung mit dem Interzonenhandel. In: Börsenblatt (Frankfurter Ausgabe), H. 8, 29.1.1954, S. 41.
78 Vgl. Seifert, Aktennotiz, 20.7.1959, BArch, DR1/1316.
79 Vgl. Thieme Stuttgart an den BV Frankfurt, 18.8.1959, ISG Frankfurt, BV, W2/7: 2951.
80 Vgl. BV Frankfurt an Buch-Export Leipzig, 13.9.1958, ISG Frankfurt, BV, W2/7: 2084.
81 Vgl. Mencke, BV Frankfurt, an Brockhaus, 20.6.1958, SStAL, 22199, Teubner Stuttgart, Nr. 85.
82 Vgl. Quelle & Meyer, Heidelberg, an den BV Frankfurt, 16.9.1958, ISG Frankfurt, BV, W2/7:2084.

Quelle & Meyer gehörte zu den Privatverlagen, die im Zuge der Neulizenzierungen 1951 in der DDR keine Lizenz erhalten hatten, aber formal weiterexistierten.[83] Wichtige Titel kamen in anderen Verlagen heraus – ein Vorgehen, das zunächst selbst bei den zuständigen DDR-Behörden in der Kritik gestanden hatte.[84]

Werke derjenigen DDR-Verlage, die zur Umgehung von Streitigkeiten mit den Parallelfirmen neu gegründet worden waren (siehe Kapitel 7.2.3), waren von der Regelung ebenfalls betroffen.[85] Nach Rücksprache mit dem Bibliographischen Institut in Mannheim durften vom Verlag Enzyklopädie fünf Titel ausgestellt werden – das Mannheimer Haus bestand aber darauf, dass keine Prospekte zum Einsatz kommen sollten, durch die die Urheberrechte des Bibliographischen Instituts verletzt werden. Der Verlag Wilhelm Knapp in Düsseldorf legte gegen die Teilnahme des Fotokino-verlags Halle, der als Nachfolger des Knapp-Verlags in Halle gegründet worden war, keinen Einspruch ein. Er protestierte aber gegen die Präsentation des Titels *Wir filmen mit 8 mm* von Heinrich Freytag – das Buch war zuerst 1953 in Düsseldorf erschienen.[86]

Martin Giesecke von B. G. Teubner verlangte nicht nur, dass der Leipziger Teubner-Verlag nicht in Frankfurt ausstellen dürfe, sondern wollte auch das Auftreten des DDR-Schulbuchverlags Volk und Wissen unterbinden. Solange dieser »Verlagsrechte benutzt, die ihm nicht gehören, dürfe er überhaupt nicht ausstellen«,[87] so die Forderung. Volk und Wissen hatte nach 1945 in einer Arbeitsgemeinschaft mit dem Leipziger Teubner-Verlag Schulbücher herausgebracht und auf diesem Wege die Verlagsrechte in seinen Besitz gebracht, da Teubner die Arbeit als Schulbuchverlag in der DDR nicht gestattet wurde. Verhindern konnte Giesecke die Präsenz des Schulbuchverlags aus der DDR in Frankfurt aber nicht.

Dietrich Steinkopff hingegen machte den Börsenverein im September 1958 darauf aufmerksam, dass er nicht zu denjenigen gehörte, die eine Titelliste des – in seinem Fall vermeintlichen – Parallelverlags erwarteten, da die Verhältnisse zwischen dem

---

83 In der Liste der Ost-West-Verlage vom 7. Juli 1954 wurde Quelle & Meyer Leipzig unter den nichtlizenzierten Verlagen angeführt. Vgl. Seifert, Amt für Literatur und Verlagswesen, Liste der Ost-West-Verlage, 7.7.1954, BArch, DR1/1890.

84 So berichtete das Amt für Literatur und Verlagswesen 1953: »Uns liegt ein Vertrag zwischen Quelle & Meyer und Geest & Portig vor, aus dem hervorgeht, daß Objekte des Verlages Quelle & Meyer durch Lizenzumgehung veröffentlicht werden.« Reisebericht Kollege Grabenstein am 5. und 6.5.1953 in Berlin, 12.5.1953, BArch, DR1/744. Dort war formuliert worden, dass die Akademische Verlagsgesellschaft sich »in freundschaftlicher Weise« bereiterklärte, »Verlagswerke von Quelle & Meyer herauszubringen«. Übergabeprotokoll vom 2.7.1953, BArch, DR1/1120. So durfte nach Ansicht des Amtes nicht verfahren werden – einige Jahre später war dieses Vorgehen aber offenbar üblich geworden.

85 Oskar Hoffmann von der Abteilung Literatur und Buchwesen im MfK sprach von den Verlagen Enzyklopädie, Fotokino und Dietz als »angeblichen Parallelverlagen«. Hoffmann, Bericht über die Ausstellung unserer Buchproduktion auf der Frankfurter Buchmesse vom 25.–30. 9.58, BArch, DY30/IV 2/904/696.

86 Vgl. BV Frankfurt an Buch-Export, 13.9.1958, ISG Frankfurt, BV, W2/7:2084.

87 Protokoll der Sitzung des Ausschusses für Fragen des Interzonenhandels am 21.3.1958 in Frankfurt a.M., Haus des Deutschen Buchhandels, SStAL, 22199 Teubner Stuttgart, Nr. 85.

Dresdner Steinkopff-Verlag und seinem Unternehmen anders gelagert und seine Stellungnahmen zur DDR-Thematik »grundsätzlicher Art«[88] seien.

8.2.4 Die DDR-Verlage als Einzelaussteller ab 1960

1959 stellten die DDR-Verlage wie im Jahr zuvor in einer Gemeinschaftsausstellung unter Buch-Export aus; daneben hatten zwölf Verlage ihre eigenen Stände. Im Vorfeld dieser Messe kam es zu einer Auseinandersetzung über die Standbezeichnung, die während der Messetage gerichtlich fortgesetzt wurde. Es ging dabei um die von Buch-Export geforderte Nennung des offiziellen Staatsnamens ›Deutsche Demokratische Republik‹ (siehe Kapitel 8.2.6). Um neue Auseinandersetzungen um dieses Thema zu vermeiden, änderte die Messeleitung ab 1960 die Praxis und ließ nur noch Einzelverlage zur Frankfurter Messe zu. Zur Einhaltung der Ausstellungskonditionen erklärten sich die Verlage mit der Rücksendung des Anmeldeformulars bereit.[89]

In der Bundesrepublik hatten sich 1960 noch nicht alle Verleger mit den neuen Gepflogenheiten arrangiert. Dietrich Steinkopff beharrte weiterhin auf seiner Ablehnung der Präsenz der DDR-Verlage und erklärte gegenüber dem seit 1959 amtierenden neuen Vorsteher des Frankfurter Börsenvereins, Werner Dodeshöner:

> Aber es ist für einen freien deutschen Menschen doch wirklich etwas katastrophal zu sehen, dass gleichberechtigt neben den westdeutschen Verlagen in dem Katalog die ostzonalen Aussteller geführt werden. [...] Verlage, unter denen keiner der restierenden Privatverlage der Zone vertreten ist, sondern lediglich die SED-gelenkten Staats- und ähnliche Verlage, die jeder für sich ein eigenes Politikum bedeuten, und einige der vom SED-System geraubten und jetzt so schön mit VEB-Betrieb gekennzeichneten Verlage, Firmen, die letztlich ja doch nur die Weiterführung des dem ursprünglichen freien Inhaber enteigneten Betriebes darstellen. Das Ganze erscheint in dieser nüchternen und scheinbar sachlichen Nebeneinanderstellung doch eine erhebliche Provokation zu sein [...] für mein Gefühl würde in der jetzigen Situation die harmlose und als selbstverständlich hingenommene, gleichberechtigte Beteiligung der genannten SBZ-Verlage auf der Frankfurter Buchmesse eine Ohrfeige für das gesamte freie Deutschland sein.[90]

Tatsächlich konnten die DDR-Verlage nicht selbst über ihre Messeteilnahme entscheiden. 1960 war ein »zentraler Arbeitsstab zur Vorbereitung der DDR-Teilnahme an der Frankfurter Buchmesse«[91] für die Auswahl der ausstellenden Firmen zuständig, dem Vertreter der Staatlichen Plankommission, des Ministeriums für Außenhandel und

---

88 Dietrich Steinkopff an den BV Frankfurt, 2.9.1958, SStAL, 22199 Teubner Stuttgart, Nr. 86.

89 Vgl. Freyer, BV Leipzig, an Taubert, Auslands- und Messebüro des BV Frankfurt, 14.6.1960, BArch, DR1/1316; Taubert, BV, Auslands- und Messebüro, an Fischer Jena, 28.6.1960, BArch, DR1/1316.

90 Dietrich Steinkopff an Dodeshöner, Vorsteher des BV Frankfurt, 12.9.1960, ISG Frankfurt, BV, W2/7: 2954.

91 Vgl. Seifert, MfK, Abteilung Literatur und Buchwesen, Fachgebiet Koordinierung, 7.7.1960, BArch, DR1/1316.

Innerdeutschen Handel, des Ministeriums für Kultur, der Firma Buch-Export, des Börsenvereins und der VVB Verlage angehörten – ein Indikator nicht nur für das komplizierte bürokratische Geflecht der Zuständigkeiten, sondern auch für die hohe Bedeutung, die dem Messeauftritt in der Bundesrepublik beigemessen wurde. Von den untersuchten Parallelverlagen sollten nach ersten Planungen die Akademische Verlagsgesellschaft, Gustav Fischer, Georg Thieme, J. A. Barth, S. Hirzel und Theodor Steinkopff ausstellen – also alle außer B. G. Teubner und dem in diesem Jahr bereits aufgelösten Carl Marhold.[92] Letztlich waren im September aber lediglich drei dieser sechs Wissenschaftsverlage vertreten: die Akademische Verlagsgesellschaft, Gustav Fischer und Georg Thieme.[93] Die beiden Privatverlage Barth und Steinkopff waren herausgefallen, ebenso der unter staatlicher Verwaltung befindliche S. Hirzel.[94] Insgesamt nahmen 1960 37 DDR-Verlage in Frankfurt teil.[95]

Nach dem Bau der Berliner Mauer im August 1961 verschlechterte sich das politische Klima zwischen den beiden deutschen Staaten deutlich. Die DDR-Verlage wurden dennoch zur Frankfurter Buchmesse zugelassen, wie der Vorstand nach langen Abwägungen und heftigen Diskussionen beschloss.[96] Der Forderung einiger Verleger in der Bundesrepublik, die DDR-Verlage wegen der politischen Entwicklungen von der Messe auszuschließen, gab der Vorstand nicht nach – nicht zuletzt, weil die Gefahr drohte, dass die Sowjetunion und andere osteuropäische Staaten der Messe fernbleiben würden, sollte die DDR nicht teilnehmen dürfen.[97] Der Ausschuss für Fragen des Interzonenhandels argumentierte außerdem damit, dass gerade in der aktuellen politischen Situation der innerdeutsche Buchhandel – und einen Baustein dieses Handels stellte die Frankfurter Buchmesse dar – als »einzige Brücke zu den deutschen Menschen im Osten«[98] aufrechterhalten werden müsse. Im Falle einer Absage an die bereits vertraglich angemeldeten DDR-Verlage wurden außerdem, begründet mit den Erfahrungen von 1959, Klagen und Schadenersatzforderungen erwartet. Dies wollte der Verein seinen Mitgliedern ersparen.

---

92 Vgl. Seidel, Staatliche Plankommission, an das Ministerium für Außenhandel und Innerdeutschen Handel, 6.4.1960, BArch, DR1/1316.

93 Vgl. Singer, Buch-Export, an Seifert, MfK, Abteilung Literatur und Buchwesen, 25.8.1960, BArch, DR1/1316.

94 Barth stellte 1965 zum ersten Mal in Frankfurt an einem eigenen Stand aus. Vgl. Reisebericht über die Frankfurter Buchmesse 1965, 10.11.1965, SStAL, 21101 Barth Leipzig, Nr. 309.

95 Vgl. Abt. Literatur und Buchwesen, Zusammenfassender Bericht über die Frankfurter Buchmesse 1960, 17.1.1961, BArch, DR1/1316.

96 Vgl. Protokoll über die Sitzung des Ausschusses für Fragen des Interzonenhandels des BV am Montag, den 4.9.1961, in Berlin, ISG Frankfurt, BV, W2/7: 2819; Weichold, Vermerk über eine Besprechung am 20.11.1961 mit Herrn Dodeshöner, BArch, DY30/IV2/9.04/692.

97 Vgl. Taubert 1992, S. 87.

98 Protokoll über die Sitzung des Ausschusses für Fragen des Interzonenhandels des Börsenvereins am Montag, den 4.9.1961, in Berlin, ISG Frankfurt, BV, W2/7:2819.

So kamen 1961 35 DDR-Verlage nach Frankfurt und präsentierten unter ihren offiziellen Bezeichnungen etwa 4000 Titel.[99] Von den wissenschaftlichen Parallelverlagen waren Gustav Fischer Jena und die Akademische Verlagsgesellschaft Leipzig dabei. Thieme Leipzig hingegen stellte nicht mehr aus. Thieme Stuttgart hatte bereits im März 1961 Einspruch gegen die Teilnahme des Parallelverlags aus der DDR erhoben – nachdem er noch im Jahr zuvor die Messeleitung lediglich darauf hingewiesen hatte, dass auf den Zusatz ›VEB‹ beim Leipziger Verlag zu achten sei, da die Verwechslungsgefahr sonst noch höher sei als ohnehin.[100] Dass der Stuttgarter Verlag seine Politik geändert hatte, stand mit dem in diesem Jahr zu Ende gegangenen Prozess gegen die Leipziger Firma in Zusammenhang (siehe Kapitel 6.1.2).

Dietrich Steinkopff sah im Mauerbau einen Anlass zu einem weiteren Protestschreiben und wies erneut auf die Problematik der Enteignungen hin. Obwohl er sich angemeldet hatte und im Katalog bereits angekündigt war, sagte er seine eigene Messeteilnahme ab – sie sei unter den gegebenen Umständen unzumutbar.[101]

8.2.5 Anhaltende Diskussionen um Messeteilnahme und -bedingungen

Die 1960 begonnene Praxis der Präsenz der DDR-Verlage als Einzelaussteller wurde beibehalten. Die Vorbehalte gegen die Ausstellung der DDR-Verlage im Allgemeinen und der Streit um die bestehenden Sonderbedingungen bestanden aber weiter. 1962/63 formulierte die Messeleitung den Passus zur Teilnahme der ostdeutschen Parallelverlage neu. Bisher hatte es geheißen, dass die namensgleichen Verlage von der Teilnahme grundsätzlich ausgeschlossen seien, sofern »die Namensfrage noch nicht geklärt ist«.[102] Tatsächlich war es so, dass die DDR-Parallelverlage teilnehmen durften, sofern der westliche Verlag keinen Einspruch erhob. Die Bedingungen wurden an das bestehende Vorgehen angepasst.[103]

1963 sprach sich die Fachgruppenversammlung Verlag im Börsenverein mit großer Mehrheit gegen eine Messebeteiligung der DDR-Verlage aus. Sie begründete diese Entscheidung mit der Struktur des ostdeutschen Verlagswesens und den Enteignungen und ungeklärten Rechtsfragen.[104] Der Vorstand allerdings beschloss nach Beratungen mit dem Verleger-Ausschuss, dem Messe-Ausschuss und dem Interzonenhandels-Ausschuss, die Ostverlage zuzulassen. In einer Erklärung argumentierte der

---

99 Vgl. Bericht über die Teilnahme an der Frankfurter Buchmesse 1961, BArch, DR1/910.

100 Vgl. Buch-Export an Haid, MfK, 2.8.1961, BArch, DY30/IV2/9.04/696; Thieme Stuttgart an den BV Frankfurt, Auslands- und Messebüro, 29.6.1960, ISG Frankfurt, BV, W2/7:2954.

101 Vgl. Dietrich Steinkopff, o. D., SStAL, 22199, Teubner Stuttgart, Nr. 86.

102 BV Frankfurt, Abschlussbericht zur Frankfurter Buchmesse 1958, ISG Frankfurt, BV, W2/7: 2951.

103 Friedrich Georgi, BV Frankfurt, an die Mitglieder des Vorstandes des BV und weitere Adressaten, 9.7.1963, SStAL, 22199 Teubner Stuttgart, Nr. 90.

104 Vgl. Protokoll, Konstituierende Sitzung des Ausschusses für Fragen des Interzonenhandels des BV Frankfurt am Montag, 28.1.1963, ISG Frankfurt, BV, W2/7:2819.

Vorstand hauptsächlich politisch. Der internationale Status der Messe würde ohne die DDR-Verlage gefährdet werden; allgemeine politische Gesichtspunkte dürften für die Zulassung oder Ablehnung von Verlagen nicht ausschlaggebend sein; grundsätzlich wolle der Verein keine Zensur ausüben. Darüber hinaus würde der Verband seinen Verpflichtungen gegenüber den enteigneten Verlegern weiterhin durch die besonderen Teilnahmebedingungen für die DDR-Verlage nachkommen.[105]

Wie von Anbeginn initiierte die DDR-Regierung in den 1960er Jahren Sonderausstellungen derjenigen Verlage, die von der offiziellen Messeteilnahme ausgeschlossen waren. 1966 zum Beispiel fand eine solche im Büro für innerdeutschen Handel in der Frankfurter Kaiserstraße statt, einer vom ostdeutschen Ministerium für Außenhandel und innerdeutschen Handel betriebenen Handelsvertretung. Dort stellten unter anderem der Verlag Dietz,[106] der wegen der Staatsbezeichnung ausgeschlossene Staatsverlag der DDR sowie der Parallelverlag Reclam Leipzig aus.[107]

In den im Mai 1966 wieder aufgenommenen Gesprächen zwischen den Börsenvereinen in Frankfurt und Leipzig standen die Bedingungen der Messeteilnahme für die DDR-Verlage erneut auf der Tagesordnung. Inzwischen hatte der Frankfurter Verband von dem Gedanken Abstand genommen, sich selbst aktiv an einer Lösung der Parallelverlagsproblematik zu beteiligen.[108] Nachdem die Verhandlungen ergebnislos verlaufen waren, erhob der Leipziger Börsenverein auf einer Pressekonferenz in Frankfurt offiziell die Forderung nach der Beseitigung der bestehenden Sonderbestimmungen – andernfalls wolle man den DDR-Verlagen empfehlen, der Messe künftig fernzubleiben.[109] Trotzdem waren letztlich 43 Verlage aus der DDR auf der Buchmesse 1966 vertreten.[110]

In der Folge versuchte die Messeleitung die Problematik durch einen taktischen Schachzug zu entschärfen. Sie strich 1967 die Sonderregelungen für die DDR und än-

---

105 Friedrich Georgi, BV Frankfurt, an die Mitglieder des Vorstandes des BV und weitere Adressaten, 9.7.1963, SStAL, 22199 Teubner Stuttgart, Nr. 90.

106 Zum Dietz-Verlag, der kein Parallelverlag im engeren Sinne war, vgl. Lokatis 1995, S. 533; Links 2010, S. 167; Tiepmar 1997, S. 70. Dass der bundesdeutsche Verlag J. H. W. Dietz Nachf. in Hannover dem DDR-Verlag Dietz die Teilnahme an der Frankfurter Buchmesse seit 1958 verweigerte, stieß weit mehr noch als bei anderen Fällen auf DDR-Seite auf scharfe Ablehnung, da die Verlagsrechte des alten Dietz-Verlags vom Ost-Berliner Verlag nicht genutzt wurden und »keine unmittelbare Namensgleichheit« bestand. Dietz an Taubert, 3.5.1966, SStAL, 21766 BV II, Nr. 3068.

107 Reclam Leipzig an die HV Verlage und Buchhandel, 10.10.1966, SStAL, 21766 BV II, Nr. 3068.

108 Vgl. Hoffmann, Beratung zwischen Vertretern des BV Leipzig und des BV Frankfurt (Main) am 27.5.1966, SStAL, 21766 BV II, Nr. 1632.

109 Vgl. Dokumentation über die Nichtteilnahme von Verlagen der Deutschen Demokratischen Republik an der Internationalen Frankfurter Buchmesse 1967, ISG Frankfurt, BV, W2/7:2084.

110 Vgl. Köhler, BV Leipzig, Gemeinsamer Abschlussbericht über die Frankfurter Buchmesse 1966, 17.11.1966, SStAL, 21766 BV II, Nr. 3082.

derte stattdessen die allgemeinen Messebedingungen.[111] Hier hieß es auf die Parallelverlage abzielend:

> Deutsche und ausländische Verlage können auf der Frankfurter Buchmesse ausstellen, wenn sie im Handelsregister des Niederlassungsortes eingetragen sind, ausgenommen sind solche Verlage, deren Geschäftsbetrieb auf Enteignung eines deutschen Verlages oder ähnlichen Maßnahmen beruht oder die wesentlichen Firmenbestandteile eines noch nicht liquidierten Verlages fortführen, es sei denn, daß der Inhaber dieses Verlages der Zulassung zustimmt.[112]

Die Praxis, die Liste der angemeldeten DDR-Verlage auf Parallelverlage hin zu prüfen und bei den westlichen Verlegern nachzufragen, ob diese mit der Teilnahme ihres ostdeutschen Pendants einverstanden seien, wurde beibehalten.[113] 1967 kam es zur Ablehnung von elf DDR-Verlagen, darunter Georg Thieme und B. G. Teubner.[114] Nach der Drohung aus der DDR, dass unter diesen Umständen alle Verlage fernbleiben würden, ließ man den zunächst abgelehnten Staatsverlag der DDR schließlich zu, ebenso die Ausstellung der *Schönsten Bücher der DDR*. Allein bei den Parallelverlagen zeigte der Börsenverein keine Kompromissbereitschaft. Dennoch sahen sich die Verantwortlichen in Frankfurt im Jahr darauf gezwungen, nach einer neuen Lösung zu suchen, die zu einer Entschärfung der Situation beitragen würde. Eine Wiederholung der Ereignisse im Vorfeld der Messe im Jahr 1967 sollte vermieden werden. Messeleitung und Börsenverein in Frankfurt einigten sich mit westlichen Vertretern der Parallelverlage auf eine weitere Neufassung der Messebedingungen. Nun wurde auf bundesdeutsche Gerichtsentscheidungen rekurriert.[115]

> Verlage, denen das Recht zum Gebrauch ihrer Firma oder wesentlicher Firmenbestandteile von einem bisher ausstellenden Verlag mit gleicher Firma oder gleichen wesentlichen Firmenbestandteilen bestritten wird, können ausstellen, wenn sie ihr Recht zum Gebrauch ihrer Firma

---

111 Vgl. Dokumentation über die Nichtteilnahme von Verlagen der Deutschen Demokratischen Republik an der Internationalen Frankfurter Buchmesse 1967, Anlage 2b, ISG Frankfurt, BV, W2/7:2084. Vgl. auch Weidhaas 2003, S. 189; Füssel/Saur 2000, S. 242.

112 Dokumentation über die Nichtteilnahme von Verlagen der Deutschen Demokratischen Republik an der Internationalen Frankfurter Buchmesse 1967, Anlage 2b, ISG Frankfurt, BV, W2/7:2084. Vgl. auch Taubert 1992, S. 96f.

113 Vgl. Taubert 1992, S. 97; Weidhaas 2003, S. 190.

114 Es handelte sich um die Verlage Bibliographisches Institut, Breitkopf & Härtel, Brockhaus, Dietz, Friedrich Hofmeister, Niemeyer, C. F. Peters, Reclam, Seemann, B. G. Teubner, Thieme. Vgl. Veerkamp an von Kupsch, 25. November 1975, W2/7: 2084. Der westdeutsche Verleger von Breitkopf & Härtel, Hellmuth von Hase, äußerte zu der Messefrage: »Hält man uns für so töricht, dass wir untätig zusehen würden, wenn vor unseren Augen auf einer westdeutschen Messe mit unseren Rechten und unserem gegen alles Recht angeeigneten Namen Geschäfte im Interesse des Landes jenseits der Mauer gemacht würden?« Zit. nach Seemann 2003, S. 50.

115 Vgl. Taubert 1992, S. 107.

durch einen rechtskräftigen Titel nachweisen, der von einem Gericht in der Bundesrepublik Deutschland erlassen oder dessen Vollstreckung für zulässig erklärt worden ist.[116]

Messedirektor Sigfred Taubert hatte 1967 in einem Schreiben an den Leipziger Börsenvereins-Vorsteher Heinz Köhler seiner Hoffnung Ausdruck verliehen, dass das Parallelverlagsproblem durch individuelle Vereinbarungen gelöst werden könne und die Verlage in der Bundesrepublik von ihrem Einspruchsrecht keinen Gebrauch mehr machen müssten.[117]

8.2.6 Das Problem der Staatsbezeichnung ›DDR‹

Im Jahr 1967 eskalierte zum wiederholten Male der Streit um ein spezielles Thema der DDR-Messeteilnahme: die Nennung der Staatsbezeichnung ›DDR‹. Dass dies ein anhaltendes Problem darstellte, lag am Faktum der Nichtanerkennung des Landes durch die Bundesregierung, dem das unbedingte Bestreben der DDR-Regierung nach eben dieser verwehrten (internationalen) Anerkennung gegenüberstand. Messeleitung und Börsenverein in Frankfurt am Main passten sich der offiziellen politischen Linie an und verweigerten es der DDR und ihren Verlagen, die Staatsbezeichnung an den Messeständen und in den Katalogeinträgen zu verwenden.[118] Auf DDR-Seite hingegen wurde immer wieder die Forderung erhoben, dass die DDR-Firmen auf der Messe den offiziellen Landesnamen führen sollten.

Lösung I: Alternative Bezeichnungen
Für die Bezeichnung der Stände wurden im Laufe der Jahre verschiedene Kompromisslösungen gefunden: Zwischen 1955 und 1957 erfolgte die Ausstellung der DDR-Publikationen durch westliche Kommissionäre unter der Bezeichnung »Bücher aus dem Interzonenhandel«. Buch-Export Leipzig legte gegen dieses Vorgehen Protest ein. Entweder sollten die DDR-Verlage selbst oder aber Buch-Export ausstellen dürfen, da ein Interesse an der ostdeutschen Literatur in der Bundesrepublik vorhanden und die

---

116 Veerkamp an von Kupsch, 25.11.1975, ISG Frankfurt, BV, W2/7:2084. Vgl. auch Weidhaas 2003, S. 194.

117 Vgl. Taubert an Köhler, 18.8.1967, ISG Frankfurt, BV, W2/7:2084.

118 Der BV Frankfurt begründete sein Vorgehen den DDR-Vertretern gegenüber mit der »Politik seiner Regierung«. Hoffmann, Beratung zwischen Vertretern des BV Leipzig und des BV Frankfurt (Main) am 27.5.1966, SStAL, 21766 BV II, Nr. 1632. Der Gebrauch der Staatsbezeichnung der Bundesrepublik in der DDR gestaltete sich nur anfangs schwierig, betrachtet man die Verwendung im Register des Leipziger *Börsenblatts*. 1950 war dort vom »Westdeutschen Wirtschaftsgebiet« die Rede, 1951 von »Westdeutschland«. 1953 kam der Nachbarstaat gar nicht vor, ab 1954 wurde dann das Stichwort »Bundesrepublik« verzeichnet. Vgl. auch Taubert 1992, S. 86.

Messepräsenz außerdem notwendig sei, um die Vereinbarungen des Berliner Abkommens erfüllen zu können.

> Dazu gehört, daß nach internationaler Handelsgepflogenheit eine Ware im Wirtschaftsgebiet des Käufers durch Vertreter des liefernden Wirtschaftsgebietes angeboten wird. Es ist weiter üblich, daß dabei das anbietende Wirtschaftsgebiet namentlich genannt wird, während in Ihrem Beschluß die Ausstellung unter der Bezeichnung ›Interzonenhandel‹ laufen soll.[119]

Diese Argumente liefen vorerst ins Leere, die DDR und ihre Verlage mussten sich den Bedingungen fügen. Die erste Änderung wurde 1958 möglich, als nach längeren Verhandlungen zwischen Vertretern der beiden Börsenvereine sowie Buch-Export erreicht worden war, dass die DDR-Verlage ihre Produktion an einem Kollektivstand unter der Regie des Leipziger Außenhandelsbetriebes ausstellen konnten. Die Standbezeichnung kündigte »Bücher aus dem innerdeutschen Handel, eine Gemeinschaftsausstellung von Verlagen aus Bautzen, Berlin (Ost), Burg, Dresden, Freiberg i. Sa., Gotha, Halle, Jena, Leipzig, Markkleeberg, Neuenhagen, Niederwiesa, Radebeul, Rostock, Rudolstadt, Schwerin, Weimar und Wittenberg«[120] an. Zugelassen waren daneben vier Verlage, die selbst ausstellten.[121]

In den Verhandlungen im Vorfeld der Messe 1958 hatte der Leipziger Börsenverein der Standbezeichnung zugestimmt, aber betont, dass dies nur für dieses Jahr gelte und man großen Wert darauf lege, die Bücher im kommenden Jahr unter der offiziellen staatlichen Bezeichnung zu präsentieren.[122] Buch-Export-Direktorin Singer machte in diesem Zusammenhang darauf aufmerksam, dass »bei allen anderen internationalen Messen« die Bezeichnung ›Stand der DDR‹ zugelassen werde; auch alle übrigen Außenhandelsunternehmen dürften in Westdeutschland unter der Bezeichnung DDR ausstellen – nur für Buch-Export gelte dies nicht. Zudem führte Singer an, dass die westdeutschen Verlage auf der Leipziger Messe zuletzt am KAWE-Gemeinschaftsstand unter der Bezeichnung »Gemeinschaftsstand der Verlage der Bundesrepublik und Westberlin«[123] hatten ausstellen können. Friedrich Georgi vom Frankfurter Ausschuss für Fragen des Interzonenhandels erwiderte darauf, dass sich dies »aus dem besonderen Charakter des Buches, das nicht als Ware schlechthin ausgestellt würde, sondern als individuelles Erzeugnis und zur Materie gewordener Geist«[124] ergäbe. Weiterhin

---

119 Buch-Export Leipzig an Umlauff, BV deutscher Verleger- und Buchhändler-Verbände, 12.8.1955, BArch, DR1/1917.

120 BV Frankfurt, Abschlussbericht zur Frankfurter Buchmesse 1958, ISG Frankfurt, BV, W2/7:2951.

121 Vgl. Taubert 1992, S. 87.

122 Vgl. Protokoll über Interzonenhandelsbesprechung am 24.9.1958 im Buchhändlerhaus Frankfurt/Main, SStAL, 22199 Teubner Stuttgart, Nr. 86.

123 Dieses und das vorangegangene Zitat: Buch-Export, Singer, an den BV Frankfurt, 27.6.1958, BArch, DY30/IV 2/9.04/696.

124 Protokoll über Interzonenhandelsbesprechung am 24.9.1958 im Buchhändlerhaus Frankfurt/Main, SStAL, 22199 Teubner Stuttgart, Nr. 86.

stellte der Frankfurter Verband lediglich in Aussicht, dass die Frage vom Vorstand erneut beraten würde.

Exkurs: Die Staatsbezeichnung ›DDR‹ auf anderen westlichen Handelsmessen
Die Präsentation ostdeutscher Firmen im westlichen Ausland und in der Bundesrepublik unter der Bezeichnung ›Deutsche Demokratische Republik‹ oder ›DDR‹ stand im Kontext der Bestrebungen des in den 1950er Jahren noch jungen sozialistischen Landes nach Anerkennung und Legitimation. Im Sommer 1954, ein Jahr vor der Verkündung der Zwei-Staaten-Theorie, hatte das Ministerium für Außenhandel und innerdeutschen Handel beschlossen, dass künftige Produktpräsentationen des Landes unter der offiziellen Herkunftsbezeichnung erfolgten müssten. Einige Erfolge im westlichen Ausland hatten sogar schon erzielt werden können, so in Schweden, Dänemark und Österreich.[125] Auch in der Bundesrepublik gelang es der DDR auf anderen Messen als der Buchmesse bereits in den 1950er Jahren, unter der Bezeichnung ›DDR‹ bzw. ›Deutsche Demokratische Republik‹ aufzutreten. Die Textilfachmesse in Hannover 1950, die Handwerksmesse 1956 in München, die Spielartikelfachmesse in Nürnberg 1957 und die Bremer Landesmesse 1959 sind Beispiele dafür. Zwar kam es stets zu Interventionen aus dem Bonner Wirtschaftsministerium, dem Außenministerium, dem Bundesamt für Verfassungsschutz oder in einem Fall gar von Kanzler Adenauer persönlich, diese konnten sich aber nicht in allen Fällen gegen die Messeleitungen oder die regionalen Politiker durchsetzen, die ihre eigenen ökonomischen Interessen klar über die Durchsetzung des Bonner Alleinvertretungsanspruchs stellten.[126] Insofern entbehrte die Behauptung Singers, dass in anderen Branchen schon in der zweiten Hälfte der 1950er Jahre Ausstellungen unter der offiziellen Staatsbezeichnung möglich waren, zwar nicht jeder Grundlage – so problemlos, wie es Singers Aussage suggerieren wollte, war dies indes nicht.

In weiteren Verhandlungen im Sommer 1959 gelangte Klaus Gysi, Leiter des Aufbau-Verlags, späterer Börsenvereins-Vorsteher und DDR-Kulturminister und damals Vorsitzender der Kommission für gesamtdeutsche und Auslandsfragen im Börsenverein[127] zu dem Eindruck, es ginge dem Frankfurter Börsenverein bei den Verhandlungen vor allem um den Buchexport aus der Bundesrepublik in die DDR. In diesem Zusammenhang zeigte sich Gysi hinsichtlich der Standbezeichnung optimistisch.

> Es wurde praktisch ein Junktim in der Form gebildet: Wenn der Leipziger Börsenverein seinen Einfluß dahingehend geltend macht, daß die Buchbezüge der Deutschen Demokratischen Republik

---

125 Vgl. Fäßler 2004, S. 499f.
126 Vgl. ebd., S. 500–502; Fäßler 2005b, S. 155–159.
127 Vgl. Hartewig 2000, S. 178.

steigen, wird der Frankfurter Börsenverein seinen Einfluß geltend machen, daß man gegebenenfalls unter der Bezeichnung ›Bücher aus der DDR‹ in Frankfurt/Main ausstellen kann.[128]

Es ist richtig, dass die Lieferungen der Bundesrepublik in die DDR seit zwei Jahren zurückgegangen waren[129] – ob man in Frankfurt aber tatsächlich bereit gewesen wäre, sich bei einer Steigerung der Bezüge auf die Nennung der Staatsbezeichnung ›DDR‹ einzulassen, scheint fraglich.

Gerichtsverfahren um die Standbezeichnung 1959

Auf der Frankfurter Buchmesse 1959 präsentierten sich die DDR-Verlage erneut am Buch-Export-Kollektivstand unter der Bezeichnung ›Bücher aus dem innerdeutschen Handel‹; daneben stellten zwölf Verlage selbstständig aus.[130] Frankfurter Vertreter hatten im Vorfeld erklärt, dass die von Buch-Export weiterhin geforderte Bezeichnung ›Bücher aus der Deutschen Demokratischen Republik‹ im Börsenverein nicht durchsetzbar sei, woraufhin sich die Leipziger Seite vorbehalten hatte, die Beteiligung abzusagen.[131] Dies geschah allerdings nicht. Buch-Export als Aussteller – später erklärend, man habe von den Gesprächen nichts gewusst – trug im Anmeldeformular ein, dass Standbezeichnung und Katalogeintrag ›Bücher aus der Deutschen Demokratischen Republik‹[132] lauten sollten. Messedirektor Taubert unterschrieb den Vertrag, ohne eine Korrektur des Eintrags vorzunehmen. Es handelte sich um ein Versehen Tauberts – die Messeleitung war keineswegs gewillt, die Stand- und Katalogbezeichnung in dieser Form erscheinen zu lassen. Stattdessen wurde die bisherige Beschriftung ›Bücher aus dem innerdeutschen Handel‹ verwendet.

Es kam daraufhin zu einer gerichtlichen Auseinandersetzung.[133] Buch-Export erwirkte kurz vor Beginn der Messe 1959 vor dem Oberlandesgericht Frankfurt eine einstweilige Verfügung gegen den Börsenverein, die eine vertragsgetreue Beschriftung vorschrieb. Einen Widerspruch des Börsenvereins gegen diese Entscheidung lehnte das Gericht nach einer mündlichen Verhandlung ab, woraufhin die Standbeschriftung geändert wurde – laut Bericht von Singer in Form »sechs kleine[r] Schilder mit der

---

128 Verhandlung am 18.6.1959 zwischen Klaus Gysi und den Frankfurter Vorstandsmitgliedern Jaspert, Dr. Lange sowie Handelsexperten, BArch, DY30/IV 2/9.04/696.
129 Waren 1956 14.700.000 VE geliefert worden, waren es 1957 13.141.000 und 1958 nur 10.580.000. Vgl. VE Druckaustausch im Interzonenhandel. In: Börsenblatt (Frankfurter Ausgabe), H. 76, 22.9.1959, S. 1133–1135, hier S. 1134.
130 Vgl. Information über die Beteiligung der DDR an der Frankfurter Buchmesse vom 7.–12.10.1959, 21.10.1959, BArch, DY 30/IV 2/904/696.
131 Vgl. Eidesstattliche Erklärung, Hofé und Koven, 20.10.1959, BArch, DY30/IV 2/904/696.
132 Vgl. Beschluß In Sachen des Börsenvereins des Deutschen Buchhandels e.V., Frankfurt a.M. [...] gegen die Firma Deutscher Buch-Export und -Import, verkündet lt. Protokoll am 21.3.1960, ISG Frankfurt, BV, W2/7:1202.
133 Die Prozessunterlagen finden sich in BArch, DY30/IV 2/9.04/696.

Beschriftung ›Bücher aus der Deutschen Demokratischen Republik‹« statt eines Schildes in der »üblichen Größe und Form«[134] über dem Kollektivstand. Der Börsenverein legte gegen die Einstweilige Verfügung Berufung beim Oberlandesgericht ein und erreichte die Aussetzung ihres Vollzugs bis zur Entscheidung über die Berufung. Die neuen Schilder wurden wieder entfernt,[135] woraufhin Buch-Export die Messe aus Protest vorzeitig verließ.[136]

Lösung II: Einzelkojen für die Verlage statt Gemeinschaftsausstellung

Buch-Export versuchte 1960 erneut, die Standbezeichnung ›Gemeinschaftsausstellung von Verlagen der Deutschen Demokratischen Republik‹ durchzusetzen. Messeleiter Taubert teilte dem Unternehmen mit, dass es unter diesen Bedingungen nicht ausstellen dürfe, da die Staatsbezeichnung aus politischen Gründen nicht zugelassen werden könne.[137] Buch-Export erklärte daraufhin, man müsse »als staatliches Handelsorgan bei Ablehnung der DDR-Bezeichnung aus Gründen des Staatsansehens der DDR eine Beteiligung ablehnen«.[138] Die Problematik der Staatsbezeichnung wurde in diesem und in den darauffolgenden Jahren dadurch umgangen, dass Buch-Export als Aussteller nicht mehr auftrat. Statt der Kollektivausstellung erhielten die einzelnen DDR-Verlage getrennte Kojen unter ihren Verlagsnamen, die geschlossen in einer Halle untergebracht waren. Dies wurde von den Besuchern und den Verlagen selbst als positive Entwicklung gewertet.[139] Nach dem Mauerbau 1961 behielt man diese Praxis bei.

---

134 Singer, Buch-Export, Erklärung, 10.10.1959, BArch, DY30/IV2/904/696. Vgl. auch Information über die Beteiligung der DDR an der Frankfurter Buchmesse vom 7.–12.10.1959, 21.10.1959, ebd.; Weidhaas 2003, S. 183.

135 Vgl. zu den Vorgängen zum Beispiel Beschluß In Sachen des Börsenvereins des Deutschen Buchhandels e.V., Frankfurt a.M. [...] gegen die Firma Deutscher Buch-Export und -Import, verkündet lt. Protokoll am 21.3.1960, ISG Frankfurt, BV, W2/7:1202.

136 Vgl. Information über die Beteiligung der DDR an der Frankfurter Buchmesse vom 7.–12.10.1959, 21.10.1959, BArch, DY30/IV 2/904/696. Im Nachgang verklagte Buch-Export den Börsenverein wegen dessen Weigerung, die vertraglich festgelegte Standbezeichnung zuzulassen, auf Schadenersatz. Die Klage wurde abgewiesen. Vgl. Kurzprotokoll der Sitzung des Interzonenhandelsausschusses des Börsenvereins am 28.1.1963, 15 Uhr, ISG Frankfurt, BV, W2/7: 2819.

137 Vgl. Taubert, Auslands- und Messebüro des BV, an Buch-Export Leipzig, 28.6.1960, BArch, DR1/1316.

138 Aktennotiz, 20.7.1959, BArch, DR1/1316.

139 Vgl. Fischer Jena, Bericht über die Teilnahme an der Frankfurter Buchmesse 1960, 10.10.1960; Akademische Verlagsgesellschaft Leipzig, 5.10.1960, BArch, DR1/1316.

Erster Erfolg für die DDR durch Boykottdrohungen 1967

1967 gelang es der DDR erstmals, das Erscheinen der Staatsbezeichnung im Rahmen der Frankfurter Buchmesse durchzusetzen. Nachdem die Messeleitung zunächst zwölf der angemeldeten Verlage abgelehnt hatte (darunter elf Parallelunternehmen), sagten alle zugelassenen DDR-Verlage ihre Teilnahme ab.[140] Erneut war man zu Kompromissen gezwungen, da auch die UdSSR und andere östliche Staaten mit einem Fernbleiben drohten – der internationale Charakter der Buchmesse schien bedroht. Der wegen der Staatsbezeichnung abgelehnte Staatsverlag der DDR und die aus den gleichen Gründen zunächst verwehrte Beteiligung der *Schönsten Bücher aus der DDR* an der internationalen Sonderausstellung *Schönste Bücher* wurden zugelassen, auch die Parallelverlage Rütten & Loening und Insel wurden eingeladen, ebenso durfte der bis dato stets umstrittene Dietz-Verlag kommen – woraufhin die DDR-Verlage wie ursprünglich geplant in Frankfurt zugegen waren.[141]

Damit hatte die DDR einen ersten Erfolg erringen können, aber in den Jahren 1967 und 1968 belasteten andere politisch bedingte Querelen um einige an den DDR-Verlagsständen ausgestellte Publikationen die Beziehungen.[142] Das Dauerthema der Staatsbezeichnung blieb vorerst aktuell. Im Katalog fehlte die DDR im Jahr 1968 weiterhin, und auch die Flagge wurde nicht gehisst, im Gegensatz zu allen anderen Nationalfahnen der teilnehmenden Länder – neue Proteste des Leipziger Börsenvereins waren die Folge. Einen Ausweg aus dem Dilemma stellte vorerst die Entscheidung dar, im Messekatalog auf die Nennung Deutschlands überhaupt zu verzichten.[143] Ebenso verfuhr man bei den Flaggen: Lediglich die Fahnen der Stadt Frankfurt, des Börsenvereins und der Buchmesse wehten nun vor den Eingängen.[144]

8.2.7 Entspannung im Zeichen der Neuen Ostpolitik

Gegen Ende der 1960er Jahre war eine deutliche Entspannung zu verzeichnen. Der Börsenverein gab seine strikte Haltung bezüglich der Nennung der ostdeutschen

---

140 Vgl. Frankfurter Buchmesse 1967 voraussichtlich ohne »DDR«-Verlage. In: Börsenblatt (Frankfurter Ausgabe), H. 54, 7.7.1967, S. 1484. Bei den abgelehnten Verlagen handelte es sich um das Bibliografische Institut, Breitkopf & Härtel, Brockhaus, Dietz, Friedrich Hofmeister, Niemeyer, C. F. Peters, Reclam, Seemann, Teubner, Thieme und den Staatsverlag der DDR.

141 Vgl. Dokumentation über die Nichtteilnahme von Verlagen der Deutschen Demokratischen Republik an der Internationalen Frankfurter Buchmesse 1967, ISG Frankfurt, BV, W2/7:2084; Tiepmar 1997, S. 68–71; Taubert 1992, S. 97f.

142 1967 ging es um das *Braunbuch*, in dem die Namen von über 1900 ehemaligen Nationalsozialisten angeführt wurden, die in der Bundesrepublik an wichtigen Stellen in Politik und Wirtschaft agierten. Darunter befand sich auch der damalige Bundespräsident Heinrich Lübke. 1968 sorgte das *Graubuch* für neuen Ärger. Vgl. Tiepmar 1997, S. 65–68.

143 Vgl. Taubert 1992, S. 148.

144 Vgl. Weidhaas 2003, S. 195.

Staatsbezeichnung allmählich auf. Neben der Neuen Ostpolitik der Bundesregierung spielte dabei die Kritik aus den eigenen Reihen eine Rolle. Jüngere Verleger wie Siegfried Unseld und Klaus Wagenbach prangerten die konservative Haltung des Börsenvereins an und verlangten unter anderem, in Anzeigen im Branchenblatt die Bezeichnung ›DDR‹ zuzulassen.[145] Der Börsenverein berief sich in seiner Ablehnung der Forderung darauf, dass »ein Inserent alles zu unterlassen [habe], was die Gefühle Andersdenkender – auch politisch Andersdenkender – verletzen könnte«, und zudem auf die Übereinstimmung dieser Praxis mit den von der Bundesregierung erlassenen »Bezeichnungsrichtlinien«.[146] Bis 1967 war auch im redaktionellen Teil des *Börsenblatts* der Gebrauch des Begriffs ›SBZ‹ üblich; die Bezeichnung ›Mitteldeutschland‹ durfte ebenfalls verwendet werden. Wer Wert darauf legte, von der ›DDR‹ zu sprechen, sollte diese Bezeichnung in An- und Abführungszeichen setzen.[147] Die Verlage betreffend begegnete man auch der vergleichsweise eleganten Version, dass von den »Mitgliedsverlagen des Leipziger Börsenvereins«[148] die Rede war. Im April 1968 beschloss die Abgeordnetenversammlung eine Änderung: Die Bezeichnung des ostdeutschen Staates sollte dem jeweiligen Inserenten oder Autor freigestellt werden.[149]

In der Folge änderte sich auch die Praxis auf der Buchmesse. Die jahrelangen Bemühungen führten, begleitet von der Entspannung auf der deutsch-deutschen politischen Bühne, im Jahr 1970 zum Durchbruch. In diesem Jahr präsentierte sich die DDR erstmalig mit einer »Nationalausstellung«[150] – 38 Verlage waren an einem Kollektivstand vertreten, fünf weitere stellten einzeln aus.

Das Thema der Parallelverlage verlor ebenfalls an Brisanz. Im Laufe der Jahre blieben zunehmend weniger Verlage von der Teilnahme an der Frankfurter Messe ausgeschlossen. 1968 waren es noch acht oder neun Verlage, darunter B. G. Teubner.[151] Doch selbst bei Teubner konnte letztlich eine Lösung gefunden werden. Als sich die Teubner-Verlage 1968 auf eine Zusammenarbeit und damit das Ende der lange andau-

---

145 Offener Brief an den Vorsteher des Börsenvereins des Deutschen Buchhandels Herrn Dr. h.c. Friedrich Georgi. In: Börsenblatt (Frankfurter Ausgabe), H. 88, 3.11.1967, S. 2505.

146 Dieses und das vorangegangene Zitat: Zur öffentlichen Kritik am Börsenverein. In: Börsenblatt (Frankfurter Ausgabe), H. 7, 23.1.1968, S. 150–161, hier S. 159.

147 Vgl. Zur öffentlichen Kritik am Börsenverein. In: Börsenblatt (Frankfurter Ausgabe), H. 7, 23.1.1968, S. 150–161, hier S. 159. Vgl. zum Beispiel Frankfurter Buchmesse 1967 voraussichtlich ohne »DDR«-Verlage. In: Börsenblatt (Frankfurter Ausgabe), H. 54, 7.7.1967, S. 1484–1486.

148 13. Hauptversammlung des Börsenvereins am 14. Oktober 1967. In: Börsenblatt (Frankfurter Ausgabe), H. 90, 10.11.1967, S. 2538.

149 Vgl. 32. Sitzung der Abgeordnetenversammlung. In: Börsenblatt (Frankfurter Ausgabe), H. 37, 7.5.1968, S. 1054. Vgl. auch Estermann 1997, S. 83.

150 Kurzbericht über die Teilnahme an der Frankfurter Buchmesse vom 24.–29.9.1970, SStAL, 21766 BV II, Nr. 3068.

151 Vgl. Köhler, BV Leipzig, an Edition Peters Leipzig, 27.6.1968, SStAL, 21766 BV II, Nr. 3068; Taubert 1992, S. 107.

ernden Auseinandersetzungen einigten, hieß es in dem dazu angefertigten Dokument unter anderem, dass man keinen Einspruch gegen die Teilnahme des anderen Verlags auf einer Buchmesse mehr erheben wolle.[152]

Zum Zeitpunkt der Gründung der Deutsch-deutschen Kommission für die Erweiterung des Buchaustausches zwischen den beiden deutschen Staaten im Jahr 1980 waren noch drei Parallelverlage verblieben, bei denen die ungeklärten Rechtsverhältnisse zu einer Verweigerung der Teilnahme des DDR-Verlags in Frankfurt durch den westlichen Verlag führten: Brockhaus, Reclam und C. F. Peters.[153] Nach Gesprächen mit der ostdeutschen Seite erklärten sich Brockhaus und Peters bereit, ihre Haltung zur Messebeteiligung zu ändern; allein bei Reclam konnte eine Ausstellung von Reclam Leipzig in Frankfurt erst im Jahr 1990 erstmals erfolgen.[154]

8.3 Resümee

Die Beteiligung der DDR-Verlage an der Frankfurter Buchmesse war über zwei Jahrzehnte hinweg ein höchst strittiges Thema in den innerdeutschen Buchhandelsbeziehungen. Nur schrittweise wurden den ostdeutschen Verhandlungspartnern Konzessionen gemacht. Nach einem gänzlichen Ausschluss von der Messe Anfang der 1950er Jahre, begründet mit den Enteignungen der übergesiedelten Verleger, wurde 1955 die Ausstellung vorerst nur wissenschaftlicher und Fachliteratur am Stand westdeutscher Kommissionäre gestattet. Ab 1958 präsentierten sich die DDR-Verlage an einem Gemeinschaftsstand des Leipziger Außenhandelsunternehmens Buch-Export, daneben hatten einzelne Verlage eigene Stände. 1960 schließlich, nachdem es wegen der Staatsbezeichnung ›DDR‹ zu einer gerichtlichen Auseinandersetzung gekommen war, waren die ostdeutschen Verlage an eigenen Ständen in Frankfurt vertreten. Von Anfang an galten für die DDR-Teilnehmer Beschränkungen, die sich zum einen auf die Bezeichnung ›DDR‹ bezogen, die in Frankfurt nicht verwendet werden durfte, und zum anderen ihre Ursache in der Existenz der Parallelverlage hatte. Der Zusammenhang von Buchmessepräsenz und Parallelverlagsproblem stellte sich je nach Perspektive und Interessenslage der beteiligten Akteure unterschiedlich dar.

– Für den *Frankfurter Börsenverein* entwickelte sich die Frage der Messebeteiligung der DDR-Verlage zum wichtigsten Faustpfand, mit dem er die Verhandlungspartner aus der DDR zu Lösungsbemühungen für die Parallelverlage zu drängen suchte. Er wollte damit den Forderungen der Parallelverleger in der Bundesrepublik nachkommen, die von ihrem Verband Unterstützung für ihr Anliegen erwarteten.

---

152 Aktenvermerk, 4.12.1968, BArch, DR1/7188.
153 Vgl. Weidhaas 2003, S. 207.
154 Vgl. ebd., S. 207. Für Hinweise danke ich außerdem Klaus G. Saur, der an den Gesprächen auf westlicher Seite beteiligt war.

- Möglich war dies, weil es den *DDR-Behörden* und der *SED* enorm wichtig war, auf der international renommierten Buchmesse in Frankfurt präsent zu sein. Jedes öffentliche Auftreten im westlichen Ausland bedeutete für die DDR-Regierung ein kleines Mosaiksteinchen auf dem Weg zur Anerkennung ihres Staates, der vor allem in seinen ersten Jahrzehnten mühevoll (und oft vergeblich) um Legitimation und Ansehen rang. Daher ließen sich die Behörden auch auf Überlegungen darüber ein, wie für die Problematik der Parallelverlage Lösungen gefunden könnten.
- Dem stand in der Bundesrepublik die Haltung einiger *Parallelverleger* entgegen, die ihren Besitz in der DDR verloren hatten und die nun teilweise erbittert gegen die Präsenz der DDR-Verlage kämpften. Für sie bedeutete die öffentliche Ausstellung jeglicher Verlagsprodukte aus dem Osten eine Anerkennung des gesamten Verlagssystems der DDR – und damit indirekt wohl auch der Konfiskationen und Enteignungen ihrer Verlage.

Im Zusammenhang damit erweist sich ein Blick auf die Konfliktfelder, die sich zwischen den Parallelverlagen auftaten, als ertragreich (siehe Kapitel 5).
- Die westdeutschen Parallelverlage versuchten, ihre Auffassung von der *Unrechtmäßigkeit* ihrer DDR-Pendants wenigstens auf der Buchmesse durch deren Ausschluss durchzusetzen. Deren Illegitimität war ihnen zwar teilweise von westdeutschen Gerichten bestätigt worden – die Weiterexistenz der Verlage in der DDR konnten sie damit aber nicht verhindern. Die Haltung des Frankfurter Börsenvereins – dass die ostdeutschen Verlage nur teilnehmen durften, wenn die westlichen Parallelverlage ihre Zustimmung gaben – wurde jahrzehntelang nicht aufgegeben.
- Sofern die westlichen Verlage den Auftritt ihres DDR-Parallelverlags in Frankfurt unterbanden, waren damit die Fragen der *Namensverwendung* und der *Rechteverwertung* an dieser Stelle gelöst, da weder die Firmen noch ihre Produkte präsent waren.
- Diejenigen Verlage, die im Grundsatz nichts gegen die Weiterarbeit des Verlags im Osten hatten, denen aber an der Wahrung einzelner *Verlagsrechte* gelegen war, konnten diese durchsetzen, da sie vom Börsenverein vorab Listen mit den Titeln vorgelegt bekamen, die in Frankfurt ausgestellt werden sollten. Die Präsentation strittiger Titel konnte so verhindert werden.
- Hatten die Westverlage keine Einwände gegen die Produktion bestimmter Titel oder stellten sie gemeinsam mit ihrem Ostverlag oder wenigstens in gegenseitiger Duldung dieselben Werke her, wollten aber den *Vertrieb* im westlichen Ausland ausschließen, so konnte auf der Messe durch eben jene Titellisten dafür gesorgt werden, dass die Bücher auf dem bundesdeutschen Markt nicht auftauchten.

Für den *Frankfurter Börsenverein* war im Kontext der Buchmesse allerdings nicht nur wichtig, den Parallelverlegern (soweit möglich) zu ihrem Recht zu verhelfen – vielmehr hatte er im Interesse des *gesamten* westdeutschen Buchhandels zu agieren und darüber hinaus den *gesamtdeutschen* Buchhandel nicht aus den Augen zu verlieren. Ihm war an einem funktionierenden innerdeutschen Handel gelegen, aus ökonomischen Erwägungen im Sinne der exportierenden bundesdeutschen Verleger ebenso wie aus politischen Motiven. Dies brachte es mit sich, dass auch dem DDR-Buchhandel die Möglichkeit eingeräumt werden musste, seine Bücher und Zeitschriften zu exportieren und daher im Rahmen der Messe bekannt zu machen. An dieser Stelle stimmten die Interessen des Frankfurter Verbandes in den Grundzügen mit denen des *Leipziger Börsenvereins* überein, dem an einer Festigung und Ausweitung der ostdeutschen Exportmöglichkeiten gelegen war. Daneben stand für Frankfurt immer wieder die Überlegung im Raum, dass der internationale Charakter des Frankfurter Branchentreffens gewahrt werden müsse – ebenso wie die freiheitlich-demokratische Ausrichtung, der offensichtliche Kontroll- oder Zensurmaßnahmen entgegenstanden.

9 Schlussbetrachtung

Die in der Einleitung angeführten Begriffe, die für das Phänomen der ›Parallelverlage‹ verwendet wurden und werden, ließen bereits die Bandbreite möglicher Interpretationen und Beziehungskonstellationen erahnen. So differenziert die zeitgenössische Bewertung ausfallen konnte, so komplex und variantenreich gestalteten sich die Genese der einzelnen Parallelverlage und deren Beziehungen untereinander. Als Ergebnis der Analyse der acht Wissenschaftsverlage lässt sich im Rückgriff auf die in der Einleitung (Kapitel 1.4) formulierten Thesen Folgendes resümieren:

> These I lautete, dass trotz des wichtigen Einflusses der politischen, wirtschaftspolitischen und kulturpolitischen Entwicklungen Handlungsspielräume und Wahlmöglichkeiten für die Verlage bestanden. Die Wahl der jeweiligen Strategierichtung oder Weichenstellung für die Unternehmen wäre demnach unter anderem stark von Faktoren beeinflusst worden, die in internen Gegebenheiten des Unternehmens oder in der Persönlichkeit des Unternehmers zu suchen sind.

Tatsächlich hatten die jeweils individuellen Bedingungen in den Verlagen einen starken Einfluss auf die Entwicklung der Parallelverlage. Dass die Bedingungen der Makro-Umwelt nicht allein bestimmend waren, zeigen bereits zwei Aspekte: zum einen der lange Zeitraum, in dem die parallelen Firmen entstanden (zwischen 1945 und 1953), zum anderen die außerordentliche Bandbreite von Strategien hinsichtlich der Beziehungsgestaltung. So konnten bestimmte personelle *Ressourcen* (Verwandte oder enge Mitarbeiter) die Etablierung einer westlichen Zweigstelle und zugleich den (vorläufigen) Verbleib von Verlegerin oder Verleger am angestammten Ort erleichtern. Ebenso wirkte sich die *Betriebsgröße* auf die Entscheidungen der Firmeninhaber aus. Kooperationen gelangen vor allem dort, wo sich in Ost und West *Personen* gegenüberstanden, die ein Interesse daran hatten und die ein vertrauensvolles Verhältnis pflegten. Die Verlage zeigten sich vor allem in der unmittelbaren Zeit nach der Trennung der Häuser zur Zusammenarbeit bereit – der Kontakt der nun im Westen ansässigen Verlagsinhaber zu den Firmen am alten Standort wurde oft über langjährige Mitarbeiter gehalten, Kapazitäts- und Ressourcenengpässe konnten abgefangen werden. Persönliche *Haltungen* der Inhaber und Mitarbeiter beeinflussten die Verhältnisse ebenfalls deutlich, wobei politische Einstellungen ebenso entscheidend waren wie die Interpretation und der Umgang mit dem erlittenen Unrecht. Dies konnte dafür ausschlaggebend sein, ob die Verleger die Verhältnisse akzeptierten und Kooperationen pflegten oder sich gegen die Weiterexistenz des DDR-Stammhauses vehement zur Wehr setzten. Darüber hinaus spielte eine Rolle, wie rasch und erfolgreich sich ein Firmeninhaber in der Bundesrepublik etablieren konnte – oder ob er eine neue Existenz gar mit einem neuen Unternehmen begann.

Die Fallbeispiele zeigen, dass dem Agieren eines westdeutschen Parallelverlags keinesfalls rein ökonomisch motivierte, ausschließlich auf das Unternehmen bezogene Überlegungen zugrunde liegen mussten. Dem enormen Aufwand an Zeit, Geld

https://doi.org/10.1515/9783110543421-009

und Energie, den die konfrontativen Strategien mit sich brachten, standen nur schwer zu fassende und am Ende kaum befriedigende Ergebnisse gegenüber. Suchten die Verleger ihre Geschäftspartner zu beeinflussen, konnte dies auch eine andere als die erwünschte Wirkung haben, wenn sich Sortimentsbuchhändler in der freien Ausübung ihrer Tätigkeit beschnitten fühlten. Die Urteile von westdeutschen Gerichten konnten in wesentlichen Bestandteilen nicht durchgesetzt werden, da die Firmen in der DDR weiter bestanden. Auch war die Einhaltung der Einfuhrverbote nicht durchgängig kontrollierbar und erwies sich in Teilen als ungeeignete Strategie. Es liegt daher nahe, dass es für einige Wissenschaftsverleger, bei denen von einer ausgesprochen hohen *Identifikation* mit ihrer Rolle ausgegangen werden kann, (vor allem) darum ging, die von ihnen und ihrer Familie geschaffenen Werte und damit die Firmentradition gegen die Eingriffe von außen zu verteidigen. Dieser Befund korrespondiert mit der in der Forschung zu Familienunternehmen konstatierten ›Sinnstiftung‹, welche die Unternehmen den Inhabern und ihren Familien bieten. Krisen können zu einer »Infragestellung des Selbstkonzeptes«[1] des Unternehmers führen, selbst wenn diese durch äußere Einwirkungen ausgelöst werden. Dagegen vorzugehen und so weit als möglich die Deutungshoheit über die eigene Biografie und die Firmengeschichte zu behalten sowie den familiären Zusammenhalt zu wahren, dürfte ein wichtiger Beweggrund für das Agieren einiger Verleger gewesen sein.

Das eigene *Selbstverständnis* als Verleger oder Verlagsleiter konnte aber auch dazu führen, dass die Situation zum eigenen Vorteil gewendet wurde. Merkmale des DDR-Buchhandels- und Verlagssystems (niedrigere Herstellungskosten, andere Kalkulationsgrundlagen und Subventionen) wurden in der Zusammenarbeit genutzt. Der Verlust des ostdeutschen Verlags wurden in diesen Fällen weniger als solcher empfunden, als vielmehr als neue Variante einer Firmenkonstruktion interpretiert, die eine Folge der unabänderlichen Veränderungen in der Makroumwelt darstellte. Der Aspekt verlor auch deshalb an Bedeutung, weil die meisten Geschäftspartner, zumal jene im Ausland, wenig Interesse an den internen Vorgängen in den gespaltenen Verlagen zeigten. Hieraus ergibt sich ein interessanter Ansatzpunkt für weitere Forschungen: Eine eingehende Analyse der Verleger- und Verlagsleiterpersönlichkeiten hinsichtlich »Habitus, Werthaltungen, Selbstverständnis und Weltdeutungen als Resultat der familiären und beruflichen Sozialisation«[2] wäre ein lohnenswerter Zugang zur Interpretation der jeweiligen Entscheidungen und Handlungen, die im Kontext der Parallelverlage vorzufinden sind.

Die sich wandelnden *politischen Konstellationen* wirkten sich auf mehrfache Weise dennoch aus. Dies betrifft für die DDR zunächst die Repressionen gegen die Privatunternehmen und die oft folgenden Verstaatlichungen seit dem Sommer 1952. Bei der Hälfte der hier untersuchten Parallelverlage hatten diese Maßnahmen

---

1 Rüsen/Schlippe 2009, S. 219.
2 Schneider 2012, S. 80.

direkte Folgen für die Parallelverlagsexistenz. Es kam zur endgültigen Trennung der Verlage bzw. zu einer Verschlechterung oder einem Abbruch der bis dato guten Beziehungen. Die von den Behörden ab Mitte der 1950er Jahre angestrengten Gerichtsverfahren gegen die westdeutschen Verlage können in einem Zusammenhang mit dem Streben nach Anerkennung des ostdeutschen Staates gesehen werden – auch die Anerkennung der ostdeutschen Verlagshäuser wurde nun mit Nachdruck verfolgt. Die Umstrukturierungen der Verlagsbranche in der DDR zeigen interdependente Bezüge zu den Parallelverlagen. Einerseits gehörten Schwierigkeiten mit westdeutschen Parallelverlagen zu den Ursachen für Neugründungen von staatlichen Verlagen und Firmennamenänderungen; andererseits wurden im Zusammenhang mit den ›Profilierungen‹ einzelne Verlage aufgelöst, was neben der als gering eingeschätzten Bedeutung des Traditionsnamens bzw. des Programms auch mit der Existenz der westdeutschen Parallelverlage begründet wurde. Zusammenlegungen der Wissenschaftsverlage zu organisatorischen Einheiten hingegen wirkten sich auf die Beziehungen zu den westdeutschen Parallelverlagen gemeinhin nicht aus.

Für die Bundesrepublik sind ebenfalls Zusammenhänge der Buchhandels- mit den politischen Entwicklungen, vor allem im Hinblick auf die innerdeutschen Beziehungen, zu erkennen. Dass sich der Frankfurter Börsenverein bis weit in die 1960er Jahre weigerte, die DDR-Verlage an einem Stand unter ihrer Staatsbezeichnung zuzulassen, war durch Forderungen aus der Politik ausgelöst. Diese trafen auch andere Branchen, dort gelang aber in Einzelfällen die Durchsetzung der Präsentation als »DDR«-Firma.

> These II besagte, dass sich in der Geschichte und im Verhältnis der Parallelverlage die allgemeinen historischen Entwicklungen widerspiegeln. Abgrenzung und (asymmetrische) Verflechtung als Grundmerkmal des Verhältnisses von Bundesrepublik und DDR dürfte auch eine treffende Beschreibung für das Beziehungsgeflecht der Parallelverlage sein.

In der Entstehung und in den Unternehmensbeziehungen der Parallelverlage finden sich diverse Parallelen zum Verhältnis der beiden deutschen Staaten. Zentral war hier wie dort die *Leugnung der Legitimität* des je anderen; entsprechend fanden sich verschiedene Strategien der gegenseitigen Abgrenzung voneinander. Die *Abgrenzungsrhetorik* von SED und Bundesregierung bezüglich der gesellschaftlich-politischen Organisation des anderen deutschen Staates findet eine gewisse Entsprechung in der Abgrenzungsrhetorik aus Verlagen, (ostdeutschen) Behörden und Börsenvereinen gegen die Verlage aus dem anderen Staat sowie das dortige Buchhandelssystem. Dies kam vor allem in der Kommunikation gegenüber Geschäftspartnern und in Gerichtsverfahren zum Ausdruck.

Doch nicht nur Abgrenzung, auch *Verflechtung* kennzeichnete die Verhältnisse. So wie die deutsche Einheit in den ersten Jahren nach der doppelten Staatsgründung noch Bezugspunkt politischer Bemühungen war, so blieb der Gedanke einer (baldigen) Wiedervereinigung auch in den geteilten Firmen zunächst präsent. Die Staaten waren durch ihre Geschichte, die Sprache, gesamtdeutsche Institutionen und die Menschen, die sich nicht automatisch qua Zufälligkeit des Wohnortes (sofern sie nicht aktiv ihren Wohnsitz verlagerten) als Ost- oder Westdeutsche fühlten, vor allem in den 1950er Jahren enger verflochten als es auf der Ebene der politischen Entwicklungen scheinen mochte. Ebenso waren die Verlage durch ihre gemeinsame Geschichte, die auf beiden Seiten genutzten Verlagsnamen und Verlagsrechte sowie ihre Autoren, die sich ebenfalls nicht immer selbstverständlich dem einen oder anderen Verlag zuordneten, enger aneinander gebunden, als es mancher Akteur wahrhaben wollte. Und so wie die beiden Teile der gewachsenen deutschen Volkswirtschaft sich erst allmählich unabhängig von Rohstoffen und Zuliefererbetrieben aus dem anderen Staat machten, so waren auch die Verlage (mindestens phasenweise) voneinander abhängig. Anfangs war die Abhängigkeit der Westverlage von den ostdeutschen Häusern oft sogar größer, da nicht sofort ausreichende Ressourcen zur Verfügung standen und sich die Geschäftsbeziehungen zu Setzereien, Druckereien und Bindereien an den neuen Standorten erst entwickeln mussten. Später zeigten sich in vielen Fällen durchaus beide Seiten an Kooperationen aus wirtschaftlicher Motivation heraus interessiert.

Asymmetrisch war die wechselseitige Bezogenheit vor allem wegen der unterschiedlichen *ökonomischen Struktur*. Für die DDR waren die Beziehungen zu den Westverlagen für das gesamte Gefüge des Buchhandels von Bedeutung, weshalb die Parallelverlagsthematik immer wieder in ihrer Gesamtheit in den Fokus von Behörden und SED rückte. Über Mitdruck- und Kompensationsgeschäfte benötigte westliche Literatur konnte ins Land kommen, ohne dass die stets knappen Devisen dafür verwendet werden mussten. Kooperative Beziehungen bedeuteten zudem die Möglichkeit des Exports der Bücher aus den DDR-Verlagen in das westliche Ausland auch über die Mitdruckgeschäfte hinaus. Einschränkungen waren gegeben, wenn sich die Verlage bei bestimmten Titeln auf eine Teilung der Vertriebsgebiete geeinigt hatten. Letztlich nahm man dies auf DDR-Seite aber in Kauf, da sich das Modell immer noch als vorteilhafter erwies, als wenn ein westlicher Parallelverlag alle Titel eines DDR-Verlags mit einem Einfuhrverbot belegte.

Neben der *ökonomischen* hatte der Export der DDR-Bücher eine *politische Funktion*. Die in der Bundesrepublik und im Ausland verkauften Bücher sollten eine Anerkennung der Wissenschaftler, der Verlage und darüber letztlich des gesamten Staates und des Gesellschaftssystems bewirken. Die westdeutschen Verlage hatten ebenfalls ein Interesse daran, ihre Bücher und Zeitschriften an die Wissenschaftler und Institutionen der DDR zu verkaufen. Eine weitere Motivation war es, das eigene Programm um geeignete Titel aus der DDR zu ergänzen. Darüber hinaus konnten vor allem die Mitdruckgeschäfte über Skaleneffekte und günstige Herstellungskosten in der DDR ökonomische Vorteile mit sich bringen. Wenn die westdeutschen Verlage in der marktwirtschaftlich organisierten Bundesrepublik auch im Grundsatz individuell darüber entschieden, ob und wie sie mit ihrem DDR-Pendant zusammenarbeiteten, waren sie über das reglementierte System des innerdeutschen Handels doch an bestimmte Verfahrensweisen und Mengenbegrenzungen gebunden, so dass sich durchaus Parallelen ergaben zur Situation in der DDR. Über den innerdeutschen Buchaustausch wurde in seiner Gesamtheit verhandelt; der Frankfurter Börsenverein musste daher in seinem Agieren der DDR und ihrem Buchhandelssystem gegenüber stets die gesamte Branche im Blick haben. Hier zeigt sich zugleich ein wesentlicher Unterschied zu den Verhältnissen im Osten. In der Bundesrepublik prallten unterschiedliche Interessen einzelner Akteure hart aufeinander – scharfe Gegner einer Zusammenarbeit mit dem DDR-Buchhandel, die sich vorrangig aus Parallelverlegern rekrutierten, standen jenen gegenüber, die Interesse an Kooperationen und einem guten Verhältnis hatten.

> In These III wurde davon ausgegangen, dass das Handeln der verschiedenen Akteure von einem komplexen Geflecht aus verschiedenen Interessen und Zielstellungen bestimmt war. Sowohl politische als auch ökonomische, juristische und persönliche Faktoren spielten eine Rolle. Aufgrund eines gewissen Erwartungsdrucks hinsichtlich politischer Positionierung und Argumentation dürfte teils eine Diskrepanz zwischen öffentlich geäußerten Standpunkten und tatsächlichen Interessen bestanden haben.

Diese These wurde in Teilen schon bestätigt: Die Komplexität der Motivationen und Zielstellungen der Akteure kam in den Darlegungen zu den ersten beiden Thesen zum Ausdruck. Interessant erscheinen die Zusammenhänge und *wechselseitigen Einflüsse von politischen und ökonomischen Interessen*. Man würde grundsätzlich davon ausgehen, dass in der DDR mit der planwirtschaftlich organisierten Wirtschaft, dem Aufbau des Sozialismus und dem zentralistisch gesteuerten Buchmarkt die politisch-ideologischen Zielstellungen überwogen und in der Bundesrepublik mit ihrer marktwirtschaftlich orientierten Wirtschaft, der demokratisch organisierten Gesellschaft und der fehlenden zentralen Steuerung des Buchbetriebs die ökonomischen Interessen. Tatsächlich stellt sich die Situation in den 1950er Jahren weitaus differenzierter dar. Der Umgang mit den Parallelverlagen von staatlicher bzw. institutioneller Seite aus – in der DDR über Verlagsbehörde und SED direkt, in der Bundesrepublik über den reglementierten Interzonenhandel und den an staatlichen Richtungsvorgaben sich orientierenden Börsenverein indirekt gegeben – offenbart sowohl politische als auch ökonomische Interessen auf beiden Seiten. Als politische Zielstellungen begegnen die Abgrenzung vom jeweils anderen deutschen Staat ebenso wie der Wunsch nach Aufrechterhaltung einer Verbindung zwischen den Menschen in Ost und West. *Ökonomische Bedeutung* hatte der innerdeutsche Buchhandel für beide Seiten. Offiziell wurde in der DDR gern betont, dass wirtschaftliche Interessen im Allgemeinen, vor allem aber solche einzelner Firmen oder Unternehmer, eine nachgeordnete Rolle spielen würden. Das Wichtigste sei die Versorgung mit der in Industrie und Gesellschaft benötigten Literatur – im gleichen Zug konnte die westdeutsche Fokussierung auf die Ökonomie kritisiert werden. Zugleich argumentierte man auch in der Bundesrepublik in offiziellen Verlautbarungen beispielsweise des Frankfurter Börsenvereins bevorzugt mit *ideellen Aspekten*, wenn es um den Ausbau der Buchhandelsbeziehungen zum ostdeutschen Nachbarstaat ging. Die Versorgung der

DDR-Bevölkerung mit westdeutscher Literatur, die letztlich zum Zusammenbruch des sozialistischen Systems führen würde, wurde als Motiv eher bemüht als die eigenen wirtschaftlichen Interessen der Vergrößerung des Absatzmarktes. Das Zusammenspiel von Politik und Ökonomie gestaltete sich besonders spannungsreich, weil die gehandelte Ware mehr war als ein bloßes Handelsgut, das individuelle Bedürfnisse Einzelner eher als gesellschaftliche Funktionen erfüllte. Das Buch war (potenziell) mit weiterer Bedeutung aufgeladen. Es konnte kulturelle Werte, technologisches Wissen, politische Aussagen und andere gesellschaftlich und ökonomisch bedeutsame Inhalte transportieren und stand daher mehr als andere Erzeugnisse (mit in der Regel größerer volkswirtschaftlicher Bedeutung) im Fokus der Aufmerksamkeit von Politik und Medien. Dass Ereignisse wie die Buchmessen daher mit stärkerer medialer, aber auch politischer Aufmerksamkeit bedacht wurden und bestimmte dort verhandelte Aspekte sich als Abbild des deutsch-deutschen Verhältnisses darstellten, ist daher plausibel. Daneben fällt auf, dass die Parallelverlage sich aufgrund der sehr unterschiedlichen Ausprägungen der Unternehmensbeziehungen auf besondere Art dafür zu eignen schienen, in die im jeweiligen Kontext oder zum jeweiligen Zeitpunkt gewünschte Richtung *instrumentalisiert* zu werden. So dienten sie den DDR-Behörden wahlweise als Beispiele für vorbildliche Kooperationen zwischen Ost und West, also als erfolgreiches Ergebnis der Bemühungen ›Deutsche an einen Tisch‹, oder als Negativbeispiel für die ›typisch kapitalistische Profitgier‹.

Betrachtet man die Entwicklung der gesamten innerdeutschen Buchhandelsbeziehungen in ihren groben Zügen vom Anfang der 1950er bis zum Ende der 1960er Jahre, so lässt sich zum einen eine grundsätzliche Parallelität zu den Entwicklungen im deutsch-deutschen Verhältnis feststellen – der Phase der Konfrontation folgte die Entspannungs- und letztlich die Normalisierungsphase. Dies spiegelt sich vor allem im Verhältnis der beiden Börsenvereine und in den Ereignissen um die Frankfurter Buchmesse – also auf einer stark symbolträchtigen und teils auch öffentlichkeitswirksamen Ebene. Zugleich ist eine beachtliche Kontinuität im praktizierten Buchhandel über die Grenze hinweg zu bemerken. So gab es Anfang der 1950er Jahre, als die Handelsabkommen zwischen den beiden Staaten aufgrund politischer Störungen immer wieder ausgesetzt wurden, zum Teil erfolgreiche Versuche auf Branchenebene, die Handelsbeziehungen trotzdem aufrechtzuerhalten. Politisch entscheidende Einschnitte wie der Bau der Berliner Mauer im Jahr 1961 hatten im Buchhandel keine weitreichenden Folgen; Verlage mit einem Interesse an deutsch-deutschen Kooperationen pflegten diese über Jahre hinweg mit erstaunlicher Konstanz. Insofern lässt sich der Forschungsbefund, dass es in der innerdeutschen Handelspolitik schon früh zu autonomen Bestrebungen kam, die mit den deutschlandpolitischen Prozessen nicht unbedingt korrelierten, durchaus auf den Buchhandel übertragen.[3]

---

3 Vgl. Fäßler 2006, S. 304f.

In der Bundesrepublik gewannen die ökonomischen Interessen bei vielen Verlegern und Buchhändlern nach anfänglichen partiellen Abwehrstrategien gegenüber dem Buch ›von drüben‹ in wenigen Jahren wieder die Oberhand. Selbst in der DDR wurde der Primat der Politik gegenüber der Ökonomie teilweise aufgehoben, um den handelspolitisch wichtigen Buchexport und -austausch, wenigstens im Bereich der Naturwissenschaften, Technik und Medizin, möglich zu machen. Die Existenz der Parallelverlage dürfte neben der ›Doppeltheit‹ des Buches als Kulturgut und Ware wesentlich dazu beigetragen haben, dass der politische Aspekt dennoch stets präsent blieb.

Die Befunde zur Relevanz der individuellen unternehmerischen Persönlichkeiten und der von diesen getroffenen Entscheidungen und zu den damit zusammenhängenden, teils gänzlich konträren Strategien der Verlage im Umgang mit einer im Kern strukturell gleichen Unternehmensentwicklung – die parallele Firmenexistenz in zwei Staaten – sind auch für die allgemeine deutsche Unternehmensgeschichtsschreibung der zweiten Hälfte des 20. Jahrhunderts von Bedeutung. Hier wurden an konkreten Firmen Entscheidungs- und Entwicklungsprozesse untersucht und zu den sie bestimmenden Voraussetzungen in der Makroumwelt in Beziehung gesetzt. Dass im Verlagsbereich jener Zeit generell und bei den Parallelverlagen besonders das Ziel der Profitorientierung nicht durchgängig im Mittelpunkt unternehmerischer Überlegungen stand, sondern teilweise von eher politischen oder ideellen Zielstellungen überlagert wurde, ist eine vor allem für die Seite der marktwirtschaftlich organisierten Bundesrepublik wichtige Erkenntnis; dass umgekehrt das Agieren von Verlagen und anderen Buchhandelsfirmen sowie teilweise sogar der diese anleitenden Behörden in der DDR nicht ausschließlich auf ideologische, sondern auch stark auf ökonomische Zielstellungen ausgerichtet war und in diesem Kontext teils überraschende Freiräume bestanden, korrigiert einseitige Vorstellungen von der Struktur und dem Funktionieren der DDR-Wirtschaft.

Die Fokussierung auf die wissenschaftlichen Verlage in der vorliegenden Arbeit wirft die Frage auf, ob für diesen Verlagstypus Besonderheiten bezüglich der Parallelverlagsproblematik festgestellt werden können. Ein Vergleich bietet sich mit den literarischen Parallelverlagen an, die von Frohn in ihrer Arbeit zum deutsch-deutschen Literaturaustausch betrachtet werden. Sie bietet einen Überblick über die Unternehmensbeziehungen von Insel (Leipzig und Wiesbaden/Frankfurt am Main), Reclam (Leipzig und Stuttgart), Gustav Kiepenheuer/Kiepenheuer & Witsch (Weimar und Köln) sowie Rütten & Loening (Potsdam/Berlin und Darmstadt). Bei einer näheren Betrachtung der Verlagsprogramme fällt auf, dass die Unterschiede zwischen den naturwissenschaftlich/medizinisch/technisch ausgerichteten Parallelverlagen und den literarischen weniger groß waren als auf den ersten Blick anzunehmen. Für alle war kennzeichnend, dass sie weniger (potenziell) politisch brisante Titel im Programm führten als das zum Beispiel bei aktuellen geisteswissenschaftlichen Titeln oder zeitgenössischer Belletristik der Fall war. Die literarischen Privatverlage hatten einen Schwerpunkt auf der so genannten ›Erbe-Literatur‹. Zeitgenössische Belletristik erschien bevorzugt in neugegründeten DDR-Verlagen wie Aufbau oder Volk und Welt. Aus Sicht der DDR-Behörden und der SED bedeutete dies, dass die Parallelverlage – ob nun Reclam oder Teubner – zwar wichtige, aber eher selten problematische Titel veröffentlichten; für die Verlage in Ost und West hieß es, dass sich ihre Publikationen für den Austausch zwischen Ost und West prinzipiell eigneten, sich also Kooperationen anboten und als ökonomisch sinnvoll erwiesen. So waren es auch bei den literarischen Parallelverlagen vor allem individuelle Konstellationen, die die Verhältnisse prägten. Eine aufgrund politischer Einflussnahmen von Seiten der Behörden sich wandelnde, aber in der Zusammenschau im Wesentlichen kooperative Beziehung (Insel) war ebenso anzutreffen wie ein vorrangig konfrontatives Agieren eines westdeutschen Verlags durch Einfuhrverbote und Auseinandersetzungen um Firmen- und Verlagsrechte (Reclam). Das Beispiel des Insel-Verlags zeigt zugleich, dass neue Akteure in den Verlagen imstande waren, die Beziehungen zu verändern. Der unterschiedliche Umgang mit den Parallelverlagen von Seiten der Behörden in der DDR erfolgte weniger aufgrund von anderen Programmschwerpunkten als vielmehr aufgrund unterschiedlicher Bewertungen hinsichtlich Renommee, Reichweite und Bedeutung des Verlagsnamens. In den Verlagen selbst wiederum ergaben sich Möglichkeiten einer Zusammenarbeit auch eher unabhängig vom Programm. Insofern kann konstatiert werden, dass die Analyse der Entstehung und der Unternehmensbeziehungen der acht in der vorliegenden Arbeit untersuchten Wissenschaftsverlage als exemplarisch für die Parallelverlage im Allgemeinen gesehen werden kann.

10 Zusammenfassung

Die vorliegende Arbeit befasst sich mit Parallelverlagen während der Zeit der deutschen Teilung. Unter Parallelverlagen versteht man Firmen, die ihren Sitz ursprünglich auf dem Gebiet der sowjetischen Besatzungszone/der DDR hatten und die in einer der westlichen Zonen/in der Bundesrepublik Zweigstellen gründeten oder ihren Sitz dorthin verlagerten, wobei der Verlag am alten Standort weiterexistierte. Die Arbeit analysiert verschiedene Charakteristika und Entwicklungen am Beispiel von acht Wissenschaftsverlagen mit medizinischem, naturwissenschaftlichem und/oder technischem Verlagsprogramm (Akademische Verlagsgesellschaft, Johann Ambrosius Barth, Gustav Fischer, S. Hirzel, Carl Marhold, Theodor Steinkopff/Dr. Dietrich Steinkopff, B. G. Teubner sowie Georg Thieme).

Die Analyse basiert auf einer vorwiegend qualitativ-hermeneutischen Auswertung umfangreicher archivalischer sowie ergänzend hinzugezogener gedruckter Quellen. Untersuchungsleitend ist ein Theorierahmen, der sich aus Modellen der Buchwissenschaft, der Unternehmensgeschichte, der Betriebswirtschaftslehre und der Soziologie herleitet. Die Wissenschaftsverlage werden als Unternehmen auf der gesellschaftlichen Mesoebene betrachtet, die diversen Einflüssen der sie umgebenen Makroebene ausgesetzt sind und in denen auf der Mikroebene Akteure mit unterschiedlichen Interessen, Werten und Ressourcen Entscheidungen treffen.

Basierend auf einer Darstellung der Entwicklungen in Politik, Wirtschaft und Verlagswesen nach dem Ende des Zweiten Weltkriegs bildet die Analyse der Entstehung der Parallelverlage den ersten Schwerpunkt der Untersuchung. Als Ursachen werden Entwicklungen in der Makroumwelt der Verlage identifiziert: vor allem die Neustrukturierung und Überwachung des Verlagswesens und der wirtschaftspolitische Umbau in der Sowjetischen Besetzungszone bzw. der DDR sowie spezielle durch die Zonenteilung bedingte Probleme in Handel und Kommunikation. Hinsichtlich der Entstehungsmerkmale lässt sich konstatieren, dass es sowohl strategische Gemeinsamkeiten (zum Beispiel bei der Standortwahl) als auch Unterschiede (zum Beispiel bei der Firmennamenwahl und beim zeitlichen Verlauf) zwischen den Firmen gab. Individuelle Besonderheiten ergeben sich aus unterschiedlichen persönlichen Haltungen der Inhaber sowie je anders gelagerten internen Gegebenheiten in den Firmen.

Der zweite Schwerpunkt liegt auf der Analyse der Strategiefelder, auf denen sich die Verlage auf der Suche nach Lösungen für die zwischen ihnen auftretenden Konflikte bewegten. Die Verlage führten Auseinandersetzungen über die Rechtmäßigkeit des jeweils anderen Verlags, über die Nutzung der Verlagsnamen, Signets und Verlagsrechte sowie über das Agieren auf den Absatzmärkten. Die Analyse der Strategiefelder offenbart eine große Bandbreite an möglichen Optionen: ein kooperatives Agieren mit gemeinsamer Buchproduktion war ebenso anzutreffen wie ein stark konfrontatives Handeln, das unter anderem in Gerichtsprozessen seinen Ausdruck fand. Daneben fanden sich diverse Modelle, die eine Steuerung, Umgehung oder Beendigung der

https://doi.org/10.1515/9783110543421-010

Konflikte zum Ziel hatten. Es wird deutlich, dass der Grundkonflikt – die Rechtmäßigkeit des je anderen Verlags – selbst in Gerichtsverfahren nicht gelöst werden konnte. Daher verlagerte sich die Aufmerksamkeit der Konfliktparteien früher oder später auf die nächste, pragmatische Ebene. Hier wurde beispielsweise über eine Aufteilung der vorhandenen Verlagsrechte, über die Änderung von Firmennamen und Signets oder eine Einigung über Vertriebsgebiete verhandelt. Letztlich war auch hier vieles von den konkreten Akteuren in Ost und West abhängig. Inwieweit politischen Fragen Vorrang vor ökonomischen Überlegungen gegeben wurde oder umgekehrt – je nach konkretem Akteur in Ost und West –, beeinflusste Strategien und deren Ergebnisse entscheidend.

Der im abschließenden Schwerpunkt unternommene Blick auf die Versuche der beiden Börsenvereine des Deutschen Buchhandels in Leipzig und Frankfurt am Main und der Behörden in der DDR, die Konflikte zwischen den Parallelverlagen sowohl in Einzelfällen als auch in ihrer Gesamtheit zu lösen, offenbart die hohe Bedeutung des Themas für das Gesamtgefüge des innerdeutschen Buchhandels. Dies kommt ebenfalls darin zum Ausdruck, dass die Parallelverlage auf der Frankfurter Buchmesse ein andauernder Punkt der Auseinandersetzung zwischen dem westdeutschen und dem ostdeutschen Buchhandel waren.

Die Ergebnisse der Arbeit leisten einen Beitrag zur Forschung zum deutsch-deutschen Verhältnis in den ersten anderthalb Jahrzehnten nach dem Ende des Zweiten Weltkriegs, das sich in den Entwicklungen und Beziehungen der Parallelverlage spiegelt. Es werden differenzierte Einblicke in die Verflechtungen und Wechselwirkungen politischer, kultureller und ökonomischer Motive und Interessen der Akteure und Systeme gegeben.

11 Danksagung

Die vorliegende Dissertation entstand am Institut für Buchwissenschaft der Friedrich-Alexander-Universität Erlangen-Nürnberg; die Philosophische Fakultät und Fachbereich Theologie der Universität zeichnete sie mit dem Lilli-Bechmann-Rahn-Preis aus. Die Entstehung haben zahlreiche Menschen ermöglicht, begleitet und unterstützt, denen ich dafür herzlich danken möchte.

Mein erster Dank gilt Prof. Dr. Ursula Rautenberg, die mir eine kompetente Betreuerin war und mir mit konstruktivem Rat zur Seite stand. Danken möchte ich auch Prof. Dr. Peter E. Fäßler als Zweitgutachter dieser Arbeit für seine motivierende Unterstützung und wertvolle Hinweise. Ein weiterer Dank geht an Prof. Dr. Christian Martin Schmidt, der meine Magisterarbeit über Breitkopf & Härtel betreut hat und der mich einst auf die Idee brachte, eine Dissertation anzugehen. Die Lektüre von Reinhard Wittmanns *Geschichte des deutschen Buchhandels* war einer der Auslöser dafür, diese auf dem wunderbaren Gebiet der Buchhandelsforschung anzusiedeln – auch ihm sei gedankt.

Die Arbeit an dieser Dissertation führte mich in zahlreiche Archive. Für ihre Unterstützung möchte ich allen voran Dr. Thekla Kluttig vom Staatsarchiv Leipzig herzlich danken, die mir stets offene und interessierte Ansprechpartnerin war und vieles ermöglichte. Gleiches gilt für Hermann Staub vom Historischen Archiv des Börsenvereins des Deutschen Buchhandels in der DNB Frankfurt a.M. Gedankt sei weiterhin Detlef Bockenkamm und Anke Spille von den Historischen Sammlungen in der ZLB Berlin. Ebenso möchte ich den Mitarbeitern des Bundesarchivs in Berlin, der Stadtarchive in Leipzig, Stuttgart und Halle, des Instituts für Stadtgeschichte Frankfurt und des Archivs des Deutschen Museums in München sowie dem S. Hirzel Verlag danken.

Für die Archivreisen erfuhr ich finanzielle Unterstützung vom Freundeskreis der Erlanger Buchwissenschaft und von der Horst Kliemann Stiftung für Geschichte des Buchwesens. Dank gilt auch den Herausgebern für die Aufnahme dieser Arbeit in die Reihe *Schriftmedien – Kommunikations- und buchwissenschaftliche Perspektiven*. Die Drucklegung wurde freundlicherweise durch einen Druckkostenzuschuss der Bundesstiftung zur Aufarbeitung der SED-Diktatur unterstützt. Für zahlreiche Gespräche, Anregungen und weitere vielfältige Unterstützung möchte ich herzlich danken: meiner Mutter Hildegund Seemann, Dr. Christoph Links, Prof. Dr. Siegfried Lokatis, Dr. Günther Fetzer, Dr. Julia Frohn, Dr. Bettina Wenzel, Christof Capellaro, Sonja Meyer, Dr. Nikolaus Weichselbaumer, Dr. Marina Mahling, Dr. Simon Hiller, Dr. Kerstin Emrich, Dr. Anke Vogel, Franziska Galek, Christine Kümpers und anderen Freunden und Kollegen, die alle namentlich zu erwähnen nicht möglich ist.

Mein ganz besonderer Dank gilt meinem Mann Dr. Volker Titel für seine ausdauernde Unterstützung und konstruktive Kritik – und meinen Söhnen Frido und Hajo, denen diese Arbeit gewidmet sei.

Fürth, im August 2017   Anna-Maria Seemann

https://doi.org/10.1515/9783110543421-011

A Abkürzungen

AG	Aktiengesellschaft
AGV	Arbeitsgemeinschaft der Graphischen Verbände
AWS	Arbeitsgemeinschaft Wissenschaftlicher Sortimenter
BArch	Bundesarchiv
BBL	Börsenblatt
BGB	Bürgerliches Gesetzbuch
BRD	Bundesrepublik Deutschland
BSB	Betrieb mit staatlicher Beteiligung
BT	Bibliotheca Teubneriana
BV	Börsenverein
CDU	Christliche Demokratische Union Deutschlands
CSU	Christliche-Soziale Union Deutschland
DDR	Deutsche Demokratische Republik
DIA	Deutscher Innen- und Außenhandel
DIB	Deutsche Investitionsbank
DM	Deutsche Mark
DMdDNB	Deutsche Mark der Deutschen Notenbank
DNB	Deutsche Nationalbibliothek
DWK	Deutsche Wirtschaftskommission
e. V.	Eingetragener Verein
ETS	Edition Theodor Steinkopff
GmbH	Gesellschaft mit beschränkter Haftung
HV	Hauptverwaltung
ICD	Information Control Division
ISG	Institut für Stadtgeschichte
KG	Kommanditgesellschaft
KPD	Kommunistische Partei Deutschlands
KPdSU	Kommunistische Partei der Sowjetunion
KWU	Kommunal-Wirtschafts-Unternehmen
LKG	Leipziger Kommissions- und Großbuchhandelsgesellschaft
LPD	Liberal-Demokratische Partei
MfK	Ministerium für Kultur
NATO	North Atlantic Treaty Organization
NSDAP	Nationalsozialistische Deutsche Arbeiterpartei
oHG	Offene Handelsgesellschaft
ORWO	Original Wolfen
SA	Sturmabteilung
SBZ	Sowjetische Besatzungszone
SED	Sozialistische Einheitspartei Deutschlands
SHV	Salomon Hirzel Verlag (Archiv)
SMAD	Sowjetischen Militäradministration Deutschland
SStAL	Sächsisches Staatsarchiv Leipzig
Stakuko	Staatliche Kommission für Kunstangelegenheiten
SPD	Sozialdemokratische Partei Deutschland
UdSSR	Union der Sozialistischen Sowjetrepubliken
USA	United States of America

https://doi.org/10.1515/9783110543421-012

VDH	Verband deutscher Hilfsschulen
VdHD	Verband der Hilfsschulen Deutschlands
VE	Verrechnungseinheiten
VEB	Volkseigener Betrieb
VG	Verlagsgesetz
VVB	Vereinigung volkseiniger Betriebe
VVV	Verwaltung bzw. Vereinigung volkseigener Verlage
ZK	Zentralkomitee
ZPO	Zivilprozessordnung

B Institutionen- und Firmenverzeichnis

Das Verzeichnis listet wichtige Institutionen, Firmen und Verlage auf und beschreibt knapp die im Kontext der vorliegenden Arbeit relevanten Merkmale und Entwicklungen im Untersuchungszeitraum. Ausgenommen sind die acht analysierten Wissenschaftsverlage. Sofern nicht anders angegeben, basieren die Angaben auf den für die Arbeit ausgewerteten Quellen.

Abteilung Literatur und Buchwesen im Ministerium für Kultur: Für die kulturpolitische und ideologische Kontrolle, Planung und Steuerung der Buchbranche von 1958 bis 1963 zuständige Abteilung des → Ministeriums für Kultur (siehe Kapitel 3.4.3).

Akademie-Verlag: Im Dezember 1946 als Verlag der → Deutschen Akademie der Wissenschaften gegründeter Verlag. Seit 1950 war der Verlag auch für die Publikation wissenschaftlicher Literatur zuständig, die nicht aus der Arbeit der Akademie hervorging. Er entwickelte sich zum größten wissenschaftlichen Verlag der DDR und einem der bedeutendsten Exportverlage des Landes.[1]

Amt für Literatur und Verlagswesen: Für die Überwachung, Steuerung und Betreuung der Verlage in der DDR von August 1951 bis zur Auflösung im Juni 1956 zuständige Behörde. Das Amt war auch für die Erneuerung der Ende 1951 auslaufenden Lizenzen der DDR-Verlage verantwortlich (siehe Kapitel 3.4.3).

Arbeitsgemeinschaft medizinischer Verleger/Verlage: Im März 1946 gegründeter Zusammenschluss mehrerer Verlage mit medizinischem Buchprogramm. Zweck war die gemeinsame Planung und Beschaffung sowie eine erleichterte Kontrolle durch die Behörden. Das Konzept war in der Abteilung Kulturelle Aufklärung bei der → Deutschen Verwaltung für Volksbildung entwickelt worden. Die angeschlossenen Verlage durften Medizintitel bis zur Auflösung der Arbeitsgemeinschaft 1953 nur innerhalb der Arbeitsgemeinschaft veröffentlichen (siehe Kapitel 3.4.1 und 4.2.2).

Bieber, Erich (Kunst und Wissen): Durch den Ost-Berliner → Akademie-Verlag 1948 in Stuttgart gegründetes buchhändlerisches Unternehmen, das eine inoffizielle Dependance des Akademie-Verlags darstellte. Bieber war auch anderweitig im innerdeutschen Buchhandel aktiv und pflegte Beziehungen zu verschiedenen DDR-Verlagen (siehe Kapitel 6.4.1).

Börsenverein des Deutschen Buchhandels (BV): 1825 in Leipzig gegründete Branchenvertretung aller drei Buchhandelssparten: der Verlage, der Bucheinzelhändler und der Zwischenbuchhändler. Nach 1945 erfuhr der Verband eine Teilung in einen ost- und einen westdeutschen Verband. Die Verbände nahmen unterschiedliche Entwicklungen und erfüllten jeweils verschiedene Funktionen (siehe Kapitel 7.1).

Brockhaus, F. A.: 1805 gegründeter Verlag, seit 1817 in Leipzig ansässig und spezialisiert auf Enzyklopädien, wissenschaftliche und belletristische Werke. Hans Brockhaus, einer der Inhaber, ging 1945 nach Wiesbaden und baute dort einen neuen Verlag auf. Sein Onkel, Fritz Brockhaus, blieb in Leipzig. 1946 schlossen die Firmen einen Vertrag über die gemeinsame Nutzung der Verlagsrechte. Nach einer staatlich initiierten Kampagne gegen Brockhaus im Jahr 1950, einer Steuerprüfung und einer Anklage u. a. gegen den Geschäftsführer wurde der Leipziger Verlag 1951 unter Treuhandschaft gestellt und

---

1 Vgl. Links 2010, S. 49f.

https://doi.org/10.1515/9783110543421-013

1952 nach einem Gerichtsverfahren in Volkseigentum überführt. Fritz Brockhaus starb im selben Jahr in Leipzig. Hans Brockhaus verlegte 1953 den Unternehmenssitz nach Wiesbaden, das von nun an Stammsitz war.[2]

Deutsche Akademie der Wissenschaften: Wichtigste, staatlich überwachte Forschungsinstitution der DDR. Sie war aus der Preußischen Akademie der Wissenschaften hervorgegangen und wurde 1972 in Akademie der Wissenschaften der DDR umbenannt. Sie verstand sich bis 1969 als gesamtdeutsche Einrichtung; bis zu dieser Zeit war es Wissenschaftlern aus beiden Teilen Deutschlands möglich, Mitglied zu sein. Auch wurde die Zusammenarbeit mit anderen wissenschaftlichen Akademien sowohl in der DDR als auch in der Bundesrepublik fortgesetzt.[3]

Deutsche Buch-Export und -Import GmbH Leipzig (Buch-Export): Im November 1953 gegründete Außenhandelsfirma, die für alle Im- und Exportgeschäfte des DDR-Verlagswesens zuständig war und eine Monopolstellung besaß. Sie war aus der Firma → Koehler & Volckmar hervorgegangen, die zeitgleich ihre Tätigkeit einstellte (siehe Kapitel 3.3.4).

Deutsche Investitionsbank (DIB): 1948 auf Befehl der → Sowjetischen Militäradministration gegründetes zentrales staatliches Geldinstitut in der DDR. Die DIB war für Investitionen in der Wirtschaft der DDR zuständig. Daneben übernahm sie bei privaten Firmen (auch Verlagen) volkseigene Beteiligungen, ausländische Minderbeteiligungen und beschlagnahmte Anteile von Personen, die das Gebiet der DDR verlassen hatten.[4]

Deutsche (Zentral-)Verwaltung für Volksbildung: Im August 1945 eingerichtete Behörde, die gemeinsam mit elf anderen Zentralverwaltungen die → SMAD-Verwaltungen unterstützen und mit diesen den Grundstein für eine künftige deutsche Zentralregierung bilden sollte. Sie war nicht nur für Bildungseinrichtungen, sondern auch für Kunst und Kulturangelegenheiten zuständig und damit für das Verlagswesen (siehe Kapitel 3.4.1).[5]

Deutscher Innen- und Außenhandel (DIA): Volkseigene Handelsunternehmen in der DDR, die 1951 gegründet wurden und Vorgängerinstitutionen besaßen. Es gab 18 solcher Handelsunternehmen, die jeweils für verschiedene Branchen zuständig waren.[6] Jenes mit der Bezeichnung DIA Papier und Druck war für die Anleitung von Koehler & Volckmar in seiner Funktion als Außenhandelsunternehmen der Buchbranche zuständig (siehe Kapitel 3.3.4).

Dietz Verlag: 1947 von der SED gegründeter Verlag, der sich auf die Herausgabe von marxistisch-leninistischer und sozialistischer Literatur spezialisierte. Zuvor hatte die SED vergeblich versucht, den 1881 etablierten sozialdemokratischen Verlag J. H. W. Dietz neu zu begründen. Durch die Hinzuziehung des Leiters des Rudolstädter Greifenverlags, Karl Dietz, gelang die Anlehnung an den alten SPD-Verlag doch noch.[7] Der in der Bundesrepublik ebenfalls neu etablierte Verlag J. H. W. Dietz Nachf. in Hannover erhob seit 1958 Einspruch gegen die Teilnahme des DDR-Verlags Dietz an der Frankfurter Buchmesse.

---

2 Vgl. Keiderling 2005, S. 222–231; 297–302.
3 Vgl. Kocka/ Nötzoldt/Walther 2002, S. 365–367; 423–425.
4 Vgl. Hoffmann 1999, S. 23; Merkblatt der Deutschen Investitionsbank, SStAL, 21766 BV II, Nr. 384.
5 Vgl. Jütte 2010, S. 25–37.
6 Vgl. Fäßler 2006a, S. 81.
7 Vgl. Lokatis 1995, S. 533; Links 2010, S. 167.

Es handelte sich allerdings nicht um einen Parallelverlag, da die alten Verlagsrechte vom Ost-Berliner Verlag nicht genutzt wurden und keine direkte Namensgleichheit bestand.[8]

Edition Leipzig: 1960 in Leipzig gegründeter volkseigener Verlag mit dem Namenszusatz Verlag für Kunst und Wissenschaft, der als Export-Verlag konzipiert war. Entsprechend erschienen zunächst ausschließlich Titel, die zuvor in anderen Verlagen, vor allem in Parallelverlagen, publiziert worden waren. Später entwickelte der Verlag daneben ein eigenes Buchprogramm (siehe Kapitel 6.5.1).

Globig, Ernst: West-Berliner Kommissions- und Großbuchhandlung, die sehr aktiv im Buchhandel mit der DDR war und zu dortigen Verlagen und zum Außenhandelsunternehmen → Buch-Export gute Beziehungen unterhielt.

Globus Buchvertrieb: Eine Abteilung des Globus Verlags, des Verlags der Kommunistischen Partei Österreich. Globus engagierte sich stark im Import von Titeln aus DDR-Verlagen.

Harrassowitz, Otto: 1872 in Leipzig gegründeter geisteswissenschaftlicher Verlag. 1947 beauftragte Inhaber Hans Harrassowitz Richard W. Dorn damit, in Wiesbaden eine Filiale des Verlags aufzubauen. In Leipzig wurde Harrassowitz 1953 in das Bibliographische Institut überführt, der Name wurde einige Zeit später aufgegeben.[9]

Hauptverwaltung (HV) Verlage und Buchhandel: Zwischen 1956 und 1958 in der Nachfolge des → Amts für Literatur und Verlagswesen Kontroll- und Leitungsbehörde für die Buchbranche. Die HV war in das → Ministerium für Kultur integriert worden (siehe Kapitel 3.4.3).

Hiersemann, Karl W./Anton: 1884 in Leipzig gegründete Verlags- und Antiquariatsbuchhandlung. Der Verlag erhielt nach 1945 keine Lizenz mehr. Nach einer dreiwöchigen Inhaftierung seiner Ehefrau Erica Ende 1950 floh Inhaber Anton Hiersemann gemeinsam mit dieser nach West-Berlin. Hiersemann wurde 1951 in einem Prozess wegen Wirtschaftsverbrechen in Abwesenheit verurteilt, die Firma wurde enteignet. Der Neuaufbau in der Bundesrepublik hatte in Stuttgart unter Wilhelm Olbrich schon 1949 begonnen. Seit 1950 erschienen dort die ersten Bücher, seit 1955 firmierte der Verlag unter Anton Hiersemann.[10]

Information Control Division (ICD): In der amerikanischen Besatzungszone seit Anfang 1946 für die Kommunikationskontrolle und die Lizenzerteilungen zuständige Abteilung der amerikanischen Militärregierung. Die ICD war die Nachfolgerin des zuvor verantwortlichen District Information Services Control Command.[11]

KAWE Kommissionsbuchhandlung: West-Berliner Kommissionsbuchhandlung, die aktiv im Buchhandel mit der DDR war. 1954 schloss KAWE einen Vertrag mit Buch-Export, wonach die Firma einen großen Anteil der exportierten DDR-Literatur in die Bundesrepublik einführen sollte.[12]

---

8 Vgl. dazu auch Tiempar 1997, S. 70.
9 Vgl. Links 2010, S. 107; Otto Harrassowitz GmbH & Co. KG 2016.
10 Vgl. Olbrich 1984, S. 114–116; 123–137.
11 Vgl. Gruschka 1995a, S. 46f.
12 Vgl. Frohn 2014, S. 63, Fußnote 183.

Koehler & Volckmar: 1918 aus der Fusion der Unternehmen K. F. Koehler und F. Volckmar hervorgegangene Leipziger Kommissionsbuchhandlung und Barsortiment. Nach Repressionen gegen die Eigentümer und der Kunde von der bevorstehenden Enteignung verließ Geschäftsführer Karl Voerster 1948 Leipzig und floh in die amerikanische Besatzungszone. Die bereits seit 1917 in Stuttgart ansässige Firma Koch, Neff & Oettinger, die zu Koehler & Volckmar gehörte, wurde von den nun in der Bundesrepublik ansässigen Inhabern ausgebaut. 1950 wurde das Unternehmen in Leipzig in Volkseigentum überführt.[13] Hier etablierte sich Koehler & Volckmar vorübergehend als wichtigstes Außenhandelsunternehmen der Buchbranche, bis die Firma Ende 1953 in der neu gegründeten Firma → Buch-Export Leipzig aufging (siehe Kapitel 3.3.4).

Kulturbund zur demokratischen Erneuerung Deutschlands: Mitte 1945 gegründete Organisation, die zugleich Kulturverein und Interessenvertretung von Kunstschaffenden in der SBZ und später der DDR war. Der Kulturbund agierte zunächst interzonal und überparteilich. 1947 wurde die Organisation im amerikanischen und britischen Sektor Berlins aber verboten; in der DDR entwickelte sie sich ab 1952 zu einer systemtreuen Einrichtung.[14]

Kultureller Beirat: Auf Befehl der SMAD im Juni 1946 etablierte Instanz für die Kontrolle von Publikationen, die Erteilung von Verlagslizenzen und die Zuteilung von Papierkontingenten. Der Kulturelle Beirat wurde Ende 1950 als Hauptabteilung Kultur dem → Ministerium für Volksbildung angeschlossen und mit der Gründung des → Amts für Literatur und Verlagswesen aufgelöst (siehe Kapitel 3.4.1 und 3.4.3).

Leipziger Kommissions- und Großbuchhandel (LKG): Wichtigstes Unternehmen des Zwischenbuchhandels in der DDR. Die LKG war 1946 gegründet worden und seit 1951 der Marktführer im Bereich des Zwischenbuchhandels.[15]

Ministerium für Außenhandel und innerdeutschen Handel: Seit der Gründung der DDR 1949 für Planung, Durchführung und Kontrolle des Außenhandels und des innerdeutschen Handels sowie die Aufsicht der beteiligten Unternehmen zuständiges Ministerium der DDR.[16]

Ministerium für Gesamtdeutsche Fragen: 1949 gegründetes Bundesministerium, das formal für alle Angelegenheiten mit Bezug zur DDR zuständig war. In den 1950er Jahren war das Ministerium vor allem im antikommunistischen Propaganda- und Abwehrkampf aktiv (siehe Kapitel 3.1.2).

Ministerium für Kultur (MfK): 1954 etabliertes Ministerium in der DDR, das für alle kulturellen und künstlerischen Belange zuständig war. Das für die Verlage verantwortliche → Amt für Literatur und Verlagswesen blieb bis zu seiner Auflösung 1956 selbstständig; die aus dem Amt hervorgehende → HV Verlagswesen wurde in das Ministerium für Kultur integriert.[17]

---

13 Vgl. Frohn 2014, S. 422–424.
14 Vgl. Frohn 2014, s. 429f.
15 Vgl. Keiderling 2010, S. 166–168.
16 Nach zwei Umbenennungen arbeitete das Ministerium seit 1950 unter diesem Namen Vgl. Fäßler 2006a, S. 78.
17 Vgl. Frohn 2014, S. 435.

Ministerium für Leichtindustrie: Eines von verschiedenen 1950 gegründeten Industrieministerien der DDR. Innerhalb des Ministeriums war die → Vereinigung bzw. Verwaltung Volkseigener Verlage (VVV) für die ökonomische Anleitung der VEB- und der Treuhandverlage zuständig (siehe Kapitel 3.4.3).

Ministerium für Volksbildung: 1950 gegründetes Ministerium der DDR, das aus der → Deutschen Verwaltung für Volksbildung hervorgegangen war. In den Jahren 1950 und 1951 war diesem Ministerium der → Kulturelle Beirat zugeordnet, der für die Überwachung der Verlage der DDR zuständig war.

Mommsen-Gesellschaft: Altertumswissenschaftliche Gesellschaft, die 1949/1950 in Hinterzarten (Schwarzwald) ins Leben gerufen wurde und die zunächst eine gesamtdeutsche Ausrichtung besaß. Innerhalb der Mommsen-Gesellschaft war eine Edition-Kommission für die Herausgabe der im Verlag B. G. Teubner erscheinenden *Bibliotheca Teubneriana* zuständig.

Niemeyer, Max: 1870 in Halle/Saale gegründeter Verlag mit geisteswissenschaftlichem Programm. Inhaber Hermann Niemeyer siedelte im Februar 1949 nach Tübingen über und baute den Verlag dort neu auf. Das Haus in Halle wurde 1952 in Volkseigentum überführt und 1964 dem Bibliographischen Institut Leipzig angegliedert.

Reclam jun., Philipp: 1828 in Leipzig gegründeter Verlag, der vor allem für seine preiswerten Klassikerausgaben (Universal-Bibliothek) bekannt wurde. Reclam erhielt 1946 in der SBZ die Verlagslizenz, ein großer Teil des grafischen Betriebs wurde demontiert. 1947 wurde die Reclam GmbH in Stuttgart gegründet. Nach zweimaliger Verhaftung siedelte Inhaber Ernst Reclam 1950 nach Stuttgart über. In der DDR wurde Reclam 1953 in Volkseigentum überführt. 1954 erklärten die nunmehr in der Bundesrepublik ansässigen Eigentümer die Zweigstelle in Passau zur Hauptniederlassung, 1958 wurde diese nach Stuttgart verlegt.

Seemann, E. A.: 1858 in Leipzig gegründeter Verlag mit Schwerpunkt auf Kunst und Kunstgeschichte. Elert Seemann, der den Verlag in der Zeit des Nationalsozialismus geleitet hatte, siedelte 1945 in den Westen über und etablierte in Köln ab 1948 eine Zweigstelle. Seemann scheiterte mit seiner Firma Anfang der 1960er Jahre, versuchte aber weiter, den Vertrieb der Leipziger Werke in der Bundesrepublik und den Auftritt des Verlags auf der Frankfurter Buchmesse zu verhindern (siehe Kapitel 7.3.3).

Sowjetische Militäradministration Deutschland (SMAD): Nach dem Ende des Zweiten Weltkriegs höchste Regierungsbehörde in der Sowjetischen Besatzungszone (SBZ). Die SMAD übte die Regierungsgewalt durch den Erlass von Befehlen aus. Es existierten zahlreiche Fachabteilungen; für die Verlage war die Propaganda- bzw. Informationsableitung zuständig. 1949 wurde die SMAD aufgelöst, die Sowjetische Kontrollkommission stellte ihre Nachfolge dar.[18]

Verwaltung/Vereinigung Volkseigener Verlage: Ökonomisches Leitungs- und Kontrollorgan der in Volkseigentum überführten Verlage, die es als Vereinigungen Volkseigener Betriebe auch in anderen Branchen gab. 1948 wurde die Vereinigung Volkseigener Verlage gegründet, die seit 1952 Verwaltung Volkseigener Verlage hieß. Sie war seitdem im → Ministerium für Leichtindustrie angesiedelt und war eine Unterabteilung der Fachabteilung Verlagswesen innerhalb der Hauptverwaltung Polygraphie. 1956 wurde die VVV Verlage aufgelöst und die wirtschaftliche Kontrolle der Verlage der → HV Verlagswesen übertragen.

---

18 Vgl. Schröder 1999, S. 18–21; Strunk 1996, S. 21.

Vereinigung volkseigener Betriebe Verlage (VVB Verlage): Ökonomisches Leitungs- und Kontrollorgan der volkseigenen Verlage seit September 1958. Die VVB Verlage war bis zu Schaffung der Hauptverwaltung Verlage und Buchhandel 1963 für die ökonomische Anleitung der Verlage zuständig, dann übernahm diese Funktion die neue Hauptverwaltung im → Ministerium für Kultur.

Volk und Wissen: Schulbuchverlag der DDR mit Monopolstellung. Volk und Wissen war im Oktober 1945 als einer der ersten Verlage in der SBZ gegründet worden. In den ersten Jahren erschienen vor allem Schulbücher anderer Verlage aus der Zeit der Weimarer Republik in überarbeiteten Fassungen. Zu diesem Zweck bildete Volk und Wissen unter anderem mit B. G. Teubner Leipzig eine Arbeitsgemeinschaft.

Wunderlich, Ernst: 1876 in Leipzig gegründeter Jugendbuchverlag. Verleger Hans Wunderlich siedelte nach 1945 in den Westen über und führte seinen Verlag in Worms am Rhein weiter. In der DDR wurde der Verlag Ernst Wunderlich 1957 in Prisma-Verlag umbenannt.

Zentralkomitee der SED (ZK der SED): Höchstes Führungsgremium in der Parteistruktur der SED in der DDR. Das Politikbüro des ZK war oberstes Entscheidungsgremium der SED und neben dem Sekretariat des Zentralkomitees höchstes Machtorgan. Grundsätzliche politische Fragen wurden auf den wöchentlichen Sitzungen des Politbüros erörtert, seine Beschlüsse hatten »faktisch Gesetzeskraft«.[19]

Zentralstelle für/Abteilung Buch- und Bibliothekswesen: Leipziger Außenstelle der sächsischen Landesverwaltung, die im Leipziger Erziehungs- und Kulturamt/Volksbildungsamt angesiedelt war. Erster Leiter seit der Gründung im Sommer 1945 war Heinrich Becker. Die Zentralstelle war für die Aussonderung nationalsozialistischer Literatur zuständig und nahm eine beratende Funktion hinsichtlich der Lizenzierungen der Leipziger Verlage und weitere Buchhandelsfragen wahr.[20]

Zentralstelle für wissenschaftliche Literatur: Seit 1950 zentral zuständige staatliche Stelle der DDR für den Import von wissenschaftlicher und Fachliteratur aus dem Ausland. Sie war damit auch Anlaufstelle für alle Bestellungen westlicher Literatur in der DDR (siehe Kapitel 3.4.3).

---

19 Schröder 1999, S. 397.
20 Vgl. Jütte 2010, S. 109–115.

C Personenverzeichnis

Die folgende Übersicht bietet Informationen über Funktionen und Tätigkeiten der wichtigsten Personen aus Verlagen und Institutionen im Untersuchungszeitraum. Sie basieren auf den in der vorliegenden Arbeit ausgewerteten Quellen und wurden ergänzt durch die Angaben im zweibändigen Lexikon Wer war wer in der DDR?,[1] den Kurzbiografien bei Jütte 2010[2] und den bei Barck/Langermann/Lokatis 1998 angegebenen Daten.[3]

Ackermann, Alfred: Enkel des Firmengründers Benedictus Gotthelf Teuber; Vater von Erich Ackermann; von 1932 bis 1938 Mitinhaber der B. G. Teubner-Firmen in Leipzig.

Ackermann, Erich: Urenkel von Benedictus Gotthelf Teuber; von 1932 bis 1938 Mitinhaber, ab 1945 als Kommanditist an B. G. Teubner beteiligt, ab 1954 wieder als persönlich haftender Gesellschafter; ab 1965 als Geschäftsführer tätig.

Apelt, Fritz: von August 1951 bis Januar 1954 Leiter des Amts für Literatur und Verlagswesen der DDR; im Anschluss bis 1956 Staatssekretär und erster Stellvertretender Minister für Kultur der DDR.

Balluseck, Lothar von: von Oktober 1945 bis August 1947 Leiter des Referats Verlagswesen in der Deutschen (Zentral-)Verwaltung für Volksbildung; ab Sommer 1946 bis Juli 1947 zugleich Geschäftsführer des Kulturellen Beirats.

Bauersfeld, Rudolf: seit 1952 Verwalter, später bis 1967 auch Verlagsleiter bei S. Hirzel Leipzig.

Baunack, Heinz: ab 1965 bis zum Anfang der 1960er Jahre Verlagsleiter bei Theodor Steinkopff Dresden.

Becker, Heinrich: ab August 1945 Leiter der Zentralstelle für Buch- und Bibliothekswesen im Erziehungs- und Kulturamt der Stadt Leipzig; ab Juni 1946 Geschäftsführer des Bibliographischen Instituts Leipzig; ab November 1946 stellvertretender Vorsteher, ab Januar 1948 zunächst geschäftsführender und ab Juli 1950 offizieller Vorsteher des Leipziger Börsenvereins.

Becker, Walter: von 1937 bis 1946 zuerst Geschäftsführer, dann außerdem persönlich haftender Gesellschafter bei der Akademischen Verlagsgesellschaft Geest & Portig/Becker & Erler Leipzig; schied 1946 aus der Firma aus.

Bieber, Erich: Inhaber der 1948 gegründeten Firma Kunst und Wissen Erich Bieber Stuttgart, der westlichen Vertretung des Ost-Berliner Akademie-Verlags.

Böhm, Karl Ewald: ab 1951 stellvertretender Leiter des Amts für Literatur und Verlagswesen und Leiter der Hauptabteilung A (Begutachtung, Entwicklung und Koordinierung), nach Auflösung des Amts 1956 bis 1958 Leiter der HV Verlagswesen im Ministerium für Kultur.

---

1 Müller-Enbergs et al. 2010.

2 Jütte 2010, S. 298–320.

3 Barck/Langermann/Lokatis 1998.

https://doi.org/10.1515/9783110543421-014

Böhme, Wolfgang: ab 1948 Redaktionsleiter, ab 1951 Chefredakteur des *Börsenblatts für den Deutschen Buchhandel (Leipziger Ausgabe).*

Breitenbuch, August von: ein Schwager von Annelise von Lucius; ausgebildeter Landwirt; baute seit 1948 die westliche Vertretung von Gustav Fischer Jena, den Piscator Verlag in Stuttgart, mit auf und war anschließend im Verlag Gustav Fischer Stuttgart in leitender Position tätig.

Bremser, Karl: ab 1926 Herstellungsleiter mit Prokura bei Gustav Fischer Jena; in den 1950er Jahren dort weiterhin in leitender Funktion tätig.

Brockhaus, Hans: Mitinhaber des Verlags F. A. Brockhaus Leipzig, siedelte 1945 nach Wiesbaden über.

Dietrich, Franz: seit Januar 1957 Leiter der Akademischen Verlagsgesellschaft Geest & Portig Leipzig, siedelte 1961 in die Bundesrepublik über und arbeitete dort bei der Akademischen Verlagsgesellschaft Frankfurt am Main.

Dodeshöner, Werner: Mitinhaber und Geschäftsführer des Luther-Verlags und der Cannsteinschen Bibelanstalt Witten/Ruhr, außerdem Gesellschafter und Geschäftsführer des Eckart Verlags Witten/Berlin; Börsenvereins-Vorsteher 1959 bis 1962.

Dorn, Richard W.: ab 1948 Leiter des Verlags Otto Harrassowitz in Wiesbaden.

Dornig, Alfred: Prokurist im Verlag Georg Thieme Leipzig; übernahm nach der Übersiedlung von Inhaber Bruno Hauff die Verlagsleitung in Leipzig und trat 1946 auch als persönlich haftender Gesellschafter in die Firma ein; siedelte 1950 nach Stuttgart über und arbeitete fortan im Stuttgarter Verlag Thieme.

Erler, Willy: von 1937 bis 1947 Geschäftsführer, dann persönlich haftender Gesellschafter der Akademischen Verlagsgesellschaft Geest & Portig/Becker & Erler.

Ernst, Alfred: in den 1950er Jahren Geschäftsführer des Leipziger Börsenvereins.

Ernst, Hans-Joachim: ab der Gründung 1948 Geschäftsführer des Verlags für Wissenschaft und Fachbuch Bielefeld, der westlichen Dependance von B. G. Teubner Leipzig; nach dessen Auflösung 1953 Mitarbeiter bei B. G. Teubner Stuttgart, seit 1966 Prokurist.

Fabian, Curt: in den 1960er Jahren Generaldirektor bei Buch-Export Leipzig.

Ferchland, Bernhard: ab Anfang der 1970er Jahre bis zur Auflösung des Verlags 1978 Leiter des Verlags Theodor Steinkopff Dresden.

Franz, Rudolf: Anwalt in Leipzig, arbeitete in den 1950er Jahren für den Verlag B. G. Teubner Leipzig.

Geest, Johannes: ab 1937 Geschäftsführer der Akademischen Verlagsgesellschaft (Becker & Erler) Leipzig, seit 1946 bis zu seinem Tod im September 1947 persönlich haftender Gesellschafter.

Gentz, Ingeburg: Rechtsanwältin in Berlin, arbeitete in den 1950er Jahren für den Verlag B. G. Teubner Leipzig.

Georgi, Arthur: Teilhaber und seit 1951 Leiter des Hamburger Verlagsteils des Paul Parey Verlags (Berlin/Hamburg); Vorsteher des Frankfurter Börsenvereins von 1953 bis 1956.

Georgi, Friedrich: ab 1945 Mitarbeiter, ab 1950 persönlich haftender Gesellschafter im Paul Parey Verlag (Berlin/Hamburg); von 1960 bis 1962 Vorsitzender des Ausschusses für Fragen des Interzonenhandels im Frankfurter Börsenverein; von 1965 bis 1968 Vorsteher des Frankfurter Börsenvereins.

Giesecke, Martin: Ururenkel von Benedictus Gotthelf Teubner; arbeitete seit 1927 bei Teubner und trat 1932 als persönlich haftender Gesellschafter in die Firma ein; blieb trotz seines erzwungenen pro-forma-Ausscheidens aus der Firma nach 1945 stets Teubner-Verleger und Geschäftsführer der verschiedenen Firmen; siedelte 1952 nach Stuttgart über und war dort auch formal wieder als Gesellschafter an den Firmen beteiligt.

Giesecke, Michael: Sohn von Martin Giesecke; arbeitete von 1955 bis 1969 bei B. G. Teubner Stuttgart, zuletzt mit Prokura und als Assistent der Geschäftsführung.

Girnus, Wilhelm: von November 1945 bis September 1946 Leiter der Abteilung Allgemeine Volksbildung/Kulturelle Aufklärung der Deutschen (Zentral-) Verwaltung für Volksbildung.

Glücksmann, Anselm: erster Direktor des 1956 gegründeten Büros für Urheberrecht der DDR.

Grabenstein: in den 1950er Jahren Leiter der Verlagsabteilung der Vereinigung bzw. Verwaltung Volkseigener Verlage.

Greuner, Georg: Jurist und Rechtsanwalt mit einer Spezialisierung auf Verlags- und Urheberrecht; nach 1945 in Leipzig als juristischer Berater für Martin Giesecke/B. G. Teubner tätig; siedelte dann nach Köln über und begleitete in den folgenden Jahren Giesecke (jetzt B. G. Teubner Stuttgart) weiterhin als Anwalt; ab 1953 Rechtsanwalt beim Bundesgerichtshof.

Gysi, Klaus: von 1957 bis 1966 Leiter des Ost-Berliner Aufbau-Verlags; Ende der 1950er Jahre Vorsitzender des Ausschusses für Innerdeutschen Handel beim Leipziger Börsenverein, von 1959 bis 1966 dessen Vorsteher; im Anschluss bis 1973 Minister für Kultur der DDR.

Hagemann, Karl: von 1945 bis 1956 Leiter des Verlags Volk und Wissen; von 1956 bis 1961 stellvertretender Kulturminister der DDR, in dieser Funktion von 1956 bis 1958 auch Leiter des Amts für Literatur und Verlagswesen.

Hager, Kurt: ab 1952 Leiter der Abteilung Wissenschaft und Hochschule im Parteivorstand bzw. ZK der SED; ab 1955 Sekretär des ZK der SED, verantwortlich für Wissenschaft, Volksbildung, Kultur; 1958 bis 1963 Kandidat, ab 1963 Mitglied des Politbüros.

Haid, Bruno: 1960 bis 1963 Leiter der Abteilung für Literatur und Verlagswesen im Ministerium für Kultur.

Hanser, Carl: Inhaber des 1928 in München gegründeten gleichnamigen Verlags; von 1953/54 bis 1959 Vorsitzender des Ausschusses für Fragen des Interzonenhandels des Frankfurter Börsenvereins.

Harth, Camilo: Mitarbeiter im 1957 etablierten Büro für Urheberrechte der DDR in dessen Anfangsjahren.

Hase, Hellmuth von: Inhaber des 1719 gegründeten Verlags Breitkopf & Härtel, verließ im Juni 1945 Leipzig und führte den Musikverlag in Wiesbaden weiter.

Hauff, Bruno: ab 1919 Mitarbeiter, ab 1925 Inhaber des Verlags Georg Thieme Leipzig; verließ Leipzig im Juni 1945 auf Aufforderung der amerikanischen Besatzungsmacht und baute den Verlag zunächst in Wiesbaden, ab Herbst 1946 in Stuttgart wieder auf.

Hauff, Günther: Sohn von Bruno Hauff; ab 1953 Mitinhaber, ab 1963 Inhaber und Geschäftsführer des Verlags Georg Thieme Stuttgart.

Heisig, Herbert: leitender Angestellter und Mitglied der Geschäftsführung beim Verlag B. G. Teubner in Leipzig; verließ gemeinsam mit Inhaber Martin Giesecke Leipzig im Jahr 1952; in Stuttgart weiterhin in leitender Position tätig bis zu seinem Ausscheiden 1969.

Hiersemann, Anton: ab 1928 Inhaber des 1884 gegründeten Verlags und Antiquariats Karl W. Hiersemann in Leipzig; verließ Leipzig 1950 und baute den Verlag gemeinsam mit Wilhelm Olbrich in Stuttgart neu auf, jetzt unter dem Namen Anton Hiersemann.

Hirzel, Heinrich: ab 1924 Inhaber des Verlags S. Hirzel in Leipzig; etablierte nach 1945 neue Niederlassungen des Verlags in Stuttgart und außerdem in der Schweiz, wo Hirzel einen Wohnsitz hatte.

Hofé, Günter: Leiter des 1948 in Ost-Berlin etablierten Verlags der Nation, 1952 bis 1982 stellvertretender Vorsteher des Leipziger Börsenvereins, außerdem zwischenzeitlich Mitglied des Auslands- und Interzonenausschusses des Börsenvereins.

Hoffmann, Oskar: 1951 bis 1956 Leiter der Abteilung Begutachtung im Amt für Literatur und Verlagswesen, ab 1958 kommissarischer Leiter bzw. stellvertretender Leiter der HV Verlagswesen/Abteilung Literatur und Buchwesen im Ministerium für Kultur.

Hövel, Paul: Mitarbeiter im Springer-Verlag, von 1966 bis 1971 Vorsitzender des Außenhandels-Ausschusses im Frankfurter Börsenverein.

Jacoby, Kurt: ein Schwiegersohn von Leo Jolowicz; trat 1923 in die Akademische Verlagsgesellschaft als zweiter Geschäftsführer ein; emigrierte wie → Walter Jolowicz/Walter J. Johnson 1942 in die USA und gründete mit diesem die Academic Press; ebenfalls mit Johnson gemeinsam war er an der Wiederetablierung der Akademischen Verlagsgesellschaft in Frankfurt am Main 1953 beteiligt.

Jäh, Walther: von 1907 bis zu seinem Tod 1946 Inhaber des Verlags Carl Marhold Halle; nach 1945 für kurze Zeit zunächst Abwesenheitspfleger für den Börsenvereins-Vorsteher; einige Monate später Vorsteher.

Jäh, Wolfgang: ab 1941 Mitinhaber des Verlags Carl Marhold Halle; nach dem Tod seines Vaters Walther Jäh 1946 Leiter und gemeinsam mit seiner Mutter Johanna Jäh Gesellschafter von Carl Marhold; verließ Halle 1951 und siedelte nach West-Berlin über, wo er den Verlag weiterführte.

Jaspert, Reinhard: Inhaber des Safari-Verlags in West-Berlin; von 1956 bis 1959 Vorsteher des Börsenvereins des Deutschen Buchhandels Frankfurt am Main.

Johnson, Walter J.: → Jolowicz, Walter

Jolowicz, Walter: Prokurist bei der Akademischen Verlagsgesellschaft und beim Antiquariat Gustav Fock in Leipzig; während der Zeit des Nationalsozialismus zum Ausscheiden aus den Firmen gezwungen; emigrierte in die USA, benannte sich in Walter J. Johnson um und gründete dort gemeinsam mit Kurt Jacoby 1942 die Academic Press, das Antiquariat Walter J. Johnson sowie die Johnson Reprint Corp; 1953 etablierte er mit Jacoby und Marianne Lotze die Akademische Verlagsgesellschaft Frankfurt am Main.

Kaemmel, Ernst: von 1945 bis 1953 in der Finanzverwaltung der SBZ und anschließend im Ministerium der Finanzen der DDR tätig; von 1949 Lehrbeauftragter, ab 1953 Professor für Finanzwesen an der Humboldt-Universität zu Berlin.

Kienast, Herbert: in den 1950er Jahren Hauptabteilungsleiter im Amt für Literatur und Verlagswesen, Hauptabteilung Verlagswesen und Buchhandel.

Klemm, Wilhelm: Inhaber des Kommissionshauses Carl Friedrich Fleischer und der Dieterich'schen Verlagsbuchhandlung in Leipzig; folgte im Juni 1945 der Aufforderung der amerikanischen Besatzer und ging nach Wiesbaden und war dort weiterhin als Verleger tätig.

Klett, Arnulf: von 1945 bis 1974 Oberbürgermeister der Stadt Stuttgart.

Klett, Ernst: Gründer des Ernst Klett Verlags Stuttgart, starb 1947 in Stuttgart.

Kliemann, Horst: ab 1945 geschäftsführender Gesellschafter des Verlags Oldenbourg, München; ab 1945 am Wiederaufbau der buchhändlerischen Organisationsstrukturen in den westlichen Besatzungszonen beteiligt; von 1953 bis 1965 Vorsitzender der Historischen Kommission des Börsenvereins Frankfurt.

Köhler, Erich: technischer Leiter des grafischen Betriebs B. G. Teubner; von 1952 bis 1960 Leiter des Verlags Teubner in Leipzig.

Köhler, Heinrich: von 1948 an für einige Jahre Verlagsleiter bei S. Hirzel Leipzig.

Koven, Ludolf: ab Juni 1946 Referent bei der Abteilung Verlagswesen der Deutschen Zentralverwaltung für Volksbildung, Berlin; außerdem im Kulturellen Beirat und als Hauptschriftleiter des *Börsenblatts* (Leipziger Ausgabe) tätig; ab 1952 im Amt für Literatur und Verlagswesen; später Verlagsleiter des Akademie-Verlags.

Kratz, Heinz: 1961 bis 1963 Leiter des Verlags für Buch- und Bibliothekswesen, ab 1964 Leiter der Verlagsgruppe B. G. Teubner Leipzig und Akademische Verlagsgesellschaft Geest & Portig Leipzig, zu der seit 1968 auch S. Hirzel gehörte.

Kraushaar, Luise: Abteilungsleiterin in der HV Verlagswesen, leitete bis 1958 das Lektorat Belletristik.

Krug, Hans: Schwager von Wolfgang Jäh; ab Anfang der 1930er Jahre im Verlag Carl Marhold tätig; übernahm im September 1951, nachdem Verleger Wolfgang Jäh Halle verlassen hatte, die Geschäftsführung bei Carl Marhold und wurde im August 1952 wieder entlassen.

Kukulies, Edith: Leiterin der Akademischen Verlagsgesellschaft Leipzig ab 1962.

Kurella, Alfred: 1957 bis 1963 Leiter der Kulturkommission beim Politbüro des ZK der SED, Mitglied des ZK der SED.

Langguth, Georg: von September 1951 bis August 1952 Treuhänder bei Carl Marhold Halle.

Langhans, Siegfried: in den 1950er Jahren als Rechtsberater an der Deutschen Akademie der Wissenschaften der DDR tätig.

Lichtenstein, Erich: Rechtsanwalt, arbeitete in den 1950er Jahren für den Verlag B. G. Teubner Stuttgart.

Lotze, Marianne: Herstellungsleiterin bei der Akademischen Verlagsgesellschaft Leipzig, ab 1948 Mitinhaberin; verließ 1953 die DDR und gründete mit Walter J. Johnson und Kurt Jacoby die Akademische Verlagsgesellschaft Frankfurt am Main.

Lucius, Annelise von: ab 1943 Mitglied der Geschäftsführung, nach dem Tod ihres Vaters Gustav Adolf Fischer 1946 Leiterin des Verlags Gustav Fischer in Jena; floh Anfang 1953 mit ihrer Familie von Jena nach Stuttgart und führte die dortige Zweigstelle des Jenaer Verlags, den Piscator Verlag, als Gustav Fischer Verlag Stuttgart weiter.

Lucius, Wulf D. von: Sohn von Annelise von Lucius; seit 1969 im Verlag Gustav Fischer Stuttgart tätig.

Maas, Rudolf: langjähriger Mitarbeiter und ab 1919 Prokurist bei Gustav Fischer Jena; baute im Auftrag der Verlegerin → Annelise von Lucius ab 1947 die westliche Zweigstelle, den Piscator-Verlag in Stuttgart, mit auf und war bis zu seinem Ausscheiden 1953 deren Gesellschafter und Geschäftsführer.

Makower, Hermann: Abteilungsleiter im Amt für Literatur und Verlagswesen, Abteilung Ausland.

May, Walter: ab 1951 Treuhänder, ab 1953 auch Verlagsleiter bei Georg Thieme Leipzig.

Meiner, Annemarie: Tochter von Arthur Meiner; Buchhandelshistorikerin; ab 1945 als Vertreterin für Johann Ambrosius Barth Leipzig in München tätig; ab 1948 dort Leiterin des M-N-G-Verlags Annemarie Meiner, ab 1949 des Verlags Johann Ambrosius Barth München.

Meiner, Arthur: Inhaber des Verlags Johann Ambrosius Barth, Leipzig, leitete diesen bis zu seinem Tod 1952.

Meiner, Hertha: Ehefrau von Arthur Meiner; nach dem Tod ihres Mannes seit 1954 Gesellschafterin und gemeinsam mit Fritz Schubert bis zu ihrem Tod 1964 Verlagsleiterin von Johann Ambrosius Barth Leipzig.

Misslitz, Heinz: Mitglied des ZK der SED, Abt. Wissenschaften und Propaganda.

Morgenstern, Egon: in den 1950er Jahren zunächst beim Amt für Literatur und Verlagswesen, dann in der VVB Verlage tätig.

Niemeyer, Hermann: Inhaber des in Halle/Saale ansässigen Verlags Max Niemeyer; siedelte 1949 nach Tübingen über und baute der Verlag dort neu auf.

Nitsche, Ernst: ab 1953 Treuhänder und Verlagsleiter bei der Akademischen Verlagsgesellschaft Leipzig.

Oehler, Walther: langjähriger Mitarbeiter und Prokurist bei Theodor Steinkopff Dresden; ab 1950 auch persönlich haftender Gesellschafter und gemeinsam mit Theodor Steinkopff Leiter des Verlags; nach dem Tod Steinkopffs 1955 bis 1966 Verlagsleiter.

Offermanns, Ernst: Geschäftsführer des Börsenvereins Ende der 1950er/Anfang der 1960er Jahre.

Ott, Erich: Stadtdirektor des Nachrichtenamtes in Leipzig.

Pflug, Lucie: 1956 bis 1978 Leiterin des Sektors Verlag in der Abteilung Wissenschaft, später Abteilung Kultur des ZK der SED.

Pinkus, Theo: Inhaber eines Verlags, eines Antiquariats und einer Buchhandlung in der Schweiz; wichtiger Handelspartner für die DDR-Verlage.

Plohmann, Arnold: ab 1945 im Auftrag von Heinrich Hirzel Verlagsleiter des Verlags S. Hirzel Leipzig; verließ 1948 Leipzig und siedelte nach Stuttgart über.

Portig, Felix: Prokurist bei der Akademischen Verlagsgesellschaft Leipzig, ab 1947 bis zu seinem Tod 1953 Mitgesellschafter.

Portig, Gertrud: Ehefrau von Felix Portig; übernahm nach dessen Tod 1953 seine Anteile bei der Akademischen Verlagsgesellschaft Geest & Portig und war an der Verlagsleitung beteiligt.

Praxmarer, Walter: Rechtsanwalt, arbeitete in den 1950er Jahren für den Verlag B. G. Teubner Leipzig.

Reclam, Ernst: ab 1920 Leiter des Verlags Philipp Reclam jun. in Leipzig; 1946/47 Vorsteher des Börsenvereins des Deutschen Buchhandels Leipzig; siedelte 1950 nach Stuttgart über und wirkte dort in der bereits bestehenden Filiale von Reclam bis zu seinem Tod 1953.

Reclam, Heinrich: ab 1946 persönlich haftender Gesellschafter des Verlags Philipp Reclam jun. Leipzig; nach der Gründung der Stuttgarter Zweigstelle ab 1948 dort Mitarbeiter; ab 1953 persönlich haftender Gesellschafter und Verlagsleiter.

Schmidt, Kurt: Hauptdirektor der VVB Verlage seit ihrer Etablierung im Juli 1958.

Schubert, Fritz: von 1948 bis 1966 Verlagsleiter des Verlags Johann Ambrosius Barth Leipzig.

Seemann, Elert: Mitinhaber des Verlags E. A. Seemann in Leipzig; gründete 1948 eine westdeutsche Zweigstelle in Köln, die er Anfang der 1960er Jahre wieder aufgab.

Seifert, Clemens: Hauptreferent im Amt für Literatur und Verlagswesen, Referat Literaturaustausch, später im Ministerium für Kultur.

Selle, Karlheinz: ab 1951 Mitarbeiter im Amt für Literatur und Verlagswesen; Buchhandelshistoriker der DDR.

Singer, Adelgunde: Generaldirektorin von Buch-Export in den 1950er und 1960er Jahren.

Steinkopff, Dietrich: ein Sohn von Theodor Steinkopff; ging 1945 von Dresden nach Wiesbaden und etablierte dort eine Zweigstelle des Dresdner Verlags Theodor Steinkopff; gründete 1948 den Dr. Dietrich Steinkopff Verlag in Frankfurt am Main und siedelte mit diesem 1950 nach Darmstadt über; er leitete den Verlag bis zu seinem Tod 1970.

Steinkopff, Jürgen: ein Sohn von Dietrich Steinkopff, arbeitete seit 1953 im väterlichen Verlag Dr. Dietrich Steinkopff mit, war ab 1958 bis zu seinem Tod 1979 Mitinhaber und ab 1970 auch Verlagsleiter.

Steinkopff, Theodor: Gründer und bis zu seinem Tod 1955 Inhaber und Leiter des Verlags Theodor Steinkopff in Dresden.

Streng, Walter: von Januar 1949 bis April 1950 Treuhänder bei B. G. Teubner Leipzig.

Studzinski, Erich: von 1956 bis 1973 Leiter des Verlags Gustav Fischer Jena, 1961/62 kommissarischer Leiter der Akademischen Verlagsgesellschaft Leipzig.

Taubert, Sigfred: in den 1950er Jahren beim Börsenverein des Deutschen Buchhandels Frankfurt am Main tätig; von 1958 bis 1973 Leiter bzw. Direktor der Frankfurter Buchmesse.

Taupitz, Karl: Mitarbeiter und von 1947 bis 1954 (pro forma) außerdem persönlich haftender Gesellschafter bei B. G. Teubner Leipzig.

Tensierowski, Otto: in den 1950er Jahren zunächst Leiter der Abteilung Innerdeutscher und Außenhandel bei Koehler & Volckmar Leipzig, dann Mitarbeiter und später Prokurist bei Buch-Export Leipzig; ab 1960 Absatzleiter bei Edition Leipzig.

Umlauff, Ernst: von 1948 bis 1961 Geschäftsführer des Frankfurter Börsenvereins bzw. seiner Vorläuferorganisationen; Buchhandelshistoriker.

Wandel, Paul: 1945 bis 1949 Präsident der Deutschen Zentralverwaltung für Volksbildung; 1949 bis 1952 Minister für Volksbildung, 1953 bis 1957 Sekretär für Kultur und Erziehung des ZK der SED.

Wendt, Erich: 1957 bis 1965 stellvertretender Minister für Kultur, verantwortlich für die Bereiche Organisation, Literatur und Buchwesen.

Wiecke, Klaus: zunächst stellvertretender, ab 1966 dann Leiter des Verlags Johann Ambrosius Barth Leipzig.

Wloch, Karl: Leiter des Amtes für Literatur und Verlagswesen von Januar 1954 bis 1956.

Wunderlich, Hans: Inhaber des Jugendbuchverlags Ernst Wunderlich; siedelte 1945 nach Worms am Rhein über und führte den Verlag dort weiter.

Zeigner, Erich: Jurist; vom Juli 1945 bis zu seinem Tod im April 1949 Oberbürgermeister von Leipzig.

D Quellen- und Literaturverzeichnis

D.1 Archivalische Quellen

Bundesarchiv (BArch)

Bestand DR1: Ministerium für Kultur
687, 688, 689, 698, 702, 704, 725, 727, 736, 740, 742, 744, 761, 762, 765, 789, 824, 836, 838, 841, 843, 909, 909, 910, 911, 925, 926, 928, 929, 961, 962, 963, 983, 984, 991, 1002, 1003, 1016, 1017, 1021, 1050, 1077, 1078, 1079, 1084, 1088, 1094, 1102, 1104, 1118, 1120, 1122, 1123, 1124, 1187, 1208, 1230, 1244, 1316, 1471, 1871, 1873, 1890, 1891, 1905, 1906, 1910, 1917, 1918, 1933, 1941, 1946, 1947, 1951, 2005, 2011, 2057, 2064, 6233, 7172, 7188, 7504, 7507, 7753, 7861, 8564, 8567, 9868, 9868.

Bestand DR2: Ministerium für Volksbildung
52, 896, 981, 1090, 1149.

Bestand DY30 (Parteitage und Parteikonferenzen der SED):
IV2/2.022/13, IV2/2.026/109, IV2/9.04/22, IV2/9.04/306, IV2/9.04/674, IV2/9.04/681, IV2/9.04/682, IV2/9.04/692, IV2/9.04/696.

Bestand DL2: Ministerium für Außenhandel und Innerdeutschen Handel
2982.

Deutsches Museum, Archiv (DMA)

Nachlass Arnold Sommerfeld (NL 089)
005, 007.

Historisches Archiv des Börsenvereins des Deutschen Buchhandels in der Deutschen Nationalbibliothek Frankfurt a. M.

Archiv des Gustav Fischer Verlags, Stuttgart (HA/BV 52)
3, 4, 6, 7, 8, 9, 26, 45, 47, 62, 64, 80, 82, 99, 100, 108, 110, 111, 115, 116, 125.

Sammelbestand 1 (HA/BV 1)
Johann Ambrosius Barth, Leipzig.

Mitgliedsakten (HA/BV 97,2)
Akademische Verlagsgesellschaft Geest & Portig, Leipzig; Johann Ambrosius Barth, Leipzig; Johann Ambrosius Barth, Frankfurt; B. G. Teubner Verlagsgesellschaft, Leipzig; Georg Thieme Leipzig.

Verleger-Zentralkartei der Buchhändler-Vereinigung GmbH (HA/BV 50):
Akademische Verlagsgesellschaft Geest & Portig; Johann Ambrosius Barth.

https://doi.org/10.1515/9783110543421-015

Institut für Stadtgeschichte Frankfurt

Bestand des Börsenvereins des Deutschen Buchhandels e. V. (BV), W2/7
1202, 2084, 2779, 2783, 2819, 2825, 2826, 2827, 2951, 2954.

Bestand Börsenverein Materialsammlung Ernst Umlauff (BV), W2/8
201, 203.

Sächsisches Staatsarchiv Leipzig (SStAL)

20998 Deutscher Buch-Export und -Import GmbH Leipzig
169.

**21091 Akademische Verlagsgesellschaft Geest & Portig K.G., Leipzig
(Akademische Verlagsgesellschaft)**
223, 252, 364.

21094 Bibliographisches Institut
114, 115, 116, 117, 120, 121.
21101 Johann Ambrosius Barth Verlag Leipzig (Barth Leipzig)
177, 199, 278, 279, 285, 309, 486, 487, 490, 635, 704, 718.

21102 Salomon Hirzel Verlag Leipzig (Hirzel Leipzig)
4.

21103 Verwaltung VB Industriezweigleitung Druck Leipzig (VB Druck)
174, 1240.

21765 Börsenverein der Deutschen Buchhändler zu Leipzig I (BV I)
F8917 (Mitgliedsakten Steinkopff), F6035 (Mitgliedsakte Carl Marhold).

21766 Börsenverein der Deutschen Buchhändler zu Leipzig II (BV II)
103, 104, 105, 921, 929, 942, 1208, 1218, 1239, 1240, 1248, 1424, 1426,1618, 1632, 1633, 1634, 1658, 1686, 1687, 1688, 1789, 1828, 1862, 3068, 3082.

22198 B. G. Teubner Verlag, Leipzig (Teubner Leipzig)
140, 172, 176, 177, 184, 186, 187, 188, 189, 192, 193, 243, 245, 249, 474, 486, 710, 757, 764, 908, 1084, 1165, 1633, 1637.

22199 B. G. Teubner Verlag, Stuttgart (Teubner Stuttgart)
1, 2, 5, 8, 9, 18, 20, 21, 22, 24, 27, 29, 30, 69, 71, 72, 74, 75, 76, 77, 78, 79, 80, 81, 82, 83, 84, 85, 86, 87, 88, 89, 90, 96, 97, 101, 140, 169, 170, 171, 176, 180, 243, 245.

Stadtarchiv Halle

A 2.36: Schulverwaltung
1941, 1950.

A 3.25: Oberbürgermeister
246 Bd. 1.

Stadtarchiv Leipzig (StadtAL)

Bestand Stadtverordnetenversammlung und Rat der Stadt (StVuR [1])
97, 148, 2125, 2125, 8889, 8904, 8905, 8920, 9103, 9157, 9266, 9302, 11544, 11705, 14819, 14825.

Bestand Akten weiterer privater Firmen (PrivFirm)
Paket 20, Nr. 1224; Paket 14, Nr. 85.

Stadtarchiv Stuttgart

21/2 Hauptaktei Gruppe 7
268.

Verlagsgruppe Deutscher Apotheker Verlag, Archiv

Bestand S. Hirzel Verlag (SHV)
1, 2, 4, 20, 21, 55, 58, 61, 112, 122, 123, 127, 136, 137, 138, 139, 141, 142, 145, 164, 164, 346.

Zentral- und Landesbibliothek Berlin (ZLB), Historische Sammlungen, Archiv des Julius Springer-Verlags

Aktenarchiv Steinkopff
[Das Archiv ist nicht erschlossen. Die Angaben beziehen sich auf die Beschriftung der Ordner, in denen sich die Akten überwiegend befinden, oder umschreiben Sammlungen von thematisch zusammenge-hörigen Dokumenten.]

Jost vom 12.9.1945 bis 30.9.1956; Dresden 1–249, 1945 bis 31.12.48; Dresden 15/64 vom 2.7.1964; Dr. Th. Steinkopff 1950–1952, Steinkopff Verlag, Mappe II, Steinkopff; 523-14/64 vom 1.1. 1954 bis 30.6.1954; 15/64 vom 2.7.1964; Konvolut zu Lizenzangelegenheiten; Konvolut mit Notar-Unterlagen; Versch. Korresp. Steinkopff Dresden vom 1. Januar 1953 bis … [sic] meist Briefe von Mitarbeitern.

D.2 Publizierte Quellen

Akademische Verlagsgesellschaft AKA GmbH: Der Verlag – wer wir sind. URL: www.aka-verlag. com/index.php?option=com_content&view=article&id=3&Itemid=237&lang=de [30.1.2014].
Bachmann, Albert/Forberg, Richard: Technisches Zeichnen. 12. Aufl. Leipzig 1959.
Bähring, Helmut /Rüddiger, Kurt: Lexikon Buchstadt Leipzig – von den Anfängen bis zum Jahr 1990. Taucha 2008.
Becker, Heinrich: Zwischen Wahn und Wahrheit. Autobiographie. Berlin 1974.
Berlin-Brandenburgische Akademie der Wissenschaften: Deutsches Wörterbuch von Jacob Grimm und Wilhelm Grimm. URL: http://150-grimm.bbaw.de/ [14.10.2015].

BEZOLD, JOHANNES: Preis- und Produktdifferenzierung. Determinanten des strategischen Produkt-
managements im Buchverlag (Buchwissenschaftliche Beiträge aus dem Deutschen Bucharchiv
München 35). Wiesbaden 1991.

BODE, DIETRICH: Reclam. Daten, Bilder und Dokumente zur Verlagsgeschichte 1828–2003. Stuttgart
2003.

BODE, DIETRICH (Hrsg.): Reclam. 125 Jahre Universal-Bibliothek 1867–1992. Verlags- und kulturge-
schichtliche Aufsätze. Stuttgart 1992.

BÖRSENVEREIN DES DEUTSCHEN BUCHHANDELS (HRSG.): Buch und Buchhandel in Zahlen. Ausgabe
1955. Frankfurt a. M. 1955a.

BÖRSENVEREIN DES DEUTSCHEN BUCHHANDELS (HRSG.): Satzung des Börsenvereins des Deutschen
Buchhandels e.V. Frankfurt a. M. nebst Wahlordnung und Geschäftsordnung. Frankfurt a. M.
1955b.

BÖRSENVEREIN DES DEUTSCHEN BUCHHANDELS (HRSG.): Buch und Buchhandel in Zahlen. Ausgabe
1956. Frankfurt a. M. 1956.

BÖRSENVEREIN DES DEUTSCHEN BUCHHANDELS (HRSG.): Buch und Buchhandel in Zahlen. Ausgabe
1957. Frankfurt a. M. 1957.

BÖRSENVEREIN DES DEUTSCHEN BUCHHANDELS (HRSG.): Buch und Buchhandel in Zahlen. Ausgabe
1958. Frankfurt a. M. 1958.

BÖRSENVEREIN DES DEUTSCHEN BUCHHANDELS (HRSG.): Buch und Buchhandel in Zahlen. Ausgabe
1960. Frankfurt a. M. 1960.

BÖRSENVEREIN DES DEUTSCHEN BUCHHANDELS (HRSG.): Der Börsenverein des Deutschen Buchhandels. Organisation – Aufgaben – Tätigkeit. Frankfurt a. M. 1968.

BÖRSENVEREIN DES DEUTSCHEN BUCHHANDELS (HRSG.): Buchkäufer und Leser. Profile, Motive, Wünsche. Studienreihe Marktforschung Börsenverein des Deutschen Buchhandels. Frankfurt a. M.
2008.

BÖRSENVEREIN DES DEUTSCHEN BUCHHANDELS (HRSG.): Springer bündelt Lehr- und Fachmedien
2011. URL: http://www.boersenblatt.net/458959/ [3.1.2013].

BÖRSENVEREIN DEUTSCHER VERLEGER- UND BUCHHÄNDLER-VERBÄNDE (HRSG.): Buch und Buchhandel
in Zahlen (1954). Frankfurt a. M. 1954.

BREITENKAMP, EDWARD C.: The U.S. Information Control Division and its Effect on German Publishers
and Writers 1945–1949. Grand Forks 1953.

BREYER, HARALD: 100 Jahre wissenschaftliche Verlagsarbeit in Jena. VEB Gustav Fischer Verlag in
Jena 1878 – 1953 – 1978. Jena 1978.

BÜCKER, JOSEPH: Anatomie und Physiologie. Lehrbuch für ärztliches Hilfspersonal. 5./6. Aufl. Leipzig 1953.

BÜCKER, JOSEPH: Anatomie und Physiologie. Lehrbuch für ärztliches Hilfspersonal. 10. Aufl. Leipzig
1958.

BUNKE, HORST: Der SWA-Verlag Berlin-Leipzig. Ein Verlag der Sowjetischen-Deutschen Freundschaft.
In: Marginalien. Zeitschrift für Buchkunst und Bibliographie (1988) H. 109, S. 52–58.

CARL MARHOLD VERLAGSBUCHHANDLUNG (HRSG.): Wolfgang Jäh zum 70. Geburtstag. Berlin 1978.

CARLSOHN, ERICH: Lebensbilder Leipziger Buchhändler. Erinnerungen an Verleger, Antiquare, Ex-
portbuchhändler, Kommissionäre, Gehilfen und Markthelfer. Meersburg 1987.

DEUTSCHE BIBLIOTHEK/INSEL VERLAG (HRSG.): 100 Jahre Insel Verlag 1899–1999. Begleitbuch zur
Ausstellung. Frankfurt a. M./Leipzig 1999.

FEER, EMIL: Lehrbuch der Kinderheilkunde. 19., überarb. Aufl. Jena 1958.

FERRING, JOSEF: Verlagskunde in Einzeldarstellungen. Teil II (L–Z). Düsseldorf 1965.

GEORG THIEME VERLAG: Die Thieme Gruppe: Wir über uns. URL: https://www.thieme.de/de/thieme-
gruppe-wir-ueber-uns-84.htm [15.6.2015].

HALLMANN, LOTHAR: Klinische Chemie und Mikroskopie. 6. Aufl. Leipzig 1955.

HALLMANN, LOTHAR: Klinische Chemie und Mikroskopie. 8. Aufl. Leipzig 1958.

HASE, HELLMUTH VON: Breitkopf & Härtel. Gedenkschrift und Arbeitsbericht. Bd. 3 1918 bis 1968. Wiesbaden 1968.

HEINOLD, EHRHARDT F.: Markenmanagement im Verlag. URL: http://www.pubiz.de/home/management/management_artikel/datum/2016/01/18/markenmanagement-im-verlag.htm [18.1.2016/30.1.2016].

HERTZ, G. (HRSG.): Lehrbuch der Kernphysik. Leipzig/Hanau/Main 1960.

HILLIG, HANS-PETER (HRSG.): Urheber- und Verlagsrecht. 13., neu bearbeitete Aufl. München 2010.

IRMSCHER, JOHANNES: [Grußwort zum 10jährigen Bestehen des Akademie-Verlags]. In: Akademie-Verlag GmbH Berlin 1946–1956. Berlin 1957, S. 30–34.

JOOS, GEORG: Lehrbuch der theoretischen Physik. 10. Aufl. Leipzig 1959.

KLEINE, HELGA J.: Hundert Jahre Gustav Fischer Verlag. In: Buchreport, 1978 H. 14, S. 15.

KÖHLER, HEINZ: Aus der Geschichte der Verlagsbuchhandlung S. Hirzel Leipzig. In: Hundert Jahre S. Hirzel Verlag. Leipzig 1953, S. 1–15.

KOHLRAUSCH, WOLFGANG/TEIRICH-LEUBE, HEDE: Lehrbuch der Krankengymnastik bei inneren Erkrankungen. 4. Aufl. Jena 1954.

KOHLRAUSCH, WOLFGANG/TEIRICH-LEUBE, HEDE: Lehrbuch der Krankengymnastik bei inneren Erkrankungen. 5. Aufl. Jena 1958.

KRÄMER, HEINRICH: Die Altertumswissenschaft und der Verlag B. G. Teubner. Leipzig 2011.

KRÄMER, HEINRICH/WEISS, JÜRGEN: »Wissenschaft und geistige Bildung kräftig fördern«. Zweihundert Jahre B. G. Teubner 1811–2011. Leipzig 2011.

KRÖMER, DIETFRIED/FLIEGER, MANFRED (HRSG.): Thesaurus-Geschichten. Beiträge zu einer Historia Thesauri linguae Latinae von Theodor Bögel (1876–1973). Stuttgart/Leipzig 1996.

KUGLER, HANS: Einführung in die Blütenökologie. Jena 1955.

KUHLMANN, MARLIS: Die Werbung für das wissenschaftliche Buch. Dissertation an der Universität zu Köln. Stuttgart 1972.

LÜTGE, FRIEDRICH: Das Verlagshaus Gustav Fischer in Jena. Seine Geschichte und Vorgeschichte. Aus Anlaß des 50jährigen Firmenjubiläums 1928. Fischer 1928.

MANGOLDT'S EINFÜHRUNG IN DIE HÖHERE MATHEMATIK. Erster Band. 9. Aufl. Leipzig 1950a.

MANGOLDT'S EINFÜHRUNG IN DIE HÖHERE MATHEMATIK. Dritter Band. 9. Aufl. Leipzig 1950b.

MAX, FRANK R.: Der Reclam Verlag. Eine kurze Chronik. Stuttgart 2003.

MEINER, ANNEMARIE: Das Deutsche Signet. Ein Beitrag zur Kulturgeschichte. Druck von Heinrich Schmidt. Leipzig 1922.

MEINER, ANNEMARIE/MEINER, ARTHUR: Johann Ambrosius Barth Leipzig 1780–1930. Leipzig 1930.

MEHNERT, KLAUS/SCHULTE, HEINRICH (HRSG.): Deutschland Jahrbuch 1949. Essen 1949.

MENSCHING, ECKART: Die gesamtdeutsche ›Mommsen-Gesellschaft‹ (Nugae zur Philologie-Geschichte XIV). Berlin 2004.

MEYER, ANDREAS: Markenmanagement in der Buchindustrie. In: CLEMENT, MICHAEL/BLÖMEKE, EVA/SAMBETH, FRANK (HRSG.): Ökonomie der Buchindustrie. Herausforderungen in der Buchbranche erfolgreich managen. Wiesbaden 2009, S. 159–176.

MICHAEL LEXERS MITTELHOCHDEUTSCHES TASCHENWÖRTERBUCH. 28. Aufl. Stuttgart 1956.

MÖCKEL, ANDREAS (HRSG.): Erfolg – Niedergang – Neuanfang. 100 Jahre Verband Deutscher Sonderschulen – Fachverband für Behindertenpädagogik. München/Basel 1998.

MOLKENBUHR, NORBERT: C. F. Peters 1800–2000. Ausgewählte Stationen einer Verlagsgeschichte. Leipzig 2001.

MÜLLER, JOHANNES (HRSG.): Festschrift zum 150jährigen Bestehen des Verlages und des Graphischen Betriebes B. G. Teubner Leipzig. Leipzig 1961.

NAAS, JOSEF/SCHMID, HERMANN LUDWIG (HRSG.): Mathematisches Wörterbuch mit Einbeziehung der theoretischen Physik. Bd. 1. Berlin/Leipzig 1961a.

Naas, Josef/Schmid, Hermann Ludwig (Hrsg.): Mathematisches Wörterbuch mit Einbeziehung der theoretischen Physik. Bd. 1. Berlin/Stuttgart 1961b.

Nieberle, Karl/Cohrs, Paul: Lehrbuch der speziellen pathologischen Anatomie der Haustiere. Stuttgart 1962.

O. V.: 25 Jahre Volkseigene Verlage für Medizin und Biologie 1953–1978. VEB Gustav Fischer Verlag Jena, VEB Georg Thieme Verlag Leipzig, VEB Verlag Volk und Gesundheit Berlin. Gesamtverzeichnis Humanmedizin, Veterinärmedizin, Biologie. Jena/Leipzig/Berlin 1978.

O. V.: 50 Jahre Literaturschaffen 1906–1956. Akademische Verlagsgesellschaft Leipzig. Leipzig 1956.

O. V.: 60 Jahre Akademische Verlagsgesellschaft 1906–1966. Frankfurt a. M. 1966.

O. V.: 150 Jahre Hirzel Verlag – Grimms Verleger kam aus der Schweiz. In: Buchhändler heute 2003a H. 4, S. 4–6.

O. V.: Das Verlagsporträt. Carl Marhold Verlagsbuchhandlung, Berlin. In: Buchhändler heute 1976 H. 30, S. 1151.

O. V.: Die Fusion. In: BuchMarkt, 1996 H. 10, S. 181.

O. V.: Dokumentation zur Verlagskunde, DDR-Verlage. Unterrichtshilfe für die Berufsausbildung Facharbeiter Buchhändler. Leipzig 1988.

O. V.: Einleitung im Findbuch des Staatsarchivs Leipzig zum Bestand 21091 Akademische Verlagsgesellschaft Leipzig, Stand 2003b.

O. V.: Georg Thieme Verlag Leipzig. 1886–1936. Entwicklung und Aufbau des Verlages. Leipzig 1936.

O. V.: Theodor Steinkopff Dresden und Leipzig/Dr. Dietrich Steinkopff Darmstadt. Verlagsverzeichnis. Dresden/Darmstadt 1958.

Olbrich, Wilhelm: Hundert Jahre Hiersemann 1884–1984. Stuttgart 1984.

Otto Harrassowitz GmbH & Co. KG: History. URL: https://www.harrassowitz.de/history.html [22.5.2016].

Petry, Jürgen: Das Monopol. Die Geschichte des Leipziger Kommissions- und Großbuchhandels LKG. Leipzig 2001.

Prell, Jan Hendrik/Böttge, Horst: Giesecke & Devrient 1825–2002. Werte im Wandel der Zeit. Stuttgart 2002.

Raddatz, Fritz J.: Kommunist und Büchernarr. Ein Porträt des Züricher Antiquars Theo Pinkus. In: Die Zeit 35 (1980) H. 40, 26.9.1980. URL: http://www.zeit.de/1980/40/kommunist-und-buechernarr [14.7.2014].

Reitschert, Gerhard: Namensgleiche Verlage in Ost und West. In: Buchmarkt 2 (1967) H. 6, S.73–76.

Runge, Kurt: Urheber- und Verlagsrecht. Systematische Darstellung unter Berücksichtigung des internationalen Urheberrechts, der Urheberrechtsreform und der Nachkriegslage. Erste Lieferung. Bonn 1948–1953.

Sarkowski, Heinz: Das Bibliographische Institut. Verlagsgeschichte und Bibliographie. 1826–1976. Mannheim/Wien/Zürich 1976.

Sarkowski, Heinz/Jeske, Wolfgang: Der Insel Verlag 1899–1999. Die Geschichte des Verlags. Frankfurt a. M./Leipzig 1999.

Schappacher, Norbert/Kneser, Martin: Fachverband – Institut – Staat. In: Fischer, Gerd/ Hirzebruch, Friedrich/Scharlau, Winfried/ Törnig, Willi (Hrsg.): Ein Jahrhundert Mathematik 1890–1990. Festschrift zum Jubiläum der DMV (Dokumente zur Geschichte der Mathematik 6). Braunschweig/Wiesbaden 1990, S. 1–82.

Schlemper, Annemarie: Die Bedeutung des innerdeutschen Handels. Eine empirische Analyse unter besonderer Berücksichtigung sektoraler und betriebsgrößenspezifischer Aspekte (Beiträge zur Mittelstandsforschung 43). Göttingen 1978.

SCHLÜTER, JOHANNA: Über die Beziehungen des Verlages Gustav Fischer zur Friedrich-Schiller-Universität. In: Hossfeld, Uwe (Hrsg.): Hochschule im Sozialismus (Studien zur Friedrich-Schiller-Universität Jena [1945–1990] 1). Köln 2001, S. 744–761.

SCHMEISER, RUDOLF A.: Der neue Gustav Fischer Verlag. In: Buchhändler heute, 1997 H. 12, S. 84f.

SCHNEIDERHÖHN, HANS: Erzlagerstätten. Kurzvorlesungen zur Einführung und zur Wiederholung. 3. Aufl. Jena 1955.

SCHNEIDERHÖHN, HANS: Erzlagerstätten. Kurzvorlesungen zur Einführung und zur Wiederholung. 4. Aufl. Jena 1962a.

SCHNEIDERHÖHN, HANS: Erzlagerstätten. Kurzvorlesungen zur Einführung und zur Wiederholung. 4. Aufl. Stuttgart 1962b.

SCHRÖTER, SIEGFRIED: Der sachliche Geltungsbereich eines Warenzeichens und der Warenzeichenverletzungsstreit in der DDR. Berlin 1967.

SCHULZ, GERD: Hundert Jahre Gustav Fischer Verlag. Eine Verlagsgeschichte. In: Hundert Jahre Gustav Fischer Verlag 1878 •1948 •1978. Stuttgart 1978, S. 3–86.

SCHULZE, FRIEDRICH (HRSG.): B. G. Teubner 1811–1911. Geschichte der Firma. Leipzig 1911.

SCHÜTZ, PETRA: Die Macht der Marken – Geschichte und Gegenwart. Regensburg 2001.

SELLE, KARLHEINZ: Zur Geschichte des Verlagswesens der Deutschen Demokratischen Republik. Ein Abriß der Entwicklung des Buchverlagswesens 1945–1970. In: KALHÖFER, KARL-HEINZ/RÖTZSCH, HELMUT (HRSG.): Beiträge zur Geschichte des Buchwesens. Bd. V. Leipzig 1972, S. 16–72.

STACKMANN, KARL: Das Deutsche Wörterbuch als Akademieunternehmen. In: SMEND, RUDOLF/VOIGT, HANS-HEINRICH (HRSG.): Die Wissenschaften in der Akademie. Vorträge beim Jubiläumskolloquium der Akademie der Wissenschaften zu Göttingen im Juni 2000 (Abhandlungen der Akademie der Wissenschaften zu Göttingen, Phil.-hist. Klasse, 3,247). Göttingen 2002, S. 247–319.

STAEHR, CHRISTIAN: Spurensuche. Ein Wissenschaftsverlag im Spiegel seiner Zeitschriften. Stuttgart/New York 1986.

STAEHR, CHRISTIAN: Spurensuche Zukunftswege. Stuttgart 2011.

STEINKOPFF, THEODOR: Verlagsbuchhandlung Theodor Steinkopff Dresden. 1.1.1908–1.1.1933. Dresden 1933.

STIER, FRIEDRICH: Das Verlagshaus Gustav Fischer in Jena. Festschrift zum 75jährigen Jubiläum 1. Januar 1953. Jena 1953.

TAUBERT, SIGFRED: Mit Büchern die Welt erlebt. Stuttgart 1992.

THE VISITING COMMITTEE OF AMERICAN BOOK PUBLISHERS (HRSG.): German Book Publishing and Allied Subjects. München 1948.

VETTER, RICHARD: Die Rechtsbeziehungen zwischen Verfasser und behindertem Verleger. Unter besonderer Berücksichtigung der Gesetze 191 und 52 der Militärregierung. Frankfurt a. M. 1949.

VILBIG, FRITZ: Lehrbuch der Hochfrequenztechnik. Bd. 2. 5. Aufl. Leipzig 1958.

WÄLDE, PETER: Vom Grenzgänger zum Verlagsvertreter. In: JORDAN, HANS (HRSG.): Auf Verlegers Rappen. Verlagsvertreter berichten von ihren Begegnungen mit Buchhändlern, Verlegern und Autoren. 2. Aufl. Stuttgart 1994, S. 198–202.

WEIDHAAS, PETER: Zur Geschichte der Frankfurter Buchmesse. Frankfurt a. M. 2003.

WEINHOLD, HEINZ: Marktforschung für das Buch. St. Gallen 1956.

WEISS, JÜRGEN: B. G. Teubner zum 225. Geburtstag. Adam Ries – Völkerschlacht – F. A. Brockhaus – Augustusplatz – Leipziger Zeitung – Börsenblatt. Leipzig 2009.

WERNER, ANDREAS: Der Börsenverein des Deutschen Buchhandels nach 1945. (Buchwissenschaftliche Beiträge aus dem Deutschen Bucharchiv München 3). München 1971.

WIECKE, KLAUS: 200 Jahre Verlagsgeschichte von 1780–1980. Leipzig 1980. In: 200 Jahre Johann Ambrosius Barth. 1780–1980. Leipzig 1980, S. 9–79.

ZIMMER, DIETER E.: Buchmesse ohne DDR. In: Die Zeit 22 (1967) H. 26, 30.6.1967. URL: http://www.zeit.de/1967/26/buchmesse-ohne-ddr [22.8.2015].

Periodika

Börsenblatt für den Deutschen Buchhandel (Leipziger Ausgabe): Jahrgänge 1946 bis 1969.
Börsenblatt für den Deutschen Buchhandel (Frankfurter Ausgabe): Jahrgänge 1945 bis 1969.
Beiträge zur pathologischen Anatomie und zur allgemeinen Pathologie: Jahrgänge 1951 bis 1954.
Berichte der deutschen Botanischen Gesellschaft: Jahrgänge 1949 und 1950.
Folia Haematologica: Jahrgänge 1955 und 1956.
Folia Haematologica, Neue Folge: Jahrgang 1957.
Haustechnische Rundschau. Zeitschrift für Heizung und Lüftung, Gesundheits-, Klima- und Wärmetechnik, Energieversorgung und sanitäre Installation: Jahrgang 1953.
Hochfrequenztechnik und Elektroakustik: Jahrgänge 1953 und 1954 sowie 1969.
Kolloid-Zeitschrift: Jahrgänge 1945 sowie 1948 bis 1950.
Neue Zeitschrift für ärztliche Fortbildung: Jahrgänge 1958 bis 1960.
Zeitschrift für Kreislaufforschung: Jahrgang 1949.
Zeitschrift für physikalische Chemie: Jahrgänge 1953 und 1954.
Zeitschrift für physikalische Chemie, Neue Folge: Jahrgang 1954.
Zentralblatt für Bakteriologie, Parasitenkunde, Infektionskrankheiten und Hygiene: Jahrgänge 1948 bis 1954.

Gesetzestexte

Gesetz Nr. 191: Kontrolle über Druckschriften, Rundfunk, Nachrichtendienste, Film, Theater und Musik, und Untersagung der Tätigkeit des Reichsministeriums für Volksaufklärung und Propaganda. Geänderte Fassung vom 12.5.1945.
Die Verfassung der Deutschen Demokratischen Republik. In: Gesetzblatt der DDR, 1949, Nr. 1, 8.10.1949.
Grundgesetz der Bundesrepublik Deutschland vom 23.5.1949.
Gesetz über die Presse vom 3.10.1949.
Gesetz zum Schutze des innerdeutschen Handels. In: Gesetzblatt der DDR, 1950, Nr. 43, 21.4.1950.
Gesetz zur Regelung des Innerdeutschen Zahlungsverkehrs vom 15.12.1950. In: Gesetzblatt der DDR, 1950, Nr. 142, 22.12.1950.
Durchführungsverordnung zu der Verordnung zur Entwicklung einer fortschrittlichen demokratischen Kultur des deutschen Volkes (Schaffung einer Zentralstelle für wissenschaftliche Literatur). In: Gesetzblatt der DDR, 1950, Nr. 133, 16.11.1950.
Verordnung über die Verwaltung und den Schutz ausländischen Eigentums in der Deutschen Demokratischen Republik vom 6.9.1951. In: Gesetzblatt der DDR, 1951, Nr. 111, 15.9.1951.
Verordnung zur Sicherung von Vermögenswerten vom 17.7.1952. In: Gesetzblatt der DDR, 1952, Nr. 100, 26.7.1952.
Gesetz zum Schutz des Volkseigentums und anderer gesellschaftlichen Eigentums vom 2.10.1952.
Vierte Durchführungsbestimmung zur Verordnung zur Entwicklung einer fortschrittlichen demokratischen Kultur des deutschen Volkes, 1.8.1955.

D.3 Literaturverzeichnis

ABELSHAUSER, WERNER: Zur Entstehung der »Magnet-Theorie« in der Deutschlandpolitik. Ein Bericht von Hans Schlange-Schöningen über einen Staatsbesuch in Thüringen im Mai 1946. In: Vierteljahreshefte für Zeitgeschichte 27 (1979) H. 4, S. 661–679.

ABELSHAUSER, WERNER: Deutsche Wirtschaftsgeschichte. Von 1945 bis zur Gegenwart (Schriftenreihe der Bundeszentrale für politische Bildung 1204). 2., überarb. und erw. Aufl. Bonn 2011.

AHRENS, RALF: Unternehmensgeschichte. Version: 1.0 In: Docupedia-Zeitgeschichte. URL: http://docupedia.de/zg/Unternehmensgeschichte?oldid=106486 [1.11.2010/13.12.2013].

ALTENHEIN, HANS: »Auferstanden aus Ruinen«. In: Neuanfang 1945. Sonderdruck aus dem Börsenblatt für den Deutschen Buchhandel anlässlich der Buchhändlertage in Stuttgart 1995. Frankfurt a. M. 1995, S. 4–7.

ALTENHEIN, HANS: Leserfragen an eine Geschichte des Buchhandels in Deutschland nach dem Zweiten Weltkrieg. Mit vorläufigen Antworten. IASL online. URL: http://www.iasl.uni-muenchen.de/discuss/lisforen/Altenhein_Fragen-1.pdf [12.2.2011].

ALTENHEIN, HANS: Das »Börsenblatt für den Deutschen Buchhandel«. In: FÜSSEL, STEPHAN/JÄGER, GEORG/STAUB, HERMANN (HRSG.): Der Börsenverein des Deutschen Buchhandels 1825–2000. Frankfurt a. M. 2000, S. 273–282.

AMMON, ULRICH: Entwicklung der deutschen Wissenschaftssprache im 20. Jahrhundert. In: DEBUS, FRIEDHELM/KOLLMANN, FRANZ GUSTAV/ PÖRKSEN, UWE (HRSG.): Deutsch als Wissenschaftssprache im 20. Jahrhundert. Vorträge des Internationalen Symposions vom 18./19. Januar 2000. Mainz/Stuttgart 2000, S. 59–80.

AMOS, HEIKE: Die Westpolitik der SED 1948/49–1961. »Arbeit nach Westdeutschland« durch die Nationale Front, das Ministerium für Auswärtige Angelegenheiten und das Ministerium für Staatssicherheit. Berlin 1999.

AMOS, HEIKE: Die Westpolitik der DDR 1949 bis Mitte der 1960er Jahre. Institutionelle Voraussetzungen, Apparate und politische Konzeptionen. In: CREUZBERGER, STEFAN/HOFFMANN, DIERK (HRSG.): »Geistige Gefahr« und »Immunisierung der Gesellschaft«. Antikommunismus und politische Kultur in der frühen Bundesrepublik. München 2014, S. 43–58.

BÄHR, JOHANNES: Die Firmenabwanderung aus der SBZ/DDR und aus Berlin-Ost (1945–1953). In: FISCHER, WOLFRAM/MÜLLER, UWE/ ZSCHALER, FRANK (HRSG.): Wirtschaft im Umbruch. Strukturveränderungen und Wirtschaftspolitik im 19. und 20. Jahrhundert. Festschrift für Lothar Baar zum 65. Geburtstag. St. Katharinen 1997.

BARBIAN, JAN-PIETER: Literaturpolitik im NS-Staat. Von der Gleichschaltung bis zum Ruin. Frankfurt a. M. 2010.

BAST, RAINER A.: Die Buchhändler-Familie Meiner. Ein Beitrag zur Buchhandelsgeschichte des 20. Jahrhunderts. Köln 1997.

BECKER, PETRA: Verlagspolitik und Buchmarkt in Russland (1985 bis 2002). Prozess der Entstaatlichung des zentralistischen Buchverlagswesens (Buchwissenschaftliche Beiträge aus dem Deutschen Bucharchiv München 72). Wiesbaden 2003.

BENDER, PETER: Deutschlands Wiederkehr. Eine ungeteilte Nachkriegsgeschichte 1945–1990 (Schriftenreihe der Bundeszentrale für politische Bildung 698). Bonn 2008.

BENZ, IMKE: Der Verlag Philipp Reclam jun. in Leipzig seit dem Zweiten Weltkrieg. Geschichte und Programm. Unveröffentlichte Magisterarbeit an der Universität Erlangen-Nürnberg. Erlangen 1995.

BENZ, WOLFGANG: Amerikanische Literaturpolitik und Deutsche Interessen. Verlagswesen und Buchhandel in Bayern 1945–1946. In: Zeitschrift für bayerische Landesgeschichte 42 (1979) H. 3, S. 705–732.

BENZ, WOLFGANG: Deutschland unter alliierter Besatzung 1945–1949 (Gebhardt Handbuch der deutschen Geschichte, Bd. 22). 10., völlig neubearb. Aufl. Stuttgart 2009.

BERGHOFF, HARTMUT: Moderne Unternehmensgeschichte. Eine themen- und theorieorientierte Einführung. Paderborn 2004a.

BERGHOFF, HARTMUT: Wozu Unternehmensgeschichte? Erkenntnisinteressen, Forschungsansätze und Perspektiven des Faches. In: Zeitschrift für Unternehmensgeschichte 49 (2004b) H. 2, S. 131–148.

BESCHLER, EDWIN F.: Walter J. Johnson and Kurt Jacoby: Academic Press. In: ABEL, RICHARD/GRAHAM, GORDON (HRSG.): Immigrant Publishers. The Impact of Expatrate Publishers in Britain and America in the 20th Century. New Brunswick/London 2009, S. 69–88.

BEZ, THOMAS: Geschichte. Westliche Besatzungszonen und Bundesrepublik Deutschland. In: BEZ, THOMAS/KEIDERLING, THOMAS: Der Zwischenbuchhandel. Begriffe, Strukturen, Entwicklungslinien in Geschichte und Gegenwart. Stuttgart 2010, S. 175–236.

BILLE, THOMAS: Der Börsenverein der Deutschen Buchhändler zu Leipzig 1945–1948. Aspekte der Verlagspolitik in der sowjetischen Besatzungszone. In: Leipziger Jahrbuch zur Buchgeschichte 2 (1992), S. 165–208.

BILLE, THOMAS: Buchstadt ohne Filetstück? In: Neuanfang 1945. Sonderdruck aus dem Börsenblatt für den Deutschen Buchhandel anlässlich der Buchhändlertage in Stuttgart 1995. Frankfurt a. M. 1995, S. 36–41.

BIERWIRTH, ANDREAS: Die Führung der Unternehmensmarke (Schriften zu Marketing und Management 45). Frankfurt a. M. u. a. 2003.

BISPINCK, HENRIK: »Republikflucht«: Flucht und Ausreise als Problem für die DDR-Führung. In: HOFFMANN, DIERK/SCHWARTZ, MICHAEL/ WENTKER, HERMANN (HRSG.): Vor dem Mauerbau. Politik und Gesellschaft in der DDR der fünfziger Jahre (Sondernummer der Schriftenreihe der Vierteljahreshefte für Zeitgeschichte). München 2003, S. 285–309.

BOGE, BIRGIT: Die Anfänge von Kiepenheuer & Witsch. Joseph Caspar Witsch und die Etablierung des Verlags (1948–1959) (Buchwissenschaftliche Beiträge aus dem Deutschen Bucharchiv München 78). Wiesbaden 2009.

BONFADELLI, HEINZ: Sozial- und kommunikationswissenschaftliche Ansätze: In: RAUTENBERG, URSULA/SCHNEIDER, UTE (HRSG.): Lesen. Ein interdisziplinäres Handbuch. Berlin/Boston 2015, S. 63–84.

BREYER-MAYLÄNDER, THOMAS/SEEGER, CHRISTOF: Medienmarketing. München 2006.

BRUHN, MANFRED: Begriffsabgrenzungen und Entscheidungsformen von Marken. In: BRUHN, MANFRED (HRSG.): Die Marke. Symbolkraft eines Zeichensystems. Bern 2001, S. 13–54.

BÜHLER, HANS-EUGEN: Der Frontbuchhandel 1939–1945. Organisationen, Kompetenzen, Verlage, Bücher. Eine Dokumentation (AGB Studien 3). Frankfurt a. M. 2002.

CIESLA, BURGHARD: »All das bremst uns, kann uns aber nicht aufhalten«. Wohlstandsversprechen und Wirtschaftswachstum: Grundprobleme der SED-Wirtschaftspolitik in den fünfziger Jahren. In: HOFFMANN, DIERK/SCHWARTZ, MICHAEL/WENTKER, HERMANN (HRSG.): Vor dem Mauerbau. Politik und Gesellschaft in der DDR der fünfziger Jahre (Sondernummer der Schriftenreihe der Vierteljahreshefte für Zeitgeschichte). München 2003, S. 149–164.

CONZE, ECKART/METZLER, GABRIELE (HRSG.): 50 Jahre Bundesrepublik Deutschland. Daten und Diskussionen. Stuttgart 1999.

CORNELSEN, DORIS ET AL.: Die Bedeutung des Innerdeutschen Handels für die Wirtschaft der DDR (Deutsches Institut für Wirtschaftsforschung, Sonderheft 138). Berlin 1983.

CORSTEN, SEVERIN/PFLUG, GÜNTHER (HRSG.): Lexikon des gesamten Buchwesens. 2., völlig neu bearb. Aufl. Stuttgart 1987–2014.

CREUZBERGER, STEFAN/HOFFMANN, DIERK: Antikommunismus und politische Kultur in der Bundesrepublik Deutschland. Einleitende Vorbemerkungen. In: CREUZBERGER, STEFAN/HOFFMANN,

DIERK (HRSG.): »Geistige Gefahr« und »Immunisierung der Gesellschaft«. Antikommunismus und politische Kultur in der frühen Bundesrepublik. München 2014, S. 1–14.

DIEDERICHS, ULF: Verleger im Schatten. Der Eugen Diederichs Verlag 1929 bis 1949 (Teil 3). In: Buchhandelsgeschichte 23 (2000) H. 2, S. B2–B16.

DÜLFFER, JOST: Europa im Ost-West-Konflikt (Oldenbourg Grundriss der Geschichte 18). München 2004.

DÜRKOP, MARTINA: Das Archiv für Religionswissenschaft in den Jahren 1919 bis 1939. Dargestellt auf der Grundlage des Briefwechsels zwischen Otto Weinrich und Martin P:n Nilsson. Berlin 2013.

ECKERT, MICHAEL: Arnold Sommerfeld. Atomphysiker und Kulturbote 1868–1951. Eine Biografie. Göttingen 2013.

EDELMAN, HENDRIK: Maurits Dekker and Eric Proskauer: A Synergy of Talent in Exile. In: Abel, Richard/Graham, Gordon (Hrsg.): Immigrant Publishers. The Impact of Expatrate Publishers in Britain and America in the 20th Century. New Brunswick/London 2009, S. 9–28.

ERLER, PETER/MESTRUP, HEINZ: Paul Wandel. In: MÜLLER-ENBERGS ET AL. (HRSG.): Wer war wer in der DDR? Ein Lexikon ostdeutscher Biographien. 5., aktual. und erw. Neuausgabe. Berlin 2010.

ESTERMANN, MONIKA: Die Börsenvereine in Leipzig und Frankfurt – eine Problemskizze. In: LOKATIS, SIEGFRIED/LEHMSTEDT, MARK (HRSG.): Das Loch in der Mauer. Der innerdeutsche Literaturaustausch (Veröffentlichungen des Leipziger Arbeitskreises zur Geschichte des Buchwesens. Schriften und Zeugnisse zur Buchgeschichte 10). Wiesbaden 1997, S. 72–88.

ESTERMANN, MONIKA: Der Börsenverein in den Westzonen und der Bundesrepublik Deutschland. In: FÜSSEL, STEPHAN/JÄGER, GEORG/STAUB, HERMANN (HRSG.): Der Börsenverein des Deutschen Buchhandels 1825–2000. Frankfurt a. M. 2000, S. 161–191.

ESTERMANN, MONIKA: Buchmessen. In: RAUTENBERG, URSULA (HRSG.): Reclams Sachlexikon des Buches. 2., verb. Aufl. Stuttgart 2003, S. 116–119.

ESTERMANN, MONIKA: Buchhandel, Buchhandelsgeschichte und Verlagsgeschichtsschreibung vom 18. Jahrhundert bis zur Gegenwart. In: RAUTENBERG, URSULA (HRSG.): Buchwissenschaft in Deutschland. Bd. 1. Theorie und Forschung. Berlin/New York 2010, S. 257–320.

ESTERMANN, MONIKA ET AL. (HRSG.): Parallelwelten des Buches. Beiträge zu Buchpolitik, Verlagsgeschichte, Bibliophilie und Buchkunst. Wiesbaden 2001.

ESTERMANN, MONIKA/LERSCH, EDGAR (HRSG.): Buch, Buchhandel und Rundfunk 1945–1949 (Mediengeschichtliche Veröffentlichungen 1). Wiesbaden 1997.

ESTERMANN, MONIKA/LERSCH, EDGAR (HRSG.): Buch, Buchhandel und Rundfunk 1950–1960 (Mediengeschichtliche Veröffentlichungen 2). Wiesbaden 1999.

FABIAN, BERNHARD: Wissenschaftliche Literatur heute. In: FABIAN, BERNHARD/Raabe, PAUL (HRSG.): Gelehrte Bücher vom Humanismus bis zur Gegenwart. Referate des 5. Jahrestreffens des Wolfenbütteler Arbeitskreises für Geschichte des Buchwesens vom 06. bis 09. Mai 1981 in der Herzog August Bibliothek. Wiesbaden 1983, S. 169–193.

FÄSSLER, PETER E.: Freiheit der Wissenschaft versus Primat der Ideologie – Die Irrlehren Trofim D. Lyssenkos und ihre Rezeption in der Sowjetischen Besatzungszone (SBZ) bzw. DDR. In: KLUGE, ULRICH/HALDER, WINFRID/SCHLENKER, KATJA (HRSG.): Zwischen Bodenreform und Kollektivierung. Vor- und Frühgeschichte der »sozialistischen Landwirtschaft« in der SBZ/DDR vom Kriegsende bis in die Fünfziger Jahre. Stuttgart 2001, S. 177–194.

FÄSSLER, PETER E.: Politische Kontrahenten und ökonomische Konkurrenten – Aspekte der Außenwirtschaftsbeziehungen beider deutscher Staaten 1949–1972. In: TIMMERMANN, HEINER (HRSG.): Das war die DDR. DDR-Forschung im Fadenkreuz von Herrschaft, Außenbeziehungen, Kultur und Souveränität (Dokumente und Schriften der Europäischen Akademie Otzenhausen 128). Münster 2004, S. 490–508.

FÄSSLER, PETER E.: Probelauf für eine »Politik der Bewegung«. Die Auseinandersetzung um den Firmennamen »Deutsche Lufthansa« (1954–1963). In: Zeitschrift für Geschichts-wissenschaft 53 (2005a) H. 3, S. 236–261.

FÄSSLER, PETER E.: »Antifaschistisch«, »friedliebend« und »fortschrittlich«: Botschaften und Formen außenwirtschaftlicher Repräsentation der DDR während der 1950er und 1960er Jahre. In: PAULMANN, JOHANNES (HRSG.): Auswärtige Repräsentationen. Deutsche Kulturdiplomatie nach 1945. Köln 2005b, S. 139–161.

FÄSSLER, PETER E.: Durch den »Eisernen Vorhang«. Die deutsch-deutschen Wirtschaftsbeziehungen 1949–1969 (Wirtschafts- und Sozialhistorische Studien 14). Köln/ Weimar/Wien 2006a.

FÄSSLER, PETER E.: Streitobjekt »Warenzeichen«. Deutsch-deutscher Wettbewerb um Tradition, Vertrauen und Legitimation. In: Vierteljahresschrift für Sozial- und Wirtschaftsgeschichte 93 (2006b) H. 3, S. 283–303.

FÄSSLER, PETER E.: Innerdeutscher Handel als Wegbereiter der Entspannungspolitik. In: Aus Politik und Zeitgeschichte 57 (2007) H. 3, S. 31–38.

FÄSSLER, PETER E.: Zwischen »Störfreimachung« und Rückkehr zum Tagesgeschäft. Die deutsch-deutschen Wirtschaftsbeziehungen nach dem Mauerbau (1961–1969). In: Deutschland Archiv Online 45 (2012) H. 3. URL: http://www.bpb.de/geschichte/zeitgeschichte/deutschlandarchiv/126613/deutsch-deutsche-wirtschaftsbeziehungen [20.3.2012/10.9.2015].

FETZER, GÜNTHER: Was heißt und zu welchem Ende erstellt man eine Verlagstypologie? In: RAUTENBERG, URSULA (HRSG.): Jahresbericht der Buchwissenschaft an der Universität Erlangen-Nürnberg 2014. Erlangen/Nürnberg 2014, S. 36–46.

FISCHER, ERNST: »… diese merkwürdige Verbindung als Freund und Geschäftsmann«. Zur Mikrosoziologie und Mikroökonomie der Autor-Verleger-Beziehung im Spiegel der Briefwechsel. In: Leipziger Jahrbuch zur Buchgeschichte 15 (2006), S. 245–286.

FISCHER, ERNST: Kapitale Verluste. Innenansichten der Verlagsökonomie, an Beispielen von Literaturverlagen im ersten Drittel des 20. Jahrhunderts. In: NORRICK, CORINNA/SCHNEIDER, UTE (HRSG.): Verlagsgeschichtsschreibung. Modelle und Archivfunde. Wiesbaden 2012, S. 168–192.

FISCHL, FLORIAN: Der Akademie-Verlag in der DDR unter besonderer Berücksichtigung des Geschichtslektorats. Unveröffentlichte Magisterarbeit an der Universität Leipzig. Leipzig 2011.

FRANK, MARIO: Walter Ulbricht. Eine deutsche Biografie. Berlin 2001.

FRANKE, SUSANNE/KLUMP, RAINER: »Die stolzesten Grafen sind die Polygraphen«. Über Eigenbild und Fremdeinschätzung des ost- und westdeutschen Druckmaschinenbaus. In: BAAR, LOTHAR/PETZINA, DIETMAR (HRSG.): Deutsch-deutsche Wirtschaft 1945 bis 1990. Strukturveränderungen, Innovationen und regionaler Wandel. Ein Vergleich. St. Katharinen 1999, S. 390–421.

FROHN, JULIA: Literaturaustausch im geteilten Deutschland. 1945–1972. Berlin 2014.

FUNKE, FRITZ: Buchkunde. Ein Überblick über die Geschichte des Buches. 6., überarb. und erg. Aufl. München 1999.

FÜSSEL, STEPHAN: 50 Jahre Frankfurter Buchmesse 1949–1999. Frankfurt a. M. 1999.

FÜSSEL, STEPHAN/SAUR, KLAUS G.: Buchmessen. In: FÜSSEL, STEPHAN/JÄGER, GEORG/STAUB, HERMANN (HRSG.): Der Börsenverein des Deutschen Buchhandels 1825–2000. Frankfurt a. M. 2000, S. 234–256.

GABLER WIRTSCHAFTSLEXIKON. In acht Bänden. 17., komplett aktual. und erw. Aufl. Wiesbaden 2010.

GÄBLER, MARIO: Was von der Buchstadt übrig blieb. Die Entwicklung der Leipziger Verlage nach 1989. Leipzig 2010.

GANSEL, CARSTEN: Parlament des Geistes. Literatur zwischen Hoffnung und Repression 1945–1961. Berlin 1996.

GANSEL, CARSTEN: Deutschland einig Vaterland? Der Deutsche Schriftstellerverband und seine Westarbeit in den fünfziger Jahren. In: LOKATIS, SIEGFRIED/LEHMSTEDT, MARK (HRSG.): Das Loch in der Mauer. Der innerdeutsche Literaturaustausch (Veröffentlichungen des Leipziger

Arbeitskreises zur Geschichte des Buchwesens. Schriften und Zeugnisse zur Buchgeschichte 10). Wiesbaden 1997, S. 261–278.

GEROK, WOLFANG: Deutsch als Wissenschaftssprache in der Medizin. In: DEBUS, FRIEDHELM/ KOLLMANN, FRANZ GUSTAV/PÖRKSEN, UWE (HRSG.): Deutsch als Wissenschaftssprache im 20. Jahrhundert. Vorträge des Internationalen Symposions vom 18./19. Januar 2000. Mainz/Stuttgart 2000, S. 229–238.

GIESEN, BERNHARD: Die Konflikttheorie. In: ENDRUWEIT, GÜNTER (HRSG.): Moderne Theorien der Soziologie. Strukturell-funktionale Theorie, Konflikttheorie, Verhaltenstheorie. Ein Lehrbuch. Stuttgart 1993, S. 87–134.

GLIENKE, STEPHAN ALEXANDER/PAULMANN, VOLKER/PERELS, JOACHIM (HRSG.): Erfolgsgeschichte Bundesrepublik? Die Nachkriegsgesellschaft im langen Schatten des Nationalsozialismus. Göttingen 2008.

GOERKE, JOCHEN: Verlagseinband. In: RAUTENBERG, URSULA (HRSG.): Reclams Sachlexikon des Buches. Von der Handschrift zum E-Book. 3., vollst. überarb. und aktual. Aufl. Stuttgart 2015, S. 405f.

GOLLE, HERMANN: Das Know-How, das aus dem Osten kam. Wie das westdeutsche Wirtschaftswunder von der SED-Politik profitierte. Stuttgart 2002.

GÖTZE, HEINZ: Der Springer-Verlag. Stationen seiner Geschichte. Teil II: 1945–1992. Berlin u. a. 1994.

GROSSBÖLTING, THOMAS: Vom privaten Unternehmer zum Angestellten im Staatsbetrieb: Handel und Kleinindustrie in der SBZ und der frühen DDR. In: GROSSBÖLTING, THOMAS/THAMER, HANS-ULRICH (HRSG.): Die Errichtung der Diktatur. Transformationsprozesse in der Sowjetischen Besatzungszone und in der frühen DDR. Münster 2003, S. 137–169.

GROSSBÖLTING, THOMAS: Geteilter Himmel: Wahrnehmungsgeschichte der Zweistaatlichkeit. In: Aus Politik und Zeitgeschichte 62 (2012) H. 1–3, S. 15–21.

GRUSCHKA, BERND R.: Der gelenkte Buchmarkt. Die amerikanische Kommunikationspolitik in Bayern und der Aufstieg des Verlages Kurt Desch 1945 bis 1950. Frankfurt a. M. 1995a.

GRUSCHKA, BERND R.: Reeducation als US-Verlagspolitik. In: Neuanfang 1945. Sonderdruck aus dem Börsenblatt für den Deutschen Buchhandel anlässlich der Buchhändlertage in Stuttgart 1995. Frankfurt a. M. 1995b, S. 60–64.

HAENDCKE-HOPPE-ARNDT, MARIA: Interzonenhandel/Innerdeutscher Handel. In: DEUTSCHER BUNDESTAG (HRSG.): Enquete-Kommission »Aufarbeitung von Geschichte und Folgen der SED-Diktatur in Deutschland«. Band V/2. Deutschlandpolitik. Baden-Baden 1995, S. 1543–1571.

HALBMEIER, CLAUDIA: Der Verleger-Ausschuss des Börsenvereins des Deutschen Buchhandels (westliche Besatzungszonen und BRD): Konstituierung, Organisationsstrukturen und Haupttätigkeitsfelder in den 1950er und 1960er Jahren (Alles Buch. Studien der Erlanger Buchwissenschaft XVI). Erlangen-Nürnberg 2006. URL: https://opus4.kobv.de/opus4-fau/files/5844/ Alles+Buch+Band+16_Halbmeier.pdf [2.4.2016].

HALDER, WILFRID: »Modell für Deutschland«. Wirtschaftspolitik in Sachsen 1945–1948. Paderborn/München/Wien/Zürich 2001.

HALDER, WILFRID: Deutsche Teilung. Vorgeschichte und Anfangsjahre der doppelten Staatsgründung. Zürich 2002.

HAMPEL, FRAUKE: Äußere Buchgestaltung und ihre Bedeutung für die Markenbildung im Verlag. Unveröffentlichte Magisterarbeit an der Universität Leipzig. Leipzig 2003.

HAPKE, THOMAS: Die »Zeitschrift für physikalische Chemie, Stöchiometrie und Verwandtschaftslehre« und ihre Nachfolger (1887–1987). Hausarbeit zur Prüfung für den höheren Bibliotheksdienst. Köln 1987.

HECHLER, DANIEL ET AL. (HRSG.): Promovieren zur deutsch-deutschen Zeitgeschichte. Handbuch. Berlin 2009.

HEFELE, PETER: Die Verlagerung von Industrie- und Dienstleistungsunternehmen aus der SBZ/DDR nach Westdeutschland. Unter besonderer Berücksichtigung Bayerns (1945–1961) (Beiträge zur Unternehmensgeschichte 4). Stuttgart 1998.

HENKE, KLAUS-DIETMAR: »We take the brain« – Die Zwangsevakuierung deutscher Wissenschaftler und Techniker aus Mitteldeutschland. In: DERS. (HRSG.): Die amerikanische Besetzung Deutschlands (Quellen und Darstellungen zur Zeitgeschichte 27). München 1995, S. 742–776.

HERMANN, ARMIN: Das goldene Zeitalter der Physik. In: DEBUS, FRIEDHELM/KOLLMANN, FRANZ GUSTAV/PÖRKSEN, UWE (HRSG.): Deutsch als Wissenschaftssprache im 20. Jahrhundert. Vorträge des Internationalen Symposions vom 18./19. Januar 2000. Mainz/Stuttgart 2000, S. 209–228.

HERMANN, ARMIN: Und trotzdem Brüder. Die deutsch-deutsche Geschichte der Firma Carl Zeiss. München 2002.

HERZOG, ANDREAS (HRSG.): Das literarische Leipzig. Kulturhistorisches Mosaik einer Buchstadt. Leipzig 1995.

HEUKENKAMP, URSULA: DDR-Kultur zwischen Lenkung und freier Entfaltung. In: ESTERMANN, MONIKA/LERSCH, EDGAR (HRSG.): Buch, Buchhandel und Rundfunk 1950–1960 (Mediengeschichtliche Veröffentlichungen 2). Wiesbaden 1999, S. 81–96.

HINTERTHÜR, BETTINA: Noten nach Plan. Die Musikverlage in der SBZ/DDR – Zensursystem, zentrale Planwirtschaft und deutsch-deutsche Beziehungen bis Anfang der 1960er Jahre. Stuttgart 2006.

HOFFMANN, HEINZ: Die Betriebe mit staatlicher Beteiligung im planwirtschaftlichen System der DDR 1956–1972 (Beiträge zur Wirtschafts- und Sozialgeschichte 79). Stuttgart 1999.

HOFFMANN, KURT: Buchverlage. In: BEZ, THOMAS/COMMERELL, ULRICH/HOFFMANN, KURT (HRSG.): Der Stuttgarter Buchhandel im 20. Jahrhundert. Stuttgart 1997, S. 9–72.

HOLL, FRANK: Produktion und Distribution wissenschaftlicher Literatur. Der Physiker Max Born und sein Verleger Ferdinand Springer, 1913–1970. In: AGB 45 (1996), S. 1–225.

HORSTMANN, THOMAS: Logik der Willkür. Die Zentrale Kommission für Staatliche Kontrolle in der SBZ/DDR von 1948 bis 1958 (Arbeiten zur Geschichte des Rechts in der DDR 3). Köln/Weimar/Wien 2002.

HORSTMEIER, CAREL: Ostdeutsche Ohnmacht und widerwillige Hilfe durch Bruderstaaten. Die Anerkennungspolitik der DDR 1949–1973. In: TIMMERMANN, HEINER (HRSG.): Die DDR in Europa – zwischen Isolation und Öffnung (Dokumente und Schiften der Europäischen Akademie Otzenhausen 140). Münster 2005, S. 69–87.

HUSE, ULRICH: Verlagsmarketing. Frankfurt a. M. 2013.

IRMER, MARION: Wissenschaftliche Mediennutzung. Erwartungen und Motive bei der Nutzung klassischer und elektronischer Rezeptions- und Publikationsplattformen (Mediennutzung 19). Berlin 2011.

JÄGER, GEORG: Der wissenschaftliche Verlag. In: JÄGER, GEORG/LANGEWISCHE, DIETER/SIEMANN, WOLFRAM (HRSG.): Geschichte des deutschen Buchhandels im 19. und 20. Jahrhundert. Bd. 1. Das Kaiserreich 1871–1918, Teil 1. Frankfurt a. M. 2001, S. 423–472.

JÄGER, GEORG: Der Schulbuchverlag. In: JÄGER, GEORG (HRSG.): Geschichte des deutschen Buchhandels im 19. und 20. Jahrhundert. Bd. 1. Das Kaiserreich 1871–1918. Teil 2. Frankfurt a. M. 2003a, S. 62–102.

JÄGER, GEORG: Wissenschaftliche und technische Zeitschriften. In: JÄGER, GEORG (HRSG.): Geschichte des deutschen Buchhandels im 19. und 20. Jahrhundert. Bd. 1. Das Kaiserreich 1871–1918. Teil 2. Frankfurt a. M. 2003b, S. 390–408.

JÄGER, GEORG: Keine Kulturtheorie ohne Geldtheorie. Grundlegung einer Theorie des Buchverlags. IASL online. URL: http://www.iasl.uni-muenchen.de/discuss/lisforen/jaeger_buchverlag.pdf [11.10.2010].

JARAUSCH, KONRAD H.: »Die Teile als Ganzes erkennen«. Zur Integration der beiden deutschen Nachkriegsgeschichten. In: Zeithistorische Forschungen/Studies in Contemporary History. (2004) H. 1. http://www.zeithistorische-forschungen.de/1-2004/id=4538 [5.12.2011].

JESSE, ECKHARD: Die Bundesrepublik Deutschland und die deutsche Frage 1945 bis 1961. In: APELT, ANDREAS H./GUTZEIT, MARTIN/POPPE, GERD (HRSG.): Die deutsche Frage in der SBZ und DDR. Deutschlandpolitische Vorstellungen von Bevölkerung und Opposition 1945–1990. Berlin 2010, S. 35–45.

JOOS, JUDITH: Kontinuität im Neuanfang: Verlagspolitik in der Gründungsphase der Bundesrepublik am Beispiel der Britischen Zone. In: MIX, YORK-GOTHART (HRSG.): Kunstfreiheit und Zensur in der Bundesrepublik Deutschland. Berlin/Boston 2014, S. 19–42.

JUDT, MATTHIAS: Deutschland- und Außenpolitik. In: Ders. (Hrsg.): DDR-Geschichte in Dokumenten. Beschlüsse, Berichte, interne Materialien und Alltagszeugnisse. Berlin 1997, S. 493–558.

JÜTTE, BETTINA: Das Problem der »zweigleisigen Verlage« als Folge der Lizenzierungspolitik in der SBZ am Beispiel des Gustav Fischer Verlags (1945–1953). In: Lokatis, Siegfried/Lehmstedt, Mark (Hrsg.): Das Loch in der Mauer. Der innerdeutsche Literaturaustausch (Veröffentlichungen des Leipziger Arbeitskreises zur Geschichte des Buchwesens. Schriften und Zeugnisse zur Buchgeschichte 10). Wiesbaden 1997, S. 185–197.

JÜTTE, BETTINA: Lizenzen und Listen. Grundlagen staatlicher Zeitschriftenpolitik in der SBZ. In: BARCK, SIMONE/LANGERMANN, MARTINA/LOKATIS, SIEGFRIED (HRSG.): Zwischen »Mosaik« und »Einheit«. Zeitschriften in der DDR. Berlin 1999, S. 560–568.

JÜTTE, BETTINA: Verlagslizensierung in der Sowjetischen Besatzungszone (1945–1949) (AGB Studien 8). Berlin/New York 2010.

KARLSCH, RAINER: Ein geteiltes Unternehmen – zur Entwicklung der Beziehungen zwischen den Agfa-Fabrikationsstätten in Leverkusen und Wolfen nach 1945. In: PLUMPE, WERNER/KLEINSCHMIDT, CHRISTIAN (HRSG.): Unternehmen zwischen Markt und Macht: Aspekte deutscher Unternehmens- und Industriegeschichte im 20. Jahrhundert (Bochumer Schriften zur Unternehmens- und Industriegeschichte 1). Essen 1992, S. 105–122.

KARLSCH, RAINER: Allein bezahlt? Die Reparationsleistungen der SBZ/DDR 1945–1953. Berlin 1993.

KASTNER, BARBARA: Statistik und Topografie des Verlagswesens, in: FISCHER, ERNST/JÄGER, GEORG (HRSG.): Geschichte des deutschen Buchhandels im 19. und 20. Jahrhundert. Bd. 2. Die Weimarer Republik 1918–1933. Teil 1. München 2007, S. 341–378.

KEIDERLING, THOMAS: Wie viel Systemtheorie braucht die Buchwissenschaft? In: KEIDERLING, THOMAS/KUTSCH, ARNULF/STEINMETZ, RÜDIGER (HRSG.): Buch – Markt – Theorie. Kommunikations- und medienwissenschaftliche Perspektiven. Erlangen 2007, S. 251–292.

KEIDERLING, THOMAS: Geschichte. In: BEZ, THOMAS/KEIDERLING, THOMAS: Der Zwischenbuchhandel. Begriffe, Strukturen, Entwicklungslinien in Geschichte und Gegenwart. Stuttgart 2010, S. 9–256.

KEIDERLING, THOMAS (HRSG.): F. A. Brockhaus 1905–2005. Mannheim 2005.

KESSLER, RALF: Rückerstattung in der DDR und in Ostdeutschland. Interne Wiedergutmachungsdebatten im Osten Deutschlands – die Geschichte eines Mißerfolges. In: GOSCHLER, CONSTANTIN/LILLTEICHER, JÜRGEN (HRSG.): »Arisierung« und Restitution. Die Rückerstattung jüdischen Eigentums in Deutschland und Österreich nach 1945 und 1989. Göttingen 2002, S. 197–213.

KIELMANNSEGG, PETER GRAF: Nach der Katastrophe. Eine Geschichte des geteilten Deutschland. Berlin 2000.

KIRKNESS, ALAN (HRSG.): Geschichte des Deutschen Wörterbuchs. 1838–1863. Dokumente zu den Lexikographen Grimm. Stuttgart 1980.

KLESSMANN, CHRISTOPH: Die doppelte Staatsgründung. Deutsche Geschichte 1945–1955 (Schriftenreihe der Bundeszentrale für politische Bildung 298). 5., überarb. und erw. Aufl. Bonn 1991.

KLESSMANN, CHRISTOPH: Verflechtung und Abgrenzung. Aspekte der geteilten und zusammengehörigen deutschen Nachkriegsgeschichte. In: Aus Politik und Zeitgeschichte 43 (1993) H. 29–30, S. 30–41.

KLESSMANN, CHRISTOPH: Zwei Staaten, eine Nation. Deutsche Geschichte 1955–1970 (Schriftenreihe der Bundeszentrale für politische Bildung 343). 2., überarb. und erw. Aufl. Bonn 1997.

KLESSMANN, CHRISTOPH: Konturen und Entwicklungstendenzen der DDR-Forschung. Herausforderungen zeithistorischer Promotionsthemen. In: HECHLER, DANIEL/ HÜTTMANN, JENS/MÄHLERT, ULRICH/PASTERNACK, PEER (HRSG.): Promovieren zur deutsch-deutschen Zeitgeschichte. Handbuch. Berlin 2009.

KOCKA, JÜRGEN: Die Geschichte der DDR als Forschungsproblem. Einleitung. In: DERS. (HRSG.): Historische DDR-Forschung. Aufsätze und Studien. Berlin 1993, S. 9–26.

KOCKA, JÜRGEN/NÖTZOLDT, PETER/WALTHER, PETER TH.: Die Berliner Akademien 1945–1990. In: KOCKA, JÜRGEN (HRSG.): Die Berliner Akademien der Wissenschaften im geteilten Deutschland 1945–1990 (Interdisziplinäre Arbeitsgruppen. Forschungsberichte 9). Berlin 2002, S. 365–453.

KOLLMANN, FRANZ GUSTAV: Deutsch als Wissenschaftssprache im zwanzigsten Jahrhundert – eine Einführung. In: DEBUS, FRIEDHELM/ KOLLMANN, FRANZ GUSTAV/PÖRKSEN, UWE (HRSG.): Deutsch als Wissenschaftssprache im 20. Jahrhundert. Vorträge des Internationalen Symposions vom 18./19. Januar 2000. Mainz/Stuttgart 2000, S. 11–18.

KÖRNER, KLAUS: Tarnung und Schmuggel im Kleinformat. Aus der Geschichte des innerdeutschen Broschürenkrieges (1950 bis 1960). In: BARCK, SIMONE/LANGERMANN, MARTINA/LOKATIS, SIEGFRIED (HRSG.): Zwischen »Mosaik« und »Einheit«. Zeitschriften in der DDR. Berlin 1999, S. 244–251.

KÖSTNER, CHRISTINA: »Wie das Salz in der Suppe«. Zur Geschichte eines kommunistischen Verlages – Der Globus Verlag. Wien 2001.

KRETZSCHMAR, SYLVIA: VEB Edition Leipzig: Ein Exportverlag unter den Bedingungen der DDR-Planwirtschaft. In: Leipziger Jahrbuch zur Buchgeschichte 11 (2001/2002), S. 277–349.

KREWER, PETER: Geschäfte mit dem Klassenfeind. Die DDR im innerdeutschen Handel 1949–1989. Trier 2008.

KRUSE, MICHAEL: Politik und deutsch-deutsche Wirtschaftsbeziehungen von 1945 bis 1989. Berlin 2005.

LAURIEN, INGRID: Politisch-kulturelle Zeitschriften in den Westzonen 1945–1949. Ein Beitrag zur politischen Kultur der Nachkriegszeit. Frankfurt a. M. 1991.

LAUX, CARMEN: Philipp Reclam jun. Leipzig: »Eine Prestigefrage des Leipziger Buchhandels.« Die Entwicklung des Verlages in den Jahren 1945 bis 1953. Unveröffentlichte Magisterarbeit an der Universität Leipzig. Leipzig 2010.

LAUX, CARMEN: Geschiedene Gemüter, zerschnittene Beziehungen. Reclams Kampf um sein Westautoren. In: Deutschland Archiv Online. 45 (2012) H. 8/9.
URL: http://www.bpb.de/geschichte/zeitgeschichte/deutschlandarchiv/140023/geschiedene-gemueter-zerschnittene-beziehungen?p=all [13.3.2014].

LEHMSTEDT, MARK: Im Dickicht hinter der Mauer – der Leser. In: LOKATIS, SIEGFRIED/SONNTAG, INGRID (HRSG.): Heimliche Leser in der DDR. Kontrolle und Verbreitung unerlaubter Literatur. Berlin 2008, S. 26–34.

LEIPOLD, DIETER: BGB I. Einführung und Allgemeiner Teil. Ein Lehrbuch mit Fällen und Kontrollfragen. 7., neubearb. Aufl. 2013.

LEMBRECHT, CHRISTINA: Die Entwicklung des wissenschaftlichen Verlagswesens in Deutschland im 19. und 20. Jahrhundert. In: AGB 68 (2013), S. 197–213.

LEMKE, MICHAEL: »Doppelte Alleinvertretung«. Die Wiedervereinigungskonzepte der beiden deutschen Regierungen bis 1952/53. In: SCHERSTJANOI, ELKE (HRSG.): »Provisorium für längstens ein Jahr«. Protokoll des Kolloquiums »Die Gründung der DDR«. Berlin 1993, S. 148–155.

LEMKE, MICHAEL: Vom Postulat der »demokratischen« Wiedervereinigung zur konföderativen Absage an Gesamtdeutschland. Die Grundzüge der SED-Deutschlandpolitik. In: LOKATIS, SIEGFRIED/LEHMSTEDT, MARK (HRSG.): Das Loch in der Mauer. Der innerdeutsche Literaturaustausch (Veröffentlichungen des Leipziger Arbeitskreises zur Geschichte des Buchwesens. Schriften und Zeugnisse zur Buchgeschichte 10). Wiesbaden 1997, S. 17–31.

LEMKE, MICHAEL: Einheit oder Sozialismus? Die Deutschlandpolitik der SED 1949–1961 (Zeithistorische Studien 17). Köln/Weimar/Wien 2001.

LINDNER, BERND: Wege in die Opposition. Widerständiges Verhalten in der DDR. In: Deutschland Archiv Online (2014). URL: http://www.bpb.de/geschichte/zeitgeschichte/deutschlandarchiv/185289/wege-in-die-opposition-widerstaendiges-verhalten-in-der-ddr [5.6.2014/30.11.2015].

LINKS, CHRISTOPH: Das Schicksal der DDR-Verlage. Die Privatisierung und ihre Konsequenzen. 2., aktual. Aufl. Berlin 2010.

LÖFFLER, DIETRICH: Buch und Lesen in der DDR. Ein literatursoziologischer Rückblick. Berlin 2011.

LOKATIS, SIEGFRIED: Verlagspolitik zwischen Plan und Zensur. Das »Amt für Literatur und Verlagswesen« oder die schwere Geburt des Literaturapparates der DDR. In: KOCKA, JÜRGEN (HRSG.): Historische DDR-Forschung 1, Berlin 1994, S. 303–325.

LOKATIS, SIEGFRIED: Einwirkungen des Verlagssystems auf die geschichtswissenschaftliche Forschung der DDR. In: SABROW, MARTIN/WALTHER, PETER (HRSG.): Historische Forschung und sozialistische Diktatur. Leipzig 1995, S. 180–192.

LOKATIS, SIEGFRIED: Wissenschaftler und Verleger in der DDR. Das Beispiel des Akademie-Verlages. In: Geschichte und Gesellschaft. Zeitschrift für Historische Sozialwissenschaft 22 (1996) H. 1, 1996, S. 46–61.

LOKATIS, SIEGFRIED: Phasen deutsch-deutscher Literaturpolitik der DDR unter Ulbricht. Devisenprobleme, Außenhandelsinstrumente und Kontrollinstanzen. In: DERS./LEHMSTEDT, MARK (HRSG.): Das Loch in der Mauer. Der innerdeutsche Literaturaustausch (Veröffentlichungen des Leipziger Arbeitskreises zur Geschichte des Buchwesens. Schriften und Zeugnisse zur Buchgeschichte 10). Wiesbaden 1997a, S. 32–55.

LOKATIS, SIEGFRIED: Das Verlagswesen der SBZ. In: ESTERMANN, MONIKA/EDGAR LERSCH (HRSG.): Buch, Buchhandel und Rundfunk 1945–1949. Wiesbaden 1997b, S. 112–124.

LOKATIS, SIEGFRIED: Vom Amt für Literatur und Verlagswesen zur Hauptverwaltung Verlagswesen im Ministerium für Kultur. In: BARCK, SIMONE/LANGERMANN, MARTINA/LOKATIS, SIEGFRIED: »Jedes Buch ein Abenteuer«. Zensur-System und literarische Öffentlichkeiten in der DDR bis Ende der sechziger Jahre. 2. Aufl. Berlin 1998, S. 19–60.

LOKATIS, SIEGFRIED: Erfolge zentraler Literatursteuerung in der frühen DDR. In: ESTERMANN, MONIKA/LERSCH, EDGAR (HRSG.): Buch, Buchhandel und Rundfunk 1950–1960 (Mediengeschichtliche Veröffentlichungen 2). Wiesbaden 1999, S. 97–119.

LOKATIS, SIEGFRIED: Der zensierte Hund. In: ESTERMANN, MONIKA/FISCHER, ERNST/SCHNEIDER, UTE (HRSG.): Buchkulturen. Beiträge zur Geschichte der Literaturvermittlung. Festschrift für Reinhard Wittmann. Wiesbaden 2005, S. 397–408.

LOKATIS, SIEGFRIED: »Das deutsche Buch« in der DDR. In: KNOCHE, MICHAEL/ULBRICHT, JUSTUS H./WEBER, JÜRGEN (HRSG.): Das »deutsche Buch« in der Debatte um nationale Identität und kulturelles Erbe. Göttingen 2006, S. 156–168.

LOKATIS, SIEGFRIED: Eine Buchstadt für das Leseland. Leipzig nach 1945. In: BUSCH, BERND/COMBRINK, THOMAS (HRSG.): Doppelleben. Literarische Szenen aus Nachkriegsdeutschland. Materialien zur Ausstellung. Göttingen 2009, S. 119–130.

LOKATIS, SIEGFRIED: Leserfragen an eine Geschichte des Buchhandels in Deutschland nach dem Zweiten Weltkrieg. Mail von Prof. Dr. Siegfried Lokatis an Prof. Dr. Hans Altenhein. IASL online. URL: http://www.iasl.uni-muenchen.de/discuss/lisforen/Altenhein_Lokatis.pdf [12.2.2011].

LOKATIS, SIEGFRIED/LEHMSTEDT, MARK (HRSG.): Das Loch in der Mauer. Der innerdeutsche Literatur-austausch (Veröffentlichungen des Leipziger Arbeitskreises zur Geschichte des Buchwesens. Schriften und Zeugnisse zur Buchgeschichte 10). Wiesbaden 1997.

LOKATIS, SIEGFRIED/SONNTAG, INGRID (HRSG.): 100 Jahre Kiepenheuer Verlage. Berlin 2011.

LORZ, ANDREA: »Strebe vorwärts«. Lebensbilder jüdischer Unternehmer in Leipzig. Leipzig 1999.

LOTH, WILFRIED: Das ungeliebte Kind. Stalin und die Gründung der DDR. In: SCHERSTJANOI, ELKE (HRSG.): »Provisorium für längstens ein Jahr«. Protokoll des Kolloquiums »Die Gründung der DDR«. Berlin 1993, S. 31–38.

LUCIUS, WULF D. VON: »... der beispiellose Erfolg eines Lehrbuchs«. Gedanken aus verlegerischer Sicht. In: 100 Jahre Strasburgers Lehrbuch der Botanik für Hochschulen 1894–1994. Stutt-gart/Jena/New York 1994, S. 1–19.

LUCIUS, WULF D. VON: Die Zusammenarbeit der Gustav Fischer Verlage in Stuttgart und Jena 1953–1989. In: LOKATIS, SIEGFRIED/LEHMSTEDT, MARK (HRSG.): Das Loch in der Mauer. Der innerdeut-sche Literaturaustausch (Veröffentlichungen des Leipziger Arbeitskreises zur Geschichte des Buchwesens. Schriften und Zeugnisse zur Buchgeschichte 10). Wiesbaden 1997, S. 198–219.

LÜSCHER, RUDOLF M./SCHWEIZER, WERNER: Amalie und Theo Pinkus-De Sassi. Leben im Wider-spruch. Zürich 1987.

LUTZ, PETER: Kurze Einführung in das Urheber- und Verlagsrecht (Alles Buch. Studien der Erlan-ger Buchwissenschaft 47). 3., aktual. Aufl. Erlangen 2013. URL: http://www.alles-buch.uni-erlangen.de/AllesBuch/47_lutz_3.%20auflage.pdf [2.5.2015].

LUTZ, PETER: Berner Übereinkunft. In: RAUTENBERG, URSULA (HRSG.): Reclams Sachlexikon des Buches. Von der Handschrift zum E-Book. 3., vollst. überarb. und aktual. Aufl. Stuttgart 2015, S.41.

MÄHLERT, ULRICH: Kleine Geschichte der DDR (Beck'sche Reihe 1275). 7. Aufl. München 2010.

MAI, GUNTHER: Das »Trojanische Pferd«. Innerdeutsche Handelsbeziehungen zwischen Blockbil-dung und intersystemarer Symbiose (1945–1989). In: SCHMIDT, GUSTAV (HRSG.): Ost-West-Beziehungen: Konfrontation und Détente 1945–1989. Bd. 2. Bochum 1993, S. 433–448.

MAIER, KLAUS A./THOSS, BRUNO (HRSG.): Westintegration, Sicherheit und deutsche Frage. Quellen zur Außenpolitik in der Ära Adenauer 1949–1963 (Ausgewählte Quellen zur deutschen Ge-schichte der Neuzeit, Freiherr vom Stein-Gedächtnisausgabe). Darmstadt 1994.

MALYCHA, ANDREAS: Reformdebatten in der DDR. In: Aus Politik und Zeitgeschichte 56 (2006) H. 17–18, S. 25–32.

MALZAHN, CLAUS CHRISTIAN: Deutschland, Deutschland. Kurze Geschichte einer geteilten Nation. Bonn 2005.

MEFFERT, HERIBERT/BURMA, CHRISTOPH/KIRCHGEORG, MANFRED: Marketing. Grundlagen marktorien-tierter Unternehmensführung. Konzepte – Instrumente-Praxisbeispiele. 11., überarb. und erw. Aufl. Wiesbaden 2012.

MICHOPOULOS, DAPHNE: Die Entwicklung des Verlagsstandortes Wiesbaden zwischen 1945 und 1953. Unveröffentlichte Magisterarbeit an der Johannes-Gutenberg-Universität Mainz. Mainz 1995.

MIEBACH, BERNHARD: Soziologische Handlungstheorie. 4., überarb. und erw. Aufl. Wiesbaden 2014.

MIX, YORK-GOTHART: Kunstfreiheit und Zensur in der Bundesrepublik Deutschland. Einleitende The-sen zu einem gegenwartsbezogenen problematisierten Zensurverständnis. In: DERS. (HRSG.): Kunstfreiheit und Zensur in der Bundesrepublik Deutschland. Berlin 2014, S. 1–18.

MÖLLER, HORST: Zwei deutsche Staaten, eine Nation? Zum nationalen Selbstverständnis in den Verfassungen der Bundesrepublik Deutschland und der DDR. In: WENGST, UDO/WENTKER, HERMANN (HRSG.): Das doppelte Deutschland. 40 Jahre Systemkonkurrenz. Berlin 2008, S. 15–33.

MORSEY, RUDOLF: Die Bundesrepublik Deutschland. Entstehung und Entwicklung bis 1969 (Oldenbourg Grundriss der Geschichte 19). 5. Aufl. München 2007.

MORTIER, JEAN: Ein Buchmarkt mit neuen Strukturen. Zur Verlagspolitik und Buchplanung in der SBZ 1945–1948. In: SCHERPE, KLAUS R./ WINCKLER, LUTZ (HRSG.): Frühe DDR-Literatur. Traditionen, Institutionen, Tendenzen (Argument Sonderband AS 149). Hamburg 1988, S. 62–80.

MÜHLFRIEDEL, WOLFGANG: Zur Wirtschaftspolitik der alliierten Siegermächte in Deutschland bis 1948. In: SCHERSTJANOI, ELKE (HRSG.): »Provisorium für längstens ein Jahr«. Protokoll des Kolloquiums »Die Gründung der DDR«. Berlin 1993, S. 269–274.

MÜLLER, HELEN: Wissenschaft und Markt um 1990. Das Verlagsunternehmen Walter de Gruyter im literarischen Feld der Jahrhundertwende (Studien und Texte zur Sozialgeschichte der Literatur 104). Tübingen 2004.

MÜLLER-ENBERGS ET AL. (HRSG.): Wer war wer in der DDR? Ein Lexikon ostdeutscher Biographien. 2 Bände. 5., aktual. und erw. Neuausgabe. Berlin 2010.

NIEDERHUT, JENS: Wissenschaftsaustausch im Kalten Krieg. Die ostdeutschen Naturwissenschaftler und der Westen (Kölner historische Abhandlungen 45). Köln/Weimar/Wien 2007.

NIPPERDEY, THOMAS: Deutsche Geschichte. 1866–1918. Bd. I: Arbeitswelt und Bürgergeist. München 1998.

NORRICK, CORINNA/SCHNEIDER, UTE (HRSG.): Verlagsgeschichtsschreibung. Modelle und Archivfunde. Wiesbaden 2012.

OPITZ, JUDITH: Der E. A. Seemann Verlag Leipzig und das »Allgemeine Lexikon der bildenden Künstler von der Antike bis zur Gegenwart« (Thieme-Becker). Unveröffentlichte Magisterarbeit an der Universität Leipzig. Leipzig 2008.

OWZAR, ARMIN: Nur eine Verlustgeschichte? Private Industrieunternehmer in der SBZ/DDR zwischen Exklusion und Integration. In: GROSSBÖLTING, THOMAS/THAMER, HANS-ULRICH (HRSG.): Die Errichtung der Diktatur. Transformationsprozesse in der Sowjetischen Besatzungszone und in der frühen DDR. Münster 2003. S. 171–187.

PAHL, GERHARD: Deutsch als Wissenschaftssprache in den Ingenieurwissenschaften. Das Verhältnis zum angloamerikanischen Sprachraum. In: DEBUS, FRIEDHELM/KOLLMANN, FRANZ GUSTAV/PÖRKSEN, UWE (HRSG.): Deutsch als Wissenschaftssprache im 20. Jahrhundert. Vorträge des Internationalen Symposions vom 18./19. Januar 2000. Mainz/Stuttgart 2000, S. 239–246.

PIERENKEMPER, TONI: Unternehmensgeschichte. Eine Einführung in ihre Methoden und Ergebnisse (Grundzüge der modernen Wirtschaftsgeschichte 1). Stuttgart 2000.

PIERENKEMPER, TONI: Was kann eine moderne Unternehmensgeschichtsschreibung leisten? Und was sollte sie tunlichst vermeiden. In: DERS. (HRSG.): Unternehmensgeschichte (Basistexte Geschichte 7). Stuttgart 2011, S. 213–231.

PLUMPE, WERNER: Perspektiven der Unternehmensgeschichte. In: SCHULZ, GÜNTHER (HRSG.): Sozial- und Wirtschaftsgeschichte. Arbeitsgebiete – Probleme – Perspektiven. Stuttgart 2004, S. 403–425.

PLUMPE, WERNER: Die Unwahrscheinlichkeit des Jubiläums – oder: warum Unternehmen nur historisch erklärt werden können. In: PIERENKEMPER, TONI (HRSG.): Unternehmensgeschichte (Basistexte Geschichte 7). Stuttgart 2011, S. 233–249.

PORTER, MICHAEL E.: »Nationale Wettbewerbsvorteile« – erfolgreich konkurrieren auf dem Weltmarkt. München 1991.

PÜRER, HEINZ/RAABE, JOHANNES: Presse in Deutschland. 3., völlig überarb. und erw. Aufl. Konstanz 2007.

RAUTENBERG, URSULA: Buchhändlerische Organisationsformen in der Inkunabel- und Frühdruckzeit. In: MAXIMILIAN-GESELLSCHAFT (HRSG.): Die Buchkultur im 15. und 16. Jahrhundert. 2. Halbbd. Hamburg 1999, S. 339–376.

RAUTENBERG, URSULA: Die Entstehung und Entwicklung des Buchtitelblatts in der Inkunabelzeit in Deutschland, den Niederlanden und Venedig. Quantitative und qualitative Studien. In: AGB 62 (2008), S. 1–105.

RAUTENBERG, URSULA: Buchwissenschaft in Deutschland. Einführung und kritische Auseinandersetzung. In: RAUTENBERG, URSULA (HRSG.): Buchwissenschaft in Deutschland. Bd. 1. Theorie und Forschung. Berlin/New York 2010, S. 3–64.

RAUTENBERG, URSULA: Buchwissenschaft. In: RAUTENBERG, URSULA (HRSG.): Reclams Sachlexikon des Buches. Von der Handschrift zum E-Book. 3., vollst. überarb. und aktual. Aufl. Stuttgart 2015a, S. 100–103.

RAUTENBERG, URSULA: Druckermarke. In: RAUTENBERG, URSULA (HRSG.): Reclams Sachlexikon des Buches. Von der Handschrift zum E-Book. 3., vollst. überarb. und aktual. Aufl. Stuttgart 2015b, S. 129f.

RAUTENBERG, URSULA: Titelblatt. In: RAUTENBERG, URSULA (HRSG.): Reclams Sachlexikon des Buches. Von der Handschrift zum E-Book. 3., vollst. überarb. und aktual. Aufl. Stuttgart 2015c, S. 383–385.

RAUTENBERG, URSULA/TITEL, VOLKER: Buchmesse. In: RAUTENBERG, URSULA (HRSG.): Reclams Sachlexikon des Buches. Von der Handschrift zum E-Book. 3., vollst. überarb. und aktual. Aufl. Stuttgart 2015, S. 93f.

REBENICH, STEFAN: C. H. Beck 1763–2013. Der kulturwissenschaftliche Verlag und seine Geschichte. München 2013.

REMMERT, VOLKER R./SCHNEIDER, UTE: Eine Disziplin und ihre Verleger. Disziplinenkultur und Publikationswesen der Mathematik in Deutschland, 1871–1949 (Mainzer Historische Kulturwissenschaften 4). Bielefeld 2010.

RIESE, REIMAR: Der Börsenverein der Deutschen Buchhändler zu Leipzig 1945–1990. Stationen seiner Entwicklung. In: Leipziger Jahrbuch zur Buchgeschichte 10 (2000a), S. 175–248.

RIESE, REIMAR: Der Börsenverein in der Sowjetischen Besatzungszone und der Deutschen Demokratischen Republik. In: FÜSSEL, STEPHAN/JÄGER, GEORG /STAUB, HERMANN (HRSG.): Der Börsenverein des Deutschen Buchhandels 1825–2000, Frankfurt a. M. 2000b, S. 118–160.

ROESLER, JÖRG: Momente deutscher-deutscher Wirtschafts- und Sozialgeschichte 1945 bis 1990. Eine Analyse auf gleicher Augenhöhe. Leipzig 2006.

RÜRUP, REINHARD: Rückerstattung in der DDR und in Ostdeutschland. Einleitung. In: GOSCHLER, CONSTANTIN/LILLTEICHER, JÜRGEN (HRSG.): »Arisierung« und Restitution. Die Rückerstattung jüdischen Eigentums in Deutschland und Österreich nach 1945 und 1989. Göttingen 2002, S. 191–196.

RÜSEN, TOM A./SCHLIPPE, ARIST VON: Krisen in Familienunternehmen und Unternehmensfamilien: Über parallele, interdependente Dynamiken in Familie und Unternehmen. In: RÜSEN, TOM A./SCHLIPPE, ARIST VON/GROTH, TORSTEN (HRSG.): Beiträge zur Theorie des Familienunternehmens (Schriften zu Familienunternehmen 1). Lohmar/Köln 2009, S. 203–242.

SANDER, MATTHIAS: Marketing-Management. Märkte, Marktinformationen und Marktbearbeitung. Stuttgart 2004.

SARKOWSKI, HEINZ: Der Wissenschaftsverleger und seine Autoren. In: Buchhandelsgeschichte 8 (1985) H. 4, S. B134–B143.

SARKOWSKI, HEINZ: Aufschwung und Niedergang des deutschen Wissenschaftsverlags von 1850 bis 1945. In: Aus dem Antiquariat NF 2 (2004) H. 2, S. 107–113.

SARKOWSKI, HEINZ: Die Anfänge des deutsch-deutschen Buchhandelsverkehrs (1945–1955). In: LOKATIS, SIEGFRIED/LEHMSTEDT, MARK (HRSG.): Das Loch in der Mauer. Der innerdeutsche Literaturaustausch (Veröffentlichungen des Leipziger Arbeitskreises zur Geschichte des Buchwesens. Schriften und Zeugnisse zur Buchgeschichte 10). Wiesbaden 1997, S. 89–108.

SATTLER, FRIEDERIKE: Wirtschaftsordnung im Übergang. Politik, Organisation und Funktion der KPD/SED im Land Brandenburg bei der Etablierung der zentralen Planwirtschaft in der SBZ/DDR 1945–52. Teilbd. 2 (Diktatur und Widerstand 5). Münster 2002.

SAXER, ULRICH: Der Forschungsgegenstand der Medienwissenschaft. In: LEONHARD, JOACHIM-FELIX ET AL. (HRSG.): Medienwissenschaft. Ein Handbuch zur Entwicklung der Medien und Kommunikationsformen. Teilband 1. Berlin/New York 1999, S. 1–14.

SAXER, ULRICH: Buchwissenschaft als Medienwissenschaft. In: RAUTENBERG, URSULA (HRSG.): Buchwissenschaft in Deutschland. Bd. 1. Theorie und Forschung. Berlin/New York 2010, S. 65–104.

SCHILDT, AXEL: Ein Jahrzehnt des Wiederaufbaus und der Modernisierung. Zur Sozialkultur und Ideenlandschaft der fünfziger Jahre. In: ESTERMANN, MONIKA/LERSCH, EDGAR (HRSG.): Buch, Buchhandel und Rundfunk 1950–1960 (Mediengeschichtliche Veröffentlichungen 2). Wiesbaden 1999a, S. 9–32.

SCHILDT, AXEL: Kultur und geistiges Leben. In: BENZ, WOLFGANG (HRSG.): Deutschland unter alliierter Besatzung 1945–1949/55. Berlin 1999b, S. 134–140.

SCHMIDT, RÜDIGER: Bürgerliches Eigentum zwischen Markt und Plan: Die Industriereform in Brandenburg (1945–1948). In: GROSSBÖLTING, THOMAS/THAMER, HANS-ULRICH (HRSG.): Die Errichtung der Diktatur. Transformationsprozesse in der Sowjetischen Besatzungszone und in der frühen DDR. Münster 2003, S. 113–135.

SCHNEIDER, UTE: Der wissenschaftliche Verlag. In: FISCHER, ERNST/FÜSSEL, STEPHAN (HRSG.): Geschichte des deutschen Buchhandels im 19. und 20. Jahrhundert. Bd. 2. Die Weimarer Republik 1918–1933. Teil 1. München 2007, S. 379–440.

SCHNEIDER, UTE: Mathematik im Verlag B. G. Teubner – Strategien des Programmprofilierung und der Positionierung auf einem Teilmarkt während des Kaiserreichs. In: ESTERMANN, MONIKA/SCHNEIDER, UTE (HRSG.): Wissenschaftsverlage zwischen Professionalisierung und Popularisierung (Wolfenbütteler Schriften zur Geschichte des Buchwesens 41). Wiesbaden 2007.

SCHRÖDER, KLAUS: Der SED-Staat. Geschichte und Strukturen der DDR. 2. Aufl. München 1999.

SCHRÖTER, HARM G.: Von der Teilung zur Wiedervereinigung 1945–2004. In: NORTH, MICHAEL (HRSG.): Deutsche Wirtschaftsgeschichte. Ein Jahrtausend im Überblick. Völlig überarb. und aktual. Aufl. München 2005, S. 356–426.

SCHÜLER, ANKE: Reclam Leipzig und Reclam Stuttgart – die »verfeindeten Brüder«. Untersuchung der Verlagsbeziehungen des Leipziger und Stuttgarter Reclam Verlags zwischen 1947 und 1953. Unveröffentlichte Bachelorarbeit an der Universität Leipzig. Leipzig 2009.

SCHÜLER, ANKE: Ein Name, zwei Wege: Reclam Leipzig und Reclam Stuttgart. Hintergründe der Trennung der Verlagshäuser in den 1950er Jahren. In: Deutschland Archiv Online 45 (2012) H. 8/9. URL: http://www.bpb.de/geschichte/zeitgeschichte/deutschlandarchiv/139840/ein-name-zwei-wege-reclam-leipzig-und-reclam-stuttgart?p=all [20.9.2012/12.3.2015].

SCHULZ, FRANK: Elitenwechsel in Betriebsleitungen der Leipziger Industrieregion 1945 bis Anfang der Fünfziger Jahre. In: BRAMKE, WERNER/HESS, ULRICH (HRSG.): Wirtschaft und Gesellschaft in Sachsen im 20. Jahrhundert. Leipzig 1998.

SCHWAB, ANNEGRET: Wissen fürs Volk. Die Entwicklung des Volk und Wissen Verlages ab seiner Gründung in der SBZ bis zu seiner Profilierung als Instrument sozialistischer Bildungspolitik 1945–1952. Unveröffentlichte Magisterarbeit an der Universität Leipzig, Leipzig 2007.

SEEMANN, ANNA-MARIA: Der Musikverlag Breitkopf & Härtel zwischen 1945 und 1958. Neuanfang in Leipzig und Wiesbaden. Unveröffentlichte Magisterarbeit an der Technischen Universität Berlin. Berlin 2003.

SEEMANN, ANNA-MARIA: Bitte keine schmutzige Wäsche: Die Autoren im Konflikt der deutsch-deutschen Parallelverlage. In: Aus dem Antiquariat NF 11 (2013) H. 6, S. 267–276.

SEEMANN, ANNA-MARIA: Wo sind all die Verlage hin? Wissenschaftliche Verlage und Verlagsna-
men seit Beginn des 20. Jahrhunderts – eine Spurensuche. In: In: RAUTENBERG, URSULA
(HRSG.): Jahresbericht der Buchwissenschaft an der Universität Erlangen-Nürnberg 2016.
Erlangen/Nürnberg 2017, S. 19–33.

SEIDEL, REBECCA: Von Leipzig nach Hamburg – Der Felix Meiner Verlag in der Nachkriegszeit. Unveröffentlichte Bachelorarbeit an der Universität Leipzig. Leipzig 2012.

SEIFERT, OTTO: »Falle der eiserne Vorhang durch den Einmarsch der Russen, so ergebe sich vielleicht
ein ost- und ein westdeutscher Börsenverein …«. Der Buchplatz Leipzig im Frühjahr 1945. In:
Leipziger Jahrbuch zur Buchgeschichte 10 (2000), S. 143–174.

SELTSAM, CHRISTIAN: Kommunale Wirtschaftsförderung: Ziele, Instrumente, Erfolgskontrolle. Bayreuth 2001.

SPANNUTH, JAN PHILIPP: Rückerstattung Ost. Der Umgang der DDR mit dem »arisierten« Vermögen der Juden und die Gestaltung der Rückerstattung im wiedervereinigten Deutschland. In:
GOSCHLER, CONSTANTIN/LILLTEICHER, JÜRGEN (HRSG.): »Arisierung« und Restitution. Die Rückerstattung jüdischen Eigentums in Deutschland und Österreich nach 1945 und 1989. Göttingen
2002, S. 241–263.

SPRINGER GABLER VERLAG (HRSG.): Gabler Wirtschaftslexikon. Stichwort: Marke. URL: http:
//wirtschaftslexikon.gabler.de/Archiv/57328/marke-v13.html [7.10.2014]

STAUB, HERMANN: Das Adressbuch. In: FÜSSEL, STEPHAN/JÄGER, GEORG/STAUB, HERMANN (HRSG.):
Der Börsenverein des Deutschen Buchhandels 1825–2000. Frankfurt a. M. 2000a, S. 283–290.

STAUB, HERMANN: Dokumentation. In: FÜSSEL, STEPHAN/JÄGER, GEORG/STAUB, HERMANN (HRSG.):
Der Börsenverein des Deutschen Buchhandels 1825–2000. Frankfurt a. M. 2000b, S. 357–393.

STAUDE, GABY: Rütten & Loening nach 1945: Ein zweigleisiger Verlag. In: LOKATIS, SIEGFRIED/
LEHMSTEDT, MARK (HRSG.): Das Loch in der Mauer. Der innerdeutsche Literaturaustausch
(Veröffentlichungen des Leipziger Arbeitskreises zur Geschichte des Buchwesens. Schriften
und Zeugnisse zur Buchgeschichte 10). Wiesbaden 1997, S. 145–156.

STEINER, ANDRÉ: Zwischen Wirtschaftswundern, Rezession und Stagnation. Deutsch-deutsche
Wirtschaftsgeschichte 1945 bis 1989. In: KLESSMANN, CHRISTOPH/LAUTZAS, LUTZ (HRSG.):
Teilung und Integration. Die doppelte deutsche Nachkriegsgeschichte als wissenschaftliches
und didaktisches Phänomen. Schwalbach 2006, S. 177–191.

STEINER, ANDRÉ: Von Plan zu Plan. Eine Wirtschaftsgeschichte der DDR (Schriftenreihe der Bundeszentrale für politische Bildung 625). Bonn 2007.

STÖCKEL, SIEGRID: Verwissenschaftlichung der Gesellschaft – Vergesellschaftung der Wissenschaft.
In: STÖCKEL, SIGRID/LISNER, WIEBKE/ RÜVE, GERLINDE (HRSG.): Das Medium Wissenschafts-
zeitschrift seit dem 19. Jahrhundert. Wissenschaft, Politik und Gesellschaft. Stuttgart 2009,
S. 9–23.

STÖVER, BERND: United States of America. Geschichte und Kultur. Von der ersten Kolonie bis zur
Gegenwart. München 2012.

STRUNK, PETER: Zensur und Zensoren. Medienkontrolle und Propagandapolitik unter sowjetischer
Besatzungsherrschaft in Deutschland. Berlin 1996.

TANDLER, AGNES: Devisenlieferanten des Akademie Verlages. Chemisches Zentralblatt und Acta
Physica Status Solidi. In: BARCK, SIMONE/ LANGERMANN, MARTINA/LOKATIS, SIEGFRIED (HRSG.):
Zwischen »Mosaik« und »Einheit«. Zeitschriften in der DDR. Berlin 1999, S. 487–493.

TANDLER, AGNES: Geplante Zukunft. Wissenschaftler und Wissenschaftspolitik in der DDR 1955–
1971. Freiberg 2000.

TATZKOW, MONIKA: Gehen oder Bleiben. Privatindustrielle nach der Staatsgründung. In: SCHER-
STJANOI, ELKE (HRSG.): »Provisorium für längstens ein Jahr«. Protokoll des Kolloquiums »Die
Gründung der DDR«. Berlin 1993, S. 205–210.

THOMAS, ALICE: Die Schulbuchproduktion von B. G. Teubner im »Dritten Reich«. Unveröffentlichte Magisterarbeit an der Universität Leipzig. Leipzig 2011.

THOMMEN, JEAN-PAUL/ACHLEITNER, ANN-KRISTIN: Allgemeine Betriebswirtschaftslehre. Umfassende Einführung aus managementorientierter Sicht. Wiesbaden 2009.

TIEPMAR, STEFAN: »Bürgerkriegsliteratur« und andere »staatsgefährdende Schriften«. Westdeutsche Abwehrstrategien im innerdeutschen Buchaustausch. In: LOKATIS, SIEGFRIED/LEHMSTEDT, MARK (HRSG.): Das Loch in der Mauer. Der innerdeutsche Literaturaustausch (Veröffentlichungen des Leipziger Arbeitskreises zur Geschichte des Buchwesens. Schriften und Zeugnisse zur Buchgeschichte 10). Wiesbaden 1997, S. 56–71.

TIEPMAR, STEFAN: »Eigentümliche Kontaktschwächen«. Das Leipziger Börsenblatt für den Deutschen Buchhandel (1946–1964). In: BARCK, SIMONE/ LANGERMANN, MARTINA/LOKATIS, SIEGFRIED (HRSG.): Zwischen »Mosaik« und »Einheit«. Zeitschriften in der DDR. Berlin 1999, S. 375–385.

TITEL, VOLKER: Geschäft und Gemeinschaft. Buchhändlerische Vereine im 19. Jahrhundert. Sonderdruck aus AGB 52 (1999). Frankfurt a. M. 1999.

TITEL, VOLKER: Geschichte der Buchstadt Leipzig. Ein Überblick. In: KNOPF, SABINE/TITEL, VOLKER: Der Leipziger Gutenbergweg. Geschichte und Topographie einer Buchstadt. Beucha 2001, S. 7–46.

TRIEBEL, FLORIAN: Der Eugen-Diederichs Verlag 1930–1949. Ein Unternehmen zwischen Kultur und Kalkül. München 2004.

TRIEBEL, FLORIAN/SEIDL, JÜRGEN: Ein Analyserahmen für das Fach Unternehmensgeschichte. In: Zeitschrift für Unternehmensgeschichte 46 (2001) H. 1, S. 11–26.

TRINCKAUF, CORINNA: Nicht nur Festschrift – Methodische Überlegungen zur wissenschaftlichen Verlagsgeschichtsschreibung. IASL online. URL: http://www.iasl.uni-muenchen.de/discuss/lisforen/Trinckauf_Verlagsgeschichtsschreibung.pdf [28.4.2008/10.8.2010].

UHL, MATTHIAS: Die Teilung Deutschlands. Niederlage, Ost-West-Spaltung und Wiederaufbau 1945–1949. Berlin 2009.

UMLAUFF, ERNST: Der Wiederaufbau des Buchhandels. Beiträge zur Geschichte des Büchermarktes in Westdeutschland nach 1945. Frankfurt a. M. 1978.

VOLLNHALS, CLEMENS: Entnazifizierung. Politische Säuberung und Rehabilitierung in den vier Besatzungszonen 1945–1949. München 1991.

WAGNER, FRANK: »Von der Kitschfabrik zum sozialistischen Kunstverlag«. Die Entwicklung des Verlages der Kunst, Dresden, in den fünfziger Jahren. In: Leipziger Jahrbuch zur Buchgeschichte 8 (1998), S. 187–274.

WAGNER, PATRICK: Einleitung. In: GOSCHLER, CONSTANTIN/LILLTEICHER, JÜRGEN (HRSG.): »Arisierung« und Restitution. Die Rückerstattung jüdischen Eigentums in Deutschland und Österreich nach 1945 und 1989. Göttingen 2002, S. 33–37.

WALTHER, KARL KLAUS: Verlage und Buchhandlungen in Bamberg 1918 bis 1950: Kontinuitäten, Konzessionen und Konflikte (Buchwissenschaftliche Beiträge aus dem Deutschen Bucharchiv 74). München 2007.

WEBER, STEFAN: Systemtheorien der Medien. In: DERS. (HRSG.): Theorien der Medien. 2. Aufl. Konstanz 2010, S. 189–206.

WEBER, HERMANN: Die DDR und die deutsche Frage 1945–1961. In: APELT, ANDREAS H./GUTZEIT, MARTIN/POPPE, GERD (HRSG.): Die deutsche Frage in der SBZ und DDR. Deutschlandpolitische Vorstellungen von Bevölkerung und Opposition 1945–1990. Berlin 2010, S. 47–64.

WEBER, HERMANN: Die DDR 1945–1990 (Oldenbourg Grundriss der Geschichte 20). München 2012.

WEICHSELBAUMER, NIKOLAUS: Der Typograph Hermann Zapf. Eine Werkbiographie (Schriftmedien/Written Media. Kommunikationswissenschaftliche Perspektiven/Perspectives in Communication and Book Studies 2). Berlin/Boston 2015.

WEHLER, HANS-ULRICH: Deutsche Gesellschaftsgeschichte. Bundesrepublik und DDR 1949–1990 (Schriftenreihe der Bundeszentrale für politische Bildung 777). Bonn 2009.

WENTKER, HERMANN: Die gesamtdeutsche Systemkonkurrenz und die durchlässige innerdeutsche Grenze. In: HOFFMANN, DIERK/ SCHWARTZ, MICHAEL/WENTKER, HERMANN (HRSG.): Vor dem Mauerbau. Politik und Gesellschaft in der DDR der fünfziger Jahre (Sondernummer der Schriftenreihe der Vierteljahreshefte für Zeitgeschichte). München 2003, S. 59–75.

WENTKER, HERMANN: Zwischen Abgrenzung und Verflechtung: deutsch-deutsche Geschichte nach 1945. In: Aus Politik und Zeitgeschichte 55 (2005), 1–2, URL: http://www.bpb.de/apuz/29301/zwischen-abgrenzung-und-verflechtung-deutsch-deutsche-geschichte-nach-1945?p=all [9.12.2011].

WERKENTIN, FALCO: Politische Strafjustiz in der Ära Ulbricht (Forschungen zur DDR-Gesellschaft 1). Berlin 1995.

WIRSCHING, ANDREAS: Deutsche Geschichte im 20. Jahrhundert. München 2005.

WIRSCHING, ANDREAS: Antikommunismus als Querschnittsphänomen politischer Kultur, 1917–1945. In: CREUZBERGER, STEFAN/HOFFMANN, DIERK (HRSG.): »Geistige Gefahr« und »Immunisierung der Gesellschaft«. Antikommunismus und politische Kultur in der frühen Bundesrepublik (Schriftenreihe der Vierteljahreshefte für Zeitgeschichte. Sondernummer). München 2014, S. 15–28.

WIRSCHING, ANDREAS: Abschied vom Provisorium 1982–1990. München 2006.

WITTMANN, REINHARD: Verlagswesen und Buchhandel 1945–1949. Ein Überblick. In: ESTERMANN, MONIKA/LERSCH, EDGAR (HRSG.): Buch, Buchhandel und Rundfunk 1945–1949 (Mediengeschichtliche Veröffentlichungen 1). Wiesbaden 1997, S. 34–49.

WITTMANN, REINHARD: Hundert Jahre Buchkultur in München. München 1993.

WITTMANN, REINHARD: Geschichte des deutschen Buchhandels. Durchges. und erw. Aufl. München 1999.

WITTMANN, REINHARD: Der Carl Hanser Verlag 1928–2003. Eine Verlagsgeschichte. München/Wien 2005.

WITTMANN, REINHARD: Wissen für die Zukunft. 150 Jahre Oldenbourg Verlag. München 2008.

WOLLE, STEFAN: Die heile Welt der Diktatur. Alltag und Herrschaft in der DDR 1949–1989. 3 Bde. Berlin 2013.

WRAGE, HENNING: Feld, System, Ordnung. Zur Anwendbarkeit kultursoziologischer Modelle auf die DDR-Kultur. In: WÖLFEL, UTE (HRSG.): Literarisches Feld DDR. Bedingungen und Formen literarischer Produktion in der DDR. Würzburg 2005, S. 53–73.

WÖHE, GÜNTER/DÖRING, ULRICH: Einführung in die Allgemeine Betriebswirtschaftslehre. 22., neubearb. Aufl. München 2005.

WURM, CARSTEN: 150 Jahre Rütten & Loening. … mehr als eine Verlagsgeschichte 1844–1994. Berlin 1994.

WURM, CARSTEN: Der frühe Aufbau-Verlag 1945–1961. Konzepte und Kontroversen. Wiesbaden 1996.

ZECKERT, PATRICIA F.: Die Internationale Leipziger Buchmesse. In: Aus Politik und Zeitgeschichte 59 (2009), H.11, S. 39–46.

ZECKERT, PATRICIA F.: Die Leipziger Buchmesse, die Börsenvereine und der Mauerbau. In: Deutschland Archiv Online 45 (2012) H. 8/9. URL: http://www.bpb.de/geschichte/zeitgeschichte/deutschlandarchiv/139889/die-leipziger-buchmesse-die-boersenvereine-und-der-mauerbau [4.7.2015]

ZIERMANN, KLAUS: Der deutsche Buch- und Taschenbuchmarkt 1945–1995. Berlin 2000.

ZIESACK, ANNE-KATRIN: Der Verlag Walter de Gruyter 1749–1999. Berlin/New York 1999.

E Personen- und Firmenregister

Academic Press 31, 33, 41, 365
Ackermann, Alfred 60, 61, 67
Ackermann, Erich 60, 61, 67–69, 171, 380–383, 390, 392, 420
Ackermann, Fanny 60, 67
Ackermann, Marie 60
Adenauer, Konrad 83–85, 153, 528
AKA (Verlag) 36, 78
Akademie-Verlag 76, 123, 140, 151, 193, 199, 200, 204, 271, 275, 337, 387, 396, 398, 406, 410–416, 518
Akademische Verlagsgesellschaft 3–5, 18, 21, 22, 29–36, 41, 48, 54, 72, 77, 78, 89, 103, 136, 141, 158, 170, 178, 180, 182, 183, 189, 195, 201, 212, 214, 215, 218, 225, 226, 229–233, 235, 239, 241, 253, 258, 263, 275, 284, 285, 308–312, 315–317, 363–365, 371–374, 376–379, 407, 423, 456, 464, 471, 472, 481, 487, 489, 495, 497, 508, 518, 520, 522, 523, 530
Apelt, Fritz 158, 225
Arbeitsgemeinschaft Medizinischer Verleger 3, 32, 37, 43, 47, 50, 51, 54, 75, 77, 136–138, 151, 158, 175, 178–184, 208, 209, 283
Athenäum-Verlag 41
Aufbau-Verlag 132, 139–141, 153, 175, 176, 509, 518, 528, 544

Bachem, J. P. (Verlag) 64
Bachmann, Albert 273, 366
Bahr, Egon 87, 443
Balluseck, Lothar von 133, 134, 184
Barth, Johann Ambrosius 36
Barth, Johann Ambrosius (Verlag) 3, 4, 18, 21, 22, 29, 36–41, 77, 78, 136, 141, 158, 159, 170, 178, 182, 185, 195, 200–202, 206–209, 212, 218, 219, 228, 229, 234, 235, 238–243, 253, 258, 263, 275, 281, 318–322, 323, 328, 356, 358, 423, 428, 456, 460, 472, 478, 479, 481, 486, 507, 510, 518, 522, 545
Bauersfeld, Rudolf 47, 332, 336, 337
Baunack, Heinz 58, 363
Baur, Karl 61, 62
Baur, Wilhelm 50

Beck, Heinrich 104
Becker, Heinrich 96, 132, 135, 162, 182, 208, 462, 473, 484, 485, 492, 514, 518
Becker, Walter 31, 32
Beltz, Julius (Verlag) 4, 17, 265
Besold (Verlag) 262
Beyer, Otto (Verlag) 4, 471
Bibliographisches Institut 4, 17, 21, 316, 461, 462, 474, 478, 485, 494, 520, 525
Bieber, Erich (Kunst und Wissen) 123, 396, 401, 402, 410, 459, 513
Biederstein (Verlag) 104
Bonhoeffer, Karl Friedrich 285, 371, 374
Bonneß & Hachfeld 197, 290
Boshamer, Kurt 342
Brandt, Willy 87
Brdička, Rudolf 337
Breitenbuch, August von 43, 344, 352, 353, 378
Breitenbuch, Bernd von 45
Breitenbuch, Herta von 43
Breitkopf & Härtel 4, 17, 18, 137, 169, 170, 172, 174, 217, 235, 290, 400, 461, 462, 465, 471, 478, 492, 525, 531
Bremser, Karl 208, 342
Brockhaus, Eberhard 173
Brockhaus, F. A. (Verlag) 4, 17, 171, 319, 393, 405, 408, 409, 462, 464, 466, 471, 473, 480, 492, 493, 496, 519, 525, 531, 533
Brockhaus, Hans 50, 171–173, 455, 466, 475, 515
Brockhaus, Susanne 172
Bronstein, Ilja 409
Bruhn, Harald (Verlag) 46
Burck, Erich 416
Burlage, Hildegard 46
Buttke, Carl 134
Böhlau Verlag/Hermann Böhlaus Nachfolger 3, 4, 478
Böhm, Karl 129, 152
Böhme, Wolfgang 310, 449, 459, 509
Bückers, Joseph 355
Bürgers, Josef 195

Camus, Albert 161
Cannsteinsche Bibelanstalt 483

Catel, Werner 284, 355
Cohrs, Paul 345
Cram, Herbert 178, 468, 515

Dausien, Werner (Verlag) 409
de Gruyter (Verlag) 72, 144, 178, 450, 468, 507, 515
Desch, Kurt 143
Desch, Kurt (Verlag) 17
Deutsch, Harri 409
Deutsch, Harri (Verlag) 390, 409, 410
Deutsche Buch-Export und -Import GmbH 58, 119–124, 276, 283, 332, 352, 353, 355, 363, 367, 403, 422, 423, 440–442, 449, 459, 460, 464, 475, 478, 479, 482, 485, 493, 497–500, 509–511, 513, 517, 518, 521, 522, 526, 527, 529, 530, 533
Deutscher Apotheker Verlag 22, 48, 78, 257
Deutscher Bauernverlag 132
Deutscher Landwirtschaftsverlag 405
Deutscher Verlag der Wissenschaften 159, 200, 271, 337, 463
Deutscher Verlag für Grundstoffindustrie 53, 404–406
Deutscher Verlag für Musik 159, 461–463
Diederichs, Eugen (Verlag) 9, 266
Diesterweg, Moritz (Verlag) 127
Dieterich'sche Verlagsbuchhandlung 4, 171, 193, 214, 215, 235, 239, 240, 478
Dietrich, Franz 35
Dietz Verlag 4, 478, 520, 524, 525, 531
Diller, Hans 394, 416
Dodeshöner, Werner 438, 442, 478, 483, 516, 521
Dorn, Richard W. 399, 454
Dornig, Alfred 74–76, 136, 209, 221–223, 282, 323, 354, 422
Dufft, Hermann 42
Dufft, Hermann (Verlag) 42
Dünnhaupt, Lothar 32

Edition Leipzig 41, 389, 390, 403, 408–410, 422, 427, 464
Eggert, John 270, 336, 337
Eher, Franz (Verlag) 61
Enke, Ferdinand (Verlag) 127, 236, 238
Erbring, Hans 194
Erhard, Ludwig 105
Erler, Willy 31, 32

Ernst & Sohn 507
Ernst, Alfred 441, 464, 472, 496, 514
Ernst, Hans-Joachim 63, 215, 390

Fabian, Curt 442, 479, 482
Feller & Gecks 317
Ferchland, Bernhard 58
Fischer, Emil Gustav 44
Fischer, Gottfried Bermann 185
Fischer, Gustav (Verlag) 3–5, 18, 19, 21, 29, 35, 37, 42–45, 53, 58, 67, 76–78, 122, 127, 133, 136, 141, 151, 158, 169, 170, 172, 175, 178, 181, 183, 184, 186, 189, 195, 200, 202–204, 206, 208–210, 212, 218, 222, 223, 234, 235, 238, 242–244, 251, 253, 255, 258, 262, 266, 275, 286–288, 298, 339–354, 378, 383, 390, 391, 405–408, 410, 423, 428, 429, 455, 460, 464, 471, 472, 478, 479, 481, 486, 492, 495, 497, 499, 500, 510, 513, 518, 519, 522, 523
Fischer, Gustav Adolf 42, 45
Fischer, Gustav Paul Danckert 42
Fischer, Marie 44
Fischer, Theodor (Verlag) 72
Fleischer, Carl Friedrich (Kommissionsbuchhandlung) 171
Fock, Gustav (Buchhandlung) 30, 32, 33
Forberg, Richard 273, 366
Fotokino Verlag 463, 464, 494, 520
Franz, Rudolf 267, 300
Förster, Hans Albert 138
Förster, Theodor 374
Fürst, Erna 73

Geest, Johannes 31, 32, 253
Gentz, Ingeburg 301, 302, 308, 315
Georgi, Arthur 216, 257, 445, 447, 456–458, 465, 509, 512
Georgi, Friedrich 129, 438, 443, 464, 469, 470, 515, 516, 527, 532
Giesecke, Alfred 60, 67
Giesecke, Frida 62, 65–67, 69, 70
Giesecke, Martin 60–71, 197–201, 203, 205, 212, 224, 237, 239, 251, 261, 269, 273, 291, 292, 295, 297, 366, 380, 381, 383–390, 392, 394, 396–403, 410, 412, 414, 416–420, 453–458, 466–468, 474–476, 479, 483, 487, 501, 502, 509, 511, 512, 515–517, 520

Girnus, Wilhelm 134
Globig, Ernst (Kommissionsbuchhandlung) 114, 116, 123, 401
Glücksmann, Anselm 323, 369, 384, 499
Goebbels, Joseph 172
Grass, Günter 161
Greuner, Georg 251, 293, 295, 300, 366, 380–382, 413, 454, 475
Grimm, Jacob 46, 48
Grimm, Wilhelm 46, 48
Groszer, Lucie 461, 464, 484, 485
Grotewohl, Otto 159
Gysi, Klaus 483, 528, 529

Haack, Herman 463
Haack, Hermann (Verlag) 3, 4, 298, 463, 464
Haenchen & Jäh (Verlag) 53
Hagemann, Karl 148, 225, 229, 493, 494
Hager, Kurt 148, 160
Haimoff, Charles 171
Hallmann, Lothar 355
Hamel, Georg 412
Hanser, Carl 118, 438, 464–466, 483, 484, 511, 516
Hanser, Carl (Verlag) 41, 127, 483, 507
Harcourt Brace Jovanovich 36, 41
Harrassowitz, Otto (Verlag) 3, 4, 235, 399, 454, 455, 457, 465, 471, 478
Harteck, Paul 371
Harth Musik Verlag 4, 229
Hase, Hellmuth von 172, 525
Hasse, Helmut 412
Hauff, Albrecht 76
Hauff, Bruno 73, 74, 171–173, 208, 221, 234, 237, 242, 276, 282, 323, 324, 354, 421, 459, 474
Hauff, Günther 73, 74, 76, 171, 276, 421, 474, 515, 516
Haug, Catharina Wilhelmina 36
Haug, Johann Philipp 36
Heckners Verlag 61
Heilmeyer, Ludwig 343, 376
Heisig, Herbert 62, 63, 65, 66, 68, 69, 71, 177, 200, 201, 205, 212, 224, 225, 291, 292, 381, 384, 400, 412
Held, Hans 46
Henneberg, Georg 195
Hennemann, Heinz Harald 376
Henschel, Erich 331

Herrlinger, Robert 350, 378
Heyne, Wilhelm 175
Heß, Albert 50, 432
Hiersemann, Anton 454–460, 467, 509, 512
Hirzel, Georg 46
Hirzel, Heinrich 46–48, 217, 218, 227, 234, 243, 319, 323, 329, 330, 336
Hirzel, S. (Verlag) 3–5, 19, 21, 22, 29, 46–49, 77, 78, 103, 122, 127, 141, 158, 170, 171, 178, 183, 203, 212, 217, 218, 227, 229, 235, 238, 240, 243, 251, 253, 319, 328–338, 407, 472, 481, 497, 518, 522
Hirzel, Salomon 46, 48
Hitler, Adolf 31, 60
Hock, Lothar 194, 195, 270, 336
Hofé, Günter 441, 461, 464, 465, 470, 471, 473, 474, 484, 485, 492, 514, 517
Hoff, Ferdinand 283
Hoffman-Axthelm, Walter 358
Hofmeister, Friedrich (Verlag) 4, 18, 169, 235, 461, 462, 465, 471, 478, 492, 525, 531
Holtzbrinck (Verlag) 45, 257
Hueck, Werner 283
Höbel, Kurt 41
Hövel, Paul 442
Hüthig (Verlag) 41, 127, 258

Insel Verlag 4, 17, 103, 137, 229, 478, 531
IOS Press 36, 258

Jacoby, Kurt 18, 30–32, 34, 226, 230–233, 284, 285, 309, 365, 371, 373, 374
Jander, Gerhart 330, 334, 335
Janka, Walter 509
Jaspert, Reinhard 440, 442, 447, 457, 460, 461, 464–466, 468, 471, 474, 477, 484, 491, 493, 502, 513–516
Johnson, Walter J. 18, 30–36, 41, 226, 230–234, 284–286, 309, 365, 371, 373, 374, 376
Jolowicz, Leo 30, 31, 230, 231, 371
Jolowicz, Walter *siehe* Johnson, Walter J.
Joos, Georg 365
Jungjohann (Verlag) 45
Jäh, Johanna 50, 52, 313
Jäh, Thomas 53
Jäh, Walther 49, 50
Jäh, Wolfgang 19, 50–53, 180, 188, 190, 199, 222, 241, 289, 290, 312, 313, 324, 325, 327, 328, 405, 423, 429, 455, 472, 486, 487

Kaemmel, Ernst 301, 302, 308, 316
Kamke, Erich 267
Kamprath, Ernst (Verlag) 290
Kathe, Johannes 195
Kettner, Max 65, 71, 308
Kienast, Herbert 210, 218, 226, 290
Kienast, Richard 331
Kiepenheuer, Gustav (Verlag) 4, 18, 137, 543
Kiepenheuer & Witsch 4, 17, 18, 478
Kipping, Erika 33, 284
Klemm, Wilhelm 171, 213–216, 239, 432
Klett, Arnulf 74, 106, 236, 237
Klett, Ernst 74, 237
Klett, Ernst (Verlag) 61, 62, 64, 198, 236, 237
Knapp, Wilhelm (Verlag) 3, 4, 463, 465, 471,
    478, 493, 494, 520
Knopp, Konrad 330, 332, 334
Koch, Waldemar 60, 61, 67
Koehler & Amelang 4, 235
Koehler & Volckmar 116, 120–122, 127, 171, 201,
    235, 290, 293, 361, 362, 439
Koehler, K. F. (Verlag) 290
Kohlhammer (Verlag) 236
Kohlrausch, Friedrich 215
Kohlrausch, Wolfgang 342, 343
Kollmar, Albrecht 291
Koltypin, Wladimir 162
Kopsch, Friedrich 262
Koven, Ludolf 60, 210, 225, 325, 484
Kratz, Heinz 48, 337, 389, 390, 428
Kraus, Carl von 330, 331
Krug, Hans 51, 325, 328
Kuckuck, Hermann 330
Kuczkowski, Felix von 34
Kugler, Hans 343
Kukulies, Edith 35, 284
Kästner, Erich 161
Köhler, Erich 65, 71, 270, 302, 307, 308, 428
Köhler, Heinrich 47, 323, 329
Köhler, Heinz 526
Kükenthal, Willy 345
Küpfmüller, Karl 329

Langguth, Georg 50, 51, 324, 325, 327, 328
Langhans, Siegfried 381, 394, 414
Lehmann-Haupt, Hellmuth 171
Leibniz (Verlag) 61, 104
Leipziger Kommissions- und Großbuchhandel
    (LKG) 114, 115, 121, 149, 340, 358

Lesky, Albin 395
Lichtenstein, Erich 307, 381, 384, 388
Liesegang, Raphael 194
List, Paul (Verlag) 4, 103, 229
Litt, Theodor 162
Lotze, Marianne 32–34, 231, 233, 234, 284,
    285, 309, 310, 371, 374
Lucius, Annelise von 43–45, 136, 172, 179, 184,
    186, 187, 202, 205, 206, 210, 218, 219, 222,
    238, 244, 286–288, 339–344, 351, 455,
    460, 481, 486
Lucius, Wulf D. von 19, 43, 45, 350, 353, 429
Luther-Verlag 354, 483

M-N-G-Verlag 39, 40, 201, 202, 234, 239–242,
    318–322
Maas, Rudolf 43
Makower, Hermann 116
Mangoldt, Hans von 332
Marhold, Carl 49
Marhold, Carl (Verlag) 3, 4, 19, 21, 22, 29,
    49–53, 67, 77, 78, 141, 158, 170, 174, 178,
    180–183, 188–192, 199, 212, 213, 220, 222,
    223, 241, 251, 253, 257, 263, 289–291, 312,
    313, 316, 324–328, 404–406, 423, 426,
    429, 455, 465, 471, 472, 474, 481, 486,
    487, 489, 495, 497, 500, 507, 522, 545
Martius, Heinrich 283
Matthes, Ernst 345
May, Walter 75, 282
Meiner, Annemarie 18, 36–41, 202, 207–209,
    234, 318, 319, 356, 439, 449, 460, 506
Meiner, Arthur 18, 36–39, 207, 208, 228, 229
Meiner, Felix 36, 162
Meiner, Felix (Verlag) 4, 36
Meiner, Helmut 37–40, 229
Meiner, Hertha 38, 40
Meiner, Wolfgang 36–38, 40, 41, 48, 50, 52
Merkel, Curt-Heinz 493
Michael, Friedrich 171
Mikulicz-Radecki, Felix von 207
Mißlitz, Heinz 224, 228
Mocki, Hildegard von 67
Mohr Siebeck 515
Morgenstern, Egon 277, 323, 473, 492, 494, 495
Mothes, Rudolf 197
Mudra, Alois 330
Müller, Horst 187, 194

Müller-Schönau, Hermann 62, 65–67, 69, 70
Münster, Gertrud zu 67

Naas, Josef 412
Neuer Weg (Verlag) 132, 134
Neumann (Verlag) 4
Nexö, Andersen (Druckerei) 343
Nieberle, Karl 345
Niemeyer, Hermann 454–458, 464, 466, 467,
    471, 474, 475, 478, 509, 512, 515
Niemeyer, Max (Verlag) 3, 4, 464, 471, 478,
    492, 525, 531
Nitsche, Ernst 34, 51, 284, 372, 374, 376
Noatzke, Gerhard 31, 32

Oehler, Walther 54–56, 58, 362, 363
Ohmsha (Verlag) 36, 258
Oldenbourg Verlag 291, 507
Ott, Erich 201
Oxford University Press 399

Parey, Paul (Verlag) 507, 515
Pascher, Adolf 350
Perthes, Justus (Verlag) 3, 4, 197, 316, 464, 471,
    509
Peters, C. F. (Verlag) 4, 18, 169, 231, 235, 393,
    462, 465, 471, 478, 492, 500, 525, 531, 533
Pinkus, Theo 124
Piscator-Verlag 43–45, 122, 127, 186, 187,
    202–204, 219, 234, 240, 242, 286, 288,
    339–341, 486
Pischner, Hans 493
Plohmann, Arnold 47, 217, 218, 238, 243, 251,
    319, 323, 329, 334
Portig, Felix 31–33, 214, 230, 253, 284, 309
Portig, Gertrud 33, 35, 284, 309, 310
Poulsson, Edvard 329
Praxmarer, Walter 308, 381
Pretzel, Ulrich 331
Prisma-Verlag 463

Quelle & Meyer 2, 4, 283, 351, 519, 520

Rauch, Karl 171
Reclam-Verlag 4, 17, 18, 103, 137, 171, 229, 235,
    260, 266, 290, 319, 393, 408, 464, 471,
    478, 480, 493, 496, 524, 525, 531, 533,
    543, 544
Reclam, Ernst 171, 438, 443

Reclam, Heinrich 454–458, 466–468, 475, 509,
    512 533
Reed Elsevier 45, 78, 258
Reich, Philipp Erasmus 46
Reimer, Georg Andreas 46
Reimer, Karl 46
Reitstötters, Josef 194
Rienäcker, Günther 228
Rompe, Robert 371, 373, 374
Rosenthal, Wolfgang 228
Rothe, Rudolf Ernst 273
Runge, Kurt 263
Ruprecht, Günter 515
Räthgloben-Verlag (Paul Räth Nachf.) 229
Rütten & Loening 4, 17, 18, 478, 531, 543

Saenger, Dr. Werner (Verlag) 37, 183
Safari (Verlag) 514, 515
Saur, K. G. (Verlag) 72
Schauer, Georg Kurt 432, 448
Scheele, Walter 194
Schilling, Viktor 376, 377
Schmidt, Erhard 412
Schmitt, Curt L. (Verlag) 36
Schneiderhöhn, Hans 344
Schubert, Fritz 38
Schulten, Hans 376
Schumacher, Kurt 84
Schwab, Georg-Maria 270, 336
Schwabe, Kurt 374
Schönfeld, Walther 283
Schöps, Dr. Paul (Verlag) 4
Seemann, E. A. (Verlag) 4, 137, 478, 492, 525
Seemann, Elert 455, 458, 492, 509
Seifert, Clemens 374, 488–492, 500, 517
Selle, Karlheinz 227, 228
Semendjajew, Konstantin 409
Siebeck, Hans-Georg 515
Singer, Adelgunde 442, 464, 475, 499, 527–529
Sommerfeld, Arnold 22, 213–215, 230, 239
Spiess, Volker (Verlag) 53
Springer, Julius (Verlag) 19, 21, 30, 41, 59, 72,
    112, 175, 178, 208, 257–259, 262, 272, 442,
    507
Stalin, Josef 85
Stapp, Carl 186
Staude, Herbert 371
Steinkopff & Springer 53

Steinkopff, Dietrich 35, 54–56, 58, 82, 91, 119,
  120, 141, 144, 174–179, 182, 184, 185, 187,
  188, 193, 194, 205, 206, 216, 234, 235, 238,
  243, 253, 268, 269, 274, 356, 358–363,
  454–459, 466, 470, 471, 476, 479, 481,
  483, 507, 511, 515, 517, 518, 520, 521, 523
Steinkopff, Dr. Dietrich (Verlag) 3, 4, 19, 21, 22,
  55–59, 78, 127, 144, 188, 189, 227, 234,
  241, 253, 257, 263, 356, 358, 359, 362, 423,
  428, 478, 507, 511, 545
Steinkopff, Else 54
Steinkopff, Gudrun 58
Steinkopff, Jürgen 53, 56, 58, 359, 361–363,
  507, 518
Steinkopff, Marianne 56
Steinkopff, Theodor 53–56, 58, 81, 82, 91, 119,
  120, 174–176, 179, 182, 185, 187, 193, 199,
  216, 227, 234, 237, 238, 257, 268, 356,
  358–363, 404
Steinkopff, Theodor (Verlag) 3, 4, 19, 21, 29, 37,
  53–59, 77, 78, 107, 136, 158, 170, 174, 175,
  178, 182–185, 187–189, 193, 194, 199, 216,
  218, 227, 229, 234, 237, 238, 240–243,
  253, 257, 263, 281, 356, 404, 423, 428,
  472, 474, 486, 495, 497, 507, 508, 510, 518,
  521, 522, 545
Studzinski, Erich 35, 44, 344, 352, 353, 390,
  428
Stumpf, Karl Ernst 334
Sturm, Alexander 339
SWA-Verlag 132

Taubert, Sigfred 450, 516, 526, 529, 530
Taupitz, Karl 62, 63, 65, 66, 69, 225
Teirich-Leube, Hede 342, 343
Tensierowski, Otto 485, 509
Teubner, B. G. (Verlag) 3–5, 19, 21, 29, 30, 35,
  48, 59–72, 77, 78, 103, 123, 136, 138, 141,
  151, 158, 162, 167, 170, 171, 173, 176–178,
  181–183, 196–198, 200, 201, 203, 205–207,
  212, 213, 215, 220, 224, 225, 229, 234, 235,
  238, 242, 247, 250, 251, 253, 258, 261–263,
  267, 270, 271, 273, 291–308, 313, 315, 316,
  323, 353, 366, 368, 380–404, 406, 407,
  409–420, 425–429, 453–458, 461, 464,
  466–468, 470–480, 482, 486–489, 492,
  495–497, 499, 500, 507, 508, 515, 518, 520,
  522, 525, 531, 532, 544, 545
Teubner, Benedictus Gotthelf 59

Thiel, Rudolf 283
Thieme, Georg 72, 73
Thieme, Georg (Verlag) 3, 4, 19, 22, 29, 37, 41,
  44, 53, 67, 72–78, 96, 122, 127, 136, 141,
  158, 170, 171, 174, 175, 181, 182, 195, 200,
  207–209, 212, 221–223, 234, 235, 237,
  238, 240, 242, 253, 258, 259, 262, 263,
  275–277, 282–284, 313–315, 323, 324,
  328, 354–357, 361, 405–408, 421–425,
  427, 429, 455, 457, 459, 460, 464, 471, 472,
  474, 475, 478, 480, 482, 486, 492, 495,
  497, 499, 506, 507, 515, 517–519, 522, 523,
  525, 531, 545
Thieme, Johanna 73, 75, 76
Thilo, Erich 374
Transpress Verlag für Verkehrswesen 405
Tulpanow, Sergej 139

Ulrich, Hermann 361
Umlauff, Ernst 17, 22, 112, 445, 450, 464, 466,
  468, 471, 509
Urban & Fischer 45, 78, 258
Urban & Schwarzenberg 45, 175, 179, 258

Vandenhoeck & Ruprecht 515
Velde-Hirzel van der, Hildegard 47
Verlag Chemie 127, 507
Verlag der Kunst 159, 518
Verlag der Nation 485
Verlag Enzyklopädie 461, 462, 464, 474, 494,
  520
Verlag für Bauwesen 388, 404, 405, 407
Verlag für die Frau 4
Verlag für Schweißtechnik 291
Verlag für Wissenschaft und Fachbuch 63, 64,
  70, 141, 177, 203, 215, 216, 234, 235, 239,
  240, 242, 292, 301, 366, 486
Verlag Technik 53, 160, 189, 199, 388, 405,
  406, 456
Verlag Volk und Gesundheit 44, 53, 76, 158,
  159, 183, 199, 200, 258, 405–407, 463
Verlag Volk und Wissen 63, 132, 135, 139, 140,
  149, 181, 182, 197, 198, 200, 461, 520
Vetter, Richard 263
Vieweg + Teubner 72, 258
Vieweg Verlag 72, 258, 291, 365
Vilbig, Fritz 316, 317, 364
Vogel-Verlag 290
Voss, Hermann 350

Wandel, Paul 61, 62, 137
Waples, Douglas 73, 171
Wedesweiler, Otto 231
Wehner, Herbert 84
Weismann, Willi 161
Wendt, Hildegard 330, 334, 335
Wenzel, Inge 58
Werther, Johann 42
Wetzel, Georg 349

Wiecke, Klaus 38
Winkelmann, Kurt (Versandbuchhandlung) 477
Winter, Kurt 378
Witsch, Joseph 133
Wolf, Hans Julius 283
Wunderlich, Ernst (Verlag) 4, 460, 463, 478
Wunderlich, Hans 455, 459, 463, 466

Zeigner, Erich 433